सातवां संस्करण—भूमिका

यह पुस्तक अंग्रेजी 'इस्टीमेटिंग एण्ड कास्टिंग' के सत्ताइसवें संस्करण—2012 का अनुवाद है। स्पष्टता शुद्धता, पूर्णतः, सरलता तथा विधिपूर्वकता इस पुस्तक की विशेषताएं हैं। यह पुस्तक अपने विषय के लिए पूर्ण निबन्ध है तथा सिद्धान्त व कार्य प्रणाली के लिए पर्याप्त है। इसमें सभी प्रकार के कार्यों का समावेश है तथा पूर्णतः मीटरी प्रणाली में है। डिग्री, डिप्लोमा, सर्टिफिकेट तथा नक्शानवीस के पाठ्यक्रमों के लिय यह पुस्तक बहुत उपयुक्त है। विषय का वर्णन पूर्ण रूप से इन्जीनियरी विभाग की कार्य–प्रणाली की ओर आई. एस. आई. विनिर्देश पर आधारित है।

सातवां संस्करण पूर्णता मीटरी प्रणाली में और संशोधित है। इसको वृद्ध किया गया है और आँकड़े नवीनतम हैं जिससे कि विद्यार्थियों, अध्यापकों, इन्जीनियरों और दूसरों के लिए बहुत उपयोगी हो गया है।

इस पुस्तक में सभी प्रकार के कार्यों के विस्तृत प्राक्कलन के उदाहरण दिये हुए हैं, जैसे भवन, प्र. सी. कं. कार्य, सड़कें, पुल और पुलिया, सिंचाई, नहरें, जल सम्भरण, स्वच्छता आदि। सभी मुख्य मदों के दर विश्लेषण, विनिर्देश और माप लेना तथा परिमाण निकालने की विधियां दी गई हैं। जल सम्भरण तथा स्वच्छता, परिवहन आदि के दर विश्लेषण भी दिये गए हैं। बहुत से उपयोगी तकनीकी आंकड़े और जानकारियां दी गई हैं।

सा. नि. वि. लेखा और कार्य पद्धति के अध्याय को काफी विस्तार में दिया गया है। बहुत से मुख्य प्रपत्र भी दिये गए हैं। नियोजन का अध्याय भी इस संस्करण में बढ़ाया गया है।

इस पुस्तक में बहुत से व्यवहारिक रेखा-चित्र दिये हुए हैं जो कि आलेख और अभिकल्प के लिये उपयोगी हैं।

मई, 2012

एस. दत्ता

प्रथम संस्करण—भूमिका

यह पुस्तक अंग्रेजी 'इस्टीमेटिंग एण्ड कास्टिंग' के नवम संस्करण का हिन्दी अनुवाद है। वैज्ञानिक तथा तकनीकी शब्दावली आयोग, शिक्षा मन्त्रालय, भारत सरकार (Standing Commission for Scientific and Technical Terminology, Ministry of Education, Government of India) ने इस पुस्तक को हिन्दी में प्रकाशन के लिए चुन लिया है। इसके अतिरिक्त इस विषय पर हिन्दी में पुस्तक की बहुत मांग है। इसी यथार्थ आवश्यकता को समझते हुए यह पुस्तक हिन्दी में प्रकाशित की गई है। इस पुस्तक के अंग्रेजी संस्करण की प्रशंसा सभी सम्बन्धित तकनं की शिक्षात्मक तथा इन्जीनियरी व्यवहारिक व्यक्तियों ने की है तथा यह दूर-दूर तक जनप्रिय है। यह पुस्तक अपने विषय पर सर्वोत्तम विचारित की गई है। मुझे पूर्ण विश्वास है कि यह हिन्दी संस्करण भी उसी समान प्रशंसनीय होगा। भाषा को सरल, सहज तथा बोधगम्य बनाने के लिए पूर्ण प्रयत्न किया गया है। स्पष्टता, शुद्धता, पूर्णता, सरलता तथा विधिपूर्वकता इस पुस्तक की विशेषताएं हैं। यह पुस्तक अपने विषय के लिए पूर्ण निबन्ध है तथा सिद्धान्त व कार्य प्रणाली के लिए पर्याप्त है। इसमें सभी प्रकार के कार्यों का समावेश है तथा यह पूर्णतः मेट्रिक प्रणाली में है। डिग्री, डिप्लोमा, सर्टिफिकेट तथा नक्शानबीस के पाठ्यक्रमों के लिए यह पुस्तक बहुत उपयुक्त है। विषय का वर्णन पूर्ण रूप से इन्जीनियरी विभाग की कार्य प्रणाली की ओर विशेष ध्यान देकर किया गया है तथा आई० एस० आई० विनिर्देश पर आधारित है। तकनीकी शब्द, वैज्ञानिक तथा तकनीकी शब्दावली आयोग, शिक्षा मन्त्रालय, भारत सरकार द्वारा प्रकाशित इन्जीनियरी शब्दावली से लिए गए हैं तथा आवश्यकतानुसार यथा स्थान पर हिन्दी तकनीकी शब्दों के साथ समानार्थ अंग्रेजी शब्द भी दिये गए हैं। इसके अतिरिक्त पुस्तक के अन्त में तकनीकी शब्दावली—अंग्रेजी से हिन्दी— भी दे दी गई है।

अंग्रेजी का हिन्दी में मुख्य अनुवाद श्रीमती रानी सक्सेना, एम० ए० के द्वारा कराया गया है तथा उसमें निम्नलिखित व्यक्तियों द्वारा उसकी पुनः जांच छान-बीन और सुधार कराई गई है। मैं इन सब सज्जनों को हृदय से धन्यवाद देता हूं। विशेषकर मैं श्री बलदाऊ जी अग्रवाल, सरकारी शिक्षा विभाग के अवकाश प्राप्त अधिकारी का बहुत आभारी हूं जिन्होंने विशेष रुचि तथा परिश्रम के साथ इस पुस्तक में बहुत उपयोगी सुधार किये हैं। फिर भी मैं इस पुस्तक में और सुधार तथा सुझावों का स्वागत करूंगा।

1. श्री सोहनलाल, एम० ए०, शास्त्री।
2. श्री ओमप्रकाश श्रीवास्तव, आर्किटेक्ट।
3. श्री प्रभात कुमार सेन, डिप्लोमा सिविल इन्जीनियरी।
4. श्री मुहम्मद अतीक़ जाफरी, डिप्लोमा सिविल इन्जीनियरी।

बी० एन० दत्ता
प्राध्यापक, हिवेट पोलिटेक्निक
लखनऊ

7th अप्रैल, 1970

प्राक्कलन एवं मूल्यांकन

(सिविल इंजीनियरी)

सिद्धांत तथा कार्य प्रणाली

सातवां संशोधित संस्करण

ESTIMATING AND COSTING

CIVIL ENGINEERING, THEORY AND PRACTICE

मीटरी प्रणाली (M.K.S)

लेखक

बीएन दत्ता

बी. ई., सी. ई., बी. एस–सी. (आनर्स), ए. एम. आई. ई.

भूतपूर्व विभागाध्यक्ष, सिविल इंजीनियरी विभाग, हीवेट पोलिटेक्निक, लखनऊ

और

इंजीनियर सा. नि. वि., उ. प्र.

CBS Publishers & Distributors Pvt Ltd

New Delhi • Bengaluru • Chennai • Kochi • Kolkata • Mumbai

Hyderabad • Jharkhand • Nagpur • Patna • Pune • Uttarakhand

प्राक्कलन एवं मूल्यांकन

(सिविल इंजीनियरी)

सिद्धांत तथा कार्य प्रणाली

सातवां संशोधित संस्करण

ESTIMATING AND COSTING

CIVIL ENGINEERING, THEORY AND PRACTICE

ISBN: 978-81-7476-731-8

CBS Reprint: 2021

First Edition: 1970
Fifth Edition: 1983
Sixth Revised Edition: 2010
Seventh Revised Edition: 2012

Published by Satish Kumar Jain and produced by Varun Jain for

CBS Publishers & Distributors Pvt Ltd
4819/XI Prahlad Street, 24 Ansari Road, Daryaganj, New Delhi 110 002, India
Ph: 011-23289259, 23266861, 23266867
Fax: 011-23243014
Website: www.cbspd.com
e-mail: delhi@cbspd.com; cbspubs@airtelmail.in

Corporate Office: 204 FIE, Industrial Area, Patparganj, Delhi 110 092
Ph: 011-4934 4934 Fax: 011-4934 4935 e-mail: publishing@cbspd.com; publicity@cbspd.com

Branches

- **Bengaluru:** Seema House 2975, 17th Cross, K.R. Road, Banasankari 2nd Stage, Bengaluru 560 070, Karnataka
  Ph: +91-80-26771678/79 Fax: +91-80-26771680 e-mail: bangalore@cbspd.com
- **Chennai:** 7, Subbaraya Street, Shenoy Nagar, Chennai 600 030, Tamil Nadu
  Ph: +91-44-26260666, 26208620 Fax: +91-44-42032115 e-mail: chennai@cbspd.com
- **Kochi:** 42/1325, 1326, Power House Road, Opp KSEB Power House, Ernakulam 682 018, Kochi, Kerala
  Ph: +91-484-4059061-65 Fax: +91-484-4059065 e-mail: kochi@cbspd.com
- **Kolkata:** No. 6/B, Ground Floor, Rameswar Shaw Road, Kolkata-700014 (West Bengal), India
  Ph: +91-33-2289-1126, 2289-1127, 2289-1128 e-mail: kolkata@cbspd.com
- **Mumbai:** PWD shed, Gala No. 25/26, Ramchandra Bhatt Marg, Next JJ Hospital Gate No. 2, OPP. Union Bank of India, Noorbaug, Mumbai-400009, Maharashtra
  Ph: +91-22-66661880/89 Mob: 0-8424005858 e-mail: mumbai@cbspd.com

Representatives

- **Hyderabad** 0-9885175004
- **Patna** 0-9334159340
- **Jharkhand** 0-9811541605
- **Pune** 0-9623451994
- **Nagpur** 0-9421945513
- **Uttarakhand** 0-9716462459

Printed at: India Binding House, Noida, UP, India.

विषय-सूची

विषय पृष्ठ

———

अध्याय 1

प्राक्कलन क्रिया विधि

PROCEDURE OF ESTIMATING

प्राक्कथन

सभी इंजीनियरी कार्यों में निर्माण कार्य पर होने वाले व्यय का पूर्वानुमान आवश्यक होता है। इसे अनुमानित लागत (estimated cost) कहते हैं। यदि अनुमानित लागत उपलब्ध धन से अधिक हो तो कार्य में कमी करके या विनिर्देश (specification) में परिवर्तन करके अनुमानित लागत कम करने का प्रयास किया जाता है। इसी से इंजीनियरों के लिए प्राक्कलन महत्वपूर्ण है। प्राक्कलन (estimate) बनाने के लिए पहले निर्माण की विभिन्न मदों (items) का परिमाण (quantity) साधारण क्षेत्रमिति (mensuration) द्वारा निकाल लिया जाता है। तथा फिर इन परिमाणों से लागत निकाल ली जाता है। प्राक्कलन का विषय सुगम है। इसमें अधिक समझने को भी नहीं है पर रेखाचित्र (drawing) का ज्ञान आवश्यक है। जो व्यक्ति रेखाचित्र पढ़ तथा समझ सकता है वह चित्र में से लम्बाई, चौड़ाई, ऊंचाई आदि सरलता पूर्वक निकाल सकता है तथा परिणाम का परिकलन (calculation) कर सकता है। परिकलन में मुख्यतः लम्बाई × चौड़ाई × ऊंचाई या लम्बाई × चौड़ाई या लम्बाई × ऊंचाई ही निकालना होता है। आलेख में कमजोर छात्र यदि प्राक्कलन की ओर ध्यान दें तथा चित्र से कुछ प्राक्कलन बनायें तो चित्र समझने की उनकी क्षमता का विकास होगा, तथा उनके आलेख ज्ञान में भी वृद्धि होगी। प्राक्कलन बनाने में छोटी बड़ी सभी मदों के ब्यौरे में जाना जाता है। कोई भी मद छोड़ी नहीं जा सकती। प्राक्कलन करने में विस्तारित काम करना होता है तथा हर विवरण की तह तक जाना होता है इसी से पूर्णता आ जाती है। प्राक्कलन का विषय परीक्षा के समय ही पढ़ने से तैयार नहीं किया जा सकता, इसके लिए कुछ प्राक्कलन बनाना भी आवश्यक है। तलचित्र (plan), संमुख दृश्य (elevation), काट (section) आदि में से माप ज्ञात करने के कोई बधे नियम नहीं हैं, परन्तु उन्हें सुगमता पूर्वक ज्ञात करने के लिए आगे दिये गये नियमों का अनुसरण करना उपयोगी होगा। आरंभ में छात्रों को तलचित्र, समुख दृश्य तथा काट से माप (लम्बाई, चौड़ाई, तथा ऊंचाई) पढ़ने में कठिनाई होती है। पर किसी पूर्वनिर्मित भवन से नाप कर वे सुगमता पूर्वक माप निकाल सकते हैं। आरभ में छात्रों को नींव का प्राक्कलन कठिन लगता है क्योंकि नींव सामने दिखाई नहीं देती है। प्रथम प्राक्कलम (estimator) को चित्रों तथा विनिर्देश का अध्ययन करके अपने मन में उस वस्तु (भवन, संरचना आदि) का चित्र बनाना चाहिये। आरंभ में छात्रों को सेतु, पुलियों, सिंचाई कार्य आदि की अपेक्षा भवनों का प्राक्कलन सुगम लगता है क्योंकि वे अन्य निर्माण कार्यों की अपेक्षा भवन के विभिन्न भागों से अधिक भली प्रकार परिचित होते हैं। वस्तुतः भवन की अपेक्षा अन्य निर्माण कार्यों का प्राक्कलन सुगमतर है।

प्राक्कलन में यथार्थता (accuracy) अत्यावश्यक है यदि अनुमानित लागत अधिक होती है तो इंजीनियरों को व्याख्या करने में, अधिक व्यय का कारण समझने में तथा अतिरिक्त धन जुटाने में बहुत कठिनाई होती है। अनुमान से अधिक व्यय, प्राक्कलन करने में अयथार्थता, मदों के छूट जाने, अभिकल्पों

(design) में परिवर्तन, गलत दर लेने आदि के कारण हो जाता है; वैसे यह मुख्यतः दरों की वृद्धि के कारण होता है। सही प्राक्कलन के लिए सभी मदों के माप सावधानीपूर्वक लेना चाहिये तथा कोई मद या उसका अंश छूट न जाय यह ध्यान रखना चाहिये। हर मद की दर न्यायसगत तथा व्यावहारिक लेनी चाहिये। दर पूरे कार्य के लिए ली जाती है जिसके अन्तर्गत सामग्री की लागत, परिवहन व्यय, मजदूरी, पाड़ पर व्यय (cost of scaffolding), औजार तथा मशीनों पर व्यय, सिब्बदी (establishment) तथा परिवीक्षण (supervision) पर व्यय तथा ठेकेदार को न्याय संगत लाभ, पानी पर व्यय, कर आदि सम्मिलित होते हैं।

इस पुस्तक में 20 सेमी × 10 सेमी × 10 सेमी नामन आकार (nominal size) की मानक ईंटों का प्रयोग किया गया है तथा $9'' \times 4\frac{1}{2}'' \times 3''$ या 22·9 सेमी × 11·4 सेमी × 7·6 सेमी नामन आकार की परम्परागत ईंटों को भी प्रयोग किया गया है निर्माण की विभिन्न मदों के नापने के सिद्धांत तथा इकाई में विभिन्न प्रदेशों में कुछ विविधता पाई जाती है पर अधिकांश मदों की इकाई समान होती है। सारे देश में भारतीय मानक संस्था द्वारा प्रतिपादित सिद्धान्तों के आधार पर निर्माण की मदों की इकाइयों में एकरूपता रखनी चाहिये। प्राक्कलन बनाने में यह ध्यान रखना चाहिये कि हर मद या परिमाप स्पष्ट तथा बोधगम्य हो जिससे, कोई भी इन्हें समझ सके या जाँच सके। एक स्तंभ स्पष्टीकरण (remark) के लिये होना चाहिये तथा आवश्यकतानुसार टिप्पणियां दे देनी चाहिये।

मीटर प्रणाली तथा प्राथमिक इकाइयाँ

मीटरी प्रणाली में पाँच मुख्य इकाइयाँ हैं: (1) लम्बाई के लिये मीटर, (2) क्षेत्रफल के लिये वर्गमीटर, (3) आयतन के लिये घनमाटर, (4) मात्रा के लिए किलोग्राम, (5) धारिता (capacity) के लिये लीटर।

इनमें उपयुक्त उपसर्ग (prefix) जैसे मिली (हजारवाँ भाग), सेन्टी (सौवाँ भाग) तथा डेसी (दसवाँ भाग) जोड़ कर-उप इकाइयाँ (sub-units) बनती हैं। इसी प्रकार उनके पहले डेका (दस गुना), हेक्टो (सौ गुना) और (हजार गुना) जोड़ कर गणक इकाइयाँ बनती हैं।

भार तथा धारिता की इकाइयाँ—मीटरी प्रणाली में प्राथमिक इकाइयों—लम्बाई, धारिता तथा भार में सामान्य संबंध है। एक डेसीमीटर (मीटर का दसवाँ भाग) लम्बी भुजा वाले घन की धारिता को लीटर कहते हैं जो धारिता की इकाई है। इसी घन (घन डेसीमीटर) में आ सकने वाले शुद्ध जल के यथार्थ भार को किलोग्राम कहते हैं जो भार की मानक इकाई 1 घन सेमी शुद्ध पानी का भार 1 ग्राम होता है। 1000 ग्राम का एक किलोग्राम होता है। सामान्य दाब (normal pressure) तथा अधिकतम घनत्व के ताप (4° से० ग्रेड) पर एक किलोग्राम शुद्ध जल का आयतन 1 लीटर होता है।

वर्ग माप तथा घन माप—इजीनियरी कार्यों में बहुधा वर्ग तथा घन मापों का उपयोग होता है। वर्ग मीटर तथा घन मीटर क्रमशः क्षेत्रफल तथा आयतन की इकाइयाँ हैं। 1 लीटर भुजा वाले वर्ग (square) के क्षेत्रफल के समान क्षेत्रफल को वर्गमीटर कहते हैं। 1 लीटर भुजा वाले घन (cube) के समान आयतन को घनमाटर कहते हैं।

प्राक्कलन विधि

प्राक्कलन किसी प्रायोजना (project) पर निर्माण कार्य आरंभ करने से पूर्व उसकी सम्भावित लागत ज्ञात करना आवश्यक है। यह प्राक्कलन द्वारा ज्ञात की जाती है। निर्माण कार्य के लिये आवश्यक राशियों

तथा संभावित व्यय का परिकलन (calculation) ही प्राक्कलन कहलाता है। प्राक्कलन का मुख्य उद्देश्य निर्माण कार्य (भवन, सरचना आदि) पर होने वाले व्यय का पूर्वानुमान करना है। प्राक्कलन किसी निर्माण कार्य की सिद्धांतिक लागत (theoretical cost) है जो रेखाचित्रों से तथा प्रचलित दरों के आधार पर गणित द्वारा ज्ञात की जाती है। स्थूल अनुमान (approximate estimate) बनाने की कई बिधियां हैं पर यथार्थ अनुमान (accurate estimate) विस्तृत प्राक्कलन (detailed estimate) द्वारा ही बनाया जाता है।

वास्तविक लागत (Actual cost)—किसी निर्माण कार्य की वास्तविक लागत कार्य पूर्ण हो जाने पर ज्ञात होता है। निर्माण काल में कार्य पर प्रतिदिन होने वाले समस्त व्यय का हिसाब लेखा विभाग में रखा जाता है तथा कार्य समाप्त होने पर जब पूर्ण हिसाब किया जाता है तो वास्तविक लागत ज्ञात हो जाती है। प्रारभ में निकाली गई अनुमानित लागत (estimated cost) तथा वास्तविक लागत में अधिक अन्तर नहीं होना चाहिये।

विस्तृत प्राक्कलन—प्राक्कलन बनाने में प्रथम विभिन्न मदों का परिमाण (quantity) निकाला जाता है तथा फिर उनकी लागत अर्थात प्राक्कलन दो अवस्थाओं (stages) में तैयार किया जाता है :—

(1) **मापों का ब्यौरा** (details of measurement) तथा परिमाणों की गणना (calculation of Quantities)—सारा निर्माण कार्य निर्माण की विभिन्न मदों जैसे मिट्टी का काम, कंक्रीट, ईंट चिनाई आदि में बांट दिया जाता हैं। इन मदों को विभिन्न उपशीर्षकों (sub-heads) के अन्तर्गत वर्गीकृत किया जाता है। माप का ब्यौरा प्रपत्र (details of measurement form) नामक निर्धारित प्रपत्र पर हर मद के मापों का ब्यौरा लेकर उनका परिमाण ज्ञात कर लिया जाता है।

माप का ब्यौरा प्रपत्र (Details of Measurement Form)

मद सं.	विवरण	संख्या	लम्बाई	चौड़ाई	ऊंचाई या गहराई	मात्रा या परिमाण

कुल मात्रा या कुल परिमाण का स्तंभ और बना लेना वांछनीय है।

(2) **अनुमानित लागत सार** (Abstract of estimated cost) **या राशि सूची** (Bill of Quantities)—हर मद का परिमाण निकाल लेने के बाद उन पर आने वाली लागत अनुमानित लागत सार प्रपत्र नामक निर्धारित प्रपत्र पर उपयुक्त दरों पर निकाल ली जाती है तथा फिर उससे कुल लागत निकल आती है। निर्माण काल में होने वाले आकस्मिक व्यय (contingencies) जैसे छोटे मोटे फुटकर खर्च, असभावित (unforeseen) व्यय, अभिकल्प (design) में परिवर्तन, दरों में परिवर्तन आदि के लिये लागत का 3 से 5 प्रतिशत तक जोड़ लिया जाता है। निर्माण प्रभारित सिब्बंदी (work charged establishment) पर व्यय के लिये $1\frac{1}{2}$ से 2 प्रतिशत और जोड़ लिया जाता है। इस प्रकार प्राप्त कुल योग निर्माण कार्य की अनुमानित लागत होगी।

अनुमानित लागत सार प्रपत्र (Abstract of Estimate Form)

मद स.	विवरण	परिमाण	इकाई	दर	धनराशि (Amount)

उपरोक्त प्रपत्रों में हर मद का विवरण ऐसा होना चाहिये जिससे क्या कार्य होना है, कौन सी सामग्री प्रयोग की जायगी, मसाले का अनुपात क्या होगा आदि स्पष्ट हो जाय।

प्राक्कलन बनाते समय मदें साधारणतया उपशीर्षकानुसार (sub-head wise) वर्गीकृत की जाती हैं, परन्तु छात्रों के लिये इस क्रम में ही मदें लेना अधिक सुविधाजनक है जिस प्रकार इन्हें कार्यान्वित या निर्माण की जाती है। यदि नींव से ऊपर की ओर निर्माण का सिद्धान्त लेकर चला जाय तो कोई भी मद छूट जाने की संभावना नहीं रहती।

टिप्पणी—विभिन्न प्रकार के प्राक्कलनों के लिये अध्याय 5—प्राक्कलनों के प्रकार देखें।

निर्माण कार्य की मुख्य मदें

(1) **मिट्टी का काम** (Earthwork)—साधारणतया मिट्टी की खुदाई (earthwork in excavation) तथा मिट्टी की भराई का काम भिन्न-भिन्न मदों के अन्तर्गत अलग-अलग निकाला जाता है। इनका परिमाण घन मी० (घन फुट) में निकाला जाता है। साधारणतया नींव की खाई (foundation trench) नींव की सही चौड़ाई में तथा खड़ी किनारे की (vertical sides) खोदी जाती है। नींव में खुदाई का काम (earthwork in excavation in foundation) निकालने के लिये प्रत्येक खाई की लम्बाई × चौड़ाई × गहराई (length × breadth × depth) की गणना करते हैं। नींव में चिनाई करने के बाद मिट्टी की भराई (filling) का अलग से हिसाब नहीं होता। यदि मिट्टी की भराई का हिसाब करना हो तो इसका परिमाण खुदाई में से चिनाई का परिमाण घटाने से निकल आता है।

कुर्सी भराई (plinth filling) में मिट्टी के काम का परिमाण ज्ञात करने के लिये कुर्सी दीवारों (plinth wall) के बीच की आन्तरिक दूरी (लम्बाई × चौड़ाई) लेते हैं।

कमरे की आन्तरिक माप (internal dimensions) में से कुर्सी दीवार के दोनों खसकों (offsets) अर्थात् 10 सेमी घटाने से कुर्सी दीवार के बीच का आन्तरिक माप ज्ञात हो जाता है। ऊंचाई ज्ञात करने के लिये फर्श की मोटाई, जो साधारणतया 7·5 सेमी होती है, घटा देते हैं। इस प्रकार कुर्सी भराई का परिमाण निकाला जा सकता है। यदि कुर्सी में रेत की भराई हो तो वह अलग मद में ली जाती है। यदि कुर्सी दीवार में खसका न हो तो भराई की लम्बाई व चौड़ाई कमरे के आन्तरिक माप के बराबर होगी।

खोदी हुई मिट्टी खाई भरने तथा कुर्सी भरने के काम आती है तथा साधारणतया इसके लिये भुगतान नहीं किया जाता है। परन्तु यदि आवश्यक हो तो इसे वापस भराई तथा कुटाई (return fill and ram or backfill) मद के अन्तर्गत रखा जा सकता है। आवश्यकता होने पर भराई के लिये अतिरिक्त मिट्टी बाहर से लायी जाती है। खाई तथा कुर्सी भरने के बाद फालतू बची मिट्टी का उपयोग निर्माणस्थल को समतल बनाने तथा संवारने के लिये किया जा सकता है अन्यथा उसे ढो कर हटाया जा सकता है।

(2) **नींव में कंक्रीट** (Concrete in foundation)—कंक्रीट घन मी०, लम्बाई × चौड़ाई × मोटाई (length × breadth × thickness) में निकाली जाती है। नींव कंक्रीट की लम्बाई तथा चौड़ाई साधारणतया खुदाई की लम्बाई तथा चौड़ाई के बराबर होती है। केवल गहराई या मोटाई में अन्तर होता है। कंक्रीट की मोटाई 20 सेमी से 50 सेमी तक, साधारणतया 30 सेमी होती है। परिमाण घन मी० में होता है। नींव कंक्रीट, चूना कंक्रीट (lime concrete) या सादा निर्बल सीमेंट कंक्रीट (lean cement concrete) की होती है। नींव में सीमेंट कंक्रीट का अनुपात 1 : 4 : 8 या 1 : 5 : 10 लिया जा सकता है।

(3) **सोलिंग** (Soling)—जहाँ भूमि (soil) मुलायन या खराब हो वहाँ नीव कंक्रीट के नीचे सूखी ईंट या पत्थर की एक तह दी जाती है। सोलिन तह की गणना वर्ग मी० लम्बाई × चौड़ाई (length × breadth) में की जाती है।

सील रोक रद्दा (Damp proof course)—यह रद्दा कुर्सी तल (plinth level) पर कुर्सी दीवार की पूरी चौड़ाई पर फैलाया जाता है। यह सघन (rich) सीमेंट कंक्रीट 1 : 1½ : 3 के अनुपात का साधारणतया 2·5 सेमी मोटा अथवा सीमेंट के सघन मसाले (rich mortar) 1 : 2 के अनुपात का 2 सेमी मोटा और मानक जलरोधक (water proof) युक्त रद्दा होता है। इसका परिमाण वर्ग मीटर लम्बाई × चौड़ाई (length × breadth) में निकाला जाता है साधारणतया दरवाजों की देहल तथा बरामदे के खुले स्थान में सील रोक रद्दा नहीं दिया जाता है और इनका क्षेत्रफल रद्दे के परिमाण में से घटा दिया जाता है।

चिनाई (masonry)—चिनाई घन मी०, लम्बाई × चौड़ाई × ऊंचाई (length × breadth × height), में निकाली जाती है। नींव तथा कुर्सी दीवार की चिनाई एक मद के अन्तर्गत तथा अधिरचना (susperstructure) की चिनाई भिन्न मद के अन्तर्गत ली जाती है। बहु मंजिल इमारतों में हर मंजिल की चिनाई अलग-अलग निकाली जाती है जैसे—पहली मंजिल में कुर्सी तल (plinth level) के ऊपर की चिनाई, दूसरी मंजिल की चिनाई, तीसरी मंजिल की चिनाई आदि। परिमाण निकालने के लिए पहले दीवारें ठोस ले ली जाती है और फिर दरवाजों, खिड़कियों तथा अन्य खाली स्थानों (openings) के लिये कटौती कर दी जाती है। विभिन्न श्रेणियों की चिनाई, विभिन्न मसालों से चिनाई अलग-अलग मदों में निकाली जाती है। डाट चिनाई (arch masonry) अलग निकाली जाती है। दीवार के गोल या तिरछे पार्श्व आयताकार मान लिये जाते हैं तथा परिमाण निकालने के लिये सिरों की माप ली जाती है। पतली विभाजक दीवार वर्ग मी० में नापी जाती है। ईंट की जाली दार (honey-comb) दीवार अलग मद में ली जाती है। यह वर्ग मी० में नापी जाती है तथा जाली के छेदों के लिये कोई कटौती नहीं की जाती है।

चिनाई में खाली स्थानों (Openings), **धारकों** (Bearings) **आदि के लिये कटौती**—निम्नलिखित चीजों के लिये कोई कटौती नहीं की जाती है :—

(1) 1000 वर्ग सेमी या 0·1 वर्ग मी० तक के खाली स्थान।

(2) खण्ड (section) में 500 वर्ग सेमी या ·05 वर्ग मी० तक की धरनें (beams), खम्भों (posts), रैफ्टर (rafters) तथा पर्लिनों (purlins) के सिरे।

(3) 10 सेमी० तक मोटे आधार पट्ट (bed plate), दासे (wall plate), छज्जों की धारक आदि। फर्श तथा छत की स्लैब (slab) की धारक दीवार की चिनाई में से नहीं घटाई जाती है।

अन्य खुले भागों के लिये कटौती निम्न प्रकार से की जाती है :—

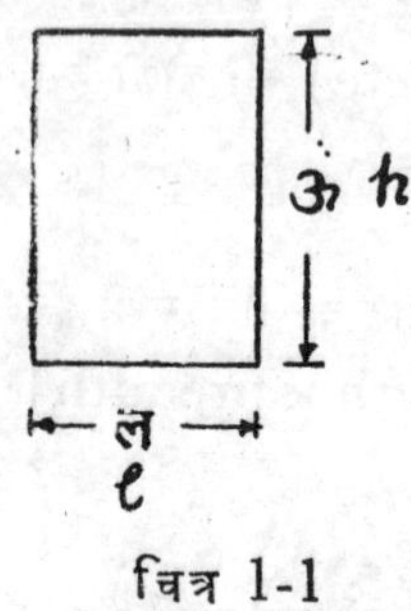

चित्र 1-1

आयताकार खुले भाग—पूरी कटौती

कटौती (deduction) = ल × ऊ × दीवार की मोटाई ($l \times h \times$ thickness of wall)

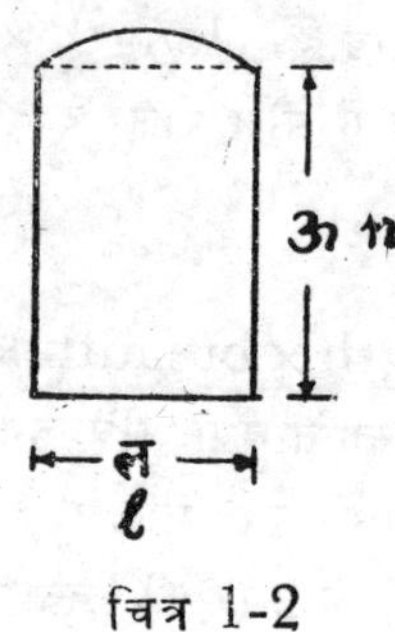

चित्र 1-2

छोटी कमानी डाट (Segmental arch) **युक्त दरवाजे तथा खिड़कियां**—केवल उठान रेखा (Springing line) तक आयताकार खाली स्थान की कटौती की जाती है। डाट बनाने तथा उसके नीचे पतली दीवार बनाने के अतिरिक्त व्यय को पूरा करने के लिये कमानी वाला अंश ठोस मान लिया जाता है तथा उसकी कटौती नहीं होती।

कटौती (deduction) = ल × ऊ × दीवार की मोटाई ($l \times h \times$ thickness of wall).

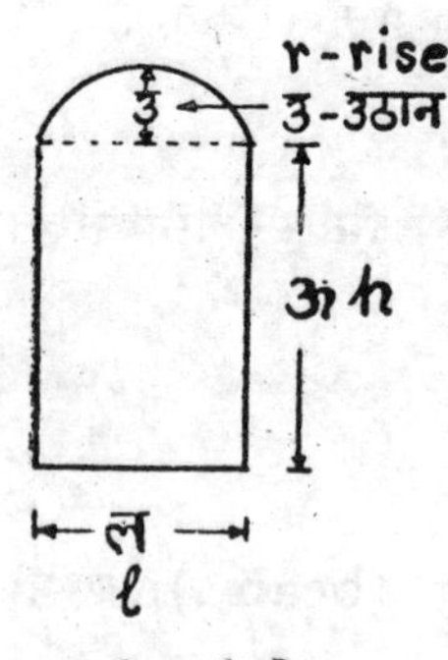

चित्र 1-3

कमानी डाट युक्त खाली स्थान (Segmental Arch Openings)—आयताकार भाग तथा वृत्तखण्ड अर्थात पूरे खुले स्थान की कटौती की जाती है।

वृत्तखण्ड का क्षेत्रफल $= \frac{2}{3}$ ल × ऊ $+ \frac{\text{उ}^3}{2\text{ल}}$, $\frac{2}{3}\,lr + \frac{r^3}{2l}$.

परन्तु कटौती के लिये वृत्तखण्ड का क्षेत्रफल $\frac{2}{3}$ × पाट × उठान = ($\frac{2}{3}$ × ल × उ), $\frac{2}{3}$ span × rise or ($\frac{2}{3}\, l \times r$), मान लिया जाता है। इस प्रकार कटौती = $\frac{2}{3}$ × ल × ऊ × दीवार की मोटाई, $\frac{2}{3} \times l \times r \times$ thickness of wall.

$\frac{\text{उ}^3}{2\text{ल}}\left(\frac{r^3}{2l}\right)$ का मान नगण्य होता है तथा सरलता के लिये इसे छोड़ दिया जाता है।

कुल कटौती = [(ल × ऊ) + ($\frac{2}{3}$ × ल × ऊ)] × दीयार की मोटाई [$(l \times h)$ + $(\frac{2}{3}\, l \times r)$] × thickness of wall.

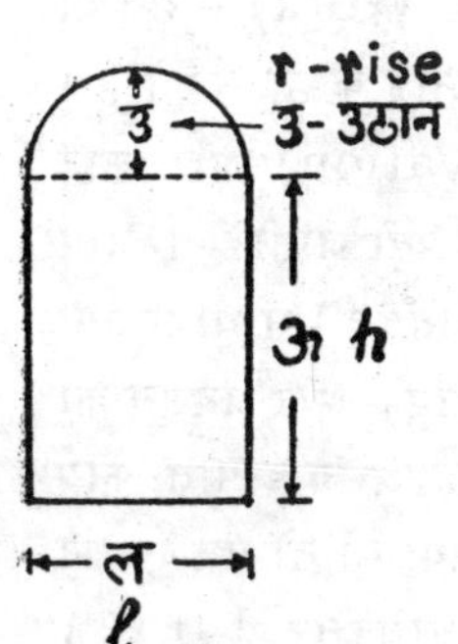

चित्र 1-4

अर्द्ध वृत्त डाट युक्त खाली स्थान (Semi Circular Arch Openings)

अर्द्धवृत्त भाग का क्षेत्रफल $= \frac{1}{2}\pi$त्रि^{2}, $\frac{1}{2}\pi r^2$ परन्तु मोटे तौर पर अर्द्धवृत्त भाग का क्षेत्रफल $\frac{3}{4} \times$ पाट $\times$ ऊठान $= (\frac{3}{4} \times$ ल $\times$ उ$)$ ले लेते हैं, $\frac{3}{4} \times \text{span} \times \text{rise} = (\frac{3}{4} \times l \times r)$

कुल कटौती $= [$ल $\times$ ऊ $+ \frac{3}{4} \times$ ल $\times$ उ$] \times$ दीवार की मोटाई $[l \times h + \frac{3}{4} \times l \times r) \times$ thickness of wall$]$

दीर्घ वृत्ताकार (elliptical) डाट को अर्द्धवृत्ताकार के समान माना जा सकता है तथा इसकी गणना भी उसी प्रकार होती है।

बड़ी डाटों (large arches) में खाली स्थान का क्षेत्रफल क्षेत्रमिति के सूत्रों द्वारा सही-सही निकाल कर वास्तविक क्षेत्रफल की कटौती करनी चाहिये।

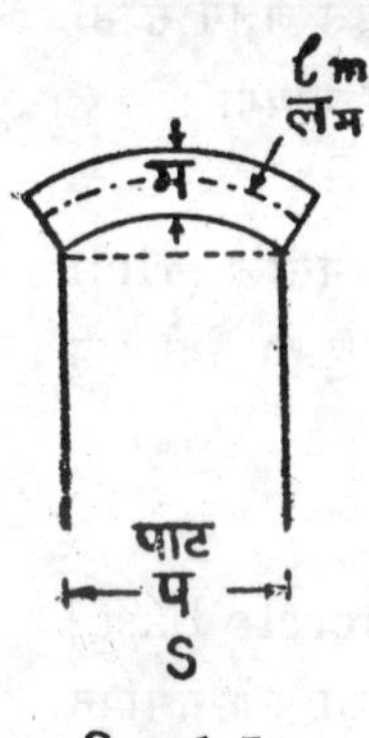

चित्र 1-5

डाट चिनाई (Arch masonry) **का काम**—डाट चिनाई कार्य घन मी. में अलग से निकाला जाता है। इसे ज्ञात करने के लिये डाट की औसत लम्बाई (mean length) को डाट की मोटाई तथा दीवार की चौड़ाई से गुणा करते हैं।

डाट चिनाई का परिमाण $=$ ल$_{\text{म}} \times$ मो $\times$ दीवार की मोटाई, $(l_m \times t \times$ दीवार की मोटाई$)$।

डाट का परिकलन (calculation) अध्याय 2 पर विस्तार पूर्वक समझाया गया है।

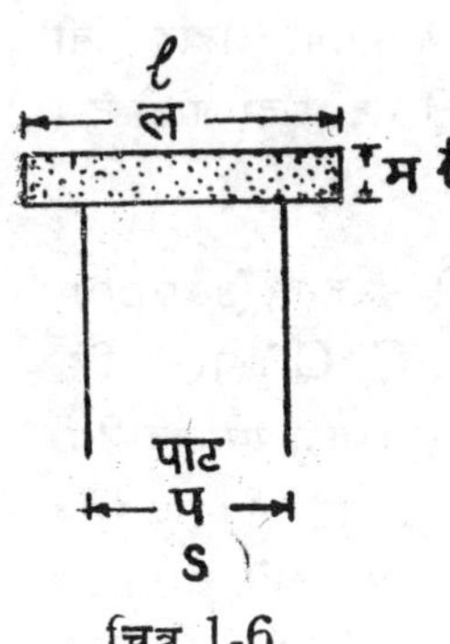

चित्र 1-6

7. **खाली स्थानों के ऊपर लिंटल** (Lintel)—लिंटल प्रबलित सीमेंट कंक्रीट (R. C. C.) या प्रबलित ईंट चिनाई (R. B.) के होते हैं तथा इनका परिमाण घन मी. में निकाला जाता है। लिंटल की लम्बाई निकालने के लिये वास्तविक पाट (clear span) में दोनों धारकें (bearings) जोड़ दी जाती हैं। यदि धारकों का माप नहीं दिया गया हो तो इसका मान लिंटल की मोटाई के बराबर तथा कम से कम 12 सेमी ले लिया जाता है। इस प्रकार लिंटल की लम्बाई निर्बाध पाट तथा दोनों धारकों के योग के बराबर होती है। ल $=$ प $+ 2 \times$ म, $(l = s + 2t.)$ लिंटल का परिमाण $=$ (ल $\times$ मोटाई $\times$ दीवार की मोटाई), $(l \times t \times$ दीवार की मोटाई$)$।

8. **प्रबलित सीमेंट कंक्रीट तथा प्रबलित चिनाई कार्य** (R. C. C. and R. B. Work) – छत या फर्श की स्लैब (slab), धरने लिंटल, खम्बे आदि प्रबलित सीमेंट कंक्रीट या प्रबलित चिनाई के हो सकते हैं। इसका परिमाण घन मी. में निकाला जाता है। तल चित्र (plan), संमुख दृश्य (elevation) और काट (section) या अन्य विस्तृत, चित्रों से इनकी लम्बाई, चौड़ाई तथा मोटाई सही-सही पढ़ी जाती है। माप निकालने के लिये वास्तविक पाट (clear span) में दोनों धारकें (bearings) जोड़ दी जाती हैं। साधारणतया परिमाण घन मी. में निकाला जाता है। इसकी दर में ढूले (centering and shuttering) और प्रबलन को स्थान में बांधने की लागत शामिल होती है पर प्रबलन (reinforcement) मुड़ाई सहित अलग इस्पात कार्य (steel work) की मद के अन्तर्गत कुन्तल में लिया जाता है यदि कोई विवरण न दिया गया हो तो प्रबलन का लोहा प्रबलित सीमेंट कंक्रोट या प्रबलित ईंट चिनाई के आयतन का 0·6% से 1 % तक (अधिकतर 1·0 %) मान लिया जाता है। प्र. सी. कं. (R. C. C.) या प्र. चि. (R. B.) में से इस्पात प्रबलन का आयतन नहीं घटाया जाता है।

प्र. सी. कं. (R. C. C.) तथा प्र. चि. (R. B.) का प्राक्कलन इस्पात तथा ढूले की लागत सहित सम्पूर्ण कार्य के लिये भी किया जा सकता है।

सामान्यतः ढूले की लागत प्र. सी. कं. या प्र. चि. की लागत में शामिल होती है। पर इसे अलग से भी नापा जा सकता है तब इसका परिमाण सतह (surface) के क्षेत्रफल के बराबर वर्ग मी. में लिया जायगा।

प्र. सी. कं. में बाहरी सतहों (exposed surface) पर सीमेंट तथा रेत के सघन मसाले (rich mortar) से पलस्तर करके उसे चौरस और समान किया जाता है। पर इसे अलग नहीं लिया जाता तथा यह पलस्तर प्र. सी. कं. में शामिल माना जाता है।

9. **फर्श तथा छत** (flooring and roofing) :—

(i) **प्रथम तल या पहली मंजिल** :—सामान्यता चूना कंक्रीट का आधार (lime concrete base) तथा सीमेंट कंक्रीट या पत्थर या मार्बल (marble) या मोजेइक (moasic) का फर्श समापन (floor finishing) एक ही काम या मद (एक ही में शामिल) माने जाते हैं तथा उनका परिमाण लम्बाई को चौड़ाई से गुणा करके वर्ग मी. में निकाला जाता है, अधिरचना (superstructure) की दीवारों के बीच आन्तरिक माप फर्श की लम्बाई तथा चौड़ाई होती है। आधार में कंक्रीट डालने तथा फर्श समापन दोनों की लागत एक ही मद में दी जाती है। आधार का चूना कंक्रीट अलग मद के रूप में भी लिया जा सकता है।

(ii) **द्वितीय तल, तृतीय तल आदि, या दूसरी, तीसरी मंजिल आदि**—भारवाही संरचना (supporting structure) घन मी. में निकाला जाता है जैसे प्र. सी. कं. (R. C. C.) या प्र. चि. (R. B.) आदि तथा फर्श समापन वर्ग मी. में अलग-अलग निकाले जाते हैं। फर्श समापन 2·5 सेमी या 4 सेमी मोटी सीमेंट कंक्रीट या मार्बल या मोजेइक आदि का हो सकता है। यदि स्लैब (slab) तथा फर्श के बीच में चूना कंक्रीट की गद्दी (cushioning layer) देनी हो तो इस गद्दी को फर्श के साथ एक ही मद में या अलग से लिया जा सकता है।

(iii) **छत**—भारवाही संरचना (supporting structure) घन मी में तथा चूना कंक्रीट की ऊपरी छत (terracing) वर्ग मी में अलग-अलग ली जाती है। ऊपरी छत की मोटाई उल्लेख (specify) की जाती है। तथा छत के पृष्ट को चिकना करने का काम इसमें शामिल रहता है। कुटाई के बाद चूना कंक्रीट की ऊपरी छत की औसत मोटाई 7·5 सेमी से 12 सेमी तक होती है। औसत मोटाई लेकर घन मी में ऊपरी छत का आयतन भी निकाला जा सकता है। (जैसा उत्तर प्रदेश में होता है)।

छत या फर्श की स्लैब की धारक (bearing) स्लैब की मोटाई के बराबर (साधारणतया 10 सेमी से 15 सेमी तक) ली जाती है।

खपरैल (tiled), जस्ती चादर (galvanised iron sheet) या ऐस्बेस्टास सीमेंट की चादर की छत में चादर या खपरैल वर्ग मी में सपाट नापी जाती है व सब अतिव्याप्त भाग (overlaps) तथा फिटिंग्स इसमें शामिल होती है। भारवाही कैंची (trusses) तथा अवयव (members) अलग मद में लिये जाते हैं।

दरवाजों की देहल का फर्श (sills) तथा खाली स्थानों की देहल का फर्श भी निकालना होता है। पहली मंजिल में देहलों। (sills) के नीचे कंक्रीट नहीं होती अतः उन्हें अलग-निकालना चाहिये।

10. **पलस्तर तथा टीप** (Plastering and Pointing) लगभग 12 मिमी मोटा पलस्तर, वर्ग मी में निकाला जाता है। दीवारों पर पलस्तर का परिणाम निकालने के लिए दीवार को दोनों ओर ठोस मानकर क्षेत्रफल निकाल लिया जाता है तथा खाली स्थानों के लिये निम्न प्रकार से कटौती कर दी जाती है :—

(i) धरनों, खंभों, रैफ्टरों (rafters) आदि के सिरों के लिये कोई कटौती नहीं की जाती है।

(ii) 0·5 वर्ग मी तक के खुले स्थानों के लिये कोई कटौती नहीं की जाती है। साथ ही इन खुले स्थानों के जैम्बों (jambs), तलों (sofits) तथा देहलों (sills) को जोड़ा भी नही जाता है।

(iii) 0·5 वर्ग मी से अधिक तथा 3 वर्ग मी से कम के खुले स्थानों के लिये दीवार के केवल एक ओर कटौती की जाती है तथा दूसरी ओर दीवार ठोस मान ली जाती। साथ ही जैम्बों, तलों तथा देहलों को नहीं जोड़ा जाता है।

(iv) 3 वर्ग से मी अधिक क्षेत्रफल के खाली स्थानों के लिये दीवार के दोनों ओर कटौती की जाती है तथा जैम्बों, तलों व देहलों का क्षेत्रफल अलग से निकाल कर जोड़ दिया जाता है।

डाट युक्त खुले स्थानों (arch opening) की कटौती चिनाई में कटौती के सिद्धांत के अनुसार की जाती है (पृष्ठ 5)।

छतगीरी (ceiling) पर सघन मसाले से साधारणतया 12 मिमी मोटा पलस्तर किया जाता है तथा यह वर्ग मी में अलग मद के रूप में निकाला जाता है। प्र. सी. कं (R. C. C.) में सामान्यता पलस्तर नहीं किया जाता परन्तु सफाई के लिये सीमेन्ट के सघन मसाले का पतला पलस्तर किया जा सकता है। यह पलस्तर अधिकतर अलग से नहीं लिया जाता परन्तु इसे अलग से भी लिया जा सकता है विशेषतः कमरे की छतगीरी पर।

बाहरी जैम्ब, तलों (soffits) आदि अन्दर के जैम्ब, तले आदि से छोटे होते हैं अत: अधिकतर दीवार के बाहरी पार्श्व के क्षेत्रफल में से कटौती की जाती है।

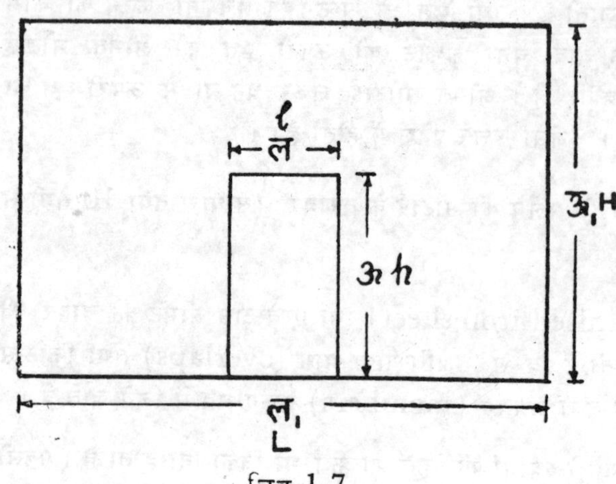

अन्दर का पलस्तर $=$ ल$_1 \times$ ऊ$_1$ $(L \times H)$
बाहर का पलस्तर $=$ ल$_1 \times$ ऊ$_1$ — ल $\times$ ऊ
$= (L \times H - l \times h)$

चित्र 1-7

टीप (pointing) के लिये पूरी सतहों का परिमाण वर्ग मी में लिया जाता है तथा पलस्तर के समान हो कटौती की जाती है।

11. **कानिस (Cornice)**—

सजावटी (ornamental) या बड़े कानिस मीटर में नापे जाते हैं। इसमें चिनाई का काम, पलस्तर, ढलाई (moulding) आदि सभी काम शामिल होते हैं तथा पूरे काम की दर प्रति मीटर लम्बाई के हिसाब से लगाई जाती है।

इसी प्रकार किगरी रद्दा (string course), तोता रद्दा (drip course), टोड़ा (corbelling) तथा शीर्षिका (coping) आदि भी लम्बाई में मीटर में लिये जाते हैं तथा पूरे काम की दर लगाई जाती है।

12. **खम्बे (Pillars)**—खभों का आयतन घन मी में अलग मद में निकाला जाता है। सही ज्यामितीय माप लेकर क्षेत्रमितीय सूत्रों से आयतन ज्ञात किया जा सकता है।

परिमाण $=$ खंडित क्षेत्रफल $\times$ ऊंचाई

$= \pi \frac{\text{व्यास}^2}{4} \times \text{ऊंचाई}, \left(\frac{\pi d^2}{4} \times h\right)$ घन मी गोल खभों के लिये,

$=$ भूजा$^2 \times$ ऊंचाई $(a^2 \times h)$ घन मी वर्गाकर खंभों के लिये,

इसी प्रकार षट्भुजीय, व अन्य आकार के खभों का आयतन ज्ञात किया जा सकता है।

खभों पर पलस्तर का परिमाण, परिधि (circumference) या परिसीमा (perimeter) को ऊंचाई से गुणा करके वर्ग मी में निकाला जा सकता है।

13. **दरवाजे तथा खिड़कियां**—

(i) **चौखट**—दरवाजों तथा खिड़कियों की चौखट घन मी में निकाली जाती है। चौखट की लम्बाई निकालने के लिये इसके सब अवयवों को—यदि देहल (sill) न हो तो दो ऊध्व तथा

एक ऊपर का अव्यव तथा यदि देहल हो तो उसके भी सहित जोड़ लेते हैं। इस लम्बाई को अवयवों की मोटाई तथा चौड़ाई से गुणा कर देते हैं। यदि चौखट में प्रक्षेप (horn-projections) हो तो वे भी लम्बाई में जोड़ लिये जाते हैं। यदि चौखट में देहल न हो तो फर्श में ऊर्ध्व अवयव (member) 2·5 सेमी. से 4 सेमी तक घुसे होने चाहिये और उसे भी जोड़ लेना चाहिये।

(ii) **दरवाजे या खिड़की के पल्ले** (Leaves) **या किवाड़** (Shutters)—पल्लों की चौड़ाई को ऊंचाई से गुणा करके वर्ग मीटर में इनका परिमाण निकाल लिया जाता है। पल्लों की चौड़ाई तथा ऊंचाई निकालते समय चौखट में पतामों (rebates) का ध्यान रखना चाहिये। यदि देहल (sill) न हो तो दरवाजे के नीचे 6 मिमी का स्थान छोड़ देना चाहिये। चौखटों में पताम (rebate) 12 मिमी से 20 मिमी तक होता है। दोनों पल्ले के बीच अतिव्याप्त (overlap) भाग का विचार नहीं किया जाता है।

मद के विवरण में लकड़ी का नाम, पल्ले की मोटाई, पल्ले का प्रकार (type) तथा फिटिंग्स (लोहे, पीतल आदि की) का उल्लेख होना चाहिये। विभिन्न प्रकार के पल्लों जैसे दिल्हेदार (panelled), कांचयुक्त (glazed), अंशत: दिल्हेदार तथा अंशत: कांच का (partly panelled and partly glazed), झिलमिली (venetian) आदि का परिमाण अलग-अलग निकालना चाहिये क्योंकि उनकी दरें अलग-अलग होती हैं।

सामान्यत: पल्लों की दर में फिटिंग्स की लागत शामिल होती है परन्तु यदि विशेष प्रकार की फिटिंग्स लगनी हो तो उस प्रकार की फिटिंग्स अलग मद में वर्ग मी में (पल्लों का) अलग दर से लिया जा सकता है। पकड़ पट्टियाँ (hold-fasts) पृथक मद के रूप में अलग लिये जाते हैं। तथा उनकी गणना पट्टियों के वजन या संख्या में की जाती है।

अच्छा हो यदि आवश्यकतानुसार तथा वांछित श्रेष्ठता की फिटिंग्स, मकान मालिक या विभाग स्वयं क्रय कर के ठेकेदार को लगाने के लिये दे दें। उस स्थिति में ठेकेदार को भुगतान की दर में फिटिंग्स का मूल्य शामिल नहीं किया जाता परन्तु फिटिंग्स लगाने के श्रम का मूल्य जोड़ा जाता है। फिटिंग्स क्रय के लिये प्राक्कलन में "दरवाजों तथा खिड़कियों के लिए फिटिंग्स" मद के अन्तर्गत इकमुश्त (lump sum) आधार पर धन की व्यवस्था की जाती है।

14. **लकड़ी का कार्य**—इस मद के अन्तर्गत लकड़ी की धरनें (beams), वर्गे (burghas), खंभे (posts), छत की कैंचियां (trusses), चौखटें आदि आते हैं। इसका परिमाण घन मी में निकाला जाता है। माप, तैयार काम (finished work) का लिया जाता है।

15. **लोहे का कार्य** (Iron work) यह वजन में, किलोग्राम या कुंतल में लिया जाता है। प्रति मीटर लम्बाई के भार को लम्बाई से सही-सही गुणा करके इसका परिमाण निकाला जाता है। इस्पाती तालिका (steel tables) पुस्तिका से प्रति मीटर लम्बाई का वजन ज्ञात किया जा सकता है। इस्पाती कड़ी (joist) की लम्बाई वास्तविक पाट (clear span) में दोनों धारकों (bearings) को जोड़ कर निकाली जाती है। धारक दीवार की मोटाई का तीन-चौथाई या 20 से 30 सेमी तक माना जा सकता है।

प्रत्येक पकड़ पट्टी (hold fast) का भार 1 किलोग्राम माना जा सकता है। चित्रों या विवरण में कोई उल्लेख न होने पर दरवाजों 6 (एक ओर तीन) तथा खिड़कियों में 4 पकड़ पट्टी ली जाती हैं।

बोल्ट व ढिबरी (bolts and nuts) तथा रिवेटों (rivets) का भार उनका आकार तथा संख्या गिनकर व इस्पात खंडों की तालिका में देख कर निकाल सकते हैं। कभी-कभी रिवेटों तथा बोल्ट व ढिबरियों का भार पूरे इस्पात कार्य के भार के प्रतिशत के रूप में ले लिया जाता है। इस्पात की कैंची में बहुधा रिवेटों तथा बोल्ट व ढिबरियों का भार 5% लिया जाता है।

16. **सफेदी पुताई** (White washing), **रंग की पुताई** (Colour washing) **डिस्टेम्पर करना** (Distempering)—इसका परिमाण वर्ग मीटर में निकाला जाता है तथा साधारणतया पलस्तर के परिमाण के बराबर होता है। अधिकतर आंतरिक दीवारों पर सफेदी या डिस्टेम्पर होता है अतः इस मद का परिमाण आंतरिक पलस्तर के परिमाण के बराबर होता है। बाहर की ओर रंग पुताई होती है अतः रंग पुताई का परिमाण वाह्य पलस्तर के परिमाण के बराबर लिया जाता है। इन मदों को अलग से परिकलन (calculation) की आवश्यकता नहीं है। इनमें केवल 'आंतरिक पलस्तर के समान' या 'वाह्य पलस्तर के समान' लिखना पर्याप्त है। सफेदी या रंग पुताई के लेपे (coats) एक ही कार्य में माने जाते हैं अतः क्षेत्रफल को लेपों की संख्या से गुणा नहीं करना चाहिये। मद के विवरण में लेपों की संख्या का उल्लेख होना चाहिए। कटौती पलस्तर के अनुसार ही की जाती है। अन्य प्रकार के समापन (finishes) भी इसी प्रकार किए जा सकते हैं।

17. **रंग करना** (Painting)—दरवाजों तथा खिड़कियों पर रंग व वार्निश का काम वर्ग मी में नापा जाता है। इसे निकालने के लिये दरवाजों तथा खिड़कियों के बाहरी नाप अर्थात् चौखट के बाहरी माप लिये जाते हैं। क्षेत्रफल सपाट (घेरे में नहीं) नापा जाता है। चौखट के लिए अलग से नाप नहीं ली जाती। दरवाजों तथा खिड़कियों का क्षेत्रफल दीवार की चिनाई में खाली छोड़े गये स्थान के क्षेत्रफल के बराबर ही लिया जाता है। लोहे की छड़ों, सजावटी जाली (grills) आदि के लिए चौखट के बीच का वास्तविक क्षेत्रफल लिया जाता है। दोनों पृष्ठ का क्षेत्रफल ज्ञात करने के लिए उपयुक्त लिखित विधि से निकाले गये क्षेत्रफल को निम्नलिखित अंकों से गुणा करते हैं :—

(1) दिल्हेदार (panelled), चौखटी और तानदार (framed and braced), पुश्तवानी और फट्टीदार (ledged and battened) या पुश्तवानी फट्टीदार तथा तानदार (ledged, battened and braced) ··· एक पृष्ठ का $2\frac{1}{4}$ गुना, दोनों तरफों के लिए।

(2) पूर्णतः काँच युक्त (glazed) या जाली का (gauged) ··· एक पृष्ठ का 1 गुना, दोनों तरफों के लिए।

(3) अंशतः दिल्हेदार तथा अंशतः काँच या जाली का (partly panelled and partly glazed and gauged)··· एक पृष्ठ का 2 गुना दोनों तरफों के लिए।

(4) सपाट दरवाजा (flush door) ... एक पृष्ठ का 2 गुना, दोनों तरफों के लिए।
(5) झिलमिली (venetian) ... एक पृष्ठ का 3 गुना, दोनों तरफों के लिए।
(6) खिड़कियों में लोहे की छड़ें सजावटी जाली
(grill) आदि ... चौखट के बीच में वास्तविक क्षेत्रफल का 1 गुना।

इसमें चौखटों के तीन ओर रंग करना भी शामिल है। रंग के दो या तीन लेप (coats) किये जाते हैं तथा अधिकतर सबसे नीचे अस्तर लेप (priming coat) दिया जाता है। सभी लेप एक ही मद में शामिल होते है तथा लेपों की सख्या से गुणा नहीं किया जाता। मद के विवरण में लेपों की संख्या का उल्लेख होना चाहिये।

विभिन्न प्रदेशों में उपर्युक्त लिखित गुणांकों का मान भिन्न-भिन्न लिया जाता है परन्तु ये भारतीय मानक संस्था अनुसार लेना चाहिये।

दीवार के जैम्ब के सम्पर्क में रहने वाले गुप्त पृष्ठ पर बहुधा कोलतार या सालिग्नम (solignum) के दो लेप दिये जाते हैं। यह लेपन एक अलग मद में लिया जाता है।

लकड़ी या इस्पात की धरनों (beams), रैफ्टरों (rafters), पर्लिनों खम्बों आदि पर रंग करने के लिये उनके खुले पृष्ठों का यथार्थ क्षेत्रफल निकाल लिया जाता है।

लहरदार (corrugated) सतहें सपाट मान ली जाती है तथा इस प्रकार प्राप्त क्षेत्रफल में प्रतिशत वृद्धि कर दी जाती है, इसका विवरण इसी पुस्तक के आगे दिया गया है।

इकमुश्तक (Lump sum) **मदें**—कुछ छोटी-छोटी चीजों का परिमाण निकालना श्रम साध्य होता है तथा बहुत समय लेता है जैसे भवन के सामने के भाग में वास्तुकी (architectural) या सजावटी कार्य, आतिशदान (fire place), निर्माणस्थल की सफाई तथा परिसज्जा आदि, ऐसी मदों के लिये इकमुश्त दर लें ली जाती है।

अन्य मदें (Other Items)—अन्य मदों के लिए पृष्ठ 17 से दी गयी इकाइयाँ लीं जाती हैं। मद इकाई ज्ञात होने पर विभिन्न प्रकार कीं मदों का परिमाण सुगमता पूर्वक निकाला जा सकता है।

मदों का नामकरण (Nomenclature of Items)—मदों के नामकरण में पूर्ण विवरण दिया जाता है जिससे हर मद स्पस्ट हो व उसका दोहरा अर्थ न लगाया जा सके। मदों के विवरण में किस प्रकार व किस कोटि की सामग्री प्रयोग की जानी है, मसाले का अनुपात निर्माण विधि आदि दिये जाते हैं। इस पुस्तक में दिये गये अभ्यासों में मदों के संक्षिप्त नाम दिये गये हैं। पूरे नाम के लिए सार्वजनिक निर्माण विभाग की दर—अनुसूची (P. W. D. Schedule of Rates) देखिये।

दरें (Rates)—प्राक्कलन में दी हुई विभिन्न मदों की दरें पूरे काम की प्रचालित दरें होती हैं, तथा इनमें सामग्री की लागत, परिवहन, मजदूरी पाड़ (scaffolding), ऊपरी खर्चे (overheads), ठेकेदार का मुनाफा, कर आदि सम्मिलित होते हैं। सामान्यता दरें सार्वजनिक निर्माण की दर—अनुसूची (P. W. D.) Schedule of Rates) से ली जाती है।

परिकलन में कमी करना (Reducing Calculation)—निम्नलिखित उपायों से परिकलन में कमी करके कार्य सुगमता पूर्वक किया जा सकता है :—

1. **नींव कंक्रीट** (Foundation Concrete)—

$$\text{नींव कंक्रीट} = \frac{\text{नींव में मिट्टी की खुदाई की मात्रा}}{\text{खुदाई की गहराई}} \times \text{कंक्रीट की मोटाई}$$

उदाहरणार्थ यदि खुदाई की गहराई (depth of excavation) 90 सेमी हो तथा कंक्रीट 30 सेमी मोटी हो तो, कंक्रीट $= \frac{1}{3} \times$ खुदाई की मात्रा।

ऐसा तभी सम्भव है जब सभी दीवारों में खुदाई की गहराई तथा कंक्रीट की मोटाई समान हो। अन्यथा विभिन्न गहराई तथा मोटाई को अलग-अलग लिया जाता है।

कुर्सी में रेत भराई (Sand filling in Plinth)—

$$\text{रेत भराई} = \frac{\text{कुर्सी में मिट्टी की भराई की मात्रा}}{\text{मिट्टी के भराव की ऊंचाई}} \times \text{रेत के भराव की ऊंचाई}$$

उदाहरण यदि कुर्सी में मिट्टी के भराव की ऊंचाई 60 सेमी तथा रेत के भराव की ऊंचाई 30 सेमी हो तो रेत के भराव की मात्रा $= \frac{1}{2} \times$ मिट्टी की भराव की मात्रा।

2. कुर्सी के ऊपरी भाग में रेत के बजाय सिंडर (cinder) भी भरी जाती है। इसे भी रेत भराई के समान निकाला जाता है।

3. **अन्दर सफेदी की पुताई** (Inside white washing) इसका परिमाण आंतरिक पलस्तर के परिमाण के बराबर होता है। इस मद में केवल "आन्तरिक पलस्तर के समान" लिख दें।

4. **बाहर रंग पुताई** (Colour washing) इसका परिमाण बाहरी पलस्तर के परिमाण के बराबर होता है इस मद में केवल "बाह्य पलस्तर के समान" लिख दें।

5. **खसकों** (Footings) **में चिनाई कार्य**—

जब नींव में अनेक खसकें (Footings) हों तो खसकों की औसत चौड़ाई लेकर उसे लम्बाई व ऊंचाई से गुणा करके परिमाण निकाला जा सकता है।

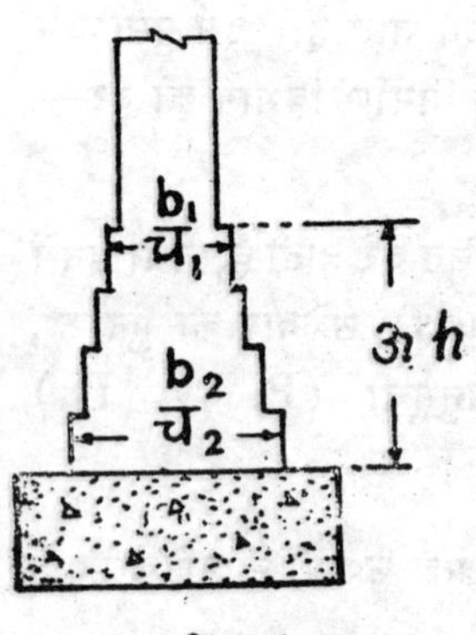

चित्र 1-8

$$\text{औसत चौड़ाई} = \frac{\text{च}_1 + \text{च}_2}{2}, \left(\frac{b_1 + b_2}{2}\right)$$

$$\text{खसकों में चिनाई का परिमाण} = \text{ल} \times \frac{\text{च}_1 + \text{च}_2}{2} \times \text{ऊ}$$

$$\left(L \times \frac{b_1 + b_2}{2} \times h \right)$$

इस प्रकार प्राप्त परिमाण लगभग ही होती है परन्तु व्यावहारिक उपयोग के लिए ठीक है।

उपरोक्त सूत्र में ल० औसत लम्बाई या केन्द्र रेखा की लम्बाई है।

6. जिन चीजों की चौड़ाई तथा ऊंचाई समान हो उनकी लम्बाइयों को जोड़ लें। लम्बाइयों के योग को समान चौड़ाई तथा ऊंचाई से गुणा करने पर कुल आयतन ज्ञात हो जायगा है। इससे हर पंक्ति में गुणा नहीं करना होगा तथा बहुत सा गुणा करना बच जायगा।

उदाहरणार्थ—

मद सं०	मद का विवरण	संख्या	ल०	चौ०	ऊं०	परिमाण
	अधिरचना में ईंट चिनाई	2	7·65 मी.	·30 मी.	3·60 मी.	
		3	3·50 मी.	.30 मी.	3·60 मी.	
		2	3·80 मी.	.30 मी.	3·60 मी.	
		1	4·20 मी.	.30 मी.	3·60 मी.	

योग ··· 37·60 मी × ·30 मी × 3·60 मी = 40·608 = 40·61 घन मी०

प्राक्कलन में परिशुद्धता मात्रा (Degree of Accuracy in Estimating)—प्राक्कलन बनाते समय वांछित परिशुद्धता मात्रा degree of accuracy) मदों की दर पर निर्भर करती है। किसी मद की दर जितनी ऊंची हो उतनी ही परिशुद्धता से उसका परिमाण निकालना चाहिये। जब दर अधिक हो तथा उसका भुगतान प्रति इकाई के हिसाब से करना हो तो माप एकदम सही होना चाहिये। व्यवहार में माप 1 सेमी से ½ सेमी निकटतम तक लिया जा सकता है। ऐसी परिस्थिति में परिमाण कम से कम दो दशमलव स्थान तक निकालना चाहिये। परन्तु जब दर कम हो तथा भुगतान प्रति 100 या 1000 इकाई के हिसाब से करना हो तो इतनी परिशुद्धता की आवश्यकता नहीं है।

उदाहरणार्थ दीवार में चिनाई का भुगतान प्रति घन मी. की दर से किया जाता है अतः लम्बाई या ऊंचाई लेने में एकाध सेमी की कमी या वृद्धि से कुल परिमाण पर अधिक प्रभाव नहीं पड़ेगा। परन्तु दीवार की मोटाई में आधे या चौथाई सेमी की भूल-चूक से भी परिमाण में बहुत अन्तर आ जाता है; अतः मोटाई बहुत शुद्धता पूर्वक लेना चाहिए। परिमाण दो दशमलव स्थान तक निकाला जा सकता है।

सामान्यतः लम्बाई का माप निकटतम सेमी. (·01) मी तक, क्षेत्रफल निकटतम 0·01 वर्ग मी तक तथा आयतन निकटतम 0·01 घन मी तक लिया जाता है। स्लैबों, विभाजक दीवारों आदि की मोटाई तथा स्तम्भों (columns), खम्भों धरनों आदि के अनुप्रस्थ माप (sectional dimension) निकटतम आधे सेमी तक लेना चाहिये।

(और विस्तृत विवरण के लिये, अध्याय 14)—माप लेने तथा परिमाण निकालने की विधियों व नियमों को देखें।

मीटरी प्रणाली में माप की इकाइयां

माप लेने का सिद्धांत यह है कि बहुत छोटी माप मिमी में, छोटी माप सेमी. में तथा बड़ा माप मी. में ली जाय। दूरियां किलोमीटर में ली जाती हैं।

मीटरी प्रणाली में सामान्य निर्माण कार्य में प्रयुक्त होने वाली सामग्रियों तथा कार्यों की इकाई निम्न है :—

निर्माण सामग्री तथा कार्यों की इकाइयाँ

		मीटर प्रणाली में माप
1.	ईंटें, पिंडक (Stone blocks), आदि	सब माप सेमी में।
2.	खपरैल, स्लेट, दीवार तख्ता (wall board), कांच पट्टिका, ऐस्बेस्टास सीमेंट चादर आदि	लम्बाई तथा चौड़ाई सेमी में, मोटाई मिमी में।
3.	दरवाजे, खिड़कियां आदि	चौड़ाई तथा ऊंचाई सेमी या मी में-
4.	दरवाजों तथा खिड़कियों के भाग जैसे दिल्हे (panels), पल्ले (shutters) आदि	सेमी या मिमी में।
5.	लकड़ी (timber)	लम्बाई मीटर में तथा अनुप्रस्थ माप सेमी या सेमी में।
6.	चिनाई, (ईंट चिनाई, पत्थर चिनाई आदि)	लम्बाई तथा ऊंचाई मी में, मोटाई या चौड़ाई सेभी में।
7.	सीमेंट कंक्रीट, चूना कंक्रीट, प्र. सी. कं. (R. C. C.) कार्य, फर्श आदि ...	लम्बाई तथा चौड़ाई मी में मोटाई सेमी में।
8.	सफेदी पुताई (white washing), रंग पुताई (colour washing) डिस्टेम्पर करना, रग करना (painting) आदि।	लम्बाई तथा चौड़ाई या ऊंचाई मी में।
9.	मिलावा (aggregate), गिट्टी (ballast), गिट्टी (grit), रेत आदि ...	सभी मिमी में।
10.	बिले इस्पाती खण्ड (rolled steel section) जैसे I-धरन, नाली इस्पात (channel), कोण लोहा (angle) आदि	लम्बाई मी में. अनुप्रस्थ माप मिमी में।
11.	नरम इस्पात की छड़ें (mild stel bars)	लम्बाई मी में, व्यास मिमी में।

विविध मदों के माप तथा भुगतान की इकाइयाँ

विभिन्न निर्माण कार्यों की इकाइयां उनकी प्रकृति, आकार तथा आकृति के अनुसार ली जाती है। विभिन्न मदों की इकाइयां, सामान्यता निम्नलिखित सिद्धांत के आधार पर ली जाती हैं :—

(1) भारी, भरकम तथा मोटा कार्य घन इकाई या आयतन में लिया जाता है। आयतन निकालने के लिए लम्बाई, चौड़ाई तथा ऊंचाई या गहराई ली जाती है।

(2) उथला, पतला तथा सतह पर किये जाने वाले कार्य इकाई या क्षेत्रफल में लिया जाता है। क्षेत्रफल निकालने के लिए लम्बाई तथा चौड़ाई या ऊंचाई ली जाती है।

(3) लम्बे तथा पतले कार्य लम्बाई में नापे जाते हैं।

(4) उजरती कार्य (piece work) संख्या में गिनी जाती है।

मीटर प्रणाली में विभिन्न निर्माण मदों तथा सामग्री की इकाइयां निम्नलिखित तालिका में दी गई हैं :—

क्र० सं०	मद का नाम	मीटरी प्रणाली में इकाई
	मिट्टी का काम—	
1.	साधारण मिट्टी की खुदाई, कंकड़, बजरी आदि मिली मिट्टी की खुदाई, कठोर (hard) मिट्टी की खुदाई	% घन मी
2.	चट्टान की खुदाई (rock excavation)	% घन मी
3.	मिट्टी की भराई (filling) ऊच्चालन, बांध बनाना (banking) आदि	% घन मी
4.	मिट्टी गौंदना (puddling)	% घन मी
5.	नींव की खाई भराई	% घन मी० (साधारणतया अलग से नहीं मापा जाता है)
6.	सतह की सफाई करने और समान करने का काम	प्रति वर्ग मी
7.	पेड़ काटना (घेरा निर्देशित)	प्रति संख्या
8.	खान से पत्थर और बोल्डर की खुदाई का काम	प्रति घन मी
9.	पत्थर विस्फोटन का काम (विस्फुटित पत्थर चट्टा लगाने के बाद मापे जाते हैं)	प्रति घन मी
10.	रेत भराई	प्रति घन मी
	कंक्रीट—	
1.	चूना कंक्रीट (चू० कं०) नींव में	प्रति घन मी
2.	चूना कंक्रीट ऊपरी चपटी छतों में (roof terracing), मोटाई निर्दिष्ट हो	प्रति वर्ग मी० (उ० प्र० में कार्य प्रणाली के अनुसार आयतन के आधार पर भी ले सकते हैं)
3.	सीमेंट कंक्रीट (सी० कं०)	प्रति घन मी
4.	प्रबलित सीमेंट कंक्रीट (प्र० सी० कं०)	प्रति घन मी
5.	पूर्व ढालित (precast) सादा सीमेंट कंक्रीट या प्र० सी० कं०	प्रति घन मी
6.	जाली का काम या जाफरी (jaffri) का काम, सीमेंट कक्रीट की जाली	प्रति वर्ग मी (मोटाउ निर्दिष्ट होती है)
7.	सीमेंट कंक्रीट का आधार पट्ट (bed plate)	प्रति घन मी (संख्या से भी हो सकता है)
	सील रोक रद्दा—	
8.	सील रोक रद्दा	प्रति वर्ग मी० (मोटाई निर्दिष्ट होती है)
	ईंट चिनाई—	
1.	नींव तथा कुर्सी (plinth), अधिरचना (superstructure), डाट आदि में सीमेंट या चूने की मसाले से, मिट्टी के गारे से ईंट चिनाई	प्रति घन मी
2.	धूप में सूखी हुई ईंटों की चिनाई	प्रति घन मी
3.	जालीदार (honey comb) ईंट चिनाई मोटाई निर्दिष्ट होती है)	प्रति घन मी (उ० प्र० में कार्य प्रणाली के अनुसार आयतन में भी लिया जा सकता है)

क्र० सं०	मद का नाम	मीटरी प्रणाली में इकाई
4.	जैक डाट में (jack arch) ईंट चिनाई	प्रति घन मी (क्षेत्रफल के आधार पर भी सपाट तल मानकर लिया जा सकता है)
5.	कुँए के मेड (well steining) में चिनाई कार्य	प्रति घन मी
6.	आधी ईंट की दीवार प्रबलन समेत या प्रबलन रहित	प्रति घन मी (उ० प्र० में कार्य प्रणाली के अनुसार आयतत में भी लिया जा सकता है)
7.	पतली विभाजन दीवार (partition wall)	प्रति वर्ग मी
8.	किंगरी रद्दा (string course), तोता (drip course), शीर्षिका (coping)	प्रति मी लम्बाई में, विक्षेप (projection) निर्दिष्ट होते हैं।
9.	कार्निस	प्रति मी लम्बाई में
10.	प्रबलित ईंट चिनाई (R. B. Work)	प्रति घन मी
	पत्थर का काम—	
1.	दीवारों व डाटों में पत्थर की चिनाई (stone masonry) बेरद्दा ढोका पत्थर की चिनाई (random rubble masonry), रद्देदार ढोका पत्थर की चिनाई (coursed rubble masonry), संगीन पत्थर की चिनाई (ashlar masonry)	प्रति घन मी
2.	लिन्टल धरन आदि में कटे पत्थर की चिनाई	प्रति घन मी
3.	छत, अलमारी में पत्थर का स्लैब (slab), पत्थर के छज्जे, पत्थर का धूप रोधक (sunshade) आदि	प्रति घन मी (मोटाई निर्दिष्ट होती है)
4.	दीवार की मोहरें (facing) में पत्थर का काम या पत्थर का अस्तर (lining)	प्रति वर्ग मी (मोटाई निर्दिष्ट होती है)
	लकड़ी का कार्य—	
1.	चौखट, रैफ्टर (rafter), धरनों (beams), छत की कैंची (roof truss) आदि में लकड़ी का कार्य	प्रति घन मी
2.	दरवाजों तथा खिड़कियों के दिल्हेदार (panelled), फट्टीदार (battened), काँचयुक्त, तार की जालीदार (wire gauge) आदि के पल्ले	प्रति वर्ग मी (मोटाई निर्दिष्ट होती है)
3.	लकड़ी की चिनाई (sawing)	प्रति वर्ग मी
4.	प्लाई लकड़ी का काम (ply wood) विभाजक लकड़ी की दीवार में	प्रति वर्ग मी
5.	बल्लियां	प्रति मी लम्बाई में (व्यास निर्दिष्ट होता है)

क्र० सं०	मद का नाम	मीटरी प्रणाली में इकाई
	लोहे या इस्पात का कार्य (Steel Work)—	
1.	बिले इस्पात (rolled steel) की कड़ियाँ (Joists), नाली (channels), कोनी (Angle) T-लोहा (T-iron), पत्तियां (flats), वर्गाकर छड़ें, गोल छड़ें आदि	प्रति कुंतल (लम्बाई मीटर में)
2.	प्र० सी० कं० (R.C.C.), प्र० चि० (R. B.) के काम में प्रयुक्त नरम स्पात की छड़ें (mild steel)	प्रति कुंतल
3.	प्रबलन का मोड़ना, बांधना	प्रति कुंतल
4.	इस्पात कार्य की गढ़ाई (fabrication), हविस तथा उत्तोलन (hoisting)	प्रति कुंतल
5.	लोहे की बरफी जाली (expanded metal)	प्रति वर्ग मी
6.	कैंची में (truss) लोहे का काम	प्रति कुंतल
7.	लोहे की कड़ियाँ (joists) व नालियाँ (channels) काटना	प्रति सेमी
8.	लोहे की कोनियाँ (angles) T-लोहा (Tee) तथा चादर (plates) काटना	प्रति वर्ग मी
9.	लोहे में चड़ी काटना (threading)	प्रति सेमी
10.	झलाई (welding), टांका लगाना (soldering) आदि	प्रति सेमी
11.	लोहे में छेद करना	संख्या में
12.	ढलवां लोहे के ऐस्बेस्टॉस-सीमेंट का, सभी प्रकार पाइप	प्रति मी० (व्यास निर्दिष्ट होता है)
13.	बोल्ट तथा ढिबरी (bolts and nuts) पकड़ बोल्ट (anchor bolts) ल्यूइस बोल्ट (lewis bolts) आदि	प्रति कुंतल
14.	कंटीले तार का घेरा (barbed wire fencing)	% मीटर लम्बाई में
15.	लोहे का फाटक	प्रति वर्ग मी (भार के अनुसार भी हो सकता है)
16.	लोहे की पकड़ पट्टी (hold fast)	प्रति कुंतल (संख्या में भी लिया जा सकता है)
17.	लोहे की रेलिंग (railing)	प्रति मी
18.	लोहे की सजावटी जाली (grill)	प्रति वर्ग मीटर
	छत —	
1.	खपरैल की छत बत्तों (battens) सहित, इलाहाबादी खपरैल, फैजाबादी खपरैल मंगलोरी खपरैल आदि	प्रति वर्ग मी
2.	देशी खपरैल की छत बांस की जाफरी सहित	प्रति वर्ग मी

क्र० सं०	मद का नाम	मीटरी प्रणाली में इकाई
3.	लहरदार जस्ती चादर (Corrugated G. I. Sheets) की छत, ऐस्बेस्टॉस सीमेंट की चादर की छत आदि	प्रति वर्ग मी (सपाट मानकर)
4.	स्लेट की छत, लकड़ी की छत	प्रति वर्ग मी
5.	फूस की छत बांस की जाफरी के सहित	प्रति वर्ग मी (मोटाई निर्दिष्ट होती है)
5.	प्र० सी० कं० (R. C. C.) स्लैब की छत	प्रति घन मी
7.	प्र० चि० की स्लैब (R. B. Slab) की छत	प्रति घन मी
8.	छत पर चूना कंक्रीट (मोटाई निर्दिष्ट होती है)	प्रति वर्ग मी (उ० प्र० कार्य विधि के अनुसार आयतन में भी लिया जा सकता है)
9.	चूना कंक्रीट की छत, खपरैलों (tile), ईंटों, पट्टियों, पत्थरों, स्लैब आदि के सहित	प्रति वर्ग मी (मोटाई निर्दिष्ट होती है)
10.	मिट्टी की छत, खपरैल, ईंटों, पत्थरों, पट्टियों आदि के सहित	प्रति वर्ग मी (मोटाई निर्दिष्ट होती है)
11.	जैक डाट की छत (jack arch roof)	प्रति वर्ग मी (सपाट मानकर), प्रति घन मी में भी लिया जा सकता है
12.	कूटों (ridges), घाटी (vallesy) व नाली (gutter)	प्रति मी लम्बाई (घेरा, (girth) निर्दिष्ट होता है)
13.	कोलतार नमदा (tar felting) बिछाना, डामर बिछाना (bituminous painting)	प्रति वर्ग मी
14.	छत पर रेत तथा मिट्टी, ऐस्फाल्ट आदि की उष्मारोधी तह (insulation layer)	प्रति मी लम्बाई
15.	प्रसार (expansion), सकुचन (contraction) तथा निर्माण जोड़ (construction joint)	प्रति वर्ग मी
	छतगीरी	
16.	लकड़ी के तख्ते की, दफ्ती की, ऐस्बेस्टॉस सामेंट की सपाट चादरों की, बर्फी की जाली पर सीमेंट मसाले, आदि की	प्रति बर्ग मी
	ढला बांधना या तख्ताबन्दी —	
17.	(Centering and shuttering form work) प्र० सी० कं० या प्र० चि० का मुक्त पृष्ठ का क्षेत्रफल	प्रति वर्ग मी (प्र० सी० कं० या प्र० चि० के आयतन में घन मी में भी लिया जा सकता है)
	पलस्तर (Plastering), **टीप** (Pointing) **तथा समापन** (Finishing) कार्य—	
1.	सीमेंट मसाले (cement mortar) चूना मसाले मिट्टी आदि से पलस्तर करना	प्रति वर्ग मी (मोटाई निर्दिष्ट होती है)
2.	टीप, पलदार (struck) टीप, भरवा (flush टीप, ढलवाँ (weather) टीप, आदि	प्रति वर्ग मी

क्र० सं०	मद का नाम	मीटरी प्रणालो में इकाई
3.	डेडो (dado)	प्रति वर्ग मी (सामग्री तथा मोटाई निर्दिष्ट होती है)
4.	सीमेंट या चूने के मसाले का लेप (rubbing)	प्रति वर्ग मी
5.	सफेदी, पुताई (white washing) रंग पुताई (colour washing), सीमेंट लेपन (cement washing)	प्रति वर्ग मी (लेपों की संख्या निर्दिष्ट होती है)
6.	डिस्टेम्पर करना	प्रति वर्ग मी
7.	स्नो-सेम (Snow-cem) का लेपन या समापन (finishing)	प्रति वर्ग मी
8.	प्रलेपन या रंग करना (painting), वार्निश करना (varnishing)	प्रति वर्ग मी (लेपों की संख्या निर्दिष्ट होती है)
9.	लकड़ी के काम पर पालिश करना	प्रति वर्ग मी
10.	अक्षरों तथा अंकों को चित्रित करना (painting)	प्रत्येक, संख्या में अक्षरों की ऊंचाई निर्दिष्ट होती है)
11.	दरवाजों तथा खिड़कियों की सफाई तथा उनमें तेल देना	प्रति वर्ग मी
12.	कोलतार लेपन (coal tarring)	प्रति वर्ग मी (लेपों की संख्या निर्दिष्ट होती है)
13.	रंग या वार्निश छड़ाना	प्रति वर्ग मी
14.	गोबर से लीपना	प्रति वर्ग मी
	फर्श (Flooring)—	
1.	2·5 सेमी सीमेंट कंक्रीट का फर्श, 7·5 सेमी मोटे चूने कंक्रीट के सहित	प्रति वर्ग मी चूना कंक्रीट समेत
2.	2·5 सेमी मोटा कृत्रिम पेटेन्ट पत्थर का फर्श या सर्पिडन (Conglomerate) फर्श 7·5 सेमी मोटा चूना कंक्रीट के सहित	प्रति वर्ग मी
3.	4 सेमी मोटे पत्थर का फर्श तथा पत्थर का चौका (Flag stone) का फर्श 7·5 सेमी मोटे चूने कंक्रीट के सहित	प्रति वर्ग मी
4.	4 सेमी मोटा मार्बल का फर्श 7·5 सेमी मोटे चूने कंक्रीट के सहित	प्रति वर्ग मी
5.	मोजेक (mosaic), टराजी (terrazo), दानेदार कंक्रीट (granolithic) का फर्श 7·5 सेमी मोटे चूने कंक्रीट के सहित	प्रति वर्ग मी
6.	पड़ी ईंट का फर्श (floor) 7·5 सेमी मोटे चूने कंक्रीट के सहित	प्रति वर्ग मी
7.	खड़ी ईंट (brick-on-edge) का फर्श 7·5 सेमी मोटे चूने कंक्रीट के सहित	प्रति वर्ग मी
8.	सीमेंट कंक्रीट का 2·5 सेमी या 4 सेमी मोटा फर्श	प्रति वर्ग मी

क्र० सं०	मद का नाम	मीटरी प्रणाली में इकाई
9.	कच्चा फर्श (mud flooring) तथा उस पर गोबर से लिपाई	प्रति वर्ग मी
10.	एप्रन (appron) या कुर्सी रक्षार्थ फर्श	प्रति वर्ग मी
	विविध मदें —	
1.	सजावटी कार्निस (ornamental cornice)	प्रति मी लम्बाई (विक्षेप (projection) निर्दिष्ट होता है)
2.	ढलाई (moulding), किंगरी रद्दा (string course), गोटन (beading), तोता (throating) बनना आदि	प्रति मी लम्बाई
3.	सजावटी स्तम्भ, शीर्ष (pillars caps) स्तंभ, आधार स्तंभ (pillar base), फूल, ब्रैकेट (bracket) आदि	प्रत्येक संख्या
4.	रेलिंग (railing)	प्रति मी लम्बाई ऊंचाई तथा प्रकार निर्दिष्ट होता है)
5.	सतही नाली छोटी	प्रति मी लम्बाई (सामग्री, माप आदि निर्दिष्ट होते हैं)
6.	सतही नाली बड़ी (मद के अनुसार)—	
	(i) चिनाई का काम	प्रति घन मी
	(ii) पलस्तर करना	प्रति घन मी
7.	पाइप (वर्षा जल निकास के लिए) स्वच्छता (sanitary) या पानी का नल आदि	प्रति मी लम्बाई (व्यास निर्दिष्ट होता है)
8.	पाइप लाइन बिछाना (सफाई का नल, पानी का नल आदि)	प्रति मी लम्बाई
9.	जंगल साफ करना	प्रति हेक्टेयर (Hectare) (सड़क निर्माण तथा सिंचाई कार्य में यह प्रति किलोमीटर के हिसाब से लिया जा सकता है)
10.	सिंचाई नहरों में से गाद या रेत हटाना (silt clearance)	% घन मी (5 सेमी तक मोटी गाद की तह खुरचने की दर नहर की प्रति मीटर चौड़ाई, प्रति किलोमीटर में होती है)
11.	मंचिका (trestle), क्रेट (प्रकार व आकार आदि निर्दिष्ट होते हैं)	प्रत्येक (संख्या में)
12.	चूल्हे, अगीठी (fire place)	प्रत्येक (संख्या में)
13.	चिमनी की सफाई	प्रत्येक (संख्या में)
14.	सूती डोरी रोशनदाव (sky lights) में	प्रत्येक (भार के अनुसार भी हो सकता है)
15.	दरवाजे तथा खिड़कियों का सन्तुलित, ठीक करना (easing)	प्रत्येक (संख्या में)
16.	दरवाजे तथा खिड़कियां लगाना	प्रत्येक (संख्या में)
17.	कब्जों (hinges), चटखनी (tower bolts), कुण्डी कुफ्ल (hasp and staples), हत्थे,	प्रत्येक (संख्या में)

क्र० सं०	मद का नाम	मीटरी प्रणाली में इकाई
	धातु का सामान (hardware) आदि की सप्लाई (supply) तथा लगाना (fixing)	
18.	कांच लगाना (glazing)	प्रति वर्ग मी
19.	खिड़कियों, दरवाजों आदि के शीशों की सप्लाई	प्रति वर्ग मी
20.	शीशे लगाना या उनकी सफाई	प्रत्येक (संख्या में)
21.	शीशे बदलना	प्रत्येक (संख्या में)
22.	लकड़ी लगाना, तख्ते लगाना	प्रति वर्ग मी (मोटाई निर्दिष्ट होती है)
23.	कूंआ धंसाना (sinking) (चिनाई का या ट्यूबवेल)	प्रति मी गहराई
24.	स्थूणा ठोकना (pile driving)	प्रति मीटर
25.	फर्नीचर, कुर्सी, मेज आदि	प्रत्येक (माप व आकार निर्दिष्ट होते हैं)
26.	फर्नीचर पर पालिश या रंग करना	प्रत्येक
27.	कुर्सियों की बुनाई (caning)	प्रत्येक
28.	ईंट, पत्थर, कंकड़ आदि का पिचिंग लगाना	प्रति घन मी (ईंट लगाने का काम क्षेत्रफल के अनुसार भी हो सकता है)
29.	सिंचाई की नहर, सुरंग (tunnel) आदि में अस्तर (lining) देना	प्रति वर्ग मी (सामग्री तथा मोटाई निर्दिष्ट होती है)
30.	कंकड़	प्रति घन मी
31.	कंकड़ की कुटाई (consolidation)	प्रति घन मी
32.	दाग बेल (dag belling)	प्रति % मी (प्रति किलोमीटर भी लिया जा सकता है)
33.	सड़क पर डामर बिछाना (bituminous road surfacing)	प्रति वर्ग मी
	उखाड़ना (Dismantalling)—	
1.	ईंट की चिनाई उखाड़ना	प्रति घन मी
2.	बिजली का तार उखाड़ना (electric wiring)	प्रति पाइन्ट (बत्ती का पाइन्ट, पंखे का पाइन्ट, प्लग का पाइन्ट आदि)
3.	पन सन्डास (water-closet), धावन कुण्डी (चिलमची) (wash hand basin), प्रवेश मोखा (manhole) आदि	प्रत्येक (माप निर्दिष्ट होता है)
	सामग्री—	
1.	ईंटों की सप्लाई (supply)	प्रति हजार
2.	रेत, सुर्खी, सिंडर की सप्लाई	प्रति घन मी
3.	सीमेंट की सप्लाई	प्रति बोरा जिसमें 50 किग्रा सीमेंट हो (प्रति कुन्तल या प्रति मीटरी टन भी हो सकता है)
4.	चूने की सप्लाई (बिना बुझा और बुझा चूना)	प्रति कुन्तल (प्रति घन मी भी हो सकता है)
5.	ईंट की गिट्टी (brick ballast) व पत्थर की गिट्टी (stone ballast) की सप्लाई	प्रति घन मी

क्र० सं०	मद का नाम	मीटरी प्रणाली में इकाई
6.	तोड़ी हुई ईंट, कंकड़ आदि की सप्लाई	प्रति घन मी
7.	लकड़ी की सप्लाई	प्रति घन मी (तख्ता का प्रति वर्ग मी में भी हो सकता है)
8.	इस्पात लोहा की सप्लाई	प्रति कुन्तल (प्रति मी टन भी हो सकता है)
9.	बिटुमेन, तारकोल आदि की सप्लाई	प्रति मीटर टन
10.	कोयले की सप्लाई	प्रति मीटर टन
11.	ऐस्बेस्टॉस सीमेंट के चादर की सप्लाई	प्रति वर्ग मी
12.	जस्ती चादर की सप्लाई	प्रति कुन्तल
13.	स्विचों, प्लगों, छत कटोरियों (ceiling roses) आदि की सप्लाई	प्रत्येक (संख्या में)
14.	बिजली के तार की सप्लाई	प्रति मी लम्बाई में
15.	तम्बू (tents), छोलदारी (shouldaries)	प्रत्येक (संख्या में)
16.	पन संडास (water closet) की सप्लाई	प्रत्येक (संख्या में)
17.	चिलमची (wash-hand basin) की सप्लाई	प्रत्येक (संख्या में)
18.	पाइप की टोपी (cowl). अभ्रक वाल्व (mica valve), अन्तारोधी ट्रेप (intercepting trap) की सप्लाई	प्रत्येक (संख्या में)
19.	टोटी (bib cock), रोक टोटी (stop cock) गोला टोटी आदि की सप्लाई	प्रत्येक (संख्या में)
20.	फेरुल (ferrule), जस्ती लोहे की टंकी, पानी के मीटर आदि की सप्लाई	प्रत्येक (संख्या में)
20.	सीसे व सीसे के रूए (lead wool) की सप्लाई	प्रति कुन्तल
22.	कता हुआ सूत	प्रति किग्रा
22.	रंग (paint) की सप्लाई	प्रति लीटर (कड़ा (steep) रंग भार के अनुसार लिया जा सकता है)

सीमेंट की एक बोरी = 50 किग्रा, 2 बोरी = 1 कुन्तल, 20 बोरी = 10 कुन्तल = 1 मीटरी टन

मानक प्रमापीय (Standard Modular) ईंटें

मानक प्रमापीय ईंटों का माप—भारतीय मानक सख्या (Indian Standard Institution) ने मानक प्रमापीय ईंटों के निम्नलिखित माप निर्धारित किये हैं। अब इन मानक ईंटो का उत्पादन आरम्भ किया जाएगा। तथा पुरानी परम्परागत ईंटों का प्रयोग क्रमशः समाप्त किया जाएगा।

मानक प्रमापीय ईंटें—सब माप सेन्टीमीटर में हैं।

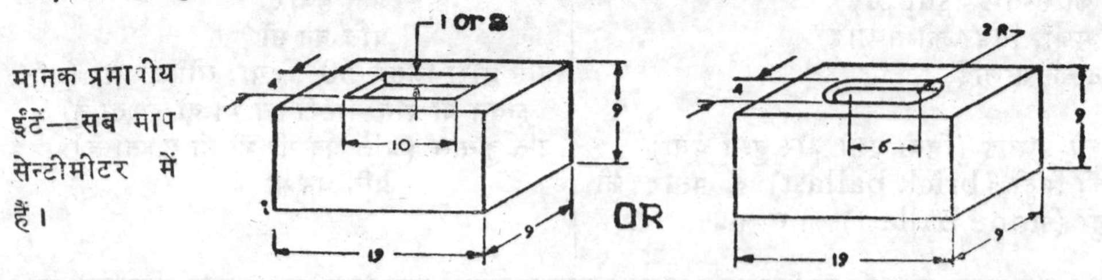

	वास्तविक (actual) आकार	नामन (nominal) आकार
मानक प्रमापीय ईंट	19 सेमी × 9 सेमी × 9 सेमी	20 सेमी × 10 सेमी × 10 सेमी
मानक प्रमापीय ईंट-खपरैल	19 सेमी × 9 सेमी × 4 सेमी	20 सेमी × 10 सेमी × 5 सेमी

मानक ईंट से बनी दीवार की मोटाई—

दीवार	$\frac{1}{2}$ ईंट	1 ईंट	$1\frac{1}{2}$ ईंट	2 ईंट	$2\frac{1}{2}$ ईंट	3 ईंट
दीवार की मोटाई	10 सेमी	20 सेमी	30 सेमी	40 सेमी	50 सेमी	60 सेमी

दीवार की वास्तविक मोटाई 1 सेमी मसाला के जोड़ के साथ इस प्रकार होगी—$\frac{1}{2}$ ईंट के लिए 9 सेमी, 1 ईंट के लिए 19 सेमी, $1\frac{1}{2}$ ईंट के लिए 29 सेमी, 2 ईंट के लिए 39 सेमी, $2\frac{1}{2}$ ईंट के लिए 49 सेमी इत्यादि, किन्तु वास्तविक मोटाई जो भी हो उसका ध्यान न रखते हुए वह ऊपर दी गई मोटाई के अनुसार ली जायगी।

मानक ईंट से बने प्रबलित चिनाई (R. B.) **लिंटल तथा स्लैब** (slab) **की मोटाई—**

तह (layer)	1 पड़ी (flat) ईंट	2 पड़ी ईंट	3 पड़ी ईंट	4 पड़ी ईंट
मोटाई	10 सेमी	20 सेमी	30 सेमी	40 सेमी

मानक ईंट के साथ मानक टाईल का प्रयोग करके लिंटल तथा स्लैब की 15 सेमी, 25 सेमी, 35 सेमी, 45 सेमी इत्यादि, मोटाई प्राप्त की जा सकती है।

परम्परागत (Traditional) ईंटें

आजकल प्रयोग होने वाली परम्परागत ($9'' \times 4\frac{1}{2}'' \times 3''$) **ईंटों के मीटरी माप तथा उनसे बनी दीवारों की चौड़ाई—**

अभी मानक प्रमापीय ईंटों का निर्माण आरम्भ नहीं हुआ है। जब तक मीटरी मानक ईंटें बनना शुरू नहीं होतीं, परम्परागत ईंटों का व्यवहार करना ही होगा तथा दीवारों की मोटाई आधी ईंट [11·4 सेमी] के गुणांक के रूप में लेनी होगी। मीटरी प्रणाली में परम्परागत ईंट तथा उससे बनी दीवार के निम्नलिखित माप होंगे।

मीटरी प्रणाली में परम्परागत ईंट का माप—

		मीटरी माप
वास्तविक (actual)	$9'' \times 4\frac{3}{8}'' \times 2\frac{3}{4}''$	22·9 सेमी × 11·2 सेमी × 7·0 सेमी
नामन (nominal)	$9'' \times 4\frac{1}{2}'' \times 3''$	22·9 सेमी × 11·4 सेमी × 7·6 सेमी

आजकल प्रयाग होने वाली परम्परागत ईंट से बनी दीवार की मीटरी प्रणाली में माप—

दीवारें	$\frac{1}{2}$ ईंट	1 ईंट	$1\frac{1}{2}$ ईंट	2 ईंट	$2\frac{1}{2}$ ईंट	3 ईंट	$3\frac{1}{2}$ ईंट	4 ईंट
दीवार की चौड़ाई	(3″) (4$\frac{1}{2}$″)	(9″)	(13$\frac{1}{2}$″)	(18″)	(22$\frac{1}{2}$″)	(27″)	(31$\frac{1}{2}$″)	(36″)
	7·6सेमी 11·4सेमी	22·9सेमी	34·3सेमी	45·7सेमी	57·1सेमी	68·6सेमी	80 0सेमी	91·4सेमी

10″ × 5″ × 3″ निर्दिष्ट (nominal) आकार की ईंट का माप मीटरी प्रणाली में 25·4 सेमी × 12·7 सेमी × 7·6 सेमी (निर्दिष्ट) लिया जायगा तथा दीवार की चौड़ाई आधी ईंट (12·7 सेमी.) की गुणांक ली जायगी अर्थात दीवार की चौड़ाई 7·6 सेमी, 12·7 सेमी, 25·4 सेमी, 37·1 सेमी, 50·8 सेमी, 63·5 सेमी, 76·2 सेमी, 88·9 सेमी, 101·6 सेमी, 114·3 सेमी आदि ली जायगी।

इस पुस्तक में मीटरी मानक प्रमापीय ईंट के मीटरी प्रणाली में अनेक प्राक्कलन दिये गये हैं। मीटरी प्रणाली के कुल भवनों के चित्र भी प्राक्कलन अभ्यास के लिये दिये गये हैं।

मानक प्रमापीय ईंटों से बनी दीवारें 10 सेमी (·1 मी) की गुणांक होती हैं। अतः उनका परिकलन (calculation) सुगम होता है।

———

अध्याय 2

भवन प्राक्कलन विधि

METHOD OF BUILDING ESTIMATE

उदाहरण 1—4 मी लम्बी, 3 मी ऊंची तथा 30 सेमी चौड़ी दीवार के लिये ईंट चिनाई तथा पलस्तर के परिमाण (quantity) का प्राक्कलन करिये, यदि ईंट चिनाई की दर 130·00 रु० प्रति घन मी तथा पलस्तर की दर 5·00 रु० प्रति वर्ग मी हो तो लागत भी ज्ञात कीजिये।

ईंट चिनाई का परिमाण = ल × चौ × ऊं = 4 मी × 3 मी × ·30 मी = 3·6 घन मी
पलस्तर का परिमाण (दोनों पार्श्वों पर) = 2 × ल × ऊं = 2 × 4 मी × 3 मी = 24 वर्ग मी
ईंट चिनाई की लागत = 3·6 × 130·00 = 468·00 रु०
पलस्तर की लागत = 24 × 5·00 = 120·00 रु०
∴ कुल लागत = 468·00 रु० + 120·00 रु० = 588·00 रु०

उदाहरण 2—एक इमारत की दीवार के भाग का विस्तृत प्राक्कलन (detailed estimate) बनाइये। दीवार के सामान्य विनिर्देश (general specifications) निम्नलिखित हैं तथा उसका तलचित्र व खण्डित दृश्य (plan and section) चित्र 2-1 तथा 2-2 में दिखाये गये हैं।

सामान्य विनिर्देश—

(1) नींव में कंक्रीट चूना-कंक्रीट की होगी।

(2) नींव तथा कुर्सी (plinth) में चूने के मसाले (lime mortar) से प्रथम श्रेणी की ईंट चिनाई (brick-work) की जायगी।

(3) सील रोक रद्दा—जल रोधक सामग्री युक्त 1 : $1\frac{1}{2}$: 3 सीमेंट का 2·5 सेमी मोटा रद्दा।

(4) अधिरचना (superstructure)—चूने के मसाले से प्रथम श्रेणी की ईंट चिनाई।

(5) दीवार समापन (wall finishing)—अन्दर की दीवार पर 12 मिमी मोटा 1 : 6 सीमेंट पलस्तर तथा 3 लेप (coats) सफेदी पुताई (white washing)

बाहरी दीवार पर भूमि तल (ground level) से 10 सेमी नीचे से ऊपर तक 12 मिमी मोटा 1 : 6 सीमेंट पलस्तर। फिर सफेदी पुताई का एक लेप तथा उस पर रग पुताई (colour washing) के दो लेप।

दरें—स्थानीय प्रचलित दरें प्रयोग में लें।

टिप्पणी—चित्र 2-1 तथा 2-2 में क्रमशः मानक प्रमापीय ईंटों (standard modular bricks) तथा परम्परागत (traditional) ईंटों से बनी दीवार के तल चित्र (plan) तथा खण्डित दृश्य (section) दिखाये गये हैं। सुगमता के लिए दीवार का केवल एक अंश लिया गया है। अतः दीवार के सिरों पर खसके (footings) नहीं दिखाये गये हैं।

तलचित्र और खंडित दृश्य

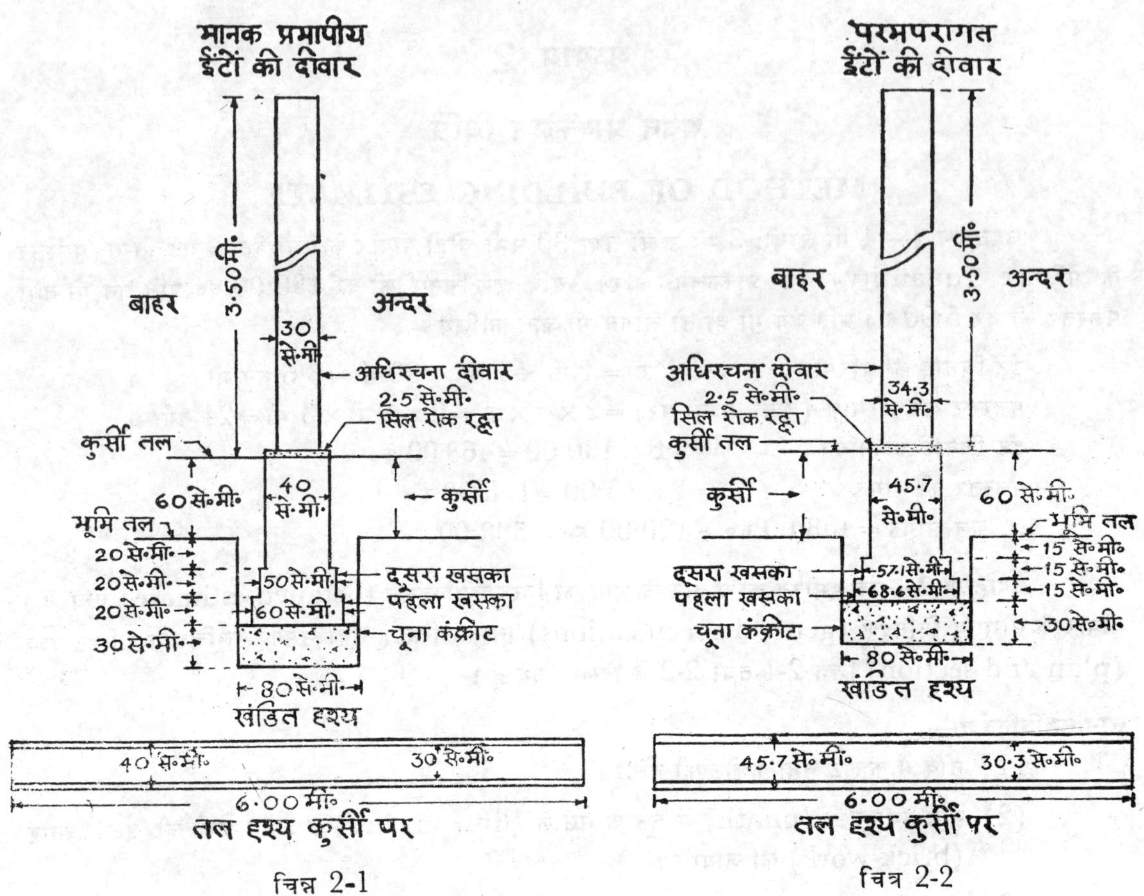

चित्र 2-1

चित्र 2-2

मानक ईंटों से चित्र 2-1 का प्राक्कलन—

माप का विवरण तथा परिमाणों का परिकलन (उदाहरण 2)

(Details of measurements and calculation of quantities)

मद संख्या	मदों का विवरण	संख्या	माप: लम्बाई	माप: चौड़ाई	माप: ऊंचाई या गहराई	परिमाण की मात्रा	कुल परिमाण
1	मिट्टी की खुदाई नींव में	1	6·00 मी	·80 मी	·90 मी	4·32 घन मी	4·32 घन मी
2	चूना कंक्रीट नींव में	1	6·00 मी	·80 मी	·90 मी	1·44 घन मी	1·44 घन मी

मद संख्या	मदों का विवरण	संख्या	माप: लम्बाई	माप: चौड़ाई	माप: ऊंचाई या गहराई	परिमाण या मात्रा	कुल परिमाण
3	प्रथम श्रेणी की ईंट चिनाई चूने के मसाले से नींव तथा कुर्सी में						
	पहला खसका	1	6·00 मी	·60 मी	·20 मी	·72	
	दूसरा खसका	1	6·00 मी	·50 मी	·20 मी	·60	
	भूमितल तक कुर्सी	1	6·00 मी	·40 मी	·20 मी	·48	
	भूमितल के ऊपर कुर्सी	1	6·00 मी	·40 मी	·60 मी	1·44	
						योग	3·24 घन मी
4	2·5 सेमी मोटा सील रोक रद्दा 1 : $1\frac{1}{2}$: 3 सीमेंट कंक्रीट में	1	6·00 मी	·40 मी	—	2·4	2·4 वर्ग मी
5	प्रथम श्रेणी की ईंट चिनाई चूने के मसाले से अधिरचना में	1	6·00 मी	·30 मी	3·50 मी	6·30	6·30 घन मी
6	12 मिमी मोटा पलस्तर 1:6 सीमेंट व रेत के मसाले से						
	अन्दर	1	6·00 मी	—	3·50 मी.	21·0	
	बाहर भूमितल से 10 सेमी नीचे तक	1	6·00 मी	—	4·20 मी	25·2	
						योग	46·2 वर्ग मी
7	सफेदी पुताई 3 लेप (अन्दर)	1	6·00 मी	—	3·50 मी	21·0	21·0 वर्ग मी
8	रंग पुताई-भूमितल के ऊपर एक लेप सफेदी पर 2 लेप रंग पुताई	1	6·00 मी	—	4·10 मी	24·60	24·60 वर्ग मी

अनुमानित लागत सार (Abstract of Estimated Cost)

मद संख्या	मदों का विवरण	परिमाण	इकाई	दर रु० पै०	प्रति	राशि रु० पै०
1	मिट्टी की खुदाई नींव में	4·32	घन मी	290·00	% घन मी	12·53
2	चूना कंक्रीट नींव में	1·44	घन मी	93·00	प्रति घन मी	133·92
3	प्रथम श्रेणी की ईंट चिनाई चूने के मसाले से नींव तथा कुर्सी में	3·24	घन मी	105·00	प्रति घन मी	340·20
4	2·5 सेमी मोटा सील रोक रद्दा 1 : $1\frac{1}{2}$: 3 सीमेंट कंक्रीट में	2·4	वर्ग मी	9·20	प्रति वर्ग मी	22·08
5	प्रथम श्रेणी की ईंट चिनाई चूने के मसाले से अधिरचना में	6·3	घन मी	110·00	प्रति घन मी	693·00
6	12 मिमी मोटा पलस्तर 1 : 6 सीमेंट व रेत के मसाले से	46·2	वर्ग मी	4·60	प्रति वर्ग मी	212·52
7	सफेदी पुताई 3 लेप	21·0	वर्ग मी	0·26	प्रति वर्ग मी	5·46
8	एक लेप सफेदी पुताई पर 2 लेप रंग पुताई	24·6	वर्ग मी	0·50	प्रति वर्ग मी	12·30
					योग	1432·01
				फुटकर व्यय के लिये	3% ···	42·96
				निर्माण प्रभारित सिब्बदी के लिये	2% ···	28·64
					सम्पूर्ण योग	1503·61

नोट—पलस्तर तथा सफेदी या रंग पुताई की गणना करने में दीवार के सिरे नहीं लिये गये हैं तथा कुर्सी का 5 सेमी बाहरी खसका (outer offset) का भी उपेक्षा किया गया है।

खाई भरना (Trench filling)—सामान्यतः खाई में मिट्टी भरने का परिमाण अलग से नहीं निकाला जाता। यदि आवश्यकता हो तो इसे निम्नलिखित विधि से निकाल सकते हैं।

खाई भरने के लिये मिट्टी की भराई का परिमाण-खुदाई का परिमाण—(कंक्रीट का परिमाण + भूमितल तक ईंट चिनाई का परिमाण) = 4·32—(1·44 + 1·80) × 1·08 घन मी।

उदाहरण 2—परम्परागत (Traditional) ईंटों से चित्र 2-2

परम्परागत ईंटों से निर्माण में नींव कंक्रीट, पलस्तर, सफेदी पुताई तथा रंग पुताई का परिमाण उपर्युक्त लिखित उदाहरण के समान ही होगा। मिट्टी का काम, नींव तथा कुर्सी में ईंट चिनाई, अधिरचना में ईंट चिनाई तथा सील रोक रद्दे के परिमाण में अन्तर पड़ेगा। इनका परिमाण निम्नलिखित विधि से निकालते हैं।

मद 1. मिट्टी की खुदाई नींव में	1 × 6·00 मी × ·80 मी × ·75 मी = 3·60 घन मी
मद 3. प्रथम श्रेणी की ईंट चिनाई चूने के मसाले से नींव तथा कुर्सी में—	
पहला खसका (footings)	1 × 6 00 मी × ·686 मी × ·15 मी = 0·62 घन मी
दूसरा खसका	1 × 6·00 मी × ·571 मी × ·15 मी = 0·52 घन मी
खसकों के ऊपर कुर्सी दीवार	1 × 6·00 मी × ·457 मी × ·75 मी = 2·06 घन मी
	योग 3·20 घन मी
मद 4. 2·5 समी मोटा सील रोक रद्दा $1 : 1\frac{1}{2} : 3$ सी० कं० में	1 × 6·00 मी × ·457 मी 2·74 वर्ग मी
मद 5. प्रथम श्रेणी की ईंट चिनाई चूने के मसाले से अधिरचना में	1 × 6·00 मी × ·343 मी × 3·5 मी = 7·20 घन मी

इन परिमाणों को लेकर अनुमानित लागत सार बनाया जा सकता है।

इमारत या भवन का प्राक्कलन बनानें की विधि

सभी माप अर्थात लम्बाई, चौड़ाई तथा ऊंचाई या गहराई रेखाचित्रों, तल चित्र (plan) सम्मुख दृश्य (elevation) तथा काट (section) में से ली जाती है। रेखाचित्रों को ध्यान पूर्वक देखकर मस्तिष्क में इमारत का एक काल्पनिक चित्र बनाना होता है तथा उससे सही-सही माप निकाले जाते हैं। रेखा चित्र से माप निकालने का कोई बंधा या पक्का (hard and fast) नियम नहीं परन्तु यह आवश्यक है कि सही-सही माप निकाले जायें। कोनों पर दीवारों के संगम स्थल पर मार्ग निकालते समय विशेष सावधानी और ध्यान रखना चाहिये।

जैसा साधारणतया होता है—यदि नींव सममित (symmetrical) हो तो नींव में खुदाई, नींव कंक्रीट, नींव तथा कुर्सी में ईंट चिनाई तथा अधिरचना में ईंट चिनाई का परिमाण निम्नलिखित दो विधियों से ज्ञात किया जाता है।

प्रथम विधि

पृथक या अलग-अलग दीवार विधि (साधारण विधि)—इस विधि में एक दिशा में चलने वाली दीवारों की बाहरी लम्बाई तथा उसमे आड़ी दिशा में चलने वाली दीवारों की भीतरी लम्बाई ली जाती है। सामान्यतया लम्बी दीवार के बाहरी सिरे के बीच की दूरी ली जाती है तथा आड़ी या छोटी दीवारों की लम्बाई

बड़ी दीवरों के अन्दर लां जाती है । इस प्रकार प्राप्त लम्बाई को दीवार की चौड़ाई व ऊंचाई से गुणा करके परिमाण निकाले जाते हैं, इसी सिद्धान्त से नींव की खुदाई, नींव में कक्रीट तथा चिनाई का परिमाण निकाला जा सकता है । यह ध्यान रहे कि खसकों (footings) के कारण विभिन्न ऊंचाई पर माप अलग-अलग होंगे। नींव की खाई, नींव कक्रीट, हर खसके आदि के विभिन्न ऊंचाई के तलों पर तलचित्र (plan) की कल्पना कर लेना सुविधाजनक रहता है उस दशा में हर तलचित्र से अलग-अलग माप ली जाती है ।

सुगमता पूर्वक माप लेने के लिए लम्बी तथा छोटी या आड़ी दीवारें अलग-अलग लेते हैं तथा तलचित्र में लम्बी दीवारों तथा छोटी दीवारों की मध्य रेखाओं के बीच का अन्तर पढ़ लेते हैं । यदि दोनों ओर के खसके सममित (symmetrical) हों तो अधिरचना (superstructure) तथा नींव व कुर्सी के लिए भी मध्य रेखा वहीं होती है अर्थात दीवार की मध्य रेखा ही अधिरचना तथा नींव व कुर्सी की भी मध्य रेखा होगी ।

लम्बी दीवारों में केन्द्र रेखाओं के बीच की दूरी (center length) में दीवार की चौड़ाई जोड़ दी जाती है जिससे दीवार के एक बाहरी सिरे से दूसरे सिरे तक लम्बाई ज्ञात हो जाती जाती है । इस लम्बाई को चौड़ाई तथा ऊंचाई से गुणा करने का परिमाण ज्ञात हो जाता है । इस प्रकार यदि मिट्टी की खुदाई का परिमाण निकालना हो तो खाई के बाहर से बाहर तक की दूरी ज्ञात करने के लिए केन्द्र रेखाओं के बीच की दूरी में खाई की चौड़ाई जोड़ दें । इसी प्रकार नींव कंक्रीट तथा प्रत्येक खसके (footing) का आयतन निकाला जा सकता है। ध्यान रहे कि प्रत्येक खसका अलग-अलग लेना होगा तथा किसी भी खसके की लम्बाई ज्ञात करने के लिए मध्य रेखा की लम्बाई में खसके की चौड़ाई जोड़ी जायगी ।

छोटी या आड़ी दीवारों में केन्द्र रेखाओं के बीच की दूरी में दीवार की चौड़ाई जोड़ने के बजाय घटाई जाती है तथा इस प्रकार अन्दर से अन्दर की लम्बाई ज्ञात हो जाती है । इसी प्रकार नींव कंक्रीट आदि भी निकाली जा सकती है ।

अतः लम्बी दीवार की लम्बाई ज्ञात करने के लिये केन्द्र रेखाओं के बीच की दूरी में चौड़ाई जोड़ी जाती है तथा छोटी दीवारों की लम्बाई ज्ञात करने के लिए चौड़ाई घटाई जाती है।

नींव में कंक्रीट के दोनों ओर 10 सेमी से 20 सेमी तक खसका (offset) होता है। यह खसका कंक्रीट की तह की मोटाई के अनुसार होता है परन्तु सामान्यता खसका कंक्रीट की मोटाई से कम रखा जाता है । मानक ईंटों से बनी दीवार के दोनों ओर 5 सेमी तथा परम्परागत ईंटों की दीवार के दोनों ओर 5·7 सेमी का खसका होता है ।

निम्नलिखित ढग से यह विधि अधिक शीघ्रतापूर्वक की जा सकती है । लम्बी दीवारों की खाई के बाहरी सिरों के बीच की लम्बाई उपरोक्त विधि से निकाल लें । नींव कंक्रीट की लम्बाई खाई की लम्बाई के समान ही होगी । प्रथम सौपान रद्दे की लम्बाई ज्ञात करने के लिए खाई या कंक्रीट की लम्बाई में से नींव कंक्रीट के दो खसके घटा दें । दूसरे सौपान रद्दे (footing) की लम्बाई ज्ञात करने के लिए पहले सौपान रद्दे की लम्बाई में से दो खसके अर्थात $2 \times 5 = 10$ सेमी, (परम्परागत ईंटों में $2 \times 5{\cdot}7 = 11{\cdot}4$ सेमी) घटा दें । तीसरे सौपान रद्दे की लम्बाई ज्ञात करने के लिए दूसरे सौपान रद्दे की लम्बाई में से दो खसके अर्थात 10 सेमी (परम्परागत ईंटों में 11·4 सेमी) घटा दें । इसी प्रकार अधिरचना (superstructure) तक खसके घटाते जायें। [25·4

सेमी × 12·7 सेमी × 7·6 सेमी आकार की ईंटों में सौपान रद्दों में एक खसका = 6·35 सेमी तथा दो खसके = 12·7 सेमी]

इसी विधि से छोटी दीवारें भी निकालें पर इसमें अन्दर से अन्दर की लम्बाई ज्ञात करने के लिए दोनों खसकों (offsets) को घटाने के बजाय जोड़ें।

ध्यान दें कि लम्बी दीवारों की लम्बाई नींव से अधिरचना तक क्रमशः घटती जाती है तथा छोटी दीवारों की बढ़ती जाती है।

स्मरण रहे कि जो दीवार पहले ली जाती है उसे ही लम्बी दीवार मान लेते हैं चाहे इसकी लम्बाई अन्य दीवारों से कम हो तथा अनुप्रस्थ (transverse) दिशा में दीवार को छोटी दीवार मानते हैं।

यह विधि सरल तथा यथार्थ (accurate) है तथा इसमें गलती होने की सम्भावना नहीं रहती। इस विधि को लम्बी तथा छोटी दीवार विधि (long wall and short wall method) या साधारण विधि कहते हैं।

निम्नलिखित उदाहरण (3 क, 4 क तथा 5 क) इस विधि से किये गये हैं।

उदाहरण 3 (क)—चित्र 2-3 में 5 मी × 4 मीटर आकार के एक कमरे की अधिरचना दीवार (superstructure) का तलचित्र (plan) तथा नींव व दीवार के काट (section) दिखाये गये हैं।

निम्नलिखित मदों का प्राक्कलन बनाइये :—

(1) मिट्टी की खुदाई नींव में,

(2) कंक्रीट नींव में,

(3) ईंट चिनाई नींव तथा कुर्सी में,

(4) ईंट चिनाई अधिरचना में।

लम्बी दीवार की मध्यान्तर लम्बाई $= 5{\cdot}00 + \frac{1}{2} \times {\cdot}30 + \frac{1}{2} \times {\cdot}30 = 5{\cdot}30$ मी

छोटी दीवार की मध्यान्तर लम्बाई $= 4{\cdot}00 + \frac{1}{2} \times {\cdot}30 + \frac{1}{2} \times {\cdot}30 = 4{\cdot}30$ मी

एक कमरा भवन का आंशिक रेखाचित्र

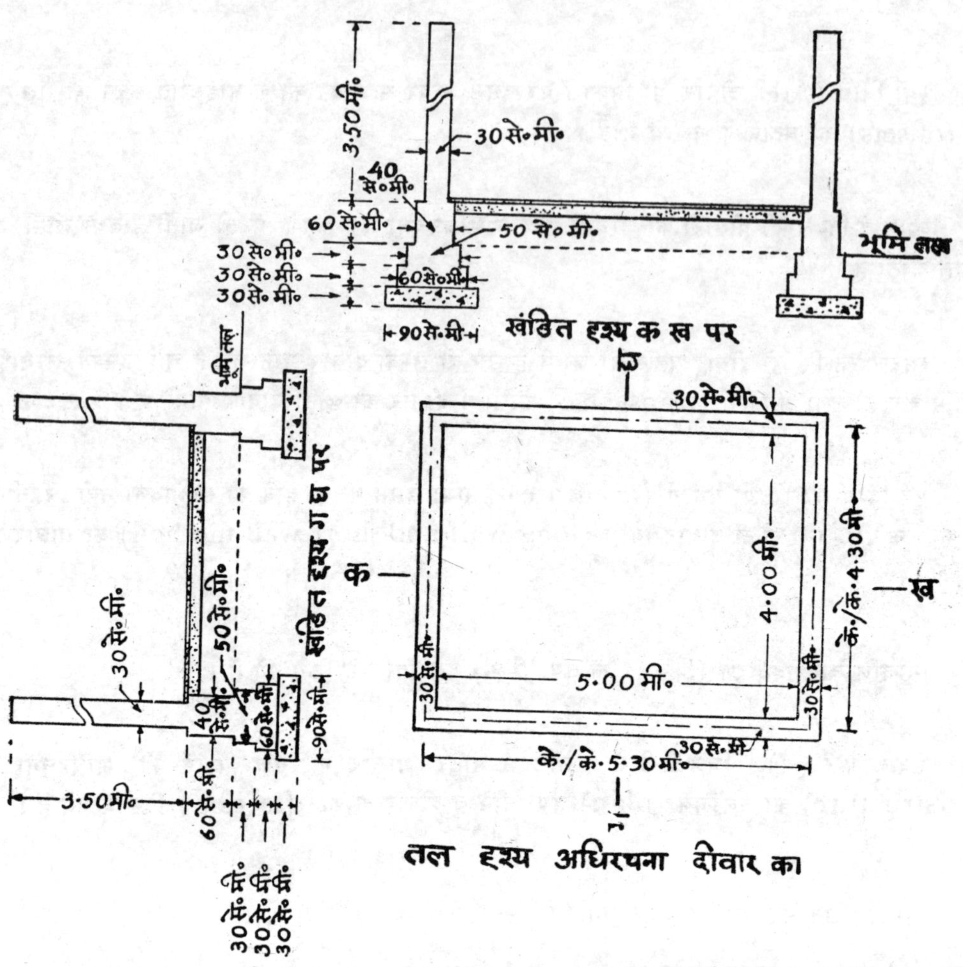

चित्र 2-3

परिमाण निकालने के लिये खाई तथा नींव कंक्रीट व प्रत्येक सोपान रद्दे (footing) के तलचित्र (plan) की कल्पना करिये (जो चित्र 2-4 में दिखाये गये हैं) फिर हर मद में एक-एक करके लम्बी दीवारों की बाहर से बाहर तक की तथा छोटी दीवारों की अन्दर से अन्दर की लम्बाई ली जाती है ।

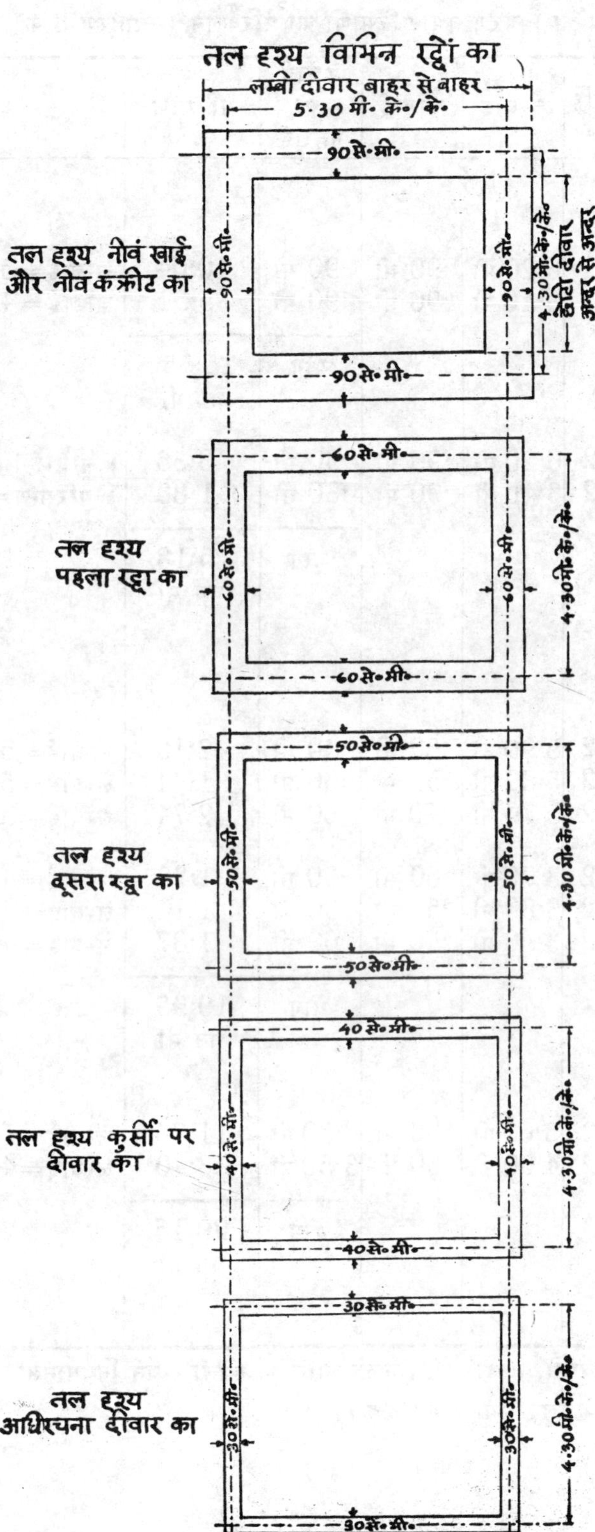
तल दृश्य विभिन्न रद्दों का
लम्बी दीवार बाहर से बाहर
5·30 मी० के०/के०
90 से० मी०
तल दृश्य नींव खाई और नींव कंक्रीट का
4·30 मी० के०/के०
छोटी दीवार अन्दर से अन्दर
60 से० मी०
तल दृश्य पहला रद्दा का
50 से० मी०
तल दृश्य दूसरा रद्दा का
40 से० मी०
तल दृश्य कुर्सी पर दीवार का
30 से० मी०
तल दृश्य अधिरचना दीवार का

चित्र 2-4

माप का विवरण तथा परिमाणों का परिकलन (उदाहरण 3 क)

मद सं०	मदों का विवरण	संख्या	लम्बाई	चौड़ाई	ऊंचाई या गहराई	परिमाण	व्याख्यात्मक नोट
1	मिट्टी की खुदाई नींव में—						
	लम्बी दीवारें	2	6·20 मी	·90 मी	·90 मी	10·04	लम्बाई = 5·30 + ·90 = 6·20 मी
	छोटी दीवारें	2	3·40 मी	·90 मी	·90 मी	5·51	चौड़ाई = 4·30 — ·90 = 3·40 मी
					योग	15·55 घन मी	
2	कंक्रीट नींव में—						
	लम्बी दीवारें	2	6·20 मी	·90 मी	·30 मी	3·35	लम्बाई मिट्टी की खुदाई के समान
	छोटी दीवारें	2	3·40 मी	·90 मी	·30 मी	1·83	परिमाण = खुदाई का 1/3
					योग	5·18 घन मी	
3	ईंट चिनाई (**brick-work**) नींव तथा कुर्सी में—						
	लम्बी दीवारें —						
	पहला खसका	2	5·90 मी	·60 मी	·30 मी	2·13	लम्बाई = 5·30 + ·60 = 5·90 मी
	दूसरा खसका	2	5·80 मी	·50 मी	·30 मी	1·74	लम्बाई = 5·30 + ·50 = 5·80 मी
	कुर्सी दीवार	2	5·70 मी	·40 मी	·60 मी	2·74	लम्बाई = 5·30 + ·40 = 5·70 मी
	छोटी दीवारें—						
	पहला खसका	2	3·70 मी	·60 मी	·30 मी	1·33	लम्बाई = 4·30 — ·60 = 3·70 मी
	दूसरा खसका	2	3·80 मी	·50 मी	·30 मी	1·14	लम्बाई = 4·30 — ·50 = 3·80 मी
	कुर्सी दीवार	2	3·90 मी	·40 मी	·60 मी	1·87	लम्बाई = 4·30 — ·40 = 3·90 मी
					योग	10·95 घन मी	
4	ईंट चिनाई अधिरचना में—						
	लम्बी दीवारें	2	5·60 मी	·30 मी	3·50 मी	11·76	लम्बाई = 5·30 + ·30 = 5·60 मी
	छोटी दीवारें	2	4·00 मी	·30 मी	3·50 मी	8·40	लम्बाई = 4·30 — ·30 = 4·00 मी
					योग	20·16 घन मी	

नोट :—अधिरचना में से दरवाजों, खिड़कियों, लिंटलों आदि का खाली स्थान नियमानुसार घटाया जायगा।

अधिक स्पष्टीकरण के लिए अगला पृष्ठ देखें।

इस उदाहरण में ध्यान दें कि लम्बी दीवार में पहले सौपान रद्दे, दूसरे सौपान रद्दे आदि में 10 सेमी का अन्तर है तथा प्रत्येक सौपान रद्दे की लम्बाई नीचे वाले सौपान रद्दे से 10 सेमी कम है। इसी प्रकार छोटी दीवार में प्रत्येक सौपान रद्दे (footing) की लम्बाई नीचे वाले सौपान रद्दे से 10 सेमी अधिक है। इस प्रकार 10 सेमी घटा कर, या जोड़ कर (दीवार के अनुसार), लम्बाइयां ज्ञात की जा सकती हैं। परम्परागत ईंटों (22·9 सेमी × 11·2 सेमी × 7·6 सेमी) से बनी दीवारों में लम्बाइयाँ ज्ञात करने के लिए 11·2 सेमी जोड़ना या घटाना होता है। (25·4 सेमी × 12·7 सेमी × 7·6 सेमी आकार की ईंटों से बनी दीवार में 12·7 सेमी जोड़ें या घटायें)।

यह बात तलचित्रों (plans) तथा संमुख दृश्यों (elevations) (चित्र 2-5) के अध्ययन से स्पष्ट हो जायगी। तल दृश्य (i) में नींव के सौपान रद्दे (foundation footings) दिखाये गये हैं। कल्पना करें कि लम्बी तथा छोटी दीवारें अलग-अलग बनाई गई हैं— पहले लम्बी दीवारें बनाई गई हैं तथा उसके बाद छोटी संमुख दृश्यों (iii) तथा (v) से स्पष्ट है कि लम्बी दीवारों के सौपान रद्दे की लम्बाई क्रमशः घटती जाती है तथा छोटी दीवारों के सौपान रद्दे की लम्बाई क्रमशः बढ़ती जाती है।

प्रत्येक सौपान रद्दे आदि की लम्बाई उपरोक्त विधि से तथा चौड़ाई व ऊंचाई दीवार के काट (cross section) से ज्ञात की जा सकती है।

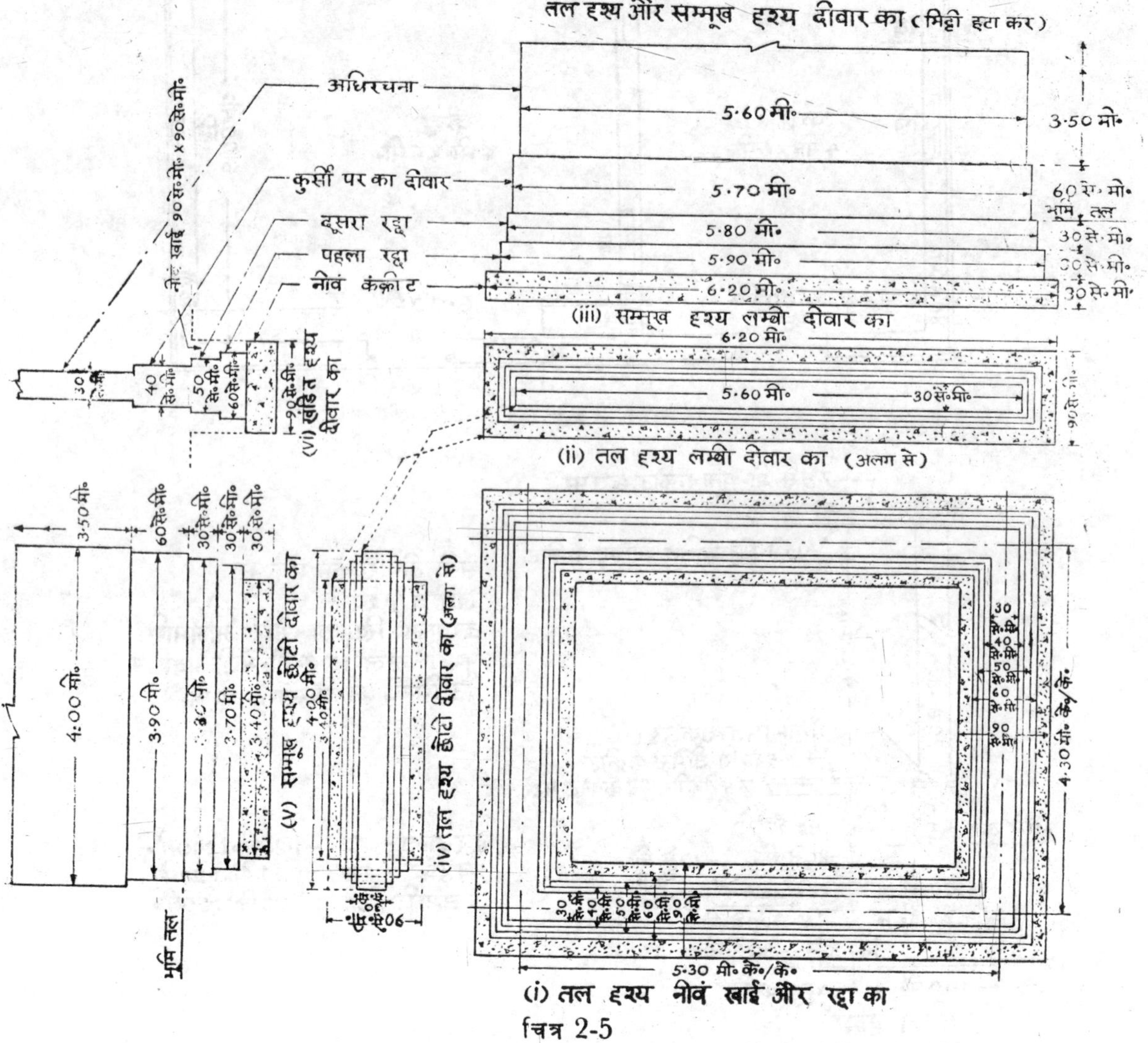

चित्र 2-5

उदाहरण 3 (क)—यदि परम्परागत ईंटों से बनाई जाय तो पहले खसके, दूसरे खसके, कुर्सी दीवार (plinth wall) तथा अधिरचना (superstructure) दीवार की चौड़ाई क्रमशः 68·6 सेमी, 57·1 सेमी, 45·7 सेमी तथा 34·3 सेमी होगी। छात्र इस उदाहरण को परम्परागत ईंटों की दीवार मान कर भी निकालें।

उदाहरण 4 (क)—चित्र 2-6 में एक-दो कमरों के भवन के तलचित्र (plan) तथा काट (section) दिये गये हैं। इस इमारत के निर्माण की निम्नलिखित मदों का प्राक्कलन करिये :—

(1) मिट्टी की खुदाई नींव में,
(2) चूना कंक्रीट नींव में,
(3) प्रथम श्रेणी की ईंट चिनाई 1 : 6 सीमेंट मसाले से नींव तथा कुर्सी में,
(4) 2·5 सेमी मोटा सील रोक रद्दा सीमेंट कंक्रीट का तथा,
(5) प्रथम श्रेणी की ईंट चिनाई चना मसाले से अधिरचना (superstructure) में।

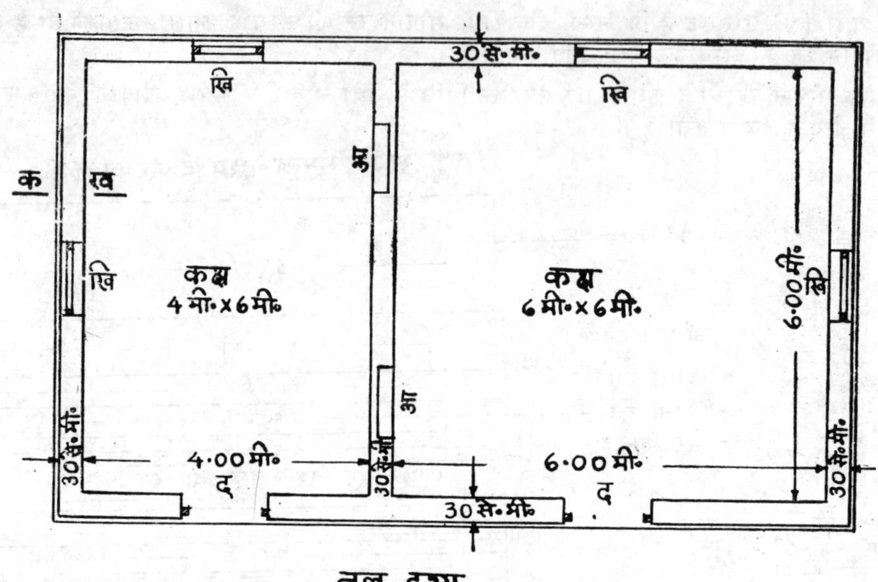

तल दृश्य

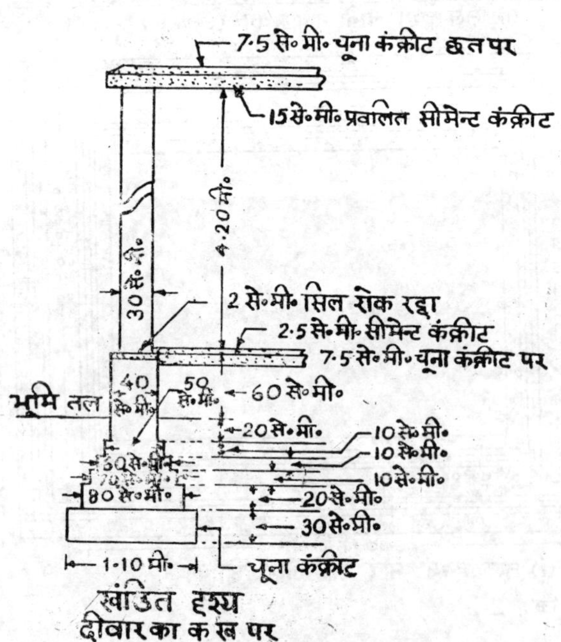

खंडित दृश्य
दीवार का क ख पर

सभी दीवारों का एक सा खंडित दृश्य
दरवाजा, खिड़की और आलमारी पर लिन्टल 15 से॰मी॰ मोटी प्रवलित ईंट चिनाई का, धारण 15 से॰मी॰

दरवाजा - द - 1·20 मी॰×2·10 मी॰
खिड़की - खि - 1·00 मी॰×1·50 मी॰
आलमारी - आ - 1·00 मी॰×1·50 मी॰

माप का विवरण तथा परिमाणों का परिकलन (उदाहरण 4 क)

मद सं.	मद का नाम	संख्या	लम्बाई	चौड़ाई	ऊँचाई या गहराई	परिमाण	व्याख्यात्मक नोट
							लम्बी दीवार, मध्यान्तर लम्बाई $= 4 + 6 + \cdot30 + 2 \times \cdot30 = 10\cdot60$ मी
							छोटी तथा मध्य दीवारें, मध्यान्तर लम्बाई $= 6 + 2 \times \frac{\cdot30}{2} = 6\cdot30$ मी
1	मिट्टी की खुदाई नींव में—						
	लम्बी दीवारें	2	11·70 मी	1·10 मी	1·00 मी	25·74	ल. = 10·60 + 1·10 = 11·70 मी
	छोटी दीवारें	3	5·20 मी	1·10 मी	1·00 मी	17·16	ल. = 6·30—1·10 = 5·20 मी
					योग	42·9 0 घन मी	
2	चूना कंक्रीट नींव में—						
	लम्बी दीवारें	2	11·70 मी	1·10 मी	·30 मी	7·72	लम्बाई खुदाई के समान
	छोटी दीवारें	3	5·20 मी	1·10 मी	·30 मी	5·15	परिमाण = खुदाई का 3/10
					योग	12·87 घन मी	
3	प्रथम श्रेणी की ईंट चिनाई 1:6 सीमेंट मसाले से नींव तथा कुर्सी में—						
	लम्बी दीवारें—						
	पहला खसका	2	11·40 मी	·80 मी	·20 मी	3·65	ल. = 10·60 + ·80 = 11·40 मी
	दूसरा खसका	2	11·30 मी	·70 मी	·10 मी	1·58	ल. = 10·60 + ·70 = 11·30 मी
	तीसरा खसका	2	11·20 मी	·60 मी	·10 मी	1·34	ल. = 10·60 + ·60 = 11·20 मी
	चौथा खसका	2	11·10 मी	·50 मी	·10 मी	1·11	ल. = 10·60 + ·50 = 11·10 मी
	खसकों के ऊपर कुर्सी दीवार	2	11·00 मी	·40 मी	·80 मी	7·04	ल. = 10·60 + ·40 = 11·00 मी
	छोटी दीवारें—						
	पहला खसका	3	5·50 मी	·80 मी	·20 मी	2·64	ल. = 6·30—·80 = 5·50 मी
	दूसरा खसका	3	5·60 मी	·70 मी	·10 मी	1·18	ल. = 6·30—·70 = 5·60 मी

नोट—लम्बी दीवारों के पहले खसके के बाद अन्य खसकों की लम्बाई पिछले खसके में से 10 सेमी घटाने से ज्ञात हो जाती है।

मद सं.	मद का नाम	सं०	लम्बाई	चौड़ाई	ऊँचाई या गहराई	परिमाण	व्याख्यात्मक नोट
	तीसरा खसका	3	5·70 मी	·60 मी	·10 मी	1·03	ल. = 6·30—·60 = 5·70 मी
	चौथा खसका	3	5·80 मी	·50 मी	·10 मी	0·87	ल. = 6·30—·50 = 5·80 मी
	खसकों के ऊपर कुर्सी दीवार	3	5·90 मी	·40 मी	·80 मी	5·66	ल. = 6·30—·40 = 5·90 मी
					योग	26·10 घन मी	
4	2·5 सेमी मोटा सील रोक रद्दा सीमेंट कंक्रीट का						
	लम्बी दीवारें	2	11·00 मी	·40 मी	—	8 80	लम्बाई मद 3 में कुर्सी दीवार की लम्बाइयों के समान होगी।
	छोटी दीवारें	3	5·90 मी	·40 मी	—	7·08	
	दरवाजों की देहल				योग	15 88	
	(door sills) घटायें		1·20 मी	·40 मी	—	0·96	
				शुद्ध	योग	14·92 घन मी	
5	प्रथम श्रेणी की ईंट चिनाई चूना मसाले से अधिरचना में—						
	लम्बी दीवारें	2	10·90 मी	·30 मी	4·20 मी	27·47	ल. = 10·60 + ·30 = 10·90 मी
	छोटी दीवारें	2	6·00 मी	·30 मी	4·20 मी	22·68	ल. = 6·30—·30 = 6·90 मी
					योग	50·15 घन मी	
	कटौती—						
	दरवाजों का खुला भाग	2	1·20 मी	·30 मी	2·10 मी	1·51	
	खिड़कियों का खुला भाग	4	1·00 मी	·30 मी	1·50 मी	1·80	
	अलमारियाँ	2	1·00 मी	·20 मी	1·50 मी	0·60	
	दरवाजों के ऊपर लिंटल	2	1·50 मी	·30 मी	·15 मी	0·14	धारक (bearing) 15 सेमी
	खिड़कियों के ऊपर लिंटल	4	1·30 मी	·30 मी	·15 मी	0·23	,, ,, ,,
	अलमारियों के ऊपर लिंटल	2	1·30 मी	·30 मी	·15 मी	0·12	,, ,, ,,
			कटौती	का	योग	4·40 घन मी.	
				शुद्ध	योग	45·75 घन मी	

नोट—छोटी दीवारों के पहले खसके के बाद अन्य खसकों की लम्बाई निकालने के लिए पिछले खसके में 10 सेमी जोड़ दें।

निवास भवन

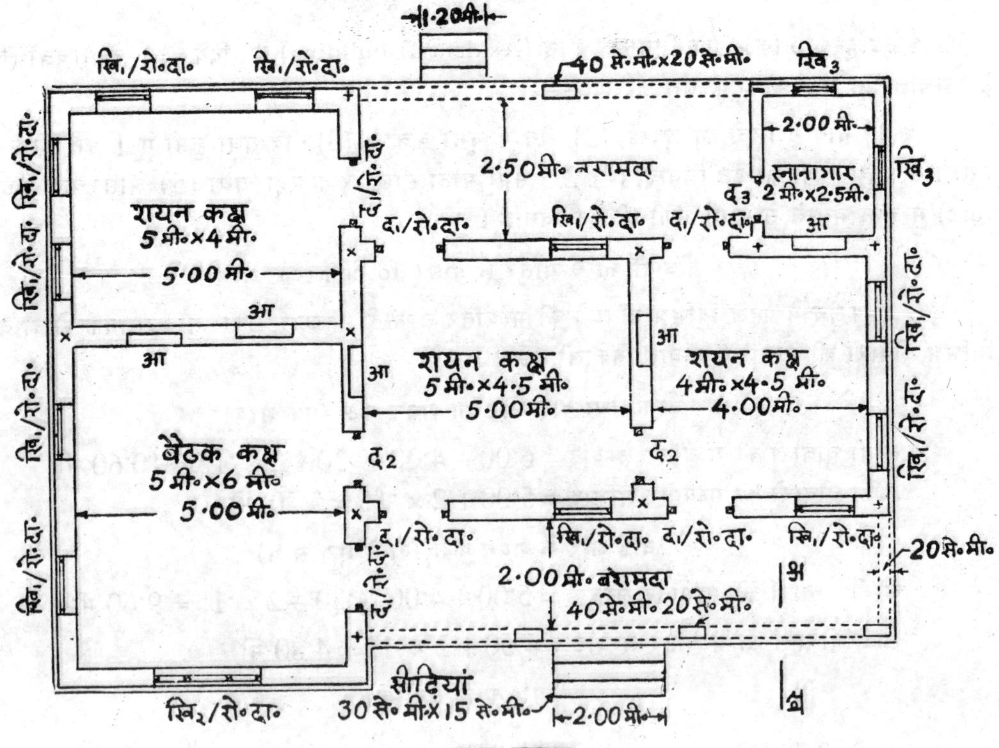

तल दृश्य

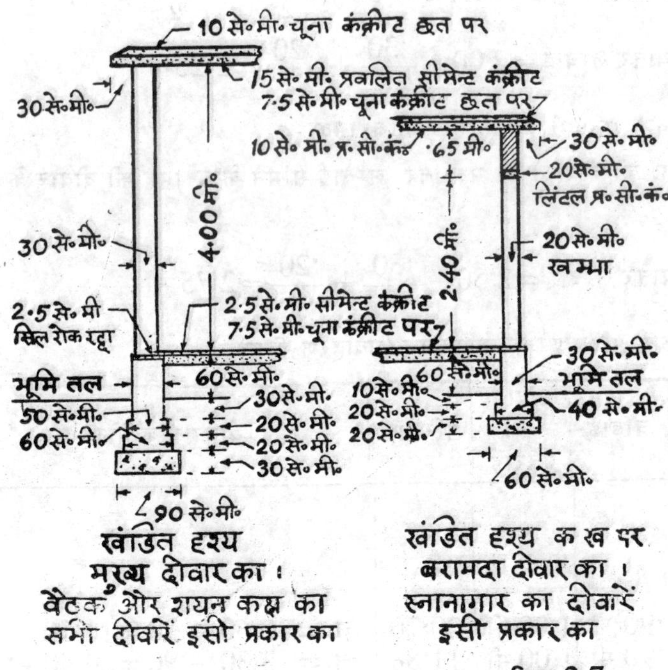

दरवाजा :-
द₁ - 120 सें॰मी॰ X 210 सें॰मी॰
द₂ - 100 सें॰मी॰ X 200 सें॰मी॰
द₃ - 75 सें॰मी X 180 सें॰मी॰

खिड़की :-
खि₁ - 100 सें॰मी॰ X 150 सें॰मी॰
खि₂ - 200 सें॰मी॰ X 150 सें॰मी॰
खि₃ - 75 सें॰मी॰ X 120 सें॰मी॰
रो॰दा॰ - 75 सें॰मी॰ X 60 सें॰मी॰

आलमारी :-
आ - 100 सें॰मी॰ X 180 सें॰मी॰
लिंटल दरवाजा और खिड़की पर 15 सें॰मी॰ प्रबलित ईंट चिनाई का

चित्र 2-7

उदाहरण 5 (क)—एक निवास भवन (residential building) के दिये हुये रेखाचित्रों (चित्र 2-7) से निम्नलिखित मदों का प्राक्कलन करिये :—

(1) नींव में मिट्टी की खुदाई, (2) नींव में चूना कंक्रीट, (3) नींव तथा कुर्सी में 1 : 6 सीमेन्ट व रेत के मसाले से प्रथम श्रेणी की ईट चिनाई, (4) 2·5 सेमी मोटा सील रोक रद्दा तथा (5) अधिरचना (superstructure) में चूना मसाले से प्रथम श्रेणी की ईट चिनाई।

दीवारों की मध्यांतर (centre to centre) लम्बाई

प्राक्कलन में पहले विभिन्न दीवारों की मध्यांतर लम्बाई निकाल लेना सुविधाजनक रहता है। नीचे विभिन्न दीवारों की मध्यांतर लम्बाई निकाली गई हैं।

बैठक तथा बाई ओर का शयन कक्ष (एक साथ)

लम्बी दीवारों की मध्यांतर लम्बाई $= 6{\cdot}00 + 4{\cdot}00 + {\cdot}30 + 2 \times {\cdot}15 = 10{\cdot}60$ मी

छोटी दीवारों की मध्यांतर लम्बाई $= 5{\cdot}00 + 2 \times {\cdot}15 = 5{\cdot}30$ मी

दाई ओर के शयन कक्ष (दोनों एक साथ)

लम्बी दीवारों की मध्यांतर लम्बाई $= 5{\cdot}00 + 4{\cdot}00 + {\cdot}30 + 2 \times {\cdot}15 = 9{\cdot}60$ मी

छोटी दीवारों की मध्यांतर लम्बाई $= 4{\cdot}50 + 2 \times {\cdot}15 = 4{\cdot}80$ मी

सामने का बरामदा

सामने की दीवार की मध्यांतर लम्बाई $= 5{\cdot}00 + 4{\cdot}00 + 2 \times {\cdot}30 + \frac{{\cdot}30}{2} - \frac{{\cdot}20}{2} = 9{\cdot}65$ मी

पार्श्व दीवार (side wall) की मध्यांतर लम्बाई $= 2{\cdot}00 + \frac{{\cdot}30}{2} + \frac{{\cdot}20}{2} = 2{\cdot}25$ मी

स्नान घर (bath room) सहित पीछे का बरामदा

लम्बी दीवार (स्नान घर सहित पीछे की दीवार) की मध्यांतर लम्बाई सामने के बरामदे की दीवार के समान अर्थात् 9·65 मी होगी।

स्नान घर की पार्श्व दीवार की मध्यांतर लम्बाई $= 2{\cdot}50 + \frac{{\cdot}30}{2} + \frac{{\cdot}20}{2} = 2{\cdot}75$ मी

माप का विवरण तथा परिमाणों का परिकलन (उदाहरण 5 क)

मद सं०	मद का विवरण	सं०	लम्बाई	चौड़ाई	ऊँचाई या गहराई	परिमाण	व्याख्यात्मक नोट
1	मिट्टी की खुदाई नींव में-बैठक तथा बाई ओर का शयन कक्ष—						
	लम्बी दीवारें	2	11·50 मी	·90 मी	1·00 मी	20·70	ल. = 10·60 + ·90 = 11·50 मी
	छोटी दीवारें	3	4·40 मी	·90 मी	1·00 मी	11·88	ल. = 3·30 — ·90 = 4·40 मी

मद सं०	मद का विवरण	सं०	लम्बाई	चौड़ाई	ऊँचाई या गहराई	परिमाण	व्याख्यात्मक नोट
	दाईं ओर के शयन कक्ष (दोनों)—						
	लम्बी दीवारें	2	9·60 मी	·90 मी	1·00 मी	17·28	ल. $= 9{\cdot}60 - \frac{{\cdot}90}{2} + \frac{{\cdot}90}{2} = 9{\cdot}60$ मी
	छोटी दीवारें	2	3·90 मी	·90 मी	1·00 मी	7·02	ल. $= 4{\cdot}80 - {\cdot}90 = 3{\cdot}90$ मी
	सामने का बरामदा—						
	सामने की लम्बी दीवार	1	9·50 मी	·60 मी	·50 मी	2·85	ल. $= 9{\cdot}65 - \frac{{\cdot}90}{2} + \frac{{\cdot}90}{2} = 9{\cdot}50$ मी
	छोटी पार्श्व दीवार	1	1·50 मी	·60 मी	·50 मी	0·45	ल. $= 2{\cdot}25 - \frac{{\cdot}90}{2} - \frac{{\cdot}60}{2} = 1{\cdot}50$ मी
	स्नान घर सहित पिछला बरामदा—						
	लम्बी दीवार (स्नान घर सहित पिछली दीवार)	1	9·50 मी	·60 मी	·50 मी	2 85	ल. $= 9{\cdot}65 - \frac{{\cdot}90}{2} + \frac{{\cdot}60}{2} = 9{\cdot}50$ मी
	छोटी दीवारें (स्नान घर की पार्श्व दीवारें)	2	2·00 मी	·60 मी	·50 मी	1·20	ल. $= 2{\cdot}75 - \frac{{\cdot}90}{2} - \frac{{\cdot}60}{2} = 2{\cdot}00$ मी
					योग	64·23 घन मी	
2	चूना कंक्रीट नींव में— बैठक तथा बाईं ओर का शयन कक्ष—						
	लम्बी दीवारें	2	11·50 मी	·90 मी	·30 मी	6 21	ल. मिट्टी की खुदाई के समान होगी
	छोटी दीवारें	3	4·40 मी	·90 मी	·30 मी	3·56	,, ,,
	दाईं ओर के शयन कक्ष (दोनों)—						
	लम्बी दीवारें	2	9·60 मी	·90 मी	·30 मी	5·19	,, ,,
	छोटी दीवारें	2	3·90 मी	·90 मी	·30 मी	2·11	,, ,,
	सामने का बरामदा—						
	सामने की लम्बी दीवार	1	9·70 मी	·60 मी	·20 मी	1·16	ल. $= 9{\cdot}65 - \frac{{\cdot}50}{2} + \frac{{\cdot}60}{2} = 9{\cdot}70$ मी
	छोटी पार्श्व दीवार	1	1·70 मी	·60 मी	·20 मी	0·20	ल. $= 2{\cdot}25 - \frac{{\cdot}50}{2} - \frac{{\cdot}60}{2} = 1{\cdot}70$ मी
	पिछला बरामदा स्नान घर सहित—						
	स्नान घर सहित लम्बी दीवार	1	9·70 मी	·60 मी	·20 मी	1 16	ल. $= 9{\cdot}65 - \frac{{\cdot}50}{2} + \frac{{\cdot}60}{2} = 9{\cdot}70$ मी
	छोटी दीवार (स्नान घर की पार्श्व दीवारें	2	2·20 मी	·60 मी	·20 मी	0·53	ल. $= 2{\cdot}75 - \frac{{\cdot}50}{2} - \frac{{\cdot}60}{2} = 2{\cdot}20$ मी
					योग	20·12 घन मी	

[उदाहरण 5क—क्रमशः]

मद सं०	मद का विवरण	सं०	लम्बाई	चौड़ाई	ऊंचाई या गहराई	परिमाण	व्याख्यात्मक नोट
3	प्रथम श्रेणी की ईंट चिनाई 1: 6 सीमेंट मसाले से नींव तथा कुर्सी में—						
	बैठक तथा बायां शयन कक्ष लम्बी दीवारें—						
	पहला खसका	2	11·20 मी	·60 मी	·20 मी	2·69	ल. = 10·60 + ·60 = 11·20 मी
	दूसरा खसका	2	11·10 मी	·50 मी	·20 मी	2·22	ल. = 11·20 − 2 × ·05 = 11·10मी
	खसकों के ऊपर कुर्सी दीवार	2	11·00 मी	·40 मी	·90 मी	7·92	ल. = 11·10 − ·10 = 11·00 मी
	छोटी दीवारें—						
	पहला खसका	3	4·70 मी	·60 मी	·20 मी	1·69	ल. = 5·30 − ·60 = 4·70 मी
	दूसरा खसका	3	4·80 मी	·50 मी	·20 मी	1·44	ल. = 4·70 + 2 × ·05 = 4·80 मी
	खसकों के ऊपर कुर्सी दीवार	3	4·90 मी	·40 मी	·90 मी	5·29	ल. = 4·80 + ·10 = 4·90 मी
	दाईं ओर के शयन कक्ष (दोनों) लम्बी दीवारें						
	पहला खसका	2	9·60 मी	·60 मी	·20 मी	2·31	ल. $= 9·60 - \frac{·60}{2} + \frac{·60}{2} = 9·60$ मी
	दूसरा खसका	2	9·60 मी	·50 मी	·20 मी	1·92	ल. $= 9·60 - \frac{·50}{2} + \frac{·50}{2} = 9·60$ मी
	खसकों के ऊपर कुर्सी दीवार	2	9·60 मी	·40 मी	·90 मी	6·91	ल. $= 9·60 - \frac{·40}{2} + \frac{·40}{2} = 9·60$ मी
	छोटी दीवारें						
	पहला खसका	2	4·20 मी	·60 मी	·20 मी	1·01	ल. = 4·80 − ·60 = 4·20 मी
	दूसरा खसका	2	4·30 मी	·50 मी	·20 मी	0·86	ल. = 4·20 + 2 × ·05 = 4·30 मी
	खसकों के ऊपर कुर्सी दीवार	2	4·40 मी	·40 मी	·90 मी	3·17	ल. = 4.30 + ·10 = 4·40 मी
	सामने का बरामदा—						
	समाने की दीवार खसका	1	9·65 मी	·40 मी	·20 मी	0·77	ल. $+ 9·65 - \frac{·40}{2} + \frac{·40}{2} = 9·64$ मी
	खसके के ऊपर कुर्सी दीवार	1	9·60 मी	·30 मी	·70 मी	2·02	ल. $= 9·65 - \frac{·40}{2} + \frac{·30}{2} = 9·60$ मी
	छोटी पार्श्व दीवार-खसका	1	1·85 मी	·40 मी	·20 मी	0·15	ल. $= 2·25 - \frac{·40}{2} - \frac{·40}{2} = 1·85$ मी
	खसके के ऊपर कुर्सी दीवार	1	1·90 मी	·30 मी	·70 मी	0·40	ल. $= 2·25 - \frac{·40}{2} - \frac{·30}{2} = 1·90$ मी
	स्नान घर सहित पिछला बरामदा—						
	लम्बी दीवार खसका	1	9·65 मी	·40 मी	·20 मी	0·77	लम्बईयां सामने के बरामदे की लम्बी दीवार के समान होगी।
	खसके के ऊपर कुर्सी दीवार	1	9·60 मी	·30 मी	·70 मी	2·02	

(उदा० 5 क—क्रमश:)

मद सं०	मद का विवरण	सं०	लम्बाई	चौड़ाई	ऊँचाई या गहराई	परिमाण	व्याख्यात्मक नोट
	छोटी दीवारें (स्नान घर की आड़ी दीवारें)—खसका	2	2·35 मी	·40 मी	·20 मी	0·38	ल. $= 2·75 - \frac{·40}{2} - \frac{·40}{2} = 2·35$ मी
	खसके के ऊपर कुर्सी दीवार	2	2·40 मी	·30 मी	·70 मी	1·01	ल. $= 2·75 - \frac{·40}{2} - \frac{·30}{2} = 2·40$ मी
					योग	44·95 घन मी	
4	2·5 सेमी मोटा सील रोक रद्दा						
	बैठक तथा बाईं ओर का शयन कक्ष—						
	लम्बी दीवारें	2	11·00 मी	·40 मी	—	8·00	ल. कुर्सी दीवार के समान
	छोटी दीवारें	3	4·90 मी	·40 मी	—	5·88	,, ,, ,,
	दाईं ओर के शयन कक्ष—						
	लम्बी दीवारें	2	9·60 मी	·40 मी	—	7·68	,, ,, ,,
	छोटी दीवारें	2	4·40 मी	·40 मी	—	3·52	,, ,, ,,
	बरामदे के खम्भे	4	0·50 मी	·30 मी	—	0·60	सब ओर 5 सेमी अधिक
	स्नान घर—						
	पीछे की (Rear) दीवार	1	2·50 मी	·30 मी	—	0·75	ल· $= 2·20 + 2 \times ·15 = 2·50$ मी
	पार्श्व तथा मध्य दीवार	2	2·40 मी	·30 मी	—	1·44	
					योग	28·68 वर्ग मी	
	कटौती—						
	दरवाजों की पेहल D_1	6	1·20 मी	·40 मी	—	2·88	

द्रष्टव्य—स्मरण रखने की वस्तु यह है, कि दाईं ओर के शयन कक्षों की दीवारों की लम्बाई ज्ञात करने के लिए बायें ओर पर दीवार की आधी चौड़ाई घटाई गई है तथा दाईं ओर पर आधी चौड़ाई जोड़ी गई है।

सामने तथा पीछे के बरामदों की लम्बी दीवारों की लम्बाई ज्ञात करने के लिए बाईं ओर समान सतह पर मुख्य दीवारों की आधी चौड़ाई घटाई गई है तथा दाईं ओर बरामदे की दीवार की आधी चोड़ाई जोड़ी गई है।

स्नान घर की आड़ी दीवारों तथा सामने के बरामदे की पार्श्व दीवार की लम्बाई ज्ञात करने के लिये अन्दर की ओर समान सतह (level) पर मुख्य दीवारों की आधी चौड़ाई घटा दी गयी है तथा बाहर की ओर बरामदे की दीवार की आधी चौड़ाई घटाई गई है।

मद सं०	मद का विवरण	सं०	लम्बाई	चौड़ाई	ऊंचाई या गहराई	परिमाण	व्याख्यात्मक नोट
	दरवाजों की देहल D_2	2	1·00 मी	·40 मी	—	0·80	
	,, ,, ,, D_3	1	7·5 मी	·30 मी	—	0·23	
	प्रथम श्रेणी की ईंट चिनाई चूने के मसाले से अधिरचना में—		कटौती	का	योग	3·91 वर्ग मी	
				शुद्ध	योग	24·76 वर्ग मी	
	बैठक तथा बाई ओर का शयन कक्ष						
	लम्बी दीवार	2	10·90 मी	·30 मी	4·00 मी	26·16	ल. = 10·60 + ·30 = 10·90 मी.
	छोटी दीवार	2	5·00 मी	·30 मी	4·00 मी	18·00	ल. = 5·30 − 30 = 5·00 मी
	दाईं ओर के शयनकक्ष-						
	लम्बी दीवार	2	9·60 मी	·30 मी	4·00 मी	23·04	ल. = $9·60 - \frac{·30}{2} + \frac{·30}{2} = 9·60$ मी
	छोटी दीवार	2	4·50 मी	·30 मी	4·00 मी	10·80	ल. = 4·80 − ·30 = 4·50 मी
	सामने का बरामदा ठोस मानकर	1	9·60 मी	·20 मी	3·05 मी	5·86	ल. = $9·65 - \frac{·30}{2} + \frac{·20}{2} = 9·60$ मी
	पार्श्व दीवार ठोस मानकर	1	2·00 मी	·20 मी	3·05 मी	1·22	
	स्नान घर सहित पिछला बरामदा—						
	पीछे की लम्बी दीवार ठोस मानकर	1	9·60 मी	·20 मी	3·05 मी	5·86	ल. सामने के बरामदे के समान
	स्नान घर का पार्श्व तथा मध्य दीवार	2	2·50 मी	·20 मी	3·05 मी	3·04	
						93·99	घन मी
	कटौती--						
	दरवाजे का खुला भाग D_1	2	1·20 मी	·30 मी	2·10 मी	4·54	
	,, ,, ,, ,, D_2	6	1·00 मी	·30 मी	2·00 मी	1·20	
	,, ,, ,, ,, D_3	1	·75 मी	·20 मी	1·80 मी	0·27	
	खिड़की के खुले भाग W_1	11	1·00 मी	·30 मी	1·50 मी	4·95	
	,, ,, ,, ,, W_2	1	2·00 मी	·30 मी	1·50 मी	0.90	
	,, ,, ,, ,, W_3	2	·75 मी	·20 मी	1·20 मी	0·36	
	रोशनदान के खुले भाग	18	·75 मी	·30 मी	0·60 मी	2·43	
	अलमारी के लिये स्थान	5	1·00 मी	·20 मी	1·80 मी	1·80	पिछला दीवार 10 सेमी मोटा
	सामने के बरामदे में खम्भों के बीच						

मद सं०	मद का विवरण	सं०	लम्बाई	चौड़ाई	ऊँचाई या गहराई	परिमाण	व्याख्यात्मक नोट
	खाली स्थान—	1	8·40 मी	·20 मी	2·40 मी	4·03	ल. = 9·60 − 3 × ·40 = 8·40 मी
	,, पार्श्व में	1	2·00 मी	·20 मी	2·40 मी	0·96	
	पीछे के बरामदे में खाली स्थान	1	6·80 मी	·20 मी	2·40 मी	3·26	ल. = 9·60 − 2·40 − ·40 मी = 6·80 मी
	लिंटल—						
	दरवाजों पर D_1	6	1·50 मी	·30 मी	·15 मी	0·405	धारक (Bearing) 15 सेमी
	,, ,, D_2	2	1·30 मी	·30 मी	·15 मी	0·117	,, 15 सेमी
	,, ,, D_3	1	·95 मी	·20 मी	·15 मी	0·029	धारक ,, 10 सेमी
	खिड़कियों पर W_1	11	1·30 मी	·30 मी	·15 मी	0·644	धारक (Bearing) 15 सेमी
	,, ,, W_2	1	2·30 मी	·30 मी	·15 मी	0·103	,, 15 सेमी
	,, ,, W_3	2	·95 मी	·20 मी	·15 मी	0·057	धारक (Bearing) 10 सेमी
	रोशनदानों पर	18	·95 मी	·30 मी	·15 मी	0·725	,, 10 सेमी
	अलमारियों पर	5	1·30 मी	·30 मी	·15 मी	0·293	,, 15 सेमी
	बरामदों के लिंटल						
	सामने का	1	9·75 मी	·20 मी	·20 मी	0·390	ल. = 9·60 + ·15 = 9·75 मी
	पार्श्व का	1	2·15 मी	·20 मी	·20 मी	0·086	ल. = 2·00 + ·15 = 2·15 मी
	पीछे का	1	7·50 मी	·20 मी	·20 मी	0·300	ल. = 9·60 − 2·40 + 2 × ·15 = 7·50 मी
			कटौती	का	योग	27·85	घन मी
				शुद्ध	योग	66·13	घन मी

द्रष्टव्य—लिंटल के ऊपर की बरामदे की दीवारें, बरामदे के खंभे तथा स्नान घर की दीवारें अलग से ली जा सकती है तथा बरामदे में खाली स्थान (openings) की कटौती करने की आवश्यकता नहीं है।

परिमाण सार (Abstract of quantities) **(उदाहरण 5 क)**

1. मिट्टी की खुदाई नींव में..64·23 घन मी
2. चूना कंक्रीट नींव में..20·12 घन मी
3. प्रथम श्रेणी की ईंट चिनाई 1 : 6 सीमेंट मसाले से नींव तथा कुर्सी में....44·95 घन मी
4. 2·5 सेमी मोटा सील रोक रद्दा (D.P.C.)..............................24·76 वर्ग मी
5. अधिरचना में चूना मसाले से प्रथम श्रणी की ईंट चिनाई................66·13 घन मी

द्रष्टव्य—इस उदाहरण में सीढ़ियाँ (steps) नहीं ली गई हैं क्योंकि केवल दीवारों के प्राक्कलन की विधि का समझना ही उदाहरण का उद्देश्य है।

द्वितीय विधि

मध्य रेखा (Centre line) **विधि—इस** विधि में लम्बी तथा छोटी, सभी दीवारों की, मध्य रेखाओं की लम्बाई का योग निकाला जाता है। एक प्रकार के नींव तथा सोपान रद्दों की एक जैसी सभी लम्बी तथा छोटी दीवारों की मध्य रेखाओं की लम्बाई जोड़ते हैं तथा इस योग को संबंधित चौड़ाई तथा ऊंचाई से गुणा करने पर परिमाण ज्ञात हो जाता है। इस विधि में नींव में खुदाई, नींव में कंक्रीट, सभी खसकों तथा अधिरचना का परिमाण ज्ञात करने के लिए लम्बाई समान रहेगी। इस विधि से परिकलन (calculation) शीघ्रता पूर्वक हो जाता है पर दीवारों के संगम तथा विभाजक दीवारों या आड़ी दीवारों के मिलन बिन्दु आदि पर लम्बाई निकालते समय विशेष सतर्कता तथा सावधानी आपेक्षित है।

आड़ी या मध्य दीवारों से रहित, आयताकार (rectangular), वृत्ताकार (circular), बहुभजीय (षटभुजीय, अष्टभुजीय आदि) इमारतों के प्राक्कलन की यह बहुत सरल विधि है। जिस इमारत में आड़ी या विभाजक दीवारें होती हैं उसके प्राक्कलन की इस विधि के द्वारा सही परिमाण ज्ञात करने के लिये लम्बी दीवारों तथा विभाजक या आड़ी दीवारों के प्रत्येक संगम पर विशेष रुप से ध्यान देना होता है। हर मिलन बिन्दु पर मध्य रेखा की कुल लम्बाई में से संबंधित मद या सोपान रद्दे की आधी चौड़ाई घटानी होती है। अतः यदि किसी इमारत में एक विभाजक या आड़ी दीवार हो तो उसके दोनों ओर दो मिलन बिन्दु होंगे तथा नींव की खुदाई या नींव कंक्रीट की लम्बाई ज्ञात करने के लिये कुल मध्य लम्बाई में से खाई या नींव कंक्रीट की चौड़ाई घटाई जायेगी [एक मिलन बिन्दु के लिये आधी चौड़ाई तथा दोनों मिलन बिन्दुओं के लिये ($2\times\frac{1}{2}=$एक) पूरी चौड़ाई घटाई जायेगी]। इसी प्रकार सोपान रद्दे की मध्य लम्बाई ज्ञात करने के लिये कुल मध्य लम्बाई में से, दोनों मिलन बिन्दुओं के कारण, सोपान रद्दे की चौड़ाई घटा दी जायगी। इसी प्रकार सब की मध्य लम्बाई ज्ञात की जा सकती हैं।

जिस इमारत में अनेक प्रकार की दीवारें हो, उसमें एक सी दीवारों के समूह अलग-अलग लिये जायेंग। एक प्रकार की दीवारों को मध्य रेखाओं का योग निकाल कर उपरोक्त विधि से उन दीवारों के परिमाण ज्ञात कर लिये जाते हैं। फिर दूसरी प्रकार की सब दीवारों की मध्य रेखाओं का योग निकाल कर उनके परिमाण ज्ञात कर लेते हैं। इसी प्रकार विभिन्न प्रकार की दीवारों के परिमाण अलग-अलग निकाल लेते हैं।

मान लीजिये विभिन्न प्रकार की दीवारों वाली किसी इमारत की बाहरी दीवारें 'क' प्रकार की हैं तथा मध्य या आड़ी दीवारें 'ख' प्रकार की हैं तो पहले 'क' प्रकार की सब दीवारें एक साथ ली जायेंगी तथा फिर 'ख' प्रकार की सब दीवारें एक साथ अलग ली जायेंगी। ऐसी स्थिति में 'क' प्रकार की दीवारों में कोई कटौती नहीं की जायेगी पर 'ख' प्रकार की दीवारों की लम्बाई निकालते समय 'ख' प्रकार की दीवारों की मध्य रेखाओं की कुल लम्बाई में से (क तथा ख प्रकार की दीवारों के प्रत्येक मिलन बिन्दु पर) 'क' प्रकार की दीवार (मुख्य दीवार) की आधी चौड़ाई घटाई जायेगी।

ध्यान दो कि इमारत के कोनों पर, जहाँ दो दीवारें मिलती हैं कुछ भी जोड़ा या घटाया नहीं जाता।

जिन दीवारों में अनेक सौपान रद्दे होते हैं उनके पहले खसके की लम्बाई निकालने के लिए हर संगम पर मध्य रेखाओं की कुल लम्बाई में से सोपान रद्दे की आधी चौड़ाई घटा दी जाती है। बाद के सोपान रद्दे की लम्बाई ज्ञात करने के लिये उस सौपान रद्दे से निचले सौपान रद्दे की लम्बाई में प्रत्येक संगम पर, सोपान रद्दे के खसके (offset) अर्थात 5 सेमी जोड़ देते हैं।

उदाहरण 3 (क), 4 (क) तथा 5 (क) पीछे पहली विधि से हल किये जा चूके हैं। दूसरी विधि को समझने के लिये यही उदाहरण दूसरी विधि से, उदा० 3 ख, 4 ख तथा 5 ख में हल किये गये हैं। इन उदाहरणों के अध्ययन से यह विधि स्पष्ट रूप से समझ में आ जायगी।

टिप्पणी—छात्रों को पहले पहली विधि का अभ्यास करना चाहिये तथा जब वे पहली विधि में भली प्रकार अभ्यस्त हो जायें तब दूसरी विधि सीखें।

उदाहरण 3 (ख)—उदाहरण 3 (क) के चित्र 2-3 में प्रदर्शित एक कमरे की इमारत की निम्नलिखित मदों का प्राक्कलन मध्य रेखा (centre line) विधि से बनाइये—

(1) नींव में मिट्टी की खुदाई, (2) नींव में कंक्रीट, (3) नींव तथा कुर्सी में ईंट चिनाई तथा (4) अधिरचना में ईंट चिनाई।

दीवारों की मध्य रेखाओं का योग = क ख + ख ग + ग घ + घक

= 5·30 + 4·30 + 5·30 + 4·30 = 19·20 मी

चित्र 2-8 में नींव की खाई का तलदृश्य (plan) दिखाया गया है।

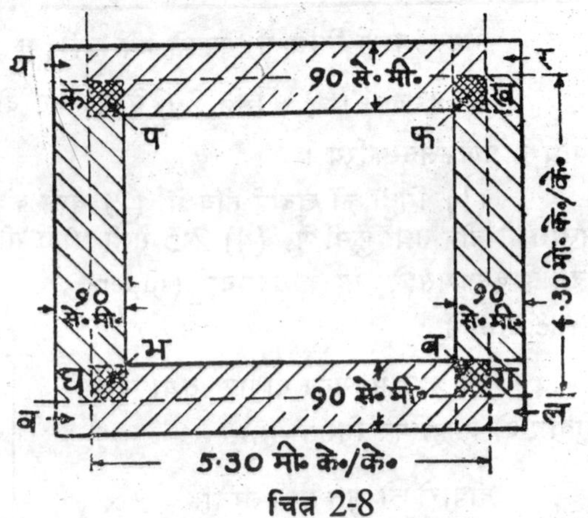

चित्र 2-8

मध्य रेखा की कुल लम्बाई को खाई की चौड़ाई तथा गहराई से गुणा करके मिट्टी की खुदाई का परिमाण ज्ञात हो जाता हैं। इस प्रक्रिया में हम कुछ अंश (portion) दो बार ले लेते हैं, तथा समान अंश छोड़ देते हैं पर इस से कुल परिमाण में कोई अन्तर नहीं आता।

खुदाई का परिमाण = कख × 90सेमी × 90सेमी + खग × 90 सेमी × 90 सेमी + गघ × 90 सेमी × 90 सेमी + घक × 90 सेमी × 90सेमी। ध्यान दें कि दोहरी तिरछी रेखाओं (double hatch lines) से चिन्हित अंश प, फ, ब, भ दो बार आ जाते हैं तथा चित्र में खाली छोड़े गये अंश य, र, ल, व गणना में नहीं आते परन्तु ये अंश बराबर हैं अतः परिमाण में अन्तर नहीं पड़ता।

माप का विवरण तथा परिमाणों का परिकलन (उदा० 3 ख)

मद संख्या	मदों का विवरण	सं०	लम्बाई	चौड़ाई	ऊँचाई या गहराई	परिमाण	व्याख्यात्मक नोट
1	मिट्टी की खुदाई नींव में	1	19·20 मी	·90 मी	·90 मी	15·55 घन मी	सब दीवारों की कुल मध्य लम्बाई = 19·20 मी
2	कंक्रीट नींव में	1	19·20 मी	·90 मी	·30 मी	5·18 घन मी	

मद सख्या	मदों का विवरण	सं०	लम्बाई	चौड़ाई	ऊँचाई या गहराई	परिमाण	व्याख्यात्मक नोट
3	ईंट चिनाई नींव तथा कुर्सी में						
	पहला खसका	1	19·20 मी	·60 मी	·30 मी	3·46	
	दूसरा खसका	1	19·20 मी	·50 मी	·30 मी	2·88	
	कुर्सी दीवार	1	19·20 मी	·40 मी	·60 मी	4·61	
					योग	10·95 घन मी	दरवाजों तथा खिड़कियों के खाली स्थानो लिटलों आदि के लिये कटौती करिये
4	ईंट चिनाई अधिरचना में	1	19·20 मी	·30 मी	3·50 मी	20·16 घन मी	

नोट—प्रथम विधि से निकाले गये हल (पृष्ट 36) से इसकी तुलना करें।

उदाहरण 4 (ख)— चित्र 2-6 में प्रदर्शित दो कमरों वाली इमारत की निम्नलिखिन मदों का मध्य रेखा विधि से प्राक्कलन करिये।

(1) मिट्टी की खुदाई नींव में, (2) चूना कंक्रीट नींव में, (3) प्रथम श्रेणी की ईट चिनाई 1 : 6 सीमेंट मसाले से नींव तथा कुर्सी मे, (4) 2·5 सेमी मोटा सील रोक रद्दा सीमेंट कंक्रीट का, (5) प्रथम श्रेणी की ईट चिनाई चूना मसाले से अधिरचना (superstructure) में

इस प्रश्न में मुख्य दीवार तथा मध्य दीवार दो जगहों पर मिलती हैं।

दीवारों की कुल मध्य लम्बाई = 2 × लम्बी दीवार की मध्य रेखा की लम्बाई + 3 × छोटी दीवार की मध्य रेखा की लम्बाई = 2 × 10·60 + 3 × 6·30 = 40·10 मी।

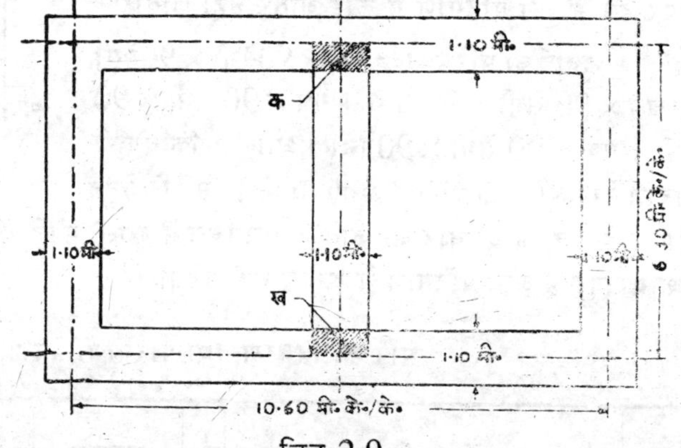

चित्र 2-9

चित्र 2-9 में नींव की खाई का तल दृश्य (plan) दिखाया गया है।

कुल मध्य लम्बाई को चौड़ाई तथा ऊँचाई से गुणा करने पर संगम स्थल क तथा ख पर चित्र 2-9 में तिरछी रेखाओं से प्रदर्शित भाग दो बार आ जाता है। अतः यह भाग अतिरिक्त है व इसे घटाना होगा। इस अतिरिक्त भाग को हटाने के लिये मध्य लम्बाई में से, हर संगम पर आधी चौड़ाई घटा देते हैं।

अतः मिट्टी की खुदाई का परिमाण = [कुल मध्य लम्बाई—(2 × $\frac{1}{2}$ चौड़ाई)] × चौड़ाई × गहराई = (40·10 − 2 × $\frac{1}{2}$ × 1·10) × 1·10 × 1·00 = 39·00 × 1·10 × 1·00 = 42·90 घन मी।

इसी प्रकार से नीव कंक्रीट, सोपान रद्दें (footings), कुर्सी दीवार तथा अधिरचना (superstructure) दीवार का परिमाण निकाला जा सकता है। किसी भी सतह पर लम्बाई ज्ञात करने के लिए, उस सतह की कुल मध्य लम्बाई में से, प्रत्येक संगम पर, मुख्य दीवार की आधी चौड़ाई (अर्थात दो संगम के लिये पूरी

चौड़ाई) घटाई जाती है। इस प्रकार प्राप्त मध्य लम्बाई को संबंधित चौड़ाई तथा ऊँचाई या गहराई से गुणा करने पर परिमाण ज्ञात हो जाता है।

इस उदाहरण (4ख) के परिमाण निम्न प्रकार निकालते हैं :—

माप का विवरण तथा परिमाणों का परिकलन (उदाहरण 4 ख)

सं०	मदों का विवरण	सं०	लम्बाई	चौड़ाई	ऊँचाई या गहराई	परिमाण	व्याख्यात्मक नोट
							कुल मध्य लम्बाई = 40·10
1	मिट्टी की खुदाई नींव में	1	39·00 मी	1·10 मी	1·00 मी	42·90 घन मी	ल० = $40{\cdot}10-2\times\frac{1{\cdot}10}{2}=39{\cdot}00$
2	चूना कंक्रीट नींव में	1	39·00 मी	1·10 मी	·30 मी	12·87 घन मी	ल० ऊपर के समान
3	प्रथम श्रेणी की ईट चिनाई 1 : 6 सीमेंट मसाले से नींव तथा कुर्सी में						
	प्रथम खसका	1	39·30 मी	·80 मी	·20 मी	6·29	ल० = $40{\cdot}10-2\times\frac{{\cdot}80}{2}=39{\cdot}30$
	दूसरा खसका	1	39·40 मी	·70 मी	·10 मी	2·76	ल० = $40{\cdot}10-2\times\frac{{\cdot}70}{2}=39{\cdot}40$
	तीसरा खसका	1	39·50 मी	·60 मी	·10 मी	2·37	ल० = $40{\cdot}10-2\times\frac{{\cdot}60}{2}=39{\cdot}50$
	चौथा खसका	1	39·60 मी	·50 मी	·10 मी	1·98	ल० = $40{\cdot}10-2\times\frac{{\cdot}50}{2}=39{\cdot}60$
	खसकों के ऊपर कुर्सी दीवार (plinth wall)	1	39·70 मी	·40 मी	·80 मी	12·70	ल० = $40{\cdot}10-2\times\frac{{\cdot}40}{2}=39{\cdot}70$
					योग	26·10	घन मी।
4	2·5 सेमी मोटा सील रोक रद्दा सीमेंट कंक्रीट का	1	39·70 मी	·40 मी	—	15·88	ल० = $40{\cdot}10-2\times\frac{{\cdot}40}{2}=39{\cdot}70$
	दरवाजों की देहल घटायें	2	1·20 मी	·40 मी	—	0·96	
						14·92	वर्ग मी
5	प्रथम श्रेणी की ईट चिनाई चूना मसाले से अधिरचना में	1	39·80 मी	·30 मी	4·20 मी	50·15	ल० = $40{\cdot}10-2\times\frac{{\cdot}30}{2}=39{\cdot}80$
	दरवाजों, खिड़कियों, अलमारियों तथा लिंटलों के लिये कटौती		पृष्ठ 40 पर के समान	दिये गये	विवरण	4·40	सामान्य कटौती की जायगी
					शुद्ध योग	45·75	घन मी

द्रष्टव्य—पहले खसके की लम्बाई में 10 सेमी (अर्थात 2×5सेमी) जोड़ा ने पर दूसरे खसके की लम्बाई तथा दूसरे खसके की लम्बाई में 10 सेमी जोड़ने पर तीसरे खसके की लम्बाई ज्ञात हो जाती है। इसी प्रकार अन्य लम्बाईयां निकालें।

इसकी तुलना पृष्ठ 39-40 पर पहली विधि से किये गये हल से करें।

उदाहरण 5 (ख)—उदाहरण 5 क के चित्र 2-7 (पृष्ठ 41) में प्रदर्शित निवास भवन की निम्नलिखित मदों के परिमाणों का मध्य रेखा विधि से प्राक्कलन करिये।

(1) मिट्टी की खुदाई नींव में, (2) चूना कंक्रीट नींव में (3) प्रथम श्रेणी की ईंट चिनाई 1 : 6 सीमेंन्ट रेत मसाले से नींव तथा कुर्सी में (4) सील रोक रद्दा (D.P.C.) (5) प्रथम श्रेणी की ईंट चिनाई चूना मसाले से अधिरचना में।

मुख्य कमरों की 30 सेमी, मोटी (एक ही प्रकार की) दीवारों की मध्य रेखाओं की कुल लम्बाई = बैठक तथा बांई ओर के शयन कक्ष की दीवारों की मध्य लम्बाई का योग + दाई ओर के शयन कक्षों की दीवारों की मध्य लम्बाई का योग

= (2 × लम्बी दीवार की मध्य रेखा की लम्बाई + 3 × छोटी दीवार की मध्य रेखा की लम्बाई) +
= (2 × लम्बी दीवार की मध्य रेखा की लम्बाई + 2 × छोटी दीवार की मध्य रेखा की लम्बाई)
$= (2 \times 10{\cdot}60 + 3 \times 5{\cdot}30) + (2 \times 9{\cdot}60 + 2 \times 4{\cdot}80) = 37{\cdot}10 + 28{\cdot}80 = 65{\cdot}90$ मी

इन दीवारों के 6 संगम हैं जो चित्र 2-7 (पृष्ठ 41) में '×' चिन्ह से अंकितकिये गये हैं। ये सभी संगम 30 सेमी मोटी मुख्य दीवार से मिल कर बने हैं।

सामने के बरामदे, पीछे के बरामदे तथा स्नान घर को 20 सेमी मोटी (एक ही प्रकार की) दीवारों की मध्य रेखाओं की कुल लम्बाई

= (सामने की दीवार की मध्य रेखा की लम्बाई + पार्श्व दीवार की मध्य रेखा की लम्बाई) + (स्नान घर सहित पिछले बरामदे की लम्बी दीवार की मध्य रेखा की लम्बाई + 2 × स्नान घर आड़ी दीवारों की मध्य रेखा की लम्बाई)।

$= (9{\cdot}65 + 2{\cdot}25) + (9{\cdot}65 + 2 \times 2{\cdot}75) = 11{\cdot}90 + 15{\cdot}15 = 27{\cdot}05$ मी,

पृष्ठ 41 पर चित्र 2-7 में प्रदर्शित तल दृश्य में इन दीवारों के पांच संगम '+' चिन्ह से तथा एक '—' चिन्ह से अकित किये गये हैं।

पाँच संगम 30 सेमी मोटी दीवार से मिलने पर तथा एक 20 सेमी मोटी समरूप दीवार से मिलने पर बने हैं।

विभिन्न दीवारों की मध्य से मध्य तक की लम्बाई पृष्ठ 42 पर देखें।

मध्य रेखा विधि से विभिन्न मदों का प्राक्कलन निम्नलिखिति रूप में बनेगा :—

मद सं०	मदों का विवरण	सं०	लम्बाई	चौड़ाई	ऊँचाई या गहराई	परिमाण	व्याख्यात्मक नोट
1	मिट्टी की खुदाई नींव में मुख्य कमरों की दीवारें (6 संगम)	1	63·20 मी	·90 मी	1·00 मी	56·88	ल० $= 65{\cdot}90 - 6 \times \frac{{\cdot}90}{2} = 63{\cdot}20$ मी

उदा॰ 5 ख

मद सं॰	मद का विवरण	सं॰	लम्बाई	चौड़ाई	ऊँचाई या गहराई	परिमाण	व्याख्यात्मक नोट
	स्नान घर सहित बरामदे की दीवारें (5 तथा 1 संगम)	1	24·50 मी	·60 मी	·50 मी	7·35	ल. $= 27·05 - 5 \times \frac{·90}{2} - 1 \times \frac{·60}{2}$ $= 24·50$ मी
					योग	64·23 घन मी	
2	चूना कंक्रीट नींव में मुख्य कमरे की दीवारें	1	63·20 मी	·90 मी	·30 मी	17·06	ल. ऊपर के समान
	बरामदे तथा स्नान घर की दीवारें—	1	25·50 मी	·60 मी	·20 मी	3·06	ल. $= 27·05 - 5 \times \frac{·50}{2} - 1 \times \frac{·60}{2}$ $= 25·50$ मी
					योग	20·12 घन मी	(समान सतह पर प्रत्येक संगम पर आधी चौड़ाई घटा कर)
3	प्रथम श्रेड़ी की ईट चिनाई 1:6 सीमेंट मसाले से नींव तथा कुर्सी में मुख्य कमरों की दीवारें— पहला खसका	1	64·10 मी	·60 मी	·20 मी	7·69	ल. $= 65·90 - 6 \times \frac{·60}{2} = 64·10$
	दूसरा खसका	1	64·40 मी	50· मी	·20 मी	6·44	ल. $= 65·90 - 6 \times \frac{·50}{2} = 64·40$
	खसकों के ऊपर कुर्सी दीवार	1	64·70 मी	·40 मी	·90 मी	23·29	ल. $= 65·90 - 6 \times \frac{·40}{2} = 64·70$
							पहले खसके के बाद अन्य खसकों की लम्बाई पिछले खसके में $6 \times 5 = 30$ सेमी जोड़कर ज्ञात की जा सकती है।
	बरामदे तथा स्नानघर की दीवारें— खसका—	1	25·85 मी	·40 मी	·20 मी	2·07	ल. $= 27·05 - 5 \times \frac{·40}{2} - 1 \times \frac{·40}{2}$ $= 25·85$ मी
	खसकों के ऊपर कुर्सी दीवार	1	25·90 मी	·30 मी	·70 मी	5·44	ल. $= 27·05 - 5 \times \frac{·40}{2} - 1 \times \frac{·30}{2}$ $= 23·90$ मी
					योग	44·93 घन मी	
4	2·5 सेमी मोटा सील रोक रद्दा मुख्य कमरे की दीवारें	1	64·70 मी	·40 मी	--	25·88	ल. कुर्सी दीवार के समान
	बरामदों के खम्भे	4	0·50 मी	·30 मी	--	0·60	
	स्नानघर (कुल तीन दीवारें)	1	7·30 मी	·30 मी	--	2·19	ल. $= \left(2·20 + 2 \times ·15 + 2 \times \left(2·75 - \frac{·40}{2} - \frac{·30}{2}\right)\right)$ $= 7·30$ मी
					योग	28·67	

मद सं०	मद का बिवरण	सं०	लम्बाई	चौड़ाई	ऊँचाई या गहराई	परिमाण	व्याख्यात्मक नोट
	दरवाजों की देहल (sills) घटायें		पृष्ठ 46	पर दिये गये बिवरण	के समान	3·91	सामान्य रूप से कटौती करें
				शुद्ध	योग	24·76 वर्ग मी	
3	प्रथम श्रेणी की ईंट चिनाई चूना मसाले से अधिरचनामें मुख्य कमरों की दीवारें बरामदे तथा स्नान घर की दीवारें (ठोस मानकर)	1	65·00 मी	·30 मी	4·00 मी	78·00	$ल. = 65·90 - 6 \times \frac{·30}{2} = 63·00$ मी
		1	26·20 मी	·20 मी	3·05 मी	15·98	$ल. = 27·05 - 3 \times \frac{·30}{2} - 1 \times \frac{·20}{2} = 26·20$ मी
					योग	93·98	
	खाली स्थानों तथा लिटलों की कटौती		पृष्ठ 46-47	पर दिये गये विवरण	के अनुसार	27·85	सामान्य रूप से कटौती करें।
				शुद्ध	जोड़	66·13 घन मी	

दृष्टव्य–इन्जीनियरी विभागों में सामान्यतया पृष्ठ 31-32 में वर्णित 'प्रथम विधि', लम्बी तथा छोटी 'दीवार विधि' अपनाई जाती है। भुगतान के लिए बिल बनाते समय हर दीवार के लिये अलग-अलग मान ली जाती है तथा दीवार के परिमाण निकाले जाते हैं इन परिमाणों को तुलना पूर्व प्राक्कलित (estimated) परिमाण से की जा सकती है।

डाट चिनाई (Arch Masonry) का परिकलन

डाट चिनाई का परिमाण ज्ञात करने के लिये डाट की मध्यमान (mean) लम्बाई को दीवार की चौड़ाई तथा डाट की मोटाई से गुणा करते हैं। पुलिया में डाट चिनाई का परिमाण = एक पार्श्व से दूसरे पार्श्व तक डाट की लम्बाई (length of arch face to face) × डाट की चाप × (arc) की मध्यमान लम्बाई × डाट की मोटाई

स्थिति I (Case 1) वृत्तखण्ड डाट (Segmental Arch) जिसका पाट 'प' (Span) तथा कोण ज्ञात हो–
ऐसी डाट जिसका पाट 'प' हो तथा जो केन्द्र पर कोण θ बनाये।

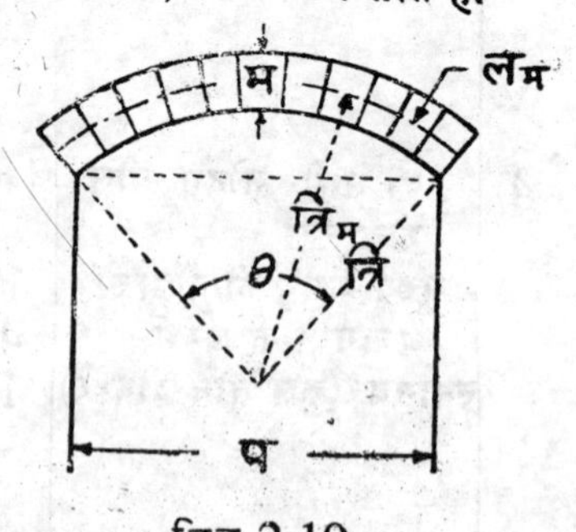

चित्र 2-10

प = पाट, θ = केन्द्र पर बना कोण, त्रि = त्रिज्या,

$त्रि_{म}$ = मध्यमान त्रिज्या (mean radius)

$ल_{म}$ = डाट की मध्यमान लम्बाई, म = डाट की मोटाई

च = दीवार की चौड़ाई

$$ज्या \frac{\theta}{2} = \frac{प/_2}{त्रि}, \therefore त्रि = \frac{प}{2} \times \frac{1}{ज्या\ \theta/2}, त्रि_{म} = त्रि + \frac{म}{2}$$

$\frac{ल_म}{2\pi \, त्रि_म} = \frac{\theta}{360,}$ $\therefore$ $ल_म = 2\pi \, त्रि_म \times \frac{\theta}{360,}$ इस सूत्र से $ल_म$ ज्ञात कर सकते हैं।

डाट चिनाई का परिमाण = डाट की मध्यमान लम्बाई × दीवार की चौड़ाई × डाट की मोटाई

$= ल_म \times च \times म$

उदाहरण I– 2·50 मी पाट की एक डाट केन्द्र पर 80° का कोण बनाती है। डाट की मोटाई 30 सेमी तथा दीवार की चौड़ाई 40 सेमी है। डाट चिनाई का परिमाण ज्ञात करिये।

त्रिज्या, $त्रि. = \frac{प}{2} \times \frac{1}{ज्या\, 40°} = \frac{2·50}{2} \times \frac{1}{·6428} = 1·945$ मी

मध्यमान त्रिज्या, $त्रि_म = त्रि + \frac{म}{2} = 1·945 + \frac{·30}{2} = 2·095$ मी

डाट की मध्यमान लम्बाई, $ल_म = 2\pi \, त्रि_म \times \frac{\theta}{360} = 2 \times \frac{22}{7} \times 2·095 \times \frac{80}{360} = 2·93$ मी

डाट चिनाई का परिमाण = $ल_म$ × दीवार की चौड़ाई × डाट की मोटाई = 2·93 × ·40 × ·30

= ·352 घन मी

स्थिति II (Case II)—60° वृत्तखंड—दरवाजों तथा खिड़कियों के ऊपर साधारणतया डाट बनाई जाती है तथा यह डाट अपने केन्द्र पर 60° का कोण बनाती है। 60° की डाट के पाट (span) तथा त्रिज्याओं से समबाहु त्रिभुज (equilateral triangle) बनाता है,

$ल_म$ = डाट की मध्यमान लम्बाई, $त्रि_म$ = मध्यमान त्रिज्या

प = पाट त्रि = त्रिज्या

त्रिज्या = प, तथा $त्रि_म = त्रि + \frac{म}{2}$, $\frac{ल_म}{2\pi \, त्रि_म} = \frac{60°}{360°} = \frac{1}{6}$

$\therefore ल_म = \frac{1}{6} 2\pi \, त्रि_म = \frac{1}{3}\pi \, त्रि_म$; इस सूत्र से $ल_म$ का मान ज्ञात कर सकते हैं।

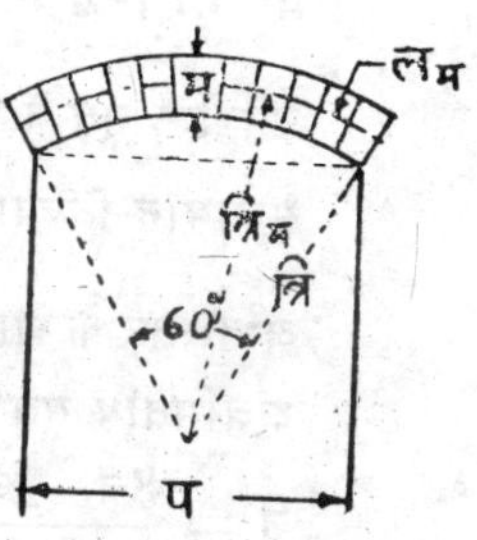

चित्र 2·11

परिमाण = $ल_म$ × दीवार की चौड़ाई × डाट की मोटाई

$= ल_म \times च \times म$

उदाहरण II—1·20 मी चौड़े दरवाजे पर 60° डाट में ईंट चिनाई का परिमाण ज्ञात करिये। डाट 20 सेमी मोटी तथा दीवार 30 सेमी चौड़ी है।

त्रि = 1·20 मी, $त्रि_म = त्रि + \frac{म}{2} = \left(1·2 + \frac{·20}{2}\right) = 1·30$ मी

$ल_म = \frac{1}{3}\pi त्रि_म = \frac{1}{3} \times \frac{22}{7} \times 1{\cdot}30 = 1{\cdot}36$ मी

दीवार की चौड़ाई $च = {\cdot}30$ मी ; डाट की मोटाई $म = {\cdot}20$ मी

$\therefore$ परिमाण $= ल_म \times च \times म = 1{\cdot}36 \times {\cdot}30 \times {\cdot}20 = {\cdot}082$ घन मी

स्थिति III—वृत्तखंड डाट (segmental arch) जिसका पाट (span) तथा उठान (rise) ज्ञात हो—त्रि = डाट की त्रिज्या अर्थात डाट के अन्त:स्तर (intrados) की त्रिज्या

$त्रि_म$ = मध्य चाप (mean arc) की त्रिज्या

ल = अन्त:स्तर के चाप की लम्बाई

$ल_म$ = मध्य चाप की लम्बाई

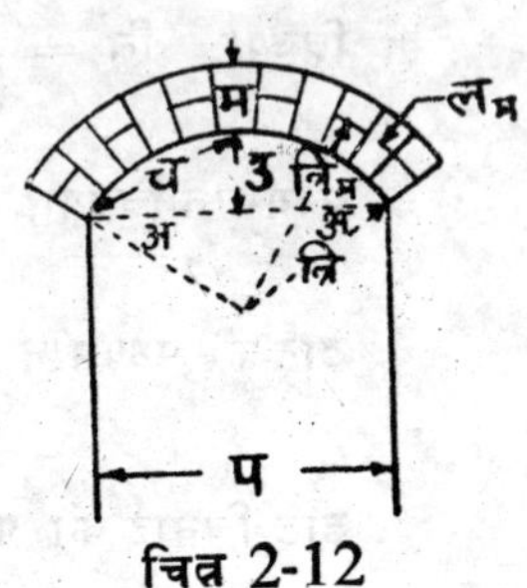

चित्र 2-12

समरूप आकृतियों (similar figures) से

$\frac{ल_म}{ल} = \frac{त्रि_म}{त्रि}, ल_म = ल \times \frac{त्रि_म}{त्रि}$

त्रिज्या त्रि ज्ञात करने के लिये—

$अ^2 = उ\ (व्य - उ)$, इसमें व्य = अन्त:स्तर का व्यास

व = अर्द्धजीवा (semichord) $= \frac{1}{2}$ पाट $= \frac{1}{2}$ प

उ = डाट को उठान (rise), (ज्ञात)

$\therefore$ व्य = व्यास का मान ज्ञात किया जा सकता है, तथा $त्रि = \frac{व्य}{2}$

यह भी सिद्ध किया जा सकता है कि $त्रि = \frac{उ}{2} + \frac{प^2}{8 \times उ}$

उपरोक्त सूत्र से या प्रथम सिद्धांत से त्रिज्या 'त्रि' ज्ञात की जा सकती है।

मध्यमान त्रिज्या $त्रि_म = त्रि + \frac{म}{2}$, इसमें म = डाट की मोटाई,

अन्त:स्तर के चाप की लम्बाई 'ल' निकालने के लिये

क्षेत्रमितीय सूत्र (mensuration formula)—

$ल = \frac{8च - 2अ}{3}, च = \sqrt{अ^2 + उ^2}$

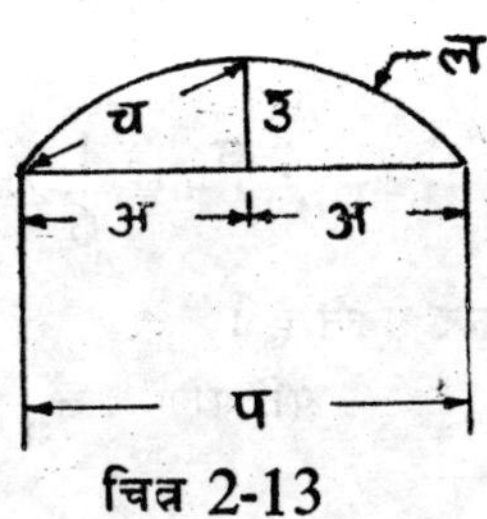

चित्र 2-13

'अ' तथा 'उ' का मान ज्ञात है जिससे च ज्ञात किया जा सकता है तथा फिर 'ल' का मान निकाला जा सकता है।

त्रि, $त्रि_म$ तथा ल का मान निकालने के बाद $ल_म$ ज्ञात किया जा सकता है।

$ल_म = ल \times \frac{त्रि_म}{त्रि}$

परिमाण $= ल_म \times च \times म$

द्रष्टव्य—त्रिज्या 'त्र' निकालने के बाद स्थिति I में वर्णित विधि से केन्द्र पर बनने वाला कोण θ ज्ञात किया जा सकता है तथा फिर $'ल'_{म}$ का मान निकाला जा सकता है।

उदाहरण III—2·20 मी पाट (span) 50 सेमी उठान (rise) तथा 30 सेमी मोटी डाट में ईट चिनाई का परिमाण निकालो। दीवार की चौड़ाई 30 सेमी है।

डाट की मध्यमान लम्बाई, $ल_{म} = ल \times \frac{त्रि_{म}}{त्रि}$

$अ^2 = उ\,(व्य—उ)$, $अ = \frac{प}{2} = \frac{2·20}{2} = 1·10$, $उ = ·50$, $\therefore\ (1·1)^2 = ·5\,(व्य—·5)$

हल करने पर, व्य = 2·92 मी; $त्रि = \frac{व्य}{2} = \frac{2·92}{2} = 1·46$ मी

$\left(\text{त्रि इस सूत्र से निकाल सकते है—}\quad त्रि = \frac{उ}{2} + \frac{प^2}{8 \times उ} = \frac{·5}{2} = \frac{2·2^2}{8 \times ·5} = 1·46 \text{ मी}\right)$

$\therefore\ त्रि_{म} = त्रि + \frac{म}{2} = 1·46 + \frac{·30}{2} = 1·61$ मी

$ल = \frac{8च—2अ}{3}$, $च = \sqrt{अ^2 + उ^2} = \sqrt{1·1^2 + ·5^2} = 1·21$ मी

$\therefore ल = \frac{8 \times 1·21—(2 \times 1·10)}{3} = 2·49$ मी

मध्यमान लम्बाई, $ल_{म} = ल \times \frac{त्रि_{म}}{त्रि} = 2·49 \times \frac{1·61}{1·46} = 2·75$ मी

डाट चिनाई का परिमाण $= ल_{म} \times च \times म = 2·75 \times ·30 \times ·30 = 2·47$ घन मी

स्थिति IV—अर्द्धवृत्ताकार डाटें (Semi-circular arches)

प = पाट त्रि = डाट की त्रिज्या

$त्रि_{म}$ = मध्यमान त्रिज्या, उ = उठान

$ल_{म}$ = डाट की मध्यमान लम्बाई

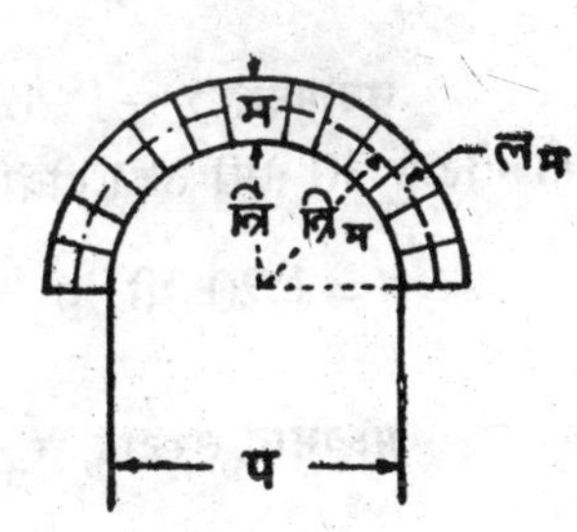

चित्र 2-14

त्रिज्या $त्रि = \frac{प}{2}$, $उ = \frac{प}{2}$

मध्यमान त्रिज्या, $त्रि_{म} = त्रि + \frac{म}{2} = \frac{प}{2} + \frac{म}{2}$

डाट की मध्यमान (mean) लम्बाई $= ल_{म} = \pi\ त्रि_{म} = \frac{22}{7}\left(\frac{प}{2} + \frac{म}{2}\right)$

डाट चिनाई का परिमाण $= ल_{म} \times च \times म$

उदाहरण IV—2·00 मी पाट (span) की अर्द्धवृत्ताकार डाट में ईट चिनाई का परिमाण निकालो। डाट की मोटाई 30 सेमी तथा दीवार की चौड़ाई 40 सेमी है।

डाट की त्रिज्या, $त्रि = \frac{2·00}{2} = 1·00$ मी

मध्यमान त्रिज्या, $त्रि_म = त्रि + \frac{म}{2} = 1·00 + \frac{·30}{2} = 1·15$ मी

मध्यमान लम्बाई, $ल_म = \pi \times त्रि_म = \frac{22}{7} \times 1·15 = 3·61$ मी

ईट चिनाई का परिमाण $= ल_म \times च \times म = 3·61 \times ·40 \times ·30 = ·433$ घन मी

स्थिति V—चपटी डाटें (Flat arches)—कम पाट के दरवाजों तथा खिड़कियों में चपटी डाट दी जा सकती है। परन्तु इनमें थोड़ी सी उत्तलता (camber) दे देनी चाहिये।

चपटी डाट केन्द्र पर 60° का कोण बनाती है तथा इस प्रकार त्रिज्याओं व इस पाट में समबाहु त्रिभुज बनता है।

उठान बिन्दु (springing point) पर डाट की नत मोटाइ (inclined thickness), $म_1 = \frac{म}{ज्या\ 60°}$

$$= \frac{म}{·866} = 1·15\ म$$

डाट की मध्यमान (mean) लम्बाई, $ल_म = प + \frac{म_1}{2}$

डाट चिनाई का परिमाण $= ल_म \times च \times म$

व्यवहार में '$म_1$' को 'म' के बराबर ले लेते हैं तथा डाट की मध्यमान लम्बाई $= ल_म = प + \frac{म}{2}$ लेते हैं।

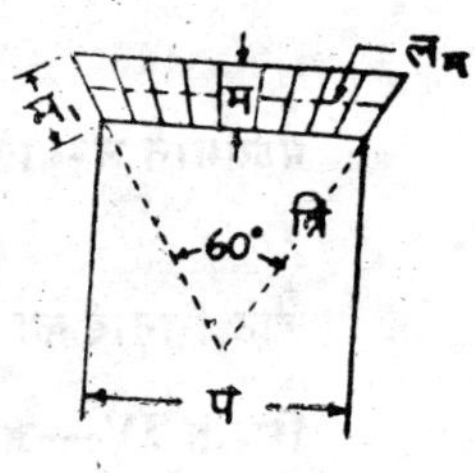

चित्र 2-15

उदाहरण V—1·20 मी चौड़े दरवाजे के ऊपर बनी डाट में चिनाई का परिमाण ज्ञात करिये। डाट की मोटाई 30 सेमी तथा दीवार की चौड़ाई 30 सेमी है।

$प = 1·20$ मी, $म_1 = \frac{म}{ज्या\ 60°} = 1·15\ म = 1·15 \times ·30 = ·345$ मी

मध्यमान लम्बाई, $ल_म = प + \frac{म_1}{2} = 1·20 + \frac{·345}{2} = 1·372$ मी

डाट चिनाई का परिमाण $= ल_म \times च \times म = 1·372 \times ·30 \times ·30 = ·123$ घन मी

अर्द्ध दीर्घ वृत्ताकार डाटें (Semi-elliptical arches)—कमानीदार डाटों (segmental arches) के समान ही मान लेते हैं तथा व्यवहार में इसका परिमाण कमानीदार डाटों की विधि से ही निकाल लेते हैं।

उदाहरण 6—एक पुलिया (culvert) की डाट केन्द्र पर 120° का कोण बनाती है। डाट का पाट 5·00 मी तथा मोटाई 50 सेमी है। पार्श्व से पार्श्व तक डाट की लम्बाई 8·00 मी है। डाट चिनाई तथा डाट के तले (soffit) पर सीमेंट पलस्तर का परिमाण निकालिये।

त्रिज्या, $त्रि = \frac{प}{2} \times \frac{1}{ज्या \frac{\theta}{2}}$, इसमें प = पाट = 5·00 मी; θ = केन्द्र पर बनने वाला कोण = 120

$\therefore त्रि = \frac{5{\cdot}00}{2} \times \frac{1}{ज्या\ 60^\circ} = 2{\cdot}5 \times \frac{1}{{\cdot}866} = 2{\cdot}886$ मी

मध्यमान त्रिज्या $त्रि_म = त्रि + \frac{म}{2}$, इसमें म = डाट की मोटाई = 50 सेमी = ·50 मी

$\therefore त्रि_म = 2{\cdot}886 + \frac{{\cdot}50}{2} = 3{\cdot}136$ मी

चाप की मध्यमान लम्बाई $ल_म$ ज्ञात करने के लिये

$\frac{ल_म}{2\pi त्रि_म} = \frac{\theta}{360}$, $ल_म = 2\pi त्रि_म \times \frac{\theta}{360} = 2 \times \frac{22}{7} \times 3{\cdot}136 \times \frac{120}{360} = 6{\cdot}57$ मी

पार्श्व से पार्श्व (face to face) डाट की लम्बाई = 8·00 मी (ज्ञात है)।

डाट चिनाई का परिमाण = डाट की लम्बाई × $ल_म$ × म

$= 8{\cdot}00 \times 6{\cdot}57 \times {\cdot}50 = 26{\cdot}28$ घन मी

अन्तःस्तर (intrados) के चाप की लम्बाई ल ज्ञात करने के लिये

$\frac{ल}{ल_म} = \frac{त्रि}{त्रि_म}$, $\therefore ल = ल_म \times \frac{त्रि}{त्रि_म} = 6{\cdot}57 \times \frac{2{\cdot}886}{3{\cdot}136} = 6{\cdot}05$ मी

डाट के तले (soffit) **पर पलस्तर** = अन्तःस्तर के चाप की लम्बाई × डाट की लम्बाई

$= 6{\cdot}05 \times 8{\cdot}00 = 48{\cdot}40$ वर्ग मी

दृष्टव्य—इमारत की डाट की मध्यमान लम्बाई रेखाचित्र से विभाजक (divider) या डोरी द्वारा पढ़ लेते हैं तथा फिर परिकलन द्वारा परिमाण निकाल लेते हैं परन्तु बड़ी डाटों में, जैसे पुलिया में, सूत्रों द्वारा परिकलन करके शुद्ध मध्यमान लम्बाई निकालनी चाहिये।

सीढ़ियों (Steps) का प्राक्कलन

समस्या—दिये हुये रेखाचित्रों से विभिन्न प्रकार की सीढ़ियों में मिट्टी का कार्य, कंक्रीट, ईंट चिनाई तथा समापन कार्य (finishing) के परिमाणों का प्राक्कलन बनाना—

सामान्यतया भवन के निर्माण में काफी प्रगति हो चुकने के बाद सीढ़ियां बनाई जाती हैं। अतः सीढ़ियों की नींव नये सिरे से खोदनी पड़ती है। सामान्यतया सीढ़ियों की नींव की खुदाई की गणना नहीं की जाती है।

1—चित्र 2-16 में प्रदर्शित साधारण सीढ़ी का प्राक्कलन

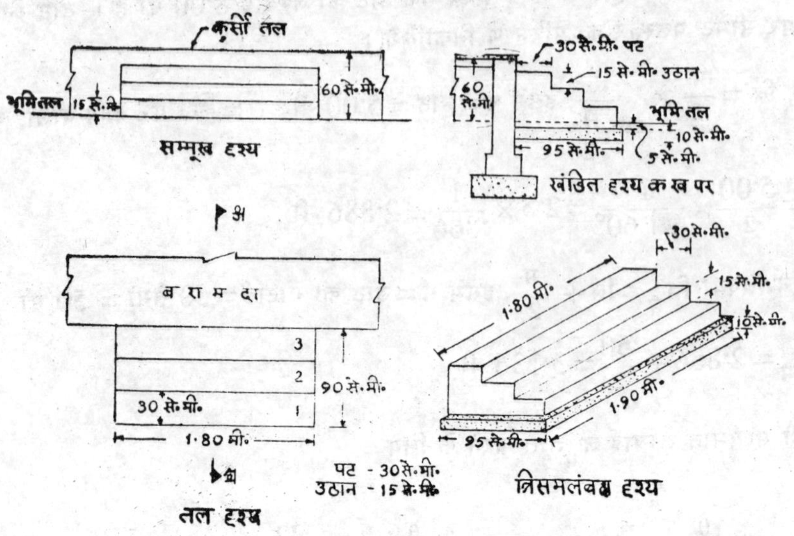

चित्र 2-16

सीढ़ियों की सतह पर समापन (finishing) के लिये 1 : 3 सीमेंट व रेत के मसाले से 9 सेमी मोटा पलस्तर पर शुद्ध सीमेंट लेई से चिकना किया जायगा।

मदें		सं०	लं० मी	च० मी	ऊँ. या ग. मी	परिमाण
1. मिट्टी की खुदाई		1	1·90	·95	·15	·27 घन मी
2. कंक्रीट नींव में		1	1·90	·95	·10	·18 घन मी
3. ईंट चिनाई—	पहली सीढ़ी	1	1·80	·90	·20	·324
	दूसरी सीढ़ी	1	1·80	·60	·15	·162
	तीसरी सीढ़ी	1	1·80	·30	·15	·081
						0·567 घन मी
4. समापन 2 सेमी मोटा पलस्तर सीमेंट मसाले से						
	पट (Tread)	3	1·80	·30	—	1.62
	उठान (Riser)	4	1·80	--	·15	1·08
	सिरे (Ends)	2	·90	--	·15	·27
		2	·60	—	·15	·18
		2	·30	—	·15	·09
						3·24 वर्ग मी

सीढ़ी के उपरोक्त प्राक्कलन में—

ईट चिनाई का परिमाण निम्नलिखित संक्षिप्त विधि से भी ज्ञात कर सकते हैं—

औसत खण्ड क्षेत्रफल (sectional area) × लम्बाई

$$=\left\{\frac{\cdot 90+\cdot 30}{2}\times\cdot 45\right\}\times 1\cdot 80=\cdot 486$$

भूमितल के नीचे $=1\cdot 80\times\cdot 90\times\cdot 05=\cdot 081$

योग $=\cdot 567$ घन मी

पलस्तर का परिमाण भी निम्नलिखित विधि से संक्षेप में ज्ञात किया जा सकता है—

पट (tread) तथा उठान (riser) = लम्बाई × पटों तथा उठानों का योग

$$=1\cdot 80\times(4\times\cdot 15+3\times\cdot 30) \qquad =2\cdot 70$$

सिरे $=2\times$ औसत चौड़ाई $\times$ ऊँचाई $=2\times\left(\frac{\cdot 90+\cdot 30}{2}\right)\times\cdot 45 \qquad = \cdot 54$

योग $=3\cdot 24$ वर्ग मी

टिप्पणी—यदि चार सीढ़ियाँ (सीढ़ियों की सम संख्या) हो तो हर सीढ़ी का परिमाण ब्योरेदार निकाला जा सकता है। संक्षिप्त विधि से परिमाण इस प्रकार ज्ञात किये जा सकते हैं।

भूमितल के ऊपर ईट चिनाई का परिमाण

$$=\left\{\frac{1\cdot 20+\cdot 90+\cdot 60+\cdot 30}{4}\times\cdot 60\right\}\times 1\cdot 80=\cdot 81 \text{ घन मी}$$

पलस्तर का परिमाण—

उठानों (risers) तथा पट (treads) $=1\cdot 80\times(5\times 1\cdot 5+4\times\cdot 30)=3\cdot 51$

सिरे $=2\times\left(\frac{1\cdot 20+\cdot 90+\cdot 60+\cdot 30}{4}\right)\times\cdot 60 \qquad =\cdot 90$

योग $=4\cdot 41$ वर्ग मी

2—चित्र 2-17 में प्रदर्शित त्रिपार्श्वीय (three sided) सीढ़ी का प्राक्कलन

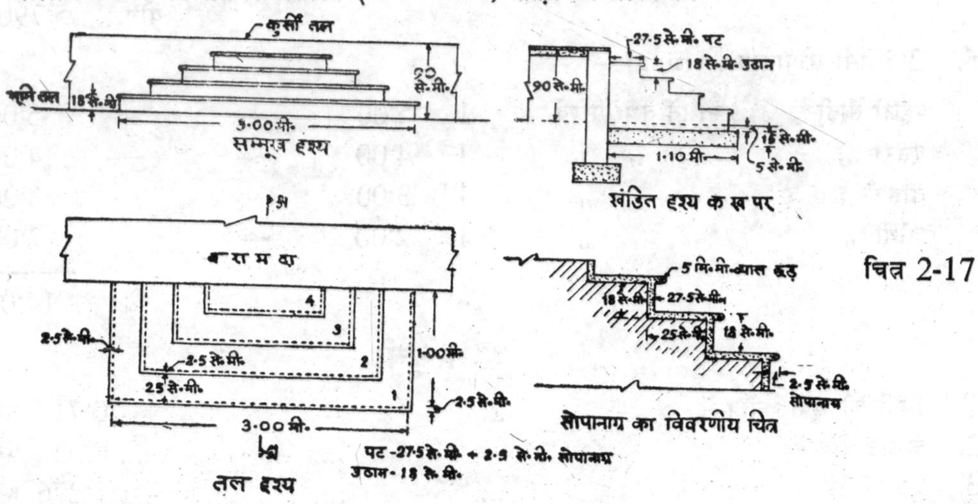

चित्र 2-17

सीढ़ियों की सतह पर $1 : 1\frac{1}{2} : 3$ सीमेंट कंक्रीट की $2\cdot 5$ सेमी मोटी तह देकर शुद्ध सीमेंट के लेप से समापन किया गया है।

सं०	मद का विवरण		सं	ल०	चौ०	ऊँ० या ग०	परिमाण
1.	मिट्टी की खुदाई		1	3·20	1·10	·20	·71 घन मी
2.	कंक्रीट नींव में		1	3·20	1·10	·15	·53 घन मी
3.	ईट चिनाई—	पहली सीढ़ी	1	3·00	1·00	·23	·690
		दूसरी ,,	1	2·50	·75	·18	·338
		तीसरी ,,	1	2·00	·50	·18	·180
		चौथी ,,	1	1·50	·25	·18	·068
						योग	1·276 घन मी
4.	2·5 सेमी मोटा 1 : $1\frac{1}{2}$: 3 सीमेंट कंक्रीट सतह समापन (finishing)—						
	पहली सीढ़ी	पट सामने तथा पार्श्व	1	4·50	·25	—	1·125
		उठान ,, ,, ,,	1	5·00	—	·18	·900
	दूसरी सीढ़ी	पट ,, ,, ,,	1	3·50	·25	—	·875
		उठान ,, ,, ,,	1	4·00	—	·18	·720
		पट ,, ,, ,,	1	2·50	·25	—	·625
		उठान ,, ,, ,,	1	3·00	—	·18	·540
		पट ,, ,, ,,	1	1·50	·25	—	·375
		उठान ,, ,, ,,	1	2·00	—	·18	·360
	कुर्सी	उठान ,, ,, ,,	1	1·50	--	·18	·270
						योग	5·790 वर्ग मी
5.	2·5 सेमी सोपानाग्र (nosing)—						
	पहली सीढ़ी	सामने तथा पार्श्व	1	5·00	--	--	5·00
	दूसरी ,,	,, ,, ,,	1	4·00	--	--	4·00
	तीसरी ,,	,, ,, ,,	1	3·00	—	—	3·00
	चौथी ,,	,, ,, ,,	1	2·00	--	--	2·00
						योग	14·00 मीटर

राशि सूची

1.	मिट्टी की खुदाई नींव में	... 0·71	घन मीटर
2.	कंक्रीट नींव में	.... 0·53	घन मीटर
3.	ईट चिनाई	.... 1·276	घन मीटर
4.	2·5 सेमी मोटी 1 : $1\frac{1}{2}$: 3 सीमेन्ट कंक्रीट सतह सामापन	.... 5·79	वर्ग मीटर
5.	2·5 सेमी सोपानाग्र (nosing)	.... 14·00	मीटर

3–चित्र 2–18 में प्रदर्शित कोने की सीढ़ी का प्राक्कलन

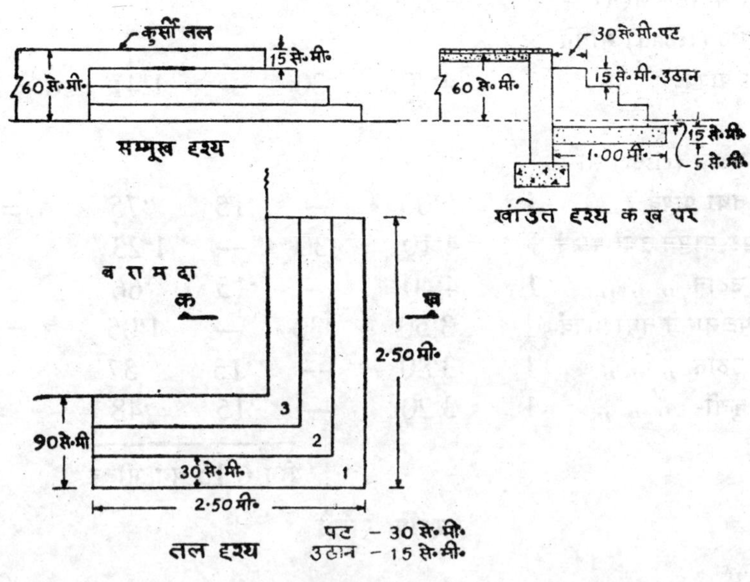

चित्र 2·18

सीढ़ियों के समानप के लिये 1 : 3 सीमेंट मसाले से 2 सेमी मोटा पलस्तर पर शुद्ध सीमेंट लेप से समापन किया गया है।

			सं॰	ल॰	चौं॰	ऊं/ग	परि॰	व्याख्यात्मक टिप्पणी
1. मिट्टी की खुदाई								
	सामने	...	1	2·70	1·00	·20	·54	ल.=2·50+·10+·10=2·70
	पार्श्व	...	1	1·70	1·00	·20	·34	ल.=2·50—·90+·10=1·70
							योग ·88 घन मी	
2. कंक्रीट नींव में								
	सामने	...	1	2·70	1·00	·15	·405	लम्बाई ऊपर के समान
	पार्श्व	...	1	1·70	1·00	·15	·255	,, ,,
							योग ·66 घन मी	
3. ईंट चिनाई								
पहली सीढ़ी	सामने	...	1	2·50	·90	·20	·450	
	पार्श्व	...	1	1·60	·90	·15	·216	ल.=2·50–·90=1·60
दूसरी सीढ़ी	सामने	...	1	2·20	·60	·15	·198	ल.=2·50–·30=2·20
	पार्श्व	...	1	1·60	·60	·15	·144	ल.=2·20–·60=1·60
तीसरी सीढ़ी	सामने	....	1	1·90	·30	·15	·086	ल.=2·50–·60=1·90
	पार्श्व	...	1	1·60	·30	·15	·072	ल.=1·90–·30=1·60
							योग 1·166 घन मी	

मदें	सं०	ल०	चौ०	ऊ. या ग.	परिमाण	व्याख्यात्तमक नोट
4. 2 सेमी मोटा सीमेंट पलस्तर—						
पहली सीढ़ी-पाट (tread) सामने						
तथा पार्श्व	1	4·70	·30	–	1·41	ल.=2·50+2·20 =4·70 मी
उठान (riser) सामने						
तथा पार्श्व	1	5·00	—	·15	·75	ल.=2·20+1·90
दूसरी सीढ़ी-पट सामने तथा पार्श्व	1	4·10	·30	—	1·23	=4·10 मी
उठान ,, ,, ,,	1	4·40	—	·15	·66	
तीसरी सीढ़ी-पट सामने तथा पार्श्व	1	3·50	·30	—	1·05	ल.=1·90+1·60
उठान ,, ,, ,,	1	3·80	—	·15	·57	=3·50 मी
कुर्सी- ,, ,, ,,	1	3·20	—	·15	·48	
					योग 6·15 वर्ग मीटर	

राशि सूची

1. मिट्टी की खुदाई ... . 0·88 घन मीटर
2. कंक्रीट नींव में .... 0·66 घन मीटर
3. ईट चिनाई .... 1·166 घन मीटर
4. 2 सेमी मोटा सीमेंट पलस्तर .... 6·15 वर्ग मीटर

———

अध्याय 3

भवन का प्राक्कलन

इस अध्याय में विविध प्रकार के भवन तथा निर्माण कार्य इत्यादि के व्यवहारिक प्राक्कलन के दृष्टान्त दिए गए हैं तथा दोनों ही विधियों अर्थात् साधारण विधि (लम्बी तथा छोटी दीवार विधि) एव मध्य रेखा विधि का प्रयोग किया गया है।

चिनाई का चबूतरा

उदारण (1)—एक 6 मी × 5 मी आकार के ईंटों की चिनाई के चबूतरे की लागत का प्राक्कलन, दिये हुये रेखा चित्रों (चित्र 3-1) तथा विनिर्देश के आधार पर बनाइये।

सामान्य विनिर्देश (general specifications) :—

(1) नींव—चूना कंक्रीट, (2) चिनाई—चूना मसाले से प्रथम श्रेणी की ईंट चिनाई, (3) 2·5 सेमी मोटा सीमेंट कंक्रीट का फर्श 7·5 सेमी मोटी चूना कंक्रीट के ऊपर, दीवारों पर केवल 2·5 सेमी मोटा सीमेंट कंक्रीट, (4) दीवारों का समापन (wall finishing) बाहर की दीवारों पर 12 मिमी मोटा 1 : 6 सीमेंट मसाले से पलस्तर। दरें—स्थानीय दरें लें

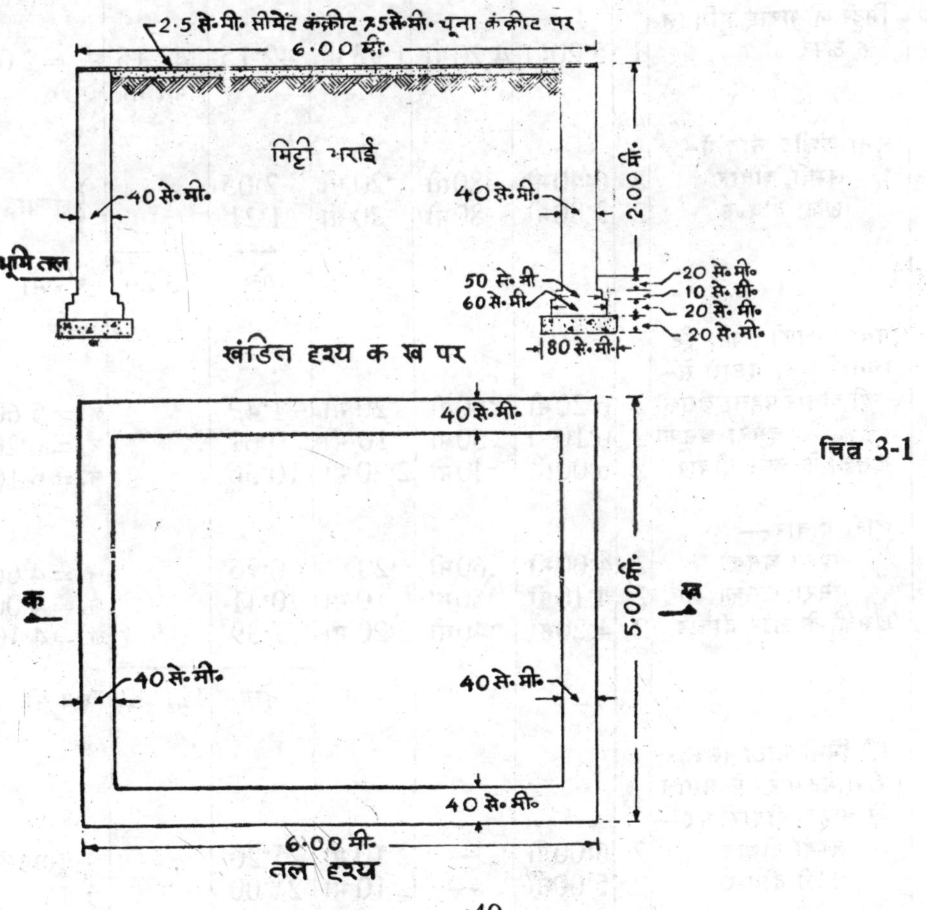

चित्र 3-1

लम्बी दीवार की मध्यान्तर लम्बाई $= 6{\cdot}00 - 2 \times \frac{{\cdot}40}{2} = 5{\cdot}60$ मी

छोटी दीवार की मध्यान्तर लम्बाई $= 5{\cdot}00 - 2 \times \frac{{\cdot}40}{2} = 4{\cdot}60$ मी

चिनाई का चबूतरा

माप का विवरण तथा परिमाणों का परिकलन (उदाहरण 1)

मद सं०	मद का विवरण	सं०	मीटर में माप लम्बाई	चौड़ाई	ऊँचाई या गहराई	परिमाण	कुल परिमाण	व्याख्यात्मक नोट
1	मिट्टी की खुदाई नींव में–							
	लम्बी दीवारें	2	6·40 मी	·80 मी	·70 मी	7·17		ल. = 5·60 + ·80 = 6·40 मी
	छोटी दीवारें	2	3·80 मी	·80 मी	·70 मी	4·25		ल. = 4.60—·80 = 3·80 मी
						योग	11·42	घन मी
2	मिट्टी की भराई भूमितल के ऊपर	1	5·20 मी	4.20 मी	1·93 मी	42·15	42·15 घन मी	ऊँ. = 2 00—·07 = 1·93 मी
3	चूना कंक्रीट नींव में–							
	लम्बी दीवार	2	6·40 मी	·80 मी	·20 मी	2·05		लम्बाई खुदाई के समान
	छोटी दीवार	2	3·80 मी	·80 मी	·20 मी	1·21		
						योग	3·26	घन मी
4	प्रथम श्रेणी की ईंट चिनाई चूना मसाले से—							
	लम्बी दीवारें पहला खसका	2	6·20 मी	·60 मी	·20 मी	1·49		ल. = 5·60 + ·60 = 6·20 मी
	दूसरा खसका	2	6·10 मी	·50 मी	·10 मी	0·61		ल. = 6·20—·10 = 6·10 मी
	खसकों के ऊपर दीवार	2	6·00 मी	·40 मी	2·20 मी	10·56		ल. = 6·10—·10 = 6·00 मी
	छोटी दीवारें—							
	पहला खसका	2	4·00 मी	.60 मी	·20 मी	0·96		ल. = 4·60—·60 = 4·00 मी
	दूसरा खसका	2	4·10 मी	·50 मी	·10 मी	0·41		ल. = 4·00 + ·10 = 4·10 मी
	खसकों के ऊपर दीवार	2	4·20 मी	·40 मी	2·20 मी	7·39		ल. = 4·10 + ·10 = 4·20 मी
						योग	21·42	घन मी
5	12 मिमी मोटा पलस्तर 1:6 सीमेंट व रेत के मसाले से बाहरी दीवारों पर—							
	लम्बी दीवार	2	6·00 मी	—	2·10 मी	25·20		भूमितल से 10 सेमी नीचें तक
	छोटी दीवार	2	5·00 मी	—	2·10 मी	21·00		
						योग	46·20	वर्ग मी

मद संख्या	मद का विवरण	सं०	मीटर में माप लम्बाई	चौड़ाई	ऊँचाई या गहराई	परिमाण	कुल परिमाण	व्याख्यात्मक नोट
6	2·5 सेमी सीमेंट कंक्रीट फर्श 7·5 सेमी चूना कंक्रीट पर	1	5·20मी	4·20मी	—	21·84	21·84	वर्ग मी
7	2·5 सेमी मोटा सीमेंट कंक्रीट का फर्श दीवारों पर							
	लम्बी दीवार	2	6·00मी	·40मी	—	4·80		
	छोटी दीवार	2	4·20मी	·40मी	—	3·36		
						योग	8·16	वर्ग मी

अनुमानित लागत सार (उदा० 1) (राशि सूची)

मद सं०	मदों का विवरण	परिमाण	इकाई	दर रु० पै०	प्रति	राशि रु० पै०
1	मिट्टी की खुदाई नींव में	11·42	घन मी	290·00	% घन मी	33·12
2	मिट्टी की भराई अन्दर से भूमि तल पर	42·15	घन मी	235·00	% घन मी	99·05
3	चूना कंक्रीट नींव में	3·26	घन मी	93·00	घन मी	303·18
4	प्रथम श्रेणी की ईंट चिनाई चूना मसाले से	21·42	घन मी	110·00	घन मी	2356·20
5	12 मिमी मोटा पलस्तर 1:6 सीमेंट व रेत से	46·20	वर्ग मी	4·60	वर्ग मी	212·52
6	2·5 सेमी सीमेंट कंक्रीट फर्श 7·5 सेमी चूना कंक्रीट पर	21·84	वर्ग मी	18·50	वर्ग मी	404·04
7	2·5 सेमी मोटा सीमेंट कंक्रीट फर्श	8·16	वर्ग मी	11·20	वर्ग मी	91·39

योग	3399·50
फुटकर खर्चों के लिए जोड़ें (Add for Contingencies) 3% ...	104·98
निर्माण प्रभारित सिब्बंदी के लिए जोड़ें (Add for Workcharged Establishment) 2% ...	69·99
सम्पूर्ण योग	3674·47
लगभग रु०	3674·50

उपरोक्त उदाहरण (उदा॰ 1) में मद सं॰ 1, 3 तथा 4 के परिमाण मध्य रेखा विधि (centre line method) से अधिक सुगमता पूर्वक व शीघ्रतापूर्वक निकाले जा सकते हैं।

सब दीवारों की मध्य रेखाओं की कुल लम्बाई—

लम्बी दीवारें—2 × 5·60 = 11·20

छोटी दीवारें—2 × 4·60 = 9·20

योग = 20·40

मद		सं॰	ल॰	चौ॰	ऊ॰ या ग॰	परिमाण	कुल परिमाण
1.	मिट्टी की खुदाई	1	20·40 मी	·80 मी	·70 मी	—	11·42 घन मी
2.	नींव में चूना कंक्रीट	1	20·40 मी	·80 मी	·20 मी	—	3·26 घन मी
3.	चूना मसाले से प्रथम श्रेणी की ईंट चिनाई—						
	पहला सोपान रद्दा	1	20·40 मी	·60 मी	·20 मी	2·45	
	दूसरा सोपान रद्दा	1	20·40 मी	·50 मी	·10 मी	1·02	
	सोपान रद्दे के ऊपर दीवार	1	20·40 मी	·40 मी	2·20 मी	17·95	
						कुल 21·42 घन मी	

दीवारें समान प्रकार की हैं तथा दीवारों का कहीं संगम नहीं होता अतः लम्बाई समान रहती है। अन्य मदों का परिमाण सामान्य रूप से निकाला जा सकता हैं।

चिनाई की पानी की टंकी (Masonry Water Tank)

उदाहरण (2)—दिये हुये रेखाचित्रों (चित्र 3.2), विनिर्देश, दरों के आधार पर चिनाई पानी की टंकी की लागत का प्राक्कलन करिये।

सामान्य विनिदंश—नींव—चूना कंक्रीट। चिनाई—1 : 6 सीमेंट मसाले से प्रथम श्रेणी की ईंट चिनाई, दीवार का समापन (wall finishing)—अन्दर की ओर 1 : 2 सीमेंट व मोटी रेत के मसाले से 12 मिमी मोटा, पलस्तर, दीवारों की ऊपरी सतह पर व बाहर 1 : 4 सीमेंट व स्थानीय रेत से 12 मिमी मोटा पलस्तर। फर्श—20 सेमी मोटे चूना कंक्रीट के ऊपर 1 : $1\frac{1}{2}$: 3 सीमेंट कंक्रीट का 5 सेमी मोटा फर्श।

दरें—1.	मिट्टी की खुदाई	रु॰	290·00 % घन मी
2.	नींव तथा फर्श में चूना कंक्रीट	रु॰	93·00 प्रति घन मी
3.	1 : 6 सीमेंट मसाले से प्रथम श्रेणी की ईंट चिनाई	रु॰	125·00 प्रति घन मी
4.	1 : 2 सीमेंट व मोटी रेत के मसाले से 12 मिमी मोटा पलस्तर	रु॰	8·50 प्रति वर्ग मी
5.	1 : 4 सीमेंट व स्थानीय रेत के मसाले से 12 मिमी मोटा पलस्तर	रु॰	5·50 प्रति वर्ग मी
6.	5 से॰ मी॰ मोटा फर्श 1 : $1\frac{1}{2}$: 3 सीमेंट कंक्रीट का	रु॰	23·00 प्रति वर्ग मी

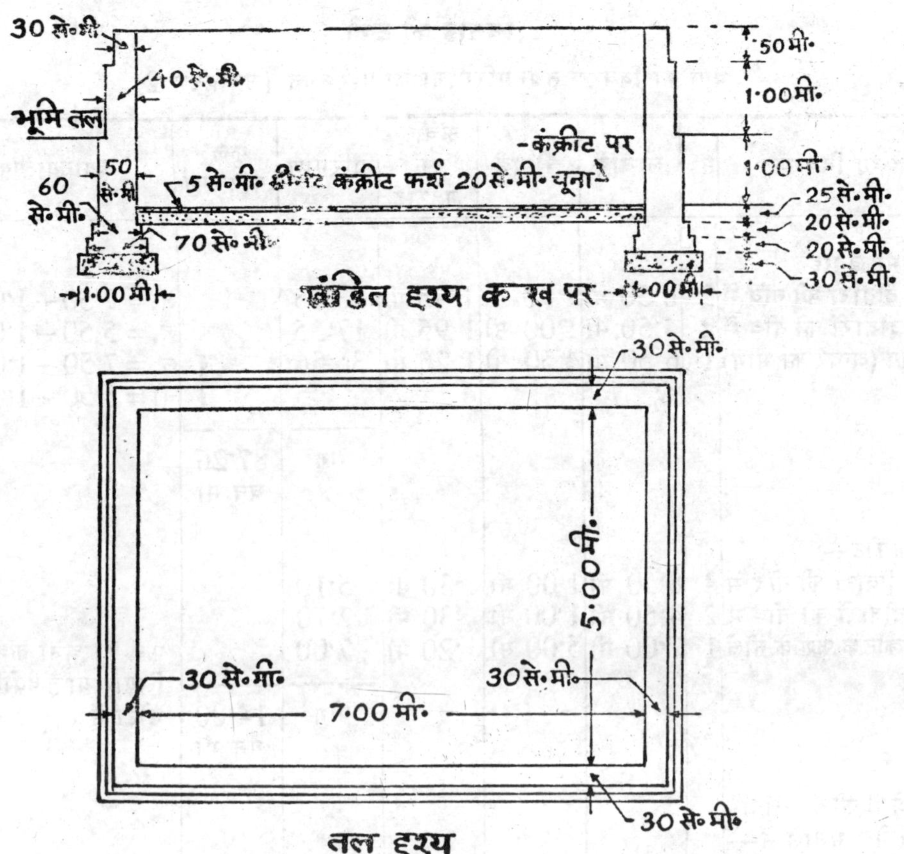

चित्र 3-2

मध्यान्तर लम्बाईयाँ (Center to Centre Lengths)

ध्यान दें कि भूमितल के नीचे के खसके (footings) सममित (symmetrical) है परन्तु भूमितल के ऊपर खसके एक ही ओर को हैं तथा असममित (unsymmetrical) हैं। अतः भूमितल से नीचे के भागों का मध्यान्तर लम्बाई समान होगी तथा भूमितल से ऊपर प्रत्येक खसके की मध्यान्तर लम्बाईयाँ अलग-अलग होंगी

भूमितल से नीचे के भाग—

सब खसकों के लिये, लम्बी दीवार की मध्यान्तर लम्बाई = 7·50 मी तथा छोटी दीवार की मध्यान्तर लम्बाई = 5·50 मी।

भूमितल से ऊपर के भाग—

40 सेमी मोटी दीवार के लिये, लम्बी दीवार की मध्यान्तर लम्बाई = 7·40 मी तथा छोटी दीवार की मध्यान्तर लम्बाई = 5·40 मी।

30 सेमी मोटी दीवार के लिये, लम्बी दीवार की मध्यान्तर लम्बाई = 7·30 मी तथा छोटी दीवार की मध्यान्तर लम्बाई = 5·30 मी।

चिनाई की टंकी

माप का विवरण तथा परिमाणों का परिकलन (उदाहरण 2)

मद सं०	मद का विवरण	सं०	लम्बाई	चौड़ाई	ऊँचाई या गहराई	परिमाण	कुल परिमाण	व्याख्यात्मक नोट
1	मिट्टी की खुदाई							
	लम्बी दीवारों की नींव में	2	8·50 मी	1·00 मी	1·95 मी	33·15		ल. = 7·50 + 1·00 = 8·50मी
	छोटी दीवारों की नींव में	2	4·50 मी	1·00 मी	1·95 मी	17·55		ल. = 5·50 − 1·00 = 4·50मी
	मध्य भाग (अन्दर का भाग)	1	6·50 मी	4·50 मी	1·25 मी	36·56		ल. = 7·50 − 1·00 = 6·50मी चौ = 5·50 − 1·00 = 4·50मी
						योग	87·26 घन मी	
2	चूना कंक्रीट—							
	लम्बी दीवारों की नींव में	2	8·50 मी	1·00 मी	·30 मी	5·10		
	छोटी दीवारों की नींव में	2	4·50 मी	1·00 मी	·30 मी	2·70		
	सीमेंट कंक्रीट के फर्श के नीचे	1	7·00 मी	5·00 मी	·20 मी	7·00		फर्श का चूना कंक्रीट अलग से लिया गया है क्योंकि यह पर्याप्त मोटा हैं।
						योग	14·80 घन मी	
3	प्रथम श्रेणी की ईट चिनाई 1:6 सीमेंट मसाले में—							
	भूमितल के नीचे—							
	लम्बी दीवारें—							
	पहला खसका	2	8·20 मी	·70 मी	·20 मी	2·29		ल. = 7·50 + ·70 = 8·20मी
	दूसरा खसका	2	8·10 मी	·60 मी	·20 मी	1·94		ल. = 8·20 − ·10 = 8·10 मी
	50 सेमी मोटी दीवार	2	8·00 मी	·50 मी	1·25 मी	10·00		ल. = 8·10 − ·10 = 8·00 मी
	छोटी दीवारें—							
	पहला खसका	2	4·80 मी	·70 मी	·20 मी	1·34		ल. = 5·50 − ·70 = 4·80 मी
	दूसरा खसका	2	4·90 मी	·60 मी	·20 मी	1·18		ल. = 4·80 + ·10 = 4·90 मी
	50 सेमी मोटी दीवार	2	5·00 मी	·50 मी	1·25 मी	6·25		ल. = 4 90 + ·10 = 5·00 मी
	भूमितल के ऊपर—							
	40 सेमी मोटी लम्बी दीवार	2	7·80 मी	·40 मी	1·00 मी	6·24		ल. = 7·40 + ·40 = 7·80 मी
	40 ,, ,, छोटी ,,	2	5·00 मी	·40 मी	1·00 मी	4·00		ल. = 5·40 − ·40 = 5·00 मी
	30 ,, ,, लम्बी ,,	2	7·60 मी	·30 मी	·50 मी	2·28		ल. = 7·30 + ·30 = 7·60 मी
	30 ,, ,, छोटी ,,	2	5·00 मी	·30 मी	·50 मी	1·50		ल. = 5·30 − ·30 = 5·00 मी
						योग	37·02 घन मी	

मद सं०	मद का विवरण	सं०	लम्बाई	चौड़ाई	ऊँचाई या गहराई	परिमाण	कुल परिमाण	व्याख्यात्मक मोट
4	12 मिमी मोटा पलस्तर 1 : 2 सीमेंट व मोटी रेत के मसाले से भीतर							आन्तरिक परिमित (inner perimeter) को लम्बाई मानकर—
	की ओर लम्बी दीवार	2	7·00 मी	—	2·50 मी	35·00		
	छोटी दीवार	2	5·00 मी	--	2·50 मी	25·00		परिमाण = 24.00 × 2.50 = 60·00 वर्ग मीटर
						योग	60·00 वर्ग मी	
5	12 मिमी मोटा पलस्तर 1:4 सीमेंट व स्थानीय रेत के मसाले से—— बाहर की ओर——							
	40 सेमी मोटी दीवार——							
	लम्बी दीवारें	2	7·80 मी	—	1·25 मी	19·50		10 सेमी खसके सहित भूमि तल से 15 सेमी नीचे से ऊपर तक की ऊँचाई
	छोटी दीवारें	2	5·80 मी	—	1·25 मी	14·50		
	30 सेमी मोटी दीवार——							
	लम्बी दीवारें	2	7·60 मी	—	·60 मी	9·12		10 सेमी खसके (offset) सहित ऊँचाई
	छोटी दीवारें	2	5·60 मी	—	·60 मी	6·72		
	दीवारों के ऊपर							
	लम्बी दीवारें	2	7·60 मी	·30 मी	—	4·56		
	छोटी दीवारें	2	5·00 मी	·30 मी	—	3·00		
						योग	57·40 वर्ग मी	
6	5 सेमी मोटा फर्श 1:1½:3 सीमेंट कंक्रीट का	1	7·00 मी	5·00 मी	—	35·00	35·00 वर्ग मी	

अनुमानित लागत सार (उदाहरण 2)

राशि सूची

मद सं०	कार्य का विवरण	परिमाण	इकाई	दर रु० पै०	प्रति	राशि रु० पै०
1	मिट्टी की खुदाई	87·26	घन मी	290·00	% घन मी	253·00
2	चूना कंक्रीट नींव में	14·80	घन मी	93·00	घन मी	1376·00
3	प्रथम श्रेणी की ईंट चिनाई 1:6 सीमेंट मसाले से	37·02	घन मी	125·00	घन मी	4627·50
4	12 मिमी मोटा पलस्तर 1:2 सीमेंट व मोटी रेत के मसाले से	60·00	वर्ग मी	8·50	वर्ग मी	510·00
5	12 मिमी मोटा पलस्तर 1 : 4 सीमेंट व स्थानीय रेत से	57·40	वर्ग मी	5·50	वर्ग मी	315·70
6	5 सेमी मोटा फर्श $1:1\frac{1}{2}:3$ सीमेंट कंक्रीट का	35·00	वर्ग मी	23·00	वर्ग मी	805·00
					योग	7887·60
	फुटकर खर्चों के लिये 3% जोड़ें (Add 3% for Contingencies)				....	236·63
	निर्माण प्रभारित सिब्बंदी के लिये 2% जोड़ें (Add 2% for Workcharged Establishment)				....	157·75
					सम्पूर्ण योग ...	8281·98

मध्य रेखा विधि (Centre Line Method)

उदाहरण 2 में मिट्टी की खूदाई, नींव में, चूना कंक्रीट तथा ईंट चिनाई के परिमाण अधिक सुगमता तथा शीघ्रता से निकाले जा सकते है।

भूमितल से नीचे के भाग की मध्य रेखाओं की कुल लम्बाई = 2(7·50 + 5·50) = 26·00 मी

भूमितल के ऊपर 40 सेमी मोटी दीवारों की मध्य रेखाओं की कुल लम्बाई = 2(7·40 + 5·40) = 25·60 मी

30 सेमी मोटी दीवारों की मध्य रेंखाओं की कुल लम्बाई = 2(7·30 + 5·30) = 25·20 मी

		सं०	लम्बाई	चौड़ाई	ऊँ०या ग०	परिमाण	कुल परिमाण
1.	नींव में मिट्टी की खुदाई	1	26·00	1·00	1·95	--	50·70 घन मी
2.	नींव में चूना कंक्रीट	1	26·00	1·00	·30	--	7·80 घन मी
3.	1 : 6 सीमेंट मसाले से प्रथम श्रेणी की ईंट चिनाई						
	भूमितल से नीचे--						
	पहला खसका	1	26·00	·70	·20	3·63	
	दूसरा खसका	1	26·00	·60	·20	3·12	
	50 सेमी मोटी दीवार	1	26·00	·50	1·25	16·25	
	भूमितल के ऊपर--						
	40 सेमी मोटी दीवार	1	25·60	·40	1·00	10·24	
	30 सेमी मोटा दीवार	1	25·20	·30	·50	3·78	
						योग 37·02 घन मी	

अन्य मदें सामान्य विधि से निकाली जा सकती हैं।

मोटर गराज

उदाहरण 3—दिये हुये रेखाचित्रों, तलदृश्य (plan) और खंडित दृश्य (section) (चित्र 3-3) से एक मोटर गराज का विस्तृत प्राक्कलन तैयार कीजिये। उचित दरों का प्रयोग कीजिये।

नींव तथा कुर्सी—चूना कंक्रीट के ऊपर प्रथम श्रेणी की ईट चिनाई 1:6 सीमेंट रेत मसाले में, कुर्सी तल में 2 सेमी मोटा सील रोक रद्दा होगा।

अधिरचना—दीवार प्रथम श्रेणी की ईट चिनाई चूना मसाले की होगी।

छत—प्र० सी० कं० (R.C.C.) की स्लैब के ऊपर चूना कंक्रीट की ऊपरी छत (terracing) होगी।

दरवाजे तथा खिड़कियां—चौखट भली भांति संशोणित साल लकड़ी की होंगी और पल्ले पट्टीदार व 4 सेमी मोटे होंगे।

समापन—7·5 सेमी चूना कंक्रीट के ऊपर 2·5 सेमी सीमेंट कंक्रीट का फर्श होगा। दीवारों के अन्दर व बाहर 12 मिमी का 1:6 सीमेंट व स्थानिय रेत मसाले का प्लास्तर होगा। अंतश्छद और बाहरी स्लैब के खुले भाग पर 6 मिमी पलस्तर होगा 1:3 सीमेंट व मोटा रेत मसाले का, अन्दर व बाहर 3 लेप चूना पोताई होगी। खिड़कियों और फाटक पर एक लेप अस्तर तथा उस पर दो लेप रंग किया जायेगा।

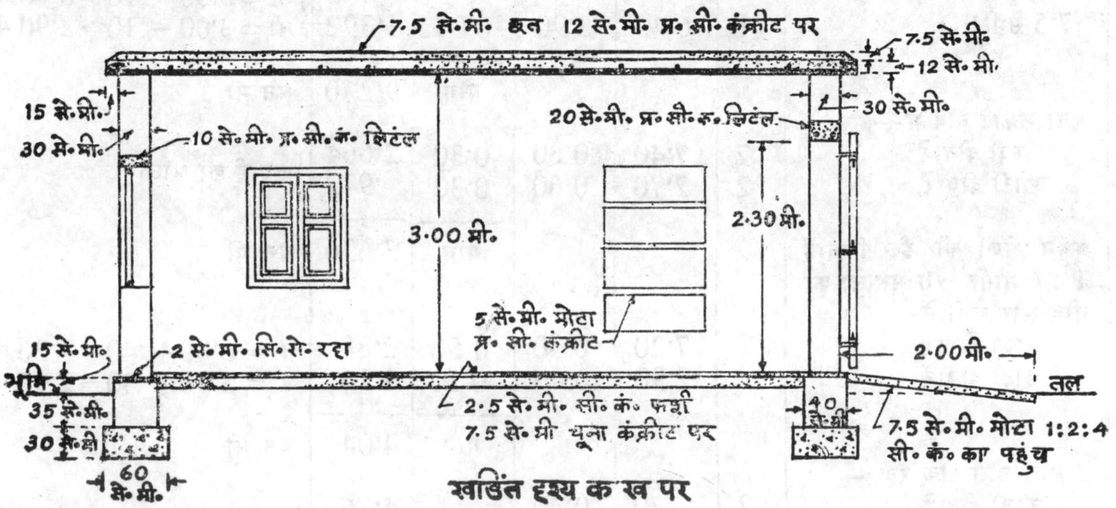

खण्डित दृश्य क ख पर

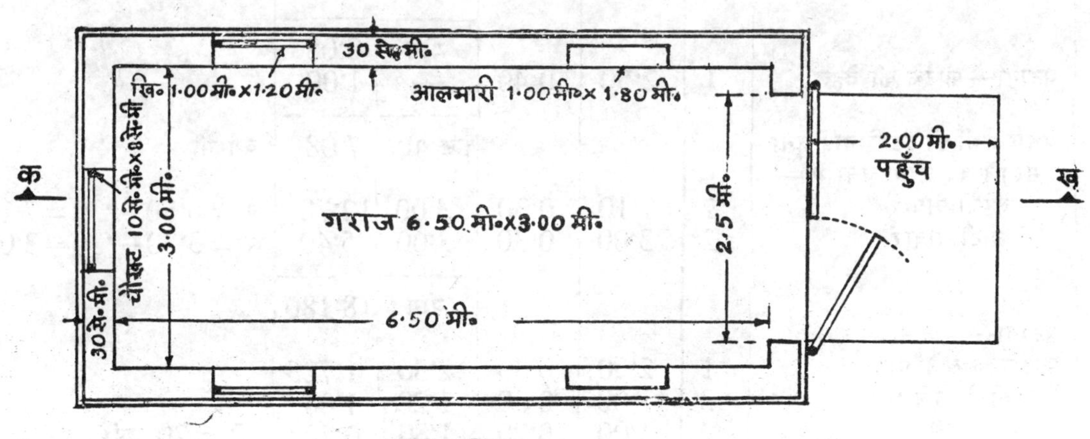

तल दृश्य

चित्र 3-3

मोटर गराज

माप का विवरण तथा परिमाणों का परिकलन (उदा० 3)

मद सं०	कार्य का विवरण	सं०	लम्बाई मी	चौड़ाई मी	ऊँचाई या गहराई मी	परिमाण	व्याख्यात्मक नोट
			केन्द्र	से केन्द्र	की	लम्बाई	लम्बी दीवारें = 6·50 + ·30 = 6·80 मी
1	मिट्टी का काम— नींव की खुदाई में—						छोटी दीवारें = 3·00 + ·30 = 3·30 मी
	लम्बी दीवारें	2	7·40	0·60	0·65	5·772	ल. = 6·80 + ·60 = 7·40 मी
	छोटी दीवारें	2	2·70	0·60	0·65	2·106	ल. = 3·30 − ·60 = 2·70 मी
	कुर्सी की भराई में (ऊँचाई = 15 सेमी—7·5 सेमी—7·5 सेमी)	1	6·40	2·90	0·075	1·392	ल. = 6·50 − ·10 = 6·40 मी चौ = 3·00 − ·10 = 2·90 मी
					योग	9·270	घन मी
2	चूना कंक्रीट नींव में—						
	लम्बी दीवारें	2	7·40	0·60	0·30	2·664	खुदाई का आधा
	छोटी दीवारें	2	2·70	0·60	0·30	·972	
					योग	3·636	घन मी
3	प्रथम श्रेणी की ईट चिनाई 1 : 6 सीमेंट रेत मसाला का नींव और कुर्सी में—						
	लम्बी दीवारें	2	7·20	0·40	0·50	2·88	ल. = 6·80 + ·40 = 7·20 मी
	छोटी दीवारें	2	2·90	0·40	0·50	1·16	ल. = 3·30 − ·40 = 2·90 मी
					योग	4·04	घन मी
4	2 सेमी सील रोक रद्दा—						
	लम्बी दीवारें	2	7·20	0·40	--	5·76	ल या चौ मद 3 के बराबर
	छोटी दीवारे	2	2·90	0·40	--	2·32	
					योग	8·08	
	घटाना—फाटक की देहल	1	2·50	0·40	—	1·00	
					कुल योग	7·08	वर्ग मी
5	प्रथम श्रेणी की ईट चिनाई चूना मसाले की अधिरचना में—						
	लम्बी दीवारें	2	7·10	0·30	3·00	12·78	ल. = 6·80 + ·30 = 7·10 मी
	छोटी दीवारें	2	3·00	0·30	3·00	5·40	ल. = 3·30 − ·30 = 3·00 मी
					योग	18·180	
	घटाना—						
	फाटक के खुले भाग	1	2·50	0·30	2·30	1·725	
	खिड़की के खुले भाग	3	1·00	0·30	1·20	1·08	
	शेल्फ के खुले भाग	2	1·00	0·20	1·80	0·72	चौ. = 20 सेमी

माप का विवरण तथा परिमाणों का परिकलन (उदाहरण 3)

मद सं०	मद का विवरण	स०	लम्बाई मी	चौड़ाई मी	ऊंचाई या गहराई मी	परिमाण	व्याख्यात्मक नोट
	लिन्टल फाटक पर (धारक 20 सेमी)	1	2·90	0·30	0·20	0·174	(क)
	लिन्टल खिड़की पर (धारक 10 सेमी)	3	1·20	0·30	0·10	0·108	(क) (क) चिन्हित का जोड़ = 0·354
	लिन्टल शेल्फ पर (धारक 10 सेमी)	2	1·20	0·30	0·10	0·072	(क)
					योग	3·879	
					कुल योग	14·30	घन मी
6	1 : 2 : 4 प्र० सी० कं० ढोला सहित किन्तु प्रबलन छोड़कर						
	छत की स्लैब	1	7·40	3·90	0·12	3·463	
	लिंटल फाटक, खिड़की और शेल्फ पर	मद 5	में (क)	चिन्हित	के समान	0·354	
	स्लैब शेल्फ की	2 × 3	1·10	0·20	0·05	0·066	धारक 5 सेमी
					योग	3·883	घन मी
7	7·5 चूना कंक्रीट की छत समापन सहित	1	7·40	3·90	—	28·86	वर्ग मी
8	12 सेमी पलस्तर 1 : 6 सीमेंट रेत मसाला का, दीवार में—						
	अन्दर—						
	लम्बी दीवारें	2	6·50	—	3·00	39·00	
	छोटी दीवारें	2	3·00	—	3·00	18·00	
	शेल्फ के जैम्ब, तला तथा देहल 20 सेमी चौड़ाई	2	5·60	0·20	—	2·24	ल. = 2 × 1·80 + 2 × 1·00 = 5·60 मी
	फाटक के जैम्ब	2	—	0·30	2·30	1·38	
	फाटक के लिंटल का तला	1	2·50	0·30	—	·75	
	बाहर—						
	लम्बी दीवारें कुर्सी के ऊपर	2	7·10	—	3·00	42·60	
	छोटी दीवारें	2	3·60	—	3·00	21·60	
	लम्बी दीवारें कुर्सी की (ऊँ = 15 + 10 + 5 = 30 सेमी)	2	7·20	—	0·30	4·32	ल. = 7·10 + ·10 = 7·20 मी
	छोटी दीवार कुर्सी की	2	3·70	—	0·30	2·22	ल. = 3·60 + ·10 = 3·70 मी
					योग	132·11	

(ऊदाहरण 3)

मद सं०	मद का विवरण	सं०	लम्बाई मी	चौड़ाई मी	ऊँचाई या गहराई मी	परिमाण	व्याख्यात्मक नोट
	घटाना—						
	खिड़की का खुला भाग (एक तरफ)	2	1·00	—	1·20	2·40	जैम्ब अलग से लिया
	फाटक का खुला भाग (दोनों तरफ)	2	2·50	—	2·30	11·50	
					योग	13·90	
					कुल योग	118·21	वर्ग मी
9	6 मिमी मोटा पलस्तर 1 : 3 सीमेंट व रेत के मसाले से— अंतश्छद	1	6·50	3·00	—	19·50	
	बाहर निकली हुई स्लैब का तला एवं खड़ा भाग—						
	लम्बी तरफ	2	7·40	0·27	—	3·99	} चौ. = 15 + 12 = 27 सेमी
	छोटी तरफ	2	3·90	0·27	—	2·11	
					योग	25·60	
10	2·5 सेमी 1 : 2 : 4 सीमेंट कंक्रीट फर्श 7·5 सेमी चूना कंक्रीट पर	1	6·50	3·00	—	19·50	
	फाटक की देहल 32 सेमी चौड़ाई	1	2·50	0·35	—	0·875	केवल 2·5 सेमी सीमेंट कंक्रीट
					योग	20·375	वर्ग मी
11	लकड़ी का काम— साल लकड़ी चौखट बनाना तथा लगाना (10 × 8 सेमी)	2	4·40	0·10	0·08	0·07 घन मी	ल. = 2 × 1·20 + 2 × 1·00 = 4·40 मी
12	4 सेमी मोटे फट्टीदार शीशम की लकड़ी के पल्ले खिड़की में	2	0·97	1·17	—	2·27 वर्ग मी	पताम 15 सेमी

(उदाहरण 3)

मद सं०	मद का विवरण	सं०	लम्बाई मी	चौड़ाई मी	ऊँचाई या गहराई मी	परिमाण	व्याख्यात्मक नोट
13	मृदुईस्पात की छड़ प्रबलित सीमेंट कंक्रीट में (एक प्रतिशत प्रति घन मीटर)		3·883 / 100	घन मी = ×	·03883 78·5 =	2·968 कुन्तल	प्र. सी. कं. मद 6 = 2·883 घन मी; वजन ईस्पात का = 78·5 कुन्तल प्रति घन मी
14	लोहे की पकड़पट्टियाँ						
	खिड़कियों में	2 × 4					
	फाटक में	6					
		14@	1 किग्रा	प्रति एक		14 किग्रा	
15	20 बी० डब्लू० जी० लोहे की चादर का फाटक कोण लोहे के ढांचे में	1	2·70	2·30	—	6·21 वर्ग मी	बगल में 10 सेमी बढ़ाया
16	सफेदी पोताई के तीन लेप अन्दर और बाहर—						
	दीवारें		मद 8 में	पलस्तर	के बराबर	118·21	
	अंतश्छद और बाहरी स्लैब में		मद 9 में	पलस्तर	के बराबर	22·60	
					योग	143·81	वर्ग मी
	घटाना—						
	भूमितल के नीचे का भाग—						
	लम्बी दीवार	2	7·20	—	0·10	1·44	
	छोटी दीवार	2	3·70	—	0·10	·74	
					योग	2·18	
					कुल योग	141·63	वर्ग मी
17	दो लेप रंग करने का काम एक अस्तर पर—						
	खिड़की	2x2¼	1·00	1·20	—	5·40	
	फाटक	1 × 2	2·70	2·30	—	12·42	
					योग	17·82	वर्ग मी

अनुमानित लागत सार (मोटर गराज उदाहरण 3)

मद सं०	मद का विवरण	परिमाण	इकाई	दर रू० पै०	प्रति	राशि रू० पै०
1	मिट्टी का काम नींव की खुदाई में	9·27	घन मी	290·00	% घन मी	26·88
2	चूना कंक्रीट नींव में	3·636	घन मी	93·00	प्रति घन मी	338·15
3	प्रथम श्रेणी की ईंट चिनाई 1 : 6 सीमेंट रेत मसाला का नींव और कुर्सी में	4·04	घन मी	120·00	प्रति घन मी	484·80
4	2 सेमी सील रोक रद्दा, 1 : 2 सीमेंट रेत मसाला सील रोक मसाला के साथ	7·08	वर्ग मी	10·00	प्रति वर्ग मी	70·80
5	प्रथम श्रेणी की ईंट चिनाई चूना मसाला की, अधिरचना में	14·30	घन मी	110·00	प्रति घन मी	1573·00
6	1 : 2 : 4 प्र. सी. कं. ढूला सहित किंतु प्रबलन छोड़कर	3·883	घन मी	423·00	प्रति घन मी	1642·51
7	7·6 चूना कंक्रीट की छत समापन सहित	28·86	वर्ग मी	9·00	प्रति वर्ग मी	259·74
8	12 सेमी पलस्तर 1 : 6 सीमेंट रेत मसाला का, दीवार में	118·21	वर्ग मी	4·60	प्रति वर्ग मी	543·77
9	6 सेमी मोटा पलस्तर 1 : 3 सीमेंट व रेत के मसाले से अंतश्छद में	25·60	वर्ग मी	5·00	प्रति वर्ग मी	128·00
10	2·5 सेमी 1 : 2 : 4 सीमेंट कंक्रीट फर्श 7·5 सेमी चूना कंक्रीट पर	20·375	वर्ग मी	18·50	प्रति वर्ग मी	376·94
11	साल की लकड़ी का काम चौखट में	·07	घन मी	1600·00	प्रति घन मी	112·00
12	4 सेमी मोटे फट्टीदार शीशम की लकड़ी के पल्ले खिड़की में	2·27	वर्ग मी	72·00	प्रति वर्ग मी	163·40
13	मृदुईस्पात की छड़ प्रबलित सीमेंट कंक्रीट में	3·046	कुन्तल	230·00	प्रति कुन्तल	700·58
14	लोहे की पकड़पट्टियाँ	14·00	कि. ग्रा.	3·00	प्रति कि. ग्रा.	42·00
15	20 बी० डब्लू० जी० लोहे की चादर का फाटक कोण लोहे के ढांचे में	6·21	वर्ग मी	120·00	प्रति वर्ग मी	745·20
16	सफेदी पोताई के तीन लेप	141·63	वर्ग मी	0·26	प्रति वर्ग मी	36·82
17	दो लेप रंग करने का काम एक लेप अस्तर पर	17·82	वर्ग मी	8·50	प्रति वर्ग मी	151·47
					योग ...	7396·06
					3% फुटकर व्यय के लिये जोड़ें ...	221 88
					2% निर्माण प्रभारित सिब्बंदी के लिये जोड़ें ...	147·92
					कुल योग ...	7765·86

कुर्सी क्षेत्रफल दर (Plinth Area Rate)--कुर्सी क्षेत्रफल $= 7{\cdot}10 \times 3{\cdot}60$ मी $= 25{\cdot}56$ वर्ग मी

कुर्सी क्षेत्रलफ दर $= \dfrac{\text{कुल लागत}}{\text{कुर्सी क्षेत्रफल}} = \dfrac{7765{\cdot}86 \text{ रू॰}}{25{\cdot}56} =$ रू॰303·83 प्रति वर्ग मी

कुर्सी क्षेत्रफल दर = रू॰ 303·83 प्रति वर्ग मी

द्रष्टव्य—मिट्टी खुदाई नींव में (मद 1) चूना कंक्रीट नींव में (मद 2), की ईट चिनाई नींव तथा अधिरचना में (मद 3 और 5) के परिमाण मध्य रेखा विधि से सुगमतापूर्वक निकाले जा सकते हैं।

मध्य रेखा विधि (उदाहरण 3, मोटर गराज)

नींव में मिट्टी की खुदाई (मद 1), चूना कक्रीट नींव में (मद 2), प्रथम श्रेणी की ईट चिनाई नींव तथा कुर्सी में (मद 3),-सील रोक रद्दा (मद 4), प्रथम श्रेणी की ईट चिनाई अधिरचना के परिमाण की गणना मध्य रेखा विधि से भी निकाली जा सकती है निम्न रूप से--

सब दीवारों की मध्य रेखाओं की कुल लम्बाई $= 2 \times 6{\cdot}80 + 2 \times 3{\cdot}30 = 20{\cdot}20$ मी

	सं॰	लम्बाई मी	चौड़ाई मी	ऊंचाई या गहराई मी	परिमाण	व्याख्यात्मक नोट
1. मिट्टी की खुदाई नींव में	1	20·20	·60	·65	7·88 घन मी	दीवार में संगम नहीं है लम्बाई एक समान है
2. चूना कंक्रीट नीव में	1	20·20	·60	·30	3·64 घन मी	
3. प्रथम श्रेणी की ईट चिनाई नींव तथा कुर्सी में	1	20·20	·40	·50	4·04 घन मी	
4. 2 सेमी मोटा सील रोक रद्दा	1	20·20	·40	—	8·08	
दरवाजे की देहल घटायें	1	2·50	·40	—	1·00	
					योग 7·08 वर्ग मी	
5· प्रथम श्रेणी की ईट चिनाई अधिरचना में—	1	20·20	·30	3·00	18·18	
खुले स्थान और लिन्टल उसी प्रकार घटायें--	—	—	—	—	3·88	विस्तृत माप पृष्ठ 75 के अनुसार
					योग 14·30 घन मीटर	

एक कमरा सामने बरामदा सहित, भवन का प्राक्कलन

उदाहरण 4—दिये हुये तलदृश्य (plan), संमुख दृश्य (elevation) तथा खंडित दृश्य (section) के रेखाचित्रों से भवन का विस्तृत प्राक्कलन बनाइये। (चित्र 3-4, 3-5) भवन में एक कमरा तथा उसके आगे बरामदा है। सामान्य विनिर्देश (general specifications) निम्नलिखित है—

नीव तथा कुर्सी--चूना कक्रीट के ऊपर 1 : 6 सीमेंट व स्थानीय रेत के मसाले से प्रथम श्रेणी की ईट चिनाई। मानक जल रोधक सामग्री (standard waterproofing material) मिश्रित 1 : 2 सीमेंट मसाले का 2 सेमी मोटा सील रोक रद्दा (D.P.C.) होगा।

अधिरचना (superstructure)—दीवारों में चूना मसाले से प्रथम श्रेणी की ईंट चिनाई होगी। दीवारों पर अन्दर व बाहर दोनों ओर 1 : 1 : 6 सीमेंट : चूना : रेत मसाले से 12 मिमी मोटा पलस्तर होगा। अंतश्छद (ceiling) पर 1 : 3 सीमेंट मसाले से पलस्तर होगा। अन्दर 3 लेप सफेदी पुताई (white washing) तथा बाहर दो लेप सफेदी पुताई पर एक लेप रंग पुताई (colour washing) होगा।

दरवाजे तथा खिड़कियां –दरवाजे तथा खिड़की की चौखट साल लकड़ी की होगी तथा पल्ले देवदार लकड़ी के 3·5 सेमी मोटे दिलहेदार (panelled) होंगे। इन पर एक लेप अस्तर (priming) तथा उसके ऊपर दो लेप रंग (paint) किया जायगा।

समुचित दरें मान लें। भवन की कुर्सी का क्षेत्रफल दर (plinth area rate) भी निकालें।

दीवारों की मध्य से मध्य तक की लम्बाइयां

लम्बी दीवार की मध्य से मध्य तक की लम्बाई = 4·20 + ·30 = 4·50 मी
छोटी दीवार की मध्य से मध्य तक की लम्बाई = 3·00 + ·30 = 3·30 मी
बरामदे के सामने की मध्य से मध्य तक की लम्बाई = 4·20 + ·30 = 4·50 मी
बरामदे के पार्श्व की मध्य से मध्य तक की लम्बाई = 2·00 + ·30 = 2·30 मी

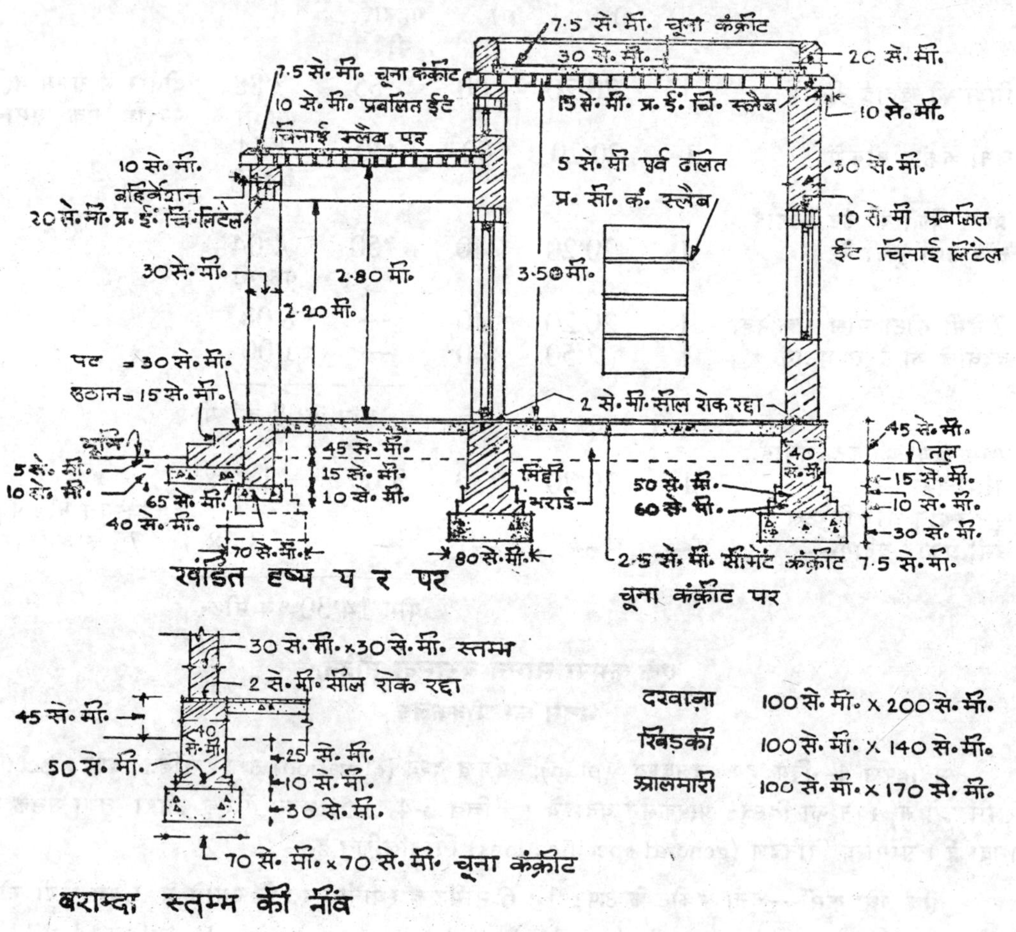

चित्र 3-4

एक कमरा भवन बरामदा सहित

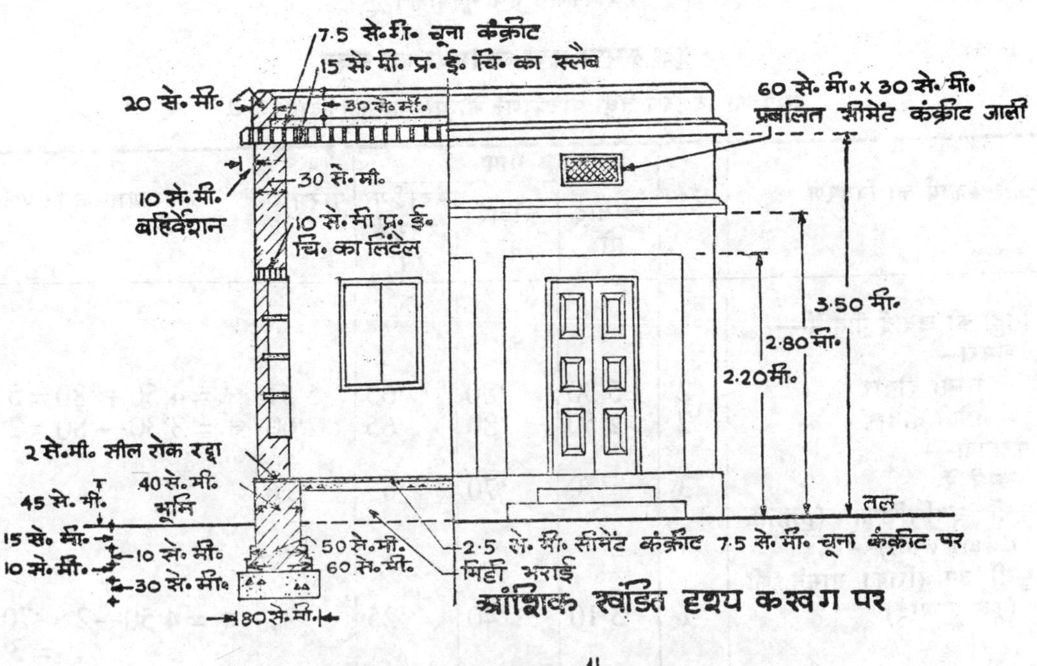

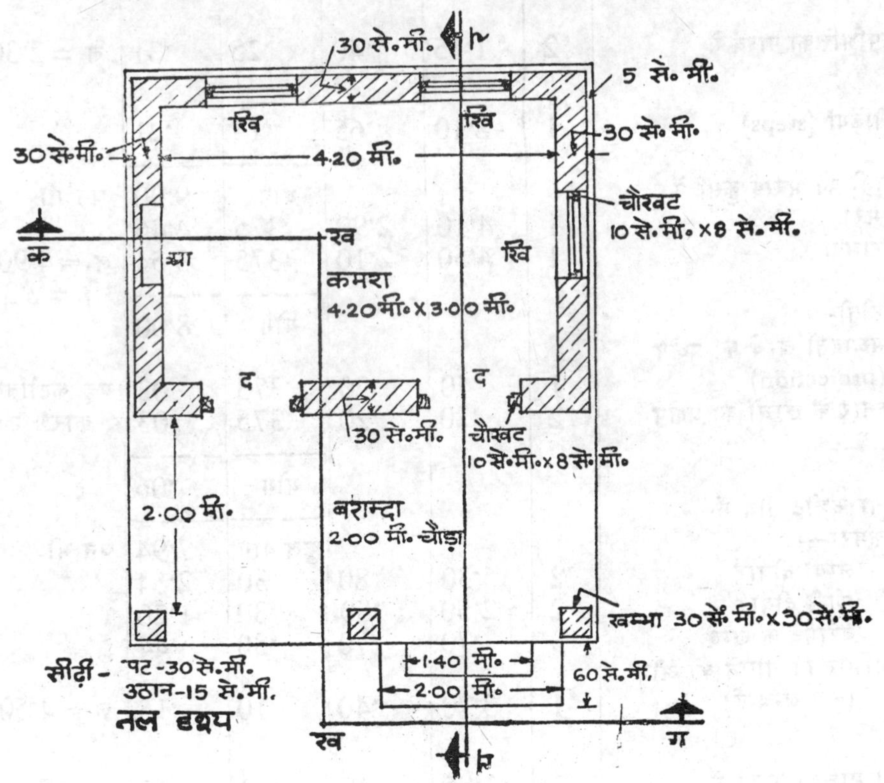

चित्र 3-5

एक कमरा तथा बरामदा का भवन

माप का विवरण तथा परिमाणों का परिकलन (उदाहरण 4)

मद सं०	कार्य का विवरण	सं०	माप लम्बाई मी	चौड़ाई मी	ऊँचाई या गहराई मी	परिमाण	व्याख्यात्मक टिप्पणी
1	मिट्टी की खुदाई नींव में— कमरा—						
	लम्बी दीवार	2	5·30	·80	·65	5·51	ल. = 4·50 + ·80 = 5·30 मी
	छोटी दीवार	2	2·50	·80	·65	2·60	ल. = 3·30 — ·80 = 2·50 मी
	बरामदा— खम्बे में	3	·70	·70	·65	·96	
	कुर्सी उपभित्तिका (plinth dwarf wall)— कुर्सी उपभित्तिका सामने की (कुल लम्बाई)	1	3·10	·40	·25	·31	ल. = 4·50 — 2 × ·70 = 3·10 मी
	उपभित्तिका पार्श्व में	2	1·55	·40	·25	·31	ल. = $2{\cdot}30 - \frac{{\cdot}80}{2} - \frac{{\cdot}70}{2}$ = 1·55 मी
	सीढ़ियाँ (steps)	1	2·10	·65	·15	·21	
					योग	9·90	घन मी
2	मिट्टी की भराई कुर्सी में कमरा	1	4·10	2·90	·375	4·46	
	बरामदा	1	4·50	2·10	·375	3·54	ल. = 4·90 — ·40 = 4·50 मी चौ. = 2·35 — ·20 — ·05 = 2·10 मी
					योग	8·00	
	कटौती— मध्यवर्ती ख. बे का प्रक्षेप (projection)	1	·40	·20	·375	·03	यह कटौतियाँ अत्यल्प होने के कारण छोड़ी जा सकती हैं।
	किनारे के खम्बों का प्रक्षेप	2	·20	·20	·375	·03	
					योग	·06	
					कुल योग	7·94	घन मी
3	चूना कंक्रीट नींव में— कमरा— लम्बी दीवार	2	5·30	·80	·30	2·54	
	छोटी दीवार	2	2·50	·80	·30	1·20	
	बरामदे के खम्बे	3	·70	·70	·30	·44	
	उपभित्तिका सामने की ओर (कुल लम्बाई)	1	3·70	·40	·10	·15	ल. = 4·50 — 2 × ·40 = 3·70 मी
	उपभित्तिका पार्श्व में	2	1·85	·40	·10	·15	ल. = $2{\cdot}30 - \frac{{\cdot}05}{2} - \frac{{\cdot}40}{2}$ = 1·85 मी

(उदाहरण—4 क्रमश:)

मद सं०	मद का विवरण	सं०	माप लम्बाई मी	चौड़ाई मी	ऊँचाई या गहराई मी	परिमाण	व्याख्यात्मक नोट
	सीढ़ी	1	2·10	·65	·10	·14	
4	प्रथम श्रेणी की ईंट चिनाई चूना मसाले से नींव तथा कुर्सी में—				योग	4·62	घन मी
	कमरा—						
	लम्बी दीवारें—						
	पहला खसका	2	5·10	·60	·10	·61	ल.=4·50+·60=5·10 मी
	दूसरा खसका	2	5·00	·50	·10	·50	ल.=4·50+·50=5·00 मी
	खसके के ऊपर कुर्सी दीवार	2	4·90	·40	·60	2·35	ल.=4·50+·40=4·90 मी
	छोटी दीवार						
	पहला खसका	2	2·70	·60	·10	·32	ल.=3·30−·60=2·70 मी
	दूसरा खसका	2	2·80	·50	·10	·28	ल.=3·30−·50=2·80 मी
	कुर्सी दीवारें—	2	2·90	·40	·60	1·39	ल.=3·30−·40=2·90 मी
	बरामदा—						
	खम्बों के खसके	3	·50	·50	·10	·075	
	खम्बों की कुर्सी	3	·40	·40	·70	·335	
	उपभित्तिका सामने की (कुल लम्बाई)	1	3·70	·20	·60	·44	ल.=4·50−2×·40 =3·70 मी
	उपभित्तिका पार्श्व में	2	1·90	·20	·60	·46	ल.=2·30−·40=1·90 मी
	सीढ़ियाँ						
	पहली सीढ़ी	1	2·00	·60	·20	·24	
	दूसरी सीढ़ी	1	1·40	·30	·15	·06	
5	2 सेमी मोटा सील रोक रद्दा 1:2 सीमेंट मसाले का सील रोक सामग्री मिश्रित--				योग	7·06	घन मी
	कमरा--						
	लम्बी दीवारें	2	4·90	·40	—	3·92	लम्बाई व चौड़ाई कुर्सी दीवार के समान
	छोटी दीवारें	2	2·90	·40	—	2·32	
	बरामदा खम्बे में	3	·40	·40	—	·48	
					योग	6·72	वर्ग मी
	दरवाजों की देहल घटायें--	2	1·00	·40	—	·80	
6	प्रथम श्रेणी की इंट चिनाई चूना मसाले से अधिरचना में--				योग	5·92	वर्ग मी
	कमरा—						
	लम्बी दीवार	2	4·80	·30	3·50	10·08	ल.=4·50+·30=4·80 मी
	छोटी दीवार	2	3·30,	·30	3·50	6·30	ल.=3·30−·30=3·00 मी

(उदाहरण 4—क्रमश:)

मद सं०	कार्य का विवरण	सं०	माप लम्बाई मी	चौड़ाई मी	ऊँचाई या गहराई मी	परिमाण	व्याख्यात्मक टिप्पणी
	बरामदा—						
	खम्बे में	3	·30	·30	2·20	·59	
	लिटल के ऊपर सामने	1	4·80	·30	·40	·57	
	लिटल के ऊपर पार्श्व में	2	2·00	·30	·40	·48	
	लम्बी दीवारों पर मुंडेर (Parapet)	2	4·80	·20	·375	·72	
	छोटी दीवारो पर मुंडेर	2	3·20	·20	·375	·48	
					योग	19.22	
	कटौती—						
	दरवाजों के खुले भाग	2	1·00	·30	2·00	1·20	
	खिड़कियों के खुले भाग	3	1·00	·30	1·40	1·26	
	अलमारी	1	1·00	·20	1·70	0·34	
	रोशनदान	2	·60	·30	·30	0·11	
	दरवाजों पर लिटल	2	1·20	·30	·10	0·07(क)	10 सेमी धारक (bearing)
	खिड़कियों पर लिटल	3	1·20	·30	·10	0·11(क)	
	अलमारी पर लिटल	1	1·20	·30	·10	0·04(क)	(क) का योग = 0·24 घन मी
	रोशनदानों पर लिटल	1	·80	·30	·10	0·02(क)	
			कटौती	का	योग	3·15	
					शुद्ध योग	16·07	घन मी
7	प्रबलित ईट चिनाई 1 : 3 सीमेंट मसाले से ढूले (centering and shuttering) सहित परन्तु प्रबलन और उसकी मुड़ाई रहित—						
	कमरे की छत	1	5·00	3·80	·15	2 850	
	बरामदे की छत	1	5·00	2·55	·10	1·275	15 सेमी धारक
	बरामदे की लिंटल सामने	1	4·80	·30	·20	0·288	
	बरामदे का लिंटल पार्श्व में	2	2·15	·30	·20	6·258	15 सेमी धारक
	दरवाजों खिडकियों आदि पर लिटल	मद 6	में (क)	अंकित	मदों के समान	0·240	
					योग	4 911	
8	7·5 सेमी मोटा चूना कंक्रीट तथा सतह का समापन (Surface finishing) ऊपरी छत (Roof terracing) में—					वग मी	
	कमरे की छत	1	4·40	3·20	—	14·08	
	बरामदे की छत	1	5·00	2·40	—	12·00	
						26·08	वर्ग मी

(उदाहरण 5-- क्रमश:)

मद संख्या	मद का विवरण	सं०	माप लम्बाई मी	चौड़ाई मी	ऊँचाई या गहराई मी	परिमाण	व्याख्यात्मक नोट
9	साल लकड़ी की चौखट--						
	दरवाजे	2	5·08	·10	·80	0·081	2 ऊर्ध्व, प्रत्येक 2·04 मी; 1 क्षैतिज, प्रत्येक 1·00 मी
	खिड़कियाँ	3	4·80	·10	·80	0·115	2 ऊर्ध्व, प्रत्येक 1·40 मी; 2 क्षैतिज, प्रत्येक 1·00 मी
					योग	0·196 घन मी	
10	3·5 सेमी मोटे दिल्हेदार (panelled shutter) देवदार की लकड़ी के पल्ले--						
	दरवाजे	2	0·87	1·93	--	3·36	
	खिड़कियाँ	3	0·87	1·27	--	3·31	
					योग	6·67	वर्ग मी
11	पीतल की फिटिंग दरवाजा तथा खिड़की में--		मद 10 के समान			6·67	वर्ग मी
12	पूर्वढालीत (precast) स्लैब प्र. सी. कं. की पूर्ण कार्य सहित अलमारी में	3	1·08	0·20	·05	0·032	4 सेमी धारक
					योग	0·032	घन मी
13	4 सेमी मोटी प्र. सी. कं. की नाली पूर्ण कार्य रोशनदानों में	2	·60	·30	--	·36	
					योग	0·36	वर्ग मी
14	नरम इस्पात का काम मुड़ाई सहित प्रबलित चिनाई में प्रबलन छड़ें मद 7 का ·7%		$\frac{4·91 \times}{100}$	·7 ×	78·5 =	2·698 कुंतल	नरम इस्पात का घनत्व = 78·5 कुंतल|घन मी
	दरवाजों तथा खिड़कियों में पकड़ पट्टी (hold fast)	24	@1किग्रा	प्रत्येक =	24 किग्रा	= ·24 कुंतल	हर दरवाजे में 6 तथा हर खिड़की में 4 (पकड़ पट्टियाँ अलग मद में भी ली जा सकती हैं।)
					योग	2·938 कुंतल	
15	2·5 सेमी मोटा 1 : 2 : 4 सीमेंट कंक्रीट फर्श 7·5 सेमी चूना कंक्रीट पर						

(उदाहरण 4--क्रमश:)

मद सं०	मद का विवरण	सं०	माप लम्बाई मी	चौड़ाई मी	ऊँ. या ग. मी	परिमाण	व्याख्यात्मक नोट
	कमरा	1	4·20	3·00	—	12·60	ल. = बाहर से बाहर की दूरी --2 नाटी दीवारें = (4·2+2×·30+2×·05)−2×·20 =4·50 मी
	बरामदा	1	4·50	2·15	—	9·68	चो. = (2·0+·30+·05 −·20=2·15 मी
					योग	22·28	
	कटौती--						
	बीच का खम्बा	1	·30	·15	—	0·045	
	पार्श्व के खम्बे	2	·15	·15	—	0·045	
					योग	0·090	
					शुद्ध योग	22·19	वर्ग मी
16	2·5 सेमी मोटा फर्श 1 : 2 : 4 सीमेंट कंक्रीट का बिना चूना कंक्रीट के--						
	दरवाजों की देहल	2	1·00	·30	—	0·60	
	बरामदे के खाली स्थान की देहल—						
	खम्बों के बीच	1	3·90	·20	—	0·78	ल. = 4·80 − 3 × ·30 = 3·90 मी
	पार्श्व में	2	2·00	·20	—	0·80	
					योग	2·18 वर्ग मी	
17	12 मिमी मोटा पलस्तर 1:3 सीमेंट तथा मोटी रेत के मसाले से अंतश्छद पर						
	कमरा	1	4·20	3·00	—	12·60	
	बरामदा	1	4·20	2·00	—	8·40	
					योग	21·00 वर्ग मी	
18	12 मिमी मोटा पलस्तर 1 : 1 : 6 सीमेंट चूना तथा स्थानीय रेत के मसाले से—						
	अन्दर—						
	कमरा लम्बी दीवारें	2	4·20	—	3·50	29·40	
	छोटी दीवारें	2	3·00	--	3·50	21·00	
	अलमारी के जैम्ब, तल तथा देहल (soffit and sill)	1	5·40	·20	—	1·08	ल. = 1·00×2+1·70×2 = 5·40 मी

(उदाहरण 4—क्रमश:)

मद सं०	कार्य का विवरण	सं०	माप			परिमाण	व्याख्यात्मक टिप्पणी
			ल० मी	चौ० मी	ऊं या ग. मी		
	बरामदा—						बीच के खम्बे के 3 पार्श्व तथा सिरों के खम्बों में प्रत्येक के दो पार्श्व
	दीवार	1	4·20	—	2·80	11·76	
	खम्बे का भीतरी पार्श्व	7	·30	—	2·20	4·62	
	खम्बों के ऊपर बरामदा (भीतरी पार्श्व)						
	सामने का	1	4·20	—	·60	2·52	
	,, पार्श्व में	2	2·00	—	·60	2·40	
	बरामदे के सामने के लिन्टल का तला	1	3·90	·30	—	1·17	ल. = 4·80 − 3 × ·30 = 3·90 मी
	बरामदे के पार्श्व के लिन्टल का तला	2	2·00	·30	—	1·20	
	लिन्टल के नीचे की भीतरी दीवार उर्ध्वतल	2	—	·30	2·20	1·32	
				योग	....	76·47	
	दरवाजों के लिये घटायें	2	1·00	—	2·00	4·00	प्रत्येक की एक तह
					योग	72·47 वर्ग मी	अन्दर के पलस्तर का योग
	बाहर—						
	कमरा—						
	पीछे की दीवारें	1	4·80	—	3·50	16·80	
	पार्श्व दीवारें	2	3·60	—	3·50	25·20	
	भूमीतल से 10 सेमी नीचे तक तथा 5 सेमी अनर्तलम्ब सहित						
	कुर्सी पीछे	1	4·90	—	·60	2·94	ऊं = ·45 + ·05 + ·10 = ·60 मी
	,, ,, पार्श्व	2	3·65	—	·60	4·38	
	बरामदे की छत के ऊपर सामने की दीवार	1	4·80	—	525	2·52	ऊं = 3·50 − 2·975 = ·525 मी
	छत के प्रक्षेप (projection)						
	सामने तथा पीछे	2	5·00	—	·25	2·50	ऊं = ·15 + ·10 = ·25 मी
	पार्श्व में	2	3·60	—	·25	1·80	
	बरामदे का खम्बा बाहरी पार्श्व	5	·30		2·20	3·30	बीच के खम्भे का एक पार्श्व तथा किनारे के खम्भों में प्रत्येक के दो पार्श्व

(उदाहरण 4—क्रमशः)

मद सं०	कार्य का विवरण	सं०	माप: ल० मी	चौ० मी	ऊं या ग. मी	परिमाण	व्याख्यात्मक नोट
	खम्बों के ऊपर बरामदा (बाहर)						
	सामने का	1	4·80	--	·60	2·88	
	पार्श्व में	2	2·30	--	·60	2·76	
	बरामदे की कुर्सी						
	सामने	1	4·90	--	·55	2·70	सीढ़ी घटा दी जायगी
	पार्श्व में	2	2·35	--	·55	2·59	कुल मध्य लम्बाई $= 2 \times 4{\cdot}60 + 2 \times 3{\cdot}40 = 16{\cdot}00$ मी
	मुंडेर (चारों दीवारों पर)	1	15·0	--	·875	14·00	ऊं $= {\cdot}30 + {\cdot}20 + 3{\cdot}75 = {\cdot}875$ मी
					योग	84·37	
	कटौती—						
	खिड़कियों के खुले भाग	3	1·00	—	1·40	4·20	प्रत्येक का एक पार्श्व
	रोशनदान	—	--	--	—	—	कोई कटौती नहीं
	सीढ़ियां	1	2·00	--	·55	1·10	
					योग	5·30	
					शुद्ध योग	79·97 वर्ग मी	बाहर के पलस्तर का योग
			अन्दर तथा बाहर के पलस्तर का पूर्ण योग 72·47 + 79·07 =			151·54	वर्ग मी
19	2 सेमी मोटा पलस्तर सीढ़ियों पर 1:3 सीमेंट मसाले से तथा सीमेंट के लेप से समापन						
	पहली सीढ़ी पट्ट (tread)	1	2·60	·30	--	0·78	
	उठान (rise)	1	3·20	--	·15	0·48	
	दूसरी सीढ़ी पट्ट	1	1·40	·30	—	0·42	
	उठान	1	2·00	--	·15	0·30	
	कुर्सी दीवार	1	1·40	—	·15	0·21	
	... .	2	0·30	—	·30	0·17	
					योग	2·37	वर्ग मी

(उदाहरण 4--क्रमश:)

मद संख्या	मद का विवरण	सं०	माप लम्बाई मी	चौड़ाई मी	ऊँचाई या गहराई मी	परिमाण	व्याख्यात्मक नोट
20	3 (तीन) लेप सफेदी पुताई—						
	अन्दर की दीवारें		मद (18) के समान	में अन्दर —	के पलस्तर —	72·47	
	अन्तश्छद		मद (17) समान	अन्तश्छद —	पलस्तर के —	21·00	
					योग	93·47 वर्ग मी	
21	दो लेप रंग पुताई (colour washing) एक लेप सफेदी पुताई पर		मद (18 के समाम	में बाहर —	के पलस्तर --	79·07	ल = बाहरी परिमिति—सीढ़ीं = (4·90 × 2 + 6·00 × 2) − 2·00 = 19·80 मी
	भूमितल से नीचे का भाग घटायें	1	19·80	—	·10	1·98	
					योग	77·09 वर्ग मी	
22	दरवाजों तथा खिड़कियों पर एक लेप अस्तर तथा उस पर रंग के दो लेप						
	दरवाजे	2×2¼	1·00	—	2·00	9·00	एक पार्श्व का 1⅛ गुना
	खिड़कियां	2×2¼	1·00	--	1·40	9·45	,, ,, ,, ,,
					योग	18·45 वर्ग मी	
23	कोलतार के दो लेप चौखटों के पीछे						
	दरवाजे	2	5·08	·10	--	1·02	लम्बाई मद 9 में चौखटों के समान
	खिड़किया	3	4·80	·10	—	1·44	
					योग	2·46 वर्ग मी	

अनुमानित लागत सार (उदाहरण 4)

मद संख्या	मद का विवरण	परिमाण	इकाई	दर रु० पै०	प्रति	राशि रु० पै०
1	मिट्टी की खुदाई नींव में	9·90	घन मी	290·00	% घन मी	28·71
2	मिट्टी की भराई कुर्सी में	7·94	घन मी	235·00	% घन मी	18·66
3	चूना कंक्रीट नींव में	4·62	घन मी	93·00	प्रति घन मी	429·66
4	प्रथम श्रेणी की ईट चिनाई चूना मसाला से नींव तथा कुर्सी में	7·06	घन मी	104·00	प्रति घन मी	734·24
5	2 सेमी सील रोक रद्दा, 1 : 2 सीमेंट मसाले में जल रोधक सामग्री मिश्रित	5·92	वर्ग मी	10·00	प्रति वर्ग मी	59·20
6	प्रथम श्रेणी की ईट चिनाई चूना मसाले से अधिरचना में	16·07	घन मी	110·00	प्रति घन मी	1767·70
7	प्रबलित ईट चिनाई 1 : 3 सीमेंट मसाले से ढूले सहित परन्तु प्रबलन रहित	4·91	घन मी	217·00	प्रति घन मी	1065·47
8	7·5 सेमी मोटी चूना कंक्रीट ऊपरी छत पर	26·08	वर्ग मी	9·00	प्रति वर्ग मी	234·72
9	साल लकड़ी का कार्य चौखट में	0·196	घन मी	1600·00	प्रति घन मी	313·60
10	3·5 सेमी मोटे दिलहेदार (panelled) पल्ले देवदार लकड़ी के	6·67	वर्ग मी	80·00	प्रति वर्ग मी	533·60
11	पीतल की फिटिंग दरवाजा तथा खिड़की में	6·67	वर्ग मी	40·00	प्रति वर्ग मी	266·80
12	अलमारी में पूर्व ढालित प्र. सी. कं. की स्लैब प्रबलन सहित	0·032	घन मी	365·00	प्रति घन मी	11·68
13	4 सेमी मोटा प्र. सी. कं. की जाली प्रबलन सहित	0·36	वर्ग मी	42·00	प्रति वर्ग मी	15·12
14	नरम इस्पात का काम प्रबलन तथा पकड़पट्टी (hold fasts) में	2·938	कुन्तल	230·00	प्रति कुन्तल	675·74
15	2·5 सेमी मोटा फर्श 1 : 2 : 4 सी. कं. का 7·5 सेमी मोटी चूना कंक्रीट के ऊपर	22·19	वर्ग मी	18·50	प्रति वर्ग मी	410·51
16	2·5 सेमी मोटा फर्श 1 : 2 : 4 सी. कं. से (बिना चूना कंक्रीट के)	2·18	वर्ग मी	11·20	प्रति वर्ग मी	24·42
17	12 मि. मी. मोटा पलस्तर अंतश्छद मे 1 : 3 सीमेंट व मोटा रेत के मसाले से	21·00	वर्ग मी	7·40	प्रति वर्ग मी	155·40
18	12 मि. मी. मोटा पलस्तर 1 : 1 : 6 सीमेंट चूना तथा स्थानीय रेत के मसाले से दीवारों पर	151·54	वर्ग मी	2·90	प्रति वर्ग मी	439·40
19	2 सेमी मोटा पलस्तर तथा सीमेंट के लेप से समापन 1 : 3 सीमेंट मसाले से सीढ़ियों पर	2·37	वर्ग मी	8·00	प्रति वर्ग मी	18·96
20	3 लेप सफेदी पुताई अन्दर से	93·47	वर्ग मी	0·26	प्रति वर्ग मी	24·30
21	दो लेप रंग पुताई एक लेप सफेदी पुताई के ऊपर बाहर में	77·09	वर्ग मी	0·53	प्रति वर्ग मी	40·86

(उदाहरण 4)

मद संख्या	कार्य का विवरण	परिमाण	इकाई	दर रु० पै०	प्रति	राशि रू० पै०
22	दो लेप रंग, एक लेप अस्तर पर दरवाजों तथा खिड़कियों पर	18·45	वर्ग मी	3·50	प्रति वर्ग मी	64·59
23	कोलतार के दो लेप चौखट के पीछे	2·46	वर्ग मी	0·60	प्रति वर्ग मी	1·48
					योग	7334·82
	फुटकर व्यय के लिये जोड़ें 3%				...	220·04
	निर्माण प्रभारित सिब्बंदी के लिये जोड़ें 2%				....	146·70
					कुल योग	7701·50

कुर्सी क्षेत्रफल दर (Plinth Area Rate)—

$$\text{कुर्सी क्षेत्रफल} = 4{\cdot}80 \text{ मी} \times 5{\cdot}90 \text{ मी} = 28{\cdot}32 \text{ वर्ग मी}$$

$$\text{कुर्सी क्षेत्रफल दर} = \frac{\text{कुल लागत}}{\text{कुर्सी क्षेत्रफल}} = \frac{7701{\cdot}56 \text{ रु०}}{28{\cdot}32} = \text{रू० } 271{\cdot}95 \text{ प्रति वर्ग मी}$$

एक कमरे व बरामदे की इमारत का मध्य रेखा विधि से प्राक्कलन (उदाहरण 4)

मध्य रेखा विधि से निम्नलिखित मदों का प्राक्कलन अधिक शीघ्रता पूर्वक किया जा सकता है—

मिट्टी की खुदाई (मद 1), नींव में चूना कंक्रीट (मद 3), नींव तथा कुर्सी में प्रथम श्रेणी की ईंट चिनाई (मद 4), सील रोक रद्दा (मद 5), अधिरचना (superstructure) से प्रथम श्रेणी की चिनाई (मद 6)।

कमरे की सब दीवारों की मध्य रेखाओं की कुल लम्बाई = $4{\cdot}50 \times 2 + 3{\cdot}30 \times 2 = 15{\cdot}60$ मी

बरामदे की सब दीवारों की मध्य रेखाओं की कुल लम्बाई = $4{\cdot}50 + 2{\cdot}30 \times 2 = 9{\cdot}10$ मी

मुंडेर की सब दीवारों की मध्य रेखाओं की कुल लम्बाई = $4{\cdot}60 \times 2 + 3{\cdot}40 \times 2 = 16{\cdot}00$ मी

मद सं०	कार्य का विवरण	सं०	लम्बाई मी	चौड़ाई मी	ऊँचाई या गहराई मी	परिमाण मी	व्याख्यात्मक नोट
1.	मिट्टी की खुदाई नींव में						
	कमरा	1	15·60	·80	·65	8·11	कोई संगम नहीं
	बरामदे के खम्बे	3	·70	·70	·65	0·96	पहले के समान

(उदाहरण 4—क्रमशः)

मद सं०	कार्य का विवरण	सं०	लम्बाई मी	चौड़ाई मी	ऊंचाई या गहराई मी	परिमाण मी	व्याख्यात्मक नोट
2.	कुर्सी उपभित्तिका (plinth dwarf wall)	1	6·20	·40	·25	0·62	ल = 9·10 − 2 खम्बे −$\frac{1}{2}$ × 2 संगम मुख्य दीवार से = 9·10−3 × ·70−$\frac{1}{2}$ × 2 × ·80 = 6·20
	सीढ़ी	1	2·10	·65	·15	0·21	पहले के समान
					योग	9·90 घन मी	
3.	चूना कंक्रीट नींव में						
	कमरा	1	15·60	·80	·30	3·74	
	बरामदे के खम्बे	3	·70	·70	·30	0·44	
	कुर्सी उपभित्तिका	1	7·50	·40	·10	0·30	ल = 9·10−3 × ·40−$\frac{1}{2}$ × 2 × ·40 = 7·50 मी
	सीढ़ी	1	2·00	·65	0·10	0·14	पहले के समान
					योग	4·62 घन मी	
4.	प्रथम श्रेणी की ईंट चिनाई नींव तथा कुर्सी में						
	कमरा—						
	पहला खसका	1	15·60	·60	·10	0·93	
	दूसरा खसका	1	15·60	·50	·10	0·78	
	कुर्सी दीवार	1	15·60	·40	·60	3·74	
	बरामदे के खम्बे—						
	पहला खसका	3	·50	·50	·10	0·075	
	कुर्सी दीवार	3	·40	·40	·70	0·335	
	बरामदे की उपभित्तिका	1	7·50	·20	·60	0·90	ल = 9·10−3 × ·40−$\frac{1}{2}$ × 2 × ·40 = 7·50 मी
	सीढ़ी—						
	पहला खसका	1	2·00	·60	·20	0·24	
	दूसरा खसका	1	1·40	·30	·15	0·06	
					योग	7·06 घन मी	

(उदाहरण 4--क्रमशः)

माप

क्र०	कार्य का विवरण	सं०	लम्बाई मी	चौड़ाई मी	ऊँचाई या गहराई मी	परिमाण	व्याख्यात्मक नोट
5.	2 सेमी मोटा सील रोक रद्दा—						
	कमरा	1	15·60	·40	—	6·24	
	बरामदे के खम्बे	3	·40	·40	—	·48	
				योग		6·72	
	दरवाजों की देहल घटायें	2	1·00	·40	—	0·80	
					कुल योग	5·92 वर्ग मी	
6.	प्रथम श्रेणी की ईट चिनाई चूना मसाले से अधिरचना में						
	कमरा	1	15·60	·30	3·50	16·38	
	बरामदा (ठोस मानकर)	1	8·80	·30	2·80	7·39	ल $= 9{\cdot}10 - \frac{1}{2} \times {\cdot}30 = 8{\cdot}80$ मी
	मुंडेर	1	16·00	·20	·375	1·20	
				योग		24·97 घन मी	
	कटौती--						
	बरामदे का खाली स्थान सामने	1	3·90	·30	2·20	2·57	ल $= 4{\cdot}80 - 3 \times {\cdot}30 = 3{\cdot}9$ मी
	बरमादे का खाली स्थान पार्श्व	2	2·00	·30	2·20	2·64	
	बरामदे का लिंटल सामने का	1	4·80	·30	·20	0·29	
	बरामदे का लिन्टल पार्श्व का	2	2·15	·30	·20	0·25	
	दरावजों, खिड़कियों आदि के लिये कटौती		पृष्ठ 92 के समान			3·15	
					योग	8·90 घन मी	
					शुद्ध योग	16·07 घन मी	

दो कमरों सामने बरामदा सहित भवन का प्राक्कलन

उदाहरण 5—दिये हुये रेखाचित्रों—तलदृश्य (plan), संमुख दृश्य (elevation) आदि (चित्र 3-6 व 3-7) से एक भवन का विस्तृत प्राक्कलन तैयार कीजिये जिसमें दो कमरे तथा सामने बरामदा हो। कुर्सी क्षेत्रफल दर (plinth area rate) भी निकालें। सामान्य विनिर्देश (general specifications) निम्नलिखित हैं :—

नींव तथा कुर्सी—चूना कंक्रीट व उस पर 1 : 6 सीमेंट मसाले से प्रथम श्रेणी की ईट चिनाई।

सील रोक रद्दा (D. P. C.)—1 : 2 सीमेंट मसाले का 2 सेमी मोटा सील रोक रद्दा जिसमें सीमेंट की प्रत्येक बोरी में 1 किग्रा कम्पोसील (composeal) मिलाया जाय।

अधिरचना (superstructure)—चूना मसाले से प्रथम श्रेणी की ईट चिनाई। सारे लिन्टल प्रबलित ईट चिनाई (R. B.) के होंगे।

छत—प्र० सी० कं० (R. C. C.) की स्लैब (slab) के ऊपर चूना कंक्रीट की ऊपरी छत (terracing) तथा इन दोनो के बीच में मिट्टी तथा रेत की ताप रोधक तह (insulation layer) होगा।

फर्श—भली भाँति कुटी हुई मिट्टी पर 7·5 सेमी मोटा चूना कंक्रीट तथा उस पर 1 : 2 : 4 सीमेंट कंक्रीट का 2·5 सेमी मोटा फर्श एवं सतह पर सीमेंट के लेप से समापन होगा। बरामदे के खाली स्थानों (openings) तथा दरवाजों की देहल में केवल 2·5 सेमी मोटा सीमेंट कंक्रीट फर्श होगा।

पलस्तर तथा समापन (finishing)—अन्दर व बाहर की दीवारों पर 1 : 1 : 6 सीमेंट : चूना : रेत के मसाले से 12 मिमी मोटा पलस्तर किया जायगा। सीढ़ियों पर 1 : 3 सीमेंट मसाले से 12 मिमी मोटा पलस्तर किया जायगा तथा समापन सीमेंट के लेप (neat cement) से किया जायगा। प्रबलित सीमेंट कंक्रीट के कार्यों, धूप रोधक (sun shades) तथा छज्जों की सतहें, किसी अतिरिक्त भुगतान के बिना, चिकनी तथा साफ समापित (finished) की जायगी। अन्दर तीन लेप सफेदी पुताई (white washing) तथा बाहर एक लेप सफेदी पुताई तथा उस पर दो लेप रंग पुताई होगा

दरवाजे तथा खिड़कियां—चौखटें भली भांति संशोषित (well seasoned) साल लकड़ी की होंगी। पल्ले टीक (teakwood) लकड़ी के दिल्हेंदार (panelled 4 सेमी मोटे होंगे। रोशनदानों (c. s. windows) के पल्ले 4 सेमी मोटे कांच युक्त (glazed) होंगे। दरवाजों तथा खिड़कियों पर एक लेप अस्तर तथा उस पर दो लेप रंग किया जायगा। चौखटों के पीछे दो लेप सालिग्नम (solignum) लगाया जायगा।

विविध मदें—खिड़कियों में नरम इस्पात (mild steel) की 16 मिमी व्यास की छड़ें लगाई जायेंगी। दरवाजों तथा खिड़कियों में आवश्यकतानुसार लोहे की पकड़पट्टियाँ लगाई जायेंगी। 10 सेमी व्यास व 1 मी लम्बे ढलवाँ लोहे के पाइपों के 4 पतनाले (rain water spouts) लगाये जायेंगे।

दो कमरों का भवन सामने बरामदा सहित

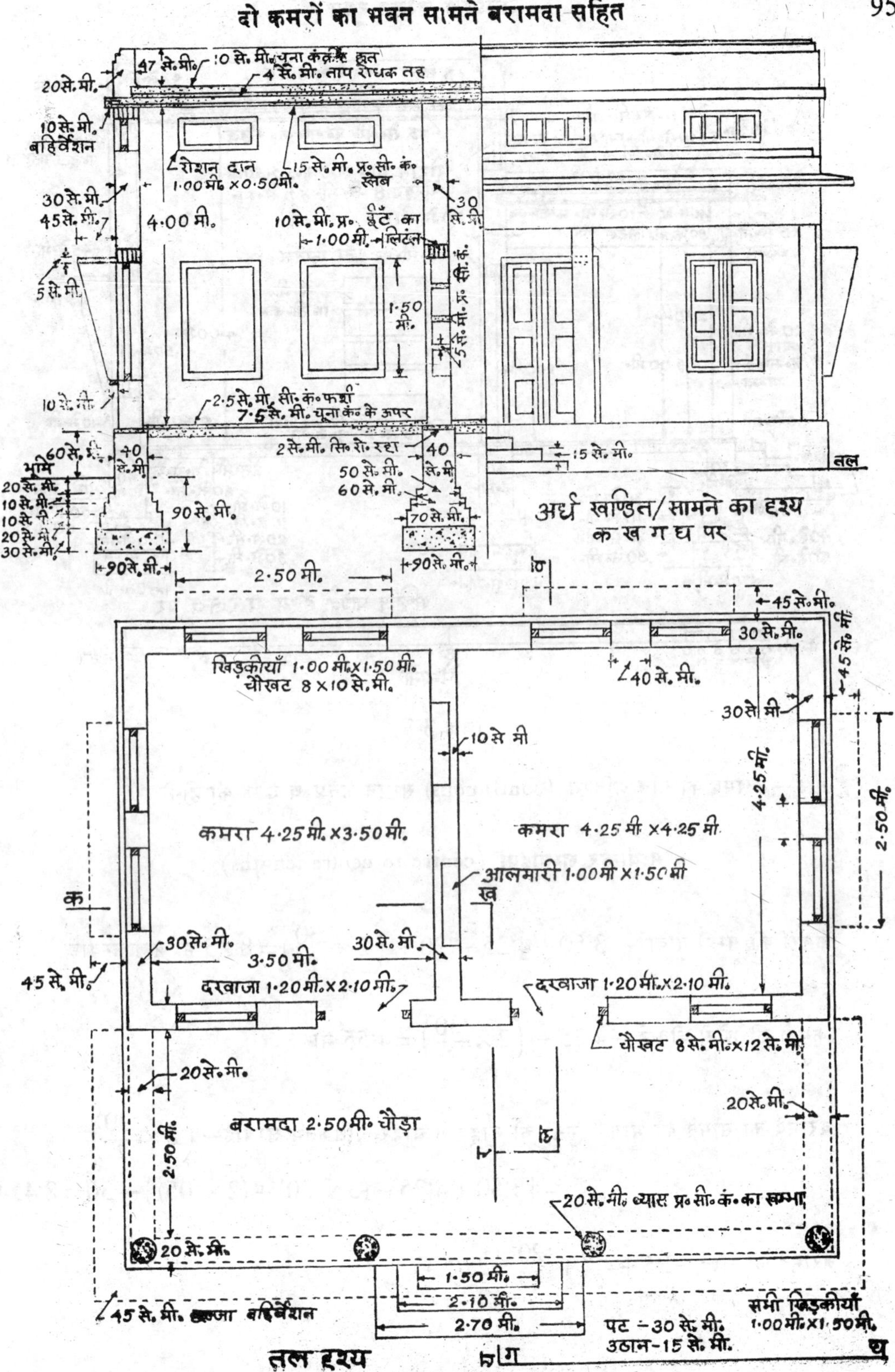

चित्र 3-6

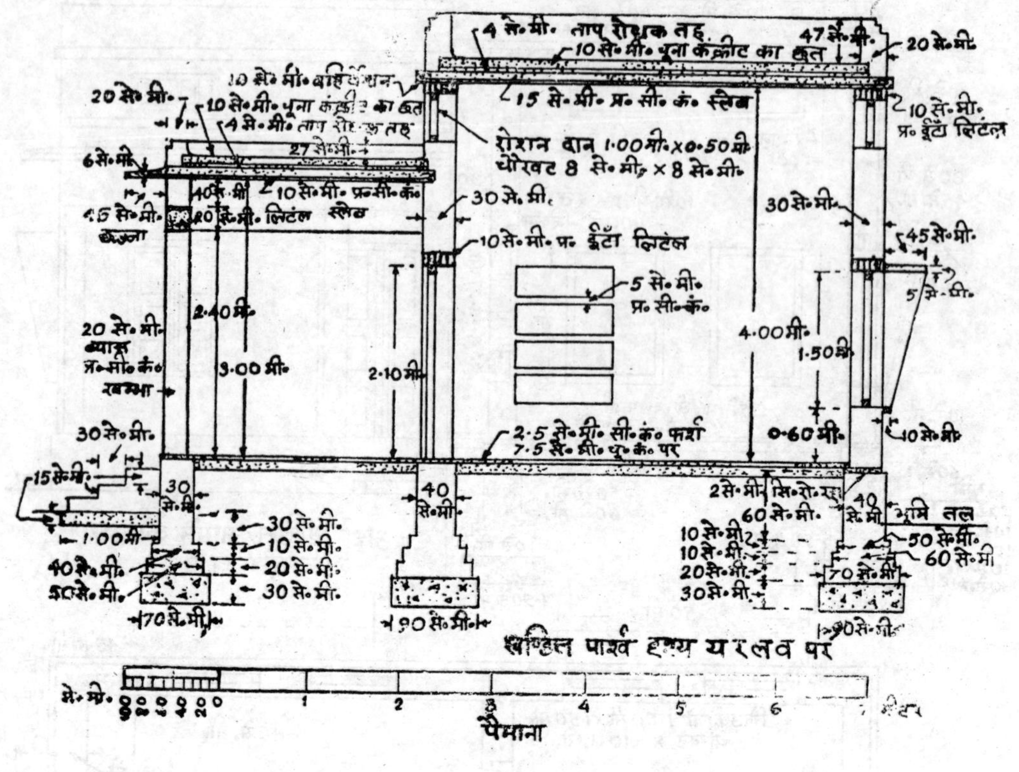

चित्र 3-7

नोट—बरामदे की नींव अविरत (continuous) समान अनुप्रस्थ खण्ड की होगी।

मध्यान्तर लम्बाइयां (centre to centre lengths)

कमरों की लम्बी दीवारें—$3{\cdot}50 + 4{\cdot}25 + {\cdot}30 + \left(2 \times \frac{{\cdot}30}{2}\right) = 8{\cdot}35$ मी कुल लम्बाई

कमरों की छोटी दीवारें—$4{\cdot}25 + \left(2 \times \frac{{\cdot}30}{2}\right) = 4{\cdot}55$ मी

बरामदे का सामने का भाग—कुर्सी की बाहर से बाहर अधिकतम लम्बाई—$\left(2 \times \frac{{\cdot}30}{2}\right)$

$$= [3{\cdot}50 + 4{\cdot}25 + (3 \times {\cdot}30) + (2 \times {\cdot}05)] - {\cdot}30 = 8{\cdot}45$$ मी

बरामदे का पार्श्व—$2{\cdot}5 + \frac{{\cdot}30}{2} + \frac{{\cdot}20}{2} = 2{\cdot}75$ मी

माप का विवरण तथा परिमाणों का पकिलन (उदाहरण 5)

मद सं०	कार्य का विवरण	सं०	लम्बाई मी	चौड़ाई मी	ऊँ. या गा मी	परिमाण	व्याख्यात्मक नोट
1	मिट्टी की खुदाई नींव में--						
	कमरों की लम्बी दीवारें	2	9·25	·90	·90	14·98	ल. = 8·35 + ·90 = 9·25 मी
	कमरों की छोटी दीवार	3	3·65	·90	90	8·87	ल. = 4·55 − ·90 = 3·65 मी
	बरामदे के सामने	1	9·15	·70	·90	5·76	ल. = 8·45 + ·70 = 9·15 मी
	बरामदे के पार्श्व में	2	1·95	·70	·90	2·46	ल. = $2·75 - \frac{·90}{2} - \frac{·70}{2}$ = 1·95 मी
	सीढ़ियाँ	1	2·90	1·00	·15	0·44	ल. = 2·70 + (2 × ·10) = 2·90 मी
					योग	32·51 घन मी	
2	मिट्टी की भराई कुर्सी में--						
	कमरा (i)	1	4·15	3·40	·54	7·62	ल. = 4·25 − ·10 = 4·15 मी चौ = 3·50 − ·10 = 3·40 मी ऊं = 60 + 2 − 8 = 54 सेमी = ·54 मी
	कमरा (ii)	1	4·15	4·15	·54	9·30	ल. = 8·45 − ·30 = 8·15 चौ. = $2·75 - \frac{·40}{2} - \frac{·30}{2}$ = 2·40 मी
	बरामदा	1	8·15	2·40	·54	10·56	
					योग	27·48 घन मी	
3	चूना कंक्रीट नींव में--						
	कमरों की लम्बी दीवारें	2	9·25	·90	·30	4·99	खुदाई का $\frac{1}{3}$ लिया जा सकता है
	कमरों की छोटी दीवारें	3	3·65	·90	·30	2·96	
	बरामदे के सामने	1	9·15	·70	·30	1·92	
	बरामदे के पार्श्व में	2	1·95	·70	·30	0·82	
	सीढ़ियाँ	1	2·90	1·00	·15	0·44	
					योग	11·13 घन मी	

(उदाहरण 5—क्रमश:)

मद सं०	कार्य का विवरण	सं०	लम्बाई मी	चौड़ाई मी	ऊँचाई या गहराई मी	परिमाण	व्याख्यात्मक नोट
4	प्रथम श्रेणी की ईंट चिनाई 1:6 सीमेंट मसाले से नींव तथा कुर्सी में—						
	कमरे—						
	लम्बी दीवारें—						
	पहला खसका	2	9·05	·70	·20	2·53	ल. = 8·35 + ·70 = 9·05 मी
	दूसरा खसका	2	8·95	·60	·10	1·07	ल. = 9·05 − ·10 = 8·95 मी
	तीसरा खसका	2	8·85	·50	·10	0·89	ल. = 8·95 − ·10 = 8·85 मी
	कुर्सी दीवारें—	2	8·75	·40	·80	5·60	ल. = 8·85 − ·10 = 8·75 मी
	छोटी दीवारें—						
	पहला खसका	3	3·85	·70	·20	1·62	ल. = 4·55 − ·70 = 3·85 मी
	दूसरा खसका	3	3·95	·60	·10	0·71	ल. = 3·85 + ·10 = 3 95 मी
	तीसरा खसका	3	4·05	·50	·10	0·61	ल. = 3·95 + ·10 = 4·05 मी
	कुर्सी दीवारें	3	4·15	·40	·80	3·98	ल. = 4·05 + ·10 = 4·15 मी
	बरामदा—						
	सामने की दीवार (लम्बी)						
	पहला खसका	1	8·95	50	·20	0·90	ल. = 8·45 + ·50 = 8·95 मी
	दूसरा खसका	1	8 85	·40	·10	0·35	ल. = 8 95 − ·10 = 8·85 मी
	कुर्सी दीवार	1	8·75	·30	·90	2·36	ल. = 8·85 − ·10 = 8·75 मी
	पार्श्व दीवारें (छोटी)—						
	पहला खसका	2	2·15	·50	·20	0·43	ल. = $2·75 - \frac{·50}{2} - \frac{·70}{2}$ = 2·15 मी
	दूसरा खसका	2	2·25	·40	·10	0·18	ल. = $2·75 - \frac{·40}{2} - \frac{·60}{2}$ = 2·25 मी
	कुर्सी दीवार खसके से 10 सेमी ऊपर	2	2·35	0·30	0·10	0·14	ल. = $2·75 - \frac{·50}{2} - \frac{·30}{2}$ = 2·35 मी
	कुर्सी दीवार बाकी हिस्से	2	2·40	0·30	0·80	1·15	ल. = $2·75 - \frac{·40}{2} - \frac{·30}{2}$ = 2·40 मी
	सीढ़ियां—						
	पहली सीढ़ी	1	2·70	0·90	0·15	0·36	
	दूसरी सीढ़ी	1	2·10	0·60	0·15	0·19	
	तीसरी सीढ़ी	1	1·50	0·30	0·15	0·07	
					योग	23·14	घन मी

(उदाहरण 5—क्रमशः)

मद सं०	मद का विवरण	सं०	लम्बाई मी	चौड़ाई मी	ऊँचाई गहराई मी	परिमाण	व्याख्यात्मक नोट
5	2 से. मी मोटा सील रोक रद्दा (d. p. c.)						
	कमरे—						
	लम्बी दीवारें	2	3·75	0·40	—	7·00	लम्बाई व चौड़ाई कुर्सी दीवार के समान
	छोटी दीवारें	3	4·15	0·40	—	4·98	
					योग	11·98	
	दरवाजों की देहल घटायें	2	1·20	0·40	—	0·96	
				शुद्ध	योग	11 02 वर्ग मी	
6	प्रथम श्रेणी की ईंट चिनाई चूना मसाले से अधिरचना में—						
	कमरे—						
	लम्बी दीवारें	2	8·65	0·30	4·00	20·76	लम्बाई बाहरी सिरे से बाहरी सिरे तक
	छोटी दीवारें	3	4·25	0·30	4·00	15·30	लम्बाई अन्दर-अन्दर की
	बरामदे के खम्बों के ऊपर लिंटल के ऊपर						
	सामने (लम्बी)	1	8·65	0·20	0·40	0·69	
	पार्श्व (छोटी)	2	2·50	0·20	0·40	0·40	
	मुंडेर (parapet) कमरों पर						
	लम्बी दीवारें	2	8·65	0·20	0·60	2 08	ऊँ = 47 + 10 + 3 = 60 सेमी = ·60 मी
	छोटी दीवारें	2	4·45	0·20	0·60	1·07	ल. = 4·25 + (2 × ·30) — (2 × ·20) = 4·45 मी
	बरामदा—						
	सामने की (लम्बी)	1	8·65	·20	·40	0·69	ऊँ = 27 + 10 + 0 = 40 सेमी = ·40 मी
	पार्श्व (छोटी)	2	2·50	·20	·40	0·40	
					योग	41·39 घन मी	

(उदाहरण 5—क्रमश:)

मद सं०	कार्य का विवरण	सं०	लम्बाई मी	चौड़ाई मी	ऊंचाई या गहराई मी	परिमाण	व्याख्यात्मक नोट
	घटाना—						
	दरवाजों के लिये	2	1·20	·30	2·10	1·51	
	खिड़कियों के लिये	10	1·00	·30	1·50	4·50	
	रोशनदानों के लिये	12	1·00	·30	0·50	1·80	
	अलमारियों के लिये	2	1·00	·20	1·50	0 60	
	प्रबलित ईंट चिनाई के लिंटल—						
	दरवाजों पर	2	1·40	·30	·10	0·084	(क) 10 सेमी धारक (bearing)
	खिड़कियों पर	10	1·20	·30	·10	0·360	(क) (क) अंकित का
	रोशनदानों पर	12	1·20	·30	·10	0·432	(क) योग = 0·948 घन मी
	अलमारियों पर	2	1·20	·30	·10	0·072	(क)
					योग	9·36	
				शुद्ध	योग	32·03 घन मी	
7	प्रबलित ईंट चिनाई लिंटलों में इस्पात तथा ढूले सहित— दरवाजों, खिड़कियों तथा अलमारियों पर		मद सं 6 मदों के	में (क) समान	अंकित =	0·948 घन मी	
8	प्र. सी. कं. कार्य $1 : 1\frac{1}{2} . 3$ बरामदे के खम्बों में इस्पात-ढूले तथा समापन सहित पूर्ण कार्य—	4	$\pi \times$	$\frac{(\cdot 20)^2}{4}$	$\times$ 2·70	= 0·34 घन मी	फर्श के नीचे कुर्सी दीवार के अन्दर 30 सेमी तक घुसे हुये
9	प्र. सी. कं. कार्य 1 : 2 : 4 इस्पात, ढूले तथा समापन सहित—						
	कमरों की छत की स्लैब	1	8·89	5 09	0·15	6·787	12 सेमी प्रक्षेप (projection)
	बरामदे की छत की स्लैब	1	8·65	2·85	0·10	2·465	15 सेमी भीतरी धारक, छज्जा इसमें सम्मिलित नहीं हैं
	बरामदे के लिंटल समाने	1	8·65	0 20	0 20	0·346	बाहर से बाहर
	,, ,, ,, पार्श्व	2	2·70	0·20	0·20	0·216	अन्दर की ओर 20 सेमी धारक
	झज्जे के प्रक्षेप (projection)						
	बरामदे के सामने	1	9·55	·45	·06	0·258	औसत मोटाई
	बरामदे के पार्श्व में	2	2·70	·45	·06	0·146	
					C. O.	11·18	

(उदाहरण 5—क्रमश:)

मद सं०	कार्य का विवरण	सं०	लम्बाई मी	चौड़ाई मी	ऊंचाई या गहराई	परिमाण	व्याख्यात्मक नोट
	खिड़कियों में धूप रोधक (Sun-shade) तथा धूप अवरोधक (Sunbreakers)				B. F.	11·18	
	ऊपर	4	2·50	·45	·05	0·225	
	नीचे	4	2·50	·15	·05	0·075	दीवार में 5 सेमी घुसे हुये 5 सेमी घुसा हुआ भाग तथा
	पार्श्व में	4×2	1·50	$\frac{\cdot 50+\cdot 15}{2}$	·05	0·195	औसत मोटाई
	अलमारी के खाने की स्लैब	2×1	1·10	·20	·05	0·066	5 सेमी धारक
					योग	11·741	घन मी
10	नरम इस्पात का कार्य मुड़ाई सहित प्रबलन में, प्र. सी. कं. और प्र. ची. के 1% की दर से		13·029 × $\frac{1}{100}$		× 78·5	= 10·23 कुंतल	मद 7, 8 और 9 के जोड़ों का 1%
11	10 सेमी मोटा चूना कंक्रीट ऊपरी छत (terracing) सतह समापन सहित—						मुंडेरों के बीच निर्बाध (clear)
	कमरे	1	8·25	4·45	—	36·71	छत का क्षेत्रफल
	बरामदा	1	8·25	2·50	—	20·63	„ „ „
					योग	57·34	वर्ग मी
12	3 सेमी मोटा ताप रोधक तह रेत तथा मिट्टी की—						
	कमरे	1	8·25	4·45	—	36·71	निर्बाध छत का क्षेत्रफल
	बरामदा	1	8·25	2·50	—	20·63	„ „ „ „
					योग	57·34 वर्ग मी	
13	साल लकड़ी की चौखट बनाना तथा लगाना						
	दरवाजे (3 से० मी० फर्श में घुसे हुए)	2	5·46	·12	·08	0·105	2 ऊर्द्ध-प्रत्येक 2·13 मी 1 क्षैतिज-प्रत्येक 1·20 मी
	खिड़कियां	10	5·00	·10	·08	0·400	2 ऊर्द्ध-प्रत्येक 1·50 मी 2 क्षैतिक-प्रत्येक 1·00 मी
	रोशनदान	12	3·00	·08	·08	0·230	2 ऊर्द्ध-प्रत्येक ·50 मी 2 छैतिज-प्रत्येक 1·00 मी
					योग	0·735	घन मी

(उदाहरण 5— क्रमशः)

मद सं०	मद का विवरण	सं०	लम्बाई मी	चौड़ाई मी	ऊँचाई या गहराई मी	परिमाण	व्याख्यात्मक नोट
14	4 सेमी मोटे टीक लकड़ी के दिल्हेदार पल्ले						
	दरवाजे	2	1·07	—	2·03	4·344	1·5 सेमी पताम तथा फर्श व दरवाजे के बीच 0·5 सेमी की दूरी
	खिड़कियां	10	0·87	—	1·37	11·919	
					योग	16·263 वर्ग मी	
15	4 सेमी मोटे टीक लकड़ी के कांचयुक्त (glazed) पल्ले रोशनदान	12	0·87	—	0·37	3·863 वर्ग मी	
16	लोहे (नरम इस्पात) का कार्य पकड़पट्टियों में (holdfast) तथा खिड़कियों में—						
	दरवाजों म पकड़पट्टियाँ	2×6	—	—	—	12 संख्या	प्रत्येक दरवाजे में 6
	पकड़पट्टियाँ खिड़कियों में	10 ×4	—	—	—	40 संख्या	प्रत्येक खिड़की में 4
	,, रोशनदानों में	12 ×2	—	—	—	24 संख्या	प्रति रोशनदान में 2
					योग	76 संख्या	
	16 मिमी व्यास की छड़ें खिड़कियों में 1·58 कि० ग्रा० प्रति मी० के हिसाब से		1 किग्रा	प्रत्येक के हिसाब से	=	76 किग्रा	
	खिड़कियाँ	10 ×8	1·50	—	—	120	लगभग 10 सेमी के अन्तर पर ऊर्द्ध छड़े
	रोशनदान	12 ×2	1·00	—	—	24	दो क्षैतिज छड़ें
						144 मी @ 1·58	किग्रा प्रति मी की दर से
					=	227·52	किग्रा
					कुल योग	303·52	किग्रा
					=	3·035	कुन्तल
17	12 मिमी मोटा पलस्तर 1 : 1 : 6 सीमेंट रेत व चूने के मसाले से दीवारों पर—						
	भीतर, कमरों में (i)	2	3·50	—	4·00	28·00	यों भी ज्ञात कर सकते हैं— भीतरी परिमित × ऊ
		2	4·25	—	4·00	34·00	= 15·50 × 4·00
	(ii)	4	4·25	—	4·00	68·00	

(उदाहरण 5—क्रमशः)

मद सं०	मद का विवरण	सं०	लम्बाई मी	चौड़ाई मी	ऊंचाई या गहराई मी	परिमाण	व्याख्यात्मक नोट
	बरामदे की भीतरी दीवार	1	8·65	—	3·00	25·95	बाहर से बाहर तक की लम्बाई
	बरामदों के सामने खम्बों के ऊपर की भीतरी सतह	1	8·25	—	·60	4·95	
	बरामदे के पार्श्व में खम्बों के ऊपर की भीतरी सतह	2	2·50	—	·60	3·00	
	जेम्ब, देहलें तथा अन्तःस्तर अलमारियों की--	2	5·00	·20	--	2·00	ल. = 2 × 1·0 + 2 × 1·5 = 5·0 मी
	बरामदे में लिंटलों के तले--						
	सामने	1	8·65	·20	—	1·73	खंबों के सिरों के लिये कोई कटौती नहीं
	पार्श्व में	2	2·50	·20	--	1·00	
					योग	168·63	
	घटाना—बरामदे तथा कमरों के बीच की दीवार के खाली स्थान						
	दरवाजों के लिये	2	1·20	—	2·10	5·04	प्रत्येक की एक सतह
	खिड़कियों के लिये	2	1·00	—	1·50	3·00	,, ,, ,, ,,
					योग	8·04	अन्य दरवाजे तथा खिडकियाँ बाहर के क्षेत्रफल से घटाये गये हैं
	बाहर--				शुद्ध योग	160·59 वर्ग मी	अन्दर का कुल पलस्तर
	कमरे--						
	पीछे की कुर्सी भूमितल से 10 सेमी नीचे तक	1	8·75	--	·75	6·56	ऊँ = ·60 + ·05 + ·10 = ·75 मी
	पीछे की अधिरचना	1	8·65	—	4·00	34·60	इन्हें मिलाकर 1 × 8·65 × 4·75 = 41·09
	पार्श्व की कुर्सी भूमितल से 10 सेमी नीचे तक	2	4·95	—	·75	7·43	इन्हें मिलाकर 2 × 4·85 × 4·75 = 46·08
	पार्श्व में अधिरचना	2	4·85	—	4·00	38·80	
	बरामदा—						
	खम्बों के ऊपर सामने की बाहरी सतह	1	8·65	—	·60	5·19	
	,, पार्श्व में	2	2·70	—	·60	3·24	
					C. O.	95·82	

(उदाहरण 5—क्रमशः)

मद सं०	कार्य का विवरण	सं०	लम्बाई मी	चौड़ाई मी	ऊँचाई या गहराई मी	परिमाण	व्याख्यात्मक नोट
					B. F.	95·82	
	सामने की कुर्सी की भूमितल से 10 सेमी नीचे तक	1	8·75	—	·70	6·13	ऊँ = ·60 + ·10 = ·70 मी
	कुर्सी के पार्श्व ,, ,, ,, ,,	2	2·75	—	·70	3·85	
	बरामदे की छत पर दीवार	1	8·65	—	·77	6·66	ऊँ = 4·00 − 3·23 = ·77 मी
	मुंडेर (parapet)— कमरे—						यह परिमाण स्थूल ढग से एक साथ इस प्रकार ज्ञात किया जा सकता है। परिमाण = (कुल मध्य लम्बाई) × (अन्दर की ऊँचाई + ऊपर की चौड़ाई + बाहर की ऊँचाई) = (2 × 8·65 + 2 × 4·45) × [·47 + ·20 + (·47 + ·10 + ·30)] = 26·20 × 1·27 = 33·27 वर्ग मी
	बाहरी सतह लम्बी दीवार	2	8·65	—	·60	10·38	
	भीतरी सतह ,, ,,	2	8·25	—	·47	7·76	
	ऊपरी सतह ,, ,,	2	8·65	·20	—	3·46	
	बाहरी सतह छोटी दीवार	2	4·85	—	·60	5·82	
	भीतरी सतह ,, ,,	2	4·45	—	·47	4·18	
	ऊपरी सतह ,, ,,	2	4·45	·20	—	1·78	
	बरामदे की मुंडेर—						यह परिमाण एक ही बार में मोटे तौर पर इस प्रकार ज्ञात कर सकते हैं, परिमाण = कुल मध्य रेखा ल × (अन्दर की ऊं + ऊपर की चौ + बाहर की ऊं) = (8·65 + 2 × 2·50) × [·27 + ·20 + (·27 + ·10 + ·03)] = 13·65 × ·87 = 11·88 वर्ग मी
	बाहरी सतह सामने की दीवार	1	8·65	—	·40	3·46	
	भीतरी सतह ,, ,, ,,	1	8·25	—	·27	2·23	
	ऊपरी सतह ,, ,, ,,	1	8·65	·20	—	1·73	
	बाहरी सतह पार्श्व की दीवार	2	2·70	—	·40	2·16	
	भीतरी सतह ,, ,, ,,	2	2·50	—	·27	1·35	
	ऊपरी सतह ,, ,, ,,	2	2·50	·20	—	1·00	
					योग	157·77	
	घटाना—						
	खिड़कियां (बाहर की दीवारों से)	8	1·00	—	1·50	12·00	प्रत्येक की एक सतह
	रोशनदान	12	1·00	—	0·50	6·00	,, ,, ,, ,,
	कुर्सी दीवार में से सीढ़ी	1	2·70	—	0·70	1·89	भूमितल से 10 सेमी नीचे तक
	बरामदे की पार्श्व दीवारों के सिरे तथा खम्बों के ऊपर के लिंटल	2	—	·20	·60	0·24	यह नगण्य, छोड़ भी सकते हैं

(उदाहरण 4—क्रमशः)

मद सं०	मदों का विवरण	सं०	लम्बाई मी	चौड़ाई मी	ऊँ. या ग. मी	परिमाण	व्याख्यात्मक नोट
	बरामदे की छत की दीवार से बरामदे की मुंडेर के सिरे तक	2	—	·20	·27	0·11	यह नगण्य है छोड़ भी सकते हैं
					योग	20 24	
					योग	137·53	बाहर के पलस्तर का योग
18	2 सेमी मोटा पलस्तर 1 : 3 सीमेंट मसाले का सीमेंट से समापन सहित सीढ़ियों पर—		अन्दर	तथा बाहर	का कुल पलस्तर	298·12 वर्ग मी	
	उठान (Riser) पहली सीढ़ी	1	4·50	--	·15		
	,, दूसरी सीढ़ी	1	3·30	--	·15	= 1·49	सामने तथा पार्श्व में
	,, तीसरी सीढ़ी	1	2·10	--	·15		
	पहली सीढ़ी का पट (Tread)	1	3·90	--	·30		
	दूसरी सीढ़ी का पट	1	2·70	--	·30	= 2·43	सामने तथा पार्श्व में
	तीसरी सीढ़ी का पट	1	1·50	--	·30		
	इनके ऊपर कुर्सी दीवार						
	पहली सीढ़ी	2	·30	--	·45	0 27	पार्श्व
	दूसरी सीढ़ी	2	·30	--	·30	0·18	,,
	तीसरी सीढ़ी	1	1·50	--	·15	0 22	,,
					योग	4·59 वर्ग मी	
19	2·5 सेमी मोटा फर्श 1 : 2 : 4 सीमेंट कंक्रीट का 7·5 सेमी मोटे चूना कंक्रीट पर						
	कमरा (i)	1	4 25	3 50	--	14 87	
	कमरा (ii)	2	4·25	4 25	--	18 06	
	बरामदा	1	8 25	2 50	-	20·63	
					योग	53 56	वर्ग मी
20	2·5 सेमी मोटा फर्श 1 : 2 : 4 सीमेंट कंक्रीट का देहलों पर						
	दरवाजों की देहल	2	1·20	·30	—	0·72	
	बरामदे की खाली स्थान की देहल (Openings) सामने	1	8 75	·25	—	2·19	कुर्सी के ·05 मी बाहरी अर्न्तलय (offset) समेत
	बरामदे के खाली स्थान की (Openings) देहल पार्श्व में	2	2 50	·25	--	1·25	
					योग	4·16	

[उदाहरण 5—क्रमशः]

मद सं०	मद का विवरण	सं०	लम्बाई मी	चौड़ाई मी	ऊँ. या ग. मी	परिमाण	व्याख्यात्मक नोट
	खम्बे घटायें	4	$\pi \times$	$\frac{(\cdot 20^2)}{4}$	—	0·12	इस कटौती की उपेक्षा भी की जा सकती है।
					शुद्ध योग	4·04 वर्ग मी	
21	3 लेप सफेदी पुताई अन्दर दीवारें		मद (16) पर	में अन्दर पलस्तर	की दीवार के समान	= 160·59	
	कमरे की छत (ceiling)	1	4·25	3·50	—	14·87	
	,, ,, ,,	1	4·25	4·25	—	18·06	
	बरामदे की छत	1	8·25	2·50	—	20·63	
					योग	214·15 वर्ग मी	
22	दो लेप रंग पुताई (colour-washing) बाहर एक लेप सफेदी पुताई पर दीवारें		मद 16) पर	में बाहर पलस्तर	दीवार के समान	= 136·39	भूमितल से नीचे का भाग घटाया जायगा
	बरामदे का छज्जा सामने	1	9·55	·95	—	9·07	ऊपर तथा नीचे की सतहें (faces) तथा किनारे
	,, ,, ,, पार्श्व में	2	2·70	·95	—	5·13	,, ,, ,, ,, ,, ,,
	खिड़कियों पर धूप रोधक (sun-shades) तथा धूप अवरोधक (sunbreakers)						
	ऊपर	4	2·50	·95	—	9·50	ऊपर तथा नीचे की सतहें किनारे
	नीचे	4	2·50	·25	—	2·50	,, ,, ,, ,, ,, ,,
	पार्श्व में	8×2	1·50	$\frac{\cdot 45 + \cdot 10}{2}$		6·60	अन्दर तथा बाहर की सतहें
	पार्श्वों के किनारे	8	1·50	·50	—	0·60	इसकी उपेक्षा की जा सकती है।
	छत की स्लैब का बाहरी प्रक्षेप (projection)	1	27·00	·36	—	9·72	ल = कमरोंकीबाहरीपरिमिति; चौ. = ·12 + ·12 + ·12 = ·36 मी
					योग	179·51	

नोट—छज्जों तथा धूप रोधक के नीचे तथा अवरोधक (sunbreakers) के अन्दर की सतहों पर पुताई की जा सकती है।

(उदाहरण 5—क्रमशः)

मद सं०	कार्य का विवरण	स०	लम्बाई मी	चौड़ाई मी	ऊँ. या ग मी	परिमाण	व्याख्यात्मक नोट
	भूमितल के नीचे के भाग घटायें	1	30 10	--	·10	3·01	ल. = बाहरी परिमिति-सीढ़ियाँ = 2(8·75 + 7·65)— 2·70 = 30 10 मी
					योग	176·50	वर्ग मी
23	एक लेप अस्तर पर दो लेप रंग करना दरवाजों तथा खिड़कियों पर						
	दिल्हेदार (panelled) दरवाजे	2 × 2¼	1·20	---	2·10	11·34	एक सतह का 2¼ गुना
	दिल्हेदार खिड़कियाँ	10 × 2¼	1·00	---	1·50	33·75	" " " " "
	कांचयुक्त रोशनदान	12x1	1·00	--	0 50	6·00	दोनों ओर के लिये एक सतह
	खिड़कियों की छड़ें	10	0·84	1.34	—	14·68	चौखट छोड़कर, पूरे के लिये एक ओर का क्षेत्रफल
	रोशनदान में छड़ें	12	0·84	0·34	—		
					योग	65·77 वर्ग मी	
24	दो लेप सालिग्नम लेपन चौखट के पीछे						
	दरवाजे	2	5·46	·12	--	1·31	लम्बाईयां मद (12) में चौखटों की लम्बाईयों के समान
	खिड़कियाँ	10	5 00	·10	--	5·00	
	रोशनदान	12	3·00	·08	--	2·88	
					योग	9·19 वर्ग मी	
25	ढलवाँ लोहे का पाइप 10 सेमी व्यास का तथा उन पर रंग लेपन	4	1·00	--	---	4·00	

टिप्पणी —चूना कंक्रीट की ऊपरी छत का क्षेत्रफल निकाला गया है आवश्यकता होने पर उस क्षेत्रफल को मोटाई से गुणा करके आयतन निकाला जा सकता है।

प्राक्कलित लागत सार (उदाहरण 5--क्रमश)

क्र० सं०	कार्य का विवरण	परिमाण	इकाई	दर रु० पै०	प्रति	राशि रु० पै०
1	मिट्टी की खुदाई नींव में	32·51	घन मी	290·00	% घन मी	94·28
2	मिट्टी की भराई कुर्सी में	27·48	घन मी	235·00	% घन मी	64·58
3	चूना कंक्रीट नींव में	11·13	घन मी	93·00	प्रति घन मी	1035·09
4	प्रथम श्रेणी की ईंट चिनाई 1 : 6 सीमेंट रेत मसाला से नींव तथा कुर्सी में	23·14	घन मी	1 0·00	प्रति घन मी	2776·81
5	2 सेमी मोटा सील रोक रद्दा	11·02	वर्ग मी	10·00	प्रति वर्ग मी	110·20
6	प्रथम श्रेणी की ईंट चिनाई चूना मसाले से अधिरचना में	32·03	घन मी	110·00	प्रति घन मी	3523·30
7	प्रबलित ईंट चिनाई प्रबलन तथा ढूले सहित लिंटलों में	0·948	घन मी	205·00	प्रति घन मी	194·34
8	प्रबलित सीमेंट कंक्रीट 1 : 1½ : 3 प्रबलन ढूले तथा समापन सहित बरामदे के खम्बों में	0·34	घन मी	500·00	प्रति घन मी	170·00
9	प्रबलित सीमेंट कंक्रीट 1 : 2 : 4 प्रबलन ढूले तथा साफ समापन सहित	11·741	घन मी	423·00	प्रति घन मी	4966·44
10	नरम इस्पात का कार्य मुड़ाई सहित	10·23	कुन्तल	230·00	प्रति कुन्तल	2352·90
11	10 सेमी मोटी चूना कंक्रीट सतह समापन सहित पूर्ण कार्य ऊपरी छत में	57·34	वर्ग मी	12·00	प्रति वर्ग मी	688·08
12	4 सेमी मोटा ताप रोधक तह (insulation layer) रेत तथा मिट्टी की	57·34	वर्ग मी	1·00	प्रति वर्ग मी	57·34
13	साल लकड़ी की चौखट बनाना व लगाना	0·735	घन मी	1600·00	प्रति घन मी	1176·00
14	4 सेमी मोटे टीक लकड़ी के दिलहेदार पल्ले दरवाजों तथा खिड़कियों में	16·263	वर्ग मी	88·00	प्रति वर्ग मी	1431·00
15	4 सेमी मोटे टीक लकड़ी के कांचयुक्त पल्ले	3·863	वर्ग मी	80·00	प्रति वर्ग मी	309·00
16	लोहे का काम, पकड़ पट्टियां तथा खिड़कियों की झांझरियों में	3·305	कुन्तल	264·00	प्रति कुन्तल	872·52
17	12 मि. मी. मोटा पलस्तर 1:1:6 सीमेंट चूना रेत के मसाले से दीवारों पर	298·12	वर्ग मी	2·90	प्रति वर्ग मी	864·40
18	2 सेमी मोटा पलस्तर तथा सतह समापन 1 : 3 सीमेंट मसाले का सीढ़ियों पर	4·59	वर्ग मी	8·00	प्रति वर्ग मी	36·72
19	2·5 सेमी मोटा फर्श 1 : 2 : 4 सीमेंट कंक्रीट का 7·5 सेमी चूना कंक्रीट पर	53·56	वर्ग मी	18·50	प्रति वर्ग मी	990·86
20	2·5 सेमी मोटा फर्श 1 : 2 : 4 सीमेंट कंक्रीट का देहलों पर	4·04	वर्ग मी	11·20	प्रति वर्ग मी	45·25
21	3 लेप सफेदी पुताई अन्दर	214·15	वर्ग मी	0·26	प्रति वर्ग मी	55·68
22	एक लेप सफेदी पुताई पर दो लेप रंग पुताई बाहर	176·50	वर्ग मी	0·72	प्रति वर्ग मी	127·08

(उदाहरण 5—क्रमशः)

मद संख्या	कार्य का विवरण	परिमाण	इकाई	दर रु० पै०	प्रति	राशि रु० पै०
23	एक लेप अस्तर तथा उस पर दो लेप रंग पुताई दरवाजों व खिड़कियों पर	65·77	वर्ग मी	3·50	प्रति वर्ग मी	230·20
24	दो लेप सालिग्नम लेपन	9·19	वर्ग मी	0·60	प्रति वर्ग मी	5·51
25	10 सेमी व्यास ढलवां लोहे के पाईप के परनाले, रंगाई समेत पूर्ण कार्य	4·00	मी	27·00	प्रति मी	108·00
					योग	21286·57
	फुटकर व्यय के लिये 3% जोड़ें				....	638·60
	निर्माण प्रभारित सिब्बंदी के लिये 2% जोड़ें				....	425·73
					कुल योग	22350·90

कुर्सी क्षेत्रफल दर (Plinth Area Rate)—

कुर्सी क्षेत्रफल = 8·65 मी × 7·55 मी = 65·3075 वर्ग मी = 65·31 वर्ग मी (लगभग)

$$\text{कुर्सी क्षेत्रफल दर} = \frac{\text{कुल लागत}}{\text{कुर्सी क्षेत्रफल}} = \frac{22350{\cdot}90}{65{\cdot}31} = \text{रु०}\,342{\cdot}23$$

= लगभग रु० 342·23 प्रति वर्ग मी

द्रष्टव्य—नीव में मिट्टी की खुदाई (मद 1), नीव में चूना कंक्रीट (मद 3), नींव तथा कुर्सी में ईंट चिनाई (मद 4), सील रोक रद्दा (मद 5), तथा अधिरचना में ईट चिनाई के परिमाण मध्य रेखा विधि से सुगमता पूर्वक निकाले जा सकते हैं।

मध्य रेखा विधि—(उदा० 5, दो कमरों व बरामदे की इमारत)

मध्य रेखा विधि से नीव में मिट्टी की खुदाई (मद 1), नींव में चूना कंक्रीट (मद 3), नींव तथा कुर्सी में प्रथम श्रेणी की ईट चिनाई (मद 4), सील रोक रद्दा (मद 5) तथा अधिरचना में प्रथम श्रेणी की ईट चिनाई कमरों की सब दीवारों की मध्य रेखाओं की कुल लम्बाई = (2 × 8·35) + (3 × 4·55) = 30·35 मी

इमारत में समान दीवारों के दो संगम हैं।

बरामदे की सब दीवारों की मध्य रखाओं की कुल लम्बाई = 8·45 + (2 × 2·75) = 13·95 मी

इमारत में असमान दीवारों के एक तल पर दो संगम हैं।

मध्य रेखा लम्बाइयाँ तथा संगम ज्ञात करने के लिये पृष्ठ 95-96 देखें।

(उदाहरण 5—क्रमशः)

मद सं०	कार्य का विवरण	सं०	लम्बाई मी	चौड़ाई मी	ऊँचाई या गहराई मी	परिमाण	व्याख्यात्मक नोट
1.	मिट्टी की खुदाई नींव में—						
	कमरे	1	29·45	·90	·90	23·85	$ल = 30·35 - 2 \times \frac{·90}{2}$ = 29·45 मी
	बरामदा	1	13·05	·70	·90	8·22	$ल = 13·95 - 2 \times \frac{·90}{2}$ = 13·05 मी
					योग	32·07 घन मी	
2.	चूना कंक्रीट नींव में—						
	कमरे	1	29·45	·90	·30	7·95	लम्बाइयां मद (1) के समान
	बरामदा	1	13·05	·70	·30	2·74	
					योग	10·69 घन मी	
3.	प्रथम श्रेणी की ईट चिनाई 1:6 सीमेंट मसाले से नींव तथा कुर्सी में—						
	कमरे—						
	पहला खसका	1	29·65	·70	·20	4·15	$ल = 30·35 - 2 \times \frac{·70}{2}$ = 29·65 मी
	दूसरा खसका	1	29·75	·60	·10	1·79	ल = 30·35 − ·60 = 29·75 मी
	तीसरा खसका	1	29·85	·50	·10	1·49	ल = 30·35 − ·50 = 39·85 मी
	खसके के ऊपर कुर्सी दीवार	1	29·95	·40	·80	9·58	ल = 30·35 − ·40 = 29·95 मी
	बरामदा—						
	पहला खसका	1	13·25	·50	·20	1·32	$ल = 13·95 - 2 \times \frac{·70}{2}$ = 13·25 मी
	दूसरा खसका	1	13·35	·40	·10	0·53	ल = 13·95 − ·60 = 13·35 मी

(उदाहरण 5—क्रमशः)

मद सं०	कार्य का विवरण	सं०	लम्बाई मी	चौड़ाई मी	ऊंचाई या गहराई मी	परिमाण	व्याख्यात्मक नोट
	खसकों के ऊपर कुर्सी दीवार	1	13·45	·30	·10	0·40	ल = 13·95 – ·50 = 33·45 मी
	" " " " "	1	13·55	·30	·80	3·25	ल = 13·95 – ·40 = 13·55 मी
					योग	22·51 घन मी	

1, 3 व 4 मदों के सीढ़ियों का प्राक्कलन पृष्ठ 97, 98 के अनुसार सामान्य विधि से करें।

मद सं०	कार्य का विवरण	सं०	लम्बाई मी	चौड़ाई मी	ऊंचाई या गहराई मी	परिमाण	व्याख्यात्मक नोट
5.	2 सेमी मोटा सील रोक रद्दा						
	कमरे	1	29·95	·40	—	11·98	लम्बाई कुर्सी दीवार के समान
	दरवाजों की देहल घटायें	2	1·20	·40	—	0·96	
					योग	11·02 वर्ग मी	
6.	प्रथम श्रेणी की ईट चिनाई						
	चूना मसाले से अधिरचन में						
	कमरे	1	30·05	·30	4·00	36·06	ल = 30·35 - ·30 = 30·05 मी
	बरामदा लिन्टल के ऊपर	1	13·65	·20	·40	1·09	ल = 13·95 – ·30 = 13·65 मीं
	कमरे के ऊपर मुंडेर	1	26·20	·20	·60	3·15	मध्य रेखाओं की कुल लम्बाई = 2 × 8·65 + 2 × 4·44 = 26·20 मी
	बरामदे के ऊपर मुडेर	1	13·65	·20	·40	1·09	कुल लम्बाई = 1 × 8·65 + 2 × 2·50 = 13·65 मी
					योग	41·39 घन में	
	खाली स्थानों, लिन्टल आदि के लिये घटायें	सामान्य विधि के समान		—	—	9·36	विवरण पृष्ट 101 के अनुसार
					शुद्ध योग	32·03 घन मी	

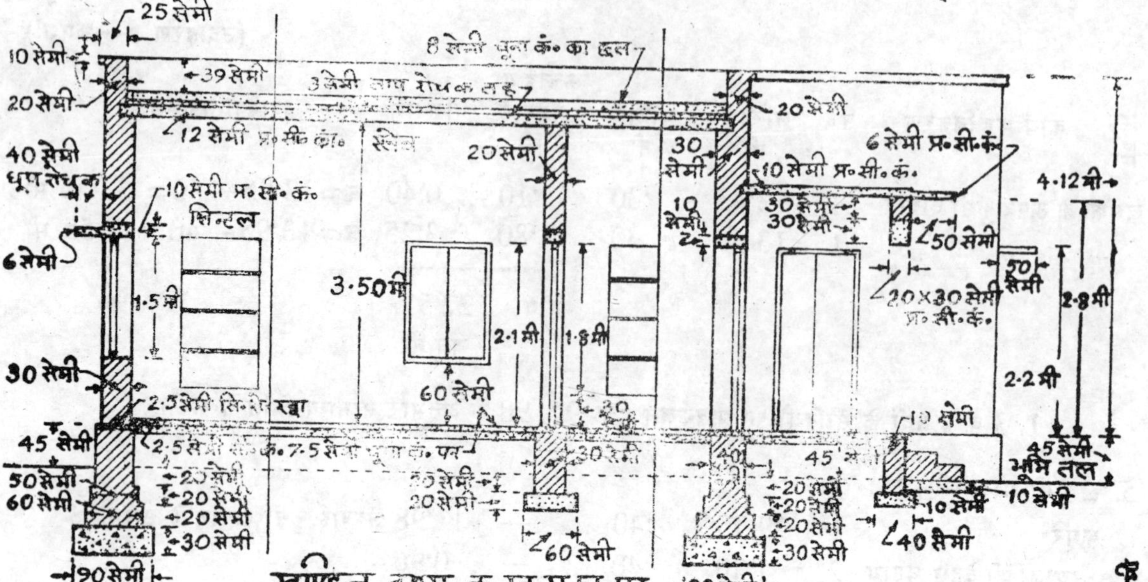

खण्डित दृश्य क ख ग घ पर

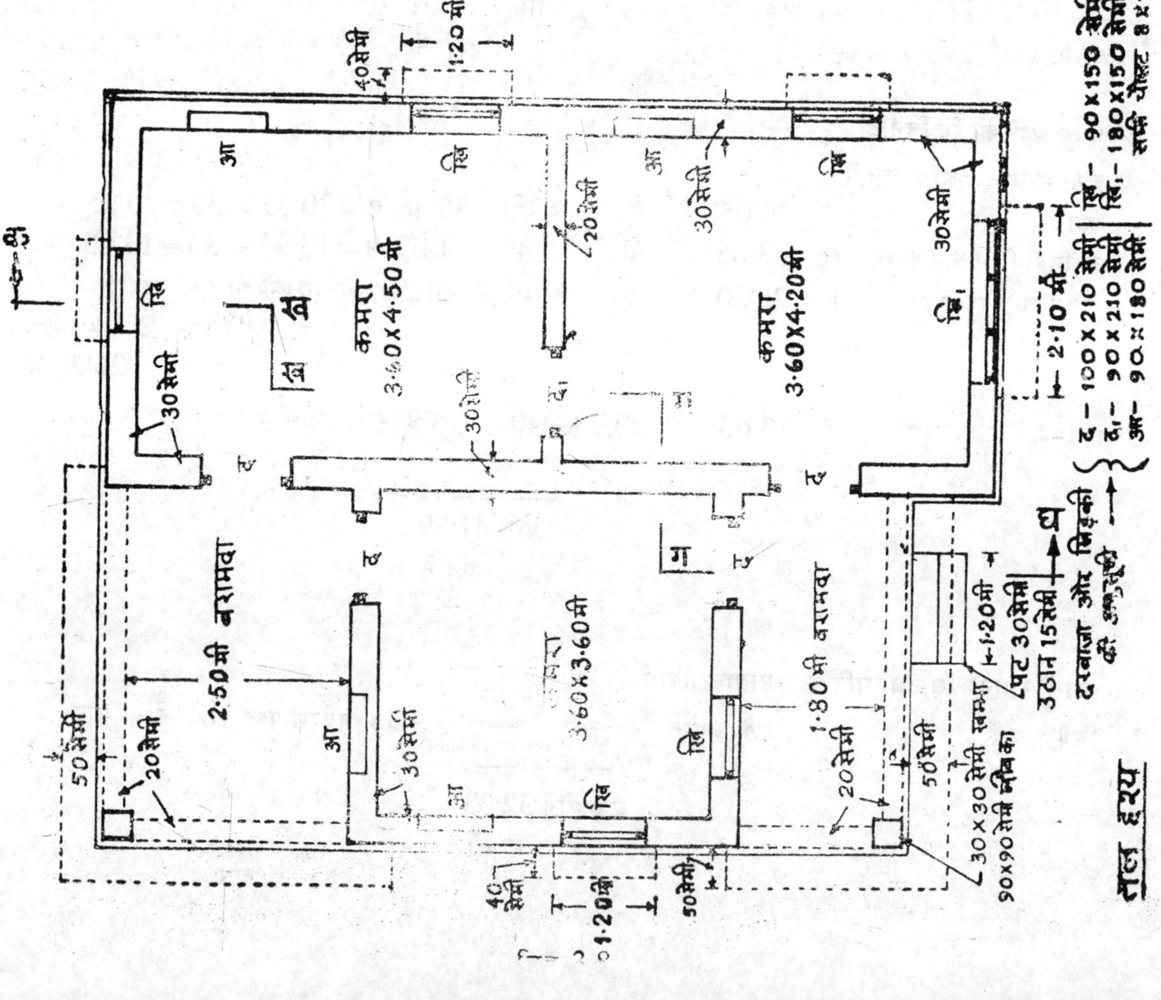

कमरा 3·60 × 4·50 मी

कमरा 3·60 × 4·20 मी

कमरा 3·60 × 3·60 मी

2·50 मी बरामदा

1·80 मी बरामदा

30 × 30 सेमी खम्भा 90 × 90 सेमी नींव का

दरवाजा और खिड़की की अनुसूची

द – 100 × 210 सेमी

द₁ – 90 × 210 सेमी

आ – 90 × 180 सेमी

खि – 90 × 150 सेमी

खि₁ – 180 × 150 सेमी

तल दृश्य

तीन कमरों का भवन सामने और पीछे बरामदा सहित

उदाहरण 6--एक भवन का तलदृश्य और खंडित दृश्य पृष्ठ 112 में दिये हुये हैं (चित्र 3-8). निम्नलिखित मदों का परिमाण निकालिये।

(1) मिट्टी का काम नींव खुदाई में, (2) नींव में चूना कंक्रीट, (3) प्रथम श्रेणी की ईंट चिनाई चूना मसाला की नींव और कुर्सी में, (4) सील रोक रद्दा, (5) प्रथम श्रेणी की ईट चिनाई 1 : 6 सीमेंट मसाला की मुंडेर सहित अधिरचना में, (6) प्र० सी० कं० का कार्य, छत स्लैब, लिंटल, धूप अवरोधक इत्यादि में, (1) इस्पात की प्रबलित छड़ें 1% की दर से प्र० सी० कं० में।

दो संलग्न कमरों की मध्यान्तर लम्बाई (3·6×4·5 मी और 3·6×4·2 मी कमरा सम्मिलित)--

लम्बी दीवारें--9·20 मी, छोटी दीवारें--3·90 मी

वर्गाकार कमरा (3·6×3·6 मी कमरा)--

लम्बी दीवारें--3·90 मी, छोटी दीवारें--3·90 मी

बरामदा--30 सेमी दीवार और 30 सेमी वर्गाकार स्तंभ की--

सामने का बरामदा (1·80 मी बरामदा)--

लम्बी दीवारें (सामने)--3·90 मी, छोटी दीवारें (पार्श्व)--2·00 मी

पीछे का बरामदा (2·50 मी बरामदा)--

लम्बी दीवारें (पीछे)--3·90 मी छोटी दीवारें (पार्श्व)--2·70 मी

माप का विवरण तथा परिमाणों का परिकलन (उदाहरण 6)

मद संख्या	कार्य का विवरण	सं०	लम्बाई मी	चौड़ाई मी	ऊँचाई या गहराई मी	परीमाण	व्याख्यात्मक नोट
1	मिट्टी की खुदाई नीव में--						
	सम्मिलित संलग्न कमरे--						
	लम्बी दीवारें	2	10·10	0·90	0·90	16·36	ल. = 9·20 + ·90 = 10·10 मी
	छोटी दीवारें	2	3·00	0·90	0·90	4·86	ल. = 3·90—·90 = 3·00 मी
	मध्य की 20 सेमी की दीवारें	1	3·00	0·60	0·40	0·72	ल. = 3·90—·90 = 3·00 मी
	वर्गाकार कमरों--						
	लम्बी दीवारें (बाहरी)	1	4·80	0·90	0·90	3·88	ल. = 3·90 + ·90 = 4·80 मी
	छोटी दीवारें	2	3·00	0·90	0·90	4·86	ल. = 3·90—·90 = 3·00 मी
	बरामदे के खंबे	2	0·90	0·90	0·90	1·46	
	बरामदे की नाटी दीवारें						
	लम्बी दीवारें (सामने और पीछे की)	2	3·00	0·40	0·20	0·48	ल. = 3·90—·90 = 3·00 मी
	छोटी दीवार सामने की	1	1·10	0·40	0·20	0·09	ल. = 2·00—·90 = 1·10 मी
	छोटी दीवार पीछे की	1	1·80	0·40	0·20	0·15	ल. = 2·70—·90 = 1·80 मी
	सीढ़ी	1	1·20	0·70	0·10	0·08	
					योग	32·94	घन मी

मद संख्या	कार्य का विवरण	सं०	लम्बाई मी	चौड़ाई मी	ऊंचाई या गहराई मी	परिमाण	व्याख्यात्मक नोट
2	चूना कंक्रीट नीव में—						
	संलग्न सम्मिलित कमरे—						
	लम्बी दीवारें	2	10·10	09·0	0·30	5·45	ल. = मद 1 के बराबर
	छोटी दीवारें	2	3·00	09·0	0·30	1·62	,, ,, ,,
	मध्य की 20 सेमी की दीवार	1	3·40	0·60	0·20	0·41	ल. = 3·90 − ·50 = 3·40 मी
	वर्गाकार कमरा—						
	लम्बी दीवार (बाहरी)	1	4·80	0·90	0·30	1·30	ल. = 3·90 + ·90 = 4·80 मी
	छोटी दीवारें	2	3·00	0·90	0·30	1·62	ल. = 3·90 − ·90 = 3·00 मी
	बरामदे के खम्बे	2	0·90	0·90	0·30	0·49	
	बरामदे की नाटी दीवार—						
	लम्बी दीवारें (सामने और पीछे की)	2	3·50	0·40	0·10	0 28	ल. = 3·90 − ·40 = 3·50 मी
	छोटी दीवार सामने की	1	1·60	0·40	0·10	0 064	ल. = 2·00 − ·40 = 1.60 मी
	छोटी दीवार पीछे की	1	2·30	0·40	0·10	0·092	ल. = 2·70 − ·40 = 2 30 मी
	सीढ़ी	1	1·20	0·70	0·10	0 084	
					योग	11·41 घन मी	
3	प्रथम श्रेणी की ईट चिनाई चूना मसाला की नीव और कुर्सी में—						
	संलग्न सम्मिलित कमरे—						
	लम्बी दीवारें—पहला खसका	2	9·80	0·60	0·20	2·35	ल. = 9 20 + ·60 = 9·80 मी
	दूसरा खसका	2	9·70	0·50	0·20	1·94	ल. = 9·80 − ·10 = 9·70 मी
	कुर्सी की दीवार	2	9·60	0·40	0·65	4·99	ल. = 9·70 − ·10 = 9·60 मी
	छोटी दीवारें—पहला खसका	2	3·30	0·60	0·20	0·79	ल. = 3·90 − 60 = 3·30 मी
	दूसरा खसका	2	3·40	0·50	0 20	0·68	ल. = 3·30 + ·10 = 3·40 मी
	कुर्सी की दीवार	2	3·50	0·40	0·65	1·82	ल. = 3·40 + ·10 = 3 50 मी
	मध्य की 20 सेमी की दीवार—						
	कुर्सी की दीवार	1	3·50	0·30	0·65	0·68	ल. = 3·90 − ·40 = 3·50 मी
					C. O.	13·25	

मद संख्या	कार्य का विवरण	सं०	लम्बाई मी	चौड़ाई मी	ऊँचाई या गहराई मी	परिमाण	व्याख्यात्मक नोट
	वर्गाकार कमरा बरामदों के बीच में—						
	लम्बी दीवार (बाहरी)—						
	पहला खसका	1	4·50	0·60	0·20	0·54	ल. = 3·90 + ·60 = 4·50 मी
	दूसरा खसका	1	4·40	0·50	0·20	0·44	ल. = 4·50 − ·10 = 4·40 मी
	कुर्सी की दीवार	1	4·30	0·40	0·65	1·12	ल. = 4·40 − ·10 = 4·30 मी
	छोटी दीवारें—पहला खसका	2	3·30	0·60	0·20	0·79	ल. = 3·90 − ·60 = 3·30 मी
	दूसरा खसका	2	3·40	0·50	0·20	0·68	ल. = 3·30 + ·10 = 3·40 मी
	कुर्सी की दीवार	2	3·50	0·40	0·65	1·82	ल. = 3·40 + ·10 = 3·50 मी
	बरामदे के खम्बे—						
	पहला खसका	2	0·60	0·60	0·20	0·15	
	दूसरा खसका	2	0·50	0·50	0·20	0·10	
	कुर्सी की दीवार	2	0·40	0·40	0·65	0·21	
	बरामदे की नाटी दीवारें						
	लम्बी दीवारें सामने और पीछे की	2	3·50	0·20	0·55	0·77	ल. = 3·90 − ·40 = 3·50 मी
	पार्श्व छोटी दीवार (सामने की)	1	1·60	0·20	0.55	0·18	ल. = 2·00 − ·40 = 1·60 मी
	पार्श्व छोटी दीवार (पीछे की)	1	2·30	0·20	0·55	0·25	ल. = 2·70 − ·40 = 2·30 मी
	सीढ़ी—पहली सीढ़ी	1	1·20	0·60	0·15	0·11	
	दूसरी सीढ़ी	1	1·20	0·30	0·15	0·05	
					जोड़	20·46	घन मी
4	2·5 से. मी. सील रोक रद्दा—						
	संलग्न सम्मिलित कमरा—						
	लम्बी दीवारें	2	9·60	0·40	—	7·68	ल. कुर्सी दीवार के बराबर
	छोटी दीवारें	2	3·50	0·40	—	2·80	
	मध्य की 20 सेमी की दीवार	1	3·50	0·30	—	1·05	
	वर्गाकार कमरा—						
	लम्बी दीवारें (बाहरी)	1	4·30	0·40	—	1·72	
	छोटी दीवारें	2	3·50	0·40	—	2·80	
	बरामदे के खम्बे	2	0·40	0·40	—	0·32	
					जोड़	16·37	
	दरवाजे की देहल घटाना—द	4	1·00	0·40	—	1·60	
	$द_1$	1	0·90	0·30	—	0·27	
			घटाने	का	जोड़	1·87	
					कुल जोड़	14·50	वर्ग मी

मद संख्या	कार्य का विवरण	सं०	लम्बाई मी	चौड़ाई मी	ऊँचाई या गहराई मी	परिमाण	व्याख्यात्मक नोट
5	प्रथम श्रेणी की ईंट चिनाई 1:6 सीमेंट मसाला की अधिरचना में—						
	संलग्न सम्मिलित कमरे—						
	लम्बी दीवारें	2	9·50	0·30	3·62	20 63	ऊँचाई स्लैब की, ऊपर तक
	छोटी दीवारें	2	3·60	0·30	3·62	7·82	,, ,, ,,
	मध्य की 20 सेमी की दीवार	1	3·60	0 20	3·50	2·52	ऊँचाई स्लैब की, नीचे तक
	वर्गाकार कमरा बरामदों के बीच में—						
	लम्बी दीवार (बाहरी)	1	4·20	0 30	3·62	4 56	ल. = 3·90 + ·30 = 4·20 मी
	छोटी दीवारें	2	3·60	0·30	3 62	7 82	ल. = 3·90 − ·30 = 3·60 मी
	बरामदे के खम्बे	2	0·30	0·30	2·80	0·50	
	20 सेमी की दीवार बरामदा की लिंटल के ऊपर—						
	लम्बी दीवारें (सामने और पीछे की)	2	3·60	0·20	0·30	0·43	
	पार्श्व छोटी दीवार (सामने की)	1	1·70	0·20	0·30	0·10	
	पार्श्व छोटी दीवार (पीछे की)	1	2·40	0 20	0·30	0·14	
	मुंडेर—						
	संलग्न कमरे—						ऊँचाई मुंडेर की = ·39 + ·08 + ·03 = 0·50 मी
	बाहरी लम्बी दीवारें बाहर से बाहर)	1	9·50	0·20	0·50	0·95	ल. = 9·20 + ·30 = 9·50 मी
	छोटी दीवारें	2	4·00	0·20	0 50	0·80	ल. = 3·60 + ·30 + ·10 = 4·00
	सामने के बरामदे की पार्श्व मुंडेर	1	2·40	0·20	0 50	0 24	ल. = 1·80 + ·60 = 2·40 मी
	पीछे के बरामदे की पार्श्व मुंडेर	1	2·50	0 20	0·50	0·25	ल. = 2·50 + ·20 − ·20 = 2·50
	वर्गाकार कमरा—बाहरी दीवार	1	4 20	0·20	0·50	0·42	ल. = 3·60 + ·60 = 4·20 मी
	दीवारें, बरामदे और कमरे के बीच की	2	3·90	0·20	0·50	0·78	ल. = 3·60 + ·20 + ·10 = 3·90 मी
					योग	47 96	घन मी

द्रष्टव्य—मुंडेर केवल ब हरी मुख्य दीवारों के ऊपर है। सब दीवारों की कुल लम्बाई ज्ञात क.के मुंडेर का परिमाण िकाला जा सकता है।

इस विधि से मुंडेर = 34·40 × 0·20 × 0·50 = 3·44 घन मी

मद संख्या	कार्य का विवरण	सं०	लम्बाई मी	चौडाई मी०	ऊँचाई या गहराई मी	परिमाण	व्याख्यात्म नोट
	घटाना--						
	दरवाजे के खुले भाग--द	4	1·00	0·30	2·10	2 52	
	,, ,, ,, ,,--$द_1$	1	0 90	0·2 0	2·10	0·38	
	खिड़की के खुले भाग--खि	5	0·90	0 30	1·50	2·02	
	,, ,, ,, ,,--$खि_1$	1	1·80	0·30	1·50	0 81	
	अलमारी	4	0·9 0	0·20	1·80	1·30	
	लिंटल दरवाजे, खिड़कियों और अलमारियों पर	मद	6में (क)	चिन्हित समान	के	0·567	छत स्लैब का धारण स्थान नहीं घटाया
6	प्रबलित सीमेंट कक्रीट 1 : 2 : 4		योग	घटाने	का	7·60	
	इस्पात छोड़कर किन्तु ढूले सहित--			कुल	योग	40·36	घन मी
	छत की स्लैब--						
	संलग्न सम्मिलित कमरे	1	9 20	3·90	9·12	4·306	
	वर्गाकार कमरा	1	3 90	3 90	0·12	1·825	धारक 15 सेमी
	सामने का बरामदा	1	4·05	2 15	0·10	0·871	,, ,, ,,
	पीछे का बरामदा	1	4·05	2·85	0·20	1·154	,, ,, ,,
	बरामदे का छज्जा--						
	सामने और पीछे लम्बाई में	2	4·55	0 50	0·06	0·273	
	पार्श्व छज्जा सामने का	1	2·15	0·50	0·06	0·065	
	पार्श्व छज्जा पीछे का	1	2·85	0·50	0·06	0·085	
	धूप रोधक खिड़कियों पर खि	4	1·20	0·40	0·06	0·115	
	,, ,, ,, $खि_1$	1	2·10	0·40	0·06	0·050	
	लिंटल दरवाजों खिड़कियों और अलमारियों पर--						धारक 15 सेमी
	दरवाजे द	4	1·30	0 30	0·10	0 156	(क) } (क) चिन्हित का योग =0·567 घन मी
	,, $द_1$	1	1·20	0·20	0 10	0 024	(क)
	खिड़कियां खि	5	1·20	0·30	0 10	0·180	(क)
	,, $खि_1$	1	2·10	0·30	0 10	0·063	(क)
	अलमारियां	4	1·20	0 30	0·10	0·144	(क)
	बरामदे के लिन्टल--						
	सामने और पीछे लम्बाई में	2	4·10	0·20	0 30	0·492	धारक 20 सेमी
	पार्श्व लिन्टल सामने का	1	2·00	0·20	0·30	0 120	
	पार्श्व लिन्टल पीछे का	1	2·70	0·20	0 30	0·162	
						10·086	घन मी
7	इस्पात प्रबलन मुड़ाई सहित--		10·086	$\times \frac{1}{10}$	घन मी =	0·1009	घन मी
	छड़ें प्र० सी० कं० का 1%		@78·5	कुंतल प्रति	घन मी =	7·92	कुन्तल

द्रष्टव्य—छज्जा और धूप रोधक स्लैब अलग ली जा सकती है।

राशि सूची (उदाहरण 6)

1. मिट्टी की खुदाई नींव में .... 32·94 घन मी
2. चूना कंक्रीट नींव में .... 11·41 घन मी
3. प्रथम श्रेणी की ईंट चिनाई चूना मसाला की नींव और कुर्सी में .... 20·46 घन मी
4. 2·5 सेमी सील रोक रद्दा .... 14·50 वर्ग मी
5. प्रथम श्रेणी की ईंट चिनाई 1 : 6 सीमेंट मसाला की अधिरचना में .... 40·36 घन मी
6. प्रबलित सीमेंट कंक्रीट इस्पात छोड़कर किन्तु ढूले सहित .... 10·086 घन मी
7. इस्पात प्रबलन छड़ें मुड़ाई सहित .... 7·92 कुन्तल

नोट—छात्र बाकी मदों का प्राक्कलन अभ्यास के लिये करें।

मध्य रेखा विधि (उदाहरण 6)

मदें 1 से 5 तक का प्राक्कलन मध्य रेखा विधि से नीचे दिया गया है--

(i) 30 सेमी दीवारों की कुल मध्य लम्लाई--दायें तरफ के कमरों की दो लम्बी दीवारों की और दो छोटी दीवारों की और बचे हुये कमरे (चौकोर कमरा) की बाकी दीवारों की कुल मध्य लम्बाई $= (2 \times 9{\cdot}20) + (2 \times 3\ 90) + (3 \times 3{\cdot}90) = 37{\cdot}90$ मी।
30 सेमी दीवार के साथ दो संगम है।

(ii) 20 सेमी बीच की दीवारों की कुल लम्बाई $= 3{\cdot}90$ मी।
30 सेमी दीवार के साथ दो संगम है।

(iii) सामने और पीछे की 20 सेमी बरामदे की दीवारों की कुल मध्य लम्बाईं = सामने के बरामदे की लम्बी और पार्श्व की दीवारों की कुल मध्य लम्बाई और पीछे के बरामदे की लम्बी और पार्श्व की कुल मध्य लम्बाई $= (3{\cdot}90 + 2{\cdot}00) + (3{\cdot}90 + 2{\cdot}70) = 12{\cdot}50$ मी।
कुल संगम 8 हैं (4 – 30 सेमी दीवार के साथ और 4 – 30 सेमी खम्बों के साथ)।

(iv) दायें कमरों के बाहर की दीवारों पर ओर चौकोर कमरे के बाहरी दीवारों के ऊपर मुंडेर की कुल मध्य लम्बाई = (दायी तरफ की लम्बी दीवार + सामने और पीछे की बाहरी दीवारें + सामने और पीछेके बरामदे की दायीं दीवारें) + चौकोर कमरे की बाहरी दीवारें + चौकोर कमरे की सामने और पीछे की दीवार) $= (9{\cdot}50 + 2 \times 4{\cdot}00 + 2{\cdot}40 + 2{\cdot}50) + (4\ 20 + 2 \times 3{\cdot}90)$ $= 22{\cdot}40 + 12{\cdot}00 = 34{\cdot}40$ मी।

मद सं०	कार्य का विवरण	सं०	ल० मी	चौ० मी	ऊँचाई मी	परिमाण	व्याख्यात्मक नोट
1.	मिट्टी की खुदाई नींव में—						
	30 सेमी दीवारें	1	37·00	0·90	·0·90	29·97	ल० $= 37{\cdot}90 - 2 \times \frac{\cdot 90}{2} = 37{\cdot}00$ मी
	20 सेमी बीच की दीवार	1	3·00	0·60	0·40	0·72	ल० $= 3{\cdot}90 - 2 \times \frac{\cdot 90}{2} = 3{\cdot}00$ मी

मद सं०	कार्य का विवरण	सं०	लम्बाई मी	चौड़ाई मी	ऊँचाई मी	परिमाण	व्याख्यात्मक नोट
	बरामदे के खम्बे	... 2	0·90	0·90	0·90	1·46	
	बरामदे की 20 सेमी दीवारें	... 1	8·90	0·40	0·20	0·71	$ल = 12·50 - 8 \times \frac{·90}{2} = 8·90$ मी
	सीढ़ियां	 1	1·20	0·60	0·10	0·07	
					योग	32·93	घन मी
2.	चूना कंक्रीट नींव में—						
	30 सेमी दीवारें	 1	37·00	0·90	0·30	9·99	लम्बाई ऊपर के समान
	20 सेमी बीच की दीवार	1	3·40	0·60	0·20	0·41	$ल = 3·90 - 2 \times \frac{·50}{2} = 3·40$ मी
	बरामदे के खम्बे	... 2	0·90	0·90	0·30	0·49	
	बरामदे की 20 सेमी दीवारें	 1	10·90	0·40	0·10	0·44	$ल = 12·50 - 8 \times \frac{·40}{2} = 10·90$ मी
	सीढ़ियां	... 1	1·20	0·60	0·10	0·07	
					योग	11·40	घन मी
3.	प्रथम श्रेणी की ईट चिनाई चूना मसाले से नींव तथा कुर्सी दीवार में—						
	पहला खसका	... 1	37·30	0·60	0·20	4·48	$ल = 37·90 - 2 \times \frac{·60}{2} = 37·30$ मी
	दूसरा खसका	 1	37·40	0·50	0·20	3·74	$ल = 37·90 - 2 \times \frac{·50}{2} = 37·40$ मी
	कुर्सी दीवार	 1	37·50	0·40	0·65	9·72	$ल = 37·90 - 2 \times \frac{·40}{2} = 37·50$ मी
	बीच की दीवार-कुर्सी दीवार	... 1	3·50	0·30	0·65	0·68	$ल = 3·90 - 2 \times \frac{·40}{2} = 3·50$ मी
	बरामदे के खम्बे—						
	पहला खसका	 2	0·60	0·60	0·20	0·15	पृष्ठ 115 के समान
	दूसरा खसका	 2	0·50	0·50	0·20	0·10	
	कुर्सी दीवार	 2	0·40	0·40	0·65	0·21	
	20 सेमी बरामदे की दीवारें	 1	10·90	0·20	0·55	1·20	$ल = 12·50 - 8 \times \frac{·40}{2} = 10·90$ मी

मद सं०	कार्य का विवरण	सं०	लम्बाई मी	चौड़ाई मी	ऊँचाई मी	परिमाण	व्याख्यात्मक नोट
	सीढ़ियां—						
	पहला	1	1·20	0·60	0·15	0·11	पृष्ठ 115 के समान
	दूसरा ...	1	1·20	0·30	0·15	0·05	
					योग	20·44	घन मी
4.	2·5 सेमी सील रोक रद्दा						
	30 सेमी दीवारें	1	37·50	0·40	—	15·00	लम्बाई कुर्सी दीवार के समान
	20 सेमी बीच की दीवार	1	3·50	0·30	—	1·05	„ „ „ „ „
	बरामदे के खम्बे	2	0·40	0·40	—	0·32	
					योग	16·37	
	दरवाजे की देहल घटायें पृष्ठ 115 के समान					1·87	
					शुद्ध योग	14·50	वर्ग मी
5.	प्रथम श्रेणी की ईट चिनाई 1 :6 चूना मसाले से अधिरचना में--						
	30 सेमी की दीवारें ...	1	37·60	0·30	3·62	40·83	$ल = 37{\cdot}90 - 2 \times \frac{\cdot 30}{2} = 37{\cdot}60$ मी
	20 सेमी बीच की दीवार	1	3·60	0·20	3·50	2·52	$ल = 3{\cdot}90 - 2 \times \frac{\cdot 30}{2} = 3{\cdot}60$ मी
	बरामदे के खम्बे ...	2	0·30	0·30	2·80	0·50	
	20 सेमी मोटी दीवारें						30 सेमी दीवारों के साथ 4 सगम
	लिंटल के ऊपर	1	11·90	0·20	0·30	0·71	$ल = 12{\cdot}50 - 4 \times \frac{\cdot 30}{2} 11{\cdot}90$
	मुंडेर (सब दीवारें)--						
	20 सेमी दीवारें	1	34·40	0·20	0·40	2·75	दीवारों की कुल लम्बाई पृष्ठ 118 के समान
	25 सेमी शीर्षिका ...	1	34·40	0·25	0·10	0·86	
					योग	48·17	
	घटायें--दरवाजों और खिड़कियों के खुले भाग और लिंटल		पृष्ठ 117 के समान			7·60	
					शुद्ध योग	40·57	घन मी

छः कमरों के भवन का प्राक्कलन

उदाहरण 7—चित्र 3-9 तथा 3-10 में प्रदर्शित रेखा चित्रों से एक छः कमरों के भवन में निम्नलिखित मदों क परिमाण का प्राक्कलन करिये :—

(1) नींव में मिट्टी की खुदाई, (2) कुर्सी में मिट्टी की भराई, (3) नींव में चूना कंक्रीट, (4) नींव तथा कुर्सी में 1 : 6 सीमेंट रेत मसाले से प्रथम श्रेणी की ईंट चिनाई (first class brickwork), (5) 2·5 सेमी मोटा सील रोक रद्दा (damp proof course), (6) अधिरचना (superstructure) में चूना मसाले से प्रथम श्रेणी की ईंट चिनाई, (7) छत की स्लैब (roof slab) धरन (beam) लिंटल धूप रोधक (sun shade) आदि में प्रबलित सीमेंट कंक्रीट (R. C. C.) कार्य, इस्पात के अतिरिक्त, (8) प्रबलित सीमेंट कंक्रीट कार्य में इस्पात का प्रबलन (reinforcement), (9) छत पर चूना कंक्रीट की ऊपरी छत (terracing), (10) तथा छत में बिटुमेन की ताप रोधक तह।

अनुप्रस्थ खंडित दृश्य

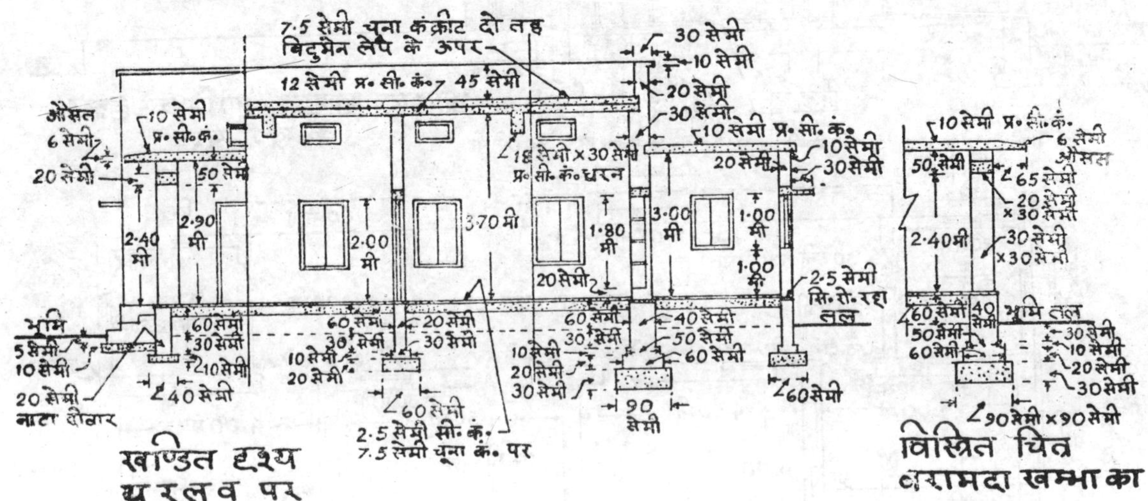

चित्र 3-9

दीवारों की मध्यान्तर (centre to centre) **लम्बाई**—

30 सेमी मोटी दीवारें—

बायीं ओर तथा दायीं ओर के कमरों की कुल मध्यान्तर लम्बाई $= 2[2(4{\cdot}5 \times 5{\cdot}0 + {\cdot}2 + {\cdot}3) + 2(4{\cdot}0 + {\cdot}3)] = 2[20{\cdot}0 + 8{\cdot}6] = 57{\cdot}20$ मी

बीच के कमरों की कुल मध्यान्तर लम्बाई $= 2(4{\cdot}5 + 4{\cdot}5 + {\cdot}2 \times {\cdot}3) = 2 \times 9{\cdot}5 = 19{\cdot}00$ मी

सब 30 सेमी मोटी दीवारों की कुल मध्यान्तर लम्बाई $= 57{\cdot}20 + 19{\cdot}00 = 76{\cdot}20$ मी

सगमों (junctions) की संख्या = 4 (30 सेमी दीवार से संगम)

20 सेमी मोटी दीवार—

कमरों की 20 सेमी मोटी विभाजक दीवारों की कुल मध्यान्तर लम्बाई $= 2 \times 4{\cdot}30 + 6{\cdot}30 = 14{\cdot}90$ मी

संगमों की संख्या = 6 (30 सेमी दीवारों से संगम)

पीछे के कमरों की 20 सेमी मोटी दीवारों की कुल मध्यान्तर लम्बाई $= 2(2 \times 2{\cdot}75 + 2{\cdot}70) = 16{\cdot}40$ मी

संगमों की संख्या = 4 (30 सेमी दीवारों से सगम)

सामने के बरामदे की मध्यान्तर लम्बाई $= 9{\cdot}50$ मी

पीछे के बरामदे की मध्यान्तर लम्बाई $= (4{\cdot}0 + 4{\cdot}5 + 4{\cdot}5 + 4{\cdot}0 + 4 \times {\cdot}30 + {\cdot}20)\ (2 \times 2{\cdot}90) + {\cdot}20 = 12{\cdot}80$ मी

मुंडेर (parapet)—मुंडेर केवल कमरों की बाहरी मुख्य दीवारों के ऊपर है।

मुंडेरों की लम्बाई = बायीं तथा दायीं ओर की लम्बाइयाँ + पीछे की लम्बाई + सामने की लम्बाइयाँ $= 2 \times 10{\cdot}1 + 18{\cdot}2 + 2 \times 4{\cdot}4 + 9{\cdot}40 + 2 \times 3{\cdot}70 = 64{\cdot}00$ मी

इस उदाहरण में मदों 1, 3, 4, 5, 6 मध्य रेखा विधि के प्रयोग से हल किया गया है।

सामने और पीछे बारामदा तथा दो छोटे कमरों सहित

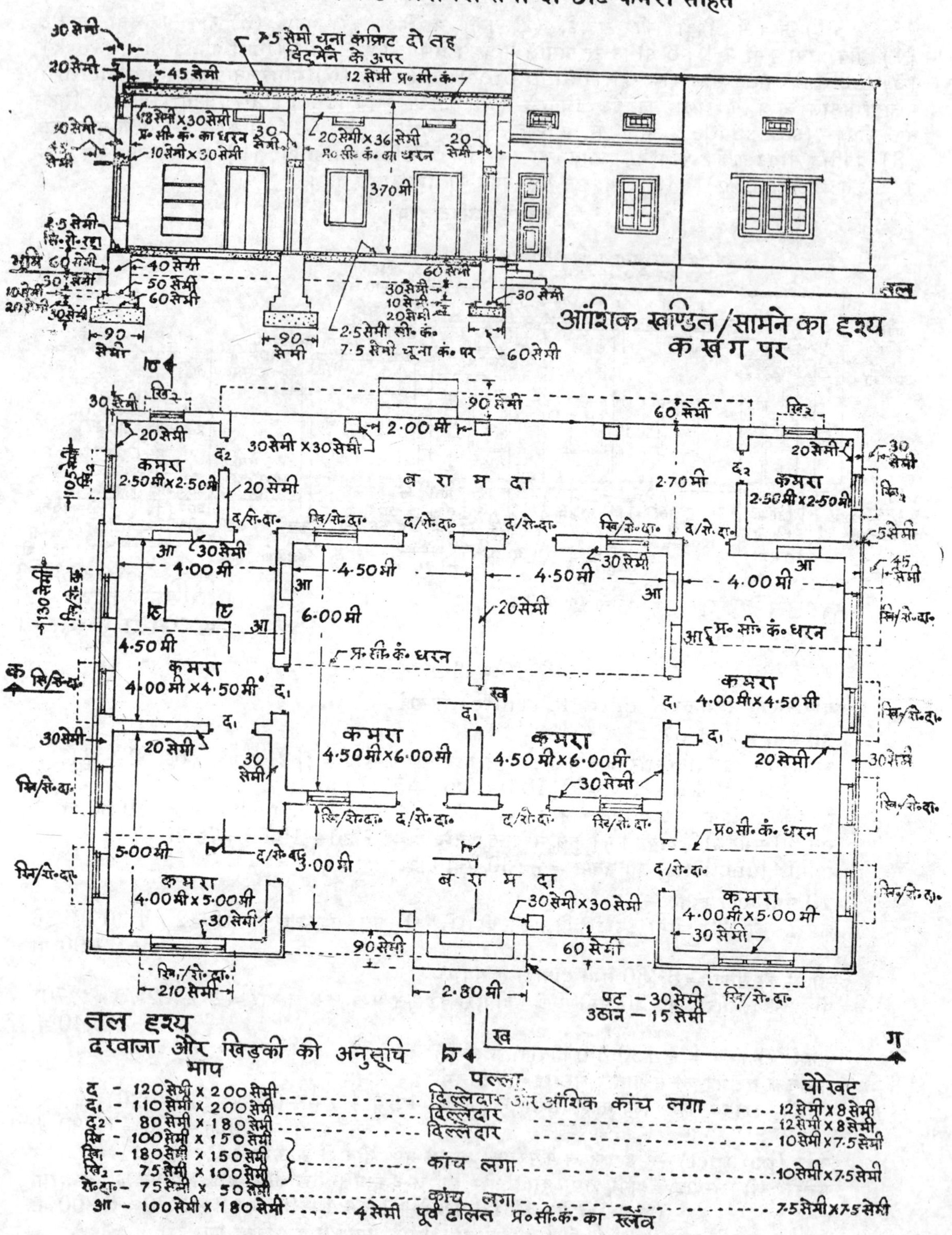

चित्र 3-10

मद सं०	कार्य का विवरण	सं०	लम्बाई मी	चौड़ाई मी	ऊँचाई या गहराई मी	परिमाण	व्याख्यात्मक नोट
1	मिट्टी की खुदाई नींव में—						
	30 सेमी दीवारें कमरों की	1	74·40	·90	·90	60·26	ल = 76·2—4 × $\frac{1}{2}$ × ·9 = 74·40 मी
	20 सेमी ,, ,, ,,	1	12·20	·60	·60	4·39	ल = 14·9—6 × $\frac{1}{2}$ × ·9 = 12·20 मी
	पीछे के कमरों की	1	14·60	·60	·60	5·26	ल = 16·4—4 × $\frac{1}{2}$ × ·9 = 14·60 मी
	खम्बे	5	·90	·90	·90	3·65	
	बरामदे की न.टी दीवारें—						
	सामने (कुल लम्बाई)	1	6·80	·40	·40	1·09	ल = 9·5—3 × ·9 = 6·80 मी
	पीछे (कुल लम्बाई)	1	9·50	·40	·40	1·52	ल = 12·80- 3 × ·9—·6 = 9·50 मी
	सीढ़ियां सामने	1	2·90	·95	·15	·41	5 सेमी प्रक्षेप (projection)
	,, पीछे	1	2·10	·95	·15	·30	
					योग	76·88 घन मी	
2	मिट्टी की भराई कुर्सी में—						
	बायीं तथा दायीं ओर के कमरे						
	(i)	2	3·90	4·45	·525	18·22	
	(ii)	2	3·00	4·95	·525	20·27	
	बीच के कमरे	2	4·45	5·90	·525	27·57	
	पीछे के कमरे	2	2·50	2·45	·525	6·43	
	सामने का बरामदा	1	9·10	2·75	·525	13·14	
	पीछे का बरामदा	1	12·60	2·45	·525	16·21	
					योग	101·84 घन मी	
	खम्बे घटायें	5	·40	·20	·525	·21	इसकी उपेक्षा की जा सकती है
					योग	101·63 घन मी	

मद सं०	कार्य का विवरण	सं०	लम्बाई मी	चोड़ाई मी	ऊंचाई या गहराई मी	परिमाण	व्याख्यात्मक नोट
3	चूना कंक्रीट नींव में—						
	30 सेमी मोटी दीवारें कमरों में	1	74·40	·90	·30	20·09	ल = खुदाई के समान
	20 सेमी " " "	1	13·10	·60	·20	1·57	ल = 14·9—6 × ½ × ·6 = 13·10 मी
	20 सेमी " " पीछे के छोटे कमरों में	1	15·20	·60	·20	1·82	ल = 16·4—4 × ½ × ·6 = 15·20 मी
	खम्बे	5	0·90	·90	·30	1·22	
	बरामदे की नाटी दीवारें—						
	सामने (कुल लम्बाई)	1	8·00	·40	·10	·32	ल = 9·5—3 × ·5 = 8·00 मी
	पीछे (कुल लम्बाई)	1	11·00	·40	·10	·44	ल = 12·80—3 × ·5—·3 = 11·00 मी
	सीढ़ियाँ (सामने की)	1	2·90	·95	·10	·28	
	सीढ़ियाँ (पीछे की)	1	2·10	·95	·10	·20	
					योग	25·94 घन मी	
4	प्रथम श्रेणी की ईंट चिनाई 1:6 सीमेंट मसाले से नींव तथा कुर्सी में—						
	30 सेमी मोटी दीवारें कमरों की पहला खसका	1	75·00	·60	·20	9·00	ल = 76·2—4 × ½ × ·6 = 75·00 मी
	दूसरा खसका	1	75·20	·50	·10	3·76	ल = 76·2—4 × ½ × ·5 = 75·20 मी
	कुर्सी दीवार खसकों पर	1	75·40	·40	·90	27·14	ल = 76·2—4 × ½ × ·4 = 75·40 मी
	20 सेमी मोटी दीवारें कमरों की खसका (footings)	1	13·40	·30	·30	0·40	ल = 14·9—6 × ½ × ·5 = 13·40 मी
	कुर्सी दीवार खसकों के ऊपर	1	13·70	·20	·90	2·47	ल = 14·9—6 × ½ × ·4 = 13·70 मी
	20 सेमी मोटी दीवारें पीछे के छोटे कमरों की खसका (footings)	1	15·40	·30	·10	0·46	ल = 16·4—4 × ½ × ·5 = 15·40 मी
					C. O.	43·23	

(उदाहरण 7—क्रमशः)

मद सं०	कार्य का विवरण	सं०	लम्बाई मी	चौड़ाई मी	ऊंचाई या गहराई मी	परिमाण	व्याख्यात्मक नोट
					B. F.	43·23	
	कुर्सी दीवार खसकों के ऊपर	1	15·60	·20	·90	2·81	ल. = 16·4—4 × ½ × ·4 = 15·60 मी
	खम्बे—						
	पहला खसका	5	·60	·60	·20	0·36	
	दूसरा खसका	5	·50	·50	·10	0·13	
	कुर्सी दीवार	5	·40	·40	·90	0·22	
	कुर्सी नाटी दीवार						
	सामने (कुल लम्बाई)	1	8·30	·20	·90	1·49	ल. = 9·5—3 × ·4 = 8·30 मी
	पीछे (कुल लम्बाई)	1	11·40	·20	·90	2·05	ल. = 12·8—3 × ·40—·2 = 11·40 मी
	सीढ़ियां सामने की—						
	पहली सीढ़ी	1	2·80	·90	·15	0·38	
	दूसरी सीढ़ी	1	2·20	·60	·15	0 20	
	तीसरी सीढ़ी	1	1·60	·30	·15	0·07	
	सीढ़ियां पीछे की—						
	पहली सीढ़ी	1	2·00	·90	·15	0·27	
	दूसरी सीढ़ी	1	2·00	·60	·15	0·18	
	तीसरी सीढ़ी	1	2·00	·30	·15	0·09	
					योग	51·98	घन मी
5	2·5 सेमी मोटा सील रोक रद्दा						
	कमरे की 30 सेमी मोटी दीवारें	1	75·40	·40	—	30·16	लम्बाई मद 4 कुर्सी दीवार के समान
	कमरे की 20 सेमी मोटी दीवारें	1	13·70	·20	—	2·74	
	पीछे के कमरों की 20 सेमी मोटी दीवारें	1	15·60	·20	—	3·12	
	खम्बे	5	·40	·40	—	0·80	
					योग	36·82	
	दरवाजों की देहल घटायें—						
	30 सेमी मोटी दीवार में द	8	1·20	·40	—	3·84	
	30 सेमी मोटी दीवार में $द_1$	2	1·10	·40	—	0·88	
	,, ,, $द_1$	3	1·10	·20	—	0·66	
	20 सेमी मोटी दीवार में $द_2$	2	·80	·20	—	0·32	
					योग	5·70	
					शुद्ध योग	31·12	वर्ग मी

(उदाहरण 7—क्रमशः)

मद सं०	कार्य का विवरण	स०	लम्बाई मी	चौड़ाई मी	ऊचाई या गहराई मी	परिमाण	व्याख्यात्मक नोट
6	प्रथम श्रेणी का ईंट चिनाई चूना मसाले से अधिरचना में—						
	30 सेमी मोटी दीवारें कमरों की	1	75·60	·30	3·70	83·92	ल. = 76·2—4 × ½ × ·30 = 75·70 मी
	20 ,, ,, ,, ,, ,,	1	14·00	·20	3·70	10·36	ल. = 14·9—6 × ½ × ·30 = 14·00 मी
	20 ,, ,, पीछे ,, ,,	1	15·80	·20	2·90	9·16	ल. = 16·4—4 × ½ × ·30 = 15·80 मी
	खम्बे	5	·30	·30	2·40	1·08	
	30 मी मोटी दीवार बरामदे के खम्बों के ऊपर लिंटल पर						
	सामने	1	9·20	·30	·30	0 83	ल. = 9·5—·3 = 9·20 मी
	पीछे	1	12·50	·30	·30	1·13	ल. = 12·8–·3 = 12·50 मी
	20 सेमी मोटी मुँडेर	1	64·00	·20	·545	6·98	ऊँ = ·35 + ·075 + ·12 = ·545 मी
	30 सेमी शीर्ष (top)	1	64·00	·30	·10	1·92	
					योग	115·38	
	घटाना—						
	दरवाजे के खुले स्थान—						
	30 सेमी मोटी दीवार में द	8	1·20	·30	2·00	5·76	
	,, ,, ,, ,, ,, $द_1$	2	1·10	·30	2·00	1·32	
	20 ,, ,, ,, ,, $द_1$	3	1·10	·20	2·00	1·32	
	,, ,, ,, ,, ,, $द_2$	2	·80	·20	1·80	0·58	
	खिड़कियों के खुले स्थान—						
	30 सेमी मोटी दीवार में खि	12	1·00	·30	1·50	5·10	
	,, ,, ,, ,, ,, $खि_1$	2	1·80	·30	1·50	1·62	
	20 ,, ,, ,, ,, $खि_2$	4	·75	·20	1·00	0·60	
	रोशनदानों के लिये खुले स्थान						
	30 सेमी मोटी दीवार में	22	·75	·30	·50	2·48	
	अलमारियों के खुले भाग	6	1·00	·20	1·80	2·16	पिछली दीवार 10 सेमी मोटी है

(उदाहरण 7—क्रमशः)

मद सं०	कार्य का विवरण	सं०	लम्बाई मी	चौड़ाई मी	ऊंचाई या गहराई मी	परिमाण	व्याख्यात्मक नोट
	प्र. सी. कं. के लिंटल—						
	दरवाजों द पर	8	1·40	·30	·10	·336(क)	10 सेमी धारक (bearing)
	दरवाजों $द_1$ पर	2	1·30	·30	·10	·078(क)	
	दरवाजों $द_1$ पर	3	1·30	·20	·10	·078(क)	
	दरवाजों $द_2$ पर	2	1·00	·20	·10	·040(क)	
	खिड़कियों खि पर	12	1·20	·30	·10	·432(क)	
	खिड़कियों $खि_1$ पर	2	2·00	·30	·10	·120(क)	
	खिड़कियों $खि_2$ पर	4	·95	·20	·10	·076(क)	
	रोशनदानों पर	22	·95	·30	·10	·627(क)	
	अलमारियों पर	6	1·20	·30	·10	·216(क)	(क) का योग = 2·003
	बरामदे के लिंटलों की धारकें	2×2	·15	·30	·20	·036	15 सेमी धारक
					योग	23·279	
7	प्र. सी. कं. कार्य, इस्पात छोड़कर लेकिन ढूला और इस्पात की मुड़ाई सहित—				शुद्ध योग	92·101	घन मी
	प्र. सी. कं. धरनें (beams)	4	4·40	·18	·30	0·950	20 सेमी धारक
	प्र. सी. कं. की छत की स्लैबें (roof slabs)	2	4·80	·20	·36	0·691	
	बाईं तथा दाईं ओर के कमरे	2	10·00	4·30	·12	10·320	15 सेमी धारक
	बीच के कमरे	1	9·50	6·30	·12	7·182	
	पीछे के कमरे	2	2·95	2·95	·10	1·741	10 सेमी प्रक्षेप (projections) सहित
	बरामदा—						
	सामने का	1	9·50	2·95	·10	2·803	छज्जे के अतिरिक्त
	पीछे का	2	12·80	2·65	·10	3·392	छज्जे के अतिरिक्त
	सामने का छज्जा	1	9·50	·65	·06	0·371	6 सेमी औसत मोटाई
	पीछे का छज्जा	1	13·00	·65	·06	0·507	
	धूप रोधक (sunshades)						
	खिड़कियों खि पर	8	1·30	·45	·05	0·234	दोनों ओर 15 सेमी बाहर निकले हुए
	खिड़कियों $खि_1$ पर	2	2·10	·45	·05	0·095	
	खिड़कियों $खि_2$ पर	4	1·05	·30	·05	0·063	

(उदाहरण 7—क्रमशः)

मद सं०	कार्य का विवरण	सं०	लम्बाई मी०	चौड़ाई मी०	ऊंचाई या गहराई मी०	परिमाण	व्याख्यात्मक नोट
	लिंटल—						
	सामने के बरामदे में खम्बों के ऊपर	1	9·50	·30	·20	0·570	
	पीछे के बरामदे में खम्बों के ऊपर	1	13·00	·30	·20	0·780	
	दरवाजों तथा खिड़कियों पर		मद 6 में	(क) के	अनुसार	2·003	
					योग	31·702 घन मी	
8	नरम इस्पात का प्रबलन (reinforcement) प्र. सी. कं. में @ 1% मुड़ाई सहित—	=	$\frac{31·702}{100}$	× 1 = 0	·31702	घन मी	नरम इस्पात का घनत्व 78·5 कुन्तल/घन मी
			= 0·31	702 × 7	8·5 =	24·89 कुन्तल	
9	7·5 सेमी मोटा चूना कंक्रीट ऊपरी छत roof (terracing) में						
	बाईं तथा दाईं ओर के कमरे	2	9·90	4·20	—	83·16	
	बीच के कमरे	1	9·60	6·20	—	59·52	
					योग	142·68 वर्ग मी	
10	बिटुमेन के दो लेप ताप रोधक तह के रूप में छत पर		मद 9 के	समान		142·68	वर्ग मी

परिमाण की सूची (उदाहरण 7)

1.	मिट्टी की खुदाई नींव में	76·88	घन मी
2.	मिट्टी का भराव कुर्सी में	101·63	,,
3.	चूना कंक्रीट नींव में	25·94	,,
4.	प्रथम श्रेणी की ईंट चिनाई 1 : 6 सीमेंट रेत मसाले से नींव तथा कुर्सी में ...	51·98	,,
5.	2·5 सेमी मोटा सील रोक रद्दा	31·12	वर्ग मी
6.	प्रथम श्रेणी की ईंट चिनाई चूना मसाले से अधिरचना में	92·101	घन मी
7.	प्रबलित सीमेंट कंक्रीट कार्य इस्पात छोड़कर	31·702	,,
8.	प्र. सी. कं. कार्य में नरम इस्पात का प्रबलन मुड़ाई सहित	24·89	कुन्तल
9.	7·5 सेमी मोटी चूना कंक्रीट ऊपरी छत में	142·68	,,
10.	छत में बिटुमन की ताप रोधक तह के दो लेप	142·68	,,

दुकान भवन का प्राक्कलन

जिसकी दीवारें भूमि सीमा से संलग्न हैं

उदाहरण 8—दिये हुए रेखाचित्रों से (चित्र 3-11, 3-12) एक दुकान भवन जिसमें तीन दुकानें तथा सामने बरामदा हो एक विस्तारिक परिकलन तैयार कीजिये । सामान्य विनिर्देश निम्नलिखित हैं :—

नींव में कंक्रीट चूना मसाले की होगी । प्रथम श्रेणी की ईंट चिनाई 1 : 6 सीमेंट रेत मसाले से नींव तथा कुर्सी में चिनाई होगी । 2·5 सेमी सीमेंट कंक्रीट का सील रोक रद्दा कुर्सी तल पर दिया जायगा । अधिरचना में ईंट चिनाई प्रथम श्रेणी की ईंट से चूना मसाले से होगी । छत की सिल्ली, लिन्टलें इत्यादि प्र. सी. क. कार्य के होंगे । चूना कंक्रीट छत के ऊपर दी जायगी । फर्श 2·5 सेमी मोटी सीमेंट कंक्रीट, 7·5 सेमी मोटी चूना कंक्रीट पर होगा । खुले हुए स्थानों की देहलों पर केवल 2·5 सेमी मोटी सीमेंट कंक्रीट होगी । भीतर तथा बाहर की ओर 12 मिमी मोटा पलस्तर 1 : 6 सीमेंट मसाले से होगी । भीतर की ओर तीन लेप सफेद पुताई से समापन तथा बाहर की ओर समापन एक लेप सफेद पुताई पर दो लेप रंग पुताई से होगी ।

यह टिपिकल उदाहरण भूमि सीमा पर पीछे तथा किनारों के साथ लगी दीवारों पर है जिसमें नींव की दीवारों के खसके केवल एक ही ओर हैं । नींव से कुर्सी तल का प्राक्कलन करने के लिए दीवारें अलग-अलग लेने में सुविधा रहेगी ।

इसी प्रकार की समस्या भूमि सीमा पर लगी हुई सीमा दीवार बनाने में आती है ।

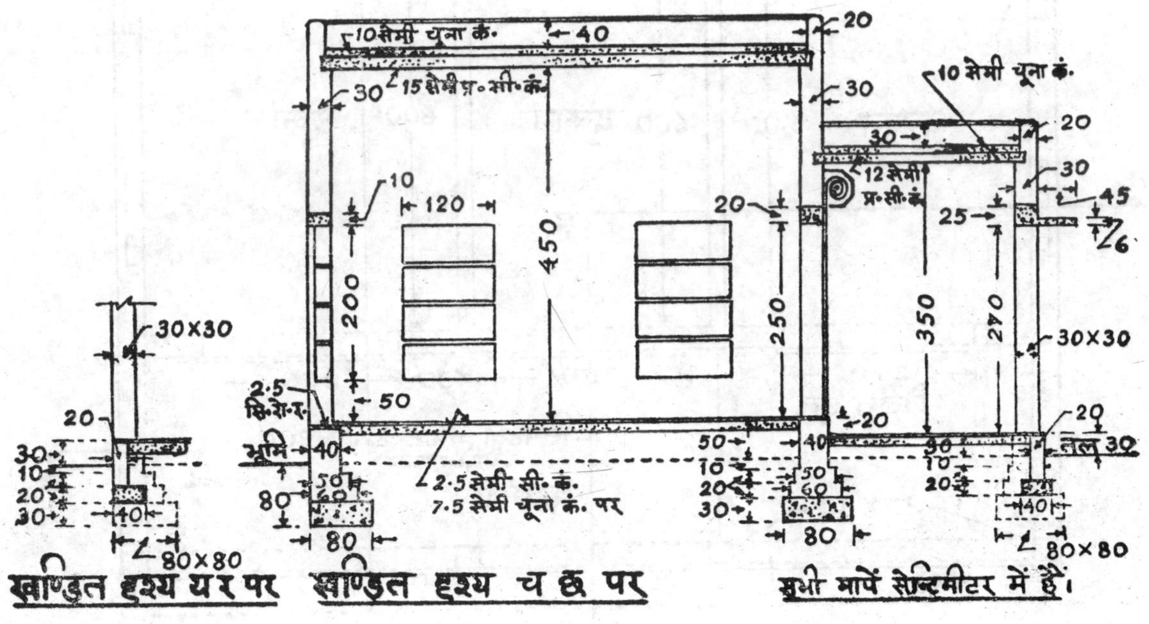

चित्र 3-11

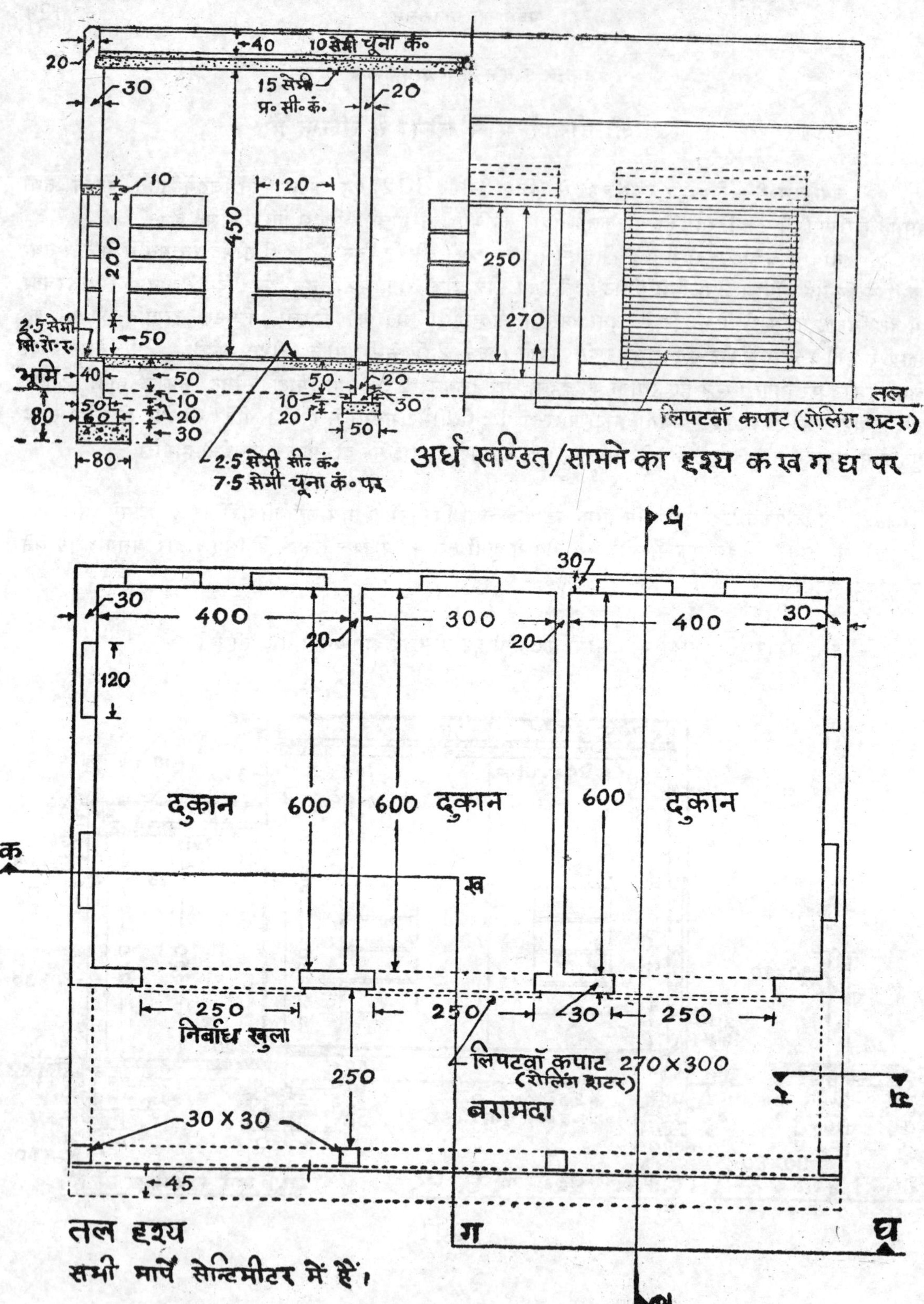
10 सेमी चूना कं०
15 सेमी प्र० सी० कं०
2.5 सेमी सि० रो० र०
भूमि
तल
लिपटवाँ कपाट (रोलिंग शटर)
2.5 सेमी सी० कं० 7.5 सेमी चूना कं० पर
अर्ध खण्डित/सामने का दृश्य क ख ग घ पर
दुकान
निर्बाध खुला
लिपटवाँ कपाट 270 X 300 (रोलिंग शटर)
बरामदा
30 X 30
तल दृश्य
सभी मापें सेन्टीमीटर में हैं।

चित्र 3-12

(उदाहरण 8—क्रमशः)

मद सं०	कार्य का विवरण	सं०	लम्बाई मी	चौड़ाई मी	ऊँचाई या गहराई मी	परिमाण	व्याख्यात्मक नोट
1	मिट्टी की खुदाई नींव में—						
	कमरे—						
	पार्श्व लम्बी दीवार	1	12·00	·80	·80	7·68	
	सामने ,, ,,	1	12·00	·80	·80	7·68	
	बाहरी किनारे की दीवारें (side walls)	2	5·25	·80	·80	6·72	ल $=\left(6{\cdot}00+{\cdot}30+\frac{{\cdot}30}{2}\right)$
	भीतरी दीवारें	2	5·25	·50	·30	1·57	$-{\cdot}80-\frac{{\cdot}80}{2}=5{\cdot}25$ मी
	बरामदा—						
	खम्बे	4	·80	·80	·80	2·05	
	सामने की नाटी दीवारें (पूर्ण लम्बाई)	1	8·80	·40	·50	1·76	ल = 12·00—4 × ·80 = 8·80 मी
	किनारों का नाटी दीवारें	2	2·00	·40	·50	0·80	ल = 2·80—·80 = 2·00 मी
					योग	28·26	घन मी
2	मिट्टी का कार्य भराई में कुर्सी						
	के किनारे के कमरे	2	3·90	5·85	·425	19·39	
	बीच के कमरे	1	3·00	5·85	·425	7·46	
	बरामदा	1	11·60	2·65	·225	6·92	चौ = 2·50 + ·30 + ·05—·20 = 2·65 मी
	घटाने बरामदे के खंबे के लिये		उपेक्षणीय	—	—	—	
					योग	33·77	घन मी
3	चूना कंक्रीट नींव में—						
	कमरे—						
	पार्श्व लम्बी दीवार	1	12·00	·80	·30	2·88	
	सामने ,, ,,	1	12·00	·80	·30	2·88	
	बाहरी कमरे की (side) दीवारें	2	5·25	·80	·30	2·52	
		2	5·70	·50	·20	1·14	
	भीतरी दीवारें—						
	बरामदा—						
	खम्बे	4	·80	·80	·30	0·77	
	सामने की नाटी दीवार (पूर्ण लम्बाई)	1	9·60	·40	·20	0·77	ल = 12·00—4 × ·60 = 9·60 मी
	किनारों की नाटी दीवार (dwarf wall)	2	2·20	·40	·20	0·35	ल = 2·80—·60 = 2·20 मी
					योग	11·31	घन मी
4	प्रथम श्रेणी की ईंट चिनाई सीमेंट मसाले से नींव तथा कुर्सी में—						

(उदाहरण 8—क्रमशः)

मद सं.	कार्य का विवरण	सं०	लम्बाई मी	चौड़ाई मी	ऊँचाई या गहराई मी	परिमाण	व्याख्यात्मक नोट
	कमरे—						
	सामने तथा पार्श्व दीवारें—						
	पहला खसका	2	12·00	·60	·20	2·88	सामने तथा पीछे की दीवारें यद्यपि खण्डित दृश्य में समरूप नहीं हैं परन्तु उनकी माप एक समान है।
	दूसरा खसका	2	12 00	·50	·20	2·40	
	कुर्सी दीवार	2	12·00	·40	·60	5·76	
	बाहरी सिरे की दीवारें—						
	पहला खसका	2	5·55	·60	·20	1·33	
	दूसरा खसका	2	5·70	·50	·20	1·14	
	कुर्सी दीवार	2	5·85	·40	·60	2·81	
	भीतरी दीवारें—						
	खसके	2	5·85	·30	·10	0·35	
	कुर्सी दीवार	2	5·85	·20	·50	1·17	
	बरामदा—						
	खम्बे—						
	पहला खसका	4	·60	·60	·20	0·29	
	दूसरा खसका	4	·50	·50	·20	0·20	
	कुर्सी दीवार	4	·40	·40	·40	0·26	
	सामने की नाटी दीवार (dwarf wall) (पूर्णलम्बाई)	1	10·00	·20	·20	0·40	ल = 12·00—4 × ·50 = 10·00 मी
		1	10·40	·20	·40	0·83	ल = 12·00—4 × ·40 = 10·40 मी
	किनारों की नाटी दीवार	1	2·30	·20	·20	0·09	ल = 2·80—·50 = 2·30 मी
		1	2·40	·20	·40	0·19	ल = 2·80—·40 = 2·40 मी
					योग	20·10	घन मी
5	2·5 सेमी सीमेंट कंक्रीट सील रोक रद्दा—						
	कमरे—						
	पार्श्व तथा सामने की दीवारें	2	12·00	·40	—	9·60	
	बाहरी किनारे की दीवारें	2	5·85	·40	—	4·68	
	भीतरी दीवारें	2	5·85	·20	—	2·34	
	बरामदे के खम्भे	4	·40	·40	—	0·64	
					योग	17·26	
	दरवाजे की देहलें घटायें	3	2·50	·40	—	3·00	
				कुल	योग	14·26	वर्ग मी

(उदाहरण 8—क्रमशः)

मद सं०	कार्य का विवरण	सं०	लम्बाई मी	चौड़ाई मी	ऊंचाई या गहराई मी	परिमाण	व्याख्यात्मक नोट
	प्रथम श्रेणी की ईंट चिनाई अधिरचना में चूना मसाले से						
	कमरे सामने के पार्श्व तथा बाहरी किनारे की दीवारें	1	36·00	·30	4·50	48·60	बाहरी दीवारों की कुल लम्बाई
	भीतरी दीवारें	2	6·00	·20	4·50	10·80	$=2\times12+2\times6=36{\cdot}00$ मी
	बरामदा—						
	खम्बे	4	·30	·30	2·70	0·97	
	सामने तथा पार्श्व खम्बे के ऊपर लिंटल पर दीवार	1	17·00	·30	·55	2·81	कुल लम्बाई $=12+2\times2{\cdot}50$ $=17{\cdot}00$ मी
	मुंडेर, कमरों की कुल लम्बाई	1	36·40	·20	·65	4·73	ल $=2\times12+2\times6{\cdot}20$ $=36{\cdot}40$ मी
	मुंडेर, बरामदे की कुल लम्बाई	1	17·20	·20	·52	1·79	ल $=12+2\times2{\cdot}60$ $=17{\cdot}20$ मी
					योग	69·70	
	घटायें—						
	दरवाजे के खुले भाग	3	2·50	·30	2·50	5·63	
	अलमारी के खुले भाग	9	1·20	·20	2·00	0·43	
	दरवाजों के ऊपर लिंटल	3	2·80	·30	·20	0·50	धारक 15 सेमी
	अलमारियों के ऊपर लिंटल	9	1·40	·30	·10	0·38	धारक 15 सेमी
					योग	6·94	
				कुल	योग	62·76	घन मी
7	प्र. सी. कं. कार्य, इस्पात और उसकी मुड़ाई के अतिरिक्त ढूले सहित पूर्ण कार्य कमरों की छत स्लैब	1	11·60	6·20	·15	10·788	धारक 15 से० मी०
	बरामदे ,, ,, ,,	1	11·60	2·70	·12	3·758	
	लिंटल फाटक (Gate) पर	3	2·80	·30	·20	0·504	
	लिंटल अलमारियों पर	9	1·40	·30	·10	0·378	
	सामने तथा पार्श्व में बरामदे का लिंटल	1	17·00	·30	·25	1·305	कुल लम्बाई 20 से० मी०
	सामने का छज्जा	1	12·40	·45	·06	0·324	धारक सहित कमरों की दीवारों पर
					योग	17·057	घन मी

(उदाहरण 8—क्रमश:)

मद सं०	कार्य का विवरण	सं०	लम्बाई मी	चौड़ाई मी	ऊंचाई या गहराई मी	परिमाण	व्याख्यात्मक नोट
8	नरम इस्पात की प्रबलन छड़ें मुड़ाई सहित प्र. सी. कं. में @ 0·9%		0·9x	17·057 / 100	×78·5	=12·05 कुन्तल	नरम इस्पात का घनत्व 78·5 कु० प्रति घन मीटर
9	10 सेमी मोटी चूना कंक्रीट—						
	कमरों पर	1	11·60	6·20	—	71·92	
	बरामदे पर	1	11·60	2·70	—	31·32	
					योग	103·24	वर्ग मी
10	12 मिमी मोटा पलस्तर 1:6 सीमेंट मसाले से दीवारों में—						
	भीतर—						
	किनारे के (side) कमरों की 4 दीवारें	2	20·00	—	4·50	180·00	} भीतरी परिमिति
	बीच के कमरे की 4 दीवारें	1	18·00	—	4·50	81·00	
	बरामदा—						
	कमरे की दीवारें	1	11·40	—	3·50	39·90	
	सामने तथा पार्श्व की दीवारें	1	16·40	—	0·80	13·12	ल = 11·40 + 2 × 2·50 = 16·40 मी
	खम्बों पर—						
	खम्बों की दूसरी सतहें (faces)	12	—	·30	2·70	9·72	बीच के कमरे की 2 सतहें बाहरी खम्बों की 2 सतहें तथा दीवारों की 2 सतहें
	अलमारियों के जेम्ब, देहल तथा अन्त:स्तर में	9	6·40	·20	—	11·52	कुल लम्बाई जेम्बों, देहलों तथा अन्त:स्तर में
	दरवाजों की जेम्ब तथा अन्त:स्तर में	3	7·50	·30	—	6·75	कुल लम्बाई 2 जेम्बों, तथा एक अन्त:स्तर की
	सामने तथा पार्श्व में बरामदे के लिंटल के अन्त:स्तर में	1	15·80	·30	—	4·74	ल = 11·40 + 2 × 2·50 — 2 × ·30 = 15·80 मी
					योग	346·75	
	घटायें—दरवाजों के खुले भाग	3x2	2·50	—	2·50	37·50	दोनों किनारे
				भीतर	का योग	309·25	वर्ग मी
	बाहर की ओर—						
	पीछे तथा किनारों के कमरों में 10 सेमी भूमितल के नीचे तक	1	25·20	—	5·75	144·90	ल = 12·00 + 2 × 6·60 = 25·20 मी; ऊँ = 4·50 + ·65 + ·50 + ·10 = 5·75 मी

(उदाहरण 8—क्रमशः)

मद सं.	कार्य का विवरण	सं०	लम्बाई मी	चौड़ाई मी	ऊँचाई या गहराई मी	परिमाण	व्याख्यात्मक नोट
	सामने की दीवार बरामदे की छत पर	1	12·00	—	1·63	19·56	ऊँ = 4·50 + ·25 + ·40 — 3·50 — ·22 + ·20 = 1·63 मी
	बरामदा सामने तथा किनारे (side) में खम्बों के ऊपर	1	17·60	—	1·32	23·23	ल = 12·00 + ·2 × 2·80 = 17·60 मी ऊँ = ·80 + ·22 + ·30 = 1·32 मी
	बरामदे की कुर्सी दीवार सामने तथा किनारों में	1	17·70	—	0·40	7·08	10 सेमी भूमितल के नीचे सहित
	कमरों पर की मुंडेर की भीतरी सतहें (faces)	1	35·60	—	·40	14·24	ल = 2 × 11·60 + 2 × 6·20 = 35·60 मी
	कमरों पर की मुंडेर के ऊपर (top) में	1	36·40	·20	—	7·28	
	बरामदे पर की मुंडेर की भीतरी सतहें	1	16·80	—	·30	5·04	ल = 11·60 + 2 × 2·60 = 16·80 मी
	बरामदे पर की मुंडेर के ऊपर में	1	17·20	·20	—	3·44	
			बाहर की	ओर का	योग	224·77	वर्ग मी
	भी	तर	तथा बाहर	की ओर	का योग	534·02	वर्ग मी
11	2·5 सेमी सीमेंट कंक्रीट का फर्श 7·5 सेमी चूना कंक्रीट के सहित—						
	किनारे के (side) कमरों में	2	4·00	6·00	—	48·00	
	बीच के कमरे में	1	3·00	6·00	—	18·00	
	बरामदे में	1	11·60	2·00	—	30·16	
					योग	96·16	वर्ग मी
12	2·5 सेमी मोटा सीमेंट कंक्रीट का फर्श दरवाजे (gate) की देहलों में	3	2·50	·30	—	2·25	
	बरामदे के खुले भाग की देहले, 20 सेमी नाटी दीवार पर	1	15·80	·20	—	3·16	ल = (12·00 — 4 × ·30) + 2 × 2·50 = 15·80 मी
					योग	5·41 वर्ग मी	

(उदाहरण 8—क्रमशः)

मद सं०	कार्य का विवरण	सं०	लम्बाई मी	चौड़ाई मी	ऊँचाई या गहराई मी	परिमाण	व्याख्यात्मक नोट
13	रोलिंग शटर (लिपटवां कपाट) अन्तर्ग्रथित 18 गेज इस्पात की पट्टी का शेफ्ट, कमानी, आवरण बक्स, स्वतः नियन्त्रित खोलने तथा बन्द करने के लिये दबाव तथा खिंचाव के तथा अन्दर और बाहर ताला लगाने के प्रबन्ध सहित, सब फिटिंग के पूर्ण कार्य	3	2·70	—	3·00	24·30 वर्ग मी	
14	सफेद पुताई के 3 लेप भीतर की ओर—						
	भीतरी दीवारें		भीतरी के समान	पलस्तर	मद 10	309·25	
	किनारों के कमरों की अतंश्छद में	2	4·00	6·00	—	48·00	
	बीच के कमरों की अतंश्छद में	1	3·00	6·00	—	18·00	
	बरामदे में	1	11·40	2·50	—	28·50	
	छज्जे के तला में	1	12·00	·45	—	5·40	
					योग	409·15 वर्ग मी	
15	रंग पुताई के दो लेप एक लेप सफेद पुताई पर —						
	बाहरी दीवारें		बाहर की मद 10	ओर के के समान	पलस्तर	224·77	
	छज्जे के ऊपरी सतह तथा किनारों में	1	12·00	·51	—	6·12	
					योग	230·89 वर्ग मी	
16	दो लेप रंग करना एक लेप अस्तर पर—						
	रोलिंग शटर लेहरीय (corrugated)	6x $1\frac{1}{4}$	2·70	—	3·00	60·75 वर्ग मी	$3 \times 2 = 6$ सप्तहें, $1\frac{1}{4}$ एक सतह के लिये

प्राक्कलित लागत सार (उदाहरण 8—क्रमशः)

मद क्र.	कार्य का विवरण	परिमाण	इकाई	दर रु० पै०	प्रति	राशि रु० पै०
1	मिट्टी की खुदाई नींव में	28·26	घन मी	290·00	% घन मी	81·95
2	मिट्टी का भराव कुर्सी में	33·77	घन मी	235·00	% घन मी	79 36
3	चूना कक्रीट नींव में	11·31	घन मी	93·00	प्रति घन मी	1051·83
4	प्रथम श्रेणी की ईंट चिनाई 1 : 6 सीमेंट मसाले से नींव तथा कुर्सी में	20·10	घन मी	120·00	प्रति घन मी	2412·00
5	2 सेमी मोटा सीमेंट कंक्रीट सील रोक रद्दा	14·26	वर्ग मी	12·00	प्रति वर्ग मी	171·12
6	प्रथम श्रेणी की ईंट चिनाई चूना मसाले से अधिरचना में	62·76	घन मी	110·00	प्रति घन मी	6903 60
7	प्र. सा. कं. कार्य इस्पात और उसकी मुड़ाई के अतिरिक्त परन्तु ढूले तथा समापन सहित	17 057	घन मी	423·00	प्रति घन मी	7215·11
8	नरम इस्पात की प्रबलन छड़ें मुड़ाई सहित @ 0·9%	12·05	कुन्तल	230·00	प्रति कुन्तल	2771·50
9	10 सेमी मोटी चूना कंक्रीट ऊपरी छत में सतह समापन सहित	103·24	वर्ग मी	12·00	प्रति वर्ग मी	1238·88
10	12 मि. मी. मोटा सीमेंट पलस्तर 1 : 6 सीमेंट से	534·02	वर्ग मी	4·60	प्रति वर्ग मी	2456·49
11	2·5 सेमी मोटा सीमेंट कंक्रीट का फर्श 7·5 सेमी चूना कंक्रीट पर	96·16	वर्ग मी	18·50	प्रति वर्ग मी	1778·96
12	2·5 सेमी मोटा सीमेंट कंक्रीट का फर्श	5·41	वर्ग मी	11·20	प्रति वर्ग मी	60·59
13	रोलिंग शटर (लिपटवां कपाट) अन्तर ग्रथित 18 गेज इस्पात की पट्टी, शेफ्ट, कमानी, आवरण बक्स, स्वतः नियन्त्रित खोलने तथा बन्द करने के लिये खिचाव तथा दबाव, तथा अन्दर और बाहर ताला लगाने के प्रबन्ध सहित सब फिटिंग्स के साथ पूर्ण कार्य	24·30	वर्ग मी	90·00	प्रति वर्ग मी	2187·00
14	3 लेप सफेदी पुताई	402·15	वर्ग मी	0·25	प्रति वर्ग मी	106·38
15	2 लेप रंग लेपन, एक लेप सफेद पुताई पर	230·89	वर्ग मी	0·72	प्रति वर्ग मी	166·24
16	रंग करना दो लेप अस्तर पर	60·75	वर्ग मी	3·50	प्रति वर्ग मी	212·60

योग	28893·61
3% फुटकर व्यय के लिये जोड़ें	866·81
2% निर्माण प्रभारित सिब्बंदी के लिये जोड़ें ...	577·87
कुल योग	30338·29
लगभग	30338·30

कुर्सी क्षेत्रफल दर—

भवन का कुर्सी क्षेत्रफल = 12·00 मी × 9·40 मी.
= 112·80 वर्ग मी.

कुर्सी क्षेत्रफल दर $= \frac{\text{रु. } 30338{\cdot}30}{112{\cdot}80 \text{ वर्ग मी.}} =$ रु. 268·96 वर्ग मी.

वृत्ताकार, अर्द्धवृत्ताकार, षटभुजीय, अर्द्धषटभुजीय, आदि आकार के कमरे

(Circular, Semi-Circular, Hexagonal, Half Hexagonal Rooms)

वृत्ताकार, अर्द्धवृत्ताकार, षटभुजीय, अर्द्धषटभुजीय आदि आकार के कमरों की कुल मध्य रेखा लम्बाई (Centre line length) निकाल ली जाती है तथा सम्बन्धित चौड़ाई तथा ऊंचाई से गुणा करके परिमाण निकाले जा सकते हैं। अर्द्धवृत्ताकार, अर्द्धषटभुजीय आदि कमरों में भी इसी भागों की मध्य रेखा लम्बाई निकाल कर अलग से परिमाण निकाले जा सकते हैं।

एक षटभुजीय कमरे का प्राक्कलन

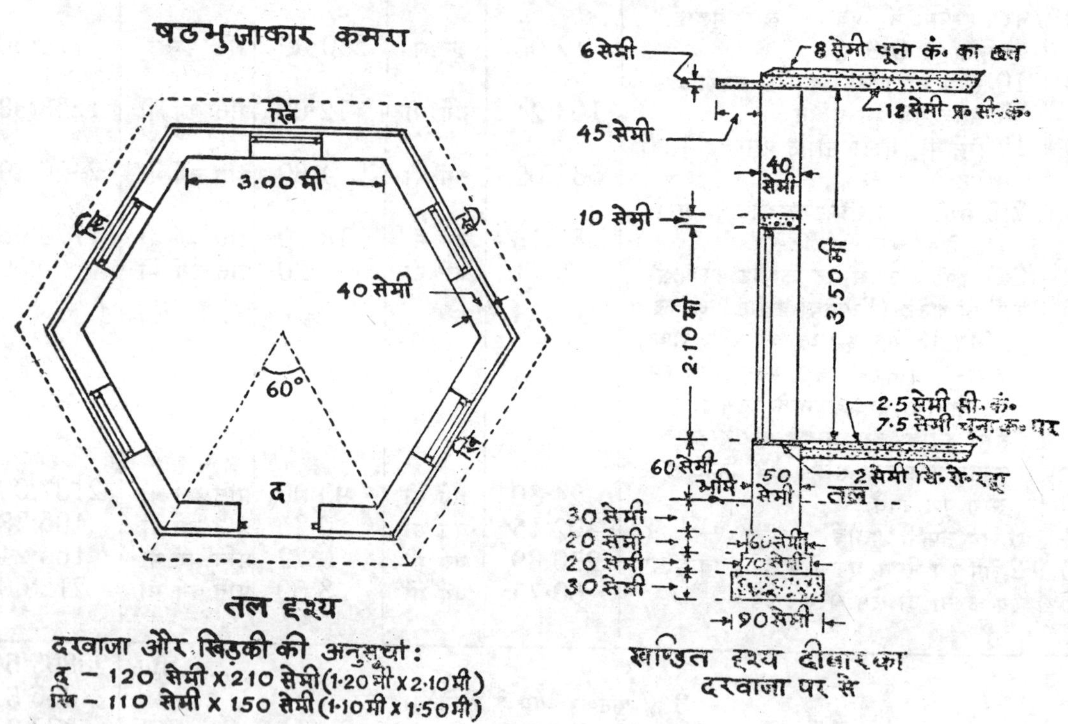

चित्र 3-13

उदाहरण 9 —एक षटभुजीय कमरे का तलदृश्य तथा दीवार का खंडित दृश्य चित्र 3-13 में दिखाया गया है। निम्नलिखित मदों के परिमाणों का प्राक्कलन कीजिये—

(उदाहरण 9—क्रमशः)

1. मिट्टी की खुदाई नींव में, 2. चूना कंक्रीट नींव में, 3. प्रथम श्रेणी की ईंट चिनाई चूना मसाले से नींव तथा कुर्सी में, 4. सील रोक रद्दा (Damp Proof Course), 5. प्रथम श्रेणी की ईंट चिनाई चूना मसाले से अधिरचना में, 6. प्रबलित सीमेंट कंक्रीट (R. C. C.) कार्य छत, छज्जा तथा लिंटलों में, 7. चूना कंक्रीट की उपरी छत (Terracing), 8. 2·5 सेमी मोटा सीमेंट कंक्रीट फर्श 7·5 सेमी मोटी चूना कंक्रीट पर, 9. 12 मिमी मोटा पलस्तर 1 : 6 सीमेंट मसाले से अन्दर तथा बाहर की दीवारों पर।

मध्य रेखा की लम्बाई तथा षटभुजों का क्षेत्रफल निम्न प्रकार से निकाला जा सकता है—

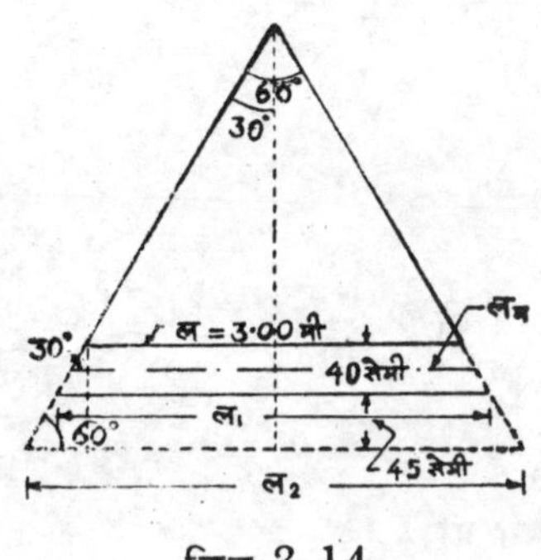

चित्र 3-14

चित्र 3-14 में षटभुज का $\frac{1}{6}$ भाग दिखाया गया है।

षटभुज की भुजायें केन्द्र पर समबाहु त्रिभुज बनाती हैं।

एक भुजा की मध्य रेखा की लम्बाई

$$\text{ल} = 3{\cdot}00 + 2 \times \frac{\cdot 20}{\text{स्पर्शज्या } 60^\circ} = 3{\cdot}00 + 2 \times \frac{\cdot 20}{1{\cdot}732}\, 3{\cdot}23 \text{ मी}$$

इसलिये मध्य रेखाओं की कुल लम्बाई $= 6 \times 3{\cdot}23 = 19{\cdot}38$ मी

अधिरचना दीवार की बाहरी लम्बाई

$$\text{ल} = 3{\cdot}00 + 2 \times \frac{\cdot 40}{\text{स्पर्शज्या } 60^\circ} = 3{\cdot}00 + 2 \times \frac{\cdot 40}{1{\cdot}732} = 3{\cdot}46 \text{ मी}$$

$$\text{कुर्सी दीवार की बाहरी लम्बाई} = 3{\cdot}00 + 2 \times \frac{\cdot 40}{\text{स्पर्शज्या } 60^\circ} = 3{\cdot}00 + 2 \times \frac{\cdot 45}{1{\cdot}732} = 3{\cdot}52 \text{ मी}$$

$$\text{छज्जे की बाहरी लम्बाई} = 3{\cdot}00 + 2 \times \frac{\cdot 85}{\text{स्पर्शज्या } 60^\circ} = 3{\cdot}00 + 2 \times \frac{\cdot 85}{1{\cdot}732} = 3{\cdot}98 \text{ मी}$$

फर्श क्षेत्रफल (Floor area) $= 6 \times$ एक भीतरी त्रिभुज का क्षेत्रफल

$= 6 \times (\frac{1}{2}$ आधार $\times$ ऊंचाई$) = 6 \times (\frac{1}{2} \times 3{\cdot}00 \times 3{\cdot}00 \times \frac{1}{2} \times$ स्पर्शज्या $60^\circ)$

$= 6 \times (\frac{1}{2} \times 3 \times 3 \times \frac{1}{2} \times 1{\cdot}732) = 23{\cdot}38$ वर्ग मी

छत का क्षेत्रफल $= 6 \times$ एक बाहरी त्रिभुज का क्षेत्रफल

$= 6 \times (\frac{1}{2} \times 3{\cdot}46 \times 3{\cdot}46 \times \frac{1}{2} \times 1{\cdot}732) = 31{\cdot}10$ वर्ग मी

मापों का विवरण तथा परिमाणों का परिकलन (उदाहरण 9)

मद सं०	कार्य का विवरण	सं०	लम्बाई मी	चौड़ाई मी	ऊंचाई या गहराई मी	परिमाण	व्याख्यात्मक नोट
1	मिट्टी की खुदाई नींव में	1	19·38	·90	1·00	17·40 घन मी	ल = मध्य रेखाओं की कुल लम्बाई
2	चूना कंक्रीट नींव में	1	19·38	·90	·30	5·23 घन मी	खुदाई का 3/10
3	प्रथम श्रेणी की ईंट चिनाई चूना मसाले से नींव तथा कुर्सी में—						
	पहला खसका	1	19·38	·70	·20	2·71	
	दूसरा खसका	1	19·38	·60	·20	2·33	
	कुर्सी दीवार	1	19·38	·50	·90	8·72	
					योग	13·76	घन मी
4	2 सेमी मोटा सील रोक रद्दा	1	19·38	·50	—	9·68	
	दरवाजे की देहल घटायें	1	1·20	·50	—	0·60	
				शुद्ध	योग	9·08	वर्ग मी
5	प्रथम श्रेणी की ईंट चिनाई चूना मसाले से अधिरचना में	1	19·38	·40	3·50	27·13	
	घटायें—						
	दरवाजों का खाली स्थान	1	1·20	·40	2·10	1·01	
	खिड़कियों „ „	5	1·10	·40	1·50	3·30	
	दरवाजों पर लिंटल	1	1·40	·40	·10	0·06	10 सेमी धारक
	खिड़कियों पर लिंटल	5	1·30	·40	·10	0·26	
				कुल	कटौती	4·63	
				शुद्ध	योग	22·50	घन मी
6	प्र. सी. कं. कार्य इस्पात प्रबलन सहित पूर्ण कार्य—						
	छत की स्लैब		6 × ½ × ½ × 1·7	3·46 × 32 × ·1	3·46 × 3 =	4·043	6 × बाहरी लम्बाई के बराबर भुजा वाले त्रिभुज का क्षेत्रफल × मोटाई
	छज्जा	6	$\times \frac{3\cdot46 + 3\cdot98}{2}$		× ·45 × ·06 =	0·603	6 × औसत लम्बाई × चौड़ाई × मोटाई
	लिंटल		उपरोक्त	मद (5)	के समान	0·320	
					योग	4·966	घन मी

मद सं०	कार्य का विवरण	सं०	लम्बाई मी	चौड़ाई मी	ऊँचाई या गहराई मी	परिमाण	व्याख्यात्मक नोट
7	8 सेमी मोटी चूना कंक्रीट की ऊपरी छत	6	$\times \frac{1}{2} \times$	$3{\cdot}46 = \frac{1}{2} \times$	$3{\cdot}46 = 1{\cdot}732$	31·10 वर्ग मी	प्र. सी. कं. की छत के क्षेत्रफल के समान
8	2·5 सेमी मोटा सीमेंट कंक्रीट का फर्श 7·5 सेमी मोटा चूना कंक्रीट पर	6	$\times \frac{1}{2} \times 3$	$\times 3 \times \frac{1}{2}$	x1·732	23·38 वर्ग मी	6 × अन्दर की लम्बाई के बराबर भुजा वाले त्रिभुज का क्षेत्रफल
9	12 मिमी मोटा पलस्तर 1:6 सीमेंट मसाले से दीवारों पर						
	अन्दर	6	3·00	—	3·50	63·00	
	कुर्सी के ऊपर बाहर की ओर	6	3·46	—	3·50	72·66	
	कुर्सी दीवार पर बाहर ,, ,,	6	3·52	—	·70	14·78	भूमितल से 10 सेमी नीचे तक
					योग	150·44	
	दरवाजे का खाली स्थान घटायें	1	1·20	—	2·10	2·52	} एक पार्श्व
	खिड़कियों ,, ,, ,,	5	1·10	—	1·50	8·25	
					योग	10·77	
				शुद्ध	योग	139·67 वर्ग मी	

परिमाण की सूची (उदाहरण 9)

1. मिट्टी की खुदाई नींव में ... ... 17·44 घन मी
2. चूना कंक्रीट नींव में ... ... 5·23 घन मी
3. प्रथम श्रेणी की ईंट चिनाई चूना मसाले से नींव तथा कुर्सी में ... 13·76 घन मी
4. 2 सेमी मोटा सील रोक रद्दा ... ... 9 08 वर्ग मी
5. प्रथम श्रेणी की ईंट चिनाई चूना मसाले से अधिरचना में ... ... 22·50 घन मी
6. प्र० सी० कं० कार्य पूर्ण इस्पात प्रबलन सहित ... ... 4·966 घन मी
7. 8 सेमी चूना कंक्रीट की ऊपरी छत ... ... 31·10 वर्ग मी
8. 2·5 सेमी मोटा सीमेंट कंक्रीट फर्श 7·5 सेमी मोटा चूना कंक्रीट पर ... 23·38 वर्ग मी
9. 12 मिमी मोटा सीमेंट पलस्तर 1 : 6 दीवारों में ... ... 139·67 वर्ग मी

उदाहरण 10—दिये हुये तलदृश्य (plan) और दीवारों के खंडित दृश्य (चित्र 3-15) से निम्नलिखित मदों के परिमाणों का प्राक्कलन बनाइये ।

(1) मिट्टी की खुदाई नींव में ।

(2) कंक्रीट नींव में ।

(3) ईंट चिनाई 1 : 6 सीमेंट मसाले से नींव तथा कुर्सी में ।

(4) सील रोक रद्दा कुर्सी तल पर ।

(5) ईंट चिनाई चूना मसाले से अधिरचना में ।

(6) 2·5 सेमी मोटा सीमेंट कंक्रीट का फर्श 7·5 सेमी चूना कंक्रीट पर ।

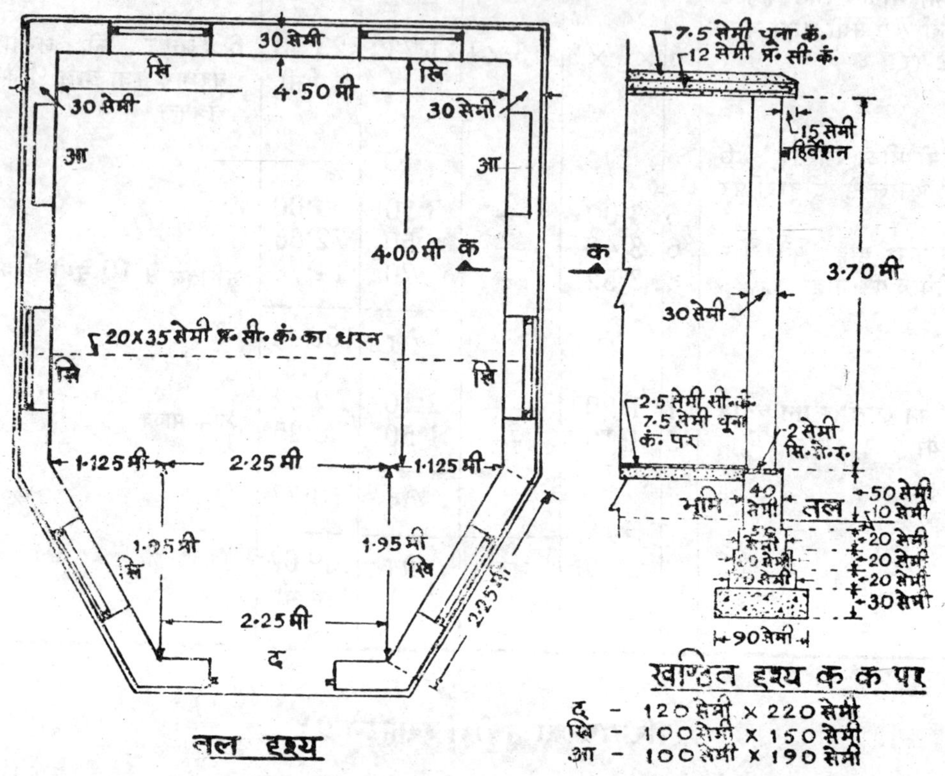

चित्र 3-15

केन्द्र से केन्द्र की लम्बाई तिरछी दीवार की $= \sqrt{(1{\cdot}95+{\cdot}15)^2+(1{\cdot}125+{\cdot}15)^2}$

$= \sqrt{(2{\cdot}1)^2+(1{\cdot}275)^2} = \sqrt{6{\cdot}04} = 2{\cdot}46$ मी (लगभग)

केन्द्र से केन्द्र की सब दीवारों की लम्बाई का योग $= 4{\cdot}80 + (2 \times 4{\cdot}15) + (2 \times 2{\cdot}46) + 2{\cdot}25$

$= 20{\cdot}27$ मी

सामने के आधे षटभुजाकार भाग की सही लम्बाई त्रिकोनोमितीय विधि से उदाहरण 9 पृष्ठ 139 पर की भांति से भी गणना की जा सकती है । परन्तु लम्बाई जितनी ऊपर निकाली गई है प्रयोगात्मक कार्य के लिये काफी है ।

माप का विवरण तथा परिमाणों का परिकलन (उदाहरण 10)

मद सं०	कार्य का विवरण	सं०	लम्बाई मी	चौड़ाई मी	ऊंचाई या गहराई मी	परिमाण	व्याख्यात्मक नोट
1	मिट्टी का कार्य नींव में	1	20·27	·90	·90	16·42 घन मी	ल = केन्द्र लम्बाई का योग = 20·27 मी
2	कंक्रीट नींव में	1	20·27	·90	·30	5·47 घन मी	
3	ईंट चिनाई 1 : 6 सीमेंट मसाले से—						
	नींव तथा कुर्सी में—						
	पहला खसका	1	20·27	·70	·20	2·84	
	दूसरा खसका	1	20·27	·60	·20	2·43	
	तीसरा खसका	1	20·27	·50	·20	2·03	
	कुर्सी दीवार	1	20·27	·40	·60	4·86	
					योग	12·16	घन मी
4	सील रोक रद्दा	1	20·27	·40	—	8·11	
	दरवाजे की देहल घटायें	1	1·20	·40	—	0·48	
				कुल	योग	7·63	वर्ग मी
5	ईंट चिनाई चूना मसाले से अधिरचना में	2	20·27	·30	3·30	22·50	
	घटायें—						
	दरवाजे का खुला भाग	1	1·20	·30	2·20	0·79	
	खिड़कियों में खुले भाग	6	1·00	·30	1·50	2·70	
	शेल्फ का खुला भाग	2	1·00	·20	1·90	0·76	
	दरवाजे पर लिंटल	1	1·44	·30	·10	0·043	10 सेमी मोटा लिंटल 12 सेमी धारक
	खिड़की पर लिंटल	6	1·24	·30	·10	0·223	
	शेल्फ पर लिंटल	2	1·24	·30	·10	0·074	
				घटाने का	योग	4·59	
					कुल योग	17·91	घन मी
6	2·5 सेमी मोटी सीमेंट कंक्रीट का फर्श 7·6 सेमी चूना कंक्रीट पर आयताकार भाग	1	4·50	4·00	—	18·00	
	सामने का आधा षटभुजाकार भाग	1	$\frac{1·50+2·25}{2}$ × 1·95			6·58	
	दरवाजे की देहल	1	1·20	·35	—	0·42	केवल 2·5 सेमी सीमेंट कंक्रीट
					योग	25·00	वर्ग मी

(उदाहरण 10—क्रमशः)

परिमाण की सूची (उदाहरण 10)

1.	मिट्टी का कार्य नींव में	... ...	16·42 घन मी
2.	कंक्रीट नींव में	... ...	5·47 घन मी
3.	चिनाई 1 : 6 सीमेंट मसाले से नींव तथा कुर्सी में	... ...	12·16 घन मी
4.	2·5 सील रोक रद्दा	... ...	7·63 वर्ग मी
5.	ईंट चिनाई चूना मसाले से अधिरचना में	... ...	17·91 घन मी
6.	2·5 से. मी. मोटा फर्श 7·5 से. मी. मोटी चूना कंक्रीट पर	...	25·00 वर्ग मी

मिश्रित चिनाई (Mixed Masonry)

कभी-कभी एक ही इमारत की दीवारें अलग-अलग प्रकार के मसालों से बनाई जाती हैं। कुछ भागों में बढ़िया मसाला लगाया जाता है तथा अन्य भाग हल्के मसाले से बनाये जाते हैं। दरवाजों तथा खिड़कियों के पाखों (Jambs) तथा उनके बीच के छोटे खम्भे तथा डाटें बढ़िया मसाले से बनाना आवश्यक है तथा दीवारों के शेष भाग हल्के मसाले से बनाये जा सकते हैं। इसी प्रकार कुछ भागों मे पत्थर की चिनाई तथा कुछ भागों में ईंट की चिनाई की जा सकती है। मितव्ययिता की दृष्टि से बहुधा दीवारें मिट्टी के गारे से बना दी जाती हैं परन्तु दरवाजों तथा खिड़कियों के जेम्बों तथा देहलें, छत से एक या दो रद्दे नीचे तथा कुर्सी से एक या दो रद्दे ऊपर की चिनाई, डाटें तथा बरामदों के खम्भे सीमेंट मसाले या चूना मसाले से बनाये जाते हैं। ऐसी स्थिति में प्राक्कलन के लिये पूरी दीवार ठोस मानकर परिमाण निकाल लिया जाता है तथा जैम्बों, देहलों, ऊपर तथा नीचे के रद्दों, डाटों, खम्भों आदि का परिमाण भी ज्ञात कर लिया जाता है। फिर मिट्टी के गारे से चिनाई का परिमाण ज्ञात करने के लिये निम्नलिखित परिमाण घटा दिये जाते हैं।

(1) जैम्बों, देहलों, ऊपर तथा नीचे के रद्दों आदि में चिनाई, (2) डाटों तथा लिंटलों में चिनाई, (3) खुले स्थान (openings)।

निम्नलिखित उदाहरण में मिश्रित चिनाई की दीवारों के प्राक्कलन की विधि समझाई गई है।

अंशतः मिट्टी के गारे तथा अंशतः चूना मसाले की चिनाई की दीवारों वाला भवन

उदाहरण 11—पृष्ठ 38 पर चित्र 2-6 में प्रदर्शित दो कमरों की अधिरचना (Superstructure) में मिट्टी के गारे से द्वितीय श्रेणी की ईंट चिनाई की जायगी। केवल कुल स्थानों पर जैसे पाखों (Jambs), देहलों, (Sills), छत के नीचे के दो रद्दों तथा कुर्सी दीवार के ऊपर के दो रद्दों में चूना मसाले से द्वितीय श्रेणी की ईंट चिनाई की जायगी।

अधिरचना में ईंट चिनाई का प्राक्कलन करिये।

माप का विवरण तथा परिमाणों का परिकलन (उदाहरण 11)

मद सं०	कार्य का विवरण	सं०	लम्बाई मी	चौड़ाई मी	ऊंचाई या गहराई मी	परिमाण	व्याख्यात्मक नोट
1	द्वितीय श्रेणी की ईंट चिनाई चूना मसाले से—						
	दरवाजों के जेम्बों	2×2	0·30	·30	2·10	0·76	ल = $1\frac{1}{2}$ ईंट = 30 सेमी
	खिड़कियों के जेम्बों	4×2	0·20	·30	1·50	0·72	ल = 1 ईंट = 20 सेमी
	अलमारियों के जेम्बों	2×2	0·20	·30	1·50	0·36	ल = 1 ईंट = 20 सेमी
	खिड़कियों की देहलें	4	1·40	·30	·20	0·34	ल = कुल लम्बाई जेम्बों सहित = 1·00 + 2 × ·20 = 1·40 मी ऊं = दो तह = 20 सेमी
	अलमारियों की देहलें	2	1·40	·30	·20	0·17	माप खिड़कियों के समान
	अलमारियों के पीछे	2	1·00	·10	1·50	0·30	10 सेमी मोटी
	ऊपरी दो रद्दे सामने तथा पीछे की दीवारें	2	10·90	·30	·20	1·31	
	बाहरी पार्श्व दीवारें तथा मध्य दीवारें	3	6·00	·30	·20	1·08	
	नीचे के दो रद्दे पीछे की दीवार	1	10·90	·30	·20	0 65	
	सामने की दीवार (दरवाजे घटाकर)	1	8·50	·30	·20	0·51	ल = 10·90—2 × 1·20 = 8·50 मी
	बाहरी पार्श्व दीवारें तथा मध्य दीवार	3	6·00	·30	·20	1·08	
					योग	7·28 घन मी	
2	द्वितीय श्रेणी की ईंट चिनाई मिट्टी के गारे से —						
	सामने की तथा पीछे की दीवार ठोस मान कर	2	10·90	·30	4·20	27·47	
	पार्श्व तथा मध्य दीवारें ठोस मान कर	3	6·00	·30	4·20	22·68	
					योग	50·15	ठोस मानकर

(उदाहरण 11—क्रमश:)

मद सं०	कार्य का विवरण	सं०	लम्बाई मी	चौड़ाई मी	ऊँचाई या गहराई मी	परिमाण	व्याख्यात्मक नोट
	खुले भाग, दरवाजों, खिड़कियों व अलमारियों के लिंटलों के लिये घटायें		—	—	—	4·40	पृष्ठ 40 पर विवरण के अनुसार
	द्वितीय श्रेणी की ईंट चिनाई चूना मसाले से घटायें		मद 1	के समान	परिमाण	7·28	
				घटाने का	योग	11·68	
					शुद्ध योग	38·47	घन मी

परिमाण की सूची

1. द्वितीय श्रेणी की ईंट चिनाई चूना मसाले से अधिरचना में ... ... 7·28 घन मी.
2. द्वितीय श्रेणी की ईंट चिनाई मिट्टी के गारे से अधिरचना में ... . 38·47 घन मी.

उदाहरण 12—दिये हुये तल दृश्य और खडित दृश्य (चित्र 3-16) से एक कमरे का भवन बरामदा सहित का विस्तृत प्राक्कलन करिये। विस्तृत विनिर्देश नीचे दिया गया है—

नींव तथा कुर्सी—नींव में 1 : 6 : 12 सीमेंट कंक्रीट पर द्वितीय श्रेणी की ईंट चिनाई चूना मसाले से।

सील रोक रद्दा—2·5 सेमी मोटी सीमेंट कंक्रीट 1 : $1\frac{1}{2}$: 3 मानक जल रोधी योगिक के साथ।

अधिरचना—द्वितीय श्रेणी की ईंट चिनाई मिट्टी के गारे से। पाखों (Jambs), देहलों और दीवार के ऊपर 10 सेमी और नीचे के 10 सेमी के भागों में द्वितीय श्रेणी की ईंट चिनाई चूना मसाले 1 : 2 से।

छत—प्र. सी. क. सिल्ली पर चूना कंक्रीट की छत, बीच में ताप रोधी तह।

फर्श—2·5 सेमी कंक्रीट 1 : 2 : 4, 7·5 सेमी चूना कंक्रीट पर होगा। खुले हुये स्थानों और दरवाजों की देहलों पर केवल 2·5 सेमी सीमेंट कंक्रीट की फर्श होगी।

पलस्तर तथा टीप—भीतरी 12 मिमी मोटा पलस्तर 1 : 6 सीमेंट बालू मसाले से होगा और बाहर 1 : 3 सीमेंट मसाले से टीप की जायगी। भीतर सफेदी पुताई के तीन लेप होंगे।

दरवाजे तथा खिड़कियां—चौखटें साल लकड़ी की अंशतः दिल्लेदार और अंशतः कांचयुक्त होंगे। दरवाजों तथा खिड़कियों पर लेप अस्तर के ऊपर एक लेप रंग का होगा।

खिड़कियों पर 16 मिमी व्यास की नरम इस्पात की छड़ें लगाई जायेंगी। दरवाजों तथा खिड़कियों में जरूरी पकड़पट्टियां लगाई जायेंगी।

दीवारों की मध्यान्तर लम्बाई—

कमरे की लम्बी दीवारें—$6{\cdot}00+2\times\frac{{\cdot}30}{2}=6{\cdot}30$ मी

कमरे की छोटी दीवारें—$3{\cdot}60+2\times\frac{{\cdot}30}{2}=3{\cdot}90$ मी

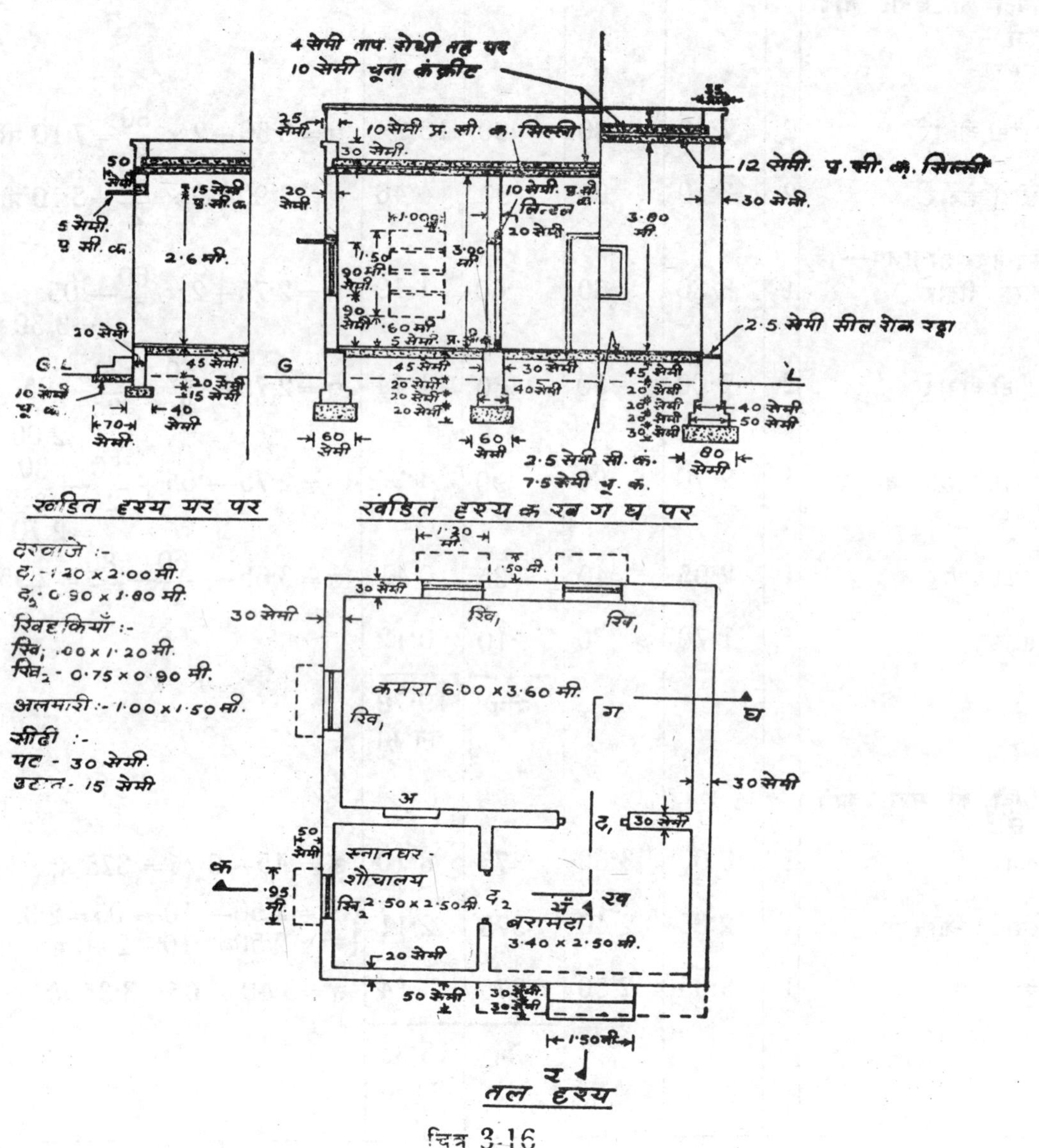

चित्र 3·16

द्रष्टव्य—स्नानघर—शौचालय और बरामदे की दीवारों की मध्यान्तर लम्बाई निकालते समय विशेष ध्यान दें व्याख्यात्मक नोट देखिये।

माप का विवरण तथा परिमाणों का परिकलन (उदाहरण 12)

मद सं०	कार्य का विवरण	सं०	लम्बाई मी	चौड़ाई मी	ऊंचाई या गहराई मी	परिमाण	व्याख्यात्मक नोट
1	**मिट्टी की खुदाई नींव में —**						
	कमरा—						
	लम्बी दीवारें	2	7·10	·80	·90	10·22	$ल = 6{\cdot}30 + 2 \times \frac{\cdot 80}{2} = 7{\cdot}10$ मी
	छोटी दीवारें	2	3·10	·80	·90	4·46	$ल = 3{\cdot}90 - 2 \times \frac{\cdot 80}{2} = 3{\cdot}10$ मी
	स्नानघर-शौचालय— लम्बी दीवारें	1	3·30	·60	·60	1·19	$ल = 2{\cdot}75 + 2 \times \frac{\cdot 60}{2} - \cdot 05 = 3{\cdot}30$ मी
	छोटी दीवारें	2	2·00	·60	·60	1·44	$ल = 2{\cdot}75 - \frac{\cdot 60}{2} - \frac{\cdot 80}{2} - \cdot 05 = 2{\cdot}00$ मी
	बरामदा छोटी दीवार	1	2·70	·80	·90	1·94	$ल = 2{\cdot}75 - \cdot 05 + \frac{\cdot 80}{2} - \frac{\cdot 80}{2} = 2{\cdot}70$ मी
	नाटी दीवार	1	2·95	·40	·35	0·41	$ल = 3{\cdot}65 - \frac{\cdot 60}{2} - \frac{\cdot 80}{2} = 2{\cdot}95$ मी
	सीढ़ियां	1	1·70	·70	·10	0·12	
					योग	19·78 घन मी	
2	**मिट्टी की भराई कुर्सी में—**						
	कमरा	1	6·00	3·60	·375	8·10	$ऊँ = \cdot 45 - 0{\cdot}75 = \cdot 375$ मी
	स्नानघर-शौचालय	1	2·35	2·40	·375	2·11	$ल = 2{\cdot}50 - \cdot 10 - \cdot 05 = 2{\cdot}35$ मी $चौ = 2{\cdot}50 - \cdot 10 - 2{\cdot}40$ मी
	बरामदा	1	3·35	2·50	·375	3·14	$ल = 3{\cdot}40 - \cdot 05 = 3{\cdot}35$ मी
					योग	13·35 घन मी	

(उदाहरण 12—क्रमशः)

मद सं०	कार्य का विवरण	सं०	लम्बाई मी	चौड़ाई मी	ऊंचाई या गहराई मी	परिमाण	व्याख्यात्मक नोट
3	**नींव में चूना कंक्रीट—**						
	कमरे की लम्बी दीवारें	2	7·10	·80	·30	3·41	
	कमरे की छोटी दीवारें	2	3·10	·80	·30	1·49	
	स्नानघर-शौचालय—						
	लम्बी दीवारें	1	3·25	·60	·20	0 39	
	छोटी दीवारें	2	2·15	·60	·20	0·52	$ल = 2·75 — \frac{·50}{2} — \frac{·60}{2} — ·05 = 2·15$ मी
	बरामदा लम्बी दीवार	1	2·70	·80	·30	0·65	
	नाटी दीवार	1	3·25	·40	·15	0·20	$ल = 3·65 — \frac{·40}{2} — \frac{·40}{2} = 3·25$ मी
	सीढ़ियां	1	1·70	·70	·10	0·12	
					योग	6·78 घन मी	
4	**द्वितीय श्रेणी की ईंट चिनाई नींव तथा कुर्सी में—**						
	कमरा—						
	लम्बी दीवारें—						
	पहला खसका	2	6·80	·50	·20	1·36	$ल = 6·30 + 2 \times \frac{·50}{2} = 6·80$ मी
	दूसरा खसका	2	6·70	·40	·20	1 07	$ल = 6·80 — ·10 = 6·70$ मी
	कुर्सी दीवार	2	6·60	·30	·65	2·57	$ल = 6·70 — ·10 = 6·60$ मी
	छोटी दीवारें—						
	पहला खसका	2	3·40	·50	·20	0·68	$ल = 3·90 — 2 \times \frac{·50}{2} = 3·40$ मी
	दूसरा खसका	2	3·50	·40	·20	0·56	$ल = 3·40 + ·10 = 3·50$ मी
	कुर्सी दीवार	2	3·60	·30	·65	1·40	$ल = 3·50 + ·10 = 3·60$ मी
					C. O.	7·64	

(उदाहरण 12—क्रमश:)

मद सं०	कार्य का विवरण	सं०	लम्बाई मी	चौड़ाई मी	ऊंचाई या गहराई मी	परिमाण	व्याख्यात्मक नोट
					B. F.	7·64	
	स्नानघर-शौचालय— लम्बी दीवार— पहला खसका	1	3·05	·40	·20	0·24	$ल = 2{\cdot}70 + 2 \times \frac{{\cdot}40}{2} - {\cdot}05 = 3{\cdot}05$ मी
	कुर्सी दीवार	1	2·95	·30	·65	0·58	$ल = 3{\cdot}05 - {\cdot}10 = 2{\cdot}95$ मी
	छोटी दीवारें— पहला खसका	2	2·30	·40	·20	0·37	$ल = 2{\cdot}75 - \frac{{\cdot}40}{2} - \frac{{\cdot}40}{2} - {\cdot}05 = 2{\cdot}30$ मी
	कुर्सी दीवार	2	2·40	·30	·65	0·94	$ल = 2{\cdot}30 + {\cdot}10 = 2{\cdot}40$ मी
	बरामदा छोटी दीवार— पहला खसका	1	2·70	·50	·20	0·27	$ल = 2{\cdot}75 - {\cdot}05 + \frac{{\cdot}50}{2} - \frac{{\cdot}50}{2} = 2{\cdot}70$ मी
	दूसरा खसका	1	2·70	·40	·20	0·22	$ल = 2{\cdot}75 - {\cdot}05 + \frac{{\cdot}40}{2} - \frac{{\cdot}40}{2} = 2{\cdot}70$ मी
	कुर्सी दीवार	1	2·70	·30	·65	0·53	$ल = 2{\cdot}75 - {\cdot}05 + \frac{{\cdot}30}{2} - \frac{{\cdot}30}{2} = 2{\cdot}70$ मी
	नाटी दीवार	1	3·35	·20	·65	0·44	$ल = 3{\cdot}65 - 2 \times \frac{{\cdot}30}{2} = 3{\cdot}35$ मी
	सीढ़ियां पहला	1	1·50	·60	·15	0·14	
	दूसरा	1	1·50	·30	·15	0·07	
					योग	11·44 घन मी	
5	**2·5 सेमी सील रोक रद्दा—** कमरा— लम्बी दीवारें	2	6·60	·30	—	3·96	
	छोटी दीवारें	2	3·60	·30	—	2·16	
	बरामदा-शौचालय— लम्बी दीवारें	1	2·95	·30	—	0·89	
	छोटी दीवारें	2	2·40	·30	—	1·44	
	बरामदा छोटी दीवार	1	2·70	·30	—	0·81	
					योग	9·26	

(उदाहरण 12—क्रमशः)

मद सं०	कार्य का विवरण	सं०	लम्बाई मी	चौड़ाई मी	ऊंचाई या गहराई मी	परिमाण	व्याख्यात्मक नोट
	घटायें—						
	दरवाजे की देहल $द_1$	1	1·20	·30	—	0·36	
	दरवाजे की देहल $द_2$	1	0·90	·20	—	0·18	
					योग	0·54	
6	**द्वितीय श्रेणी की ईंट चिनाई-अधिरचना में—** 10 सेमी ऊपर और 10 सेमी नीचे, पाखे और देहलें चूना मसाला 1 : 2 में—			कुल	योग	8·72 वर्ग मी	
	कमरा— लम्बी दीवारें	2	6·60	·30	20	0·79	$ल = 6·30 + 2 \times \frac{·30}{2} = 6·00$ मी
	छोटी दीवारें	2	3·60	·30	·20	0·43	$ल = 3·90 - 2 \times \frac{·30}{2} = 3·60$ मी
	स्नानघर-शौचालय— लम्बी दीवारें	1	2·90	·20	·20	0·12	लम्बाई बाहर से बाहर
	छोटी दीवारें	2	2·65	·20	·20	0·20	लम्बाई अन्दर से अन्दर
	बरामदा छोटी दीवार	1	2·70	·30	·30	0·16	
	बरामदा लम्बी दीवार (लिन्टल के ऊपर)	1	3·40	·20	·10	0·07	
	पाखे— दरवाजा $द_1$	1×2	0·30	·30	1·90	0·34	
	दरवाजा $द_2$	1×2	0·20	·20	1·70	0·14	
	खिड़कियां $ख_1$	3×2	0·30	·30	1·20	0·65	
	खिड़की $ख_2$	1×2	0·20	·20	0 90	0·07	
	अलमारी	1×2	0·30	·30	1·50	0·27	
					C. O.	3·24	

(उदाहरण 12—क्रमशः)

मद सं०	कार्य का विवरण	सं०	लम्बाई मी	चौड़ाई मी	ऊंचाई या गहराई मी	परिमाण	व्याख्यात्मक नोट
					B. F.	3·24	
	देहलें— खिड़कियां $ख_1$	3×1	1·00	·30	·10	0·09	
	खिड़की $ख_2$	1×1	0·75	·20	·10	0·02	
	अलमारी	1×1	1·00	·30	·10	0·03	
	अलमारी के पीछे का भाग	1	1·00	·10	1·50	0·15	
					योग	3·53	
	घटायें— दरवाजा $द_1$	1	1·20	·30	·10	0·04	
	दरवाजा $द_2$	1	0·90	·20	·10	0·02	
					योग	0·06	
				कुल	योग	3·47 घन मी	
7	**द्वितीय श्रेणी की ईंट चिनाई अधिरचना में मिट्टी के गारे से—**						
	कमरा— लम्बी दीवारें	2	6·60	·30	3·80	15·05	
	छोटी दीवारें	2	3·60	·30	3·80	8·21	
	स्नानघर-शौचालय— लम्बी दीवारें	1	2·90	·20	3·00	1·74	
	छोटी दीवारें	2	2·50	·20	3·00	3·00	
	बरामदा छोटी दीवार	1	2·70	·30	3·00	2·43	
	मुंडेर — कमरे के ऊपर— लम्बी दीवारें	2	6·60	·30	·44	1·74	ऊं = ·30 + ·10 + ·04 = 0·44 मी
	छोटी दीवारें	2	3·60	·30	·44	0·95	
					C. O.	33·12	

टिप्पणी—ईंट चिनाई चूने के मसाले में और मिट्टी के गारे में अलग-अलग लिया गया है।

(उदाहरण 12—क्रमशः)

मद सं०	कार्य का विवरण	स०	लम्बाई मी	चौड़ाई मी	ऊँचाई या गहराई मी	परिमाण	व्याख्यात्मक नोट
	स्नानघर-शौचालय और बरामदे के ऊपर—						
	लम्बी दीवार	1	6·60	·20	·44	0·58	ऊं = ·30 + ·10 + ·04 = 0·44 मी
	छोटी दीवारें	2	2·50	·20	·44	0·44	
					योग	34·14	
	घटायें—						
	दरवाजे का खुला भाग $द_1$	1	1·20	·30	2·00	0·72	
	,, ,, ,, ,, $द_2$	1	0·90	·20	1·80	0·32	
	खिड़की का खुला भाग $ख_1$	3	1·00	·30	1·50	1·35	
	,, ,, ,, ,, $ख_2$	1	0·75	·20	·90	0 14	
	अलमारी	1	1·00	·20	1·50	0·30	
	प्र. सी. कं. लिन्टल—						
	दरवाजे के ऊपर $द_1$	1	1·40	·30	·10	0·042	(क) 10 सेमी धारक
	,, ,, ,, $द_2$	1	1·10	·20	·10	0·022	(क)
	खिड़की के ऊपर $ख_1$	3	1·20	·30	·10	0·108	(क) (क) का योग =0·227 घन मी
	,, ,, ,, $ख_2$	1	0 95	·20	·10	0 019	(क)
	अलमारी	1	1·20	·30	·10	0·036	(क)
	ईंट चिनाई चूना मसाले में, मद (6) के समान		—	—	—	3·47	
					योग	6 53	
				कुल	योग	27·61 घन मी	
8	प्र.सी. कं. कार्य इस्पात प्रबलन और उसकी मुड़ाई को छोड़कर लेकिन ढूले और इस्पात बांधने को लेकर—						
	कमरे के छत की स्लैब	1	6·60	4·20	·12	3·33	
	स्नानघर-शौचालय और बरामदे के छत की स्लैब	1	6·60	2·80	·10	1·85	30 सेमी दीवार के 10 सेमी भीतर
					C. O.	5·18	

(उदाहरण 12—क्रमश:)

मद सं०	कार्य का विवरण	सं०	लम्बाई मी	चौड़ाई मी	ऊंचाई या गहराई मी	परिमाण	व्याख्यात्मक नोट
					B. F.	5·18	
	दरवाजा, खिड़की और अलमारी के ऊपर लिन्टल	मद(6) में (क) के		समान	=	0·227	
	बरामदे का लिन्टल	1	3·70	·20	·15	0·111	15 सेमी दीवार के भीतर
	बरामदे के सामने छज्जे का प्रक्षेपण	1	3·90	·50	·05	0·098	
	धूप रोधक—						
	खिड़की के ऊपर $ख_1$	3	1·20	·50	·05	0·090	
	,, ,, $ख_2$	1	0·95	·50	·05	0·024	
	अलमारी के स्लैब	1×3	1·10	·20	·05	0·033	5 सेमी धारक
					योग	5·76 घन मी	
9	**नरम इस्पात की छड़ें—** प्रबलन और मुड़ाई सहित, प्र. सी. कं. कार्य में @ 1%		5·76	$\times \frac{1}{100}$	×78·5	=4·52 कुन्तल	मद 8 का 1%
10	**10 सेमी चूना कंक्रीट छत में—**						
	कमरा	1	6·00	3·60	—	21·60	मुंडेर के बीच में निर्बाध क्षेत्रफल
	स्नानघर-शौचालय और बरामदा	1	6·20	2·50	—	15·50	,, ,, ,, ,, ,,
					योग	37·10 वर्ग मी	
11	**4 सेमी मोटी तापरोधी तह—**						
	कमरा	1	6·00	3·60	—	21·60	
	स्नानघर-शौचालय और बरामदा	1	6·20	2·50	—	15·50	
					योग	37·10 वर्ग मी	
12	**साल लकड़ी का कार्य चौखट में गढ़, ढांचा और आबद्ध—**						
	दरवाजे (फर्श में 3 सेमी भीतर) $द_1$	1	5·26	·12	·08	0·051	{2 उर्ध्व प्रत्येक 2·03 मी {1 क्षैतिज प्रत्येक 1·20 मी
	$द_2$	1	4·56	·12	·08	0·044	{2 उर्ध्व प्रत्येक 1·83 मी {1 क्षैतिज प्रत्येक 0·90 मी
					C. O.	0·095	

(उदाहरण 12—क्रमशः)

मद सं०	कार्य का विवरण	सं०	लम्बाई मी	चौड़ाई मी	ऊंचाई या गहराई मी	परिमाण	व्याख्यात्मक नोट
					B. F.	0·095	
	खिड़कियां $ख_1$	3	4·40	·10	·08	0·106	2 उर्ध्व —प्रत्येक 1·20 मी 2 क्षैतिज—प्रत्येक 1·00 मी
	खिड़की $ख_2$	1	3·30	·10	·08	0·026	2 उर्ध्व —प्रत्येक 0·90 मी 2 क्षैतिज—प्रत्येक 0·75 मी
					योग	0·227 घन मी	
13	**2·5 सेमी मोटी साल लकड़ी का कार्य** अंशतः दिल्लेदार और अंशतः कांचयुक्त दरवाजों और खिड़कियों में, फिटिंग्स सहित—						
	दरवाजा $द_1$	1	1·07	—	1·92	2·05	1·5 सेमी पतान
	दरवाजा $द_2$	1	0·77	—	1·72	1·32	
	खिड़कियां $ख_1$	3	0·87	—	1·07	2·79	
	खिड़की $ख_2$	1	0·62	—	0·77	0·48	
					योग	6·64 घन मी	
14	**इस्पात कार्य (नरम इस्पात)** पकड़ पट्टियों और खिड़कियों की जाली में—						
	दरवाजों में पकड़पट्टियां	2×6	—	—	—	12 सं०	प्रति दरवाजे 6
	खिड़कियों " "	4×4	—	—	—	16 सं०	प्रति खिड़की 4
					योग	28 सं०	
					@1 kg =	प्रत्येक 28 किग्रा	
	खिड़कियों की छड़ें 16 मिमी व्यास की @ 15·8 किग्रा प्रति मी—						
	खिड़कियां $ख_1$	3×7	1·20	—	—	25·20	उर्ध्व छड़ें 10 सेमी मध्यान्तर
	खिड़की $ख_2$	1×5	0·90	—	—	4·50	
						29·70	मी
					@·158 =	किग्रा/मी 46·93	किग्रा
					योग	74·93 किग्रा	

(उदाहरण 12—क्रमशः)

मद सं०	कार्य का विवरण	सं०	लम्बाई मी	चौड़ाई मी	ऊंचाई या गहराई मी	परिमाण	व्याख्यात्मक नोट
15	**12 मिमी** पलस्तर भीतरी दीवारों में 1 : 6 सीमेंट बालू मसाले से—						
	कमरा	2	6·00	—	3·80	45·60	
		2	3·60	—	3·80	27·36	
	स्नानघर-शौचालय	4	2·50	—	3·00	30·00	
	बरामदा—						
	पिछली दीवार	1	3·40	—	3·00	10·20	
	पार्श्व दिवारें	2	2·50	—	3·00	15·00	
	सामने की दीवार (भीतर)	1	3·40	—	0·40	1·36	
	पाखे, देहलें और अलमारी के अंतःस्तर	1	5·00	·20	—	1·00	ल = 2 × 1·00 + 2 × 1·50 = 5·00 मी
	बरामदे के पाखे	2	0·20	—	2·60	1·04	
					योग	131·56	
	घटायें—						
	दरवाजे का खुला भाग $द_1$	1	1·20	—	2·00	2·40	केवल एक सतह
	,, ,, ,, ,, $द_2$	1	0·90	—	1·80	1·62	,, ,, ,,
					योग	4·02	खिड़कियों के लिये बाहर से टीप में घटाया गया है
16	**सीमेंट की टीप 1 : 6 बाहर**—			कुल	योग	127·54 वर्ग मी	भीतरी पलस्तर का योग
	कमरा—						
	पिछली दीवार 10 सेमी भूमितल से नीचे और मुंडेर सहित	1	6·60	—	4·91	32·41	ऊं = 3·80 + ·45 + ·10 + ·12 + ·10 + ·04 + ·30 = 4·91 मी
	पार्श्व दीवार 10 सेमी भूमितल से नीचे और मुंडेर सहित	2	4·20	—	4·91	41·24	
	कमरे के सामने बरामदे के ऊपर	1	6·60	—	1·12	7·39	
	स्नानघर-शौचालय						
	सामने 10 सेमी भूमितल से नीचे सहित	1	2·90	—	3·99	11·57	ऊं = 3·00 + ·45 + ·10 + ·10 + ·04 + ·30 = 3·99 मी
	स्नानघर-शौचालय और बरामदा पार्श्व दीवारें	2	2·70	—	3·99	21·55	
					C. O.	114·16	

(उदाहरण 12—क्रमश:)

मद सं०	कार्य का विवरण	सं०	लम्बाई मी	चौड़ाई मी	ऊंचाई या गहराई मी	परिमाण	व्याख्यात्मक नोट
					B. F.	114·16	
	बरामदा—						
	10 सेमी भूमितल से नीचे	1	3·70	—	0 55	2·04	ऊं=·45+·10=·55 मी
	ऊपर का भाग मुंडेर सहित	1	3·70	—	0·89	3·29	ऊं=·40—·05+·10+·10 +·04+·30=0·89 मी
	मुंडेर—						
	कमरा—						
	लम्बी दीवारें (भीतर)	2	6·00	—	·30	3·60	
	छोटी दीवारें (भीतर)	2	3·60	—	·30	2·16	
	ऊपर की लम्बी दीवारें	2	6·60	·35	—	4·62	बाहर से बाहर
	ऊपर की छोटी दीवारें	2	3·60	·35	—	2·52	अन्दर से अन्दर
	स्नानघर-शौचालय और बरामदा-						
	लम्बी दीवारें (भीतर)	2	6·10	—	·30	3·66	
	छोटी दीवारें (भीतर)	2	2·50	—	·30	1·50	
	ऊपर लम्बी दीवार	1	6·60	·25	—	1·65	बाहर से बाहर
	स्नानघर-शौचालय ऊपरी पार्श्व	1	2·50	·25	—	0·63	अन्दर से अन्दर
	बरामदा ऊपरी पार्श्व	1	2·50	·35	—	0·88	,, ,,
					योग	140·71	
	घटायें—						
	खिड़कियों के खुले भाग ख$_1$	3	1·00	—	1·20	3·60	केवल एक सतह
	खिड़की का खुला भाग ख$_2$	1	0·75	—	0 90	0·68	,, ,, ,,
	सीढ़ी	1	1·50	—	0·55	0·83	10 सेमी भूमितल से नीचे सहित
					योग	5·11	
17	20 मिमी मोटी पलस्तर सीढ़ी में 1 : 3 सीमेंट मोटी बालू मसाले से, सीमेंट से समापित—			कुल	योग	135·60 वर्ग मी	बाहर सीमेंट टीप का योग
	पट	2	1·50	·30	—	0·90	
	उठान	3	1·50	—	0·15	0·68	
	सिरे	2	0·60	—	0·15	0·18	
		2	0·30	—	0·15	0·09	
					योग	1·85 वर्ग मी	
18	2·5 सेमी सीमेंट कंक्रीट 1:2:4 का फर्श 7·5 सेमी चूना कंक्रीट फर्श सहित—						
	कमरा	1	6·00	3·60	—	21·60	
	स्नानघर-शौचालय	1	2·50	2·50	—	6·25	
	बरामदा	1	3·40	2·50	—	8·50	
					योग	36 35 वर्ग मी	

(उदाहरण 12—क्रमश:)

मद सं०	कार्य का विवरण	सं०	लम्बाई मी	चौड़ाई मी	ऊंचाई या गहराई मी	परिमाण	व्याख्यात्मक नोट
19	2·5 सेमी सीमेंट कंक्रीट 1:2:4 देहलों में—						
	दरवाजे की देहल $द_1$	1	1·20	·30	—	0·36	
	दरवाजे की देहल $द_2$	1	0·90	·20	—	0·18	
	बरामदे की देहल (सामने)	1	3·40	·20	—	0·68	
					योग	1·22 वर्ग मी	
20	सफेदी पुताई तीन लेप अन्दर की दीवारों में	भीतरी पलस्तर के	समान		मद (15) =	127·54	
	कमरे की अंतश्छद	1	6·00	3·60	—	21·60	
	स्नानघर-शौचालय	1	2·50	2·50	—	6·25	
	बरामदे की अंतश्छद	1	3·40	2·50	—	8·50	
					योग	163·89 वर्ग मी	
21	दरवाजों और खिड़कियों को रंगना—						
	दरवाजा $द_1$	1×2	1·20	—	2·00	4·80	दोनों सिरों के लिये एक सतह का दुगना
	दरवाजा $द_2$	1×2	0·90	—	1·80	3·24	,, ,, ,, ,, ,, ,,
	खिड़कियां $ख_1$	3×2	1·00	—	1·20	7·20	,, ,, ,, ,, ,, ,,
	खिड़की $ख_2$	1×2	0·75	—	0·90	1·35	,, ,, ,, ,, ,, ,,
	खिड़की की छड़ें $ख_1$	3	0·84	1·04	—	2·62	चौखट छोड़कर, पूरे के लिये एक सतह
	खिड़की की छड़ें $ख_2$	1	0·59	0·74	—	0·44	,, ,, ,, ,, ,, ,,
					योग	19·65 वर्ग मी	
22	चौखट के पीछे दो लेप सोलिग्नम का—						
	दरवाजा $द_1$	1	5·26	·12	—	0·63	
	दरवाजा $द_2$	1	4·56	·12	—	0·55	
	खिड़कियां $ख_1$	3	4·40	·10	—	1·32	
	खिड़की $ख_2$	1	3·50	·10	—	0·35	
					योग	2·85 वर्ग मी	

परिमाण की सूची (उदाहरण—12)

1.	मिट्टी का कार्य नींव की खुदाई में	...	...	19·78 घन मी
2.	मिट्टी की भराई कुर्सी में	...	...	13·35 घन मी
3.	चूना कंक्रीट नींव में	...	...	6·78 घन मी
4.	द्वितीय श्रेणी की ईंट चिनाई नींव तथा कुर्सी में	...	...	11·44 घन मी
5.	2·5 सेमी सील रोक रद्दा	...	...	8·72 वर्ग मी
6.	द्वितीय श्रेणी की ईंट चिनाई अधिरचना में 10 सेमी ऊपर और 10 सेमी नीचे, पाखों और देहलों में	...	...	3·47 घन मी
7.	द्वितीय श्रेणी की ईंट चिनाई अधिरचना में मिट्टी के गारे से	...	...	27·61 घन मी
8.	प्र. सी. कं. कार्य इस्पात प्रबलन और उसकी मुड़ाई को छोड़कर लेकिन ढूला बांधने को लेकर	...	...	5·76 घन मी
9.	नरम इस्पात प्रबलन में मुड़ाई सहित	...	...	4·52 कुन्तल
10.	10 सेमी चूना कंक्रीट ऊपरी छत में	...	...	37·10 वर्ग मी
11.	4 सेमी मोटी ताप रोधी तह	...	...	37·10 वर्ग मी
12.	साल लकड़ी का कार्य चौखट में गढ़ा, ढांचा और आबद्ध	...	...	0·227 घन मी
13.	2·5 सेमी साल लकड़ी का कार्य अंशतः दिल्लेदार और अंशतः कांचयुक्त दरवाजों और खिड़कियों में फिटिंग सहित	...	...	6·64 वर्ग मी
14.	लोहे का कार्य पकड़पट्टियों में	...	...	74·93 किग्रा
15.	12 मिमी पलस्तर भीतरी दीवारों में	...	...	127·54 वर्ग मी
16.	सीमेंट की टीप 1 : 3 बाहर	...	...	135·60 वर्ग मी
17.	20 मिमी पलस्तर सीढ़ियों में	...	...	1·85 वर्ग मी
18.	2·5 सेमी सीमेंट कंक्रीट फर्श 7·5 सेमी चूना कंक्रीट फर्श सहित	...	...	36·35 वर्ग मी
19.	2·5 सेमी सीमेंट कंक्रीट 1 : 2 : 4 देहलों में	...	...	1·22 वर्ग मी
20.	सफेदी पुताई तीन लेप भीतरी दीवारों में	...	...	163·89 वर्ग मी
21.	दरवाजों और खिड़कियों में रंग करना	...	...	19·65 वर्ग मी
22.	चौखटों के पीछे दो लेप सोलिग्नम का	...	...	2·85 वर्ग मी

भवन का रेखा तलदृश्य (Line Plan)

भवन के रेखा चित्र में बहुधा तलदृश्य में कमरों के भीतरी माप दिये होते हैं। ऐसी दशा में प्राक्कलन कार्य आरम्भ करने से पूर्व भवन का विस्तृत तलदृश्य जिसमें दीवारें, दरवाजे, खिड़कियाँ आदि दिखाई गई हों तथा भवन का सम्मुख दृश्य, जिसमें नींव तथा खसके आदि दिखाये गये हों, अंकित कर लेना चाहिये तथा इन पर माप भी लिख लेना चाहिये। तलदृश्य तथा खंडित दृश्य भी अंकित कर लेने के बाद समुचित सामान्य निर्दिष्टियाँ मान कर सामान्य विधि से प्राक्कलन बनाया जा सकता है।

यदि विस्तृत तलदृश्य तथा खंडित दृश्य बिना अंकित किये ही शीघ्रता पूर्वक कार्य करना हो तो दीवारों की मोटाई मानकर सब दीवारों की कुल मध्य रेखा लम्बाई निकाली जा सकती है। इस मध्य रेखा लम्बाई की सम्बन्धित चौड़ाई व ऊंचाई से गुणा करके विभिन्न मदों के परिमाण ज्ञात किये जा सकते हैं। चौड़ाई तथा ऊंचाई को समुचित मान लिया जा सकता है अथवा दीवार की खंडित दृश्य अंकित की जा सकती है।

यदि स्थूल अनुमान लगाना हो तो रेखा चित्र में लम्बाइयों का माप उन दीवारों की मध्य रेखा की लम्बाई के समान माना जा सकता है। इस प्रकार मापों से कुल मध्य रेखा लम्बाई ली जा सकती है तथा सम्बन्धित चौड़ाई व ऊंचाई से गुणा करके विभिन्न मदों के परिमाण निकाले जा सकते हैं। किसी भवन के रेखा चित्र से प्राक्कलन करने की विधि का एक उदाहरण नीचे दिया गया है।

उदाहरण 13—तीन कमरों वाले एक भवन का रेखा चित्र, चित्र 3-17 में दिखाया गया है। मोटे तौर पर निम्नलिखित मदों के परिमाणों का प्राक्कलन करिये—

1. नींव में चूना कंक्रीट, 2. नींव तथा कुर्सी में चूना मसाले से प्रथम श्रेणी की ईंट चिनाई, 3. कुर्सी पर सील रोक रद्दा (Damp proof course), 4. अधिरचना में 1 : 6 सीमेंट मसाले से प्रथम श्रेणी की ईंट चिनाई, 5. छत की स्लैबों (Roof slabs), लिंटलों तथा धूपरोधक (Sun shades) में प्रबलित सीमेंट कंक्रीट कार्य, 6. प्रबलित सीमेंट कंक्रीट कार्य में 1% की दर से नरम इस्पात का प्रबलन, 7. छत में चूना कंक्रीट की ऊपरी छत (Terracing), 8. 7·5 सेमी. मोटी चूना कंक्रीट तथा उस पर 2·5 सेमी. मोटा सीमेंट कंक्रीट का फर्श, 9. भीतरी तथा बाहरी दीवारों पर 1 : 6 सीमेंट मसाले का 12 मिमी. मोटा पलस्तर। समुचित अनुप्रस्थ खंड तथा अन्य माप मान लें।

चित्र 3-18 में प्रदर्शित खंडित दृश्य (Cross-section) मानकर कुल मध्य रेखा लम्बाई निम्न प्रकार से ज्ञात की जा सकती है—

मुख्य कमरों की 30 सेमी मोटी दीवारों की कुल मध्य रेखा लम्बाई—

बैठक तथा भोजन का कमरा—$(6{\cdot}00+{\cdot}30)\times 2+(3{\cdot}20+{\cdot}30)\times 2=19{\cdot}60$

बायीं ओर का शयन कक्ष—$(4{\cdot}00+{\cdot}30)\times 2+(3{\cdot}00+{\cdot}30)\times 2=15{\cdot}20$

बीच का शयन कक्ष (शेष दीवार)—$(3{\cdot}6+{\cdot}30)\times 2 \qquad = 7{\cdot}80$

योग ··· 42 60 मी.

रसोईघर, भंडार, स्नानघर तथा शौचालय (W. C.) की 20 सेमी. दीवारों की कुल मध्य रेखा लम्बाई—

रसोईघर—$(3{\cdot}20+{\cdot}20)\times 2+(2{\cdot}40+{\cdot}20)\times 2 \qquad =12{\cdot}00$

भंडार (शेष दीवारें)—$\left(2{\cdot}40+\frac{{\cdot}20}{2}+\frac{{\cdot}30}{2}\right)\times 2 \qquad = 5{\cdot}30$

स्नानघर (शेष दीवारें)—$(1{\cdot}5+{\cdot}20)\times 1+\left(2\ 00+\frac{{\cdot}20}{2}+\frac{{\cdot}30}{2}\right)\times 2= 6{\cdot}20$

शौचालय—$(1{\cdot}00+{\cdot}20)\times 1+(1{\cdot}20+{\cdot}20)\times 2 \qquad = 4{\cdot}00$

योग ··· 27·50 मी.

बरामदे की 20 सेमी. मोटी दीवारों की कुल मध्य रेखा लम्बाई—

सामने का बरामदा $\left(3{\cdot}60+\frac{{\cdot}30}{2}+\frac{{\cdot}20}{2}\right)\times 1+\left(2{\cdot}00+\frac{{\cdot}20}{2}+\frac{{\cdot}30}{2}\right)\times 1=6{\cdot}10$

पीछे का बरामदा—$(3{\cdot}60+{\cdot}20)\times 1 \qquad =3{\cdot}80$

योग ··· 9·90 मी.

मुख्य कमरों के ऊपर 20 सेमी मोटी मुंडेर (Parapet wall) की कुल मध्य रेखा लम्बाई (परिमिति) (Perimeter)।

बैठक व भोजन के कमरे की दायीं ओर की बाहरी दीवार, बैठक तथा शयन कक्षों की पीछे की दीवारें, बायीं ओर के शयन कक्ष की बायीं दीवार तथा कक्षों व भोजन के कमरों की सामने की दीवारें—

$$=6{\cdot}40+3{\cdot}55+3{\cdot}85+1{\cdot}30+3{\cdot}40+4{\cdot}40+3{\cdot}35+3{\cdot}85+3{\cdot}00+3{\cdot}55=36{\cdot}65 \text{ मी}$$

रसोईघर, भंडार, स्नानघर, शौचालय तथा बरामदों के ऊपर 20 सेमी मोटी मुंडेर की कुल मध्य रेखा। लम्बाई—

भंडार की दायीं ओर की बाहरी दीवार, रसोईघर की दायीं ओर की बाहरी दीवार, रसोईघर के पीछे की दीवार, रसोईघर की बायीं ओर की दीवार, पीछे का बरामदा, स्नानघर तथा शौचालय की पीछे की दीवार स्नानघर की बायीं ओर, सामने के बरामदे की बायीं दीवार तथा सामने के बरामदे की सामने की दीवार—

$$2{\cdot}50+2{\cdot}60+3{\cdot}40+2{\cdot}60+3{\cdot}30+3{\cdot}30+2{\cdot}25+2{\cdot}25+3{\cdot}30=25{\cdot}50 \text{ मी}$$

कुर्सी दीवार की बाहरी परिमित की कुल लम्बाई (बैठक व शयन कक्ष की दायीं ओर के बाहरी दीवार से आरम्भ करके वामावर्त ((counter clockwise) दिशा —

$$=6{\cdot}60+2{\cdot}60+2{\cdot}60+3{\cdot}60+3{\cdot}00+0{\cdot}60+3{\cdot}30+2{\cdot}20+4{\cdot}60+3{\cdot}30+2{\cdot}20+3.30+0{\cdot}80+3{\cdot}60=42{\cdot}30 \text{ मी}$$

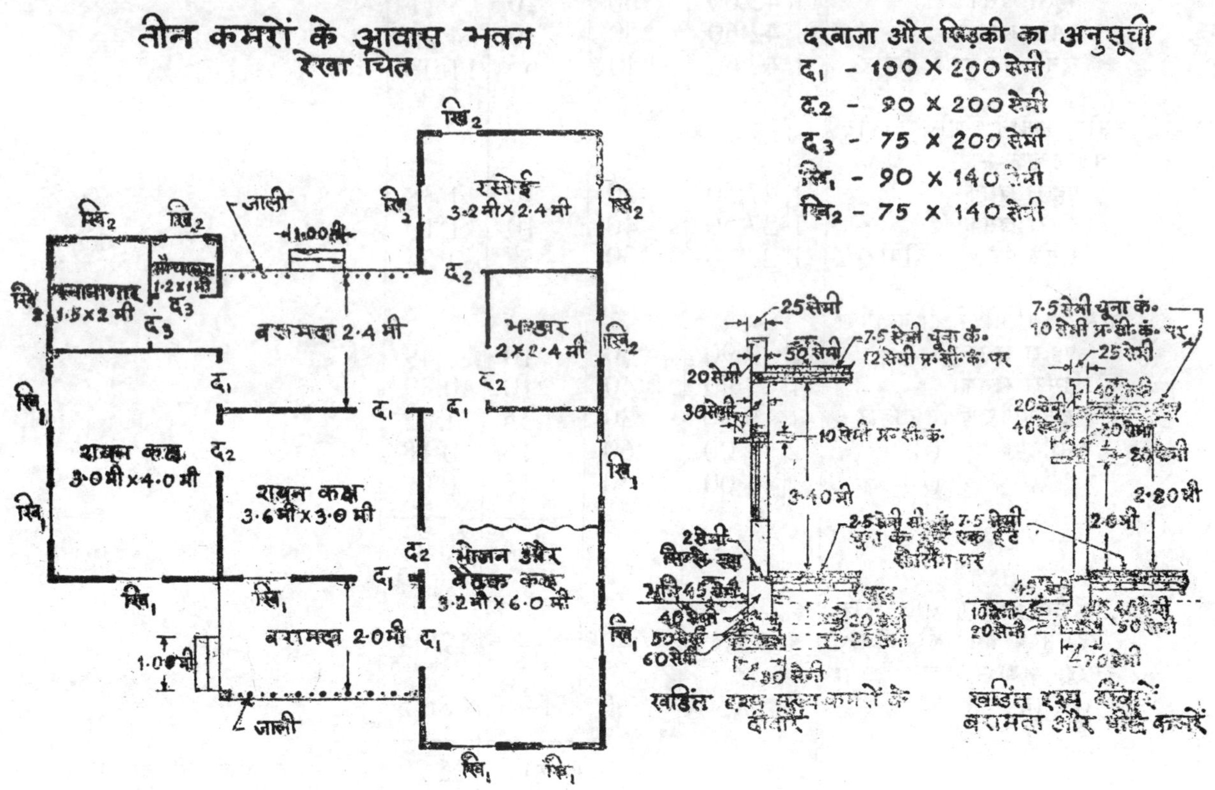

चित्र 3-17

चित्र 3-18

माप का विवरण तथा परिमाणों का परिकलन (उदाहरण 13)

मद संख्या	मद का विवरण	सं०	लम्बाई मी	चौड़ाई मी	ऊँचाई या गहराई मी	परिमाण	व्याख्यात्मक नोट
1	चूना कंक्रीट नींव में--						
	मुख्य कमरे की दीवारें	1	42·60	·80	·25	8·52	ल = केन्द्र लम्बाई का योग
	रसोई गृह, भंडार, स्नान गृह तथा शौच गृह	1	27·50	·70	·20	3·85	,, ,, ,,
	सामने तथा पार्श्व का बरामदा	1	9·99	·70	·20	1·39	,, ,, ,,
	सीढ़ियां	2	1·00	·60	·10	0·12	दो पट्ट 30 सेमी प्रत्येक
					योग	13·88 घन मी	
2	प्रथम श्रेणी की ईंट चिनाई चूना मसाले से नींव तथा कुर्सी में--						
	मुख्य कमरे की दीवारें---						
	पहला खसका	1	42·60	·60	·20	5·11	
	दूसरा खसका	1	42·60	·50	·20	4·26	
	खसके पर कुर्सी दीवार	1	42·60	·40	·65	11·08	
	रसोई, स्नान, शौच और भंडार कक्ष--						
	पहला खसका	1	27·50	·50	·10	1·38	
	दूसरा खसका	1	27·50	·40	·10	1·10	
	खसके पर कुर्सी दीवार	1	27·50	·30	·55	4·54	
	सामने तथा पार्श्व का बरामदा						
	पहला खसका	1	9·90	·50	·10	0·49	
	दूसरा खसका	1	9·90	·40	·10	0·39	
	खसके पर कुर्सी दीवार	1	9.90	·30	·55	1·63	
	सीढ़ियां (i)	2	1·00	·60	·15	0·18	
	,, (ii)	2	1·00	·30	·15	0·09	
					योग	30·25 घन मी	
3	2·5 सेमी मोटा सील रोक रद्दा मुख्य कमरे की दीवारें	1	42·60	·40	—	17·04	
	रसोई, भंडार, स्नान तथा शौच गृह	1	27·50	·30	—	8·25	
					योग	25·29 वर्ग मी	घटाना दरवाजें की देहलों का अगले पृष्ठ पर $\frac{1}{2}$ देखें

(उदाहरण 13--क्रमश:)

मद सं०	कार्य का विवरण	सं०	लम्बाई मी	चौड़ाई मी	ऊँ. या ग. मी	परिमाण	व्याख्यात्मक नोट
	द वाजे की देहल घटायें--						
	$द_1$	5	1·00	·40	—	0·20	
	$द_2$	2	0·90	·40	—	0·72	
	$द_2$	2	0·90	·30	—	0·54	
	$द_3$	2	0·75	·30	—	0·45	
				टाने का	योग	1·91	
					शुद्ध योग	23·38 वर्ग मी	
4	प्रथम श्रेणी की ईट चिनाई 1 : 6 सीमेंट मसाले से अधिरचना में---						
	मुख्य कमरे की 30 सेमी की दीवारें	1	42·60	·30	3·40	43·45	ल = केन्द्र लम्बाई का योग
	रसोई, भंडार, स्नान, तथा शौचगृह के कमरों की 20 सेमी दीवारें	1	27·50	·20	2·80	15·40	,, ,, ,,
	सामने तथा पार्श्व का बरामदा 20 सेमी की दीवार लिंटल के ऊपर	1	9·90	·20	0·60	1·19	,, ,, ,,
	मुंडेर--						
	मुख्य कमरे की मूंडेर बाहरी दीवारों पर	1	36·65	·20	·575	4·21	,, ,, ,,
	रसोई, भंडार, स्नान, शौच तथा सामने और पार्श्व बरामदे की मूंडेर बाहरी दीवारों पर	1	25·50	·20	·475	2·42	,, ,, ,,
			(ठोस	मान कर)	योग	66·67 घन मी	
	घटायें--						
	दरवाजे के खुले भाग लिंटल जोड़कर--						
	$द_1$	5	1·00	·30	2·10	3·15	ऊँ = 2·00 + ·10 = 2·10 मी
	$द_2$	2	0·90	·30	2·10	1·13	,, ,, ,,
	$द_2$	2	0·90	·20	2·10	0·76	,, ,, ,,
	$द_3$	2	0·75	·20	2·10	0·63	,, ,, ,,

मद सं०	कार्य का विवरण	सं०	लम्बाई मी	चौड़ाई मी	ऊँचाई या गहराई मी	परिमाण	व्याख्यात्मक नोट
	खिड़की के खुले भाग लिंटल जोड़कर						
	खि$_1$	8	0·90	·30	1·50	3·24	ऊँ = 1·40 + ·10 = 1·50 मी
	खि$_2$	7	0·75	·20	1·50	1·58	,, ,, ,,
				घटाने का	योग	10·49	
5	प्र. सी. कं. का कार्य ढूले तथा समापन सहित प्रबलन और उसकी मुड़ाई के अतिरिक्त				शुद्ध योग	56·18	घन मी
	छत स्लैब —						
	बैठक तथा भोजन कक्ष	1	6·60	3·80	·12	3·01	धारक—पूरी दीवार
	बायां शयन कक्ष	1	4·60	3·60	·12	1·99	
	बीच का शयन कक्ष	1	3·60	3·60	·12	1·56	
	रसोई घर	1	3·40	2·60	·10	0·88	
	स्नान तथा शौचघर	1	3·30	2·40	·10	0·79	
	पार्श्व बरामदा भंडार घर सहित	1	7·60	2·80	·10	2·12	
	सामने का बरामदा	1	4·00	2·40	·10	0·96	
	दरवाजे पर लिंटल द$_1$	5	1·20	·30	·10	0·18	धारक 10 सेमी
	,, ,, द$_2$	2	1·10	·30	·10	0·07	,, ,,
	,, ,, द$_2$	2	1·10	·20	·10	0·04	,, ,,
	,, ,, द$_3$	2	0·95	·20	·10	0·04	,, ,,
	खिड़कियों ,, खि$_1$	8	1·10	·30	·10	0·26	,, ,,
	,, ,, खि$_2$	7	0·95	·20	·10	0·13	,, ,,
	सामने के बरामदे का लिंटल सामने	1	4·00	·20	·20	0·16	धारक 20 सेमी
	,, ,, ,, ,, ,, किनारे	1	2·20	·20	·20	0·09	,, ,,
	पार्श्व बरामदे का लिंटल	1	4·00	·20	·20	0·16	,, ,,
	खिड़कियों खि$_1$ पर धूप रोधक (Sunshade)	8	1·10	·30	·06	0·16	औसत मोटाई 6 सेमी
	,, खि$_2$,, (,,)	7	0·95	·30	·06	0·12	,, ,, ,,
	सामने के बरामदे की धूप रोधक (Sunshade) सामने	1	4·40	·40	·06	0·11	औसत मोटाई 6 सेमी
	सामने के बरामदे की धूप रोधक किनारे (side)	1	2·20	·40	·06	0·05	,, ,, ,,
	पार्श्व बरामदे की धूप रोधक	1	3·60	·40	·06	0·09	,, ,, ,,
					योग	12·97	घन मी

(उदाहरण 13—क्रमशः)

मद सं०	कार्य का विवरण	सं	लम्बाई मी	चौड़ाई मी	ऊंचाई या गहराई मी	परिमाण	व्याख्यात्मक नोट
6	नरम इस्पात का प्रबलन मुड़ाई सहित प्र. सी. कं. कार्य में	=	$\frac{12·97}{100}$	×1 =	·1297	घन मी	इस्पात का भार 78·5 कुंतल/प्रति घन मी
	प्र. सी. कं. के कार्य @ 1%	=	·1297	×78·5	=	10·18 कुन्तल	
7	चूना कंक्रीट ऊपरी छत में 7·5 सेमी मोटा—						
	बैठक तथा भोजन कक्ष	1	6·20	3·40	—	21·08	
	बायां शयन कक्ष	1	4·20	3·20	—	13·44	
	बीच का शयन कक्ष	1	4·00	3·20	—	12·80	
	रसोई घर	1	3·20	2·40	—	7·68	
	स्नान तथा शौच गृह	1	2·90	2·00	—	5·80	
	पार्श्व बरामदा भंडार कक्ष सहित	1	7·10	2·40	—	17·04	
	सामने का बरामदा	1	3·60	2·00	—	7·20	
					योग	85·04 वर्ग मी	
8	2·5 सेमी सीमेंट कंक्रीट फर्श 7·5 सेमी चूना कंक्रीट सहित						
	बैठक तथा भोजन कक्ष	1	6·00	3·20	—	19·20	
	शयन कक्ष बीच का	1	3·60	3·20	—	10·80	
	शयन कक्ष बायां	1	4·00	3·20	—	12·00	
	रसोई घर	1	3·20	2·40	—	7·68	
	भंडार कक्ष	1	2·40	2·00	—	4·80	
	स्नान घर	1	2·00	1·50	—	3·00	
	शौच घर	1	1·20	1·00	—	1·20	
	स्नान घर के लिए गली	1	1·20	0·80	—	0·96	
	पीछे का बरामदा	1	4·90	2·40	—	11·76	
	सामने का बरामदा	1	3·60	2·00	—	7·20	
	दरवाजों की देहुले— $द_1$	5	1·00	·30	—	1·50	केवल 2·5 सेमी सी.कं.का फर्श
	$द_2$	2	0·90	·30	—	0·54	,, ,, ,,
	$द_2$	2	0·90	·20	—	0·36	,, ,, ,,
	$द_3$	2	0·75	·20	—	0·30	,, ,, ,,
					C. O.	81·24	

मद सं०	कार्य का विवरण	सं०	लम्बाई मी	चौड़ाई मी	ऊँचाई या गहराई मी	परिमाण	व्याख्यात्मक नोट
	बरामदे की कुर्सी दीवारों की देहलों पर—						
	सामने का बरामदा सामने	1	3·60	·20	—	0·72	केवल 2·5 सेमी सी.कं.का फर्श
	सामने का बरामदा किनारे (side)	1	2·00	·20	—	0·40	,, ,, ,,
	पीछे का बरामदा	1	4·70	·20	—	0·94	,, ,, ,,
					योग	83·36 वर्ग मी	
9	12 मि.मी. मोटा पलस्तर 1:6 सीमेंट रेत मसाले से भीतर तथा बाहरी दीवारों पर—						
	मुख्य कमरों की दीवारों की अधिरचना में दोनों किनारों पर (both sides)	1 × 2	42·60	—	3·40	289·68	कुल मध्य रेखा लम्बाई
	रसोई, भंडार गृह, स्नान गृह और शौचालय दोनों किनारों पर	1 × 2	27·50	—	2·80	154·00	,, ,, ,,
	पीछे बरामदे की दीवार खुले हुए भागों के ऊपर भीतर तथा बाहर की ओर	1	3·60	--	2 × ·80	5·76	
	सामने के बरामदे की दीवार खुले हुए भागों के ऊपर भीतर तथा बाहर की ओर (सामने तथा किनारे (front and sides)	1	5·60	--	2 × ·80	8·96	ल = 3·6 + 2·0 = 5·60 मी
	मुन्डेर मुख्य कमरे पर	1	36·65	--	1·45	53·14	ऊ = ·50 + ·25 + ·58 + ·12 = 1·45 मी
	रसोई घर, भंडार घर, स्नान घर, शौचघर तथा बरामदे पर मुन्डेर	1	25·50	—	1·23	31·37	ऊ = ·40 + ·25 + ·48 + ·10 = 1·23 मी
	कुर्सी दीवार बाहर की ओर 10 सेमी भूमि तल नीचे तक (बाहरी परिमित)	1	42·30	--	·55	23·27	
			योग	ठोस	माकनर	566·18	
	घटाना—						
	दरवाजे और खिड़की की खुले भागों की एक तह पर—						
	$द_1$	5	1·00	—	2·00	10·00	
	$द_2$	4	0·90	—	2·00	7·20	

(उदाहरण 13--क्रमशः)

मद सं०	कार्य का विवरण	सं०	लम्बाई मी	चौड़ाई मी	ऊँचाई या गहराई मी	परिमाण	व्याख्यात्मक नोट
	$द_3$	2	0·75	—	2·00	3·00	
	$खि_1$	8	0·90	—	1·40	10·08	
	$खि_2$	7	0·75	—	1·40	7·35	
			घटाने	का	योग	37·63	
				शुद्ध	योग	528·55 घन मी	

परिमाण की सूची (उदाहरण 13)

1. चूना कंक्रीट नींव में .... 13·88 घन मी
2. प्रथम श्रेणी की ईंट चिनाई चूना मसाले से नींव तथा कुर्सी में .. 30·25 ,,
3. 2·5 सेमी मोटा सील रोक रद्दा .... 23·38 वर्ग मी
4. प्रथम श्रेणी की ईंट चिनाई 1 : 6 सीमेंट मसाले से अधिरचना में 56·18 घन मी
5. प्र० सी० कं० का कार्य ढूले तथा समापन सहित इस्पात प्रबलन और उसकी मुड़ाई के अतिरिक्त .... 12·97 ,,
6. नरम इस्पात का प्रबलन प्र० सी० कं० कार्य में .... 10·18 कुन्तल
7. 7·5 सेमी मोटी चूना कंक्रीट छत में .... 85·04 वर्ग मी
8. 2·5 सेमी सीमेंट कंक्रीट का फर्श 7·5 सेमी चूना कंक्रीट पर .... 83·36 ,,
9. 12 मिमी पलस्तर 1 : 6 सीमेंट रेत मसाले से दीवार में .... 528·55 ,,

बहुतल मंजिली भवनें (Storeyed Buildings)

दो मंजिली, तीन मंजिली आदि भवनों का प्रावकलन एक मंजिली भवन के लिये वर्णित विधि तथा सिद्धांतों से ही एक-एक मंजिल करके किया जा सकता है। ऊपर की मंजिलों में नींव तथा कुर्सी दीवारें नहीं होतीं अतः इनका प्राक्कलन एक मंजिली इमारत की अधिरचना के प्राक्कलन के समान ही किया जाता है। दो मंजिलों के फर्श में सामान्यतः प्रबलित सीमेंट कंक्रीट या प्रबलित ईंट चिनाई या अन्य प्रकार की संरचना पर 2·5 सेमी या 4 सेमी मोटी सीमेंट कंक्रीट का बनाया जाता है। प्रबलित सीमेंट कंक्रीट की स्लैबों (slabs) तथा सीमेंट कंक्रीट फर्श के बीच में 7·5 सेमी मोटा चूना कंक्रीट का आधार दे देना बंधन (bond) की दृष्टि से उपयोगी रहता है। भारवाही संरचना या स्लैब (supporting structure or slab) तथा सीमेंट कंक्रीट फर्श का प्राक्कलन अलग-अलग मदों के रूप में किया जाता है। सब से ऊपर की मंजिल की छत पर जलरोधन (water proofing) के लिये सामान्यतः चूना कंक्रीट की ऊपरी छत दी जाती है।

बहु मंजिली इमारतें इस्पात संरचना पर या प्रबलित सीमेंट कंक्रीट संरचना पर तथा 20 सेमी मोटी एक ईट की पर्दा दीवार (pannel wall) देकर बनाई जाती है। अन्दर की विभाजक दीवारें आधी ईट की ईट चिनाई तथा हर चौथे रद्दे पर छरपट्टी (hoop iron) या तार की जाली या अन्य ऐसा ही प्रबलन देकर बनाई जा सकती है। प्राक्कलन करते समय पहले इस्पात की संरचना या प्रबलित सीमेंट की संरचना का प्राक्कलन किया जाता है तथा फिर पर्दा दीवारों का प्राक्कलन किया जाता है। एक मंजिल की प्रबलित सीमेंट कंक्रीट के ढांचे पर बनी इमारत का प्राक्कलन प्रबलित सीमेंट कंक्रीट के अध्याय में उदाहरण के रूप में समझाया गया है। अनेक मंजिलों की इमारत का भी इसी सिद्धांत पर प्राक्कलन किया जा सकता है।

अध्याय 5 में ही एक दो मंजिली इमारत के लिये इस्पात के स्थाणुक (steel stanchion) तथा संलग्न धरनों (beams) के प्राक्कलन का उदाहरण भी दिया गया है।

निर्माण के समय पहले ढांचा, खम्बे या स्थाणुक तथा धरनें बनाये जाते है तथा उसके बाद प्रबलित कंक्रीट की स्लैबें (slabs) बनाई जाती हैं। फिर सभी मंजिलों की दीवारें एक साथ ही बनाई जाती हैं। इस प्रकार सभी इमारतों में निर्माण कार्य एक साथ ही हो सकता है तथा सम्पूर्ण कार्य शीघ्रतापूर्वक पूरा किया जा सकता है।

दीवार की मोटाई—सामान्यतः एक मंजिली निवास भवन के लिये एक ईट की 20 सेमी मोटी दीवार काफी हैं। बिना ढाँचे की तीन मंजिल तक के निवास भवन में निचली मंजिल पर दीवार की मोटाई दो ईट की, 40 सेमी हो सकती है, दो मंजिलों पर $1\frac{1}{2}$ ईट या 30 सेमी तथा तीमंजिले पर एक ईट या 20 सेमी हो सकती है। 4 मी से अधिक लम्बी दीवारें एक ईट से अधिक की होनी चाहिये। निचली मंजिल के छोटे कमरों तथा ऊपर के मंजिलों की दीवार एक ईट मोटी हो सकती है। आधी ईट की विभाजक दीवारें बिना किसी नींव के दी जा सकती हैं तथा उनमें हर चौथे रद्दे पर छरपट्टी या तार की जाली का प्रबलन देना आवश्यक है।

पत्थर की दीवार कम से कम 30 सेमी मोटी होनी चाहिये।

———

अध्याय 4

विभिन्न प्रकार की छतें

छत प्रबलित सीमेंट कंक्रीट की स्लैबों, प्रबलित ईंट चिनाई की स्लैब (R. B. slab), छत जेक डाट (Jack arches), सपाट ऊपरी छत (Flat terraced), मद्रासी छत (Madras terraced), ढलवां छत (Sloping roof) आदि अनेक प्रकार की हो सकती है। प्रबलित सीमेंट कंक्रीट तथा प्रबलित ईंट चिनाई की स्लैब की छतें सामान्यत: बनाई जाती हैं तथा इनके प्राक्कलन का विवरण हम भवन के प्राक्कलन के अन्तर्गत कर चुके हैं। अन्य प्रकार की छतों का विवेचन इस अध्याय में किया गया है।

डाट की छत

छत की जेक डाटें (Jack arches) वृत खण्ड डाटें (Segmental arches) होती हैं। जेक डाटों का पाट 0·9 मी से 1·8 मी तक तथा उठान पाट के $\frac{1}{6}$ से 1/10 भाग होती है। इनमें ईंट चिनाई का केवल एक 10 सेमी मोटा बलय (Ring) होता है।

डाट की लम्बाई कमरे की चौड़ाई तथा डाट की मोटाई के दुगने के योग के बराबर मानी जाती है। छत डाट के चाप की लम्बाई (अर्थात् चौड़ाई) अन्त:स्तर (Intrados) के समान मानी जाती है। डाट में ईंट चिनाई कार्य की गणना घन मी में की जाती है परन्तु डाट की छत चपटे सतह (Flat surface) के रूप में भी ली जा सकती है तथा वर्ग मीटर में भी निकाली जाती है।

छत के सिरों की डाट (End bay) में 16 से 20 मिमी व्यास की इस्पात छड़ें तान छड़ों (Tie rods) के रूप में 1 मी से 1·5 मी की दूरी पर लगायी जाती है। तान छड़ें लगाने के लिए दासे (Wall plates) भी लगायी जा सकती हैं।

छत पर चूना कंक्रीट का परिमाण घन मी में निकाला जाता है। चपटी ऊपरी छतों (Flat terracing) के लिए छत की मोटाई समान मान ली जाती है तथा हाँच (Haunch) या चाप स्कन्ध (Spandril) में कंक्रीट की औसत मोटाई $\frac{1}{3}\times$ उठान ली जाती है।

ऊपरी छत में चूना कंक्रीट का परिमाण औसत मोटाई नाप कर भी निकाला जा सकता है यदि कंक्रीट उसी प्रकार की हो। कभी-कभी हांच (Haunch) या चाप स्कन्ध में निर्बल कंक्रीट भरी जाती है तथा उस स्थिति में ऊपरी छत की कंक्रीट अलग से निकाली जाती है।

डाट छत में यदि उठान पाट का $\frac{1}{8}$ भाग हो तो चाप की लम्बाई निर्बाध पाट की 1·07 गुना ली जा सकती है। गर्डरों के मध्य से मध्य तक की दूरी डाट छत का निर्बाध पाट होता है।

उदाहरण 1—दिये हुए तल दृश्य (Plan) तथा खंडित दृश्य (Section) (चित्र 4-1) से एक कमरे की जेक डाट की लागत का प्राक्कलन करिये। चपटी छत तथा स्कन्धों में एक ही प्रकार की चूना कंक्रीट डाली

गई है। धरनों, तान छड़ों (Tie rods) आदि में इस्पात के काम को भी प्राक्कलन में शामिल करिये। समुचित दरें मान लें।

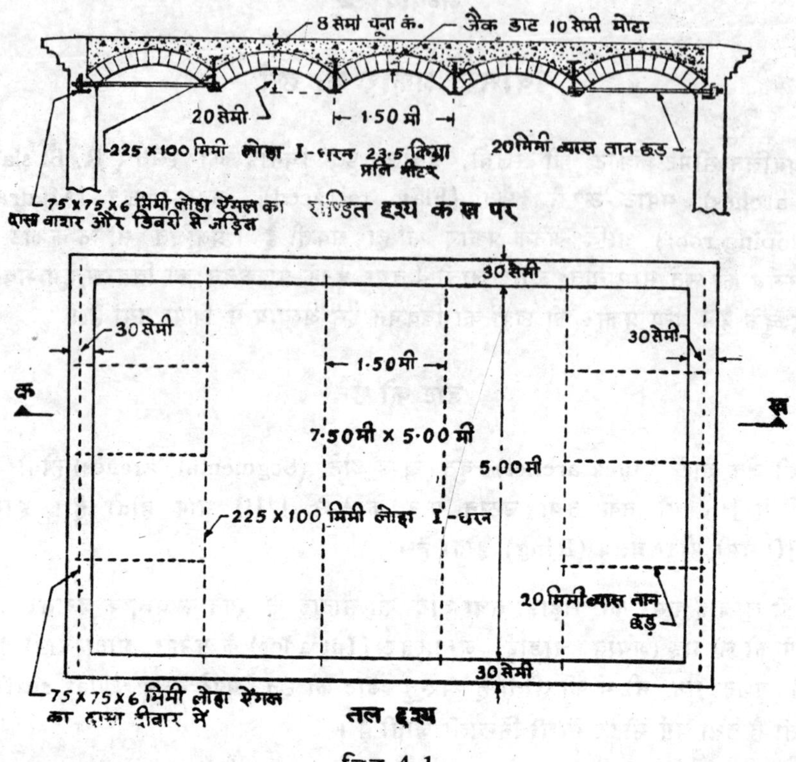

चित्र 4-1

डाट की चौड़ाई अर्थात् चाप की लम्बाई तथा स्कन्ध में चूना कंक्रीट की औसत मोटाई का परिकलन निम्नलिखित विधि से करते हैं--

चाप की लम्बाई (चौड़ाई)—

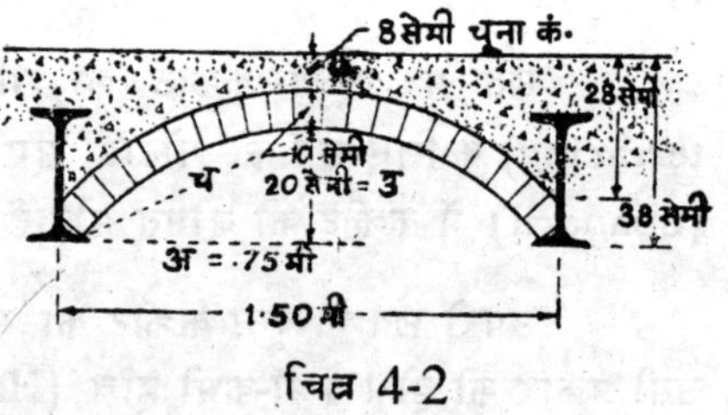

चित्र 4-2

$$\text{चाप की लम्बाई} = \text{ल} = \frac{8\text{च} - 2\text{अ}}{3}$$

$$\text{च} = \sqrt{\text{अ}^2 + \text{उ}^2} = \sqrt{(\cdot 75)^2 + (\cdot 2)^2} = \cdot 78 \text{ मी}$$

$$\therefore \text{ल} = \frac{8 \times \cdot 78 = 2 \times \cdot 75}{3} = \frac{6\cdot 24 - 1\cdot 5}{3} = 1\cdot 58 \text{ मी}$$

स्कन्ध में चूना कंक्रीट की औसत मोटाई

शीर्ष (Crown) पर कंक्रीट की चपटी छत की मोटाई = 8 सेमी स्कन्ध पर कंक्रीट की कुल मोटाई = 38 − डाट की मोटाई = 38 − 10 = 28 सेमी

इसलिए 8 सेमी मोटी चपटी छत छोड़कर स्कन्ध पर कंक्रीट की मोटाई = 28 − 8 = 20 सेमी

स्कन्ध की भराव में कंक्रीट की औसत मोटाई $= \frac{20+0}{3} = 6\frac{2}{3} = 6\cdot 67$ सेमी $= \cdot 0667$

माप का विवरण तथा परिमाणों का परिकलन (उदाहरण 1)

मद सं०	कार्य का विवरण	सं०	लम्बाई मी	चौड़ाई मी	ऊँचाई या गहराई मी	परिमाण	व्याख्यात्मक नोट
1	प्रथम श्रेणी की ईंट चिनाई 1·5 सीमेंट मसाले से ढूले सहित छत की डाटों में	5	5·20	1·58	·10	4·11 घन मी	ल = 5 + ·1 + ·1 = 5·2 मी चौ = पिछला पृष्ठ देखें
2	चूना कंक्रीट स्कंध की भराव में	1	7·70	5·20	·0667	2·67 घन मी	ल = 7·5 + ·1 + ·1 = 7·7 मी चौ = 5 + ·1 + ·1 = 5·2 मी ऊं = पिछला पृष्ठ देखें
3	8 सेमी चूना कंक्रीट छत पर पृष्ठ समापन रहित	1	7·70	5·20	—	40·04 वर्ग मी	
4	पृष्ठ समापन चूना, शीरे व बेल के फल या कदुकई के घोल से	1	7·70	5·20	—	40·04 वर्ग मी	
5	लोहे का कार्य धरण और दासा में--						
	लोहा I–धरण 225 × 100 मिमी @ 23·5 किग्रा प्रति मीटर	4	5·40	—	—	21·6 मी. @23·5 किग्रा = 507·6 किग्रा = 5·076 कु.	धारक 20 सेमी
	लोहा एंगल दासा में 75 × 75 × 6 मिमी@6·8 किग्रा प्रति मीटर	2	5·40	—	—	10·8 मी @6·8 किग्रा = 73·44 किग्रा = ·7344 कु.	
					योग	5·8104	कुन्तल
6	लोहे का कार्य तान छड़ों में— मिमी व्यास की तान छड़ें @ 2·47 किग्रा प्रति मी	3 × 2 = 6	1·75	—	—	10·50 मी @2·47 किग्रा = 25·935 किग्रा (i)	ल = 1·5 + ·15 = ·1 = 1·75 मी
	तान छड़ों के सिरे तथा काबले प्रत्येक ·15 किग्रा	3 × 2 = 6	—	—	--	6 स. @ ·15 किग्रा = ·9 किग्रा (ii)	

मद सं०	कार्य का विवरण	सं०	लम्बाई मी	चौडाई मी	ऊँचाई या गहराई मी	परिमाण	व्याख्यात्मक नोट
	50×50×6 मिमी वाशर पट्टी @ 47·1 किग्रा प्रति वर्ग मी	3×2 =6	·05	·05	--	0·015 वर्ग मी =0·015×47·1 =0·706 किग्रा (iii)	
			(i) (ii)	(iii) का	योग	27·541 किग्रा =0·2754 कुन्तल	
7	1·2:4 सीमेंट कंक्रीट के आधार पर धरनों के नीचे	4×2	0·40	0·30	·15	0·144 घन मी	
8	12 मिमी मोटा 1 : 6 सीमेंट पलस्तर अन्तश्छद में	5	5·00	1·58	--	39·5 वर्ग मी	
9	सफेदी पुताई तीन लेप अन्तश्छद में	5	5·00	1·58	--	39·5 वर्ग मी	

नोट--पूरी छत की औसत मोटाई और स्कंध भराव लेकर भी चुना कांक्रीट का परिमाण ज्ञात किया जा सकता है

पूरी छत की औसत मोटाई $= 8$ सेमी $+ \frac{20 \text{ सेमी}}{3} = 14·67$ सेमी $= ·1467$ मी

कुल चूना कंक्रीट हांच की भराव सहित छत में $= 7·70 \times 5·20 \times ·1467 = 5·78$ घन मी

प्राक्कलित लागत सार (उदाहरण 1)

मद सं०	कार्य का विवरण	परिमाण	इकाई	दर रु० पै०	प्रति	राशि रू० पै०
1	प्रथम मसाले की ईट चिनाई 1 : 5 सीमेंट मसाले से ढूला सहित छत की डाटों में	4·11	घन मी	140·00	प्रति घन मी	575·40
2	चूना कंक्रीट स्कंध भराव में	2·67	घन मी	70·00	प्रति घन मी	186·90
3	चूना कंक्रीट छत पर पृष्ट समापन रहित	40·04	वर्ग मी	9·60	प्रति वर्ग मी	384·38

(उदाहरण 1—क्रमशः)

मद सं०	कार्य का विवरण	परिमाण	इकाई	दर रु० पै०	प्रति	राशि रु० पै०
4	पृष्ठ समापन चूना, शीरा तथा बेल के फल या कदुकई के घोल से	40·04	वर्ग मी	4·00	प्रति वर्ग मी	160·16
5	लोहे का कार्य धरन और दासा में	5·8104	कुन्तल	200·00	प्रति कुन्तल	1162·08
6	लोहे का कार्य तान छड़ों में	·2754	कुन्तल	264·00	प्रति कुन्तल	72·70
7	1:2:4 सीमेंट कंक्रीट के आधार पर (Bed plate)	0·144	घन मी	300·00	प्रति घन मी	43·20
8	12 मिमी मोटा पलस्तर 1 : 6 सीमेंट मसाले से अन्तश्छद में	39·5	वर्ग मी	4·60	प्रति वर्ग मी	181·70
9	सफेदी पुताई के तीन लेप अन्तश्छद में	39·5	वर्ग मी	0·26	प्रति वर्ग मी	10·27
					योग	2926·79
	फुटकर व्यय तथा निर्माण प्रभारित सिब्बदी के लिए 5% जोड़ें				...	146·34
					कुल योग...	3073·13

जैक डाट की छत की प्रति वर्ग मी दर—

छत डाट में ईंट चिनाई (मद 1), स्कंध का भराव (मद 2), ऊपरी छत में चूना कंक्रीट (मद 3) तथा पृष्ठ समापन (मद 4) की कुल लागत = 1306·84 रु० इसमें 5% जोडने पर लागत रु० 1372·18 आती है। छत का कुल क्षेत्रफल = 7·5 मी × 5·0 मी = 37·5 वर्ग मी। चूना कंक्रीट की ऊपरी छत सहित (परन्तु धरनों तथा लोहे का काम छोड़ कर) डाट की छत की प्रति वर्ग मीटर दर इस प्रकार ज्ञात की जा सकती है।

$$\text{डाट की छत की प्रति वर्ग मी दर} = \frac{\text{लागत}}{\text{क्षेत्रफल}} = \frac{1372{\cdot}18}{37{\cdot}5 \text{ वर्ग मी}} = \text{रु० } 36{\cdot}59 \text{ प्रति वर्ग मी}$$

सपाट ऊपरी छत (Flat Terraced Roof)

निम्नांकित के ऊपर 7·5 से 12 सेमी तक मोटी चूना कंक्रीट बिछाकर चपटी खुली छत बनाई जा सकती है—

(1) 45 सेमी × 30 सेमी या 30 सेमी × 30 सेमी टाइलों की दो तह, (2) ईंटों की एक तह, (3) पत्थर की पटियां (Slab) की एक तह, (4) लकड़ी के बत्तों या लोहे की टी (T-iron) पर आधारित 2·5 सेमी मोटे लकड़ी के तख्ते आदि।

यह लकड़ी के बत्ते या टी लोहे की धरनों या बिले इस्पात की कड़ियों या प्रबलित सीमेंट कंक्रीट की सांचें ढली (Precast) धरनों पर आधारित होती है। टाईलों, ईंटों आदि की चिनाई चूना मसाले से या निर्बल सीमेंट मसाले से की जाती है। टाईलों ईंटों पत्थर की पटियों आदि के आकार के अनुसार बत्तों या लोह के टी के बीच 20 सेमी से 60 सेमी तक अन्तर रक्खा जाता है। चपटी खुली छतों का माप वर्ग मीटर में लिया जाता

है तथा इसमें चूना कंक्रीट तथा टाइलें दोनों एक ही मद के रूप में ली जाती है। धरनें, बत्ते आदि अलग मद में लिये जाते हैं। बत्ते भी चूना कंक्रीट की ऊपरी छत के साथ ही लिये जा सकते हैं तथा उस दशा में बत्तों को अलग मद के रूप में नहीं लिया जाता।

चूना कंक्रीट के बजाय मिट्टी या स्थिरीकृत मिट्टी (Stablised soil) की 10 सेमी से 15 सेमी तक मोटी तह भी बिछाई जा सकती है।

उदाहरण 2—दिये हुये रेखा चित्रों से, (चित्र 4-3) निम्नलिखित दरों पर, एक भवन की केवल छत का विस्तृत प्राक्कलन बनाइये—

1. टाइलों की दो तहों के ऊपर 7·5 सेमी मोटी चूना कंक्रीट--12·50 रु० प्रति वर्ग मीटर, 2. अन्तश्छद की टाइलों में 1 : 2 सीमेंट मसाले से टीप (Pointing) --3·00 रु० प्रति वर्ग मीटर, 3. सफद पुताई लेप--0·25 प्रति वर्ग मी, 4. धरनों, बत्तों आदि में साल लकड़ी का काम–920·00 रु० प्रति घन मीटर, 5. लकड़ी के काम पर एक तह अस्तर के ऊपर दो तह रग लेप (Painting)--3·50 रु० प्रति वर्ग मीटर।

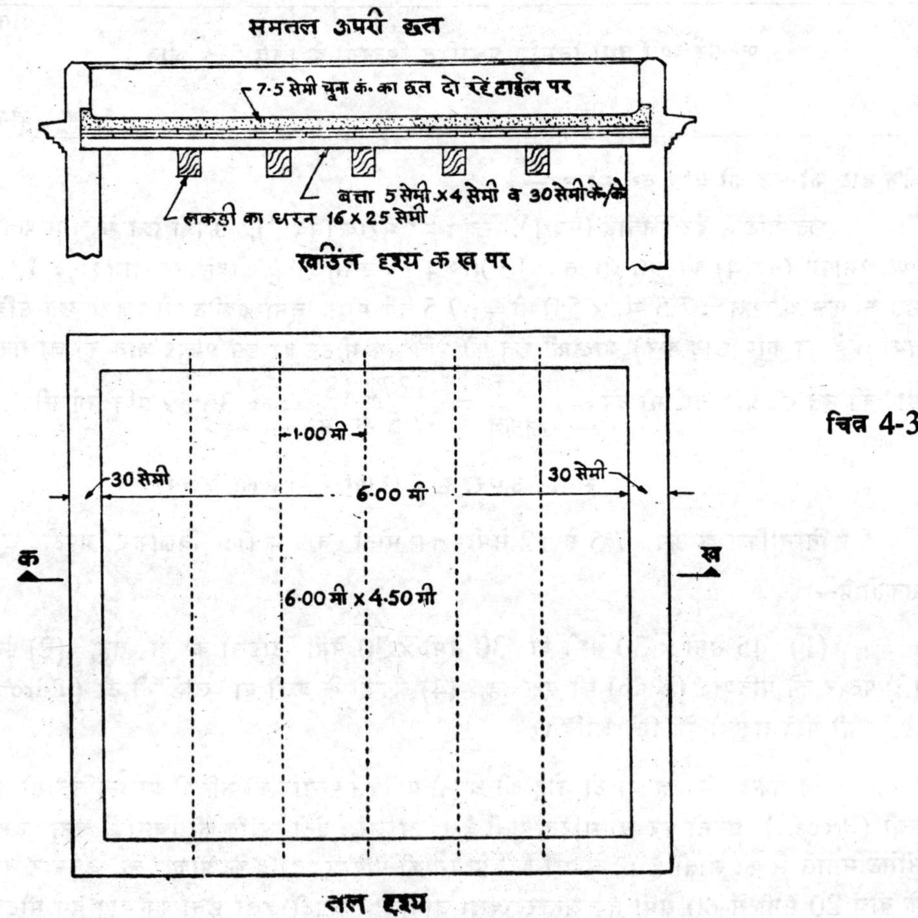

चित्र 4-3

चपटी खुली छत माप का विवरण तथा परिमाणों का परिकलन (उदाहरण 2)

मद सं०	कार्य का विवरण	सं०	लम्बाई मी	चौड़ाई मी	ऊँचाई या गहराई मी	परिमाण	कुल परिमाण	व्याख्यात्मक नोट
1	7·5 सेमी चूना कंक्रीट तथा सतह समापन छत में टाइलों की दो तहों पर	1	6·30	4·80	—	30·24	30·24	वर्ग मी, धारक 15 सेमी
2	1 : 2 सीमेंट मसाले से टीप अंतश्छद टाइलों पर	1	6·00	4·50	--	27·00	27·00	वर्ग मी
3	सफेदी पुताई 3 लेप अंतश्छद में	1	6·00	4·50	—	27·00	27·00	वर्ग मी
4	साल की लकड़ी का काम धरने	5	5·00	·16	·25	1·00	--	धारक 25 सेमी
	बत्ते मध्य/मध्य सं० $\left(\frac{4\cdot5}{0\cdot3}-1\right)=14$	14	6·30	·05	·04	0·176	--	दीवार के पास कोई बत्ता नहीं लगता है
						योग	1·176	घन मी
5	दो लेप रंग लकडी के काम पर							
	धरन	5	5·00	·82	--	20·50	--	परिमित 82 सेमी
	बत्ते	14	6·30	·18	—	15·88	—	परिमित 18 सेमी
						योग	36·38	वर्ग मी

प्राक्कलित लागत सार

मद सं०	कार्य का विवरण	परिमाण	इकाई	दर रु० पै०	प्रति	धन राशि रु० पै०
1	7·5 सेमी मोटी चूना कंक्रीट तथा सतह समापन छत में, टाइलों की तहों सहित	30·24	वर्ग मी	12·50	प्रति वर्ग मी	378·00
2	1:2 सीमेंट मसाले से टीप अंतश्छद में टाइलों पर	27·00	वर्ग मी	4·75	प्रति वर्ग मी	128·25
3	सफेदी पुताई 3 लेप अंतश्छद में	27·00	वर्ग मी	0·26	प्रति वर्ग मी	7·02
4	साल लकड़ी का काम धरनों तथा बत्तों में	1·176	घन मी	1600·00	प्रति घन मी	1881·60
5	दो लेप रंग लकड़ी के काम पर	36·38	वर्ग मी	3·50	प्रति वर्ग मी	127·33
					योग ...	2522·20
	फुटकर व्यय तथा निर्माण प्रभारित सिब्बन्दी के लिये 5% जोड़ें				...	126·11
					सम्पूर्ण योग ...	2648·31

नोट—छत से बत्तों को अलग से न लेकर मद सं० 1, टाइलों पर चूना कंक्रीट के अन्तर्गत भी लिया जा सकता है।

मद्रासी छत (Madras Terraced Roof)

मद्रासी छत एक तरह की सपाट छत है जो कि चूना मसाले में खड़ी ईटों के ऊपर एक चूना मसाले की तह होती है यह घने अन्तर में स्थित धरनों या बल्लों पर आधारित होती है ।

15 × 7·5 × 2·5 सेमी नाप की ईट खड़ी-खड़ी कर्णरेखाबत् पंक्तियों से 1 : 1½ चूना मसाले में धरनों के ऊपर बिछाई जाती है । फिर ईट चिनाई की दस दिन तक पानी से तराई की जाती है । ईट चिनाई जमने के बाद चूना कंक्रीट की 7·5 सेमी की एक संगठित तह बिछाई जाती है और छः दिन तक तराई की जाती है । धरनों या बल्लों का अधिकतम अन्तर 45 सेमी लिया जाता है । धरने लकड़ी, बेलो-इस्पाती, प्रबलित सीमेंट कंक्रीट आदि के हो सकते हैं ।

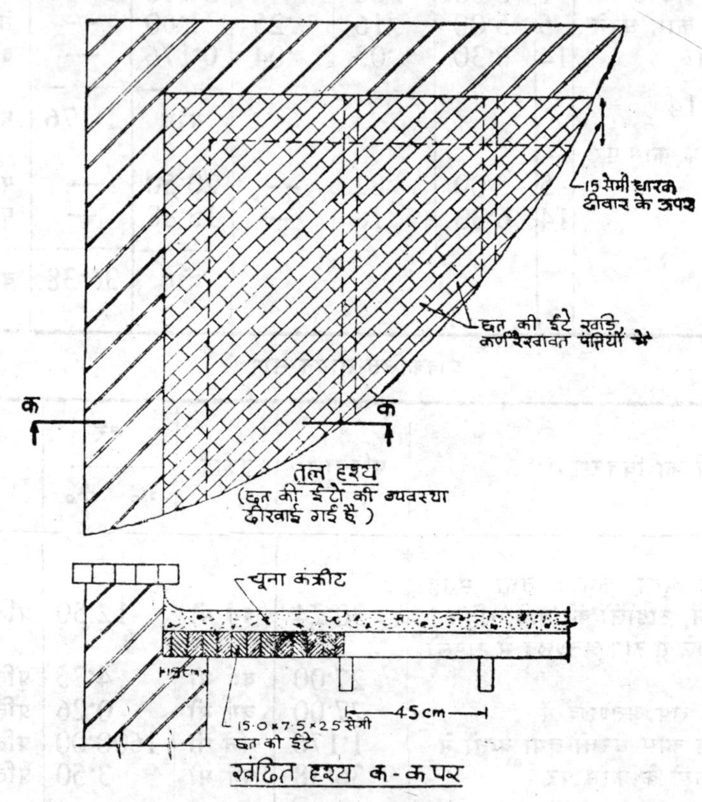

चित्र 4-4

उदाहरण 3—3 मी × 4·5 मी के एक कमरे की मद्रासी छत का विस्तृत प्राक्कलन बनाईये । धरने 8 × 16 सेमी साल लकड़ी के 45 सेमी मध्यान्तर में हैं । 12 मिमी मोटी पलस्तर 1 : 3 सीमेंट मसाले से अंतश्छद का समापन किया जाता है । लकड़ी के धरनों की छिपी हुई फलकों पर दो लेप कोलतार का और खुली हुई फलकों पर दो लेप रंग का किया जाता है ।

माप का विवरण तथा परिमाणों का परिकलन (उदाहरण 3)

मद सं०	कार्य का विवरण	सं०	लम्बाई मी	चौड़ाई मी	ऊँचाई या गहराई मी	परिमाण	व्याख्यात्मक नोट
1	7·5 सेमी मोटी खड़ी ईंटों की तह चूना मसाले में ढूले सहित के ऊपर 7·5 सेमी चूना कंक्रीट	1	4·80	3·30	---	15·84 वर्ग मी	धारक 15 सेमी
2	साल लकड़ी का कार्य धरनों में (धारक 15 सेमी)	9	3·30	·08	·16	0·38 घन मी	सं० = $\frac{4·50}{·45}$ − 1 = 9
3	12 मिमी पलस्तर 1·3 सीमेंट मसाले में	1	4·50	3·00	--	13·50 वर्ग मी	
4	सफेदी पुताई की तीन लेप अन्तश्छद में	1	4·50	3·00	—	13·50 वर्ग मी	
5	लकड़ी के धरनों, की छुपी फलकों में दो लेप कोलतार का—धरनों की ऊपरी सतह	9	3·00	·08	—	2·160	
	दीवार पर आलम्बित भाग	9×2	0·15	·48	—	1·296	चौ = परिमित
	अन्त फलके	9×2	—	·08	·16	0·230	
					योग	3·69	वर्ग मी
6	खुली हुई फलकों पर दो लेप रंग का	9	3·00	·40	--	10·80 वर्ग मी	चौ = निचला और दो ऊर्ध्वाकार फलके

प्राक्कलित लागत सार (उदाहरण 3)

मद सं०	कार्य का विवरण	परिमाण	इकाई	दर रु० पै०	प्रति	प्रति रु० पै०
1	7.5 सेमी मोटी खड़ी ईंटों की तह चूना मसाले से ढूले सहित, के ऊपर 7·5 सेमी चूना कंक्रीट	15·84	वर्ग मी	25·00	प्रति वर्ग मी	396·00
2	साल लकड़ी का कार्य	0·38	घन मी	16·00	प्रति घन मी	608·00
3	12 मिमी पलस्तर 1 3 सीमेंट मसाले में	13·50	वर्ग मी	6·85	प्रति वर्ग मी	92·48

मद सं०	कार्य का विवरण	परिमाण	इकाई	दर रु० पै०	प्रति	धन राशि रु० पै०
4	सफेदी पुताई की तीन लेप अन्तश्छद में	13·50	वर्ग मी.	0·26	प्रति वर्ग मी	3·51
5	दो लेप कोलतार का	3·69	वर्ग मी.	0·60	प्रति वर्ग मी	2·21
6	दो लेप रंग का	10·80	वर्ग मी.	3·50	प्रति वर्ग मी	37·80
					योग....	1140·00
	फुटकर व्यय तथा निर्माण प्रभारित सिब्बंदी के लिए 5% जोड़ें				....	57·00
					सम्पूर्ण योग....	119·700

ढलवाँ छत (Sloping Roof)

ढलवां छत निम्नांकित प्रकार की हो सकती है—

1. लहरिया जस्ती चादरें (G.C.I. Sheets)
2. ऐस्बेस्टास सीमेंट की चादरें (A.C. Sheets)
3. खपरैल (Tiles)
4. लकड़ी के तख्ते
5. छप्पर तथा
6. स्लेट

यह कैंचियो (Trusses), रैफ्टर (Rafters), पर्लिनों (Purlins) आदि पर आधारित होती है।

उदाहरण 3—दिए हुये तल दृश्य तथा खडित दृश्यों (चित्र 4-4) से एक इमारत के बरामदे की छत का विस्तृत प्राक्कलन बनाइये। बरामदे की छत 24 बी० जी० (B. G.) जस्ती चादर की है तथा साल लकड़ी की रैफ्टर तथा पर्लिनों पर आधारित है। लकड़ी के काम पर एक लेप अस्तर के ऊपर दो लेप रंग किया जायगा समुचित दरें मान लें।

नोट--रैफ्टर, हिप रैफ्टर तथा जैक रैफ्टर की लम्बाई निम्न प्रकार से निकाल सकते है।

रैफ्टर (Rafter) चित्र 4-5 (i)

रैफ्टर की लम्बाई $\sqrt{3{\cdot}15^2+1{\cdot}05^2}=\sqrt{11{\cdot}02}=3{\cdot}32$ मी

रैफ्टर 15 सेमी दीवार में घुसी है अत: उसे जोड़कर रैफ्टर की लम्बाई $=3{\cdot}47$ मी। जस्ती चादर की ढलवा चौड़ाई $=3{\cdot}32$ मी $+5$ सेमी $=3{\cdot}37$ मीटर (5 सेमी प्रक्षेप)

हिप रैफ्टर (Hip rafter) चित्र 4-5 (ii)

हिप रैफ्टर की लम्बाई $=\sqrt{3.15^2+3{\cdot}32^2}=\sqrt{20{\cdot}94}=4{\cdot}58$ मी

दीवार के भीतर घुसने के लिये 15 सेमी सहित हिप रैफ्टर की लम्बाई $=4{\cdot}73$ मी

कूट की लम्बाई (Length of ridge) $=4{\cdot}58+{\cdot}05+{\cdot}05=4{\cdot}68$

जैक रैफ्टर (Jack rafter) चित्र 4-5 (iii)

$$\frac{ल}{3{\cdot}32}=\frac{2{\cdot}45}{3{\cdot}15},$$

$$ल=3{\cdot}32\times\frac{2{\cdot}45}{3{\cdot}15}=2{\cdot}58 \text{ मी}$$

जैक रैफ्टर की लम्बाई $=2{\cdot}58$ मी

माप का परिमाण तथा परिमाणों का परिकलन (उदाहरण 3)

मद सं०	कार्य का विवरण	सं०	लम्बाई मी	चौड़ाई मी	ऊंचाई या गहराई मी	परिमाण	व्याख्यात्मक नोट
1	बरामदे पर जस्ती चादर की छत						
	सामने	1	$\frac{9{\cdot}85+6{\cdot}70}{2}$	3·37	—	27·89	} औसत लम्बाई
	पार्श्व में	1	$\frac{8{\cdot}05+4{\cdot}90}{2}$	3·37	—	21·82	
					योग	49·71	वर्ग मी
2	साल लकड़ी का काम—						
	मुख्य रैफ्टर (main rafters)	7	3·47	0·10	·15	·364	} लम्बाइयों के लिए पृष्ठ 165 देखें
	हिप ,, (hip ,,)	1	4·73	0·10	·15	·071	
	जैक ,, (jack ,,)	2	2·58	0·10	·15	·077	
	सामने के पर्लिन	4	$\frac{9{\cdot}85+6{\cdot}70}{2}$	0·05	·08	·132	} लम्बाई औसत
	पार्श्व के ,,	4	$\frac{8{\cdot}05+4{\cdot}90}{2}$	0·05	·08	·104	
	सामने की पाट कड़ी (Bressummer)	1	9·30	0·10	0·15	·140	
	पार्श्व की पाट कड़ी (,,)	1	7·50	0·10	0·15	·113	
					योग	1·001	घन मी
3	16 मिमी व्यास के बोल्ट (Bolts) लोहे की 40 सेमी लम्बे	10	—	—	—	10	संख्या
4	जस्ती लोहे की कूट (G.I. Ridge)	1	4·68	—	—	4·68	मी
5	दो लेप रंग लकड़ी के काम पर						
	मुख्य रैफ्टर	7	3·47	0·50	— }	17·09	चौ=परिमित 34·18 × ·5 = 17·09
	हिप ,,	1	4·73	0·50	—		
	जैक ,,	2	2·58	0·50	—		
	पर्लिन सामने के	4	8·275	0·26	—	8·61	} औसत लम्बाई मद 2 के समान
	,, पार्श्व के	4	6·475	0·26	—	6·73	
	सामने की पाट कड़ी	1	9·30	0·50	— }	8·40	16·8 × ·5 = 8·40
	पार्श्व की ,, ,,	1	7·50	0·50	—		
					योग	40·83	वर्ग मी

नोट—रैफ्टर, हिप, रैफ्टर तथा जैक रैफ्टर की लम्बाई ज्ञात करने की विधि पृष्ठ 165 पर देखें।

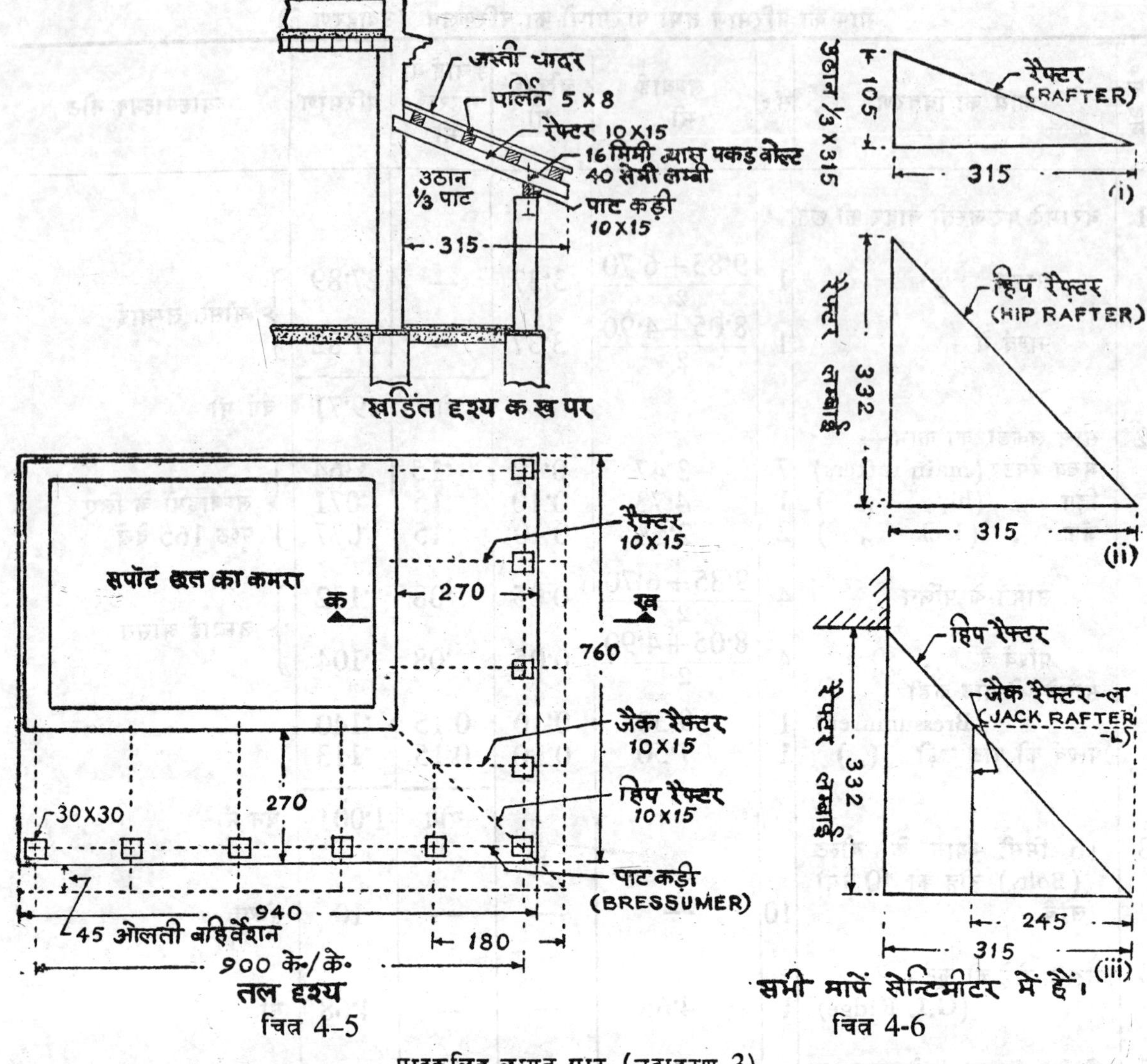

चित्र 4-5

चित्र 4-6

प्राक्कलित लागत सार (उदाहरण 3)

मद सं॰	कार्य का विवरण	परिमाण	इकाई	दर रु॰ पै॰	प्रति	धन राशि रु॰ पै॰
1	जस्ती चादर की छत	49·71	वर्ग मी	24·00	वर्ग मी	1193·00
2	साल लकड़ी का काम	1·001	घन मी	1600·00	घन मी	1601·00
3	लोहे के 16 मिमी व्यास तथा 40 सेमी लम्बे बोल्ट	·10	सं॰	3·00	प्रत्येक	30·00
4	जस्तीकृत लोहे की कुट	4·68	मी	13.50	मी	63·17
5	लकड़ी के काम पर 2 लेप रंग	40·83	वर्ग मी	3·50	वर्ग मी	142·90
					योग	3030·67
	फुटकर व्यय तथा निर्माण प्रभारित सिब्बंदी के लिये 5% जोड़ें				...	151·53
					सम्पूर्ण योग	3182·20
					लगभग रु॰	3182·00

छत कैंची का शेड या सायबान (Roof Truss Shed)

छत कैंची के शेड में दीवारों या खम्बों या स्तम्भों पर निश्चित अन्तर पर लकड़ी या लोहे की कैंचियां आधारित होती हैं। कैंचियों के ऊपर पर्लिन और पर्लिनों के ऊपर छत का आवरण फैलाया जाता है। पर्लिनों के ऊपर साधारण-रैफ्टर (Common rafters) तथा इसी के ऊपर बत्ते (Battens) लगाये जाते हैं जिन पर छत का आवरण लगाया जाता है। यह व्यवस्था विशेष रुप से खपरैल या स्लैब की छत के लिये आवश्यक है। लकडी की कैंचियों में सामान्तया 2·50 मी से 3·00 मी तक तथा लोहे की कैंचियों में 3·00 मी से 4·50 मी तक का अन्तर होता है। निम्नलिखित चित्र में एक कैंची छत के सायबान के त्रिसमलंबाक्ष दृश्य (Isometric view) में इसके विभिन्न भाग दिखाये गये हैं।

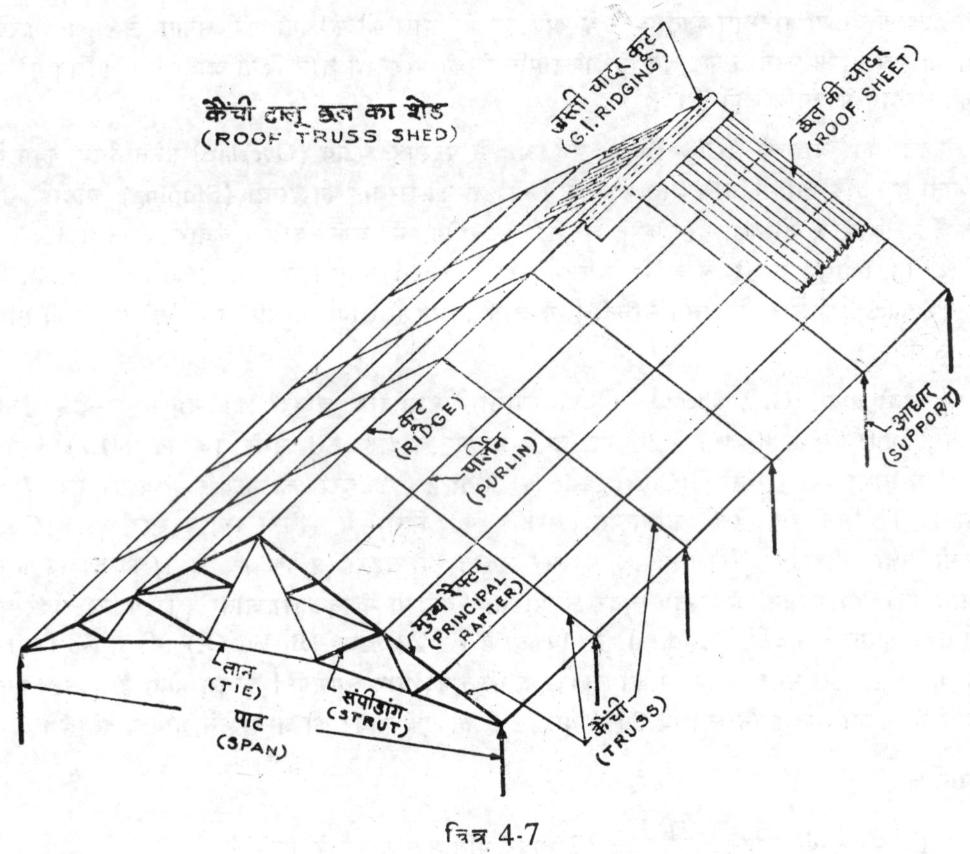

चित्र 4·7

लकडी की कैंची का प्राक्कलन करने के लिये यदि इसके अवयवों की लम्बाई न दी गई हो तो रेखाचित्र से स्केल द्वारा नाप कर लम्बाई ज्ञात कर लेते हैं। इस लम्बाई को उस अवयव के मापों से गुणा करके परिमाण ज्ञात कर लेते हैं।

इसी प्रकार लोहे की कैंची के प्राक्कलन के लिये प्रत्येक अवयव की लम्बाई रेखाचित्र में से पढ़ ली जाती है। इस्पात तालिका (Steel table) में से प्रति मीटर लम्बाई का भार ज्ञात करके, इसे अवयव की लम्बाई से गुणा कर देने पर, उस अवयव का भार ज्ञात हो जाता है। फिर इस भार को कुन्तल में परिवर्तित कर लेते हैं। रिवेटों, बोल्ट तथा ढिबरी (Bolts and nuts) के लिये सामान्तया कुल इस्पात कार्य का 5% जोड़ देते हैं। गसेट पट्टियां (Gusset plates) आयताकार मानी जाती हैं क्योंकि पटटी काटने से बचे हुये टुकड़े बेकार हो जाते हैं। फिर इन पट्टियों का भार इस्पात तालिका की सहायता से ज्ञात कर लेते हैं।

रेखाचित्र से रिवेट तथा बोल्ट की संख्यायें तथा उनकी लम्बाईयां निकाली जा सकती हैं। इनका भार इस्पात तालिका की सहायता से निकाला जा सकता है। सरलता के लिये गसेट पट्टियों तथा रिवेटों का प्राक्कलन प्रति जोड़ के हिसाब से लिया जा सकता है।

आधुनिक विधि में गसेट (Gusset plates) पट्टियों से रिवेट करने के बजाय कैंची के अवयवों को वेल्डिंग द्वारा जोड़ा जाता है। इसमें जोड़ दृढ़ (Rigid) बनते हैं तथा इस्पात की काफी बचत होती है। वेल्डिंग जोड़ का प्राक्कलन प्रति जोड़ के उपयुक्त दर से किया जाता है।

एक कैंची का परिमाण ज्ञात करने के बाद उस परिमाण की कैंचियों की संख्या से गुणा करके सब कैंचियों का कुल परिमाण ज्ञात कर लेते हैं। फिर पर्लिनों का परिमाण ज्ञात किया जाता है। पर्लिन पूरे शेड या भवन की लम्बाई में लगाये जाते हैं।

छत का आवरण (Covering) वर्ग मी में परस्पर चढ़ाव (Overlap) समेत तैयार काम के लिये लिया जाता है। इसका परिमाण ज्ञात करने के लिये छत की लम्बाई को ढलवा (Sloping) चौड़ाई से गुणा कर देते हैं। आवरण को यथास्थान जड़ने के लिये उपयोग में आने वाले हुकदार बोल्ट (Hook bolt), जे. बोल्ट (J. bolt), जस्ती लोहे के बोल्ट (G. I. bolt), चौसिरे पेंच (Coach screws), वाशर, खूंटियां (Spikes), कीलें आदि अलग से नहीं लिये जाते। उनकी लागत सम्बन्धित मद की दर में ही सम्मिलित कर ली जाती है।

जस्ती चादर (G. I. sheet)—मीटरी प्रणाली में नालीदार चादरों की मानक लम्बाई 1·80 मी, 2·20 मी, 2·50 मी, 2·80 तथा 3·20 मी तथा मानक चौड़ाई 80 सेमी (अर्थात ·80 मी) होती है। हर चादर में सामान्यतः 10 लहरें (Corrugations) होती हैं। लहरों की मध्य से मध्य तक दूरी 7·5 सेमी, तथा गहराई 18 मिमी होती है। सामान्यतः लम्बाई की दिशा में (सिरों पर) परस्पर चढ़ाव (Overlap) 15 सेमी तथा चौड़ाई में (किनारों पर) परस्पर चढ़ाव दो लहरों (प्रत्येक 7·5 सेमी) की चौड़ाई के बराबर रखा जाता है। प्राक्कलन में जस्ती चादर का परिमाण वर्ग मी में निकाला जाता है। परन्तु चादरें भार से, लगभग एक कुन्तल के गट्ठों (Bundles) में बिकती हैं। 24 गेज (B. W. G.) की (·63 मिमी मोटी) 21·50 मी से 22·50 मी तक लम्बाई की चादरों के गट्ठे का भार लगभग 1 कुन्तल होता है। अतः एक गट्ठे में चादरों की संख्या ज्ञात करने के लिये 21·5 या 22·5 को एक चादर की लम्बाई से भाग दे देते हैं।

उदाहरणार्थ—

1·8 मी लम्बी चादरें $= \frac{21 \cdot 5}{1 \cdot 8} = 12$ चादरें प्रति एक कुन्तल के गट्ठे में

3·2 मी लम्बी चादरें $= \frac{22 \cdot 5}{3 \cdot 2} = 7$ चादरें प्रति एक कुन्तल के गट्ठे में

ऐस्बेस्टॉस सीमेंट की चादर (A. C. sheet)—ऐस्ब्रेस्टॉस सीमेंट की लहरिया चादरों की मानक लम्बाई 1·50 मी, 1·75 मी, 2·00 मी, 2·25 मी, व 3·00 मी तथा मानक चौड़ाई 1·05 मी होती है। प्रत्येक चादर में सामन्यत: 7 लहरें होती हैं। लहरों के बीच मध्य से मध्य तक की दूरी 14·6 सेमी तथा गहराई 4·8 सेमी होती है। सिरों पर परस्पर चढ़ाव (Overlap) 15 सेमी तथा किनारों पर कम से कम 4 सेमी होना चाहिये।

अर्द्ध लहरिया (Semi-corrugated) या ट्रैफोर्ड चादरों (Trafford sheets) की मानक लम्बाई लहरिया चादरों की मानक लम्बाई के बराबर तथा चौड़ाई 1·10 मी होती है। प्रत्येक चादर में 3 लहरें (Corrugations) होती हैं। सिरों पर अतिव्याप्त 15 सेमी तथा किनारों पर 8·5 सेमी की एक नाली के बराबर होना चाहिये।

पर्लिन के बीच 1·40 मी से 1·60 मी तक अन्तर होना चाहिये। ऐस्बेस्टॉस सीमेंट की चादरें वर्ग मी में बेंची जाती हैं प्राक्कलन में सब प्रकार की चादरों, खपरैल आदि की छत के तैयार काम (Laid work) का क्षेत्रफल लिया जाता है।

कैंची की छतों के निम्नलिखित उदाहरणों से प्राक्कलन विधि भली प्रकार समझ में आ जायगी।

लकड़ी की कैंची की छत (Wooden Roof Truss)

उदाहरण 4—दिये हुए रेखाचित्रों (चित्र 4-6) से एक 12 मी × 6 मी आकार के बड़े कमरे (hall) की छत का प्राक्कलन बनाइये। छत में साल लकड़ी की मध्य थूनी कैंची (king post trusses) तथा पर्लिनों (purlins), रैफ्टर (rafters) तथा बत्तों (battens) पर खपरैल की छत डाली गई है। कैंचियों के बीच 2·40 मी का अन्तर है तथा शेड (shed) के सिरों पर त्रिअंकी की दीवारें (gable walls) बनाई जायेंगी। ऐस्बेस्टॉस सीमेंट चादर को अतश्छद, लकड़ी की धरनों (ceiling beams) तथा बत्तों (battens) पर आधारित होंगी। अतश्छद 6 मिमी मोटी सपाट ऐस्टबेस्टॉस सीमेंट की चादर से बनाई जायेगी तथा इसमें लकड़ी की गोठन (beading) लगाई जायगी। सब लकड़ी के काम तथा अंतश्छद पर एक लेप अस्तर तथा इस पर दो लेप रंग किया जायगा।

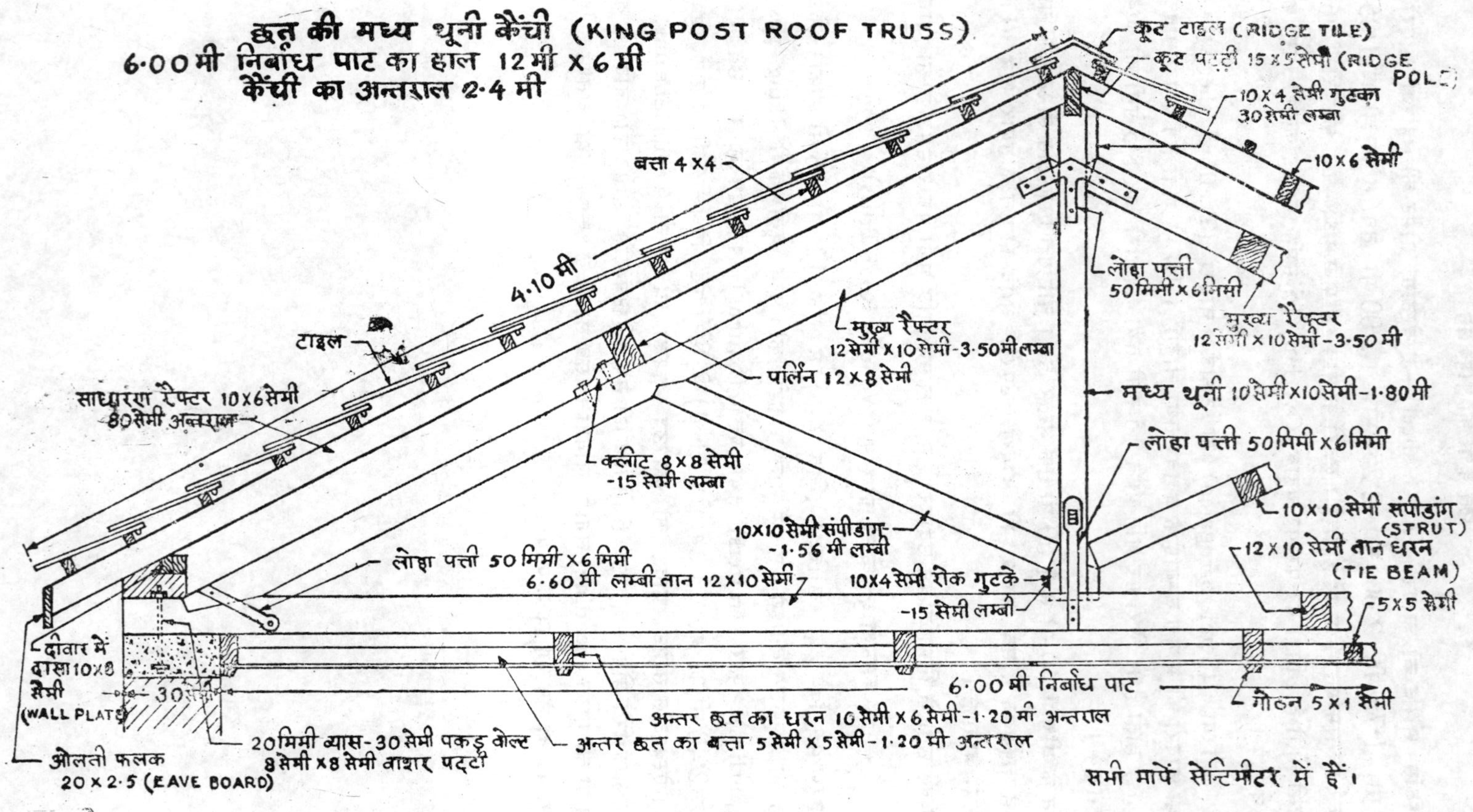
छत की मध्य थूनी कैंची (KING POST ROOF TRUSS)
6·00 मी निबांध पाट का हाल 12 मी X 6 मी
कैंची का अन्तराल 2·4 मी
कूट टाइल (RIDGE TILE)
कूट पट्टी 15 X 5 सेमी (RIDGE POLE)
10 X 4 सेमी गुटका 30 सेमी लम्बा
10 X 6 सेमी
बत्ता 4 X 4
4·10 मी
टाइल
लोहा पत्ती 50 मिमी X 6 मिमी
मुख्य रैफ्टर 12 सेमी X 10 सेमी - 3·50 मी
मुख्य रैफ्टर 12 सेमी X 10 सेमी - 3·50 मी लम्बा
पर्लिन 12 X 8 सेमी
साधारण रैफ्टर 10 X 6 सेमी 80 सेमी अन्तराल
मध्य थूनी 10 सेमी X 10 सेमी - 1·80 मी
क्लीट 8 X 8 सेमी -15 सेमी लम्बा
लोहा पत्ती 50 मिमी X 6 मिमी
10 X 10 सेमी संपीडांग (STRUT)
10 X 10 सेमी संपीडांग - 1·56 मी लम्बी
12 X 10 सेमी तान धरन (TIE BEAM)
लोहा पत्ती 50 मिमी X 6 मिमी
6·60 मी लम्बी तान 12 X 10 सेमी
10 X 4 सेमी रोक गुटके -15 सेमी लम्बी
5 X 5 सेमी
दीवार में दासा 10 X 8 सेमी (WALL PLATE)
30 सेमी
6·00 मी निबांध पाट
गोलन 5 X 1 सेमी
अन्तर छत का धरन 10 सेमी X 6 सेमी - 1·20 मी अन्तराल
20 मिमी व्यास - 30 सेमी पकड़ बोल्ट 8 सेमी X 8 सेमी वाशर पट्टी
अन्तर छत का बत्ता 5 सेमी X 5 सेमी - 1·20 मी अन्तराल
ओलती फलक 20 X 2·5 (EAVE BOARD)
सभी मापें सेन्टिमीटर में हैं।

चित्र 4-8

मापों का विवरण तथा परिमाणों का परिकलन

मद सं०	कार्य का विवरण	सं०	लम्बाई मी	चौड़ाई मी	ऊँचाई या गहराई मी	परिमाण	व्याख्यात्मक नोट
1	साल लकड़ी क काम की गढाई तथा लगाना एक कैंची में						
	मुख्य रैफ्टर 12×10 सेमी	2	3·50	·10	·12	0·0840	
	सपीडाँग 10×10 सेमी	2	1·56	·10	·10	0·0312	
	मध्य थूनी (King post) 10×10 सेमी	1	1·80	·10	·10	0·0180	
	तान धरन (Tie Beam) 10×12 सेमी	1	6·60	·10	·12	0·0792	
	मध्य थूनी के नीचे रोक गुटके 10×4 सेमी	2	·15	·10	·04	0·0012	
	मध्य थूनी के ऊपर रोक गुटके 10×4 सेमी	2	·30	·10	·04	0·0024	
	पर्लिनों के लिये क्लीट (Cleat) 8×8 सेमी	2	·15	·08	·08	0·0019	
			एक कैंची	का	योग	0·2179	घन मी
	4 कैंचियों में लकड़ी का काम		एक कैंची	का 4	गुणा		
			= 4	× 0·2179	=	0·8716	
	साधारण रैफ्टर 10×6 सेमी आकार की 80 सेमी	2x16	4·10	·06	·10	0·7872	$सं = \frac{12}{8} + 1 = 16$
	मध्य/मध्य अन्तर पर पर्लिन 12×8 सेमी	2	12·20	·08	·12	0·2342	त्रिअंकों (gable) दीवारों में 10 सेमी धारक
	कूट पट्टी (Ridge Boards) 15×5 सेमी	1	12·20	·05	·15	0·0915	
	ओलती फलक 20×2·5 सेमी	2	12·20	·025	·20	0·1220	
	दासे (wall plate) 10×8 सेमी	2	12·20	·10	·08	0·1952	
	बत्ते 4×4 सेमी	2x14	12·20	·04	·04	0·5466	
	अतश्छद में--						
	धरन 10×6 सेमी	6	12·20	·06	·10	0·4392	
	बत्ते (धरनों के बीच में) 5×5 सेमी	11	5·64	·05	·05	0·1551	ल = 6·00 − 6 × ·06 = 5·64 मी
					योग	3·4426 घन मी	

मद सं०	कार्य का विवरण	सं०	लम्बाई मी	चौड़ाई मी	ऊँचाई या गहराई मी	परिमाण	कुल परिमाण	व्याख्यात्मक नोट
2	लोह का काम पत्ती (straps) से जोड़ों पर एक कैंची में— कूट जोड़ पर त्रिनुखी पत्ती (Three - way straps) 50 × 6 मिमी	2	·75	—	—	1·50	—	लम्बाई रेखाचित्र से पढ़ी गई है।
	U आकार की छल्लेदार पत्ती (stirrup strap) 50 × 6 मिमी जोड़ के लिये, नीचे बीच में	1	1·30	--	--	1·30	—	50 मिमी × 6 मिमी आकार की नरम इस्पात की पत्ती का भार = 2·4 किग्रा/मी
	U आकार के (तिरछे) चूल पत्ता (heel strap) 50 × 6 मिमी सिरे के जोड़ों पर उल्टे	2	·80	--	--	1·60	--	
					योग	4·40 @2·4 किग्रा =	मी 10·56	
	20 मिमी व्यास के पकड़ बोल्ट (anchor bolts) 2·47 किग्रा/मी की दर से	2	·30	—	—	60·× 2·47	1·48	
	शीर्ष व ढिबरी (head and nut) प्रत्येक ·25 किग्रा	2	--	—	--	2 × ·25	·50	
	8 मिमी मोटे पकड़ वाशर (anchor washer) 62·8 किग्रा प्रति वर्ग मी की दर से	2	·08	·08	--	·013 × 62·8	·82	
			एक	कैंची	का	योग	13·36	किग्रा
3	लोह का काम 4 कैंचियों में		एक कैंची	का 4 गुण	= 4 × 1	3·36 =	53·44	किग्रा
	खपरैल की छत	2	12·20	4·10	--	100·04	100·04 वर्ग मी	सिरे की दीवारों से 10 सेमी आगे तक। बत्ते लकड़ी के काम के अन्तंगत लिये गये हैं।
4	कूट टाइल का (tiled ridge)	1	12·20	—	--	--	12·20	
5	एस्बेस्टॉस सीमेंट की चादर (सपाट) की अन्तश्छद व गोठन (beading)	1	12·00	6·00	--	72	72	वर्ग मी

(उदाहरण 5—क्रमशः)

मद सं०	कार्य का विवरण	सं०	लम्बाई मी	चौड़ाई मी	ऊँचाई या गहराई मी	परिमाण	व्याख्यात्मक नोट
6	दो लेप रंग करना एक लेप अस्तर पर—— एक कैंची में लकड़ी के काम पर (मद 1 के समान खण्ड तथा माप लें)						
	मुख्य रैफ्टर (rafter) 12 × 10 सेमी	2	3·50	·44	—	3·08	चौ = परिमित = (12 + 10) × 2 = 44 सेमी
	सपीडांग (strut) 10 × 10सेमी	2	1·56	·40	—	1·25	चौ = परिमित
	मध्य थूनी (king post) 10 × 10 सेमी	1	1·80	·40	--	0·72	
	तान धरन 12 × 10 सेमी	1	6·60	·44	—	2·904	
	योग एक कैंची के लिये				योग	7·954 वर्ग मी	
	रंग लेपन 4 कैंचियों पर			एक कैंची = 4 ×	का चार 7·954	गुणा 31·816	
	साधारण रैफ्टर 10 × 6 सेमी	2x16	4·10	·32	—	41·984	चौ = परिमित
	पर्लिन 12 × 8 सेमी	2	12·20	·40	—	9·760	
	कूट पट्टी 15 × 5 सेमी	1	12·20	·40	—	4·880	
	ओलती फलक 20 × 2·5 सेमी	2	12·20	·45	—	10·980	
	दासें 10 × 8 सेमी (wall plates)	2	12·20	·36	—	8·784	
	बत्तें 4 × 4 सेमी	2x14	12·20	·16	—	54·656	
	अन्तश्छद की धरन 10 × 6सेमी	6	12·20	·32	—	23·424	
	अन्तश्छद के बत्ते 5 × 5 सेमी	11	5·64	·20	—	12·408	
	एस्बेस्टॉस सीमेंट चादर अन्तश्छद गोठन (beading) सहित	1	12·00	6·00	—	72·000	
					योग	270·692 वर्ग मी	

प्राक्कलित लागत सार (उदाहरण 5)

मद स०	कार्य का विवरण	परिमाण	इकाई	दर रु० पै०	प्रति	धन राशि रु० पै
1	साल लकड़ी का काम गढ़ाई तथा लगाना	3·4426	घन मी	920·00	घन मी	3166 00
2	लोहे का काम पत्ती (Strap)	53·44	किग्रा	2·00	किग्रा	106·88
3	खपरैल की छत	100·04	वर्ग मी	12·00	वर्ग मी	1200·48
4	कूट टाइल का (Tiled Ridge)	12·20	मी	7·00	प्रति मी	85·40
5	एस्बेस्टॉस सीमेंट (सपाट) चादर की अंतश्छद गोठन (Beading) सहित	72·00	वर्ग मी	20·50	वर्ग मी	1476·00
6	दो लेप रंग लेपन एक लेप अस्तर पर	270 692	वर्ग मी	3·50	वर्ग मी	947·50
					योग	6982·26
	फुटकर व्यय के लिये 3% जोड़ें				....	209·47
	निर्माण प्रभारित सिब्बन्दी के लिये 2% जोड़ें				....	139·65
					सम्पूर्ण योग	7331·38

नोट--(1) लोहे का काम गिनती से भी किया जा सकता है या इसके लिये इक मुश्त राशि (lump sum) रखी जा सकती है।

(2) कूट (ridge) अलग मद के रूप में न लेकर, इसका क्षेत्रफल वर्ग मी में निकाल कर मद 3 के साथ लिया जा सकता है।

(3) छत के बत्तों को लकड़ी के कम के अन्तर्गत अलग मद के रूप में ने के बजाय मद 3 में शामिल किया जा सकता है।

(4) गोठन (beading) तथा चौखटें सहित अर्थात छतगोरी धरनों व बत्तों सहित छतगीरी लगाने का पूरा काम एक ही मद में वर्ग मी में लिया जा सकता हैं। इस स्थिति में छतगीरी धरने व बत्ते अलग मद के रूप में नहीं लिये जाते हैं तथा प्राक्कलन के लिये छतगीरी के पूरे काम के लिये 26·00 रु० प्रति वर्ग मी की दर ली जाती है।

(5) लोहे की कीलें, खूटियाँ तथा अन्य फिटिंग्स की लागत दर में शामिल होती है।

(6) छत के बत्तों की रंगाई का परिमाण ज्ञात करने के लिये प्रत्येक बत्ते की विस्तृत माप लेने के बजाय बत्तों की रंगाई की परिमाण छत के सपाट क्षेत्रफल (flat area) का $\frac{3}{4}$ लिया जा सकता है।

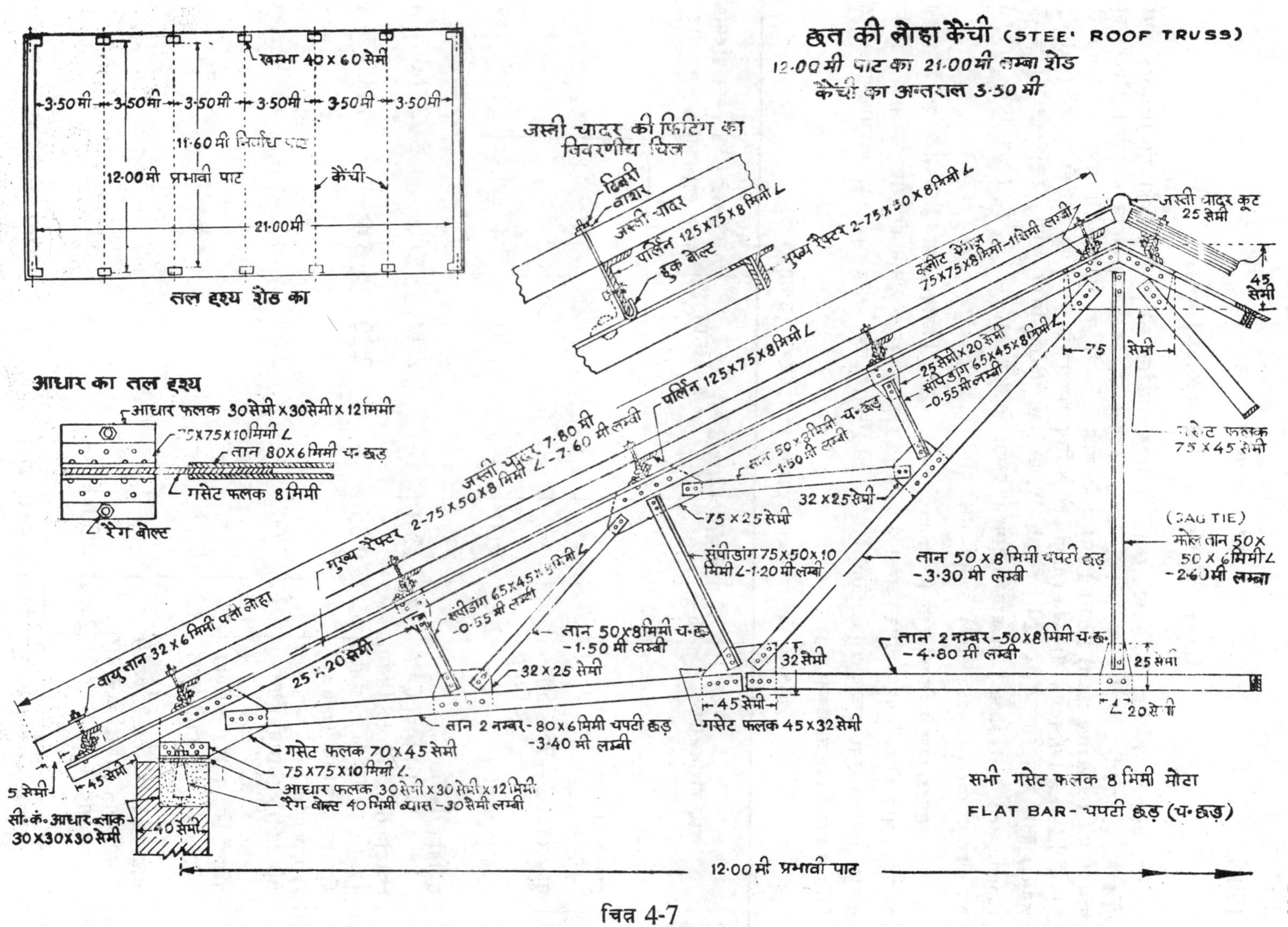
छत की लोहा कैंची (STEE' ROOF TRUSS)
12·00 मी पाट का 21·00 मी लम्बा शेड
कैंची का अन्तराल 3·50 मी
खम्भा 40 X 60 सेमी
3·50 मी
11·60 मी निर्बाध पाट
12·00 मी प्रभावी पाट
कैंची
21·00 मी
तल दृश्य शेड का
जस्ती चादर की फिटिंग का विवरणीय चित्र
ढिबरी
वाशर
जस्ती चादर
पर्लिन 125 X 75 X 8 मिमी ∠
हुक बोल्ट
मुख्य रैफ्टर 2-75 X 50 X 8 मिमी ∠
जस्ती चादर कूट 25 सेमी
45 सेमी
75 सेमी
गसेट फलक 75 X 45 सेमी
(SAG TIE)
मोल तान 50 X 50 X 6 मिमी ∠ -2·60 मी लम्बा
आधार का तल दृश्य
आधार फलक 30 सेमी X 30 सेमी X 12 मिमी
75 X 75 X 10 मिमी ∠
तान 80 X 6 मिमी च· छड़
गसेट फलक 8 मिमी
रैग बोल्ट
जस्ती चादर 7·80 मी
2-75 X 50 X 8 मिमी ∠ -7·60 मी लम्बी
पर्लिन 125 X 75 X 8 मिमी ∠
25 सेमी X 20 सेमी
संपीडांग 65 X 45 X 8 मिमी ∠ -0·55 मी लम्बी
-1·50 मी लम्बी
32 X 25 सेमी
75 X 25 सेमी
संपीडांग 75 X 50 X 10 मिमी ∠ -1·20 मी लम्बी
तान 50 X 8 मिमी चपटी छड़ -3·30 मी लम्बी
मुख्य रैफ्टर
वायु तान 32 X 6 मिमी पत्ती लोहा
तान 50 X 8 मिमी च· छड़ -1·50 मी लम्बी
25 X 20 सेमी
32 X 25 सेमी
32 सेमी
तान 2 नम्बर -50 X 8 मिमी च· छड़ -4·80 मी लम्बी
25 सेमी
45 सेमी
तान 2 नम्बर - 80 X 6 मिमी चपटी छड़ -3·40 मी लम्बी
गसेट फलक 45 X 32 सेमी
20 सेमी
गसेट फलक 70 X 45 सेमी
75 X 75 X 10 मिमी ∠
आधार फलक 30 सेमी X 30 सेमी X 12 मिमी
रैग बोल्ट 40 मिमी व्यास -30 सेमी लम्बी
5 सेमी
45 सेमी
सी·कं· आधार ब्लाक 30 X 30 X 30 सेमी
40 सेमी
सभी गसेट फलक 8 मिमी मोटा
FLAT BAR - चपटी छड़ (च· छड़)
12·00 मी प्रभावी पाट

चित्र 4-7

लोहे की कैंची की छत (Steel Roof Truss)

उदाहरण 6—चित्र 4-7 में दिये रेखाचित्रों से एक सायबान की लोहे की कैंचियों (trusses) तथा पर्लिनों पर आधारित जस्ती चादर (G. I. sheet) की छत का विस्तृत प्राक्कलन बनाइये। कैंचियों का प्राभावी पाट (effective span) 12 मी है तथा उनके बीच 3·5 मी का अन्तर है। सायबान का भीतरी लम्बाई 12 मी है। पर्लिनों के आलम्बन (support) के लिये सायबान के सिरों पर त्रिअंकी दीवारें (gable walls) बनाई जायेंगी। छत पर 24 गेज (B. W. G.) की (·63 मिमी मोटी) लहरिया जस्ती चादर (corrugated G. I. sheet) का आवरण होगा। इस्पात के सारे काम पर रंग के दो लेप किये जायेंगे। सब गसेट पट्टियां (gusset plates) 8 मिमी मोटी होंगी।

इस उदाहरण में चिनाई कार्य (masonry work) नहीं दिखाया गया है क्योंकि इस उदाहरण का उद्देश्य लोहे की कैंची पर आधारित जस्ता चादर की छत का प्राक्कलन बनाने की विधि समझाना है। यदि तलदृश्य (plan) तथा खण्ड दृश्य (section) दिये हों तो चिनाई तथा अन्य मदों का परिमाण पूर्ण वर्णित विधि से ज्ञात किया जा सकता हैं।

माप का विवरण तथा परिमाणों का परिकलन (उदाहरण 6)

मद सं०	कार्य का विवरण	सं०	लम्बाई मी	चौड़ाई मी	परिमाण	भार प्रति इकाई इस्पात तालिका से	कुल परिमाण का भार
1	इस्पात का काम एक कैंची में— मुख्य रैफ्टर 2—75 × 50 × 8 मिमी ऐंगल (angle)	2 × 2	7·60	—	मी 30·40	7·4 किग्रा/मी	224·96 किग्रा
	संपीडांग (strut) 75 × 50 × 10 मिमी ऐंगल	2	12·0	—	2·40	9·0 ,,	21·60 ,,
	संपीडांग 65 × 42 × 8 मिमी ऐंगल	4	0 55	—	2·20	6 4 ,,	14·08 ,,
	बीच का निलम्बन (central suspender) 50 × 50 × 6 मिमी ऐंगल	1	2·60	—	2·60	4 5 ,,	11·70 ,,
	पर्लिनों के क्लीट (cleat) 75 × 75 × 8 मिमी ऐंगल	12	0·11	—	1·32	8·9 ,,	11·75 ,,
	आधार में क्लीट 75 × 75 × 10 मिमी ऐंगल (लम्बाई = आधार की लम्बाई	2 × 2	0·30	—	1·20	11·0 ,,	13·20 ,,

क्लीट की लम्बाई = मुख्य रैफ्टर के ऊपरी कोरों (flanges) की चौड़ाई + उनके बीच का अन्तर

$= 50 + 50 + 8 = 108$ मिमी $= \cdot 108$ मी $= \cdot 11$ मी

(उदाहरण 6—क्रमश:)

मद सं०	कार्य का विवरण	सं०	लम्बाई मी	चौड़ाई मी	परिमाण	भार प्रति इकाई इस्पात तालिका से	कुल परिमाण का भार
	मध्य की मुख्य तान छड़ें 2-50 × 8 मिमी पत्ती (F.B.)	2	4·80	—	9·60	3·1 किग्रा/मी	29·76
	पार्श्व की तान छड़ें (Ties) 2—80 × 6 मिमी पत्ती	2 × 2	3·40	—	13·60	3·8 ,,	51·68
	झुकी हुई तान छड़ें 50 × 8 मिमी पत्ती	4	1·50	—	6·00	3·1 ,,	18·60
	झुकी हुई तान छड़ें 50 × 8 मिमी पत्ती	2	3·30	—	6·60	3·1 ,,	20·46
	8 मिमी मोटी गसेट पट्टी (Gusset plate)						
	शीर्ष पर	1	·75	·45	338	} वर्ग मी	
	आधार पर	2	·70	·45	0·630		
	संपीडांग के ऊपरी सिरे पर	2	·75	·25	0·375	} वर्ग मी	
	,, ,, ,,	4	·25	·20	0·200		
	,, के निचले सिरे पर	2	·35	·25	0·175		
	,, ,, ,,	2	·45	·32	0·288		
	झुकी हुई तान छड़ों पर	2	·32	·25	0·160		
	बीच की निलम्बन छड़ पर	1	·25	·20	0·050		
				योग	2·216 वर्ग मी	62·8 किग्रा/वर्ग मी	139·16 किग्रा
	12 मिमी मोटी आधार पट्ट (Base plate)	2	·30	·30	0·18 वर्ग मी	92·2 किग्रा/वर्ग मी	16·96 किग्रा
						योग	573·91 किग्रा
	रिवेट कैंची तथा पर्लिन के क्लीटों में		उपरोक्त	का 5%	………………	………………	28·69 ,,
	44 मिमी व्यास के रग बोल्ट (Rag bolts) 30 सेमी लम्बे	4	—	—	4 सं.	5 किग्रा प्रत्येक	20·00 ,,
					एक कैंची	में कुल योग	622·60 किग्रा
	इस्पात 5 कैंचियों में			एक कैंची	का 5 गुणा = 5	× 622·60 =	3113·00 किग्रा

मद सं०	कार्य का विवरण	सं०	लम्बाई मी	चौड़ाई मी	परिमाण	भार प्रति इकाई इस्पात तालिका से	कुल परिमाण का भार
	सिरों पर त्रिअंकी (gable) दीवार की ओलती (eaves) पर 75 × 50 × 8 मिमी आकार की ऐंगल 1·50 मी लम्बी रैफ्टर्स चार कोनों पर अंशतः दीवार में धंसी हुई	4	1·50	—	6·00	7·4 किग्रा/मी	44·4 किग्रा
	पर्लिन 125 × 75 × 8 मिमी के ऐंगल (सिरे की दीवारों पर 15 सेमी धारक)	12	21·30	—	255·60 मी	12·1 ,,	3092·76 ,,
	वायु तान छड़ (wind ties) 32 × 6 मिमी की पत्ती	2	21·30	—	42·60	1·5 ,,	63·90 ,,
						योग	6314·06 किग्रा 63·1406 कुंतल
2	दो लेप रंग पुताई एक लेप अस्तर पर इस्पात के कार्य पर— एक कैंची पर— (खण्ड तथा माप 1 में वर्णित इस्पात कार्य के समान हैं। परिमाण = लम्बाई × खण्ड की परिमित)						
	मुख्य रैफ्टर 75 × 50 × 8 मिमी ऐंगल [चौड़ाई = परिमित = (75 + 50) × 2 = 250 मिमी = 25 सेमी = ·25 मी]	2 × 2	7·60	·25	7·60 वर्ग मी		
	संपीडांग (strut) 75 × 50 मिमी ऐंगल	2	1·20	·25	0 60		
	,, ,, 65 × 45 × 8 मिमी ऐंगल	4	0·55	·22	0·48		
	बीच की निलम्बन (central suspender) 50 × 50 × 6 मिमी ऐंगल	1	2·60	·20	0·52		
	पर्लिनों के लिए क्लीट 75 × 75 × 8 मिमी ऐंगल	12	·11	·30	0·40		
	आधार में क्लीट 75 × 75 × 8 मिमी ऐंगल	2 × 2	·30	·30	0·36		

(उदाहरण 6—क्रमशः)

मद सं०	कार्य का विवरण	सं०	लम्बाई मी	चौड़ाई मी०	परिमाण	भार प्रति इकाई इस्पात तालिका से	कुल परिमाण का भार
	बीच की मुख्य छड़ें 50 × 8 मिमी पत्ती [चौ = परिमित = (50 + 8) × 2 = 116मिली] = ·116मी	2	4·80	·116	1·11		
	पार्श्व की तान छड़ें 80 × 6 मिमी पट्टी	2 × 2	3·40	·172	2·34		
	तिरछी „ 50 × 8 „	4	1·50	·116	0·70		
	„ „ 50 × 8 „	2	3·30	·116	0·77		
	गसेट पट्टियां						
	शीर्ष पर (apex)	1 × 2	·75	·45	0·68		
	आधार पर	2 × 2	·70	·45	1·26		
	संपीडांग के ऊपरी सिरे पर	2 × 2	·75	·25	0·75		
	„ „ „	4 × 2	·25	·20	0·40		
	„ निचले „	2 × 2	·35	·25	0·35		
	„ „ „	2 × 2	·45	·32	0·58		
	तिरछी तान छड़ों पर	2 × 2	·32	·25	0·32		
	निलम्बन छड़ के निचले सिरे पर	1 × 2	·25	·20	0·10		
	आधार पट्ट	2 × 2	·30	·30	0·36		
				एक कैंची	का योग	= 19·68	वर्ग मी
	रंग लेपन 5 कैंचियों पर		एक	कैंची का	5 गुणा = 5 × 19·68	=	98·40 वर्ग मी
	पर्लिनें 125 × 75 × 8 मिमी ऐंगल	12	21·30	·40	102·24	--	102·24 वर्ग मी
	वायु तान छड़ें 32 × 6मिमी पत्ती	2	21·30	·076	—	--	3·24 वर्ग मी
						योग	203·88 वर्ग मी
3	जस्ती लहरिया चादर (G.I.) की छत सब फ़िटिंग्स हुक बोल्ट, जस्ती लोहे के बोल्ट वाशर आदि के सहित	2	21·30	7·80	—	—	332·88 वर्ग मी
4	जस्ती लोहे चादर की कूट	1	12·30	—	21·30	--	21·30 मी

नोट—गसेट पट्टियों के लिये उन आयतों का माप लिया गया है जिनमें से वे काटी जायेंगी।

प्राक्कलित लागत सार (उदाहरण 6)

परिमाण की सूची

मद सं०	कार्य का विवरण	परिमाण	इकाई	दर रु० पै०	प्रति	राशि रु० पै०
1	इस्पात का काम	63.1406	कुंतल	240·00	कुंतल	15160·00
2	दो लेप रंग एक लेप अस्तर पर इस्पात के काम पर	203·88	वर्ग मी	3·50	वर्ग मी	713·70
3	लहरिया जस्ती चादर की छत (G. I. Roofing)	332·28	वर्ग मी	24·00	वर्ग मी	7975·00
4	जस्ती लोहे की कूट	21·30	मी	13·50	मी	287·60
					योग	24136·30
	फुटकर व्यय के लिये 3% जोड़ें				....	724·08
	निर्माण प्रभारित सिब्बन्दी के लिये 2% जोड़ें				....	482·72
					सम्पूर्ण योग ...	25343·10

नोट—आवश्यकता पड़ने पर चादरों का आकार तथा संख्या निम्न प्रकार से ज्ञात कर सकते हैं—

छत की ढलवां चौड़ाई 7·80 मी है, अतः इसमें दो जोड़ पड़ेंगे और दो जोड़ों के अर्थ है कि 3 चादरें लगानी होंगी। सिरे के जोड़ों पर कम से कम 15 सेमी परस्पर चढ़ाव (overlap) होना चाहिये। अतः दो जोड़ों में 30 सेमी अतिव्याप्त होगा। इसलिये 2·80 मी लम्बी दो तथा 2·50 मी लम्बी एक चादर की आवश्यकता होगी।

चादर की चौड़ाई ·80 मी (अर्थात 80 सेमी) है तथा किनारे पर सामान्यतया 7·5 सेमी चौड़ी 2 नालियों का अतिव्याप्त दिया जाता है। अतः छत की लम्बाई के लिये आवश्यक चादरों की संख्या—

$$= \frac{21{\cdot}3 - {\cdot}80}{{\cdot}80 - {\cdot}15} + 1 = \frac{20{\cdot}5}{{\cdot}65} + 1 = 32\tfrac{1}{5} = 33 \text{ चादरें लगभग}$$

$$(\text{मोटे तौर पर} = \frac{21{\cdot}3}{{\cdot}80 - {\cdot}15} = 32{\cdot}8 = 33 \text{ चादरें})$$

दोनों ओर के ढाल के लिये आवश्यक चादरें—

2·80 मी की चादरें $2 \times 2 \times 33 = 132$ चादरें

तथा 2·50 मी की चादरें $2 \times 33 = 66$ चादरें

यदि इन आकारों की चादरें उपलब्ध न हों तो 2·50 मी की लम्बी 132 चादरें तथा 3·20 मी लम्बी 66 चादरें या 3·20 मी लम्बी 132 चादरें तथा 1·80 मी लम्बी 66 चादरें ली जा सकती हैं। उस स्थिति में किनारों पर थोड़ा अधिक परस्पर चढ़ाव (overlap) दिया जायगा।

चादरों का भार इस्पात तालिका से देख कर ज्ञात किया जा सकता है।

रिवट, बोल्ट तथा ढिबरियाँ—इनका वास्तविक भार भी इस्पात तालिका देख कर ज्ञात किया जा सकता है।

अध्याय 5

प्रबलित सीमेंट कंक्रीट कार्य व संरचना

(R. C. C. WORK AND STRUCTURE)

प्रबलित सीमेंट कंक्रीट कार्य के प्राक्कलन में सामान्यतया दो मदें होती हैं। ढूला बांधना, इस्पात छड़ों की यथास्थान बांधना, तथा कंक्रीट घन मी में एक मद के अन्तर्गत तथा इस्पात की प्रबलन (reinforcement) मुड़ाई सहित कुन्तल में दूसरी मद के अन्तर्गत लेते हैं। इस्पात का आयतन कंक्रीट के आयतन की तुलना में थोड़ा ही होता है अतः कंक्रोट के आयतन में से इस्पात का आयतन नहीं घटाया जाता है। प्रबलन बांधने के लिये बंधक तार (binding wire) प्रबलन की मद में ही शामिल होता है तथा इसे अलग से नहीं लिया जाता है।

ढूला या तख्ता बन्दी (centering and shuttering) वर्ग मी में एक पृथक मद के रूप में भी लिया जा सकता है। इस्पात का मोड़ना तथा बांधना भी पृथक मद के रूप में कुन्तल में लिया जा सकता है।

इस्पात के प्रबलन का परिमाण वास्तविक आवश्यकता के अनुसार विस्तृत रेखाचित्रों से ज्ञात किया जाता है तथा इसमें परस्पर चढ़ाव (overlaps), हुक (hooks), कज् (crank) आदि भी शामिल होते हैं। यदि विस्तृत रेखाचित्र उपलब्ध न हो तो मोटे तौर पर प्रबलन कंक्रीट के प्रतिशत के आधार पर या कंक्रीट से प्रति घन मी में इस्पात के परिमाण के आधार पर ज्ञात किया जा सकता है। इस्पात का घनत्व 78·5 कुन्तल प्रति घन मी या 7·85 ग्राम प्रति घन सेमी माना जा सकता है। संरचना में इस्पात के प्रबलन का प्रतिशत संरचना का अभिकल्प (design of structure) पर निर्भर करता है यदि विस्तृत अभिकल्प उपलब्ध न हो तो मोटे तौर पर कंक्रीट में प्रबलन कंक्रीट के आयतन का निम्नलिखित प्रतिशत लिया जा सकता है :—

(1) लिंटल, स्लैब (slab) आदि	0·7 से 1·0%
(2) धरनें (beams)	1·0 से 2·0%
(3) स्तम्भ (columns)	1·0 से 5·0%
(4) रैफ्ट नींव (foundation raft), नींव, रद्दा नींव (footing) आदि	0·5 से 0·8%

प्रबलित सीमेंट कंक्रीट कार्य इस्पात प्रबलन ढूले इस्पात की मुड़ाई और उसको बांधने सहित सम्पूर्ण कार्य एक ही मद में लिया जा सकता है।

प्र. सी. कं. बाहरी सतहें चिकनी व साफ होनी चाहिए। ढूला इस प्रकार बनाया जाता है कि कंक्रीट की सतह चिकनी हो तथा ऊँची नीची न हो आवश्यकता होने पर सघन (rich) सीमेंट मसाले से पतला सा पलस्तर किया जा सकता है परन्तु पलस्तर का अलग से भुगतान नहीं किया जाता और न ही पलस्तर की मोटाई कंक्रीट नापते समय कंक्रीट के माप में नापी जाती है।

इन्हीं सिद्धान्तों के अनुसार प्रबलित ईंट चिनाई कार्य (R. B. Work) का भी प्राक्कलन किया जाता है। परन्तु प्रबलित ईंट चिनाई के बाहरी खुले (exposed) भागों पर 1 : 2 या 1 : 3 सीमेंट मसाले से 12 मिमी मोटा पलस्तर किया जाता है तथा पलस्तर का परिमाण एक पृथक मद के रूप में अलग से ज्ञात किया जाता है।

प्र. सी. कं. कार्य में इस्पात की छड़ों के सिरे पर 4 से 5 सेमी तक का आवरण (cover) माना जा सकता है। स्लैब (slab) के ऊपर व नीचे 1·2 सेमी से 2 सेमी तक तथा धरनों के ऊपर व नीचे 2·5 सेमी से 5 सेमी तक का आवरण माना जा सकता है।

मानक हुक तथा मुड़ी हुई छड़ चित्र 5·1 में दिखाई गई है।

एक हुक की लम्बाई छड़ के व्यास की 9 गुनी होती है तथा दोनों सिरों पर हुक युक्त सीधी छड़ की कुल लम्बाई ल. $+ 18 \times$ व्यास ली जा सकती है। चित्र 5-1

45° पर मुड़ी हुई छड़ के लिये (चित्र 5-1)—

एक मोड़ के कारण अतिरिक्त लम्बाई = कर्ण तथा आधार की लम्बाई में अन्तर

$$= \frac{\text{व्या}}{\text{ज्या } 45^\circ} - \text{व्या.} = \text{व्या.}\left(\frac{1}{\cdot 707} - 1\right) = \text{व्या.}(1{\cdot}42 - 1) = \cdot 42 \text{ व्या} = \cdot 45 \text{ व्या}$$

दो मोड़ों के लिये अतिरिक्त लम्बाई $= 2 \times \cdot 45$ व्या $=$ ·9 व्या।

इसमें व्या मुड़ी हुई छड़ के ऊपर तथा नीचे के भाग की मध्य रेखाओं के बीच की ऊर्ध्व दूरी है। यह दूरी स्लैब (slab) या धरन की कुल मोटाई तथा ऊपर व नीचे के अवरणों के योग के अन्तर के बराबर होगी।

30° पर मुड़ी हुई छड़ में कज (crank) की नत (inclined) लम्बाई $= \frac{\text{व्या}}{\text{ज्या } 30^\circ} = 2$ व्या/कज की क्षैतिज लम्बाई $= \frac{\text{व्या}}{\text{स्प. ज्या } 30^\circ} = 1{\cdot}73$ व्या.

एक कज के लिये अतिरिक्त लम्बाई $= 2$ व्या. $- 1{\cdot}73$ व्या. $- \cdot 27$ व्या. $=$ लगभग ·3 व्या।

दोनों सिरों पर 30° पर मुड़ी हुई छड़ में कज की अतिरिक्त लम्बाई $= 2 \times \cdot 3$ व्या. $= 6$ व्या.।

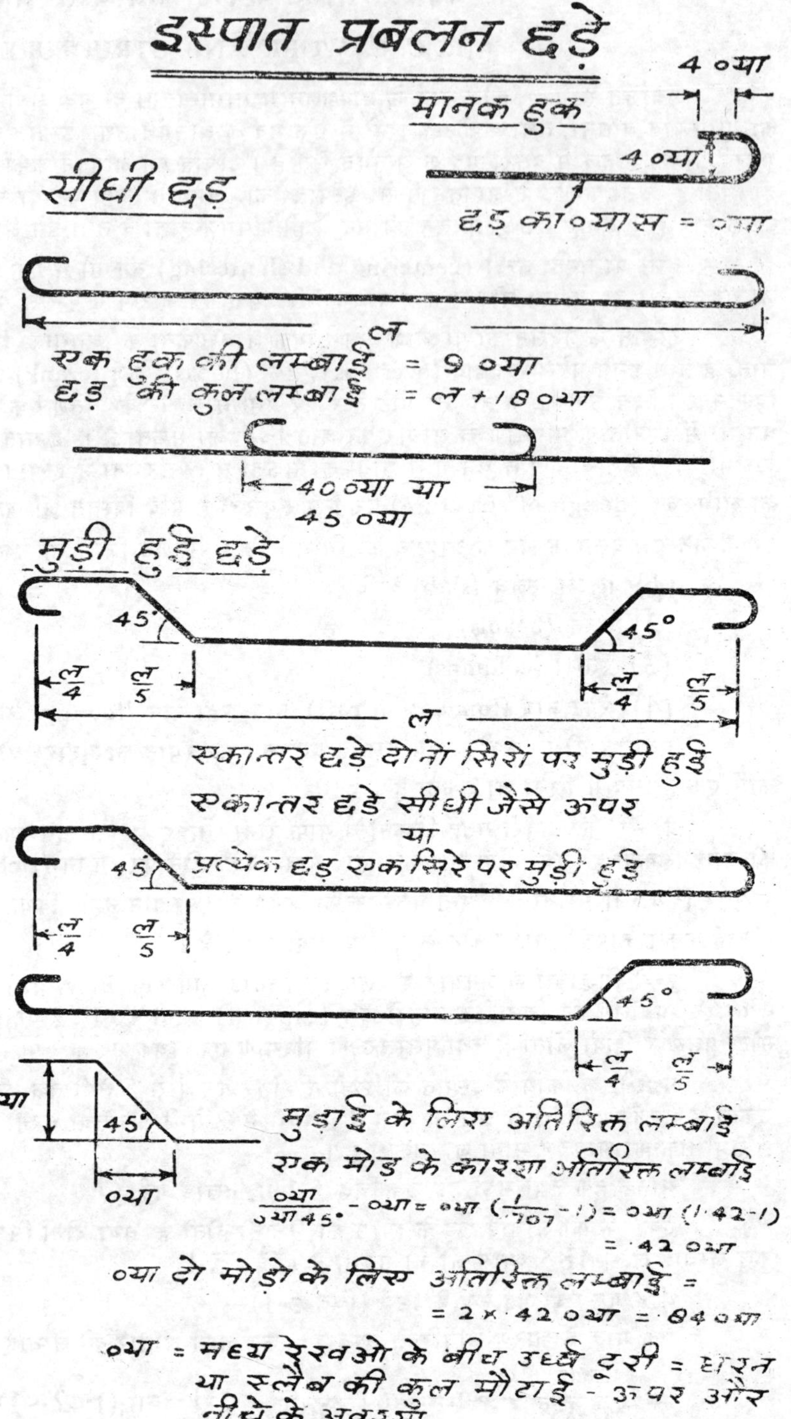

प्रबलित सीमेंट कंक्रीट के ढांचे का भवन

उदाहरण 1—दिये हुये रेखाचित्रों (चित्र 5-1 और 5-2) से एक छोटे प्रबलित सीमेंट कंक्रीट के ढांचे के भवन का विस्तृत प्राक्कलन बनाइए। भवन का कुर्सी क्षेत्रफल दर भी निकालिए सामान्य निर्दिष्टयां निम्नलिखित हैं—

ईंट चिनाई—20 सेमी मोटी भाग की दीवारें प्रथम श्रेणी की 1 : 6 सीमेंट बालू मसाले की होगी। आधे ईंट की दीवारें प्रथम श्रेणी की 1 : 3 सीमेंट बालू मसाले की होगी। प्रत्येक चौथे रद्दे पर 25 मिमी × 1·5 मिमी छर पट्टी होगी।

प्रबलित कार्य—प्रबलित सीमेंट कंक्रीट कार्य की खुली हुई सतहों को चिकना व बराबर करने के लिये इस पर 1 : 3 सीमेंट बालू मसाले का पलस्तर या लेप किया जायगा। इसका अलग से भुगतान नहीं होगा। नरम इस्पात के प्राक्कलन को अलग से लिया जायगा। प्रबलित कार्य का प्रतिशत प्रबलन निम्नलिखित लिया जायगा—

(i) खम्भों का प्रबलित सीमेंट कंक्रीट नींब—0·5%, (ii) प्र. सी. कं. धरनें—1·0%, (iii) प्र. सी. कं. खम्भे—1·5%, (iv) प्र. सी. कं. छज्जे और धूप रोधक—0·5%, (v) प्र. सी. कं. छत की स्लैब—0·8%।

दरवाजे और खिड़कियां—दरवाजे और खिड़कियाँ प्रथम श्रेणी टीक लकड़ी की होंगी और उस पर दो लेप रंग का किया जायगा। चौखटें 12 × 8 सेमी के होंगे। दरवाजे के किवाड़े 4 सेमी मोटी दिल्लेदार होगी और खिड़कियां और तिल्ली की किवाड़े 4 सेमी मोटी कांच युक्त होगी। किवाड़ों की दर में फिटिंग नहीं शामिल होंगे। खिड़कियों में 16 मिमी व्यास की छड़ें लगेंगी।

समापन—ईंट चिनाई और आधी ईंट चिनाई के कार्य के खुले हुए पृष्ठों पर 12 मिमी मोटा 1 : 6 सीमेंट बालू मसाले का पलस्तर होगा। अन्दर तीन लेप सफेदी पुताई का होगा और बाहर का लेप सफेदी पुताई पर दो लेप रंग का होगा।

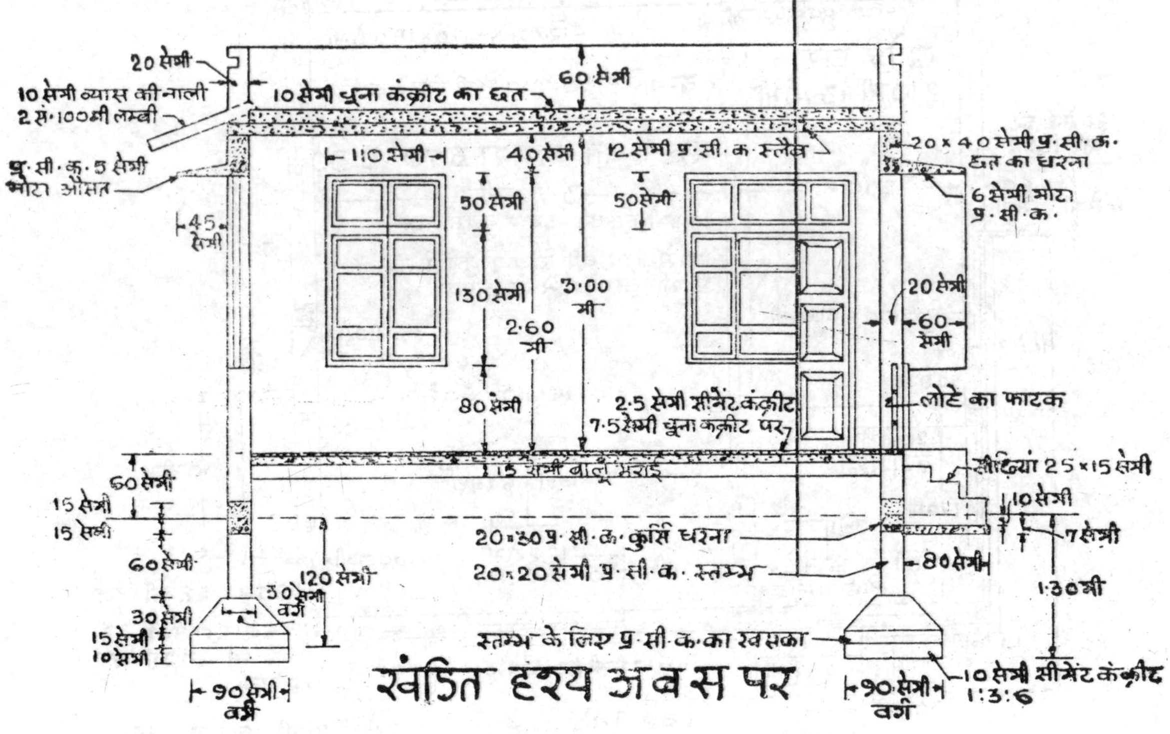

चित्र 5-2

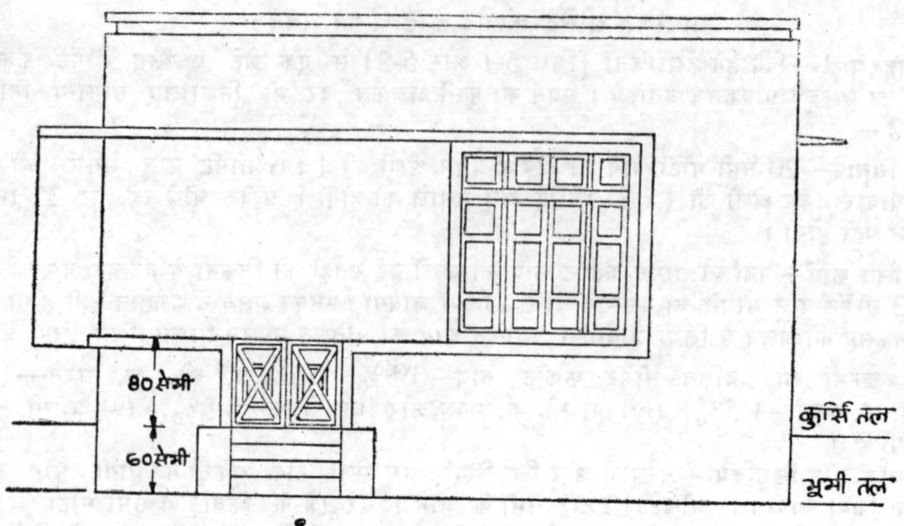

संमुख दृश्य

उ

20×20 सेमी प्र.सी.क. स्तम्भ
1·40 मी
2·10 मी
45 सेमी
खि-100×180 सेमी
खिड़कि-170×180 सेमी
रसोई घर
2·10 मी × 3·70 मी
दरवाजे-100×210 सेमी चिलहेदार
20 सेमी ईंट की दिवार
रहने का कमरा 3·70×5·50
60 सेमी
2·10 मी
3·70 मी
6 सेमी
10 सेमी ईंट की दिवार कुर्सि तक
20 सेमी ईंट की दिवार कुर्सि तक प्र.सी.क. धरने के ऊपर
खि-100×180 सेमी
20 सेमी
45 सेमी
10 सेमी
50 सेमी
खि-110×180 सेमी
20 सेमी
बरामदा
दरवाजा 120×210 सेमी. 50 सेमी ऊँचे तिलिल के साथ
1·50 मी
1·70 मी
170 सेमी
100 सेमी
10 सेमी ईंट की मुंडेर
खि-170×180 सेमी
लोहे का फाटक
20 सेमी ईंट की दिवार
20×20 सेमी
10 सेमी
प्र.सी.क. स्तम्भ
60 सेमी
25 सेमी
10×10 सेमी ईंट की पट्टि
70 सेमी
20 सेमी
30 सेमी
60 सेमी चौड़ा छज्जा
6 सेमी प्र.सी.क. धूप रोधक
1·00 मी

तल दृश्य

चित्र 5-3

माप का विवरण तथा परिमाणों का परिकलन (उदाहरण 1)

मद सं०	कार्य का विवरण	सं०	लम्बाई मी	चौड़ाई मी	ऊँचाई या गहराई मी	परिमाण	व्याख्यात्मक नोट
1	मिट्टी का कार्य नींव की खुदाई में––						
	खम्भे	9	·90	·90	1·30	9·48	
	खम्भों के बीच––						
	सामने और पीछे की दीवारें	2	4·30	·20	·25	—	मध्य/मध्य—6·10 मी ल = 6·10––1·80 = 4·30मी
	पार्श्व और बीच की दीवारें	3	3·90	·20	·15	–– ––	मध्य/मध्य––5·70 मी ल = 5·70-1·80 = 3·90 मी
	रसोई और बरामदे के बीच की दीवार	1	1·30	·20	·15	–– —	मध्य/मध्य—2·20 मी ल = 2·20 – ·90 = 1·30 मी
			21·60	× ·20	× ·15	= 0·65	
	सीढ़ियां और पार्श्व दीवारें 150 सेमी प्रक्षेप सहित						
	(i)	1	1·80	·70	·17	0·21	सीढ़ियां पार्श्व दीवार सहित 10 सेमी प्रक्षेप
	(ii)	1	1·10	·10	·17	0·02	सीढ़ियां विस्तन्ति भाग
					योग	10·36	
	कटौती––						
	खम्भे से दाईं ओर का फाटक	1	0·75	0·35	·17	0·05	इसको दो बार लिया गया है।
					कुल योग	10·31	घन मी
2	मिट्टी की भराई कुर्सी में––						
	रहने का कमरा	1	3·70	5·50	·35	7·12	
	रसोई	1	2·00	3·70	·35	2·59	
	बरामदा	1	2·00	1 70	·35	1·19	
					योग	10 90	घन मी
3	बालू की भराई कुर्सी में––						
	रहने का कमरा	1	3·70	5·50	·15	3·05	
	रसोई	1	2·00	3 70	·15	1·11	
	बरामदा	1	2 00	1·70	·15	0·51	
					योग	4·67	घन मी
4	नींव में 1 : 3 : 6 सीमेंट कंक्रीट						
	खम्भों का आधार	9	·90	·90	·10	0·729	

मद सं०	कार्य का विवरण	सं०	लम्बाई मी	चौड़ाई मी	ऊँचाई या गहराई मी	परिमाण	व्याख्यात्मक नोट
	सीढ़ियां और पार्श्व दिवारें--						
	(i)	1	1·80	·70	·07	0 088	
	(ii)	1	1·10	·10	·07	0 008	
					योग	0·825	घन मी
5	1 : 2:4 प्र. सी. कं. का कार्य धरनों, स्लैबों और छज्जों में इस्पात, प्रबलन और उसकी मुड़ाई को छोड़कर लेकिन ढूले को लेकर--						
	खम्भों की नींव--						
	चौकोर तल	9	·90	·90	·15	1·094	नींव का योग = 2·147 मी
	समलम्बाकर भाग						
	$\frac{ऊ}{6}\left(अ_1 + अ_2 + 4अ_म\right)$	9	$\frac{·30}{6}$ {	·9² + ·3² +	(4x ·6² =	1·053}	
	खम्भे	9	·20	·20	4·35	1·566	
	कुर्सी धरनें--						
	सामने और पीछे	2	5·70	·20	·30		कुल लम्बाई खम्भों को छोड़ कर
	पार्श्व और बीच	3	5·30	·20	·30		
	रसोई और बरामदे के बीच	1	2·00	·20	·30		
			29·30	× ·20	× ·30	= 1·758	
	छत की धरनें--						
	सामने और पीछे	2	5·70	·20	·40		
	पार्श्व और बीच	3	5·30	·20	·40		
	रसोई और बरामदे के बीच	1	2·00	·20	·40		
			29·30	× ·20	× ·40	= 2·344	धरनों का प्रयोग = 4·102 घन मी
	छत की स्लैब	1	6·30	5·90	·12	4·460	
	छज्जे और धूप रोधक--						
	सामने का छज्जा	1	5·76	·60	·60		
	बायें तरफ का छज्जा	1	3·56	·60	·60		
			6·32	× ·60	× ·60	= 0·336	

खम्भों, धरनों, स्लैबों, और छज्जों में प्र. सी. कं. के कार्य को अलग-अलग लिया जा सकता है। क्योंकि इनके दर अलग-अलग हैं। लेकिन इस प्रावकलन में सरलता के लिए हर तरह के प्र. सी. कं. कार्य एक ही मद के अन्तर्गत लिया गया है।

(उदाहरण 1—क्रमशः)

मद सं०	कार्य का विवरण	सं०	लम्बाई मी	चौड़ाई मी	ऊँचाई या गहराई मी	परिमाण	व्याख्यात्मक नोट
	ऊर्ध्व तापरोधक	2	·70	·06	1·80	0·151	10 सेमी दीवार के भीतर
	दायें तरफ की खिड़कियों के ऊपर के तापरोधक	2	1·50	·45	·05		छज्जों और तापरोधकों का कुल योग = 0·633 घन मी
	पीछे की खिड़कियों के ऊपर के तापरोधक	1	2·10	·45	·05		
		1	1·40	·45	·05		
			6·50	× ·45	× ·05	= 0 146	
					योग	12·908	घन मी
6	नरम इस्पात प्र. सी. कं. के कार्य में मुड़ाई सहित—						
	प्र. सी कं. के नींव में @ 0·5%		2·147	x $\frac{\cdot 5}{100}$ x	78·5	0·843	इस्पात का घनत्व 78·5 कुन्तल/घन मी
	प्र. सी. कं. के खम्भे @ 1·0%		1·566	x $\frac{1\cdot 5}{100}$ x	78·5	1 744	
	प्र. सी. कं. के धरनें @ 1·0%		4·102	x $\frac{1\cdot 0}{100}$ x	78·5	3·220	
	प्र. सी. कं. छत का स्लैब @ 0·8%		4·460	x $\frac{0\cdot 8}{100}$ x	78·5	2·800	
	प्र. सी. कं के छज्जे और तातरोधक @ 0·5%		0·633	x $\frac{0\cdot 5}{100}$ x	78 5	0·250	
					योग	8 957	कुन्तल
7	प्रथम श्रेणी की ईट चिनाई का कार्य 1:6 सीमेंट मसाले में—						
	रहने का कमरा—						
	सामने और पीछे की दीवारें	2	3·70	·20	3·05		कुर्सी और छत के धरनों के बीच की पूरी ऊंचाई
	दायीं दीवार खम्भे छोड़कर	1	5·30	·20	3·05		,,
	रसोई—						
	सामने और पीछे की दीवारें	2	2·00	·20	3·05		,,
	बायीं ओर की दीवार	1	3·70	·20	3·05		,,
	बरामदा और रहने के कमरे की बीच की दीवार	1	1·60	·20	3·05		,,
			22·00	x ·20 x	3·05 =	13·420	

मद सं०	ार्य का विवरण	सं०	लम्बाई मी	चौड़ाई मी	ऊँचाई या गहराई मी	परिमाण	व्याख्यात्मक नोट
	कुर्सी दीवार--						
	10 सेमी बीच की दीवार के नीचे	1	3·70	·20	·45		फर्श तक 20 सेमी की दीवार
	बरामदे के सामने की मुंडेर के नीचे	1	2·00	·20	·45		
	बरामदे के किनारे की मुंडेर के नीचे	1	1·60	·20	·45		
			7·30 ×	·20 ×	·45 =	0·657	
	सीढ़ियाँ (i)	1	1·00	·75	·25	0·188	
	(ii)	1	1·00	·50	·15	0·075	
	(iii)	1	1·00	·25	·15	0·038	
	सीढ़ियों के किनारे की दीवारें	2	·60	·30	·70	0·252	
	छत के स्लैब की ऊपर की मुंडेर--						
	सामने और पीछे	2	6·30	·20	·70	1·764	
	किनारे	2	5·50	·20	·70	1·540	
					योग	17·934	घन मी
	घटायें--						
	दरवाजों के खु भाग	1	1·20	·20	2·10	0·504	
	खिड़कियों के खुले भाग	2	1·70	·20	1·80		
		2	1·10	20	1·80		
		2	1·00	·20	1 80		
			7·60 ×	·20 ×	1·80	= 2·736	
8	प्रथम श्रेणी की आधी ईट चिनाई का कार्य 1:3 सीमेंट मसाले में प्रत्येक चौथे रद्दे में 25 मिमी × 1·5 मिमी छरपट्टी या इसके तुल्य प्रबलन--			कटौती का	योग	3·240	
				शुद्ध	योग	14·694	घन मी
	रहने के कमरे और रसोई के बीच की दीवार	1	3·70	—	2·60	9·62	
	बरामदे की मुंडेर सामने	1	2·00	—	0·80	1·60	
	बरामदे की मुंडेर किनारे	1	1·60	—	0·80	1·28	
					योग	12·50	

मद सं०	कार्य का विवरण	सं०	लम्बाई मी	चौड़ाई मी	ऊँचाई या गहराई मी	परिमाण	व्याख्यात्मक नोट
	घटायें--						
	दरवाजे का खुला भाग	1	1·00	—	2·10	2·10	
	फाटक का खुला भाग	1	1·00	--	0·80	0·80	
				कटौती	का योग	2·90	
					शुद्ध योग	9·60	वर्ग मी
9	10 सेमी चूना कंक्रीट ऊपरी छत में गुड़ और बेलगिरी से समापित	1	5·50	5·50	--	32·45	वर्ग मी
10	दरवाजे और खिड़की के चौखटों में टीक लकड़ी गढ़ा, ढांचा और आबद्ध--						
	100 × 200 सेमी दरवाजा	1	5·28	·12	·08		2-ऊर्ध्व--2·14 मी 1-क्षैतिज--1.00 मी
	120 × 260 सेमी दरवाजा तिल्ली के साथ--	1	7·68	·12	·08		2-उर्ध्व--2·64 मी 2-क्षैतिज--1·20 मी
	170 × 180 सेमी खिड़कियां	2	12·30	·12	·08		4-उर्ध्व--1·80 मी 3-क्षैतिज--1·70 मी
	110 × 180 ,, ,,	2	6·90	·12	·08		2-उर्ध्व--1·80 मी 3-क्षैतिज—1·10 मी
	110 × 180 ,, ,,	2	0·69	·12	·08		2-उर्ध्व—1·80 मी 3-क्षैतिज--1·00 मी
			64·56	× ·12	× 08 ×	0·620	घन मी
11	दरवाजे की दिल्लेदार किवाड़ 4 सेमी मोटी टीक लकड़ी की फिटिंग्स को छोड़कर--						
	100 × 210 सेमी दरवाजा	1	0·87	--	2·03	1·766	ऊँ = 210 − 8 + 1·5 − ·5
	120 × 210 सेमी दरवाजा	1	1·07	--	2·03	2·172	= 203 सेमी
					योग	3·938	वर्ग मी
12	खिड़कियों की कांचयुक्त किवाड़ें 4 सेमी मोटी टीक लकड़ी की फिटिंग्स छोड़कर–						

दरवाजे के चौखटों के ऊर्ध्व फर्श 4 सेमी अन्तर्वेश।

मद सं०	कार्य का विवरण	सं०	लम्बाई मी	चौड़ाई मी	ऊंचाई या गहराई मी	परिणाम	व्याख्यात्मक नोट
	खिड़कियों की कांचयुक्त किवाड़ें 4 सेमी मोटी टीक लकड़ी की फिटिंग्स छोड़कर–						
	170 × 180 सेमी खिड़कियां तिल्ली सहित	2	1·47	--	1·62	4·783	ल = 170 – (4 × 8) + (6 × 1·5) = 147 सेमी
	110 × 180 सेमी खिड़कियां तिल्ली सहित	2	0·97	--	1·62	3·143	ऊँ = 180 – (3 × 8) + 4 (1·5) = 162 सेमी
	100 × 180 सेमी खिड़कियां तिल्ली सहित	2	0·87	--	1·62	2·819	
	120 × 50 सेमी तिल्ली दरवाजे के ऊपर	1	1·07		0·45	0·482	
					योग	11·200.	वर्ग मी
13	पीतल की फिटिंग्स दरवाजों और खिड़कियो में, देना और लगाना	मद	11 और बराबर =	12 के 3·938	जोड़ के + ·11	207 = 15·145	वर्ग मी
14	इस्पात का कार्य पकड़ पट्टियों और खिड़कियों की छड़ो म—						
	पकड़पट्टियों में —						
	120 × 260 सेमी दरवाजा	1 × 8					4—प्रत्येक पार्श्व में
	100 × 210 सेमी दरवाजा	1 × 6					3— ,, ,, ,,
	खिड़कियाँ 6 सं०	6 × 6					3— ,, ,, ,,
	16 मिमी व्यास की खिड़कियों की छड़ें (लगभग 10 सेमी मध्य/मध्य)-–	50	सं० @	प्रत्येक	1 किग्रा	50	किग्रा
	110 × 180 सेमी खिड़किय/ तिल्ली सहित	2 × 9	1·30	=	23·40	मी	
	तिल्ली ऊपर की	2 × 2	1·10	=	4·40	मी	2 सं० क्षैतिज
	100 · 180 सेमी खिड़कियाँ तिल्ली सहित	2 × 8	1·30	=	20.80	मी	
	तिल्ली ऊपर की	2 × 2	1·00	=	4·00	मी	2 सं० क्षैतिज
	170 × 180 सेमी खिड़कियाँ– तिल्ली छोड़कर	3×15	1·30	=	39·00	मी	
	तिल्ली ऊपर की	2 × 2	1·70	=	6·80	मी	2 सं० क्षैतिज
			98·40	मी @	1·58	किग्रा = 155·47	किग्रा

नोट—-दरवाजे और खिड़की की किवाड़ों की 1·5 समी, दरवाजे की किवाड़ों के नीचे अन्तर ·5 सेमी पताम।

(उदाहरण 1– क्रमशः)

मद सं	कार्य का विवरण	सं०	लम्बाई मी	चौड़ाई मी	ऊँचाई या गहराई मी	परिमाण	व्याख्यात्मक नोट
	25×6 सेमी क्षैतिज चपटी छड़ खिड़कियों के **बीच में**—						
	110×180 सेमी खिड़कियाँ	2×1	1·10	=	2·20	मी	
	100×180 सेमी खिड़कियाँ	2×1	1·00	=	2·00	मी	
	170×180 सेमी खिड़कियाँ	2×1	1·70	=	3·40	मी	
			7 60 मी	@ 1·2	किग्रा =	9·12	किग्रा
					योग	214·59	किग्रा
					=	2·146	कुन्तल
15	इस्पात का फाटक गढ़ा और ढाँचा	1	1·00	—	·80	·80	वर्ग मी
16	12 मिमी पलस्तर 1 : 6 सीमेंट मसाले में—						
	भीतरी—						
	रहने के कमरों की दीवारें	2	5·50	—	2 60		प्र. सी. कं. धरनों को छोड़कर
		2	3·70	—	2·60		
	रसोई की दीवारें	2	3·70	—	2·60		
		2	2·10	—	2·60		
	बरामदे की दीवारें	1	2·00	—	2·60		
		1	1·60	—	2·60		
			33 60	×	2·60 =	87·36	
	बरामदे की मुंडेर—						
	भीतरी भाग पार्श्व	1	1·60	—	·80	1·28	फाटक छोड़कर
	भीतरी भाग सामने	1	1·00	—	·80	0·80	एक किनारा
	फाटक की ऊर्ध्व पाखा	1	—	·10	·80	0 08	
	मुंडेर का ऊपरी भाग—						
	सामने	1	1 00	·10	—	0·10	
	पार्श्व	1	1·60	·10	—	0 16	
	120×260 सेमी दरवाजे और तिल्ली की पाखा	2	—	·08	2·60	0·42	
	170×180 सेमी खिड़की की पाखा और देहल	2	5·30	·08		0 85	ल = 180 + 180 + 170 = 530 सेमी
					योग	91·05	

मद सं०	कार्य का विवरण	सं०	लम्बाई मी	चौड़ाई मी०	ऊँचाई या गहराई मी	परिमाण	व्याख्यात्मक नोट
	खुले भाग घटायें—						
	100×120 सेमी दरवाजे	2	1·00	—	1·20	2·40	दोनों सतह, पाखा छोटी है
	120×260 सेमी दरवाजे	2	1·20	—	2·60	6·24	देहल और तल नहीं हैं
			कटौती	का	योग	8·64	
	बाहर की ओर—		भीतर	का	योग	82·41	वर्ग मी
	पीछे की दीवार (पूरी लम्बाई)	1	6·30	—	3·05		धरने छोड़कर, कुर्सी लेकर
	दायां बाहरी ओर	1	5·90	—	3·05		
	सामने रहने का कमरा	1	4·10	—	3·05		
	बायां रसोई का बाहरी भाग	1	4·10	—	3·05		
			20·40	×	3·05 =	62·22	
	बरामदे की मुँडेर सामने	1	1·20	—	1·15	1·38	
	बरामदे की मुँडेर पार्श्व	1	1·80	—	1·15	1·07	
	सीढ़ियों के किनारे की दीवार—						
	बाहरी भाग	2	·60	—	60	0·72	
	भीतरी भाग	2	·60	—	30	0·36	औसत ऊँचाई
	ऊपरी भाग	2	·60	—	30	0·36	
	छत की धरनों के ऊपरी की मुँडेर—						
	भीतरी भाग सामने और पीछे	2	5·90	—	·60	7·08	
	भीतरी भाग पार्श्व	2	5·50	—	·60	6·60	
	ऊपर सामने ओर पीछे	2	6·30	·20	—	2·52	
	ऊपर पार्श्व	2	5·50	·20	—	2·20	
	बाहरी भाग सामने और पीछे का 5 × 5 सेमी खांच सहित	2	6·30	—	·85	10·71	ऊँ = 60 + 10 + (3 × 5)
	बाहरी भाग पार्श्व	2	5·90	—	·85	10·03	= 85 सेमी
					योग	106·25	
	खुले भाग घटायें—						
	110×180 सेमी खिड़कियाँ	2×1	1·10	—	1·80	3·96	एक सप्ताह
	110×180 सेमी खिड़कियाँ	2×1	1·00	—	1·80	3·60	
	170×180 सेमी खिड़कियाँ	2×1	1·70	—	1·80	12·24	दोनों सतह, पाखों और देहलों को अलग से लिया गया है।
			कटौती	का	योग	19·80	
			बाहर	का	योग	86·45	वर्ग मी
			भीतरी और बाहर का		योग =	168·86	वर्ग मी

(उदाहरण 1—क्रमशः)

मद सं०	कार्य का विवरण	सं०	लम्बाई मी	चौड़ाई मी	ऊँचाई या गहराई मी	परिमाण	व्याख्यात्मक नोट
17	15 मिमी पलस्तर सीढियों में 1 : 3 सीमेंट मसाले में सफाई से तैयार—						
	पट और उठान	1	1·00	1·35	—	1·35	
	सीढ़ियों के सिरे	2	—	·15	·15	0·05	पार्श्व दीवारों के परे
					योग	1·40	वर्ग मीटर
18	10 × 10 सेमी ईंट की पट्टी 1 : 4 सीमेंट मसाले में पलस्तर सहित—						
	सामने (क्षैतिज)	1	4·10	—	—	4·10	
	पार्श्व	1	3·50	—	—	3·50	
	सामने ऊर्ध्व	2	0·70	—	—	1·40	
					योग	9·00	मी
19	2 : 5 सेमी सीमेंट कंक्रीट का फर्श 7·5 सेमी चूना कंक्रीट फर्श सहित—						
	रहने का कमरा	1	3·70	5·50	—	20·35	
	रसोई	1	2·10	3·70	—	7·77	
	बरामदा	1	2·10	1·70	—	3·57	
	दरवाजे की देहल	1	1·00	0·10	—	0·10	देहल में चूना कंक्रीट नहीं हैं।
	दरवाजे की देहल	1	1·20	0·20	—	0·24	
					योग	32·03	वर्ग मी
20	सफेदी पुताई तीन लेप अन्दर की दीवारों में	भीतरी के	पलस्तर बराबर	मद	(16)	82·41	
	रहने के कमरे की छत	1	3·70	5·50	—	20·35	
	रसोई की छत	1	2·00	3·70	—	7·40	
	बरामदे की छत	1	2·00	1·60	—	3·20	
	छत की छरनों की भीतरी फलक—						
	रहने का कमरा	2	3·70	—	·40		
	रहने का कमरा	2	5·50	—	·40		
	रसोई	2	2·00	—	·40		
	रसोई	2	3·70	—	·40		
			29·80	×	0·40 =	11·92	

मद संख्या	कार्य का विवरण	सं०	लम्बाई मी	चौड़ाई मी	ऊंचाई या गहराई मी	परिमाण	व्याख्यात्मक नोट
	रसोई-धरनों का तला	1	3·70	·10	—	0·37	विभाजक दीवार के ऊपर
	बरामदा	2	2·00	—	·40	1·60	
	बरामदा	2	1·60	—	·40	1·28	
	बरामदा-धरनों का तला	1	2·00	·20	—	0·40	
	बरामदा-धरनों का तला	1	1·60	·20	–	0·32	
	छज्जों और तापरोधकों के निचले फलक—						
	सामने का छज्जा	1	5·70	·60	—	3·42	निचले फलक में सफेदी पुताई
	किनारे का छज्जा	1	3·50	·60	—	2·10	
	ताप रोधक	2	0·60	—	1·80	2·16	
	खिड़कियों के ऊपर ताप रोधक	2	1·50	·45	—		
	,, ,, ,,	1	2·10	·45	—		
	,, ,, ,,	1	1·40	·45	—		
			6·50 ×	·45	—	2·93	
21	दो लेप रंग का एक लेप सफेदी पुताई के ऊपर—				योग	139·86	वर्ग मी
	बाहरी दिवारों में		बाहरी मद (16)	पलस्तर के समान		86·45	
	छत की स्लैब, छत की धरनों और कुर्सी धरजों की बाहरी फलक भूमीतल के ऊपर—						
	सामने और पीछे	2	6·30	—	·60	7·56	ऊँ = 40 + 12 + 15 − 7 = 60 सेमी
	पार्श्व	2	5·90	—	·60	7·08	
	छज्जों और तापरोधकों का ऊपरी फलक—						
	छज्जा सामने	1	5·76	·66	—	3·80	ऊपरी फलक और किनारों में रंग लेपन
	छज्जा पार्श्व	1	3·56	·66	—	2·35	
	तापरोधक	2	—	·66	1·80	2·38	
	खिड़कियों के ऊपर तापरोधक	2	1·50	·51	—	1·53	
	,, ,, ,,	1	2·10	·51	—	1·07	
	,, ,, ,,	1	1·40	·51	—	0·71	
					योग	112·93	
	सीढ़ियां घटायें	1	1·60	—	·15	0·24	
22	दरवाजों और खिड़कियों पर दो लेप रंग का एक लेप अस्तर के ऊपर—				शुद्ध योग	112·69	वर्ग मी

मद सं०	कार्य का विवरण	सं०	लम्बाई मी	चौड़ाई मी	ऊँचाई या गहराई मी	परिमाण	व्याख्यात्मक नोट
	दिल्लेदार दरवाजा	1×2¼	1·00	—	2·10	4·73	एक सतह का 2¼ बार
	दिल्लेदार दरवाजा	1×2¼	1·20	—	2·10	5·67	
	कांचयुक्त तिल्ली दरवाजें के ऊपर	1×1	1·20	—	0·50	0·60	एक सतह दोनों ओर के लिये
	कांचयुक्त खिड़खियाँ	2×1	1·70	—	1·80	6·12	एक सतह दोनों ओर के लिए
	कांचयुक्त खिड़कियाँ	2×1	1·10	—	1·80	3·96	
	कांचयुक्त खिड़कियाँ	2×1	1·00	—	1·80	3·60	
	लोहे का फाटक	1×1	1·00	—	0·80	0·80	पूरे के लिए एक सतह
	खिड़कियों की छड़ें (चौखट छोड़कर)	2×1	1·54	—	1·64	5·05	
		2×1	0·94	—	1·64	3·08	
		2×1	0·84	—	1·64	2·76	
	दरवाजे के ऊपर की तिल्ली की छड़ें	1×1	1·04	—	0·42	0·44	
					योग	36·81	वर्ग मी
23	चौखट के पीछे दो लेप सोलिगनम का—						
	100×210 सेमी दरवाजा	1	5·28	·12	—	0·63	
	120×260 सेमी दरवाजा तिल्ली सहित	1	7·68	·12	—	0·92	
	170×180 सेमी खिड़कियां	2	12·30	·12	—	2·95	
	110×180 सेमी खिड़कियां	2	6·90	·12	—	1·66	
	100×180 सेमी खिड़कियां	2	6·60	·12	—	1·58	
					योग	7·74	वर्ग मी
24	100 मिमी व्यास का बरसाती पानी का नल लगाना, रंग किया हुआ	2	1·00	—	—	2·00	मी

प्राक्कलित लगात सार (उदाहरण 1)

मद सं०	कार्य का विवरण	परिमाण	इकाई	दर रु० पै०	प्रति	धन राशि रु० पै०
1	मिट्टी का कार्य नींव की खुदाई में	10·31	घन मी	290·00	% घन मी	29·90
2	मिट्टा की भराई कुर्सी में	10·90	घन मी	235·00	% घन मी	25·62
3	बालू की भराई कुर्सी में	4·67	घन मी	21·75	% घन मी	101·57

मद सं०	कार्य का विवरण	परिमाण	इकाई	दर रु० पै०	प्रति	धन राशि रु० पै०
4	सीमेंट कंक्रीट 1 : 3 : 6 नींव में	0·825	घन मी	256·00	/ घन मी	211·20
5	प्र. सी. कं. 1 : 2 : 4 का कार्य इस्पात प्रबलन और उसकी मुड़ाई को छोड़कर लेकिन ढ़ूला व बांधने को लेकर	12·908	घन मी	423·00	/ घन मी	5460·08
6	नरम इस्पात प्र. सी. कं. के कार्य में मुडाई सहित	8·957	कुन्तल	230.00	/ कुन्तल	2059·42
7	प्रथम श्रेणी की ईंट चिनाई का कार्य 1 : 6 सीमेंट मसाले में	14·694	घन मी	125·50	/ घन मी	1844·10
8	प्रथम श्रेणी की आधी ईंट चिनाई का कार्य 1 : 3 सीमेंट मसाले में छरपट्टी सहित	9·60	वर्ग मी	15·00	/ वर्ग मी	144·00
9	10 सेमी चूना कंक्रीट ऊपरी छत में गुड़ और बेलगीरी से समापित	32·45	वर्ग मी	12·00	/ वर्ग मी	389·40
10	दरवाजों और खिड़कियों में टीक लकड़ी गढ़ा, ढांचा और आबद्ध	0·620	घन मी	3036·00	/ घन मी	1882·32
11	दरवाजे की दिल्लेदार किवाड़ 4 सेमी मोटी टीक लकड़ी की फिटिंग्स छोड़कर	3·938	वर्ग मी	88·00	/ वर्ग मी	346·50
12	खिड़कियों की कांचयुक्त किवाड़ें 4 सेमी टीक लकड़ी की फिटिंग्स छोड़कर	11·207	वर्ग मी	80·00	/ वर्ग मी	896·56
13	पीतल की फिटिंग्स दरवाजों और खिड़कियों में देना और लगाना	15·145	वर्ग मी	40·00	/ वर्ग मी	605·80
14	इस्पात का कार्य पकड़ पट्टियों और खिड़कियों की छड़ों में	2·146	कुन्तल	264·00	/ कुन्तल	566·54
15	इस्पात का फाटक गढ़ा और ढांचा	0·80	वर्ग मी	60·00	/ वर्ग मी	48·00
16	12 मिमी पलस्तर 1 : 6 सीमेंट मसाले में	268·86	वर्ग मी	4·60	/ वर्ग मी	776·76
17	15 मिमी पलस्तर सीढ़ियों में 1 : 3 सीमेंट मसाले में	1·40	वर्ग मी	7·00	/ वर्ग मी	9·80
18	10 × 10 सेमी ईंट की पट्टी 1 : 4 सीमेंट मसाले में पलस्तर सहित	9·00	मी	1·55	/ मी	13·95
19	2·5 सेमी सीमेंट कंक्रीट का फर्श 7·5 सेमी चूना कंक्रीट फर्श सहित	32·03	वर्ग मी	18·50	/ वर्ग मी	592·56
20	सफेदी पुताई तीन लेप अन्दर की दीवारों में	139·86	वर्ग मी	0·26	/ वर्ग मी	36·36
21	दो लेप रंग का एक लेप सफेदी पुताई के ऊपर बाहरी दिवारों में	112·69	वर्ग मी	0·72	/ वर्ग मी	81·14
22	दरवाजों और खिड़कियों पर दो लेप रंग का एक लेप अस्तर के ऊपर	36·81	वर्ग मी	3·50	/ वर्ग मी	128·80
23	सोलिगनम का दो लेप	7·74	वर्ग मी	1·10	/ वर्ग मी	8·51
24	100 मिमी व्यास का बरसाती पानी का नल लगाना, रंग किया हुआ	2	मी	27·00	/ मी	54·00

	योग	16312·89
3% फुटकर व्यय के लिए जोड़ें	....	489·39
2% निर्माण प्रभारित सिब्बन्दी के लिए जोड़ें	....	326·26
	कुल योग	17128·54
	लगभग	17128·50

कुर्सी क्षेत्रफल दर--

कुर्सी क्षेत्रफल 6·30 मी × 5·90 मी = 37·17 वर्ग मी

$$\text{कुर्सी क्षेत्रफल दर} = \frac{\text{कुल लागत}}{\text{कुर्सी क्षेत्रफल}} = \frac{17128{\cdot}50}{37{\cdot}17} = \text{रु॰ } 460{\cdot}82 \text{ प्रति वर्ग मी}$$

प्र. सी. कं. की छत की स्लैब (Roof slab) का प्राक्कलन

उदाहरण 2- –दिये हुए चित्रों से (चित्र 5-4) एक 6 मी लम्बी तथा 3 मी निर्बाध पाट (clear span) की प्र. सी. कं. (R. C. C.) की छत की स्लैब का विस्तृत प्राक्कलन बनाइये। ढूले सहित प्र. सी. क. कार्य तथा इस्पात का प्रचलन अलग-अलग लिया जायगा।

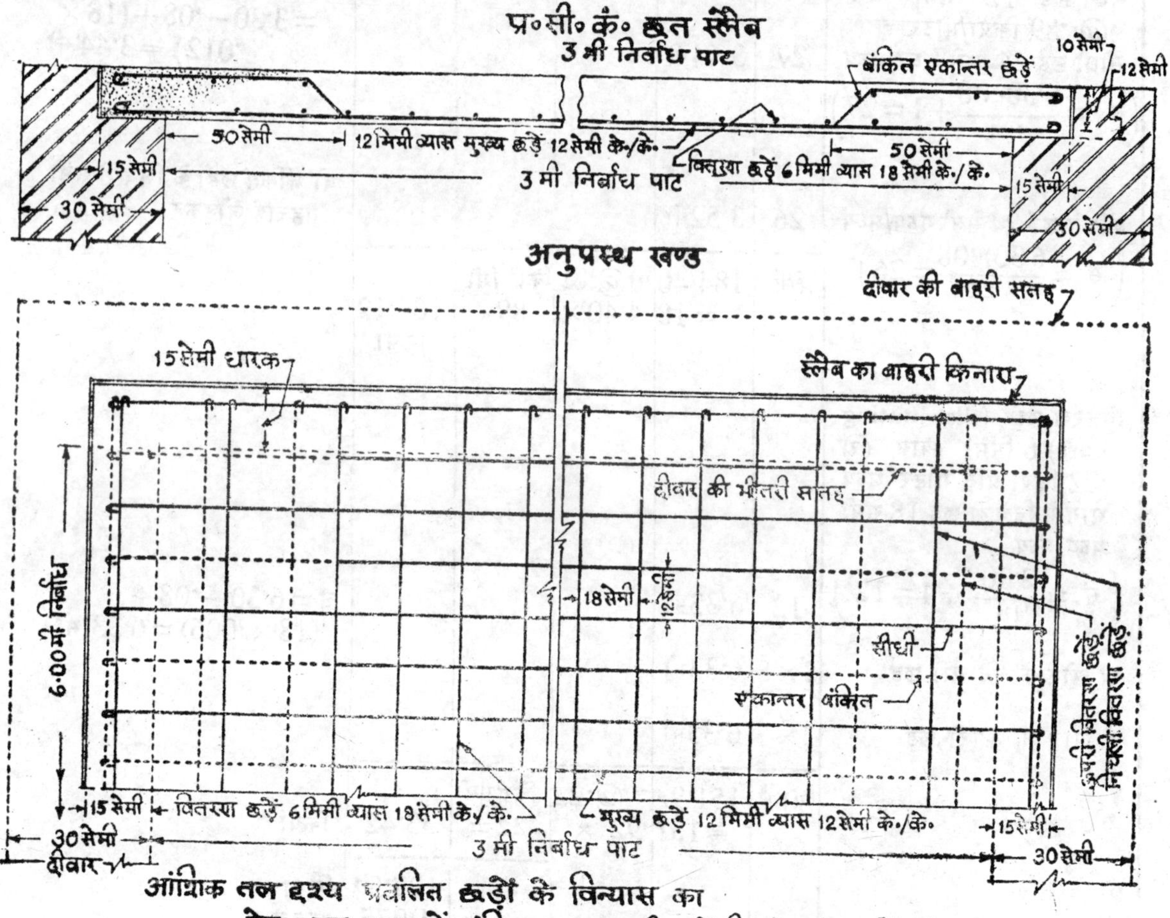

चित्र 5-4

नोट--तल दृश्य में मुड़ी हुई तथा ऊपर की छड़ें बिन्दु रेखा (dotted line) द्वारा प्रदर्शित की गई हैं।

माप का विवरण तथा परिमाणों का परिकलन (उदाहरण 2)

मद सं०	कार्य का विवरण	सं०	लम्बाई मी	चौड़ाई मी	ऊँचाई या गहराई मी	परिमाण	व्याख्यात्मक नोट
1	प्रबलित सीमेंट कंक्रीट 1:2:4 कार्य ढूले तथा इस्पात को बांधने सहित, परन्तु इस्पात और उसकी मुड़ाई रहित	1	6·30मी	3·30मी	0·12मी	2·495 घन मी	इस्पात की छड़ों के कारण कोई कटौती नहीं।
2	प्र. सी. कं. कार्य में (नरम) इस्पात की छड़ें मुड़ाई रहित—मुख्य छड़ें 12 मिमी व्यास @ ·89 किग्रा/मीटर						पार्श्व आवरण 4 सेमी ल = 3·30 − 2 पार्श्व आवरण + 2 हुक = 3·30 − ·08 + (18 × ·012) = 3·44 मी
	सीधी छड़ें 24 सेमी मध्य/मध्य $\left(\text{सं.} = \frac{6·30-·08}{·24} + 1 = 27\right)$	27	3·44मी				
	बंकित छड़ें 24 सेमी मध्य/मध्य $\left(\text{सं} = \frac{6·30\ ·08}{·24} = 26\right)$	26	3·52मी				दो बंकित छड़ों के लिये 8 सेमी गहराई जोड़कर
		योग	184·40 = 18	मी @·89 4·40 ×	किग्रा/मी ·89 =	164·12 किग्रा	
	वितरक छड़ें (distributing bars) 6 मिमी व्यास @ ·22 किग्रा प्रति मीटर मध्य भाग में निचली छड़े 18 सेमी मध्य/मध्य $\left(\text{सं.} = \frac{2·00}{·18} + 1 = 12\right)$	12	6·33मी				ल = 6·30 − ·08 + (18 × ·006) = 6·33 मी
	दो ओर की निचली छड़ें	2 × 3	6·33मी				
	दो ओर की ऊपरी छड़ें	2 × 3	6·33मी				
		योग	151·92 = 151	म @·22 ·92 ×	किग्रा/मी ·22 =	33·42	किग्रा
					योग	197·54 = 1·975	किग्रा कुन्टल

प्राक्कलित लागत सार (उदाहरण 2—क्रमशः)

परिमाण की सूची

मद सं०	कार्य का विवरण	परिमाण	इकाई	दर रु० पै०	प्रति	धन राशि रु० पै०
1	प्र. सी. कं. कार्य 1:2:4 ढूले और इस्पात को बांधने सहित परन्तु इस्पात और उसकी मुड़ाई के अतिरिक्त	2·495	घन मी	423·00	प्रति घन मी	1055·39
2	इस्पात (नरम इस्पात) की छड़ें प्र. सी. कार्य में मुड़ाई सहित	1·975	कुन्तल	230·00	प्रति कुन्तल	454·25
					योग	1509·64
	जोड़ें 5% { फुटकर व्यय के लिये 3% तथा निर्माण प्रभारित सिब्बन्दी के लिये 2%				... ...	75·48
					सम्पूर्ण योग ...	1585·12

द्रष्टव्य--(1) ढूला (Centering and shuttering) प्र. सी. कं. कार्य में सम्मिलित है। यदि ढूले का भुगतान अलग करना हो, तो उसका क्षेत्रफल निम्न प्रकार ज्ञात कर सकते हैं—

ढूले का क्षेत्रफल $= 6{\cdot}00$ मी $\times 3{\cdot}00$ मी

$= 18{\cdot}00$ वर्ग मी

ढूले की लागत 7·00 रु० वर्ग मीटर की दर से $= 18 \times 7{\cdot}00 = 126{\cdot}00$ रु०

(2) छड़ों के जोड़ पर परस्पर चढ़ाव के लिए कुल इस्पात का 5% भी जोड़ सकते हैं।

द्रष्टव्य—दो हूकों की लम्बाई 18 × व्यास के बराबर ले लें। दोनों सिरों पर 45° पर बंकित छड़ होने के कारण छड़ की लम्बाई में ऊपर तथा नीचे की छड़ों के बीच का अन्तर जोड़ दें।

प्र. सी. कं की. एक धरन (Beam) का प्राक्कलन

उदाहरण 3--दिये हुये रेखा चित्रों (चित्र 5-5) से 8 मी निर्बाध पाट (clear span) तथा 75 सेमी × 40 सेमी अनुप्रस्थ खण्ड (section) की प्र. सी. कं. धरन का विस्तृत प्राक्कलन बनायें। इस्पात तथा प्र. सी. कं. कार्य का परिमाण अलग-अलग ज्ञात करें।

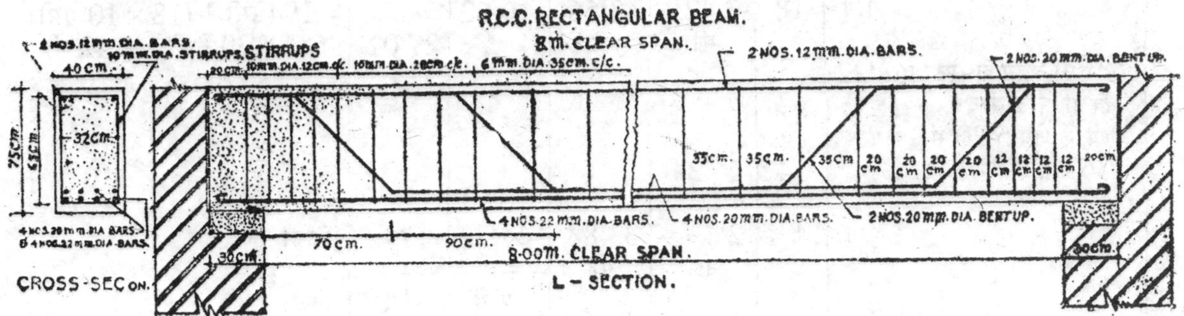

चित्र 5-5

माप का विवरण तथा परिमाणों का परिकलन (उदाहरण 7)

मद सं०	कार्य का विवरण	सं०	लम्बाई मी	चौड़ाई मी	ऊँचाई या गहराई मी	परिमाण	व्याख्यात्मक नोट
1	प्र. सी. कं. कार्य 1 : 2 : 4 ढूले तथा छड़ों के मोड़ने व बांधने सहित परन्तु इस्पात रहित	1	8·60 मी	0·40 मी	0·75 मी	2·58 घन मी	इस्पात की छड़ों के आयतन की कटौती नहीं होती है।
2	प्र. सी. कं. कार्य में इस्पात (नरम इस्पात) की छड़ें मुख्य छड़ें 25मिमी व्यास की सीधी छड़ें@3·85 किग्रा प्रति मीटर	4	8·92= मी	35·68 मी	×3·85 किग्रा	= 137·39 किग्रा	ल = 8·60-2 सिरों पर आवरण +2हुक = 8·60 − (2 × 4 सेमी) + (18 × 25 मिमी) = 8·92 मी
	20 मिमी व्यास की बंकित हुई छड़ें 2·47 किग्रा प्रति मीटर की दर से	4	9·48= मी	37·92 मी	×2·47 किग्रा	= 93·66 किग्रा	ल = 8·60-2 सिरों पर आवरण + 2हुक + एक गहराई = 8·60 − 8 सेमी + (18 × 20 मिमी) + 60 सेमी = 9·48 मी
	12 मिमी व्यास की ऊपरी छड़ें 0·89 किग्रा प्रति मीटर की दर से	2	8·74= मी	17·48 मी	×0·89 किग्रा	= 15·56 किग्रा	ल = 8·60-2 सिरों पर आवरण + 2हुक = 8·60−8 सेमी + (18 × 12 मिमी) = 8·74 मी
	10 मिमी व्यास की छड़ों के स्टिरप (stirrups) @·62 किग्रा प्रति मीटर						
	सिरों पर 12 सेमी मध्य/मध्य	5 × 2	2·42मी				
	उसके बाद 20 सेमी ,,	4 × 2	2·42मी				ल = (65 × 2 + 32 × 2)सेमी + 2हुक × 30 सेमी अतिरिक्त = 194सेमी + (18 × 10मिमी) + 30 सेमी = 2·42 मी
	योग	18	2·42 = मी	43·56 मी	×0·62	= 27·01 किग्रा	
	6 मिमी व्यास के स्टिरप@·22 किग्रा प्रति मीटर-- मध्य के शेष 5·20 मी भाग में 35 सेमी मध्य/मध्य	14	2·42मी				
	योग	14 ×	2·42= मी	33·88 मी	× ·22	= 7·45	किग्रा
					योग	281·07 2·811	किग्रा कुन्तल

प्राक्कलित लागत सार (उदाहरण 3—क्रमश:)

परिमाण सूची

मद सं०	कार्य का विवरण	परिमाण	इकाई	दर रु० पै०	प्रति	धन राशि रु० पै०
1	प्र. सी. कं. कार्य 1:2:4 ढूले तथा छड़ों को बांधने सहित परन्तु इस्पात और उसकी मुड़ाई रहित	2·58	घन मी	423·00	घन मी	1091·34
2	इस्पात (नरम इस्पात) की छड़ें मुड़ाई सहित प्र. सी. कं. कार्य में	2·792	कुंतल	230·00	कुंतल	642·16
					योग	1733·50
	5% जोड़ें (फुटकर व्यय के लिये 3% तथा निर्माण प्रभारित सिब्बन्दी के लिये 2%)					86·68
					सम्पूर्ण योग	1820·18

द्रष्टव्य—(1) यदि ढूले का भुगतान अलग से करना हो तो उसका क्षेत्रफल व लागत निम्न प्राकर से ज्ञात कर सकते हैं—

ढूले का क्षेत्रफल = (निचला भाग तथा दोनों ओर के ऊर्ध्व पार्श्व) × लम्बाई + दो सिरे ।
= [(40 सेमी + 2 × 75 सेमी) × 8·60 मी] + (2 × 40 सेमी × 75 सेमी)
= (1·90 × 8·60) + 2 × ·40 × ·75 = 16·34 + ·60 = 16·94 वर्ग मी
ढूले की लागत 7·00 रु० प्रति वर्ग मी की दर से = 16·94 × 7·00 = 118·58 रु०

(2) जोड़ों पर परस्पर चढ़ाव (overlapping) के लिये प्राक्कलन में कुल इस्पात का 5% भी जोड़ सकते हैं ।

प्र. सी कं. T-धरन स्लैब का प्राक्कलन

उदाहरण 4—दिये हुये रेखाचित्रों (चित्र 5-6) से 6 मी × 9 मी आकार के एक कमरे की छत में प्र. सी' कं. की टी—धरन स्लैब (T-beam slab) का विस्तृत प्राक्कलन बनाइये । प्र. सी. कं. कार्य में ढुला तथा छड़ों का मोड़ना व यथास्थान बांधना शामिल है पर इस्पात का प्रबलन अलग मद में लिया जायगा ।

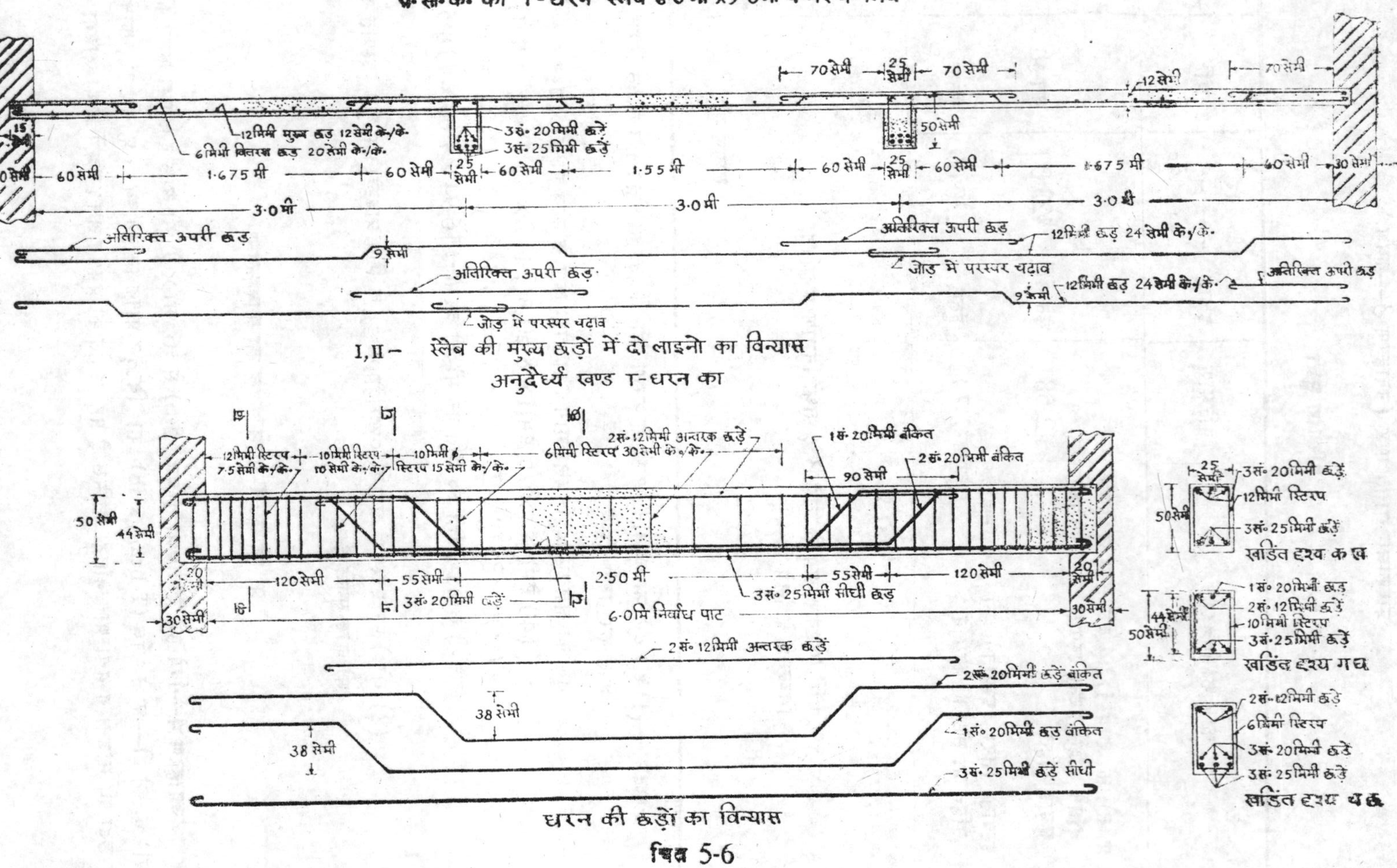
प्र॰ सी॰ कं॰ की T-धरन स्लैब 6·0 मी X 9·0 मी कमरे के लिये
12मिमी मुख्य छड़ 12 सेमी कें॰/कें॰
6मिमी वितरक छड़ 20 सेमी कें॰/कें॰
3सं॰ 20मिमी छड़ें
3सं॰ 25मिमी छड़ें
50सेमी
70सेमी
12सेमी
30सेमी
60सेमी
1·675 मी
25 सेमी
1·55 मी
3·0 मी
अतिरिक्त ऊपरी छड़
9 सेमी
12मिमी छड़ 24 सेमी कें॰/कें॰
जोड़ में परस्पर चढ़ाव
I,II – स्लैब की मुख्य छड़ों में दो लाइनो का विन्यास
अनुदैर्घ्य खण्ड T-धरन का
12मिमी स्टिरप 7·5 सेमी कें॰/कें॰
10मिमी स्टिरप 10 सेमी कें॰/कें॰
10मिमी ϕ स्टिरप 15 सेमी कें॰/कें॰
2सं॰ 12मिमी अन्तरक छड़ें
6मिमी स्टिरप 30 सेमी कें॰/कें॰
1सं॰ 20मिमी बंकित
2सं॰ 20मिमी बंकित
90 सेमी
44सेमी
120सेमी
55सेमी
2·50 मी
3सं॰ 20मिमी छड़ें
3सं॰ 25मिमी सीधी छड़
6·0मि निर्बाध पाट
2सं॰ 12मिमी अन्तरक छड़ें
2सं॰ 20मिमी छड़ें बंकित
38 सेमी
1सं॰ 20मिमी छड़ बंकित
3सं॰ 25मिमी छड़ें सीधी
धरन की छड़ों का विन्यास
12मिमी स्टिरप
3सं॰ 25मिमी छड़ें
खंडित दृश्य क ख
1सं॰ 20मिमी छड़
2सं॰ 12मिमी छड़ें
10मिमी स्टिरप
खंडित दृश्य ग घ
2सं॰ 12मिमी छड़ें
6मिमी स्टिरप
3सं॰ 20मिमी छड़ें
खंडित दृश्य च छ

चित्र 5-6

माप का विवरण तथा परिमाणों का परिकलन (उदाहरण 4)

मद सं०	कार्य का विवरण	सं०	लम्बाई मी	चौड़ाई मी	ऊँचाई या गहराई मी	परिमाण	व्याख्यात्मक नोट
1	प्र. सी. क. कार्य ढूला तथा छड़ों को बांधने सहित परन्तु इस्पात और उसकी मुड़ाई रहित छत की स्लैब (slab)	1	9·30	6·40	·12	7·14	धारक—15 सेमी व 20 सेमी
	धरन पर्शुका (rib) स्लैब के नीचे का भाग	2	6·40	0·25	·38	1·22	
					योग	8·36 घन मी	
2	इस्पात प्रबलन मुड़ाई सहित प्र. सी क. कार्य में— छत की स्लैब— 12 मिमी व्यास की मुख्य छड़ें 0·89 किग्रा प्रति मीटर की दर से— लम्बी मुख्य छड़ें 12 सेमी मध्य/मध्य ल. = 9·3 − 2सिरों पर आवरण + 4 हुक + 3 बंकित + 40 व्यास परस्पर चढ़ाव = 9·3 (2 × ·04) + (4 × 9 × ·012) + (3 × ·5 × ·09) + (40 × ·012) = 10·267 मी	54	10·267	—	—	554·42 मी	सं. = $\frac{6·4}{·12}+1=54$
	धरनों के ऊपर अतिरिक्त प्रबलन- ल. = ·17 + ·25 + 2 हुक = 1·65 + 18 × ·012 = 1·87 मी	54	1·87	—	—	100·98 मी	
	दीवारों के ऊपर अतिरिक्त प्रबलन (ऊपरी) ल. = ·70 + ·15 − सिरों पर आवरण + 2 हुक = ·85 − ·04 + (18 × ·012) = 1·03 मी	54	1·03	—	—	55·62मी	
	योग स्लैब की मुख्य छड़ों का		= 711	·02 ×	·89 = किग्रा	632·81 किग्रा	

मद सं०	काय का विवरण	सं०	लम्बाई मी	चौड़ाई मी	ऊँचाई या गहराई मी	परिमाण	व्याख्यात्मक नोट
	वितरक 6 मिमी व्यास की छड़ें 0 22 किग्रा प्रति मीटर की दर से—						
	नीचे की छड़ें 20 सेमी मध्य/मध्य	47	6 43 मी	—	—	302·21 मी	सं. = $\frac{9·30}{·20}+1=47$
	ल. = 6·4-2 सिरों पर आवरण + 2 हुक = 6·4-(2 × ·04) + (18 × ·006) = 6·43 मी						
	धरनों पर ऊपरी छड़	2 × 9	6·43 मी	--	--	115·74 मी	सं. = $\frac{1·65}{·20}+1=9$
	दीवारों के ऊपर व उनके निकट ऊपरी छड़ें (Top bars)	2 × 5	6·43 मी	--	--	64·30 मी	ल. = $\frac{·70}{·20}+1=5$
	स्लैब की वितरक छड़ों का योग		= 482·25 मी ×		·22 = किग्रा	106·10 किग्रा	
	T-धरन—						
	मुख्य सीधी छड़ें 25 मिमी व्यास 3·85 किग्रा प्रति मीटर ल. = 6·4 – (2 × ·05) + (18 × ·025) = 6·75 मी	3 ×	6·75 × मी	3·85 किग्रा	=	77·96 किग्रा	
	20 मिमी व्यास की मुख्य बंकित छड़ें @ 2·47 किग्रा प्रति मीटर ल. = 6·4 – (2 × ·05) + (18 × ·020) + ·44 = 7·10 मी	3 ×	7·10 मी	× 2·47 किग्रा	=	52·61 किग्रा	दो बंकित छड़ों के लिये एक गहराई जोड़ने पर
	12 मिमी व्यास की ऊपरी अन्तरक (spacer) छड़ें 0·89 किग्रा प्रति मीटर की दर से ल. = (2·5 + 2 × ·9) + (18 × ·012) = 4 516 मी	2 ×	4·516 मी	× ·89 किग्रा	=	8·04 किग्रा	

(उदाहरण 4—क्रमशः)

पद सं०	कार्य का विवरण	सं०	लम्बाई मी	चौड़ाई मी	ऊँ. या गहराई मी	परिमाण	व्याख्यात्मक नोट
	10 मिमी व्यास के स्टिरप (stirrup)@·62किग्रा प्रतिमी	44 ×	1·42 × मी	·62 किग्रा	=	38·74 किग्रा	
	ल. = 2 × ·44 + 2 × ·17 + ·20 अतिरिक्त = 1·42 मी		T- धरन की	छड़ों का	योग	177·35 किग्रा	
	सब छड़ों का	सम्पूर्ण	योग	= 916·26 =	किग्रा	9·163 कुंतल	

प्राक्कलित लागत सार (उदाहरण (4)

परिमाण सूची

मद सं०	कार्य का विवरण	परिमाण	इकाई	दर रु० पै०	प्रति	धन राशि रु० पै०
1	प्र. सी. कं. कार्य ढूले तथा इस्पात के मोड़ने व बाँधने सहित, परन्तु इस्पात रहित	8·36	घन मी	423·00	घन मी	3536·28
2	प्र. सी. कं. कार्य में नरम इस्पात का प्रबलन	9·163	कुंतल	230·00	कुंतल	2107·49
					योग	5643·77
	फुटकर व्यय तथा निर्माण प्रभारित सिब्बन्दी के लिये 5% जोड़ें				...	282·19
					कुल योग	9525·96

प्र. सी. कं. स्तम्भ (Column) व नींव

उदाहरण 5—दिये हुये रेखाचित्रों (चित्रों 5-7) से प्र. सी. कं. के स्तंभ व उसकी नींव का विस्तृत प्राक्कलन बनाइये।

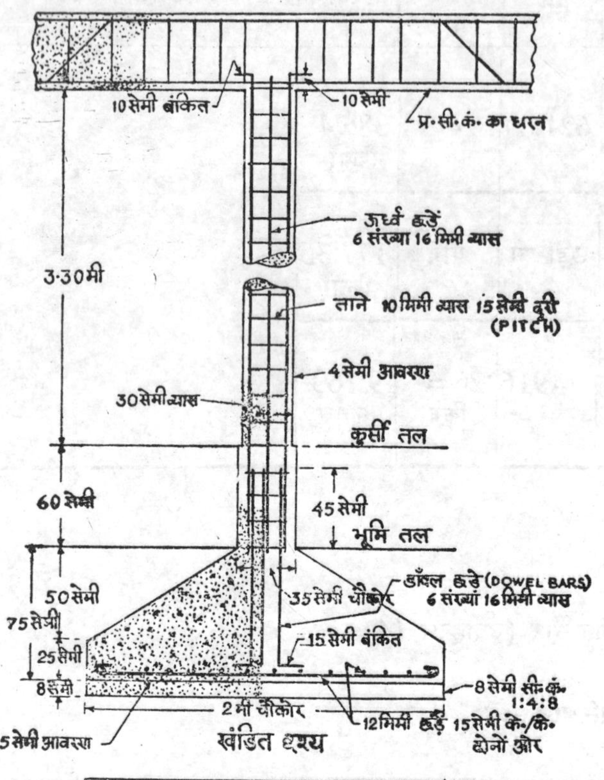

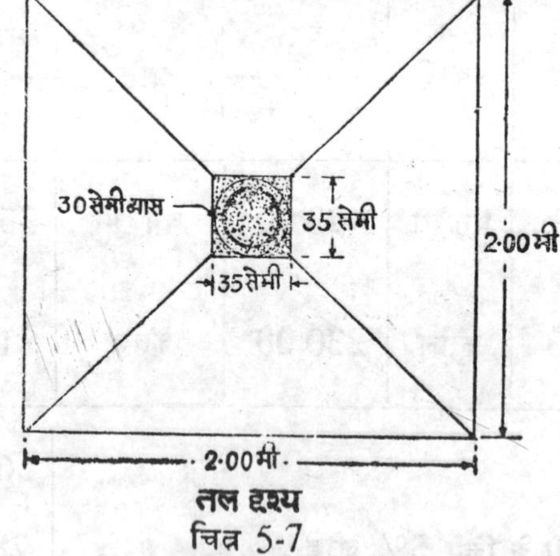

चित्र 5-7

परिमाणों का विवरण
(Details of quantities)

1. **नींव में मिट्टी की खुदाई**

$1 \times 2{\cdot}00 \times 2{\cdot}00 \times {\cdot}83$ मी $= 3{\cdot}32$ घन मी

2. **आधार में 1 : 4 : 8 सीमेंट कंक्रीट**

$1 \times 2{\cdot}09 \times 2{\cdot}00 \times {\cdot}08$ मी $= 0{\cdot}32$ घन मी

3. **खसके में 1 : 2 : 4 प्र. सी. कं. कार्य**

ढूले सहित परन्तु इस्पात और उसकी मुड़ाई के अतिरिक्त—

नीचे का वर्गाकार भाग $= 1 \times 2.00 \times 2{\cdot}00 \times {\cdot}25$ मी $= 1{\cdot}00$ घन मी

समलम्बाकार (Trapezoidal) भाग का

आयतन $= \frac{ऊ}{6}\left(क्ष_1 + क्ष_2 + 4क्षम\right)$

$= \frac{{\cdot}50}{6}\left\{2^2 + {\cdot}35^2 + 4\left(\frac{2+{\cdot}35}{2}\right)^2\right\}$

$= 0{\cdot}804$ घन मी

योग $= 1{\cdot}804$ घन मी

4. **भूमितल के ऊपर स्तंभ में 1 : 2 : 4 प्र. सी. कं. कार्य**

ढूले सहित परन्तु इस्पात और उसकी मुड़ाई के अतिरिक्त—

कुर्सी तल (Plinth level) तक का वर्गाकार भाग

$1 \times {\cdot}35 \times {\cdot}35 \times {\cdot}60 = 0{\cdot}074$ घन मी

कुर्सी तल के ऊपर का वृताकार भाग

$1 \times \left(\frac{\pi \times {\cdot}30^2}{4}\right) \times 3{\cdot}30 = 0{\cdot}233$ घन मी

योग $= 0{\cdot}307$ घन मी

5. **इस्पात की प्रबलन छड़ें मुड़ाई सहित (Reinforcing bars)**

5 आधार के खसके में 12 मिमी व्यास की छड़ें ·89 किग्रा की दर से—

$2 \times 14 \times 2{\cdot}14 \times {\cdot}89 = 53{\cdot}33$ किग्रा

छड़ों की संख्या $= \frac{200 \text{ सेमी} - 8 \text{ सेमी}}{15 \text{ सेमी}} + 1 = 14$ छड़ें एक ओर (one way)

ल. $= 200 - 2$ आवरण $+ 2$ हुक $= 22 - 2 \times 4 + 18 \times 1{\cdot}2$

$= 213{\cdot}6 = 314$ सेमी $= 2{\cdot}14$ मी

(2) 16 मिमी व्यास की डॉवल (Dowel) छड़ें @ 1·58 किग्रा····6सं. × 1·27 × 1·58 = 12·04 किग्रा
(ल. = ·45 + ·75--आवरण + मोड़ = 1·20--·08 + ·15 = 1·27 मी)

(3) स्तम्भ में 16 मिमी व्यास की छड़ें @ 1·58 किग्रा ····6 सं. × 4·10 × 1·58 = 38·87 किग्रा
ल. = 3·30 + ·60 + ·10 + ·10 = 4·10 मी)

(4) पार्श्व तान प्रबलन (lateral ties) में 10 मिमी व्यास की
छड़ें @ 0·62 किग्रा = 27 सं० × ·70 × ·62 = 11·72 किग्रा

पार्श्विक छड़ें $\begin{cases} \text{सं०} = \frac{3·90}{·15} + 1 = 27 \text{ छड़ें} \\ \text{ल.} = (\pi \times ·22) + ·15 = ·70 \text{ मी} \end{cases}$

योग 115·96 किग्रा
= 1·1596 कुन्तल = 1·16 कुन्तल

अनुमानित लागत सार (उदाहरण 5)

मद सं०	कार्य का विवरण	परिमाण	इकाई	दर रु० पै०	प्रति	धन राशि रु० पै०
1	मिट्टी की खुदाई नींव में	3·32	घन मी	290·00	% घन मी	9·63
2	सीमेंट कंक्रीट 1 : 4 : 8 नींव आधार में	0·32	घन मी	160·00	घन मी	51·20
3	प्र. सी. कं. कार्य नींव में ढूले सहित परन्तु इस्पात और उसकी मुड़ाई के अतिरिक्त खसके में	1·804	घन मी	330·00	घन मी	595·32
4	प्र. सी. क. कार्य ढूले सहित परन्तु इस्पात और उसकी मुड़ाई के अतिरिक्त स्तम्भ में भूमितल से ऊपर	0·307	घन मी	458·00	घन मी	140·61
5	इस्पात की प्रबलन छड़ें मुड़ाई सहित	1·16	कुंतल	230·00	कुंतल	266·80
					योग ...	1063·56
	फुटकर व्यय तथा निर्माण प्रभारित सिब्बन्दी के लिये 5% जोड़ें				....	53·18
					कुल योग	1116·74

नोट—यदि आवश्यक हो तो ढूले का परिमाण निम्न प्रकार से अलग निकाल सकते हैं—

खसका समलम्बाकार भाग—$4 \times \frac{2·00 \times ·35}{2} \times$ ढलवां ऊंचाई (sloping height)

$= 4 \times 1·175 \times \sqrt{(·825)^2 + (·5)^2} — 4 \times 1·175 \times ·964 = 4·531$ वर्ग मी

(ख) भूमितल के ऊपर कुर्सी तक वर्गाकार भाग— $4 \times ·35 \times ·45 = 0·630$ वर्ग मी

(ग) कुर्सी के ऊपर वृत्ताकार भाग--$(\pi \times ·30) \times 3·30$ $= 3·109$ वर्ग मी

योग 8·27 वर्ग मी

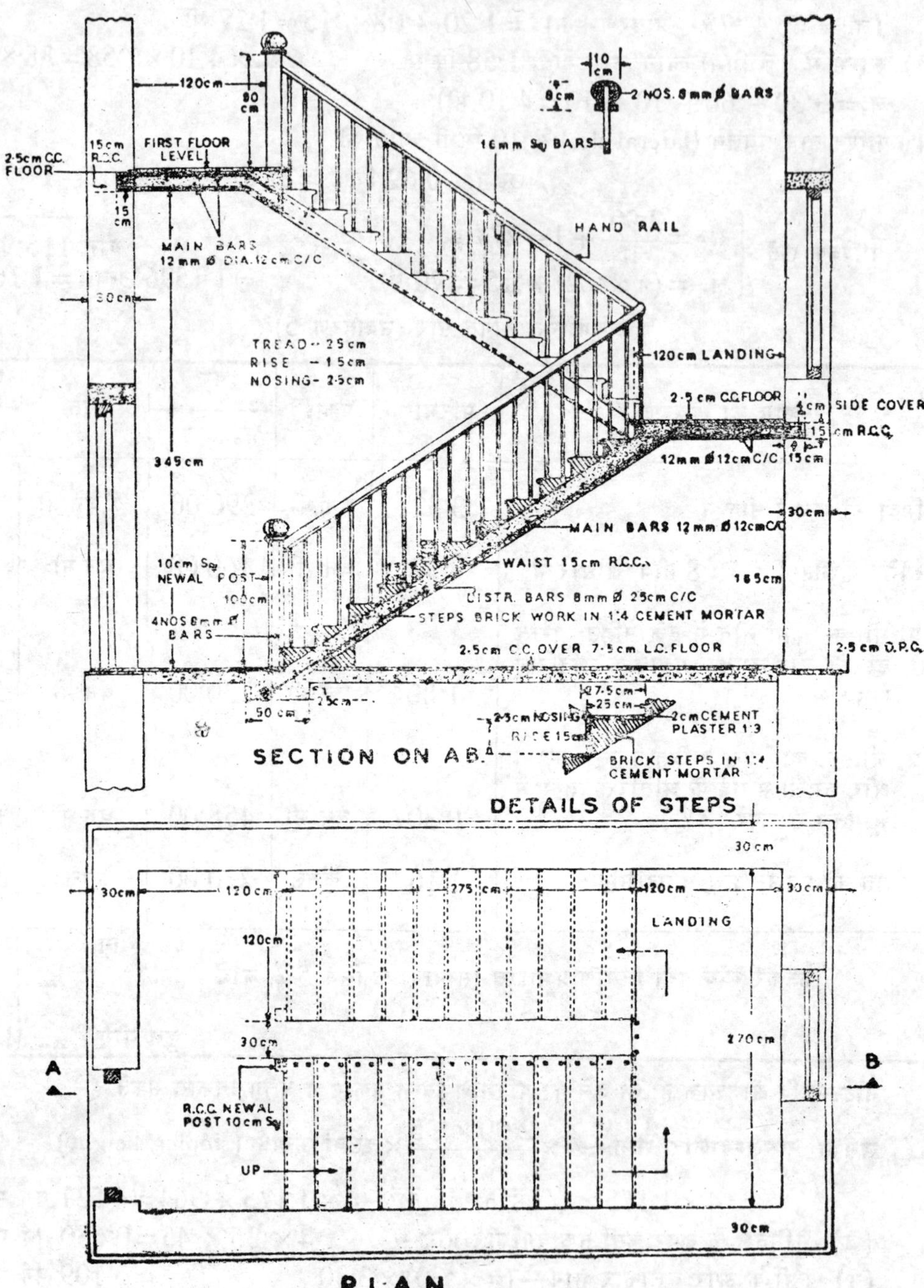
R.C.C. STAIRCASE
120cm
90 cm
10 cm
8cm
2 NOS. 8mm Ø BARS
15cm R.C.C.
FIRST FLOOR LEVEL
2·5cm C.C. FLOOR
16mm Sq BARS
15 cm
MAIN BARS 12 mm Ø DIA. 12 cm C/C
HAND RAIL
30cm
TREAD — 25cm
RISE — 15cm
NOSING — 2·5cm
120cm LANDING
2·5 cm C.C. FLOOR
SIDE COVER
15 cm R.C.C.
12mm Ø 12cm C/C
15cm
345cm
30cm
MAIN BARS 12mm Ø 12cm C/C
10cm Sq NEWAL POST
WAIST 15cm R.C.C.
165cm
100cm
DISTR. BARS 8mm Ø 25cm C/C
STEPS BRICK WORK IN 1:4 CEMENT MORTAR
4 NOS 8mm Ø BARS
2·5cm C.C. OVER 7·5cm L.C. FLOOR
2·5 cm D.P.C.
7·5cm
50 cm
25cm
25 cm
2·5cm NOSING
2cm CEMENT PLASTER 1:3
RISE 15cm
SECTION ON AB.
BRICK STEPS IN 1:4 CEMENT MORTAR
DETAILS OF STEPS
30cm
30cm
120cm
275 cm
120cm
30cm
LANDING
120cm
30cm
270cm
A
B
R.C.C. NEWAL POST 10cm Sq
UP
30cm
PLAN

चित्र 5-8

प्र. सी. कं. सीढ़ी का प्राक्कलन

उदाहरण 6—दिये हुये तल दृश्य (plan) तथा खण्ड दृश्य (section) प्र. सी. कं. सीढ़ी (R. C. C. Staircase) का विस्तृत प्राक्कलन बनाइये।

मापों का विवरण तथा परिमाणों का परिकलन (उदाहरण 6)

मद सं०	कार्य का विवरण	सं०	लम्बाई मी	चौड़ाई मी	ऊँचाई या गहराई मी	परिमाण	व्याख्यात्मक नोट
1	प्र. सी. कं. कार्य 1:2:4 इस्पात और उसकी मुड़ाई रहित परन्तु ढूले सहित—						
	सीढ़ी पंक्ति की आधार (Base of flight) निचली मंजिल पर	1	1·20	·50	·25	·150	
	सीढ़ी पंक्ति की स्लैब झुकी हुई (inclined)	2	3·21	1·20	·15	1·156	ल. = $\sqrt{2{\cdot}75^2 + 1{\cdot}65^2}$ = 3·21 मी
	मध्य में तथा पहली मंजिल की चौकियाँ (landings)	2	2·70	1·35	·15	1·094	धारक 15 सेमी
					योग	2·40 घन मी	
2	ईट चिनाई सीमेंट मसाले से 1:4 सीढ़ियों में कटी ईटों की चिनाई	2x11	1·20	x½ (·25	x·15)	·495 घन मी	
3	2 सेमी मोटा सीमेंट पलस्तर 1 : 3 तथा सीमेंट के पेस्ट से समापन सीढ़ियों पर						
	पट (tread) तथा उठान (rise)	2x11	1·20	x(·25	+·15)	10·56	
	सीढ़ियों के सिरे	2x11	× ½ ×	(·25 ×	·15)	0·41	
					योग	10·97	वर्ग मी
4	2·5 सेमी सोपानाग्र (Nosing) 1 : 3 सीमेंट मसाले की सीढ़ियों में	2x12	1·20	—	—	25·8 मी	
5	2·5 सेमी मोटा फर्श 1 : 2 : 4 सीमेंट कंक्रीट का तथा शद्ध सीमेंट से समापन मध्य तथा दूसरी मंजिल की चौकियाँ	2	2 70	1·20 मी	—	6·48 वर्ग मी	
6	इस्पात का कार्य प्रबलन सहित प्रबलन तथा रेलिंग (Railing) में—						

नोट :—छड़ों की लम्बाई रेखाचित्र में से नापी गई है।

मद सं०	कार्य का विवरण	सं०	लम्बाई मी	चौड़ाई मी	ऊँचाई या गहराई मी	परिमाण	व्याख्यात्मक नोट
	(i) प्र. सी. कं. कार्य 12 मिमी व्यास की छड़ें ·89 किग्रा की दर से—मुख्य छड़ें नीचे की सीढ़ी पंक्ति तथा चौसे में	11	5.22				ल = 4·10 + ·90 + 18 व्यास = 5·00 + (18 × ·012) = 5·22 मी
	छड़ों की संख्या = $\frac{120}{12}$ + 1 = 11 छड़ें						
	मुख्य छड़ें ऊपर की सीढ़ी पंक्ति तथा बीच व दूसरी मंजिल की चौकी में	11	6·25				ल = 1·30 + 3·70 + 1·03 + 18 × ·012 = 6·25 मी
	दूसरी मंजिल की चौकी में ऊपरी छड़े	11	1·80				ल = 1·08 + ·61 + 9 × ·012 = 1·80 मी
	हर चौको के बीच में 1 अतिरिक्त छड़	2	1·49				ल = 1·20 + ·15—2 आवरण +2 हुक = 1·49 मी
			148·95	× ·89	=	132·56 किग्रा	
	(ii) प्र. सी. कं. कार्य में 8 मिमी व्यास की वितरक छड़ें, ·39 किग्रा की दर से—						
	निचली सीढ़ी पंक्ति में 15 तथा ऊपरी सीढ़ी पक्ति में 14 छड़ें	29	1·27				ल = 1·20—2 आवरण × 2 हुक = 1·27 मी
	बीच की चौकी में 9 तथा ऊपर की मंजिल में 8 छड़ें	17	2·77				ल = 2·70—2 आवरण + 2 हुक = 2·77 मी
			82·92	× ·39		= 32·73 किग्रा	
	(iii) रेलिंग में 16 मिमी वर्ग की छड़ें 2·01 किलो की दर से	47	·90 ×	2·01		= 85·02 किग्रा	स = (11 × 2 × 2) + 3 सं बीच की चौकी में = 47
					योग	250·3 किग्रा = 2·503 कुंतल	
7	प्र. सी. कं. 1:2·4 की हथ पट्टी (hand rail) प्रबलन, ढूले तथा सीमेंट के पेस्ट से घुटाई सहित	1	6·82	—	--	6·82 मी	ल = 2 × 3·21 + ·40 = 6·82 मी

(उदाहरण 6—क्रमशः)

मद सं०	कार्य का विवरण	सं०	लम्बाई मी	चौड़ाई मी	ऊँचाई या गहराई मी	परिमाण	व्याख्यात्मक नोट
8	प्र. सी. कं. 1:2:4 की सोपान स्तम्भ (Newal post) इस्पात प्रबलन तथा ढूले सहित						
	निचली मंजिल	1	1·00	·10 मी	·01 मी	·01	
	दूसरी मंजिल	1	·90	·10 मी	·01 मी	·01	
					योग	0·02	घन मी
9	सोपान स्तम्भ की ऊपरी सीमेंट कंक्रीट की गोलाई (cap)	2	—	—	—	2 सं.	2 सं.

प्रावकलित लागत सार (उदाहरण 6)

मद सं०	कार्य का विवरण	परिमाण	इकाई	दर रु० पै०	प्रति	धन राशि रु० पै०
1	प्र. ली. क. कार्य 1:2:4 इस्पात और उसकी मुड़ाई के अतिरिक्त परन्तु ढूले सहित	2·40	घन मी	423·00	प्रति घन मी	1015·20
2	ईंट चिनाई 1 : 4 सीमेंट मसाले से सीढ़ियों में (कटी ईंट की चिनाई)	0·495	घन मी	150·00	प्रति घन मी	74·25
3	2 सेमी मोटा पलस्तर 1 : 3 सीमेंट मसाले से समापन सीमेंट के पेस्ट से सीढ़ियों पर	10·97	वर्ग मी	8·00	प्रति घन मी	87·76
4	2·5 सेमी का सोपानाग्र (Nosing) बनाना 1 : 3 सीमेंट मसाले से सीढ़ियों में	28·80	मी	3·50	प्रति मी	100·80
5	2·5 सेमी मोटा फर्श 1 : 2 : 4 सीमेंट कंक्रीट का सीमेंट घुटाई समेत	6·48	वर्ग मी	11·20	प्रति वर्ग मी	72·58
6	इस्पात का कार्य मुड़ाई सहित प्रबलन तथा रेलिंग में	2·503	कुन्तल	230·00	प्रति कुन्तल	575·69
7	1 : 2 : 4 प्र. सी. कं. की हथ पट्टी प्रबलन ढूले तथा सीमेंट से घुटाई समेत	6·82	मी	12·00	प्रति मी	81·84
8	प्र. सी. कं. (1 : 2 : 4) के सोपान स्तम्भ इस्पात प्रबलन तथा ढूले सहित	0·02	घन मी	500·00	प्रति घन मी	10·00
9	सोपान स्तम्भ की ऊपरी गोलाई (cap)	2	सं.	4·00	प्रत्येक	8·00
					योग	2026·12
	फुटकर व्यय के लिये 3% जोड़ें				...	60·78
	निर्माण प्रभारित सिब्बन्दी के लिये 2% जोड़ें				....	40·52
					सम्पूर्ण योग ...	2127·42

नोट—सीढ़ियां ईंट चिनाई के बजाय स्लैब के साथ अखण्ड (monolithic) कंक्रीट की भी बनाई जा सकती हैं।

उदाहरण 7—30 मीटर लम्बी प्र. सी. कं. की एक प्रति धारक (R. C. C. (Retaining wall) का विस्तृत प्राक्कलन बनाइये जिसका खंड दृश्य चित्र 4·15 में दिखाया गया है। इस्पात का प्रबलन अलग से निकालें। समुचित दरें मान लें।

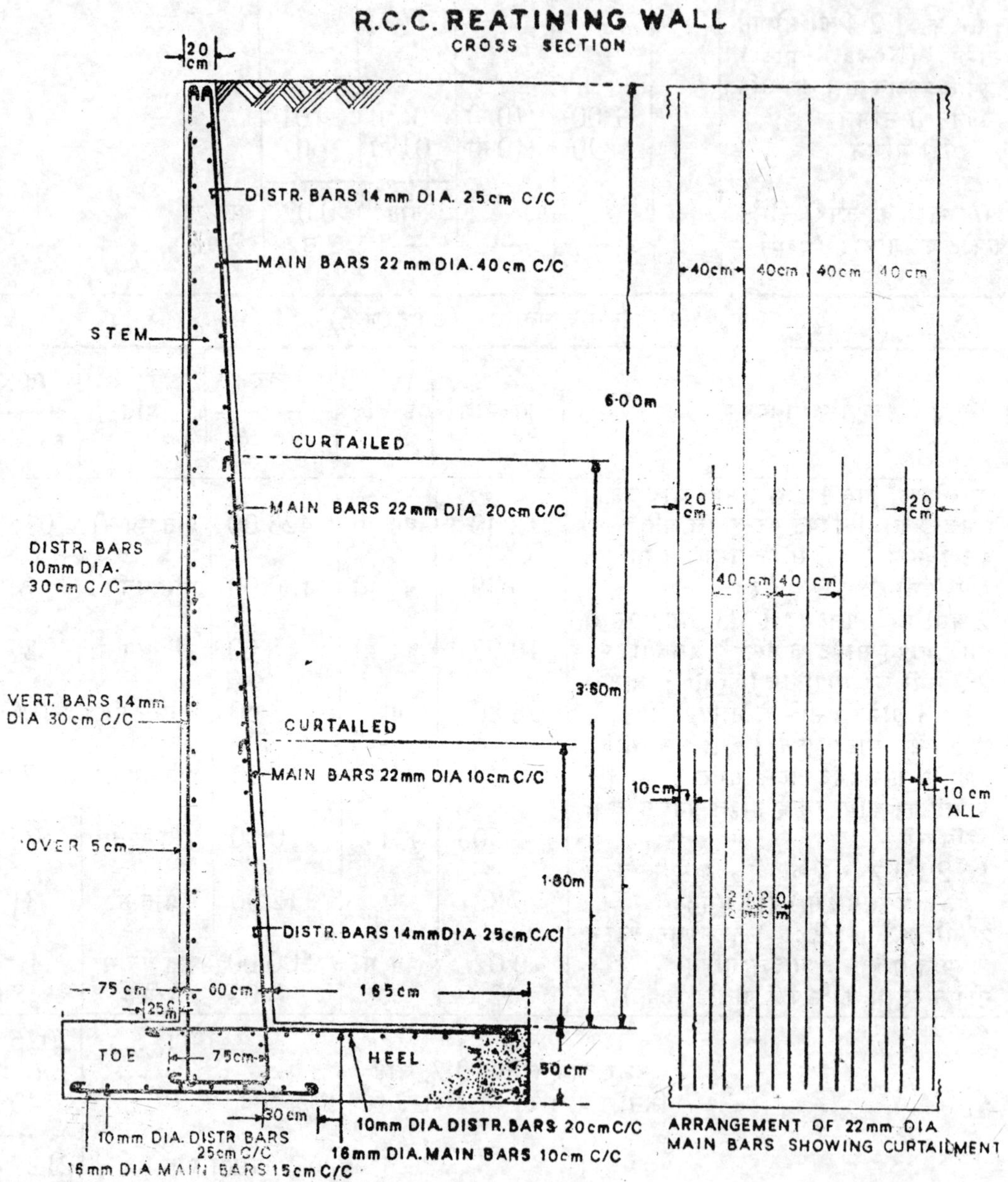

चित्र 5-9

माप का विवरण तथा परिमाणों का परिकलन (उदाहरण 7)

मद सं०	कार्य का विवरण	सं०	लम्बाई मी	चौड़ाई मी	ऊँचाई या गहराई मी	परिमाण	व्याख्यात्मक नोट
1	प्र. सी. कं. कार्य 1:2:4 इस्पात और उसकी मुड़ाई के अतिरिक्त परन्तु ढूले सहित						
	आधार स्लैब (अग्र व पिछला भाग)	1	30·00	3 00	·50	45·00	
	प्रति धारक दीवार (stem)	1	30·00	$\frac{\cdot60+\cdot20}{2}$	6·00	72·00	
					योग	117·00	घन मी
2	इस्पात छड़ें मुड़ाई सहित प्रबलन में–– प्रति धारक दीवार (stem) दाई ओर 22 मिमी व्यास की मुख्य छड़ें 40 सेमी मध्य/मध्य (पूरी ऊंचाई में)	76	7·53	= 572·28 मी			ल = 6·50–ऊपरी आवरण – निचला आवरण + 2 हुक + ·75 = 6·50 – ·05 – ·07 + (18 × ·002) + ·75 = 7·53 मी
	सं० = $\frac{30 \text{ मी} - \text{आवरण}}{\cdot40}+1$ $= \frac{29\cdot90}{\cdot40}+1 = 76$ छड़ें						
	22 मिमी व्यास की मुख्य छड़ें 3·60 मीटर ऊंचाई तक 40 सेमी मध्य/मध्य (शेष छड़ें)	75	5·13	= 384·75 मी			ल = 7·53 – 2·40 = 5·13 मी
	स. = $\frac{29\cdot90-2\times\cdot20}{\cdot40}+1$ = 75 छड़ें						
	22 मिमी व्यास की मुख्य छड़ें 1·80 मीटर ऊंचाई तक 20 सेमी मध्य/मध्य (शेष छड़ें)	150	3·33	= 499·50 मी			ल = 7·53 – 4·20 = 3·33 मी
	सं. = $\frac{29\cdot90-2\times\cdot10}{\cdot20}+1$ = 150 छड़ें		22 मिमी व्यास की छड़ों का योग = 1456·53 मी @2·98 किग्रा			= 4340·46 किग्रा	

मद सं०	कार्य का विवरण	सं०	लम्बाई मी	परिमाण	व्याख्यात्मक नोट
	14 मिमी व्यास की छड़ें— 14 मिमी व्यास की वितरण छड़ें दाईं ओर 25 सेमी मध्य/मध्य की दर से— $सं० = \frac{6·50 - ·05 - ·07}{·25} + 1 = 26\frac{1}{2} = 27$ छड़ें	27	31·78	=858·06 मी	ल = 30·00—2 आवरण + 2 परस्पर चढ़ाव (overlap) + 2 हुक = 30·00—·10 + (2 × 40 × ·014) + (6 × 9 × ·014) = 31·78 मी दो जोड़ मान कर
	14 मिमी व्यास का ऊर्ध्व छड़ें बाईं ओर 30 सेमी मध्य/मध्य की दर से— $सं० = \frac{30·00 - ·01}{·30} + 1$ = 101 छड़ें	101	6·63	=669·63 मी	ल = 6·50 – ऊपर तथा तले के आवरण + 2 हुक = 6·50—(·05 + ·07) + (18 × ·014) = 6·63 मी
		14 मिमी व्यास की छड़ों का योग		=15·27·69 मी @1·21 किग्रा	=1848·50 किग्रा
	10 मिमी व्यास की छड़ें 10 मिमी व्यास की वितरण छड़ें बाईं ओर 30 सेमी मध्य/मध्य की दर से— $सं० = \frac{6·50 - ·05 - ·07}{·30} + 1$ = 22 छड़ें	22	31·24	=687·28 मी	ल = 30·00 – 2 आवरण (covers) + 2 अतिव्याप्त (overlaps) + 6 हुक = 30·00–·10 + (2 × 40 × ·01) + (6 × 9 × ·01) = 31·24 मी (दो जोड़ मान कर)
	आधार स्लैब (Base slab) 10 मिमी व्यास की वितरण छड़ें अग्रभाग (toe) में 25 सेमी मध्य/मध्य की दर से— $\left\{ सं० = \frac{(·75 + ·60 + ·30) - ·05}{·25} + 1 \right\}$ $= 6\frac{1}{2} = 7$ छड़ें	7	31·24	=218·68 मी	लम्बाई ऊपर के समान
	10 मिमी व्यास की वितरण छड़ें पिछला भाग (heel) में 20 सेमी मध्य/मध्य की दर से— $सं. = \frac{(1·65 + ·60 + ·25) - ·05}{·20} + 1)$ = 13 छड़ें	13	31·24	=406·12 मी	लम्बाई ऊपर के समान
		10 मिमी व्यास की छड़ों का योग		=1312·08 मी @0·62 किग्रा	=813·49 किग्रा

(उदाहरण 7—क्रमशः)

मद सं०	कार्य का विवरण	सं०	लम्बाई मी	परिमाण	व्याख्यात्मक नोट
	16 मिमी व्यास की छड़े—				
	16 मिमी व्यास की मुख्य छड़ें अग्रभाग में तले पर 15 सेमी मध्य/मध्य की दर से— सं. $= \frac{30\cdot00 - \cdot10}{\cdot15} + 1$ = 200 छड़ें	200	1·89	= 378·00 मी	ल = (·75 + ·60 + ·30) − 0·5 + (18 × ·016) = 1·89 मी
	16 मिमी व्यास की मुख्य छड़ें पिछले भाग में 10 सेमी मध्य/मध्य की दर से— सं. $= \frac{30\cdot00 - \cdot10}{\cdot10} + 1$ = 300 छड़ें	300	2·74	= 822·00 मी	ल = (1·65 + ·60 + ·25) − ·05 + (18 × ·016) = 2·74 मी
		16 मिमी व्यास		की छड़ों का योग = 1200·00 मी @1·58 किग्रा	= 1896 किग्रा
	सब छड़ों का सम्पूर्ण योग			8898·45 किग्रा	= 88·985 कुन्तल

अनुमानित लागत सार प्र. सी. कं. की धारक दीवार (उदाहरण 7)

	मद का विवरण		रु० प०
1.	प्र. सी. कं. कार्य 1:2:4 में इस्पात और उसकी मुड़ाई के अतिरिक्त परन्तु ढूले सहित	117·00 घन मी @ 423·00 प्रति घन मी	= 49491·00
2.	इस्पात छड़ें मुड़ाई सहित प्रबलन में	88·985 कुन्तल @ 230·00 प्रति कु.	= 20466·55
		योग	69957·55
	फुटकर व्यय तथा निर्माण प्रभारित सिब्बन्दी के लिये 5% जोड़ें	....	3497·88
		सम्पूर्ण योग	73455·43

लोहा स्थाणुक (Steel Stanchion)

लोहा स्थाणुकों (लोहे के ऊर्ध्व खंभों पर धरने आधारित होती हैं तथा वे संरचना का भार वाहन करके नीव में सचारित करते हैं। बहुमंजिली इमारतों का निर्माण बहुधा इस्पात के स्थाणुकों पर किया जाता है। स्थाणुक एक I-धरन खंड (single I section) या दो I-धरन खंडों (double I-section) या इस्पाती नाली खंड (channel sectoin) के होते हैं। चित्र 5-10 में चार धरन जोड़ों (beam connections) वाली एक I धरन खंड (single I section) की एक स्थाणुक का त्रिसमलंबाक्ष दृश्य (Isometric view) दिखाया गया है। यह स्थाणुक अनेक मंजिलों में भी बढ़ाया जा सकता है।

प्राक्कलन बनाने के लिये रेखाचित्रों से इस्पात कार्य के माप पढ़ कर तथा इस्पात तालिका से उनका, प्रति मीटर लम्बाई का, भार देखकर इस्पात कार्य का परिमाण ज्ञात किया जाता है। गसेट पट्टियों रवेटों काबलों तथा ढिबरियों (nuts and bolts) के परिमाण का परिकलन छत कैंची में वर्णित, उनके परिकलन की विधि से करते हैं।

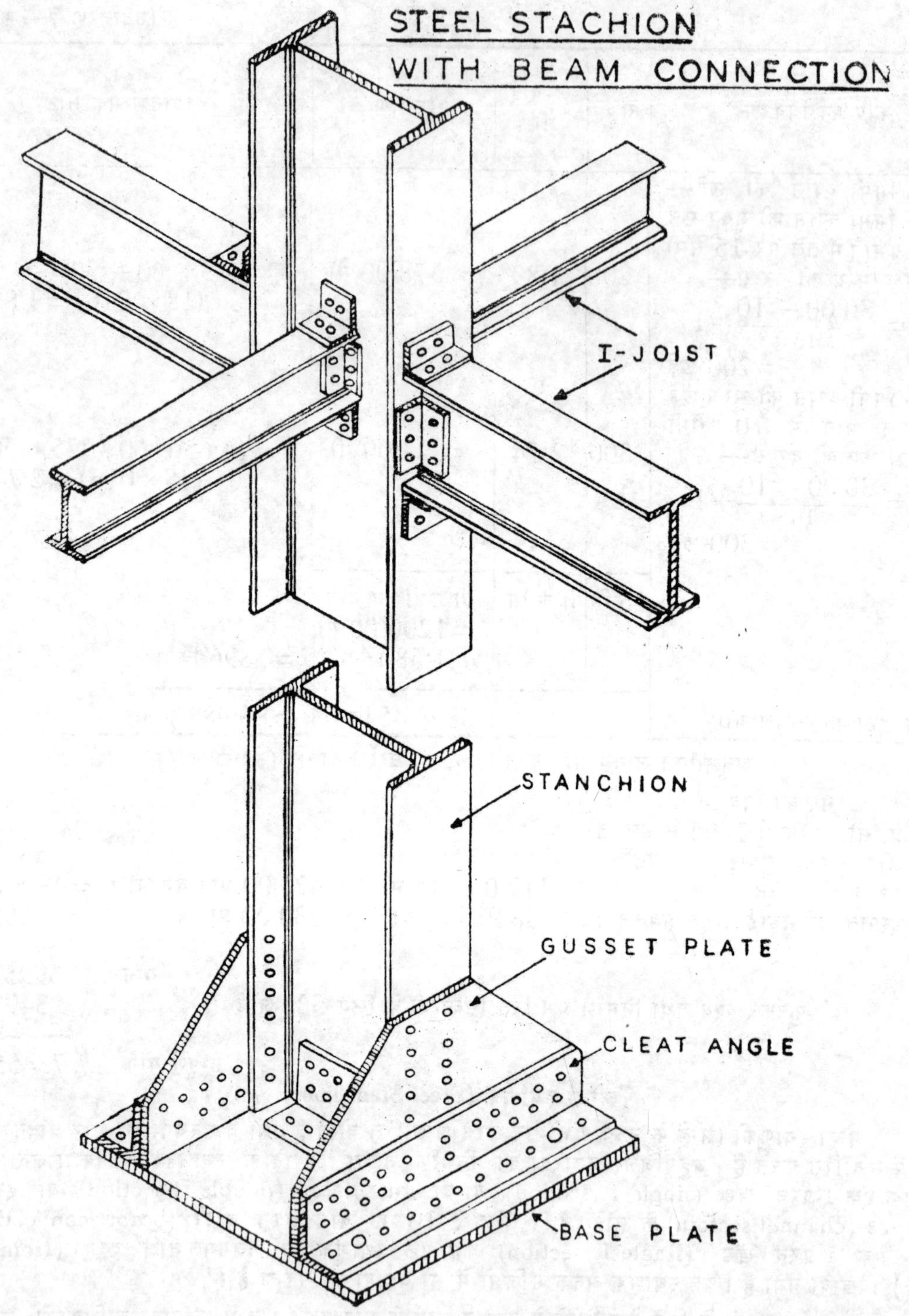
STEEL STACHION
WITH BEAM CONNECTION
I-JOIST
STANCHION
GUSSET PLATE
CLEAT ANGLE
BASE PLATE

चित्र 5·10

उदारण 8—दिये हुये रेखा चित्र (चित्र 5-11) में एक लोहे के स्थाणुक (खम्बे) का सब जोड़ों (connections) सहित तथा नींव को छोड़कर विस्तृत प्राक्कलन बनाइये ।

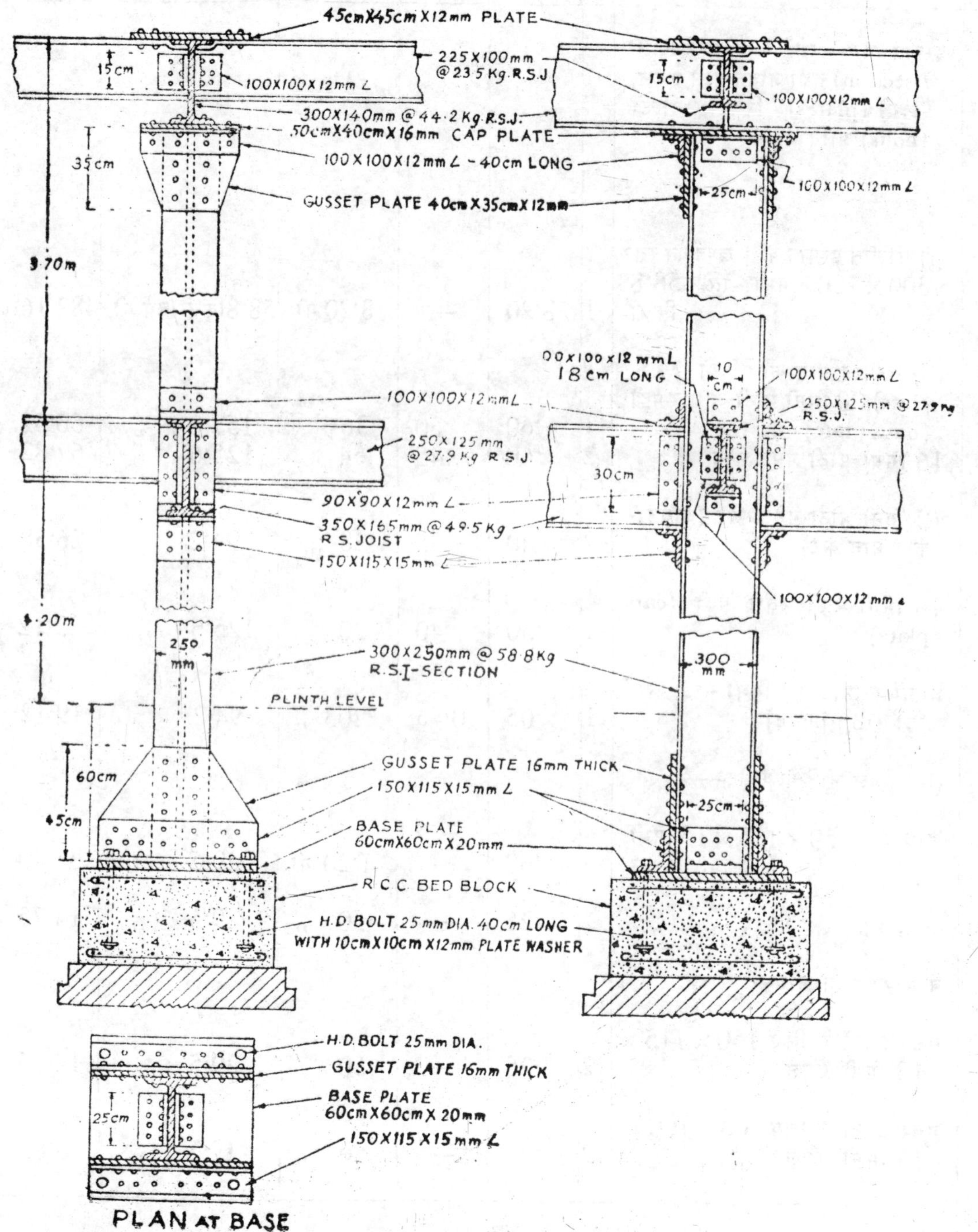

चित्र 5·11

माप का विवरण तथा परिमाणों का परिकलन (उदाहरण 8)

क्र०	कार्य का विवरण	सं०	लम्बाई मी	चौड़ाई मी	परिमाण	भार प्रति इकाई (इस्तात तालिकासे)	कुल भार
I	इस्पात कार्य— लोहे के I–खन्ड R.S. I-section) तथा जोड़ने वाले ऍंगल, पट्टियों (plates), रिवेटों, बोल्टों (bolts) आदि में—						
	(i) वेल्लित इस्पात के I-खण्ड का स्तंभ 300 × 250 मिमी @ 58·8 किग्रा	1	8·20	—	8·20 मी	58·8किग्रा/वर्ग मी	482·16किग्रा
	(ii) नरम इस्पात की पट्टिया (M.S. plate) 20 मिमी मोटी आधार पट्टी (base plate)	1	·60	·60	·36वर्ग मी	157·0 ,,	56·52 ,,
	16 मिमी मोटी गसेट प्लेट	2	·60	·45	·54 ,,	125·6 ,,	67·82 ,,
	12 मिमी मोटा गसेट प्लेट (आयताकार मान कर)	2	·40	·35	·28 ,,	94·2 ,,	26·38 ,,
	16 मिमी मोटी स्तंभ पट्टी (cap plate)	1	·50	·40	20 ,,	125·6 ,,	25·12 ,,
	धरनों के ऊपर 12 मिमी मोटी ऊपरी पट्टी (top plate)	1	·05	0·45	·203 ,,	94·2 ,,	19·12 ,,
	(iii) ऍंगल लोहे के क्लीट—						
	आधार में 150 × 115 × 15 मिमी ऍंगल	2	·60	—	1·20 मी	29·5 किग्रा/मी	35·40 ,,
	,, ,, ,, ,, ,, ,,	2	·25	—	·50 ,,	29·5 ,,	14·75 ,,
	बीच का धरन जोड़—						
	मुख्य धरनों के लिए 150 × 115 × 15 मिमी ऍंगल	2	·25	—	·50 ,,	29·5 ,,	14·75 ,,
	मुख्य धरनों के लिये 100 × 100 × 15 मिमी ऍंगल	2	·25	—	·50 ,,	17·7 ,,	8·85 ,,

माप का विवरण तथा परिमाणों का परिकलन (उदाहरण 8)

मद सं०	कार्य का विवरण	सं०	लम्बाई मी	ऊँचाई या गहराई मी	परिमाण	भार प्रति इकाई (इस्पात तालिका से)	कुल भार
	मुख्य धरनों के लिये 90 × 90 × 12 मिमी ऐंगल	4	·30	—	1·20 मी	15·8 किग्रा/मी	18·96 किग्रा
	छोटी धरनों के लिये 100 × 100 × 12 मिमी ऐंगल	4	10	—	·40 ,,	17·7 ,,	7·08 ,,
	छोटी धरनों के लिये 100 × 100 × 12 मिमी ऐंगल	4	·18	—	·72 ,,	17·7 ,,	12·74 ,,
	ऊपरी जोड़ पर— स्तभाग्र पट्टी (cap plate) 100 × 100 × 12 मिमी ऐंगल	2	·40	—	·80 ,,	17·7 ,,	14·16 ,,
	स्तंभाग्र पट्टी 100 × 100 × 12 मिमी ऐंगल	2	0·25	—	·50 ,,	17·7 ,,	8·85 ,,
	छोटी धरन 100 × 100 × 12 मिमी ऐंगल	4	·15	—	·60 ,,	17·7 ,,	10·62 ,,
	(vi) रिवेटें आधार तथा स्तंभाग्र (cap) के जोड़ों पर 16 मिमी व्यास × 6 सेमी लम्बे रिवेट	110	—	—	110 सं.	16 किग्रा/प्रति सौ	17·60 ,,
	धरनों के जोड़ों (beam connections) पर 16 मिमी व्यास × 5सेमी लम्बे रिवेट	112	—	—	112 ,,	15 किग्रा/प्रति सौ	16·80 ,,
	(v) नींव पकड़ बोल्ट (holding down bolts) 25 मिमी व्यास के 40 सेमी लम्बे	4	·40	—	1·60 मी	3·85 किग्रा/मी	6·16 ,,
	सिरे तथा ढिबरी	4	—	—	4 सं.	0·25 ,,	1·00 ,,
	पकड़ वाशर (Anchor washer) पट्टी 12 मिमी मोटा	4	·10	·10	·04 वर्ग मी	94·2किग्रा/वर्ग मी	3·77 ,,
						योग	868·56 ,, =8·686 कुन्तल

दृष्टव्य—ऊपर लिखित उदाहरण में रिवेटों की लम्बाई तथा भार सन्निकट (approximate) लिये गये हैं। रिवेटों का भार स्थूल रूप से ज्ञात करने के लिये कुल स्थाणुक का 5% भार भी जोड़ा जा सकता है।

प्राक्कलित लागत सार (इस्पात स्थाणुक)

1.	स्थाणुक तथा जोड़ों में इस्पात कार्य—8·686 कुन्तल रु. 195·00 प्रति कुन्तल की दर से	रु. 1693·00
	फुटकर व्यय (contingencies) तथा निर्माण प्रभारित सिब्बंदी (work charged establishment) के लिये 5% जोड़ें	रु. 84·65
	योग ···	रु. 1777·65

बेल्लित इस्पात की धरनों (R. S. Joists) का प्राक्कलन

यदि स्थाणुक के बीच के पाट (span) (अर्थात धरनों की लम्बाइयां) दिये हों तो धरनों का भार ज्ञात किया जा सकता है तथा फिर उनकी लागत भी ज्ञात की जा सकती है। यदि मुख्य धरन पर स्थाणुकों के मध्य से मध्य की दूरी 6·00 मी तथा छोटी धरन पर 4·80 मी हो तो स्थाणुक पर जुड़ने वाली चार धरनों में इस्पात कार्य का परिमाण तथा उनकी लागत निम्न प्रकार ज्ञात की जा सकती है—

बेल्लित इस्पात की धरनों का भार

पहली मंजिल की छत—

बेल्लित इस्पात की धरन, 350 × 165 मिमी @ 49·5 किग्रा/मी 2 सं. 5·70 मी लम्बी, भार = 564·30 किग्रा
बेल्लित इस्पात की धरन, 250 × 125 मिमी @ 27·9 ,, 2 ,, 4·80 ,, ,, = 267·84 ,,

दूसरी मंजिल (First floor) की छत—

बेल्लित इस्पात की धरन, 300 × 140 मिमी @ 44·2 किग्रा/मी 2 सं. 5·70 लम्बी, भार = 503·88 किग्रा
बेल्लित इस्पात की धरन, 225 × 100 मिमी @ 23·5 ,, 2 ,, 4·80 ,, ,, = 225·60 ,,

योग ··· 1561·62 किग्रा
15·616 कुन्तल

प्राक्कलित लागत सार—

बेल्लित इस्पात की धरना—15·616 कुन्तल, रु. 150·00 प्रति कुन्तल की दर से ···	रु. 2343·00
फुटकर व्यय तथा निर्माण प्रभारित सिब्बंदी के लिये 5% जोड़ें ···	रु. 117·15
योग ···	रु. 2460·15

यदि इस्पात का विस्तृत तल दृश्य (plan) उपलब्ध हो जिसमें स्थाणुकों की स्थिति, उनके बीच की दूरी तथा अन्य माप दिये गये हों तो धरनों सहित पूरे इस्पात के ढांचे का प्राक्कलन ऊपर लिखित सिद्धांतों के आधार पर किया जा सकता है।

———

अध्याय 6

प्राक्कलन के प्रकार, स्वीकृति, प्रायोजना आदि

Types of Estimate, Sanction, Project, Etc.

प्राक्कलन—प्राक्कलन किसी कार्य की अनुमानित या सम्भावित लागत होती है तथा इसे साधारणतया निर्माण कार्य आरम्भ करने से पूर्व ज्ञात किया जाता है। कोई कार्य या प्रायोजना आरम्भ करने से पूर्व उसकी सम्भावित लागत जानना आवश्यक है जो प्राक्कलन द्वारा ज्ञात की जाती है। प्राक्कलन तैयार करने में पहले विभिन्न मदों के आवश्यक परिमाण ज्ञात किये जाते हैं तथा फिर निर्माण की इन मदों पर होने वाला व्यय उपयुक्त दरें मानकर ज्ञात किया जाता है।

प्राक्कलन का प्रथम उद्देश्य निर्माण कार्य की लागत का पूर्वानुमान है। वास्तविक लागत तो निर्माण कार्य पूरा हो जाने के बाद पूरे कार्य के लेखा से ही पता चलता है। यदि प्राक्कलन सही तथा सावधानी पूर्वक बनाया जाय तो अनुमानित लागत तथा वास्तविक लागत में अधिक अन्तर नहीं होगा। यथार्थ प्राक्कलन के लिये प्राक्कलन (Estimator) अनुभवी तथा निर्माण विधि का ज्ञात होना चाहिये। स्थूल अनुमान के लिये विभिन्न मदों के विवरण में जाये बिना ही कई विधियों से स्थूल अनुमान या प्रारम्भिक अनुमान निकाला जा सकता है।

यथार्थ प्राक्कलन विस्तृत प्राक्कलन (Detailed Estimate) द्वारा प्रत्येक मद को विस्तार में लेकर बनाया जाता है। विस्तृत प्राक्कलन के लिये निर्माण कार्य को विभिन्न मदों में बाँट देते हैं तथा हर मद का परिमाण ज्ञात कर लेते हैं। फिर उपयुक्त दरें मान कर प्राक्कलित लागत सार (Abstract of Estimated cost) या राशि सूची (Bill of quantities) वना लेते हैं। फुटकर खर्चों के लिये, जो किसी मद के अन्तर्गत नहीं आते, प्राक्कलन में अनुमानित लागत का 3% से 5% तक जोड़ देते हैं। निर्माण प्रभारित सिब्बंदी (Work charged Establishment) के लिये भी प्राक्कलन में अनुमानित लागत का $1\frac{1}{2}$% से 2% तक जोड़ लेते हैं।

प्राक्कलन से आवश्यक श्रमिकों तथा विभिन्न प्रकार की सामग्रियों का परिमाण भी ज्ञात किया जा सकता है। प्राक्कलन से कार्य पूरा होने में कितना समय लगेगा यह अनुमान भी लगाया जा सकता है। निविदायें (Tenders) आमंत्रण करना तथा ठेके की व्यवस्था करने तथा निर्माण काल में व्यय पर नियन्त्रण रखने के लिये भी प्राक्कलन की आवश्यकता होती है।

किसी प्रायोजना के पूर्ण प्राक्कलन के लिये विभिन्न मुख्य मदों की अनुमानित लागत के साथ ही इसमें प्रारम्भिक कार्य (Preliminary works) तथा सर्वेक्षण (Surveying) की लागत, भूमि तथा भूमि अर्जन (Acquisition) की लागत, भूमि को समतल करने की लागत तथा अन्य बाहरी सुविधाओं की लागत भी जोड़ना चाहिये। पूरी प्रायोजना की अनुमानित लागत ज्ञात करने के लिये परिवीक्षण (Supervision) या विभागीय प्रभार (charges) के लिये अनुमानित लागत का 5% से 10% तक जोड़ा जाता है।

प्राक्कलन के लिए डेटा (Datas)

किसी निर्माण कार्य का प्राक्कलन बनाने के लिए निम्नलिखित डेटा आवश्यक हैं—

(1) रेखाचित्र, तलचित्र, काट आदि (Plans, Sections), (2) विनिर्देश (Specifications), और (3) दरें (Rates)

1. रेखाचित्र—पैमाने के अनुसार खींचे हुए तलचित्र (Plan), खण्डित सम्मुख दृश्य (Sectional Elevation) तथा विस्तृत रेखाचित्रों की आवश्यकता होती है। इन पर सारे माप दिये होने चाहिये। सामान्यन: तलचित्र, सम्मुख दृश्य तथा काट 1 सेमी = 1 मी के पैमाने से, तथा विस्तृत रेखाचित्र 1 सेमी = 10 सेमी से 1 सेमी = 20 सेमी तक के पैमाने से खींचे जाते हैं।

2. विनिर्देश (Specifications)—

(i) सामान्य विनिर्देश (General Specifications) या संक्षिप्त (Brief) विनिर्देश—इन विनिर्देश में निर्माण कार्य के विभिन्न भागों में उपयोग होने वाली सामग्रियां तथा कार्य की प्रकृति, गुण तथा वर्ग (Class) का सामान्य वर्णन होता है। सामान्य विनिर्देश ने पूरी संरचना या भवन की रूपरेखा बनाने में सहायता मिलती है तथा विस्तृत प्राक्कलन बनाने के लिये उपयोगी है।

(ii) विस्तृत विनिर्देश (Detailed Specifications)—इनमें निर्माण कार्य की विभिन्न मदों का ब्योरा दिया जाता है। इनमें सामग्रियों की श्रेष्ठता तथा परिमाण, उनका अनुपात, उन्हें तैयार करने की विधि, कार्य कुशलता तथा निर्माण विधि का ब्यौरा दिया जाता है। विस्तृत विनिर्देश में प्रत्येक मद का वर्णन अलग-अलग विस्तारपूर्वक किया जाता हैं तथा इनसे विभिन्न मदों को कार्यान्वित करने में सहायता मिलती है।

(विनिर्देश के लिये अध्याय 13 भी देखें)।

3. दरें—

प्राक्कलन बनाने के लिए विभिन्न मदों की प्रति इकाई दरें, निर्माण में उपयोग होने वाली विभिन्न सामग्रियों की दरें तथा विभिन्न प्रकार के कुशल (Skilled) या अकुशल (Unskilled) श्रमिकों की (जैसे राज, बढ़ई, कुली, भिश्ती आदि की) मजदूरी की दरें ज्ञात होना चाहिये। निर्माण स्थल और जिस स्थान पर सामग्रियाँ उपलब्ध हों वहाँ से दूरी तथा सामग्री ढोने की लागत भी ज्ञात होनी चाहिये। साधारणतया मदों की दरें सरकारी इंजीनियरी विभाग की दर अनुसूची से ली जाती है।

विभिन्न प्रकार के प्राक्कलन—

प्राक्कलन निम्न प्रकार के होते हैं—

1. प्रारम्भिक प्राक्कलन या स्थूल (Approximate) प्राक्कलन।
2. कुर्सी क्षेत्रफल प्राक्कलन (Plinth Area Estimate)।
3. घनमान दर प्राक्कलन (Cubical Content Estimate)।
4. स्थूल रूप से परिमाण ज्ञात करके बनाया गया प्राक्कलन। (Approximate Quantity Method Estimate)।
5. विस्तृत प्राक्कलन (Detailed Estimate)।

6. संशोधित प्राक्कलन (Revised Estimate)।
7. अनुपूरक प्राक्कलन (Supplementary Estimate)।
8. अनुपूरक और संशोधित प्राक्कलन (Supplementary and Revised Estimate)।
9. वार्षिक मरम्मत या वार्षिक अनुरक्षण प्राक्कलन (A. R. or A. M. Estimate)।

1. प्रारम्भिक या स्थूल प्राक्कलन—

प्रारम्भिक या स्थूल प्राक्कलन किसी निर्माण कार्य या प्रायोजना के विभिन्न पहलुओं का प्रारम्भिक अध्ययन करने के लिये, आर्थिक स्थिति तथा नीति निर्धारण करने के लिए आवश्यक होता है। इसी के आधार पर प्रशासकीय अधिकारी से प्रशासकीय मंजूरी ली जाती है। वाणिज्यिक प्रायोजनाओं जैसे सिंचाई प्रायोजना, निवास भवन प्रायोजना, तथा अन्य ऐसी ही प्रायोजनाओं में, जिनसे आय अर्जित की जा सके, इनके द्वारा होने वाली आय ज्ञात की जा सकती है तथा प्रारम्भिक अनुमान से इन पर होने वाला व्यय ज्ञात हो जाता है। फिर यह देखना होता है कि इस प्रायोजना पर उतना धन लगाना उचित होगा या नहीं। आवाणिज्यिक प्रायोजनाओं में या जिन प्रायोजनाओं से कोई सीधी आय न होती हो उनमें, अन्तिम निर्णय लेने से पहले प्रायोजना की आवश्यकता, उपयोगिता तथा धन की उपलब्धि आदि पहलुओं पर विचार किया जा सकता है। स्थूल प्राक्कलन इसी प्रकार के पूर्व निर्मित निर्माण कार्य को देखकर तथा व्यापारिक ज्ञान से बनाया जाता है। इस प्राक्कलन में निर्माण कार्य की सभी महत्वपूर्ण मदों जैसे भूमि का मूल्य, प्रत्येक भवन की लागत, सड़कों, जलसम्भरण (Water supply), स्वच्छता कार्य (Sanitary work), बिजली (Electrification) आदि की अनुमानित लागत अलग-अलग दिखाकर जोड़ी जाती है। इस प्राक्कलन के साथ एक संछिप्त विवरण में प्रायोजना की आवश्यकता तथा उपयोगिता और विभिन्न मदों की लागत ज्ञात करने की विधि समझाई जाती है। इस प्राक्कलन के साथ ही मौके का नक्शा (Site plan) या विन्यास का नक्शा (Layout plan) भी नत्थी किया जाता है। फुटकर व्यय (Contingencies) के लिए लगभग 5% से 10% और जोड़ा जाता है।

विभिन्न प्रकार की संरचनाओं तथा निर्माण कार्यों का प्रारम्भिक प्राक्कलन विभिन्न प्रकार से बनाया जा सकता है।

(क) भवन—

(1) प्रति इकाई के आधार पर—स्कूलों तथा छात्रावासों में प्रति छात्र, स्कूलों में प्रति कक्षा, अस्पतालों में प्रति शय्या, सिनेमा तथा थियेटर भवनों में प्रति सीट, कारखानों, बैरकों, तथा शयनशालाओं (Dormitories) में प्रति खण्ड (Bay), निवास भवनों में प्रति टेनिमेंट (Tenement)।

100 छात्रों के लिए छात्रावास भवन की 4·500 रुपये प्रति छात्र की दर से स्थूल अनुमानित लागत $4\frac{1}{2}$ लाख रुपये होगी।

25,000 रुपये प्रति शय्या के हिसाब से 100 शैय्या वाले अस्पताल की स्थूल अनुमानित लागत 25 लाख रुपये होगी।

5,000 रुपये प्रति दर (हर खण्ड 3 मी लम्बी 6 मी चौड़ी होगी) के हिसाब से 10 खंड वाली एक बैरक (barrack) की स्थूल अनुमानित लागत 50,000 रुपये होगी।

दो कमरों के निवास भवन की स्थूल अनुमानित लागत 20,000 रुपये तथा तीन कमरों के भवन की लागत 26,000 रुपये होगी।

(1) कुर्सी क्षेत्रफल के आधार पर
(2) आयतन के आधार पर
(3) स्थूल रूप से परिमाण ज्ञात करके

} इनका विस्तृत विवरण पृष्ठ 239-240 पर दिया गया है।

(ख) सड़क तथा राजमार्ग (Road and Highway)—

सड़क की प्रकृति (Nature), चौड़ाई तथा रोड़ी की आस्तरण की मोटाई आदि के अनुसार प्रति किलो मीटर के आधार पर।

200,000 रुपये प्रति किलो मीटर के हिसाब से 10 किलो मीटर लम्बे प्रादेशिक राजमार्ग (State Highway), की स्थूल अनुमानित लागत 20 लाख रुपये होगी।

(ग) सिंचाई की नहरें—

(1) नहर की धारिता (Capacity) के अनुसार प्रति किलो मीटर के आधार पर।
(2) सिंचित क्षेत्र का क्षेत्रफल (Area of land commanded) अर्थात प्रति हेक्टेयर (Hectare) के आधार पर।

750 रुपये प्रति हेक्टेयर के हिसाब से दो हजार हेक्टेयर क्षेत्रफल में सिंचाई कर सकने योग्य प्रायोजना की स्थूल अनुमानित लागत 15 लाख रुपये होगी।

(घ) सेतु तथा पुलियां (Bridges and Culverts)—

सड़क मार्ग की चौड़ाई, नींव की गहराई तथा प्रकृति, संरचना का प्रकार आदि के अनुसार पाट की प्रति मीटर लम्बाई के आधार पर छोटे पुलियों के लिये विभिन्न पाटों (Spans) की प्रति पुलिया स्थूल लागत भी ली जा सकती है।

10,000 रुपये (पाट की) प्रति मीटर लम्बाई के हिसाब से, 50 मीटर प्रति पाट के तीन पाट वाले पुल की स्थूल अनुमानित लागत $3 \times 50 \times 10{,}000 = 15$ लाख रुपये होगी। उपसंरचना (Sub-structure) तथा अधिरचना (Superstructure) की अलग-अलग लागत निकाल कर भी पुलों की स्थूल अनुमानित लागत ज्ञात की जा सकती है।

(च) स्वच्छता प्रायोजना (Sanitary project) तथा जल सम्भरण प्रायोजना (Water supply)—

(i) प्रति व्यक्ति के आधार पर।
(ii) आबादी तथा सब निर्मित स्थानों के क्षेत्रफल के आधार पर अर्थात प्रति हेक्टेयर के आधार पर (on the basis of area covered)।

75 रुपये प्रति व्यक्ति के हिसाब से एक लाख जनसंख्या के लिये मलव्यवस्था की प्रायोजना की स्थूल अनुमानित लागत 75 लाख रुपये होगी।

60 रुपये प्रति व्यक्ति के हिसाब से 75,000 जनसंख्या के लिए जलसम्भरण प्रायोजना की अनुमानित लागत 45 लाख रुपये होगी।

(छ) उपरली पानी की टंकी (Over-head water tank)—संरचना के प्रकार, टंकी ऊंचाई आदि के अनुसार टंकी की धारिता के आधार पर प्रति लीटर दर पर।

0·75 रुपये प्रति लीटर के हिसाब से 50,000 लीटर धारिता की प्रबलित सीमेंट कंक्रीट की उपरली पानी की टंकी की स्थूल अनुमानित लागत $50{,}000 \times {\cdot}75 = 37{,}500$ रुपये होगी।

2. भवन के लिए कुर्सी क्षेत्रफल प्राक्कलन (P. A. Estimate)—

यह प्राक्कलन भवन के क्षेत्रफल के आधार पर बनाया जाता है। इसकी दर समरूप भवन की उसी प्रकार की विनिर्देश, ऊंचाई तथा संरचना की लागत के आधार पर निकाली जाती है। कुर्सी क्षेत्रफल प्राक्कलन बनाने के लिए पहले भवन का कुर्सी क्षेत्रफल ज्ञात कर लेते हैं तथा फिर इसे कुर्सी क्षेत्रफल दर से गुणा कर देते हैं। कुर्सी क्षेत्रफल ज्ञात करने के लिए छतदार क्षेत्रफल (Covered area) के फर्श तल (Floor level) पर बाहरी माप लिए जाते हैं। कुर्सी क्षेत्रफल में आँगन तथा अन्य खुले क्षेत्र शामिल नहीं किए जाते। कुर्सी क्षेत्रफल प्राक्कलन केवल स्थूल अनुमान है तथा स्थूल अनुमानित लागत निकालने के लिए एक प्रारम्भिक प्राक्कलन है।

यदि भवन का नक्शा तैयार न हुआ हो या उपलब्ध न हो तो शुरू में केवल प्रस्ताव बनाने के लिए कमरों का वांछित फर्श क्षेत्रफल (Floor area) निकाल कर उसमें उस कुल क्षेत्रफल का 30% से 40% तक जोड़ देते हैं। यह दीवारों की मोटाई और बरामदा आदि के कारण जोड़ा जाता है। इस प्रकार प्राप्त स्थूल कुल कुर्सी क्षेत्रफल को कुर्सी क्षेत्रफल दर से गुणा करने पर भवन की स्थूल अनुमानित लागत ज्ञात हो जाती है।

350 रुपये प्रति वर्ग मीटर की दर से 100 वर्ग मी कुर्सी क्षेत्रफल वाले भवन की अनुमानित लागत 35,000 रुपये होगी। बहुतल भवन का प्राक्कलन प्रत्येक तल्ले का पृथक-पृथक बनाते हैं।

3. भवन के लिए घनमान दर प्राक्कलन (Cube Rate Estimate)—

घनमान दर प्राक्कलन एक प्रारम्भिक या स्थूल प्राक्कलन है तथा भवन के आयतन के आधार पर बनाया जाता है। उस क्षेत्र में उसी प्रकार की विनिर्देश तथा निर्माण के समरूप भवन की लागत के आधार पर घनमान दर निर्धारित हो जाती है।

यह प्राक्कलन बनाने के लिए भवन का आयतन (लम्बाई × चौड़ाई × ऊंचाई) ज्ञात करके इसे घनमान दर से गुणा कर देते है। लम्बाई तथा चौड़ाई के लिए फर्श तल पर भवन की बाहरी माप लेते हैं तथा ऊंचाई फर्श तल की सपाट छत की ऊपरी सतह (या ढलवां छत के मध्य सिरे) तक लेते हैं। बहुतल भवन (Storeyed building) का प्राक्कलन प्रत्येक तल्ले का पृथक-पृथक बनाते हैं। इसके लिए ऊंचाई एक फर्श तल से दूसरे फर्श तल तक लेते हैं। नींव कुर्सी तथा मुँडेर, भवन का आयतन निकालने में नहीं लिए जाते हैं।

घनमान दर पाक्कलन में भवन की ऊंचाई भी आ जाती है अतः यह कुर्सी क्षेत्रफल प्रावकलन से अधिक शुद्ध है।

75 रुपये प्रति घन मीटर के हिसाब से 400 घन मीटर आयतन वाली भवन की स्थूल अनुमानित लागत 30,000 रुपये होगी।

नोट—अध्याय 14 में वर्णित तकनीकी डेटा (Technical datas) तथा सूचनायें, विभिन्न निर्माण कार्यों तथा अनुरक्षण कार्यों का प्रारम्भिक प्राक्कलन बनाने में उपयोगी सिद्ध होंगी। प्रारम्भिक प्राक्कलनों के कुछ उदाहरण इस अध्याय के अन्त में दिये गये हैं।

4. स्थूल रूप से परिमाण ज्ञात करके बनाया गया प्राक्कलन (Approximate Quantity Method Estimate)—

इस विधि में दीवारों की कुल लम्बाई मीटरों में निकाल ली जाती है तथा इसे दीवार की प्रति मीटर दर से गुणा करने पर पर्याप्त शुद्ध लागत ज्ञात हो जाती है। इस विधि में संरचना को दो भागों अर्थात नींव व कुर्सी तथा अधिरचना में बांटा जा सकता है। पहले नींव तथा अधिरचना की प्रति मी लम्बाई की लागत ज्ञात कर लेनी चाहिये तथा फिर इन दरों को दीवारों की कुल लम्बाई से गुणा कर देना चाहिये।

नींव की प्रति मी. दर ज्ञात करने के लिये खुदाई, नींव कंक्रीट, कुर्सी तल तक ईंट चिनाई तथा सील रोक रद्दे का (प्रत्येक मद का) एक मीटर लम्बी नींव में स्थूल परिमाण ज्ञात कर लिया जाता है तथा इन परिमाणों को इन मदों के दर से गुणा करके प्रति मी. लम्बाई की दर ज्ञात कर ली जाती है।

इसी प्रकार अधिरचना में ईंट चिनाई कार्य, लकड़ी के काम, छत, समापन (Finishing) आदि का स्थूल परिमाण ज्ञात करके प्रति मीटर लम्बाई की दर ज्ञात कर ली जाती है।

इस विधि से प्राक्कलन करने के लिये सरचना का तलचित्र (Plan) या रेखाचित्र (Line plan) उपलब्ध होना चाहिये।

5. विस्तृत प्राक्कलन (Detailed Estimate)—

विस्तृत प्राक्कलन एक बहुत शुद्ध प्राक्कलन है। इसमें निर्माण की प्रत्येक मद का परिमाण निकाल कर उसकी लागत ज्ञात की जाती है। प्रत्येक मद की लम्बाई, चौड़ाई तथा ऊंचाई आदि माप रेखा चित्रों से सही-सही पढ़े जाते हैं, तब प्रत्येक मद के परिमाण ज्ञात किये जाते हैं। तथा फिर उनकी लागत निकाली जाती है।

विस्तृत प्राक्कलन दो खण्डों में बनाया जाता है :—

(1) माप का विवरण तथा परिमाणों का परिकलन (Details of Measurement and Calculation of Quantities)—

प्रत्येक मद के मापों का विवरण तल चित्र तथा रेखा चित्रों से सही-सही पढ़ा जाता है तथा प्रत्येक मद के परिमाणों का परिकलन तालिका बद्ध (Tabular) रूप में माप विवरण प्रपत्र (Details of Measurement Form) पर किया जाता है (पृष्ठ 3 देखें)।

(2) प्राक्कलित लागत सार (Abstract of Estimated Cost)—

तालिका बद्ध रूप में प्रत्येक मद के पहले से निकाले गये परिमाण की लागत अनुमानित लागत सार प्रपत्र (पृष्ठ 4 देखें) पर निकाली जाती है तथा उन्हें जोड़कर कुल लागत ज्ञात की जाती है। निर्माण की विभिन्न मदों की दरें दर अनुसूची (Schedule of Rates) के अनुसार या प्रचलित दरों के अनुसार या पूर्ण कार्य के लिए विश्लेषित दरों (Analysed Rates) के अनुसार ली जाती हैं। अनुमानित लागत का लगभग 3% फुटकर व्यय, जो किसी मद के अन्तर्गत नहीं आता, तथा 2% निर्माण प्रभारित सिब्बंदी (Workcharged Establishment) के लिए जोड़ लिया जाता है। इस प्रकार प्राप्त सम्पूर्ण योग निर्माण कार्य की प्राक्कलित लागत होती है। सामान्यत: विस्तृत प्राक्कलन कार्य के अनुसार प्रत्येक उपकार्य (Sub-work) जैसे मुख्य भवन, नौकरों के कमरे, गैरेज, चारदीवारी आदि के अन्तर्गत बनाया जाता है।

विस्तृत प्राक्कलन के साथ निम्नलिखित पत्र संलग्न किये जाते हैं—

(i) रिपोर्ट (Report)।

(ii) विस्तृत विनिर्देश (Detailed Specifications)

(iii) रेखाचित्र—तलचित्र, सम्मुख दृश्य, काट, विस्तृत रेखाचित्र, मौके का नक्शा (Site Plan) या विन्यास या सूचक नक्शा (Index Plan) आदि।

(iv) परिकलन (Calculations) तथा अभिकल्प (Designs)—नींव, धरन, (Beam), स्लैब (Slab), लिंटल का अभिकल्प, सिंचाई की नहर में नहर का अभिकल्प, सड़क में रोड़ी की तह की मोटाई का अभिकल्प आदि।

(v) यदि दरें दर अनुसूची (Scheaule of Rates) के अनुसार न हों या मदों का भाव दर अनुसूची में न हो तो उनकी विश्लेषित दर (Analysis of Rates)।

विस्तृत प्राक्कलन सक्षम अधिकारी द्वारा तकनीकी मंजूरी के लिये तथा कार्य को कार्यान्वित करने के लिये बनाया जाता है।

6. संशोधित प्राक्कलन (Revised Estimate)—

संशोधित प्राक्कलन विस्तृत प्राक्कलम होता है तथा निम्नालखित किन्हीं भी परिस्थितियों में बनाना पड़ता है।

(i) जब मूल स्वीकृत प्राक्कलन से 5% से अधिक व्यय हो गया हो या व्यय होने की सम्भावना हो।

(ii) जब किसी निर्माण कार्य पर प्रशासकीय स्वीकृत राशि का 10% से अधिक व्यय हो गया हो या व्यय होने की सम्भावना हो।

(iii) जब मूल प्रस्ताव में पर्याप्त परिवर्तन कर दिये गये हों भले ही परिवर्तन प्रस्ताव स्वीकृत धन राशि में ही पूरे किये जा सकते हों।

संशोधित प्राक्कलन के साथ एक तुलनात्मक विवरण संलग्न करना होता है जिसमें प्रत्येक मद में परिवर्तन मूल तथा संशोधित प्राक्कलन में उनके परिमाण, दरें तथा लागत (एक साथ ही) बचत या अधिक्य तथा परिवर्तन किये जाने के कारण दिये जाते हैं।

7. अनुपूरक प्राक्कलन (Supplementary Estimate)—

अनुपूरक प्राक्कलन एक विस्तृत प्राक्कलन होता है। जब निमाण के दौरान मूल काय में कुछ अतिरिक्त कार्य करना हो या जब कार्य में वृद्धि करनी हो तब यह प्राक्कलन बनाथा जाता है। इस प्राक्कलन में मूल प्राक्कलन के अतिरिक्त जो अन्य कार्य किये जाने हों उनका विस्तृत प्राक्कलन दिया जाता है।

सार (Abstract) में मूल प्राक्कलन (Original Estimate) की धन राशि तथा अनुपूरक धन राशि (Supplementary Amount) सहित कुल धन राशि, जिसकी स्वीकृति मांगी जा रही हो अंकित होना चाहिये।

8. अनुपूरक तथा संशोधित प्राक्कलन (Supplementary and Revised Estimate)—

जब कोई कार्य आंशिक छोड़ दिया गया हो तथा शेष कार्य की लागत मूल कार्य के व्यय से 95% कम होती है अर्थात 95% मूल स्वीकृति प्राक्कलन से कम होती है या जब कभी अभिकल्प में अधिक परिवर्तन हुआ हो जिससे प्राक्कलन में अधिक बचत होती है तब सक्षम प्राधिकारी प्राक्कलन का संशोधन करता है तब अनुपूरक तथा संशोधित प्राक्कलन बनायी जाती है। तथा नये रूप से सक्षम प्राधिकारी से तकनीकी स्वीकृति ली जाती है।

9. वार्षिक मरम्मत या वार्षिक अनुरक्षण प्राक्कलन (A. R. or A. M. Estimate)—

यह एक विस्तृत प्राक्कलन है तथा संरचना या निर्माण को उचित तथा सुरक्षित दशा से बनाये रखने के कार्य के लिये तैयार किया जाता है। इसके अन्तर्गत भवनों में सफेदी पुताई (White Washing), रंग पुताई (Colour Washing), रंग करना (Painting), छोटी-मोटी मरम्मत आदि सम्मिलत है। सड़क कार्य में इसके अन्तर्गत पेबन्दी मरम्मत (Patch repairing), रोड़ी का नवीकरण (Renewals), पुलों तथा पुलियों की मरम्मत आदि सम्मिलित होते हैं।

फुटकर व्यय (Contingencies)—

फुटकर व्यय के अन्तर्गत विविध प्रकार के ऐसे आकस्मिक व्यय आते हैं जिन्हें किसी भी उपशीर्षक (Sub-head) मद के अन्तर्गत वर्गीकृत नहीं किया जा सकता परन्तु यह व्यय होना पूरे निर्माण पर ही है।

प्राक्कलन में अनुमानित लागत का 3% से 5% तक धन राशि फुटकर व्यय के लिये रक्खी जाती है। यह धनराशि छोटे-मोटे फुटकर खर्चों के लिए रक्खी जाती हैं जो निर्माण की मदों से किसी भी उपशीर्षक के अन्तर्गत नहीं आते। विविध प्रकार के आकस्मिक व्यय जो किसी भी मद के अन्तर्गत नहीं आते, फुटकर व्यय के अन्तर्गत दी गई धनराशि में से किये जाते हैं।

यदि फुटकर व्यय के अन्तर्गत कुछ धन राशि बच रही हो तो सक्षम अधिकारी की अनुमति लेकर यह धनराशि निर्माण की अतिरिक्त मदों पर हुये व्यय (यदि कोई हो), अदृश्य (Unforseen) व्यय, अभिकल्प में छोटे-मोटे परिवर्तनों के कारण व्यय आदि के लिये उपयोग में लाई जा सकती है।

निर्माण प्रभारित सिब्बंदी (Work-charged Establishment)—

जिस सिब्बंदी का वेतन सीधे निर्माण कार्य पर प्रभारित होता है उसे निर्माण प्रभारित सिब्बंदी कहते हैं। किसी भवन या प्रायोजन में निर्माण की अवधि में अनेक कार्य पर्यवेक्षक (Work supervisor), चौकीदार, मेट मुँशी आदि नौकर रखने होते हैं तथा उनका वेतन निर्माण प्रभारित सिब्बंदी के अन्तर्गत प्राक्कलन में दी गई धनराशि से दिया जाता है। निर्माण प्रभारित सिब्बंदी के लिये प्राक्कलन में अनुमानित लागत का $1\frac{1}{2}$% से 2% तक जोड़ देते हैं। निर्माण प्रभारित कर्मचारी अस्थाई कर्मचारी होते हैं तथा निर्दिष्ट अवधि के लिये उनकी नियुक्ति की स्वीकृति सक्षम अधिकारी से लेनी होती है। निश्चित अवधि के पश्चात उनकी सेवायें समाप्त हो जाती हैं। यदि उनकी सेवाओं की और आगे आवश्यकता हो तो फिर से स्वीकृति लेनी होती है। उनकी सेवायें किसी समय समाप्त की जा सकती हैं परन्तु सामान्यतः सेवायें समाप्त करने के पहले एक माह का नोटिस दिया जाता है।

औजार तथा मशीनें (Tools and Plants)—

बड़े निर्माण कार्य या प्रायोजना में निर्माण के लिये आवश्यक औजार, मशीनें खरीदने के लिये अनुमानित लागत का 1% से $1\frac{1}{2}$% तक प्राक्कजन में जोड़ा जाता है सामान्यतः ठेकेदार को अपने औजार तथा मशीनें स्वयं लाकर प्रयोग करने होते हैं।

प्रतिशत भार या विभागीय प्रभार (Centage Charges or Departmental Charges)—

जब इन्जीनियरी विभाग किसी और विभाग का निर्माण कार्य करता है तो सिब्बंदी (Establishment), अभिकल्पन (Designing), आयोजन (Planning), निरीक्षण आदि पर व्यय के लिये वह अनुमानित लागत का 10% से 15% तक प्रभार लेता है। इस प्रकार को प्रतिशत प्रभार कहते हैं। स्थानीय संस्थाओं के आंशिक व्यय कार्य (Contributory) तथा जमा कार्य (Deposit works), व्यक्तिगत निर्माण कार्य तथा अन्य कार्यों पर भी प्रतिशत प्रभार लिया जाता है। प्राक्कलन में प्रतिशत प्रभार अंत में कुल अनुमानित लागत पर लगाया जाता है। प्रदेशों के सार्वजनिक निर्माण विभाग जब केन्द्रीय सरकार का कोई कार्य कराते हैं तो लगभग 10% प्रभार लेते हैं। इस प्रभार को निर्माण के पर्यवेक्षण का प्रभार (Supervision charges for works) भी कहते हैं।

रिपोर्ट (Report)—

सामान्यत: प्राक्कलन के साथ एक विवरण रहता है जिसमें इतिवृत्त सारे कार्य या प्रायोजना के विषय में, संक्षेप में, पूर्ण जानकारी दी जाती है। विवरण में सारे कार्य या प्रायोजना का स्पष्ट रूप प्रकट होना चाहिये। विवरण में निम्नलिखित मुख्य बातें दी जानी चाहिये :—

(1) प्रायोजना के प्रस्ताव सम्बन्धी संक्षिप्त इतिहास,

(2) कारणों सहित प्रायोजना का उद्देश्य, आवश्यकता, उपयोगिता तथा उपयुक्तता,

(3) निर्माण स्थल का चुनाव या संरेखण (Alignment) का चुनाव,

(4) सर्वेक्षण (Surveying),

(5) प्राक्कलन के अन्तर्गत बनने वाला बसति स्थान (Accommodation) या कार्य का संक्षिप्त विवरण,

(6) मिट्टी की प्रकृति (Nature of soils) भूमी की स्थलरूप रेखा (Topography of the land), तथा दिक् विन्यास (Orientation) आदि,

(7) सामान्य विनिर्देश तथा अभिकल्प का आधार तथा अभिकल्प परिकलन (Design calculation),

(8) जल सम्भरण (Water supply), स्वच्छता कार्यों (Sanitary work) तथा बिजली की व्यवस्था,

(9) सड़कें तथा नालियां,

(10) विविध मदें जैसे श्रमिकों को दी जाने वाली सुविधायें, कर्मचारियों के लिये अस्थायी निवास आदि,

(11) कार्यान्वित करने का ढंग (Manner of execution),

(12) कुल लागत तथा अर्थ व्यवस्था,

(13) प्रायोजना से होने वाली आय यदि कोई हो,

(14) किराये का विवरण (Rent statement), यदि कोई हो,

(15) निर्माण में लगने वाला समय,

कुछ विशिष्ट प्रकार के विवरण अध्याय 14 के विवरण तकनीकी डेटा में दिये गये हैं।

मौके का नक्शा (Site Plan)—

इमारतों के सभी नक्शों के लिये मौके का नक्शा 1 सेमी = 5 सेमी, 1 सेमी = 10 मी तक के छोटे पैमाने पर बनाये जाते हैं। इन नक्शों में इमारत की दिक् विन्यास (Orientation), भूमि की सीमायें, सड़कें, नालियों, मलवाही नालियों (Sewer lines), पानी के नल की लाइनें आदि पड़ोस की भूमि के प्लाट तथा उनके मालिकों के नाम आदि दिखाये जाने चाहिये। इमारत की भौगोलिक दिक् स्थिति दिखाने के लिये मौके के नक्शे के एक कोने में उत्तर दिशा प्रदर्शित करने वाली एक रेखा भी खींची जाती है।

विन्यास नक्शा (Layout Plan)—

अनेक इमारतों तथा संरचनाओं की प्रायोजना में पूरे क्षेत्र का विन्यास नक्शा 1 सेमी = 10 मी से 1 सेमी = 20 मी के पैमाने पर बनाया जाता है। इस विन्यास में सब प्रस्तावित इमारतें, संरचनायें आदि तथा उनके आकार, स्थिति तथा दिक् विन्यास आदि दिखाये जाते हैं। संरचनाओं के अतिरिक्त सड़कें गलियाँ, नालियाँ, पाइप लाइन, बिजली की लाइनें, पार्क आदि समुचित चिन्हों द्वारा दिखाये जाते हैं। विन्यास में सीमा रेखा, मुख्य सड़कें तथा पड़ोस के क्षेत्र व उनके मालिकों के नाम आदि भी दिखाये जाने चाहिये। भवनों की भौगोलिक दिक्

स्थिति प्रदर्शित करने के लिये विन्यास के कोने में उत्तर दिशा इंगित करने वाली रेखा भी होनी चाहिये। विन्यास देखकर एक ही नजर में सारी प्रायोजना का ज्ञान हो जाता है।

सूचक नक्शा (Index Plan)—

सड़क प्रायोजना सिंचाई प्रायोजना, जलसम्भरण प्रायोजना, स्वच्छता कार्य प्रायोजना, भवनों की बड़ी प्रायोजना आदि के लिये 1 सेमी = 0·5 मिमी पैमाने से एक सूचक नक्शा बनाया जाता है। इस नक्शे में मार्ग रेखा, पुलियों, निकासी (Outlets) तथा अन्य मुख्य कार्यों की स्थिति या पूरे कार्य की मुख्य रूप रेखायें खींची जाती हैं ; जिससे इस नक्शे को देखने पर पूरी प्रायोजना समझ में आ जाय।

बिजली, स्वच्छता कार्य तथा जलसम्भरण कार्य—

भवन के भीतर बिजली लगाने, स्वच्छता कार्य तथा जलसम्भरण कार्य के लिये भवन की अनुमानित लागत का लगभग 20% रक्खा जाता है। यह व्यय इस प्रकार रक्खा जाता है।

(i) विद्युतीकरण करने के लिये—अनुमानित लागत का 8%,

(ii) पंखों के लिए अनुमानित लागत का 4%,

(iii) सफाई कार्य तथा जलसम्भरण कार्य—अनुमानित लागत का 8%,

विद्युतीकरण के अन्तर्गत बिजली का तार लगाना तथा स्विचों, प्लगों, छतलटकनों (Pendents), ब्रैकेटों, बल्बधारक (Holders), शेड, स्विच बोर्ड, कटआउट, आदि का लगाना सम्मिलित होते हैं। स्वच्छता तथा जलसम्भरण कार्य के अन्तर्गत जल निकास तथा मल प्रवाही पाइप लाइनें (Sewer), पानी की पाइप लाइनें, टोटियाँ फिटिंग आदि तथा पनसंडासें फिटिंग आदि और इनको जोड़ने के पाइप सम्मिलित होते हैं।

इन कार्यों के विस्तृत प्राक्कलन साधारणतया बाद में बनाये जाते हैं। बिजली तथा सफाई कार्यों का विस्तृत प्राक्कलन भवन के प्राक्कलन के साथ ही आरम्भ में भी बनाया जा सकता है। बिजली तथा सफाई व जलसम्भरण कार्यों की लागत में वृद्धि हो जाने के कारण, कुछ इंजीनियरी विभाग बिजली के लिए 10% तथा सफाई व जलसम्भरण कार्यों के लिए 10% जोड़ने लगे हैं।

मदों के उपशीर्षक (Sub-head of Items of Work)—

आर्थिक नियंत्रण तथा आंकड़े रखने की सुविधा के लिये किसी भी निर्माण कार्य की कुल लागत को कई उपखण्डों में बाँट देते हैं जिन्हें उपशीर्षक कहते हैं।

सारा कार्य विभिन्न प्रकार की मदों में बांट लिया जाता है तथा एक ही प्रकार की मदें उपशीर्षकों के अन्तर्गत एक साथ रक्खी जाती हैं। निर्माण कार्य में निम्नलिखित उपशीर्षक होते हैं :—

(1) मिट्टी का काम, (2) कंक्रीट, (3) ईंट चिनाई, (4) पत्थर की चिनाई, (5) लकड़ी का काम, (6) इस्पात कार्य, (7) छत, (8) फर्श, (9) पलस्तर तथा टीप, (10) समापन (सफेदी पुताई, रंग पुताई, रंग करना आदि), (11) विविध मदें।

प्रत्येक उपशीर्षक के अन्तर्गत विभिन्न मदें होती हैं। उपशीर्षक मिट्टी के काम की सभी मदें जैसे मिट्टी की खुदाई, मिट्टी की भराई, मिट्टी को समतल करना आदि की लागत जोड़ी जाती है। इसी प्रकार उपशीर्षक कंक्रीट के अन्तर्गत कंक्रीट, प्रबलित सीमेंट कंक्रीट आदि की लागत जोड़ी जाती है। इसी प्रकार अन्य उपशीर्षकों में भी विभिन्न मदें ली जाती हैं। प्रबलित सीमेंट कंक्रीट कार्य अलग उपशीर्षक में भी लिया जा सकता है। सा. नि. वि. की दर अनुसूची दरें उपशीर्षकों के अनुसार संकलित की गई हैं।

विस्तृत प्राक्कलन उपशीर्षकों में बांट कर बनाया जाता है तथा सभी मदें विभिन्न उपशीर्षकों के अन्तर्गत रक्खी जाती हैं। निर्माण काल में व्यय पर नियंत्रण रखने के लिये उपशीर्षकों के अनुसार हिसाब लेखा आदि रक्खा जाता है।

उपकार्य (Sub-work)—

किसी बड़े निर्माण कार्य या प्रायोजना में अनेक इमारतें या छोटे-छोटे काम हो सकते हैं। इनमें से प्रत्येक काम को उपकार्य कहते हैं। प्रत्येक उपकार्य का विस्तृत प्राक्कलन अलग-अलग बनाया जाता है तथा व्यय का लेखा भी उपकार्य के अनुसार बनाया जाता है।

एक चिकित्सालय के निर्माण की प्रायोजना के निम्नलिखित अंग हो सकते हैं—

(1) मुख्य चिकित्सालय भवन, (2) बाहरी रोगियों का वार्ड, (3) संकटकालीन वार्ड (Emergency ward), (4) अस्पताल में निवासी डाक्टरों के निवास भवन, (5) नर्सों के निबास स्थान, (6) रसोई ब्लाक, (7) सड़कें आदि इनमें से प्रत्येक भाग एक उपकार्य कहलायेगा।

सिंचाई प्रायोजना में हेड वर्क्स, मुख्य नहर, प्रत्येक शाखा नहर, (Branch Canal), वितरिका नहर (Distributaries) आदि का प्रत्येक समूह, जल निकास कार्य (Drainage Works), विशेष प्रकार के औजार तथा मशीनें सब अलग-अलग उपकार्य हैं।

प्राकलित लागत का सारांश या साधारण लागत सार (Summary of estimated cost or General Abstract of cost)—

जब पूरे कार्य या प्रायोजना में अनेक कार्य या उपकार्य हों तो प्रत्येक उपकार्य के लिये विस्तृत प्राक्कलन तथा प्राक्कलित लागत सार अलग-अलग बनाये जाते हैं तथा अन्त में प्राक्कलित लागत सार का सारांश या साधारण प्राक्कलित लागत सार बनाया जाता है। प्राक्कलित लागत के सारांश में प्रत्येक उपकार्य की लागत तथा पूरे काम या प्रायोजना की कुल लागत दी जाती है।

प्राक्कलन का पूरा सेट सरकारी विभाग अनुसार (Complete set of estimate as used in Government Department)—

विस्तृत प्राक्कलन मानक प्रपत्रों (Standard forms) में बनाया जाता है तथा प्राक्कलन के पूरे सेट में निम्नलिखित कागजात सम्मिलित होते हैं—

(1) मुख्य पृष्ठ (Title page)—इस पर इंजीनियरी विभाग खण्ड (Division), जिला या उपखण्ड (District or Sub-Division) का नाम, प्राक्कलन संख्या, कार्य का नाम तथा अनुमानित लागत लिखी होती है। (2) विषय सूची तथा तलचित्र (plan) व रेखाचित्रों की सूची (Index), (3) रिपोर्ट, (4) अभिकल्प का परिकलन (Design calculations), (5) साधारण विनिर्देश (General specifications). (6) विस्तृत विनिर्देश (Detailed specifications), (7) यदि आवश्यकता हो तो दर विश्लेषण (Analysis of Rates), (8) माप का विवरण तथा परिमाणों का परिकलन (Detailes of measurement and calculations of quantities), (9) प्राक्कलित लागत सार (Abstract of estimated cost), (10) सामान्य लागत सारांश (11) रेखाचित्र, तलचित्र सम्मुख दृश्य, विस्तृत रेखाचित्र, मौके का नक्शा आदि।

प्राक्कलित लागत सार या अनुमानित लागत सारांश के अन्त में सहायक अभियन्ता (Asst. Engineer), अधिशासी अभियन्ता (Executive Engineer) तथा अधीक्षण अभियन्ता का हस्ताक्षर होना चाहिये तथा पीछे के पृष्ठ पर लेखा का शीर्षक (Head of Account) लिखना चाहिए।

दर अनुसूची (Schedule of Rates)—

दर अनुसूची निर्माण की विभिन्न मदों की दरों का एक सूची होती है। प्राक्कलन बनाने की सुविधा के लिये तथा ठेका तय करते समय मार्ग निर्देशन के लिये इन्जीनियरी विभाग प्रत्येक मद के लिये एक दर अनुसूची रखता है। यह अनुसूची पुस्तिका के रूप में छपी होती है व इसे "दर अनुसूची पुस्तिका" कहते हैं।

दर अनुसूची में विभिन्न मदों तथा सामग्रियों की प्रति इकाई दरें, श्रमिकों को दी जाने वाली मजदूरी की दरें तथा परिवहन की दरें दी होती हैं। सा. नि. वि. में विभिन्न मदों की दरें दर अनुसूची पुस्तक में छपी रहती हैं तथा इन्हीं दरों पर प्राक्कलन बनाया जाता है। इन दरों पर कार्य पूरा किया जाता है। तथा इनमें सामग्री, परिवहन, मजदूरी, लाभ आदि शामिल करके दरें निर्धारित की जाती हैं। दर अनुसूची दर विश्लेषण (Analysis of Rate) के आधार पर बनाई जाती है। साधारणतः 8 किलोमीटर तक सामग्री का परिवहन इन दरों में सम्मिलित रहता है। हर वर्ष दरों में थोड़ा बहुत अन्तर हो जाता है। अतः दरें दर अनुसूची में दी गई दरों में प्रतिशत वृद्धि या कमी के रूप में निश्चित की जाती है। यदि दर अनुसूची में दी गई दरों में पर्याप्त विभिन्नता हो तो दरें पुनिर्धारित कर दी जाती है तथा नई दर अनुसूची बनाई जाती है। सा. नि. वि. में एक पुस्तक सड़क रोड़ी की दर पुस्तिका (Road metal Rate Book) भी रहती है। इस पुस्तिका में विभिन्न प्रकार की सड़कों के लिये विभिन्न प्रकार की रोड़ी की दर प्रति किलो मीटर के अनुसार दी जाती है। साधारणतया सड़क कार्य के प्राक्कलन सड़क रोड़ी दर पुस्तका में निर्धारित दरों के आधार पर ही बनाये जाते हैं।

भवन लागत निर्देशांक (Building Cost Index)—

भवन लागत निर्देशांक किसी आधार वर्ष की तुलना में भवन निर्माण की लागत में वृद्धि या कमी सूचित करता है इसे प्रतिशत वृद्धि या कमी के रूप में व्यक्त करते हैं। 1960 को आधार वर्ष मानकर वर्तमान (1979) में भवन निर्माण निर्देशांक 1960 की लागत से 100% अधिक माना जा सकता है। लागत निर्देशांक मुख्य रूप से निर्माण सामग्री, मजदूरी, परिवहन आदि की लागत पर निर्भर करता है तथा इन्हीं के अनुसार घटता या बढ़ता है। सार्वजनिक निर्माण विभाग वर्तमान लागत दर अनुसूची में छपी दरों से प्रतिशत अधिक या कम के रूप में व्यक्त करता है।

प्रशासकीय अनुमोदन या स्वीकृति (Administrative Approval or Sanction)—

जब कोई विभाग कोई कार्य या प्रायोजना निर्माण कराना चाहता है तो सर्वप्रथम उस विभाग के सक्षम अधिकारी से काम तथा उसकी लागत की स्वीकृति या मंजूरी लेना आवश्यक है। इस स्वीकृति द्वारा इन्जीनियरी विभाग को निर्माण कार्य आरम्भ करने का अधिकार दिया जाता है। प्रशासकीय स्वीकृति का अर्थ है कि सम्बन्धित विभाग ने प्रस्ताव की औपचारिक स्वीकृति दे दी है। प्रशासकीय स्वीकृति मिलने के बाद इन्जीनियरी विभाग कार्य आरम्भ करता है तथा विस्तृत अभिकल्प (Designs) नक्शे तथा प्राक्कलन बनाता है तथा फिर निर्माण कार्य आरम्भ करता है। इन्जीनियरी विभाग स्थूल अनुमान तथा प्रारम्भिक नक्शे बनाकर सम्बन्धित विभाग को प्रशासकीय स्वीकृति के लिये भेजता है।

खर्च की स्वीकृति (Expenditure Sanction)—

खर्च की स्वीकृति से तात्पर्य है कि सरकार प्रस्तावित खर्च किये जाने की स्वीकृति प्रदान करे। इस स्वीकृति द्वारा निर्माण पर खर्च करने के लिये धनराशि निर्धारित की जाती है। बिना खर्च की स्वीकृति मिले कोई खर्च नहीं किया जा सकता। खर्च की स्वीकृति मिलने का अर्थ है कि किसी विशेष काम के लिये धन निर्धारित कर दिया गया है।

तकनीकी स्वीकृति (Technical Sanction)—

निर्माण कार्य के विस्तृत प्राक्कलन तथा लागत की इन्जीनियरी विभाग के सक्षम अधिकारी द्वारा स्वीकृति को तकनीकी स्वीकृति कहते हैं। प्राक्कलन की तकनीकी स्वीकृति के बाद ही निर्माण कार्य आरम्भ किया जा सकता है। जब कोई मूल कार्य (Original work) होना हो तो इन्जीनियरी विभाग द्वारा तकनीकी स्वीकृति दिये जाने से पहले नक्शे तथा प्राक्कलन पर स्थानीय विभाध्यक्ष के हस्ताक्षर होना आवश्यक है।

तकनीकी स्वीकृति देने के अधिकार—

(i) मुख्य अभियन्ता (Chief Engineering)-पूर्ण क्षमता।

(ii) अधीक्षण अभियन्ता (Superintending Engineer)-15 लाख रुपये तक।

(iii) अधीशासी अभियन्ता (Executive Engineer)-5 लाख रुपये तक यदि प्राक्कलन मानक अभिकल्प पर आधारित हो।

राशि सूची (Bill of Quantities)—

यह एक प्रकार की मदों की सूची है जिसमें मद का विवरण, परिमाण तथा इकाई दर दिये होते हैं। यह विस्तृत प्राक्कलन के लिये प्राक्कलित लागत सार की तरह तालिका बद्ध रूप में बनाया जाता है। लेकिन दर और धनराशि के स्तंभ को खाली छोड़ दिया जाता है। जब दरें और धनराशि भर दी जाती हैं तो उनको जोड़कर प्राक्कलित लागत जोड़ लिया जाता है शुरू में राशि सूची द्वारा निविदायें आमन्त्रित किये जाते हैं। ठेकेदारों को दर और धनराशि के स्तम्भों को भरने के लिए दे दिया जाता है। निविदायें मिलने पर दरें और धनराशियों की तुलना करके कार्य के बारे में निर्णय लिया जाता है।

राशि सूची (नमूना)

मद सं०	कार्य का विवरण	परिमाण	दर		इकाई	धन राशि	
			रु०	पै०		रु०	पै०
1.	मिट्टी की खुदाई	32·51 घन मी			% घन मी		
2.	मिट्टी की भराई	27·48 घन मी			% घन मी		
3.	चूना कंक्रीट नींव में	11·33 घन मी			प्रति घन मी		
4.	प्रथम श्रेणी की ईंट चिनाई चूने मसाले से नींव तथा कुर्सी में	23·14 घन मी			प्रति घन मी		

मद सं०	कार्य का विवरण	परिमाण	दर रु० पै०	इकाई	धन राशि रु० पै०
5.	2·5 सेमी सील रोक रद्दा	11·02 वर्ग मी		प्रति वर्ग मी	
6.	प्रथम श्रेणी की ईंट चिनाई 1 : 6 सीमेंट मसाले से अधिरचना में	31·76 घन मी		प्रति घन मी	

दिहाड़ी का काम (Day Work)—

वास्तव में आवश्यक सामग्रियों तथा मजदूरों की संख्या के आधार पर किसी मद के मूल्य निर्धारण को दिहाड़ी का काम कहते हैं। कुछ मदें जैसे पलस्तर में डिजाइन, किसी भवन के सामने के भाग में वास्तुकी समापन (Architectural), पानी के नीचे काम आदि में काम का परिमाण नापा नहीं जा सकता। अतः उनका मूल्य निर्धारण तथा भुगतान 'दिहाड़ी के काम' द्वारा किया जाता है। ऐसी स्थिति में प्रयुक्त सामग्री तथा विभिन्न प्रकार के श्रमिकों की मजदूरी की भाव अनुसूची, टेंडर तथा ठेके के मसविदे में दी जानी चाहिये। दिहाड़ी के काम के भुगतान के लिये ठेकेदार को दिहाड़ी के काम का रजिस्टर रखना होता है जिसमें प्रयोग की गई सामग्री तथा हर प्रकार के श्रमिक ने जितने घन्टे कार्य किया हो वह लिखा रहता है। इन्जीनियर को जब तक इस दिहाड़ी के रजिस्टर की जांच तथा सत्यापन करते रहना चाहिये। साधारणतः दिहाड़ी की दरों में परिवहन, ठेकेदार का मुनाफा तथा ऊपरी खर्चे औजार तथा मशीनें आदि भी सम्मिलित होते हैं। दिहाड़ी की विधि से भुगतान छोटी-छोटी मदों के लिये ही किया जाता है तथा ये भुगतान घन्टे के हिसाब से भी किया जा सकता है जिससे जितनी देर मजदूर काम करें उतने ही समय का भुगतान किया जाय।

मूल लागत (Prime Cost)—

मूल लागत दुकान में किसी सामग्री की वास्तविक लागत को कहते हैं। यह केवल सामग्री की लागत होती है तथा इसमें उस सामग्री से निर्माण का कोई सम्बन्ध नहीं है। प्राक्कलन बनाते समय तथा ठेका निर्धारित करते समय भी किस प्रकार की चीजें प्रयोग करना है यह निश्चित रूप से बताना सदैव सम्भव नहीं होता। उदाहरणार्थ जलसम्भरण की फिटिंग्स, सफाई कार्य की फिटिंग्स, दरवाजों तथा खिड़कियों की फिटिंग्स आदि का चुनाव भवन के मालिक या इन्जीनियर द्वारा वास्तव में फिटिंग्स लगाते समय ही किया जाता है ऐसी मदों के कार्यान्वियन के लिये प्राक्कलन में तथा ठेके की राशि सूची में भी मूल लागत के रूप में उचित धनराशि की व्यवस्था की जाती है। वस्तुओं की श्रेष्ठता तथा मूल्यों के सम्बन्ध में इन्जीनियर इन्चार्ज के आदेश तथा अनुमति मिलने पर ठेकेदार वे चीजें लायेगा। मूल लागत वाली चीजों के लिये ठेकेदार जो धनराशि दुकानदार को देगा वह वास्तविक लागत ठेकेदार को दे दी जायगी। यदि ठेकेदार को दुकानदार से नगद भुगतान के कारण कोई कटौती मिली हो तो उसके कारण ठेकेदार से कोई कटौती नहीं की जायगी। मूल लागत वाली वस्तुओं पर ठेकेदार को कोई मुनाफा नहीं दिया जाता परन्तु यदि निर्दिष्ट हो तो उन वस्तुओं को लाने का वास्तविक भाड़ा ठेकेदार को दिया जा सकता है। टेंडर देते समय ठेकेदार को मूल लागत की राशि में कोई परिवर्तन नहीं करना चाहिये। यदि वह ऐसा करेगा तो इस परिवर्तन की ओर कोई ध्यान नहीं दिया जायगा। मूल लागत वाली वस्तुयें सीधे या किसी अन्य व्यक्ति

के मारफत भी खरीदी या मंगाई जा सकती है मूल लागत वाली वस्तुओं को यथास्थान लगाने का काम मूल ठेकेदार ही करते हैं तथा इसके लिये अलग दरें दी जाती हैं।

अनन्तिम धनराशि (Provisional Sum)—

जब कोई विशेष कार्य किसी विशेषज्ञ फर्म द्वारा किया जाना हो जिसका विवरण प्राक्कलन करते समय ज्ञात न हो तो उस विशेष कार्य के लिये प्राक्कलन तथा राशि सूची में जो धनराशि निर्धारित की जाती है उसे अनन्तिम धनराशि कहते हैं। प्रशीतक मशीन (Refrigerating Machine) लगाना, लिफ्ट लगाना, वातानुकूलन (Air Conditioning) जैसे कार्यों के विषय में प्राक्कलन बनाते समय तथा ठेका तय करते समय पूरी जानकारी तथा विवरण ज्ञात होना सम्भव नहीं है तथा ये कार्य किसी विशेषज्ञ फर्म द्वारा ही किये जाते हैं। इस प्रकार के कार्यों के लिये प्राक्कलन तथा राशि सूची में अनन्तिम धनराशि के रूप में उचित धनराशि की व्यवस्था की जाती है। यह आवश्यक नहीं है कि ठेकेदार को अनन्तिम धनराशि के बराबर ही धन दिया जाय। यह तो उस समय प्राप्त अधिक जानकारी के आधार पर की गई व्यवस्था पर निर्भर करेगा। टेंडर देते समय ठेकेदार को अनन्तिम धनराशि में कोई परिवर्तन नहीं करना चाहिये। यदि वह ऐसा करेगा तो यह परिवर्तन वैध नहीं माना जायगा तथा पूर्व निर्धारित राशि सही मानी जायगी। इन्जीनियर इन्चार्ज या मालिक की इच्छानुसार अनन्तिम राशि के अन्तर्गत दिया गया कार्य किसी विशेषज्ञ फर्म से सीधे भी कराया जा सकता है।

अनन्तिम राशि या मूल लागत के अन्तर्गत बनाई जाने वाली मदों को क्रमशः अनन्तिम राशि मद (Provisional Sum Item) तथा मूल लागत मद (Prime Cost Item) कहते हैं। दोनों ही दशाओं में यह धनराशि एक मुश्त राशि (Lump Sum Amount) के रूप में दी जाती है।

जो कार्य ऐसे ही हैं उनका माप सही ढंग से नहीं लिया जा सकता या जिन्हें निर्माण के बाद ही नापा जा सकता है अनन्तिम कहलाते हैं।

जब खुदाई का वर्गीकरण या खुदाई का परिमाण पहले से सही-सही निश्चित न किया जा सके तो खुदाई की मद तथा परिमाण अनन्तिम कहे जायेंगे।

जो धातु का सामान सामान्य ढंग का न हो वह मूल लागत मद में लिया जायगा। मुख्य जल सेवा पाइप को जोड़ लेने के लिए यदि पाइप की लम्बाई तथा स्थानीय प्रशासन का प्रभार ज्ञात न हो, तो यह मद अनन्तिम मानी जायगी।

किसी भवन में बिजली का कनेक्शन लेने का व्यय अनन्तिम माना जायगा क्योंकि बिजली विभाग के प्रभार ज्ञात नहीं होते।

अनन्तिम राशि तथा मूल लागत मदों के उदाहरण नीचे दिये हैं :—

अनन्तिम मद—एक प्रशीतक मशीन की लागत भाड़े तथा निर्माण स्थल तक लाने के व्यय सहित, सही स्थान पर बिठाना, बिजली के सारे कनेक्शन, दीवारों में छेद आदि सहित······अनन्तिम राशि 6000·00 रुपये।

मूल लागत मद—इन्जीनियर इन्चार्ज द्वारा स्वीकृत दरवाजों तथा खिड़कियों की फिटिंग्स भाड़े सहित ······मूल लागत 600·00 रुपये। दरवाजों तथा खिड़कियों की फिटिंग्स लगाने की मजदूरी दरवाजों तथा खिड़कियों के पल्लों के प्रति वर्ग मीटर दर से शामिल कर ली जाती है।

मूल लागत मद—इन्जीनियर इन्चार्ज द्वारा स्वीकृत डेडो के लिये मोजाइक की टाइलें (40 वर्ग मीटर), भाड़े सहित······मूल लागत 1000·00 रुपये।

टाइलों की लागत छोड़कर 1 : 3 सीमेंट मसाले से टाइलों को दीवार पर लगाने की दर प्रति वर्ग मीटर के हिसाब से अलग दर के रूप में दी जा सकती है।

अनन्तिम परिमाण (Provisional Quantities)—

यदि किसी मद का परिमाण निश्चित रूप से न मालूम हो तो ऐसी मदों के लिये अनन्तिम परिमाण निर्धारित कर लिये जाते हैं। रेखाचित्रों से माप पढ़कर परिमाण ज्ञात किये जाते हैं तथा इन परिमाणों में सम्भावित वृद्धि मान कर उनका परिमाण अलग लिख दिया जाता है तथा उसे अनन्तिम परिमाण लिखते हैं। यदि यह निश्चित न हो सके कि किसी भवन के नीचे की मिट्टी कैसी है तथा यह सम्भावना हो कि नींव अधिक गहरी करने की आवश्यकता हो सकती है तो रेखाचित्र में माप देखकर मिट्टी का काम, नींव कंक्रीट तथा ईंट चिनाई के सामान्य परिमाण ज्ञात किये जा सकते हैं। नींव की सम्भावित अधिक गहराई के कारण मिट्टी का काम नींव कंक्रीट तथा ईंट चिनाई के परिमाणों में सम्भावित वृद्धि अलग निकाल लेते हैं तथा इन अतिरिक्त परिमाणों को अनन्तिम परिमाण लिखते हैं। टेंडर तथा ठेके की राशि सूची में अनन्तिम परिमाण अलग से दिखाये जाते हैं। इन अनन्तिम परिमाणों के लिये ठेकेदार टेंडर में भाव लिखता है परन्तु इन मदों में वास्तव में जितना कार्य किया जायगा उतने ही परिमाण का भुगतान ठेकेदार को दिया जायगा। हो सकता है कि निर्माण के दौरान नींव को अधिक खोदने की आवश्यकता न हो। उस दशा में अनन्तिम परिमाणों के लिये भुगतान नहीं किया जायगा।

जब कुछ कंक्रीट स्थूणाओं (Concrete piles) की लम्बाई बढ़ाई जाने की सम्भावना हो तो अतिरिक्त परिमाण अनन्तिम परिमाण के रूप में अलग से दिखाये जायेंगे।

परिमाण सर्वेक्षण (Quantity Survey)—

किसी भवन या संरचना के निर्माण में आवश्यक सभी सम्भव मदों के परिमाण की सूची या अनुसूची को परिमाण सर्वेक्षण कहते हैं। यह परिमाण संरचना के तलचित्र तथा रेखाचित्रों से माप पढ़कर परिकलन द्वारा ज्ञात किये जाते हैं। इस प्रकार परिमाण सर्वेक्षण में प्रत्येक मद के अन्तर्गत होने वाले कार्य का परिमाण दिया जाता है तथा इन परिमाणों को प्रति इकाई लागत से गुणा करने पर प्रत्येक मद की लागत ज्ञात हो जाती है। संक्षेप में निर्माण की विभिन्न मदों के परिमाणों के प्राक्कलन को परिमाण सर्वेक्षण कहते हैं।

कुर्सी क्षेत्रफल (Plinth Area)—

भवन के निर्मित छतदार (Covered) क्षेत्रफल को कुर्सी क्षेत्रफल कहते हैं। कुर्सी क्षेत्रफल की गणना भवन के फर्श तल पर, बाह्य दीवारों की बाहरी मापों पर की जाती है। इसमें कुर्सी खसके (Offsets) शामिल नहीं होते हैं। कुर्सी क्षेत्रफल प्रत्येक तल्ला या मन्जिल (Storey) के फर्श तल पर अलग-अलग मापा जाता है तथा आंगन, खुले क्षेत्र, बालकनी तथा कैन्टीलीवर (Cantilever) के प्रक्षेप कुर्सी क्षेत्रफल में शामिल नहीं होते हैं। आधारित पोर्चों (Porches) (जो कैन्टीलीवर न हो) कुर्सी क्षेत्रफल में जोड़ी जाती हैं।

निम्नलिखित मदें कुर्सी क्षेत्रफल में जोड़ी जाती हैं :—

(i) सब फर्श, फर्श पर दीवारों का क्षेत्रफल कुर्सी खसकों को छोड़कर, (ii) आन्तरिक शाफ्ट्स स्वच्छता कार्यों के लिये (Sanitary shaft) जिसका क्षेत्रफल 2 वर्ग मी. से अधिक न हो, वातानुकूलित डक्ट (duct), लिफ्ट (lift) इत्यादि का क्षेत्रफल, (iii) बरसाती तथा ममटी (mumty) का क्षेत्रफल छत के तल पर, (iv) आधारित पोर्चों (porches) का क्षेत्रफल।

कुर्सी क्षेत्रफल में निम्नलिखित को नहीं जोड़ा जाता—

(i) लाफ्ट (loft) का क्षेत्रफल, (ii) आन्तरिक शाफ्ट स्वच्छता कार्यों के लिये जिसका क्षेत्रफल 2 वर्ग मी से अधिक हो, (iii) खुली बालकनी, (iv) टावर (tower), टरेट्स (turrest), गुम्बद (domes) आदि छत के तल पर प्रक्षेपित जिससे कोई मन्जिल (storey) न बनी हो, (v) सजावटी कार्निस, वक्र, (vi) धूप रोधक, ऊर्ध्व धूप रोधक, इत्यादि।

फर्श क्षेत्रफल (Floor Area)—

भवन का फर्श क्षेत्रफल उन सभी फर्शों का क्षेत्रफल है जो दीवारों के बीच में होता है। इसमें सभी कमरों, बरामदों, ढके रास्तों गलियारों, सोपान कक्षों, प्रवेश हाल, रसोई, भंडार, स्नान घर तथा शौचालय आदि के फर्श शामिल होते हैं। दरवाजों की देहलें तथा खुले हुए भागों की देहलें फर्श क्षेत्रफल में शामिल नहीं होतीं। दीवारों, खम्भों, भित्ति-स्तंभों (Pilasters) और बीच के आधारों के क्षेत्रफल फर्श-क्षेत्रफल में शामिल नहीं होते। संक्षेप में फर्श क्षेत्रफल = कुर्सी क्षेत्रफल — दीवारों द्वारा घिरा क्षेत्रफल। प्रत्येक तल्ला या मन्जिल (storey) के तथा विभिन्न प्रकार के फर्शों के क्षेत्रफल अलग-अलग लिये जाते हैं। तहखाना (Basement), मेजेनींज (Mezzanines), बरसाती, ममटी (Mumties), पोर्चों (porches), इत्यादि का फर्श क्षेत्रफल अलग-अलग नापना चाहिये।

संचरण क्षेत्रफल (Circulation Area)—

किसी भवन में बरामदों, गलियारों, बालकनियों (Balconies), पोर्चों (porches), सोपान कक्षों तथा उनके प्रवेशवर्ती हाल इत्यादि के फर्शों के क्षेत्रफलों को तथा जो फर्श चलने फिरने के लिये प्रयोग होते हों उनके क्षेत्रफलों को संचरण क्षेत्रफल कहते हैं :—

संचरण क्षेत्रफल में निम्नलिखित फर्श आते हैं :—

(i) बरामदों तथा बालकनी के फर्श, (ii) रास्ते तथा गलियारों के फर्श, (iii) प्रवेश हाल का फर्श (iv) सोपान कक्ष तथा ममटीज (Mumties) के फर्श (v) लिफ्ट शाफ्ट (Lift shaft) का फर्श।

संचरण क्षेत्रफल के दो भाग होते है—(i) क्षैतिज संचरण क्षेत्रफल तथा (ii) ऊर्ध्व संचरण क्षेत्रफल।

क्षैतिज संचरण क्षेत्रफल (Horizontal Circulation Area)—

भवन का क्षैतिज संचरण क्षेत्रफल बरामदों, रास्तों, गलियारों, बालकनियों (Balconies), पोर्चों इत्यादि का क्षेत्रफल होता है। यह कुर्सी क्षेत्रफल का 10% से 15% तक होता है।

ऊर्ध्व संचरण क्षेत्रफल (Vertical Circulation Area)—

भवन का ऊर्ध्व संचरण क्षेत्रफल सोपान कक्षों, लिफ्टों (Lifts) तथा इनसे संलग्नित प्रवेश हालों इत्यादि का क्षेत्रफल होता है। यह कुर्सी क्षेत्रफल का 4% से 5% तक होता है।

कार्पेट क्षेत्रफल (Carpet Area)—

किसी भवन के उपयोगी या रह सकने योग्य या किराये पर उठा सकने योग्य क्षेत्रफल को कार्पेट क्षेत्रफल कहते हैं। कुल फर्श क्षेत्रफल में से क्षैतिज संचरण क्षेत्रफल तथा ऊर्ध्व संचरण क्षेत्रफल घटाने पर कार्पेट क्षेत्रफल ज्ञात होता है। इसे ज्ञात करने के लिये कुल क्षेत्रफल में से बरामदों, दहलीजों, गलियारों, स्नानघरों तथा शौचालयों, जीनों, लिफ्टों, प्रवेश हालों आदि के क्षेत्रफल को घटाने पर कार्पेट क्षेत्रफल ज्ञात हो जाता है।

किसी कार्यालय (office) के भवन में कार्य में आ सकने योग्य या किराये पर दिये जा सकने योग्य क्षेत्रफल को कार्पेट क्षेत्रफल कहते हैं। निवास भवन में रह सकने योग्य क्षेत्रफल को कार्पेट क्षेत्रफल कहते हैं तथा रसोई, पैंट्री (pantry,) भण्डार तथा अन्य ऐसे ही कमरे जो रहने के काम नहीं आते कार्पेट क्षेत्रफल में नहीं गिने जाते।

निम्नलिखित फर्श क्षेत्रफलों को छोड़कर शेष क्षेत्रफल किसी भवन या मन्जिल (storey) का कार्पेट (Carpet) क्षेत्रफल होता है।

(i) स्वच्छता कक्षों, (ii) बरामदों, (iii) रास्तों तथा गलियारों, (iv) रसोई तथा पैनट्रीज (pantries), (v) भण्डार केवल निवास भवनों के, (vi) प्रवेश हाल तथा पोर्चों (porches), (vii) सोपान कक्ष तथा ममटीज (mumties), (viii) लिफ्ट के लिये शाफ्टों (Shafts for lift), (ix) बरसाती, (x) गैराज (Garage), (xi) कैन्टीन (canteen), (xii) वातानुकूल का डक्ट (air-conditioning) तथा उनकी मशीनरी के कक्ष (plant room)।

किसी कार्यालय के इमारत का कार्पेट क्षेत्रफल इमारत के कुर्सी क्षेत्रफल का 60% से 75% तक हो सकता है। वजन आयोजन करते समय कार्पेट क्षेत्रफल कुर्सी क्षेत्रफल के 75% के बराबर रखने का लक्ष्य होना चाहिये। किसी निवास भवन का कार्पेट क्षेत्रफल भवन के कुर्सी क्षेत्रफल का 50% से 65% तक हो सकता है जबकि लक्ष्य 65% होना चाहिए।

ढांचे पर बनी बहुमन्जिली इमारत में दीवारों का क्षेत्रफल कुर्सी क्षेत्रफल का 5% से 10% तक हो सकता है मानक रूप में बाहरी दीवारों के लिये 3% तथा भीतरी दीवारों के लिये 2% क्षेत्रफल होना चाहिये। बिना ढांचे की साधारण इमारत में दीवारें 10% से 15% तक स्थान घेरती हैं।

कार्पेट क्षेत्रफल = कुर्सी क्षेत्रफल—क्षैतिज तथा ऊर्ध्वं संचरण क्षेत्रफल—दीवारों का क्षेत्रफल, (Carpet area = Plinth area—Horizontal and vertical circulation area—Area Occupied by walls)।

(प्लान प्रायोजनाओं की कमेटी द्वारा प्रकाशित बहुमन्जिली इमारतों विषयक रिपोर्ट देखें)।

बाहरी सेवाओं के कार्य (External Services)—

भवनों को सरचना के अतिरिक्त कुछ बाहरी कार्यों की आवश्यकता होती है। जो बाहरी सेवाओं के कार्यों में आते हैं। निम्नलिखित कार्य बाहरी सेवाओं में आते हैं :—

(i) खुदाई, भराई, भूमि को समतल करना तथा भूमि विकास कार्य, (ii) सड़कें तथा पहुंच (approach) सड़कें यदि आवश्यकता हो, (iii) बाहरी सीवर, बहित मल-मूत्र (sewage) शोधन तथा निस्तारण कार्य, (iv) बाहरी जलसम्भरण कार्य, जल नाली, नल कूप, (tube well) तथा पानी की टंकी, पम्प इत्यादि, (v) बाहरी बिजली की लाइन खम्भों सहित, (vi) वर्षा जल नाली (storm water drain), सीमा दीवार तथा घेरा लगाना (fencing), फाटक इत्यादि, (vii) पेड़ों का लगाना आदि कार्य (arboriculture and plantation of trees), इत्यादि बाहरी सेवाओं के कार्यों की लागत पूर्ण प्राक्कलन में शामिल होना चाहिये। बाहरी सेवाओं के कार्यों की लागत 10% से 20% तक होती है। यह प्रायोजना (project) की प्रकृति तथा आकार पर निर्भर होती है।

पूंजीगत लागत (Capital Cost)—

किसी कार्य के आरम्भ से अन्त तक, उसके पूरा होने तक, जो पूरी निर्माण की लागत आती है उसे उस कार्य की पूंजीगत लागत कहते हैं। पूंजीगत की लागत में इमारत या संरचना की लागत के अतिरिक्त अन्य सभी सम्बन्धित कार्यों की लागत भी सम्मिलित होती है। पूंजीगत लागत में आरम्भिक कार्य (preliminary works), विविध मदों, परिवीक्षण प्रभार (supervision charges) आदि की लागत भी सम्मिलित होती है। किसी प्रायोजना में सभी इमारतों, संरचनाओं, बाहरी सेवाओं (external services) आदि सहित पूरी प्रायोजना की कुल लागत को प्रायोजना की पूंजीगत लागत कहते हैं।

प्रायोजना (Project)—

विस्तृत तकनीकी विवरण, इतिहास, अभिकल्प दत्त सामग्री तथा परिकलन (Design datas and calculations), रेखा चित्र, विनिर्देश (Specifications), दरों, प्रायोजना के प्राक्कलनों आदि सहित पूरी स्कीम को प्रायोजना कहते हैं। यह किसी प्रस्ताव या स्कीम का विवरण होता है। प्रायोजना में निर्माण किये जाने वाले सभी कार्यों के सरचनात्मक तथा आर्थिक आवश्यकताओं का विवरण दिया जाता है।

विस्तार पूर्वक प्रायोजना बनाने से पहले प्रारम्भिक जांच तथा सर्वेक्षण और निर्माण रेखा या निर्माण स्थल का चुनाव करना होता है फिर विस्तृत सर्वेक्षण किया जाता है तथा फिर प्रायोजना बनाई जाती है। प्रायोजना के अन्तर्गत सभी कार्यों का विस्तृत प्राक्कलन अलग-अलग बनाया जाता है तथा एक सामान्य अनुमानित लागत सारांश (General Abstract of Cost) बनाया जाता है जिससे पूरी प्रायोजना की लागत ज्ञात हो जाती है। सभी कार्यों के रेखाचित्र, तलचित्र (Plans), सम्मुख दृश्य (Elevations), काट (Sectional Elevations) तथा आवश्यक विस्तृत रेखाचित्र—तथा पूरी प्रायोजना का विन्यास नक्शा (Layout plan) या सूचक नक्शे बनाये जाते हैं। सभी कार्यों की सामान्य विनिर्देश अलग से दी जाती है। सब कार्यों की प्रत्येक मद के लिये विस्तृत विनिर्देश (Detailed specifications) भी दी जाती हैं।

भवनों व संरचनाओं आदि के अतिरिक्त बाहरी सेवाओं जैसे जल सम्भरण तथा स्वच्छता कार्य (Water supply and Sanitary works), बरसाती पानी के लिये नालियाँ, सड़कें, बिजली के तार आदि के लिये भी व्यवस्था की जाती है। भूमि का मूल्य तथा उसे समतल करने की लागत भी जोड़ी जाती है। प्रायोजना के प्राक्कलन में प्रारम्भिक जांच तथा प्रारम्भिक कार्य की लागत भी जोड़ी जाती है।

अन्तर प्रदेश (Interior of the state) में बनने वाली बड़ी प्रायोजनाओं के लिये जैसे किसी बांध की प्रायोजना में कर्मचारियों तथा मजदूरों के अस्थाई निवास की व्यवस्था भी करनी होती है तथा उनकी लागत भी प्रायोजना के प्राक्कलन में जोड़ी जाती है। प्रायोजना के प्राक्कलन में पुलों तथा पुलियों व पहुंच मार्गों (Approach roads) की लागत भी जोड़ी जाती है।

फुटकर व्यय, निर्माण प्रभारित सिब्बंदी तथा औजार तथा मशीनों का व्यय भी प्राक्कलन में जोड़ा जाता है। प्रायोजना की तैयारी तथा कार्यान्वियन पर व्यय के लिये कुल प्रायोजना की अनुमानित लागत का 5% से 10% तक विभागीय प्रभार जोड़ा जाता है।

प्रायोजना की उपयोगिता सिद्ध करने के लिये उससे होने वाली आय का विवरण, किराये का विवरण आदि भी बनाया जाता है। एक अस्पताल के निर्माण की प्रायोजना के लिये निम्नलिखित स्थान की आवश्यकता होगी :—

प्रशासकीय ब्लाक, सामान्य रोगी कक्ष, विशेष रोगी कक्ष, संकट कालीन रोगी कक्ष, शल्य कक्ष, मृतकों को रखने का स्थान, सामान्य भण्डार, रसोई ब्लाक, डाक्टरों के निवास स्थान, नर्सों के क्वार्टर, क्लर्कों के क्वार्टर, चपरासियों के क्वार्टर, गैरेज आदि।

भूमि की लागत, भूमि को समतल करना तथा उसकी गढ़ाई (dressing), सड़कें; जल सम्भरण कार्य ट्यूब वेल, पम्प, उपरली टंकी (Overhead), पाइप लाइनें; स्वच्छता कार्य—सेप्टिक टैंक, मलवाहक, नल; बिजली की लाइन, चारदीवारी या बाढ़ लगाना अदि।

प्रायोजना का पूर्ण प्राक्कलन (Complete Estimate of a Project)—

किसी प्रायोजना या भवन या संरचना के पूर्ण प्राक्कलन में सभी (प्रारम्भ से अन्त तक के) कार्यों का व्यय सम्मिलित होना चाहिये। पूर्ण प्राक्कलन में निम्नलिखित कार्यों को सम्मिलित होना चाहिये—

(i) प्रारम्भिक कार्य जैसे सर्वेक्षण, प्रारम्भिक अवलोकन, अनुसंधान तथा अन्य प्रारम्भिक कार्यों की लागत, (ii), भूमि की लागत अर्जन तथा कानूनी या अदालत के खर्चों सहित, (iii) भूमि विकास की लागत जैसे खुदाई, भराई तथा समतल करना आदि, (iv) नियोजन, अभिकल्पन तथा प्राक्कलन बनाने आदि की लागत, (v) भवन या संरचना की लागत, आन्तरिक विद्युतीकरण, स्वच्छता, तथा जल सम्भरण कार्य सहित, (vi) निर्माण कार्य के समय परिवीक्षण खर्चो की लागत, (vii) कर्मचारी वर्ग, मजदूरों के अस्थाई निवास तथा अन्य सुविधाओं की लागत (केवल बड़ी योजना के लिये), (viii) निर्माण कार्य के समय जलसम्भरण या विद्युतीकरण के व्यय (ix) वाह्य सेवाओं के कार्य जैसे सड़कें, बिजली की लाइन, बरसाती नालियां वाह्य जल सम्भरण तथा स्वच्छता कार्यों की लागत, (x) किर्माण के समय अनुरक्षण, मरम्मत के कार्य तथा परिचालन व्यय (यदि निर्माण कार्य कई वर्षों तक चालू रहे), (xi) यदि भवन का अभिकल्पन तथा निर्माण समय में पर्यवेक्षण आर्चीटेक्ट द्वारा हो तो आर्चीटेक्ट की फीस प्राक्कलन में शामिल होनी चाहिये।

प्रारम्भिक प्राक्कलन

उदाहरण 1—भवनों की एक प्रायोजना का प्रारम्भिक प्राक्कलन बनाइये। सब भवनों का कुल कुर्सी क्षेत्रफल 1500 वर्ग मी० है तथा—

1. कुर्सी क्षेत्रफल दर—350·00 प्रति वर्ग मी०,
2. विशेष वास्तुशिल्पी कार्य (Architectural treatment) के लिये अतिरिक्त धनराशि—इमारत की लागत का $1\frac{1}{2}\%$,
4. जलसम्भरण तथा सफाई कार्य के लिये अतिरिक्त धनराशि—भवन की लागत का 5%,
5. अन्य सेवाओं (Services) के लिये—भवन की लागत का 6%,
6. फुटकर व्यय—3%,
7. पर्यवेक्षण प्रभार (Supervision charges)—8%,

(प्रश्न :—1964 पूरक, प्राविधिक शिक्षा परिषद उ. प्र. परिवर्तित)

भवन की लागत—1500 वर्ग मी रु. 350·00 प्रति वर्ग मी की दर से $=1500 \times 350=$ रु. 5,25000·00

विशेश वास्तुशिल्पी कार्य—भवन की लागत का $1\frac{1}{2}\%$ $=525000 \times \frac{1\frac{1}{2}}{100}=$ रु. 7,875·00

जलसंभरण तथा स्वच्छता कार्य—भवन की लागत का 5%	$=525000\times\frac{5}{100}=$ रु.	26,250·00
अन्दर बिजली लगाना—भवन की लागत का 14%	$=525000\times\frac{14}{100}=$ रु.	73,500·00
अन्य सेवायें—भवन की लागत का 6%	$=525000\times\frac{6}{100}=$ रु.	31,500·00
	योग = रु.	6,64,125·00
फुटकर व्यय—कुल का 3%	$=664125=\frac{3}{100}=$ रु.	19,923·75
पर्यवेक्षण प्रभार—कुल का 8%	$=664125=\frac{8}{100}=$ रु.	53,130·00
	सम्पूर्ण योग = रु.	7,37,178·75

उदाहरण 2—सरकार से प्रशासकीय स्वीकृति प्राप्त करने के लिये 2000 वर्ग मी कार्पेट क्षेत्रफल (carpet area) की एक मंजिली भवन का प्राक्कलन निम्नलिखित दत्त सूचना (datas) के आधार पर बनाइये। मान लें कि गलियारे, बरामदे, शौचालय, जीने आदि निर्मित क्षेत्रफल का 30% तथा दीवारें 10% भाग घेरती हैं—

(1) कुर्सी क्षेत्रफल दर—रु. 350·00 प्रति वर्ग मी।
(2) निर्माण स्थल पर गहरी नींव के कारण अतिरिक्त धनराशि—भवन की लागत का 1%।
(3) विशेष वास्तुशिल्पी कार्य (architectural treatment) के लिये अतिरिक्त धनराशि—भवन की लागत का 0·5%।
(4) जल संभरण तथा स्वच्छता कार्य के लिये अतिरिक्त—भवन की लागत का 6%।
(5) बिजली लगाने के लिये अतिरिक्त—भवन की लागत का 12·5%।
(6) अन्य सुविधाओं के लिये अतिरिक्त—भवन की लागत का 5%।
(7) फुटकर व्यय (contingencies)—$2\frac{1}{2}$%।
(8) पर्यवेक्षण प्रभार—8%।

(प्रश्नः 1966 पूरक, प्राविधिक शिक्षा परिषद, उ. प्र. परिवर्तित)।

निर्मित क्षेत्रफल या कुर्सी क्षेत्रफल = कार्पेट क्षेत्रफल + गलियारों, बरामदों, शौचालयों, जीनों आदि का क्षेत्रफल + दीवारों का क्षेत्रफल।

य = कार्पेट क्षेत्रफल + निर्मित क्षेत्रफल का 30% + निर्मित क्षेत्रफल का 10%।

$\therefore$ य = 2000 वर्ग मी + $\frac{30}{100}\times$ य + $\frac{10}{100}\times$ य ;

$\therefore$ य = 2000 + $\frac{3य}{10}+\frac{य}{10}$, $\therefore$ 10 य = 20000 + 3 य + य ; $\therefore$ 6 य = 20000,

$\therefore$ य = 33331/3 वर्ग मी × निर्मित क्षेत्रफल या कुर्सी क्षेत्रफल।

भवन की लागत—$3333\frac{1}{4}$ वर्ग मी @ 350·00 रु. प्रति वर्ग मी की दर से $= 3333\frac{1}{4} \times 350{\cdot}00$
$=$ रु. 11,66,665·50

गहरी नींव के कारण अतिरिक्त धनराशि

$=$ इमारत की लागत का $1\% = 1166665{\cdot}50 \times \frac{1}{100} =$ रु. 11,666·65

विशेष वास्तुशिल्पी कार्य—भवन की लागत का $0{\cdot}5\% = 1166665{\cdot}50 \times \frac{{\cdot}5}{100} =$ रु. 5,833·33

जलसंभरणतथास्वच्छताकार्य—भवनकीलागतका $6\% = 1166665{\cdot}50 \times \frac{6}{100} =$ रु. 69,999·93

बिजली लगाना—भवन की लागत का $12{\cdot}5\% = 1166665{\cdot}50 \times \frac{12{\cdot}5}{100} =$ रु. 1,45,833·18

अन्य सेवायें—भवन की लागत का $5\% = 1166665{\cdot}50 \times \frac{5}{100}$ $=$ रु. 58,333·23

योग $=$ रु. 14,58,331·82

फुटकर व्यय कुल लागत का $2\frac{1}{2}\% = 1458331{\cdot}82 \times \frac{2\frac{1}{2}}{100}$ $=$ रु. 36,458·30

पर्यवेक्षण प्रभार—कुल लागत का $8\% = 1458331{\cdot}82 \times \frac{8}{100}$ $=$ रु. 1,16,666·54

सम्पूर्ण योग $=$ रु. 16,11,456·66

उदाहरण 3—सरकार से प्रशासकीय स्वीकृत प्राप्त करने के लिये महत्वपूर्ण ग्रामीण क्षेत्रों में ऐसे अस्पताल की प्रायोजना का प्रारम्भिक प्राक्कलन बनाइये जहाँ अन्तरंग (indoor) तथा बाहरी (ontdoor) दोनों प्रकार के रोगियों की चिकित्सा की जा सके। अस्पताल में निम्नलिखित स्थान होंगे :—

(1) मुख्य प्रशासकीय ब्लाक जिसमें दवा देने (dispensing), शल्य चिकित्सा (operation) आदि के लिये स्थान हो ; (2) 20 सामान्य शय्या (general beds) तथा 2 असार्वजनिक (private) शय्या वाले दो सामान्य वार्ड ; (3) अधीक्षक डाक्टर का निवास स्थान ; (4) दो सहायक डाक्टरों के निवास स्थान ; (5) नर्सों के लिए एक कमरे के 8 क्वार्टर; (6) कम्पाउन्डरों के लिये 4 क्वार्टर; (7) चपरासियों के लिये 12 क्वार्टर आदि।

भवनों के भीतर बिजली लगाना, स्वच्छता तथा जलसम्भरण कार्य आदि तथा बाहरी सेवायें जैसे—सड़कें, जलसम्भरण, स्वच्छता कार्य, बिजली लगाना, बरसाती पानी की नालियां, बाढ़ लगाना, पेड़ लगाना आदि की भी व्यवस्था (provision) करें।

(भवनों का उपयुक्त कुर्सी क्षेत्रफल, कुर्सी क्षेत्रफल दर, अन्य दरें आदि मानकर निम्नलिखित विधि से अनुमानित लागत का प्राक्कलन किया गया है)।

भवन	कुर्सी क्षेत्रफल	दर	लागत
(1) मुख्य भवन जिसमें प्रशासकीय दफ्तर, डाक्टरों के कमरे, दफ्तर का कमरा, प्रतीक्षालय, रोगियों के देखने, परीक्षण करने, दवा देने, शल्य चिकित्सा, एक्सरे, भण्डार, शौचालय आदि के लिए स्थान हों। ...	650 वर्ग मी	400·00 रू. प्रति वर्ग मी	260,000·00
(2) 20 सामान्य शय्या तथा 2 असार्वजनिक शय्या वाले दो वार्ड, जिनमें नर्सों की ड्यूटी का कमरा, समीप ही भण्डार कक्ष, शौचालय आदि हों, प्रत्येक का कुर्सी क्षेत्रफल 500 वर्ग मी	1000 वर्ग मी	400·00 रू./वर्ग मी	400,000·00
(3) अधीक्षक डाक्टर का निवास स्थान ; एक क्वार्टर ...	160 वर्ग मी	350·00 रू./वर्ग मी	56,000·00
(4) सहायक डाक्टरों के निवास के लिए दो अधिसम्बद्ध (semi-detached) क्वार्टर प्रत्येक 100 वर्ग मी ...	200 वर्ग मी	350·00 रू./वर्ग मी	70,000·00
(5) नर्सों के लिये 8 क्वार्टर—एक ब्लाक के 8 क्वार्टर, एक कमरे वाले तथा साझे की रसोई व मेस सलग्न, स्नान गृह व पनसंडास आदि ...	300 वर्ग मी	330·00 रू./वर्ग मी	99,000·00
(6) कम्पाउन्डरों के लिए 2 ब्लाक के 4 क्वार्टर, अधिसम्मिलित दो कमरे वाले क्वार्टर, प्रत्येक ब्लाक का कुर्सी क्षेत्रफल 100 वर्ग मी ...	200 वर्ग मी	330·00 रू./वर्ग मी	66,000·00
(7) रोगी कक्ष सेवक (ward boys), चपरासियों, मेहतरों आदि के लिये 3 ब्लाक के 12 क्वार्टर—प्रति ब्लाक में 4 एक कमरे वाला क्वार्टर, जिन में बरामदे में भोजन बनाने का प्रबन्ध हो, प्रत्येक ब्लाक का कुर्सी क्षेत्रफल 100 वर्ग मी ...	300 वर्ग मी	320·00 रू./वर्ग मी	96,000·00
(8) मुर्दाघर (mortuary) ...	25 वर्ग मी	330·00 रू./वर्ग मी	8,250·00
		योग =	10,55,250·00

भवनों में जल सम्भरण तथा स्वच्छता कार्य के लिये भवन की लागत का 8%	···	84,420·00
आंतरिक विद्युतीकरण के लिये भवन की लागत का 8%	···	84,420·00
	योग =	12,24,090·00

भूमि तथा अन्य सेवायें—

(1) मुआवजे सहित भूमि का मूल्य, भवन की लागत का 5%	···	61,204·50
(2) प्रारम्भिक कार्य, सर्वेक्षण इत्यादि, भवन की लागत का $\frac{1}{2}$%	···	6,120·45
(3) भूमि को समतल करना तथा गढ़ाई, भवन की लागत का $\frac{1}{2}$%	···	6,120·45
(4) बिटुमेन की ऊपरी सतह तथा सड़क की लागत, भवन की लागत का 4%	···	48,963·60
(5) सीवर तथा बहित मलमूत्र संशोधन कार्य, भवन की लागत का 3%	···	36,722·70
(6) जल सम्भरण, नलकूप, उपरली टंकी, पम्प इत्यादि भवन की लागत का 5%	···	61,204·50
(7) वाह्य बिजली की लाइन, भवन की लागत का 2%	···	24,481·80
(8) वर्षा नाली, बाढ़ लगाना आदि, भवन की लागत का 2%	···	24,481·80
(9) पेड़ लगाने की लागत, भवन की लागत का $\frac{1}{2}$%	···	6,120·45
भूमि तथा अन्य सेवाओं की लागत का योग	···	275,420·25
भवन, भूमि तथा वाह्य सेवाओं की लागत का योग	···	1499,510·25
फुटकर व्यय के लिये कुल का 3%	···	43,149·17
विभागीय तथा पर्यवेक्षण प्रभार के लिये कुल का 10%	···	149,951·03
	सम्पूर्ण योग रु. =	16,92,610·45

नोट—(1) ऊपर लिखी प्रतिशत दरें केवल लगभग दरें हैं तथा कार्य अथवा प्रायोजना की प्रकृति के अनुसार बदलती रहती हैं।

(2) प्रारम्भिक प्राक्कलन भवन के विन्यास नक्शों तथा रेखा तल चित्रों पर आधारित होना चाहिये।

(3) यदि विन्यास नक्शा प्रारम्भिक सर्वेक्षण द्वारा बनाया गया हो और भवनों, सड़कों, नालियों इत्यादि की स्थितियाँ दिखाई गई हों तब बाहरी सेवाओं के कार्यों का प्राक्कलन किलोमीटर के आधार पर अधिक शुद्ध बनाया जा सकता है। इसमें लम्बाइयाँ विन्यास नक्शों से प्राप्त की जाती हैं तथा दरें प्रति किलोमीटर मान ली जाती हैं। इसमें भूमि का क्षेत्रफल विन्यास नक्शों के अनुसार होना चाहिये तथा भूमि की लागत स्थानीय भूमि दरों के आधार पर निकाली जा सकती है।

(4) यदि भूमि का क्षेत्रफल मालूम हो या उचित माना गया हो तो भूमि की लागत तथा वाह्य सेवाओं के कार्यों का लगभग प्राक्कलन, भूमि क्षेत्रफल के प्रति हेक्टेयर की दरों के आधार पर किया जा सकता है। यथा—

(i) भूमि की लागत 8000·00 रु. प्रति हेक्टेयर, (ii) प्रारम्भिक कार्य 1500·00 रु. प्रति हेक्टेयर, (iii) भूमि का विकास तथा समतल करना 1500·00 रु. प्रति हेक्टेयर, (iv) सड़कों

की लागत 12000·00 रु. प्रति हेक्टेयर, (v) स्वच्छता कार्यों की लागत 10,000·00 रु. प्रति हेक्टेयर, (vi) जल सम्भरण कार्य 20,000·00 रु. प्रति हेक्टेयर, (vii) वाह्य बिजली की लाइनें 6000,00 रु. प्रति हेक्टेयर, (viii) वर्षा जल नालियां 7000·00 रु. प्रति हेक्टेयर, (ix) पेड़ लगाना 1500·00 रु. प्रति हेक्टेयर।

अन्त में फुटकर व्यय के लिये 3% तथा पर्यवेक्षण के लिये 10% जोड़ा जा सकता है।

उदाहरण 4—180 छात्रों के लिये एक पालीटेक्निक का प्रारम्भिक प्रायोजना का प्राक्कलन कीजिये। उसके लिये मानक (standard) अनुसार उचित समायोजन होना चाहिये। प्रशासकीय ब्लाक तथा प्रयोगशाला के अतिरिक्त 300 छात्रों के लिये दो ब्लाक छात्रावास (hostel) होंगे। इसमें सर्व साधारण कमरा, भोजन कक्ष, रसोई, स्वच्छता कार्यों आदि का आवश्यकतानुसार प्रबन्ध होगा। प्रत्येक कमरा दो छात्रों के लिये होगा तथा प्रत्येक छात्रावास के समीप दो क्वार्टर वार्डेन (warden) के लिये होंगे।

प्रधानाचार्य, 8 प्राध्यापकों, 12 प्रशिक्षकों, क्लर्कों (clerks) तथा 16 चतुर्थ श्रेणी के स्टाफ (class iv staff) के निवास स्थानों का उचित प्रबन्ध होगा।

भूमि तथा वाह्य सेवाओं के कार्यों के लिये आवश्यकतानुसार उचित प्रबन्ध होगा।

पालीटेक्निक भवन

I. प्रशासकीय तथा शिक्षण ब्लाक—कक्षाओं ड्राइंग हालों आदि सहित—

		फर्श क्षेत्रफल
1.	प्रधानाचार्य कक्ष ···	30 वर्ग मी
2.	प्राध्यापकों के लिये कक्ष ···	200 वर्ग मी
3.	कार्यालय ···	125 वर्ग मी
4.	परीक्षा पत्रों तथा साईक्लोस्टाइलिंग के लिये गुप्त कक्ष ···	10 वर्ग मी
5.	पुस्तकालय तथा पठन कक्ष ···	225 वर्ग मी
6.	भण्डार कक्ष ···	175 वर्ग मी
7.	मॉडल कक्ष (Model Room)	105 वर्ग मी
8.	स्टाफ कामन रूम ···	75 वर्ग मी
9.	छात्रों का कामन रूम ···	100 वर्ग मी
10.	7 शिक्षण कक्षायें 75 वर्ग मी ···	525 वर्ग मी
11.	7 ड्राइंग हाल प्रत्येक 120 वर्ग मी	840 वर्ग मी
	फर्श क्षेत्रफल का योग =	2410 वर्ग मी

II. प्रयोगशालायें (Laboratories)—

		फर्श क्षेत्रफल
1.	साइंस लैब (रसायन तथा भौतिकी)	300 वर्ग मी
2.	सामग्री परीक्षा तथा प्रमुक्त यांत्रिक लैब ···	240 वर्ग मी
3.	सिविल इन्जीनियरी लैब ···	85 वर्ग मी
4.	सर्वेक्षण लैब ···	75 वर्ग मी
5.	विद्युत लैब (मशी , यंत्र, विद्युत वर्क शाप) ···	350 वर्ग मी
	फर्श क्षेत्रफल का योग =	1050 वर्ग मी

III. छात्रों के लिये सुख-सुविधा कार्य—

1.	कैनटीन तथा टक शाप (Tuckshop) ···	200 वर्ग मी
2.	दवाखाना (Dispensary) ···	35 वर्ग मी
	फर्श क्षेत्रफल का योग =	235 वर्ग मी

फर्श क्षेत्रफल का योग I, II व III
का जो पक्के भवन में होंगे = 3695 वर्ग मी
कुर्सी क्षेत्रफल में परिवर्तन के लिये (संरक्षण, स्वच्छता कार्य तथा दीवार आदि) 40% जोड़ें = 1478 वर्ग मी

(अ) I, II व III के कुर्सी क्षेत्रफल का योग = 5173 वर्ग मी

(IV). वर्कशाप द्रवचालित लैब तथा ऊष्मा इन्जन लैब—

		फर्श क्षेत्रफल
1.	ऊष्मा इंजन लैब ···	350 वर्ग मी
2.	द्रवचालित लैब ···	120 वर्ग मी
3.	बढ़ई खाना ···	90 वर्ग मी
4.	लोहार खाना ···	100 वर्ग मी
5.	फिटिंग शाप ···	90 वर्ग मी
6.	झलाई, पेंटिंग, चादर चिनाई तथा प्लम्बिग शाप (प्रत्येक 50 वर्ग मी) ···	250 वर्ग मी
7.	ढलाई घर ···	100 वर्ग मीं
8.	मशीन शाप ···	250 वर्ग मी

फर्श क्षेत्रफल का योग जो ढलवां छत के शेड में होंगे 1350 वर्ग मी
कुर्सी क्षेत्रफल में परिवर्तन के लिये 10% जोड़ें ··· 135 वर्ग मी

(ब) IV के लिये कुर्सी क्षेत्रफल का योग = 1485 वर्ग मी

300 छात्रों के लिये छात्रावास—

		फर्श क्षेत्रफल
1.	रहने के लिये फर्श क्षेत्रफल 8 लर्ग मी प्रति छात्र ···	2400 वर्ग मी
2.	कामन तथा पठन कक्ष ·5 वर्ग मी प्रति छात्र ···	150 वर्ग मी
3.	भोजन कक्ष ·7 वर्ग मी प्रति छात्र	210 वर्ग मी
4.	रसोई ·6 वर्ग मी प्रति छात्र ···	180 बर्ग मी
5.	स्वच्छता ब्लाक ·6 वर्ग मी प्रति छात्र ···	180 वर्ग मी

फर्श क्षेत्रफल का योग = 3120 वर्ग मी
कुर्सी क्षेत्रफल में परिवर्तन के लिये 40% जोड़ें (संचरण तथा दीवारों आदि के लिये) 1248 वर्ग मी

(स) कुर्सी क्षेत्रफल का योग = 4368 वर्ग मी

निवास के लिये समायोजन—

		कुर्सी क्षेत्रफल
1.	प्रधानाचार्य ···	160 वर्ग मी
2.	8 प्राध्यापक, 100 वर्ग मी प्रति क्वार्टर ···	800 वर्ग मी
3.	2वार्डन 70वर्ग मी प्रति क्वार्टर···	140 वर्ग मी
4.	12 प्रशिक्षक 60 वर्ग मी प्रति क्वार्टर ···	720 वर्ग मी
5.	6क्लर्क 50वर्ग मा प्रति क्वार्टर ···	300 वर्ग मी
6.	चतुर्थ श्रेणी स्टाफ 25 वर्ग मी प्रति क्वार्टर, 16 क्वार्टर ···	400 वर्ग मी

(द) कुर्सी क्षेत्रफल का योग = 2520 वर्ग मी

लागत

	रु० पै०
(अ) प्रशासकीय ब्लाक—शिक्षण, कक्षाओं, ड्राइंग हालों इत्यादि सहित (I), प्रयोगशाला (II) तथा क्षात्रों के लिये सुख-साधन (III) कुल कुर्सी क्षेत्रफल 5173 वर्ग मी 350/- रु. प्रति वर्ग मी ··· ···	18,10,550·00

	रु० पै०
(ब) वर्कशाप, द्रवचालित लैब, ऊष्मा इंजन लैब, (IV) कुल कुर्सी क्षेत्रफल 1485 वर्ग मी 220/- रु. प्रति वर्ग मी	3,26,700·00
(स) छात्रावास—300 छात्रों के लिये कुल कुर्सी क्षेत्रफल 4368 वर्ग मी 330/- रु. प्रति वर्ग मी	14,41,440·00
(द) निवास के लिये क्वार्टरों का कुल कुर्सी क्षेत्रफल 2520 वर्ग मी 330/- रु. प्रति वर्ग मी	8,31,600·00
भवन कार्यों के लिये योग =	44,10,290·00
आन्तरिक स्वच्छता तथा जल सम्भरण कार्य के लिये, भवन की लागत का 8%	3,52,823·20
आन्तरिक विद्युतीकरण भवन की लागत का 8%	3,52,823·20
पंखे प्रशासकीय ब्लाक आदि में (अ) की लागत का 40%	72,422·00
योग =	51,88,358·40
भूमि 20 हेक्टेयर मानकर, 8,000/- रु. प्रति हेक्टेयर ...	1,60,000·00
बाह्य सेवा कार्यों—सड़कों, सीवर, जल सम्भरण कार्यों, बिजली की लाइन, नालियाँ, भूमि समतल करना आदि के लिये, भवन की लागत का 15% (अर्थात 51,88,358·40/- रु. का 15%)	7,78,253·76
साइकिल शेड तथा स्टैन्ड (लगभग)	8,000·00
योग =	61,34,612·17
जोड़ें { फुटकर व्यय के लिये 3%	1,84,038·36
जोड़ें { पर्यवेक्षण तथा विभागीय प्रभार (charges) के लिये 10% ...	6,13,461·22
योग =	69,32,111·74
पालीटेक्निक भवन तथा छात्रावास के फर्नीचर के लिये जोड़ें ...	2,00,000·00
पुस्तकालय की पुस्तकों के लिये जोड़ें	2,00,000·00
उपकरण तथा मशीनों के लिये जोड़ें	30,00,000·00
सम्पूर्ण योग =	103,32,111·74
लगभग ...	103·32 लाख रु.

अध्याय 7

सड़क का प्राक्कलन

मिट्टी का कार्य

सड़क में मिट्टी के भराव (banking) या कटाव (cutting) का अनुप्रस्थ खण्ड दृश्य (cross-section) सामान्यता समलम्ब चतुर्भुज के रूप में होता है। मिट्टी के काम का परिमाण निम्न सूत्र से ज्ञात कर सकते हैं—

परिमाण या आयतन = अनुप्रस्थ क्षेत्रफल (sectional area) × लम्लाई

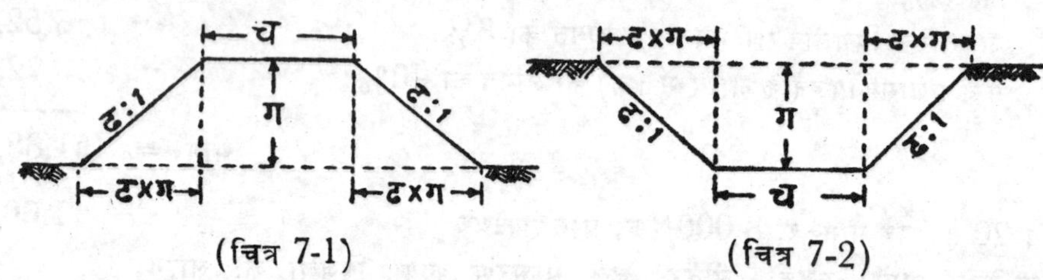

(चित्र 7-1) (चित्र 7-2)

अनुप्रस्थ क्षेत्रफल = बीच के आयताकार भाग का क्षेत्रफल + दोनों ओर के त्रिभुजाकार भागों का क्षेत्रफल

$= च \times ग + 2\ (\frac{1}{2}\ ढ \times ग \times ग)$

$= च \times ग + ढ \times ग^2$

पार्श्व ढालों (side slopes) का क्षैतिज : ऊर्ध्व अनुपात ढ : 1 है।

यदि ऊर्ध्व दूरी 1 हो तो क्षैतिज दूरी ढ है। अत: यदि ऊर्ध्व दूरी ग हो तो क्षैतिज दूरी ढ × ग होगी।

$परिमाण = (च \times ग + ढ \times ग^2) \times ल$

यदि भूमि लम्बाई की दिशा में ढालू हो तो खण्ड के दोनों सिरों पर भराव (bank) की ऊँचाई या कटाव की गहराई असमान होगी तथा उपरोक्त सूत्र में ग के स्थान पर औसत ऊँचाई या गहराई ली जा सकती है। औसत ऊँचाई लेकर खण्ड (section) के मध्य में अनुप्रस्थ क्षेत्रफल निकाला जा सकता है। दूसरी विधि में दोनों सिरों का क्षेत्रफल ज्ञात करके उनका औसत निकाल लिया जाता है। खण्ड के बीच के अनुप्रस्थ क्षेत्रफल या औसत अनुप्रस्थ क्षेत्रफल को लम्बाई से गुणा करके परिमाण ज्ञात कर सकते हैं।

$औसत\ ऊँचाई = \frac{ग_1 + ग_2}{2}$

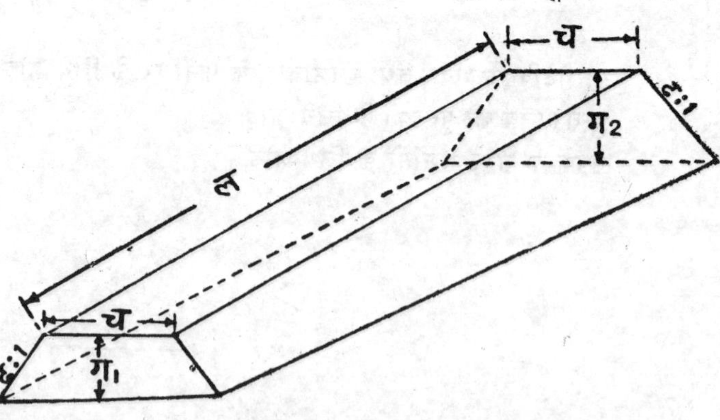

चित्र 7-3

रेतीली, चिकनी, पथरीली आदि विभिन्न प्रकार की मिट्टियों के परिमाण अलग-अलग निकाले जाते

हैं। क्योंकि उनकी दरें भिन्न होती हैं। साधारणतया मिट्टी के कार्य के प्रावकलन में 30 मी. नाकान्तराल (lead) या दूरी तथा 1·5 मी उत्थापन (lift)। ऊँचाई या गहराई लेते हैं। इस 30 मी. दूरी और 1·5 मी ऊँचाई को सामान्य नाकान्तराल और उत्थापन कहते हैं। मिट्टी के कार्य की सामान्य दर में 30 मी. नाकान्तराल (lead) तथा 1·5 मी. उत्थापन (lift) शामिल होता है। प्रत्येक अतिरिक्त 30 मी. नाकान्तराल तथा 1·5 मी. उत्थापन के लिये अतिरिक्त दरें दी जाती हैं।

सड़क में मिट्टी के काम के परिमाण की गणना के लिये भूमि का अनुदैर्घ्य खण्ड (longitudinal section) तथा अनुप्रस्थ काट (cross-section) लेकर निर्माण रेखा (formation line) निश्चित कर ली जाती है। बाढ़ तल (flood level), ढाल (gradient), भराव की ऊँचाई (height of bank), कटाव की गहराई (depth of cutting) आदि पर विचार करके ही निर्माण रेखा निर्धारित की जातीं है। समतल क्षेत्रों में अधिकतर सड़क भराव देकर ही बनाई जाती है परन्तु यदि सड़क की कुछ लम्बाई में भराव तथा कुछ में कटाव हो तो कटाव में से निकली मिट्टी भराव के लिये प्रयोग की जा सकती है (यदि इससे व्यय में कुछ कमी हो)। मिट्टी के काम के प्रावकलन में कटाव से निकली मिट्टी के भराव में उपयोग पर विचार नहीं किया जाता क्योंकि उससे प्ररिकलन जटिल हो जाता है। पहाड़ी क्षेत्रों में सड़क में भराव तथा कटाव दोनों होते हैं अतः, यदि मितव्ययिता की दृष्टि से वांछनीय हो तो, कटाव में निकली मिट्टी का उपयोग भराव में कर लेते हैं।

अनुदैर्घ्य खण्ड (L-section) तथा निर्माण रेखा से भराव की ऊँचाई या कटाव की गहराई की गणना की जा सकती है। भूमि के समन्वित-तल (R. L.) तथा निर्माण रेखा के समन्वित तल (R. L.) में अन्तर भराव कीं ऊँचाई या कटाव की गहराई के बराबर होगा। समतल क्षेत्रों में साधारणतया भूमि आड़ी दिशा में समतल मानी जाती है, अर्थात उसमें अनुप्रस्थ दिशा में ढाल (cross-slope) नहीं माना जाता। मिट्टी के काम का परिमाण निकालने के लिये सड़क की लम्बाई को कई भागों में बांट देते हैं तथा अनुदैर्घ्य खण्ड (L-section) के सिरों के बीच की दूरी निकाल कर उस खण्ड का परिमाण ज्ञात कर लेते हैं। इसी प्रकार एक-एक खण्ड कर के पूरी लम्बाई का परिमाण ज्ञात कर लेते हैं।

अनुदैर्घ्य खण्ड निर्धारित करने के लिये सड़क की मध्य रेखा पर 30 मीटर के अन्तर पर लेबल (levelling instrument) द्वारा भूमि का समन्वित तल (R. L.) ज्ञात कर लेते हैं। जब भूमि पर्याप्त समतल हो तो 40 या 50, यहां तक कि 100 मीटर तक के अन्तर पर तल लिये जा सकते हैं। ऊँचे-नीचे या पहाड़ी क्षेत्र में भूमि तल के अनुसार 20 मीटर या उससे कम या अधिक अन्तर पर समन्वित तल (R. L.) लिये जाते हैं। सड़क का प्रावकलन प्रत्येक किलोमीटर के लिये बनाया जाता है। यदि अनुदैर्घ्य खण्डों (L-sections) के बीच का अन्तर एक किलोमीटर का गुणक हो तो अच्छा है।

अनुदैर्घ्य खण्ड दृश्य सामान्यता 1 सेमी = 10 मी से 1 सेमी = 30 मी तक के क्षैतिज, तथा 1 सेमी = 1 मी से 1 सेमी = 6 मी तक के ऊर्ध्व पैमाने से बनाये जाते हैं।

मिट्टी के काम का परिमाण ज्ञात करने की क्षेत्रमिति (mensuration) की अनेक विधियाँ हैं। उनमें से तीन विधियां नीचे दी जा रही हैं :—

पहली विधी—परिमाण = मध्य खण्ड (mid-section) का क्षेत्रफल × लम्लाई।

मान लें किसी सड़क के एक भाग में दोनों सिरों पर भराव की ऊंचाई '$ग_1$' तथा '$ग_2$' खण्ड की लम्बाई

'ल', निर्माण 'च' तथा पार्श्व ढाल (side slope) ढ : 1 है, तो

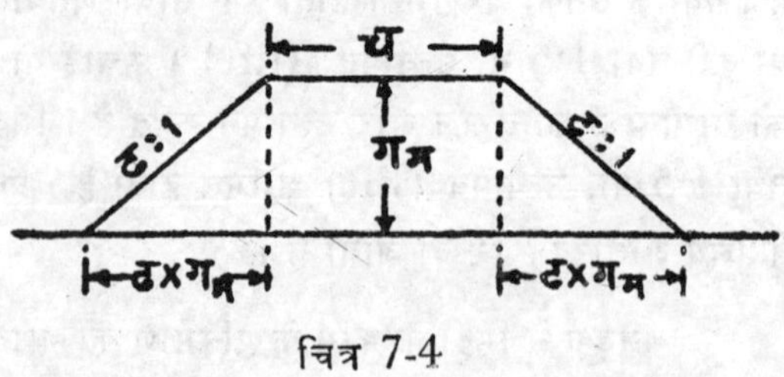

चित्र 7-4

औसत ऊँचाई $ग_म = \frac{ग_1 + ग_2}{2}$

मध्य खण्ड (mid-section) का क्षेत्रफल = आयताकार भाग का क्षेत्रफल + दोनों त्रिभुजाकार भागों का क्षेत्रफल

$च \times ग_म + \frac{1}{2}ढ \times ग_म{}^2 + \frac{1}{2}ढ \times ग_म{}^2 = च \times ग_म + ढ \times ग_म{}^2$

$\therefore$ मिट्टी के काम का परिमाण $= (च \times ग_म + ढ \times ग_म{}^2) \times ल$

व्यवहार में परिमाण $= (च \times ग + ढग^2) \times ल$ जिसमें ग औसत ऊँचाई है।

तालिकाबद्ध रूप में मिट्टी के काम का परिमाण निम्न प्रकार निकाल सकते हैं—

स्टेशन (station या जरीबी) (chainage)	गहराई या ऊँचाई	औसत गहराई या ऊँचाई "ग"	मध्य भाग का क्षेत्रफल $च \times ग$	पार्श्व (Side) क्षेत्रफल $ढ \times ग^2$	कुल अनुप्रस्थ क्षेत्रफल $च \times ग + ढ \times ग^2$	स्टेशनों के बीच लम्बाई ल	परिमाण. $(च \times ग + ढग^2) \times ल$	
							भराव	कटाव

ढालू सतह का क्षेत्रफल—

यदि कहीं ढाल पर घास लगाना हो (turfing) या पत्थर लगाने हों (pitching) तो औसत ढलवाँ चौड़ाई (mean sloping breadth) को लम्बाई से गुणा करके उस सतह का क्षेत्रफल निकाला जा सकता है।

औसत ढलवाँ चौड़ाई $= \sqrt{(ढ \times ग)^2 \times ग^2} = ग \times \sqrt{ढ^2+1}$ जिसमें 'ग' औसत ऊँचाई है।

दोनों पार्श्व ढालों का क्षेत्रफल $= 2\ ल\ ग \sqrt{ढ^2+1}$

यह परिकलन तालिकाबद्ध रूप में भी किया जा सकता है—

स्टेशन (station) या जरीबी (chainage)	गहराई या ऊँचाई	औसत गहराई या ऊँचाई 'ग'	पार्श्व ढालों की चौड़ाई	स्टेशनों (stations) के बीच की लम्बाई	दोनों पार्श्व के ढालों का कुल क्षेत्रफल
			$ग \sqrt{ढ^2+1}$		$2ल \times ग \sqrt{ढ^2+1}$

यह तालिका पिछली तालिका में भी जोड़ी जा सकती है या इसमें अलग से भी परिकलन किया जा सकता है। इसमें 'ग' औसत गहराई या ऊँचाई है।

दूसरी विधि—परिमाण = औसत अनुप्रस्थ क्षेत्रफल × लम्बाई । एक सिरे पर अनुप्रस्थ क्षेत्रफल $क्ष_1 = च \times ग_1 + ढ \times ग_1^2$,

दूसरे सिरे पर अनुप्रस्थ क्षेत्रफल $क्ष_2 = च \times ग_2 + ढ \times ग_2^2$ ।

इनमें $ग_1$ तथा $ग_2$ दोनों सिरों पर ऊंचाई या गहराई है ।

औसत अनुप्रस्थ क्षेत्रफल $क्ष = \frac{क्ष_1 + क्ष_2}{2}$, परिमाण $प = \frac{क्ष_1 + क्ष_2}{2} \times ल$

मिट्टी का परिमाण निम्न प्रकार से तालिकाबद्ध रूप में ज्ञात किया जा सकता है—

स्टेशन (station) या जरीबी (chainage)	ऊंचाई या गहराई ग	मध्य भाग का क्षेत्रफल च × ग	पार्श्वों का क्षेत्रफल $ढ \times ग^2$	कुल अनुप्रस्थ क्षेत्रफल $च \times ग + ढ \times ग^2$	औसत अनुप्रस्थ क्षेत्रफल	स्टेशनों के बीच लम्बाई	परिमाण $(च \times ग + ढ \times ग^2) \times ल$	
							भराव	कटाव

तीसरी विधि—समपार्श्वभ सूत्र (Prismoidal formula)—

$$\text{परिमाण या आयतन} = \frac{ल}{2}(क्ष_1 + क्ष_2 + 4 \times क्ष_म)$$

इसमें $क्ष_1$ तथा $क्ष_2$ सड़क के भराव या कटाव के 'ल' लम्बाई वाले भाग के दोनों सिरों के तथा $क्ष_म$ मध्य में अनुप्रस्थ क्षेत्रफल हैं ।

मान लें दोनों सिरों पर भराव की ऊंचाई $ग_1$ तथा $ग_2$ तथा मध्य खण्ड (mid section) की औसत ऊंचाई $ग_म$ है । निर्माण चौड़ाई 'च' तथा पार्श्व ढाल (side slope) ढ : 1 है ।

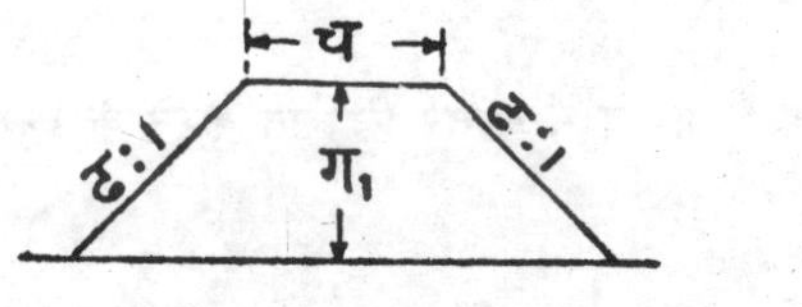

चित्र 7-5

एक सिरे का अनुप्रस्थ क्षेत्रफल—

$$क्ष_1 = च \times ग_1 + ढ \times ग_1^2$$

दूसरे सिरे का अनुप्रस्थ क्षेत्रफल—

$$क्ष_2 = च \times ग_2 + ढ \times ग_2^2$$

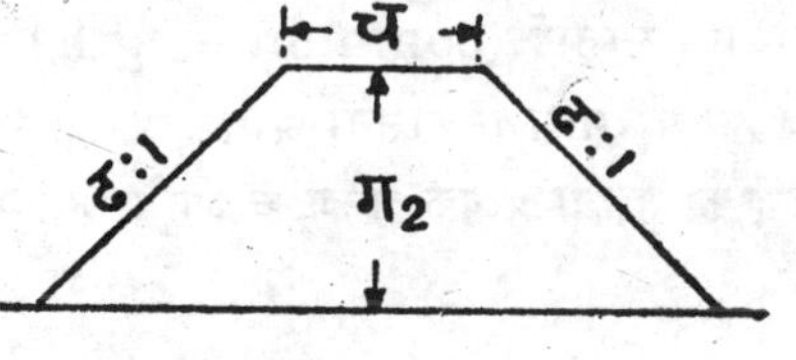

चित्र 7-6

मध्य खण्ड का अनुप्रस्थ क्षेत्रफल—

$$ग_म = \frac{ग_1 + ग_2}{2}$$

$$क्ष_म = च \times ग_म + ढ \times ग_म^2$$

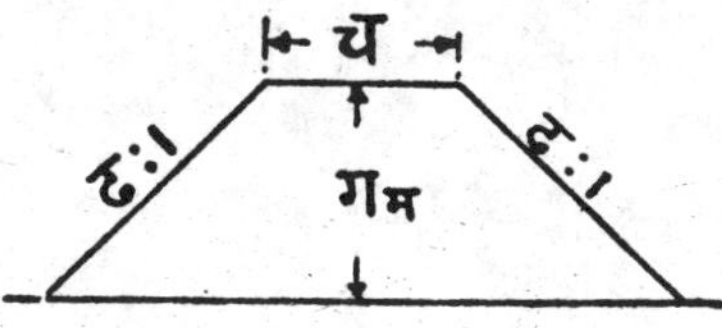

चित्र 7-7

$$= च + \left(\frac{ग_1 + ग_2}{2}\right) + ढ\left(\frac{ग_1 + ग_2}{2}\right)^2$$

$$परिमाण = \frac{ल}{6}\left(क्ष_1 + क्ष_2 + 4क्ष_म\right)$$

$$प्रतिस्थापित\ करने\ पर\ परिमाण = \left\{च\left(\frac{ग_1 + ग_2}{2}\right) + ढ\left(\frac{{ग_1}^2 + {ग_2}^2 + ग_1ग_2}{3}\right)\right\} \times ल$$

= [बीच के भाग का क्षेत्रफल + पार्श्व ढाल के भागों का क्षेत्रफल] × लम्बाई

इसी प्रकार कटाव का परिमाण भी ज्ञात किया जा सकता है।

समपार्श्वाभ तालिका प्रपत्र के लिये पृष्ठ 267 देखिये।

पहली तथा दूसरी विधि की तुलना में समपार्श्वाभ सूत्र से निकाले गये परिमाण अधिक यथार्थ (accurate) होते हैं लेकिन इन सबमें 1 प्रतिशत से भी कम अन्तर होता है। मिट्टी के काम की दर सस्ती होती है अतः उसका परिमाण पहली व दूसरी विधि से ही निकालते हैं क्योंकि उनमें कम परिश्रम व समय लगता है। परन्तु यदि मिट्टी के काम की दर ऊंची हो तथा अधिक यथार्थता वांछनीय हो तो परिमाण समपार्श्वाभ सूत्र (Prismoidal formula) से निकालना चाहिये।

याद रखें उपरोक्त तीनों सूत्र भराव तथा कटाव दोनों के लिये प्रयोग किये जा सकते हैं। यदि भराव के खण्ड दृश्य को उल्टा कर दें तो यह कटाव का खण्ड दृश्य हो जायगा।

कटाव व भराव में अन्तर प्रदर्शित करने के लिये कटाव में '—' चिन्ह लगाते हैं।

नोट—प्रत्येक जरीबी (chainage) का परिमाण निकाल कर जोड़ने के बजाय क्षेत्रफलों को जोड़कर उनके योग को सामान्य लम्बाई (common length) से गुणा कर के कुल परिमाण ज्ञात किया जा सकता है। परन्तु प्रत्येक चेनेज का परिमाण निकालना अधिक अच्छा रहता है क्योंकि इससे निर्माण के समय वास्तविक मिट्टी के काम के परिमाण की तुलना प्रत्येक चेनेज के अनुमानित परिमाण से की जा सकती है।

समपार्श्वाभ तालिका प्रपत्र (**Prismoidal Tabular Form**)

सड़क निर्माण में समपार्श्वाभ सूत्र से तालिकाबद्ध रूप में मिट्टी के काम का परिमाण ज्ञात करने के लिये निम्नलिखित प्रपत्र प्रयोग किया जाता है—

स्टेशनों sta-tions जरीबी	ऊंचाई या गहराई	$\frac{ग_1+ग_2}{2}$	बीच के भाग का क्षेत्रफल च x $\frac{ग_1+ग_2}{2}$	$ग_1^2$	$ग_2^2$	$ग_1 x ग_2$	$\frac{ग_1^2+ग_2^2+ग_1ग_2}{3}$ स्तंभ $\frac{5+6+7}{3}$	ढाल का क्षेत्रफल ढ x $\frac{ग_1^2+ग_2^2+ग_1ग_2}{3}$ ढ × स्तंभ 8	कुल क्षेत्रफल = स्तंभ (4) व (9) का योग	स्टेशनों के बीच लम्बाई 'ल'	परिमाण स्तंभ (10) × लम्बाई: भराव Embankment	परिमाण स्तंभ (10) × लम्बाई: कटाव Cutting
1	2	3	4	5	6	7	8	9	10	11	12	13

समलंबाभ सूत्र (Trapezoidal Formula) तथा समपार्श्वाभ (Prismoidal Formula) की विधि बहु अनुप्रस्थ खण्डों के लिये—

जब अनेक संख्या में अनुप्रस्थ खण्डों के क्षेत्रफल का परिकलन समदूरी पर किया जाता है तो उसका आयतन समलंबाभ सूत्र अथवा समपार्श्वाभ सूत्र से निकाल लिया जाता है।

संकेत—

$क्ष_o, क्ष_1, क्ष_2, क्ष_3, क्ष_4, \cdots\cdots क्ष_स$ अनुप्रस्थ खण्डों के क्षेत्रफल हैं।

ल = खण्डों के बीच की दूरी; आ = कटाव तथा भराव का आयतन।

समलंबाभ की विधि से आयतन—

$$आ = \frac{ल}{2}\left\{क्ष_o + 2क्ष_1 + 2क्ष_2 + 2क्ष_3 + \cdots\cdots 2क्ष_{स-2} + क्ष_स\right\}$$

$$= ल\left\{\frac{क्ष_0 + क्ष_स}{2} + क्ष_1 + क्ष_2 + क्ष_3 + \cdots\cdots + क्ष_{स-1}\right\}$$

समपार्श्वाभ सूत्र की विधि से आयतन—

$$आ = \frac{ल}{3}\left\{क्ष_0 + 4क्ष_1 + 2क्ष_2 + 4क्ष_3 + 2क्ष_4 + \cdots\cdots 2क्ष_{स-1} + 4क्ष_{स-1} + क्ष_स\right\}$$

$$= \frac{ल}{3}\left\{\left(क्ष_0 + क्ष_स\right) + 4\left(क्ष_1 + क्ष_3 + क्ष_5 \cdots + क्ष_{स-1}\right) + 2\left(क्ष_2 + क्ष_4 + क्ष_6 + \cdots क्ष_{स-2}\right)\right\}$$

$$= \frac{ल}{3}\left\{\text{पहला क्षेत्रफल} + \text{अन्तिम क्षेत्रफल} + 4\sum \text{सम क्षेत्रफल} + 2\sum \text{विषम क्षेत्रफल}\right\}$$

समपार्श्वाभ सूत्र में इस बात का ध्यान रखना चाहिये कि अनुप्रस्थ खण्ड क्षेत्रफल को विषम संख्याओं में होना आवश्यक है। यदि अनुप्रस्थ खण्ड समसंख्याओं में हो तो अन्तिम भाग को छोड़कर शेष भागों का आयतन समपार्श्वाभ सूत्र से परिकलन कर लेना चाहिये और अन्तिम भाग का आयतन अलग से लेना चाहिये।

समोच्च रेखा चित्र (contour plan) से मिट्टी के कार्य के आयतन का परिकलन करने के लिये, किसी गड्ढे या तालाब को भरने के लिये तथा पहाड़ी (hillock) की कटाई के लिये समपार्श्वाभ सूत्र का प्रयोग सरल होता है। प्रत्येक समोच्च रेखा के बीच का क्षेत्रफल प्लेनीमीटर (plainimeter) अथवा ट्रेसिंग कागज (tracing paper) वर्ग सहित की सहायता से ज्ञात किया जा सकता है, तब ही आयतन ज्ञात करने के लिये समपार्श्वाभ सूत्र का प्रयोग हो सकता है। दो अनुप्रस्थ खण्डों के बीच की दूरी समोच्च रेखान्तर के बराबर होगी अर्थात वही दो लगातार समोच्च रेखाओं के तलों का अन्तर होगा।

उदाहरण 1—समतल भूमि पर बनने वाली सड़क के एक भाग की 200 मी लम्बाई में मिट्टी के काम का परिमाण ज्ञात करिये। खण्ड के दोनों सिरों पर भराव 1·00 मी तथा 1·60 मी है। निर्माण चौड़ाई 10 मी तथा पार्श्व ढाल 2 : 1 (क्षैतिज : ऊर्ध्व) है। भूमि में आड़ी दिशा में कोई ढाल नहीं है।

पहली विधि से—

$$\text{परिमाण} = [च \times ग + ढ \times ग^2] \times \text{लम्बाई}$$
$$= [10 \times 1{\cdot}3 + 2 \times 1{\cdot}3^2] \times 200$$
$$= [13 + 3{\cdot}38] \times 200 = 16{\cdot}33 \times 200$$
$$= 3276 \text{ घन मी.}$$

च = 10 मी., ढ = 2
ल = 200 मी.
ग = औसत ऊंचाई
$$= \frac{1{\cdot}00 + 1{\cdot}60}{2} = 1{\cdot}30 \text{ मी.}$$

दूसरी विधि से—

$क्ष_1$ = एक सिरे का अनुप्रस्थ क्षेत्रफल (sectional area) $= च \times ग_1 + ढ \times ग_1^2$
$= 10 \times 1 + 2 \times 1^2 =$ वर्ग मी.

$क्ष_2$ = दूसरे सिरे का अनुप्रस्थ क्षेत्रफल $= च \times ग_2 + ढ \times ग_2^2$
$= 10 \times 1{\cdot}60 + 2 \times 1{\cdot}6^2 = 21{\cdot}12$ वर्ग मी.

औसत अनुप्रस्त क्षेत्रफल $= \frac{क्ष_1 + क्ष_2}{2} = \frac{12+21 \cdot 12}{2} = 16 \cdot 56$ वर्ग मी.

परिमाण = औसत अनुप्रस्थ क्षेत्रफल × लम्बाई $= 16 \cdot 56 \times 200 = 3312$ घन मी.

तीसरी विधि समपार्श्वाभ सूत्र (Prismoidal Formula) से—

$$परिमाण = \frac{ल}{6}\left(क्ष_1 + क्ष_2 + 4क्ष_म\right)$$

$क्ष_1$ = एक सिरे का अनुप्रस्थ क्षेत्रफल $= च \times ग_1 + ढ \times ग_1^2 = 10 \times 1 + 2 \times 1^2 = 12$ वर्ग मी.

$क्ष_2$ = दूसरे सिरे का अनुप्रस्थ क्षेत्रफल

$= च \times ग_2 + ढ \times ग_2^2 = 10 \times 1 \cdot 60 + 2 \times 1 \cdot 6^2 = 21 \cdot 12$ वर्ग मी.

$क्ष_म$ = मध्य खण्ड का अनुप्रस्थ क्षेत्रफल

$= च \times ग_म + ढ \times ग_म^2$ जिसमें $ग_म = \frac{ग_1 + ग_2}{2} = \frac{1 \cdot 00 + 1 \cdot 60}{2} = 1 \cdot 30$ मी

$क्ष_म = 10 \times 1 \cdot 30 + 2 \times 1 \cdot 30^2 = 16 \cdot 38$ वर्ग मी.

$\therefore$ परिमाण $= \frac{200}{6}\left(12 + 21 \cdot 12 + 4 \times 16 \cdot 38 = \right) = \frac{200}{6} \times 98 \cdot 64 = \frac{19728}{6} = 3288$ घन मी.

द्रष्टव्य—पहली तथा तीसरी विधि से प्राप्त परिमाणों में $\frac{1}{2}$ प्रतिशत से कम तथा दूसरी व तीसरी विधि से प्राप्त परिमाणों में 1 प्रतिशत से कम अन्तर है।

उदाहरण 2—(i) एक भराव के 200 मीटर लम्बे खण्ड में पार्श्व ढालों का क्षेत्रफल ज्ञात करिये। दोनों सिरों पर भराव की ऊंचाई 2·50 मी व 3·50 मी है तथा पार्श्व ढाल का अनुपात 2 : 1 है।

(ii) पार्श्व ढालों पर 15 सेमी मोटे पत्थर पिचिंग (stone pitching) की लागत 40·00 रु. प्रति घन मी. की दर से ज्ञात करिये।

(1) औसत ऊंचाई $ग = \frac{2 \cdot 5 + 3 \cdot 5}{2} = 3$ मी.

मध्यम खण्ड की ढलवां चौड़ाई $= ग\sqrt{ढ^2+1} = \sqrt{2^2+1} = 6 \cdot 71$ मी.

दोनों पार्श्व ढालों का क्षेत्रफल $= 2ल \times ग\sqrt{ढ^2+1} = 2 \times 200 \times 6 \cdot 71 = 2684$ वर्ग मी.

(2) पत्थर पिचिंग का परिमाण = क्षेत्रफल × मोटाई $= 2684 \times \cdot 15 = 402 \cdot 6$ घन मी.

पत्थर पिचिंग की लागत $= 402 \cdot 6 \times 40 \cdot 00 =$ रु. 16104·00

उदाहरण 3—एक प्रस्तावित सड़क की मध्य रेखा पर चेन 10 से चेन 20 तक भूमि के समन्वित-तल (R. L.) नीचे दिये गये हैं। 10वीं चेनेज पर सड़क का निर्माण तल (formation level) 107 है तथा सड़क में 14 चेनेज तक 150 में 1 का ढाल है तथा उसके आगे 100 में 1 का ढाल है। सड़क की निर्माण चौड़ाई 10 मीटर है तथा भराव में 2 : 1 (क्षैतिज : ऊर्ध्व) का पार्श्व ढाल है। चेन (chain) की लम्बाई 30 मी. है।

सड़क का अनुदैर्घ्य, खण्ड दृश्य (longitudinal section) तथा नमूने की (typical) अनुप्रस्थ खण्ड दृश्य (cross-section) खींचिये तथा 235 रु. प्रति% घन मी. की दर से मिट्टी के काम का प्राक्कलन बनाइये।

पार्श्व ढालों का क्षेत्रफल तथा 50 रु. % वर्ग मी. की दर से पार्श्व ढालों पर घास लगाने की लागत भी ज्ञात करिये।

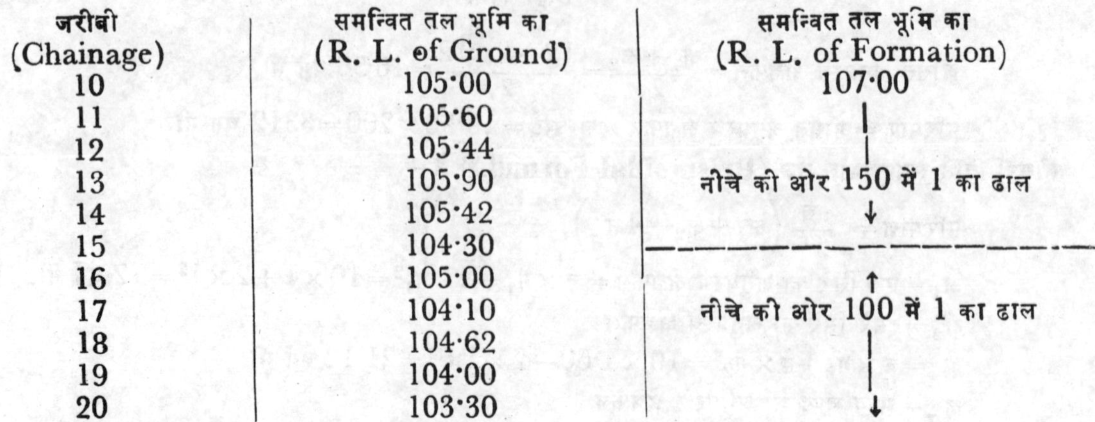

जरीबी (Chainage)	समन्वित तल भूमि का (R. L. of Ground)	समन्वित तल भूमि का (R. L. of Formation)
10	105·00	107·00
11	105·60	
12	105·44	
13	105·90	नीचे की ओर 150 में 1 का ढाल
14	105·42	
15	104·30	
16	105·00	
17	104·10	नीचे की ओर 100 में 1 का ढाल
18	104·62	
19	104·00	
20	103·30	

सड़क अनुदैर्ध्य खण्ड तथा नमूने की अनुप्रस्थ खण्ड नीचे दिया गया है।

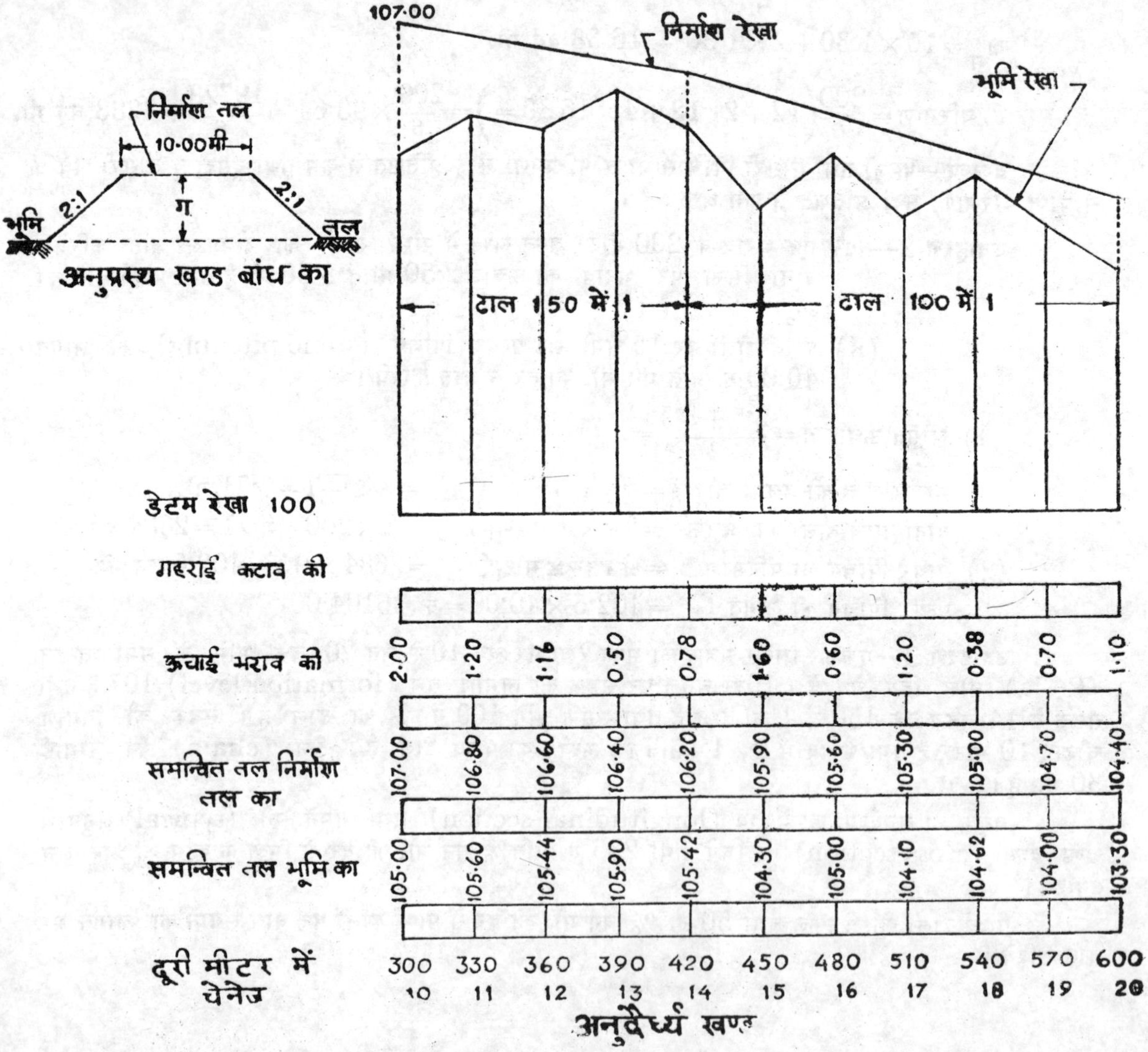

निर्माण तल

10·00मी

2:1

2:1

ग

भूमि

तल

अनुप्रस्थ खण्ड बांध का

107·00

निर्माण रेखा

भूमि रेखा

ढाल 150 में 1

ढाल 100 में 1

डेटम रेखा 100

गहराई कटाव की											
ऊंचाई भराव की	2·00	1·20	1·16	0·50	0·78	1·60	0·60	1·20	0·38	0·70	1·10
समन्वित तल निर्माण तल का	107·00	106·80	106·60	106·40	106·20	105·90	105·60	105·30	105·00	104·70	104·40
समन्वित तल भूमि का	105·00	105·60	105·44	105·90	105·42	104·30	105·00	104·10	104·62	104·00	103·30
दूरी मीटर में	300	330	360	390	420	450	480	510	540	570	600
चेनेज	10	11	12	13	14	15	16	17	18	19	20

अनुदैर्ध्य खण्ड

चित्र 7.8

मिट्टी के काम के परिमाण का परिकलन (उदाहरण 3)

चौ = 10 मी; ढ = 2

स्टेशन (station) या जरीबी (chain age)	लम्बाई	ऊंचाई या गहराई भूमितल तथा निर्माण तल में अन्तर	औसत ऊंचाई या गहराई ग	बीच का क्षेत्रफल च × ग	पार्श्व क्षेत्रफल ढ × ग²	कुल अनुप्रस्थ क्षेत्रफल (sec. area) चग + ढ × ग²	जरीबी (स्टेशन) के बीच लम्बाई ल	परिमाण (च × ग + ढ × ग²) × ल भराव	कटाव
	मी	मी	मी	मी²	मी²	मी²	मी	मी³	मी³
10	300	2·00	—	—	—	—	—	—	—
11	330	1·20	}1·60	16·00	5·12	21·12	30	633·6	—
12	360	1·16	}1·18	11·80	2·78	14·58	30	437·4	—
13	390	0·50	0·83	8·30	1·38	9·68	30	290·4	—
14	420	0·78	0·64	6·40	0·82	7·22	30	216·6	—
15	450	1·60	1·19	11·90	2·83	14·73	30	441·9	—
16	480	0·60	1·10	11·00	2·42	13·42	30	402·6	—
17	510	1·20	0·90	9·00	1·62	10·62	30	318·6	—
18	540	0·38	0·79	7·90	1·25	9·15	30	274·5	—
19	570	0·70	0·54	5·40	0·58	5·98	30	179·4	—
20	600	1·10	0·90	9·00	1·62	10·62	30	318·6	—
							योग ···	3513·6 घन मी.	

मिट्टी के काम की प्राक्कलित लागत सार (उदाहरण 3)

मद सं०	मद का विवरण	परिमाण	इकाई	दर रु० पै०	प्रति	धनराशि रु० पै०
1	भराव में मिट्टी का काम	3513·6	घन मी.	235·00	% घन मी.	8256·96
	योग ···					8256·96
	5% जोड़ें (3% फुटकर व्यय तथा 2% निर्माण प्रभारित सिब्बंदी के लिये) ···					412·85
	सम्पूर्ण योग ···					8669·81

पार्श्व ढालों के क्षेत्रफल का परिकलन [उदाहरण 3 (ii)]

$ढ = 2, \sqrt{ढ^2+1} = 2·236$

स्टेशन (station) या जरीबी (chainage)	ऊंचाई या गहराई मी.	औसत ऊंचाई या गहराई ग मी.	पार्श्व ढाल की ढलवां चौड़ाई $ग\sqrt{ढ^2+1}$ मी.	लम्बाई ल मी.	दोनों पार्श्व ढालों का क्षेत्रफल $2ल \times ग\sqrt{ढ^2+1}$ मी.²
10	2·00	—	—	—	—
11	1·20	1·60	3·58	30	214·8
12	1·16	1·18	2·64	30	158·4
13	0·50	0·83	1·86	30	111·6
14	0·78	0·64	1·43	30	85·8
15	1·60	1·19	2·66	30	150·6
16	0·60	1·10	2·46	30	147·6
17	1·20	0·90	2·01	30	120·6
18	0·38	0·79	1·77	30	106·2
19	0·70	0·54	1·21	30	72·6
20	1·10	0·90	2·01	30	120·6
				योग ···	1297·8 वर्ग मी

घास लगाने की अनुमानित लागत सार [उदाहरण 3 (ii)]

1297·8 वर्ग मी पार्श्व ढालों पर घास लगाना 50 रु. प्रति % वर्ग मी की दर	=रु. 648·90
फुटकर व्यय आदि के लिये 5% जोड़ें ··· ···	=रु. 32·45
सम्पूर्ण योग	=रु. 681·35

उदाहरण 4—सड़क के 400 मीटर लम्बे खण्ड में निम्नलिखित दिये विवरण (datas) से मिट्टी के काम की अनुमानित लागत ज्ञात करिये।

सड़क की निर्माण चौड़ाई (formation width) 10 मीटर है। भराव में पार्श्व ढाल 2 : 1 तथा कटाव में $1\frac{1}{2}$: 1 है।

स्टेशन	दूरी मीटर में	समन्वित तल भूमि का	समन्वित तल निर्माण का
25	1000	51·00	52·00
26	1040	50 90	
27	1080	50·50	
28	1120	50 80	
29	1160	50·60	नीचे की ओर
30	1200	50·70	
31	1240	51·20	200 में 1 का ढाल
32	1280	51·40	
33	1320	51·30	
34	1360	51·00	
35	1400	51·60	↓

सड़क के अनुदैर्ध्य काट (longitudinal section) तथा नमूने की अनुप्रस्थ खण्ड दृश्य (type cross-section) पृष्ठ 273 में दिखाये गये हैं। वैसे खण्ड दृश्य खींचे बिना भी यह उदाहरण हल किया जा सकता है।

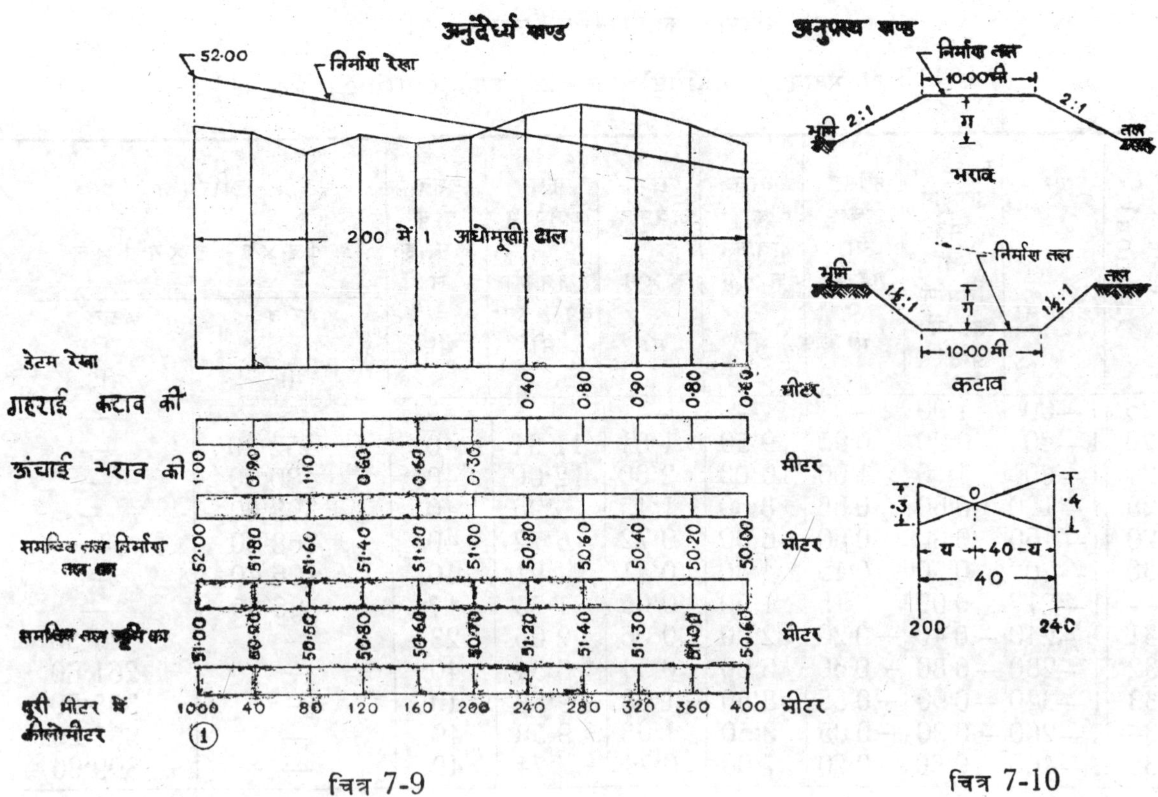

चित्र 7-9

चित्र 7-10

स्टेशन (station) 30 (1200 मी) तथा 31 (1240 मी) के बीच सड़क में भराव (banking) के बजाय कटाव (cutting) आरम्भ हो गया है। जिस स्थान पर यह शून्य से होकर पार हुआ है, अर्थात् जहाँ निर्माण तल व भूमि तल समान हो, उसकी दूरी निम्न प्रकार ज्ञात की जा सकती है।

शून्य बिन्दु के दोनों ओर के त्रिभुज समान हैं चित्र (7-10)

$\frac{य}{\cdot 3}=\frac{40-य}{\cdot 4}$, या $\cdot 4य=\cdot 3\ (40-य)$, या $\cdot 4य=12-\cdot 3य$, या $\cdot 7य=12$

$\therefore\ य=\frac{12}{\cdot 7}=17\cdot 14$ मी $=17$ मी (लगभग)

इसलिये भराव वाले भाग की लम्बाई 17 मी तथा कटाव वाले भाग की लम्बाई 40—17=23 मी होगी।

परिमाणों का परिकलन (उदाहरण 4)

च = 10 मी, भराव (banking) में ढ = 2, कटाव (cutting) में ढ = $1\frac{1}{2}$

स्टेशन (station)	दूरी किलो मी	ऊंचाई या गहराई भूमितल तथा निर्माण तल में अन्तर	औसत ऊंचाई या गहराई ग मी	बीच का क्षेत्रफल च × ग मी²	पार्श्व क्षेत्रफल ढ × ग² मी	कुल अनुप्रस्थ क्षेत्रफल चग + ढग² मी	स्टेशन के बीच लम्बाई ल मी	परिमाण [च × ग + ढ × ग²] × ल भराव मी³	 कटाव मी³
25	1—00	1·00	—	—	—	—	—	—	—
26	1—40	0·90	0·95	9·50	1·81	11·31	40	452·40	—
27	1—80	1·10	1·00	10·00	2·00	12·00	40	480·00	—
28	1—120	0·60	0·85	8·50	1·45	9·95	40	398·00	—
29	1—160	0·60	0·60	6·00	0·72	6·72	40	268·80	—
30	1—200	0·30	0·45	4·50	0·41	4·91	40	196·40	—
—	1—217	0·00	0·15	1·50	0·05	1·55	17	26·35	—
31	1—240	−0·40	−0·20	2·00	0·06	2·06	23	—	47·38
32	1—280	—0·80	−0·60	6·00	0·54	6·54	40	—	261·60
33	1—320	—0·90	—0·85	8·50	1·08	9·58	40	—	383·20
34	1—260	−0·80	—0·85	8·50	1·08	9·58	40	—	383·20
35	1—400	—0·60	—0·70	7·00	0·74	7·74	40	—	309·60
[—चिन्ह कटाव निर्दशित करता है]						योग ···		1821·95 घन मी	1384·98 घन मी

प्राक्कलिप लागत सार (उदाहरण 4)

मद सं०	मद का विवरण	परिमाण	इकाई	दर रु. पै.	प्रति	धनराशि रु. पै.
1	भराव में मिट्टी का काम ···	1821·95	घन मी	235·00	% घन मी	4281·58
2	कटाव में मिट्टी का काम ···	1384 98	घन मी	225·00	% घन मी	3116·20
					योग ···	7397·78
	फुटकर व्यय के लिये 3% जोड़ें ···					221·93
	निर्माण प्रभारित सिब्बंदी के लिये 2% जोड़ें ···					147·96
					सम्पूर्ण योग ···	7767·67

उदाहरण 5—सड़क का एक भाग जिसके दिये विवरण निम्नलिखित हैं, मिट्टी के कार्य का एक विस्तृत प्राक्कलन बनाइये—

स्टेशन	0	1	2	3	4	5	6	7	8	9	10	11	12
दूरी मीटर में	0	100	200	300	400	500	600	700	800	900	1000	1100	1200
भूमि का स. त. (समन्वित तल)	114·50	114·75	115·25	115·20	116·10	116·85	118·00	118·25	118·10	117·80	117·75	117·90	117·50

निर्माण का स. त. (समन्वित तल) 115 ऊपर की ओर 1 में 200 का ढाल 600 मी. तक नीचे की ओर 1 में 400 का ढाल निर्माण सड़क की चौड़ाई 10 मी है, भराव में पार्श्व ढाल 2 : 1 तथा कटाव में 1 : $1\frac{1}{2}$ है। उचित दरें मान लें।

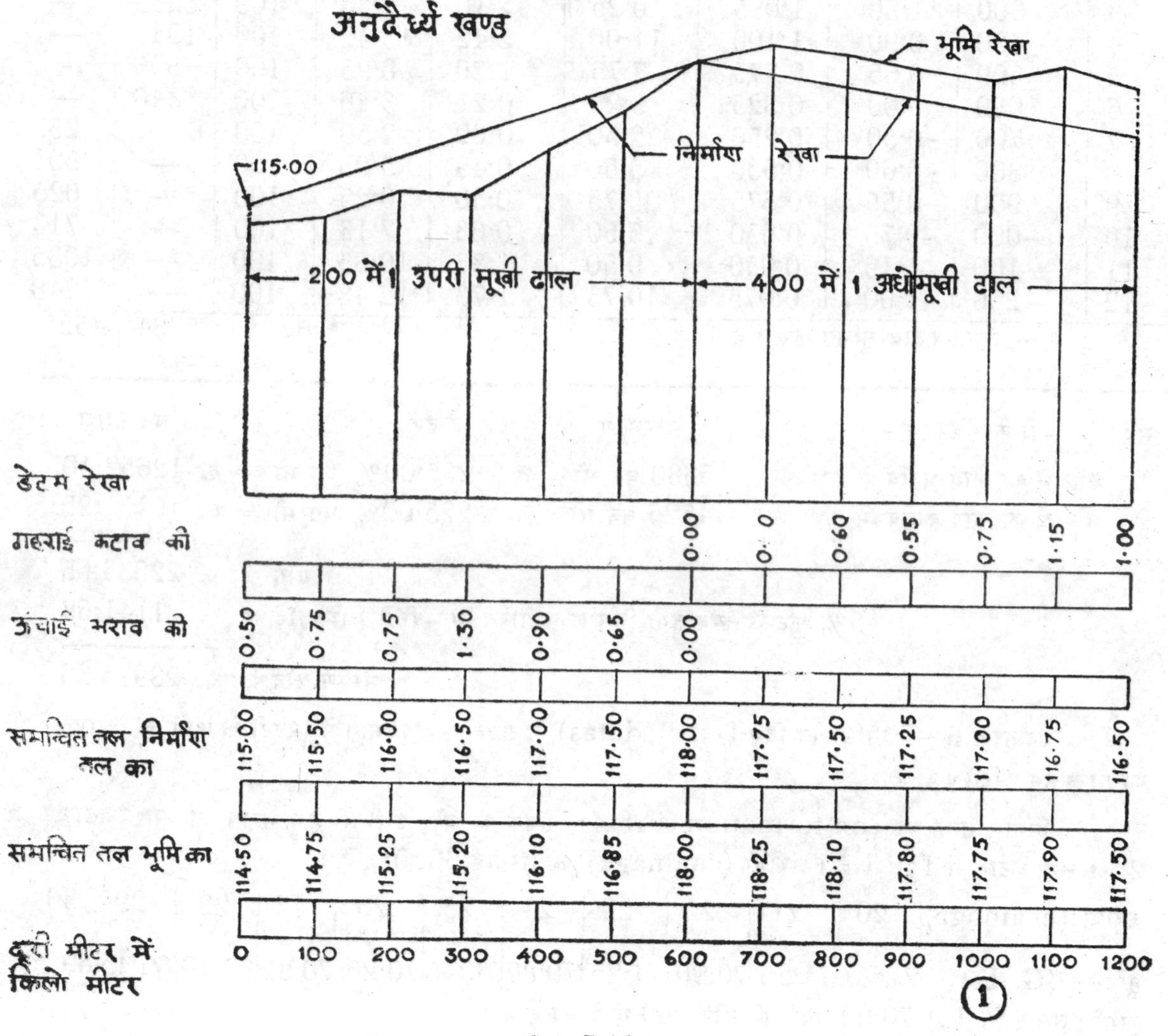

चित्र 7-11

परिमाणों का परिकलन (उदाहरण 5)

चौ० = 100 मी, ढा० = 2 भराव में तथा ढा० = $1\frac{1}{2}$ कटाव में

स्टेशन	दूरी किमी—मी	ऊंचाई या गहराई	औसत ऊ. या ग. मी.	बीच का क्षेत्रफल च × ग मी^{2}	पार्श्व क्षेत्रफल ढ × ग^2 मी^{2}	कुल अनुप्रस्थ क्षेत्रफल चग + ढग^2 मी^{2}	स्टेशनों के बीच की दूरी ल मी.	परिमाण (चग + ढग^2) × लम्बाई भराव मी^{3}	परिमाण (चग + ढग^2) × लम्बाई कटाव मी^{3}
0	0—0	0·50	—	—	—	—	—	—	—
1	100	0·75	0·625	6·25	0·78	7·03	100	703	—
2	200	0·75	0·750	7·50	1·13	8·63	100	863	—
3	300	1·30	1·025	10·25	2·10	12·35	100	1235	—
4	400	0·90	1·100	11·00	2·42	13·42	100	1342	—
5	500	0·65	0·775	7·75	1·20	8·95	100	895	—
6	600	0·00	0·325	3·25	0·21	3·46	100	346	—
7	700	−0·50	0·250	2·50	0·09	2·59	100	—	259
8	800	−0·60	0·550	5·50	0·45	5·95	100	—	595
9	900	−0·55	0·575	5·75	0·50	6·25	100	—	625
10	1—000	−0·75	0·650	6·50	0·63	7·13	100	—	713
11	1—100	−1·15	0·950	9·50	1·35	10·85	100	—	1085
12	1—200	−1·00	0·075	10·75	1·73	12·48	100	—	1248
	[—चिन्ह कटाव सूचित करता है]						योग ····	5384 घन मी.	4525 घन मी

सं०	मदों का विवरण	परिमाण	दरें	धन राशि
1.	मिट्टी का कार्य भराव में ···	5380 घन मी	@ 235·00% घन मी	= रु. 12652·40
2.	मिट्टी का कार्य कटाव में ···	4525 घन मी	@ 225·00% घन मी	= रु. 10181·25

योग ··· रु. 22833·65

5% फुटकर व्यय तथा निर्माण प्रभारित सिब्बंदी के लिये जोड़ें ··· रु. 1141·68

सम्पूर्ण योग ··· रु. 23975·33

उदाहरण 6—निम्नलिखित दिये विवरण (datas) से सड़क के एक भाग में मिट्टी के कार्य की लागत का प्राक्कलन करिये।

निर्माण सतह पर (on formation surface) सड़क की चौड़ाई 8 मी है। भराव में पार्श्व ढाल 2 : 1 तथा कटाव में $1\frac{1}{2}$: 1 हैं। जरीबी (chainage) की लम्बाई 30 मीटर है।

जरीबी (chainage)	20	21	22	23	24	25	26	27	28	29	30
भूमितल (G. L.)	71·20	71·25	70·90	71·25	70·80	70·45	70·20	70·35	69·10	69·45	69·70

निर्माण तल (F. L.) 70·00 ऊपर की ओर 200 में 1 का ढाल।

भराव में मिट्टी के कार्य की दर 235·00 रु. प्रतिशत घन मी. तथा कटाव में 225·00 रु. प्रतिशत मान लें।

मिट्टी के कार्य के परिमाणों का परिकलन (उदाहरण 5)

चौ. = 8 मी. ढा. = भराव में 2 ढा. = कटाव में $1\frac{1}{2}$

स्टेशन या चेनेज	भूमि का समन्वित तल (R.L.)	निर्माण का समन्वित तल	ऊँचाई या गहराई भूमि तल तथा निर्माण तल में अन्तर मी	बीच का क्षेत्रफल (च × ग) मी²	पार्श्व क्षेत्रफल ढ × ग² मी²	कुल अनुप्रस्थ क्षेत्रफल (च × ग + ढ × ग²) मी²	मध्य या औसत क्षेत्रफल मी²	स्टेशनों के बीच की लम्बाई ल. मी	परिमाण (च × ग + ढ × ग²) × ल कटाव मी³	भराव मी³	टिप्पणी
20	71·20	70·00	—1·20	9·60	2·16	11·76	—	—	—		
21	71·25	70·15	—1·10	8.80	1·82	11·62	11·19	30	335·7	—	
22	70·90	70·30	— 0·60	4·80	0·54	5·34	7·98	30	239·4		
23	71·25	70·45	—0·80	6·40	0·96	7·36	6·35	30	190·5		
24	70·80	70·60	—0·20	1·60	0·06	1·66	4·51	30	135·3		
0	0	0	0	0	0	0	0·83	12	9·9		$\frac{\cdot 2}{य} = \frac{\cdot 30}{30—य}$
	कटाव	से	भराव में	परिवर्तित							य = 12
25	70·45	70·75	0·30	2·40	0·18	2·58	1·29	18	—	23·1	य = 30—12 = 18
26	70·20	70·90	0·70	5·60	0·98	6·58	4·58	30	—	137 4	
27	70·35	71·05	0·70	5·60	0·98	6·58	6·58	30	—	197·4	
28	69·10	71·20	2·10	16·80	8·82	25·62	16·10	30	—	483·0	
29	69·45	71·35	1·90	15·20	7·22	22·42	24·02	30	—	720·6	
30	69·70	71·50	1·80	14·40	6·48	20·88	21·65	30	—	649·5	
(—चिन्ह कटाव निर्देशित करता है)							योग	...	910·8 घन मी	2211·1 घन मी	

यह (उदाहरण 6) दूसरी विधि से हल किया गया है।

मद सं०	कार्य का विवरण	परिमाण	इकाई	दर रु० पै०	प्रति	धनराशि रु० पै०
1	कटाव मे मिट्टी का कार्य	910·8	घन मी	225·00	% घन मी	2049·30
2	भराव में मिट्टी का कार्य ...	2211·1	घन मी	235·00	% घन मी	5196·08
					योग ...	7245·38
	फुटकर व्यय तथा निर्माण प्रभारित सिब्बदी के लिये 5% जोड़ें ...					362·27
					सम्पूर्ण योग ...	7607·65

भूमितल में ऊर्ध्वाधर पात (Vertical drop in ground)

जब भी भूमि में किसी बिन्दु पर ऊर्ध्व पात (drop) होता है तो उस बिन्दु पर भूमि के दो समन्वित तल (R.L.) होते हैं। मिट्टी के काम का परिकलन करने के लिये ऊर्ध्व पात के दोनों ओर के भाग अलग-अलग लिये जाते हैं। पहले तो उस बिन्दु तक क्रमिक (consecutive) ऊंचाइयों या गहराइयों का औसत लिया जाता है। तथा फिर उस बिन्दु के आगे क्रमिक ऊंचाइयों या गहराइयों का औसत लिया जाता है। पहली क्रिया (चित्र 7-12) में ऊर्ध्व पात वाले उस बिन्दु का एक समन्वित तल (R. L.) तथा उससे पहले की चेनेज का समन्वित तल लिया जाता है तथा दूसरी क्रिया में ऊर्ध्वपात वाले बिन्दु का दूसरा समन्वित तल (R. L.) तथा उसके आगे की अगली जरीबी

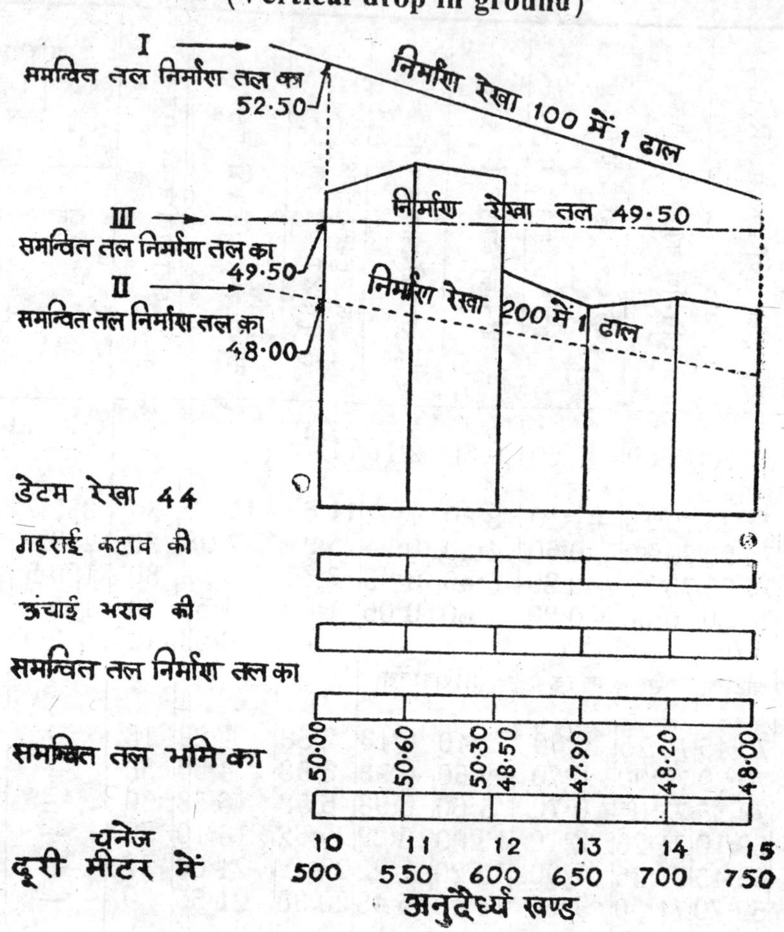

चित्र 7-12

(chainage) का समन्वित बिन्दु लिया जाता है। निम्नलिखित उदाहरणों से यह बात स्पष्ट हो जायगी। इस प्रकार के पात की तीन विभिन्न स्थितियाँ हो सकती हैं—पूर्णतः भराव में, पूर्णतः कटाव में तथा अंशतः भराव व अंशतः कटाव में। ये तीनों स्थितियाँ एक ही अनुदैर्ध्य खण्ड (longitudinal section) में तीन भिन्न-भिन्न निर्माण रेखायें (formation lines) लेकर समझाई गई हैं (चित्र 7-12) स्टेशन (station) के बीच की दूरी अर्थात चेन की लम्बाई 50 मीटर है।

स्थिति 1—पूर्णतः भराव

(निर्माण रेखा में नीचे की ओर 100 में 1 का ढाल है)

जरीबी (chainage)	10	11	12	13	14	15
	50	50 60	50·30 48·50	47·90	48·20	48·00
निर्माण रेखा का समन्वित तल ···	52·50	52·00	51·50	51·00	50·50	50·00
भराव की ऊंचाई	2·50	1·40	1·20,3·00	3·10	2·30	2·00
भराव की औसत ऊंचाई	—	$\frac{2\cdot5+1\cdot4}{2}$ =1·95	$\frac{1\cdot4+1\cdot2}{2}$ =2·30	$\frac{3\cdot0+3\cdot1}{2}$ =3 05	$\frac{3\cdot1+2\cdot3}{2}$ =2·70	$\frac{2\cdot3+2\cdot0}{2}$ =2·15

स्थिति 2—पूर्णतः कटाव

(निर्माण रेखा से नीचे की ओर 200 में 1 का ढाल है)

	10	11	12	13	14	15
भूमि का समन्वित तल	50	50·60	50·30 48·50	47·90	48·20	48·00
निर्माण रेखा का समन्वित तल	48·00	47·75	47·50	47·25	47·00	46·75
कटाव की गहराई	2·00	2·85	2·80,1·00	0·65	1·20	1·25
कटाव की औसत गहराई	—	$\frac{2\cdot00+2\cdot85}{2}$ =2·425	$\frac{2\cdot84+2\cdot80}{2}$ =2·825	$\frac{1\cdot00+\cdot65}{2}$ =0·825	$\frac{0\cdot65+1\cdot20}{2}$ =0·925	$\frac{1\cdot20+1\cdot25}{2}$ =1·225

स्थिति 3—अशतः भराव तथा अशतः कटाव में

(निर्माण रेखा समतल है)

	10	11	12	13	14	15
भूमि का सनन्वित तल	50	50·60	50·30 48·50	47·90	48·20	48·00
निर्माण रेखा का समन्वित तल	49·50	49·50	49·50	49·50	49·50	49·50
भराव की ऊंचाई	—	—	1·00	1·60	1·30	1·50
कटाव की गहराई	0·50	1·10	0·80	—	—	—
औसत ऊंचाई या गहराई	—	$\frac{0\cdot5+1\cdot1}{2}$ =0·80 (कटाव)	$\frac{1\cdot1+0\cdot8}{2}$ =0·95 (कटाव)	$\frac{1\cdot0+1\cdot6}{2}$ =1·30 (भराव)	$\frac{1\cdot6+1\cdot3}{2}$ =1·45 (भराव)	$\frac{1\cdot3+1\cdot5}{2}$ =1·40 (भराव)

यदि ऊर्ध्व पात दो स्टेशनों के बीच में पड़े तो ऊर्ध्व पात (vertical drop) वाले बिन्दु पर भूमि के दो समन्वित तल लेने होंगे। फिर उपरलिखित विधि से ऊंचाई या गहराई ज्ञात की जा सकती है।

औसत ऊंचाई या गहराई निकालने के बाद मिट्टी के काम का परिमाण, परिमाण $= ($च$\times$ग$+$ढ$\times$ग$^2)$ $\times$लम्बाई से ज्ञात कर सकते हैं।

उदाहरण 7—दिये हुये अनुदैर्घ्य खण्ड (L-section) (चित्र 7·12) से निर्माण रेखा को तीसरी स्थिति (अंशतः भराव तथा अंशतः कटाई) में मान कर सड़क के एक भाग में मिट्टी के काम का परिमाण ज्ञात करें। चेन की लम्बाई 50 मीटर है।

सड़क की निर्माण चौड़ाई 8 मीटर है तथा भराव (banking) में पार्श्व ढाल $1\frac{1}{2} : 1$ तथा कटाई में $1 : 1$ है।

परिमाणों का परिकलन (उदाहरण 7)

च $=8$ मीटर, ढ $= 1\frac{1}{2}$ भराव में, ढ $=1$ कटाई में।

स्टेशन या चेनेज	भराव की ऊंचाई या कटाई की गहराई मी	औसत ऊंचाई या गहराई ग मी	बीच का क्षेत्रफल च × ग मी^{2}	पार्श्व का क्षेत्रफल ढ × ग^2 मी^{2}	कुल क्षेत्र-फल च × ग + ढ × ग^2 मी^{2}	दूरी या लम्बाई ल मी	परिमाण या आयतन (च × ग + ढ × ग^2) × ल	
							भराव मी^{3}	कटाई मी^{3}
10	—0·50	—	—	—	—	—	—	—
11	—1·10	—0·80	6·40	0·64	7·04	50	—	352·0
12	—0·80 } 1·00 }	—0·95*	7·60	0·90	8·50	50	—	425·0
13	1·60	1·30**	10·40	2·54	12·94	50	647·0	—
14	1·30	1·45	11·60	3·15	14·75	50	737·5	—
15	1·50	1·40	11·20	2·94	14·14	50	707·0	—
						योग ···	2091·5 घन मी भराव	777·0 घन मी कटाई

नोट—(चिन्ह कटाई निर्दशित करता है) * 1·10 तथा 0·80 का औसत
** 1·00 तथा 1·60 का औसत

उदाहरण 8—नीचे दिये गये आंकड़ों से समपार्श्वभ सूत्र द्वारा 180 मी लम्बी सड़क के मिट्टी के कार्य का प्राक्कलन निकालिए।

जरीबी	0	30	60	90	120	150	180 मी
भूमि का सं०त०	112·00	111·80	111·70	111·60	111·50	111·30	111·40 मी

निर्माण का सं० त० ←——————112·60 (समतल)——————→

सड़क की निर्माण चौड़ाई 10 मीटर है तथा पाश्व ढाल 2 : 1 (2 क्षैतिज : 1 ऊर्ध्व है) समपार्श्वभ सूत्र—परिमाण $=\left\{च\left(\frac{ग_1+ग_2}{2}\right)+ढ\left(\frac{ग_1^2+ग_2^2+ग_1ग_2}{3}\right)\right\}\times ल$

परिमाणों का परिकलन (उदाहरण 8)

चौ = 10 मी; ढ = 2

जरीबी मी	भराव की ऊंचाई या कटाव की गहराई मी	$\frac{ग_1+ग_2}{2}$ मी	बीच का क्षेत्रफल $चौ+\frac{ग_1+ग_2}{2}$ वर्ग मी	$ग_1^2$	$ग_2^2$	$ग_1ग_2$	$\frac{ग_1^2+ग_2^2+ग_1ग_2}{2}$	पाश्र्व क्षेत्र फल $ढ\times\frac{ग_1^2+ग_2^2+ग_1ग_2}{2}$	अनुप्रस्थ क्षेत्रफलों का योग स्तम्भ (4) और (9)	स्टेशन के बीच की दूरी	परिमाण स्तंभ (10) × ल: भराव	कटाव
1	2	3	4	5	6	7	8	9	10	11	12	13
0	0·60	—	—	—	—	—	—	—	—	—	—	—
30	0·60 0·80	0·70	7 00	0 36	0 64	0·48	0·493	0 99	7 99	30	239·70	—
60	0·80 0·90	0·85	8·50	0 64	0 81	0·72	0·723	1·45	9 95	30	298·50	—
90	0·90 1·00	0·95	9 50	0 81	1·00	0·90	0·903	1 81	11·31	30	339·50	—
120	1·00 1·10	1 05	10·50	1·00	1·21	1·10	1·103	2·21	12·71	30	381·30	—
150	1·10 1·30	1·20	12 00	1·21	1·69	1·43	1·443	2 89	14·89	30	446·70	—
180	1·30 1·20	1·25	12·50	1·69	1 44	1·56	1·563	3·13	15 63	30	468·90	—
										योग	2174·40 घन मी	—

पहाड़ी सड़क (Hill Road) में मिट्टी का कार्य

पहाड़ी क्षेत्र में भूमि असमान तथा आड़ी दिशा में भी ढालू होती है। ऐसी भूमि को आड़ी ढाल (side sloping) वाली भूमि कहते हैं। नई सड़क के बनाने के लिये सड़क के मध्य में संरेक्षण (alignment) पर निश्चित अन्तर पर लेबल द्वारा बिन्दुओं का समन्वित तल (R. L.) ज्ञात कर लिया जाता है। आड़ी दिशा में ढाल ज्ञात करने के लिये एक फीते को क्षैतिज तान कर एक अशांकित (graduated) मापनी छड़ द्वारा फीते की धरातल से ऊर्ध्व ऊंचाई ज्ञात कर लेते हैं। अशांकित छड़ तक की क्षैतिज लम्बाई फीते पर पढ़ी जा सकती है। क्षैतिज दूरी व ऊर्ध्व ऊंचाई का अनुपात (र : 1) आड़ी दिशा में ढाल होगा। यह अनुपात एक अन्य प्रकार से भी ज्ञात किया जा सकता है। लकड़ी की एक हल्की सी छड़ क्षैतिज रखी जाती है तथा इसके क्षैतिज होने की जांच इसके मध्य में स्प्रिढ लेबल रखकर कर ली जाती है। फिर दूसरे सिरे की भूमि से ऊंचाई अशांकित छड़ द्वारा पढ़कर ढाल का अनुपात ज्ञात किया जा सकता है (चित्र 7-13)।

अनुप्रस्थ ढाल के कोण की स्पज्या (tangent) टेन्जेन्ट क्लीनोमीटर (tangent clinometer) या घाट ट्रेसर (Ghat Tracer) द्वारा पढ़ कर उसका प्रतिलोम (inverse) ज्ञात किया जा सकता है फिर ढाल, क्षैतिज : ऊर्ध्व का मान ज्ञात किया जा सकता है।

$$\text{स्प } \theta = \frac{\text{लम्ब}}{\text{आधार}} = \frac{\text{ऊर्ध्व}}{\text{क्षैतिज}} = \frac{1}{\text{र}} = 1 : \text{र}, \text{ स्प } \theta \text{ का प्रतिलोम (inverse)} = \frac{\text{र}}{1} = \text{र} : 1$$

इस प्रकार यदि नापने पर ढाल के कोण θ की स्पज्या ·1 पढ़ी जाय तो स्प θ = ·1 = 1/10 = 1 : 10 = ऊर्ध्व : क्षैतिज, स्प θ का प्रतिलोम 10/1 तथा ढाल का अनुपात क्षैतिज : ऊर्ध्व = र : 1 = 10 : 1।

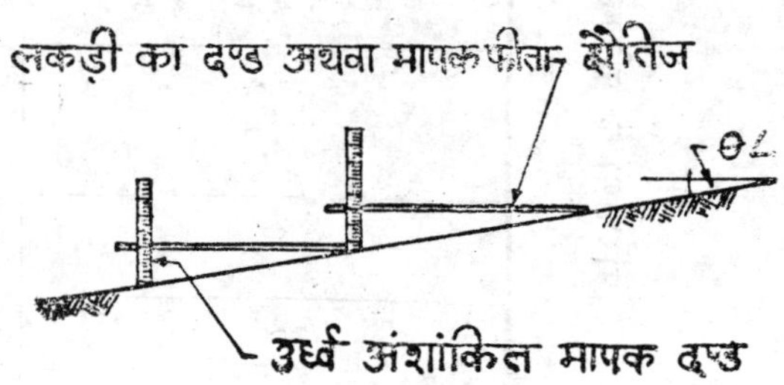

चित्र 7-13

मिट्टी के कार्य का प्राक्कलन करने के लिये मार्ग रेखा पर निश्चित अन्तर पर अनुप्रस्थ खंड लेते हैं। इन खण्डों के बीच भूमि तल समान माना जाता है हर खंड का परिमाण अलग-अलग ज्ञात करके जोड़ देने पर पूरा परिमाण ज्ञात हो जाता है।

अनुप्रस्थ खंड का क्षेत्रफल (Cross Sectional Area)

पहली स्थिति—पूर्णतः भराव या पूर्णतः कटाव में (Fully in banking or fully in cutting)—

भूमि में अनुप्रस्थ (transverse) या आड़ी दिशा में ढाल (cross slope) = र : 1 (र क्षैतिज, 1 ऊर्ध्व

भराव या कटाव में पार्श्व ढाल = ढ : 1 (ढ क्षैतिज, 1 ऊर्ध्व)

काट के मध्य में भराव की ऊंचाई या कटाई की गहराई = ग, आधी निर्माण चौड़ाई = च।

चित्र 7-14 तथा 7-15 में बिन्दु ज निर्धारित मार्ग की मध्य रेखा प्रदर्शित करता है।

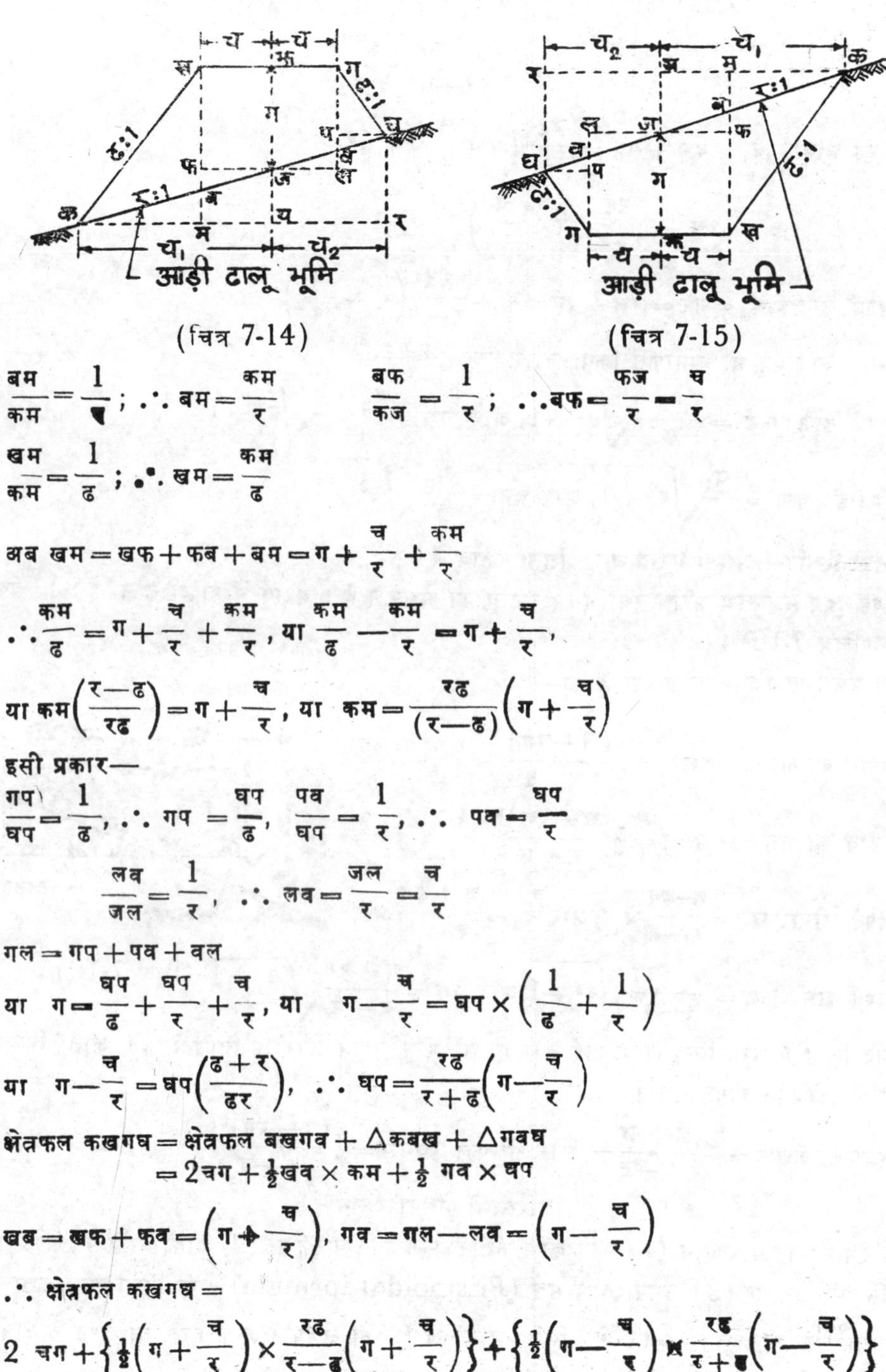

(चित्र 7-14) (चित्र 7-15)

$$\frac{\text{बम}}{\text{कम}}=\frac{1}{\text{र}};\ \therefore \text{बम}=\frac{\text{कम}}{\text{र}} \qquad \frac{\text{बफ}}{\text{कज}}=\frac{1}{\text{र}};\ \therefore \text{बफ}=\frac{\text{फज}}{\text{र}}=\frac{\text{च}}{\text{र}}$$

$$\frac{\text{खम}}{\text{कम}}=\frac{1}{\text{ढ}};\ \therefore \text{खम}=\frac{\text{कम}}{\text{ढ}}$$

$$\text{अब खम}=\text{खफ}+\text{फब}+\text{बम}=\text{ग}+\frac{\text{च}}{\text{र}}+\frac{\text{कम}}{\text{र}}$$

$$\therefore \frac{\text{कम}}{\text{ढ}}=\text{ग}+\frac{\text{च}}{\text{र}}+\frac{\text{कम}}{\text{र}},\ \text{या}\ \frac{\text{कम}}{\text{ढ}}-\frac{\text{कम}}{\text{र}}=\text{ग}+\frac{\text{च}}{\text{र}},$$

$$\text{या कम}\left(\frac{\text{र}-\text{ढ}}{\text{रढ}}\right)=\text{ग}+\frac{\text{च}}{\text{र}},\ \text{या}\ \text{कम}=\frac{\text{रढ}}{(\text{र}-\text{ढ})}\left(\text{ग}+\frac{\text{च}}{\text{र}}\right)$$

इसी प्रकार—

$$\frac{\text{गप}}{\text{घप}}=\frac{1}{\text{ढ}},\ \therefore \text{गप}=\frac{\text{घप}}{\text{ढ}},\quad \frac{\text{पव}}{\text{घप}}=\frac{1}{\text{र}},\ \therefore \text{पव}=\frac{\text{घप}}{\text{र}}$$

$$\frac{\text{लव}}{\text{जल}}=\frac{1}{\text{र}},\ \therefore \text{लव}=\frac{\text{जल}}{\text{र}}=\frac{\text{च}}{\text{र}}$$

$$\text{गल}=\text{गप}+\text{पव}+\text{वल}$$

$$\text{या}\ \text{ग}=\frac{\text{घप}}{\text{ढ}}+\frac{\text{घप}}{\text{र}}+\frac{\text{च}}{\text{र}},\ \text{या}\ \text{ग}-\frac{\text{च}}{\text{र}}=\text{घप}\times\left(\frac{1}{\text{ढ}}+\frac{1}{\text{र}}\right)$$

$$\text{या}\ \text{ग}-\frac{\text{च}}{\text{र}}=\text{घप}\left(\frac{\text{ढ}+\text{र}}{\text{ढर}}\right),\ \therefore \text{घप}=\frac{\text{रढ}}{\text{र}+\text{ढ}}\left(\text{ग}-\frac{\text{च}}{\text{र}}\right)$$

$$\text{क्षेत्रफल कखगघ}=\text{क्षेत्रफल बखगव}+\triangle\text{कबख}+\triangle\text{गवघ}$$
$$=2\text{चग}+\tfrac{1}{2}\text{खव}\times\text{कम}+\tfrac{1}{2}\,\text{गव}\times\text{घप}$$

$$\text{खव}=\text{खफ}+\text{फव}=\left(\text{ग}+\frac{\text{च}}{\text{र}}\right),\ \text{गव}=\text{गल}-\text{लव}=\left(\text{ग}-\frac{\text{च}}{\text{र}}\right)$$

$\therefore$ क्षेत्रफल कखगघ =

$$2\ \text{चग}+\left\{\tfrac{1}{2}\left(\text{ग}+\frac{\text{च}}{\text{र}}\right)\times\frac{\text{रढ}}{\text{र}-\text{ढ}}\left(\text{ग}+\frac{\text{च}}{\text{र}}\right)\right\}+\left\{\tfrac{1}{2}\left(\text{ग}-\frac{\text{च}}{\text{र}}\right)\times\frac{\text{रढ}}{\text{र}+\text{ढ}}\left(\text{ग}-\frac{\text{च}}{\text{र}}\right)\right\}$$

$$= 2\ \text{चग} + \left\{\tfrac{1}{2}\frac{\text{रढ}}{\text{र}-\text{ढ}}\left(\text{ग} + \frac{\text{च}}{\text{र}}\right)^2\right\} + \left\{\tfrac{1}{2}\frac{\text{रढ}}{\text{र}+\text{ढ}}\left(\text{ग} - \frac{\text{च}}{\text{र}}\right)^2\right\}$$

$$= \frac{\text{ढच}^2 + 2\ \text{र}^2\text{चग} + \text{र}^2\text{ढग}^2}{\text{र}^2 - \text{ढ}^2} = \frac{\text{ढच}^2 + \text{र}^2(2\ \text{चग} + \text{ढग}^2)}{\text{र}^2 - \text{ढ}^2}$$

पार्श्व चौड़ाई $\text{च}_1 = \text{कम} + \text{मय} = \frac{\text{रढ}}{\text{र}-\text{ढ}}\left(\text{ग} + \frac{\text{च}}{\text{र}}\right) + \text{च}$

$$= \text{च} + \frac{\text{रढ}}{\text{र}-\text{ढ}}\left(\text{ग} + \frac{\text{च}}{\text{र}}\right)$$

पार्श्व चौड़ाई $\text{च}_2 = \text{यर} = \text{जल} + \text{लघ} = \text{च} + \frac{\text{रढ}}{\text{र}+\text{ढ}}\left(\text{ग} - \frac{\text{च}}{\text{र}}\right)$

इसी प्रकार यह भी प्रमाणित किया जा सकता है कि—

पार्श्व ढाल $\text{कख} = \frac{\text{च}_1 - \text{च}}{\text{ढ}}\sqrt{\text{ढ}^2 + 1}$, और $\text{गघ} = \frac{\text{च}_2 - \text{च}}{\text{ढ}}\sqrt{\text{ढ}^2 + 1}$

लम्बाई $\text{कज} = \frac{\text{च}_1}{\text{र}}\sqrt{\text{र}^2 + 1}$, और $\text{घज} = \frac{\text{च}_2}{\text{र}}\sqrt{\text{र}^2 + 1}$

दूसरी स्थिति—अंशतः भराव तथा अंशतः कटाव में—

खण्ड दृश्य में कखभ भराव तथा घगभ कटाव का क्षेत्रफल है। भराव में पार्श्व ढाल ढ : 1 तथा कटाव में ड : 1 है (चित्र 7-16)।

यह प्रमाणित किया जा सकता है कि—

भराव का क्षेत्रफल $\text{कखभ} = \frac{(\text{च} - \text{रग})^2}{\text{र} - \text{ढ}}$

कटाव का क्षेत्रफल $\text{घगभ} = \tfrac{1}{2}\frac{(\text{च} + \text{रग})^2}{\text{र} - \text{ड}}$

पार्श्व चौड़ाई $\text{च}_1 = \frac{\text{च} - \text{ढग}}{\text{र} - \text{ढ}} \times \text{र}$, और $\text{च}_2 = \frac{\text{च} + \text{डग}}{\text{र} - \text{ड}} \times \text{र}^2$

पार्श्व ढाल $\text{कख} = \frac{\text{च} - \text{रग}}{\text{र} - \text{ढ}}\sqrt{\text{ढ}^2 + 1}$ और $\text{गघ} = \frac{\text{च} + \text{रग}}{\text{र} - \text{ड}}\sqrt{\text{ढ}^2 + 1}$ (चित्र 7-16)

यदि बिन्दु भ मध्य बिन्दु झ के दाईं ओर हो तो भी क्षेत्रफल उपरोक्त विधि से ही ज्ञात किया जायगा, केवल चिन्हों में परिवर्तन होगा, अर्थात्

क्षेत्रफल $\text{कखभ} = \tfrac{1}{2}\frac{(\text{च} + \text{रग})^2}{\text{र} - \text{ढ}}$, और क्षेत्रफल $\text{घगभ} = \tfrac{1}{2}\frac{(\text{च} - \text{रग})^2}{\text{र} - \text{ड}}$

परिमाणों का परिकलन

परिमाणों का परिकलन (1) मध्य खण्ड का क्षेत्रफल ज्ञात करके या (2) दोनों सिरों पर खण्डों के क्षेत्रफल का औसत निकाल कर या (3) समपार्श्वभ सूत्र (Prismoidal formula) द्वारा किया जा सकता है।

साधारणतः प्राक्कलन बनाने के लिये मध्य खण्ड का क्षेत्रफल ज्ञात करके या खण्ड के दोनों सिरों के क्षेत्रफल की औसत निकाल कर मिट्टी के काम के परिमाण का परिकलन किया जाता है।

1. मध्य खंड का क्षेत्रफल ज्ञात करके परिकलन की विधि (Mid-sectional area method)—

यदि सड़क के भाग के दोनों सिरों पर भराव की ऊंचाई या कटाव की गहाराई $ग_1$ तथा $ग_2$ हो तो औसत ऊंचाई या गहराई $ग = \frac{ग_1 + ग_2}{2}$

यदि भाग के दोनों सिरों पर भूमि की आड़ी दिशा में ढाल (cross slope) $र_1$ तथा $र_2$ हो तो औसत हरात्मक ढाल (mean harmonic slope) $र = \frac{2र_1र_2}{र_1 + र_2}$

ग तथा र का मान ज्ञात करके मध्य खंड का क्षेत्रफल $क्ष_म$ ज्ञात किया जा सकता है। फिर परिमाण निकालने के लिये $क्ष_म$ को लम्बाई से गुणा कर देते हैं। परिमाण $= क्ष_म \times ल$।

सामान्यतया यह मान लिया जाता है कि दोनों सिरों पर आड़ी दिशा में ढाल एक समान है तथा $र_1 = र_2$

2. औसत अनुप्रस्थ क्षेत्रफल ज्ञात करके परिकलन की विधि (Mean sectional area method)—

सड़क के भाग के दोनों सिरों का अनुप्रस्थ क्षेत्रफल निकाल कर क्षेत्रफल का औसत ज्ञात करते हैं। इस औसत अनुप्रस्थ क्षेत्रफल को सड़क के भाग की लम्बाई से गुणा करने पर मिट्टी के काम का परिमाण ज्ञात हो जाता है। परिमाण $= \frac{1}{2}(क्ष_1 + क्ष_2) \times ल$। इस विधि में औसत ढाल या औसत हरात्मक ढाल (mean harmonic slope) ज्ञात करने की आवश्यकता नहीं होती।

समपार्श्वभ सूत्र (Prismoidal formula)—

भाग के दोनों सिरों का अनुप्रस्थ क्षेत्रफल $क्ष_1$ तथा $क्ष_2$ औसत ग तथा मध्य खण्ड का क्षेत्रफल $क्ष_म$ ज्ञात करके सूत्र, परिमाण $= \frac{ल}{6}\left(क्ष_1 + क्ष_2 = 4 \times क्ष_म\right)$ द्वारा मिट्टी के काम का परिमाण ज्ञात किया जा सकता है।

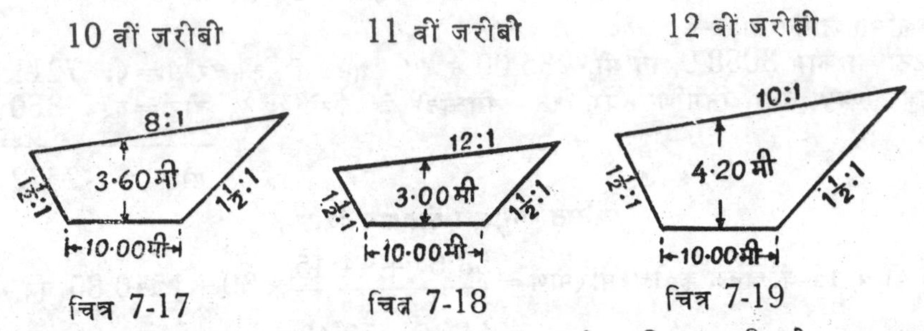

चित्र 7-17 चित्र 7-18 चित्र 7-19

उदाहरण 9—आड़ी दिशा में ढालू (side long) पहाड़ी भूमि पर मिट्टी काट कर एक सड़क बनाना है। 10 वीं व 12 वीं चेनेज के बीच दो चेन (chain) लम्बे भाग में मिट्टी के काम का परिमाण ज्ञात करिये। चेन 30 मी. लम्बी है।

10 वीं चेनेज पर सड़क के मध्य में कटाव की गहराई 3·60 मी. तथा आड़ी दिशा में भूमि का ढाल (cross slope) 8 : 1 (क्षैतिज : ऊर्ध्व) है।

11 वीं चेनेज पर सड़क के मध्य में कटाव की गहराई 3·00 मी. तथा आड़ी दिशा में भूमि का ढाल 12 : 1 (क्षैतिज : ऊर्ध्व) है।

12 वीं चेनेज पर सड़क के मध्य में कटाव की गहराई 4·20 मी. तथा आड़ी दिशा में भूमि का ढाल 10 : 1 (क्षैतिज : ऊर्ध्व) है।

निर्माण चौड़ाई (formation width) 10 मी. तथा कटाई का पार्श्व ढाल $1\frac{1}{2} : 1$ (क्षैतिज : ऊर्ध्व) है।

यदि मिट्टी की खुदाई की दर 235·00 रु० % घन मी. हो तो मिट्टी के काम की लागत का प्राक्कलन करिये।

अनुप्रस्थ क्षेत्रफल ज्ञात करने के लिये सूत्र—$क्ष = \dfrac{ढ \times च^2 + र^2\,(2चग + ढग^2)}{र^2 - ढ^2}$

$ढ = 1\frac{1}{2}, \quad च = \dfrac{10}{2} = 5{\cdot}00$मी.

10 वीं चेनेज पर अनुप्रस्थ क्षेत्रफल

$$क्ष_{10} = \frac{(1\frac{1}{2} \times 5^2) + 8^2\,(2 \times 5 \times 3{\cdot}6 + 1\frac{1}{2} \times 3{\cdot}6^2)}{8^2 - 1\frac{1}{2}^2} = 58{\cdot}67 \text{ वर्ग मी.}$$

11 वीं चेनेज पर अनुप्रस्थ क्षेत्रफल

$$क्ष_{11} = \frac{(1\frac{1}{2} \times 5^2) + 10^2(2 \times 5 \times 3{\cdot}0 + 1\frac{1}{2} \times 3^2)}{12^2 - 1\frac{1}{2}^2} = 44{\cdot}45 \text{ वर्ग मी.}$$

12 वीं चेनेज पर अनुप्रस्थ क्षेत्रफल

$$क्ष_{12} = \frac{(1\frac{1}{2} \times 5^2) + 10^2(2 \times 5 \times 4{\cdot}2 + 1\frac{1}{2} \times 4{\cdot}2^2)}{10^2 - 1\frac{1}{2}^2} = 70{\cdot}42 \text{ वर्ग मी.}$$

समपार्श्वाभ सूत्र (Prismoidal Formula) विधि

समपार्श्वाभ सूत्र द्वारा मिट्टी के काम का आयतन या

$$परिमाण = \frac{ल}{6}\left(क्ष_1 + क्ष_2 + 4 \times क्ष_म\right) = \frac{ल}{6}\left(क्ष_{10} + क्ष_{12} + 4 \times क्ष_{11}\right)$$

$$= \frac{60}{6}\left(58{\cdot}67 + 70{\cdot}42 + 4 \times 44{\cdot}45\right) = 3068{\cdot}9 \text{ घन मी.}$$

प्राक्कलित लागत सार—

मिट्टी का काम 3068 9 घन मी. 235·00 रु. % घन मी. की दर से = रु.	7211·92
फुटकर व्यय तथा निर्माण प्रभारित सिब्बंदी के लिये 5% जोड़ें = रु.	360·60
योग ···	7572·52

औसत अनुप्रस्थ क्षेत्रफल विधि

10 वीं व 11 वीं चेनेज के बीच परिमाण $= \dfrac{58{\cdot}67 + 44{\cdot}45}{2} \times 30 = 1546{\cdot}80$ घन मी.

11 वीं व 12 वीं चेनेज के बीच परिमाण $= \dfrac{44{\cdot}45 + 70{\cdot}42}{2} \times 30 = 1723{\cdot}05$ घन मी.

योग ··· 3269·85 घन मी.

प्राक्कलित लागत सार सामान्य ढंग से बनाया जा सकता है।

ध्यान दें कि समपार्श्वाभ सूत्र विधि से अधिक यथार्थ परिमाण ज्ञात होता है। व्यवहार में परिमाण निकालने के लिये औसत अनुप्रस्थ क्षेत्रफल विधि अपनाई जा सकती है।

उदाहरण 10—आड़ी दिशा में ढालू भूमि पर बनने वाली एक पहाड़ी सड़क के 5 से 10 चेनेज तक 200 मीटर लम्बे भाग में मिट्टी के काम का परिमाण ज्ञात करिये। घाट ट्रेसर (ghat tracer) द्वारा नापे गये अनुप्रस्थ ढाल के कोण की स्पज्या (tangent of the angle of transverse slope) 0·1 है। चेनेज की लम्बाई 20 मी है। सड़क की निर्माण चौड़ाई (formation width) 7 मीटर तथा भराव का पार्श्व ढाल (side slope) 2 : 1 है। सड़क के मध्य में भूमितल तथा निर्माण (formation level) के समन्वित तल (R. L.) निम्नलिखित हैं।

जरीबी	दूरी	भूमि का समन्वित तल	निर्माण रेखा का समन्वित तल
5	100 मी	200 00	201·20
6	120 मी	199·75	201·80
7	140 मी	200·50	202·40
8	160 मी	201·70	203·00
9	180 मी	202·40	203·60
10	200 मी	201·50	204·20

यदि मिट्टी के काम की दर 235·00 रु. प्रति % घन मी. हो तो मिट्टी के काम की प्राक्कलित लागत सार निकालिये।

हर स्टेशन पर निर्माण रेखा के समन्वित तल में से भूमि का समन्वित तल घटा कर उस स्थान पर भराव की ऊंचाई निकाल लेते हैं तथा तालिका बद्ध रूप में परिमाण ज्ञात कर लेते हैं।

स्पज्या θ = ·1, पार्श्व ढाल का अनुपात क्षैतिज : ऊर्ध्व = 1 : 0·1 = 10 : 1

माप का विवरण तथा परिमाणों का परिकलन

च = 3·50 ढ = 2 र = 10

चेनेज या स्टेशन	भराव का ऊ. समन्वित तलों का अन्तर मी.	अनुप्रस्थ क्षेत्रफल $= \frac{ढ \times च^2 + र^2(2चग + ढग^2)}{र^2 - ढ^2}$ वर्ग मी.	औसत अनुप्रस्थ क्षेत्रफल	दूरी व. मी.	परिमाण घन मी.
1	2	3	4	5	6
5	1·20	$\frac{(2\times3{\cdot}5^2)+10^2(2\times3{\cdot}5\times1{\cdot}20+2\times1{\cdot}20^2)}{10^2-2^2}=12{\cdot}00$	—	—	—
6	2·05	$\frac{(2\times3{\cdot}5^2)+10^2(2\times3{\cdot}5\times2{\cdot}05+2\times2{\cdot}05^2)}{10^2-2^2}=23{\cdot}96$	17·98	20मी.	359·60
7	1·90	$\frac{(2\times3{\cdot}5^2)+10^2(2\times3{\cdot}5\times1{\cdot}90+2\times1{\cdot}90^2)}{10^2-2^2}=21\ 63$	22·80	20मी.	456·00
8	1·30	$\frac{(2\times3{\cdot}5^2)+10^2(2\times3{\cdot}5\times1{\cdot}30+2\times1{\cdot}30^2)}{10^2-2^2}=13{\cdot}26$	17·45	20मी.	349·00
9	1·20	$\frac{(2\times3{\cdot}5^2)+10^2(2\times3{\cdot}5\times1{\cdot}20+2\times1{\cdot}20^2)}{10^2-2^2}=12{\cdot}00$	12·63	20मी.	252·60
10	2·70	$\frac{(2\times3{\cdot}5^2)+10^2(2\times3{\cdot}5\times2{\cdot}70+2\times2{\cdot}70^2)}{10^2-2^2}=35{\cdot}13$	23·57	20मी.	471·40

योग .. 1888·60 घन मी.

प्राक्कलित लागत सार

मिट्टी का काम	1888·60 घन मी. @ 235·00% घन मी.	रु. 4488·21
फुटकर व्यय तथा निर्माण प्रभारित सिब्बंदी के लिये 5% जोड़	... ...	221·91
	योग ...	रु. 4660·12

टिप्पणी—यह उदाहरण मध्य खंड क्षेत्रफल विधि (mid-sectional area method) द्वारा भी हल किया जा सकता है। इस विधि द्वारा हल करने के लिये स्तभ 2 के बाद एक स्तंभ औसत 'ग' के लिये बनाया जाता है तथा इस स्तंभ में दो क्रमिक (consecutive), 'ग' का औसत लिखा जाता है। इस विधि में औसत अनुप्रस्थ क्षेत्रफल ज्ञात करने की आवश्यकता नहीं है तथा तालिका में से स्तंभ 4 हटाया जा सकता है।

यदि प्रत्येक स्टेशन (station) पर भूमि का अनुप्रस्थ ढाल भिन्न-भिन्न हो तो औसत हरात्मक ढाल (mean harmonic slope) $र = \frac{2र_1 \times र_2}{र_1 \times र_2}$ के लिये एक और स्तंभ बनाया जा सकता है।

उदाहरण 11—पहाड़ी क्षेत्र में बनने वाली एक सड़क की निर्माण चौड़ाई भराव में 10 मीटर तथा कटाव में 8 मीटर है। भराव में पार्श्व ढाल 2 : 1 तथा कटाव में $1\frac{1}{2}$: 1 है। 30 मीटर के अन्तर पर भूमितल से सड़क की मध्य रेखा तक भराव की ऊंचाई या कटाव की गहराई तथा आड़ी दिशा में भूमि का ढाल (cross slope) नीचे दिये गये हैं। 210 मीटर लम्बे भाग का मिट्टी के काम का परिमाण ज्ञात करिये।

जरीबी	कटाव की गहराई	भराव की ऊंचाई	आड़ी दिशा में भूमि का ढाल
0 मी.	60 सेमी.	—	10 : 1
30 मी.	70 सेमी.	—	12 : 1
60 मी.	50 सेमी.	—	15 : 1
90 मी.	40 सेमी.	—	12 : 1
120 मी.	—	70 सेमी.	10 : 1
150 मी.	—	60 सेमी.	15 : 1
180 मी.	—	80 सेमी.	12 : 1
210 मी.	—	90 सेमी.	10 : 1

90 मी. तथा 120 मी. चेनेज के बीच में सड़क शून्य से होकर जाती है तथा उसमें कटाव के बजाय भराव आरम्भ हो जाता है।

90 मीटर चेनेज से शून्य बिन्दु की दूरी य—

$\frac{य}{\cdot 4} = \frac{30 - य}{\cdot 7}$; या 1·1 य = 12 य, या य = 11 मी. लगभग

120 मी. चेनेज से शून्य बिन्दु की दूरी = 30—11 = 19 मी.

भूमि का शून्य बिंदु पर औसत हरात्मक आड़ी ढाल $र = \frac{2र_1 \times र_2}{र_1 + र_2} = \frac{2 \times 12 \times 10}{12 + 10} = 11$ लगभग

शून्य बिंदु पर आधी सड़क में कटाव तथा आधी में भराव होगा, ग = 0 तथा निर्माण चौड़ाई 10 मी. मानी जा सकती है, अर्थात च = 5 मी

शून्य बिन्दु पर कटाव वाले भाग का अनुप्रस्थ क्षेत्रफल $= \frac{1}{2} \times \frac{च^2}{र—ड} = \frac{1}{2} \times \frac{5^2}{11—1\frac{1}{2}} = \frac{25}{19} = 1·30$ वर्गमी.

शून्य बिन्दु पर भराव वाले भाग का अनुप्रस्थ क्षेत्रफल $= \frac{1}{2} \frac{च^2}{र—ढ} = \frac{1}{2} \times \frac{5^2}{11—2} = \frac{25}{18} = 1·40$ वर्गमी.

परमाणों का परिकलन (उदाहरण 11)

कटाव में च $= 4$ म., भराव में च $= 5$ मी., कटाई में ढ $= 1\frac{1}{2}$, भराव में ढ $= 2$

चेनेज (chainage) मी.	भराव की ऊं. ग्रा कटाव की ग. ग मी.	आड़ी दिशा में भूमि का ढाल र	अनुप्रस्थ क्षेत्रफल $= \frac{ढ \times च^2 + र^2(2चग + ढग^2)}{र^2—ढ^2}$ वर्ग मी.	औसत अनुप्रस्थ क्षेत्रफल वर्ग मी.	दूरी ल मी.	परिमाण कटाव घन मी.	परिमाण भराव घन मी.
0	-·60	10	$\frac{(1\frac{1}{2} \times 4^2) + 10^2(2 \times 4 \times ·6 + 1\frac{1}{2} \times ·6^2)}{10^2—1\frac{1}{2}^2} = 5·71$	...	...	...	...
30	-·70	12	$\frac{(1\frac{1}{2} \times 4^2) + 12^2(2 \times 4 \times ·7 + 1\frac{1}{2} \times ·7^2)}{12^2—1\frac{1}{2}^2} = 6·60$	6 155	30	184·65	...
60	-·50	15	$\frac{(1\frac{1}{2} \times 4^2) + 15^2(2 \times 4 \times ·5 + 1\frac{1}{2} \times ·5^2)}{15^2—1\frac{1}{2}^2} = 4·54$	5·570	30	167·10	...
90	-·40	12	$\frac{(1\frac{1}{2} \times 4^2) + 12^2(2 \times 4 \times ·4 + 1\frac{1}{2} \times ·4^2)}{12^2—1\frac{1}{2}^2} = 3·66$	4·100	30	123·00	...
कटाव से भराव में	0	11	* कटाव वाले भाग का अनुप्रस्थ क्षेत्रफल $= \frac{1}{2} \frac{च^2}{र—ड} = \frac{1}{2} \times \frac{5^2}{11—1\frac{1}{2}} = 1·30$ भराव वाले " " " $= \frac{1}{2} \frac{च^2}{र—ढ} = \frac{1}{2} \times \frac{·5^2}{11—2} = 1·40$	2·480	11	27·28	...
120	·70	10	$\frac{(2 \times 5^2) + 10^2(2 \times 5 \times ·7 + 2 \times ·7^2)}{10^2—2^2} = 8·83$	5·115	19	...	97·19
150	·60	15	$\frac{(2 \times 5^2) + 15^2(2 \times 5 \times ·6 + 2 \times ·6^2)}{15^2—2^2} = 7·07$	7·950	30	...	238·50
180	·80	12	$\frac{(2 \times 5^2) + 12^2(2 \times 5 \times ·8 + 2 \times ·8^2)}{12^2—2^2} = 9·90$	8·485	30	...	254·55
210	·90	10	$\frac{(2 \times 5^2) + 10^2(2 \times 5 \times ·9 + 2 \times ·9^2)}{10^2—2^2} = 11·58$	10·740	30	...	322·20
					योग ...	502·03 घन मी.	912·44 घन मी

*शून्य पर औसत हरात्मक ढाल है (mean harmonic slope) 11 है।

राशी सूची

मिट्टी का कटाव—502·03 घन मी०

मिट्टी का भराव—912·44 घन मी०

उदाहरण 12—आड़ी दिशा में ढालू भूमि पर अंशतः कटाव तथा अंशतः भराव में एक सड़क बनानी है। सड़क की निर्माण चौड़ाई 10 मीटर, आड़ी दिशा में भूमि का ढाल 6 : 1, भराव में पार्श्व ढाल 2 : 1, तथा कटाव में $1\frac{1}{2}$: 1 तथा सड़क के मध्य में हर जगह में कटाव की गहराई 45 सेमी है। सड़क के 200 मी लम्बे भाग में मिट्टी के भराव तथा कटाव का परिमाण ज्ञात करिये।

यदि मिट्टी के काम की दर 235·00 रु० % घन मी हो तो सड़क की निर्माण तह बनाने की लागत ज्ञात करिये।

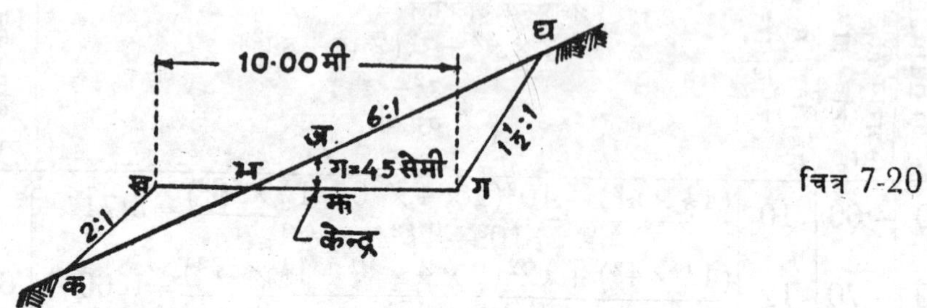

चित्र 7-20

च = $^{10}/_2$ = 5, ग = ·45, ढ = 2, ड = $1\frac{1}{2}$, र = 6

कटाव—

कटाव वाले भाग का अनुप्रस्थ क्षेत्रफल $= \frac{1}{2}\frac{(च+र\times ग)^2}{र—ग} = \frac{1}{2}\times\frac{(5+6\times\cdot45)^2}{6—1\frac{1}{2}} = 6\cdot59$ वर्ग मी.

∴ मिट्टी की कटाव का परिमाण = 6·59 × 200 = 1318·0 घन मी.

भराव—

भराव वाले भाग का अनुप्रस्थ क्षेत्रफल $= \frac{1}{2}\frac{(क—र\times ग)^2}{र—ड} = \frac{1}{2}\frac{(5—6\times\cdot45)^2}{6—2} = 0\cdot66$ वर्ग मी०

∴ मिट्टी के भराव का परिमाण = 0·66 × 200 = 132·0 घन मी.

खुदाई में निकली हुई मिट्टी ही सड़क के दूसरी ओर भराव (banking) में डाली जायगी तथा खोदी हुई मिट्टी का परिमाण भराव के परिमाण से अधिक है अतः प्राक्कलन में केवल मिट्टी की खुदाई की लागत ली जायगी।

प्राक्कलित लागत सार (Abstract of Cost)—

मिट्टी की खुदाई······1318 घन मी. @ 235·00% घन मी. की दर से =	रु० 3097·30
फुटकर व्यय तथा निर्माण प्रभारित सिब्बन्दी के लिये 5% जोड़ें =	रु० 154·86
योग ···	रु० 3252·16

पक्की सड़क (Metalled Road) का प्राक्कलन

सामान्यतः सड़क पर सोलिंग आस्तरण (soling coat), मध्य आस्तरण (inter coat) तथा ऊपरी आस्तरण (top coat) तीन तहों में रोड़ी (metalling) डाली जाती है। रोड़ी पत्थर के (stone ballast), ईंट के कंकड़ आदि की होती है। मध्य तथा ऊपरी तह में रोड़ी की 12 सेमी मोटी तह बिछा कर

इतना कूटा जाता है कि उसकी मोटाई 8 सेमी रह जाय। आधार तह पट (flat brick) या खड़ी ईंट की या पत्थर के गोलाश्मों (boulders) की बनाई जाती है। यदि अवभूमि (sub soil) अच्छी हो तो आधार तह मध्य तह या ऊपरी तह के समान बनाई जा सकती है अन्यथा आधार तह अधिक मोटी होना चाहिये। ऊपरी तह बिटुमेन या सीमेंट कंक्रीट की भी हो सकती है।

उदाहरण 1—3·70 मीटर चौड़ी मैकेडम सड़क की 1 किलोमीटर लम्बाई में एक तह बिछाने के लिए आवश्यक रोड़ी का परिमाण ज्ञात करिये। कुटाई के बाद तह की मोटाई 8 सेमी होगी।

रोड़ी (बिना कुटी) का परिमाण = 1000 मी × 3·70 मी × 12 सेमी
= 1000 × 3·70 × ·12 = 444 घन मी

कुटाई के बाद रोड़ी का आयतन पहले से ⅓ कम हो जाता है।

उदाहरण 2—3·70 मीटर चौड़ी बिटुमेन सड़क की 1 किलोमीटर लम्बाई में बिटुमेन की पहली तह बिछाने के लिये आवश्यक सामग्री, पत्थर की ग्रिट तथा बंधक (binder) का परिमाण ज्ञात करिये।

बिटुमेन की पहली तह (1st Coat of Painting)—

1·35 घन मी ग्रिट % वर्ग मी सतह की दर से 20 मिमी आकार की पत्थर की ग्रिट का परिमाण $= 1000 \times 3{\cdot}70 \times \frac{1{\cdot}35}{100} = 49{\cdot}95 = 50$ घन मी (लगभग)

220 किग्रा बंधक % वर्ग मी सतह की दर से, कोलतार सं० 3 (Road tar no. 3) या ऐस्फाल्ट का परिमाण $\times 1000 \times 3{\cdot}70 \times \frac{220}{100} = 8140$ किग्रा = 81·40 कुन्तल = 8·14 टनी

बिटुमेन की दूसरी तह—

0·75 घन मी % वर्ग मी की दर से 12 मिमी आकार की पत्थर की ग्रिट का परिमाण = 1000 × 3·75 = $\frac{\cdot 75}{100} = 27{\cdot}75 = 28$ घन मी (लगभग)

120 किग्रा % वर्ग मी की दर से बंधक ऐस्फाल्ट का परिमाण $= 1000 = 3{\cdot}70 \times \frac{120}{100}$ = 4440 किग्रा = 44·40 कुन्तल = 4·44 टनी

बिटुमेन की पहली तह के लिये सामग्री—		बिटुमेन की दूसरी तह के लिये सामग्री—	
20 मि.मी. आधार की पत्थर की ग्रिट	50 घन मी.	12 मि. मी आधार की पत्थर की ग्रिट	28 घन मी.
ऐस्फाल्ट या कोलतार	81·40 कुन्तल	ऐस्फाल्ट	44·40 कुन्तल

उदाहरण 3—3·70 मीटर चौड़ी सड़क की 1 किलोमीटर लम्बाई में 8 सेमी मोटी सीमेंट कंक्रीट की तह बिछाने के लिये आवश्यक सीमेंट कंक्रीट का परिमाण ज्ञात करिये। रु० 220·00 प्रति घन मी की दर से कंक्रीट काय की लागत भी ज्ञात करिये।

सीमेंट कंक्रीट का परिमाण = 1000 × 3·7 × ·08 = 296 घन मी
प्रति किलोमीटर लम्बाई लागत = 296 × 220 = रु० 65120·00

उदारण 4—4·00 मी चौड़ी सड़क की 1 किलोमीटर लम्बाई में पट (flat) ईंटों की आधार तह बनाने के लिये कितनी मानक प्रमापीय (standard modular) ईंटों की आवश्यकता होगी।

∴ 55 ईंटें प्रति वर्ग मीटर की दर से पट ईंटों के आधार के लिये ईंटों की संख्या $= 1000 \times 4{\cdot}00 \times 55 = 220{,}000 = 2{\cdot}2$ लाख ईंटें ।

भूमि अर्जन (Land Acquisition)

नई सड़क के निर्माण के लिये कुछ भूमि स्थायी तथा कुछ अस्थायी रूप में अर्जित की जाती है। स्थायी भूमि (permanent land) पर तो सड़क बनाई जाती है तथा अस्थाई भूमि (temporary land) में खतान (borrowpits) को खोदकर भराव के लिये मिट्टी निकाली जाती है। सामान्यतः खतान 30 से० मी० गहरे खोदे जाते हैं। अस्थायी भूमि का क्षेत्रफल मिट्टी के काम के परिमाण के अनुसार लिया जायगा। यदि भूमि उपलब्ध न हो सके या ऊंचे दामों पर उपलब्ध हो तो खतान और अधिक गहरे खोदकर इनमें से अधिक मिट्टी निकाली जा सकती है।

उदाहरण 5—एक राज्य महामार्ग (State Highway) की 1 किलोमीटर लम्बाई के लिये 30 मी चौड़ी आवश्यक स्थायी भूमि का क्षेत्रफल ज्ञात करिये।

$$\text{स्थायी भूमि} = 1000 \times 30 = 30000 \text{ वर्ग मी०} = \frac{30000}{10000} = 3 \text{ हेक्टेयर}$$

उदाहरण 6—निम्नलिखित दिये विवरण से सड़क की एक किलोमीटर लम्बाई के लिये आवश्यक अस्थायी भूमि का क्षेत्रफल ज्ञात करिये—

निर्माण चौड़ाई = 10 मीटर, भराव की औसत ऊंचाई = 1·50 मी

पार्श्व ढाल = 2 क्षैतिज : 1 ऊर्ध्व खतान की गहराई = 30 सेमी

भराव में मिट्टी के काम का परिमाण $= (\text{च} \times \text{ग} + \text{ढ} \times \text{ग}^2) \times \text{लम्बाई}$

$$= (10 \times 1{\cdot}5 + 2 \times 1{\cdot}5^2) \times 1000 = 19{\cdot}5 \times 1000 = 19500 \text{ घन मी.}$$

$$\text{अस्थायी भूमि का क्षेत्रफल} = \frac{19500}{\text{खतान की गहराई}} = \frac{19500}{\cdot 30} = 65000 \text{ वर्ग मी०} = \frac{65000}{10000} = 6{\cdot}5 \text{ हेक्टेयर}$$

$$\text{अस्थायी भूमि की चौड़ाई} = \frac{\text{क्षेत्रफल}}{\text{लम्बाई}} = \frac{65000 \text{ वर्ग मी०}}{1000 \text{ मी०}} = 65 \text{ मी०}$$

$$\text{दोनों ओर अस्थाई भूमि की चौड़ाई} = \frac{65}{2} = 32{\cdot}50 \text{ मी०}$$

यदि खतान की गहराई बढ़ा दी जाय तो अस्थायी भूमि का क्षेत्रफल कम हो जायगा।

सेतु तथा पुलियां (Bridge and Culverts)

सेतुओं का विस्तृत प्राक्कलन अलग बनाया जाता है। पाट की प्रति मीटर लम्बाई की लागत के आधार पर पुलियों की अनुमानित लागत सड़क के प्राक्कलन में सम्मिलित कर ली जाती है। सड़क की एक किलोमीटर लम्बाई में आने वाली सब पुलियों के पाटों की कुल लम्बाई जोड़कर, पाट की प्रति मीटर लम्बाई की समुचित दर से पुलियों की लागत ज्ञात कर ली जाती है। पुलियों के निर्माण के लिये सड़क की प्रति किलोमीटर लम्बाई में इकमुश्त (lump sum) धन राशि भी रखी जा सकती है।

विविध मदें (Miscellaneous Items)

किसी नई सड़क के निर्माण के पूर्व मार्ग रेखा निर्धारण (fixing alignment), सर्वेक्षण (surveying), दागबेल डालना (dagbelling) आदि अनेक प्रारंभिक कार्य होते हैं। इन कार्यों के लिये प्राक्कलन में प्रति किलोमीटर इकमुश्त धनराशि (lump sum provision) निर्धारित कर दी जाती है।

सड़क पर किलोमीटर संकेतक पत्थर, (kilometer stone), आधा किलोमीटर के पत्थर तथा सीमा पत्थर (boundary stone) भी लगाये जाते हैं। इनके लिये प्राक्कलन में प्रति किलोमीटर इकमुश्त धनराशि निर्धारित कर दी जाती है। सीमा पत्थर प्रत्येक हेक्टोमीटर (100 मीटर) पर तथा जहां भूमि की चौड़ाई में वृद्धि या कमी हो वहां सड़क के दोनों ओर लगाये जाते हैं।

इसी प्रकार सड़क पर सड़क चिन्ह (road sign) तथा बोधक स्तंभ (direction posts) भी लगाये जाते हैं। इनके लिये भी प्राक्कलन में प्रति किलोमीटर इकमुश्त धनराशि निर्धारित कर दी जाती है।

निर्माण रेखा का तल प्रदर्शित करने वाले खंभों के लिये भी प्रति किलोमीटर इकमुश्त धनराशि निर्धारित कर दी जाती है।

निर्माण काल में सड़क पर यातायात बन्द कर देना चाहिए। इसके लिये विशाखन या सहायक मार्ग का निर्माण करना चाहिये और इनकी लागत की व्यवस्था भी प्रति किलोमीटर के हिसाब से की जाती है।

सड़क के किनारे पेड़ लगाने तथा तीन वर्ष तक उनके अनुरक्षण के लिये भी प्राक्कलन में धन की व्यवस्था होनी चाहिये।

मजदूरों की टोलियों के लिये कुटियों (gang huts), ओवरसियरों के लिये विश्राम गृह (rest house) तथा डाक बंगले (inspection house) आदि के लिये भी प्राक्कलन में व्यवस्था होनी चाहिये। इन इमारतों का विस्तृत प्राक्कलन बना कर इनकी लागत सड़क के प्राक्कलन में जोड़ी जाती है।

उदाहरण 7—एक नये राज्य महामार्ग (state highway) की एक मीटर लम्बाई का विस्तृत प्राक्कलन बनाइये। सड़क की निर्माण चौड़ाई 10 मी भराव की औसत ऊंचाई 1 मी तथा पार्श्व ढाल 2 : 1 है। सड़क की 3·70 मी. चौड़ाई पक्की है। इसमें खंड दृश्य (चित्र 7-21 के अनुसार रोड़ी की तीन तहें डाली जायेंगी।

अन्य दिये विवरण तथा समुचित दरें मान लें।

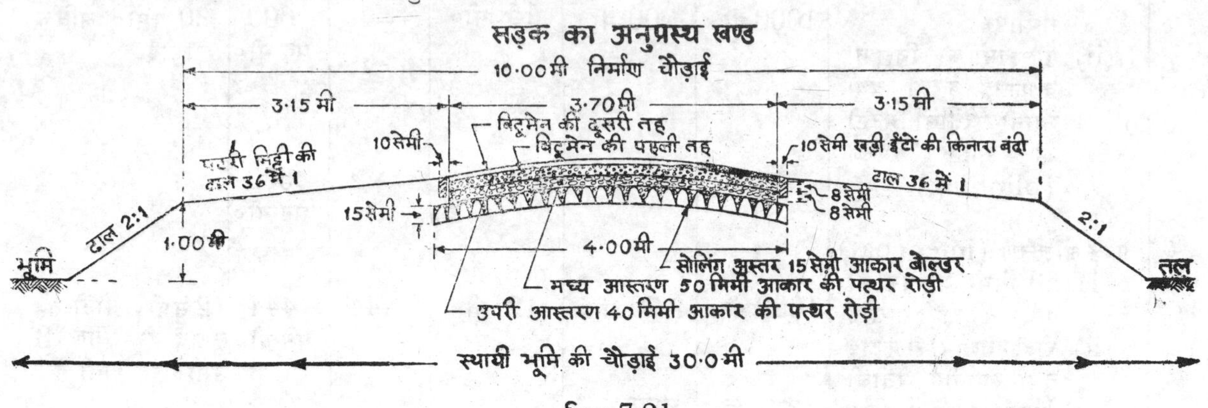

चित्र 7-21

नोट—ऊपरी तथा मध्य आस्तरण 12 सेमी ढीली तह कुटाई के बाद 8 सेमी संघनित तह।

माप का विवरण तथा परिमाणों का परिकलन (उदाहरण 7)

मद सं.	मद का विवरण	लम्बाई मी०	चौड़ाई मी०	ऊँचाई या गहराई	परिमाण	कुल परिमाण	टिप्पणी
1	सर्वेक्षण, दागबेल डालना आदि	1 किमी०	—	—	1	1 किमी०	
2	भूमि अर्जन स्थायी	1000 मी०	30 मी०	—	30000 वर्ग मी०	3 हेक्टेयर	30 मी० चौड़ाई
3	भूमि अर्जन अस्थाई	भराव में	मिट्टी के खतान	काम का की गहराई	परिमाण		मिट्टी का परिमाण मद (4) के समान
				$\frac{12000}{\cdot 30}=$	40000 वर्ग मी०	4 हेक्टेयर	खतान (borrowpit की गहराई = 30 सेमी-
4	मिट्टी का काम भराव में रोड़ी से पक्की करना	(च × ग + ढग²) ल = (10 × 1	+ 2 × 1²)	× 1000 =		12000 घन मी०	च = 10 मी० ग = 1 मी०
5	निचली सतह (subgrade) बनाना, उचित उत्तलता (camber) देना	1000 मी०	4·00 मी०	—	4000	4000 वर्ग मी०	30 सेमी० अधिक चौड़ाई
6	सोलिंग, आस्तरण (soling coat)— (i) 15 सेमी आकार के पत्थर के गोलाश्मों (boulders) की सप्लाई	1000 मी०	4·00 मी०	·15 मी०	—	600 घन मी०	30 सेमी० अधिक चौड़ाई
	(ii) गोलाश्मों का बिछाना व कुटाई करना तथा स्थानीय रेतीली मिट्टी का महीन भरण (blinding)	ऊपर के	समान			600 घन मी०	
7	मध्य आस्तरण (inter coat)- (i) 50 मिमी आकार की पत्थर की रोड़ी सप्लाई	1000 मी०	3·70 मी०	·12 मी०	444	444 घन मी०	12 सेमी० मोटी तह कुटाई के बाद 8 सेमी० रह जाती है
	(ii) रोड़ी बिछाना व कुटाई तथा स्थानीय रेतीली मिटटी से महीन भरण	ऊपर के	समान			444 घन मी०	

मद सं०	मद का विवरण	सं०	लम्बाई मी०	चौड़ाई मी०	ऊँचाई या गहराई	परिमाण	कुल परिमाण	टिप्पणी
8	ऊपरी आस्तरण (top coat)— (i) 40 मि० मी० आकार के पत्थर की रोड़ी की सप्लाई	1	1000	3·70	·12	444	444 घन मी०	12सेमी.मोटी तह कुटाई के बाद 8 सेमी रह जाती है
	(ii) पत्थर की रोड़ी बिछाना व कुटाई तथा स्थानीय रेतीली मिट्टी से महीन भरण		ऊपर के	समान			444	घन मी०
9	बर्म (Berm) या पटरी बनाना—	1	1	—	—	1	1 किमी०	
	बिटुमेन पेंटिंग							
10	सड़क कोलतार नं० 3 से पहली तह बिछाना (i) 20 मि० मी० माप की पत्थर की ग्रिट की सप्लाई 1·35 घन मी. % वर्ग मीटर की दर से	1	1000	$\times 3{\cdot}70$	$\times \frac{1{\cdot}35}{100} =$	50	50	घन मी०
	(ii) कोलतार नं० 3 की सप्लाई 220 कि. ग्रा. % वर्ग मीटर की दर से	1	1000	$\times 3{\cdot}70$	$\times \frac{220}{100} =$	8140 किग्रा	8·14	टन
	(iii) बिटुमेन का लेप तथा ग्रिट बिछाना—	1	1000	3·70	—	3700	3700	वर्ग मी०
11	दूसरी तह ऐस्फाल्ट से बिछाना (i) 12 मि० मी० आकार के पत्थर की ग्रिट की सप्लाई 0·75 घन मी. प्रति % वर्ग मीटर की दर से—	1	1000	$\times 3{\cdot}70$	$\times \frac{\cdot 75}{100} =$	27·75	28	घन मी०
	(ii) ऐस्फाल्ट की सप्लाई 120 किग्रा० प्रति% वर्ग मीटर की दर से—	1	1000	$\times 3{\cdot}70$	$\times \frac{120}{100} =$	4440 किग्रा	4·44	टन
	(iii) बिटुमेन का लेप तथा ग्रिट बिछाना	1	1000	3·70	—	3700	3700	वर्ग मी०
12	ईंटों की किनारे बंदी बनाना, ईंटों के मूल्य व श्रम सहित	1	1	—	—	—	1	कि मी.
13	पुल (छोटे) तथा पुलिया	1	1	—	—	—	1	कि मी.

मद सं०	मदों का विवरण	सं०	लम्बाई किमी.	चौड़ाई मीटर	ऊंचाई या गहराई	परिमाण	कुल परिमाण	टिप्पणी
	विविध मदें							
14	किलोमीटर, आधा किलोमीटर के पत्थर तथा सीमा के पत्थर	1	1	—	—	—	1	किमी.
15	निर्माण तल संकेतक खम्भे	1	1	—	—	—	1	किमी.
16	मार्ग निर्देशक खम्भे, चेतावनी चिन्ह आदि	1	1	—	—	—	1	किमी.
17	यातायात विशाखन (diversion), सहायक सड़क (service road) आदि	1	1	—	—	—	1	किमी.
18	पेड़ लगाना (arboriculture)	1	1	—	—	—	1	किमी.

प्राक्कलित लागत सार (उदाहरण 7)

मद सं०	मद का विवरण	परिमाण	इकाई	दर रु० पै०	प्रति	धनराशि रु० पै०
1	सर्वेक्षण, दागबेल डालना आदि	1	किमी.	250·00	किमी.	250·00
2	भूमि अर्जन स्थायी	3·00	हेक्टेयर	2500·00	हेक्टेयर	7500 00
3	भूमि अर्जन, अस्थायी	4·00	हेक्टेयर	600·00	,,	2400·00
4	मिट्टी का काम भराव में	12000	घन मी.	125·00	% घ.मी.	150000·00
5	रोड़ी से पक्का करना—(Metalling) निचली सतह बनाना (subgrade)	4000	वर्ग मी.	0·25	वर्ग मी.	1000·00
6	सोलिंग आस्तरण—					
	(i) 15 सेमी आकार के पत्थर के गोलाश्म	600	घन मी.	40·00	/ घ. मी.	24000·00
	(ii) गोलाश्म बिछाना तथा कुटाई व रेतीली मिट्टी से महीन भरण	600	,,	5·50	,,	3300·00
7	मध्य आस्तरण—					
	(i) 50 मिमी. आकार के पत्थर की रोड़ी की सप्लाई	444	,,	60·00	,,	26640·00
	(ii) रोड़ी बिछाना व कुटायी तथा रेतीली मिट्टी से महीन भरण	444	,,	6·50	,,	2886·00
8	ऊपरी आस्तरण—					
	(i) 40 मिमी. आकार के पत्थर की रोड़ी की सप्लाई	444	,,	65·00	,,	28860·00
	(ii) रोड़ी बिछाना व कुटाई तथा रेतीली मिट्टी से महीन भरण	444	,,	7·50	,,	3330·00

उदाहरण 7—क्रमशः)

मद सं०	मद का विवरण	परिमाप	इकाई	दर रू० पै०	प्रति	धनराशि रु० पै०
9	बर्म या पटरी बनाना	1	किमी.	1100·00	/कि. मी.	1100·00
	बिटुमेन पेन्टिग—					
10	सड़क कोलतार नं० 3 से बिटुमेन पहली तह बिछाना—					
	(i) 20 मिमी. आकार के पत्थर की ग्रिट की सप्लाई	50·00	घन मी.	80·00	/घ.मी.	4000·00
	(ii) सड़क कोलतार न० 3 की सप्लाई	8·14	टनी	400·00	/टनी	3256·00
	(iii) बिटुमेन पेन्ट करना, ग्रिट बिछाना तथा कुटाई करना	3700	वर्ग मी.	0·44	/वर्ग मी.	1628·00
11	ऐस्फाल्ट की दूसरी तह बिछाना—					
	(i) 12 मिमी. आकार के पत्थर की ग्रिट की सप्लाई	28·00	घन मी.	85·00	/घ.मी.	2380·00
	(ii) ऐस्फाल्ट की सप्लाई	4·44	टनी	500·00	/टनी	2200·00
	(iii) बिटुमेन पेन्ट करना, ग्रिट बिछाना तथा कुटाई करना	3700	वर्ग मी.	0·22	/वर्ग मी.	814·00
12	सड़क के दोनों ओर ईंटों की किनारे बन्दी बनाना, ईंटों के मूल्य तथा श्रम सहित—	1	किमी.	1110·00	/किमी.	1110·00
31	पुल (छोटे) तथा पुलियाँ	1	,,	25000·00	,,	25000·00
	विविध मदें —		,,			
14	किलोमीटर, आधे किलोमीटर के पत्थर तथा सीमा के पत्थर सप्लाई करना तथा लगाना	1	,,	400·00	,,	400·00
15	निर्माण तल संकेतक खम्भे	1	,,	300·00	,,	300·00
16	मार्ग दर्शक खम्बे, चेतावनी संकेत आदि	1	,,	200·00	,,	200·00
17	यातायात विशाखन, सहायक मार्ग आदि	1	,,	350·00	,,	350·00
18	पेड़ लगाना	1	,,	2500·09	,,	2500·00
					योग …	296424·00
	फुटकर व्यय के लिये 3%			…	…	8892·72
	निर्माण प्रभारित सिब्बंदी के लिये 2%			…	…	5928·48
					सम्पूर्ण योग …	311245·20

कुल प्राक्कलित लागत रु० 311245·20 प्रति किमी. होगी।

द्रष्टव्य—

दरें —निर्माण की विभिन्न मदों की दरें सड़क की स्थिति अर्थात जिस पर सड़क बनाई जानी है उससे खदान (quary) की दूरी, रेलवे स्टेशन से दूरी, रेल भाड़ा, किस प्रकार के सड़क परिवहन द्वारा वहाँ माल पहुचाया जा सकता है, लदान (loading) तथा उतराई (unloading) आदि कई बातों पर निर्भर करती है। उपरोक्त (उदाहरण 7) में औसत स्थानीय दरें ली गई हैं।

मिट्टी का काम—यदि भूमि ऊंची नीची हो तथा हर स्टेशन (station) पर भराव की ऊंचाई या कटाव की गगराई भिन्न-भिन्न हो तो तालिका बद्ध रूप में मिट्टी का परिमाण अलग ज्ञात करके वह परिमाण प्राक्कलन बनाते समय ले लिया जाता है।

सोलिंग आस्तरण (Soling coat)—सोलिंग पर पट ईंटों (flat bricks) या तोड़े हुये गोलाश्मों (split boulders) या पत्थर की रोड़ी या अधिक पकी ईंट की रोड़ी से बनाई जा सकती है। विशिष्टियों (specifications) या प्रयोग की जाने वाली सामग्री के अनुसार उनका परिमाण ज्ञात किया जा सकता है।

सड़क को चौड़ा करना (Widening)—वक्रों पर सड़क चौड़ी होने के कारण प्राक्कलन में हर मद में एक प्रतिशत जोड़ देना चाहिये।

पानी के लिये अतिरिक्त व्यय (Water allowance)—यदि सड़क की कुटाई शुष्क मौसम (dry months) में करनी हो तो पानी की व्यवस्था के लिये प्राक्कलन में इकमुश्त राशि रखी जातीं है।

मध्य तथा ऊपरी आस्तरणों—मध्य तह पत्थर की रोड़ी या अधिक पकी ईंट की रोड़ी से बनाई जा सकती है। ऊपरी तह पत्थर की रोड़ी की ही होनी चाहिये जिससे यह टिकाऊ हो। पत्थर बिटुमेन से अधिक भली भांति सयोजित रहता है।

महीन भराई की सामग्री (Blinding materials)—रोलर से बेलते समय सड़क पर मिट्टी के बजाय मूरम (moorum), या बजरी या मोटी रेत का पूरक डालने से अधिक अच्छी सतह है। प्रति सौ वर्ग मी सतह पर ·75 घन मी० पूरक डाला जाता है। 3·70 मीटर चौड़ी सड़क में प्रति किलोमीटर 27·75 घन मी (लगभग 28 घन मी) पूरक डाला जायगा। मिट्टी के बजाय मूरम या बजरी डालने में इस परिमाण पर होने वाला अतिरिक्त व्यय ज्ञात किया जा सकता है।

छोटे पुल तथा पुलिया—पुलियों तथा छोटे पुलों का विस्तृत प्राक्कलन बना कर उनकी लागत सड़क के प्राक्कलन में जोड़ देनी चाहिये। स्थूल अनुमान के लिये पुलों तथा पुलियों की लागत सड़क की प्रति किलोमीटर लम्बाई या पाटों की लम्बाई के योग के आधार पर ज्ञात की जा सकती है। पाटों की लम्बाई के आधार पर परिकलन का एक उदाहरण नीचे दिया गया है—

2 पुलियाँ × 1 मी पाट की + 3 पुलियाँ × 2 मीटर पाट की + 1 पुलिया × 3 मी पाट = 11 मी। इसे प्रति मीटर लम्बाई की दर से गुणा कर दें। मान लें प्रति मीटर पाट की दर 4000 रु० है तो पुलों व पुलियों की लागत रु० 4000 × 11 = रु० 44000 होगी।

भिन्न-भिन्न पाटों की पुलियों की दर अलग-अलग लेकर भी सब पुलियों की कुल लागत ज्ञात की जा सकती है। उदाहरणार्थ 1 मी पाट की लागत 4,000 रु० 2 मी पाट की पुलिया की लागत—7,000 रु० तथा 3 मी पाट की पुलिया की लागत 10,000 रु० मान कर कुल लागत ज्ञात की जा सकती है।

जैसे पुलिया की लागत उसपर से गुजरने वाली सड़क की चौड़ाई पर निर्भर करती है।

सेतु (Major bridges)—सेतु के लिये विस्तृत प्राक्कलन अलग बनाना चाहिये।

मजदूरों की टोलियों के लिए कुटियाँ (Gang huts)—ये कुटियाँ हर 15 किलोमीटर पर बनानी चाहिये। एक कुटिया पर लगभग 2,500 रु. लागत आती है।

ओवरसियरों का विश्राम गृह (Overseer's Rest House)—यह विश्राम गृह प्रति 30 किलोमीटर पर बनाना चाहिये। एक विश्राम गृह पर लगभग 15,000 रु. लागत आती है।

डाक बंगला (Inspection House)—प्रति 40 किलोमीटर पर एक डाक बंगला होना चाहिये। द्वितीय श्रेणी के एक डाक बंगले पर लगभग 40,000 रु. लागत आती है। महत्वपूर्ण नगरों के निकट प्रथम श्रेणी के डाक बंगले बनाना चाहिये।

सड़क की प्रति किलोमीटर लम्बाई में ईंटों की सोलिंग तह की लागत—अधिक पकी मानक प्रमापीय ईंटों (standard modular bricks) से बनी पट ईंटों की सोलिंग तह की 5·00 रु. प्रति वर्ग मी की दर से लागत = 1,000 मी × 4·00 मी × 5·00 = 20·000 रु.।

55 ईंटें प्रति वर्ग मी की दर से ईंटों की आवश्यक संख्या = 4000 × 55 = 2·2 लाख प्रति किलोमीटर।

छाना डालने (blinding) तथा सोलिंग तह में ईंट बिछाने की मजदूरी 60·00% वर्ग मी, ली जा सकती है।

उदाहरण 8—सीमेंट कंक्रीट के एक पटरी पथ (track way) का प्राक्कलन करिये। पटरी पथ (tracks) की चौड़ाई 60 सेमी तथा उनके बीच मध्य दूरी (centre to centre distance) 1·50 मीटर हैं। पटरी पथ के नीचे कंकड़ की 14 सेमी मोटी कुटी हुई तह होगी। पटरी पथ का खंड द्रष्य चित्र 7-22 में दिखाया गया है।

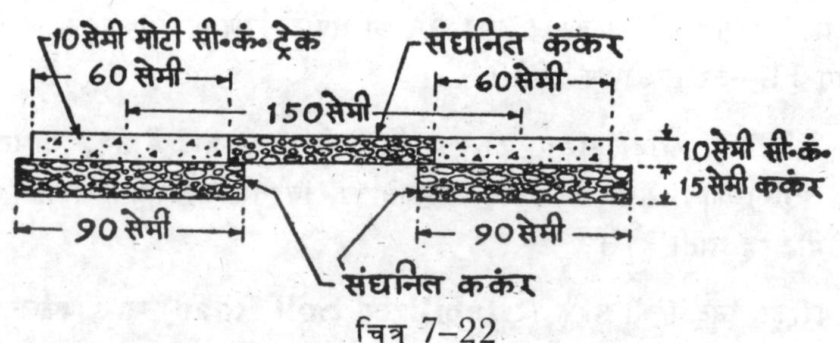

चित्र 7–22

माप का विवरण तथा परिमाणों का परिकलन (उदाहरण 8)

	विवरण	सं.	ल.	च.	ऊ.	परिमाण
1.	पटरी पथ में 1 : 2 : 4 सीमेंट कंक्रीट डालना	2	1000 मी	·60 मी	·10 मी	120 घन मी
2.	कंकड़ की रोड़ी की सप्लाई (कुटाई के लिए ⅓ आयतन अधिक ले कर)					
	सीमेंट कंक्रीट की पटरी पथ के नीचे	2	1000 मी	·90 मी	·20	370
	सीमेंट कंक्रीट की पटरीपथों के बीच में	1	1000 मी	·90 मी	·133	120
					कुल योग ···	480 घन मी
3.	कंकड़ की रोड़ी बिछाना व कूटना ऊपर के समान					480 घन मी

प्राक्कलित लागत सार

1. पटरी पथों में 1 : 2 : 4 सीमेंट कंक्रीट डालना—120 घन मी.
225·00 रु. प्रति घन मी. की दर से =रु. 27000·00
2. कंकड़ की रोड़ी की सप्लाई—480 घन मी. 40·00 रु. प्रति घन मी. की दर से =रु. 19200·00
3. कंकड़ की रोड़ी बिछाना व कूटना—480 घन मी. 6·50रु. प्रति घन मी. की दर से =रु. 3120·00

योग ... रु. 49320·00

फुटकर व्यय तथा निर्माण प्रभारित सिब्बंदी के लिये 5% जोड़ें ... ... 2466·00

संपूर्ण योग रु. 51786·00 प्रति किमी.

उदाहरण 9—एक 7 मी. चौड़ी शहरी सड़क की एक किलोमीटर लम्बाई में 2 सेमी. मोटा पूर्वमिश्रित कार्पेट (premix carpetting) डालने का प्राक्कलन बनाइये। इस कार्य के अन्तर्गत चिपकाऊ लेप (tack coat), 2 सेमी मोटा पूर्वमिश्रित कार्पेट तथा रेत का सपाट पूरण (sand flushing) लिये जायेंगे।

वर्तमान सतह (existing surface) पर चिपकाऊ लेप लगाना, उस पर 2 सेमी मोटा पूर्वमिश्रित कार्पेट (premix carpet) डालना तथा कार्पेट की सतह पर रेत का सपाट पूरण समापन करना।

1000·00 × 7·00 = 7000 वर्ग मी. रु. 5·00 प्रति वर्ग मी. की दर से = रु. 35000·00
फुटकर व्यय तथा निर्माण प्रभारित सिब्बंदी के लिये 5% जोड़ें =रु. 1750·00

योग 36750·00

द्रष्टव्य—चिपकाऊ लेप, पूर्वमिश्रित कार्पेट तथा रेत का सपाट पूरण का प्राक्कलन अलग-अलग भी बनाया जा सकता है। (अध्याय 11—दर विश्लेषण देखें)।

उदाहरण 10—3·70 मी. चौड़ी सड़क की एक किलोमीटर लम्बाई में 5% सीमेंट मिश्रित स्थिरीकृत मिट्टी (stabilized soil) की 8 सेमी. मोटी तह बिछाने का विस्तृत प्राक्कलन बनाइये। (12 सेमी. मोटी तह कुटाई के बाद 8 सेमी. रह जाती है)।

स्थिरीकृत मिट्टी की सड़क (Stabilized Soil Road) का प्राक्फलन

रु. पै.

1. समुचित उभार (camber) देकर निचली सतह (subgrade) बनाना, कुटाई व गढ़ाई (dressing) सहित 1000 × 3·70 मी. = 3700 वर्ग मी रु. 12 प्रति वर्ग मी ... ... = 444·00
2. दोनों किनारों पर मिट्टी की छोटी दीवारें (बंध) बनाना—1 किमी., रु. 90·00 प्रति किमी. ... ... = 90·00
3. स्थानाय मिट्टी खोदना, विचूर्ण करना (pulverising) तथा ढेर लगा कर एकत्र करना (कुल मिट्टी का 50%) $(1000 \times 3{\cdot}7 \times {\cdot}12) \times \frac{1}{2}$ = 222 घन मी. रु. 3·00 प्रति घन मी ... ... = 666·00

4. रेत एकत्र करना व मिट्टी के ढेर पर फैलाना (कुल मिट्टी का 50%) :—
$(1000 \times 3{\cdot}7 \times {\cdot}12)\frac{1}{2} \times 222$ घन मी. रु. 9·00 प्रति घन मी. .... = 1998·00

5. आयतन के अनुसार 5% सीमेंट
$\left(1000 \times 3{\cdot}7 \times {\cdot}12 \times \frac{5}{100}\right) = 22{\cdot}2$ घन मी $= 22{\cdot}2 \times 30 = 666$
बोरी रु. 10·50 प्रति बोरी की दर से .... = 6993·00

6. मिट्टी व रेत को सूखा मिलाना 444 घन मी. @ 0·80 प्रति घन मी. .... = 355·20

7. मिट्टी व रेत के मिश्रण तथा सीमेंट को सूखा मिलाना—444 घन मी. @ रु. 0·80 प्रति घन मी. .... = 355·20

8. मिट्टी व सीमेंट के मिश्रण में जल की अनुकूलतम नमी मात्रा (optimum moisture content) मिलाना 444 घन मी. @ रु. 0·85 प्रति घन मी = 377·40

9. समुचित उभार (camber) देकर मिट्टी फैलाना—
444 घन मी. @ रु. 0·85 प्रति घन मी. .... = 377·40

10. सड़क कूटने वाले रोलर (road roller) से कुटाई—$1000 \times 3{\cdot}7 = 3700$ वर्ग मी. @ रु. 0·25 प्रति वर्ग मी ... . = 925·00

11. सतह की तराई (curing)—$1000 \times 3{\cdot}7 = 3700$ वर्ग मी. @ रु. 0·80 प्रति वर्ग मी. .... = 296·00

योग ... 12877·20

फुटकर व्यय तथा निर्माण प्रभारित सिब्बंदी के लिये 5% जोड़ें .... 643·80

संपूर्ण योग ... 13521·00
प्रति किलोमीटर

उदाहरण 11—मैकेडम (Macadam) की एक वर्तमान सड़क में रोड़ी की तह 15 सेमी मोटी है। इस सड़क में जगह-जगह गड्ढे पड़ गये हैं तथा सतह खुरदरी हो गई है। इस पर एक तह मैकेडम व उस पर बिटुमेन की दो तह बिछा कर सड़क को आधुनिकीकरण करने का प्रस्ताव है। सड़क के पक्के भाग की चौड़ाई 3·70 मीटर है। सड़क की एक किलोमीटर लम्बाई के आधुनिकीकरण का प्राक्कलन बनाइये। समुचित दरें मान लें।

माप का विवरण तथा परिमाणों का परिकलन

मद सं०	मद का विवरण	सं०	लम्बाई मी०	चौड़ाई मी०	ऊंचाई या गहराई मी०	परिमाण	टिप्पणी
1	पैबन्दी मरम्मत के बाद समुचित उभार देकर सतह बनाना	1	1000·00	3·70	—	3700 वर्ग मी.	वर्तमान सतह की मरम्मत होना है।
2	8 से. मी. मोटी तह के लिये 40 मि. मी. आकार के पत्थर की रोड़ी की सप्लाई	1	1000·00	3·70	·12	444 घन मी.	बिना कुटे 12 सेमी. मोटाई
3	रोड़ी बिछाना व कूटना	1	ऊपर के	समान	—	444 घन मी.	
4	सड़क कोलतार से बिटुमेन की पहली तह बिछाना व ग्रिट डालना और कूटना	1	1000·00	3·70	—	3700 वर्ग मी.	पत्थर की बजरी, ऐस्फाल्ट या कोलतार तथा तह बिछाना अलग-अलग मदों में भी लिया जा सकता है।
5	80/100 ऐल्फाल्ट से बिटुमेन की दूसरी तह बिछाना व ग्रिट डालना और कूटना	1	1000·00	3·70	—	3700 वर्ग मी.	
6	यातायात विशाखन (traffic diversion), सहायक मार्ग आदि	1	1 किमी.	—	—	1 किमी.	यातायाय विशाखन बनाना आवश्यक है।

प्राक्कलित लागत सार (उदाहरण 11)

			रु० पै०
1.	पैबन्दी मरम्मत के बाद समुचित उठान देकर सतह बनाना	3700 वर्ग मी. @ रु. ·60 प्रति वर्ग मी. =	2220·00
2.	40 किमी. आकार के पत्थर की रोड़ी की सप्लाई	444 घन मी. @ रु. 65·00 प्रति घन मी. =	28860·00
3.	रोड़ी बिछाना व कूटना	444 घन मी. @ रु. 7·00 प्रति घन मी. =	3108.00
4.	सड़क कोलतार की पहली तह बिछाना व ग्रिट डालना और कूटना	3700 वर्ग मी. @ रु. 2·50 प्रति वर्ग मी. =	9250·00
5.	80/100 ऐस्फाल्ट से दूसरी तह बिछाना व ग्रिट डालना और कूटना	3700 वर्ग मी. @ रु. 1·50 प्रति वर्ग मी. =	5550·00
6.	यातायात विशाखन, सहायक मार्ग आदि	1 किमी. @ रु. 300·00 प्रति किमी. =	300·00
		योग ···	49288·00
	फुटकर व्यय तथा निर्माण प्रभारित सिब्बदी के लिये 5% जोड़ें	··· ···	2464·40
		सम्पूर्ण योग ···	51752·40 प्रति किमी.

अध्याय 8

पुलिया, सेतु, कूप (Culverts, Bridges, Walls)

पुलिया

पुलों तथा पुलियों का प्राक्कलन भवन के प्राक्कलन से अधिक सरल है परन्तु प्रारम्भ में छात्रों को भवन का प्राक्कलन करना अधिक सरल लगता है। इसका कारण यह है कि वे पुलों तथा पुलियों की अपेक्षा भवन के विभिन्न भागों से अधिक परिचित होते हैं। डाटदार पुलिया (arched culverts) के अव्यव हैं—अन्त्याधार (abutments), पक्ष दीवारें (wing walls), डाट, मुंडेर तथा आवश्यकतानुसार नींव। मिट्टी के प्रकार तथा प्रवाह की गति के अनुसार आवश्यकता होने पर फर्श तथा रक्षक दीवारें (curtain walls) की बनाई जाती हैं, अन्यथा यदि वे आवश्यक न हों तो नहीं बनाई जाती हैं। खुली सतहों पर टीप की जाती है। एक पुलिया का त्रिसमलंबाक्ष दृश्य (oblique view) नीचे (चित्र 8-1) दिखाया गया है। इस चित्र में पुलिया के विभिन्न भाग दिखाये गये हैं।

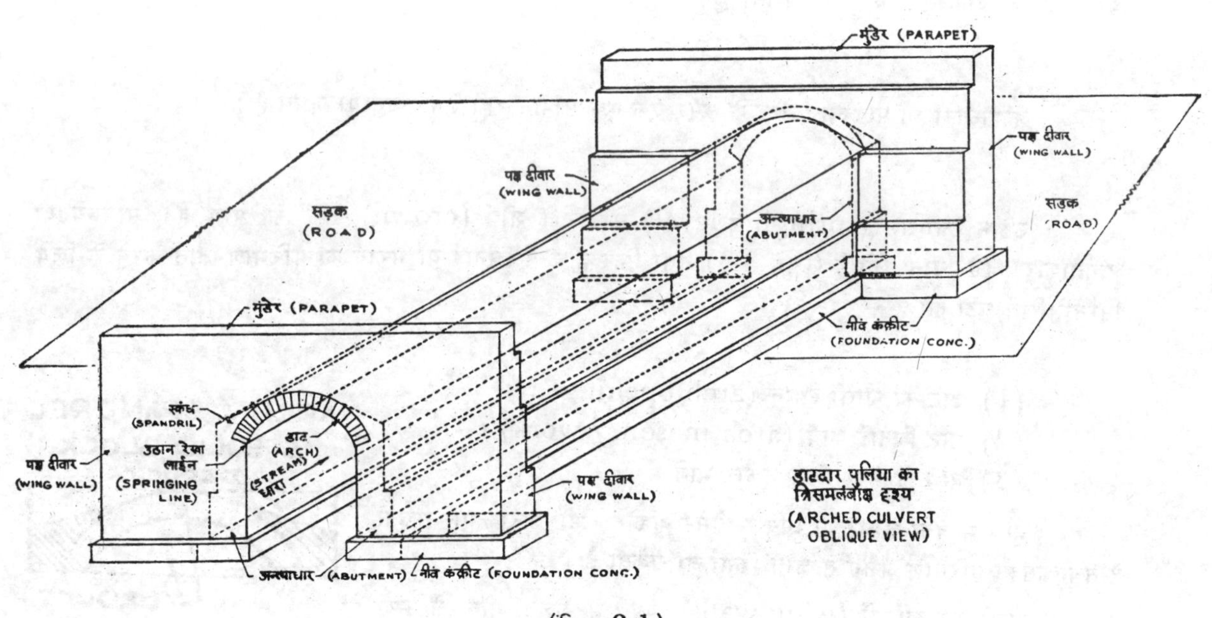

(चित्र 8-1)

प्राक्कलन बनाने के लिये पुलिया के विभिन्न भाग अलग-अलग लेना चाहिये पहले नींव सहित दोनों अन्त्याधारों की उठान रेखा (springing level) तक प्राक्कलन करना चाहिये तथा फिर उठान रेखा के ऊपर हाच (haunch) या स्कंध (spandril) का प्राधकलन करना चाहिये। फिर चारों वाजु दीवारों (wing walls) का प्राक्कलन नींव से हांच तल (haunch level) तक का बनाना चाहिये तथा फिर मुंडेर दीवारों (parapet walls) का प्राक्कलन करना चाहिये। समापन कार्य का प्राक्कलन सबसे अंत में किया जाता है।

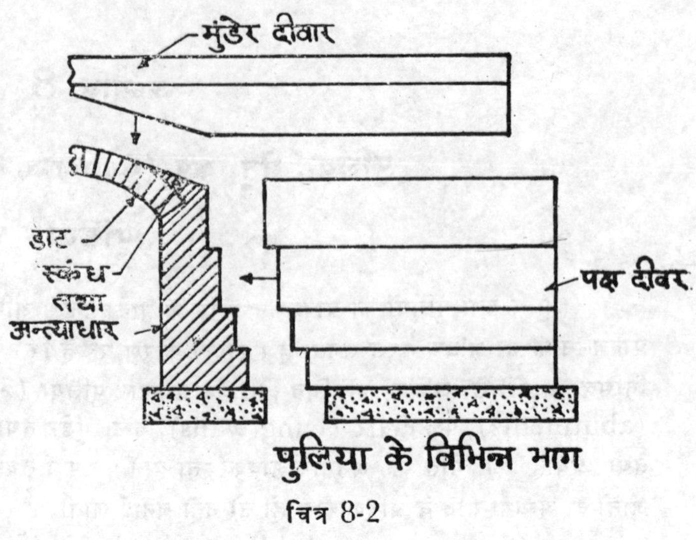

चित्र 8-2

पुलियां के प्राक्कलन में मिट्टी के काम के अन्तर्गत सामान्यतया केवल नींव की खुदाई ली जाती है। पुलिया का निर्माण पूरा हो जाने के बाद ही सड़क तल तल मिट्टी की भराई होती है तथा सामान्यतया यह भराई सड़क कार्य में मिट्टी के काम के अन्तर्गत ली जाती है। यदि आवश्यकता हो तो पुलिया के साथ ही मिट्टी की भराई का भी प्राक्कलन किया जा सकता है।

अंत्याधारों का पारकलन नींव के ऊपर एक-एक सोपान रद्दा लेकर बनाया जाता है।

उठान रेखा तल (springing level) से डाट के शीर्ष (crown) तक के भाग को सामान्यतया आयताकार खंड मान लेते हैं (चित्र 8-3) तथा फिर हांच में चिनाई या भराव का परिमाण ज्ञात करने के लिये निम्नलिखित घटा देते हैं—

(1) डाट का खाली स्थान (arch opening)।
(2) डाट चिनाई कार्य (arch masonry work)।
(3) हाँच के ऊपर त्रिभुजाकार भागें।

हांच में चूना कंक्रीट या निर्बल सीमेंट कंक्रीट भी भरा भा सकता है तथा इसका परिमाण अलग से ज्ञात किया जा सकता है।

चारों पक्ष दीवारों (wing walls) का परिकलन नींव से ऊपर की ओर एक-एक सोपान रद्दा लेकर किया जा सकता है।

चित्र 8-3

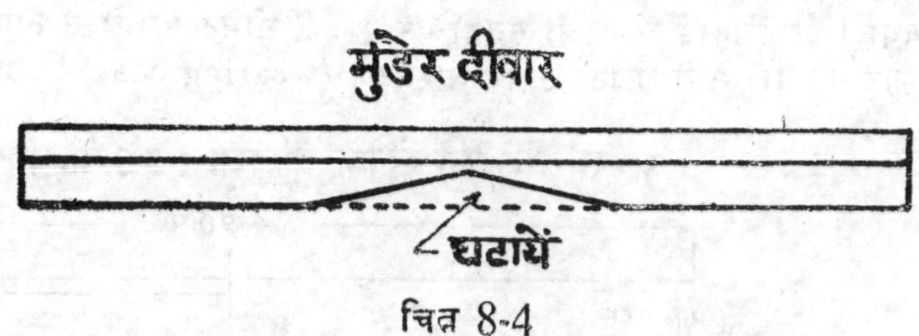

चित्र 8-4

दो मुडेंर दीवारों का परिकलन करने के लिये पूरी लम्बाई लेकर इसमें से (चित्र 8-4) के अनुसार ढांच की भराई का त्रिभुजाकार भाग घाटा दिया जाता है यह भाग त्रिभुजाकार के बजाय वृत्त खण्ड (segmental) या अंशत: वृत्तखण्ड भी हो सकता है। तथा उस दशा में वास्तविक अभिकल्प तथा रेखा चित्र के अनुसार ही कटौती की जाती है।

पक्ष दीवारें अनेक प्रकार की होती हैं। उनके सिरे सीधे के बजाय वक्र (curved) भी हो सकते हैं। उस स्थिति में प्रत्येक सोपान रद्दा (step) पर पक्ष दीवारों की मध्य रेखा की लम्बाई ज्ञात करनी होगी या सब सीढ़ियों के लिये औसत मध्य रेखा लम्बाई मानी जा सकती है। यदि पक्ष दीवार तिरछी (splayed) तथा ढलवां हो तो प्रत्येक सीढ़ी की लम्बाई रेखा चित्र देख कर ज्ञात की जा सकती है तथा फिर एक सोपान रद्दा लेकर परिमाण ज्ञात करना चाहिए। या पक्ष दीवार के दोनों सिरों का अनुप्रस्थ क्षेत्रफल ज्ञात करके उनका औसत निकाल लेते हैं। इस औसत अनुप्रस्थ क्षेत्रफल को औसत लम्बाई से गुणा करके सिचाई का परिमाण ज्ञात किया जा सकता है।

मिट्टी में से पानी रिसने के लिये ऊँचे सेतुओं या पुलियों के अन्त्याधारों (abutments) तथा पक्ष दीवारों में स्राव छिद्र (weep wholes) बनाये जाते हैं परन्तु इन छिद्रों के लिये कोई कटौती नहीं की जाती।

मिट्टी की प्रकृति तथा अवभूमि जल स्तर (sub-soil water level) आदि के अनुसार नींव कार्य विभिन्न प्रकार का हो सकता है। यदि अवभूमि का जलस्तर ऊँचा हो तो जल उलिचने या पम्प से जल निकालने की आवश्यकता हो सकती है तथा इसके लिये अतिरिक्त दरें रक्खी जा सकती हैं। गीली या नम मिट्टी के प्राक्कलन के लिये ऊँची दरें रक्खी जा सकती हैं। स्थिति के अनुसार स्थूण ठोकने (pile driving) कुंआ धंसना (well sinking), काफर डैम (coffer dam) बनाने आदि का भी आवश्यकता हो सकती है तथा इनका प्राक्कलन अलग से किया जाता है।

प्र. सी. कं. की स्लैब—1·5 मीटर पाट

उदाहरण 1—दिये हुये रेखा चित्रों (चित्र 8-5) से 1·50 मीटर पाट तथा 4·00 मीटर सड़क मार्ग के लिये एक स्लैब पुलिया (slab culvert) का विस्तृत प्राक्कलन बनाइये । सामान्य विनिर्देश निम्नलिखित हैं—

नींव कंक्रीट 1 : 3 : 6 पत्थर की रोड़ी व मोटी रेत की होगी । चिनाई में 1 : 4 सीमेंट व मोटी रेत के मसाले से प्रथम श्रेणी की ईंट चिनाई होगी । स्लैब 1 : 2 : 4 प्र. सी. कं. की होगी तथा उसमें रेखा चित्र के अनुसार प्रबलन दिया जायगा । ईंट चिनाई की खुली सतहों पर 1 : 2 सीमेंट मसाले से टीप की जायगी । सड़क पर 1 : 2 : 4 सीमेंट कंक्रीट की 10 सेमी. मोटी उपरि आस्तरण (wearing coat) बिछाई जायगी ।

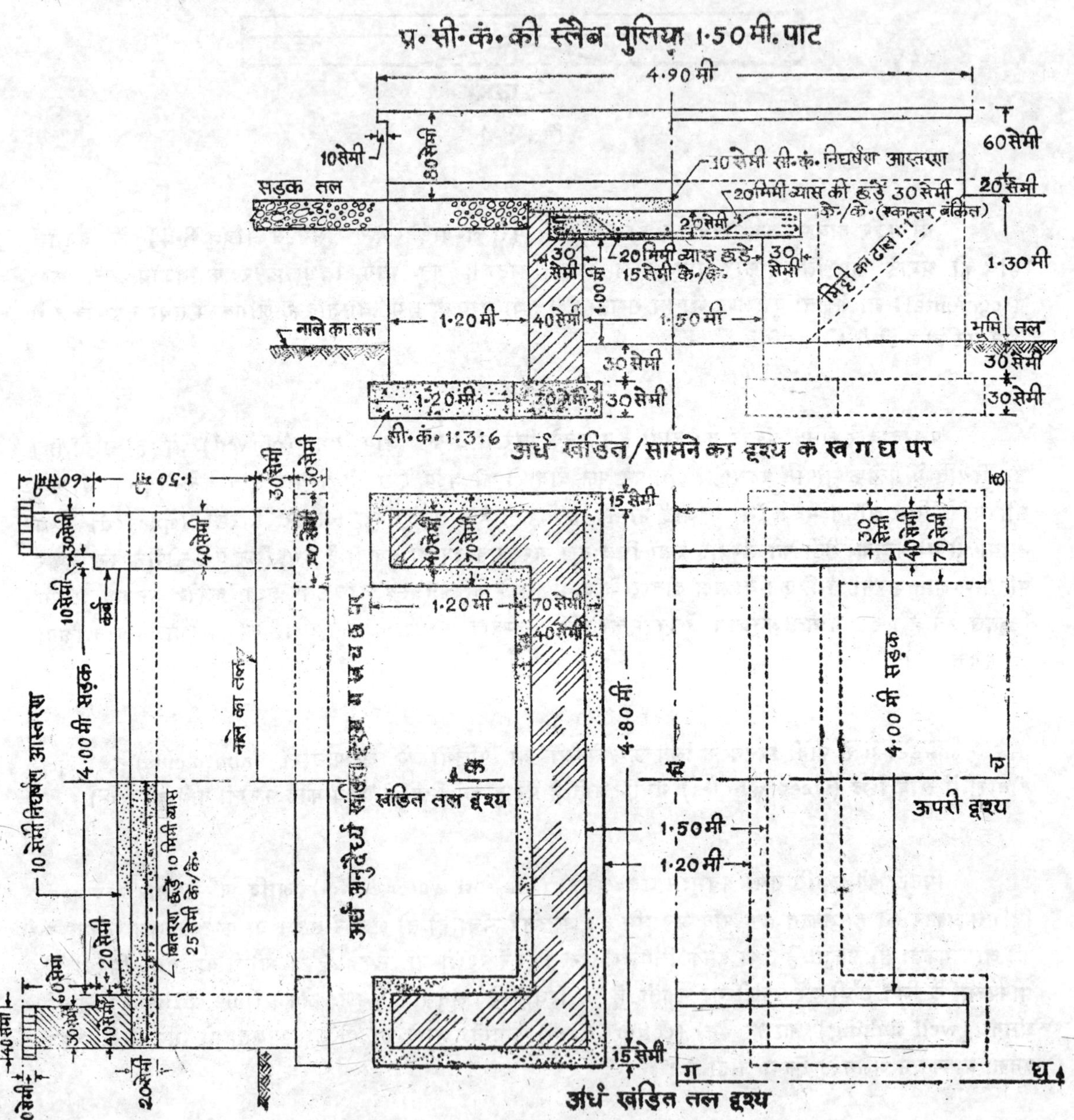

चित्र 8-5

माप का विवरण तथा परिमाणों का परिकलन (उदाहरण 1)

मद सं०	मद का विवरण	सं०	लम्बाई मी.	चौड़ाई मी.	ऊँचाई या गहराई मी.	परिमाण	व्याख्यात्मक नोट
1	मिट्टी की खुदाई नींव में						
	अन्त्याधार (abutment)	2	5·10	0·70	0·60	4·28	
	पक्ष दीवारें (wing walls)	4	1·20	0·70	0·60	2·02	
					योग	6·30 घन मी	
2	सीमेंट कंक्रीट 1 : 3 : 6 पत्थर की रोड़ी नींव में						
	अन्त्याधार	2	5·10	0·70	0·30	2·14	मद 1 में मिट्टी की खुदाई का $\frac{1}{2}$
	पक्ष दीवारें	4	1·20	0·70	0·30	1·01	
					योग	3·15 घन मी.	
3	प्रथम श्रेणी की ईंट चिनाई 1 : 4 सीमेंट मसाले से						
	अन्त्याधार	2	4·80	0·40	1·50	5·76	प्र. सी. कं. स्लैब के ऊपर तक
	पक्ष दीवारें	4	1·20	0·40	1·50	2·88	प्र. सी. कं. स्लैब के ऊपर कर्ब तक
	कर्ब (kerb) तक मुंडेर	2	4·70	0·40	0·30	1·13	
		2	4·70	0·30	0·00	1·41	कर्ब के ऊपर, मुन्डेर छोड़कर
	कर्ब के ऊपर मुंडेर	2	4·90	0·40	0·00	0·39	
	मुंडेर पर शीर्षिका (parapet coping)				योग	11·57	
	घटायें—						
	अन्त्याधार में प्र. सी. कं. का स्लैब का धारक (bearing)	2	4·80	·30	0·20	0·57	
				शुद्ध	योग	11·00 घन मी.	
4	प्र. सी. कं. कार्य 1:2:4 स्लैब में इस्पात और उसकी मुड़ाई को छोड़कर परन्तु ढूले सहित	1	4·80	2·10	0·20	2·016 घन मी.	इस्पात के आयतन की कटौती नहीं होगी
5	इस्पात की छड़ें मुड़ाई सहित प्र. सी. कं. कार्य में 20 मि. मी. व्यास की छड़ें-मुख्य सीधी छड़ें 30 सेमी. मध्य/मध्य	17	2·38	--	--	40·46 मी.	ल = 2·10—पार्श्व आवरण + 2हुक = 2·10 − (2 × 4सेमी.) + (18 × 20 मिमी.) = 2·38 मी.
	$\left(\text{सं०} = \frac{4{\cdot}80}{{\cdot}30} + 1 = 17\right)$						

मद सं०	मद का विवरण	सं०	लम्बाई मी.	चौड़ाई मी.	ऊँचाई या गहराई मी.	परिमाण	व्याख्यात्मक नोट
	मुख्य बंकित छड़ें 30 सेमी. मध्य/मध्य $\left(सं० = \frac{4.80}{.30} = 16\right)$	16	2·54	—	—	40·64	दो बंकित छड़ों के लिये गहराई 16 सेमी. जोड़ने पर ल. = 2·38 + ·16 = 2·54 मी.
	10 मिमी. व्यास की छड़ें		योग	81·10	@ 2·47	किग्रा. मी = 200·32 किग्रा	
	नीचे की वितरक छड़ें 25 सेमी. मध्य/मध्य $\left(सं० = \frac{2.10}{.25} + 1 = 9\right)$	9	4·90	—	—	44·10 मी	ल = 4·80 − 2 सिरों के आवरण + 2हुक = 4·80 − (2 × 4सेमी) + (18 × 10 मिमी) = 4·00 मी
	ऊपर की वितरक छड़ें	4	4·90	—	—	19·60	
	योग		63.70मी	@·62किग्रा. =		39·49	किलो ग्राम
			इस्पात	का	योग	239·81 किग्रा	= 2·398 कुन्तल
6	सीमेंट कंक्रीट 1 : 2 : 4 उपरि आस्तरण	1	4·00	2·30	0·10	0·92 घन मी	मुंडेर दीवारों के बीच
7	टीप 1 : 2 सीमेंट मसाले से दीवारों में—						
	भूमितल से 10 सेमी. नीचे से मुंडेर के तले तक पृष्ठ दीवार (face wall)	2	4·70	—	2·10	19·74	
	मुंडेर के अतिरिक्त मुंडेर दीवार पर भीतर की ओर	2	4·70	—	0·80	7·52	ऊँ = (20 + 10 + 50) सेमी = 0·80 मी.
	मुंडेर (भीतरी किनारा, ऊपर बाहरी किनारा तथा बाहरी निचली सतह)	2	4·90	0·70	—	6·86	चौ = (10 + 40 + 10 + 10) सेमी. = 0·70 मी.
	मुंडेर दीवार के सिरे	4	—	0·40	0·20	0·32	
	मुंडेर दीवार के सिरे	4	—	0·30	0·50	0·60	
	शीर्षिका सिरे	4	—	0·40	0·20	0·32	किनारा तथा नीचे की सतह
					योग	35·36	
	घटायें—						
	आयताकार खुले भाग	2	1·50	—	1·30	3·90	भूमितल से 10 सेमी. नीचे तक तथा प्र. सी. कं. स्लैब के किनारे सहित
	मिट्टी के ढाल के नीचे त्रिभुजाभाग	2	($\frac{1}{2}$x1·30	x1·30	—	1·69	
			कटौती	का	योग	5·59	
				शुद्ध	योग	29·77	वर्ग मी

मद सं०	मद का विवरण	परिमाण	इकाई	दर	प्रति	धन राशि रु. पै.
1	मिट्टी की खुदाई नींव में	6·30	घन मी.	290·00	% घन मी	18·27
2	सीमेंट कंक्रीट 1:3:6 पत्थर की रोड़ी से नींव में--	3·15	घन मी.	256·00	घन मी.	806·40
3	प्रथम श्रेणी की ईट चिनाई 1:3 सीमेंट मसाले से	11·00	घन मी.	137·50	घन मी.	1512·50
4	प्र. सी. कं. कार्य 1:2:4 स्लैब में इस्पात और उसकी मुड़ाई को छोड़कर परन्तु ढूले सहित	2·016	घन मी.	423·00	घन मी.	852·77
5	इस्पात की छड़ें भुड़ाई सहित प्र. सी. क. कार्य में	2·398	कुन्तल	230·00	कुन्तल	551·54
6	सीमेंट कंक्रीट 1:2:4 उपरि आस्तरण में	0·92	घन मी.	200·00	घन मी.	184·00
7	टीप 1:2 सीमेंट मसाले से दीवार में	29·77	वर्ग मी.	4·75	वर्ग मी.	141·41
					योग ...	4066·89
	5% जोड़ें (3% फुटकर व्यय के लिये तथा 2% निर्माण प्रभारित सिब्बन्दी के लिये)				...	203·34
					सम्पूर्ण योग ...	4270·23

$$\text{पाट को प्रति मीटर लम्बाई की दर} = \frac{\text{कुल लागत}}{\text{पाट}} = \text{रु०}\frac{4270{\cdot}23}{1{\cdot}5} = 2846{\cdot}82 \text{ रु० प्रति मीटर}$$

दो मीटर पाट की डाट दार (Arched) पुलिया का प्राक्कलन

उदाहरण 2--दिये हुये रेखा चित्रों (चित्र 8-6) से 5 मीटर निर्बाध (clear) सड़क मार्ग व 2 मी. पाट की डाटदार पुलिया का विस्तृत प्राक्कलन बनाइये। सामान्य विनिर्देश निम्न प्राकर हैं।

नींव में 1 : 4 : 8 सीमेंट, स्थानीय रेत व अधिक पक्की ईटों को रोड़ी की कंक्रीट डाली जायगी। प्रथम श्रेणी की ईट चिनाई 1 : 5 सीमेंट व स्थानीय रेत के मसाले से होगी। केवल डाट की चिनाई 1 : 3 सीमेंट व मोटी रेत के मसाले से होगी। बाहरी सतहों पर 1 : 2 सीमेंट व स्थानीय रेत के मसाले से टीप की जायगी।

डाटदार पुलिया 2—मी. पाट की

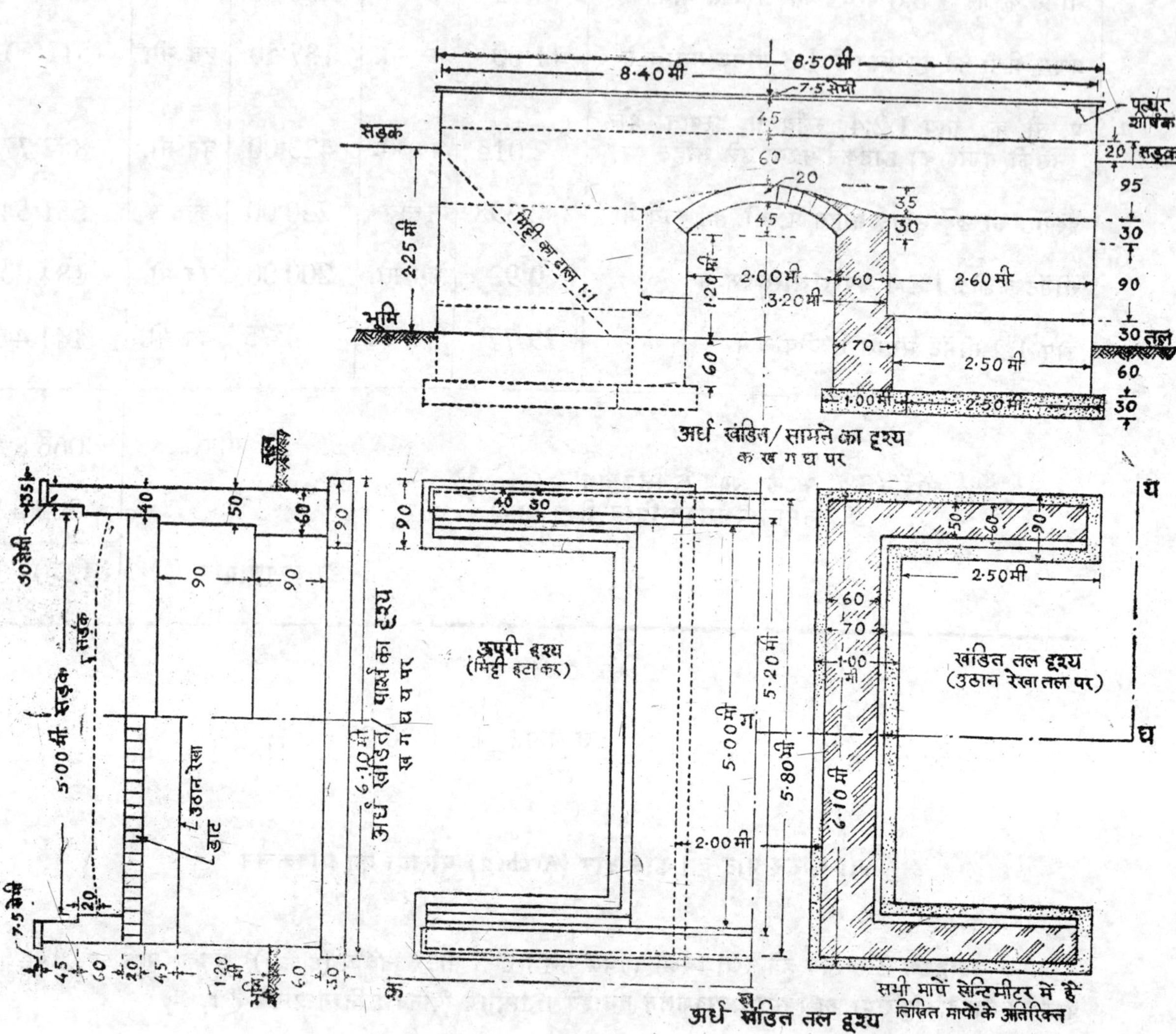

चित्र 8-6

द्रष्टव्य—स्पष्टीकरण के लिये पुलिया का त्रिसमलंबाक्ष दृश्य (isometric view) (चित्र 8-7) में दिया गया है।

माप का विवरण तथा परिमाणों का परिकलन (उदाहरण 2)

मद सं०	मदों का विवरण	सं०	लम्बाई मी.	चौड़ाई मी.	ऊं या ग. मी.	परिमाण	व्याख्यात्मक टिप्पणी
1	मिट्टी की खुदाई नींव में—						
	अन्त्याधार	2	6·10	1·00	0·90	10·98	
	पक्ष दीवारें	4	2·50	0·90	0·90	8·10	
					योग	19·08 घन मी.	
2	सीमेंट कंक्रीट 1 : 4 :8 अधिक पक्की ईटों की रोड़ी, नींव में						
	अन्त्याधार	2	6·10	1·00	0·30	3·66	$\frac{1}{3}$ भाग मिट्टी की खुदाई मद 1 का
	पक्ष दीवारें	4	2·50	0·90	0·30	2·70	
					योग	6·36 घन मी.	
3	प्रथम श्रेणी की ईट चिनाई 1:5 सीमेंट स्थानीय रेत मसाले से अन्त्याधार--						
	पहला खसका	2	5·80	0·70	0·90	7·31	
	दूसरा खसका उठान तल तक	2	5·80	0·60	0·90	6·26	
	उठान तल के ऊपर शीर्ष तक आयताकार ठोस मानकर	1	5·80	3·20	0·65	12·06	डाट युक्त खाली भाग, डाट चिनाई तथा ऊपर का त्रिभुजाकार भाग घटाया जायगा चित्र 8-3 देखें।
	पक्ष दीवारें--						
	पहला खसका	4	2·50	0·60	0·90	5·40	
	हाँचतल तक दूसरा खसका	4	2·60	0·50	1·20	6·25	
	कर्ब तक मुंडेर ठोस मानकर (सम्पूर्ण लम्बाई)	2	8·40	0·40	0·95	6·38	त्रिभुजाकार भाग घटाया जायगा चित्र 8-4 देखें।
	कर्ब के ऊपर मुंडेर	2	8·40	0·30	0·45	2·27	
					योग	45·93	
	घटायें—						
	डाट के वृत्तखंड खुले हुये भाग	1	5·80	($\frac{2}{3}$ × 2·00	× ·45)	3·48	क्षेत्रफल = $\frac{2}{3}$पाट × उठान घटाने के लिये चित्र 8-3
	डाट चिनाई	1	मद 4 के	समान		2·82	और 8-4 पृष्ठ 201 देखें।
	अन्त्याधार पर त्रिभुजाकार भाग	2	5·80	($\frac{1}{2}$ × 3·20	× ·35)	6·50	त्रिभुज का क्षेत्रफल ×
	मूंडेर दीवार का त्रिभुजाकार भाग	2	($\frac{1}{2}$ × 3·20	× ·35)	× ·40	·45	दीवार की मोटाई
				कटौती का	योग	13·25	
				कुल	योग	32·68	घन मी.

मद सं०	मदों का विवरण	सं०	लम्बाई मी.	चौड़ाई मी.	ऊँ या ग. मी.	परिमाण	व्याख्यात्मक टिप्पणी
4	प्रथम श्रेणी की ईंट चिनाई 1:3 सीमेंट मसाले से डाट में— परिमाण = लम्बाई × $ल_म$ × मी.	1	5·80	2·43	0·20	2·82 घन मी.	डाट की चौड़ाई का परिकलन पृष्ठ 313 पर देखिये।
5	कटे पत्थरों की चिनाई 1 : 3 सीमेंट व मोटी रेत के मसाले से शीर्षिकाओं (coping) में	2	8·50	0·35	0·075	0·45 घन मी.	प्रति मीटर की इकाई में भी लिया जा सकता है।
6	टीप—1:2 सीमेंट मसाले से बाहरी पृष्ठों में 10 सेमी. भूमितल के नीचे तक—						
	सम्मुख दीवार 10 सेमी. भूमितल के नीचे से मुंडेर के ऊपरी सिरे तक	2	8·40	—	3·00	50·40	आयताकार तथा डाट युक्त खुले हुये भाग घटायें।
	मुंडेर दीवारों की भीतरी पृष्ठ सड़क तल के ऊपर	2	8·40	—	0·75	12·60	ऊँ = ·20 + ·10 + ·45 = ·75 मी.
	मुंडेर दीवार के सिरे	4	—	0·40	0·20	0·32	
	,, ,, ,, ,,	4	—	0·30	0·45	0·54	
	अन्त्याधारों की भीतरी सतह	2	5·80	—	1·30	15·08	भूमितल से 10 सेमी. नीचे तक
	डाट का तला (soffit)	1	5·80	2·256	—	13·08	चौ. = डाट की लम्बाई = 2·256
					योग	92·02	
	घटायें— आयताकार खुले हुये भाग	2	2·00	—	1·30	5·20	
	डाट का वृत्तखंड— खुला हुआ भाग	2	($\frac{2}{3}$ × 2·00 × ·45)		—	1·20	$\frac{2}{3}$ पाट × उठान
	सम्मुख दीवारों में मिट्टी के ढाल के नीचे का त्रिभुजाकार भाग 10 सेमी. भूमितल के नीचे तक	4	($\frac{1}{2}$ × 2·35 × 2·35)		—	11·04	क्षेत्रफल = $\frac{1}{2}$आधार × ऊँचाई
			कटौती	का	योग	17·44	
				शुद्ध	योग	74·58	

डाट का परिकलन

$$वि = \frac{ऊँ}{2} + \frac{पा^2}{8ऊँ} = \frac{\cdot 45}{2} + \frac{2^2}{8 \times \cdot 45} = 1\cdot336., \; वि_म = वि + \frac{मो}{2} = 1\cdot336 + \frac{\cdot 20}{2} = 1\cdot436 \text{ मी.}$$

$$घ = \sqrt{अ^2 + ऊँ^2} = \sqrt{1^2 + (\cdot 45)^2} = 1\cdot096; \; ल = \frac{8च - 2अ}{3}, \; ल = \frac{8 \times 1\cdot096 - 2 \times 1\cdot00}{3} = 2\cdot256 \text{मी}$$

$$ल_म = ल \times \frac{वि_म}{वि} = 2\cdot256 \times \frac{1\cdot436}{1\cdot336} = 2\cdot43 \text{ मी.}$$

प्राक्कलन लागत सार (डाटदार पुलिया उदाहरण 2)

मद सं०	मद का विवरण	परिमाण	इकाई	दर रु. पै.	प्रति	राशि रु. पै
1	मिट्टी की खुदाई नींव में	19·08	घन मी.	290·00	%घ. मी.	55·33
2	सीमेंट कंक्रीट 1 : 4 : 8 अधिक पक्की ईंट की रोढ़ी से नींव में	6·36	घन मी.	160·00	घन मी.	1017·60
3	प्रथम श्रेणी की ईट चिनाई 1 : 5 सीमेंट व रेत मसाले से	32·68	घन मी.	127·00	घन मी.	4150·36
4	प्रथम श्रेणी की ईट चिनाई 1 : 3 सीमेंट व रेत मसाले से डाट में	2·82	घन मी.	150·00	घन मी.	423·00
5	कटे पत्थरों की चिनाई 1 : 3 सीमेंट व रेत मसाले से मुंडेर में	0·45	घन मी.	500·00	घन मी.	225·00
6	टीप--1 : 2 सीमेंट मसाले से ईट चिनाई की, बाहरी सतहों पर	74·58	वर्ग मी.	4·75	वर्ग मी.	354·25
					योग	6225·54
	5%जोड़ें--(फुटकर व्यय के लिये 3% तथा निर्माण प्रभारित सिब्बन्दी के लिये 2%					311·28
					सम्पूर्ण योग	6536·82

$$\text{पाट के प्रति मीटर की दर} = \frac{\text{कुल लागत}}{\text{पाट}} = \frac{6536\cdot82}{2} \text{ रु.}$$

$$= \text{रु. } 3268\cdot41 \text{ प्रति मीटर पाट}$$

डाट पुलिया त्रिसलम्बाक्ष दृश्य (अलग-अलग भागों में उदाहरण 2)

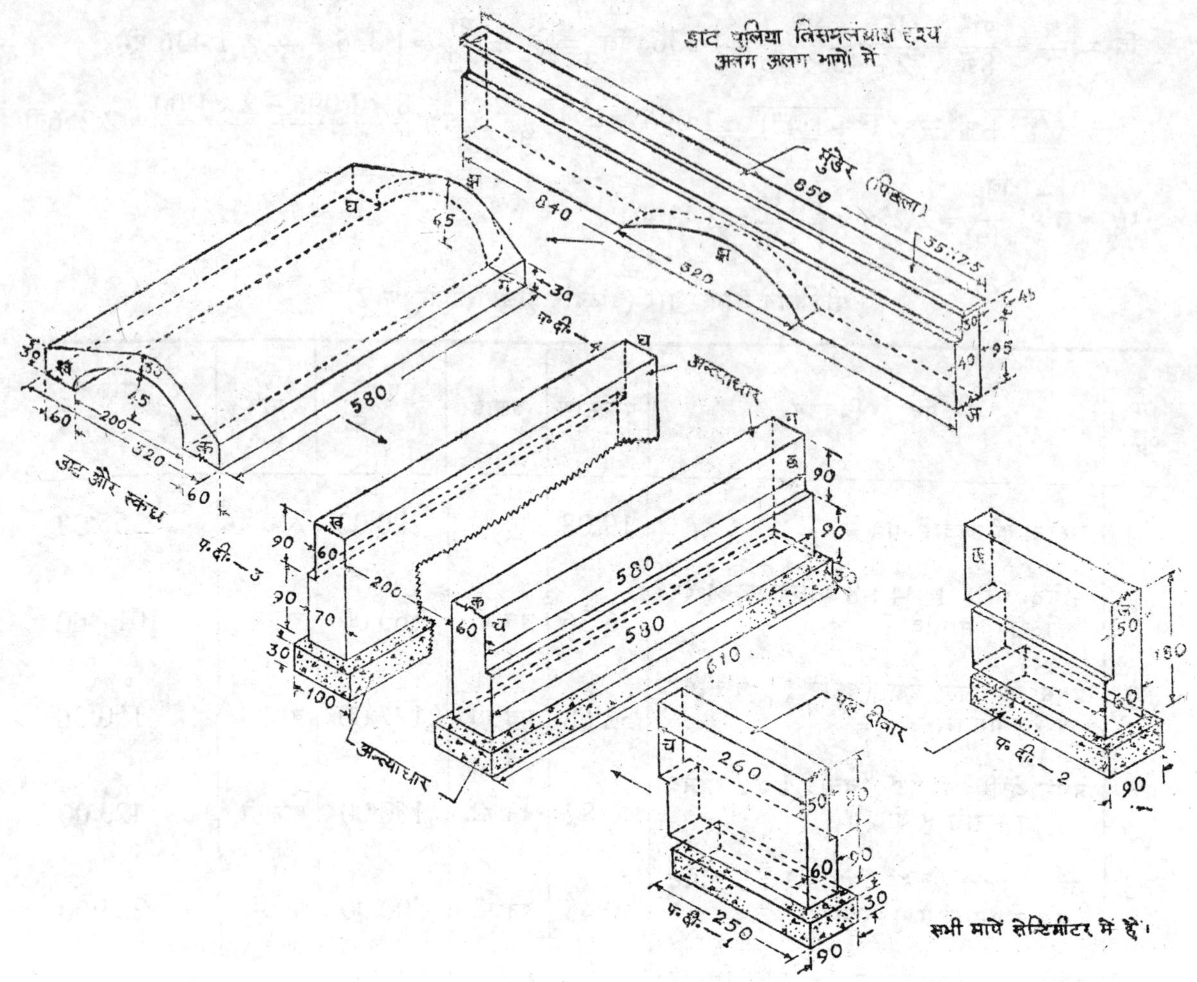

चित्र 8-7

उदाहरण 3--दिये हुये रेखाचित्रों (चित्र 8-8 व 8-9) से 10 मीटर चौड़े सड़क मार्ग के लिये 3 मीटर पाट की एक डाट पुलिया का विस्तृत प्राक्कलन बनाइये । सामान्य विनिर्देश तथा दरें निम्न लिखित हैं--

नींव चूना कंक्रीट की होगी, अन्त्याधारों (abutments) पक्ष दीवारों (wing walls) तथा मुंडेर दीवारों में 1 : 4 सीमेंट रेत मसाले से प्रथम श्रेणी की ईट चिनाई की जायगी।

डाट चिनाई (arch masonry) में 1 : 3 सीमेंट रेत मसाले से प्रथम श्रेणी की ईट चिनाई की जायगी।

चूना कंक्रीट के ऊपर खड़ी ईट (brick-on-edge) का फर्श 1 : 3 सीमेंट मसाले से बनाया जायगा। बाहरी सतहों पर 1 : 2 सीमेंट मसाले से टीप (pointing) की जायगी।

दरें

1.	मिट्टी की खुदाई नींव में	रु.	290·00 % घन मी
2.	चूना कंक्रीट नींव में	रु.	93·00 प्रति घन मी
3.	प्रथम श्रेणी की ईंट चिनाई सीमेंट मसाले से	रु.	132·00 प्रति घन मी
4.	1 : 3 सीमेंट मसाले में प्रथल श्रेणी की ईट चिनाई डाट में	रु.	160·00 प्रति घन मी
5.	1 : 3 सीमेंट मसाले से खड़ी ईट का फर्श व टीप	रु.	17·00 प्रति वर्ग मी
6.	1 : 2 सीमेंट मसाले से टीप	रु.	4·75 प्रति वर्ग मी

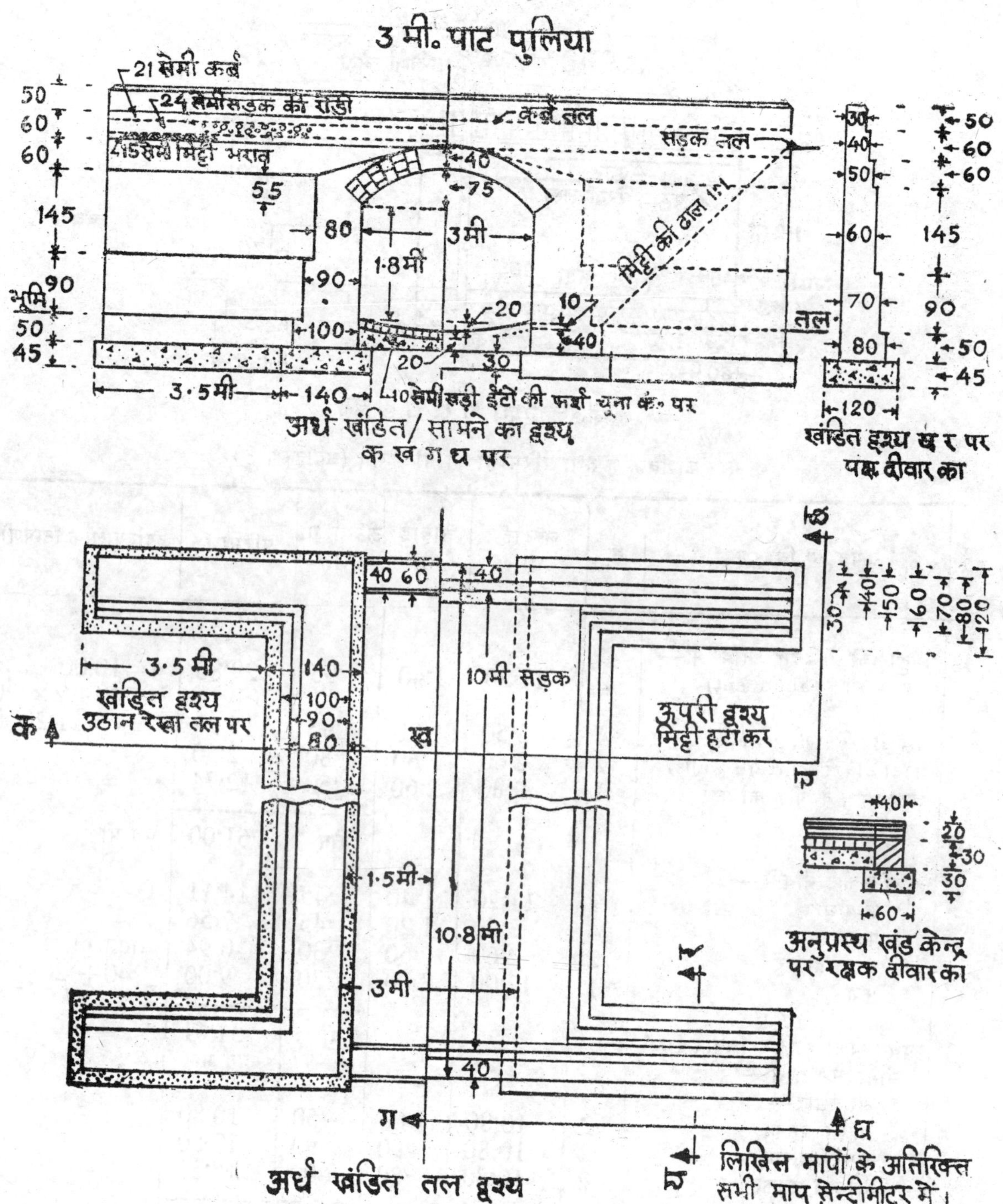
3 मी. पाट पुलिया
21 सेमी कर्ब
24 सेमी सड़क की रोड़ी
15 सेमी मिट्टी भराव
कर्ब तल
सड़क तल
मिट्टी की ढाल 1:1
3 मी
1·8 मी
भूमि
तल
10 सेमी खड़ी ईंटों की फर्श चूना कं० पर
3·5 मी
140
अर्ध खंडित/सामने का दृश्य क ख ग घ पर
खंडित दृश्य च र पर पक्ष दीवार का
खंडित दृश्य उठान रेखा तल पर
10 मी सड़क
ऊपरी दृश्य मिट्टी हटा कर
1·5 मी
10·8 मी
3 मी
अनुप्रस्थ खंड केन्द्र पर रक्षक दीवार का
अर्ध खंडित तल दृश्य
लिखित मापों के अतिरिक्त सभी माप सेन्टीमीटर में।

चित्र 8-8

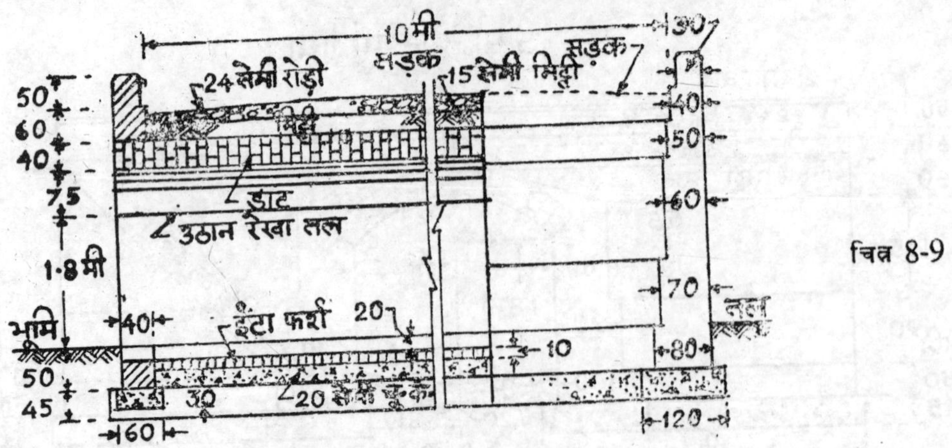

चित्र 8-9

खंडित दृश्य ग ख च क पर

माप का विवरण तथा परिमाणों का परिकलन (उदाहरण 3)

मद सं०	मद का विवरण	सं.	लम्बाई मी.	चौड़ाई मी.	ऊँ. या. ग. मी.	परिमाण	व्याख्यात्मक टिप्पणी
1	मिट्टी की खुदाई नींव में— अन्त्याधार (abutment)	2	11·20	1·40	·95	29·80	ल = 10·00 + 2 × ·40 + 2 × ·20 = 11·20 मी
	पक्ष दीवारें (wing walls)	4	3·50	1·20	·95	15·96	
	परदा दीवारें (curtain walls)	2	2 60	·60	·80	2·50	
	अन्त्याधारों के बीच का फर्श	1	9·80	2·60	·50	12·74	
					योग	61·00	घन मी
2	चूना कंक्रीट नींव में— अन्त्याधार	2	11·20	1·40	·45	14·11	
	पक्ष दीवारें	4	3·50	1·20	·45	7·56	
	परदा दीवारें	2	2·60	·60	·30	0·94	औसत मोटाई
	फर्श	1	10·00	3·00	·30	9·00	$= \frac{\cdot 40 + \cdot 20}{2} = \cdot 30$ मी
					योग	31·61 घन मी	
3	प्रथम श्रेणी की ईंट चिनाई 1 : 4 सीमेंट मसाले से— अन्त्याधार—						
	पहला खसका	2	10·80	1·00	·50	10·80	
	दूसरा खसका	2	10·80	·90	·90	17·50	
	तीसरा खसका	2	10·80	·80	·90	15·55	
					C. O.	43·85	घन मी

मद सं०	मदों का विवरण	स०	लम्बाई मी.	चौड़ाई मी.	ऊँ. या ग. मी.	परिमाण	व्याख्यात्मक टिप्पणी
					B. F.	43 85	वृत्तखड खाली स्थान
	अन्त्याधार उठान तल के ऊपर डाट सहित ठोस मानकर	1	10·80	4·60	1·15	57·13	डाट चिनाई, ऊपर का त्रिभुजाकार भाग घटायें
	पक्ष दीवारें –						
	पहल खसका	4	3·50	·80	·50	5·60	
	दूसरा खसका	4	3·60	·70	·90	9·07	
	तीसरा खसका	4	3·70	·60	1·45	12·88	
	चौथा खसका डाट के शीर्ष तक	4	$\frac{3{\cdot}70+6{\cdot}00}{2}$	·50	·60	5·82	औसत लम्बाई
	मुंडेर डाट के ऊपर—						
	(i)	2	12·00	·40	·60	5·76	
	(ii)	2	12·00	·30	·50	3·60	औसत ऊँचाई
	परदा दीवार	2	3·00	·40	·40	0·96	$= \frac{\cdot50+\cdot30}{2} = 40$
					योग	144·67	मी
	घटायें—						
	डाट का खाली स्थान (वृत्तखड भाग)	1	$10{\cdot}80 \times \left(\frac{2}{3} \times 3{\cdot}00\right.$		$\times \cdot75 +$	$\left.\frac{\cdot75^3}{2 \times 3{\cdot}00}\right)$	वृत्तखंड का क्षेत्रफल $= \frac{2}{3}$पा × ऊ × $\frac{\text{उ}^3}{2\text{पा}}$ जिसमें पा = पाट उ = उठान
	डाट चिनाई (Arch masonry)		= 10·80 मद (4)	1·57 के समान		= 16·96 30·78	
	अन्त्याधार के ऊपर का त्रिभुजाकार भाग	2	10·80	2·30	$\frac{1}{2} \times \cdot60$	14·90	ल = 10·80 मी. क्षेत्रफल = ($\frac{1}{2} \times 2{\cdot}30 \times \cdot60$
				कटौती का	योग	62·64	
				शुद्ध	योग	82·03 घन मी	
4	प्रथम श्रेणी ईट चिनाई 1 : 3 सीमेंट मसाले से डाट में	1	10·80	3·80	·75	30·78 घन मी	चौ = $\text{ल}_{\text{म}}$ = 3·80 मी
	डाट की चौड़ाई	का	परिकलन	नीचे	देखिये।		

डाट का परिकलन—

$$\text{त्रि} = \frac{\text{उ}}{2} + \frac{\text{पा}^2}{8\text{उ}} = \frac{\cdot75}{2} + \frac{3{\cdot}00^2}{8 \times \cdot75} = 1{\cdot}875 \text{ मी.}, \; \text{त्रिम} = 1{\cdot}875 + \frac{\cdot40}{2} = 2{\cdot}075 \text{ मी}$$

$$\text{च} = \sqrt{\text{अ}^2 + \text{उ}^2} = \sqrt{1{\cdot}5^2 + \cdot75^2} = 1{\cdot}66 \text{ मी},$$

$$\text{ल} = \frac{8\text{च} - 2\text{अ}}{3} = \frac{8 \times 1{\cdot}66 - 2 \times 1{\cdot}5}{3} = 3{\cdot}43 \text{ मी.}$$

$$\text{लम} = \text{ल} \times \frac{\text{त्रि}_{\text{म}}}{\text{त्रि}} = 3{\cdot}43 \times \frac{2{\cdot}075}{1{\cdot}875} = 3{\cdot}80 \text{ मी.}$$

मद सं०	मद का विवरण	सं०	लम्बाई मी.	चौड़ाई मी	ऊँचाई या गहराई मी.	परीमाण	व्याख्यात्मक टिप्पणी
5	प्रथन श्रेणी की खड़ो ईंटों का 10से.मी. मोटा फर्श तथा टीप- $ल = \frac{8च - 2अ}{3}$, $च = \sqrt{1{\cdot}5^2 + {\cdot}2^2} = 1{\cdot}51$ $ल = \frac{8 \times 1{\cdot}51 - 2 \times 1{\cdot}5}{3}$ $= 3{\cdot}03$ मी.	1	10·00	3·03	—	30·30 वर्ग मी.	ल. $= 10{\cdot}8 - 2 \times {\cdot}4$ $= 10{\cdot}00$ मी. चौ $= 3{\cdot}03$ मी. चूना कंक्रीट मद 2 में अलग से लिया गया है ।
6	टीप सीमेंट मसाले से 1 : 2— भूमितल से मुंडेर के निचले सिरे तक सामने की दीवार (face well)	2	12·00	—	4·05	97·20	खाली स्थान तथा मिट्टी का आवरण घटाना होगा ।
	सड़क के ऊपर मुंडेर की ऊपरी व भीतरी पृष्ठ	2	12·00	—	1·11	26·64	ऊं $= 30 + 50 + 10 + 21$ $= 111$ सेमी $= 1{\cdot}11$ मी.
	मुंडेर के सिरे--						
	(i)	4	·30	—	·50	0·60	
	(ii)	4	·40	—	·21	0·34	
	अन्त्याधार की भीतरी पृष्ठ	2	10·80	—	1·80	38·88	
	डाट का तला (soffit)	1	10·80	3·43	—	37·04	चौड़ाई = ल = 3·43 मी.
	परदा दीवार की ऊपरी पृष्ठ	2	3·20	·40	—	2·56	
					योग	203·26	
	घटायें--						
	आयताकार खुले भाग	2	3·00	—	1·80	10·80	
	डाट के खुले भाग का वृत्तखंड भाग	2	$\frac{2}{3} \times 3{\cdot}00$	$\times {\cdot}75$	—	3·00	क्षेत्रफ $= \frac{2}{3}$ पाट × उठान
	मिट्टी के ढाल के नीचे त्रिभुजाकार भाग	4	3·10	—	$\frac{1}{2} \times 3{\cdot}10$	19·22	
					योग	33·02	
				शुद्ध	योग	170·24 वर्ग मी.	

प्राक्कलन लागत सार (उदाहरण 3)

मद सं०	कार्य का विवरण	परिमाण	इकाई	दर रु. पै.	प्रति	धनराशि रु. पै.
1	मिट्टी की खुदाई ...	61·00	घन मी	290·00	% घन मी.	176·90
2	चूना कंक्रीट नींव में ...	31·61	घन मी	93·00	/घन मी.	2939·73
3	प्रथम श्रेणी की ईट चिनाई 1 : 4 सीमेंट मसाले से	82·03	घन मी	132·00	/घन मी.	10827·96
4	प्रथम श्रेणी की ईट चिनाई 1 : 3 मसाले से डाट में ...	30·60	घन मी	160·00	/घन मी.	4924·80
5	प्रथम श्रेणी की खड़ी ईटों का 10 से. मी. मोटा फर्श 1 : 3 सीमेंट मसाले से टीप सहित ...	30·30	वर्ग मी	17·00	/वर्ग मी.	515·10
6	टीप 1 : 2 सीमेंट मसाले से	170·24	वर्ग मी	4·75	/वर्ग मी.	808·64
					योग ...	20193 13
	5% जोड़ें—(फुटकर व्यय के लिए 3% तथा निर्माण प्रभारित सिब्बन्दी के लिए 2%) ...					1009·66
					सम्पूर्ण योग	21202·79

टिप्पणी—मद 3 में डाट के वृत्तखण्ड भाग की कटौती के लिए उसका क्षेत्रफल स्थूल रूप से $\frac{2}{3}$ पाट × उठान किया जा सकता है एवं $\frac{उ^3}{2पा}$ की उपेक्षा की जा सकती है।

10 मीटर चौड़े सड़क मार्ग के लिए पाट की प्रति मीटर लम्बाई की दर $= \frac{\text{कुल लागत}}{\text{पाट}}$

$= \frac{21202·79}{5} =$ रु. 7067·60 पाट की प्रति मीटर लम्बाई।

वक्र पक्ष दीवार युक्त डाठ पुलिया (Culvert with curved wing walls)

उदाहरण 4—दिये हुए रेखाचित्रों (चित्र 8-10 व 8-11) से निम्नलिखित मदों के परिमाणों का प्राक्कलन करिये :—

(1) नींव में मिट्टी की खुदाई, (2) नींव में 1 : 4 : 8 सीमेंट कंक्रीट, (3) उठान तल (Springing level) तक 1 : 6 सीमेंट मसाले से प्रथम श्रेणी की ईट चिनाई (4) 1 : 4 सीमेंट मसाले से डाट चिनाई, (5) मूंडेरों पर 1 : 2 सीमेंट मसाले से टीप।

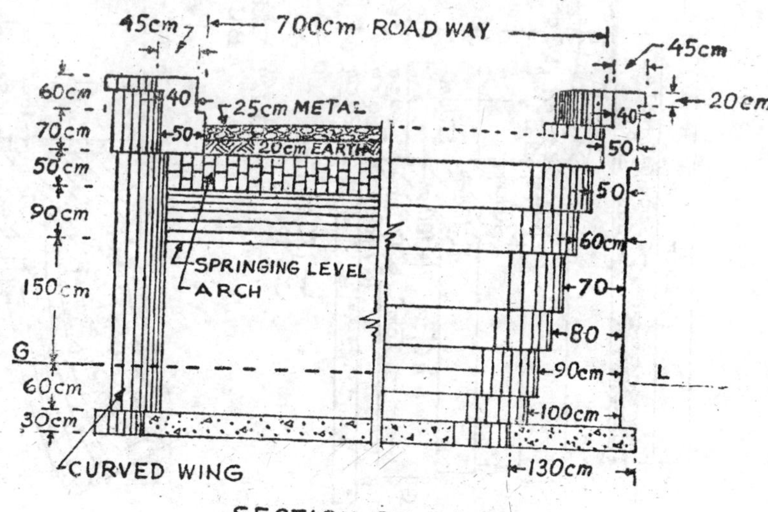

SECTION ON CBEF
चित्र 8-10

वक्र पक्ष दीवार युक्त डाट पुलिया 360 सेमी॰ पाट की

पुलिया की पक्ष दीवारें वक्र में हैं तथा संमुख दृश्यों में यह वक्रता आस-पास खींची गई ऊर्ध्व रेखाओं से प्रदर्शित की गई है। वक्र पक्ष दीवारों से पुलिया पर सुगमता से पहुंचा जा सकता है। गांव की सड़क पर पतला सड़क मार्ग होने से वक्र पक्ष दीवार की पुलिया अधिक उपयुक्त रहती है।

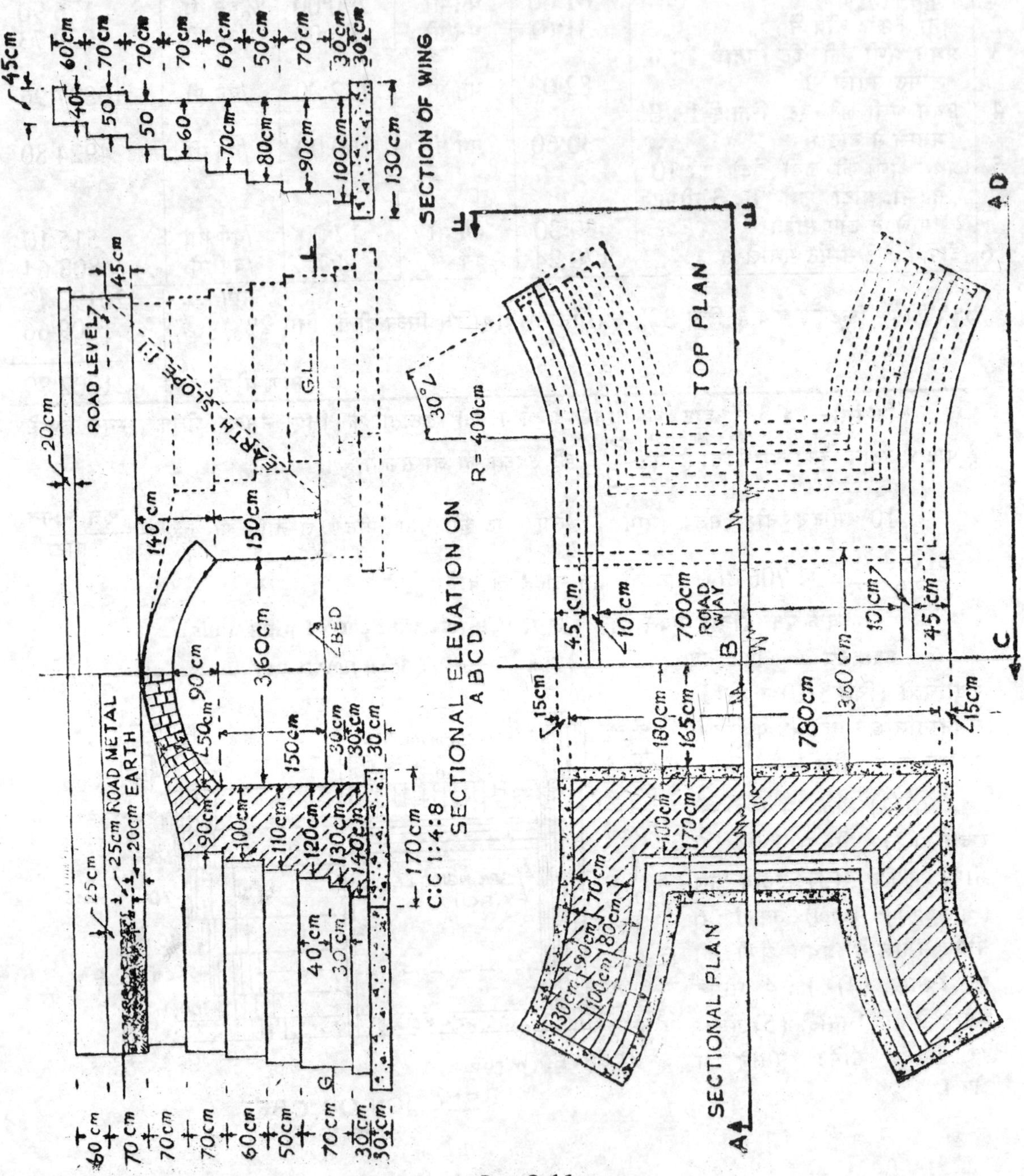

चित्र 8-11

माप का विवरण तथा परिमाणों का परिकलन (उदाहरण 4)

मद सं०	मदों का विवरण	सं०	लम्बाई मी.	चौड़ाई मी.	ऊं या ग. मी.	परिमाण	व्याख्यात्मक टिप्पणी
1	मिट्टी की खुदाई नींव में—						
	अन्त्याधार	2	7·90	1·70	·90	24·16	लम्बाई पृष्ठ 324 के अनुसार
	पक्ष दीवारें	4	2·59	1·30	·90	12·12	
					योग	36·28 घन मी.	
2	सीमेंट कंक्रीट 1 : 4 : 8 नींव में						
	अन्त्याधार	2	7·90	1·70	·30	8·05	मद 1 में मिट्टी की खुदाई का $\frac{1}{3}$
	पक्ष दीवारें (लम्बाई ऊपर के समान)	4	2·59	1·30	·30	4·04	
					योग	12·09 घन मी.	
3	प्रथम श्रेणी की ईंट चिनाई 1 : 6 सीमेंट मसाले से—						
	अन्त्याधार—						
	पहला खसका (Step)	2	7·80	1·40	·30	6·55	
	दूसरा ,,	2	7·80	1·30	·30	6·08	
	तीसरा ,,	2	7·80	1·20	·40	7·49	
	चौथा ,,	2	7·80	1·10	·50	8·58	
	पाँचवा खसका उठान रेखा तल तक	2	7·80	1·00	·60	9·36	
	उठान रेखा तल के ऊपर डाट के ऊपरी शीर्ष तक का भाग आयताकार ठोस मानकर (Rectangular solid)	1	7·80	5·40	1·40	58·96	कटौतियों के लिए अगला पृष्ठ देखें
	पक्ष दीवारें—						पक्ष दीवार की लम्बाई विभिन्न खसकों पर पृष्ठ 324 में वर्णित विधि से सही सही ज्ञात किया गया है, पर व्यवहार में या स्थूल मध्य लम्बाई पृष्ठ 325 पर वर्णित विधि से ज्ञात की जा सकती है।
	पहला खसका	4	2·59	1·00	·30	3·11	
	दूसरा खसका (i)	4	2·66	·90	·30	2·87	
	(ii)	4	2·76	·90	·40	3·97	
	तीसरा खसका	4	2·85	·80	·50	4·56	
	चौथा खसका उठान रेखा तल तक	4	2·91	·70	·60	4·89	
	पाँचवा खसका अन्त्याधार के बाहरी ऊपरी शीर्ष तक	4	2·98	·60	·70	5·01	
	छठा खसका डाट के ऊपरी शीर्ष तक	4	4·31	·50	·70	6·03	औसत लम्बाई पृष्ठ 311 पर * लम्बाई के समान
					C.O.	127·46	

मद सं०	मदों का विवरण	सं०	लम्बाई मी.	चौड़ाई मी.	ऊँ या ग. मी.	परिमाण	व्याख्यात्मक टिप्पणी
					B.F.	127·46	
	सातवां खसका शीर्ष के ऊपर	2	11·40	·50	·70	7·98	
	आठवां खसका मुंडेर (parapet)	2	11·36	·40	·40	3·64	} कुल लम्बाई
	नवां खसका मुंडेर शीर्षका (coping)	2	11·42	·45	·20	2·06	
					योग	141·14	पक्ष दीवारों तथा मुंडेर दीवार का योग = 44·12 घन मी.
	घटायें— वृत्तखंड (Segmental) भाग	1	7·80 ×	2·26 वर्ग मी (क्षेत्रफल)		17·63	वृत्तखंड का क्षेत्रफल $= \frac{2}{3}$ पा × उ + $\frac{\text{उ}^3}{2\text{पा}}$ $= \frac{2}{3} \times 3·6 \times ·9 + \frac{·9^3}{2 \times 3·6} = 2·26$ वर्ग मी
	त्रिभुजाकार भाग ($\frac{1}{2}$ आधार × लम्ब) × लम्बाई—	2	7·80	($\frac{1}{2}$ × ·70	× 2·70)	14·74	आधार = ऊंचाई = ·70 मी लम्ब = $\frac{1}{2}$ चौड़ाई = 1·8 + ·9 = 2·70 मी
	डाट चिनाई कार्य—		मद (4) के समान			18·02	
					योग	32·76	
				शुद्ध	योग	108·38 घन मी	
4	डाट चिनाई 1 : 4 सीमेंट मसालें से—	1	7·80	4·62	·50	18·02 घन मी	डाट की चिनाई के लिये नीचे देखें।

डाट का परिकलन—

$\text{अ}^2 = \text{उ}\,(\text{व्या}—\text{उ})$, या $1·8^2 = ·9\,(\text{व्या}—·9)$; $\therefore$ व्या = 4·50

$\text{त्रि} = \frac{\text{व्या}}{2} = \frac{4·5}{2} = 2·25$ अतः $\text{त्रि}_{\text{म}} = \text{त्रि} + \frac{\text{मो}}{2} = 2·25 \times \frac{·5}{2} = 2\ 50$

$\text{च} = \sqrt{\text{अ}^2 + \text{उ}^2} = \sqrt{1·8^2 + 9^2} = 2·01$

$\text{ल} = \frac{8\text{च}—2\text{अ}}{3\ *} = \frac{8 \times 2·01 — 2 \times 1·8}{3} = 4·16$

$\text{ल}_{\text{म}} = \text{ल}\ \frac{\text{त्रि}_{\text{म}}}{\text{त्रि}} = 4·16 \times \frac{2·50}{2·50} = 4·62$ मी

मद सं०	मद का विवरण	सं०	लम्बाई मी.	चौड़ाई मी.	ऊँचाई या गहराई मी.	परिमाण	व्याख्यात्मक टिप्पणी
5	टीप 1:2 सीमेंट मसाले से—सम्मुख दीवारें भूमि तल के ऊपर	2	11·40	--	4·35	99·18	ल. = मुंडेर के समान ऊँ = पूरी ऊँचाई + दो बाहरी अन्तर्लंब (offset) = (1·50 + 1·40 + ·70 + ·60) + ·10 + ·05 = 4·35 मी.
	सड़क के तल के ऊपर मुंडेर की भीतरी सतह	2	11 40	--	·95	21·66	ऊं. = ·25 + ·10 + ·60 = ·95 मी.
	मुंडेर की ऊपरी सतह	2	11·42	—	·45	10·28	
	मुंडेर के सिरे (i)	4	--	·40	·40	·64	
	(ii)	4	—	·45	·20	·36	
	अन्त्याधार की भीतरी सतह	2	7·80	--	1·50	23·49	
	डाट का तला (soffit)	1	7·80	4·16	--	32·45	
					योग	187·97	
	घटायें-- आयताकार भाग	2	3·60	—	1·50	10·80	
	वृत्तखण्ड वाले भाग	2 ×	2·26वर्ग मी	क्षेत्रफल	--	4·52	क्षेत्रफल पृष्ठ 322 के अनुसार
	त्रिभुजकार भाग मिट्टी के ढाल के नीचे	4	3 35	--	$\frac{1}{2}$ × 3·35	22·45	त्रिभुज का क्षेत्रफल = आधार × $\frac{1}{2}$ ऊँचाई
					योग	37·77	
				शुद्ध	योग	150·20	

परिमाण सूची (उदाहरण 4)

मद स०	मद का विवरण	परिमाण	इकाई	टिप्पणी
1	मिट्टी की खुदाई नीव में	36·28	घन मी.	यदि आवश्यकता हो तो लागत निकाली जा सकती है।
2	सीमेंट कंक्रीट 1 : 4 : 8 नींव में	12·09	घन मी.	
3	प्रथम श्रेणी की ईंट चिनाई 1 : 6 सीमेंट मसाले से,	108·38	घन मी.	
4	डाट चिनाई 1 : 4 सीमेंट मसाले से	18 02	घन मी.	
5	टीप 1 : 2 सीमेंट मसाले से	150·20	वर्ग मी.	

टिप्पणी—प्रश्न पत्र में पूछी गई मदों के परिमाण चुन लें।

विवरण	मध्यमान त्रिज्या $\text{त्रि}_{\text{म}} = \text{त्रि} + \frac{\text{चौड़ाई}}{2}$ मी.	वक्रता की मध्यमान लम्बाई $\frac{\text{ल}_{\text{म}}}{2\pi \text{त्रि}_{\text{म}}} = \frac{30^\circ}{360^\circ}$ $\text{ल}_{\text{म}} = \frac{1}{6}\pi\ \text{त्रि}_{\text{म}}$ मी.	अन्तलंब (offsets) जोड़ कर कुल मध्यमान लम्बाई मी.
नींव की खुदाई तथा कंक्रीट	$4\cdot00+\frac{1\cdot30}{2}=4\cdot65$	$\frac{1}{6}\times\frac{22}{7}\times4\cdot65=2\cdot44$	$2\cdot44+\cdot15=2\cdot59$ मी.
पहला खसका	$4\cdot15+\frac{1\cdot00}{2}=4\cdot65$	$\frac{1}{6}\times\frac{22}{7}\times4\cdot65=2\cdot44$	$2\cdot44+\cdot15=2\cdot59$ मी.
दूसरा खसका	$4\cdot15+\frac{\cdot90}{2}=4\cdot60$	$\frac{1}{6}\times\frac{22}{7}\times4\cdot60=2\cdot41$	$2\cdot44+\cdot15+\cdot10=2\cdot66$ मी. (i) $2\cdot41+15+\cdot10+\cdot10=2\cdot76$ मी. (ii)
तीसरा खसका	$4\cdot15+\frac{\cdot80}{2}=4\cdot55$	$\frac{1}{6}\times\frac{22}{7}\times4\cdot55=2\cdot40$	$2\cdot40+\cdot15+\cdot10+\cdot10+\cdot10=2\cdot85$ मी.
चौथा खसका	$4\cdot15+\frac{\cdot70}{2}=4\cdot50$	$\frac{1}{6}\times\frac{22}{7}\times4\cdot50=2\ 36$	$2\cdot36+\cdot15+\cdot10+\cdot10+\cdot10+\cdot10=2\cdot91$ मी.
पाँचवां खसका	$4\cdot15+\frac{\cdot60}{2}=4\cdot45$	$\frac{1}{2}\times\frac{22}{7}\times4\cdot45=2\cdot33$	$2\cdot33+\cdot15+\cdot10+\cdot10+\cdot10+\cdot10+\cdot10=2\cdot98$ मी.
छठा खसका	$4\cdot15+\frac{\cdot50}{2}=4\cdot40$	$\frac{1}{6}\times\frac{22}{7}\times4\cdot40=2\cdot31$	$2\ 31+\cdot15+\cdot10+\cdot10+\cdot10+\cdot10+\cdot10=2\cdot96$ मी
शीर्ष के ऊपर सातवां खसका	$4\cdot05+\frac{\cdot50}{2}=4\cdot30$	$\frac{1}{6}\times\frac{22}{7}\times4\cdot30=2\cdot25$	$2\cdot25+\cdot15+\cdot10+\cdot10+\cdot10+\cdot10+\cdot10+\cdot10=3\cdot00$ मी. शीर्ष के ऊपर कुल लम्बाई $=(2\times3\cdot00)+(3\cdot60+\cdot90+\cdot90)=11\cdot40$ मी.
आठवां खसका मुडेर दीवार	$4\cdot05+\frac{\cdot40}{2}=4\cdot25$	$\frac{1}{6}\times\frac{22}{7}\times4\cdot25=2\cdot23$	$2\cdot23+\cdot15+\cdot10+\cdot10+\cdot10+\cdot10+\cdot10+\cdot10=2\cdot98$ मी. कुल लम्बाई $=(2\times2\cdot98)+(3\cdot60+\cdot90+90)=11\cdot36$ मी.
नवां खसका मुन्डेर	$4\cdot00+\frac{\cdot45}{2}=4\cdot225$	$\frac{1}{6}\times\frac{22}{7}\times4\cdot225=221$	$2\cdot21+\cdot15+\cdot10+\cdot10+\cdot10+10+\cdot10+\cdot10+\cdot05=3\cdot01$ मी. कुल लम्बाई $(2\times3\cdot01)+(360+\cdot90+\cdot90)=11\cdot42$ मी.
अन्याधार के ऊपर क भाग की (औसत लम्बाई पक्ष दीवार का छठा खसका			$\frac{*2\cdot96+(2\cdot96+\cdot90+1\cdot80)}{2}=4\cdot31$ मी.

पक्ष दीवारों तथा मुंडेर दीवार का स्थूल प्राक्कलन (Approx. Estimate)

द्रष्टव्य—पक्ष दीवारों तथा मुंडेर दीवार का स्थूल प्राक्कलन मध्यमान लम्बाई (mean length) लेकर बनाया जा सकता है। तीसरे खसके की लम्बाई को मध्यमान लम्बाई माना जा सकता है। 2·85 मी. है। इस मध्यमान लम्बाई को विभिन्न खसकों की चौड़ाई व ऊंचाई से गुणा करके परिमाण ज्ञात किये जा सकते हैं। सबकी लम्बाई समान होती है। पिछले पृष्ठ पर वर्णित विधि से थोड़ा ही श्रम व समय लगाकर पक्ष दीवार की मध्य खसके की लम्बाई सुगमता पूर्वक ज्ञात की जा सकती है फिर पक्ष दीवारों तथा मुंडेर दीवार में ईंट चिनाई का परिमाण निम्न प्रकार ज्ञात किया जा सकता है।

कार्य का विवरण	ल.	ल. मी.	चौ. मी.	ऊँ. मी.	परिमाण मी.^{3}
पक्ष दिवारें					
पहला खसका	4	2·85	1·00	·30	3·42
दूसरा खसका	4	2·85	·90	·70	7·18
तीसरा खसका	4	2·85	·80	·50	4·56
चौथा खसका	4	2·85	·70	·60	4·79
पांचवां खसका	4	2·85	·60	·70	4·79
छठा खसका	4	$\frac{1}{2}$ [2·85 + (2·85 + ·90 + 1·80)] = 4·20	·50	·70	5·88
शीर्ष के ऊपर सातवां खसका, कुल लम्बाई	2	2(2·85 + ·10) + (3·60 + ·90 + ·90) = 11·30	·50	·70	7·91
आठवां खसका					
मुंडेर दीवार, पूरी लम्बाई	2	11·30 (सातवें खसके के समान)	·40	·40	3·62
नवा खसका, मुंडेर	2	11·30 + (2 × ·05) = 11·40	·45	·20	2·05
			योग ···		44·20 घन मी.

पृष्ठ 322 पर पक्ष दीवारों तथा मुंडेर दीवारों का सही परिमाण 44·12 घन मी. निकाला गया है। इस प्रकार सही परिमाण व स्थूल (approximate) परिमाण में 44·20 – 44·12 = 0·08 घन मी. का अन्तर है। श्रम तथा परिकलन की बचत के लिये व्यवहार में स्थूल विधि से परिमाण ज्ञात किये जा सकते हैं।

माप का विवरण तथा परिमाणों का परिकलन (उदाहरण 5 प्रश्न और चित्र अगले पृष्ठ पर)

मद सं०	मद का विवरण	सं०	लम्बाई मी.	चौड़ाई मी.	ऊँचाई या गहराई मी.	परिमाण	व्याख्यात्मक टिप्पणी
1	प्र. सी. कं. कार्य 1:2:4 इस्पात के अतिरिक्त परन्तु ढूले तथा छड़ों की मुड़ाई बंधाई सहित		(धरनों की = 6·00 +	लम्बाई = 2 × ·45 =	निर्बाध पाट 6·90 मी.)	+ 2 धारक	
	टी. बीम की पर्शुकायें (ribs)	3	6·90	·35	·75	5·434	45 से. धारक (Bearing) त्रिभुजाकार
	चपटियाँ (fillets)	3 × 2	6·90	½ (·15 ×	·15)	0·466	
	पाटन स्लैब (Deck slab)	1	6·90	7·70	·20	10·626	
	जंगले के खम्भे (railing posts)	6 × 2	·15	·15	1·20	0·324	दोनों ओर 6 खंभे
	कर्ब	2	6·90	·35	·20	0·966	
					योग	17·816	घन मी.
2	सीमेंट कंक्रीट 1:2:4 ऊपरी सतह	1	6·90	7·00	·10	4·83 घन मी.	औसत मोटाई 10 सेमी.
3	40 मि. मी. व्यास का जस्तीकृत इस्पात का (G. I. pipe) पाइप जंगले में	2 × 4	6·90	—	—	55·20	मी. ल.
4	इस्पात की प्रबलन छड़ें						
	धरनों में $2\frac{1}{2}$% की दर से	[3	× 6·90 ×	·35 × ·95	] $\frac{2·5}{100}$ ×	78·5 = 13·50कु.	कुल गहराई स्लैब की मोटाई सहित
	स्लैब में 1% ,, ,, ,,		10·626	× $\frac{1}{100}$ ×	78·5 =	8·34कु.	
	जंगले के खम्भों में 1% की दर से		0·324	× $\frac{1}{100}$ ×	78·5 =	0·26कु.	
					योग	22·10कु	

प्राक्कलित लागत सार (उदाहरण 5)

मद सं.	मद का विवरण	परिमाण	इकाई	दर रु. पै.	प्रति	धन राशि रु. पै.
1	प्र. सी. कं. का कार्य 1 : 2 : 4 ढूले तथा छड़ों की मुड़ाई, बंधाई सहित परन्तु इस्पात के अतिरिक्त	17·816	घन मी.	458·00	/घन मी.	8159·73
2	सीमेंट कंक्रीट 1 : 2 : 4 ऊपरी सतह में	4·83	घन मी.	200·00	/घन मी.	966·00
3	40 मिमी. व्यास का जस्तीकृत पाइप जंगले में	55·20	मी.	20·00	/मी.	1214·40
4	इस्पात की प्रबलन छड़ें	22·10	कुन्तल	230·00	/कुन्तल	5083·00
					योग	15423·13
	फुटकर व्यय तथा निर्माण प्रभारित सिब्बंदी के लिए 5% जोड़ें				...	771·16
					संपूर्ण योग ...	16194·29

उदाहरण 5—एक 6 मी. पाट के प्र. सी. कं. टी—धरन पुल के (Tee-beam bridge) स्लैब का धरन सहित प्राक्कलन निकालिये। (decking with Tee-beam)। पुल का खंड दृश्य (section) ज्ञात है (चित्र 8-12)। दोनों अन्त्याधारों (abutments) पर 45 सेमी. धारक मानिये। धरन में 2·5 प्रतिशत तथा स्लैब व खभों में एक प्रतिशत नरम इस्पात का प्रबलन दिया गया है। नरम इस्पात का घनत्व 78 5 कुन्तल प्रति घन मी. (7·85 ग्राम/घन सेमी.) है।

समुचित दरें मान लें।

प्र. सी. कं. टी.—धरन पुल का अनुप्रस्थ खंड

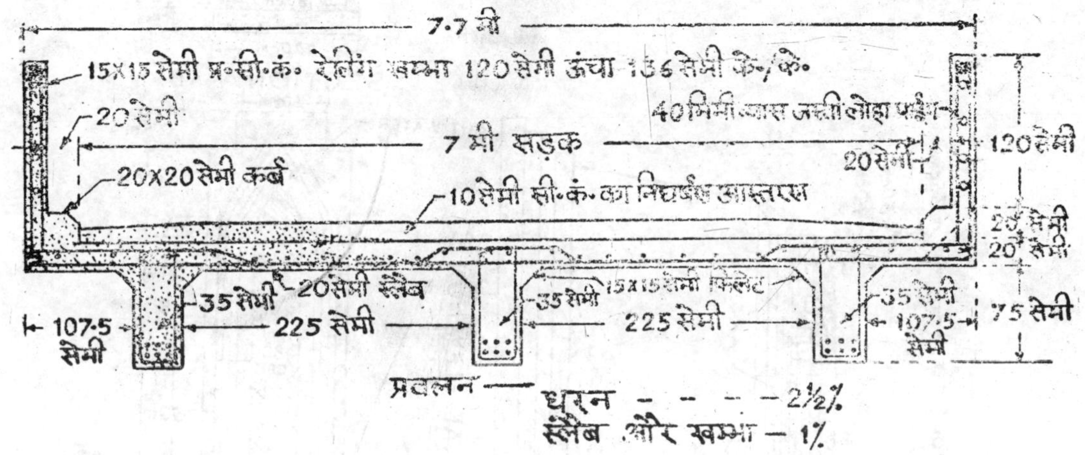

चित्र 8-12

अनेक पाटों की पुलिया (Culvert with Series of pans)

जब किसी पुलिया में अनेक डाटें तथा पाट हों तो दो अत्याधारों तथा चार पक्ष दीवारों का प्राक्कन एक पाट की पुलिया के अनुसार कर लेते हैं। पायों (piers) का प्राक्कलन अलग करना होता है। यदि पाये एक ही समान हों तो केवल एक पाये का परिमाण ज्ञात करके इसे पायों की संख्या से गुणा करके सब पायों का परिमाण ज्ञात किया जा सकता है। इसी प्रकार एक डाट का परिमाण ज्ञात करके उसे डाटों की सख्या से गुणा किया जा सकता है स्कंध (spandril) तथा उठान रेखा तल (springing level) से ऊपर के भाग आयताकार ठोस पिंड मान कर परिमाण निकाल लें तथा फिर आवश्यक कटौती कर दें। इस प्रकार ज्ञात परिमाण को पाटों की सख्या से गुणा करके कुल परिमाण ज्ञात किया जा सकता है।

पाये का प्राक्कलन (Estimating of a Pier)

उदाहरण 6—दिये हुये तलदृष्य (plan) तथा खंड दृश्यों (sections) से (चित्र 8-13) 7·50 मीटर चौड़े सड़क मार्ग की डाट पुलिया के एक पाये की उठान रेखा तल (springing level) तक विभिन्न मदों का प्राक्कलन बनाइये।

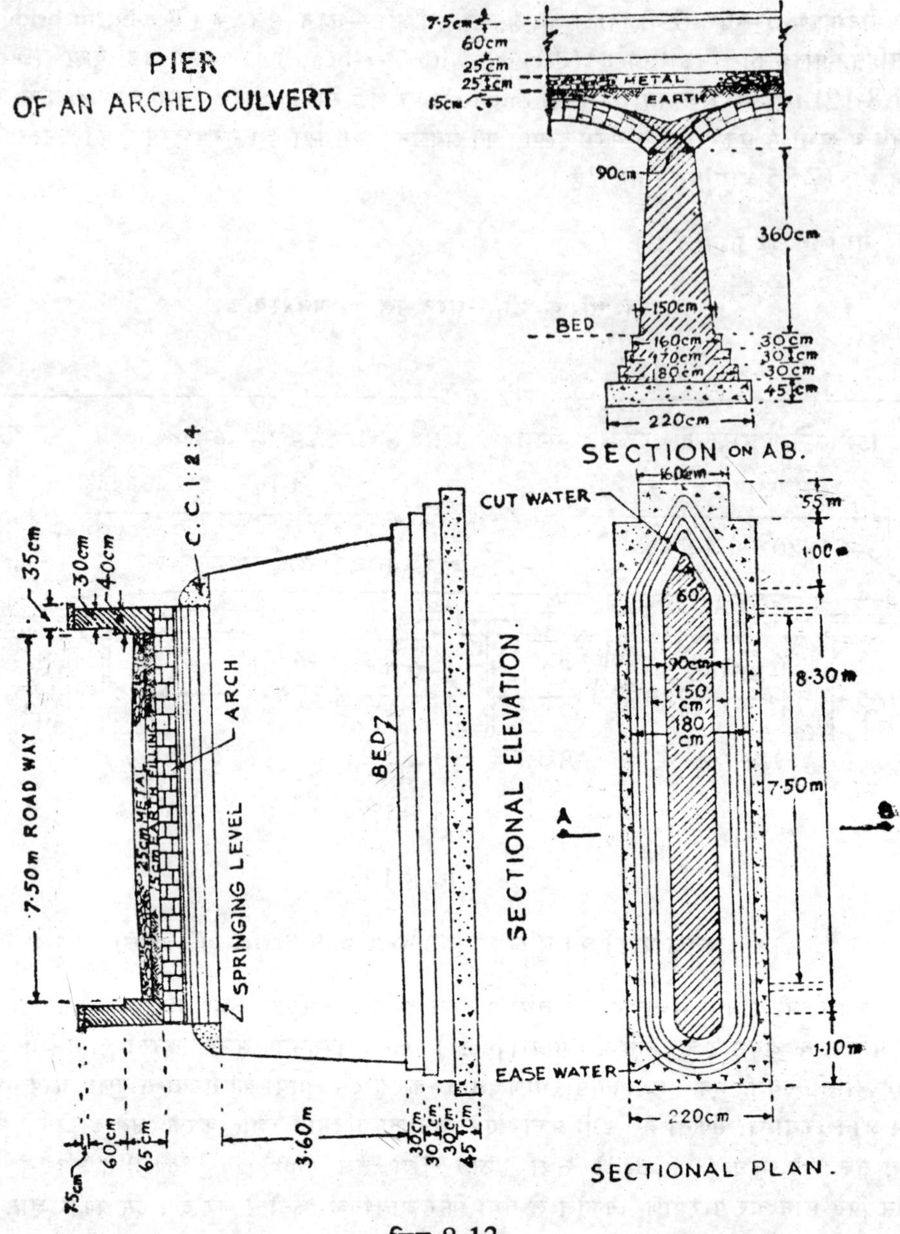
PIER
OF AN ARCHED CULVERT
7·5cm
60cm
25cm
25cm
15cm
METAL
EARTH
90cm
360cm
150cm
BED
160cm
170cm
180cm
30cm
30cm
30cm
45cm
220cm
SECTION ON AB.
160cm
CUT WATER
55m
1·00m
60°
90cm
150 cm
180 cm
8·30m
7·50m
A
B
1·10m
EASE WATER
220cm
SECTIONAL PLAN.
35cm
30cm
40cm
C.C. 1:2:4
ARCH
7·50m ROAD WAY
SPRINGING LEVEL
BED
SECTIONAL ELEVATION.
75cm
60cm
65cm
3·60m
30cm
30cm
30cm
45cm

चित्र 8-13

माप का विवरण तथा परिमाणों का परिकलन (उदाहरण 6)

मद संख्या	कार्य का विवरण	सं०	लम्बाई मी.	चौड़ाई मी.	ऊंचाई या गहराई मी.	परिमाण	व्याख्यात्मक नोट
1	मिट्टी की खुदाई नींव में—						
	पाया (pier)	1	10·30	2·20	1·35	30·88	
	पनकट सिरा (cut water end)	1	0·55	1·60	1·35	1·19	
					योग	32·07 घन मी.	
2	सीमेंट कंक्रीट 1 : 4: 8 नींव में		मिट्टी की खुदाई का $\frac{1}{3}$ $=\frac{1}{3}\times 32·07=$			10·70 घन मी.	परिमाण $=\frac{45}{135}=$ मिट्टी की खुदाई का $\frac{1}{3}$
3	प्रथम श्रेणी की ईंट चिनाई 1:5 सीमेंट मसाले से—						
	पाया—						
	पहला खसका	1	8·30	1·80	·30	4·48	
	दूसरा खसका	1	8·30	1·70	·30	4·23	
	तीसरा खसका	1	8·30	1·60	·30	3·98	
	खसके के ऊपर उठान रेखा तल तक	1	8·30	$\frac{1·5+·9}{2}$	3·60	35·86	औसत चौड़ाई
	उठान रेखा तल के ऊपर का समलम्बाकार (trapezium) भाग	1	8·30	$\frac{·9+·5}{2}$	·40	2·32	ऊपरी चौड़ाई = 50 सेमी. ऊँचाई = 40 सेमी.
	पनमेल सिरा (ease water end) पहला खसका	1	$\frac{1}{2}\left(\frac{22}{7}\times\frac{1·8^2}{4}\right)$		·30	0·38	अर्धवृत्त का क्षेत्रफल × ऊँचाई
	दूसरा खसका	1	$\frac{1}{2}\left(\frac{22}{7}\times\frac{1·7^2}{4}\right)$		·30	0·34	
	तीसरा खसका	1	$\frac{1}{2}\left(\frac{22}{7}\times\frac{1·6^2}{4}\right)$		·30	0·30	
	खसके के ऊपर उठान रेखा तल तक	1	$\frac{1}{2}\left(\frac{22}{7}\times\frac{1·2^2}{4}\right)$		3·60	2·05	मध्य खण्ड का व्यास $=\frac{1·5+9}{2}=1·2$ मी.
	पनकट सिरा—						
	पहला खसका	1	$\frac{1}{2}$(1·8 × 1·8 × ·866)		·30	0·42	त्रिभुज का क्षेत्रफल ऊँचाई
	दूसरा खसका	1	$\frac{1}{2}$(1·7 × 1·7 × 866)		·30	0·37	
					C. O.	54·73	त्रिभुज का क्षेत्रफल $=\frac{1}{2}$चौ. × लम्ब. $=\frac{1}{2}$चौ. × चौ. × ·866

(उदाहरण 6—क्रमशः)

मद सं०	मद का विवरण	सं०	लम्बाई मी.	चौड़ाई मी.	ऊँ. या. ग. मी.	परिमाण	व्याख्यात्मक टिप्पणी
					B. F.	54·73	
	तीसरा खसका	1	$\frac{1}{2}$(1·6×1·6×·866)		·30	0·33	त्रिभुज का क्षेत्रफल × ऊंचाई
	खसके के ऊपर उठान रेखा तल तक	1	$\frac{1}{2}$(1·2×1·2×·866)		3·60	2·24	मध्य खण्ड की चौड़ाई $=\frac{1·5+·9}{2}=1·2$ मी
4	सीमेंट कंक्रीट 1:2:4 पाये के ऊपरी सिरों पर—				योग	57·30	घन मी.
	पनमेल सिरा (ease water end)	1	$\frac{1}{4}\times\frac{4}{3}\times$	$\frac{22}{7}\times\left(\frac{·9}{2}\right)^2$	=	·094	परिमाण = चौथाई गोला $=\frac{1}{4}\left(\frac{4}{3}\pi\times त्रि^3\right)$
	पनकट सिरा (cut water end)	1	$\frac{1}{2}$ (·9×·9×·866)				
					$\times\left(\frac{1}{3}\times\frac{·9}{2}\right)$	= ·052	प = त्रिभुआकार पिरामिड का आयतन = आधार का क्षेत्रफल × $\frac{1}{3}$ ऊंचाई
5	टीप (pointing) 1 : 2 सीमेंट मसाले से बाहरी सतहों पर—				योग	0·146 घन मी.	ऊं $=\frac{·9}{2}$
	पाया	2	8·30	—	3·60	59·76	दो पार्श्व
	पनमेल सिरा	1	$\frac{22}{7}\times\frac{1·2}{2}$	—	3·60	6·78	मध्य खंड की त्रिज्या $=\frac{1·2}{2}$
	पनकट सिरा	1	(1·2×1·2)	—	3·60	5·18	मध्य खंड में त्रिभुज की दो भुजायें।
					योग	71·72 वर्ग मी	

परिमाण सूची (पाया उदाहरण 6)

1. मिट्टी की खुदाई नींव में ... 32·07 घन मी.
2. 1 : 4 : 8 सीमेंट कंक्रीट नींव में .... 10·70 घन मी.
3. प्रथम श्रेणी की ईंट चिनाई 1 : 5 सीमेंट मसाले से .... 57·30 घन मी.
4. सीमेंट कंक्रीट 1 : 2 : 4 पाये के ऊपरी सिरों पर .... 0·146 घन मी.
5. टीप (pointing) 1 : 2 सीमेंट मसाले से ... 71·72 घन मी.

पाइप पुलिया (Pipe Culvert)

जब किसी नाले या जल धारा में जल का निस्तारण (discharge) कम हो या साधारण पुलिया बना सकने योग्य शीर्षान्तर (headway) या ऊँचाई उपलब्ध न हो तो पाइप पुलिया बनाई जाती हैं। पाइपों की संख्या व आकार नाले में से बहने वाले जल के निस्सारण पर निर्भर करती है। पाइप पुलिया में किसी भी पाइप का व्यास 30 सेमी से कम नहीं होना चाहिए क्योंकि छोटे पाइप के रुद्ध (choke) हो जाने की सम्भावना रहती है। पक्ष दीवारें सम्मुख दीवारों (face walls) की सीध में सीधी बनाई जा सकती हैं परन्तु तिरछी पक्ष दीवारें अच्छी रहती हैं क्योंकि उनसे जल सुगमता पूर्वक बह सकता है।

उदाहरण 7—चित्र 8-14 में प्रदर्शित तलदृश्य संमुख दृश्यों (plan and elevations) से 60 सेमी. व्यास के तीन पाइपों की पुलिया का विस्तृत प्रावकलन बनाइये। नींव में 1 : 4 : 8 सीमेंट कंक्रीट डाला जायगा तथा 1 : 6 सीमेंट रेत मसाले से प्रथम श्रेणी की ईंट चिनाई की जायगी। खुली सतहों पर 1 : 2 सीमेंट रेत मसाले से टीप की जायगी। समुचित दरें मान लें।

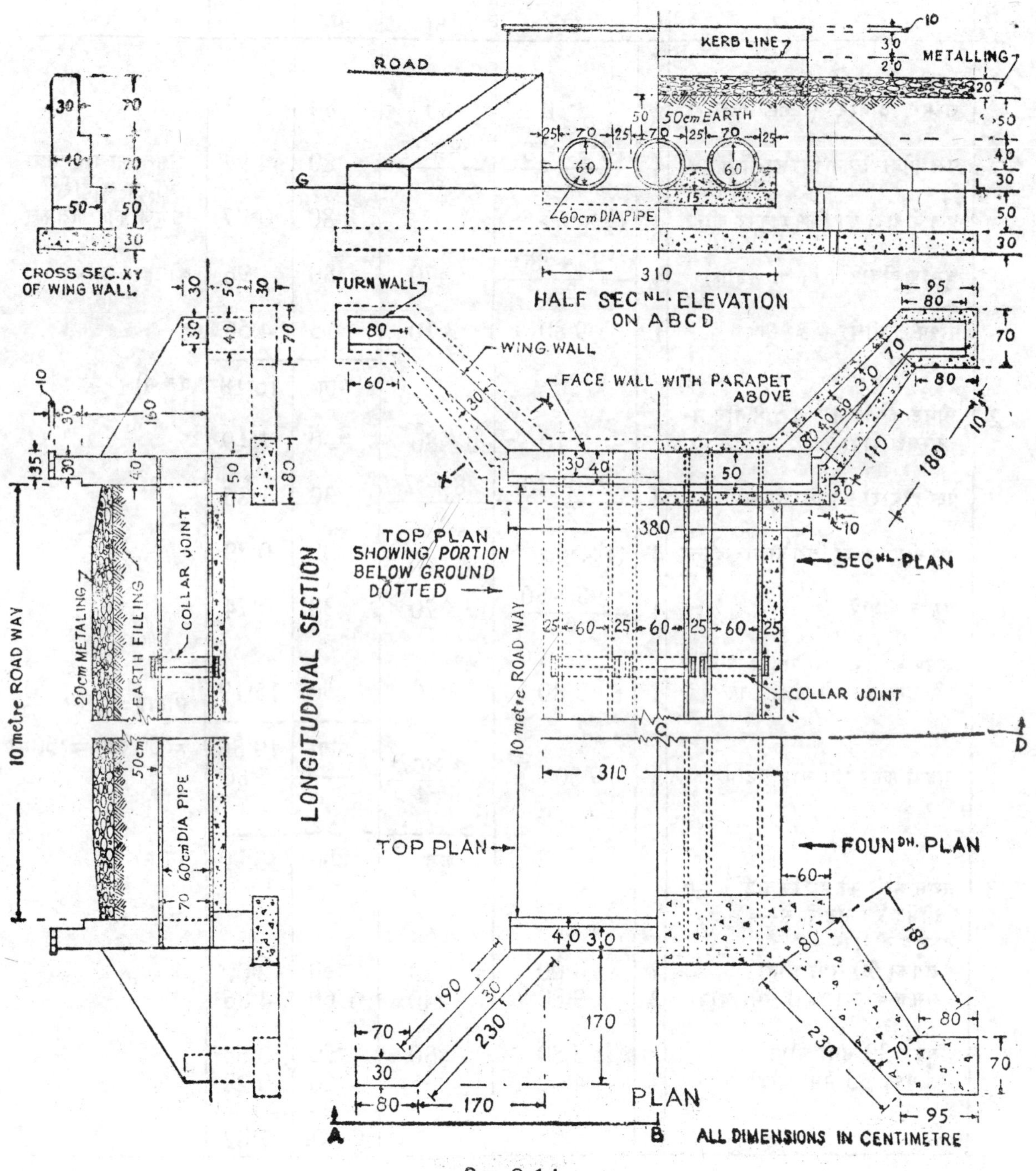

चित्र 8-14

माप का विवरण व परिमाणों का परिकलन (उदाहरण 7)

मद क्र०	मद का विवरण	सं०	लम्बाई मी.	चौड़ाई मी०	ऊं. या ग. मी.	परिमाण	टिप्पणी
1	मिट्टी की खुदाई नींव में— सम्मुख दीवारें (face walls)	2	3·10	·80	·80	3 97	
	पक्ष दीवारों का तिरछा भाग	4	$\frac{2·3 \times 18}{2}$	$\frac{·8 + ·7}{2}$	·80	4·92	औसत लम्बाई तथा ओसम चौड़ाई
	पक्ष दीवारों का त्रिभुजाकार कोना	4	$(\frac{1}{2} \times ·6 \times ·8)$		·80	0·77	त्रिभुज का क्षेत्रफल
	घुमाव दीवारें (Turn walls)	4	$\frac{·95 + ·80}{2}$	·70	·80	1·96	औसत लम्बाई
	पाइप के नीचे	1	9·80	3·10	·15	4·56	
					योग	16·18	घन मी
2	सीमेंट कंक्रीट 1 : 4 : 8 नींव में- सम्मुख दीवारें	2	3·10	·80	·30	1·49	
	पक्ष दीवारों का तिरछा भाग	4	$\frac{2·3 + 1·8}{2}$	$\frac{·8 + ·7}{6}$	·30	1·85	
	पक्ष दीवारों का त्रिभुजाकार कोना	4	$(\frac{1}{2} \times ·6 \times ·8)$		·30	0·29	
	घुमाव दीवारें	4	$\frac{·95 + 80}{2}$	·70	·30	0·74	
	पाइप के नीचे तथा पाइपों के बीच में उनकी आधी ऊँचाई तक	1	9·80	3·10	·50	15·19	मोटाई $= 15 + \frac{70}{2}$
					योग	19·56	= 50 सेमी = ·50मी
	पाइपों का आधा भाग घटायें	3	$9·80 \times \frac{1}{2}$	$\times \frac{\pi \times ·7^2}{4}$	--	5·66	
				शुद्ध	योग	13·90	घन मी
3	प्रथम श्रेणी की ईट चिनाई 1 : 6 सीमेंट रेत मसाले से— सम्मुख दीवारें—						
	खसका 50 सेमी चौड़ा	2	4·00	·50	·50	2·00	
	खसके के ऊपर 40 सेमी चौड़ा	2	3·80	·40	1·60	4·86	
	मुंडेर 30 सेमी चौड़ी	2	3·80	·30	·30	0·68	
	शीर्षका 35 सेमी चौड़ी	2	4·00	·35	·10	0·28	
					C. O.	7·82	

(उदाहरण 7क्रमशः)

मद सं०	मद का विवरण	सं०	लम्बाई मी.	चौड़ाई मी	ऊँचाई या गहराई मी.	परीमाण	व्याख्यात्मक टिप्पणी
					B. F.	7·82	
	पक्ष दीवारें — पहला खसका 50 सेमी चोड़ा	4	1·10	$\frac{\cdot5+0}{2}$	·50	0·55	
	दूसरा खसका 40 सेमी चोड़ा (i) सोधा भाग	4	1·80	·40	·30	0·86	
	(ii) ढलवां भाग	4	1·80	·40	$\frac{\cdot40+0}{2}$	0·58	औसत ऊँचाई
	तीसरा खसका–30 सेमी चोड़ा	4	1·90	·30	$\frac{\cdot70+0}{2}$	0·80	
	घुमाव दीवार–40 सेमी चोड़ी	4	$\frac{\cdot8+\cdot7}{2}$	·40	·50	0·60	
	घुमाव दीवार–30 सेमी चोड़ी	4	$\frac{\cdot80+\cdot75}{2}$	·30	·30	0·28	
					योग	11·49 घन मी	
4	टीप 1 : 2 सीमेंट मसाले से बाहरी सतहों पर भूमितल के ऊपर— सम्मुख दीवारें बाहर की ओर	2	3·10	--	1·04	8·68	सड़क के तल तक
	सम्मुख दीवारें, मुंडेर बाहर की ओर	2	3·80	—	·65	4·94	सड़क तल के ऊपर मुंडेर सहित ऊँचाई = 20 + 30 + 10 + 5 = 65 सेमी
	मुंडेर के भीतरी फलक (faces)	2	3·80	—	·70	5·32	10 सेमी कर्ब के अर्न्तलम्ब सहित
	पक्ष दीवारों के ऊर्ध्व फलक	4	2·30	—	$\frac{1\cdot40+\cdot50}{2}$	8·74	औसत ऊँचाई
	पक्ष दीवारों की ऊपरी सतह	4	2·30	·30	—	2·76	
	घुमाव दीवारों के तीन ओर के ऊर्ध्व फलक	4	1·80	—	·30	2·16	ल = परिमिति = 80 + 30 + 70 = 180 सेमी = 1·80 मी
	घुमाव दीवारों की ऊपरी सतह	4	$\frac{\cdot8+\cdot7}{2}$	·30	—	0·90	
					योग	33·50 वर्ग मी	
5	60 सेमी व्यास के भारी ह्यूम पाईप कालर जोड़ सहित	3	10·80	--	--	32·40मी	ल = 10 + ·4 + ·4 = 10·8 मी

प्राक्कलित लागत सार (उदाहरण 6)

मद सं०	कार्य का विवरण	परिमाण	इकाई	दर	प्रति	धनराशि रु. पै.
1	मिट्टी खुदाई नींव में	16·18	घन मी.	290·00	%घन मी	46·92
2	सीमेंट कंक्रीट 1 : 4 : 8 ईंट की रोडी से नींव में	13·90	घन मी.	160·00	घन मी.	2224·00
3	प्रथम श्रेणी की ईंट चिनाई 1:6 सीमेंट रेत मसाले	11·49	घन मी.	120·00	घन मी.	1378·80
4	टीप 1 : 2 सीमेंट मसाले से खुली सतहों पर	33·50	घन मी.	4·75	वर्ग मी.	159·13
5	60 सेमी. व्यास के भारी प्रकार के ह्यूम पाइप कालर जोड़ सहित	32·40	मी.	90·00	मी.	2916·00
					योग ...	6724·85
	फुटकर व्यय तथा निर्माण प्रभारित सिब्बन्दी के लिये 5% जोड़ें				...	336·55
					संपूर्ण योग ...	7061·10

लोहे का सेतु (Steel Bridges)

इस्पात के पुल या सेतु I धरनों, प्लेट, गर्डरों, लैटिस्ड गर्डर या कैंची के गर्डरों (trussed girders) आदि के बनते हैं तथा ईंट चिनाई के अन्त्याधारों व पायों पर आधारित होते हैं। इस्पात की कैंची तथा इस्पात की स्थूणाओं के प्राक्कलन में वर्णित सिद्धान्तों के अनुसार ही इन पुलों में इस्पात कार्य का प्राक्कलन भी किया जा सकता है। पुल के विभिन्न अवयवों (members) की लम्बाई रेखाचित्र में से पढ़कर तथा उनका भार इस्पात तालिका में देखकर ज्ञात किया जा सकता है।

प्र. सी. कं. का पुल, स्लैब, T-धरन स्लैब, डाट आदि अनेक प्रकार से बनते हैं। इसका प्राक्कलन प्र. सी. कं. संरचना कार्य की प्राक्कलन विधि से बनाये जाते हैं।

ईंट चिनाई का कुँआ (Masonry Well)

ईंट चिनाई के पक्के कुंए पीने के जल के लिये, सिंचाई के लिये तथा पुलों की नींव देने के लिये बनाये जाते हैं। सामान्यतः पहले अवभूमि जल स्तर (subsoil water level) या अधः जलधारा के तल (spring-ing level) तक खुदाई की जाती है। फिर एक चक्का (curb) डाल कर उस पर भूमितल से 3 मी. ऊपर तक ईंट चिनाई की जाती है तथा इसे धंसाया (sinking) जाता है। जब लगभग 3 मी. ऊँची यह दीवार धंस जाय तो उस पर 3 मी. ऊँची और चिनाई की जाती है तथा उसे फिर धंसाया जाता है। जब तक वांछित गहराई न आ जाय, इसी प्रकार ईंट चिनाई करके धंसाये जाते हैं। कुंए के ईंट चिनाई के गोले (masonry stening) में ऊर्ध्व तान छड़े तथा लोहे की पत्ती के वलय (flat iron rings) डाले जाते हैं जिससे कुंआ धंसाते समय चिनाई में दरारें न पड़ें। ऊर्ध्व तान छड़ें तथा क्षैतिज वलय सामान्यतया केवल अवभूमि जल स्तर तक ही डाले जाते हैं परन्तु वे कुंए की पूरी गहराई में भी डाले जा सकते हैं कुंआ धंसाने की दर कुंए के व्यास तथा गहराई के के अनुसार होती है। सामान्यतः प्रति 3 मीटर गहराई के लिये प्रति मीटर दर अलग-अलग होती हैं। कुंए की पूरी

गहराई धंसाने के लिए एक ही (flat) प्रति मीटर दर भी निश्चित की जा सकती है। अवभूमि जल स्तर तक गड्ढा खोदने के लिये प्रति 1·5 मी. तक खोदने के लिए अलग-अलग दरें होती हैं।

जहां कुंआ खोदना होता है उस स्थान की मिट्टी यदि खराब हो, नरम या रेतीली हो तो खुदाई केवल इतनी गहराई तक ही की जाती है कि भूमि स्खलन (slip) न हो। उसके बाद गोला चक्का (curb) डालकर उसे धंसाना शुरू कर दिया जाता है। अवभूमि जलस्तर तक मिट्टी की खुदाई कुंए के अन्दर उतर कर की जाती है।

कुंए का प्राक्कलन

उदाहरण 8—दिये हुये रेखाचित्र (चित्र 8-15) से एक ईंट चिनाई के कुंए का विस्तृत प्राक्कलन बनाइये। कुंए का व्यास 2 मीटर तथा गोले चक्के (curb) के ऊपर तक गहराई 14 मीटर है। अवभूमि जलस्तर भूमि तल से 3·80 मी. नीचे है। कुंए का गोला (steining) 1 : 6 सीमेंट मसाले से प्रथम श्रेणी की 30 सेमी मोटी ईंट चिनाई करके बनाया जायगा। कुंए की भीतरी तथा बाहरी सतह पर 1 : 2 सीमेंट मसाले से टीप की जायगी। कुंआ भूमि तल से 60 सेमी ऊपर तक उठा होना चाहिए तथा उसके चारों ओर 1 मीटर चौड़ाई में 7·5 सेमी मोटी चूना कंक्रीट की तह व उसके ऊपर •4 सेमी मोटा सीमेंट कंक्रीट का एप्रन बनाया जायगा। चक्का प्रबलित सीमेंट कंक्रीट का होगा व उसके तले में मिट्टी काटने के लिये 75 × 75 × 6 मिमी ऐंगल लोहा का किनार लगाया जायगा।

समुचित दरें मान लें।

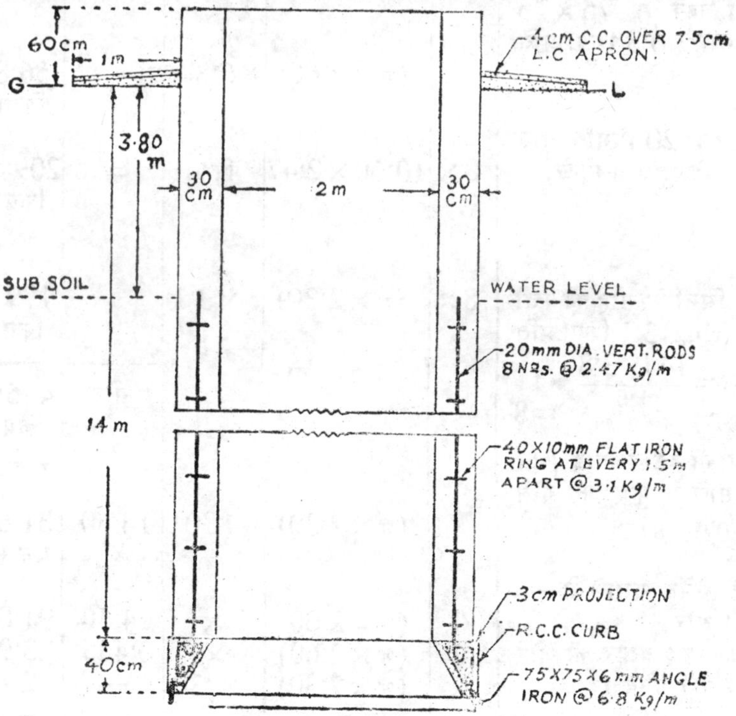

चित्र 8-15

माप का विवरण तथा परिमाणों का परिकलन (उदाहरण 8)

मद सं०	मदों का विवरण	सं०	लम्बाई मी.	चौड़ाई मी.	ऊँचाई या गहराई मी.	परिमाण	व्याख्यात्मक टिप्पणी
1	मिट्टी की खुदाई नींव में—भूमि जलस्तर तक						
	(i) 1·50 मी गहराई तक	1	$\frac{\pi \times 2.66^2}{4}$	×	1·50	8·34 घन मी.	बाहरी व्यास $= 2.00 + .30 \times 2 + .03 \times 2 = 2.66$ मी
	(ii) 1·50 मी से 3·00 मी गहराई तक	1	$\frac{\pi \times 2.66^2}{4}$	×	1·50	8·34 घन मी.	
	(iii) 3·00 मी से 3·80 मी गहराई तक	1	$\frac{\pi \times 2.66^2}{4}$	×	0·80	4·45 घन मी.	
2	प्र. सी. कं. कार्य इस्पात सहित चक्के (curb) में—अनुस्थ क्षेत्रफल × औसत लम्बाई	$\frac{1}{2}$ ×	(33 × ·40)	× (π × 2·44) =		0·506 घन मी.	औसत व्यास $= 2.00 + 2 \times \frac{2}{3} \times .33 = 2.44$ मी
3	लोहे के कार्य—ऐंगल लोहा चक्के में 75 × 75 × 6 मिमी @ 6·8 किग्रा प्रति मीटर	1	(π × 2·66)	× 6·8 किग्रा =		56·85 किग्रा.	ल = बाहरी परिधि
	ऊर्ध्व तान छड़ें 20 मिमी व्यास की 2·47 किग्रा प्रति मीटर	8 ×	10·60 × 2·47	किग्रा	=	209·45 किग्रा	60 सेमी लम्बी 8 छड़ें अतिरिक्त ल = 14 − 3·84 + 6 = 10·6 मी
	40 × 10 मिमी के लोहे की पत्ती के वलय (ring) 3·1 किग्रा प्रति मीटर, सं. $= \frac{14.0-3.8}{1.5} + 1 = 8$	8 ×	(π × 2·30)	× 3·1		179 30 किग्रा	ल = मध्यमान परिधि = π × 2·30 मी
					योग	445·6 किग्रा = 4·46	कुन्तल
4	प्रथम श्रेणी की ईंट चिनाई 1 : 6 सीमेंट मसाले से कुंए के गोले (well steining) में	1	(π × 2·30)	·30	14·60	31·67 घन मी.	ल = मध्यमान परिधि = π × 2·30 मी
5	टीप 1 : 2 सीमेंट मसाले से—भीतर की ओर	1	(π × 2·00)	×	14·60	91·80	
	भूमितल के ऊपर बाहर की ओर	1	(π × 2·60)	×	0·485	3·96	
	कुंए की ऊपरी सतह पर	1	(π × 2·30)	× ·30	—	2·17	ल = मध्यमान परिधि
					योग	91·93	वर्ग मी

(उदाहरण 8)

मद सं०	मद का विवरण	सं०	लम्बाई मी.	चौड़ाई मी.	ऊँचाई या गहराई मी.	परिमाण	व्याख्यात्मक टिप्पणी
6	4 सेमी मोटा सीमेंट कंक्रीट का (एप्रन) फर्श 7·5 सेमी मोटी चूना कंक्रीट पर	1	($\pi \times 3.60$)	—	1·00	11·30 वर्ग मी	औसत व्यास = 2·6 + 1·0 = 3·60 मी
7	कुँआ धंसाना अवभूमि जल स्तर के नीचे से—						
	(i) जल स्तर के तल के नीचे 1·5 मीटर तक	1	—	—	1·50	1·50 मी	
	(ii) जल स्तर के तल में नीचे 1·5 मीटर से 3·0 मीटर तक	1	—	—	1·50	1·50 मी	
	(iii) ,, ,, 3·0 मी से 6·0	1	—	—	3·00	3·00 मी	
	(iv) ,, ,, 6·0 ,, 9·0	1	—	—	3·00	3·00 मी	
	(v) ,, ,, 9·0 ,, 10·20 मी	1	—	—	1·20	1·20 मी	

प्राक्कलित लागत सार (उदाहरण 8)

मद सं०	मद का विवरण	परिमाण	इकाई	दर रु. पै.	प्रति	धन राशि रु. पै.
1	मिट्टी की खुदाई नीव में—					
	(i) 1·50 मी. गहराई तक	8·34	घन मी.	290·00	% घन मी.	24·19
	(ii) 1·50 मी. से 3·0 मी. की गहराई तक	8·34	घन मी.	316·00	% घन मी.	26·35
	(iii) 3·00 मी. से 3·00 मी. की गहराई तक	4·45	घन मी.	340·00	% घन मी.	15·13
2	प्र. सी. कं. कार्य इस्पात सहित चक्के (curb) में	0·506	घन मी.	500·00	/ घन मी.	253·00
3	लोहे का काम ऐंगल, तान छड़ें (tie rods) तथा लोहे की पत्ती का बलय (ring)	4·46	कुन्तल	230·00	/ कुन्तल	1025·80
4	प्रथम श्रेणी की ईंट चिनाई 1 : 6 सीमेंट मसाले से	31·67	घन मी.	120·00	/ घन मी.	3800·40
5	टीप 1 : 2 सीमेंट मसाले से	97·93	वर्ग मी.	4·75	/ वर्ग मी.	465·17
6	4 से. मी. सीमेंट कंक्रीट 1 : 2 : 4 का फर्श (apron) 7·5 सेमी. मोटा चूना कंक्रीट पर	11·30	वर्ग मी	14·50	/ वर्ग मी.	163·85

मद सं०	मद का बिबरण	परिमाण	इकाई	दर रु. पै.	प्रति	धन राशि रु. प.
7	कुंआ धंसाना अवभूमि जल स्तर के नीचे					
	(i) 1·50 मी. अवभूमि जलस्तर तल के नीचे तक	1·50 मी.	मी. लम्बाई	85·00	/मी. लम्बाई	127·50
	(ii) 1·50 मी. से 3·00 मी. जलस्तर तल के नीचे तक	1·50 मी.	मी. लम्बाई	13·00	/मी. लम्बाई	195·00
	(iii) 3·00 मी. से 6·00 मी. जलस्तर तल के नीचे तक	3·00 मी.	मी. लम्बाई	175·00	/मी. लम्बाई	525·00
	(iv) 6·00 मी. से 9·00 मी. जलस्तर तल के नीचे तक	3·00 मी.	मी. लम्बाई	24·500	/मी. लम्बाई	735·00
	(v) 9·00 मी. से 10·20 मी जलस्तर तल के नीचे तक	1·20 मी.	मी. लम्बाई	315·00	मी. लम्बाई	378·00
					योग	7734·39
	फुटकर व्यय के लिए 3% जोड़ें				....	232·03
	निर्माण प्रभारित सिब्बन्दी के लिए 2% जोड़ें				....	154·68
					सम्पूर्ण योग	8121·10

टिप्पणी—(1) मद 4 का परिमाण इसे खोखला बेलन मान कर = कुल आयतन—अन्दर का आयतन

$$=\left(\frac{\pi\times2\cdot6^2}{4}-\frac{\pi\times2\cdot0^2}{4}\right)\times14\cdot6=(5\cdot31-3\cdot14)\times14\cdot6=31\cdot67 \text{ घन मी.}$$

(2) मद 6 का परिमाण कुल क्षेत्रफल में से कुंए का क्षेत्रफल घटा कर भी ज्ञात कर सकते हैं।

कुंएदार नींव (Well Foundation) का प्राक्कलन

उदाहरण 9—एक पुल की कुंएदार नींव का प्राक्कलन बनाइये। कुंआ वृत्ताकार होगा तथा उसका भीतरी व्यास 5 मी होगा। उसकी दीवारें 90 सेमी मोटी होंगी तथा 1 : 6 सीमेंट तथा रेत मसाले से ईंट चिनाई की बनाई जायगी। कुंआ नदी तल से 20 मीटर नीचे स्तर (strata) पर आधारित होगा नदी तल गर्मियों में सूखा रहता है। कुंए के तले पर 1 : 3 : 6 सीमेंट कंक्रीट से 1·50 मी मोटी मुहरबन्दी (plugging) की जायगी। कुंए का ऊपरी भाग 1·00 मी मोटे 1 : 3 : 6 सीमेंट कंक्रीट से बन्द (sealed) किया जायगा। बीच के भाग में रेत भरी जायगी।

निम्नलिखित दरें मान लें—

1 : 6 सीमेंट रेत मसाले से ईंट चिनाई .... रु० 120·00 प्रति घन मी

सीमेंट कंक्रीट 1 : 3 : 6 पत्थर की गिट्टी सहित .... रु० 256·00 प्रति घन मी

रेत भराई .... रु० 21·75 प्रति घन मी

कुंए का गोल चक्का (curb) तान छड़ें (tie rods), पत्ती आदि .... रु० 5000·00 एक मुश्त

कुआ धंसाने की दर, सभी खर्चों सहित—

0 – 1·50 मी	रु.	150·00 प्रति मी	9·00 – 12·00 मी	रु.	530·00 प्रति मी
1·50 – 3·00 मी	रु.	240·00 ,, ,,	12·00 – 15·00 मी	रु.	650·00 ,, ,,
3·00 – 6·00 मी	रु.	340·00 ,, ,,	15·00 – 18·00 मी	रु.	800·00 ,, ,,
6·00 – 9·00 मी	रु.	430·00 ,, ,,	18·00 – 19·00 मी	रु.	960·00 ,, ,,

कुंए के गोल चक्के के ऊपरी सिरे की चौड़ाई = 90 सेमी

कुंए के गोल चक्के (curb) की गहराई = 1·00 मी

गोल चक्के के ऊपरी सिरे से नदी तल तक ईट चिनाई की ऊँचाई = 20 – 1 = 19 मी

रेत भराई की ऊँचाई = 20 – (1·5 + 1·0) = 17·50 मी

माप का विवरण तथा परिमाणों का परिकलन (उदाहरण 9)

मद सं०	मदों का विवरण	सं०	लम्बाई मी.	चौड़ाई मी.	ऊँचाई या गहराई मी.	परिमाण	टिप्पणी
1	ईट चिनाई 1 : 6 सीमेंट मसाले से	1	$\pi \times 5·90$	·90	19·00	317·05	औसत व्यास = 5·9 मी औसत परिवृत्त (circum ference) = $\pi \times (5 + ·9) = \pi \times 5·9$
2	सीमेंट कंक्रीट 1 : 3 : 6 बन्दीकरण गोल चक्के के निचले भाग में (plugging curb portion)	1	$\frac{\pi \times 5·9^2}{4}$	×	1·00	27·35	गोल चक्के के भाग के लिये औसत व्यास = 5·6 मी
	नीचे बन्दीकरण गोल चक्के के ऊपरी भाग में (plugging above curb)	1	$\frac{\pi \times 5^2}{4}$	×	0·50	9·82	
	कुंए के ऊपरी सिरे में बन्दीकरण	1	$\frac{\pi \times 5^2}{4}$	×	1·00	19·64	
					योग	56·81	घन मी
3	रेत भराई	1	$\frac{\pi \times 5^2}{4}$	×	17·50	343·07	घन मी
4	कुंए का गोल चक्का	1	—	—	—	1 कार्य	
5	कुआ धंसाना—						
	(i) 0 – 1·50 मी	1	—	—	1·50	1·50मी	कुंआ कुल 19 मी गहराई तक धंसाया जायगा
	(ii 1·50 – 3·00 मी	1	—	—	1·00	1·50 ,,	
	(iii) 3·00 – 6·00 मी	1	—	—	3·00	3·00 ,,	
	(iv) 6·00 – 9·00 मी	1	—	—	3·00	3·00 ,,	
	(v) 9·00 – 12·00 मी	1	—	—	3·00	3·00 ,,	
	(vi) 12·00 – 15·00 मी	1	—	—	3·00	3·00 ,,	
	(vii) 15·00 – 18·00 मी	1	—	—	3·00	3·00 ,,	
	(viii) 18·00 – 19·00 मी	1	—	—	1·00	1·00 ,,	

प्राक्कलित लागत सार (उदाहरण 9)

क्र. सं.	मद का विवरण	परिमाण	इकाई	दर रु. पै.	प्रति	लागत रु. पै.
1	ईंट चिनाई 1 : 6 सीमेंट मसाले से	317·05	घन मी.	120·00	घन मी.	38046·00
2	सीमेंट कंक्रीट 1 : 3 : 6	56·81	घन मी.	256·00	घन मी.	14543·36
3	रेत भराई	343·07	घन मी.	21·75	घन मी.	7461·77
4	कुंए का गोला चक्का (well curb)	1	कार्य	5000·00	इक मुश्त	5000·00
5	कुंआ धंसाना--					
	(i) 0—1·50 मी	1·50	घन मी.	150·00	मी.	225·00
	(ii) 1·50—3·00 मी	1·50	मी.	240·00	मी.	360·00
	(iii) 3·00—6·00 मी	3·00	मी.	340·00	मी.	1020·00
	(iv) 6·00—9·00 मी	3·00	मी.	430·00	मी.	1290·00
	(v) 9·00—12·00 मी	3·00	मी.	530·00	मी.	1590·00
	(vi) 12·00—15·00 मी	3·00	मी.	650·00	मी.	1950·00
	(vii) 15·00—18·00 मी	3·00	मी.	800·00	मी.	2400·00
	(viii) 13·00—19·00 मी	1·00	मी.	960·00	मी.	960·00
					योग	74846·13
	फुटकर व्यय के लिये 3% जोड़ें				...	2245·38
	निर्माण प्रभारित सिब्बंदी के लिये 2% जोड़ें				...	1496·92
					संपूर्ण योग ...	78588·43

अध्याय 9

सिंचाई कार्य

नहरों में मिट्टी का कार्य—साधारणतया नहरों के अनुप्रस्थ खंड तीन प्रकार के होते हैं, जैसे—

(1) पूर्णतया कटाव में (चित्र 9-1),

(2) अंशतः कटाव तथा अंशतः भराव में (चित्र 9-2),

(3) पूर्णतया भराव में (चित्र 9-3)।

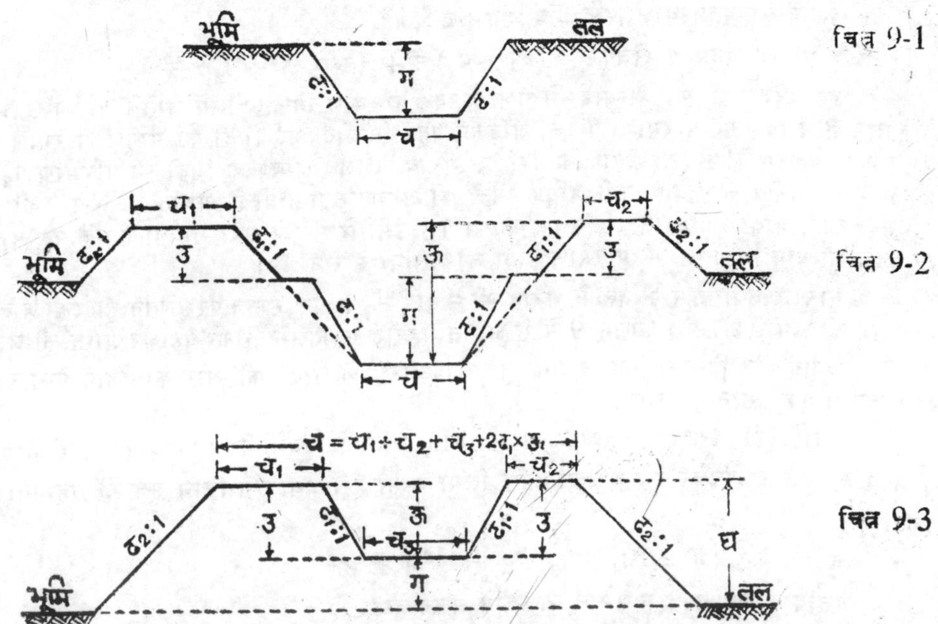

स्थिति 1—पूर्णतया कटाव में (9-1)—मिट्टी के काम का परिमाण सड़क के प्राक्कलन की तरह सूत्र (च × ग + ढ × $ग^2$) × लम्बाई की सहायता से तालिका बनाकर ज्ञात किया जाता है।

स्थायी भूमि की चौड़ाई = च + 2ढ × ग + किनारों पर सड़क की चौड़ाई + सड़क के बाहर अतिरिक्त भूमि की चौड़ाई।

स्थायी भूमि का क्षेत्रफल = स्थायी भूमि की चौड़ाई × लम्बाई।

स्थिति 2—अंशतः कटाव तथा अंशतः भराव (चित्र 9-2)—नहर के खुदे हुए भाग की मिट्टी का परिमाण सूत्र (च × ग + ढ × $ग^2$) × ल से ज्ञात कर लिया जाता है तथा किनारों की मिट्टी के कार्य का परिमाण भी इसी सूत्र की सहायता से अलग से निकाल लिया जाता है। यदि भराव के लिये कटाव से प्राप्त मिट्टी से अधिक मिट्टी की आवश्यकता होती है तो यह अतिरिक्त मिट्टी खतानों से ले ली जाती है। यदि खुदाई इस गहराई तक की जाय कि खुदाई से प्राप्त मिट्टी की मात्रा भराव के लिये बिल्कुल पूरी रहे तो खुदाई की इस

गहराई को "खुदाई की इष्टतम गहराई" (Economical depth of digging) या "सन्तुलित गहराई" (Balancing depth) कहते हैं। नहरों का तल ऐसा होना चाहिये जिस से खुदाई की हुई मिट्टी की माता, भराव के लिये आवश्यक मिट्टी की माता से न अधिक हो न कम, वरन् बिल्कुल बराबर रहे। पूरी नहर को इस आवश्यकतानुसार बनाना तो कभी-कभी ही संभव है परन्तु कुछ भागों के लिये यह हमेशा ही संभव है। फिर भी जहाँ तक हो सके नहरों के खंडदृश्य, "खदाई की इष्टतम गहराई" के लिये ही बनाने का प्रयत्न करना चाहिये या फिर मिट्टी का कार्य कम से कम करने का प्रयास करना चाहिये।

यदि खुदाई की हुई मिट्टी की माता भराव के लिये आवश्यक मिट्टी की माता से अधिक हो तो अधिक मिट्टी फालतू मिट्टी के ढेर में फेंक दी जाती है और यदि खुदाई की हुई मिट्टी भराव के लिये आवश्यक मिट्टी से कम हो तो अतिरिक्त मिट्टी अस्थायी भूमि के खतानों में से ली जाती है जिनका क्षेत्रफल अस्थायी भूमि अर्जन के लिये ज्ञात कर लिया जाता है।

कटाव व भराव के परिमाणों की गणना तालिका में साथ-साथ कर ली जाती है। तालिका आगे दी गई है।

कटाव का अनुप्रस्थ क्षेत्रफल $=$ च $\times$ ग $+$ ढ $\times$ ग^2

भराव का अनुप्रस्थ क्षेत्रफल $=$ (च$_1$ $+$ च$_2$) ऊँ $+$ (ढ$_1$ $\times$ ऊँ^{2} $+$ ढ$_2$ $\times$ ऊँ^{2})

इन क्षेत्रफलों को लम्बाई से गुणा करके परिमाण निकाल लिये जाते हैं। पृष्ठ 345 की तालिका ?. कालम 8 में दिये गये परिमाणों प$_1$ को जोड़कर नहर से खोदी गई मिट्टी का सम्पूर्ण परिमाण निकाल लिया जाता है। कालम 15 से दोनों किनारों के भराव के लिये आवश्यक मिट्टी का परिमाण प$_2$ ज्ञात किया जा सकता है। भराव के लिये जितनी अधिक मिट्टी की आवश्यकता होती है अर्थात् प$_2$—प$_1$ की गणना कालम 16 में कर ली जाती है। ध्यान रखिये कि कालम 16 उसी स्थिति में धरा जायगा जबकि प$_2$, प$_1$ से अधिक हो। इस स्तंभ का योग मिट्टी का वह परिमाण होगा जो खतानों से लेना है।

साधारणतया नहर के तल से भराव की ऊँचाई ऊँ$_1$ प्रत्येक स्थान पर समान ही रखी जाती है। भूमि तल से भराव की ऊचाई ऊँ$_2$,ऊँ$_1$ कालम 9 में से औसत गहराई ग कालम 3 को घटाकर प्राप्त की जा सकती है।

खुदाई के विचारों का ढलान तथा किनारों के अन्दर की ओर का ढलान ऐसा रखा जाता है जो कालान्तर में एक समान हो जाय।

खुदाई की इष्टतम गहराई या संतुलित गहराई, खुदाई के अनुप्रस्थ क्षेत्रफल को दोनों किनारों के अनुप्रस्थ क्षेत्रफल के बराबर रख कर ज्ञात कर लिया जाता है। अर्थात् ग निम्न सूत्र की सहायता से निकाला जा सकता है।

च $\times$ ग $+$ ढ $\times$ ग^2 $=$ (च$_1$ $+$ च$_2$)ऊँ $+$ ढ$_1$ ऊँ^{2} $+$ ढ$_2$ ऊँ^{2}

ढलाव ढ, ढ$_1$, ढ$_2$ एक समान या अलग अलग हो सकते हैं।

अंशतः खुदाई तथा अंशतः भराव की स्थायी भूमि का क्षेत्रफल—

स्थायी भूमि की चौड़ाई $=$ भूमितल तथा दोनों किनारों की चौड़ाइयों का योग $+$ ढलाव के लिये आवश्यक चौड़ाइयाँ $+$ किनारों के आखिरी सिरों के बाहर की अतिरिक्त भूमि की चौड़ाइयाँ

$=$ च $+$ च$_1$ $+$ च$_2$ $+$ 2ढ$_1$ ऊँ $+$ 2ढ$_2$ $\times$ ऊँ $+$ अतिरिक्त चौड़ाइयाँ

स्थायी भूमि का क्षेत्रफल $=$ स्थायी भूमी की चौड़ाई $\times$ लम्बाई

स्थिति 3—पूर्णतया भराव (चित्र 9-3) इस स्थिति में नहर का तल भूमि तल के ऊपर होता है। मिट्टी का परिमाण पूरे आयतन में से जलमार्ग (channel) का आयतन घटा कर निकाल लिया जाता है।

परिमाण $=$ (पूरा अनुप्रस्थ क्षेत्रफल—नहर का अनुप्रस्थ क्षेत्रफल) $\times$ लम्बाई

$=$ [(च $\times$ घ $+$ ढ$_2$ $\times$ घ^2) $-$ (च$_1$ $\times$ ऊँ $+$ ढ$_1$ $\times$ ऊँ^{2})] $\times$ लम्बाई

जबकि च $=$ च$_1$ $+$ च$_2$ $+$ च$_3$ $+$ 2ढ$_1$ ऊँ, तथा घ $=$ ग $+$ ऊ

नहर की पूर्णतया भराव की स्थिति में मिट्टी के कार्य का परिमाण ज्ञात करने के लिये सदैव एक अलग तालिका बना लेना वांछनीय है। तालिका आगे दी गई है।

पूर्णतया भराव की स्थायी भूमि का क्षेत्रफल :—

स्थायी भूमि की चौड़ाई = $च_1 + च_2 \times च_3 + 2ढ_1$ ऊँ $+ 2ढ_2$घ + किनारों के आखरी सिरों के बाहर की अतिरिक्त भूमि की चौड़ाइयां।

स्थायी भूमि का क्षेत्रफल = स्थायी भूमि की चौड़ाई × लम्बाई।

द्रष्टव्य—यद्यपि स्थायी भूमि की चौड़ाई प्रत्येक चेनेज के पश्चात बदल जाती है परन्तु व्यवहार में भूमि की चौड़ाई लगभग आधे किलोमीटर दूर तक एक समान रखी जाती है।

क्रोड दीवार (Core Wall)--जब नहर पूर्णतया भराई में होती है तब रौंदी मिट्टी की क्रोड दीवार बंधों के मध्य में जल के रिसन हानि को रोकने के लिये दी जाती है। क्रोड दीवार की ऊंचाई जल प्रदाय तल से लगभग 30 सेमी. भूमि तल से नीचे होनी चाहिये। क्रोड दीवार को, प्रावकलन में, अलग मद में लिया जाता है एवं क्रोड दीवार का आयतन बन्ध की मिट्टी के आयतन से घटाकर नहर की मिट्टी का सही परिमाण निकाला जाता है।

आस्तरण (Lining)--नहर के तल तथा पार्श्व ढालों में आस्तरण यदि आवश्यकता हो तो दिया जाता है। आस्तरण नहर की तीनों दशाओं (i) पूर्ण भराव, (ii) आंशिक भराव तथा आंशिक कटाव, तथा (iii) पूर्ण कटाव में दिया जाता है। मिट्टी की प्रकृतिक तथा आवश्यकतानुसार आस्तरण देने से धारा का वेग बढ़ जाता है जिससे नहर में छोटे अनुप्रस्थ खंड (section) की आवश्यकता होती है तथा रिसन हानि भी कम हो जाती है। साधारणतया आस्तरण निम्नलिखित किसी एक से दिया जा सकता है।

(1) पड़ी ईट बिछाकर, (2) एक तह ईट टाइलों की 30 × 15 × 5 सेमी. आकार की, (3) दो तह ईट टाइल की, 30 × 15 × 5 सेमी. आकार की (4) सीमेंट कंक्रीट टाइलों की (1 : 3 : 6), आकार 30 × 30 × 7·5 सेमी. तथा (5) पत्थर स्लैब यदि प्राप्त हों 30 × 30 × 5 सेमी. आकार की। सभी तहें 1 : 4 सीमेंट मसाले से लगाई जाती हैं। आस्तरण प्राक्कलन साधारण विधि से होता है।

मिट्टी का डौला (Earth Daula)---नहर के बाईं ओर के बंध पर साधारणतया एक सहायक मार्ग नहर के निरीक्षण के लिये होती है तथा बांध के भीतरी किनारे पर यान के बचाव के लिये मिट्टी का डौला (मिट्टी के बांध के छोटे अनुप्रस्थ खण्ड की) बनाया जाता है। साधारणतया डौले के अनुप्रस्थ खण्ड सर्वत्र समान रहते हैं। इसकी ऊंचाई सहायक मार्ग से लगभग 30 सेमी. से 50 सेमी. तथा ऊपरी चौड़ाई 30 सेमी. से 50 सेमी. तथा पार्श्व ढाल $1\frac{1}{2}$: 1 होती है। डौले के परिमाण का परिकलन इसके अनुप्रस्थ खण्ड को लम्बाई से गुणा करके निकाला जाता है। नहर की मिट्टी के साथ-साथ डौले का भी परिकलन किया जाता है। तथा बंध की मिट्टी के साथ में जोड़ दिया जाता है। इसके लिये मिट्टी के कार्य के परिकलन तालिका (table) में एक अलग कालम (column) जोड़ा जाता है।

उदाहरण (1)--(i) सिंचाई नहर में मिट्टी के काम का परिमाण ज्ञात करो जिसके अनुदैर्ध्य खंड (L-section) तथा विशिष्ट अनुप्रस्थ खंड (type cross-section) चित्र 9-4 पृष्ठ 344 पर दिखाये गये हैं। नहर के तला की चौड़ाई 5 मीटर तथा बाँयें बांध की ऊपरी चौड़ाई 3 मीटर व दांयें बांध की ऊपर की चौडाई 1·50 मीटर है। खुदाई व भराव के किनारों के ढलाव क्रमशः 1 :1 तथा $1\frac{1}{2}$: 1 हैं। भूमितल से किनारों की ऊंचाई 2·55 मीटर है। नहर के तला का अनुदैर्ध्य ढाल 5000 मी. है। 235·00 रु. % घन मीटर की दर से मिट्टी के कार्य का प्राक्कलित व्यय ज्ञात करो,

(ii) आवश्यक स्थायी भूमि का क्षेत्रफल तालिका बनाकर ज्ञात करो तथा इस स्थायी भूमि का मूल्य 4000·00 रु. प्रति हेक्टर की दर से निकालो,

(iii) खुदाई की इष्टतम गहराई ज्ञात करो।

द्रष्टव्य—यदि एक जरीबी पर नहर तला का समन्वित-तल दिया हुआ हो तो प्रत्येक चेनेज पर नहर तला का समन्वित तल ज्ञात किया जा सकता है क्योंकि नहर तला का अनुदैर्ध्य ढाल प्रत्येक स्थान पर एक समान होता है। अब भूमि तल नहर तल का समन्वित तल ज्ञात होने पर खुदाई की गहराई या किनारों की ऊंचाई एक को दूसरे में से घटाकर प्राप्त की जाती है।

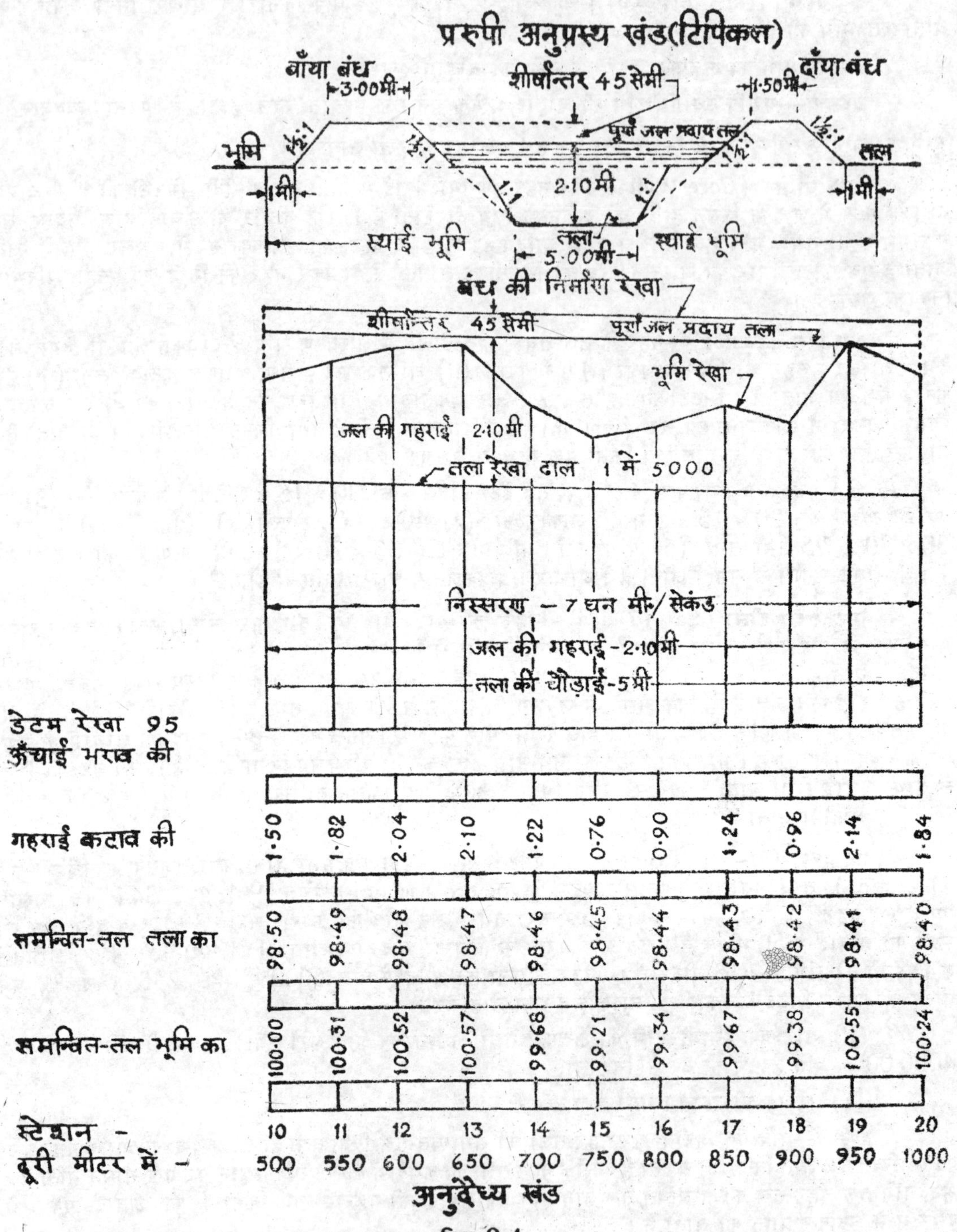

ऊँचाई भराव की											
गहराई कटाव की	1·50	1·82	2·04	2·10	1·22	0·76	0·90	1·24	0·96	2·14	1·84
समन्वित-तल तला का	98·50	98·49	98·48	98·47	98·46	98·45	98·44	98·43	98·42	98·41	98·40
समन्वित-तल भूमि का	100·00	100·31	100·52	100·57	99·68	99·21	99·34	99·67	99·38	100·55	100·24
स्टेशन –	10	11	12	13	14	15	16	17	18	19	20
दूरी मीटर में –	500	550	600	650	700	750	800	850	900	950	1000

चित्र 9-4

परिमाणों का परिकलन (उदाहरण 1)

नहर की खुदाई तथा किनारे के बांधों में मिट्टी का भराव

	खुदाई च = 5 मी॰ ढ = 1							भराव $च_1$ = 3 मी॰ $च_2$ = 1·50 मी॰ $ढ_1 = 1\frac{1}{2}$								
जरीबी	खुदाई की गहराई मी॰	औसत गहराई ग मी॰	बीच के भाग का क्षेत्रफल च × ग मी²॰	पार्श्व क्षेत्रफल ढ × ग² मी²॰	कुल क्षेत्रफल च × ग + ढ × ग² मी²॰	लम्बाई ल मी.	परिमाण $प_1$ = (चग + ढग²)ल मी²॰	नहर के तल से किनारे की ऊंचाई क	भूमितल से किनारे की ऊंचाई उ = क − ग (कालम 9−3)	बीच का क्षेत्रफल ($च_1$ + $च_2$) × उ	पार्श्व क्षेत्रफल 2 × $ढ_1$ × उ²	कुल क्षेत्रफल ($च_1$ + $च_2$) × उ + 2 × $ढ_1$ × $उ_2$	लम्बाई ल	परिमाण $प_3$ कालम 13 × ल	बांध के लिए अतिरिक्त मिट्टी $प_3 - प_1$	टिप्पणी
1	2	3	4	5	6	7	8	9	10	11	12	13	14	15	16	17
10	1·50	—	—	—	—	—	—	—	—	--	—	—	--	--	--	कालम 2 = भूमि के समन्वित तल और नहर के समन्वित तल का अन्तर
11	1·82	1·66	8·30	2·756	11·056	50	552·80	2·55	0·89	4·005	2·376	6·381	50	319·05	--	
12	2·04	1·93	9·65	3·725	13·375	50	668·75	2·55	0·62	2·790	1·153	3·943	50	197·15	--	
13	2·10	2·07	10·35	4·285	14·635	50	731·75	2·55	0.48	2·160	0·691	0·851	50	142·55	--	
14	1·22	1·66	8·30	2·756	11·056	50	552·80	2·55	1·89	4·005	2·376	6·381	50	319·05	--	
15	0·76	0·99	4·95	0·980	5·930	50	296·50	2·55	1·56	7·020	7·301	14·321	50	716·05	419·55	
16	0·90	0·83	4·15	0·689	4·839	50	241·95	2·55	1·72	7.740	8·875	16·615	50	830·75	588·80	
17	1·24	1·07	5·35	1·145	6·495	50	324·75	2·55	1·48	6·660	6·577	13·237	50	661·85	337·10	
18	0·96	1·10	5·50	1·210	6·710	50	335·50	2·55	1·45	6·525	6·303	12·833	50	641·50	306·00	
19	2·14	1·55	7·75	2·403	10·153	50	507·65	2·55	1·00	4·500	3.000	7·500	50	375·00	--	
20	1·84	1·99	9.95	3·960	13·910	50	595·50	2·55	0·56	2·520	0·941	3·461	50	173·05	....	
						योग	4907·95				योग	87·523		4376·00	1651·45	

मिट्टी की खुदाई का परिमाण नहर में ... 4907·95 घन मी॰

खतानों से बांध के भराव के लिए ली जाने वाली अतिरिक्त मिट्टी का परिमाण .... 1651·54 घन मी॰

सम्पूर्ण योग .... 6559·40 घन मी॰

प्राक्कलित लागत सार उदाहरण (1)

1 मिट्टी का काम नहर तथा बांध में 6559·40 घ. मी. @ Rs 235·00 प्रति% घ. मी. = रु. 15414·59
फुटकर व्यय तथा निर्माण प्रभारित सिब्बदी के लिये 5% जोड़ें 770·73

सम्पूर्ण योग ... 16185·32

स्थाई भूमि का परिकलन (उदाहरण 2)

च. = 5 मी. $च_1 = 3$ मी. $च_2 = 1·50$ मी. $ढ_2 - 1\frac{1}{2}$

स्टेशन या जरीबी	पिछली तालिका के कालम (10) से मी.	क. मी.	$व_1 + व_2 + 1 + 1$ मी.	$2ढ_1 \times क$ मी.	$2ढ_1 \times उ$ मी.	कुल चौड़ाई $व + व_1 + व_2 + 1 + 1 + 2ढ_1 \times क + 2ढ_1 \times उ$ (व + कालम 4+5+6) मी.	लम्बाई मी.	वर्ग मीटर में क्षेत्रफल = कुल चौड़ाई × लम्बाई $मी.^2$	टिप्पणी
1	2	3	4	5	6	7	8	9	10
10	--	—	--	--	--	--	--	--	
11	0·89	2·55	6·5	7·65	2·67	21·82	50	1091·0	
12	0·62	2·55	6·5	7·65	1·86	21·01	50	1050·5	
13	0.48	2·55	6·5	7·65	1·44	20·59	50	1029·5	नोट—साधारणत: $\frac{1}{2}$ कि. मी. या $\frac{1}{4}$ कि. मी. लम्बाई में एक ही चौड़ाई रखी जाती है जो इस भाग में अधिकतम चौड़ाई होनी चाहिये।
14	0·89	2·55	6·5	7·65	2·67	21·82	50	1091·0	
15	1·56	2·55	6·5	7·65	4·68	23·83	50	1191·5	
16	1·72	2·55	6·5	7·65	5·16	24·31	50	1215·5	
17	1·48	2·55	6·5	7·65	4·44	23·59	50	1179·5	
18	1·45	2·55	6·5	7·65	4·35	23·50	50	1175·0	
19	1·00	2·55	6·5	7·65	3·00	22·15	50	1107·5	
20	0·56	2·55	6·5	7·65	1·68	20·83	50	1041·5	

योग ... 11172·50 वर्ग मी. = 1·11725 हेक्टेयर

स्थायी भूमि का प्राक्कलित लागत सार :—

1. स्थाई भूमि का क्षेत्रफल 1·11725 हेक्टेयर, @ 4000 रु. प्रति हेक्टेयर = रु. 4469·00

फुटकर व्यय तथा निर्माण प्रभारित सिब्बन्दी के लिये 5% जोड़ें 223·45

योग ... 4692·45

खुदाई की इष्टतम गहराई (Economical Depth of Digging)

खुदाई का परिमाण = भराव का परिमाण

अर्थात खुदाई का अनुप्रस्थ क्षेत्रफल = दोनों किनारों के बाँध का अनुप्रस्थ क्षेत्रफल

$च \times ग + ढग^2 = (च_1 + च_2)\, उ + 2ढ^1 \times उ^2$ .... (1)

$च = 5$ मी.; $च_1 = 3$ मी.; $च_2 = 1·50$ मी.; $ढ = 1$; $ढ_1 = 1\frac{1}{2}$

$ग + उ = 2·55 \therefore उ = 2·55 - ग$

यह मान (1) में रखने पर,

$$5\text{ग}+1\times\text{ग}^2=[(3+1{\cdot}50)\,(2{\cdot}55-\text{ग})]+[2\times1\tfrac{1}{2}\times(2{\cdot}55-\text{ग})^2]$$

या $5\text{ग}+\text{ग}^2=(4{\cdot}5\times2{\cdot}55-4{\cdot}5\text{ग})+3(2{\cdot}55^2+\text{ग}^2-2\times2{\cdot}55\times\text{ग})$

या $5\text{ग}+\text{ग}^2=11{\cdot}475-4{\cdot}5\text{ग}+(3\times6{\cdot}50)+3\text{ग}^2-15{\cdot}3\text{ग}$

या $5\text{ग}+\text{ग}^2=11{\cdot}475-19{\cdot}8\text{ग}+19{\cdot}50+3\,\text{ग}^2$

या $2\text{ग}^2-24{\cdot}8\pm30{\cdot}98=0$

$$\therefore\ \text{ग}=\frac{24{\cdot}8\pm\sqrt{(24{\cdot}8)^2-4\times2\times30{\cdot}98}}{2\times2}=\frac{24{\cdot}8\pm\sqrt{367{\cdot}4}}{4}$$

$$=\frac{24{\cdot}8\pm19{\cdot}17}{4}=10{\cdot}99 \text{ या } 1{\cdot}41 \text{ मी.}$$

ग का मान 10·99 नहीं हो सकता अत: ग = 1·41 मी॰

∴ खुदाई की इष्टतम गहराई = 1·41 मी॰

उदाहरण 2—वितरिका नहर (distributary) के चित्र (चित्र 9-5, 9-6) में प्रदर्शित अनुदैर्घ्य खण्ड तथा प्ररूपी अनुप्रस्थ खण्ड (longitudinal section and type cross section) से निम्नलिखित का परिमाण ज्ञात करिये।

(क) मिट्टी का कार्य नहर की कटाव में (ख) मिट्टी का भराव बांध में। परिमाण तालिकाबद्ध रूप में ज्ञात करिये।

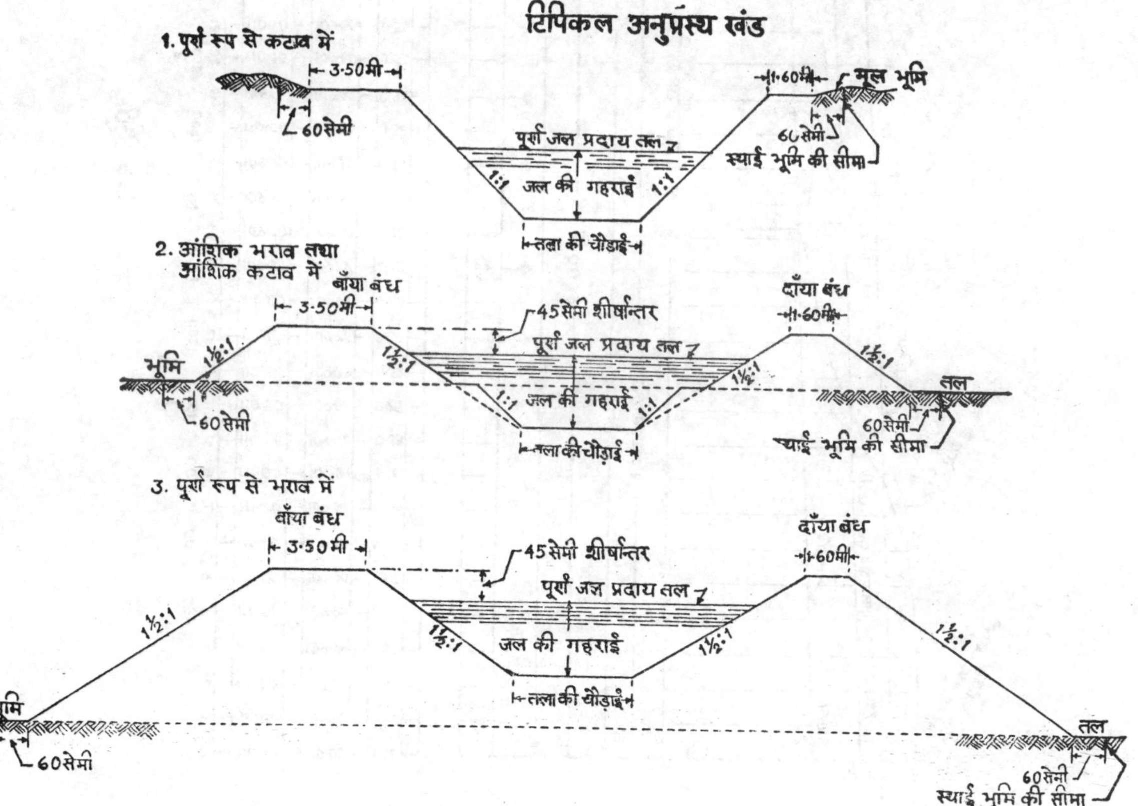

चित्र 9-5

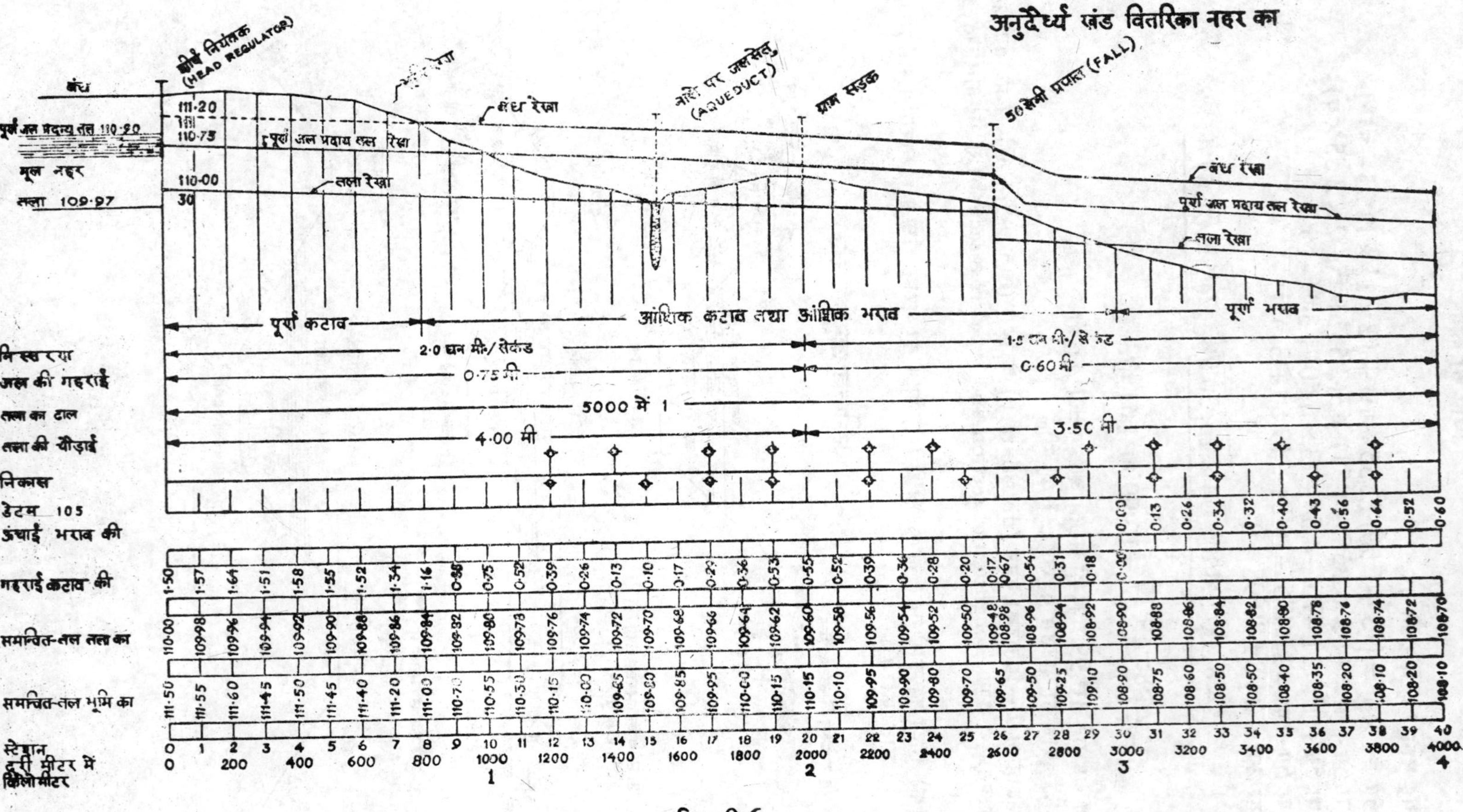

अनुदैर्ध्य खंड वितरिका नहर का
HEAD REGULATOR
AQUEDUCT
ग्राम सड़क
50 सेमी प्रपात (FALL)
बंध
पूर्ण जल प्रदाय तल 110·90
मूल नहर
तला 109·97
बंध रेखा
पूर्ण जल प्रदाय तल रेखा
तला रेखा
पूर्ण कटाव
आंशिक कटाव तथा आंशिक भराव
पूर्ण भराव
2·0 घन मी./सेकंड
0·75 मी
5000 में 1
4·00 मी
0·60 मी
3·50 मी
जल की गहराई
तला का ढाल
तला की चौड़ाई
निकास
डेटम 105
ऊंचाई भराव की
गहराई कटाव की
समन्वित-तल तला का
समन्वित-तल भूमि का
स्टेशन
दूरी मीटर में
किलोमीटर

चित्र 9-6

परिमाणों का परिकलन (उदाहरण 2)
मिट्टी का कार्य खुदाई एवं भराव में

	खुदाई च = 4 मी. 20वीं जरीबी तक च = 3·50 मी. 20वीं जरीबी के आगे खुदाई का पार्श्व ढाल 1 : 1 (ढ = 1)							भराव बांयें बांध की चौड़ाई $च_1$ = 3·50 मी. दायें बांध की चौड़ाई $च_2$ = 1·60 मी. भराव का पार्श्व ढाल $1\frac{1}{2}$: 1 (ढ = $1\frac{1}{2}$)								
स्टेशन या जरीबी मी	खुदाई की गहराई समन्वित तलों के अन्तर मी.	औसत गहराई ग मी.	बीच का क्षेत्रफल च × ग मी.^{2}	पार्श्व क्षेत्रफल ढ × ग^2 मी.^{2}	कुल क्षेत्रफल च ग + ढग^2 मी.^{2}	लम्बाई ल मी.	परिमाण प = (चग + ढग^2) × ल मी.^{2}	नहर के तल में बांध की ऊँचाई ऊ मी.	भूमितल से बांध की ऊँचाई उ = ऊ - ग (स्तम्भ 9—3) मी.	बीच का क्षेत्रफल ($च_1 + च_2$) × उ मी.^{2}	पार्श्व क्षेत्रफल 2ढ × उ^2 मी.^{2}	कुल क्षेत्रफल ($च_1 + च_2$) × उ + 2ढ × उ^2 मी.^{2}	लम्बाई ल मी.	परिमाण $प_2$ = स्तम्भ 13 × ल मी.^{3}	बांध में भराव के लिए अतिरिक्त मिट्टी का परिमाण $प_2 - प_1$ मी^{3}	टिप्पणी
1	2	3	4	5	6	7	8	9	10	11	12	13	14	15	16	17
0	1·50	—	—	—	—	—	—	—	—	—	—	—	—	—	—	
1	1·57	1·535	6.14	2·356	8·496	100	849·6	1·20					100			पूर्णतः खुदाई में
2	1·64	1·605	6·42	2·576	8·996	100	899·6	1·20								
3	1·51	1·575	6·30	2·481	8·781	100	878·1	1·20								
4	1·58	1·545	6·18	2·387	8·567	100	856·7	1·20								फालतू मिट्टी, मिट्टी के ढेर में फेंक दी जायगी
5	1·55	1·565	6·26	2·449	8·709	100	870·9	1·20								
6	1·52	1·535	6·14	2·356	8·496	100	849·6	1·20								
7	1·34	1·430	5·72	2·045	7·765	100	776·5	1·20								
8	1·16	1·250	5·00	1·563	6·563	100	656·3	1·20								
9	0·88	1·020	4·08	1·040	5·120	100	512·0	1·20	0·180	0·918	0·097	1·015	100	101·5	—	अंशतः खुदाई तथा अंशतः भराव में (क्रमशः)
10	0·75	0·815	3·26	0·664	3·924	100	392·4	1·20	0·385	1·964	0·445	2·409	100	240·9	—	
11	0·52	0·635	2·54	0·403	2·943	100	294·3	1·20	0·565	2·882	0·958	3·840	100	384·0	89·7	
12	0·39	0·455	1·82	0·207	2·027	100	202·7	1·20	0·745	3·800	1·665	5·465	100	546·5	343·8	
13	0·26	0·325	1·30	0·106	1·406	100	140·6	1·20	0·875	4·463	2·297	6·760	100	676·0	535·4	
14	0·13	0·195	0·78	0·038	0·818	100	81·8	1·20	1·005	5·126	3·029	8·155	100	815·5	733·7	

1	2	3	4	5	6	7	8	9	10	11	12	13	14	15	16	17
15	0·10	0·115	0·46	0·013	0·473	100	47·3	1·20	1·085	5·534	3·532	9 066	100	906·6	859·3	↑
16	0·17	0·135	0·54	0·018	0·558	100	55·8	1·20	1·065	5·431	3·403	8·835	100	883 5	827·3	
17	0·29	0·230	0·92	0·053	0·973	100	97·3	1·20	0·970	4·947	2·823	7·770	100	777·0	679·7	
18	0·36	0·325	1·30	0·106	1·406	100	140·6	1·20	0·875	4·463	2·297	6·760	100	676·0	535·4	
19	0·53	0·445	1·78	0·198	1·978	100	197·8	1·20	0·755	3·851	1·710	5·561	100	556·1	358·3	
20	0·55	0·540	2·16	0·292	2·452	100	245·2	1·20	0·660	3·366	1·307	4·673	100	467·3	222·1	
21	0·52	0·535	1·87	0·286	1·156	100	215·6	1·05	0·515	2·627	0·796	3·423	100	342·3	126·7	अंशत:
22	0·39	0·455	1·59	0 207	2·797	100	179·7	1·05	0·595	3·035	1·062	4·097	100	409·7	230·0	खुदाई
23	0·36	0·375	1·31	0·141	1·451	100	145·1	1·05	0·675	3·443	1·367	4·810	100	481 0	335 9	तथा
24	0·28	0·320	1·12	0·102	1·222	100	122·2	1·05	0·730	4·723	1·599	6·322	100	632·2	510·0	अंशत:
25	0·20	0·240	0·84	0·058	0·898	100	89·8	1·05	0·810	4·131	1·968	6·099	100	609·9	520·1	भराव में
26	0·17 0·67	0·185	0·65	0·034	0·684	100	68·4	1·05	0·865	4·412	2·245	6·657	100	665·7	597·3	↑
27	0·54	0·605	2·12	0 366	2·486	100	248·6	1·05	0·445	2·270	0·594	2·864	100	286·4	37·3	
28	0·31	0·425	1·49	0·181	1·671	100	167·1	1·05	0·625	3·188	1·172	4·360	100	436 0	268·9	
29	0·18	0·245	0 86	0·060	0 920	100	92·0	1·05	0 805	4·104	1·944	6·048	100	604·8	512·8	
30	0·00	0·090	0·31	0·008	0·318	100	31·8	1·05	0·960	4·896	2·775	7·671	100	767·1	735·3	
					योग		10405·4 घन मी.						योग		9059·5 घन मी.	

द्रष्टव्य—30 से 40 स्टेशन तक पूर्णत: भराव वाले भाग के लिए अगले पृष्ठ पर दूसरी तालिका बनाई गई है (पृष्ठ 351)।

पूर्णतः भराव वाले स्टेशन 30 से 40 तक (उदाहरण 2)

नहर तक की चौड़ाई $च_3 = 3·50$ मी., $च_1 = 3·50$ मी., $च_2 = 1·60$ मी., $ढ_1 = ढ_2 = 1\frac{1}{2}$

स्टेशन या जरीबो	नहर तल की भूमितल में ऊँचाई समन्वित तलों का अन्तर	नहर तल की औसत ऊँचाई ग	नहर तल से बांध की ऊँचाई क	भूमितल से बांध की ऊँचाई घ = ग + क	कुल ऊपरी चौड़ाई च = $च_1$ + $च_2 + च_3 + 2ढ_1 \times क$	ठोस मानकर बीच के भाग का क्षेत्रफल च × घ	बाहरी पार्श्व ढालों का क्षेत्रफल $ढ_2 \times घ^2$	ठोस मानकर कुल क्षेत्रफल $च \times घ + ढ_2 \times घ^2$	नहर के बीच का क्षेत्रफल $च_3 \times क$	नहर के पार्श्व ढालों का क्षेत्रफल $ढ_1 \times क^2$	नहर का कुल क्षेत्रफल $च_3 \times क + ढ_1 \times क^2$	शुद्ध अनुप्रस्थ क्षेत्रफल स्तम्भ 9 – 12	लम्बाई ल	परिमाण या आयतन स्तम्भ 13 × ल
1	2	3	4	5	6	7	8	9	10	11	12	13	14	15
30	0·00	—	—	—	—	—	—	—	—	—	—	—	—	—
31	0·13	0·065	1·05	1·115	11·75	13·101	1·865	14·966	3·675	1·654	5·329	9·637	100	963·7
32	0·26	0·195	1·05	1.245	11·75	14·629	2·325	16·954	3·675	1·654	5·329	11·625	100	1162·5
33	0·34	0·300	1·05	1·350	11·75	15·863	2·734	18·597	3·675	1·654	5·329	13·268	100	1326·8
34	0·32	0·330	1·05	1·380	11·75	16·251	2·857	19·108	3·675	1·654	5·329	13·779	100	1377·9
35	0·40	0·360	1·05	1·410	11·75	16·568	2·982	19·550	3·675	1·654	5·329	14·221	100	1422·1
36	0·43	0·415	1·05	1·465	11·75	17·214	3·219	20·433	3·675	1·654	5·329	15·104	100	1510·4
37	0·56	0·495	1·05	1·545	11·75	18·154	3·579	21·733	3·675	1·654	5·329	16·404	100	1640·4
38	0·64	0·600	1·05	1·650	11·75	19·388	4·083	23·471	3·675	1·654	5·329	18·142	100	1814·2
39	0·52	0·580	1·05	1·630	11·75	19·153	3·985	23·138	3·675	1·654	5·329	17·809	100	1780·9
40	0·60	0·560	1·05	1·610	11·75	18·918	3·888	22·806	3·675	1·654	5·329	17·477	100	1747·7
												योग ...		14746·6 घन मी.

मिट्टी के कार्य की राशि सूची (उदाहरण 2)

1. मिट्टी का कटाव नहर में .... 10405·4 घन मी.
2. खतानों से मिट्टी के भराव के लिए ली जाने वाली अतिरिक्त मिट्टी का परिमाण .... 9059·5 घन मी.
3. मिट्टी का भराव, जहां नहर पूर्णतः भराव में है ... ... 14746·6 घन मी.

सम्पूर्ण योग ... 34211·5 घन मी.

उदाहरण 3--1 कि. मी. और 4 कि. मी. के बीच में 2 कि. मी. लम्बी वितरिका नहर (उदाहरण 2) चित्र (9-5, 9-6) के लिये स्थाई भूमि का क्षेत्रफल ज्ञात कीजिये। प्रत्येक 200 मी. की लम्बाई लेकर उस भाग में अधिकतम आवश्यक चौड़ाई को चौड़ाई मानकर क्षेत्रफल ज्ञात कीजिये।

स्थाई भूमि की चौड़ाई = $च_1 + च_2 + च_3 + 2ढ_1 \times ऊ + 2ढ_2 \times उ$

बांध के बाहर की अतिरिक्त चौड़ाई = 60 से. मी. + 60 से. मी. = 1·20 मी.

स्थाई भूमि का क्षेत्रफल = चौडाई × लम्बाई

$च_3$ = 4·00 मी., $च_1$ = 3·50 मी., $च_2$ = 1·60 मी. $ढ_1 = 1\frac{1}{2}$ $ढ_2 = 1\frac{1}{2}$					$च_3$ = 3·50 मी., $च_1$ = 3·50 मी. $च_2$ = 1·60 मी. $ढ_1 = 1\frac{1}{2}$ $ढ_2 = 1\frac{1}{2}$				
कि. मी.	ऊ मी.	उ मी.	चौड़ाई स्थाई भूमि की मी.	क्षेत्रफल स्थाई भूमि का मी.^{2}	कि. मी.	ऊ मी.	उ मी	चौड़ाई स्थाई भूमि की मी.	क्षेत्रफल स्थाई भूमि का मी.^{2}
1 – 000	1·20	0.385	--						
1 – 100	1·20	0·565	--	3228	2 – 100	1·05	0·515	--	2948
1 – 200	1·20	0·745	16·14		2 – 200	1·05	0·595	14·74	
1 – 300	1·20	0·875	—	--	2 – 300	1·05	0·675	—	--
1 - 400	1·20	1·005	16·92	3384	2 – 400	1·05	0·730	15·14	3028
1 – 500	1·20	1·085	17·16	3432	2 – 500	1·05	0·810	—	--
1 – 600	1·20	1·065	--	—	2 – 600	1·05	0·865	15·55	3110
1 – 700	1·20	0·970	16·81	3362	2 – 700	1·05	0·445	--	—
1 – 800	1·20	0·875	--	--	2 - 800	1·05	0·625	14·83	2966
1 – 900	1·20	0·755	16·17	3234	2 – 900	1·05	0·805	--	--
2 – 000	1·20	0·660	—	--	3 – 000	1·05	0·960	15·83	3166
			योग	16640 वर्ग मी. = 1·6640 हेक्टेयर				योग	15218 वर्ग मी. = 1·5218 हेक्टेयर

समस्त स्थाई भूमि का क्षेत्रफल 2 किलोमीटर लम्बाई के लिये = 16640 + 15218 = 31858 वर्ग मी·

द्रष्टव्य--ऊ. और उ. की मापें उदाहरण 2 के परिकलन से ली गई हैं। = 3·1858 हेक्टेयर

उदाहरण 4—1 कि. मी. और 3 कि. मी. के बीच में 2 कि. मी. लम्बी वितरिका नहर (उदाहरण 2, चित्र 9-5,9-6) के लिये अस्थाई भूमि का क्षेत्रफल ज्ञात कीजिये। खतान की गहराई अस्थाई भूमि में 30 से.मी. से अधिक नहीं होनी चाहिये। अस्थाई भूमि का क्षेत्रफल प्रत्येक 100 मी. के लिये अलग-अलग ज्ञात किया जाना चाहिये।

$$\text{अस्थाई भूमि का क्षेत्रफल} = \frac{\text{खतान से ली जाने वाली मिट्टी का परिमाण}}{\text{खतान की गहराई}}$$

किमी.–मी.	मिट्टी का परिमाण खतान से प	अस्थाई भूमि का क्षेत्रफल $\frac{प}{0.30}$	किमी.–मी.	मिट्टी का परिमाण खतान से प	अस्थाई भूमि का क्षेत्रफल $\frac{प}{0.30}$
1--000	—	—	2--000	222·1 घन मी.	740·4 वर्ग मी.
1—100	89·7 घन मी.	299·0 वर्ग मी.	2—100	126·7 ,,	422·4 ,,
1--200	343·8 ,,	1147·0 ,,	2--200	230·0 ,,	766·7 ,,
1—300	535·4 ,,	1784 0 ,,	2--300	335·9 ,,	1119·0 ,,
1--400	733·7 ,,	2445·0 ,,	2—400	510·0 ,,	1700·0 ,,
1—500	859·3 ,,	2864·4 ,,	2--500	520·1 ,,	1734·0 ,,
1--600	827·3 ,,	2758·0 ,,	2--600	597·3 ,,	1991·0 ,,
1—700	679·7 ,,	2265·7 ,,	2--700	37·8 ,,	126·0 ,,
1--800	535·4 ,,	1785·7 ,,	2--800	268·9 ,,	896·4 ,,
1--900	358·3 ,,	1195·0 ,,	2--900	512·8 ,,	1710·0 ,,
			3--000	735·3 ,,	2451·0 ,,
		16542·8 वर्ग मी. = 1·654 हेक्टेयर.			13656·9 वर्ग मी. = 1·366 हेक्टेयर

समस्त अस्थाई भूमि का क्षेत्रफल 2 किलोमीटर

लम्बाई के लिये = 16542·8 + 13656·9 = 30199·7 वर्ग मी.

= 3·020 हेक्टेयर

द्रष्टव्य—खतान की मिट्टी का परिमाण उदाहरण 2 कालम 16 के अनुसार।

उदाहरण 5---एक वितरिका नहर के लिये परिकलन तैयार कीजिये जिसके अनुदैर्घ्य खण्ड और प्ररूपी अनुप्रस्थ खण्ड उदाहरण 2 चित्र 9-5,9-6 में दिये हैं। 1 किमी. और 3 किमी. के बीच में 2 किमी. लम्बाई का परिकलन तैयार करना है और काम के सभी आवश्यक मद सम्मिलित किये जाने चाहिये।

प्राक्कलित लागत सार

मद सं०	कार्य के मद का विवरण	परिमाण या मात्रा		कुल परिमाण	दर प्रति	धनराशि रु.---पै.	टिप्पणी
		किमी. 2	किमी 3.				
	प्रारम्भिक कार्य—						
1	**सर्वेक्षण, सरेखण, दागबेल लगाना, अस्थाई सेवा मार्ग, स्थल सफाई इत्यादि**---	1 किमी	1 किमी	2 किमी	रु. 400·00 प्रति किमी	800·00	
	भूमि--						
2	(i) स्थाई भूमि (उदा. 3 के अनुसार)	1·6640 हेक्टेयर	1·5218 हेक्टेयर	3 1858 हेक्टेयर	रु.4000 00 प्रति हेक्टेयर	12743 20	मुआवजा (compensation) सहित
	(ii) अस्थाई भूमि (उदा. 4 के अनुसार)	1·654 हेक्टेयर	1·366 हेक्टेयर	3·020 हेक्टेयर	रु.1000·00 प्रति हेक्टेयर	3020·00	
3	मिट्टी का कार्य (उदा. 2 के अनुसार) खुदाई चेनेल में किमी 2 1503 4 घन मी; किमी 3 1360·3 घन मी खुदाई खातान मे किमी 2 5184·7 घन मी; किमी 3 3874·3 घन मी	6688·1 घन मी —	-- 5234·6 घन मी	11922·7 घन मी	रु 235·00 प्रति %घ.मी	28018·35	
4	चिनाई आदि का पक्का संरचना—						
	(i) ग्राम सड़क के पुल	--	1 सं०	1 सं०	रु.7000 00 प्रत्येक	7000 00	एक ग्र.स.पु.4मी पाट का तथा 4·8 मी सड़क रास्ता
	(ii) जिला सड़क के	--	--	--	--	--	
	(iii) राज्य या राष्ट्रीय मार्ग पुल	--	--	--	--	--	
	(iv) हैडवर्क्स और नियंत्रक	--	--	--	--	--	
	(v) प्रपात	--	1 सं०	1 सं०	रु.9000·00 प्रत्येक	9000·00	एक 50सेमी का प्रपात
	(vi) जल सेतु	1 सं०	--	1 सं०	रु.5000·00 प्रत्येक	5000·00	एक 40 मी. लम्बा जल सेतु
	(vii) साईफन	--	--	--	--	--	
	(viii) समतल पारक	--	--	--	--	--	
	(ix) प्रवेश तथा निकास नालियाँ	--	--	--	--	--	

मद सं०	मद का विवरण	परिमाण या मात्रा		कुल परिमाण	प्रति दर	धन राशि रु. पै.	टिप्पणी
		कि.मी.2	कि.मी.3				
5	विविध कार्य—						
	(i) कि. मी. के पत्थर और सीमा पत्थर	1कि. मी.	1 कि.मी.	2 कि. मी.	रु. 400·00 /कि. मी.	800·00	
	(ii) दिशा चिन्ह, सावधान चिन्ह, इत्यादि	1 कि.मी.	1 कि.मी.	2 कि. मी.	रु. 200·00 /कि. मी.	400·00	
	(iii) गेज (जल तल मापक)	1 सं.	1 सं.	2 स.	रु. 200 00 प्रत्येक	400·00	
	(iv) बेड बार (Bed bar) प्रत्येक 200 मी. पर	5 सं.	5 सं.	10 सं.	रु. 50·00 प्रत्येक	500·00	
	(v) जल सम्भरण के विकास नल (hume pipe) 150 मी. व्यास के	8 सं.	6 सं.	14 सं.	रु. 200·00 प्रत्येक	2,800·00	
	(vi) अस्थाई सेवा मार्ग का अनुरक्षण	1 कि.मी.	1 कि.मी.	2 कि. मी.	रु. 400·00 प्रति कि.मी	800·00	
6	भवन—						
	(i) एक डाक बंगला प्रत्येक 8 कि. मी. त्रिज्या पर	—	—	एक के लागत का 1/10	60,000 00 रु. प्रत्येक	6,000·00	
	(ii) चालक का एक क्वाटर 8 कि मी. त्रिज्या पर	—	—	एक के लागत का 1/10	10,000 00 रु. प्रत्येक	1,000·00	
	(iii) ओवरसियर का एक क्वाटर नहर की प्रत्येक 100 कि. मी. दूरी पर	—	—	एक के लागत का 1/50	20,000·00 रु. प्रत्येक	400·00	

योग	... रु.	78681·55
3% फुटकर व्यय के लिये जोड़ें	.... रु.	2360·45
2% निर्माण प्रभारित सिब्बंदी के लिये जोड़ें	.... रु.	1573·63
सम्पूर्ण योग	.... रु.	82615·63
	दो किलो मीटर लम्बाई के लिये	

$$\text{व्यय प्रति कि. मी.} = \frac{\text{रु. } 82615{\cdot}63}{2} = \text{रु. } 41307{\cdot}82$$

द्रष्टव्य—(i) चिनाई संरचना का विस्तृत प्राक्कलन अलग से तैयार करके व्यय ऊपर दिये प्राक्कलन में सम्मिलित किया जाता है

(ii) भवन के लिये व्यय प्ररूपी अभिकल्प के विस्तृत प्राक्कलन से सम्मिलित किया जाता है। साधारणतया भवन आदि पूरे प्रोजेक्ट (project) या पूरी प्रायोजना के वास्ते लिया जाता है।

(iii) और मदों का व्योरा आवश्यकतानुसार तैयार किया जा सकता है।

प्रपात

मिट्टी के प्रकार तथा पानी में गाद (silt) की मात्रा के अनुसार सिचाई नहरों में निश्चित अनुदैर्ध्य ढाल दिया जाता है जिससे नहर में जल एक निश्चित वेग से बहे। अधिक अनुदैर्ध्य ढाल देने से जल का वेग बढ़ जाता है तथा नहर के तल में कटाव (scouriug) होने लगता है। यदि भूमि में अधिक ढाल हो तथा नहर में कम ढाल हो तो नहर का तल भूमि के तल के बराबर आ जायगा तथा उसके आगे नहर का तल भूमि के तल से ऊँचा हो जायगा व नहर में काफी भराव देना होगा। इस कठिनाई को दूर करने के लिये समुचित स्थलों पर जहां नहर का तल तथा भूमि तल समान होने को हो, नहर में पात (fall) या प्रपात (drop) दिये जाते हैं। कटाव रोकने तथा जल को रोककर आगे की ओर ले जाने के लिये प्रपातों पर ईट चिनाई की संरचना (masonry) निर्माण की जाती हैं। एक छोटे प्रपात का प्राक्कलन उदाहरण 6 में समझाया गया है।

एक 60 सेमी. प्रपात (Fall) का प्राक्कलन

उदाहरण 6—दिये हुए रेखाचित्रों (चित्र 9-7) से एक वितरिका नहर (distributary) पर बनने वाले 60 सेमी. प्रपात का विस्तृत प्राक्कलन बनाइये। वितरिका नहर के तल की चोड़ाई 360 सेमी. है तथा इसमें जल की गहराई 90 सेमी. है। नहर तथा बांध के पार्श्व ढाल $1\frac{1}{2}:1$ हैं। सामान्य विशिष्टियां नीचे दी गई हैं :—

नींव तथा एप्रन (apron) में कंक्रीट—पत्थर की रोड़ी की 1 : 3 : 6 सीमेंट कंक्रीट।

ईट चिनाई—सर्वत्र 1 : 4 सीमेंट मसाले से प्रथम श्रेणी की होंगी।

टीप करना—सब खुली सतहों पर 1 : 2 सीमेंट रेत मसाले से टीप की जायगी।

पिचिंग—सूखी ईटों की पिचिंग होगी।

दरें—समुचित दरें मान लें।

माप का विवरण तथा परिमाणों का परिकलन—(उदाहरण 6)

मद सं०	मदों का विवरण	स०	लम्बाई मी.	चोड़ाई मी.	ऊं. या ग. मी.	परिमाण	व्याख्यात्मक टिप्पणी
1	मिट्टी की खुदाई नींव में— शीर्षदीवार (crest wall) पार्श्व दीवारें तथा फर्श (एक साथ)						
	(i)	1	2·65	6·00	1·15	18·29	चो. = 4·5 + 2 × ·6 + 2 × ·15 = 6·00 मी.
	(ii)	1	2·10	5·80	1·05	12·79	चो. = 4·5 + 2 × ·5 + 2 × .15 = 5·80 मी.
	(iii)	1	1·50	5·60	0·95	7·98	चो. = 4·5 + 2 × 4· + 2 × ·15 = 5·60 मी.
	पक्ष दीवारें (wing walls) पार्श्व दीवारों के बाहर	2	1·80	0·70	1·00	2·52	
	रक्षक दीवार—(curtain walls)	1	4·50	0·60	1·20	3·24	
					C. O.	44·82	

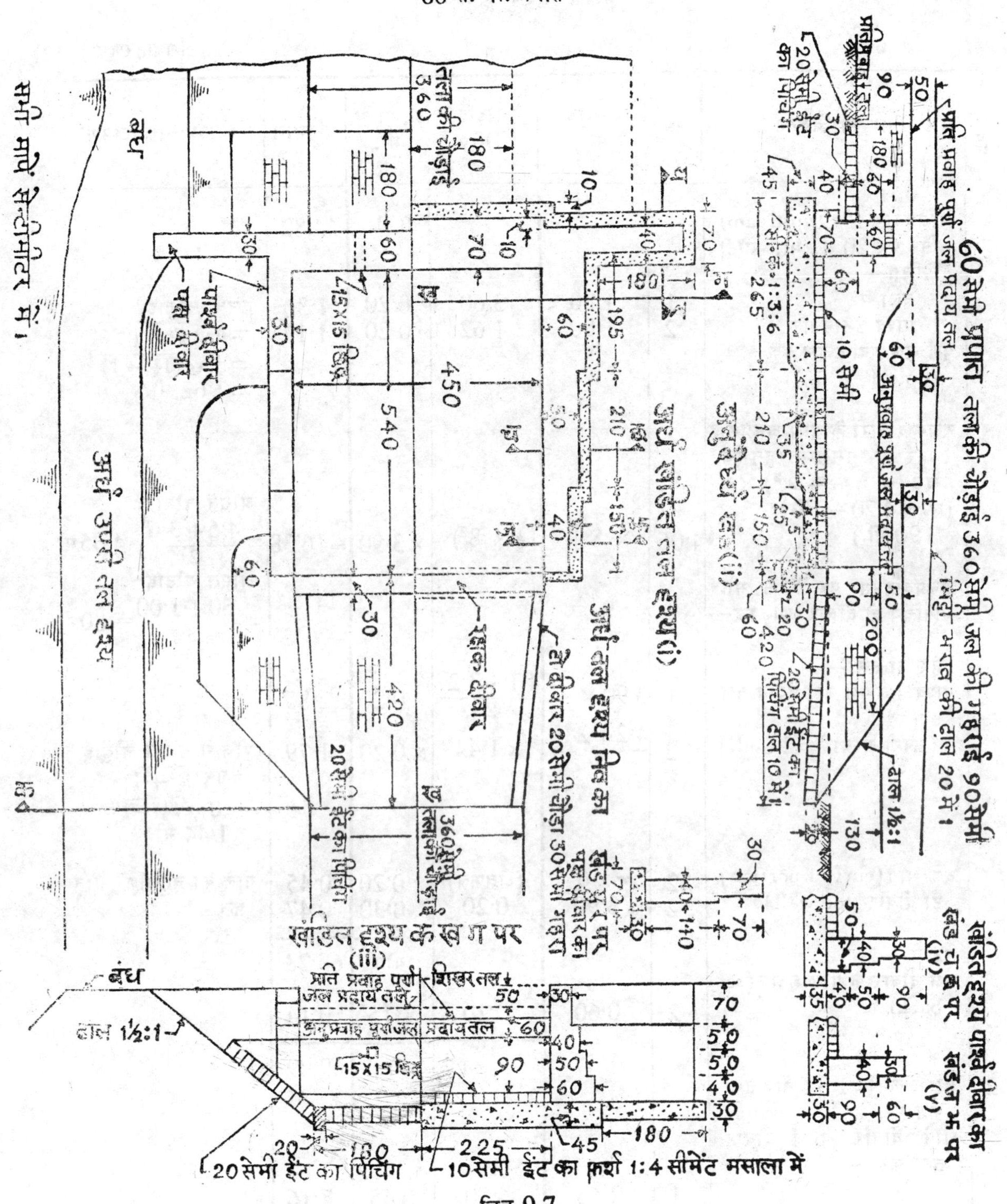
60 सेमी प्रपात तला की चौड़ाई 360 सेमी जल की गहराई 90 सेमी
प्रति प्रवाह पूर्ण जल प्रदाय तल
अनुप्रवाह पूर्ण जल प्रदाय तल
मिट्टी भराव की ढाल 20 में 1
ढाल 1½:1
अनुदैर्घ्य खंड (ii)
अर्ध खंडित तल दृश्य
अर्ध तल दृश्य (i)
अर्ध उपरी तल दृश्य
सभी मापें सेन्टीमीटर में।
बंध
पार्श्व दीवार
पक्ष दीवार
खंडित दृश्य के ख ग पर (iii)
खंडित दृश्य पार्श्व दीवार का
20 सेमी ईंट का पिचिंग
10 सेमी ईंट का फ़र्श 1:4 सीमेंट मसाला में

चित्र 9.7

(उदाहरण 6)

मद सं॰	मद का विवरण	सं॰	लम्बाई मी॰	चौड़ाई मी॰	ऊँ. या ग. मी.	परिमाण	व्याख्यात्मक टिप्पणी
	अधिप्रवाह (upstream) सिरे पर 20 से. मी. मोटी पिचिंग—				B. F.	44·82	
	तला में	1	1·80	3·60	0·20	1·30	ढलवां चौड़ाई $=ग\sqrt{ढ^2+1}$
	पार्श्व ढलान पर	2	1·80	1·62	0·20	1·17	$=\cdot9\sqrt{(1\frac{1}{2}^2+1)}$
	पूर्ण जल प्रदाय तल तक (upto F. S. L.)						$=1\cdot62$ मी.
	रक्षक दीवारों के आगे अनुप्रवाह नहर में समलम्ब चतुर्भुज खंड (च. × ग. + ढग²) × ल (ल. = 4·20 − ·30 = 3·90 मी.)	(4·05	× ·8 +	$1\frac{1}{2}$ × ·8²)	× 3·90	= 16·38	ओसत चौड़ाई $=\frac{4\cdot5+3\cdot6}{2}=4\cdot05$ मी
	अनुप्रवाह सिरे पर 20 से. मी. पिचिंग दो दीवार छोड़कर—						ओसत चौड़ाई $=\frac{\cdot60+1\cdot00}{3}=\cdot80$ मी
	नहर का तला—						
	पार्श्व ढाल पूर्ण जल प्रदाय तल तक	1	3·90 ×	$\frac{4\cdot1+3\cdot2}{2}$	× 0·20	2·85	
	(ऊपरी लम्बाई = 2·0 मी.)	2	$\frac{4\cdot2+2\cdot0}{2}$	× 1·44	× 0·20	1·79	बीच में ढलवां चौड़ाई $=ग\sqrt{ढ^2+1}$ $=\cdot8\sqrt{1\frac{1}{2}^2+1}=$ 1·44 मी.
	वक्र भाग (curved portion)	2	$\pi\times6^2$	(क्षेत्रफल)	× 0·20	0·45	गोले का चतुर्थांश मान कर
	टो दीवार (toe wall)	2	3·90	0·20	0·30	0·47	
					योग	69·23	
	घटायें—						
	पक्ष दीवार के पीछे हटाव (set back)	2	0·60	0·10	1·15	0·14	
				शुद्ध	योग	69·09 घन मी.	
2	सीमेंट कंक्रीट 1:3:6 नींव तथा फर्श में—						
	शीर्ष दीवार, पार्श्व दीवार तथा फर्श—						
	(i)	1	2·65	6·00	0·45	7·16	

(उदाहरण 6)

मद सं०	मद का विवरण	सं०	लम्बाई मी.	चौड़ाई मी.	ऊँ या ग. मी.	परिमाण	टिप्पणी
	(ii)	1	2·10	5·80	0·35	4·26	
	(iii)	1	1·50	5·60	0·25	2·10	
	पक्ष दीवारें पार्श्व दीवार के बाहर	2	1·80	0·70	0·30	0·76	
	रक्षक दीवार	1	4·50	0·60	0·20	0·54	
	घटायें—				योग	14·82	
	पक्ष दीवार के पीछे हटाव (set back)	2	0·60	0·10	1·15	0·14	
				शुद्ध	योग	14·68 घन मी.	
3	प्रथम श्रेणी की ईट चिनाई 1:4 सीमेंट मसाले से——						
	शीर्ष दीवार——						
	पहला खसका	1	4·50	0·70	0·40	1·26	
	दूसरा खसका	1	4·50	0·60	1·00	2·70	
	पार्श्व दीवारें——						
	(i) पहला खसका	2	2·35	0·60	0·40	1·13	ख ग पर खंड दृश्य के अनुसार
	दूसरा ,,	2	2·35	0·50	0·50	1·18	
	तीसरा ,,	2	2·35	0·40	0·50	0·94	
	चौथा ,,	2	2·35	0·30	0·70	0·99	
	(ii) पहला खसका	2	2·10	0·50	0·40	0·84	च—छ पर खंड दृश्य के अनुसार
	दूसरा ,,	2	2·10	0·40	0·50	0·84	
	तीसरा ,,	2	2·10	0·30	0·90	0·13	
	(iii) पहला खसका	2	1·50	0·40	0·90	0·08	ज——झ पर खंड दृश्य के अनुसार
	दूसरा ,,	2	1·50	0·30	0·60	0·54	
	पक्ष दीवारें पार्श्व दीवार के बाहर-	2	1·80	0·40	0·40	0·58	य——र पर खंड दृश्य के अनुसार
		2	1·90	0·40	0·50	0·76	
		2	2·00	0·40	0·50	0·80	
		2	2·10	0·30	0·70	0·88	
	रक्षक दीवार	1	4·50	0·30	0·40	0·54	
	टो दीवार	2	3·90	2·20	0·30	0·47	
					योग	16·66	घन मी.
4	खड़ी ईंटों का फर्श 1:3 सीमेंट मसाले से टीप सहित	1	5·40	5·40	——	24·30 बर्ग मी.	दीवारों के बीच अनुप्रवाह में

(उदाहरण 6)

क्र. सं.	मद का विवरण	सं.	लम्बाई मी.	चौड़ाई मी.	ऊँचाई या गहराई मी.	परिमाण	टिप्पणी
5	टीप 1 : 2 सीमेंट मसाले से– शीर्ष दीवार (अधिप्रवाह सतह ऊपर तथा अनुप्रवाह सतह)	1	4·50	—	2·40	10·80	ऊं = ·6 + ·6 + 1·2 = 2·40 मी
	पार्श्व दीवारोंकी भीतरी सतह (i)	2	1·80	—	2·00	7·20	
	(ii)	2	2·10	—	1·70	7·14	
	(iii)	2	1·50	—	1·40	4·20	
	पार्श्व के ऊपर का भाग शीर्ष दीवार	2	0·60	--	0·80	0·96	
	खसकों (steppings) के ऊर्ध्व सतह	2×2	—	0·30	0·30	0·36	
		2	—	0·40	0·90	0·72	
	सिरों के ऊर्ध्व	2	—	0·30	0·60	0·36	
	ऊपरी सतह (top) पार्श्व दीवारों का—	2	6·00	0·30	--	3·60	30 से. मी. मोटी दीवार की कुल लम्बाई
	,, ,, रक्षक दीवार का—	1	4·50	0·30	--	1·35	
	,, ,, टो दीवार ,,	2	3·90	0·20	--	1·56	
	,, ,, पक्ष दीवार ,,	2	2·10	0·30	--	1·26	
	पक्ष दीवार अधिप्रवाह की ओर त्रिभुजाकार भाग ढाल के ऊपर का—	2	$\frac{1}{2}$(2·10	× 1·40)	--	2·94	ढलना का त्रिभुजाकार भाग
					योग	42·45 वर्ग मी.	
6	ईंट की पिचिंग (pitching) अधिप्रवाह दिशा में तला पर	1	1·80	3·60	0·20	1·30	माप मद (1) के समान
	,, ,, पार्श्व ढलान पर	2	1·80	1·62	0·20	1·17	
	अनुप्रवाह ,, ,, तला पर	1	3·90 ×	$\frac{4·1+3·2}{2}$	× 0·20 =	2·85	
	,, ,, पार्श्व ढलान पर	2	$\frac{4·2+2·0}{2}$	× 1·44	× 0·20 =	1·79	
	पार्श्व में वक्र भागों पर	2	$\pi \times ·6^2$	(क्षेत्रफल)	× 0·20 =	0·45	
					योग	7·56	

प्राक्कलित लगात सार (उदाहरण 6)

मद सं०	मद का विवरण	परिमाण	इकाई	दर रु. पै.	प्रति	धन राशि रु. पै.
1	मिट्टी की खुदाई	69·09	घन मी.	290·00	% घन मी.	200·36
2	सीमेंट कंक्रीट 1 : 3 : 6, पत्थर की रोड़ी नींव तथा फर्श में	14·68	घन मी.	256·00	/ घन मी.	3758·08
3	प्रथम श्रेणी की ईंट चिनाई 1 : 4 सीमेंट मसाले से	16·66	घन मी.	132·00	/ घन मी.	2199·12
4	खड़ी ईंटों का फर्श 1 : 3 सीमेंट मसाले से टीप सहित	24·30	वर्ग मी.	17·00	/ वर्ग मी.	413·00
5	टीप 1 : 2 सीमेंट मसाले से	42·45	वर्ग मी.	4·75	/ वर्ग मी.	201·64
6	ईटों की पिचिंग (सूखी)	7·56	वर्ग मी.	60·00	/ वर्ग मी.	433·60
					योग	7205·80
	फुटकर व्यय के लिये 3% जोड़ें				...	216·17
	निर्माण प्रभारित सिब्बंदी के लिये 2% जोड़ें				...	144·11
					सम्पूर्ण योग ...	6566·08

नोट--मिट्टी की खुदाई के परिकलन के लिये प्रपात की पूरी लम्बाई में अधिप्रवाह में नहर का तला भूमि तल के समान माना गया है। इतने यथार्थ परिकलन के बजाय मिट्टी के काम का स्थूल (approximate) परिकलन करना यथेष्ट होगा।

जल सेतु या एकुअडक्ट (Aqueduct)

जब किसी सिंचाई नहर के मार्ग में कोई नाला या जलधारा आ जाती है तो जलधारा के ऊपर ईट चिनाई या प्रबलित सीमेंट कंक्रीट का आयताकार जलवाहिनी (channel) बनाकर उस पर से नहर ले जायी जाती है। इसी आयताकार जलवाहिनी को जल सेतु कहते है। जल सेतु स्थिरता के लिये आधार व पक्ष दीवारें बनायी जाती हैं। पक्ष दीवारें सीधी व वक्र दोनों प्रकार की होती है। जल सेतु पर जल पहुँचने व दूसरी ओर निकलने में सुविधा की दृष्टि से वक्र पक्ष दीवारें अधिक उपयुक्त होती हैं माइनर या छोटी नहरों में आयताकार जल वाहिनी बनाने के बजाय समुचित व्यय के प्र. सी. कं. के या ह्यूम पाइप (hume pipe) डाले जाते हैं। एक साधारण जल सेतु का प्राक्कलन उदाहरण 7 में दिया गया है।

एक नाले पर माइनर (Minor) के लिए जल-सेतु

उदाहरण 7—दिये हुये रेखाचित्रों (चित्र 9·8) से एक नाले पर बनने वाले जल सेतु में कार्य की विभिन्न मदों के परिमाण का विस्तृत प्राक्कलन तथा प्राक्कलित लागत सार बनाइये।

सामान्य विशिष्टियाँ नीचे दी गई हैं :--

(1) नींव में ईट की रोड़ी की 1 : 4 : 8 सीमेंट कंक्रीट डाली जायगी, (2) ईट चिनाई सर्वत्र 1 : 4 सीमेंट रेत मसाले से की जायगी, (3) आयताकार जलवाहिनी (trough) 1 : 2 : 4 सीमेंट कंक्रीट की बनाई जायगी तथा इस में 1% प्रबलन दिया जायगा, एवं सतह अतिरिक्त पलस्तर के बिना चिकनी समापित (finsih) की जायगी, (4) ईट चिनाई की बाहरी सतहों पर 1 : 2 सीमेंट मसाले से डलवाँ टीप (struck pointing) की जायगी, (5) ईट पिचिंग (brick pitching) में अधिक पक्की, सीधी व सूखी ईटें लगाई जायेंगी, विभिन्न मदों के लिये समुचित दरें मान लें।

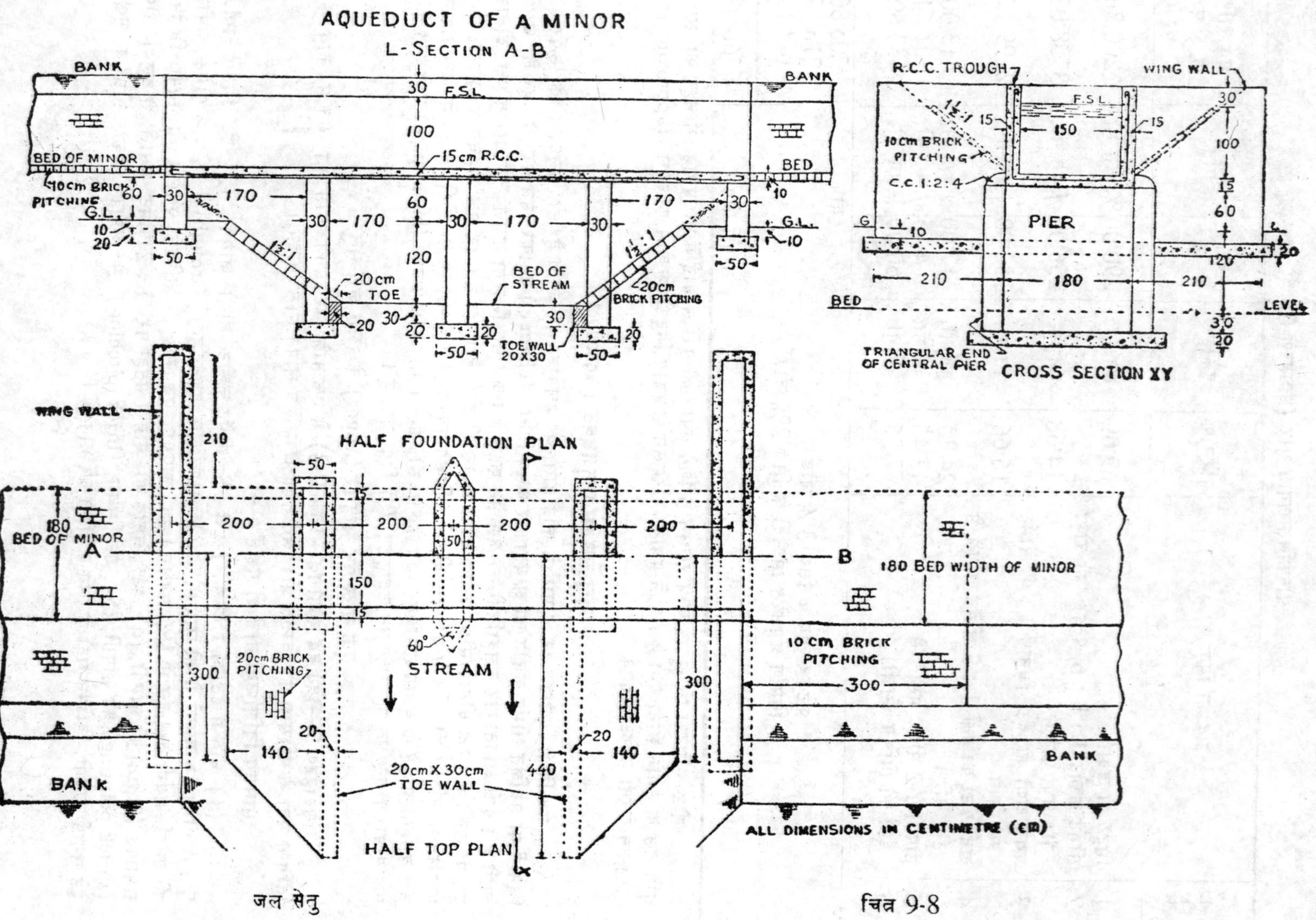
AQUEDUCT OF A MINOR
L-SECTION A-B
BANK
F.S.L.
BED OF MINOR
10cm BRICK PITCHING
G.L.
15cm R.C.C.
BED
20cm TOE
BED OF STREAM
20cm BRICK PITCHING
TOE WALL 20X30
R.C.C. TROUGH
WING WALL
10cm BRICK PITCHING
C.C. 1:2:4
PIER
BED
LEVEL
TRIANGULAR END OF CENTRAL PIER
CROSS SECTION XY
HALF FOUNDATION PLAN
180 BED OF MINOR
180 BED WIDTH OF MINOR
20cm BRICK PITCHING
STREAM
10 CM BRICK PITCHING
20cm X 30cm TOE WALL
HALF TOP PLAN
ALL DIMENSIONS IN CENTIMETRE (cm)

जल सेतु

चित्र 9-8

भाप का विवरण तथा परिमाणों का परिकलन (उदाहरण 7)

मद सं०	मदों का विवरण	सं०	लम्बाई मी.	चौड़ाई मी.	ऊं या ग. मी.	परिमाण	व्याख्यात्मक टिप्पणी
1	मिट्टी की खुदाई नींव में— बीच के खम्बे का सीधा भाग	1	2·10	0·50	0·50	0·53	
	बीच के खम्बे के त्रिभुजाकार (triangular) सिरे	2	$\frac{1}{2}\times 0{\cdot}5\times{\cdot}43$		0·50	0·11	क्षेत्रफल $=\frac{1}{2}$ आधार × ऊंचाई
	सिरों के खम्बे नाले के तला पर	2	2·10	0·50	0·50	1·05	ऊंचाई $=\frac{{\cdot}5}{2}$ स्प 60°
	सिरों के खम्बे बांध पर पक्ष दीवारों सहित	2	6·30	0·50	0·30	1·89	$={\cdot}25\times 1{\cdot}73={\cdot}43$
	जल धारा का ढलान पिचिंग (pitching) के लिये	2	$\frac{6{\cdot}00+8{\cdot}80}{2}$	× 1·90	0·20	5 62	चौ $=\sqrt{1{\cdot}4^2+1{\cdot}2^2}=1{\cdot}90$
	उपवितरिका का ढलान, पिचिंग के लिये	2 × 2	3·00	1 80	0·10	2·16	चौ $=\sqrt{1^2+1{\cdot}5^2}=1{\cdot}80$
	उपवितरिका का तला, पिचिंग के लिये	2	3·00	1·80	0·10	1·08	
	दो दीवारें	2	8·80	0·20	0·30	1·06	
					योग	13 50	घन मी.
2	सीमेंट कंक्रीट 1 : 4 : 8 नीव में— बीच के खम्बे का सीधा भाग	1	2·10	0·50	0·20	0·21	
	बीच के खम्बे के त्रिभुजाकार सिरे	2	$\frac{1}{2}\times 0{\cdot}50$	× ·43	0·20	0·05	चौ. मद 1 के समान
	सिरों पर बने खम्बे नाले के तला में	2	2·10	0·50	0·20	0·41	
	सिरे के खम्बे बांध पर तथा पक्ष दीवारों सहित	2	6·30	0·50	0·20	1·26	
					योग	1·93	घन मी.

नोट--उपवितरिका (Minor) तथा अपवाह नाला (drainage channel) बनाने के लिये मिट्टी का कार्य ऊपर सम्मिलित नहीं किया गया है।

(उदाहरण 7 क्रमशः)

मद सं०	मदों का विवरण	सं०	लम्बाई मी.	चौड़ाई मी.	ऊं. या ग. मी.	परिमाण	व्याख्यात्मक टिप्पणी
3	प्रथम श्रेणी की ईट चिनाई 1 : 4 सीमेंट मसाले से—						
	बीच के खम्बे का सीधा भाग	1	1·80	0·30	2·10	1·13	क्षेत्रफल = $\frac{1}{2}$ आधार × लम्ब
	बीच के खम्बे के त्रिभुजाकार सिरे	2	$\frac{1}{2}$ × ·30	× 0·26	2·10	0·16	लम्ब = $\frac{\cdot 3}{2}$ × स्प 60
	सिरों के खम्बे नाले के तल के	2	1·80	0·30	2·10	2·27	= ·15 × 1·73 = ·26
	सिरे के खम्बे किनारे में बाँध पर	2	1·80	0·30	0·70	0·76	पक्ष दीवारें अलग ली गई हैं
	पक्ष दीवारें--	2×2	2·10	0·30	2·15	5·42	
					योग	9·74 घन मी.	
4	प्र. सी. कं. कार्य जलवाहिनी (trough) में इस्पात में अतिरिक्त ढूले सहित--						
	नीचे की स्लैब	1	8·30	1·80	0·15	2·24	
	ऊर्ध्व पार्श्व दीवारें	2	8·30	1·30	0·15	3·24	
					योग	5·48 घन मी.	
5	नरम इस्पात की प्रबलन छड़ें— प्र.सी.कं. के 1% के हिसाब से–		5·48 ×	$\frac{1}{100}$ = ·05	48 घ.मी.		
				= ·0548	× 78·5	= 4·30 कु०	इस्पात का भार = 78·5 कु०/घन मी.
6	सीमेंट कंक्रीट 1 : 2 : 4 बीच के खम्बे के ऊपरी सिरे में—	2	$\frac{1}{2}$ × ·30	·26 × ($\frac{1}{3}$	× ·15)	0·004 घन मी.	आधार का क्षेत्रफल × $\frac{1}{3}$ ऊँचाई (यह नगण्य है)
7	टीप--1 : 2 सीमेंट मसाले से—						ल = परिमिति = (180 + 30 + 30) × 2 = 480 सेमी = 4·80 मी.
	बीच का खम्बा	1	4·80	--	1·80	8·64	
	सिरों के खम्बे नाले तल पर	2	4·20	--	1·80	15·12	ल = परिमिति
	सिरों के खम्बे किनारों के बाँध पर	2	1·80	--	0·60	2·16	एक फलक (face)
	पक्ष दीवारें	2×2	2·10	--	2·05	17·22	
					योग	43·14 वर्ग मी.	

मद सं०	मद का विवरण	सं०	लम्बाई मी.	चौड़ाई मी.	ऊं. या ग. मी.	परिमाण	व्याख्यात्मक टिप्पणी
8	सूखी ईंटों की पिंचिग सीधी अधिक पक्की ईंटों से—						
	जलधारा के ढलान में (20 सेमी)	2	$\frac{6\cdot0+8\cdot8}{2}$	1·90	0·20	5·62	माप मद 1 के समान
	उपवितरिका के ढलान में (10सेमी)	2×2	3·00	1·80	0·10	2·16	
	उपवितरिका का तला (10सेमी)	2	3·00	1·80	0·10	1·08	
					योग	8·86	घन मी.

प्राक्कलित लागत सार (उदाहरण 7)

मद सं०	मद का विवरण	परिमाण	इकाई	दर रु० पै	प्रति	धनराशि रु० पै०
1	मिट्टी की खुदाई नींव में—	13·50	घन मी.	290·00	%घन मी.	39·15
2	सीमेंट कंक्रीट 1:4:8 ईट की रोड़ी नींव में—	1·93	घन मी.	160·00	/घन मी.	308·80
3	प्रथम श्रेणी की ईट चिनाई 1 : 4 सीमेंट मसाले से—	9·74	घन मी.	132·00	/घन मी.	1285·68
4	प्र.सी.कं. कार्य जलवाहिनी इस्पात के अतिरिक्त परन्तु ढूले सहित	5·48	घन मी.	423·00	/घन मी.	2318·04
5	नरम इस्पात की प्रबलन छड़ें	4·30	कुन्तल	230·00	/ प्र. कु.	989·00
6	सीमेंट कंक्रीट 1 : 2 : 4 बीच के खम्भे के सिरे पर	0·004	घन मी.	300·00	/घन मी.	1·20
7	टीप 1 : 2 सीमेंट मसाले से	4·314	वर्ग मी.	4·75	/वर्ग मी.	204·92
8	सूखी ईंटों की पिंचिग सीधी अधिक पक्की ईंटों से	8·86	घन मी.	60·00	/घन मी.	531·60
					योग ...	5678·39
	फुटकर व्यय तथा निर्माण प्रभारित सिब्बन्दी के लिये 5% जोड़ें				....	283·91
					सम्पूर्ण योग	5962·30

टिप्पणी—10 सेमी. मोटी ईंट पिंचिग, क्षेत्रफल के आधार पर वर्ग मी. में भी लिया जा सकता है।

साइफन (Syphon)

कभी-कभी सिंचाई नहर तथा नाला (drainage channel) ऐसे तल पर मिलते हैं कि दोनों में से किसी एक का तल नीचा करना आवश्यक हो जाता है। जब सिंचाई जलमार्ग का तल नीचा करके इसे नाले के नीचे से ले जाना होता है तो इसे सिंचाई साइफन (irrigation syphon) कहते हैं। जब नाले का तल नीचा करके उसे नहर के नीचे से ले जाते हैं तो उसे नाला साइफन (drainage syphon) कहते हैं। साइफन पारक (crossing) ईंट चिनाई के आयताकार बन्द जलमार्ग (closed masonry channel) का या ईंट चिनाई का वृत्ताकार या प्र. सी. कं. या समुचित व्यास के ह्यूम पाइपों का हो सकता है। जल का प्रवेश (approach) तथा निकास ईंट चिनाई के पात गर्त (drop pit) या ईंट चिनाई के ढलवां जलमार्ग (slopped channel) बनाकर प्रवाहित किया जा सकता है। भली भांति प्रवाह के लिए साइफन का निचला सिरा ऊपरी सिरे से कम से कम 10 या 15 सेमी. नीचे रखा जाता है। एक छोटे नाला साइफन (drainage syphon) का प्राक्कलन उदाहरण 8 में दिया गया है।

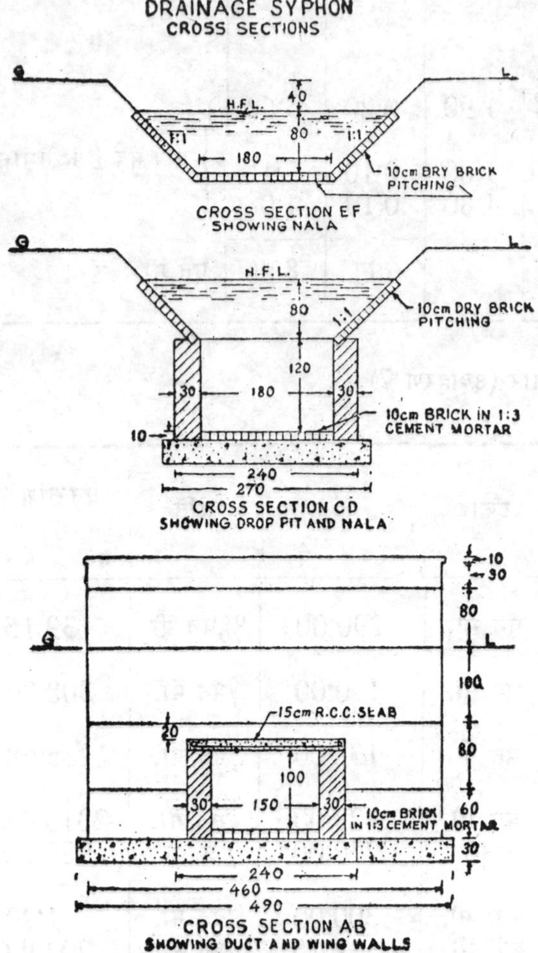

चित्र 9-9

उपवितरिका (Minor) पर नाला साइफन (Drainage Syphon)

उदाहरण 8—दिये हुए रेखाचित्रों (चित्र 9-9 व 9-10) से एक उपवितरिका पर नाला साइफन का विस्तृत प्राक्कलन बनाइये।

नींव में ईंट की रोड़ी की 1 : 4 : 8 सीमेंट कंक्रीट होगी। ईंट चिनाई का कार्य 1 : 4 सीमेंट मसाले से की जायगी। ईंट छिनाई की खुली सतहों पर 1 : 2 सीमेंट मसाले से पखदार टीप (struck pointing) की जायगी : अधिक पक्की व सीधी ईंटों की पिचिंग की जायगी। विभिन्न मदों के लिये समुचित दरें मान लें।

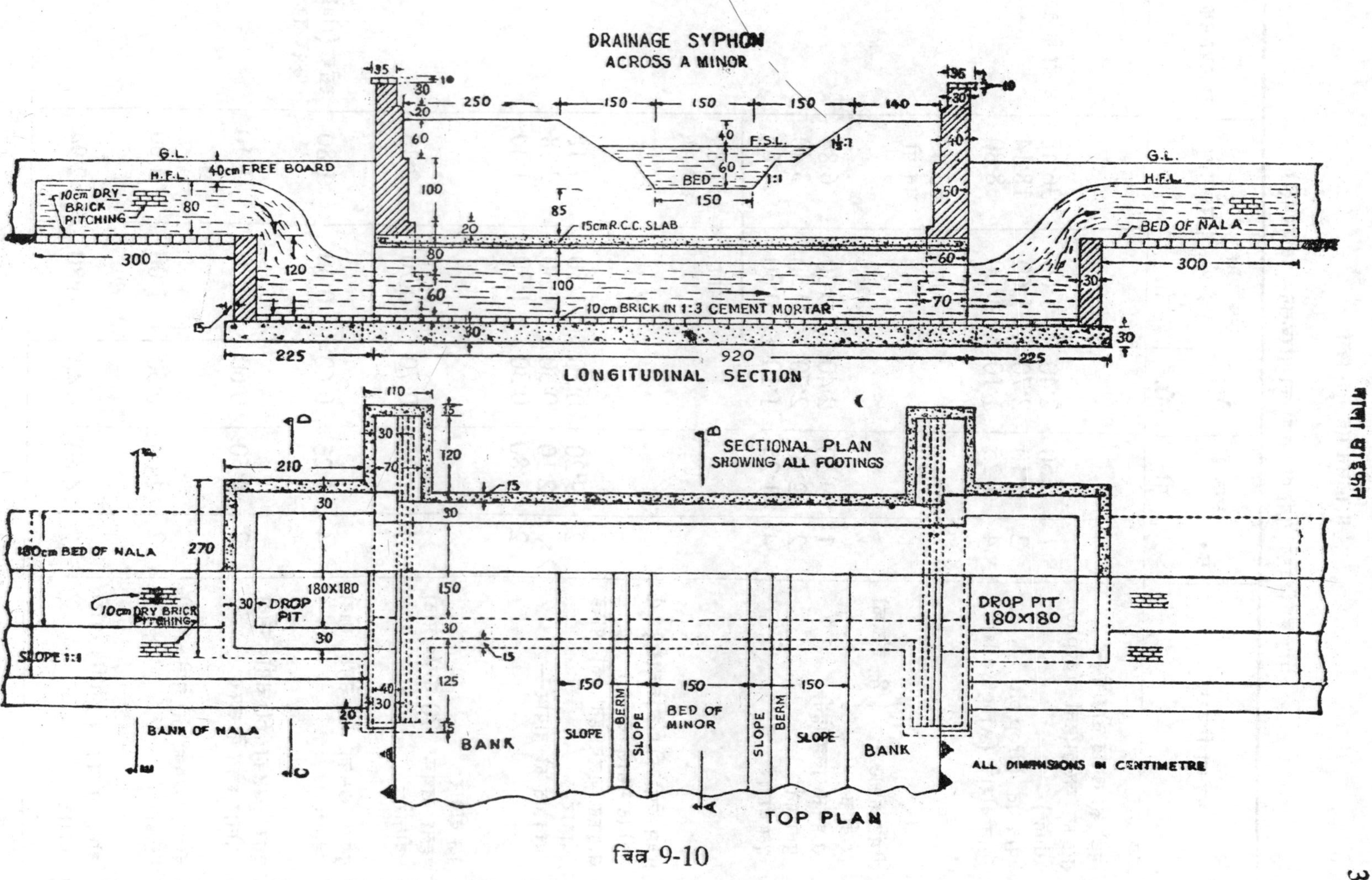
DRAINAGE SYPHON
ACROSS A MINOR
G.L.
H.F.L.
40cm FREE BOARD
10cm DRY BRICK PITCHING
F.S.L.
BED
15cm R.C.C. SLAB
10cm BRICK IN 1:3 CEMENT MORTAR
BED OF NALA
LONGITUDINAL SECTION
SECTIONAL PLAN
SHOWING ALL FOOTINGS
180cm BED OF NALA
DROP PIT
180X180
10cm DRY BRICK PITCHING
SLOPE 1:1
BANK OF NALA
BANK
SLOPE
BERM
BED OF MINOR
DROP PIT 180X180
ALL DIMENSIONS IN CENTIMETRE
TOP PLAN

चित्र 9-10

माप का विवरण तथा परिमाणों का परिकलन (उदाहरण 8)

मद सं०	मद का विवरण	सं०	लम्बाई मी.	चौड़ाई मी.	ऊँचाई या गहराई मी.	परिमाण	व्याख्यात्मक टिप्पणी
1	मिट्टी की खुदाई नींव में—						
	साइफन जलवाहिनी (syphon duct)	1	9·50	2·40	1·60	36·48	नाला के तला से
	पात गर्त (drop pit)	2	2·10	2·70	1·60	18·14	
	पात दीवारें (wing walls)	4	1·25	1·10	1·60	8·80	
					योग	63·42 घन मी.	
2	सीमेंट कंक्रीट 1 : 4 8 ईंट की रोड़ी की—						
	साइफस जलवाहिनी	1	9·50	2·40	0·30	6·84	
	पात गर्त	2	2·10	2·70	0·30	3 40	
	पक्ष वीवारें	4	1·25	1·10	0·30	1·65	
					योग	11·89 घन मी.	
3	प्रथम श्रेणी की ईंट चिनाई 1 : 4 सीमेंट मसाले से—						
	साइफन जलवाहिनी की पार्श्व दीवारें	2	9·20	0·30	1·30	7·18	
	पात गर्त की दीवारें—	2×2	2·10	0·30	1·30	3·28	
		2	1·80	0·30	1·30	1·40	
	पक्ष दीवारें						
	पहला खथका 70 सेमी० मीटी दीवारें	4	1·25	0·70	0·70	2·45	
	दूसरा खसका 60 सेमी० मोटी दीवारें	4	1·25	0·60	0·60	1·80	स्लैब (slab) के ऊपर तक
	दूसरा खप्तका 60 सेमी० मोटी दीबार स्लैब के ऊपर	2	4·60	0·60	0·20	1·10	
	तीसरा खसका 50 सेमी० मोटी दीवार	2	4·60	0·50	1·00	4·60	
	चोथा खमका 40 सेमी० मोटी दीवार	2	4 60	0 40	0·80	2·94	

मद सं०	मद का विवरण	सं०	लम्बाई मी.	चौड़ाई मी.	ऊं या ग. मी.	परिमाण	व्याख्यात्मक टिप्पणी
	पाँचवा खसका 30 से. मी. मोटी दीवार						
	मुंडेर दीवार (parapet)	2	4·60	0·30	0·30	0·83	
	शीर्षिका (coping)	2	4·70	0·35	0·10	0·33	
					योग	25·43 घन मी.	
4	प्र. सी. कं. स्लैब साइफन सेतु की इस्पात प्रबलन सहित पूर्ण कार्य	1	9·20	2·10	0·15	2·90 घन मी.	
5	10 से. मी. मोटा ईटों का फर्श 1 : 3 सीमेंट मसाले से, 1 : 2 सीमेंट मसाले का टीप सहित— साइफन सेतु का फर्श	1	9·20	1·50	—	13·80	
	पात गर्त की फर्श	1	1·80	1·80	—	6·48	
					योग	20·28 वर्ग मी.	
6	पखदार टीप (struck) 1 : 2 सीमेंट मसाले से—						
	साईफन सेतु की भीतरी सतह	2	9·20	—	1·00	18·40	
	पात गर्त के तीन ऊर्ध्व सतह	2 × 3	1 80	—	1·20	12·96	
	पात गर्त के तीन ऊपरी सतह	2	5·70	—	0·30	3·42	ल = 2 × 180 + 210 = 570 सेमी.
	मुंडेर दीवार के भीतरी सतह, ऊपरी तथा बाहरी सतह भूमि, तल तक	2	4·60	—	2·30	21·16	ऊं = 20 + 10 + 30 + 10 + 35 + 10 + 5 + 110 = 230 सेमी.
	पक्ष दीवारों की बाहरी सतह स्लैब पर	2	1·80	—	1·20	4·32	
	पक्ष दीवारों के त्रिभुजाकार भाग की बाहरी सतह	2 × 2	($\frac{1}{2}$ × ·8	× ·8)	=	1·28	
					योग	61·54 वर्ग मी.	

मद सं०	मद का विवरण	सं०	लम्बाई मी.	चौड़ाई मी.	ऊ. या ग. मी.	परिमाण	व्याख्यात्मक टिप्पणी
7	10 से. मी. मोटी सूखी सीधी तथा अधिक पक्की ईटों की पिचिंग नाले के तल में	2	3·00	1·80	—	10·80	ऊपर तथा नीचे की ओर ढलवां चौड़ाई $=\sqrt{\cdot8^2+\cdot8^2}=1\cdot13$ मी.
	नाले के ढलान के पार्श्व में	2×2	3·00	1·13	—	13·56	
					योग	24·36 वर्ग मी.	

प्राक्कलित लागत सार (उदाहरण 4)

मद सं०	मद का विवरण	परिमाण	इकाई	दर रु० पै०	प्रति	धनराशि रु० पै०
1	मिट्टी की खुदाई नींव में	63·42	घन मी.	290·00	/ घन मी.	183·92
2	सीमेंट कंक्रीट 1 : 4 : 8 ईंट की रोडी की	11·89	घन मी.	160·00	/ घन मी.	1902·40
3	प्रथम श्रेणी की ईंट चिनाई 1 : 4 सीमेंट मसाले से	25·43	घन मी.	132·00	/ घन मी.	3356·76
4	प्र. सी. कं. स्लैब इस्पात प्रबलन सहित पूर्ण कार्य	2·90	घन मी.	500·00	/ घन मी.	1450·00
5	10 से. मी. मोटा ईंट का फर्श 1 : 3 सीमेंट मसाले से, फर्श व टीप 1 : 2 सीमेंट मसाले सहित	20·28	वर्ग मी.	17·00	/ वर्ग मी.	344·76
6	पखदार टीप 1 : 2 सीमेंट मसाले से	61·54	वर्ग मी.	4·75	/ वर्ग मी.	292·32
7	10 से. मी. मोटी सूखी ईंटों की पिचिंग सीधी व अधिक पक्की ईंटों की	24·36	वर्ग मी.	6·00	/ वर्ग मी.	146·16
					योग····	7676·32
	फुटकर व्यय तथा निर्माण प्रभारित सिब्बदी के लिये 5% जोड़ें···					383·82
					सम्पूर्ण योग····	8060·14

(Village Road Culvert Across a Minor)

उदाहरण 9—दिये हुये रेखा चित्र (चित्रों 9·11) व सामान्य विनिर्देश से एक उपवितरिका नहर पर ग्रामीण सड़क की पुलिया का विस्तृत प्राक्कलन बनाइये।

सामान्य विनिर्देश—नींव में ईट की रोड़ी की 1 : 4 : 8 सीमेंट कंक्रीट डाली जायगी। ईट चिनाई 1 : 6 सीमेंट मसाले से प्रथम श्रेणी की की जायगी। ईट चिनाई की खुली सतहों पर 1 : 2 सीमेंट मसाले से टीप की जायगी। स्लैब 1 : 2 : 4 प्रबलित सीमेंट कंक्रीट की होगी व इसमें विस्तृत रेखाचित्र के अनुसार प्रबलन दिया जायगा पुलिया के ऊपर अधिक पक्की ईट की रोड़ी की कुल 20 सेमी. मोटी दो आस्तरणें बिछाई जायेंगी।

समुचित दरें मान लें।

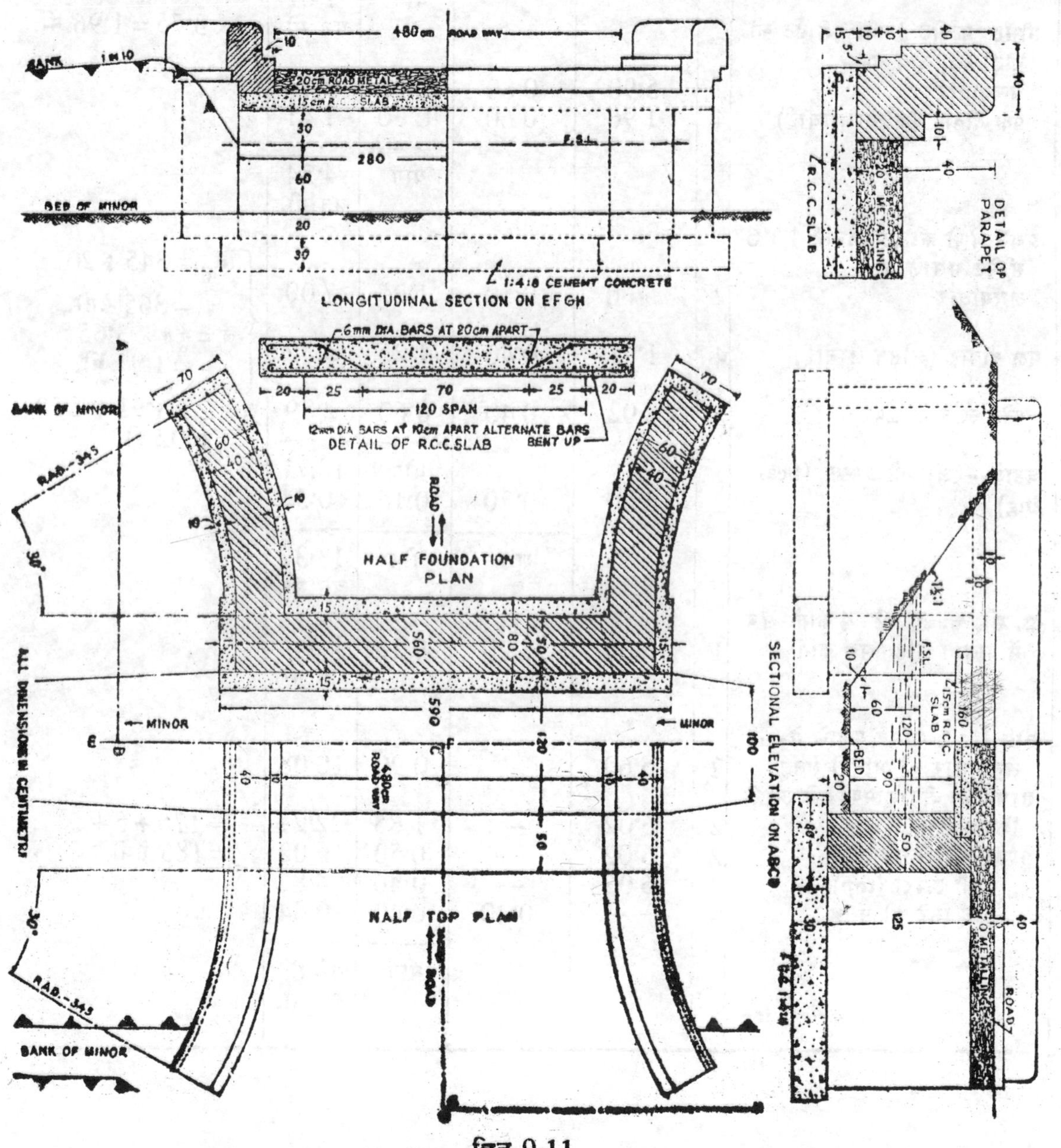

चित्र 9·11

मद सं०	मद का विवरण	सं०	लम्बाई मी.	चौड़ाई मी.	ऊ. या ग. मी.	परिमाण	व्याख्यात्मक टिप्पणी
1	मिट्टी की खुदाई नींव में—						
	अन्त्याधार	2	5·90	0·80	0·50	4·24	$त्रि_म = 345 + 30$
	पक्ष दीवारों (औसत लम्बाई)	4	1·96	0·60	0·50	2·35	$= 375$ सेमी.
					योग	7·07 घन मी.	$ल = \frac{1}{6}\pi त्रि_म = \frac{1}{6}\pi \times 3·75 = 1·96$ मी.
2	सीमेंट कंक्रीट 1 : 4 : 8 ईंट की रोड़ी की, नींव में—						
	अन्त्याधार	2	5·90	0·80	0·30	2·83	
	पक्ष दीवारें (औसत लम्बाई)	4	1·96	0·60	0·30	1·41	
					योग	4·24 घन मी.	
3	प्रथम श्रेणी की ईंट चिनाई 1 : 6 सीमेंट मसाले से—						
	अन्त्याधार	2	5·60	0·50	1·25	7·00	$त्रि_म = 345 + 20 = 365$ सेमी.
	पक्ष दीवारें (औसत लम्बाई)	4	1·91	0·40	1·25	3·82	$ल = \frac{1}{6}\pi \times 3·65 = 1·91$ मी.
	मुण्डेर स्लैब के ऊपर	2	6 02	0·40	0·60	2·89	ल $2 \times 1·91 + 2·20 = 6·02$ मी.
					योग	13.71	
	घटायें—स्लैब की धारक (bearing)	2	5·60	0·20	0·15	0·34	
				शुद्ध	योग	13·37 घन मी.	
4	प्र. सी. कं. 1 : 2 : 4 कार्य स्लैब में इस्पात सहित-पूर्ण कार्य	1	5·60	1·60	0·15	1·344 घन मी.	
5	टीप 1 : 2 सीमेंट मसाले से—						
	अन्त्याधार की भीतरी सतह	2	5·60	--	0·90	10·08	
	सामने की दीवार मुण्डेर के ऊपरी किनारे तक	2	6·02	--	1·85	22·27	$ऊं = 175 + 5 + 5 = 185$ सेमी.
	मुण्डेर की भीतरी सतह	2	6·02	—	0·50	6·02	
	,, की ऊपरी (top) सतह	2	6·02	--	0·40	4·82	
	,, के सिरे की सतह	4	—	0·40	0·40	0·64	
					योग	43·83 वर्ग मी.	

मद सं०	मद का विवरण	सं०	लम्बाई मी.	चौड़ाई मी.	ऊ. या ग. मी.	परिमाण	व्याख्यात्मक टिप्पणी
	घटायें— आयताकार खुले हुये भाग तथा स्लैब के बाहरी सतह	2	—	1·20	1·05	2·52	ऊँ = 90 + 15 = 105 सेमी.
				शुद्ध	योग	41·31 वर्ग मी.	
6	ईंटों की रोड़ी आस्तरण के लिये पुलिया के मध्य भाग पर बिछाने के लिए	1	2·20	4·80	0·30	3·17	बिना कुटी मोटाई 30 सेमी.
	तिरछे भाग पर (splayed portion) मुण्डेर के सिरे तक—	2	1·88	$\frac{4{\cdot}8+5{\cdot}8}{2}$	×0·30	5·98	औसत चौड़ाई, लम्बाई तथा चौड़ाई रेखा चित्र में से ली गई है।
					योग	9·15 घन मी.	
7	ईंटों की रोड़ी आस्तरण बिछाना तथा कुटाई का कार्य		ऊपर के	समान		9·15 घन मी.	दो तहों में बिछाना

प्राक्कलित लागत सार (उदाहरण 9)

मद सं०	मद का विवरण	परिमाण	इकाई	दर रु० पै०	प्रति	धनराशि रु० पै०
1	मिट्टी की खुदाई नीव में	7·07	घन मी.	290·00	% घन मी	20·50
2	सीमेंट कंक्रीट 1:4:8 ईंटों की रोड़ी की नीव में	4·24	घन मी.	160·00	/ घन मी	678·40
3	प्रथम श्रेणी की ईंट चिनाई 1.6 सीमेंट मसाले से	13·37	घन मी.	120·00	/ घन मी	1604·40
4	प्र. सी. क. कार्य 1 : 2 : 4 स्लैब में प्रबलन सहित पूण कार्य	1·344	घन मी.	500·00	/ घन मी	672·00
5	टीप 1 : 2 सीमेंट मसाले से	41·31	वर्ग मी.	4·75	/ वर्ग मी	196·22
6	ईंटों की रोड़ी आस्तरण के लिये	9·15	घन मी.	38·00	/ घन मी	347·70
7	ईंटों की रोड़ी का आस्तरण बिछाना तथा कुटाई का कार्य	9·15	घन मी.	6·00	/ घन मी	54·90
	योग					3574·12
	फुटकर व्यय तथा निर्माण प्रभारित सिब्बंदी के लिये 5% जोड़ें ...					178·71
	सम्पूर्ण योग					3752·83

सिचाई-विभाग में प्रयुक्त मिट्टी के कार्य की तालिका

नहर में मिट्टी के कार्य का विवरण तथा एक मील F. P. S. प्रणाली में उनके स्तम्भ भरने का नमूना

मील	फर्लांग	फीट	तल की चौड़ाई	पानी की गहराई	खुदाई	ढाल	खुदाई का क्षेत्रफल	पार्श्व ढाल की गहराई	दायां किनारा			बायां किनारा			सहायक सड़क			कुल भराई	स्तम्भ 8 तथा 19 में से अधिक क्षेत्रफल	आयतन
									चौड़ाई	भराई	क्षेत्रफल	चौड़ाई	भराई	क्षेत्रफल	चौड़ाई	भराई	क्षेत्रफल			
1	2	3	4	5	6	7	8	9	10	11	12	13	14	15	16	17	18	19	20	21
4	—	—	10′	2·5′	3·6′	1:1	49	2:1	5′	2′	18	2′	2′	12	10′	1′	10	40	49	
4	1		10′		8·9		54			2	18		2	12		1	10	40	54	[469−½(49+80)] × 660 = 284790 घन फुट
4	2				4·2		60			2	18		2	12		1	10	40	60	
4	3				3·6		49			2	18		2	12		1	10	40	49	
4	4				3·0		39			1·5	12		1·5	8		·5	5	25	39	
4	5				2·5		31			2	18		2	12		1	10	40	40	
4	6				2·4		30			2·1	19		2·1	13		1·1	11	43	43	
4	7				1·4		16			3·1	35		3·1	26		2·1	21	82	82	
5	—	—	10′	2·45′	0·9′	1:1	10	2:1	5′	3·6′	44	2′	3·6′	33	10′	2·6′	26	80	80	

स्पष्टीकरण टिप्पणी :—

स्तम्भ 6—भूमि के समन्वित तल तथा नहर के तला (bed) के समन्वित तल का अन्तर।

स्तम्भ 8—खुदाई का अनुप्रस्थ क्षेत्रफल—चौ × ग + ढ × ग², चौ = 10, ढ = 1, ग स्तम्भ 6 के अनुसार

स्तम्भ 12—,, ,, ,, —चौ × ग + ढ × ग², चौ = 5, ढ = 2, ग स्तम्भ 11 के अनुसार

स्तम्भ 14—,, ,, ,, —चौ × ग + ढ × ग², चौ = 2, ढ = 2, ग स्तम्भ 14 के अनुसार

स्तम्भ 18—,, ,, ,, —चौ × ग + ढ × ग², चौ = 10, ढ = 2, ग 1′, भराव के ऊपरी तल के नीचे

स्तम्भ 19—स्तम्भ 12, 15 और 18 का योग

स्तम्भ 20—वह क्षेत्रफल लिया जाता है जो स्तम्भ 8 और 19 में बड़ा हो

स्तम्भ 21—यह स्तम्भ 20 के योग और 4 मील तथा 5 मील के सम्मुख दिये क्षेत्रफलों के औसत के अन्तर की लम्बाई (660′) से गुणा करके प्राप्त होता है। (स्तम्भ 20 का योग = 4 मील 5 मील के सामने दिये क्षेत्रफलों के औसत) × लम्बाई (660′)।

अध्याय 10

स्वच्छता तथा जल सम्भरण कार्य

स्वच्छता कार्य—सामान्यता स्वच्छता कार्य के अन्तर्गत बहाव वाले शौचालय (flush type latrine) लगाना तथा इनको सीवर (sewer lines) या सेप्टिक टैंक (septic tank) से जोड़ने का कार्य होता है। सफाई कार्य के प्राक्कलन के लिये विभिन्न फिटिंग्स की संख्या निकाल ली जाती है और प्रत्येक प्रकार के फिटिंग्स के सप्लाई (supply) तथा यथा स्थान लगाने की दर ज्ञात कर ली जाती है। साधारणतया: बहाव टंकी (flushing cistern), बहाव नल (flushing pipe) आदि सहित मलाधार को एक सेट कहा जाता है तथा पूरे कार्य का प्राक्कलन प्रति सेट की दर लेकर किया जाता है। बहाव टंकी तथा बहाव नल अलग मद के रूप में भी लिये जा सकते हैं। पूरे कार्य के लिये जितनी हाथ धोने की चिलमची (wash hand basins), सिंक (sinks), स्नान टब (bath tubs), मूत्रालय (urinals) आदि की आवश्यकता होती है, उनका प्राक्कलन प्रति इकाई की दर लेकर किया जाता है। अन्य फिटिंग्स जैसे अभ्रक वाल्व (mica vavle), काउल (cowl), गली ट्रैप (Gully traps), मास्टर ट्रैप आदि का भी प्राक्कलन आवश्यक संख्यानुसार किया जाता है। विभिन्न सामग्रियों तथा विभिन्न व्यासों की पाइप लाइनों का प्राक्कलन प्रति मीटर लम्बाई के लिये दर लेकर किया जाता है। इस दर में पाइप बिछाने के लिये नाली खोदना, विनिर्देश के अनुसार चूना कंक्रीट की तह बिछाना, पाइप की सप्लाई व उसे नाली में बिछाना, पाइप जोड़ना तथा फिर नाली में मिट्टी पुनः भरना (refilling) आदि पूर्ण कार्य सम्मिलित हैं। पूरे कार्य के लिये विभिन्न आकार की चिनाई के प्रवेश मोखा (manhole) तथा निरीक्षण मोखा (Inspection chamber) का प्राक्कलन इनके लोहे के ढले हुए ढक्कन सहित, प्रति इकाई की दर में कर लिया जाता है। यदि आवश्यक हो तो प्रवेश मोखा तथा निरीक्षण मोखा का विस्तृत प्राक्कलन किया जा सकता है।

जल सम्भरण—इस कार्य में मुख्यतया पाइप लाइनें होती हैं। पूरे कार्य के लिय भिन्न-भिन्न व्यास वाली पाइप लाइनों का प्राक्कलन, फिटिंग्स की सप्लाई व यथा स्थान लगाने सहित प्रति मीटर की दर से किया जाता है। इस दर में मिट्टी की खुदाई, पाइप बिछाना, जोड़ना, खाई में फिर से मिट्टी भरना आदि कार्य भी सम्मिलित होते हैं। फिटिंग्स जैसे रोक टोंटी (Stop cock), टोंटी (Bib cock), फेरुल (Ferrule) आदि का प्राक्कलन इनकी संख्यानुसार किया जाता है। विभिन्न धारिता की जस्ती लोहा चादर की ऊपरली टंकी का प्राक्कलन भी गोला वाल्व (Ball valve) सहित इनकी संख्या के अनुसार सप्लाई लगाने सहित पूर्ण कार्य के लिये किया जाता है।

जल के मुख्य पाइप (Main pipe), जस्ती लोहा, ढलवां लोहा, इस्पात, ह्यूम इस्पात (सीमेंट लगा इस्पात), प्रबलित सीमेंट कंक्रीट (ह्यूम पाइप) आदि के बने होते हैं। छोटे व्यास के लिए साधारणतया: जस्ती

लोहे के पाइप प्रयोग किये जाते हैं तथा 60 से. मी. व्यास तक के लिये ढले लोहे के पाइप प्रयोग किये जाते हैं। मुख्य पाइप लाइन का प्राक्कलन भी प्रति मीटर की दर से किया जाता है। स्लुइस वाल्व (sluice valve) रोक वाल्व, वायु वाल्व (air valve) आदि आवश्यकतानुसार जुटाये जाते हैं तथा इनका प्राक्कलन संख्यानुसार आकार का विवरण देते हुए किया जाता है। मुख्य पाइप से जोड़ने (service connection) और आन्तरिक जोड़ (internal connection) का कार्य साधारणतया: जस्ती लोहे के पाइप द्वारा किया जाता है।

सेप्टिक टैंक

ग्रामीण क्षेत्र, कारखानों और बिना मल नाली वाले नगरीय तथा अर्द्ध-नगरीय क्षेत्रों में, जहाँ जल सम्भरण पाइप द्वारा, कुंए या अन्य किसी साधन द्वारा पर्याप्त मात्रा में उपलब्ध है, मल-निस्तारण (disposal of night soil) के लिये सेप्टिक टैंक उपयुक्त है। जल की आवश्यकता मल को शौचालय से सेप्टिक टैंक तक बहाने के लिये तथा सेप्टिक टैंक में होने वाली क्रिया के हेतु होती है सेप्टिक टैंक का अभिकल्प इस प्रकार से किया जाता है कि मल 24 घन्टे के लिये कुंड में रुका रहे। इन 24 घन्टों में अवायु जीवाणु (anaerobic bacteria) द्वारा विघटन क्रिया होती है। जिससे मल विभक्त होकर द्रवित हो जाता है। कुछ ठोस पदार्थ कुंड की तली में रह जाते हैं तथा साफ जल कुंड के बाहर बह जाता है। घरेलू सेप्टिक टैंक का जल साधारणतया: शोष गर्त (so·k pit) या भूगत जल नालियो में बहा दिया जाता है, जिसको बाद में भूमि शोष लेती है। बड़े सेप्टिक टैंक के मल का और शोधन किया जाना चाहिये। यह शोधन छिड़काव करके अथवा वातजीवी फिल्टर के सम्पर्क से अथवा वायुमिश्रण से किया जाता है। इसके पश्चात मल को नाले या नाली में बहा दिया जाता है।

सेप्टिक टैंक के मल को खुली नाली में भी बहाया जा सकता है परन्तु ऐसा करने से पहले सेप्टिक टैंक के बाहर एक छोटे कक्ष में क्लोरीन या ब्लीचिंग पाउडर से क्रिया करके मल का रोगाणुनाशक (disinfection) कर लिया जाता है। कोई भी रोगाणुनाशक दवा जैसे ब्लीचिंग पाउडर, फिनाइल आदि शौचालयों को साफ करने के लिये प्रयोग नहीं करनी चाहिये। क्योंकि ऐसा करने पर रोगाणुनाशक सेप्टिक टैंक में पहुँच कर जीव विघटन (biological decomposition) की क्रिया को बन्द करता हैं। शौचालय को प्रयोग करने के पश्चात प्रत्येक बार लगभग 14 लीटर जल बहाव टंकी से बहाकर अथवा तेजी से एकदम एक बाल्टी पानी डालकर साफ कर देना चाहिये। घर का धवन जल, रसोई का पानी तथा भूपृष्ट जल (surface water) को सेप्टिक टैंक में नहीं जाने देना चाहिये।

सेप्टिक टैंक का आधार—सेप्टिक टैंक की धारिता उसकी अवमल (Sludge) हटाने अथवा सफाई करने के अन्तराल पर निर्भर करती है। सामान्यतया अवमल दो वर्ष में एक बार हटाया जा सकता है तथा सेप्टिक टैंक की द्रव धारिता 0·13 घन मीटर (130 लीटर) प्रति व्यक्ति से (5 घन फुट प्रति व्यक्ति) 0·07 घन मीटर (70 लीटर) प्रति व्यक्ति (2·5 घन फुट प्रति व्यक्ति) तक ली जा सकती है। प्रयोग करने वाले थोड़े व्यक्तियों के लिये सेप्टिक टैंक की धारिता 0·13 घन मीटर (130 लीटर) प्रति व्यक्ति तथा अधिक व्यक्तियों के लिये 0·07 घन मीटर (70 लीटर) प्रति व्यक्ति ली जा सकती है। सेप्टिक टैंक की चौड़ाई कम से कम 60 से. मी तथा द्रव की गहराई कम से कम 1 मीटर रहनी चाहिये तथा जल के तल के ऊपर कम से कम ·30 से. मी. (1 फुट) खुली जगह रहनी चाहिये। सेप्टिक टैंक में साधारणतया: दो कक्ष होते हैं विभाजक दीवार (partition wall) प्रवेश द्वारा से टक की लम्बाई की एक तिहाई दूरी पर होती है। विभाजक दीवार को

तल के तल से 15 सेमी. ऊँचा बनाया जाता है तथा दोनों कक्षों को जोड़ने के लिये टैंक के तल से 45 सेमी. की ऊचाई पर 15 सेमी. × 15 सेमी. का एक छेद बना दिया जाता है। छोटे टैंक एक ही कक्ष के बनाये जा सकते हैं जिसमें बाधक शीर्ष भित्ति (Hanging baffle wall) प्रवेश द्वार से उस की $\frac{1}{4}$ से $\frac{1}{5}$ की दूरी पर होती है। टैंक की पूरी लम्बाई उसकी चौड़ाई की 2 से 4 गुनी तक होती है। मीटरी प्रणाली में 25 तथा 50 व्यक्तियों के लिये सेप्टिक टैंक के अभिकल्प की गणना और प्राक्कलन अगले पृष्ठों पर की गई है। विभिन्न व्यक्तियों के लिये उपयुक्त आकारों के सेप्टिक टैंक के माप भी पृष्ठ 379 पर दिये गये हैं।

सेप्टिक टैंक अधिकतर सीमेंट के मसाले की चिनाई की ईटों की दीवार का बना होता है जिसकी मोटाई कम से कम 20 सेमी. (9") होती है। नींव व फर्श 1 : 3 : 6 अथवा 1 : 2 : 4 अनुपात के सीमेंट कंक्रीट के होते हैं दीवारों के अन्दर व बाहर के फलकों तथा फर्श पर कम से कम 12 मि. मी. ($\frac{1}{2}$") मोटा 1 : 3 सीमेंट का पलस्तर किया जाता हैं और अन्दर के सब कोनों में गोलाई कर दी जाती है। अवमल (sludge) एकत्रित करने तथा हटाने की सुविधा के लिये फर्श को ढलवाँ बनाया जाता है, फर्श का ढाल लगभग 20 में 1 रखा जाता है। सेप्टिक टैंक पत्थर की चिनाई या प्र. सी. कं. की भी बनाया जा सकता है, जिसको 1 : 2 : 4 अनुपात के पूर्व ढालित (pre-cast) या तत्स्थानिक ढले (in-situ) सीमेंट कंक्रीट से बनाया जाता है। सेप्टिक टैंक का ढक्कन प्रबलित सीमेंट कंक्रीट की स्लैब का होता है, जिसमें सफाई तथा निरीक्षण के लिये उपयुक्त प्रवेश मोखा बना देते हैं जिन पर लोहे के ढले हुये ढक्कन लगा दिये जाते हैं। छोटे सेप्टिक टैंक का ढक्कन पूर्व ढालित प्रबलित सीमेंट कंक्रीट स्लैब की पट्टी का बनाया जाता है। एक या दो स्लैब हटा कर सफाई कर दी जाती है तथा स्लैब को फिर उसी स्थान पर लगा दिया जाता है।

जोड़ने वाले पाइप कम से कम 100 मि. मी. (4") व्यास के होने चाहिये। यह स्टोन वेयर (S. W.) पाइप प्रबलित सीमेंट कंक्रीट या ह्यूम पाइप या ढले लोहे के हो सकते हैं। प्रवेश तथा निकास T आकार में जुड़े पाइप द्वारा किया जा सकता है अथवा पूर्व ढालित प्रबलित सीमेंट कंक्रीट की बाधक दीवार सेप्टिक टैंक के लम्बाईकार $\frac{1}{5}$ दूरी पर बनाई जा सकती है जिससे प्रवेश करता हुआ मल टैंक के कार्य में बाधा न पहुंचाए। 50 मि. मी. व्यास की गैस पाइप (ventilating pipe) 1·80 मी. की ऊँचाई पर बनाते हैं। यदि सेप्टिक टैंक किसी वासयोग्य भवन से 15 मीटर से कम दूरी पर हो तो गैस नाली को इमारत की छत से 1·80 मी. की ऊचाई तक ले जाना चाहिये।

नये सेप्टिक टैंक के उपयोग का प्रारम्भ—मल-मूत्र (night soil) को टैंक में पहुंचाने से पहले नये सेप्टिक टैंक को जल निकास तल तक जल से भर देना चाहिये और तब पास के दूसरे सेप्टिक टैंक से अवमल लेकर इस में डाल देना चाहिये। यदि अवमल न मिल सके तो थोड़ी मात्रा में सड़ता हुआ कार्बनिक पदार्थ जैसे विघटित गोबर टैंक में डाल दिया जाता है।

कीच निकालना (Desludging)—सेप्टिक टैंक में कीच निकालने की आवश्यकता एक साल में एक बार या दो साल में एक बार होती है। सूखे ठोस कीच का परिमाण लगभग 70 ग्राम प्रति व्यक्ति प्रति दिन होता हैं और उपचारित अवमल (digested sludge) का आयतन लगभग 0·00021 घन मीटर (0·21 ली.) प्रति व्यक्ति प्रति दिन रहता है छोटे घरेलू सेप्टिक टैंक की सफाई टैंक का पानी निकाल देने के पश्चात ऊपर के ढक्कन के द्वार (opening) के द्वारा की जाती है। बड़े सेप्टिक टैंक का अवमल कीच नलों द्वारा निकाला जाता है। यह

कीच नल तथा बाल्व टैंक के सबसे निचले स्थान पर लगे होते हैं तथा एक दूसरे कक्ष से जोड़ दिये जाते हैं। जिसका तल टैंक के तल से नीचा होता है। कीच पूरी तरह से नहीं निकालनी चाहिये। कुछ कीच सदैव ही छोड़ देनी चाहिये। यह अवायू जीवाणु (anaerobic bacteria) की शीघ्र वृद्धि के लिये बीजक का कार्य करती है।

शोषण द्वारा मल निस्तारण—सेप्टिक टैंक के मल का निस्तारण शोष गर्त (soak pit) द्वारा या भूगत जल नाली द्वारा भूमि में शोषण कराके किया जाता है। इनका आकार तथा लम्बाई व्यक्तियों की संख्या तथा मिट्टी पर निर्भर करता है मिट्टी में शोषण की व्यवस्था किसी भी पीने वाले जल के स्रोत से कम से कम 7·5 मीटर की दूरी पर करना चाहिये, तथा किसी निवास भवन से इसकी दूरी कम से कम 6 मी. होनी चाहिये जिससे भवन को कोई हानि न पहुचे।

शोष गर्त (Soak pit)—शोष गर्त का व्यास 90 सेमी. (3′) से कम नहीं होना चाहिये एवं शोष गर्त प्रवेश नल के अवतल (invert level) के नीचे कम से कम 1·5 मी. (5′) गहरा होना चाहिये। गर्त सूखा ईटों य पत्थर का अस्तर लगाकर खुले जोड़ों का बनाया जाता है जिसके बाहरी ओर कम से कम 7·5 सेमी. (3″) का मोटा मिलावा लगाया जाता है। अस्तर के प्रवेश द्वार तक ऊपरी हिस्से में कम से कम 45 सेमी. (1′ 6″) ऊँचाई तक मसाले की चिनाई की जाती है। ऐसा मजबूती के लिये, भूपृष्ठ जल को गर्त में घुसने से रोकने के लिये तथा चूहों को गर्त में मिट्टी फेंकने से रोकने के लिये करते हैं। प्रवेश नल गर्त की दीवार में मसाले से जोड़ दी जाती है। गर्त को साँचे ढली या तत्स्थानिक ढली प्रबलित सीमेंट कंक्रीट (R. C. C.) स्लैब की पट्टी से ढक दिया जाता है। शोषण गर्त का शोषण क्षेत्रफल 1 वर्ग मीटर से 15 वर्ग मीटर (10 से 15 वर्ग फुट) प्रति व्यक्ति लिया जाता है। यह मिट्टी पर निर्भर करता है। शोषण गर्त को भूमितल से ऊंचा बनाना चाहिये जिससे भू-पृष्ठ जल गर्त में न जा सके।

भगत जल नाली (Sub-soil Drain) या विक्षेपण खाई (Dispersion Trench) इसमें खुले जोड़ वाले पाइप को खाई में बिछाया जाता है और उसको मोटे मिलावे से ढ़क दिया जाता है। खाइयाँ 50 सेमी से 100 सेमी तक गहरी तथा 30 सेमी से 100 सेमी तक चौड़ी होती हैं। खुदाई लगभग 300 में 1 की ढाल से की जाती है। 75 से 100 मि. मी व्यास वाले खुले जोड़ों वाले पाइप, जो कि अकाचित स्टोन वेयर (unglazed stoneware) के बने होते हैं, खाई में बिछा दिये जाते हैं और इसको चारों तरफ से मोटे मिलावे से ढक दिया जाता है। मोटा मिलावा 40 से 50 मि. मी. के समान आकार का होना चाहिये और 15 सेमी. से 25 सेमी. मोटी तह लगानी चाहिये। मोटे मिलावे की तह के ऊपर छोटे आकार के मिलावे (12 से 15 मि. मी.) के आकार का 15 सेमी. मोटी तह लगाते हैं ताकि ऊपर की मिट्टी अन्दर जाने न पाये। खाई के ऊपरी हिस्से को मिलावे के ऊपर लगभग 30 सेमी. मोटी साधारण मिट्टी से भर दिया जाता है और ऊपर से घास लगा दी जाती है। वर्षा ऋतु में बाढ़ से बचाने के लिये ऊपर की समापित सतह भूमि तल से 15 सेमी. ऊंची रखी जाती है। विक्षेपण खाइयां 30 मी. से अधिक लम्बी नही होनी चाहिये तथा उनके बीच की दूरी 1·80 मीटर से कम नहीं होनी चाहिये। खाई की लम्बाई ऐसी होनी चाहिये जिससे प्रति व्यक्ति 1 वर्ग मीटर से 1·5 वर्ग मीटर शोषण क्षेत्रफल का प्रबन्ध हो सके। क्षेत्रफल का ठीक-ठीक निर्णय भूमि पर निर्भर करता है। विक्षेपण खाइयाँ केवल उसी स्थान पर बनाई जाती हैं जहाँ पर्याप्त खुली भूमि हो।

व्यक्तियों की विभिन्न संख्या के लिए सेप्टिक टैंक की धारिता एवं आकार

'प्रयोगात्मक उद्देश्यों के लिए उपयुक्त'

व्यक्तियों की संख्या	लम्बाई ल	चौड़ाई च	द्रव की गहराई ग	द्रव धारिता टैंक की ल × चौ × ग	द्रव धारिता प्रति व्यक्ति	टिप्पणी
5	1·20 मी. 4′	0·60 मी. 2′	0·90 मी. 3′	0·65 घन मी. (650 लि.) 24 घन फुट	0·13 घन मी. (130 लि.) 4·8 घन फुट	द्रव सतह से ऊपर 30 से. मी. से 45 सेमी. (1′ से $1\frac{1}{2}$′) खाली स्थान होना चाहिये। लि = लिटर
10	1·80 मी. 6′	0·60 मी. 2′	0·90 मी. 3′	0·97 घन मी. (970 लि.) 36 घन फुट	0·09 घन मी. (90 लि.) 3·6 घन फुट	
20	2·50 मी. 8′	0·75 मी. $2\frac{1}{2}$′	1·00 मी. $3\frac{1}{2}$′	1·88 घन मी. (1880 लि.) 70 घन फुट	0·90 घन मी. (90 लि.) 3·5 घन फुट	
30	2·80 मी. 9′	0·75 मी. $2\frac{1}{2}$′	1·20 मी. 4′	2·5 घन मी. (2500 लि.) 90 घन फुट	0·084 घन मी. (84 लि.) 3 घन फुट	
50	3·70 मी. 12′	0·90 मी. 3′	1·20 मी. 4′	4·00 घन मी. (4000 लि.) 144 घन फुट	0·08 घन मी. (80 लि.) 2·88 घन फुट	
100	4·30 मी. 14′	1·20 मी. 4′	1·40 मी. $4\frac{1}{2}$′	7·22 घन मी. (7220 लि.) 252 घन फुट	0·072 घन मी. (72 लि.) 2·52 घन फुट	
200	5·50 मी. 18′	1·80 मी. 6′	1·40 मी. $4\frac{1}{2}$′	13·86 घन मी. (13860 लि.) 486 घन फुट	0·069 घन मी. (69 लि.) 2·43 घन फुट	

कुछ सीमा तक आवश्यकता तथा निर्माण स्थल (Site) की आवश्यकताओं के अनुसार लम्बाई, चौड़ाई तथा गहराई को ठीक किया जा सकता है। परन्तु द्रव धारित ऊपर दी गई धारिताओं से कम नहीं होनी चाहिये, भले ही अधिक हो जाय। पूरे टैंक को एक विभाजक दीवार बनाकर दो कक्षों में विभाजित कर दिया जाता है। विभाजक दीवार टैंक के प्रवेश द्वार से टैंक की चौड़ाई या आधी लम्बाई की दूरी पर होती है तथा इसमें फर्श से 30 से 45 सेमी. (1′ से $1\frac{1}{2}$′) की ऊँचाई पर 15 सेमी. × 15 सेमी. या इससे बड़ा एक छिद्र होता है। छोटे सेप्टिक टैंक एक ही कक्ष के हो सकते हैं जिनमें बाधक शीर्ष दीवार (Baffle wall) प्रवेश द्वार से उसकी $\frac{1}{5}$ से $\frac{1}{6}$ लम्बाई की दूरी पर होती है।

२५ व्यक्तियों के लिये सेप्टिक टैंक का अभिकल्पन

0·10 घन मी. प्रति व्यक्ति की दर से टैंक की द्रव धारिता $= 0{\cdot}1 \times 25 = 2{\cdot}50$ घन मी

द्रव की गहराई 1·40 मी मान कर टैंक का फर्श क्षेत्रफल $= \frac{2{\cdot}50}{1{\cdot}40} = 1{\cdot}80$ वर्ग मी

लम्बाई चौड़ाई की $2\frac{1}{4}$ गुनी लेकर, ल × चौ = 1·80 वर्ग मी, या $2\frac{1}{4}$ चौ × चौ = 1·80

अत: चौ^{2} $= \frac{1{\cdot}80}{2\frac{1}{4}} = 0{\cdot}80$, इसलिये चौ. $= \sqrt{{\cdot}80} = 0{\cdot}90$ मी

इसलिये टैंक की लम्बाई $= 2\frac{1}{4} \times 0{\cdot}90 = 2{\cdot}02 = 2{\cdot}00$ मी

30 सेमी शीर्षान्तर (Free Board) लेकर टैंक की कुल गहराई $= 1{\cdot}40 + {\cdot}30 = 1{\cdot}70$ मी

अतः 2·00 मी लम्बा, 0·90 मी चौड़ा तथा 1·70 मी गहरा टैंक उपयुक्त रहेगा।

२५ व्यक्तियों के लिऐ सेप्टिक टैंक का प्राक्कलन

• **उदाहरण 1**—दिये हुये रेखा चित्र (10-1) की सहायता से 25 **व्यक्तियों के लिए सेप्टिक टैंक तथा** शोष गर्त का विस्तृत प्राक्कलन तैयार कीजिये।

सेप्टिक टैंक में प्रथम श्रेणी की ईट चिनाई 1 : 4 अनुपात के सीमेंट मसाले से होगी। नींव तथा फर्श 1 : 3 : 6 अनुपात के सीमेंट कंक्रीट का होगा। सेप्टिक टैंक के अन्दर दीवारों पर 12 मि मी. मोटा 1 : 3 सीमेंट मसाले से पलस्तर होगा, तथा फर्श में 1 : 3 सीमेंट मसाले से 20 मि. मी. मोटा पलस्तर होगा, तथा उभय पलस्तर के मसाले में मानक जल रोधक सामग्री मिश्रण होगी।

शोष गर्त के ऊपरी तथा निचले भाग में द्वितीय श्रेणी की ईट चिनाइ 1 : 6 अनुपात के सीमेंट मसाले से होगी तथा मध्य में सूखी ईटों की चिनाई का काम होगा। छत ढकने के लिये स्लैब तथा बाधक शीर्ष दीवार (Baffle wall) पूर्व ढलित प्रबलित सीमेंट कंक्रीट का होगा। शौचालय से जोड़ने वाले पाइप की लम्बाई 3 मी. ली जा सकती है। **उपयुक्त दरें मान लें।**

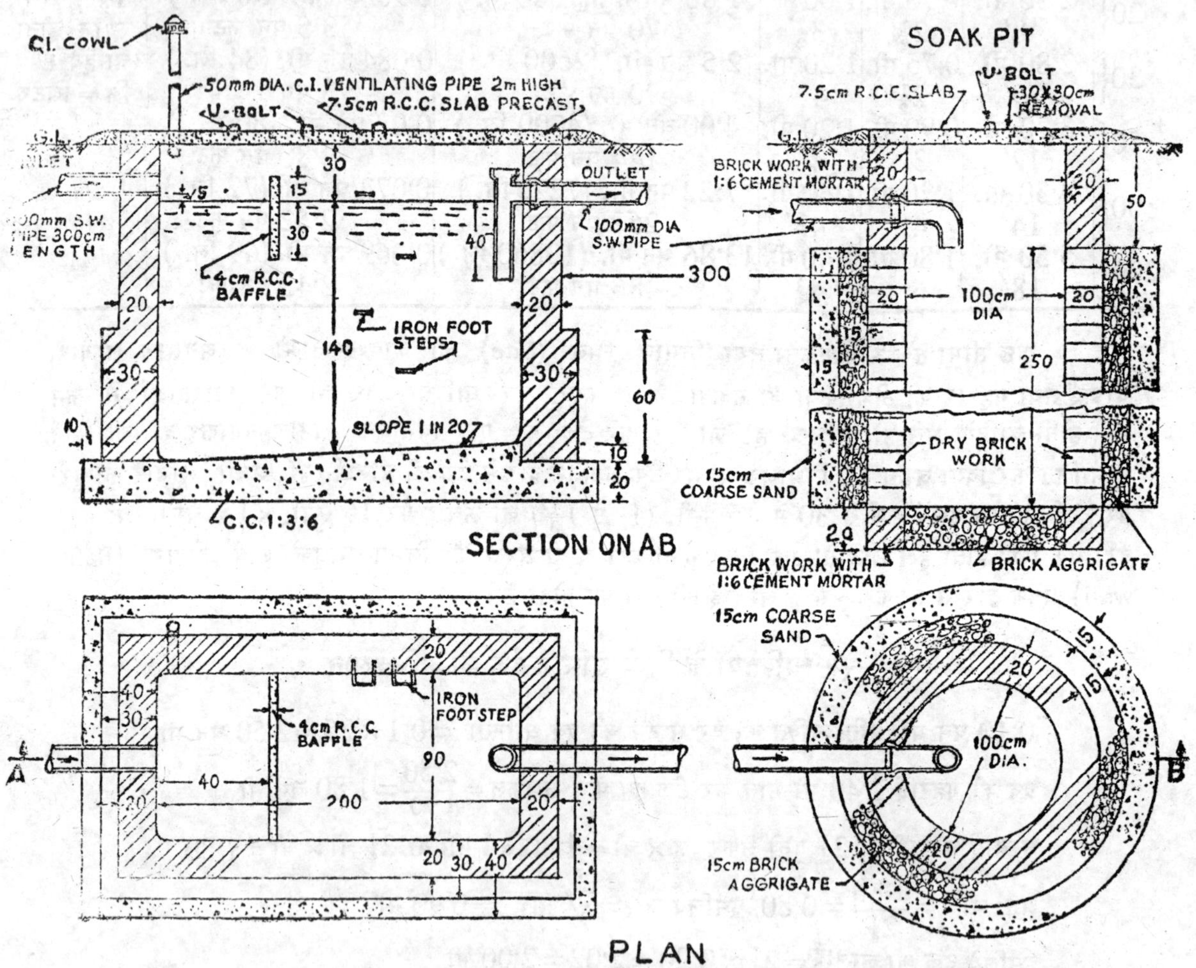

चित्र 10-1

माप का विवरण तथा परिमाणों का परिकलन (उदाहरण 1)

मद सं०	मदों का विवरण	सं०	लम्बाई मी.	चौड़ाई मी.	ऊं. या ग. मी.	परिमाण	व्याख्यात्मक टिप्पणी
1	मिट्टी की खुदाई— सेप्टिक टैंक	1	2·80	1·70	1·95	9·28	ऊँचाई = 140 + 30 + 20 + 5 से. मी = 1·95 मी.
	शोष गर्त-3·00 मीटर गहराई तक	1	$\frac{\pi \times 2{\cdot}0^2}{4}$	×	3·00	9·42	
	शोष गर्त नीचे का भाग	1	$\frac{\pi \times 1{\cdot}4^2}{4}$	×	0·20	0·30	सूखी ईंट चिनाई के नीचे
					योग	19·00 घन मी.	
2	सीमेंट कंक्रीट 1 : 3 : 6—						
	फर्श तथा नींव में	1	2·80	1·70	0·20	0·95	
	ढलवां फर्श	1	2·00	0·90	0·05	0·09	ओसत मोटाई $\frac{10+0}{2}$ = 5सेमी
					योग	1·04 घन मी.	
3	प्रथम श्रेणी की ईंट चिनाई 1 : 4 सीमेंट मसाले से सेप्टिक टैंक में लम्बी दीवार— पहला खसका (step)	2	2·60	0·30	0·60	0·94	
	दूसरा खसका	2	2·40	0·20	1·15	1·10	
	छोटी दीवारें— पहला खसका	2	0·90	0·30	0·60	0·32	
	दूसरा खसका	2	0·90	0·20	1·15	0·42	
					योग	2·78 घन मी.	
4	द्वितीय श्रेणी की ईंट चिनाई 1:6 सीमेंट मसाले से शोष गर्त में— ऊपरी भाग	1	(π × 1·20)	× 0·20	0·50	0·38	ल = मध्यमान परिधि
	निचला भाग	1	(π × 1·20)	× 0·20	0·20	0·15	
					योग	0·53 घन मी.	
5	द्वितीय श्रेणी की सूखी ईंट, चिनाई शोष गर्त soak pit) में	1	(π × 1·20)	0·20	2·50	1·88 घन मी.	
6	पूर्व ढलित (precast) प्र. सी. कं. कार्य चिकना समापित प्रबलन सहित तथा उसे यथास्थान पर लगाना— सेप्टिक टैंक की छत (ढक्कन) की स्लैब	1	2·40	1·30	0·075	0·234	7·5 सेमी. मोटाई

(उदाहरण 1 क्रमशः)

मद सं०	मदों का विवरण	सं०	लम्बाई मी.	चौड़ाई मी.	ऊँ. या ग. मी.	परिमाण	व्याख्यात्मक टिप्पणी
	शोष गर्त की छत (ढक्कन) स्लैब	1	$\frac{\pi \times 1{\cdot}40^2}{4}$	×	0·075	0·115	
	सेप्टिक टैंक में बाधक दीवार (Baffle wall)	1	1·00	0·04	0·45	0·018	
					योग	0·367 घन मी.	
7	12 मिमी. मोटा सीमेंट पलस्तर 1 : 3 सीमेंट मसाले से मानक जल रोधक सामग्री सहित सेप्टिक टैंक के दीवार में—						
	लम्बी दीवारें	2	2·00	—	1·70	6·80	भीतरी फलक
	छोटी दीवारें	2	0·90	—	1·70	3·06	
					योग	9·86 घन मी.	
8	20 मिमी. मोटा पलस्तर 1 : 3 सीमेंट मसाले से मानक जल रोधक सामग्री सहित सेप्टिक टैंक के फर्श में—	1	2·00	0·90	—	1·80 वर्ग मी.	
9	50 मिमी. आकार की ईंट की रोड़ी शोष गर्त के बाहर	1	($\pi \times 1{\cdot}55$)	×0·15	2·50	1·84	ल = औसत परिधि
	शोष गर्त के तले में -	1	$\frac{\pi \times 1{\cdot}0^2}{4}$	×	0·20	0·16	
					योग	2·00 घन मी.	
10	मोटी रेत शोष गर्त के बाहर की ओर	1	($\pi \times 1{\cdot}85$)	×·15	2·50	2·18 घन मी.	
11	लोहे के पायरोक 16 मिमी. व्यास के छड़	4	—	—	—	4 संख्या	
12	100 मिमी. व्यास स्टोन वेयर पाइप बिछाना तथा जोड़ना 1 : 1 सीमेंट मसाले से पूर्ण कार्य						
	शौचालय से सेप्टिक टैंक तक प्रवेश पाइप	1	3·00	—	—	3·00	
	सेप्टिक टैंक से शोष गर्त तक निकास पाइप (out-let end)	1	3·00	—	—	3·00	
					योग	6·00मी.	

मद सं०	मदों का विवरण	सं०	लम्बाई मी०	चौड़ाई मी०	ऊँचाई मी०	परिमाण	व्याख्यात्मक टिप्पणी
13	स्टोन वेयर टी (tee) 100 मि. मी. व्यास की जिसका एक पग (leg) 40 सेमी. हो।	1	--	--	--	1 सं.	
14	स्टोन वेयर 100 मिमी. व्यास का मोड़ (bend)	1	--	--	--	1 सं.	
15	50 मिमी. व्यास का ढलवां लोहे का गैस पाइप (vent pipe) यथास्थान पर लगाना	1	2·00	--	--	2·00 मी.	
16	50 मिमी. व्यास का ढलवां लोहे का काउल (G. I. cowl) गैस पाइप के ऊपरी सिरे पर	1	1	--	--	1 सं.	

प्राक्कलित लागत सार (उदाहरण 7)

मद सं०	मद का विवरण	परिमाण	इकाई	दर रु० पै०	प्रति	धनराशि रु० पै०
1	मिट्टी की खुदाई	19·00	घन मी.	290·00	% घन मी.	55·10
2	सीमेंट कंक्रीट 1 : 3 : 6 ईंट की रोड़ी नींव तथा फर्श में	1·04	घन मी.	160·00	/ घन मी.	166·40
3	प्रथम श्रेणी की ईंट चिनाई 1 : 4 सीमेंट मसाले से	2·78	घन मी.	132·00	/ घन मी.	366·96
4	द्वितीय श्रेणी की ईंट चिनाई 1 : 6 सीमेंट मसाले से	0·53	घन मी.	117·00	/ घन मी.	62·01
5	द्वितीय श्रेणी की सूखी ईंट चिनाई	1·88	घन मी.	60·00	/ घन मी.	112·80
6	पूर्व ढलित प्र. सी. कं. कार्य प्रबलन सहित पूर्ण कार्य समापन सहित	0·367	घन मी.	550·00	/ घन मी.	201·85
7	12 मिमी. मोटा पलस्तर 1 : 3 सीमेंट मसाले से मानक जल रोधक सामग्री सहित	9·86	वर्ग मी.	7·00	/ वर्ग मी.	69·02
8	20 मिमी. मोटा पलस्तर 1 : 3 सीमेंट मसाले से मानक जल रोधक सामग्री सहित	1·80	वर्ग मी.	10·00	/ वर्ग मी.	18·00
9	50 मिमी. ईंट की रोड़ी यथास्थान डालना	2·00	घन मी.	45·00	/ घन मी.	90·00
10	मोटी रेत यथास्थान डालना	2·18	घन मी.	72·00	/ घन मी.	156·96
11	लोहे के पायरोक 16 मिमी. व्यास के छड़	4	सं.	2·00	/ सं.	8·00

मद सं०	मद का विवरण	परिमाण	इकाई	दर रु० पै	प्रति	धनराशि रु० पै०
12	100 मि. मी. व्यास के स्टोन वेयर पाइप यथास्थान लगाना व जोड़ना	6·30	मी.	15.00	मी·	94·50
13	स्टोन वेयर टी (S.W.Tee) 100 मिमी. व्यास की जिसका एक पग 40 से. मी. हो	1	सं.	15·00	सं.	15·00
14	स्टोन वेयर मोड़ (Bend) 100 मि. मी. व्यास का	1	सं.	8·00	स.	8·00
15	50 मि. मी. व्यास का ढलवाँ लोहे का गैस पाइप यथास्थान पर लगाना	2·00	मी.	10·00	मी.	20·00
16	50 मि. मी. व्यास का ढलवाँ लोहे का काउल यथास्थान पर लगाना	1	सं.	6·00	सं.	6·00
					योग	1450·60
	फुटकर व्यय निर्माण प्रभारित सिब्बंदी के लिये 5% जोड़ें					72·53
					सम्पूर्ण योग	1523·12

25 व्यक्तियों का सेप्टिक टैंक शोष गर्त सहित कुल लागत = 1523·00 रु.

25 व्यक्तियों के लिये सेप्टिक टैंक तथा शोष गर्त की अलग-अलग लागत

शोष गर्त (soak pit) तथा शोष गर्त को सेप्टिक टैंक से जोड़ने वाले पाइप की अलग से निम्नलिखित लागत आती है:--

1 मिट्टी की खुदाई (मद 1 का अंश) 9·72 घन मी. @ 290·00 रु.% घन मी. — रु. 28·19
2. द्वितीय श्रेणी की ईट चिनाई 1 : 6 सीमेंट मसाले से (मद 4) — रु. 62·01
3. द्वितीय श्रेणी की सूखी ईट चिनाई (मद 5) — रु. 112·80
4 प्र. सी. कं. की पूर्व ढलित स्लैब 0·115 घ. मी. 550 00 रु./घ. मी. (मद 6 का अंश) — रु. 63·25
5. 50 मि. मी. आकार के ईटों की रोड़ी (मद 9) — रु. 90·00
6. मोटी रेत (मद 10) — रु. 156·96
7. 100 मि. मी. व्यास का स्टोन वेयर पाइप 3·30 मी. @ 15·00 रु./मीटर (मद 12 का अंश) — रु. 49·50
8. 100 मि. मी. व्यास का स्टोन वेयर मोड़ (मद 14) — रु. 8·00

योग रु. 570·71
5% जोड़ें रु. 28·54

सम्पूर्ण योग रु. 599·25
लगभग रु. 599·00

25 व्यक्तियों के लिये केवल सेप्टिक टैंक की लागत अलग से—1523·00—599·00 = 924·00

यदि शेष गर्त के चारों ओर की मिट्टी रेतीली हो व उसमें होकर पानी रिस सकता (seepage) हो तो शेष गर्त में ईटों की रोड़ी तथा मोटी रेत डालने की आवश्यकता नहीं है जिससे मद 9 और 10 के लागत की बचत होगी जो रु. 246·96 (90·00 + 156·96) है।

50 व्यक्तियों के लिये सेप्टिक टैंक का अभिकल्प (Design)

टैंक की धारिता 0·08 घन मी. प्रति व्यक्ति के हिसाब से $50 \times \cdot 08 = 4 \cdot 00$ घन मी.

जल की गहराई 1·20 मी. मानकर टैंक का फर्श क्षेत्रफल $= \frac{4 \cdot 00}{1 \cdot 20} = 3 \cdot 34$ वर्ग मी.

लम्बाई चौड़ाई की 4 गुनी मानकर, ल. × चौ. = 3·34, या 4 × चौ × चौ = 3·34, या $4\text{चौ}^2 = 3 \cdot 34$

अर्थात $\text{चौ.}^2 = \frac{3 \cdot 34}{4} = 0 \cdot 83$, अतः चौ. $= \sqrt{83} = 0 \cdot 91$ मी.

अतः टैंक की लम्बाई $= 4 \times 0 \cdot 91 = 3 \cdot 64$ मी.

0·30 मी. शीर्षान्तर (free board) लेकर टैंक की कुल गहराई $= 1 \cdot 20 + \cdot 30 = 1 \cdot 50$ मी.

इस प्रकार एक टैंक 3·70 मी. लम्बा × 0·90 मी. चौड़ा × 1·50 मी. गहरा (भीतरी माप) पर्याप्त होगा।

50 व्यक्तियों के लिए सेप्टिक टैंक का प्राक्कलन

उदाहरण 2—दिये हुये रेखाचित्रों (चित्र 10-2) से 50 व्यक्तियों के लिये शेष गर्त (soak pit) व एक मलाधार युक्त शौचालय की फिटिंग्स सहित एक सेप्टिक टैंक का विस्तृत प्राक्कलन बनाइये।

सेप्टिक टैंक में 1 : 4 सीमेंट मसाले से प्रथम श्रेणी की ईट चिनाई की जायगी। टैंक की नींव तथा आधार (base) में 1 : 3 : 6 सीमेंट कंक्रीट होगी। टैंक में प्रबलित ईट चिनाई की विभाजक शीर्ष दीवार तथा प्र. सी. कं. की स्लैब की छत बनाई जायगी। टैंक के फर्श तथा भीतरी दीवारों पर सील रोक मसाला मिश्रित 1 : 2 सीमेंट मसाले से 12 मि. मी. मोटा पलस्तर किया जायगा। शोषं गर्त में 1 : 6 सीमेंट मसाले से द्वितीय श्रेणी की ईट चिनाई की जायगी।

प्राक्कलन में पानी की भी व्यवस्था करनी चाहिये। जस्ती चादर (G. I.) की 250 लीटर की एक ऊपरली टंकी (overhead tank) बनाई जायगी तथा जल स्रुत मलाधार (W. C.) की बहबा टंकी तथा शौचालय में पानी की एक टोंटी को जल पहुंचाने के लिये टंकी से जोड़ा जायगा। मान लें कि शौचालय से 10 मी. से कम अन्तर पर जल सम्भरण नल विद्यमान है।

माप का विवरण तथा परिमाणों का परिकलन (उदाहरण 2)

मद सं०	मद का विवरण	सं०	लम्बाई मी.	चौड़ाई मी.	ऊं या ग. मी.	परिमाण	व्याख्यात्मक टिप्पणी
1	**सेप्टिक टैंक तथा शोषण गर्त—** **मिट्टी की खुदाई—**						
	सेप्टिक टैंक	1	4·70	1·90	1·725	15·41	
	शोण गर्त	1	$\frac{\pi(1 \cdot 90)^2}{4}$	× 3·00	—	8·50	
					योग	23·91 घन मी.	

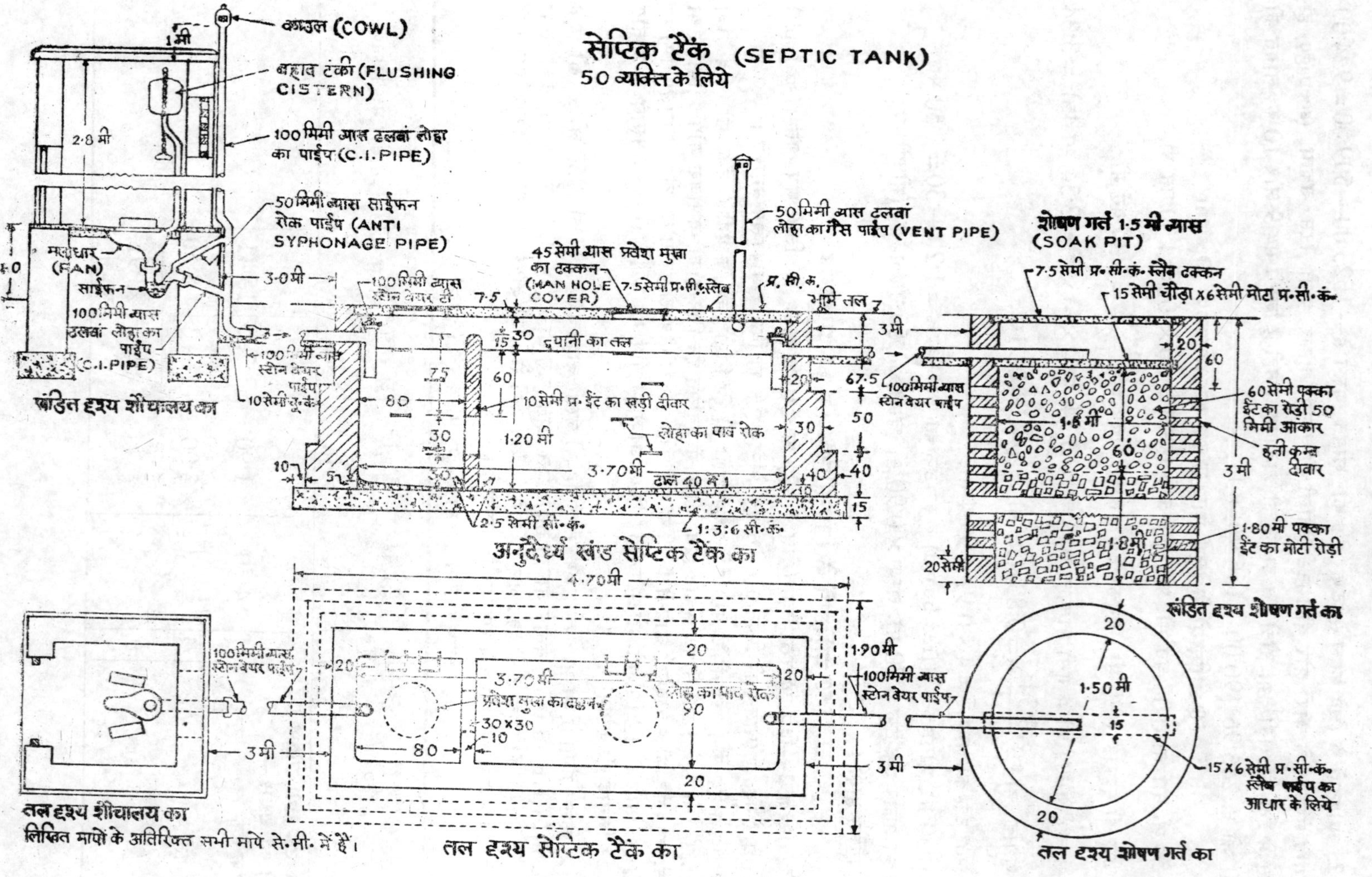

चित्र 10-2

नोट—50 व्यक्तियों के लिए 10% अर्थात् 5 मलाधार (Latrine seats) होना चाहिये परन्तु उदाहरण को सरल बनाने के लिये इसमें केवल एक ही मल आधार रखा गया है ।

मद सं०	मद का विवरण	सं०	लम्बाई मी.	चौड़ाई मी.	ऊंचाई या गहराई मी.	परिमाण	व्याख्यात्मक टिप्पणी
2	सीमेंट कंक्रीट (1:3:6) सेप्टिक टैंक की नींव में तथा तला में	1	4·70	1·90	0·15	1·34 घन मी.	फर्श अलग लिया गया है मद 7 में
3	प्रथम श्रेणी की ईट चिनाई 1:4 सीमेंट मसाले से सेप्टिक टैंक में						
	लम्बी दीवारें——						
	पहला खसका (step)	2	4·50	0 40	0·40	1·44	
	दूसरा खसका	2	4·30	0·30	0·50	1·29	
	तीसरा खसका ऊपर तक	2	4·10	0·20	0·675	1·11	
	छोटी दीवारें--						
	पहला खसका	2	0 90	0·40	0 40	0·29	
	दूसरा खसका	2	0·90	0·30	0·50	0·27	स्लैब की धारक के लिये कोई कटौती नहीं
	तीसरा खसका ऊपर तक	2	0·90	0·20	0·675	0·24	
					योग	4·64 घन मी.	
4	प्रबलित ईट चिनाई 10 सेमी. मोटी विभाजक दीवारों में—— 1:3 सीमेंट मसाले से पूर्ण कार्य	1	0·90	0·10	1·35	0·122 घन मी.	
5	प्र. सी. कं. कार्य–सेप्टिक टैंक तथा शोषण गर्त की स्लैब में प्रबलन सहित पूर्ण कार्य--						
	सेप्टिक टैंक की छत स्लैब	1	3·90	1·10	0·075	0·322	
	शोषण गर्त की छत स्लैब	1	$\frac{\pi \times (1{\cdot}7)^2}{4}$	—	0 075	0·170	
	प्र. सी. कं. का आधार (suqport) शोषण गर्त में पाइप के लिये	1	1·70	0·15	0·06	0·015	
					योग.	0·507 घन मी.	
6	12 मिमी. मोटा पलस्तर 1:2 सीमेंट मसाले से--						
	सेप्टिक टैंक में भीतर की ओर जल रोधक सामग्री सहित---						
	लम्बी दीवारें	2	3·70	--	1·50	11·10	
	छोटी दीवारें	2	0 90	—	1·50	2·70	
	विभाज दीवार के दो पार्श्व	2	0·90	--	1·35	2·43	
	विभाजक दीवारों के ऊपरी सतह	1	0·90	--	0 10	0·09	
					योग	16·32	वर्ग मी.

मद सं०	मद का विवरण	सं	लम्बाई मी.	चौड़ाई मी.	ऊँ. या ग मी.	परीमाण	व्याख्यात्मक टिप्पणी
7	सीमेंट कंक्रीट फर्श 1 : 2 : 4 औसत 5 सेमी. मोटा	1	3·70	0·90	—	3·33 वर्ग मी.	
8	द्वितीय श्रेणी की ईट चिनाई 1 : 6 सीमेंट मसाले से शोषण गर्त में (पूर्ण ऊँचाई तक जाली दीवार ठोस मानकर)	1	$\pi \times 1·70$	$\times ·20 \times 3·00 =$		3·20 घन मी.	औसत परिधि
9	अधिक पक्की ईट की रोड़ी 50 मिमी. आकार की शोषण गर्त के भीतर (ऊपरी तह)	1	$\frac{\pi \times 1·5^2}{4}$	$\times 0·60$	=	1·06 घन मी.	
10	झामा ईट के टुकड़े (bats) शोषण गर्त के भीतरी (निचली तह)	1	$\frac{\pi \times 1·5^2}{4}$	$\times 1·80$	=	3·18 घन मी.	
11	ढलवां लोहे का प्रवेश मोखा ढक्कन 45 सेमी. व्यास का सेप्टिक टैंक पर	2	—	—	—	2 सं.	
12	सेप्टिक टैंक में लोहे के पायदान	8	—	—	—	8 सं.	
	स्वच्छता कार्य--						
13	भारतीय ढंग का जल स्रुत मलाधार 50 समी. का सफेद काचित (white glazed) मलाधार साइफन सहित, 13·5 लीटर ढलवां लोहे का बहाव टकी ब्रेकेट सहित तथा 32 मिमी. व्यास के जस्तीकृत टेलिस्कोपिक बहाव पाइप (flush pipe) पर दो लेप रंग तथा चीनी मिट्टी के पायदानों (foot rests) सहित पूर्ण कार्य सप्लाई तथा लगाना सहित	1	—	—	—	1 सेट	बहाव टंकी (Flushing cistern) अलग मद में भी ली जा सकती है।
14	स्टोन वेयर (stone ware) 100 मिमी. व्यास का						

मद सं०	मद का विवरण	सं०	लम्बाई मी.	चौड़ाई मी.	ऊं. या ग. मी.	परिमाण	व्याख्यात्मक टिप्पणी
	पाइप 10 सेमी. मोटी चूना कंक्रीट पर खुदाई, पाइप बिछाने, जोड़ने, परीक्षण (testing) इत्यादि सहित पूर्ण कार्य--						
	शौचालय से सेप्टिक टैंक तक पाइप	1	3·00	—	—	3·00 मी.	
	सेप्टिक टैंक से शोषण गर्त तक पाइप	1	4·00	—	—	4·00 मी.	
					योग	7·00 मी.	
15	100 मिमी. व्यास की स्टोन वेयर टी (s. w. tee) सेप्टिक टैंक के प्रवेश द्वार तथा निकास द्वार पर	2	—	—	—	2 सं.	
16	100 मिमी. व्यास का ढलवां लोहे के भारी पाइप, मलाधार (latrine seat) पाइप को लेड से जोड़ने तथा लगाने सहित—	1	5·00	—	—	5·00 मी.	
17	50 मिमी. व्यास का ढलवां लोहे के भारी पाइप लगाधार को गैस पाइप से मिलाने के लिये लेड से जोड़ने सहित	1	0·60	—	—	0·60 मी.	
	सेप्टिक टैंक में गैस पाइप (vent pipe)	1	3·00	—	—	3·00 मी.	
					योग	3·60 मी.	
18	100 मिमी. व्यास का ढलवां लोहे का काउल (cowl) शौचालय के लिये	1	—	—	—	1 सं.	
19	50 मिमी. व्यास का ढलवां लोहे का काउल (cowl) सेप्टिक टैंक में	1	—	—	—	1 सं.	
	जल सम्भरण—						
20	250 लीटर की जस्ती कृत 20 बी. डब्लू. जी. चद्दर को टंकी 45 सेमी. व्यास						

मद सं०	मदों का विवरण	सं०	लम्बाई मी.	चौड़ाई मी.	ऊं. या ग. मी.	परिमाण	व्याख्यात्मक टिप्पणी
	का उठा हुआ ढक्कन कब्जे सहित तथा ताला लगाने के प्रबन्ध तथा 15 मिमी. व्यास के पीतल के वाल काक सहित यथास्थान लगाने तथा सप्लाई सहित पूर्ण कार्य	1	--	--	—	1 सं०	
21	15 मिमी. व्यास का जस्तीकृत लोहे का पाइप, खुदाई, बिछाने, क्लैम्प लगाने इत्यादि की पूर्ण फिटिंग सहित---						
	जस्तीकृत चद्दर की टंकी को मुख्य जल नल (water-main) से जोड़ने वाला पाइप	1	15·00	--	--	15·00 मी.	ल = 10·0 + ·60 + 2·8 + 1·0 + ·60 अधिक = 15·00 मी.
	जस्तीकृत चद्दर की टंकी से बहाव टंकी (flushing cistern) को जोड़ने के लिये पाइप	1	2·00	--	--	2·00 मी.	
	जस्तीकृत चद्दर की टंकी से पानी की टोंटी से जोड़ने वाला पाइप	1	4·50	--	--	4·50 मी.	टोंटी बाहरी दीवार पर
					योग	21·50 मी.	
22	15 मिमी. व्यास की पीतल की रोक टोंटी (एक जस्तीकृत चद्दर की टंकी तथा एक बहाव टंकी के लिये) सप्लाई तथा लगाने सहित	2	--	--	--	2 सं०	
23	15 मिमी. व्यास की पीतल की टोंटी सप्लाई तथा लगाने सहित	1	--	--	--	1 सं०	
24	6 मिमी. व्यास का पीतल का फेरूल (ferrule) सप्लाई तथा लगाने सहित	1	--	--	—	1 सं०	

प्राक्कलित लागत सार (उदाहरण 2 क्रमशः)

मद सं०	मद का विवरण	परिमाण	इकाई	दर	प्रति	लागत रु. प.
	सेप्टिक टैंक तथा शोषण गर्त—					
1	मिट्टी की खुदाई	23·91	घ. मी.	290·00	%घ.मी.	69·34
2	सीमेंट कंक्रीट 1:3:6 सेप्टिक टैंक की नींव में	1·34	घ. मी.	160·00	/घ. मी	214·40
3	प्रथम श्रणी की ईंट चिनाई 1 : 4 सीमेंट मसाले से सेप्टिक टैंक में	4·64	घ. मी.	150·00	/घ. मी.	696·00
4	प्रबलित इट चिनाई कार्य 1 : 3 सीमेंट मसाले से सेप्टिक टैंक में	0·122	घ. मी.	220·00	/घ. मी.	26·84
5	प्र. सीं. कं. कार्य (पूर्ण कार्य)	0·507	घ. मी.	500·00	/घ. मी.	253·50
6	12 मिमी. मोटा पलस्तर 1 : 2 सीमेंट मसाले से जल रोधक सामग्री सहित—	16·32	वर्ग मी.	10·00	/वर्ग मी.	163·20
7	सीमेंट कंक्रीट (1 : 2 : 4) फर्श 5 सेमी मोटा	3·33	वर्ग मी.	30·00	/वर्ग मी.	99·90
8	द्वितीय श्रेणी की ईंट चिनाई 1 : 6 सीमेंट मसाले से	3·20	घ. मी.	117·00	/घ. मी.	374·40
9	अधिक पक्की ईंट की रोड़ी 50 मिमी. आकार की	1·06	घ. मी.	45·00	/घ. मी.	47·70
10	अधिक पक्की (झामा) ईंट के टुकड़े	3·18	घ. मी.	40·00	/घ. मी.	127·20
11	45 सेमी व्यास का ढलवां लोहे का प्रवेश मोखा ढक्कन	2	सं०	40·00	/सं०	80·00
12	लोहे का पायदान सप्लाई तथा लगाना	8	सं०	1·00	/सं०	8·00
	स्वच्छता कार्य—					
13	50 सेमी आकार का सफद काचित भारतीय ढंग का (Indian type) जलप्लुत मलाधार पूर्ण रूप से पूण कार्य सहित सप्लाई तथा लगाना	1	सेट	160·00	/सेट	160·00
14	100 मिमी. व्यास का स्टोन वेयर (s.w.) पाइप 10 सेमी. मोटी चूना कंक्रीट पर खुदाई, पाइप बिछाना, जोड़ने, परिक्षण इत्यादि सहित पूर्ण कार्य	7·00	मी.	12·00	/मी.	84·00
15	100 मिमी. व्यास की स्टोन वेयर टी	2	सं०	12·00	/सं०	24·00
16	100 मिमी. व्यास का ढलवाँ लोहे का भारी पाइप	5·00	मी.	17·00	/मी.	85·00
17	50 मिमी. व्यास का ढलवाँ लोहे का भारी पाइप	3·60	मी.	11·50	/मी.	41·40
18	100 मिमी. व्यास का ढलवाँ लोहे का काउल (cowl)	1	सं०	9·00	/सं०	9·00
19	50 मिमी. व्यास का ढलवाँ लोहे का काउल	1	सं०	5·75	/सं०	5·75

मद सं०	मद का विवरण	परिमाण	इकाई	दर	प्रति	लागत रु. पै.
	जल सम्भरण कार्य—					
20	250 लीटर की जस्तीकृत 20 बी.डब्लू.जी. चद्दर की टंकी पूर्ण रूप से पूर्ण कार्य सहित सप्लाई तथा लगाना	1	सं.	90·00	/ सं.	90·00
21	15 मिमी. व्यास का जस्ताकृत लोहे का पाइप—पूर्ण कार्य फिटिंग सहित	21·50	मी.	8·00	/ मी.	172·00
22	15 मिमी. व्यास की पीतल की रोक टोटी सप्लाई तथा लगाने सहित	2	सं.	6·00	/ सं.	12·00
23	15 मिमी. व्यास की पीतल की टोटी (bib cock) सप्लाई तथा लगाने सहित	1	सं.	5·50	/ सं.	5·50
24	6 मिमी. व्यास का पीतल का फेरुल सप्लाई तथा लगाने सहित	1	सं.	5·00	/ सं.	5·00
					योग	2854·13
	5% जोड़ें (3% फुटकर व्यय तथा 2% निर्माण प्रभारित सिब्बन्दी के लिए)				...	142·71
					सम्पूर्ण योग ...	2996·84

ग्रामीण गृहों के लिये मल गर्त शौचालय (Sanitary Pit Latrine)

ग्रामीण क्षेत्रों में जो शौचालय बनाये जायें वे सस्ते होने चाहिए। साथ ही वे स्वच्छ तथा स्वास्थ्य की दृष्टि से अच्छे होने चाहिये। ग्रामवासी महंगे सेप्टिक टैंक (septic tank) नहीं बनवा सकते। मल गर्त शौचालय (sanitary pit latrine) सस्ते होते हैं तथा ग्रामों के लिए उपयुक्त हैं। मल गर्त शौचालय दो प्रकार के होते हैं। एक में तो मल गर्त शौचालय के ठीक नीचे होता है तथा दूसरे प्रकार में मल गर्त शौचालय के पीछे या शौचालय के बाहर होता है। दोनों प्रकार के शौचालयों के मलाधारों में एक जल रोक ट्रैप (water seal) दी जाती है जिससे गर्त को दुर्गन्धमय गैसें शौचालयों में न आ सकें। गर्त के ठीक ऊपर बनाया गया शौचालय सस्ता तो बैठता है परन्तु इसमें यह दोष है कि जब मल गर्त भर जाय या खराब या मुलायम मिट्टी के कारण धंस कर बैठ जाय तो एक नया गर्त खोद कर संरचना सहित पूरा शौचालय उस नये गर्त के ऊपर ले जाना होगा। दूसरे प्रकार के शौचालय में जब भी कोई गर्त भर जाय या बैठ जाय तो नया गर्त खोदकर इसे शौचालय से पाइप द्वारा जोड़ा जा सकता है। इस प्रकार के शौचालय का फर्श, मलाधार (seat) व संरचना एक ही स्थान पर बने रहते हैं। नये गर्त खोदकर केवल उन्हें शौचालय से जोड़ दिया जाता है। इस प्रकार के शौचालयों को स्वच्छता मल गर्त शौचालय कहते हैं। शौचालय की संरचना छोड़कर इस पर केवल लगभग 60·00 रु० व्यय आता है। अतः यह ग्रामीण क्षेत्रों के लिए बहुत उपयोगी है व उत्तर प्रदेश के ग्रामीण क्षेत्रों इसका उपयोग अधिकता से किया जाता है।

मकान मालिक की आर्थिक सामर्थ्य के अनुसार शौचालय की संरचना ईंटों की दीवारों, कच्ची दीवार या बांस के खम्भों पर चटाई लपेट कर बनाई जा सकती है तथा आर्थिक सामर्थ्य के अनुसार ही इस पर छत डाली जा सकती है या इसे खुला छोड़ा जा सकता है। शौचालय का फर्श पक्का होना चाहिए। मिट्टी की भली-भांति कुटाई करके उस पर 1 : 5 सीमेंट मसाले से यह ईंटों का फर्श बनाया जाता है व उस पर 1 : 3 सीमेंट मसाले से 12 मि. मी. ($\frac{1}{2}''$) मोटा पलस्तर कर दिया जाता है। फर्श में सब ओर से मलाधार (pan) की ओर 12 मि. मी. ढाल दिया जाता है जिससे शौचालय को धोने पर सारा जल मलाधार में होकर गर्त में चला जाय।

सामान्यतः गर्त 80 सेमी. व्यास का व 2 से 3 मीटर तक गहरा बनाया जाता है। गर्त के मुंह पर प्र. सी. कं. की स्लैब का 6 सेमी. मोटा ढक्कन लगाया जाता है। इस ढक्कन में 20 से 25 सेमी. तक की दूरी पर 6 मि. मी. व्यास की नरम इस्पात की छड़ों का प्रबलन दिया जाता है।

ढक्कन में मजबूती लाने के लिये बीच में थोड़ा उभार (camber) दे दिया जाता है। जहाँ पत्थर सस्ता हो वहाँ पत्थर के स्लैब का ढक्कन बनाया जा सकता है। गर्त के ऊपरी भाग में मिट्टी के गारे से दो रद्दें ईंट चिनाई का दीवार दिया जा सकता है। इससे ढक्कन गर्त पर सही बैठ जायगा तथा गर्त के किनारे भी सुरक्षित रहेंगे। गर्त के ढक्कन को 15 सेमी. मोटी मिटी की तह से ढक देना चाहिए।

मलाधार 1 : 3 सीमेंट व मोटी रेत के मसाले से साँचे में ढाल कर बनाया जाता है। इसे चिकना समापित (smooth finished) किया जाता है। मलाधार की लम्बाई 48 सेमी. होती है। जल रोक ट्रैप (water seal trap) सीमेंट मसाले से साँचे में अलग ढाल कर बनाया जाता है। शौचालय का फर्श बनाने से पहले मलाधार तथा ट्रैप (trap) को यथास्थान जोड़ देते हैं। मलाधार को मल गर्त से जोड़ने वाला पाइप भी सीमेंट मसाले से साँचे में ढाल कर बनाया जाता है। इस पाइप का व्यास 6·5 सेमी. होता है व इसे बक्र बनाया जाता है जिससे आवश्यकता पड़ने पर पाइप को पलट देने पर इसे दूसरे गर्त से जोड़ा जा सके। मलाधार व ट्रैप (trap) के बीच का जोड़ 1 : 3 सीमेंट मसाले से बनाया जाता है। पाइप व ट्रैप के बीच का जोड़ मिट्टी के गारे से बनाया जाता है व जोड़ की बाहरी सतह 1 : 3 सीमेंट मसाले से समापित की जाती है जिससे आवश्यमता पड़ने पर पाइप को निकालकर पलटा जा सके व दूसरे गर्त से जोड़ा जा सके। मल के शीघ्रता व सुगमतापूर्बक बहाव के लिए पाइप बिछाते समय 10 में 1 का ढाल दिया जाता है।

शौचालय प्रयोग करने वालों की संख्या तथा मिट्टी की प्रकृति के अनुसार एक गर्त 2 से 5 वर्ष तक कार्य करता है यह गर्त सेप्टिक टैंक (septic tank) व शोष गर्त दोनों का काम करता है। यदि गर्त में पानी की पर्याप्त मात्रा उपलब्ध न हो तो सेप्टिक (septic) क्रिया या अवात अवघटन (anaerobic decomposition) की क्रिया पूरी तरह नहीं हो पाती है। गर्त में जो गैसें बनती हैं वे मिट्टी में ही मिल जाती है। जब एक गर्त भर जाय तो उसके निकट ही एक दूसरा गर्त खोद कर मौचालय से जोड़ दिया जाता है। पहले गर्त का ढक्कन इस नये गर्त पर रख दिया जाता है तथा फिर यह गर्त कई साल तक प्रयोग किया जा सकता है। यदि गर्त के चारों ओर की मिट्टी रेतीली या मलायम हो जिससे गर्त के बैठ जाने की आशंका हो तो गर्त में ईंटों का अस्तर दिया जा सकता है, बिना किसी मसाले के सूखी ईंटों का अस्तर दिया जा सकता है अथवा 1 : 10 सीमेंट मसाले की जालीदार (honey combed) दीवार बनाकर अस्तर दिया जा सकता है यदि दो अस्तरयुक्त गर्त बना लिये जाय तो एक गर्त भरने पर दूसरे का उपयोग किया जा सकता है। यह एक स्थाई व्यवस्था हो जाती है। गर्त भर जाने के 90 दिन बाद इसे खाली किया जा सकता है व इसमें भरे मल का उपयोग खाद के रूप में किया जा सकता है।

मलाधार से गर्त तक मल बहाने के लिये एक या दो लोटे जल काफी होता है परन्तु दिन में एक बार एक बाल्टी जल झोंके से डाल देना वांछनीय है।

यह शौचालय मकान के अहाते के एक कोने में मकान से लगभग 6 मीटर की दूरी पर व जल स्रोत (source of water) से 15 मीटर की दूरी पर बनाया जा सकता है।

गर्त के ठीक ऊपर बने शौचालय (direct pit type latrine) में मलाधार तथा जल रोक ट्रैप (water seal trap) एक साथ ही ढाले जाते हैं। शौचालय में सांचे ढली प्र. सी. कं. स्लैब का फर्श बनाया जाता है। इस स्लैब में मलाधार के स्थान पर छेद बना होता है। यह स्लैब मल गर्त के ढक्कन का भी काम करती है।

मल गर्त शौचालय तथा सीमेंट मसाले के सांचे ढले मलाधार व ट्रैप (pan and trap) का विवरण व मीटरी प्रणाली में माप चित्र 10-3 में दिखाये गये हैं तथा इनका विस्तृत प्राक्कलन आगे किया गया है।

मल गर्त शौचालय का प्राक्कलन

उदाहरण 3—दिये हुये रेखाचित्र (चित्र 10-3) से एक मल गर्त शौचालय का विस्तृत प्राक्कलन बनाइये। शौचालय की संरचना व गर्त सहित स्वच्छता फिटिंग्स (sanitary fittings) का प्राक्कलन अलग-अलग बनाइये।

शौचालय की दीवारें मिट्टी के गारे से द्वितीय श्रेणी की ईंट चिनाई की बनाई जायगी व इन पर 1 : 3 सीमेंट मसाले से भरवाँ टीप (flush pointing) की जायगी। भली-भाँति कुटी मिट्टी पर 1 : 5 सीमेंट मसाले से पट ईंटों का फर्श बनाकर उस पर 1 : 3 सीमेंट मसाले से 12 मिमी. मोटा पलस्तर किया जायगा। फर्श मलाधार की ओर ढालू होगा। पायदान (foot rests) 1 : 3 सीमेंट मसाले के 20 मिमी. मोटे होंगे।

मलाधार (latrine pan) जल रोक ट्रैप व जोड़ने वाला पाइप 1 : 3 सीमेंट मसाले से सांचे में ढाल कर (pre-cast) बनाये जायेंगे तथा चिकने समापित किये जायेंगे। ट्रैप व मलाधार मसाले से जोड़े जायेंगे। ट्रैप में पाइप मिट्टी के गारे से जोड़ा जायगा व जोड़ की बाहरी सतह 1 : 5 सीमेंट मसाले से समापित की जायगी।

माप तथा लागत का विवरण (उदाहरण 3)

मद सं०	मद का विवरण	सं०	ल × चौ × ग मी. मी. मी.	परिमाण	दर रु० प्रति	लागत रु० पै०
1	**शौचालय—** मिट्टी की खुदाई— पीछे की दीवार सामने की लम्बी दीवार बाहरी व मध्य दीवारें बाईं दीवार	 1 1 2 1	 1·90 × ·20 × ·20 1·20 × ·20 × ·20 0·65 × ·20 × ·20 0·75 × ·20 × ·20	 ·076 ·048 ·052 ·030		
			योग	·206 घन मी.	290·00% घन मी.	0 60

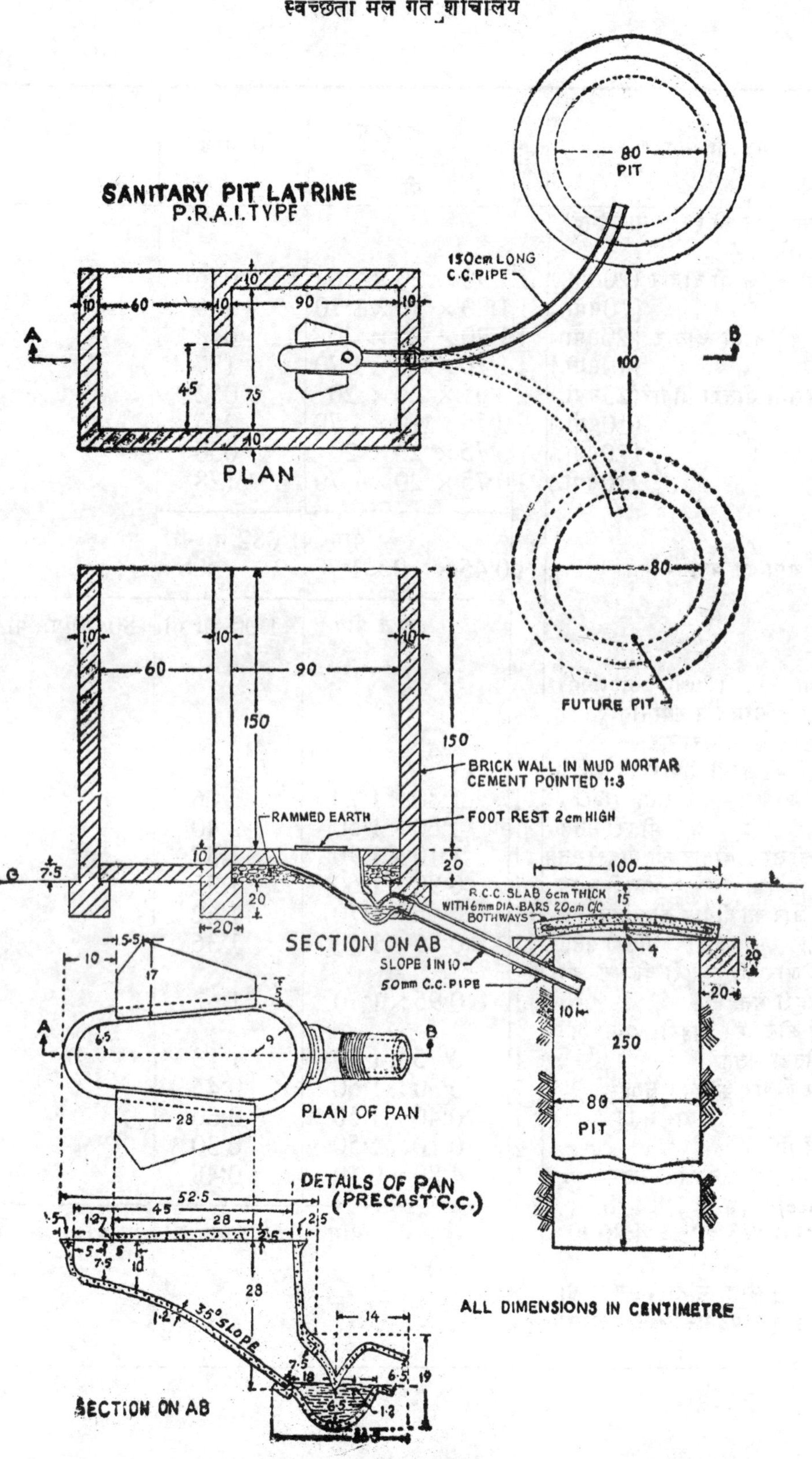
SANITARY PIT LATRINE
P.R.A.I. TYPE
PLAN
150cm LONG C.C. PIPE
80 PIT
100
FUTURE PIT
SECTION ON AB
BRICK WALL IN MUD MORTAR CEMENT POINTED 1:3
RAMMED EARTH
FOOT REST 2cm HIGH
R.C.C. SLAB 6cm THICK WITH 6mm DIA. BARS 20cm C/C BOTHWAYS
SLOPE 1 IN 10
50mm C.C. PIPE
250
PLAN OF PAN
DETAILS OF PAN (PRECAST C.C.)
35° SLOPE
SECTION ON AB
ALL DIMENSIONS IN CENTIMETRE

चित्र 10·30

(उदाहरण 3)

मद सं०	मद का विवरण	सं०	ल × चौ × ग मी. मी. मी.	परिमाण	दर रु. प्रति	लागत रु. पै.
2	द्वितीय श्रेणी की ईंट चिनाई मिट्टी के गारे से---					
	सामने की लम्बी दीवार (20सेमी.)	1	1·90 × ·20 × ·20	·076		
	,, ,, (10सेमी.)	1	1·80 × ·10 × 1·70	·306		
	पीछे की लम्बी दीवार (20सेमी.	1	1·20 × ·20 × ·20	·048		
	,, ,, (10सेमी.)	1	1·10 × ·10 × 1·70	·187		
	बाहरी तथा भीतरी दीवारें (20सेमी.)	2	0·65 × ·20 × ·20	·052		
	,, ,, (10सेमी.)	2	0·75 × ·10 × 1·70	·255		
	बाईं दीवार (20सेमी.)	1	0·75 × ·20 × ·20	·030		
	,, ,, (10सेमी.)	1	0·75 × ·20 × 1·70	·128		
			योग	1·082 घ. मी.		
	खुले भाग को घटायें---	1	0·45 × ·10 × 1·70	·08		
			शुद्ध योग	1·00 घ. मी.	80·00/घ. मी.	80·00
3	भरवां टीप (flush pointing) 1 : 3 सीमेंट व स्थानीय रेत के मसाले से दीवारों पर---					
	सामने की लम्बी दीवार की बाहरी सतह (face)	1	1·80 × 1·70	3·06		
	,, ,, ,, भीतरी सतह	1	1·60 × 1·50	2·40		
	पीछे की लम्बी दीवार की बाहरी सतह	1	1·10 × 1·70	1·87		
	,, ,, ,, भीतरी सतह	1	0·90 × 1·50	1·35		
	बाईं ओर की दीवार की बाहरी सतह	1	0·95 × 1·70	1·62		
	,, ,, ,, भीतरी सतह	1	0·85 × 1·60	1·36		
	दाईं ओर की बाहरी दीवार की बाहरी सतह	1	0·95 × 1·70	1·62		
	दाईं ओर की बाहरी दीवार की भीतरी सतह	1	0·75 × 1·50	1·13		
	मध्य दीवार की दाईं सतह	1	0·30 × 1·50	0·45		
	,, ,, ,, बाईं सतह	1	0·40 × 1·50	0·60		
	उर्ध्व सिरे	2	0·10 × 1·50	0·30		
	सब दीवारों की ऊपरी सतह (sur face) (ल. = 1·8 + ·85 + 1·1 + ·75 + ·3 = 4·80 मी.	1	4·80 × 0·10	0·48		
			योग	16·24 वर्ग मी.	4·00 वर्ग मी.	64·96
4	फर्श 10 सेमी. मोटा पट ईंटों का 1 : 5 सीमेंट मसाले से, भलीभांति					

मद सं०	मद का विवरण	सं०	ल × चौ × ग मी. मी. मी.	परिमाण	दर रु. प्रति	लागत रु. पै.
	कुटी हुई मिट्टी पर तथा 12 मिमी मोटा पलस्तर 1 : 3 सीमेंट मसाले से शौचालय प्रवेश मार्ग	1 1	0·90 × 0·75 0·60 × 0·85	·675 ·510		
			योग	1·185 वर्ग मी	150·00/वर्ग मी.	17·7
5	20 मिमी. मोटे पायदान (foot rests) 1 : 3 सीमेंट मसाले से	2	—	2 सं.	0·75/सं.	1·5
			शौचालय की संरचना	व फर्श की कुल	लागत	164·84 (i)
	स्वच्छता फिटिंग्स (sanitary fittrngs)—					
6	सांचे ढला मलाधार (latrine pan) 1 : 3 सीमेंट मसाले का चिकना समापित व उसे यथा-स्थान लगाना	1	—	1 सं.	13·50/सं.	13·50
7	सांचे ढला ट्रैप (trap) जल रोक व उसे यथास्थान जोड़ना 1 : 3 सीमेंट मसाले से	1	—	1 सं.	5·00/सं.	5·00
8	50 मिमी. व्यास का सांचे ढला पाइप व उसे जोड़ना	1	1·50	1·50 मी.	4·50/मी.	6·75
			स्वच्छता फिटिंग्स	की कुल	लागत	25·25 (ii)
	गर्त (Pit)—					
9	मिट्टी की खुदाई	1	$\frac{\pi \times \cdot 8^2}{4} \times 2{\cdot}75$	1·38 घन मी.	290·00%घ. मी.	4·00
10	द्वितीय श्रेणी की ईंट चिनाई मिट्टी के मसाले से गर्त के ऊपरी भाग में	1	$\pi \times 1{\cdot}00 \times {\cdot}20 \times {\cdot}20$	·126 घन मी.	80·00/घन मी.	10·08
11	पूर्व ढलित 1 : 2 : 4 प्र. सी. कं. का गर्त पर ढक्कन 6 मिमी. व्यास की छड़ों सहित 20 सेमी. के अन्तर पर	1	$\frac{\pi \times 1{\cdot}0^2}{4} \times 0{\cdot}06$	·047 घन मी.	500·00/घन मी.	23·50
			ढक्कन सहित	गर्त की लागत		37·58 (iii)
				कुल लागत	(i + ii + iii)	227·67

यदि मकान मालिक स्वयं ही खाली समय में गर्त खोद लें और सब मजदूरी कार्य कर लें तब लागत में बहुत कमी हो जायगी।

भवन में जल सम्भरण (Water supply) तथा स्वच्छता कार्य (sanitary works) का प्राक्कलन

उदाहरण 4—एक भवन के दिये हुये तलदृश्य (चित्र 10·4) से जल सम्भरण तथा स्वच्छता कार्य का विस्तृत प्राक्कलन बनाइये । प्राक्कलन में स्वच्छता (sanitary) तथा जल सम्भरण फिटिंग्स, मल नल (sewer) तथा जल की पाइप लाइनें, मुख्य पाइप में भवन की पाइप प्रणाली को जोड़ना (service connection) आदि सम्मिलित होना चाहिये । सामग्रियां तथा फिटिंग्स आदि मानक विशिष्टियों (standard specification) तथा व्यवहार के अनुरूप होनी चाहिये । उपयुक्त डेटा (data) व दरें मान लें । फर्श तल से भवन की ऊंचाई 3·60 मी. तथा भूमि तल से कुर्सी की ऊँचाई 60 सेमी. मान लें ।

स्वच्छता और जल सम्भरण कार्य का प्राक्कलित लागत सार (उदाहरण 4)

मद सं०	मद का विवरण	परिमाण या संख्या	दर रु. पै.	धनराशि रु. पै.
	स्वच्छता कार्य—			
1	भारतीय टाइप का 50 से. मी. लम्बा जलस्रुत मलाधार (w. c.); ढलवां लोहे की 14 लीटर की बहाव टंकी, दीवार के ब्रेकेट, जंजीर, 40 मि. मी. व्यास के बहाव पाइप सहित पूर्ण कार्य, सप्लाई करना तथा लगाना	2 सं.	135·00 प्रत्येक	270·00
2	सागौन (teak) के ढक्कन तथा सीट सहित कमोड की तरह का जलस्रुत मलाधार (विदेशी टाइप) सप्लाई करना तथा लगाना, उपरोक्त मद के अनुसार पूर्ण कार्य	2 सं.	240·00 प्रत्येक	480·00
3	चीनी मिट्टी के पायदान सप्लाई करना तथा लगाना	2 जोड़े	6·50 प्रति जोड़े	13·00
4	ढलवां लोहे के 100 मि. मी. व्यास के ट्रैप (trap) सप्लाई करना तथा सीसे के जोड़ सहित	2 सं.	11·50 प्रत्येक	23·00
5	ढलवां लोहे के 100 मि. मी. व्यास के मल पाइप सप्लाई करना तथा सीसे के जोड़ों व क्लैम्पों सहित लगाना लम्बाई—4 मलाधारों के लिये = 4 (3·6 + 1·8 + ·60 + ·30) = 25·2 मी. एक अभ्रक वाल्व (mica valve) के लिये = 1·80 मी.	27 मी.	18·00 प्रति मी.	486·00
6	100 मि. मी. व्यास के ढलवां लोहे का संगम पाइप निरीक्षण द्वार युक्त सप्लाई करना तथा लगाना (मलाधार को जोड़ने के लिये)	4 सं.	14·00 प्रत्येक	56·00
7	ढलवां लोहे के 100 मि. मी. व्यास के सादा मोड़ (bend plain) सप्लाई करना तथा लगाना	4 सं.	5·75 प्रत्येक	23·00
			C. O.	1351·00

भवन का तल दृश्य मल नल (Sewer) तथा जल नल (Water pipe) का ले आउट दिखाकर

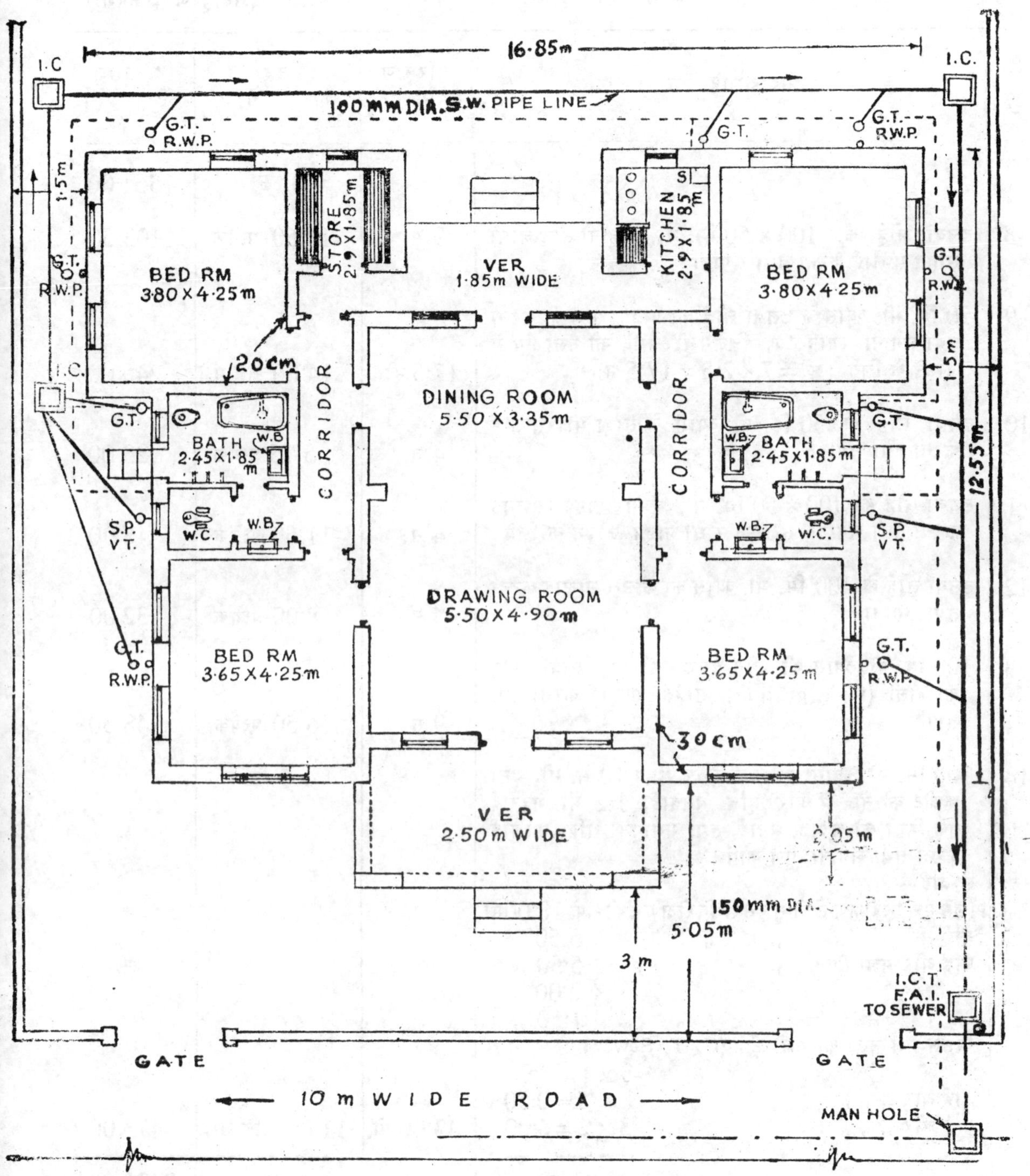

REFERENCES:
PLAN SHOWING DRAINAGE LINES. S.P.V.T.-SOIL PIPE VENTILATED. I.C.-INSPECTION CHAMBER. G.T.-GULLY TRAP. I.C.T.-INTERCEPTING TRAP. R.W.P.-RAIN WATER PIPE F.A.I.-FRESH AIR INLET. S-SINK. W.B.-WASH HAND BASIN.
SEWER LINE ———. WATER PIPE LINE - - - - - -

चित्र 10-4

(उदाहरण 4 क्रमशः)

मद सं०	मद का बिवरण	परिमाण या संख्या	दर रु. पै.	धनराशि रु. पै.
			B. F.	1351·00
8	ढलवां लोहे की 100 × 50 मि. मी. नहानी ट्रैप, जाली सहित सप्लाई करना तथा लगाना	9 सं.	11·50 प्रत्येक	103·50
9	50 मि. मी. व्यास के ढलवां लोहे का पाइप सप्लाई करना तथा लगाना. स्नान टब, चिलमची आदि को गली ट्रैप से जोड़ने के लिये (ल. = 7 × 2·5 = 17·5 मी.)	17·5 मी.	14·00 प्रति मी.	245·00
10	ढलवा लोहे के 50 मि. मी. व्यास के सादा मोड़ सप्लाई करना तथा लगाना	4 सं.	5·75 प्रत्येक	23·00
11	ढलवां लोहे का 100 × 50 मि. मी. संगम पाइप सप्लाई करना तथा लगाना, साइफन रोधी पाइप जोड़ने के लिये	4 सं.	11·50 प्रत्येक	46·00
12	ढलवां लोहे के 100 मि. मी. व्यास का काउल सप्लाई करना तथा लगाना	4 सं.	8·00 प्रत्येक	32·00
13	100 मि. मी. व्यास की स्टोन वेयर गली ट्रैप, ढलवां लोहे की जाली (G. I. grating) सहित सप्लाई करना तथा लगाना	9 सं.	16·50 प्रत्येक	148·50
14	100 मि. मी. व्यास का स्टोन वेयर पाइप 10 से. मी. चूना कंक्रीट की नींव में और हांच बनवाई, 1·2 मी. गहराई तक मिट्टी की खुदाई, भराई, तथा समापन सहित सप्लाई करना तथा लगाना, पूर्ण कार्य लम्बाई— पिछले एक निरीक्षण टंकी से दूसरी निरीक्षण टंकी तक 18·00 मी. बांई ओर ,, ,, ,, ,, 5·50 ,, बांई ओर गली ट्रैप ,, ,, ,, { 5·50 ,, 3·00 ,, 1·50 ,, } पिछले मल नली का गली ट्रैप (G. T. Sewer) 3 × 1 = 3·00 बाई ओर ,, ,, ,, 1 × ·5 = 0·50 दाई ओर ,, ,, ,, 3 × 2 = 6·00 43·00 मी.	43·00 मी.	11·00 प्रति मी.	473·00
			C.O.	2422·00

मद सं.	मद का विवरण	परिमाण या संख्या	दर रु. पै	धनराशि रू. पै.
			B. F.	2422·00
15	150 मि. मी. व्यास का स्टोनवेयर पाइप सप्लाई करना तथा लगाना ऊपर के अनुसार किन्तु 1·5 मी. गहराई तक लम्बाई— निरीक्षण टंकी से निरीक्षण टंकी तक 18·00 निरीक्षण टंकी से सड़क के प्रवेश मोखा टंकी तक 3·00 = 21·00 मी.	21·00 मी.	14·00 प्रति मी.	294·00
16	15 से. मी. व्यास का स्टोनवेयर अन्तारोधी ट्रैप (intercepting trap) सप्लाई करना तथा लगाना पूर्ण कार्य	1 सं.	45·00 प्रत्येक	45·00
17	100 मि. मी. व्यास का ढलवां लोहे का अभ्रक वाल्व (mica valve) सप्लाई करना तथा लगाना	1 सं	14·00 प्रत्येक	14·00
18	90 × 120 से. मी. आकार के निरीक्षण टंकी (inspection chamber) का, 1·20 मी. गहराई तक जिसमें सीमेंट कंक्रीट का आधार व नाली बनी हो, 1 : 6 सीमेंट मसाले से 20 सेमी मोटी दीवारें तथा 1 : 3 सीमेंट मसाले से 12 मि. मी. मोटा पलस्तर हो, प्र. सी. कं. की स्लैब तथा ढलवां लोहे के 45 से मी. व्यास का ढक्कन सहित पूर्ण कार्य	4 सं.	110·00 प्रत्येक	440·00
19	प्रवेश मोखा टंकी का निर्माण मद 18 के अनुसार परन्तु यह 2·40 मी. गहरा होगा। इसकी दीवारें 30 से. मी. मोटी व प्र. सी. क. की स्लैब 15 से. मी. मोटी होंगी तथा इस पर ढलवां लोहे का कब्जा युक्त (hinged) भारी प्रकार का 60 × 60 से. मी. का ढक्कन लगाने सहित पूर्ण कार्य (सड़क की मलनाली पर)	सं.	275·00 प्रत्येक	275·00
20	मलनाली से जोड़ना (sewer connection)	1 सं.	13·00 प्रत्येक	13·00
	जल सम्भरण कार्य—			
21	20 से. मी. व्यास के जस्तीकृत लोहा पाइप की सप्लाई व लगाना, साकेटों, मोड़ों, कुहनियों टी, क्लैम्पों सहित और खाई खोदने व भरने का पूर्ण कार्य लम्बाई— दाईं तथा पीछे की ओर = 2·5 + 18·5 + 17·5 = 38·50 मी.	38·50 मी.	9 00 प्रति मी.	346·50
			C. O.	3849·50

क्र॰ सं॰	मद का विवरण	परिमाण या संख्या	दर रू. पै.	धनराशि रु. पै.
			B. F.	3849·50
22	12 मि. मी. व्यास के जस्तीकृत लोहा पाइप की सप्लाई व लगाना मद 21 के अनुसार— लम्बाई— बांई ओर = 7·50 मी. जोड़ने वाले पाइप – 4 × 1·5 + 1 × 1 = 7·00 मी. ऊपरली टंकी (over head tank) तक—2 × 5·5 = 11·00 मी. ऊपरली टंकी से बहाव टंकी (flushing cistern) तक 4 × 3 = 12·00 मी. चिलमची, सिंक, स्नान टब आदि को जोड़ने के लिये 7 × 3 = 21 मी. कुल = 58·50 मी-	58·50 मी.	7·50 प्रति मी.	438·75
23	12 मि. मी. व्यास की भारी प्रकार की पीतल की टोटी (bib cock) की सप्लाई व लगाना	7 सं.	4·50 प्रत्येक	31·50
24	12 मि. मी. व्यास की पीतल की भारी प्रकार की रोक टोटी (stop cock) की सप्लाई व लगाना	8 सं.	4·50 प्रत्येक	36·00
25	रोक टोटी के लिये छोटे टंकी (chamber) का निर्माण ढलवां लोहे के ढक्कन सहित	3 सं.	11·50 प्रत्येक	34·50
26	10 मि. मी. व्यास की पीतल की फेरूल की सप्लाई व लगाना	1 सं.	5·50 प्रत्येक	5 50
27	12 मि. मी. व्यास के सीसे के पाइप दोहरे युगमक (coupling) सहित की सप्लाई व लगाना	4 सं.	3·50 प्रत्येक	14·00
28	श्रेष्ठ कोटि की निकिलीकृत 12 मि. मी. × 100 मि. मी. आकार का फुहारा (shower) की सप्लाई व लगाना	2 सं.	5·50 प्रत्येक	11·00
29	60 से. मी. की चिलमची (wash hand basin) किसी मानक की बनी दीवार ब्रेकेट निकिलीकृत, खम्भा टोटी (pillar cock), जल प्लग, निकास पाइप आदि सहित सप्लाई करने व लगाने का पूर्ण कार्य	4 सं.	125·00 प्रत्येक	500·00
			C. O.	4920·75

मद सं०	मद का विवरण	परिमाण या संख्या	दर रु. पै.	धनराशि रु. पै.
			B. F.	4920·75
30	60 × 60 से. मी. सिंक (sink) फिटिंग सहित मद 29 के अनुसार सप्लाई करने व लगाने का पूर्ण कार्य	1 स.	110·00 प्रत्येक	110·00
31	150 × 45 से. मी. आकार के स्नान टब मानक मार्क के ढलवां लोहे के इनामलकृत व निकिलीकृत खम्भा टोटी, जल प्लग, निकास पाइप आदि सहित सप्लाई करने और लगाने का पूर्ण कार्य	2 सं.	165·00 प्रत्येक	330·00
32	दीवारों में छेद करना तथा पाइप लगाने के पश्चात् उनको सीमेंट मसाले से भरना	16 स.	0·50 प्रत्येक	8·00
33	250 लीटर जस्तीकृत लोहे की टंकी 20 गेज चादर की, 45 से. मी. व्यास का ढक्कन, ताला लगाने का प्रबन्ध तथा 12 मि. मी. व्यास का गोला टोटी सहित सप्लाई करने और लगाने का पूर्ण कार्य	2 स.	70·00 प्रत्येक	140·00
			योग ...	5508·75
	फुटकर व्यय तथा निर्माण प्रभारित सिब्बन्दी के लिये 5% जोड़ें		...	275 44
			सम्पूर्ण योग	5784·19

प्रवेश मोखा टैंक

मलनल (Sewer) के संगमों व मोड़ों पर तथा सीधे मलनल में भी निश्चित दूरी पर प्रवेश मोखा टैंक बनाये जाते हैं। इन प्रवेश मोखा टैंकों में प्रवेश कर मलनल तक पहुंचा जा सकता है व नल की सफाई, निरीक्षण तथा जल धारा से सफाई की जा सकती है विभिन्न व्यास के सीधे मल नलों पर प्रवेश मोखा टैंक निम्नलिखित अन्तर पर बनाये जाते हैं।

मलनल का व्यास		प्रवेश मोखा टैंक का अन्तराल
15 से 25 सेमी. तक	(6″ से 9″)	45 मी. (150 फीट)
25 से 40 सेमी. तक	(9″ से 15″)	75 मी. (250 फीट)
40 से अधिक	(18″ से अधिक)	90 मी. (300 फीट)

गहरे प्रवेश मोखा टैंकों में एक कार्यकारी कक्ष (working chamber) तथा एक छोटा सा पहुँच कूप (access shaft) होता है। कार्यकारी कक्ष पर एक प्र. सी. कं. स्लैब या चिनाई की डाट की छत (brick arch roof) बनाई जाती है। कम गहरे प्रवेश मोखा टैंक 90 × 90 सेमी. आकार के बनाये जा सकते हैं। ऊपर की ओर खसका देकर प्रवेश मोखे की चौड़ाई कम की जाती है जिससे ढक्कन का आकार छोटा हो जाता है।

उदाहरण 5--दिये हुये रेखाचित्र (चित्र 10-5) व सामान्य विशिष्टों (general specifications) से एक प्रवेश मोखा टैंक (man hole) का विस्तृत प्राक्कलन बनाइये।

सामान्य विशिष्टियां--नींव तथा फर्श में ईंट की रोड़ी की 1 : 3 : 6 सीमेंट कंक्रीट डाली जायगी। प्रथम श्रेणी की ईंट चिनाई 1 : 4 सीमेंट मसाले से की जायगी तथा दीवार की भीतरी सतहों पर 1 : 2 सीमेंट मसाले से टीप की जायगी। भीतरी नालियां व ढालू फर्श पर 1 : 3 सीमेंट मसाले से 20 मि.मी मोटा पलस्तर किया जायगा।

दरें--उपयुक्त दरें मान लें।

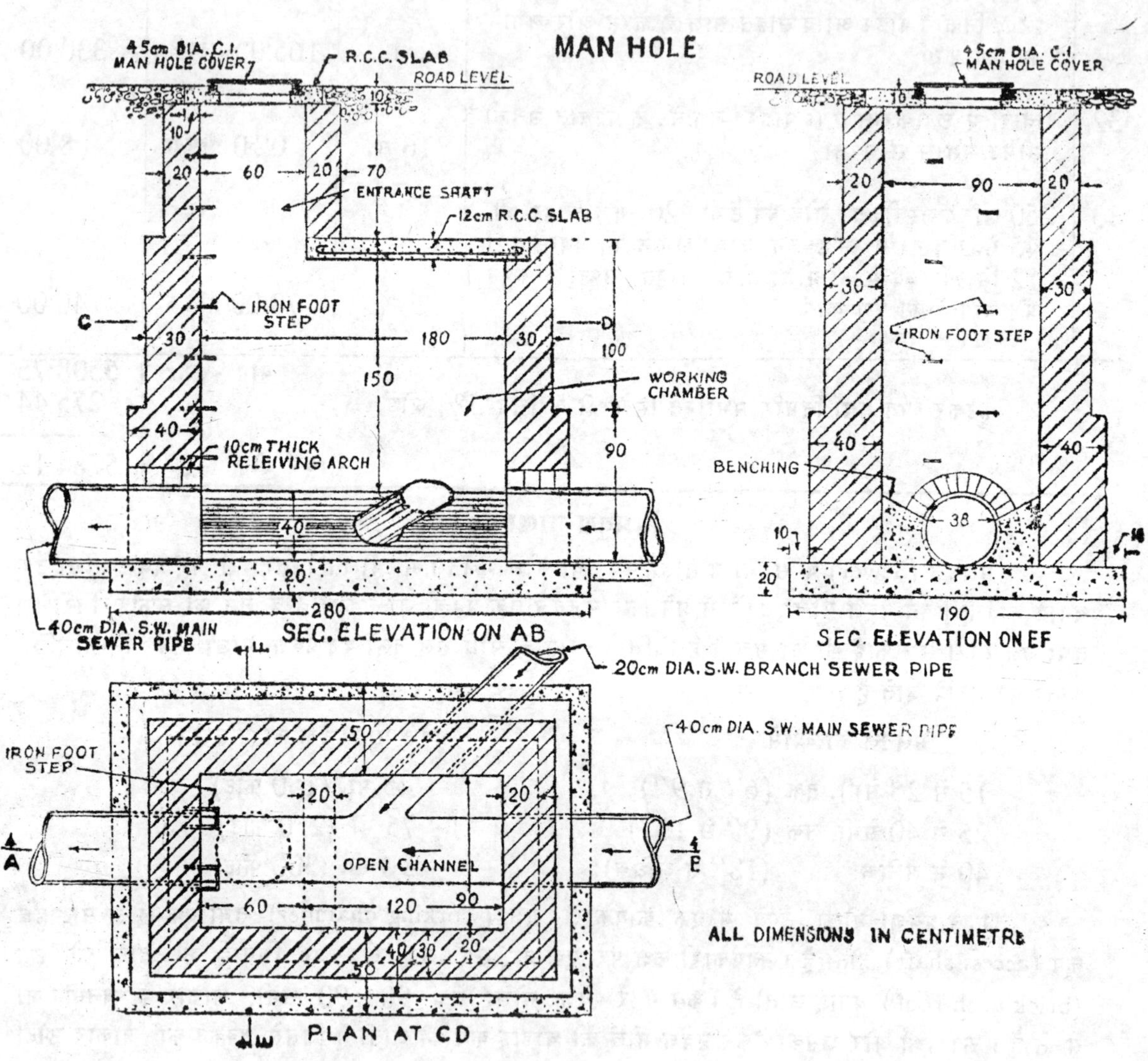

चित्र 10-5

माप का विवरण तथा परिमाणों का परिकलन

मद सं०	मद का विवरण	सं०	लम्बाई मी.	चौड़ाई मी.	ऊ. या ग मी.	परिमाण	व्याख्यात्मक टिप्पणी
1	मिट्टी की खुदाई	1	2 80	1·90	2·90	15·43 घन मी	
2	सीमेंट कंक्रीट 1 : 3 : 6 ईंटों की रोड़ी की नींव तथा तथा में	1	2·80	1·90	0·20	1·06	
	फर्श ढलान में (benching)	1	1·80	0·90	0·40	0·65	
					योग	1·71	
	घटायें— मुख्य नाली का ऊपरी भाग	1	1·80	$\frac{.90+.38}{2}$	0·15	0 17	
	शाखा नाली का ऊपरी भाग	1	0·30	0·20	0·15	0·01	
				कुल	कटौती	0·18	
				शुद्ध	योग	1·53 घन मी	
3	प्रथम श्रेणी की ईंट चिनाई 1 : 4 सीमेंट मसाले से—						
	लम्बी दीवारें पहला खसका (step	2	2·60	0·40	0 90	1·88	पाइपोंके लिये कुछ न घटायें
	,, दूसरा खसका	2	2 40	0·30	1 00	1·44	
	,, तीसरा ,,	2	1·00	0·20	0·70	0·28	ल = 60 + 20 + 20 = 100 से. मी.
	छोटी दीवारें—पहला खसका	2	0·90	0·40	0 90	0·65	
	,, दूसरा ,,	2	0·90	0·30	1·00	0 54	
	,, तीसरा ,,	2	0·90	0·20	0·70	0·25	
					योग	5·04 घन मी	
4	टीप—1:2 सीमेंट मसाले से—						
	लम्बी दीवारों पर स्लैब तक	2	1·80	—	1·50	5·40	
	छोटी दीवारों पर स्लैब तक	2	1·90	—	1·50	5 70	
	प्रवेश शाफ्ट (shaft) बांया फलक	1	0·90	—	0 82	0·74	
	प्रवेश शाफ्ट (shaft)-दायां फलक (right face) स्लैब के ऊपर	1	0·90	—	0 70	0·63	
	शेष फलक (remaining faces)	2	0·60	-	0·82	0 98	
					योग	13·45 वर्ग मी.	
5	20 मि. मी. मोटा पलस्तर 1 : 3 सीमेंट मसाले से फर्श तथा नालियां में	1	1·80	1·20	—	2·16 वर्ग मी.	चौ. = 90 + 30 = 120 सेमी नाली की वक्रता के कारण 30 सेमी अधिक लें

(उदाहरण 5 क्रमशः)

मद सं०	मद का विवरण	सं०	लम्बाई मी.	चौड़ाई मी.	ऊ. या ग. मी.	परिमाण	व्याख्यात्मक टिप्पणी
6	प्र. सी. क. स्लैब-इस्पात सहित पूर्ण कार्य--						
	कार्यकारी कक्ष (working chamber) की छत स्लैब	1	1·35	1·20	0·12	0·194	
	प्रवेश शाफ्ट की छत का स्लैब	1	0·80	1·10	0·10	0·088	
					योग	0 282	
	घटायें--प्रवेश मोखे का ढक्कन--	1	$\frac{\pi \times \cdot 45^2}{4}$	×	0·10	0·016	
				शद्ध	योग	0·266 घन मी.	
7	ढलवां लोहे का ढक्कन प्रवेश मोखा पर 45 से. मी. व्यास का फ्रेम सहित	1	--	--	--	1 स०	
8	लोहे का पायरोक 16 मि. मी. व्यास की छड़	7	--	--	--	7 सं०	

प्राक्कलित लागत सार (उदाहरण 5)

मद सं०	मद का विवरण	परिमाण	इकाई	दर रु. पै.	प्रति	धनराशि रु. पै.
1	मिट्टी की खुदाई व आवश्यकतानुसार तख्ताबदी (timbering) सहित	15·43	घन मा	290·00	% घन मी	44·75
2	सीमेंट कंक्रीट 1 : 3 : 6 ईंट की रोड़ी की (brick ballast)	1·53	घन मी	160·00	/ घन मी	244 80
3	प्रथम श्रेणी की ईंट चिनाई 1 : 6 सीमेंट मसाले से	5·04	घन मी	132·00	/ घन मी	665·28
4	टीप 1 : 2 सीमेंट मसाले से	13·45	वर्ग मी	4·75	/ वर्ग मी	63·89
5	20 मि. मी. मोटा पलस्तर 1 : 3 सीमेंट मसाले से फर्श तथा नालियों में--	2·16	वर्ग मी	9 00	/ वर्ग मी	19 44
6	प्र. सी. कं. स्लैब इस्पात सहित पूर्ण कार्य	0·264	घन मी	500·00	/ घन मी	133·00

मद सं०	मद का विवरण	परिमाण	इकाई	दर रु० पै०	प्रति	धनराशि रु० पै०
7	ढलवां लोहे का ढक्कन प्रवेश मोखा पर 45 से. मी. व्यास का, फ्रेम सहित	1	सं०	60 00	/ सं०	60·00
8	लोहे के पायरोक (foot steps)	7	सं०	1·00	/ सं०	7·00
					योग ...	1238·16
	फुटकर व्यय तथा निर्माण प्रभारित सिब्बंदी के लिए 5% जोड़ें				....	61·91
					सम्पूर्ण योग	1300·07

पाइप बिछाना

उदाहरण 6—1·50 मि. मी. व्यास के 100 मी. कांचित (glazed) स्टोन वेयर पाइप सप्लाई करने और लगाने का विस्तृत प्राक्कलन बनाइये जिसमें 75 सेमी. गहरे खाई की खुदाई तथा पाइपों को 1 : 1 सीमेंट मसाले से जोड़ने का कार्य भी सम्मिलित होगा।

प्रत्येक पाइप की लम्बाई (नामन) = 60 सेमी., पाइप की तथा जोड़ों की संख्या = 100/0·6 = 167

सामग्रियाँ— रु. पै.

1·50 मिमी. व्यास का कांचित स्टोन वेयर पाइप ढुलाई सहित
1·67 सं. @ रु. 7 00 प्रत्येक = 1169·00

सीमेंट रेत 167 जोड़ों के लिये @ ·012 बोरी प्रति जोड़
2 बोरी @ रु. 21·00 प्रति बोरी = 42·00

मोटी रेत 167 जोड़ों के लिये @ ·004 धन मी. प्रति जोड़
0·668 धन मी @ रु. 72·00 प्रति धन मी. = 48·10

सन या बटा हुआ सूत @ 0·095 किग्रा. प्रति जोड़
= 15·86 किग्रा. @ रु. 7·00 प्रति कि. ग्र. = 111·02

बिटूमेन इक मुश्त = 10·00

योग = रु. 1380·12(i)

मजदूरी

मुख्य राज (मिस्त्री) 2 सं @ रु. 12·00 प्रति व्यक्ति प्रति दिन = 24·00

राज .... 15 सं. @ रु. 10·00 ,, = 150·00

मजदूर (बेलदार) 20 सं. @ रु. 6·00 ,, = 120·00

भिश्ती ... 3 सं. @ रु. 8·00 ,, = 24·00

विविध, औजार और मशीनें	इक मुश्त	=	30·00
परीक्षण ...	... इक मुश्त	=	20·00
		योग रु.	368·00 (ii)

मिट्टी का कार्य 60 सेमी. चौड़े और 75 सेमी गहरे खाई की खुदाई,
उचित ढलान देकर तहों में पुनः भराई सहित
100 मी. × ·60 मी. × ·75 मी. = 45 घन मी. @ रु. 290·00 प्रति% घन मी. = 130·50 (iii)

योग (i), (ii), (iii) का	=	रु. 1878·62
फुटकर व्यय तथा निर्माण प्रभारित सिब्बन्दी के लिये 5% जोड़िये	=	रु. 93·93
सम्पूर्ण योग	=	रु 1972·55

यदि मिट्टी नर्म या अदृढ़ हो तो तला में 15 सेमी. मोटी चूना कंक्रीट दी जायगी, उस दशा में खाई 15 सेमी. अधिक गहरी होगी। चूना कंक्रीट 45 सेमी. चौड़ी तथा 15 सेमी. मोटी तथा पाइप के किनारे पर आधी ऊँचाई तक होगी और ढलान में मिलायी जायगी। तब यह सब प्राक्कलन में सम्मिलित होंगे।

प्र. सी. कं. या ह्यूम पाइप, ढलवां लोहा पाइप आदि सप्लाई करने और लगाने का कार्य--

प्र. सी. कं. पाइप, ढलवां लोहा पाइप आदि बिछाने का प्राक्कलन उपर्युक्त विधि (उदा. 5) के अनुसार बनाया जा सकता है।

150 मि. मी. व्यास के प्रत्येक ह्यूम पाइप की लम्बाई 2 मी. है अतः 100 मी. लम्बाई के लिये पाइप की और जोड़ों की संख्या 50 होगी। जोड़ 1:2 सीमेंट, मोटा रेत मसाले से होगा। प्रत्येक जोड़ के लिये 0·044 बोरी सीमेंट, 0·003 घ. मी. मोटे रेत और 0·10 कि. ग्रा. सन या बटा हुआ सूत की आवश्यकता होगी।

150 मि. मी. व्यास के प्रत्येक ढलवां लोहा पाइप की लम्बाई 4 मी. मानकर 100 मी. लम्बाई के लिये पाइप की और जोड़ों की संख्या 25 होगी। जोड़ सीसा से बनाया जायगा। प्रत्येक जोड़ के लिये 3 कि. ग्रा. सीसा, 0·17 कि ग्र. सन या बटा हुआ सूत, 1/3 लीटर मिट्टी के तेल तथा गरमाने के लिये 5 कि. ग्रा. इंधन की आवश्यकता होगी।

उदाहरण 7– 50 मि. मी. व्यास के 100 मी. लम्बे जस्तीकृत लोहे का जल सम्भरण पाइप सप्लाई करने तथा लगाने का प्राक्कलन बनाइये, जोड़ने के कार्य और 60 सेमी. गहरे खाई खुदाई सहित।

प्रत्येक पाइप की लम्बाई = 4 मी, पाइप तथा जोड़ों की संख्या $= \frac{100}{4} = 25$

सामग्रियाँ--		रु. पै.
50 मि. मी. व्यास का जस्तीकृत पाइप ढुलाई सहित		
	100 मी. @ रु. 11·50 प्रति मी.	1150·00
पेन्ट, बटा हुआ सूत, तेल आदि	इक मुश्त	20·00
	योग	1170·00 (i)

मजदूरी—

फिटर	....	2 सं. @ रु. 7·00 प्रति व्यक्ति प्रति दिन		14·00
उप फिटर	....	5 सं. @ रु. 6·00	,,	30·00
मजदूर (बेलदार)	....	5 सं. @ रु. 6·00	,,	30·00
विविध औजार और मशीनें, परीक्षण इत्यादि			इकमुश्त	6·00
			योग ...	80·00 (ii)

मिट्टी का कार्य 60 सेमी चौड़े और 60 सेमी गहरे खाई की खुदाई और तहों में पुनः भराई

100 मी. × ·60 मी. × ·60 मी. = 36 घन मी. @ रु. 290·00 प्रति % घन मी. = 104·40 (iii)

योग (i), (ii), (iii) का = रु. 1354·40

फुटकर व्यय तथा निर्माण प्रभारित सिब्बन्दी के लिये 5% जोड़िये 67·62

संपूर्ण योग ... रु. 1422·12

नोट—स्वच्छता कार्य का और प्राक्कलन, दर विश्लेषण के रुप में अध्याय 11 में दिया गया है।

नल कूप (Tube Well)

नल कूप में जस्तीकृत इस्पात (galvanised iron) का पाइप मोटी रेत के जल धारक स्तर (water bearing strata) तक धंसाया जाता है तथा इस पाइप में लगी छलनी (strainer) वांछित गहराई तक जल धारक स्तर में रहती है। नलकूप बनाने के लिये पहले आवश्यक गहराई तक खोल पाइप (casing pipe) धसाकर नलकूप के पाइप के व्यास से अधिक व्यास का एक सुराख बना लेते हैं। वेधन करते समय जिस प्रकार की मिट्टी निकले उसके नमूने लेकर विभिन्न स्तरों पर मिट्टी की प्रकृति ज्ञात कर लेते हैं व उनका एक चार्ट बना लेते हैं। जब उपयुक्त जल धारक स्तर आ जाय तो छलनी को इस स्तर में डालकर धीरे-धीरे आवश्यक जोड़ सहित नलकूप पाइप डालते हैं तथा खोल पाइप को बाहर निकाल लेते हैं। खोल पाइप आघात वेधन (Percussion boring) या घुर्णी वेधन (rotary boring) दारा धंसाया जाता है। दोनों प्रकार के वेधन करने की अनेक विधियां हैं। चिकनी मिट्टी (clay), दूमट (loam), रेत आदि मुलायम मिट्टियों में खोल पाइप सामान्तयः आघात वेधन द्वारा धसाया जाता है। कठोर मिट्टियों में काटने व छद करने के लिये विशेष प्रकार के बरमें प्रयोग किये जाते है। छलनी (strainer) में छेददार (perforated) तथा जालीदार (slotted) पाइप होता है जिस पर पीतल के तार की बारीक जाली लपेट दी जाती है। छलनी में से जल तो छन जाता है पर रेत नहीं जा पाती। खोल पाइप बाहर निकालने से पहले सामान्तया: छलनी के चारों ओर मोटी रेत डाल देते हैं। साधारण नलकूप में जल खींचने के लिये हैंड पम्प (hand pump) लगा देते हैं। हैंड पम्प 6 मीटर या भली प्रकार 4·5 मीटर तक की गहराई से पानी खींच सकता है। यदि अब भूमि जल स्तर (sub-soil water level) इससे अधिक गहराई पर हो तो गहरा कुआ पम्प (deep well pump) प्रयोग किया जाता है तथा अब भूमि जल स्तर के निकट गनमेटल या पीतल के बेलन में पम्प का मूसल (plunger) लगाया जाता है। जब अधिक जल खीचना हो तो पश्चाग्र (reciprocating) या अपकेन्द्री (centrifugal) प्रकार का शक्तिचालित (power) पम्प लगाया जाता है। अपकेन्द्री पम्प सामान्दतया: अवभूमि जल स्तर के निकट बनी एक होदी (sump) में लगाया जाता है। अधिक व्यास के नलकूपों का पाइप काले इस्पात का (जस्तीकृत नहीं) होता है। नलकूपों के प्राक्कलन के उदाहरण पृष्ठ 410-412 पर दिये गये हैं।

साधारण हैंड पम्प (Haad pump) युक्त 40 मि. मी. व्यास के नलकूप का प्राक्कलन

उदाहरण 8—दिये हुये रेखाचित्र (चित्र 10-6) से 40 मिमी. व्यास के 40 मीटर गहरे एक नलकूप का प्राक्कलन बनाइये। छलनी (strainer) की लम्बाई 3 मीटर है। उपयुक्त दरें मान लें।

परिमाण तथा लागत सार (उदाहरण 8)

मद सं.	मद का विवरण	परिमाण	दर रू. पै.	धनराशि रू. पै.
1	जस्तीकृत लोहे (G. I.) का 40 मि. मी. व्यास का पाइप साकेटों (sockets) सहित (भूमितल से 20 सेमी. ऊपर)	37 20 मी.	8·50 प्रति मी.	316·10
2	40 मि. मी. व्यास की 1·50 मी. लम्बी 2 छलनियां	2 सं.	42·00 प्रत्येक	84·00
3	साधारण हैंड पम्प (नम्बर 4 का हैंड पम्प)	1 सं.	35·00 ,,	35 00
4	बेल प्लग (bail plug)	1 सं.	5·50 ,,	5·50
5	अतिरिक्त साकेट	4 सं.	2·00 ,,	8·00
6	निर्माण स्थल तक सामान परिवहन कार्य	इकमुश्त (L.S.	10·00 इकमुश्त	10·00
7	**नल कूप धंसाना**—60 मि. मी. व्यास के खोल पाइप (casing) से वेधन जल का प्रबन्ध करना, 40 मि. मी. व्यास के नलकूप पाइप व छलनी को नलकूप में उतारना तथा जोड़ लगाना व खोल पाइप को बाहर निकालना—			
	(i) 0 से 20 मीटर तक	20 मी.	7·00 प्रति मी.	140 00
	(ii) 20 से 30 मीटर	10 मी.	11·00 ,,	110·00
	(iii) 30 मीटर से 40 मीटर तक	10 मी.	15·50 ,,	155·00
8	मोटी रेत की सप्लाई धंसे हुये छलनी के चारों ओर भरना	1 सं.	11·00 प्रत्येक	11 00
9	हैंड पम्प को यथास्थान लगाना व जोड़ना पकड़ बोल्ट (holding down bolts) सहित	1 सं.	5·50 ,,	5·50
10	सीमेंट कंक्रीट का चबूतरा व नींव सतह चिकनी समापित	1 सं.	35·00 ,,	35·00
11	2 मीटर लम्बी चिकनी समापित सीमेंट कंक्रीट की नाली	2 मी.	6·50 प्रति मी.	13·00
12	स्वच्छ जल न आने तक पम्प करके जल निकालना (pumping out)	1 सं.	11·00 प्रत्येक	11·00
			योग	939·10
	फुटकर व्यय तथा निर्माण प्रभारित सिब्बन्दी के लिये 5% जोड़ें			46·95
			सम्पूर्ण योग	986·05

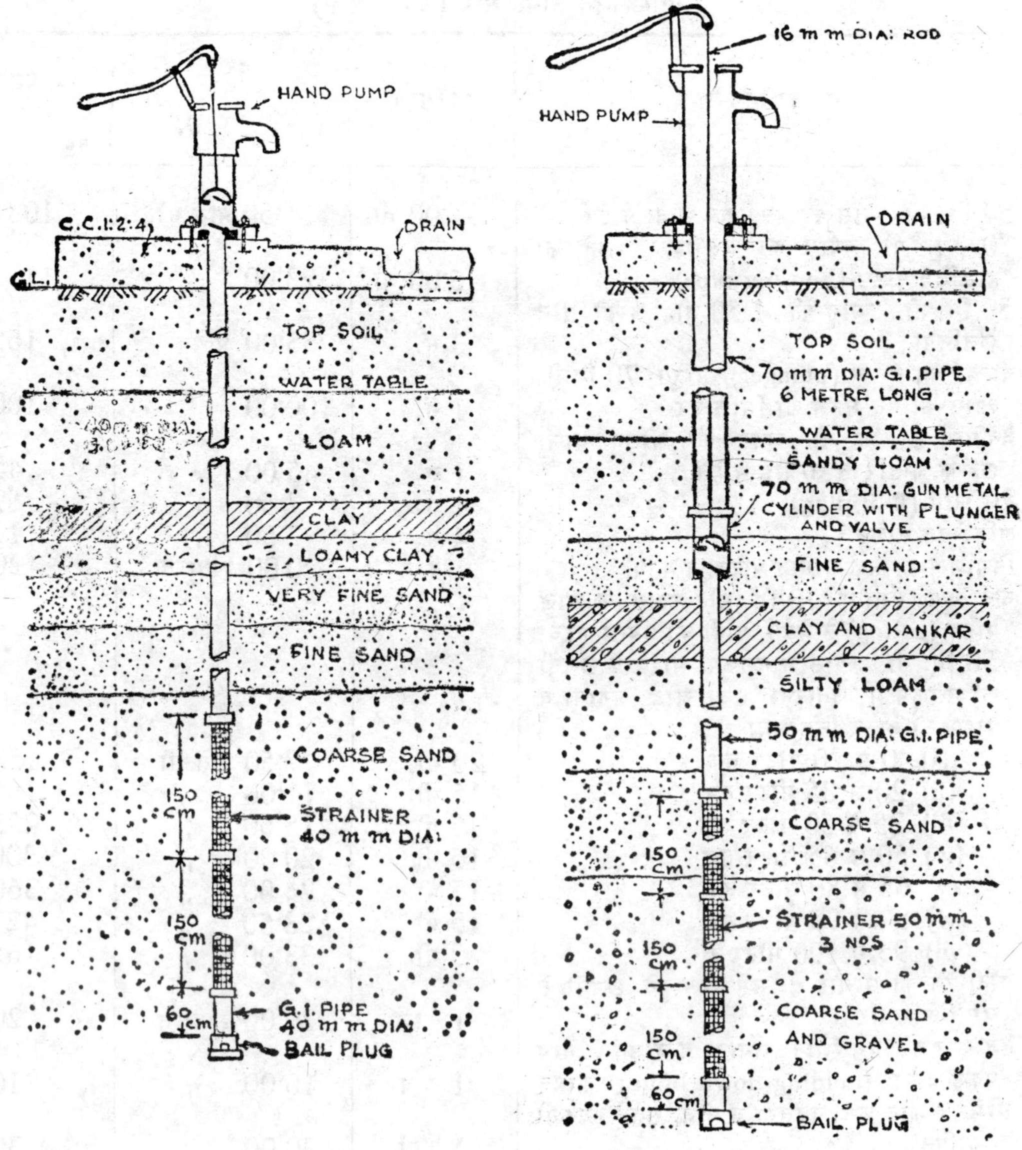

(चित्र 10·6) (चित्र 10·7)

गहरा कुंआ हेंड पम्प (Deep well hand pump) युक्त 50 मिमी. व्यास के नलकूप का प्राक्कलन

उदाहरण 9—दिए हुये रेखा चित्र (चित्र 10·7) से गहरा कुआ हैंड पम्प युक्त 50 मिमी० व्यास के 100 मी० गहरे नलकूप का प्राक्कलन बनाइये। छलनी में 1·50 मी० लम्बे तीन भाग होंगे। पम्प का पाइप (housing pipe) जस्तीकृत इस्पात का होगा, इसका व्यास 70 मिमी० व लम्बाई 6 मी० होगी।

उपयुक्त दरें मान लें।

प्राक्कलित लागत सार (उदाहरण 9)

मद सं०	मद का विवरण	परिमाण	दर रु० पै०		धन राशि रु० पै०
1	50 मि. मी. व्यास का जस्तीकृत लोहा पाइप	94·00 मी.	11·50	प्रति मी.	1081·00
2	70 मि. मी. व्यास का जस्तीकृत लोहे का हाऊसिंग पाइप (housing pipe)	6·00 मी.	23·00	,,	138·00
3	50 मि. मी. व्यास की 1·50 मी. लम्बी तीन छलनियां	3 सं.	55·00	प्रत्येक	165·00
4	वाल्व तथा मूसल (plunger) सहित 70 मिमी. व्यास का गन मेटल का सिलिन्डर	1 सं.	100·00	,,	100 00
5	हैंड पम्प 16 मि. मी. व्यास की जोड़ने वाली छड़ के अतिरिक्त लम्बाई सहित	1 सं.	45·00	,,	45·00
6	बेल प्लग (Bail plug)	1 सं.	7·50	,,	7·00
7	अतिरिक्त साकेट	4 स.	2·50	,,	10·00
8	निर्माण स्थल तक सामान परिवहन कार्य	1 कार्य	20 00	इकमुश्त	20·00
9	नल कूप धंसाना 70 मि. मी. व्यास के खोल पाइप (casing) से वेधन, पानी का प्रबन्ध करना 50 मि. मी. व्यास के नलकूप पाइप व छलनी को नलकूप में उतारना तथा जोड़ लगाना व पाइप को बाहर निकालना				
	(i) '0 से 20 मीटर तक	20 मी.	7·50	प्रति मी.	150·00
	(ii) 20 से 35 मीटर तक	15 मी.	11·00	,,	165·00
	(iii) 35 से 50 मीटर तक	15 मी.	15·50	,,	232·50
	(iv) 50 से 65 मीटर तक	15 मी.	20 00	,,	300·00
	(v) 65 से 80 मीटर तक	15 मी.	24·00	,,	360·00
	(vi) 80 से 95 मीटर तक	15 मी.	28·50	,,	427·50
	(vii) 95 से 100 मीटर तक	5 मी.	33·00	,,	165·00
10	मोटी रेत की सप्लाई व उसे डाले हुये छलनी के चारों ओर भरना	1 कार्य	20·00	इकमुश्त	20·00
11	हैंड पम्प को यथास्थान लगाना व जोड़ना, नींव पकड़ बोल्ट (holding down bolts) सहित	1 कार्य	10·00	,,	10 00
12	सीमेंट कंक्रीट का चबूतरा व नींव, सतह चिकनी समापित	1 कार्य	30 00	,,	30·00
13	3 मी. लम्बी सीमेंट कंक्रीट की चिकनी समापित नाली	3·00 मी.	9·00	प्रति मी.	27·00
14	स्वच्छ जल न निकलने तक पम्प करके जल निकालना	1 कार्य	15·00	इकमुश्त	15·00
	योग				3468·50
	फुटकर व्यय तथा निर्माण प्रभारित सिब्बन्दी के लिये 5% जोड़ें				173·42
	सम्पूर्ण योग				3641·92

विद्यतीकरण (Electrification)

भवनों में बिजली लगाने के कार्य के अन्तर्गत प्रकाश, पंखों, प्लगों आदि के लिये बिजली के तार लगाना (wiring) तथा पंखे, बल्ब आदि लगाना सम्मिलित होता है। सामान्यतः बिजली का तार लगाने का प्राक्कलन प्रकाश पाइन्ट (light point), पंखे का पाइन्ट (fan point), प्लग पाइन्ट (plug point) आदि. पाइन्ट के आधार पर किया जाता है। तार, बत्ते, (battens), लकड़ी के गुटके, कीलें, पेंच क्लिप, स्विचें, स्विच बोर्ड (switch boards), अनवरत भूयोजन तार (continuous earth wire) आदि की सप्लाई व लगाने सहित पूर्ण कार्य की दर प्रति पाइन्ट ली जाती है। ब्रैकेट (brackets), शेड (shades), होल्डर (holders), सीलिंग रोज (ceiling roses), आदि अलग मदों में लिये जाते हैं। उनके आकार व संख्या विस्तृत विशिष्टियों के अनुसार लिये जाते हैं। ट्यूब लाइट (पारे की वाष्प का प्रकाश) के लिये तार लगाने का कार्य तो प्रकाश पाइन्ट के अन्तर्गत ही लिया जाता है परन्तु चोक (choke), स्टार्टर (starter) तथा प्रकाश ट्यूब अलग मद में लिए जाते हैं। सामान्यतय: बिजली के परिपथ (circuits) 3/029 तार से 5 एम्पियर धारा के लिये बनाये जाते हैं। हर परिपथ में अधिकतम 500 वाट की शक्ति रखी जाती है। सामान्यतय: 6 से 10 तक पाइन्ट एक परिपथ में लगाये जाते हैं। यदि विभिन्न परिपथों के लिये मुख्य स्विच बोर्ड (Main switch board) से उप मुख्य लाइन (sub main line) ले जाना हो तो इस लाइन का प्राक्कलन प्रति मीटर में लम्बाई के आधार पर किया जाता है। स्वीच व फ्यूज सहित मुख्य स्विच बोर्ड एक अलग मद में लिया जाता है तथा इसकी दर प्रति सं० के अनुसार ली जाती है। अलग-अलग आकार के पंखों का प्राक्कलन नियामक (regulator) व लटकाने वाली छड़ सहित (hanging roads) संख्या के आधार पर किया जाता है। पंखें लटकाने (erection) का कार्य अलग मद में लिया जाता है। इंजीनियरी विभाग भंडार क्रय विभाग (Stores purchase Department) के द्वारा पंखे खरीदते हैं तथा बिजली के ठेकेदार उन्हें लगाते हैं। पंखे लटकाने का कार्य पंखे के पाइन्ट के अन्तर्गत भी सम्मिलित किया जा सकता है।

सामान्यतय: पंखे फर्श से 2·8 मी. (9′) की ऊँचाई पर तथा प्रकाश पाइन्ट 2·5 मी. (8′) की ऊँचाई पर लगाये जाते हैं। प्रकाश पाइन्ट कई प्रकार से लगाये जा सकते हैं। वे सीलिंग रोज से लचकीले तार (flexible wire) द्वारा लटकाये जा सकते हैं, ऐसे पाइन्ट को लटकन प्रकार (pandent type) का पाइन्ट कहते हैं। इसे दीवार ब्रैकेट लगाकर लगाया जा सकता है, ब्रैकेट पर या इसे सीधे बत्ते पर भी लगाया जा सकता है। नये भवन में बल्ब लगाये जाते हैं तथा बल्बों की लागत प्राक्कलन में जोड़ी जाती है परन्तु बाद में बल्बों के फ्यूज होने पर बल्ब भवन में रहने वाले या किरायदार को बदलना होता है। भवन को बिजली सामान्यतय: बिजली सप्लाई कम्पनी द्वारा दी जाती है तथा इसके लिये प्राक्कलन में इकमुश्त (lump sum) धनराशि रखी जाती है। भवन की बिजली को मुख्य लाइन से उचित आकार के तार द्वारा जोड़ना, लोहे के ब्रैकेट, मुख्य फ्यूज तथा मीटर बक्स आदि लगाना, भूमि संयोजन तार लगाना (earthing) आदि कार्य इस इकमुश्त राशि में सम्मिलित होते हैं। यदि बिजली की मुख्य लाइन भवन से दूर हो तो भवन तक बिजली की मुख्य लाइन लाने के लिये खम्भे लगाने होंगे व इन खम्भों की लागत भी प्राक्कलन में जोड़नी होगी। बिजली सप्लाई कम्पनी भवन तक बिजली पहुंचाने का प्राक्कलन बनाती है तथा कम्पनी द्वारा निर्धारित धनराशि भवन मालिक को देनी पड़ती है। भवन की बिजली के तारों को मुख्य तारों (main) से जोड़ने के पूर्व उनकी जाँच की जाती है कि कहीं बिजली लीक तो नहीं होगी या कहीं तार 'शार्ट' (Short cicuit) तो नहीं हो रहे हैं। एक छोटे भवन में बिजली लगाने का प्राक्कलन का सरल उदाहरण आगे दिया गया है।

उदाहरण 10—एक भवन में तल दृश्य (चित्र 2-7, पृष्ठ 45) के अनुसार एक बैठक, तीन शयन कक्ष एक स्नान घर तथा सामने व पीछे की ओर बरामदे हैं। इस भवन में बिजली लगाने का विस्तृत प्राक्कलन बनाइये। बैठक में एक छत पंखा (ceiling fan), एक ट्यूब लाइट, एक ब्रैकेट लाइट पाइन्ट तथा एक प्लग पाइन्ट लगाया जायगा। प्रत्येक शयन कक्ष में एक छत पंखा, एक ट्यूब लाइट एक ब्रैकेट लाइट पाइन्ट तथा एक प्लग पाइन्ट लगाया जायगा। स्नान घर में केवल बत्ते पर एक लाइट पाइन्ट (batten light) लगाया जायेगा। सामने तथा पीछे के बरामदों में एक-एक ट्यूब लाइट, ब्रैकेट लाइट, पाइन्ट व प्लग पाइन्ट लगाया जायगा। छत के पंखों बल्बों व ट्यूब की सप्लाई भी प्राक्कलन में सम्मिलित की जायगी। एक घन्टी (calling bell) का पाइन्ट भी सम्मिलित किया जायगा।

मुख्य स्विच का अभिकल्पन--

अनुसूची के अनुसार बिजली का कुल लोड = 1040 वाट

अत: 230 वोल्ट पर परिपथ में धारा (current in circit) = $\frac{1040}{230}$ = 4·52 एम्पियर

अत: 15 एम्पियर, 250 वोल्ट की एक लोहावृत्त द्विध्रुवी स्विच (Iron clad double pole switch) लगानी होगी क्योंकि 15 एम्पियर से कम की लोहावृत्ति द्विध्रुवी स्विच बनती ही नहीं हैं।

लाइट तथा प्लग पाइन्टों की कुल संख्या = 20, अत: प्रकाश पाइन्टों के लिए परिपथ = 2

पंखों के पाइन्टों की कुल संख्या = 4, अत: पंखों के लिये परिपथ = 1

लाइट तथा पंखों के लिये कुल परिपथ = 3

अत: 15 एम्पियर 250 वोल्ट की लोहावृत्त द्विध्रुवी स्विच (I. C. D. P.) युक्त एक त्रिपथिय (3-way) वितरण बोर्ड (distribution board) उपयुक्त रहेगा।

उप मुख्य तार (sub main)--मीटर से मुख्य बोर्ड तक 7/·029 टी॰ आर॰ एस॰ तार लगाया जायगा। क्योंकि इस तार में 15 एम्पियर तक की धारा बह सकती है।

पाइन्टों व शक्ति की अनुसूची (उदाहरण 10 क्रमश:)

मकान में स्थिति	पंखे			प्रकाश		प्लग		कुल शक्ति			टिप्पणी
	सं॰	आकार	शक्ति	सं॰	शक्ति	सं॰	शक्ति	पंखें	प्रकाश	प्लग	
बैठक	1	56″ (142 से. मी.)	60	3	40	1	40	60	120	40	लाइट--2 लटकने, 1 ट्यूब
शयन कक्ष (1)	1	48″ (122 से. मी.	60	2	40	1	40	60	80	40	लाइट--1ब्रेकेट,1ट्यूब
शयन कक्ष (2)	1	48″ (122 से. मी.)	60	2	40	1	40	60	80	40	,, ,,
शयन कक्ष (3)	1	48″ (122 से. मी.)	60	2	40	1	40	60	80	40	,, ,,
स्नान घर	—	—	—	1	40	—	—	--	40	—	लाइट--1 बत्ता (batten)
सामने का बरामदा	—	—	—	2	40	1	40	--	80	40	लाइन--1 ब्रेकेट,1ट्यूब
पीछे का बरामदा	—	—	—	2	40	1	40	--	80	40	,, ,,
योग	4 सं॰	--	--	14 सं॰	--	6 सं॰	--	240 वाट	560 वाट	240 वाट	

पंखों, लाइट तथा प्लग पाइन्टो के कुल वाट = 240 + 560 + 240 = 1040 वाट = 1·04 किलोवाट

प्रकाप पाइन्ट--

लटकन (pandent) फिटिंग्स = 2 सं॰, ब्रैकेट फिटिंग्स = 5 सं॰, ट्यूब फिटिंग्स = 6 सं॰, बत्ता (batten) फिटिंग्स = 1 सं॰।

विद्युतीकरण उदाहरण 10 क्रमशः)

मद सं०	मदों का विवरण	परिमाण या संख्या	दर	धनराशि रू. पै.
1	16 मि. मी. टीक के बत्तों (battens) पर 3/·029 टी. आर. एस. तार लगाकर प्रकाश पाइन्ट लगाना—पीतल के क्लिपों, कीलों, ब्रंकेट लाइट की स्विच, टीक, लकड़ी का स्विच बोर्ड, लकड़ी के गुटके, दीवारों में छेद करना व भरना पूरे पर दो लेप रंग करना—सब सामग्री की सप्लाई सहित पूर्ण कार्य	14 सं.	25·00 प्रति पाइंट	350·00
2	3/·029 टी. आर. एस. तार लगाकर छत पंखों का पाइन्ट बनाना तथा 1/·044 टी. आर. एस. तार से अविरत भूमि संयोजन तार (continuous earth wire) लगाना– मद 1 के अनुसार पूर्ण कार्य	4 सं.	28·00 ,,	112·00
3	प्लग के लिये 3/·029 टी. आर. एस. तार लगाकर पाइन्ट बनाना तथा 1/·044 टी. आर. एस. तार से अविरत भूमि संयोजन तार लगाना, ऊपर के मद के अनुसार पूर्ण कार्य	6 सं.	15·00 ,,	90·00
4	घंटी (calling bell के लिये 3/·029 टी. आर. एस तार लगाकर पाइन्ट बनाना, ऊपर के मदानुसार पूर्ण कार्य	1 सं.	25·00 ,,	25·00
5	ब्रैकेट लाइट के फिटिंग्स की सप्लाई व लगाना—16 मि. मी. व्यास का 23 से. मी. लम्बा आक्सीकृत लोहा ब्रैकेट 25 से. मी. लम्बा लोहे का इनामलयुक्त शंकु शेड (conical shade) होल्डर आदि सहित पूर्ण कार्य	5 सं.	6·00 प्रति सेट	30·00
6	लटकन लाइट (pandent) के फिटिंग्स की सप्लाई व लगाना, सीलिंग रोज (ceiling rose) लचकीली तार होल्डर आदि सहित पूर्ण कार्य	2 सं.	2·50 ,,	5·00
7	40 वाट की 1·2 मी. लम्बी ट्यूब लाइट फिटिंग्स की सप्लाई व लगाना—ट्यूब, चोक, स्टारटर आदि सहित पूर्ण कार्य	6 सं.	45·00 ,,	270·00
8	बैटेन लाइट (batten) के फिटिंग्स की सप्लाई व लगाना—25 से. मी. आकार की इनामलयुक्त लोहे का शंकु-शेड होल्डर आदि सहित पूर्ण कार्य	1 सं.	4·00 ,,	4·00
			C. O.	886·00

(उदहरण 10 क्रमश)

क्रम	मद का विवरण	परिमाण या संख्या	दर	धनराशि रु. पै.
			B. F.	886·00
9	छत का पंखा लटकाने की छड़ तथा हुक सहित सप्लाई करना तथा लगाना	4 सं.	5·00 प्रति सेट	20·00
10	7/·029 टी. आर. एस. तार के उपमुख्य तार (sub-main) की सप्लाई करना व लगाना	3 मी.	4·00 प्रति मी.	12·00
11	मुख्य स्विच बोर्ड त्रिपथिय वितरण बोर्ड (3 way distribution board) व 15 एम्पियर, 250 वोल्ट का लोहाकृत द्विध्रुवी स्विच (I. S. D. P.) सप्लाई करना और लगाना	1 सं.	45·00 प्रत्येक	45·00
12	उपयुक्त भूमि संयोजन करना भा. मा. संस्था के विशिष्ट (I. S. I. specification) अनुसार 230 वोल्ट के लिये—	इक मुश्त	80·00 इक मुश्त	80·00
13	बिजली सप्लाई विभाग द्वारा बिजली का कनेक्शन देने की लागत	इक मुश्त	100·00 ,,	100·00
14	142 से. मी. (56″) छत पंखों की सप्लाई	1 सं.	250·00 प्रत्येक	250·00
15	122 से. मी. (48″) छत पंखों की सप्लाई	3 सं.	200·00 ,,	600·00
16	लाइट वल्बों की सप्लाई	8 सं.	2·00 ,,	16·00
17	घंटा (calling bell) की सप्लाई व लगाना	1 सं.	20·00 ,,	20·00
			योग	2,029·00
	फुटकर व्यय तथा निर्माण प्रभारित सिब्बन्दी के लिये केवल 1 से 13 मदों के लिये 5% जोड़े			57·15
			सम्पूर्ण योग	2,086·15

अध्याय 11

दर विश्लेषण

कार्य के विशेष मद के प्रति इकाई की दर, सामग्री की मात्रा और मजदूरों पर व्यय तथा अन्य आवश्यक व्यय एवं उचित लाभ को सम्मिलित करके, निश्चित करने को दर विश्लेषण कहते हैं। साधारणतय: दर विश्लेषण के लिये सामग्रियों की दर, कार्य स्थले पर उसे पहुंचाने के पूर्ण व्यय सहित ली जाती है जिसमें क्रय मूल्य, परिवहन व्यय, रेल भाड़ा, कर इत्यादि सम्मिलित होता है। दर की विश्लेषण के लिये ठेकेदार का उचित लाभ सामान्यतः 10% लिया जाता है। यदि सामग्रियों को 8 किलोमीटर से अधिक दूरी से लाना है तो परिवाहन व्यय अलग से भी सम्मिलित किया जाता है। सामग्रियों और मजदूरी की दरें विभिन्न स्थानों पर भिन्न-भिन्न होती है। अतः कार्य के मदों की दरें भी विभिन्न स्थानों पर भिन्न-भिन्न होती है।

दर विश्लेषण के लिये कार्य को कार्यान्वित करने से सम्बन्धित सभी कार्यवाहियों का ब्योरा प्राप्त होना चाहिये, आवश्यक सामग्रियों की मात्रा और उनका मूल्य मालूम होना चाहिये और भिन्न-भिन्न श्रेणी के मजदूर जिनकी आवश्यकता है व प्रति मजदूर की कार्य क्षमता और उनकी प्रति दिन की मजदूरी मालूम होनी चाहिये। यह सभी बाते केवल ब्यवहारिक कार्य के अनुभव से की जा सकती है।

कार्य के मदों की दरें निम्नलिखित बातों पर निर्भर करती हैं :—

(i) कार्य और सामग्रियों की विशिष्टियां सामग्रियों के गुण, मसाले का अनुपात, रचनात्मक कार्यवाइयों की विधि, इत्यादि।

(ii) सामग्रियों की मात्रा और उनकी दरें, विभिन्न श्रेणी के मजदूरों की सँख्या और उनकी दरें।

(iii) कार्य स्थान की स्थिति और सामग्रियों के स्रोत से उसकी दूरी, परिवहन की दरें, जल की प्राप्यता।

(iv) ठेकेदार का लाभ, ऊपरी तथा फुटकर व्यय।

ऊपरी व्यय (Overhead cost)—ऊपरी व्यय में कार्यालय के ऐसे ब्यय जो कार्य के उत्पादक व्यय न होकर अप्रत्यक्ष व्यय है, सम्मिलित होते हैं जैसे किराया, कर, निरीक्षण और दूसरे अप्रत्यक्ष व्यय।

ऊपरी व्यय पर विविध व्यय निम्नलिखित शीर्षकों के अन्तर्गत हो सकते हैं—

क—सामान्य ऊपरी व्यय (General overheads) :—

(i) सिब्बन्दी (कार्यालय के कर्मचारी), (ii) लेखन सामग्री, छपाई, डाक व्यय इत्यादि, (iii) यातायात व्यय, (iv) टेलीफोन, (v) किराया और कर।

ख—कार्य पर ऊपरी व्यय (Job Overheads):—

(i) निरीक्षण (अभियन्ता, ओवरसियर, निरीक्षक आदि का वेतन), (ii) सामग्रियों का लेन-देन तथा देखभाल, (iii) औजारों और मशीनों की मरम्मत, परिवहन भाड़ा तथा मूल्यह्रास, (iv) मजदूरों की सुबिधायें, (v) कारीगरों व मजदूरों का मुआवजा, बीमा आदि, (vi) लागत धन पर ब्याज, (vii) अग्रिम धन की हानि।

ठेकेदार को 6% से 8% तक का शुद्ध लाभ दिया जा सकता है और विविध ऊपरी व्यय 5% से 10% तक हो सकता है। ऊपरी व्यय और ठेकेदार का लाभ वास्तविक लागत का 15% तक उचित समझा जाता है, किन्तु लाभ मद के अन्तर्गत सामान्यतयः 10% जोड़ा जाता है। छोटे कार्यों के लिये ऊपरी व्यय कम हो सकता है।

बिश्लेषण की दर सामान्यतयः कार्य की विशेष मद के भुगतान की इकाई के लिये निम्नलिखित दो शीर्षों के अन्तर्गत निकाली जाती है।—

(1) सामग्रियाँ (2) मजदूरी।

और उनके खर्चे जोड़कर कार्य के मदों का व्यय निकल जाता है। सामग्रियों के मूल्य में परिवहन, अन्य व्यय और उनको निर्माण स्थान पर पहुंचाने का व्यय, स्थानीय टैक्स और दूसरे खर्चे भी सम्मिलित हैं। औजारों मशीनों और विविध छोटे मदों आदि के लिये जिनका हिसाब ब्योरे में नहीं हो सकता, इक मुश्त राशि की व्यवस्था रखी जाती है। पानी के खर्च के लिये कुल लागत का $1\frac{1}{2}$% की व्यवस्था दर में की जाती है। इस मूल्य में 10% ठेकेदार का लाभ जोड़कर कार्य के मद की प्रति इकाई की दर प्राप्त की जाती है। यदि सामग्रियों का परिवहन 8 किलोमीटर से दूर के स्थान से किया जाता है तो परिवहन के कार्य का विश्लेषण अलग से किया जा सकता है। यदि सीमेंट और इस्पात की सप्लाई विभाग से होती है तो ठेकेदार को इस पर कोई धन नहीं लगाना पड़ता इसलिये सीमेंट और इस्पात पर 10% लाभ नहीं दिया जाता। ठेकेदार को गोदाम से कार्य के स्थान तक सीमेंट और इस्पात के परिवहन का व्यय दिया जाना चाहिये। किन्तु यदि सीमेंट और इस्पात का प्रबन्ध ठेकेदार को करना है तो इन सामग्रियों पर भी 10% लाभ के रूप में जोड़ा जाना चाहिये। मजदूरी और सीमेंट तथा इस्पात को सम्मिलित करके सामग्रियों के कुल मूल्य का 10% लाभ जोड़ा जा सकता है, यदि ऐसा उल्लेख नहीं है कि यह सामग्रियाँ विभाग द्वारा सप्लाई की जायेंगी।

कार्य क्षमता या कार्य उत्पादन

कार्य क्षमता—शिल्पी या निपुण मजदूर के कार्य करने की क्षमता, प्रतिदिन कार्य की मात्रा, मजदूर की कार्य क्षमता या उत्पादन कहलाता है।

प्रत्येक शिल्पी का कार्य उत्पादन कार्य के स्वरूप, आकार, ऊँचाई स्थल और स्थिति के अनुसार बदलता रहता है। बड़े नगरों में जहाँ विशिष्ट मजदूर उपलब्ध हैं कार्य उत्पादन छोटे नगरों और गांवों से अधिक होता है। सुनियन्त्रित कार्य में कम मजदूरों की आवश्यकता पड़ती है। औसत शिल्पी का प्रतिदिन सन्निकट कार्य क्षमता या कार्य की मात्रा या कार्य उत्पादन निम्नलिखित है :—

मद सं.	मद का विवरण		परिमाण	प्रतिदिन
1	ईट चिनाई चूना या सीमेंट मसाले की नींव और कुर्सी में	....	1·25	घन मी. प्रतिराज
2	ईट चिनाई चूना या सीमेंट मसाला की अधिरचना में	....	1·00	,, ,, ,,
3	ईट चिनाई गारा की नींव और कुर्सी में	....	1·50	,, ,, ,,

मद सं०	मद का विवरण	परिमाण	प्रति दिन
4	ईट चिनाई गारा की अधिरचना में	1·25	घन मी. प्रतिराज
5	ईट चिनाई सीमेंट या चूना मसाला की डाट में	0·55	,, ,, ,,
6	ईट चिनाई सीमेंट या चूना मसाला की जैक डाट में	0·55	,, ,, ,,
7	आधी ईट की विभाजक दीवार में	5·00	वर्ग मी. प्रतिराज
8	रद्देदार ढोका चिनाई पत्थर की चूना या सीमेंट मसाला में गढ़ाई सहित	0·80	घन मी. प्रतिराज
9	बेरद्दा ढोका चिनाई पत्थर की चूना या सीमेंट मसाला में	1·00	,, ,, ,,
10	संगीन चिनाई पत्थर की चूना या सीमेंट मसाला में	0·40	,, ,, ,,
11	पत्थर की डाट चिनाई का कार्य	0·40	,, ,, ,,
12	चूना कंक्रीट नींव या फर्श में	8·50	,, ,, ,,
13	चूना कक्रीट छत पर	6·00	,, ,, ,,
14	सीमेंट कक्रीट 1 : 2 : 4	5·00	,, ,, ,,
15	प्रबलित ईट चिनाई का कार्य	1·00	,, ,, ,,
16	प्रबलित सीमेंट कंक्रीट का कार्य	3·00	,, ,, ,,
17	11 मि. मी. ($\frac{1}{2}''$) पलस्तर सीमेंट या चूना मसाला पर	8·00	वर्ग मी. प्रतिराज
18	टीप करना सीमेंट या चूना मसाला से	10·00	,, ,, ,,
19	सफेदी प्रलेपन या रंग प्रलेपन तीन लेप	70·00	प्रति पोताई मजदूर
20	सफेदी पोताई पर रंग पोताई एक लेप	200·00	वर्ग मी. प्रति पोताई मजदूर
21	पेन्ट या वार्निश करना, दरवाजों और खिड़कियों का	25·00	वर्ग मी. प्रति पेन्टर
22	कोलतार या सोलिगनम पेन्ट करना एक लेप	35·00	,, ,, ,,
23	पेन्ट करना बड़े क्षेत्र पर एक लेप	35·00	,, ,, ,,
24	डिस्टेम्पर करना एक लेप	35·00	,, ,, ,,
25	2·5 सेमी. ($\frac{1}{2}''$) सीमेंट कंक्रीट फर्श	7·50	वर्ग मी. प्रतिराज
26	चौकोर पटिया पत्थर का फर्श बनाना चूना या सीमेंट मसाले से. (चूना कक्रीट रहित)	10·00	,, ,, ,,
27	खड़ी ईट का फर्श चूना या सीमेंट मसाला से (चूना कंक्रीट रहित)	7·00	,, ,, ,,
28	पट ईट का फर्श चूना या सीमेंट मसाला से (चूना कंक्रीट रहित)	8·00	,, ,, ,,
29	चौखट बनाना साल या सागौन (टीक) लकड़ी का	0·07	घन मी. प्रति बढ़ई
30	चौखट बनाना देहाती लकड़ी का	0·15	,, ,, ,,
31	दरवाजे और खिड़कियों के पल्ले दिल्हेदार या कांच युक्त	0·70	वर्ग मीटर बढ़ई
32	दरवाजे और खिड़कियों के पल्ले फट्टीदार	0·80	,, ,, ,,
33	चिराई कठोर लकड़ी की	4·00	,, प्रति जोड़ लकड़हारों का
34	चिराई नर्म लकड़ी की	6·00	वर्ग मी. ,,
35	इकहरी इलाहाबाद या मंगलौर टाइल की छत बनाना	6·00	,, प्रति टाइल—कारीगर
36	दोहरी इलाहाबाद टाइल की छत बनाना	4·00	,, ,,

मद सं.	मद का विवरण	परिमाण	प्रति दिन
37	ईट की गिट्टियां तोड़ना 40 मि. मी. (1½″) गेज की	0·75	घ. मी. प्रति मजदूर या गिट्टी तोड़ने वाला
38	ईट की गिट्टी तोड़ना 25 मि. मी. (1″) गेज की	0·55	,, ,,
39	पत्थर की गिट्टी तोड़ना 40 मि. मी. (1½″) गेज की	0·40	घ. मी. प्रति मजदूर या गिट्टी तोड़ने वाला
40	पत्थर की गिट्टी तोड़ना 25 मि. मी. (1″) गेज की	0·25	,, ,,
41	संगीन पत्थर की गढ़ाई	0·70	घ. मी. प्रति पत्थर कारीगर
42	चौकोर पत्थर की गढ़ाई	1·50	वर्ग मी. ,, ,,
43	मिट्टी की खुदाई का कार्य साधारण मिट्टी में	3·00	घ. मी. प्रति मजदूर
44	मिट्टी खुदाई का कार्य कठोर मिट्टी में	2·00	घ. मी. ,,
45	खुदाई चट्टान में	1·00	,, ,,
46	ईटों की संख्या, ईट चिनाई में एक राज की कार्य क्षमता, 3 मी. (10′) ऊँचाई तक	600	सं. ईटे प्रति राज
47	कार्य का परिमाण, प्रति दिन एक मजदूर (सहायक) द्वारा--		
	(i) मसाला का मिश्रण	3·00	घ. मी. मसाला प्रति मजदूर
	(ii) ईट पहुंचाना	4000	स. 15 मी. दूरी तक प्रति मजदूर
	(iii) मसाला पहुंचाना	5·5	घ. मी. प्रति मजदूर
48	पाड़ पर व्यय एक तल्ला भवन के लिये	रु. 0·50	प्रति घ. मी. ईट चिनाई का

भिन्न-भिन्न कार्यों के लिये आवश्यक मजदूर

(राष्ट्रीय भवन संस्था की भवन उद्योग में उत्पादन योजना की रिपोर्ट से उद्धृत भाग)

क—मिट्टी का कार्य प्रति 28·30 घन मी. (0000 घन फुट)—

(1) साधारण मिट्टी में नींव, खाई इत्यादि की खुदाई जिसमें 30 मी. (100′) तक वाहन दूरी और 1·5 मी. (5′) तक उत्थापन सम्मिलित हैं—5 बेलदार और 4 मजदूर 28·30 घन मी. (1000 घन फुट) प्रति दिन कर सकते हैं।

(2) नींव, कुर्सी इत्यादि में खुदी मिट्टी की पुन: भराई जिसमें 15 से. मी. (6″) की तहों में दृढ़ीकरण सम्मिलित हैं—3 बेलदार, 2 मजदूर और ½ भिश्ती 28·30 घन मी. (1000 घन फुट) प्रति दिन कर सकते हैं।

(3) अतिरिक्त मिट्टी की 30 मी. (100′) की दूरी के अन्दर ले जाना—1 मजदूर 28·30 घन मीटर (1000 घन फुट) प्रति दिन कर सकता है।

ख—सीमेंट कंक्रीट का कार्य प्रति 2·83 घन मी. (100 घन फुट)

सीमेंट कंक्रीट डालना—2 बेलदार, 3 मजदूर, $\frac{3}{4}$ भिश्ती और $\frac{1}{4}$ राज प्रति दिन 2·83 घन मी० (100 घन फुट) डाल सकते है।

ग—प्रबलित सीमेंट कंक्रीट का कार्य—

(1) प्रबलित कंक्रीट डालना—3 बेलदार, 3 मजदूर, 1$\frac{1}{2}$ भिश्ती और $\frac{1}{2}$ कारीगर 2·83 घन मी. (100 घन फुट) कार्य प्रति दिन कर सकते हैं।

(2) ढूला बांधना और तख्ताबन्दी करना सपाट पृष्ठों के लिये--4 बेलदार और 4 बढ़ई (द्वितीय श्रेणी) 9·6 वर्ग मी० (96 वर्ग फुट) कार्य प्रति दिन कर सकते हैं।

(3) प्रबलन का कार्य प्र० सी० कं० के लिए—1 लुहार या फिटर और 1 बेलदार प्रति दिन 1 कुंतल इस्पात को मोड़कर यथा स्थान पर लगा सकते हैं।

घ—पत्थर का कार्य प्रति 2·83 घन मी० (100 घन फुट)—

ढोका पत्थर की चिनाई नींव में नीले पत्थर से—3 कारीगर, 3 बेलदार, 2 मजदूर और $\frac{1}{4}$ भिश्ती 2·83 घन मी० (100 घन फुट) प्रति दिन कर सकते हैं।

ङ—ईंट चिनाई का कार्य प्रति 2·83 घन मी० (100 घन फुट)

प्रथम श्रेणी की ईंट चिनाई का कार्य 1 : 4 सीमेंट मसाले का, अधिरचना, विभाजक दीवारों, छत की संन्धियों, मुन्डेर दीवारों और बिगरी रद्दों में—2$\frac{1}{4}$ राज, 4$\frac{1}{2}$ मजदूर और $\frac{1}{2}$ भिश्ती 2 83 घन मी० (100 घन फूट) कार्य प्रति दिन कर सकते हैं।

च—लकड़ी का कार्य—

(1) दरवाजों और खिड़कियों के चौखट के लिए—2 बढ़ई और 1 बेलदार 0·18 घन मी० (6·40 घन फुट) लकड़ी का कार्य प्रति दिन कर सकते। जो 7·5 से०मी० x 10 से० मी० (3″ × 4″) चौखट के 1·2 मी० × 2·1 मी० (3′-11″ × 7′) माप के दरवाजों के समान होगा।

(2) दिल्हेंदार व कांचयुक्त इत्यादि के पल्लों के लिए—15 बढ़ई और 4 बेलदार 40 मि० मी० (1$\frac{1}{2}$″) मोटे 2·00 मी० × 1·15 मी० (6′-9″ × 3′-9″) माप के 4 दरवाजे एक दिन में बना और लगा कसते हैं। (प्रति पल्ला लकड़ी की मात्रा = 0·075 घन मी० या 2·66 घन फुट)।

छ—लोहे का कार्य—

(1) 40 मि० मी० × 3 मि० मी० × 38 से०मी (1$\frac{1}{2}$″ × $\frac{1}{8}$″ × 15″) चपटी पकड़ पट्टियां लगाना—1 लोहार (द्वितीय श्रेणी), 1 राज व 1 बेलदार 36 पकड़ पट्टियां प्रतिदिन लगा सकते हैं।

(2) 16 मि० मी० (5/8″) व्यास की नर्म इस्पात की छड़ें लगाना—1 लोहार (द्वितीय श्रेणी), 2 बढ़ई (द्वितीय श्रेणी) और 3 बेलदार 16·5 मी० (54 फुट) प्रतिदिन लगा सकते हैं।

ज—फर्श बनाना—

(1) 4 से० मी० (1$\frac{1}{2}$″) मोटी 40 वर्ग मी० (400 वर्ग फुट) फर्श के लिये, 5 राज, 4 बेलदारों, 3 मजदूरों व 1 भिश्ती को मिलाने, डालने व सम्पूर्ति (finishing) के लिए आवश्यकता होगी।

झ—समापन कार्य—

(1) पलस्तर 12 मि. मी. ($\frac{1}{2}''$) मोटा किसी भी मसाले से—3 राज, 3 मजदूर और 1 भिश्ती 40 वर्ग मी. (400 वर्ग फुट) पलस्तर एक दिन में कर सकते हैं।

(2) सफेदी पोताई या रंग पोताई (3 लेप) —1 पोताई करने वाला और एक मजदूर 60 वर्ग मी. (600 वर्ग फुट) पोताई एक दिन में कर सकते हैं।

(3) लकड़ी या इस्पात पर दो लेप चाकलेट, भूरा या लाल इत्यादि पेन्ट करना—3 रंगसाज व 2 मजदूर 10 वर्ग मी. (100 वर्ग फुट) पेन्ट 1 दिन में कर सकते हैं।

बोझा दो बैलों की गाड़ी के लिये

सामग्रियों का विवरण	मात्रा या संख्या	
	कच्ची सड़क पर	पक्की सड़क पर
1. ईट 19 सेमी. × 9 सेमी. × 9 सेमी ($9'' \times 4\frac{1}{2}'' \times 2\frac{3}{4}$)	275 सं.	400 सं.
2. ईंट की गिट्टी	0·85 घन मी.	1·10 घन मी.
3. पत्थर की गिट्टी	0·70 ,,	1·00 ,,
4. कंकड़	0·85 ,,	1·10 ,,
5. रेत सुर्खी	0·85 ,,	1·10 ,,
6. चूना	1·10 ,,	1·40 ,,
7. टाइल (इलाहाबाद या मंगलौर)	275 सं.	400 सं.
8. सीमेंट	15 बोरियां	20 बोरियां
9. इस्पात	0·75 टन	1 टन

द्रष्टव्य—एक बैलगाड़ी लगभग 1 टन बोझा ले सकती है। बैलगाड़ी की औसत गति 3·20 कि. मी. (2 मील) प्रति घण्टा ली जा सकती है और $\frac{3}{4}$ घण्टे का अतिरिक्त समय लादने और उतारने के लिए दिया जा सकता है। प्रति दिन कार्य के 8 घंटे मान कर प्रतिदिन आने जाने की संख्या मालूम की जा सकती है।

ट्रक का बोझा

पक्की सड़क पर— ट्रकें	3 टन वाला	5 टन वाला	8 टन वाला डीजल ट्रक
ईंटें या इलाहाबाद टाइल या मंगलौर टाइल	1000 सं.	1500 सं.	2000 सं.
सीमेंट इस्पात और दूसरी वजनी सामग्रियां	3 टन	5 टन	8 टन
दूसरी सामग्रियां—गिट्टी, कंकड़, बालू, कोयला, इत्यादि	2·8 घन मी.	4·20 घन मी.	5·6 घन मी.

मिट्टी की कच्ची सड़कों पर बोझ $33\frac{1}{3}\%$ कम हो जायेगा।

सामग्रियां—कार्य के भिन्न-भिन्न मदों के लिये

	मदों का विवरण	सामग्रियों का परिमाण
1	ईट 20 से. मी. × 10 से. मी. × 10 से. मी. ($9'' \times'' \times 4\frac{1}{2}'' \times 3''$) ईंट चिनाई के लिये	50000 सं. प्रति% घन मी. 500 सं. प्रति घन मी. (1350 सं. 100 घन फुट के लिए
2	सूखा मसाला, ईंट चिनाई के लिये 30%	30 घन मी. प्रति% घन मी.

मद सं.	मदों का विवरण	सामग्रियों का परिमाण
3	पत्थर, पत्थर की रोड़ी, चिनाई के लिये 125%	125 घन मी. प्रति °/。 घन मी.
4	सूखा मसाला, पत्थर की रोड़ी, चिनाई के लिये 42%	42 ,, ,, ,,
5	इटें—रोड़ी के लिए, चूना कंक्रीट में	37000 सं. प्रति °/。 घन मी.
6	खंडित ईंट—रोड़ी के लिए चूना कंक्रीट में	105 घन मी. प्रति °/。 घन मी.
7	ईंट की रोड़ी, चूना कंक्रीट के लिये	100 ,, ,, ,,
8	सूखा मसाला, चूना कंक्रीट मे नींव और फर्श के लिये 35%	35 ,, ,, ,,
9	सूखा मसाला, चूना कंक्रीट में छत के लिये 45%	45 ,, ,, ,,
10	1 : 2 : 4 सीमेंट कंक्रीट के लिये सामग्रियां—	
	रोड़ी या गिट्टी 88 °/。	88 ,, ,, ,,
	बालू 44°/。	44 ,, ,, ,,
	सीमेंट 22°/。	22 घन मी. (660 बोरी) प्रति °/。 घन मी.
11	सामग्रियां, 1 : 2 : 4 सीमेंट कंक्रीट की 2·5 से. मी. (1") फर्श के लिये पत्थर की गिट्टी	2·40 घन मी. प्रति °/。 वर्ग मी.
	बालू	1·20 घन मी. प्रति °/。 वर्ग मी.
	सीमेंट	0·80 घन मी. (24 बोरी) प्रति °/。 वर्ग मी.
12	ईंटें, प्र. ई. के चि. कार्य के लिए	42000 सं. प्रति °/。 घन मी. (420 सं. प्रति घन मी.)
13	सूखा मसाला, प्र. ई. चि. क कार्य के लिये 45°/。	45 घन मी. प्रति °/。 घन मी.
14	सूखा मसाला 12 मि. मी. ($\frac{1}{2}$") पलस्तर के लिये	2·00 घन मी. प्रति °/。 वर्ग मी.
15	सूखा मसाला, ईंट की चिनाई में टीप के लिये	0·60 ,, ,, ,,
16	चूना या सफेदी पोताई एक लेप	10 कि. ग्रा. प्रति °/。 वर्ग मी.
17	सूखा डिस्टेम्पर पहले लेप के लिये	6·5 ,, ,, ,,
18	सूखा डिस्टम्पर दूसरे लेप के लिये	5·0 ,, ,, ,,
19	स्नोसेम पहले लेप के लिये	30 ,, ,, ,,
20	स्नोसेम दूसरे लेप के लिये	20 ,, ,, ,,
21	पूर्व निर्मित पेन्ट एक लेप पेन्ट करने के लिये	10 लीटर प्रति °/。 वर्ग मी.
22	पेन्ट (कड़ा) एक लेप पेन्ट करने के लिये	10 कि. ग्रा. प्रति % वर्ग मी.
23	ईंटें, ईंटों के फर्श या दीवार के लिए (मानक ईंटे)	5000 सं. ,, ,,
24	सूखा मसाला, ईंटों के फर्श या दीवार के लिए	3·20 घन मी. प्रति °/。 वर्ग मी.
25	ईंटे, पट ईंटों के फर्श के लिये (9' × 4$\frac{1}{2}$" × 3" ईंटें)	3500 स. ,, ,,
26	सूखा मसाला पट ईंटों के फर्श के लिए	2·25 घन मी. प्रति °/。 वर्ग मी.
27	ईंटें—जालीदार दीवार के लिए	3250 सं. ,, ,,
28	सूखा मसाला जालीदार दीवार के लिये	2·5 घन मी. प्रति °/。 वर्ग मी.
29	सूखा मसाला 1 : 2 सीमेंट मसाला के 2 से. मी. मोटे सील रोक रद्दों के लिये	
	सीमेंट	0·90 घन मी. (27 बैग) प्रति °/。 वर्ग मी
	मोटी बालू	1·80 घन मी प्रति °/。 वर्ग मी.
	कम्पोसील या इम्परमों @ 1 किलोग्राम प्रति बोरी सीमेंट की	27 कि. ग्राम प्रति °/。 वर्ग मी.

मद सं०	मदों का विवरण	सामग्रियों का परिमाण
30	सामग्रियां, 1 : $1\frac{1}{2}$: 3 सी. कं. के 2·5 से. मी. मोटे सील रोक रद्दा के लिये—	
	पत्थर की गिट्टी	2·25 घन मी. प्रति °/ₒ वर्ग मी.
	मोटी बालू	1·13 ,, ,,
	सीमेंट	0·75 घन मी. ($22\frac{1}{2}$ बैग) ,,
	कम्पोसिल या ईम्परमो @ 1 किलोग्राम प्रति बोरी सीमेंट की	22·5 कि. ग्राम प्रति °/ₒ वर्ग मी.
31	बिटुमेन या एस्फाल्ट छत या सील रोक रद्दा पर पेन्ट करने के लिये—	
	पहला लेप	150 कि. ग्राम प्रति °/ₒ वर्ग मी.
	दूसरा लेप	100 ,, ,, ,,
32	जस्ती ढलवा लोहे की चादर छत के लिये	128 वर्ग मी. ,, ,,
33	एस्बेस्टास सीमेंट की लहरिया चादर छत के लिये	115 ,, ,, ,,
34	लकड़ी दिलहेदार दरवाजे के लिये, 4 से. मी. मोटे पल्ले	4·5 घन मी. ,, ,,
35	लकड़ी फट्टीदार दरवाजे के लिये 4 से. मी. मोटे पल्ले	4·0 ,, ,, ,,
36	लकड़ी, अंशतः दिलहेदार और कांच लगे 4 से. मी. पल्ले के लिये	3·0 ,, ,, ,,
37	लकड़ी पूर्णतः कांच युक्त 4 से. मी. मोटे पल्ले के लिये	2·0 घन मी. प्रति °/ₒ वर्ग मी.

100 घन मी. सीमेंट कंक्रीट के भिन्न-भिन्न अनुपातों के लिये आवश्यक सामग्रियां और स्थूल करण (Bulkage) व संकुचन (Shrinkage) —

अनुपात आयतन में	सीमेंट	बालू (मोटी)	मोटी गिट्टी (पत्थर)	मात्रा कंक्रीट की पानी सहित	मोटी गिट्टी का आयतन में फूलना	आयतन में कमी सामग्रियों के अवयवों के कुल जोड़ में
1 : 2 : 4	21 घन मी.	42 घन मी.	84 घन मी.	100 घन मी.	16°/ₒ	47°/ₒ
1 : 2 : 5	17·2 ,,	34·4 ,,	86 ,,	100 ,,	14°/ₒ	37·6 °/ₒ
1 : 3 : 6	14·66 ,,	44·00 ,,	88 ,,	100 ,,	12°/ₒ	46 66 °/ₒ
1 : 4 : 8	11·25 ,,	45·00 ,,	90 ,,	100 ,,	10°/ₒ	45·25 °/ₒ
1 : 5 : 10	9·20 ,,	46·00 ,,	92 ,,	100 ,,	8°/ₒ	47·20 °/ₒ

साधारण व्यवहार में दर के विश्लेषण के लिए समापित (finished) कंक्रीट के आयतन में कमी सामग्रियों के अवयवों के कुल जोड़ का 50°/ₒ से 55°/ₒ तक ली जा सकती है। 100 घन मी. समापित कंक्रीट के लिए सामग्रियों के सूखे अवयवों के आयतन का कुल जोड़ 152 घन मी. लिया जा सकता है। सीमेंट कंक्रीट के मद की दर का विश्लेषण देखिये।

रोड़ी तथा बालु में रिक्त स्थान (Voids)

नदी की बालु—

सूक्ष्म बालू	... 43%
मोटी बालू	... 35%
मिश्रित तथा भीगी बालू	... 38%
मिश्रित सूखी बालू	... 30%

पत्थर की रोड़ी ग्रेडेड (graded)

25 मि. मी. उच्चतम आकार की रोड़ी	46%
50 मि. मी. उच्चतम आकार की रोड़ी	45%
63 मि. मी. उच्चतम आकार की रोड़ी	41%
छर्री (छनी हुई रोड़ी—grit)	48%

मसाले के आयतन

सूखे मसाले के आयतन में जल मिश्रित करके पेस्ट बनाने पर प्रायः एक चौथाई कमी हो जाती है। साधारण व्यवहार में दर के विश्लेषण के लिये मसाले के भीगे मिश्रण के आयतन में कमी उपादान सामग्रियों के आयतन के कुल जोड़ की 25% ली जाती है। 100 घन मी. मसाले के भीगे मिश्रण के लिये उपादान सामग्रियों के अवयवों के आयतन का कुल जोड़ 125 घ. मी. लिया जा सकता है। और स्पष्टीकरण के लिए ईंट चिनाई, पलस्तर इत्यादि के दर विश्लेषण देखिये।

लखनऊ में मुख्य सामग्रियों और मजदूरी की सन्निकट दरें

सन् 2012

विवरण	दर
मजदूरी	
1. प्रथम श्रेणी की ईंटें	4500 रु. प्रति%० सं.
2. द्वितीय श्रेणी की ईंटें	4000 रु. प्रति%० सं.
3. ईंटे की रोड़ी 40 मिमी गेज	650 रु प्रति घ. मी.
4. ईंटे की रोड़ी 25 मिमी गेज	700 रु. प्रति घ. मी.
5. पत्थर की रोड़ी 40 मिमी गेज	1800 रु. प्रति घ. मी.
6. पत्थर की रोड़ी 20 मिमी गेज	1800 रु. प्रति घ. मी.
7. पत्थर की रोड़ी 12 मिमी गेज	1700 रु. प्रति घ. मी.
8. पत्थर की रोड़ी 8 मिमी गेज	1500 रु. प्रति घ. मी.
9. सीमेंट	260 रु. प्रति बोरी
10. इस्पात	4400 रु. प्रति कुन्तल
11. सफेद या पत्थर चूना (बिना बुझा)	650 रु. प्रति कुन्तल
12. सफेद या पत्थर चूना (बुझा)	800 रु. प्रति घ. मी.
13. सुर्खी	500 रु. प्रति घ. मी.
14. सूक्ष्म बालू (स्थानीय)	700 रु. प्रति घ. मी.
15. मोटी बालू (मौरंग)	1500 रु. प्रति घ. मी.
16. टीक की लकड़ी	40000 रु. प्रति घ. मी.
17. शीशम की लकड़ी	30000 रु. प्रति घ. मी.
18. साल की लकड़ी	40000 रु. प्रति घ. मी.

विवरण	दर
मजदूरी	
1. मुख्य राज	रु. 350·00 प्रति दिन
2. राज	रु. 300·00 प्रति दिन
3. मजदूर (बेलदार)	रु. 220·00 प्रति दिन
4. बालक या स्त्री कुली	रु. 200·00 प्रति दिन
5. भिश्ती	रु. 200·00 प्रति दिन
6. बढ़ई	रु. 300·00 प्रति दिन
7. लोहार	रु. 300·00 प्रति दिन
8. पेन्टर	रु. 300·00 प्रति दिन

परिवहन–

दो बैलों की गाड़ी चालक सहित रु. 300·00 प्रति दिन

सड़क की रोड़ी का परिवहन उतारने व लादने सहित—

पहला कि. मी.	48·60 रु. प्रति घन मी. प्रति कि. मी.
दूसरे तथा तीसरे कि. मी.	8·70 रु. "
चौथे तथा पांचवे कि. मी.	6·20 रु. "
छठे से दसवे कि. मी.	5·10 रु. "
11वें से 20वें कि. मी.	3·40 रु. "

दरें घटती बढ़ती रहती हैं, ऊपर दी गई दरें केवल सन्निकट हैं। दरें स्थान-स्थान पर बदलती भी हैं।

और दूसरी दरों के लिये सार्वजनिक निर्माण विभाग की दर अनुसूची देखिये।

पोर्टलैंड सीमेंट (साधारण सीमेंट) का एक 1 घन सेमी. = 144 ग्राम,

पोर्टलैंड सीमेंट का 1 घन मी. = 1440 किलोग्राम

पोर्टलैंड सीमेंट 1 घन मी. = 30 बोरियां व्यवहारिक प्रयोजन के लिये।

50 किलोग्राम की एक बोरी = 1/30 घन मी. = 0·034 घन मी.

रु. 260·00 प्रति बोरी की दर से 1 घन मी. सीमेंट का मूल्य आता है रु. 7650·00

1 कुन्तल सफेद या पत्थर चूना बिना बुझा = 0·225 घन मी. (8 घन फुट) बुझा चूना (ढीला)

1 कुन्तल (100 किलोग्राम) सफेद या पत्थर चूना बुझा = 0·17 घन मी. (6 घन फुट) (ढीला)

दर का विश्लेषण तैयार करना

कार्य सामग्रियों की आवश्यकताओं, दर इत्यादि के सम्बन्ध में पृष्ठ 418-426 में दी गई सूचनाओं से कार्य के भिन्न-भिन्न मदों की दरों का विश्लेषण किया जा सकता है। कार्य के विशेष मद के निर्माण की भिन्न-भिन्न गतिविधियों से और सामान्य ज्ञान से, मजदूरों, कुलियों, भिश्तियों इत्यादि की संख्या ली जा सकती है। उदाहरण के लिये, ईंट चिनाई के कार्य के लिये 1½ से 2 मजदूर या सहायक प्रति राज लिये जा सकते हैं; नींव में चूना कंक्रीट के लिये, राज का काम बहुत कम है, किन्तु उसे मिलाने, ले जाने, डालने और कूटने के लिये मजदूर की आवश्यकता बहुत है। छत में चूना कंक्रीट की कई दिनों की कुटाई के लिये मजदूर की आवश्यकता और भी अधिक है।

मसाला और कंक्रीट की अवयव सामग्रियों तथा चूना, सीमेंट, सूर्खी, पत्थर और ईंट के मिलावे में 40% से 50% तक रिक्तता होती है और सूक्ष्म अवयव स्थूल अवयवों के रिक्त स्थानों को भरते हैं। सघन समाले या सघन कंक्रीट में, स्थूल उपादान के रिक्त स्थान में सूक्ष्म उपादान अधिक आयतन में रहते हैं इसलिये समापित मसाले या कंक्रीट का आयतन बढ़ रहा है।

दर का विश्लेषण निकालने के लिये मजदूर प्रतिदिन 8 घंटे कार्य पर दैनिक मजदूरी के आधार पर लिये गये हैं। जब मजदूर विशेष की आवश्यकता पूरे दिन के लिये नहीं होती है, एक मजदूर को दिन के कुछ भाग के लिये कार्य करना होता है, ऐसी स्थिति में मजदूर का भाग हिसाब में लिया गया है। उदाहरण के लिये एक मजदूर आधे दिन के लिए ½ मजदूर प्रतिदिन के समान है।

दर विश्लेषण निकालने के लिये सूखे समाले या कंक्रीट का आयतन सब सामग्रियों के अलग-अलग आयतन का कुल जोड़ मान लिया जाता है।

समग्रियों और मजदूरों की लखनऊ की प्रचलित दरों (2009-10 के दरों) के आधार पर कार्य के भिन्न-भिन्न मदों की दर का विश्लेषण आगे पृष्ठों में दिया गया है, और कार्य की दर विभिन्न स्थानों में प्रचलित दरों से निकाली जा सकती है। दर का विश्लेषण निकालने के लिये बड़ी इकाइयां ली गई हैं और तब भुगतान की इकाई के लियें दरें निकाली गई हैं।

चूंकि अच्छा कंकर चूना उपलब्ध नहीं है किंतु इसमें जली हुई मिट्टी की पर्याप्त मात्रा सम्मिलित होती है अतः इसका प्रयोग बिना सुर्खी या दूसरे उपादान के मिलावे से किया जाता है। यदि अच्छा कंकर चूना उपलब्ध हो तो सुर्खी या दूसरे उपादान मिलाये जा सकते हैं।

1. चूना कंक्रीट नींव या फर्श **40** मि. मी. गेज इँट की रोड़ी से—इकाई **1** घन मी.— **10** घन मी. लेकर

(क) सफेद चूना और सुर्खी 1 : 2 से (अनुपात—16 : 32 : 100 अर्थात 1 : 2 : 6 सन्निकट)

सामग्रियां—

इँट की रोड़ी प्रथम श्रेणी 25 मि. मी. गेज की	10 घन मी.	@	रु. 650·00 / घन मी.	= रु. 6500·00
सफेद बुक्षा चूना	1·6 घन मी.	@	रु. 800·00 / घन मी.	= रु. 1280·00
सुर्खी	3·2 घन मी.	@	रु. 500·00 / घन मी.	= रु. 1600·00
			योग	**= रु. 9380·00**

मजदूरी—

मुख्य राज	½ सं.	@	रु. 350·00 / दिन	= रु. 175·00
राज	1 सं.	@	रु. 300·00 / दिन	= रु. 300·00
मजदूर (बेलदार)	12 सं.	@	रु. 220·00 / दिन	= रु. 2640·00
बालक या स्त्री कुली	12 सं.	@	रु. 200·00 / दिन	= रु. 2400·00
भिश्ती	2 सं.	@	रु. 200·00 / दिन	= रु. 400·00
फुटकर, औजार और मशीनें इत्यादि	इकमुश्त	@	रु. 100·00 इकमुश्त	= रु. 100·00
			योग	**= रु. 6015·00**

सामग्रियों का मूल्य और मजदूरी का योग	= रु. 15395·00
1½% पानी का खर्चा जोड़िये	= रु. 231·00
10% ठेकेदार का लाभ जोड़िये	= रु. 1539·50
कुल योग	**= रु. 17165·50**
	10 घन मी. के लिये

$$\textbf{दर प्रति घन मी.} = \text{रु. } \frac{\mathbf{17165{\cdot}50}}{\mathbf{10}} = \text{रु. } \mathbf{1716{\cdot}50}$$

100 घन मी. चूना कंक्रीट 1 : 2 : 6 के लिये सामग्रियों का सन्निकट परिकलन—चूना $= \frac{150}{1+2+6} = \frac{150}{9} = 16{\cdot}6$ घन मी; सुर्खी $16{\cdot}6 \times 2 = 33{\cdot}2$ घन मी. ; इँटों की रोड़ी $= 16{\cdot}6 \times 6 = 99{\cdot}6$ घन मी.;

लगभग 16 : 32 : 100

1 (ख) कंकड़ चूना से (35% मसाला)—इकाई 1 घन मी.—10 घन मी. लेकर

सामग्रियां—

ईंट की रोड़ी प्रथम श्रेणी 40 मि. मी. गेज की	10 घन मी.	@	रु. 650·00 / घन मी.	= रु. 6500·00
कंकड़ चूना,	3·5 घन मी.	@	रु. 600·00 / घन मी.	= रु. 2100·00
			योग	**= रु. 8600·00**

(क्रमशः)

मजदूरी—

उपरोक्त के अनुसार (मद—1 क), ... = रु. 6015·00

सामग्रियों का मूल्य और मजदूरी का योग	= रु. 14615·00
1½% पानी का खर्चा जोड़िये	= रु. 219·00
10% ठेकेदार का लाभ जोड़िये	= रु. 1461·50
कुल योग	**= रु. 16295·50**
	10 घन मी. के लिये

दर प्रति घन मी. = रु. $\frac{16295 \cdot 50}{10}$ = रु. 1629·50

1 (घ)) 1 : 1 अनुपात कंकड़ चूना और सुर्खी से—10 घन मी. के लिये
ईंट की रोड़ी 40 मि. मी॰ गेज की—10 घन मी., कंकड़ चूना 2·2 घन मी.,
सुर्खी 2·2 घन मी., और मजदूरी ऊपर के अनुसार

सुर्खी के स्थान पर राख, बालू या बजरी भी प्रयोग की जा सकती है, और उसके आधार मुल्य की गणना की जा सकती है।

साधारणतयाः पहाड़ी क्षेत्रों में जहाँ पत्थर की रोड़ी सस्ती है, ईंट की रोड़ी के स्थान पर पत्थर की रोड़ी का प्रयोग किया जाता है।

2. चूना कंक्रीट नींव या फर्श 40 मि. मी. गेज की पत्थर की रोड़ी, सफेद चूना और बालू से—(1 : 2 : 4) इकाई 1 घन मी.—10 घन मी. लेकर

सामग्रियां—

पत्थर की रोड़ी 40 मि. मी. गेज की (स्थानीय),	8·8 घन मी.	@	1800·00 / घन मी.	= रु॰ 15840·00
बालू या बजरी (स्थानीय),	4·4 घन मी.	@	900·00 / घन मी.	= रु॰ 3960·00
सफेद बुझा चूना,	2·2 घन मी.	@	700·00 / घन मी.	= रु॰ 1760·00
			योग	**= रु. 21560·00**

मजदूरी—

उपरोक्त के अनुसार (मद—1 क), ... = रु. 6015·00

सामग्रियों का मूल्य और मजदूरी का योग	= रु. 27575·00
1½% पानी का खर्चा जोड़िये	= रु. 414·00
10% ठेकेदार का लाभ जोड़िये	= रु. 2757·50
कुल योग	**= रु. 30746·50**
	10 घन मी. के लिये

दर प्रति घन मी. = रु. 30746·50/10 = रु. 3074·50

100 घन मी. चूना कंक्रीट 1 : 2 : 4 की सामग्रियों का सन्निकट प्ररिकलन—चूना = $\frac{\mathbf{152}}{\mathbf{1+2+4}}$

= 22 घन मी., बालू = 22 × 2 = 44 घन मी., पत्थर का मिलावा = 22 × 4 = 88 घन मी.

3. चूना कंक्रीट छत में 25 मि. मी. गेज ईंट की रोड़ी से—इकाई 1 घन मी.—10 घन मी. लेकर

(क) 1 : 2 सफेद चूना और सुर्खी से (अनुपात 18 : 36 : 100 अर्थात 1 : 2 : 5½ सन्निकट)

सामग्रियां —

ईंट की रोड़ी प्रथम श्रेणी 25 मि. मी. गेज की,	10 घन मी॰	@ रु.	700.00 / घन मी.	= रु. 7000·00
सफेद बुझा चूना,	1·8 घन मी॰	@ रु.	800·00 / घन मी.	= रु. 1440·00
सुर्खी	3·6 घन मी॰	@ रु.	500·00 / घन मी.	= रु. 1800·00
गुड़	12 किग्रा॰	@ रु.	30·00 / किग्रा॰	= रु. 360·00
बेल (7 किलोग्राम) घोल में	इकमुश्त	@ रु.	70·00 इकमुश्त	= रु. 70·00
			योग	**= रु. 10670·00**

ममदूरी—

मूख्य राज	½ सं॰	@ रु.	350·00 /दिन	= रु. 175·00
राज	2 सं॰	@ रु.	300·00 /दिन	= रु. 600·00
मजदूर (बेलदार)	10 सं॰	@ रु.	220·00 /दिन	= रु. 2200·00
बालक या स्त्री कुली	25 सं॰	@ रु.	200·00 /दिन	= रु. 5000·00
भिश्ती	3 सं॰	@ रु.	200·00 /दिन	= रु. 600·00
फुटकर, औजार और मशीनें इत्यादि	इकमुश्त	@ रु.	100·00 इकमुश्त	= रु. 100·00
			योग	**= रु. 8675·00**

सामग्रियों का मूल्य और मजदूरी का योग	= रु. 19345·00
1½% पानी का खर्चा जोड़िये	= रु. 290·00
10% ठेकेदार का लाभ जोड़िये	= रु. 1934·50
कुल योग	**= रु॰ 21569·50**
	10 घन मी. के लिये

दर प्रति घन मी. = रु. 21569·50/10 = रु. 2157·00

(i) दर प्रति वर्ग मी. 10 से. मी. मोटी चूना कंक्रीट छत के लिये—

1 घन मी. 10 से मी. मोटाई के लिये $\frac{1}{\cdot 1}$ = 10 वर्ग मी., ∴ दर प्रति वर्ग मी. = रु. $\frac{2157}{10}$ = रु. 215·70

(ii) दर प्रति वर्ग मी. 7·5 से. मी. मोटी चूना कंक्रीट छत के लिये:—

1 घन मी. 7·5 से मी. मोटाई के लिये = $\frac{1}{\cdot 075} = 13\frac{1}{3}$ वर्ग मी॰

∴ दर प्रति वर्ग मी. = रु. $\frac{2157}{13{\cdot}3}$ = रु. 162·00

सामग्रियों का सन्निकट परिकलन 100 घन मी. के लिए—

चूना = $\frac{154}{1+2+5½} = \frac{154}{8½}$ = 18·2 घन मी., सुर्खी = 18·2 × 2 = 36·4 घन मी.

ईंट की रोड़ी = 18·2 × 5½ = 100 घन मी., लगभग 18 : 36 : 100

3 (ख) चूना कंकड़ (45% मसाला)—इकाई 1 घन मी.,—10 घन मी. लेकर

सामग्रियां—

ईंट की रोड़ी प्रथम श्रेणी 25 मि. मी. गेज की,	10 घन मी.	@ रु. 700·00	प्रति घन मी.	= रु. 7000·00
कंकड़ चूना	4·5 घन मी.	@ रु. 800·00	प्रति घन मी.	= रु. 3600·00
गुड़	12 किलोग्राम	@ रु. 30·00	प्रति किग्रा.	= रु. 360·00
बेल (किलोग्राम) घोल में	इकमुश्त	@ रु. 90·00	**इकमुश्त**	= रु. 90·00
			योग	**= रु. 11050·00**

मजदूरी—

उपरोक्त के अनुसार (मद 3—क)	= रु. 8675·00
सामग्रियों का मूल्य और मजदूरी का योग	= रु. 19725·00
1½% पानी का खर्चा जोड़िये	= रु. 295·00
10% ठेकेदार का लाभ जोड़िये	= रु. 1972·50
कुल योग	**= रु. 21992·50**
	10 घन मी. के लिये

दर प्रति घन मी. = रु. 21992·50/10 = रु. 2199·00

(i) दर प्रति वर्ग मी., 10 से. मी. मोटी चूना कंक्रीट छत के लिये = 2199·00/10 = रु. 219·90

(ii) दर प्रति वर्ग मी., 7·5 से. मी. मोटी चूना कंक्रीट छत के लिये = $2199·00/13\frac{1}{3}$ = रु. 165·30

द्रष्टव्य—जहाँ सुर्खी उपलब्ध नहीं है, सुर्खी के स्थान पर बालू या राख प्रयोग की जा सकती है और उसके अनुसार मूल्य की गणना की जा सकती है।

---

4. चूना कंक्रीट छत में 20 मि. मी. गेज पत्थर की रोड़ी, सफेद चूना, और बालू से (अनुपात 1 : 2 : 4)—इकाई 1 घन मी.—10 घन मी. लेकर

सामग्रियां—

पत्थर की रोड़ी 20 मि. मी. गेज की,	8·8 घन मी.	@ रु. 1800·00 /	घन मी.	= रु. 15840·00
बालू (स्थानीय)	4·4 घन मी.	@ रु. 700·00 /	घन मी.	= रु. 3080·00
सफेद बुझा चूना	2·2 घन मी.	@ रु. 800·00 /	घन मी.	= रु. 1760·00
			योग	**= रु. 20680·00**

(क्रमशः)

जदूरी—

उपरोक्त के अनुसार (मद 3—क) ... ... = रु. 8675·00

सामग्रियों का मूल्य और मजदूरी का योग = रु. 29355·00

1½% पानी का खर्चा जोड़िये = रु. 440·00

10% ठेकेदार का लाभ जोड़िये = रु. 2935·50

कुल योग = रु. 32730·50

10 घन मी. के लिये

दर प्रति घन मी. = रु. 32730·50/10 = रु. 3273·00

जब मोटाई दी हुई है तो मोटाइ से भाग देकर छत के क्षेत्रफल की प्रति वर्ग सी. दर निकाली जा सकती है। 10 सेमी. मोटी चूना कंक्रीट की दर प्रति वर्ग मी. उपरोक्त की 1/10 होगी।

पहाड़ी क्षेत्रों में जहां ईंट की रोड़ी उपलब्ध नहीं है। पत्थर की रोड़ी प्रयोग की जाती है।

सामग्रियों की गणना मद 2 के अनुसार की जा सकती है।

सीमेंट कंक्रीट

सीमेंट कंक्रीट की सामग्रियों के उत्पादनों से कुल जोड़ की परिमाण 100 घन मी. के लिए 152 घन मी. ली जा सकती है।

10 घन मी. कंक्रीट की सामग्रियों का परिमाण निश्चित करने की सन्निकट विधि—15·2 को सामग्रियों के अनुपात की संख्याओं के जोड़ से भाग देने से सीमेंट का परिमाण घन मी. में निकलता है।

दृष्टांत—1 : 4 : 8 अनुपात की 10 घन मी.सीमेंट कंक्रीट के लिये सामग्रियां ज्ञात करना—

सीमेंट $= \frac{15\cdot2}{1+4+8} = \frac{15\cdot2}{13}$ = 1·17 घन मी. = 1·15 घन मी. लगभग

अतः बालू = 1·15 × 4 = 4·60 घन मी. और रोड़ी = 1·15 × 8 = 9·20 घन मी.

आवश्यक सामग्रियां 10 घन मी. सीमेंट कंक्रीट के लिये भिन्न-भिन्न अनुपात में

15·2 कुल जोड़ मानकर और अनुपातों के योग से भाग देकर सामग्रियों के परिमाण की गणना की जा सकती है।

अनुपात	रोड़ी	बालू	सीमेंट
1 : 1½ : 3	8·40 घन मी.	4·20 घन मी.	2·80 घन मी. (84 बोरियां)
1 : 2 : 4	8·80 घन मी.	4·40 घन मी.	2·20 घन मी. (66 बोरियां)
1 : 3 : 6	9·00 घन मी.	4·50 घन मी.	1·50 घन मी. (45 बोरियां)
1 : 4 : 8	9·20 घन मी.	4·60 घन मी.	1·15 घन मी. (34½ बोरियां)
1 : 5 : 10	9·50 घन मी.	4·75 घन मी.	0·95 घन मी. (28½ बोरियां)
1 : 6 : 12	9·60 घन मी.	4·80 घन मी.	0·80 घन मी. (24 बोरियां)

5. 1 : 5 : 10 सीमेंट कंक्रीट नींव या फर्श में 40 मि. मी. गेज ईंट की रोड़ी से—इकाई 1 घन मी.—10 घन मी. लेकर

सामग्रियां—

ईंट की रोड़ी प्रथम श्रेणी 40 मि. मी. गेज की	9·50 घन मी.	650·00 / घन मी.	= रु. 6175·00
बालू (स्थानीय)	4·75 घन मी.	700·00 / घन मी.	= रु. 3325·00
सीमेंट (28 $\frac{1}{2}$ बोरियां)	0·95 घन मी.	7650·00 / घन मी.	= रु. 7267·50
		योग	**= रु. 16767·50**

मजदूरी—

मूख्य राज	½ सं॰	350·00 / दिन	= रु. 175·00
राज	1½ सं॰	300·00 / दिन	= रु. 450·00
मजदूर (बेलदार)	12 सं॰	220·00 / दिन	= रु. 2640·00
बालक या स्त्री कुली	18 सं॰	200·00 / दिन	= रु. 3600·00
भिश्ती तराई के कार्य सहित	4 सं॰	200·00 / दिन	= रु. 800·00
फुटकर, औजार और मशीनें इत्यादि	इकमुश्त	120·00 इकमुश्त	= रु. 120·00
		योग	**= रु. 7785·00**
		सामग्रियों का मूल्य और मजदूरी का योग	= रु. 24552·50
		1½% पानी का खर्चा जोड़िये	= रु. 368·00
		10% ठेकेदार का लाभ जोड़िये	= रु. 2455·25
		कुल योग	**= रु. 27375·75**
			10 घन मी. के लिये

दर प्रति घन मी. = रु. 27375·75/10 = रु. 2737·50

---

6. 1 : 2 : 4 सीमेंट कंक्रीट—इकाई 1 घन मी.—10 घन मी. लेकर

सामग्रियां—

पत्थर की रोड़ी 40 मि. मी. गेज की	8·80 घन मी.	1800·00 / घन मी.	= रु. 15840·00
बालू मोटी	4·40 घन मी.	1500·00 / घन मी.	= रु. 6600·00
सीमेंट (66 बोरियां)	2·20 घन मी.	7650·00 / घन मी.	= रु. 16830·00
		योग	**= रु. 39270·00**

मजदूरी—

मूख्य राज	½ सं॰	350·00 / दिन	= रु. 116·70
राज	2 सं॰	300·00 / दिन	= रु. 600·00
मजदूर (बेलदार)	12 सं॰	220·00 / दिन	= रु. 2640·00
बालक या स्त्री कुली	20 सं॰	200·00 / दिन	= रु. 4000·00
भिश्ती (तराई के कार्य सहित)	6 सं॰	200·00 / दिन	= रु. 1200·00

तख्ता बन्दी (form work) या ढूला (आवश्यकतानुसार)	इकमुश्त	1300·00 / इकमुश्त	= रु. 1300·00
फुटकर, औजार और मशीनें इत्यादि	इकमुश्त	150·00 इकमुश्त	= रु. 150·00
		योग	= रु. 10006·70
		सामग्रियों का मूल्य और मजदूरी का योग	= रु. 49276·70
		1½% पानी का खर्चा जोड़िये	= रु. 739·00
		10% ठेकेदार का लाभ जोड़िये	= रु. 4927·70
		कुल योग	= रु. 54943·40
			10 घन मी. के लिये

दर प्रति घन मी. = रु. 54943·40/10 = रु. 5494·00

7. प्र. सी. कं. 1 : 2 : 4 का कार्य धरनों, स्लैबों इत्यादि में—इकाई 1 घन मी.—10 घन मी. लेकर

सामग्रियां—

पत्थर की रोड़ी 20 मि. मी. गेज की	8·80 घन मी.	@ 1800·00 /घन मी.	= रु. 15840·00
बालू (मोटी)	4·40 घन मी.	@ 1500·00 /घन मी.	= रु. 6600·00
सीमेंट (66 बोरियां)	2·20 घन मी.	@ 7650·00 /घन मी.	= रु. 16830·00
मृदु इस्पात छड़े @ 1% = ·1 घन मी. @ 78·5 कुन्तल/घन मी. = 7·85 कुन्तल	7·85 कुन्तल	@ 4400·00 /कुन्तल	= रु. 34540·00
बन्धक तार	1·50 किग्रा.	@ 65·00 /किग्रा.	= रु. 97·50
		योग	**= रु. 73907·50**

मजदूरी—

मूख्य राज	½ सं.	@ 350·00 /दिन	= रु. 175·00
राज	3 सं.	@ 300·00 /दिन	= रु. 900·00
मजदूर (बेलदार)	12 सं.	@ 220·00 /दिन	= रु. 2640·00
बालक या स्त्री कुली	20 सं.	@ 200·00 /दिन	= रु. 4000·00
भिश्ती (तराई के कार्य सहित)	6 सं.	@ 200·00 /दिन	= रु. 1200·00
फुटकर, औजार और मशीनें इत्यादि	इकमुश्त	@ 140·00 इकमुश्त	= रु. 140·00
		योग	**= रु. 9055·00**

मोड़ना बंकित करना और इस्पात की छड़े स्थान में बाँधना—

लोहार (द्वितीय श्रेणी)	8 सं.	@ 280·00 /दिन	= रु. 2240·00
मजदूर (बेलदार)	8 सं.	@ 220·00 /दिन	= रु. 1760·00
औजार और मशीनें	इकमुश्त	@ 90·00 इकमुश्त	= रु. 90·00
		योग	**= रु. 4090·00**

ढूला बांधना और तख्ताबन्दी करना (निर्मित करना और गिराना)—

लकड़ी के तख्ते और बल्लिया	इकमुश्त	1500·00	= रु. 1500·00
बढ़ई (द्वितीय श्रेणी)	10 सं.	@ 280·00 / दिन	= रु. 2800·00
मजदूर (बेलदार)	10 सं.	@ 220·00 / दिन	= रु. 2200·00
कीलें	इकमुश्त	200·00	= रु. 200·00
औजार और मशीनें	इकमुश्त	70·00	= रु. 70·00
		योग	**= रु. 6770·00**
		सामग्रियों का मूल्य और मजदूरी का योग	= रु. 85673·00
		1½% पानी का खर्चा जोड़िये	= रु. 1285·00
		10% ठेकेदार का लाभ जोड़िये	= रु. 8567·30
		कुल योग	**= रु. 95525·30**
			10 घन मी. के लिये

दर प्रति घन मी. = रु. 95525·30/10 = रु. 9552·50

8. प्र. सी. कं. का कार्य इस्पात छोड़कर किन्तु ढूला बांधना, तख्ताबन्दी करना, मोड़ना और बांधना सम्मिलित करके—10 घन मी.

उपरोक्त पद में इस्पात का मूल्य छोड़कर कुल मूल्य रु. 51035·50 आता है। 1½% पानी का खर्चा और 10% ठेकेदार का लाभ जोड़कर मूल्य का कुल योग 10 घन मी. के लिये रु. 56904·50 आता है। **दर प्रति घन मी.—5690·00**

द्रष्टव्य—1. यदि सीमेंट और इस्पात की सप्लाई विभाग द्वारा हो तो इन सामग्रियों के मूल्य पर 10% लाभ नहीं जोड़ते, किन्तु गोदाम से निर्माण स्थान तक लाने का व्यय जोड़ा जाना चाहिए।

2. यदि कंक्रीट मिलाने के लिये सीमेंट कंक्रीट मिश्रण यंत्र का प्रयोग होता है, तो किराया और परिचालन भाड़ा @ रु. 250 प्रति घन मी. जोड़ा जा सकता है और मजदूरी लगभग 2 बेलदार प्रति 10 घन मी. घठाई जा सकती है।

3. इस्पात छड़ों को मोड़ने, बंकित, करने, और बांघने की दर रु. 500 प्रति कुन्तल ली जा सकती है।

4. प्र. सी. क. के कार्य में ढूला बांधने या तख्ताबन्दी करने की दर रु. 1000·00 प्रति घन मी. ली जा सकती है।

9. प्र. सी. कं. का कार्य स्तंभ में 1 : 1½ : 3 इकाई 1 घन मी.—10 घन मी. लेकर—

सामग्रियां—

पत्थर की रोड़ी 20 मि. मी. गेज की	8·40 घन मी.	@ 1800·00 /घन मी.	= रु. 15120·00
बालू मोटी	4·20 घन मी.	@ 1500·00 /घन मी.	= रु. 6300·00
सीमेंट (84 बोरियां)	2·80 घन मी.	@ 7650·00 /घन मी.	= रु. 21420·00
मृदु इस्पात की छड़े @ 2% = ·2 घन मी.			
@ 78·5 कुन्तल / घन मी. 15·7 कुन्तल	15·7 कुन्तल	@ 4400·00 /कुन्तल	= रु. 69080·00
बन्धक तार	2·00 किग्रा.	@ 65·00 /किग्रा.	= रु. 130·00
		योग	**= रु. 112050·00**

मजदूरी—मद 7 के अनुसार	...	...	= रु. 9055·00
मोड़ना और बांधना इस्पात की छड़ों का—			
लोहार	12 सं.	280·00 /दिन	= रु. 3360·00
बेलदार (मजदूर)	12 सं.	220·00 /दिन	= रु. 2640·00
औजार और मशीनें	इकमुश्त	70·00 इकमुश्त	= रु. 70·00
		योग	**= रु. 6070·00**
दूला बांधना या तख्ताबन्दी करना—मद 7 के अनुसार	...	...	= रु. 6770·00
सामग्रियों का मूल्य और मजदूरी का योग			= रु. 133945·00
1½% पानी का खर्चा जोड़िये			= रु. 2099·00
10% ठेकेदार का लाभ जोड़िये			= रु. 13394·50
		कुल योग	**= रु. 149348·50**
			10 घन मी. के लिये

दर प्रति घन मी. = रु. 149348·50/10 = रु. 14935·00

10. प्रचलित ईंट. चिनाई का कार्य स्लैब इत्यादि में, 1 : 3 मसाला—इकाई 1 घन मी.—10 घन मी. लेकर

सामग्रियां—			
ईंट प्रथम श्रेणी @ 450 सं./घन मी.	4500 सं.	@ 4500·00 %० सं.	= रु. 20250·00
सीमेंट (36 बोरियां)	1·20 घन मी.	@ 7650·00 /घन मी.	= रु. 9180·00
बालू (मोटी)	3·60 घन मी.	@ 1500·00 /घन मी.	= रु. 5400·00
मृदु इस्पात छड़े @ ·8% = ·08 घन मी. @ 78·5 कुन्तल/घन मी. = 6·25 कुन्तल	6·25 कुन्तल	@ 4400·00 /कुन्तल	= रु. 27500·00
		योग	**= रु. 62330·00**
मजदूरी—			
मूख्य राज	½ सं.	@ 350·00 /दिन	= रु. 175·00
राज	10 सं.	@ 300·00 /दिन	= रु. 3000·00
मजदूर (बेलदार)	10 सं.	@ 220·00 /दिन	= रु. 2200·00
बालक या स्त्री कुली	10 सं.	@ 200·00 /दिन	= रु. 2000·00
भिश्ती (तराई सहित)	4 सं.	@ 200·00 /दिन	= रु. 800·00
फुटकर, औजार और मशीनें इत्यादि	इकमुश्त	@ 130·00 इकमुश्त	= रु. 130·00
		योग	**= रु. 8305·00**

मोड़ना और बांधना छड़ों को—

लोहार	6 सं.	280·00 /दिन	= रु. 1680·00
मजदूर (बेलदार)	6 सं.	220·00 /दिन	= रु. 1320·00
औजार और मशीनें	इकमुश्त	70 इकमुश्त	= रु. 70·00
		योग	**= रु. 3070·00**

ढूला बांधना या तख्ताबन्दी करना—

लकड़ी के तख्ते और बल्लिया	इकमुश्त	1500·00	= रु. 1500·00
बढ़ई	8 सं.	@ 280·00 /दिन	= रु. 2240·00
मजदूर (बेलदार)	8 सं.	@ 220·00 /दिन	= रु. 1760·00
कीलें	इकमुश्त	200·00 इकमुश्त	= रु. 200·00
औजार और मशीनें	इकमुश्त	70·00 इकमुश्त	= रु. 70·00
		योग	**= रु. 5770·00**

सामग्रियों का मूल्य और मजदूरी का योग	= रु. 79475·00
1½% पानी का खर्चा जोड़िये	= रु. 1192·00
10% ठेकेदार का लाभ जोड़िये	= रु. 7947·50
कुल योग	**= रु. 88614·50**
	10 घन मी. के लिये

दर प्रति घन मी. = रु. 88614·50/10 = रु. 8861·00

11. प्र. ई. चि. का कार्य इस्पात छोड़कर किन्तु ढूला बाँधना, तख्ताबन्दी करना, छड़ों का मोड़ना इत्यादि सम्मिलित करके इकाई 1 घन मी.—10 घन मी. लेकर, उपरोक्त मद से इस्पात निकालकर कुल मूल्य रु. 51975·00 है। 1½% पानी का खर्चा और और 10% ठेकेदार का लाभ जोड़कर 10 घन मी. के लिये कुल मूल्य रु. 57952·50 है। दर प्रति घन मी.—रु. 5795·00

12. प्र. ई. चि. कार्य 1 : 2 सीमेंट और बालू समाले का 10 घन मी. के लिए—
सीमेंट 1 : 5 घन मी. (45 बोरियां), बालू (मोटी) 3·00 घन मी.
अन्य विवरण मद 10 के अनुसार होगा

13. प्र. ई. वि. का कार्य छत के स्लैब में—इकाई 1 वर्ग मी.—10 वर्ग मी. लेकर—

(i) एक ईंट की (10 से. मी. मोटी) स्लैब मजदूरी और सामग्रियां लीजिये 1/10 भाग मद 10 का
(ii) दो ईंट की (20 से. मी. मोटी) स्लैब मजदूरी और सामग्रियां लीजिये 1/5 भाग मद 10 का

मजदूरी—सघन मीमेंट कंक्रीट के लिये मद **6** के अनुसार।

दुर्बल सीमेंट कंक्रीट के लिये मजदूरी निम्नालिखित प्रकार कम की जा सकती है

(क्रमशः)

घटाइये—राज ... ... $\frac{1}{3}$ सं.

कुली ... ... 2 सं.

भिश्ती ... ... 2 सं.

द्रष्टव्य—(i) नीव में कंक्रीट के लिये तख्ताबन्दी की आवश्यकता नहीं भी हो सकती है।

(ii) यदि छोटे आकार की रोड़ी प्रयोग की जा सकती है। तो रोड़ी की दर ऊँची होगी।

ईंट चिनाई मानक मीटरी ईंट से सें—ईंट चिनाई के लिये आवश्यक सामग्रियों का परिकलन—

1½ ईंट मोटी, 30 सें. मी. नामन मोटाई की 20 मी. लम्बी और 5 मी. ऊँची एक दीवार लीजिये।

नामन आयतन = 20 × 5 × ·3 मी. = 30 घन मी.

सामान्यतयः ससाले का जोड़ 1 सें. मी. से कम होगा, 1 सें. मी. मसाले के जोड़ की मोटाई मानकर दीवार की वास्तविक मोटाई 29 सें. मी. होगी।

इसलिये वास्तविक आयतन 20 × 5 × ·29 मी. = 29 घन मी., 20 सें. मी. × 10 सें. मी. × 10 सें. मी. माप की

मानक ईंटों की सख्या = $\frac{29}{\cdot 20 \times \cdot 10 \times \cdot 10}$ = 14500 सं.

इसलिये प्रति घन मी. ईंटों की सख्या (नामन) = $\frac{14500}{30}$ = 484 स.

5% टूट-फूट, अपव्यय आदि मानते हुये प्रति घन मी. 500 सं. ईंटें ली जा सकती हैं।

10 घन मी. ईंट चिनाई के कार्य के लिये 5000 ईंटों की आवश्यकता होगी।

मसाला—मसाले की आवश्यकतायें = ईंट चिनाई के कुल आयतन से ईंटों का शुद्ध आयतन घटाइयें = 29—(·19 × ·09 × ·09 × 14500) = 29—22·315 = 6·685 घन मी.। दिला (frog) के भराव के लिये, बन्धक चाल में कटी ईंटों के प्रयोग के लिये, असमान जोड़ों के लिये अपव्यय आदि के लियें 15% अतिरिक्त मसाला लिया जा सकता है। इसलिये गीले मसाले का आयतन = 6·685 + 6·685 × ·15 = 7·688 घन मी. सूखे समाले के आयतन के लिये गीले आयतन का ¼ भाग बढ़ाइये, सूखे मसाले का आयतन = 7·688 + 1·922 = 9·61 घन मी.। 30 घन मी. ईंट चिनाई के कार्य के लिये, सूखे समाले का आयतन = 9·61 घन मी.। 10 घन मी. ईंट चिनाई के कार्य के लिये सूखे मसाले का आयतन = 9·61 × 10/30 = 3·2 घन मी.।

व्यवहार में साधारणतयः 10 घन मी. ईंट चिनाई के कार्य में 3·00 घन मी. सूखा मसाला सीमेंट मसाले के लिये, और 3·5 घन मी. सूखा मसाला चूना समाले के लिये लेते हैं।

मसाले के लिये, सामग्रियों का परिकलन–

10 घन मी. ईंट चिनाई के कार्य के लिये मसाले के सामग्रियों का परिमाण निश्चित करने की सन्निकट विधि–सामग्रियों के अनुपात की संख्याओं के योग से 3 को भाग देने पर सीमेंट का परिमाण घन मी. से ज्ञात होता है। द्रष्टान्त के लिये ईंट चिनाई का काम 1 : 6 सीमेंट मसाले में, सीमेंट = $\frac{3}{1+6}$ = 0·43 घन मी. इसलिये बालू = 0·43 × 6 = 2·58 घन मी.। चूंकि सीमेंट बालू के रिक्त स्थानों को भरेगी इसलियें 0·45 घन मी. सीमेंट और 2·7 घन मी. बालू ली जा सकती है।

ईंट चिनाई का कार्य परम्परागत ईंटों से 22·9 × 11·4 × 7·6 सें. मी. (9″ × 4½″ × 3″)–

आयतन एक मोडयूलर मानक ईंट का (नामन माप) 20 सें. मी. × 10 सें. मी. × 10 सें. मी. = 2000 घन. सें. मी.
आयतन एक परम्परागत ईंट का (नामन माप) 22·9 सें. मी. × 11·4 सें. मी. × 7·6 सें. मी. = 1984 घन. सें. मी.

आयतन लगभग एक ही है इसलिये परम्परागत ईंटों से ईंट चिनाई के कार्य के लिये ईंटों और समाले का वही परिमाण लिया जा सकता है जो मानक ईंटों के सम्बन्ध मीं ली जाती है। इस प्रकार से दोनों प्रकार की ईंटों से ईंट चिनाई के कार्य का दर विश्लेषण एक ही होगा।

प्रति 10 घन मी. ईंट चिनाई के कार्य के लिये 25·4 सें. मी. × 12·7 सें. मी. × 7·6 सें. मी. (10″ × 5″ × 3″) माप की 4200 ईंटें ली जा सकती हैं। मसाले की सामग्रियां मानक ईंटों के समान ही ली जा सकती है।

सामग्रियां और मजदूरी जिनकी ईंट चिनाई के कार्य में भिन्न-भिन्न अनुपात के मसालों में आवश्यकता है—10 घन मी.

सामग्रियां—

अनुपात	ईंटें	चूना	बालू, सुर्खी या राख
सफेद चूना मसाला–			
1 : 2	5000 सं.	1·20 घन मी.	2·40 घन मी.
1 : 3	5000 सं.	0·90 घन मी.	2·70 घन मी.
कंकड़ चूना मसाला–			
1	5000 सं.	3·00 घन मी. कंकड़ चूना	—
1 : 1	5000 सं.	2·00 घन मी. कंकड़ चूना	2·00 घन मी. बालू
गारा	5000 सं.	3·50 घन मी. मीट्टी	—

सीमेंट मसाला–

अनुपात	ईंटें	सीमेंट	बालू
1 : 2	5000 सं.	1·00 घन मी. (30 बोरियां)	2·00 घन मी.
1 : 3	5000 सं.	0·75 घन मी. (22½ बोरियां)	2·25 घन मी.
1 : 4	5000 सं.	0·60 घन मी. (18 बोरियां)	2·40 घन मी.
1 : 5	5000 सं.	0·50 घन मी. (15 बोरियां)	2·50 घन मी.
1 : 6	5000 सं.	0·45 घन मी. (13½ बोरियां)	2·70 घन मी.

मजदूरी–मजदूरी अपने-अपने मद में प्रयोग्यता के अनुसार ली जा सकती है।

लाभ–सामान्यतः 10% ठेकेदार का लाभ जोड़ा जा सकता है।

यदि सीमेंट विभाग से सप्लाई की गई हो तो सीमेंट के मूल्य पर 10% लाभ नहीं जोड़ते, किन्तु गोदाम से निर्माण स्थान तक के परिवहन व्यय जोड़ते हैं।

14. प्रथम श्रेणी की ईंट चिनाई का कार्य नींव और कुर्सी में, 20 × 10 × 10 सें. मी. (नामन माप) की ईंटों से 1 : 6 सीमेंट बालू मसाले में—इकाई 1 घन मी.—10 घन मी. लेकर—

सामग्रियां—

ईंट प्रथम श्रेणी की (500 ईंटे प्रति घन मी.)	5000 सं.	@	रु. 4500·00%० सं.	=	रु. 22500·00
सीमेंट (13·5 बोरियां)	0·45 घन मी.	@	रु. 7650·00/घन मी.	=	रु. 3442·50
बालू (स्थानीय)	2·7 घन मी.	@	रु. 700·00/घन मी.	=	रु. 1890·00
			योग	=	**रु. 27832·50**

मजदूरी—

मूख्य राज	½ सं.	@	रु. 350·00/दिन	=	रु. 175·00
राज	7 सं.	@	रु. 300·00/दिन	=	रु. 2100·00
मजदूर (बेलदार)	7 सं.	@	रु. 220·00/दिन	=	रु. 1540·00
बालक या स्त्री कुली	7 सं.	@	रु. 200·00/दिन	=	रु. 1400·00
भिश्ती	2 सं.	@	रु. 200·00/दिन	=	रु. 400·00
फुटकर, औजार और मशीनें इत्यादि (विविध छोटी वस्तुए)	इकमुश्त		रु. 90·00 इकमुश्त	=	रु. 90·00
			योग	=	**रु. 5705·00**

सामग्रियों का मूल्य और मजदूरी का योग	=	रु. 33537·50
1½% पानी का खर्चा जोड़िये	=	रु. 503·00
10% ठेकेदार का लाभ जोड़िये	=	रु. 3353·75
कुल योग	=	**रु. 37394·25**
		10 घन मी. के लिये

दर प्रति घन मी. = रु. 37394·25/10 = रु. 3739·00

15. प्रथम श्रेणी की ईंट चिनाई का कार्य अधिरचना में, 20 × 10 × 10 सें. मी. ईंट से 1 : 6 सीमेंट बालू मसाले में—इकाई 1 घन मी.—10 घन मी. लेकर—

सामग्रियां—

ईंट प्रथम श्रेणी की (500 ईंटे प्रति घन मी.)	5000 सं.	@	रु. 4500·00%० सं.	=	रु. 22500·00
सीमेंट (13·5 बोरियां)	0·45 घन मी.	@	रु. 7650·00/घन मी.	=	रु. 3442·50
बालू (स्थानीय)	2·7 घन मी.	@	रु. 700·00/घन मी.	=	रु. 1890·00
			योग	=	**रु. 27832·50**

मजदूरी—

मूख्य राज	½ सं.	@	रु. 350·00/दिन	=	रु. 175·00
राज	10 सं.	@	रु. 300·00/दिन	=	रु. 3000·00

मजदूर (बेलदार)	7 सं.	@	रु. 220·00/दिन	=	रु.	1540·00
बालक कुली	10 सं.	@	रु. 200·00/दिन	=	रु.	2000·00
भिश्ती	2 सं.	@	रु. 200·00/दिन	=	रु.	400·00
पाड़ बाँधना (scaffolding)	इकमुश्त		रु. 280·00 इकमुश्त	=	रु.	280·00
फुटकर, औजार और मशीनें इत्यादि	इकमुश्त		रु. 90·00 इकमुश्त	=	रु.	90·00
			योग	=	**रु.**	**35317·50**
			सामग्रियों का मूल्य और मजदूरी का योग	=	रु.	35317·50
			1½% पानी का खर्चा जोड़िये	=	रु.	530·00
			10% ठेकेदार का लाभ जोड़िये	=	रु.	3531·75
			कुल योग	=	**रु.**	**39379·25**
						10 घन मी. के लिये

दर प्रति घन मी. = रु. 39379·25/10 = रु. 3938·00

नोट—सूखा मसाला लगभग 30%

16. प्रथम श्रेणी की ईंट चिनाई का कार्य अधिरचना में, 1 : 3 चूना सूर्खी मसाला से—इकाई 1 घन मी.—10 घन मी. लेकर—

सामग्रियां—

ईंट (प्रथम श्रेणी की)	5000 सं.	@	रु. 4500·00‰ सं.	=	रु.	22500·00
चूना	0·90 घन मी.	@	रु. 800·00/प्रति घन मी.	=	रु.	720·00
सुर्खी	2·70 घन मी.	@	रु. 500·00/घन मी.	=	रु.	1350·00
			योग	=	**रु.**	**24570·00**

मजदूरी—

मद 15 के अनुसार		...	...	=	रु.	7485·00
			सामग्रियों का मूल्य और मजदूरी का योग	=	रु.	32055·00
			1½% पानी का खर्चा जोड़िये	=	रु.	480·00
			10% ठेकेदार का लाभ जोड़िये	=	रु.	3205·50
			कुल योग	=	**रु.**	**35740·50**
						10 घन मी. के लिये

दर प्रति घन मी. = रु. 35740·50/10 = रु. 3574·00

17. प्रथम श्रेणी की ईंट चिनाई का कार्य डाट में, 1 : 3 सीमेंट, मोटी बालू मसाला से—इकाई 1 घन मी. —10 घन मी. लेकर—

सामग्रियां—

ईंट प्रथम श्रेणी की (500 ईंटे प्रति घन मी.)	5000 सं.	@	रु. 4500·00 %० सं.	=	रु. 22500·00
सीमेंट (22½ बोरियां)	0·75 घन मी.	@	रु. 7650·00/घन मी.	=	रु. 5737·50
बालू मोटी	2·25 घन मी.	@	रु. 1500·00/घन मी.	=	रु. 3375·00
			योग	=	**रु. 31612·50**

मजदूरी—

मूख्य राज	½ सं.	@	रु. 350·00/दिन	=	रु. 175·00
राज	16 सं.	@	रु. 300·00/दिन	=	रु. 4800·00
मजदूर (बेलदार)	10 सं.	@	रु. 220·00/दिन	=	रु. 2200·00
कुली (बालक या स्त्री)	10 सं.	@	रु. 200·00/दिन	=	रु. 2000·00
भिश्ती	2 सं.	@	रु. 200·00/दिन	=	रु. 400·00
ढूला बांधना या तख्ताबन्दी करना	इकमुश्त		रु. 700·00 इकमुश्त	=	रु. 700·00
पाड़ बांधना	इकमुश्त		रु. 350·00 इकमुश्त	=	रु. 350·00
फुटकर, औजार और मशीनें इत्यादि	इकमुश्त		रु. 90·00 इकमुश्त	=	रु. 90·00
			योग	=	**रु. 10715·00**
			सामग्रियों का मूल्य और मजदूरी का योग	=	रु. 42327·50
			1½% पानी का खर्चा जोड़िये	=	रु. 635·00
			10% ठेकेदार का लाभ जोड़िये	=	रु. 4232·75
			कुल योग	=	**रु. 47195·25**
					10 घन मी. के लिये

दर प्रति घन मी. = रु. 47195·25/10 = रु. 4719·50

द्रष्टव्य—डाट में भिन्न-भिन्न अनुपात के मसाले से 10 घन मी. ईंट चिनाई के कार्य के लिए आवश्यक साग्रियां पृष्ठ 438 के अनुसार होंगी और मजदूर मद 17 के अनुसार।

18. आधी ईंट की दीवार (10 से. मी. मोटी विभाजक दीवार) 1 : 3 सीमेंट, मसाला से—इकाई 10 वर्ग मी. —100 वर्ग मी. लेकर—

100 वर्ग मी. दीवार 10 से. मी. मोटी = 10 घन मी., इसलिए सामग्रियों के परिमाण की गणना सामान्य ढंग से की जा सकती है।

सामग्रियां—

ईंट प्रथम श्रेणी की (500 सं. प्रति वर्ग मी.)	5000 सं.	@	रु. 4500·00/%० सं.	=	रु. 22500·00
सीमेंट (22½ बोरियां)	0·75 घन मी.	@	रु. 7650·00/घन मी.	=	रु. 5737·50
बालू मोटी	2·25 घन मी.	@	रु. 1500·00/घन मी.	=	रु. 3375·00

मृदु इस्पात की छड़ें 6 मि. मी. व्यास की या पत्ती लोहा, प्रति चौथे रद्दे में	40 किग्रा.	@	रु. 45·00/किग्रा.	=	रु.	1800·00
			योग	=	**रु.**	**33412·50**
मजदूरी—						
मूख्य राज	½ सं.	@	रु. 350·00/दिन	=	रु.	175·00
राज	12 सं.	@	रु. 300·00/दिन	=	रु.	3600·00
मजदूर (बेलदार)	8 सं.	@	रु. 220·00/दिन	=	रु.	1760·00
कुली (बालक या स्त्री)	10 सं.	@	रु. 200·00/दिन	=	रु.	2000·00
भिश्ती	2 सं.	@	रु. 200·00/दिन	=	रु.	400·00
पाड़ बांधना	इकमुश्त		रु. 325·00 इकमुश्त	=	रु.	325·00
फुटकर, औजार और मशीनें इत्यादि	इकमुश्त		रु. 90·00 इकमुश्त	=	रु.	90·00
			योग	=	**रु.**	**8350·00**
	सामग्रियों का मूल्य और मजदूरी का योग			=	रु.	41762·50
	1½% पानी का खर्चा जोड़िये			=	रु.	626·00
	10% ठेकेदार का लाभ जोड़िये			=	रु.	4176·25
			कुल योग	=	**रु.**	**46564·75**
						10 घन मी. के लिये

दर प्रति घन मी. = रु. 46564·75/100 = रु. 465·00

19. द्वितीय श्रेणी की ईंट चिनाई का कार्य अधिरचना में मिट्टी गारा मसाला से—इकाई 1 घन मी.—10 घन मी. लेकर

सामग्रियां—						
ईंट द्वितीय श्रेणी	5000 सं.	@	रु. 4000·00 प्रति% ० सं.	=	रु.	20000·00
मिट्टी (दोमट मिट्टी) अपव्यय सहित	5·00 घन मी.	@	रु. 30·00/घन मी.	=	रु.	150·00
			योग	=	**रु.**	**20150·00**
मजदूरी—						
मूख्य राज	¼ सं.	@	रु. 350·00/दिन	=	रु.	87·50
राज	8 सं.	@	रु. 300·00/दिन	=	रु.	2400·00
मजदूर (बेलदार)	6 सं.	@	रु. 220·00/दिन	=	रु.	1320·00
कुली (बालक या स्त्री)	6 सं.	@	रु. 200·00/दिन	=	रु.	1200·00
भिश्ती	1 सं.	@	रु. 200·00/दिन	=	रु.	200·00
पाड़ बांधना	इकमुश्त		रु. 300·00 इकमुश्त	=	रु.	300·00

फुटकर, औजार और मशीनें इत्यादि	इकमुश्त		रु. 90·00 इकमुश्त	= रु. 90·00
			योग	= रु. **5597·50**

सामग्रियों का मूल्य और मजदूरी का योग	= रु. 25747·50
1½% पानी का खर्चा जोड़िये	= रु. 386·00
10% ठेकेदार का लाभ जोड़िये	= रु. 2574·75
कुल योग	= रु. **28708·25**

10 घन मी. के लिये

दर प्रति घन मी. = रु. 28708·25/10 = रु. 2871·00

20. बेरद्दा ढोंका पत्थर की चिनाई अधिरचना में 1 : 6 सीमेंट बालू मसाला में—इकाई 1 घन मी.—10 घन मी. लेकर—

सामग्रियां—

पत्थर, बन्धक पत्थर, अपव्यय सहित	12·5 घन मी.	@	रु. 1200·00/घन मी.	= रु. 15000·00
सीमेंट (21 बोरियां)	0·7 घन मी.	@	रु. 7650·00/घन मी.	= रु. 5355·00
बालू या बजरी (स्थानीय)	4·2 घन मी.	@	रु. 700·00/घन मी.	= रु. 2940·00
			योग	= रु. **23295·00**

मजदूरी—

मूख्य राज	½ सं.	@	रु. 350·00/दिन	= रु. 175·00
राज	12 सं.	@	रु. 300·00/दिन	= रु. 3600·00
मजदूर (बेलदार)	10 सं.	@	रु. 220·00/दिन	= रु. 2200·00
कुली (बालक या स्त्री)	10 सं.	@	रु. 200·00/दिन	= रु. 2000·00
भिश्ती	1½ सं.	@	रु. 200·00/दिन	= रु. 300·00
पाड़ बांधना	इकमुश्त		रु. 325·00 इकमुश्त	= रु. 325·00
फुटकर, औजार और मशीनें इत्यादि	इकमुश्त		रु. 90·00 इकमुश्त	= रु. 90·00
			योग	= रु. **8690·00**

सामग्रियों का मूल्य और मजदूरी का योग	= रु. 31985·00
10% ठेकेदार का लाभ जोड़िये	= रु. 3198·50
कुल योग	= रु. **35183·50**

10 घन मी. के लिये

दर प्रति घन मी. = रु. 35183·50/10 = रु. 3518·00

21. बेरद्दा ढोंका पत्थर की चिनाई अधिरचना में भिन्न-भिन्न मसालों से—इकाई 1 घन मी.—10 घन मी.

सामग्रियां— पत्थर, 12·5 घन मी., मसाला सूखा, 4·2 घन मी. (42%)

मसाला		सीमेंट	बालू
सीमेंट बालू या बजरी मसाला	1:3	1 घन मी., (30 बोरियां)	3·00 घन मी.
सीमेंट बालू या बजरी मसाला	1:4	0·85 घन मी., (25½ बोरियां)	3·40 घन मी.
सीमेंट बालू या बजरी मसाला	1:5	0·80 घन मी., (24 बोरियां)	4·00 घन मी.
सीमेंट बालू या बजरी मसाला	1:6	0·70 घन मी., (21 बोरियां)	4·20 घन मी.
चूना बालू या बजरी मसाला	1:2	1·60 घन मी., चूना	3·20 घन मी.
चूना बालू या बजरी मसाला	1:3	1·20 घन मी., चूना	3·60 घन मी.

मजदूरी—उपरोक्त मद 20 के अनुसार।

22. बेरद्दा ढोंका पत्थर की चिनाई अधिरचना में भिन्न-भिन्न मसालों से—इकाई 1 घन मी.—10 घन मी. लेकर

सामग्रियां—उपरोक्त मद के अनुसार।

मजदूरी—मद 20 से 2 मजदूर, 2 कुली कम कीजिये। पाड़ की आवश्यकता नहीं हैं

23. रद्देदार ढोंका पत्थर की चिनाई अधिरचना में 1 : 6 सीमेंट बालू मसाला से, इकाई 1 घन मी.—10 घन मी. लेकर

सामग्रियां—

पत्थर, बन्धक पत्थर, अपव्यय सहित	12·5 घन मी.	@	रु. 1200·00/घन मी.	=	रु. 15000·00
सीमेंट (18 बोरियां)	0·60 घन मी.	@	रु. 7650·00/घन मी.	=	रु. 4590·00
बालू या बजरी (स्थानीय)	3·60 घन मी.	@	रु. 700·00/घन मी.	=	रु. 2520·00
			योग	=	**रु. 22110·00**

मजदूरी—

मूख्य राज	½ सं.	@	रु. 350·00/दिन	=	रु. 175·00
राज	16 सं.	@	रु. 300·00/दिन	=	रु. 4800·00
मजदूर (बेलदार)	16 सं.	@	रु. 220·00/दिन	=	रु. 3520·00
कुली (बालक या स्त्री)	8 सं.	@	रु. 200·00/दिन	=	रु. 1600·00
भिश्ती	1½ सं.	@	रु. 200·00/दिन	=	रु. 300·00
पाड़ बांधना	इकमुश्त		रु. 325·00 इकमुश्त	=	रु. 325·00
फुटकर, औजार और मशीनें इत्यादि	इकमुश्त		रु. 90·00 इकमुश्त	=	रु. 90·00
			योग	=	**रु. 10810·00**
			सामग्रियों का मूल्य और मजदूरी का योग	=	रु. 32920·00
			10% ठेकेदार का लाभ जोड़िये	=	रु. 3292·00
			कुल योग	=	**रु. 36212·00**
					10 घन मी. के लिये

दर प्रति घन मी. = रु. 36212·00/10 = रु. 3621·00

24. रद्देदार ढोंका पत्थर की चिनाई अधिरचना में भिन्न-भिन्न मसालों से—इकाई **1** घन मी. **10** घन मी. लेकर

सामग्रियां— पत्थर, = 12·5 घन मी., मसाला सूखा—4·00 घन मी. (40%)

मसाला		सीमेंट	बालू
सीमेंट बालू का मसाला	1:3	0·95 घन मी., (28½ बोरियां)	2·85 घन मी.
सीमेंट बालू का मसाला	1:4	0·8 घन मी., (24 बोरियां)	3·20 घन मी.
सीमेंट बालू का मसाला	1:5	0·7 घन मी., (21 बोरियां)	3·50 घन मी.
सीमेंट बालू का मसाला	1:6	0·6 घन मी., (18 बोरियां)	3·60 घन मी.
		चूना	सुर्खी या बालू
चूना सूर्खी या बालू मसाला	1:2	1·5 घन मी.	3·00 घन मी.
चूना सूर्खी या बालू मसाला	1:3	1·2 घन मी.	3·60 घन मी.

मजदूरी—उपरोक्त मद 20 के अनुसार।

---

25. रद्देदार ढोंका पत्थर की चिनाई नींव और कुर्सी में—इकाई **1** घन मी.—**10** घन मी. लेकर

सामग्रियां—उपरोक्त मद के अनुसार।

मजदूरी—मद 23 में 2 राज, 2 बेलदार, और 3 कुली घटाइये। पाड़ की आवश्यकता नहीं हैं

---

26. संगीन पत्थर चिनाई अधिरचना में **1 : 6** सीमेंट बालू मसाला से—इकाई **1** घन मी.—**10** घन मी. लेकर

सामग्रियां—					
पत्थर, (अनगढ़ा)	12·5 घन मी.	@	रु. 1000·00/घन मी.	=	रु. 12500·00
सीमेंट (10½ बोरियां)	0·35 घन मी.	@	रु. 7650·00/घन मी.	=	रु. 2677·50
बालू या बजरी (स्थानीय)	2·10 घन मी.	@	रु. 700·00/घन मी.	=	रु. 1470·00
			योग	=	**रु. 16647·50**
मजदूरी—					
मूख्य राज	½ सं.	@	रु. 350·00/दिन	=	रु. 175·00
राज (कटाई वाले सहित)	28 सं.	@	रु. 300·00/दिन	=	रु. 8400·00
मजदूर (बेलदार)	20 सं.	@	रु. 220·00/दिन	=	रु. 4400·00
कुली (बालक या स्त्री)	20 सं.	@	रु. 200·00/दिन	=	रु. 4000·00
भिश्ती	1½ सं.	@	रु. 200·00/दिन	=	रु. 300·00
पाड़	इकमुश्त		रु. 325·00 इकमुश्त	=	रु. 325·00
फुटकर, औजार और मशीनें इत्यादि	इकमुश्त		रु. 100·00 इकमुश्त	=	रु. 100·00
			योग	=	**रु. 17700·00**
			सामग्रियों का मूल्य और मजदूरी का योग	=	रु. 34347·50
			10% ठेकेदार का लाभ जोड़िये	=	रु. 3434·75
			कुल योग	=	**रु. 37782·25**
					10 घन मी. के लिये

दर प्रति घन मी. = रु. 37782·25/10 = रु. 3778·00

27. संगीन पत्थर चिनाई भिन्न-भिन्न मसाले से— इकाई 1 घन मी.—10 घन मी. लेकर

सामग्रियां—पत्थर 12·5 घन मी., मसाला सूखा 2·5 घन मी. (25%)

मसाला		सीमेंट	बालू
सीमेंट बालू का मसाला	1 : 3	0·6 घन मी. (18 बोरियां)	1·80 घन मी.
सीमेंट बालू का मसाला	1 : 4	0·5 घन मी. (15 बोरियां)	2·00 घन मी.
सीमेंट बालू का मसाला	1 : 5	0·4 घन मी. (12 बोरियां)	2·00 घन मी.
सीमेंट बालू का मसाला	1 : 6	0·35 घन मी. ($10\frac{1}{2}$ बोरियां)	2·10 घन मी.
चूना बालू का मसाला	1 : 2	1·00 घन मी. चूना	2·00 घन मी.

मजदूरी—मद 26 के अनुसार।

द्रष्टव्य—पत्थर की चिनाई पहाड़ी क्षेत्रों में प्रयोग की जाती है जहाँ ईंटें उपलब्ध नहीं हैं। उत्तम श्रेणी के भवन की ईंट की दीवार के मुख्य पृष्ठ के लिये महीन गढ़े हुये पत्थर की मोहरा का प्रयोग किया जाता है।

पलस्तर करना (Plastering)

सामग्रियां और मसाले की मात्रा का परिकलन—

क्षेत्रफल × मोटाई, एकसार मोटाई के लिये मसाले की मात्रा देता है। जोड़ों को भरने के लिये और दीवार के असमान पृष्ठों को बराबर करने के लिये इसकी मात्रा 30% बढ़ाई जा सकती है जो कि गीले मिले हुये मसाले की मात्रा होगी। मसाले की सामग्रियों के उपादानों का कुल सूखा आयतन ज्ञात करने के लिये गीले आयतन को पुन: 25% बढ़ाया जा सकता है। मसाले की प्रत्येक सामग्री की मात्राएं, मसाले के सूखे आयतन को अनुपात की संख्याओं के योग से भाग देकर और स्वयं की संख्या से गुणा करके सामान्य विधि से ज्ञात की जा सकती है

सामग्रियां—100 वर्ग मी. दीवार में 12 मि. मी. मोटे पलस्तर के लिये—

भीगा मिला हुआ मसाला समान तह के लिये $= 100 \times \cdot 012 = 1\cdot 2$ घन मी.। जोड़ इत्यादि भरने के लिये 30% जोड़ कर मसाले की मात्रा $= 1\cdot 2 + \cdot 36 = 1\cdot 56$ घन मी., 25% बड़ा कर कुल सूखा आयतन $= 1\cdot 56 + \cdot 39 = 1\cdot 95$ घन मी. $= 2\cdot 00$ घन मी.। 1 : 6 सीमेंट बालू मसाले के लिये—सीमेंट $= \frac{2}{1+6} =$ ·30 घन मी. बालू $= \cdot 30 \times 6 = 1\cdot 80$ घन मी.। इसी प्रकार से दूसरे अनुपातों के लिये सामग्रियों के परिमाण की गणना की जा सकती है। भिन्न-भिन्न अनुपात के लिये सामग्रियों की मात्रायें आगे पृष्ठों में दी गई हैं।

सामग्रियां—100 वर्ग मी. दीवार में 12 मि. मी. मोटे पलस्तर के लिये—

चूंकि पलस्तर की मोटाई ज्यादा है इसलिये जोड़ों को भरने के लिये और असमान पृष्ठों को बराबर करने के लिये मसाले की मात्रा 20% बढ़ाइये। गीले मसाले की मात्रा $= 100 \times \cdot 02 + 20\% = 2\cdot 00 + 0\cdot 40 = 2\cdot 40$ घन मी.। 25% बढ़ाकर कुल सूखा आयतन $= 2\cdot 40 + 0\cdot 60 = 3\cdot 00$ घन मी.।

सघन मसाला—सघन मसाले से पलस्तर करने के लिये चूंकि बालू के रिक्त स्थानों की तुलना में सीमेंट बहुतायत में होगी, इसलिये सामग्रियों का परिमाण कम होगा और सूखे मसाले के आयतन में कमी कम होगी।

अंतरछद पलस्तर–100 वर्ग मी. में 12 मि. मी. मोटा–

प्र. सी. कं के अंतरछद में असमान पृष्ठ कम होंगे, अतः 20% अधिक मसाला पृष्ठों को समान करने के लिये लिया जा सकता है। गीले मसाले की मात्रा = 100 × ·012 + 20% = 1·2 + 0·24 = 1·44 घन मी.। 25% बढ़ाकर सूखे मसाले की मात्रा = 1·44 + 0·36 = 1·80 घन मी.।

प्र. सी. कं के अंतरछद में 6 मि. मी. पलस्तर के लिये सूखे मसाले की मात्रा 1·00 घन मी. ली जा सकती है।

फर्श में चूना कंक्रीट पर पलस्तर के लिये मसाले का वही परिमाण लिया जा सकता है जो कि दीवार के लिये लिया गया है, क्योंकि चूना कंक्रीट की सतहों में पर्याप्त असमानता होगी।

शुद्ध सीमेंट संपूर्ति–फर्श या डैडो या स्कटिंग (Skirting) में शुद्ध सीमेंट से संपूर्ति के लिये शुद्ध सीमेंट की तह की मोटाई 1·5 मि. मी. ली जा सकती है। इसलिये सीमेंट पेस्ट की आवश्यकता 100 वर्ग मी. के लिये = 100 × ·0015 = ·15 घन मी.। सीमेंट का सूखा आयतन 25% बढ़ाकर = $\cdot 15 + \cdot 15 \times \frac{1}{4}$ = ·19 घन मी. = ·2 घन मी. = 6 बोरियां प्रति 100 वर्ग मी.

भिन्न-भिन्न मसाला से विभिन्न अनुपातों के 100 वर्ग मी. पलस्तर के लिये आवश्यक सामग्रियां–12 मि. मी. मोटे पलस्तर के लिये, कुल सूखा आयतन 2 घन मी.–

	मसाला	अनुपात	सीमेंट	बालू
(i)	सीमेंट मसाला	1 : 2	0·60 घन मी. (18 बोरियाँ)	1·20 घन मी.
(ii)	सीमेंट मसाला	1 : 3	0·45 घन मी. (13½ बोरियाँ)	1·35 घन मी.
(iii)	सीमेंट मसाला	1 : 4	0·40 घन मी. (12 बोरियाँ)	1·60 घन मी.
(iv)	सीमेंट मसाला	1 : 5	0·35 घन मी. (10½ बोरियाँ)	1·75 घन मी.
(v)	सीमेंट मसाला	1 : 6	0·30 घन मी. (9 बोरियाँ)	1·80 घन मी.
(vi)	कंकड़ चूना	—	1·80 घन मी. कंकड़ चूना	—
(vii)	सफेद चूना और सुर्खी या बालू	1 : 1	1 घन मी. सफेद चूना और 1 घन मी. सुर्खी या बालू	
(viii)	सफेद चूना और सुर्खी या बालू	1 : 2	0·70 घन मी. सफेद चूना और 1·40 घन मी. सुर्खी या बालू	
(ix)	सीमेंट, सफेद चूना और बालू	1 : 1 : 6	0·30 घन मी. सीमेंट, 0·30 घन मी. चूना और 1·80 घन मी. बालू	

20 मि. मी. मोटे परलस्तर के लिये कुल सूखा आयतन घन मी.–

	मसाला	अनुपात	सीमेंट	बालू
(i)	सीमेंट मसाला	1 : 2	1·00 घन मी. (30 बोरियाँ)	2·00 घन मी.
(ii)	सीमेंट मसाला	1 : 3	0·78 घन मी. (23·4 बोरियाँ)	2·34 घन मी.
(iii)	सीमेंट मसाला	1 : 4	0·65 घन मी. (19½ बोरियाँ)	2·60 घन मी.
(iv)	सीमेंट मसाला	1 : 5	0·54 घन मी. (16·2 बोरियाँ)	2·70 घन मी.
(v)	सीमेंट मसाला	1 : 6	0·46 घन मी. (13·8 बोरियाँ)	2·76 घन मी.

द्रष्टव्य—अधिक मजदूरी के लिए सघन ममाले में सामान्यतयाः मोटी बालू प्रयोग की जाती है।

28. 12 मि. मी. मोटा सीमेंट पलस्तर करना 1 : 6—इकाई 1 वर्ग मी.—100 वर्ग मी. लेकर

सामग्रियां—

सीमेंट (9 बोरियां)	0·30 घन मी.	@	रु. 7650·00/घन मी.	=	रु.	2295·00
बालू (स्थानीय)	1·80 घन मी.	@	रु. 700·00/घन मी.	=	रु.	1260·00
			योग	**=**	**रु.**	**3555·00**

मजदूरी—

मूख्य राज	1/3 सं.	@	रु. 350·00/दिन	=	रु.	116·70
राज	10 सं.	@	रु. 300·00/दिन	=	रु.	3000·00
मजदूर (बेलदार)	15 सं.	@	रु. 220·00/दिन	=	रु.	3300·00
भिश्ती	3/4 सं.	@	रु. 200·00/दिन	=	रु.	150·00
पाड़ फुटकर, औजार और मशीनें इत्यादि	इकमुश्त		रु. 200·00 इकमुश्त	=	रु.	200·00
			योग	**=**	**रु.**	**6766·70**
			सामग्रियों का मूल्य और मजदूरी का योग	=	रु.	10321·70
			1½% पानी का खर्चा जोड़िये	=	रु.	154·80
			10% ठेकेदार का लाभ जोड़िये	=	रु.	1032·17
			कुल योग	**=**	**रु.**	**11508·67**

100 वर्ग मी. के लिये

दर प्रति घन मी. = रु. 11508·67/100 = रु. 115·00

---

29. 12 मि. मी. मोटा पलस्तर करना 1 : 3 सीमेंट बालू से—इकाई 1 वर्ग मी.—100 वर्ग मी. लेकर

सामग्रियां—

सीमेंट (13½ बोरियां)	0·45 घन मी.	@	रु. 7650·00/घन मी.	=	रु.	3442·50
बालू (मोटी)	1·35 घन मी.	@	रु. 1500·00/घन मी.	=	रु.	2025·00
			योग	**=**	**रु.**	**5467·50**

मजदूरी—

मूख्य राज	$\frac{1}{3}$ सं.	@	रु. 350·00/दिन	=	रु.	116·70
राज	12 सं.	@	रु. 300·00/दिन	=	रु.	3600·00
मजदूर (बेलदार)	15 सं.	@	रु. 220·00/दिन	=	रु.	3300·00
भिश्ती	1 सं.	@	रु. 200·00/दिन	=	रु.	200·00

(क्रमशः)

फुटकर, औजार और मशीनें इत्यादि	इकमुश्त @ रु. 200·00 इकमुश्त	=	रु.	200·00
	योग	=	रु.	**7416·70**
	सामग्रियों का मूल्य और मजदूरी का योग	=	रु.	12884·20
	1½% पानी का खर्चा जोड़िये	=	रु.	193·30
	10% ठेकेदार का लाभ जोड़िये	=	रु.	1288·40
	कुल योग	=	रु.	**14365·90**
				100 वर्ग मी. के लिये

दर प्रति वर्ग मी. = रु. 14365·90/100 = रु. 144·00

---

30. 12 मि. मी. मोटा पलस्तर करना 1 : 3 सीमेंट, मोटी बालू से; डैडों में शुद्ध सीमेंट समापन सहित इकाई 1 वर्ग मी.—100 वर्ग मी. लेकर—

सामग्रियां—		मजदूरी	
सीमेंट (13½ बोरियां)	0·45 घन मी.	मुख्य राज	$\frac{1}{3}$ सं.
मोटी बालू	1·35 घन मी.	राज	12 सं.
सीमेंट पृष्ठ सपूर्ति के लिये (6 बोरियां)	0·20 घन मी.	मजदूर (बेलदार)	15 सं.
कुल मूल्य पर 1½% पानी का खर्च और 10% ठेकेदार का लाभ जोड़िये।		भिश्ती	1 सं.
		फुटकर, औजार और मशीनें इत्यादि इकमुश्त रु.	30·00 सं.

---

31. 6 मि. मी. मोटा पलस्तर 1 : 3 सीमेंट, मसाले का प्र. सी. कं. के अंतश्छद में—इकाई 1 वर्ग मी.—100 वर्ग मी. लेकर—

कुल आयतन मसाले की सूखी सामग्रियों का = 1·0 घन मी.,

सामग्रियां—		मजदूरी	
सीमेंट (7½ बोरियां)	0·25 घन मी.	मुख्य राज	$\frac{1}{4}$ सं.
बालू (मध्यम)	0·75 घन मी.	राज	12 सं.
कुल मूल्य पर 1½% पानी का खर्च और 10% ठेकेदार का लाभ लोड़िये।		मजदूर (बेलदार)	10 सं.
		भिश्ती	3/4 सं.
		पाड़, औजार और मशीनें इत्यादि इकमुश्त रु.	75·00 सं.

टीप (Pointing)

100 वर्ग मी. टीप के लिये सामाग्रियों का सूखा आयतन 0·60 घन मी. लिया जाता है।

विभिन्न अनुपातों के भिन्न भिन्न मसाले से 100 वर्ग मी. टीप के लिये आवश्यक सामग्रियां–

1. सीमेंट मसाला 1 : 2	0·20 घन मी. सीमेंट (6 बोरियां) और 0·40 घन मी. बालू
2. सीमेंट मसाला 1 : 3	0·16 घन मी. सीमेंट (4·8 बोरियां) और 0·48 घन मी. बालू

3. सफेद चूना और सुर्खी मसाला 1 : 1	0·32 घन मी.	चूना (बुझा) और 0·32 घन मी. सूर्खी
4. केवल कंकड़ चूना मसाला	0·50 घन मी.	कंकड़ चूना

सब प्रकार की टीप के लिए समार्गियों की मात्रा उपरोक्त के अनुसार ली जा सकती है। उभरी हुई टीप में मात्रा 10% बढ़ाई जा सकती है।

32. टीप 1 : 2 सीमेंट मसाले से — इकाई वर्ग मी.—100 वर्ग मी. लेकर–

सामग्रियां—

सीमेंट (6 बोरियां)	0·20 घन मी.	@	रु. 7650·00/घन मी.	=	रु.	1530·00
बालू (स्थानीय)	0·40 घन मी.	@	रु. 700·00/घन मी.	=	रु.	280·00
			योग	=	रु.	**1810·00**

मजदूरी—

मूख्य राज	1/3 सं.	@	रु. 350·00/दिन	=	रु.	116·70
राज	10 सं.	@	रु. 300·00/दिन	=	रु.	3000·00
मजदूर (बेलदार) खुरचाई सहित	10 सं.	@	रु. 220·00/दिन	=	रु.	2200·00
भिश्ती	½ सं.	@	रु. 200·00/दिन	=	रु.	100·00
पाड़ फुटकर, औजार और मशीनें इत्यादि	इकमुश्त		रु. 125·00 इकमुश्त	=	रु.	125·00
			योग	=	रु.	**5541·70**
			सामग्रियों का मूल्य और मजदूरी का योग	=	रु.	7351·70
			1½% पानी का खर्चा जोड़िये	=	रु.	110·30
			10% ठेकेदार का लाभ जोड़िये	=	रु.	735·00
			कुल योग	=	रु.	**8197·00**

100 वर्ग मी. के लिये

दर प्रति वर्ग मी. = रु. 8197·00/100 = रु. 82·00

सीमेंट कंक्रीट फर्श

क्षेत्रफल को मोटाई से गुणा करके सीमेंट कंक्रीट के परिमाण की गणना की जा सकती है और प्रत्येक सामग्री का परिमाण सीमेंट कंकीट के सिद्धान्तों के अनुसार ज्ञात किया जा सकता है। (देखिये पृष्ठ 431)

सीमेंट कंकीट का परिमाण 2·5 से. मी. मोटे 100 वर्ग मी· फर्श के लिए = 100 × ·025 = 2·5 घन मी.। आधार कंक्रीट की असमता के लिए 10% अतिरिक्त जोड़ने से परिमाण आता है 2·5 + ·25 = 2·75 घन मी.।

100 घन मी· मीमेंट कंक्रीट के लिए सामग्रियों का कुल सूखा आयतन 125 अर्थात लगभग 50% अधिक।

2·5 से. मी. मोटे 1 : 2: 4 अनुपात के 100 वर्ग मी. सी॰ क॰ के फर्श के लिए—

सामग्रियों का कुल सूखा आयतन = 2·75 + 50% = 2·75 + 1·375 = 4·125 घन मी.। इसीलिये

सीमेंट $=\frac{4\cdot125}{1+2+4}=\frac{4\cdot125}{7}=\cdot59$ घन मी. = ·60 घन मी. = (18 बोरियां), बालू = ·6 × 2 = 1·20 घन मी. और पत्थर का मिलावा = ·6 × 4 = 2·40 घन मी.। शूद्ध सीमेंट की संपूर्ति के लिये 0·2 घन मी. (6 बोरियां) की अतिरिक्त सीमेंट की आवश्यकता होगी।

2 से. मी. मोटे 1 : 1½ : 3 अनुपात के 100 वर्ग मी. फर्श के लिए सामग्रियों का सूखा आयतन ऊपर के समान 4·125 घन मी. होगा। इसलिए सीमेंट $=\frac{4\cdot125}{1+1\frac{1}{2}+3}=\frac{4\cdot125}{5\frac{1}{2}}=\cdot75$ घन मी. = 22·5 बोरियां ली जा सकती है। बालू की मात्रा = 0·75 × 1½ = 1·125 घन मी. और पत्थर के मिलावा की मात्रा = 0·75 × 3 = 2·25 घन मी। शुद्ध सीमेंट संपूर्ति के लिये 0·2 घन मी. (6 बोरियां) अतिरिक्त सीमेंट जोड़िये।

4 से. मी. मोटे 1 : 2 : 4 अनुपात के 100 वर्ग मी. फर्श के लिये कंक्रीट का कुल सूखा आयतन = 100 × 0·4 + 10% (असमानता के लिये) + 50% सूखे आयतन में वृद्धि के लिये = 4·4 + 2·2 = 6·6 घन मी. इसलिये सीमेंट $=\frac{6\cdot6}{1+2+4}$ =·94 घन मी. (28·2 बोरियां), बालू = ·94 × 2 = 1·88 घन मी. और पत्थर का मिलावा = ·94 × 4 = 3·76 घन मी. शूद्ध सीमेंट सम्पूर्ति के लिए 0·2 घन मी.। (6 बोरियां) अतिरिक्त सीमेंट जोड़िये।

रंगीन सीमेंट के फर्श के लिए 1 : 3 से 1 : 6 (रंग मीमेंट) अनुपात में वांछित रंग प्राप्त करने के लिये रंग और सीमेंट मिलाइये। वांछित अनुपात में सफेद सीमेंट और रंग मिलाकर भी प्रयोग की जा सकता है, किन्तु मजबूती के लिये यह अच्छा होगा कि 1 : 1 से 1 : 3 (भूरी पोर्टलैंड : सफेद सीमेंट) के अनुपात में साधारण पोर्टलैंड सीमेंट और सफेद सीमेंट मिलाकर तब रंग मिलाया जाए। जब सफेद सीमेंट के साथ रंग मिलाया जाता है तो रंग की आवश्यकता पर्याप्त रूप से कम होती है; आवश्यकता 1 : 5 से 1 : 10 (रंग : सफेद सीमेंट) हो सकती है।

---

33. 2·5 से. मी. मोटे सीमेंट कंक्रीट फर्श 1 : 2 : 4—इकाई 1 वर्ग मी.—100 वर्ग मी. लेकर–

सामग्रियां—

पत्थर की रोड़ी 20 मि. मी. गेज की	2·40 घन मी.	@	रु. 1800·00/घन मी.	=	रु.	4320·00
बालू मोटी	1·20 घन मी.	@	रु. 1500·00/घन मी.	=	रु.	1800·00
सीमेंट (18 बोरियां)	0·60 घन मी.	@	रु. 7650·00/घन मी.	=	रु.	4590·00
सीमेंट पृष्ठ संपूर्ति के लिए (6 बोरियां)	0·20 घन मी.	@	रु. 7650·00/घन मी.	=	रु.	1530·00
			योग	**=**	**रु.**	**12240·00**

मजदूरी—

मूख्य राज	3/4 सं.	@	रु. 350·00/दिन	=	रु.	262·50
राज	10 सं.	@	रु. 300·00/दिन	=	रु.	3000·00
मजदूर (बेलदार)	5 सं.	@	रु. 220·00/दिन	=	रु.	1100·00
बालक या स्त्री/कुली	5 सं.	@	रु. 200·00/दिन	=	रु.	1000·00

भिश्ती (तराई सम्मिलित करके)	2 सं.	@	रु. 200·00/दिन	=	रु.	400·00
पार्श्व से बत्ता लगाला (form)	इकमुश्त		रु. 200·00/इकमुश्त	=	रु.	200·00
फुटकर, औजार और मशीनें इत्यादि	इकमुश्त		रु. 90·00 इकमुश्त	=	रु.	90·00
			योग	=	रु.	**6052·50**
			सामग्रियों का मूल्य और मजदूरी का योग	=	रु.	18292·50
			1½% पानी का खर्चा जोड़िये	=	रु.	274·00
			10% ठेकेदार का लाभ जोड़िये	=	रु.	1829·25
			कुल योग	=	रु.	**20395·75**
						100 वर्ग मी. के लिये

दर प्रति वर्ग मी. = रु. 20395·75/100 = रु. 204·00

---

34. 2·5 से. मी. मोटा कंक्रीट फर्श 1 : 1½ : 3 इकाई 1 वर्ग मी.—100 वर्ग मी. लेकर–

सामग्रियां—

पत्थर का मिलावा 20 मि. मी. गेज का	2·25 घन मी.	@	रु. 1800·00/घन मी.	=	रु.	4050·00
मोटी बालू	1·50 घन मी.	@	रु. 1500·00/घन मी.	=	रु.	2250·00
सीमेंट (21 बोरियां)	0·75 घन मी.	@	रु. 7650·00/घन मी.	=	रु.	5737·50
सीमेंट पृष्ठ संपूर्ति के लिए (6 बोरियां)	0·20 घन मी.	@	रु. 7650·00/घन मी.	=	रु.	1530·00
			योग	=	रु.	**13567·50**
मजदूरी—मद 33 के अनुसार				=	रु.	**6052·50**
			सामग्रियों का मूल्य और मजदूरी का योग	=	रु.	19620·00
			1½% पानी का खर्चा जोड़िये	=	रु.	294·30
			10% ठेकेदार का लाभ जोड़िये	=	रु.	1962·00
			कुल योग	=	रु.	**21876·30**
						100 वर्ग मी. के लिये

दर प्रति वर्ग मी. = रु. 21876·30/100 = रु. 219·00

---

35. 2 से. मी. मोटा सीमेंट मसाले का फर्श 1 : 3 अनुपात का—इकाई 1 वर्ग मी.—100 वर्ग मी. लेकर–

सामग्रियां—

सीमेंट (23·4 बोरियां)	0·78 घन मी.
बालू मोटी	2·34 घन मी.
सीमेंट पृष्ठ सपूर्ति के लिये (6 बोरियां)	0·20 घन मी.

मजदूरी—

राज 8 सं., मजदूर (बेलदार) 4 सं., बालक कुली 4 सं. तथा अन्य मद 33 के अनुसार।

1½% पानी का खर्चा और 10% ठेकेदार का लाभ जोड़िये

दर प्रति वर्ग मी.—1/100, वर्ग मी. का

पालिश किया हुआ सीमेंट कंक्रीट का फर्श–उपरोक्त में जोड़िये (i) 0·1 घन मी. (3 बोरियां) अतिरिक्त सीमेंट प्रति 100 वर्ग मी. शुद्ध सीमेंट की अतिरिक्त तह के लिये, (ii) इकमुश्त रु. 800 पालिश के लिये सामग्रियां, (iii) पालिश करने वाला 80 सं.

36. 7·5 से. मी. मोटा चूना कंक्रीट फर्श में— इकाई वर्ग मी.—100 वर्ग मी. लेकर–

सफेद चूना और सुर्खी या बालू 1 : 2, चूना कंक्रीट का परिमाण = 100 × 0·075 = 7·5 घन मी.

पृष्ठ 427 मद 1 से 10 घन मी. परिमाण के ¾ लेकर सामग्रियों के परिमाण की गणना की जा सकती है।

सामग्रियां—

ईंट की रोड़ी प्रथम श्रेणी 40 मि. मी. गेज की	7·50 घन मी.	@	रु. 650·00/घन मी.	=	रु.	4875·00
सफेद बुझा चूना	1·20 घन मी.	@	रु. 800·00/घन मी.	=	रु.	960·00
सुर्खी या बालू	2·40 घन मी.	@	रु. 700·00/घन मी.	=	रु.	1680·00
			योग	=	रु.	**7515·00**

मजदूरी—

मूख्य राज	1/3 सं.	@	रु. 350·00/दिन	=	रु.	116·67
राज	1 सं.	@	रु. 300·00/दिन	=	रु.	300·00
मजदूर (बेलदार)	10 सं.	@	रु. 220·00/दिन	=	रु.	2200·00
बालक या स्त्री कुली	10 सं.	@	रु. 200·00/दिन	=	रु.	2000·00
भिश्ती	1 सं.	@	रु. 200·00/दिन	=	रु.	200·00
फुटकर, औजार और मशीन इत्यादि	इकमुश्त		रु. 90·00 इकमुश्त	=	रु.	90·00
			योग	=	रु.	**4906·67**
			सामग्रियों का मूल्य और मजदूरी का योग	=	रु.	12421·67
			1½% पानी का खर्चा जोड़िये	=	रु.	186·30
			10% ठेकेदार का लाभ जोड़िये	=	रु.	1242·17
			कुल योग	=	**रु.**	**13850·14**

100 वर्ग मी. के लिये

दर प्रति वर्ग मी. = रु. 13850·14/100 = रु. 138·50

37. 2·5 से. मी. सीमेंट कंक्रीट 1 : 2 : 4 फर्श 7·5 वर्ग से. मी. आधार चूना कंक्रीट सहित—इकाई 1 वर्ग मी.—100 वर्ग मी. लेकर–

(*i*) 2·5 से. मी. मोटा सीमेंट कंक्रीट 1 : 2 : 4 100 वर्ग. मी. (मद 33 के अनुसार)

सामग्रियां—

पत्थर की गिट्टी 20 मि. मी. गेज की 2·40 घन मी.

(*i*) 7·5 से. मी. चूना कंक्रीट—100 वर्ग मी. (मद 36 के अनुसार)

सामग्रियां—

ईंट की रोड़ी 40 मि. मी. गेज 7·5 घन मी.

बालू मोटी	1·20 घन मी.	सफेद चूना बुझा	1·20 घन मी.
सीमेंट (18 बोरियां)	·60 घन मी.	सुर्खी या (बालू)	2·40 घन मी.
सीमेंट पृष्ठ संपूर्ति के लिए (6 बोरियां)	·20 घन मी.		
मजदूरी—		मजदूरी—	
मूख्य राज	3/4 सं.	मूख्य राज	3/4 सं.
राज	1 सं.	राज	1 सं
मजदूर (बेलदार)	5 सं.	मजदूर (बेलदार)	10 सं.
कुली (बालक)	5 सं.	कुली (बालक)	10 सं.
भिश्ती	2 सं.	भिश्ती	1 सं.
पार्श्व में बत्ता लगाना (form) इकमुश्त	रु. 90	फुटकर, औजार और मशीन इत्यादि इकमुश्त	रु. 35
फुटकर, औजार और मशीन इत्यादि	रु. 35	1½% पानी का खर्च और 10% ठेकेदार का लाभ जोड़िये।	
1½% पानी का खर्च और 10% ठेकेदार का लाभ जोड़िये।		दर प्रति वर्ग मी.— (i) और (ii) का जोड़।	
मूल्य की गणना उचित दरें मानकार की जा सकती है			

38. 7·5 से. मी. मोटी 1 : 4 : 8 सीमेंट कंक्रीट फर्श में—इकाई 1 वर्ग मी.—100 वर्ग मी. लेकर–

सामग्रियां—

ईंट की रोड़ी प्रथम श्रेणी 40 मि. मी. गेज की	7·0 घन मी.
बालू (स्थानीय)	3·5 घन मी.
सीमेंट (26·4 बोरियां)	0·88 घन मी.

मजदूरी—मद 36 के अनुसार।

1½ पानी का खर्च और 10% ठेकेदार का लाभ लोड़िये।

सीमेंट कंक्रीट का परिमाण = 100 × ·075 = 7·5 घन मी. 10 घन मी. के 3/4 अनुपात में सामग्रियों की मात्राओं की गणना की जा सकती है। (पृष्ठ 431 देखिये)

39. मोजेक या टेराजो फर्श—इकाई 1 वर्ग मी.—100 वर्ग मी. लेकर–

6 मि. मी. 1 : 1½ मोजेक की तह, 20 मि. मी. मोटी 1 : 2 : 4 सीमेंट कंक्रीट पर।

सामग्रियां—

20 मि. मी. सीमेंट कंक्रीट 1 : 2 : 4	पत्थर की ग्रिटें 12 मि. मी. गेज	1·88 घन मी. @ रु. 1800·00/घन मी. = रु. 3384·00
	बालू (मोटी)	0·94 घन मी. @ रु. 1500·00/घन मी.= रु. 1410·00
	सीमेंट (14·1 बोरियां)	0·47 घन मी. @ रु. 7650·00/घन मी. = रु. 3595·50
6 मि. मी. मोजेक 1 : 1½	संगमर्मर की ग्रिटें 3 मि. मी. गेज की (10 कुन्तल)	0·60 घन मी. @ रु. 4000·00/घन मी. = रु. 2400·00
	संगमर्मर की धूल	0·04 घन मी. @ रु. 4000·00/घन मी. = रु. 160·00
	सीमेंट पोर्टलैंड (12 बोरियां)	0·40 घन मी. @ रु. 7656·00/घन मी. = रु. 3060·00
		योग = रु.14009·50

मजदूरी—

मुख्य राज	1 सं.	@	रु. 350·00/दिन	=	रु. 350·00
राज (विशेषज्ञ)	20 सं.	@	रु. 300·00/दिन	=	रु. 6000·00
मजदूर (बेलदार)	20 सं.	@	रु. 220·00/दिन	=	रु. 4400·00
भिश्ती	2 सं.	@	रु. 200·00/दिन	=	रु. 400·00
पालिश वाला	120 सं.	@	रु. 200·00/दिन	=	रु. 24000·00
पालिश करने वाला पत्थर (कार्बोरेडम)	इकमुश्त		रु. 1000·00 इकमुश्त	=	रु. 1000·00
आक्जेलिक एसिड चूर्ण	इकमुश्त		रु. 250·00 इकमुश्त	=	रु. 250·00
पार्श्व में बत्ता लगाना (form)	इकमुश्त		रु. 200·00 इकमुश्त	=	रु. 200·00
फुटकर, औजार और मशीनें इत्यादि	इकमुश्त		रु. 200·00 इकमुश्त	=	रु. 200·00
			योग	**=**	**रु. 36800·00**
			सामग्रियों का मूल्य और मजदूरी का योग	=	रु. 50809·50
			1½% पानी का खर्चा जोड़िये	=	रु. 762·00
			10% ठेकेदार का लाभ जोड़िये	=	रु. 5080·95
			कुल योग	**=**	**रु. 56652·45**
					100 वर्ग मी. के लिये

दर प्रति वर्ग मी. = रु. 56652·45/100 = रु. 567·00

---

100 वर्ग मी टेराजो या मोजेक फर्श के लिये सामाग्रियों का परिकरल

20 मी. मी. मोटा 1 : 2 : 4 सीमेंट कंक्रीट—सीमेंट कंक्रीट का आयतन = 100 × ·02 +10% असमान और खुरदरे आधार के लिये = 2·00 + ·20 = 2·20 घन मी.। सूखा आयतन = 2·2 + 50% = 2·2 + 1·1 = 3·3 घन मी.।

सीमेंट $= \frac{3\cdot3}{1+2+4} = \frac{3\cdot3}{7}$ = ·47 घन मी. (14·1 बोरियाँ) बालू = ·47 × 2 = ·94 घन मी. पत्थर की ग्रिटें = ·47 × 4 = 1·88 घन मी.।

6 मि. मी. मोजेक की तह 1 : 1½ – मोजेक कंक्रीट का आयतन = 100 × ·006 +20% पृष्ठ की कटाई घिसाई द्वारा = ·60 + ·12 = ·72 घन मी.। सूखा आयतन = + ·72 + 50% = ·72 + ·36 = 1·08 घन मी. सीमेंट $= \frac{1\cdot08}{1 + 1½} = \frac{1\cdot08}{2½}$ = 0·4 घन मी. (12 बोरियाँ), संगमरमर की ग्रिटें = 0·4 × 1½ = 0·6 घन मी.।

सामग्रियाँ भिन्न-भिन अनुपातों की मोजेक तह के लिये—

(i) अनुपात 1 : 1—सीमेंट = 0·50 घन मी. (15 बोरियाँ) संगमरमर ग्रिटें = 0·5 घन मी.

(ii) अनुपात 1 : 1½—सीमेंट = 0·40 घन मी. (12 बोरियाँ) संगमरमर ग्रिटें = 0·6 घन मी.

(iii) अनुपात 1 : 2—सीमेंट = 0·36 घन मी. (10·8 बोरियाँ) संगमरमर ग्रिटें = 0·72 घन मी.

मोजेक डैडो या स्कर्टिंग—6 मि. मी. मोजेक की तह, 20 मि. मी. मोटे 1 : 3 सीमेंट : मोटी बाल्रू सीमेंट पलस्तर पर। सीमेंट मसाले के लिये सामग्रियाँ पृष्ठ 446 के अनुसार। मोजेक तह के लिये सामग्रियाँ उपरोक्त के अनुसार। मद 39 पर मजदूरी 10% बढ़ाई जा सकती है।

द्रष्टव्य—संगमरमर ग्रिटें भार में बेची जाती हैं—1 घन मी. = 1650 किलोग्राम = 16·5 कुन्तल

रंगीन मोजेक फर्श पर नोट–

(i) रंगीन संगमरमर की ग्रिटों को सफेद मार्बल की ग्रिटों में आवश्यक अनुपात में मिलाया जा सकता है, सधारणतयः 3 : 1 अनुपात में, 3 भाग सफेद गिट्टियां और 1 भाग काली गिट्टियाँ; यदि आवश्यक समझा जाता है तो सीप की गिट्टियाँ या दूसरी रंगीन गिट्टियाँ भी मिलाई जा सकती हैं।

(ii) सफेद या अधिक सफेद सतह प्राप्त करने के लिये 1 : 1 से 1 : 3 अनुपात तक शुद्ध सफेद सीमेंट पोर्टलैंड सीमेंट में मिलाकर प्रयोग की जा सकती है।

(iii) रंगीन मोजेक के सतह के लिये, वांछित रंग प्राप्त करने के लिये यदि आवश्यक है तो इच्छानुसार रंग सफेद सीमेंट में 2 से 5 किलोग्राम सीमेंट की प्रति बोरी मिलाया जाना चाहिये। रंगीन सीमेंट भी प्रयोग की जा सकती है किन्तु इसका मूल्य अधिक है इसलिये केवल उच्च श्रेणी के कार्य में प्रयोग किया जाता है।

चुंकि सफेद सीमेंट का मूल्य अधिक होने के कारण साधरण सीमेंट संगमरमर चूर्ण में 3 : 1 (सीमेंट और संगमरमर चूर्ण) अनुपात में मिलाई जा सकती है, और सीमेंट और संगमरमर चूर्ण के इस मिश्रण में वांछित रंग प्राप्त करने के लिये आवश्यक अनुपात में रुचि के अनुसार रंग मिलाया जा सकता है। एक सा रंग प्राप्त करने के लिये यह अच्छा होगा यदि एक कमरे के पूरे फर्श के आवश्यक रंग और सीमेंट एक ही बार में मिलायें।

---

40. मोजेक या टेराजो फर्श 7·5 से. मी. चूना कंक्रीट सहित इकाई 1 वर्ग मी.–100 वर्ग मी. लेकर–मद 39 को मद 36 से मिलाइये।

---

41. मोजेक या टेराजो टाइल का फर्श–इकाई 1 वर्ग मी.–100 वर्ग मी. लेकर–

मोजेक टाइल्स 20 मि. मी. चूना समाले पर बिछाये गये।

सामग्रियाँ–

	परिमाण या संख्या	दर	मूल्य
मोजेक टाइल्स 20 से. मी. × 20 से. मी. सामान्य माप 2500 सं.	100 वर्ग मी.	रु. 400·00 प्रति वर्ग मी.	= रु. 40000·00
20 मि. मी. चूना मसाला–			
सफेद चूना (बुझा)	1 घन मी.	रु. 800·00 / घन मी.	= रु. 800·00
सुर्खी	2 घन मी.	रु. 500·00 / घन मी.	= रु. 1000·00
सीमेंट (शुद्ध सीमेंट पेस्ट के लिये या टाइल बिछाने के लिये और जोड़ों के लिये पतला मसाला) 6 बोरियाँ	.20 घन मी.	रु. 7650·00 / घन मी.	= रु. 1530·00
		योग	= रु. 43330·00

(क्रमशः)

मजदूरी—

मूख्य राज	1 सं.	@	रु. 350·00/दिन	=	रु. 350·00
राज (विशेषझ)	15 सं.	@	रु. 300·00/दिन	=	रु. 4500·00
मजदूर (बेलदार)	15 सं.	@	रु. 220·00/दिन	=	रु. 3300·00
भिश्ती	1½ सं.	@	रु. 200·00/दिन	=	रु. 300·00
पालिश वाला	120 सं.	@	रु. 200·00/दिन	=	रु. 24000·00
पालिश करने का पत्थर	इकमुश्त		रु. 1000·00 इकमुश्त	=	रु. 1000·00
आक्जेलिक एसिड चूर्ण	इकमुश्त		रु. 200·00 इकमुश्त	=	रु. 200·00
विविध यन्त्र, औजार और मशीनें इत्यादि	इकमुश्त		रु. 200·00 इकमुश्त	=	रु. 200·00
			योग	=	**रु. 33850·00**
			सामग्रियों का मूल्य और मजदूरी का योग	=	रु. 77180·00
			1½% पानी का खर्चा जोड़िये	=	रु. 1158·00
			10% ठेकेदार का लाभ जोड़िये	=	रु. 7718·00
			कुल योग	=	**रु. 86056·00**
					100 वर्ग मी. के लिये

दर प्रति वर्ग मी. = रु. 86056·00/100 = रु. 860·00

नोट–मसाले और सीमेंट की सामग्रियों लिये पृष्ठ 446 और 447 देखिए।

टाइल्स साधारणतयः बगैर घिसे सप्लाई किये जाते हैं। यदि पहले घिसे टाईल्स सप्लाई किये जायें तो पालिश के लिये मजदूरों की संख्या 50% कम हो जाती है। तब 100 वर्ग मी. पालिश करने के लिए 60 मजदूरों की आवश्यकता होगी। टाईल्स 140 किलोग्राम/वर्ग से. मी. दाब के अन्तर्गत दाब यन्त्र द्वारा निर्मित किए जाते हैं। टाईल्स वास्तविक माप 19·85 × 19·85 से. मी., (नामन माप 20 × 20 से. मी.) अथवा 29·85 × 29·85 से. मी., (नामन माप 30 × 30 से. मी.) के हो सकते हैं। 20 मि. मी. से 25 मि. मी. मोटी सीमेंट कंक्रीट की तह पर 6 मि. मी. मोटी मोजेक की तह होती हैं। चूना कंक्रीट या दुर्बल सीमेंट कंक्रीट के निम्न आस्तरण तह पर 12 मि. मी. से 20 मि. मी. तक चूना मसाला पर टाईल्स बिछाए जाते हैं। चूना मसाला बिछाने और पर्याप्त रूप से कठोर हो जाने के बाद, सीमेंट पेस्ट की (शहद की तरह सुसंजनता) लगभग 1·5 मि. मी. एक पतली सी तह बिछाई जाती है और तब टाईल्स बिछाये जाते हैं। खड़े जोड़ 1 मि. मी. से 1·5 मि. मी. रखे जाते है जिनको उसी सीमेंट पेस्ट से भरा जाता है। जब फर्श और जोड़ सूखकर कठोर हो जाते हैं (चूना मसाला के लिये 7 दिन बाद और सीमेंट मसाला के लिये 3 दिन-बाद) तब घिसाई और पालिश प्रारम्भ की जाती है।

यदि निर्देशित है तो चूना मसाला के स्थान पर 12 मि. मी. से 20 मि. मी. तक के 1 : 6 सीमेंट मसाला का प्रयोग किया जा सकता है। मोजेक की तह रंगी जा सकती है उस पर सजावटी अभिकल्प किया जा सकता है। इस स्थिति में बिछाने और जोड़ो के लिये सीमेंट पेस्ट का रंग वही होना चाहिये। रंगीन टाईल्स का मूल्य अधिक होता है। रु. 400 से रु. 600 प्रति वर्ग मी. हो सकता है।

ईंट का फर्श 10 सें. मी. मोटा, पृष्ठ पर सीमेंट मसाला से टीप किया हुआ–

100 वर्ग मी. के लिय सामग्रियों की आवश्यकता—10 सें. मी. मोटा 100 वर्ग मी. ईंट का फर्श = 100 × 0·10 = 10 घन मी.। इसलिये सामग्रियों की आवश्यकता 10 घन मी. ईंट चिनाई के कार्य के समान ही होगी किन्तु आधार की असमानता के लिये 10% अधिक मसाला लिया जा सकता है। टीप करने के लिये 0·6 घन मी. कुल सूखे समाले की आवश्यकता होगी। 1 : 6 सीमेंट मसाला में बिछी हुई ईंट के फर्श के लिये सामाग्रियों का परिमाण इस प्रकार होगा:– ईंटें 5000, सीमेंट = 0.5 घन मी. (15 बोरियां) और बालू = 3.0 घन मी. की आवश्यकता होगी। 1 : 2 टीप के लिये—सीमेंट = 0.2 घन मी. (6 बोरियां) और बालू = 0.4 घन मी. की आवश्यकता होगी। इस प्रकार से दूसरे अनुपातों के लिये सामग्रियों की गणना की जा सकती है।

42. ईंट का फर्श 10 सें. मी. मोटा सीमेंट की टीप सहित इकाई 1 वर्ग मी.–100 वर्ग मी. लेकर–

(अ) 1 : 6 सीमेंट मसाला से ईंटे बिछी हुई, 1 : 2 सीमेंट मसाला से पृष्ठ टीप सहित–

ईंट का कार्य–

सामग्रियाँ—ईंट बिछाने के लिये—

ईंट प्रथम श्रेणी	5000 सं.	@	रु. 4500·00/प्रति%० सं.	=	रु. 22500·00
सीमेंट (15 बोरिया)	0.5 घन मी.	@	रु. 7650·00/घन मी.	=	रु. 3825·00
बालू (स्थानीय)	3.0 घन मी.	@	रु. 700·00/घन मी.	=	रु. 2100·00
			योग	=	**रु. 28425·00**

मजदूरी ईंट बिछाने के लिये–

मुख्य राज	½ सं.	@	रु. 350·00/दिन	=	रु. 175·00
राज	10 सं.	@	रु. 300·00/दिन	=	रु. 3000·00
मजदूर (बेलदार)	8 सं.	@	रु. 220·00/दिन	=	रु. 1760·50
बालक या स्त्री कुली	6 सं.	@	रु. 200·00/दिन	=	रु. 1200·00
भिश्ती	1 सं.	@	रु. 200·00/दिन	=	रु. 200·00
फुटकर, औजार और मशीनें इत्यादि	इकमुश्त		रु. 90·00 इकमुश्त	=	रु. 90·00
			योग	=	**रु. 6425·00**
सीमेंट की टीप करना–सामग्रियां और मजदूरी पृष्ठ 450 पर मद 32 के अनुसार				=	रु. 7351·70
			सामग्रियों का मूल्य और मजदूरी का योग	=	रु. 42201·70
			1½% पानी का खर्चा जोड़िये	=	रु. 633·00
			10% ठेकेदार का लाभ जोड़िये	=	रु. 4220·17
			कुल योग	=	**रु. 47054·87**
					100 वर्ग मी. के लिये

दर प्रति वर्ग मी. = रु. 47054·87/100 = रु. 470·00

सामग्रियाँ परम्परागत ईंट के फर्श के लिए **(22·9 × 11·4 × 7·6 सें. मी.), 9″ × 4½ × 3″ —100** वर्ग मी. के लिए–

ईंट	पट ईंट का फर्श	खड़ी ईंट का फर्श
ईंट	3500 सं.	5300 सं.
सूखा मसाला	2·26 घन मी.	3·4 घन मी.
मजदूरी	मद 42 के समान	मद 42 से 25% अधिक

42. (ख), (ग) **ईंट का फर्श 10 सें. मी. मोटा भिन्न-भिन्न मसाले का इकाई 1 वर्ग मी.–100 वर्ग मी. लेकर–**

(ख) 1 : 2 सफेद चूना और सुर्खी मसाले से–

सामग्रियाँ–ईंटे	5000 सं.
सफेद बुझा चूना	1·3 घन मी.
सुर्खी	2·60 घन मी.

मजदूरी–मद 42 (क) के अनुसार

टीप करना– मद 32 के अनुसार

(ग) 1 : 3 सीमेंट, बालू मसाले से–

सामग्रियाँ–ईंटे	5000 सं.
सीमेंट	0·80 घन मी.
बालू मोटी	2·40 घन मी.

मजदूरी–मद 42 (क) के अनुसार

टीप करना– मद 32 के अनुसार

43. पट ईंट का फर्श 7·5 सें. मी. चूना कक्रीट सहित–इकाई 1 वर्ग मी.–100 वर्ग मी. लेकर–

मद 42 को मद 36 से मिलाकर दर विश्लेषण कीजिए–

ईंट टाईल्स या फ्लैग पत्थर का फर्श बनाना–

सामग्रियों की आवश्यकता–30 सें. मी. × 30 सें. मी. × 4 सें. मी. (नामन माप) माप के टाईल्स 12 मि. मी. मोटे मसाले से 6 मि. मी. जोड़ों से बिछाये जाते हैं। 100 वर्ग मी. क्षेत्रफल के लिये 12 मि. मी. आधार के लिये मसाले का सूखा आयतन 2 घन मी. है और 6 मि. मी. मोटे जोड़ों के लिये 0·25 घन मी. है। इस प्रकार के बिछाने के लिये मसाले का कुल जोड़ 2·25 घन मी. के बराबर है। टाइल फर्श के पृष्ठ की टीप के लिये कुल सूखे मसाले का आयतन, ईंट के पृष्ठ की टीप से 50% कम होगा, और 0.8 मी. के बराबर होगा। भिन्न-भिन्न अनुपात के मसाले की सामग्रियों के प्रत्येक उत्पादन के परिमाण की गणना सामान्य रुप से की जा सकती है।

44. ईंट टाईल का फर्श 1 : 6 सीमेंट मसाले से बिछाया गया और 1 : 2 सीमेंट मसाले से पृष्ठ पर टीप की गई–इकाई 1 वर्ग मी.–100 वर्ग मी. लेकर—

सामग्रियाँ—

टाईल (माप 30 सें. मि. × 30 सें. मि.)—1100 सं.

बिछाने के लिये, मसाला 1 : 6—

सीमेंट (9.6 बोरियाँ)	0.32 घन मी.
बालू	1.92 घन मी.

टीप करने के लिये, मसाला 1 : 2—

सीमेंट (3 बोरियाँ)	0.1 घन मी.
बालू	0.2 घन मी.

मजदूरी—

मजदूरी मद 42 से 25% कम

पानी का खर्च 1½%

लाभ—10%

मूल्य उचित दरें लेकर निकाला जा सकता है।

45. (i) सफेदी पोताई एक लेप—इकाई 1 वर्ग मी.—100 वर्ग मी. लेकर—

सामग्रियाँ—

सफेद बिना बुझा चूना (@ रु. 650·00/प्रति कुन्तल)	10 किग्रा.	@	रु. 6·50/प्रति किग्रा.	=	रु.	65·00
गोंद (चूर्ण)	इकमुश्त		रु. 8·00 इकमुश्त	=	रु.	8·00
नीला रंग	इकमुश्त		रु. 7·00 इकमुश्त	=	रु.	7·00
			योग	**=**	**रु.**	**80·00**

मजदूरी—

पोताई वाला	2/3 सं.	@	रु. 250·00/प्रति दिन	=	रु.	166·70
बालक कुली	2/3 सं.	@	रु. 200·00/प्रति दिन	=	रु.	133·30
फुटकर, सीढ़ी इत्यादि	इकमुश्त		रु. 10·00 इकमुश्त	=	रु.	10·00
			योग	**=**	**रु.**	**310·00**
			सामग्रियों का मूल्य और मजदूरी का योग	=	रु.	390·00
			10% ठेकेदार का लाभ जोड़िये	=	रु.	39·00
			कुल योग	**=**	**रु.**	**429·00**
						100 वर्ग मी. के लिये

दर प्रति वर्ग मी. = रु. 429·00/100 = रु. 4·30

---

45. (ii) सफेदी पोताई दो लेप—इकाई 1 वर्ग मी.—100 वर्ग मी. लेकर—

सामग्रियाँ—			**मजदूरी—**	
सफेद बुझा चूना		20 किग्रा.	पोताई वाला	1 सं.
गोंद (चूर्ण)	इकमुश्त	रु. 12·00	बालक कुली	1 सं.
नीला रंग	इकमुश्त	रु. 15·00	फुटकर, सीढ़ी, इत्यादि	रु. 7·00
	10% लाभ			

दर प्रति वर्ग मी. = 100 वर्ग मी. के मूल्य का 1/100

---

45. (iii) सफेदी पोताई तीन लेप—इकाई 1 वर्ग मी.—100 वर्ग मी. लेकर—

सामग्रियाँ—			**मजदूरी—**	
सफेद बुझा चूना		20 किग्रा.	पोताई वाला	1½ सं.
गोंद (चूर्ण)	इकमुश्त	रु. 15·00	बालक कुली	1½ सं.
नीला रंग	इकमुश्त	रु. 10·00	फुटकर, सीढ़ी, इत्यादि	रु. 10·00
	10% लाभ			

दर प्रति वर्ग मी. = 100 वर्ग मी. के मूल्य का 1/100

द्रष्टव्य—(i) चूने की आवश्यकता प्रत्येक लेप पोताई के 10 वर्ग मी. के लिय 1 किग्रा.

(ii) नीला रंग केवल सबसे ऊपर के संपूर्ति लेप में मिलाया जायगा।

46. रंग प्रलेपन के दो लेप सफेदी पोताई के एक लेप पर—इकाई 1 वर्ग मी.—100 वर्ग मी. लेकर—
मद 45 में जोड़िये प्रत्येक लेप के लिये 1 से 2 किग्रा. रंग प्रति% वर्ग मी.
@ 100·00 प्रति किग्रा. (रंग के प्रकार पर निर्भर करता है) नीले रंग के चूर्ण की आवश्यकता नही होगी।

47. डिस्टेम्पर के दो लेप लगाना—इकाई 1 वर्ग मी.—100 वर्ग मी. लेकर—

डिस्टेम्पर का पहला लेप—	**रु. पै.**	**डिस्टेम्पर का दूसरा लेप—**	**रु. पै.**
सूखा डिस्टेम्पर 6½ किग्रा.		**सूखा डिस्टेम्पर** 5 किग्रा.	
@ रु. 50·00/ किग्रा.	325·00	@ रु. 50·00/ किग्रा.	= 250·00
निपुण पुताई वाला या डिस्टेम्पर करने वाला 2 सं. @ रु. 250/दिन	= 500·00	निपुण पुताई वाला या डिस्टेम्पर करने वाला 1½ सं. @ रु. 250/दिन	= 375·00
बालक कुली 2 सं. @ रु. 200/दिन	= 400·00	बालक कुली 1½ सं. @ रु. 200/दिन	= 300·00
फुटकर, औजार और मशीनें इत्यादि, इकमुश्त	= 45·00	फुटकर, औजार और मशीनें इत्यादि, इकमुश्त	= 25·00
योग	**=1270·00**	**योग**	**= 950·00**
10% ठेकेदार का लाभ जोड़िये	= 127·00	10% ठेकेदार का लाभ जोड़िये	= 95·00
योग	**=1397·00**	**योग**	**=1045·00**
	प्रति% वर्ग मीटर		प्रति% वर्ग मीटर

योग दोनों लेपों का = रु. 1397·00 + 1045·00 = रु. 2442·00 प्रति% वर्ग मी.

दर प्रति वर्ग मी. = रु. 2442·00/100 = रु. 24·50

यदि सीमेंट पलस्तर के नये पृष्ठ पर डिस्टेम्पर करना है तो जिंक सल्फेट के घोल (10 लीटर पानी में 1 किग्रा. जिंक सल्फेट मिलाकर) से पृष्ठ को धोना चाहिये और निम्नालिखित को दर में जोड़ देना चाहिए।

जिंक सल्फेट के घोल से धुलाई—100 वर्ग मी.

जिंक सल्फेट ½ किग्रा. @ रु. 50·00/किग्रा.	रु. 25·00
पोताई वाला 1 सं. @ रु. 250·00/दिन	रु. 250·00
बालक कुली 1 सं. @ रु. 200·00/दिन	रु. 200·00
फुटकर इकमुश्त	रु. 5·00
योग	**= रु. 480·00**
10% ठेकेदार का लाभ जोड़िये	= रु. 48·00
कुल योग	**= रु. 528·00**
	= रु 5·30 प्रति वर्ग मीटर

जिंक सल्फेट से धोने का व्यय दो लेप डिस्टेम्पर में जोड़ने से दर = 29·80 प्रति वर्ग मी.

48. स्नोसेम (snow-cem) के दो लेप पलस्तर किये हुये पृष्ठ पर—इकाई **1** वर्ग मी.—**100** वर्ग मी. लेकर—

पहला लेप—	रु. पै.
स्नोसेम 30 किग्रा. @ 35·00 किग्रा.	= 1050·00
निपुण पुताई वाला 2½ सं. @ रु. 250·00/दिन	= 625·00
बालक कुली 2½ सं. @ रु. 200·00/दिन	= 500·00
फुटकर, औजार और मशीनें इत्यादि, इकमुश्त	= 50·00
योग	**= 2225·00**
10% ठेकेदार का लाभ जोड़िये	= 222·50
योग	**= 2447·50**
प्रति% वर्ग मीटर	

दूसरा लेप—	रु. पै.
स्नोसेम 20 किग्रा. @ 35·00/ किग्रा.	= 700·00
निपुण पुताई वाला 2 सं. @ 250·00/दिन	= 500·00
बालक कुली 2 सं. @ रु. 200·00/दिन	= 400·00
फुटकर, औजार और मशीनें इत्यादि, इकमुश्त	= 40·00
योग	**=1640·00**
10% ठेकेदार का लाभ जोड़िये	= 164·00
योग	**=1804·00**
प्रति% वर्ग मीटर	

योग दोनों लेपों का = रु. 2447·50 + 1804·00 = रु. 4251·50 प्रति% वर्ग मी.

दर प्रति वर्ग मी. = रु. 4251·50/100 = रु. 42·50

दो लेप के लिये 50 कि. ग्रा. स्नोसेम से 100 वर्ग मीटर से 150 वर्ग मीटर तक के क्षेत्रफल का लेपन किया जा सकता है। यह पृष्ठ के प्रकार पर निर्भर करता है।

द्रष्टव्य मद 48 पर—(i) स्नोसेम के अतिरिक्त दूसरे समरूप यौगिक जैसे सुपरसेम, एक्योसेम, ड्यूरोसेम और दूसरे समरूप यौगिक भी प्रयोग किये जा सकते हैं।

(ii) सफेद सीमेंट में रंग और अन्य रासायनिक सामग्रियाँ उचित अनुपात में मिला कर स्नोसेम के समरूप यौगिक बनाए और प्रयोग किए जा सकते हैं।

---

49. एक लेप पेन्ट करना एक प्राइमर अस्तर के लेप पर—इकाई **1** वर्ग मी.—**100** वर्ग मी. लेकर—

अस्तर लेप—

अस्तर पेन्ट (Primer paint)	6 लीटर	@	रु. 100·00/लीटर	=	रु.	600·00
पेन्टर	2 सं.	@	रु. 250·00/दिन	=	रु.	500·00
कुली	2 सं.	@	रु. 200·00/दिन	=	रु.	400·00
फुटकर, पुट्टी, ब्रुश, रेगमाल इत्यादि	इकमुश्त		रु. 60·00 इकमुश्त	=	रु.	60·00
			अस्तर पेन्ट के लिये योग	=	रु.	1560·00

पेन्ट करना एक लेप—

पेन्ट (बना हुआ)	10 लीटर	@	रु. 110·00/लीटर	=	रु.	1100·00
पेन्टर	5 सं.	@	रु. 250·00/दिन	=	रु.	1250·00

कुली	5 सं.	@ रु. 200·00/दिन	=	रु. 1000·00
फुटकर, पुट्टी, ब्रुश, रेगमाल इत्यादि	इकमुश्त	रु. 60·00 इकमुश्त	=	रु. 60·00
		एक लेप पेन्ट के लिए योग	=	रु. 3410·00
		अस्तर लेप और एक लेप पेन्ट करने के लिए योग	=	रु. 4970·00
		10% ठेकेदार का लाभ जोड़िये	=	रु. 497·00
		कुल योग	=	**रु. 5467·00**

100 वर्ग मी. के लिये

दर प्रति वर्ग मी. = रु. 5467·00/100 = रु. 54·50

पेन्ट में प्रत्येक परवर्ती लेप के लिये—उपरोक्त पेन्ट के एक लेप जैसा

50. पेन्ट करना एक लेप गाड़े पेन्ट से—इकाई 1 वर्ग मी.—100 वर्ग मी. लेकर—

सामग्रियाँ—

पेन्ट (गाढ़ा)	10 किलोग्रम	@ रु. 90·00/प्रति किग्रा.	=	रु. 900·00
औटा अलसी का तेल (उबला हुआ)	4·5 लीटर	@ रु. 50·00/प्रति लीटर	=	रु. 225·00
तारपीन का तेल	3·0 लीटर	@ रु. 50·00/प्रति लीटर	=	रु. 150·00
		योग	=	**रु. 1275·00**

मजदूरी—

पेन्टर	5 सं.	@ रु. 250·00/दिन	=	रु. 1250·00
कुली	5 सं.	@ रु. 200·00/दिन	=	रु. 1000·00
विविध, फुटकर, पुट्टी, ब्रुश, रेगमाल इत्यादि	इकमुश्त	रु. 60·00 इकमुश्त	=	रु. 60·00
		कुल योग	=	**रु. 2510·00**
		सामाग्रियों और मजदूरी का योग	=	रु. 3585·00
		10% ठेकेदार का लाभ जोड़िये	=	रु. 358·50
		कुल योग	=	**रु. 3943·50**

100 वर्ग मी. के लिये

दर प्रति वर्ग मी. = रु. 3943·50/100 = रु. 39·50

51. एक लेप वाार्निश करना, कोपल वार्निश से, औटा अलसी के तेल के लेप पर—इकाई 1 वर्ग मी.—100 वर्ग मी. लेकर—

सामग्रियाँ—	मजदूरी तेल लगाने के लिय		मजदूरी वार्निश लगाने के लिय
तेल के एक लेप के लिए—	पेन्टर	2 सं.	5 सं.
अलसी का तेल 6 लीटर @ रु. 40·00 प्रति लीटर	बालक कुली	2 सं.	5 सं.
वार्निश करने के लिए— कोपल वार्निश 6 लीटर @ रु. 70·00 प्रति लीटर	फुटकर, रेगमाल, औजार और मशीनें इत्यादि इकमुश्त रु. 60·00		इकमुश्त रु. 60·00

कुल मूल्य पर 10% ठेकेदार का लाभ लोड़िये

वार्निश के परवर्ती लेप के लिए उपरोक्त लेप की भाँति।

52. मोम या फ्रेंच पालिश एक लेप

इकाई 1 वर्ग मी.—100 वर्ग मी. लेकर—

सामग्रियाँ—

मोम या फ्रेंच पालिश 5 कि. ग्रा.
@ रु. 200·00 प्रति कि. ग्रा.

मजदूरी—

पेन्टर 5 सं. @ रु. 220·00 प्रति दिन
बालक कुली 5 सं. @ रु. 200·00 प्रति दिन
फुटकर, रेगमाल, औजार और मशीनें
इत्यादि इकमुश्त रु. 25·00
कुल मूल्य पर 10% ठेकेदार का लाभ जोड़िये।

53. स्प्रिट पालिश एक लेप—

इकाई 1 वर्ग मी.—100 वर्ग मी. लेकर—

सामग्रियाँ—

मेथिलेटेड स्प्रिट 1 लिटर @ 60·00 प्रति लिटर
चपड़ा $\frac{1}{5}$ कि. ग्रा.
@ 120·00 प्रति कि. ग्रा.
रंग इकमुश्त रु. 8·00

मजदूरी—

मद 52 के अनुसार
कुल मूल्य पर 10% ठेकेदार का लाभ जोड़िये।

पहले लेप पर परवर्ती लेप के लिए सामग्रियों और मजदूरी पर 30% कम किया जाता हैं

---

54. एक लेप कोलतार का—

इकाई 1 वर्ग मी.—100 वर्ग मी. लेकर—

कोलतार 7 लीटर @ रु. 50·00 प्रति लिटर
पेन्टर (द्वितीय श्रेणी) 2 सं. @ रु. 250·00 प्रति दिन
फुटकर, औजार और मशीनें
इत्यादि इकमुश्त रु. 25·00
कुल मूल्य पर 10% लाभ जोड़िये।

55. एक लेप सालिग्नम पेन्टिग—

इकाई 1 वर्ग मी.—100 वर्ग मी. लेकर—

सालिग्नम 7 लीटर @ रु. 100·00 प्रति लिटर
पेन्टर 2 सं. @ रु. 250·00 प्रति दिन
बालक कुली 2 सं. @ रु. 200·00 प्रति दिन
फुटकर, औजार और मशीनें
इत्यादि इकमुश्त रु. 30·00
कुल मूल्य पर 10% लाभ जोड़िये।

पहले लेप पर परवर्ती लेप के लिए सामग्रियों और मजदूरी पर 30% कम किया जाता हैं

---

56. 2 सें. मी. मोटा सील रोक रद्दा (सी. रो. र.) 1 : 2 सीमेंट मसाले से—इकाई 1 वर्ग मी.—100 वर्ग मी. लेकर—

सामग्रियाँ—

सीमेंट (27 बोरियाँ)	0·9 घन मी.	@ रु. 7650·00/घन मी.	=	रु.	6885·00
बालू (मोटी)	1·80 घन मी.	@ रु. 1500·00/घन मी.	=	रु.	2700·00
सेमसील या इम्परमो (1 कि. ग्रा. प्रति सीमेंट की बोरी)	27·00 कि. ग्रा.	@ रु. 40·00/प्रति किग्रा.	=	रु.	1080·00
		योग	=	रु.	**10665·00**

मजदूरी—

मुख्य राज	½ सं.	@ रु. 350·00/दिन	=	रु.	175·00
राज	5 सं.	@ रु. 300·00/दिन	=	रु.	1500·00
मजदूर (बेलदार)	5 सं.	@ रु. 220·00/दिन	=	रु.	1100·00
भिश्ती (तराई सहित)	1 सं.	@ रु. 200·00/दिन	=	रु.	200·00

पार्श्व की फर्मा बन्दी (forms)	इकमुश्त	रु. 200·00 इकमुश्त	= रु.	200·00
फुटकर, औजार मशीनें इत्यादि	इकमुश्त	रु. 75·00 इकमुश्त	= रु.	75·00
		कुल योग	**=रु.**	**3250·00**
		सामाग्रियों का मूल्य और मजदूरी का योग	= रु.	13915·00
		1½% पानी का खर्चा जोड़िये	= रु.	209·30
		10% ठेकेदार का लाभ जोड़िये	= रु.	1391·50
		कुल योग	**= रु.**	**15515·50**
				100 वर्ग मी. के लिये

दर प्रति वर्ग मी. = रु. 15515·50/100 = रु. 155·00

57. 2·5 सें. मी. मोटा 1 : 1½ : 3 सीमेंट कक्रीट का सील रोक रद्दा (सी. रो. र.)—इकाई 1 वर्ग मी.—100 वर्ग मी. लेकर—

सामग्रियाँ—

पत्थर की गिट्टी 12 मि. मी. गेज की	2·25 घन मी.	@	रु. 1700·00/घन मी.	= रु.	3825·00
बालू (मोटी)	1·13 घन मी.	@	रु. 1500·00/घन मी.	= रु.	1695·00
सीमेंट (22½ बोरियां)	0·75 घन मी.	@	रु. 7650·00/घन मी.	= रु.	5737·50
सेमसील या इम्परमो (सीमेंट की प्रति बोरी 1 कि. ग्रा.)	22·5 कि. ग्रा.	@	रु. 40·00/कि. ग्रा.	= रु.	900·00
			योग	**= रु.**	**12157·50**

मजदूरी—

मुख्य राज	1/3 सं.	@	रु. 350·00/दिन	= रु.	116·70
राज	8 सं.	@	रु. 300·00/दिन	= रु.	2400·00
मजदूर (बेलदार)	8 सं.	@	रु. 220·00/दिन	= रु.	1760·00
भिश्ती (तराई सहित)	1 सं.	@	रु. 200·00/दिन	= रु.	200·00
फरमें (forms) पार्श्व में	इकमुश्त		रु. 225·00 इकमुश्त	= रु.	225·00
फुटकर, औजार और मशीनें इत्यादि	इकमुश्त		रु. 75·00 इकमुश्त	= रु.	75·00
			योग	**= रु.**	**4776·70**
			सामाग्रियों और मजदूरी का योग	= रु.	16934·20
			1½% पानी का खर्चा जोड़िये	= रु.	254·00
			10% ठेकेदार का लाभ जोड़िये	= रु.	1693·42
			कुल योग	**= रु.**	**18881·62**
					100 वर्ग मी. के लिये

दर प्रति वर्ग मी. = रु. 18881·62/100 = रु.189·00

नोट—भिन्न-भिन्न प्रकार के सील रोक रद्दा के लिए सामग्रियों के उत्पादनों की मात्रा की गणना फर्श के ही सिद्धान्तों पर की जाती है। (देखिये पृष्ठ 450)।

दूसरे मानक सील रोक सामग्री जैसे पुडलो, कम्पोसील, सीका, इत्यादि प्रयोग किये जा सकते हैं और परिमाण निर्माताओं के आदेशानुसार लिया जा सकता है।

58. बिटूमेन का लेप करना सील रोक रद्दा पर—इकाई 1 वर्ग मी.—100 वर्ग मी. लेकर—

यदि बिटूमेन का एक लेप सील रोक रद्दा के पृष्ठ पर लगाया जाता है तो मद 56 और 57 में जोड़िये:—

(i) बिटूमेन (एस्फाल्ट)	100 कि. गा. (1 कुन्तल)	@	रु. 5000·00 प्रति कुन्तल
(ii) बालू (मोटी) भरण के लिये	0·2 घन मी.	@	रु. 1500·00 प्रति घन मी.
(iii) मजदूर गर्म करने, डालने और बालू से ढकने के लिए	4 सं.	@	रु. 220·00 प्रति दिन

59. मिट्टी का कार्य नींव खुदाई में खाई भराव सहित 30 मी. वाहन दूरी तथा 1·5 मी. उत्थापन—इकाई 100 घन मी.—100 घन मी. लेकर—

सामग्रियाँ— कुछ नहीं (Nil) कुछ नहीं (Nil)

मजदूरी—

मुख्य राज	½ सं.	@	रु. 350·00/दिन	=	रु.	175·00
मजदूर (बेलदार)	20 सं.	@	रु. 220·00/दिन	=	रु.	4400·00
बालक या स्त्री कुली	24 सं.	@	रु. 200·00/दिन	=	रु.	4800·00
फुटकर, औजार और मशीनें इत्यादि	इकमुश्त		रु. 100·00 इकमुश्त	=	रु.	100·00
			सामग्रियों का मूल्य और मजदूरी का योग	=	रु.	9475·00
			10% ठेकेदार का लाभ जोड़िये	=	रु.	947·50
			कुल योग	=	**रु.**	**10422·50**
						100 घन मी. के लिये

दर प्रति% घन मी. = रु. 10422·00

59. (क) प्रत्येक 30 मी. अतिरिक्त दूरी के लिये मद 59 में जोड़िये, मजदूर (बेलदार) 2 सं., कुली 2 सं.

(ख) प्रत्येक 1·50 मी. अतिरिक्त उत्थापन के लिये मद 59 में जोड़िये मजदूर (बेलदार) 2 सं., कुली 2 सं.।

60. मिट्टी का कार्य भराव या कटाव में 20 से. मी. मोटी तहों में कुटाई, गढ़ाई आदि सहित सड़क या नहर के कार्य में 30 मी. दूरी तथा 1·5 मी. उठान तक—इकाई 100 घन मी.—100 घन मी. लेकर—

सामग्रियाँ— कुछ नहीं (Nil) कुछ नहीं (Nil)

मजदूरी—

मुख्य मजदूर (मेट)	½ सं.	@	रु. 350·00/दिन	=	रु.	175·00
मजदूर (बेलदार)	16 सं.	@	रु. 220·00/दिन	=	रु.	3520·00
बालक या स्त्री कुली	16 सं.	@	रु. 200·00/दिन	=	रु.	3200·00
गढ़ाई, मजदूर (बेलदार)	½ सं.	@	रु. 220·00/दिन	=	रु.	110·00
फुटकर, औजार और मशीनें इत्यादि	इकमुश्त	@	रु. 200·00 इकमुश्त	=	रु.	200·00
			सामग्रियों का मूल्य और मजदूरी का योग	=	रु.	7205·00
			10% ठेकेदार का लाभ जोड़िये	=	रु.	720·50
			कुल योग	=	**रु.**	**7925·50**
						100 घन मी. के लिये

दर प्रति% घन मी. = रु. 7925·50 = रु. 7925·00

नोट–अतिरिक्त दूरी तथा उत्पादन के लिए मद 59 (क) तथा (ख) के समान

61. **खुदाई चट्टानों में बेधन (drilling), विस्फोटन द्वारा 30 मी. की दूरी तथा 1·5 मी. उत्थापन सहित इकाई 100 घन मी.—100 घन मी. लेकर—**

मजदूरी—

मुख्य मजदूर (मेट)	½	@	रु. 350·00/दिन	= रु.	175·00
चट्टान काटने वाला	7	@	रु. 300·00/दिन	= रु.	2100·00
बरमें से सुराख करने वाला	7	@	रु. 300·00/दिन	= रु.	2100·00
मजदूर (बेलदार)	30	@	रु. 220·00/दिन	= रु.	6600·00
बालक या स्त्री कुली	30	@	रु. 200·00/दिन	= रु.	6000·00
विस्फोटक पौडर, फ्यूज इत्यादि	इकमुश्त		रु. 1000·00 इकमुश्त	= रु.	1000·00
विविध यंत्र, औजार और मशीनें इत्यादि	इकमुश्त		रु. 200·00 इकमुश्त	= रु.	200·00
			सामाग्रियों का मूल्य और मजदूरी का योग	= रु.	18175·00
			10% ठेकेदार का लाभ जोड़िये	= रु.	1817·50
			कुल योग	**= रु.**	**19992·50**

दर प्रति% घन मी. = रु. 19992·00

62. **खुदाई चट्टानों (Rocks), में विस्फोटन द्वारा 30 मी. की दूरी तथा 1·5 मी. उत्थापन सहित—इकाई 100 घन मी.—100 घन मी. लेकर—**

मजदूरी		मृदु चट्टान और शेल में	मध्यम चट्टान और शेल में	कठोर चट्टान और शेल में	अति कठोर चट्टान और शेल में
1. चट्टान काटने वाला	@ रु. 300·00 प्रतिदिन	3 सं.	4 सं.	6 सं.	8 सं.
2. बरमे से सुराख करने वाला	@ रु. 300·00 प्रतिदिन	3 सं.	4 सं.	6 सं.	8 सं.
3. मजदूर (बेलदार)	@ रु. 220·00 प्रतिदिन	15 सं.	24 सं.	28 सं.	32 सं.
4. बालक कुली	@ रु. 200·00 प्रतिदिन	15 सं.	24 सं.	28 सं.	32 सं.
		इकमुश्त	इकमुश्त	इकमुश्त	इकमुश्त
5. विस्फोटक पौडर, फ्यूज इत्यादि		रु. 250·00	रु. 325·00	रु. 600·00	रु. 725·00
6. विविध यंत्र, औजार और मशीनें इत्यादि		रु. 90·00	रु. 100·00	रु. 150·00.	रु. 175·00
7. ठेकेदार का लाभ		10%	10%	10%	10%

नोट—उपर्युक्त प्रत्येक कार्य के लागत की गणना की जा सकती है।

63. बालू भरना कुर्शी—इकाई 1 घन मी.—100 घन मी. लेकर—

सामाग्रियाँ—

बालू स्थानीय (ढुलाई सहित)	100·00 घन मी.	@	रु. 700·00/घन मी.	= रु. 70000·00

मजदूरी—

मुख्य राज	1/8 सं.	@	रु. 350·00/दिन	= रु. 43·75
मजदूर (बेलदार)	12 सं.	@	रु. 220·00/दिन	= रु. 2640·00
बालक कुली	8 सं.	@	रु. 200·00/दिन	= रु. 1600·00
भिश्ती, पानी छिड़काव के लिये	2 सं.	@	रु. 200·00/दिन	= रु. 400·00
फुटकर, औजार और मशीनें इत्यादि	इकमुश्त		रु. 40·00	= रु. 40·00
			सामाग्रियों का मूल्य और मजदूरी का योग	= रु. 74723·75
			10% ठेकेदार का लाभ जोड़िये	= रु. 7472·37
			कुल योग	**= रु. 82196·12**

100 घन मी. के लिये

दर प्रति घन मी. = रु. 82196·12/100 = रु. 822·00

---

64. लकड़ी का कार्य चौखट या फ्रेम बनवाने, गठन करने तथा लगाने सहित—इकाई 1 घन मी.—साल लकड़ी का कार्य—

210 × 120 से. मी. दरवाजे की 8 × 12 सेमी. खंड के साल लकड़ी का चौखट। (चित्र 11·1)

सामाग्रियाँ—

लकड़ी 5·48 × ·08 × ·12 (ल. = 2 × 2·14 + 1 × 1·2 = 5·48 मी.)	0·053 घन मी.			
5% अपव्यय के लिये	0·003 घन मी.			
	0·056 घन मी.	@	रु. 40000·00/घन मी.	=रु. 2240·00

मजदूरी—

मुख्य राज	1/16 सं.	@	रु. 300·00/दिन	= रु. 18·75
बढ़ई	3/4 सं.	@	रु. 280·00/दिन	= रु. 210·00
कुली (सहायक)	½ सं.	@	रु. 200·00/दिन	= रु. 100·00
फुटकर, औजार और मशीनें इत्यादि	इकमुश्त		रु. 45·00 इकमुश्त	= रु. 45·00
			योग	**= रु. 373·75**
			सामाग्रियों का मूल्य और मजदूरी का योग	= रु. 2613·75
			10% ठेकेदार का लाभ जोड़िये	= रु. 261·37
			कुल योग	**= रु. 2875·12**

0·053 घन मी. के लिये

दर प्रति घन मी. = रु. 2875·12/·053 = रु. 54247·00

द्रष्टव्य (1)—टीक की लकड़ी के लिये दर रु. 40000·00 प्रति घन मी. लिया जा सकता है और मजदूरी ऊपर के अनुसार ली जा सकती है।

(2)—नम्र तथा देहाती लकड़ी के लिये दर रु. 20000·00 से रु. 25000·00 प्रति घन मी. लिया जा सकता है और मजदूरी 25% घटाई जा सकती है।

65. 40 मि. मी. मोटे दिल्लेदार दरवाजा टीक लकड़ी का—इकाई 1 वर्ग मी.—

चित्र 11·1 के अनुसार दरवाजे का पल्ला 106·4 से. मी. × 203·2 से. मी. (केवल पल्ला लेकर) क्षेत्रफल = 2·162 वर्ग मी.।

विवरण	सं.	ल. मी.	चौ. मी.	मोटाई मी.	परिमाण	दर रु. पै.	धनराशि रु. पै
सामाग्रियाँ—							
लकड़ी—							
खड़ी पट्टी (style)	4	2·032	0·10	0·04	0·0325		
शीर्ष पट्टी (style)	1	1·064	0·12	0·04	0·0051		
फ्रीज पट्टी	1	1·064	0·12	0·04	0·0051		
ताला पट्टी	1	1·064	0·18	0·04	0·0077		
तल पट्टी	1	1·064	0·15	0·04	0·0064		
दिल्हे (कुल लम्बाई और चौड़ाई जोड़िये)— ल. 203·2 - (2 × 12 + 18 + 15) + (6 × 1·2) = 153·4 से. मी. = 1·534 मी. चौ. = (106·4 + 1·2)— (4 × 10) + (4 × 1·2) = 72·4 से. मी. = ·724 मी. प्रवेशन = 1·2 से. मी. बिच का परस्पर चढ़ाव = 1·2 से. मी.	1	1·534	·724	0·025	0·0278		
				योग =	0·0846		
				5% अपव्यय के लिये जोड़िये =	0·0042		
				योग =	0·0888 घन मी.	40000·00/घन मी	3552·00
पीतल की फिटिंग्स—							
ऊपरी चटखनी (30 से. मी.)					1 सं.	40·00 प्रत्येक	40·00
निचली चटखनी (15 से. मी.)					1 सं.	25·00 प्रत्येक	25·00
कब्जे (10 से. मी.)					6 सं.	10·00 प्रत्येक	60·00
पीतल का हैंडिल					2 सं.	35·00 प्रत्येक	70·00
लकड़ी का गुटका (cleat)					2 सं.	5·00 प्रत्येक	10·00

विवरण	परिमाण	दर	धनराशि
		रु. पै.	रु. पै
कब्जे (2·5 से. मी.) लकड़ी के गुटकों के लिये	2 सं.	5·00 सं.	10·00
पेंच 40 मि. मी.	20 सं.	50·00% सं.	10·00
पेंच 20 मि. मी.	80 सं.	25·00% सं.	20·00
बेलन (एक प्रति कमरा ताला लगाने के लिये)	इकमुश्त	90·00 इकमुश्त	90·00
		लकड़ी और फिटिंग्स का योग	3887·00
मजदूरी—			
मूख्य राज	1/15 सं.	300·00/दिन	20·00
बढ़ई	4 सं.	280·00/दिन	1120·00
कुली (सहायक)	2 सं.	220·00/दिन	440·00
पुट्टी, गोंद इत्यादि	इकमुश्त	25·00 इकमुश्त	25·00
फुटकर, औजार, और मशीनें इत्यादि	इकमुश्त	35·00 इकमुश्त	35·00
		मजदूरी का योग	1640·00
		सामाग्रियों का मूल्य और मजदूरी का योग	5527·00
		10% ठेकेदार का लाभ जोड़िये	552·70
		कुल योग	**6079·70** **2·162** वर्ग मी. के लिये
		दर प्रति वर्ग मी. = रु. **6079·70/2·162** = रु. **2812·00**	

केवल फिटिंग्स की दर = फिटिंग्स के मूल्य और 10% लाभ के योग को पल्लों के क्षेत्रफल से भाग देकर = 335·00/2·162 = 155·00 प्रति वर्ग मी पल्लों का।

द्रष्टव्य—

(1) चौखट सहित दरवाजे का कुल मूल्य मद 63 और 64 को जोड़कर निकाला जा सकता है। पकड़ पट्टियां पृथक मद में ली जा सकती हैं।

(2) दिल्हे, पट्टियों से 6 मि. मी. से 20 मि. मी. तक पतले हो सकते हैं। यदि फिटिंग्स हो छोड़कर दर की आवश्यकता है तो फिटिंग्स का मूल्य घटाकर दर ज्ञात कर सकते हैं।

(3) सरलता के लिये छात्र 120 × 120 से. मी. (1.2 × 2.1) या 100 × 200 से. मी. (1.0 × 2.0 मी.) के केवल पल्ले मानकर दर विश्लेषण ज्ञात कर सकते हैं।

दिल्लेदार दरवाजा

Panelled (Door)

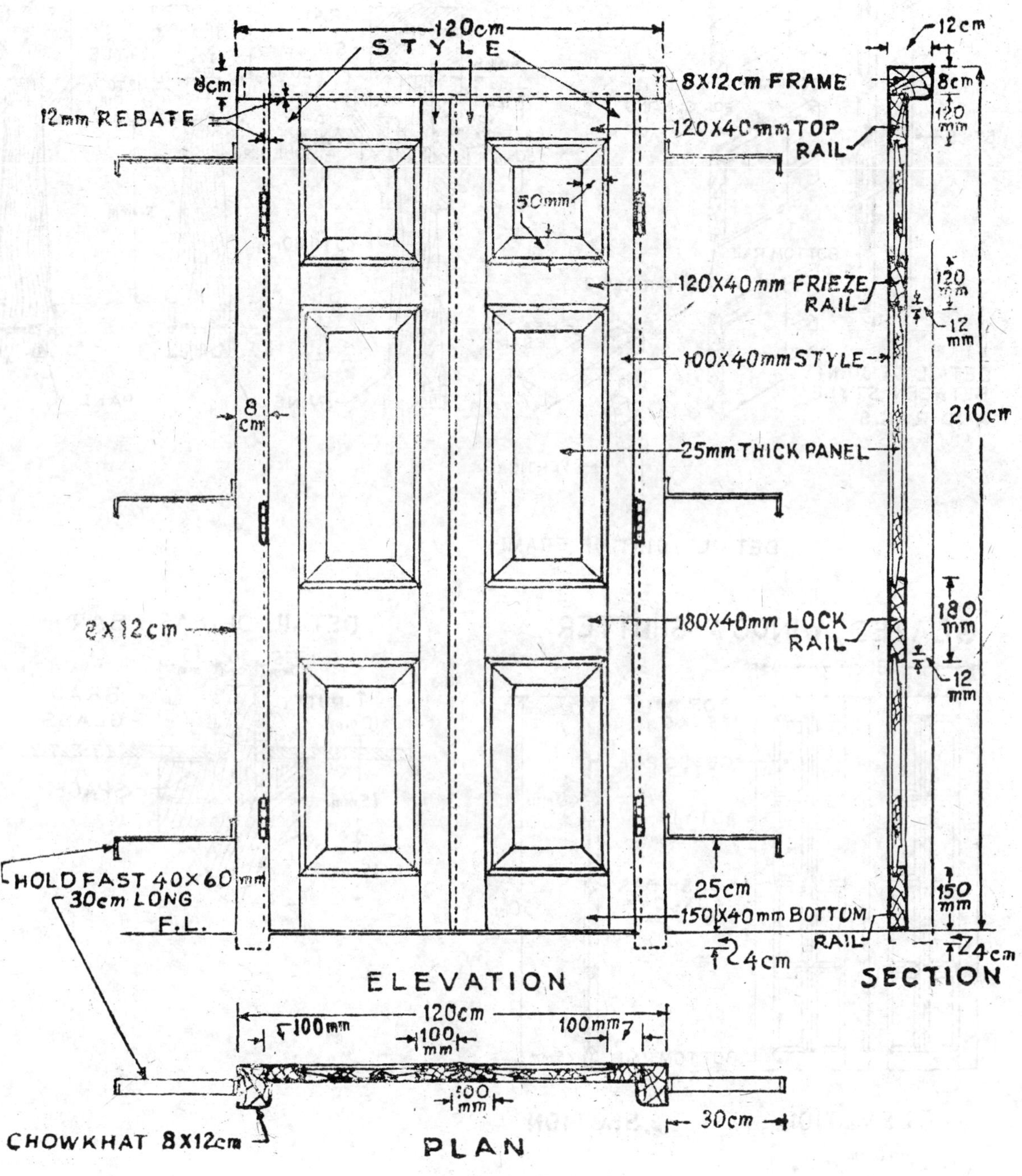

(चित्र 11·1)

(दरवाज के जोड़ का ब्योरा चित्र 11-2)

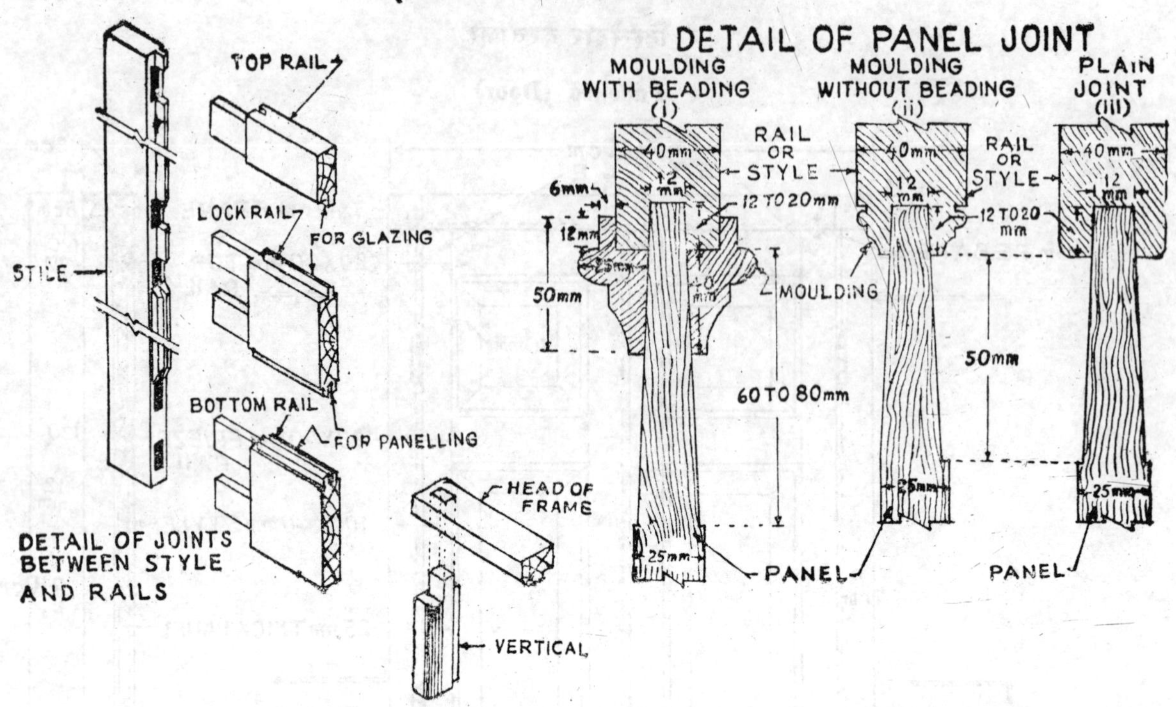

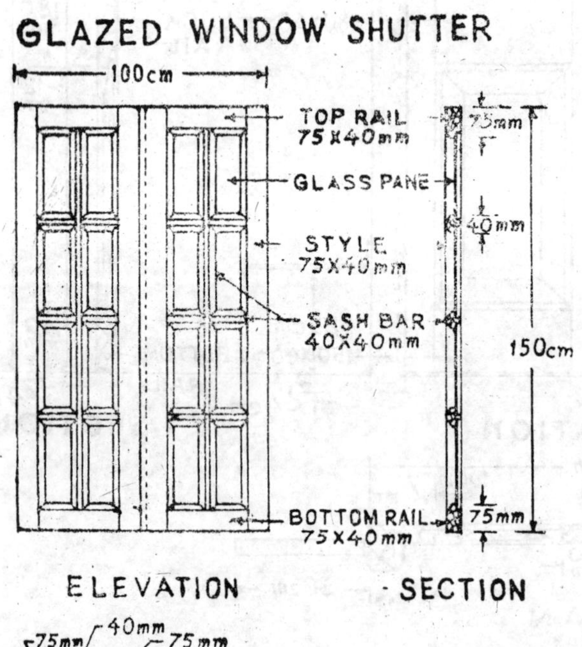

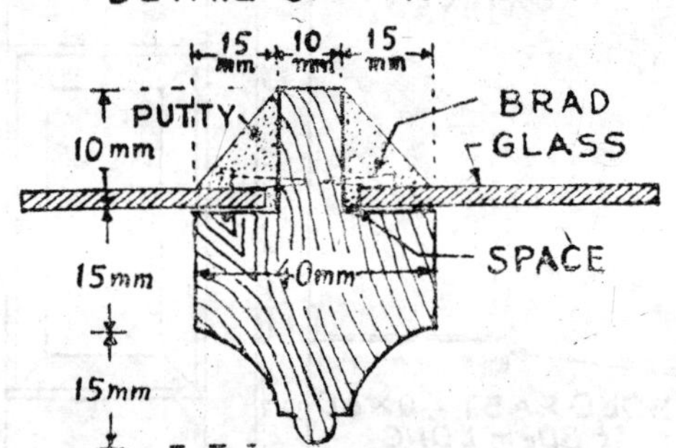

कांचयुक्त खिडकी (चित्र 11-3)

66. 4 मि. मी. मोटी काँच युक्त खिड़की टीक लकड़ी की—इकाई 1 वर्ग मी.—
लेकर—खिड़की का एक पल्ला से 100 से. मी. × 150 से. मी. (केवल पल्ला),
क्षेत्रफल = 1·5 वर्ग मी. (चित्र 11·3)

विवरण	सं.	लं. मी.	चौ. मी.	मो. मी.	परिमाण या संख्या	दर रु. प	धनराशि रु. पै.
सामाग्रियाँ—							
लकड़ी—							
खड़ी पट्टी	4	1·50	0·075	0·04	0·024		
ऊपरी तथा तल पट्टी	2	1·00	0·075	0·04			
संधार ऊर्ध्व पट्टी (15 मि. मी. प्रवेशन) ल. = 150 – (2 × 7·5) + (2 × 1·5) = 138 से. मी. = 1·38 मी.	2	1·38	0·04	0·04	0·008		
संधार पट्टी क्षैतिज (15 मि. मी. प्रवेशन) ल. = 50 – (2 × 7·5) + (2 × 1·5) = 38 से. मी. = ·38 मी.	6	0·38	0·04	0·04			
					0·032		
5% जोड़िये अपव्यय के लिए					0·002		
					0·034 घन मी.	44000·00/घन मी.	1360·00
फिटिंग्स—							
चटखनी 30 से. मी. (ऊपर की)					1 सं.	40·00 सं.	40·00
चटखनी 15 से. मी. (नीचे की)					1 सं.	25·00 सं.	25·00
कब्जा 10 से. मी.					4 सं.	10·00 सं.	40·00
पीतल का हस्तक (मुठिया)					1 सं.	35·00 सं.	35·00
लकड़ी का गुटका					2 सं.	5·00 सं.	10·00
कब्जा 2·5 से. मी. (लकड़ी के गुटके के लिए)					2 सं.	5·00 सं.	10·00
पेंच 40 मि. मी.					20 सं.	50·00% सं.	10·00
पेंच 20 मि. मी.					50 सं.	25·00% सं.	12·50
शीशे 16 सं. × 18·5 × 33·75 से. मी. = 1·00 वर्ग मी.					1 वर्ग मी.	300·00 वर्ग मी.	300·00
चौड़ाई = ½ [150 –(2 × 7·5) – 1 + (2 × 1·5)] = 18·5 से. मी.							
ऊँचाई = ¼ [150 –(2 × 7·5) – 3 × 1 + (2 × 1·5)] = 33·75 से. मी.							

विवरण	परिमाण या संख्या	दर		धनराशि	
		दर	पैसे	रु.	पै.
पुट्टी और कीलें शीशे लगाने के लिए।	इकमुश्त	60·00 इकमुश्त		60·00	
			योग	**1902·50**	
मजदूरी—					
मुख्य राज—	1/15	350·00		20·00	
बढई	2 सं.	280·00/दिन		560·00	
कुली (सहायक)	1 सं.	220·00/दिन		220·00	
पुट्टी, गोंद इत्यादि	इकमुश्त	50·00 इकमुश्त		50·00	
फुटकर इत्यादि	इकमुश्त	35·00 इकमुश्त		35·00	
			योग	**885·00**	

सामाग्रियों का मूल्य और मजदूरी का योग = 2787·50

10% ठेकेदार का लाभ जोड़िये = 278·75

कुल योग = **3066·25**

1·5 वर्ग मी के लिये

दर प्रति वर्ग मी. = रु. 3066·25/1·5 = रु. 2044·00

द्रष्टव्य—यदि फिटिंग्स छोड़कर मूल्य प्राप्त करना है तो फिटिंग्स का मूल्य निकाल दिया जाता है।

67. दर विश्लेषण, ढुला बांधने या तख्ता बन्दी करने का प्र. सी. क. की धरन के लिए तख्ता बन्दी का कार्य—

60 से. मी. ऊँची 30 से. मी. चौड़ी, 8 मी. निर्बाध पाट की धरन लीजिए, कमरे की ऊँचाई 4·5 मी. है (चित्र 11-4)

25 से. मी. धारक सहित प्र. सी. क. का कार्य परिमाण = 8·50 × ·60 × ·30 = 1·53 घन मी.

विवरण	सं.	लं. मी.	चौ. मी.	मोटाई मी.	परिमाण या संख्या	दर		धनराशि	
						रु.	प	रु.	पै.
सामाग्रियाँ—									
लकड़ी—									
तख्ते, धरन के पार्श्व में	2	8·50	0·60	0·025	0·255				
तख्ते, धरन के नीचे और 10 सं. मी. दीवार पर	1	8·20	0·35	0·05	0·144				
तख्ते सिरों पर	2	0·65	0·35	0·025	0·011				
धरन के नीचे 1 मी. कें/कें ब्रेकेट द्वारा टेक देना									
क्षेतिज तख्ते	7	0·60	0·15	0·05	0·032				
ब्रेकेट के तिरछे बत्ते	7 × 2	0·55	0·05	0·04	0·015				
पार्श्व दृढ़कारी तख्ते 1 मी. कें/कें	2 × 9	0·80	0·08	0·04	0·046				

विवरण	सं.	लं. मी.	चौ. मी.	मोटाई मी.	परिमाण या संख्या	दर रु. प	धनराशि रु. पै.
टेक लिये बंधनी तख्ते 5 से. मी. दीवार के अन्दर	2	8·10	0·10	0·04	0·065		
धारक तख्ते, टेकों के नीचे	7	0·45	0·25	0·05	0·039		
पच्चड़ (wedges) टेकों के नीचे	7	0·25	0·12	0·08	0·017		
				योग	0·624		
5% अपव्यय के लिये जोड़िये					0·031		
			लकड़ी	का योग	0·655 घन. मी.	15000·00 /घन. मी.	9825·00
बल्लियां 10 से. मी. औसत व्यास, टेकें धरन के नीचे 1 मी. के/कें (धरन के नीचे तक ऊँचाई 3·9 मी.) सिरे दीवार पर टिके हुए, 3·73 मी. वास्तविक लम्बाई की 7 टेकें	7	3·75	—	—	26·25 मी.	45·00 प्रति मी.	1181·25
बन्धक बोल्ट 12 मी. मी. व्यास के 50 से. मी. लम्बे 5 से. मी. × 5 से. मी. × 6 मि. मी. वाशर सहित	9 × 2	—	—	—	18 सं.	20·00 प्रत्येक	360·00
						योग	11366·25
कबाड़ लकड़ी के मूल्य (salvage value) के लिये 10% घटायें = 1/10 × 11366·25							1137·00
						लकड़ी का मुल्य	10229·25

यह मानकर कि लकड़ी 20 बार प्रयोग की जा सकती है अतः प्रति बार प्रयोग करने का व्यय = $\frac{10229·25}{20}$

= रु. 511·45

विवरण	परिमाण या संख्या	दर दर पैसे	धनराशि रु. पै.
लकड़ी और बल्लियों का मूल्य	—	—	511·45
मजदूरी—			
उठाने, लगाने, गिराने और हटाने इत्यादि के लिये—			
मुख्य राज	1/8 सं.	350·00/दिन	43·75
बढ़ई (द्वितीय श्रेणी)	1 सं.	280·00/दिन	280·00

विवरण	परिमाण या संख्या	दर दर पैसे	धनराशि रु. पै.
मजदूर (बेलदार)	2 सं.	220·00/दिन	440·00
कीलें	इकमुश्त	40·00 इकमुश्त	40·00
लकड़ी के पृष्ठ पर तेल लगाना	इकमुश्त	50·00 इकमुश्त	50·00
फुटकर, औजार और मशीनें इत्यादि	इकमुश्त	25·00 इकमुश्त	25·00
		मजदूरी का योग	878·75
		सामाग्रियों का मूल्य और मजदूरी का योग	1390·20
		10% ठेकदार का लाभ जोड़िये योग	139·00
		कुल योग	1529·20 1·53 घन मी. प्र. सी. क. के कार्य के लिये

दर प्रति घन मी. प्र. सी. कं. कार्य का = रु. 1529·20/1·53 = रु. 999·50

धरन या ढूला या तख्ताबन्दी

दर प्रति वर्ग मी ढूला या तख्ताबन्दी का

क्षेत्रफल ढूला या तख्ताबन्दी का, दो पार्श्व, निचले भाग और सिरे = (2 × 8·5 × ·6) + (8 × ·3) + (2 × ·6 × ·3) = 12·96 वर्ग मी.

दर प्रति वर्ग मी. = रु. $\dfrac{1529{\cdot}20}{12{\cdot}96}$ = रु. 118·00

दर प्रति वर्ग मी. = रु. 118·00 प्रति वर्ग मी. ढूला तख्ताबन्दी का।

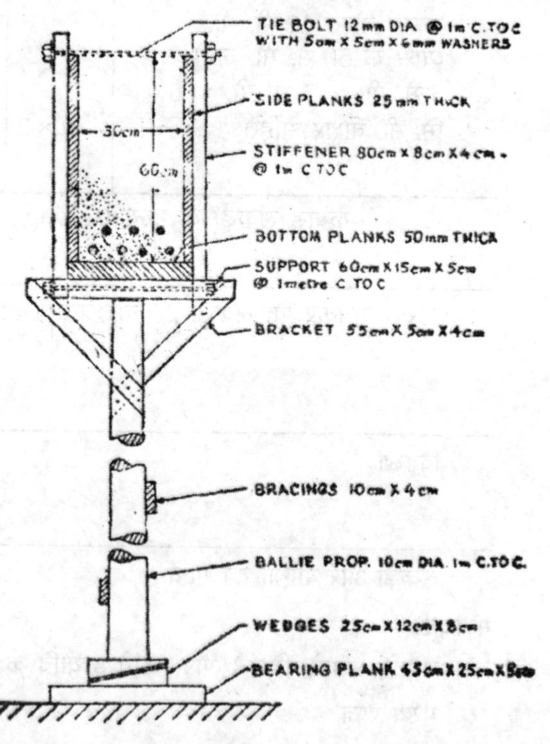

चित्र 11·4

68. दर विश्लेषण, ढुला या तख्ताबन्दी का ढूले क़ा कार्य प्र. सी. कं. स्लैब के लिये—

एक कमरा 4 मी. × 5 मी., 3·6 मी. ऊँचा लेकर, क्षेत्रफल स्लैब का = 20 वर्ग मी. (चित्र 11-5)

सामग्रियाँ	सं.	लं. मी.	चौ. मी.	मोटाई मी.	परिमाण या संख्या	दर रु. प	धनराशि रु. पै.
सामाग्रियाँ—							
लकड़ी—							
तख्ते, (स्लैब के नीचे)	1	5·00	4·00	0·025	0·500		
धरने 1 मी. कें/कें पर लीन पंक्ति में	6	4·00	0·07	0·14	0·235		
धारक तख्ते टेकों के नीचे	24	0·45	0·25	0·05	0·135		
बंधनी तख्ता टेकों के लिए मध्य में, दोनों दिशाओं में (i)	6	4·00	0·08	0·04	0·077		
(ii)	4	5·00	0·08	0·04	0·064		
पच्चड़ टेकों के नीचे	24	0·25	0·12	0·08	0·058		
तख्ते स्लैब के ऊर्ध्व किनारों पर 15 से. मी. मोटी स्लैब और 15 से. मी. धारक मानकर (i)	2	4·30	0·15	0·025	0·032		
(ii)	2	5·30	0·15	0·025	0·040		
				योग	1·141 घ.मी.		
5% अपव्यय के लिय जोड़िए					0·057 घ.मी.		
			लकड़ी	का योग	1·198 घ.मी.	15000·00/घ.मी.	17970·00
बल्लियां टेकों के लिए 10 से. मी. औसत व्यास, 4 टेकें प्रति धरन के लिए (3·3 मी. वास्तविक लम्बाई)	24	3·50	—	—	84·00 मी.	45·00 प्रति मी.	3780·00
						योग	21750·00
कबाड़ लकड़ी के मूल्य (salvage value) के लिये 10% घटायें = 1/10 × 21750·00		—	—	—	—		2175·00
					लकड़ी	का मूल्य	19575·00

यह मानकर कि लकड़ी 20 बार प्रयोग की जा सकती है। अतः प्रत्येक बार प्रयोग करने का व्यय = रु. $\frac{19575·00}{20}$

= रु. 978·75

लकड़ी और बल्लियों का मूल्य = रु. 978·75

मजदूरी—

निर्माण करना, गिराना, हटाना इत्यादि के लिये–

मुख्य राज	$\frac{1}{8}$ सं.	350·00/प्रतिदिन	43·75
बढ़ई (द्वितीय श्रेणी)	2 सं.	280·00/प्रतिदिन	560·00
मजदूर (बेलदार)	3 सं.	220·00/प्रतिदिन	660·00
कीलें	इकमुश्त	40·00/इकमुश्त	40·00
लकड़ी के पृष्ठ पर तेल लगाना	इकमुश्त	75·00/इकमुश्त	75·00
फुटकर, औजार, और मशीनें इत्यादि	इकमुश्त	30·00/इकमुश्त	30·00
		योग	= रु. 1408·75
		सामाग्रियों का मूल्य और मजदूरी का योग	= रु. 2387·50
		10% ठेकेदार का लाभ जोड़िये	= रु. 238·75
		कुल योग	= रु. **2626·25**
			20 वर्ग मी. के लिये

दर प्रति वर्ग मी. = रु. 2626·25/20 = रु. 131·30

ढूला या तख्ताबन्दी स्लैब का

FORM WORK OF SLAB
(CENTERING AND SHUTTERING)

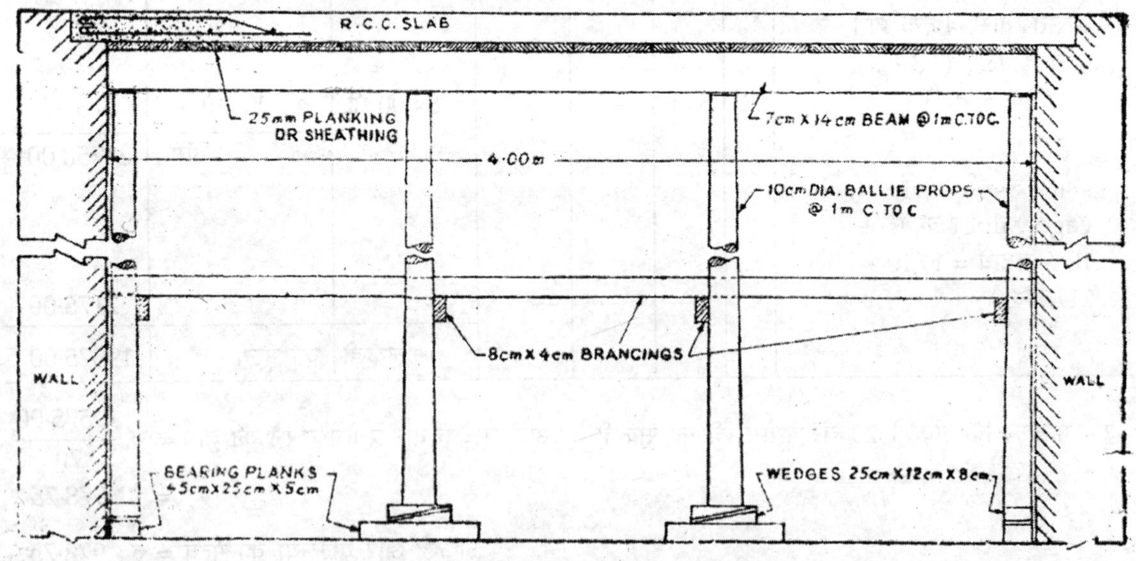

चित्र 11·5

68. (क) यदि प्र. सी. कं. की स्लैब 12 से. मी. मोटी हो—

प्र. सी. कं. के कार्य का प्रति घन मी. दर = $\frac{2626 \cdot 25}{20 \times \cdot 12}$ = रु. **1094·00**

(ख) यदि प्र. सी. कं. की स्लैब 15 से. मी. मोटी हो—

प्र. सी. कं. के कार्य का प्रति घन मी. दर = $\frac{2626 \cdot 25}{20 \times \cdot 15}$ = रु. **875·00**

---

69. लहरियादार लोहे की जस्ती चादर, 24 बी. डब्लू. जी. की छत डालना—इकाई 1 वर्ग मी.—10 वर्ग मी. लेकर—(सिरे के परस्पर चढ़ाव के लिये 15 से. मी. और पार्श्व के परस्पर चढ़ाव के लिये दो नालियां)।

सामाग्रियाँ—

जस्ती लोहे की चादर 24 बी. डब्लू. जी. (12·8 वर्ग मी. = 70 कि. ग्रा.)	0·7 कुन्तल	@	रु. 3100·00/कुन्तल	=	रु.	2170·00
जस्ती लोहे के बोल्ट और ढिबरियां	2½ दर्जन	@	रु. 25·00/दर्जन	=	रु.	62·50
सस्ती लोहे के हुक बोल्ट और ढिबरियां (J. Bolts)	2 दर्जन	@	रु. 40·00/दर्जन	=	रु.	80·00
लमपेट वाशर	$4\frac{1}{2}$ दर्जन	@	रु. 4·00/दर्जन	=	रु.	18·00
बिटुमेन वाशर	$4\frac{1}{2}$ दर्जन	@	रु. 3·50/दर्जन	=	रु.	15·75
			योग	=	रु.	**2346·25**

मजदूरी—

मुख्य राज	1/16 सं.	@	रु. 350·00/दिन	=	रु.	21·87
बढ़ई	1 सं.	@	रु. 300·00/दिन	=	रु.	300·00
मजदूर (बेलदार)	1 सं.	@	रु. 220·00/दिन	=	रु.	220·00
फुटकर, पाड़, इत्यादि	इकमुश्त		रु. 35·00 इकमुश्त	=	रु.	35·00
			योग	=	**रु.**	**576·87**
			सामाग्रियों का मूल्य और मजदूरी का योग	=	रु.	2923·12
			10% ठेकेदार का लाभ जोड़िये	=	रु.	292·31
			कुल योग	=	**रु.**	**3215·43**

10 वर्ग मी. के लिये

दर प्रति वर्ग मी. = रु. 3215·43/10 = रु. 321·50

---

70. इलाहाबाद टाइल की छत डालना, सपाट और अर्ध गोलाकार टाइल बत्तों सहित—इकाई 1 वर्ग मी. —10 वर्ग मी. लेकर—

सामाग्रियाँ—

सपाट टाइल (अपव्यय सहित)	120 सं.	@	रु. 700·00% सं.	=	रु.	840·00
अर्ध गोलाकार टाइल (अपव्यय सहित)	120 सं.	@	रु. 700·00% सं.	=	रु.	840·00

सीमेंट (6 बोरियां)	0·20 घन मी.	@ रु.	7650·00/घन मी.	= रु.1530·00
स्थानीय बालू	0·12 घन मी.	@ रु.	700·00/घन मी.	= रु. 84·00
लकड़ी के बत्ते 50 × 40 मि. मी.(साल की लकड़ी)	0·06 घन मी.	@ रु.	40000·00/घन मी.	= रु.2400·00
			योग	= **रु.5694·00**

मजदूरी—

मुख्य राज	1/16 सं.	@	रु. 350·00/दिन	= रु. 21·87
बढ़ई	1 सं.	@	रु. 300·00/दिन	= रु. 300·00
टाइल बिछाने वाला	1 सं.	@	रु. 300·00/दिन	= रु. 300·00
मजदूर (बेलदार)	2 सं.	@	रु. 220·00/दिन	= रु. 440·00
बालक कुली	1 सं.	@	रु. 200·00/दिन	= रु. 200·00
फुटकर, पाड़, इत्यादि	इकमुश्त		रु. 50·00 इकमुश्त	= रु. 50·00
			योग	= **रु.1311·87**
			सामाग्रियों का मूल्य और मजदूरी का योग	= रु.7005·87
			10% ठेकेदार का लाभ जोड़िये	= रु. 700·58
			कुल योग	= **रु.7706·45**
				10 वर्ग मी. के लिये

दर प्रति वर्ग मी. = रु. 7706·45/10 = रु. 770·50

---

71. मंगलौर टाईल की छत डालना बत्तों सहित—इकाई 1 वर्ग मी.—10 वर्ग मी. लेकर—

सामाग्रियाँ—

टाईल	160 सं.	@	रु. 700·00% सं.	= रु.	1120·00
लकड़ी का बत्ता 50 × 40 मि. मी. (साल की लकड़ी)	0·06 घन मी.	@	रु.40000·00 घन मी.	= रु.	2400·00
			योग	= रु.	**3520·00**

मजदूरी—

मुख्य राज	1/16 सं.	@ रु.	350·00/दिन	= रु.	21·87
बढ़ई	1 सं.	@ रु.	300·00/दिन	= रु.	300·00
टाईल बिछाने वाला	$1\frac{1}{2}$ सं.	@ रु.	300·00/दिन	= रु.	450·00
मजदूर (बेलदार)	1 सं	@ रु.	220·00/दिन	= रु.	220·00
बालक कुली	1 सं	@ रु.	200·00/दिन	= रु.	200·00

क्रमशः

फुटकर, पाड़, इत्यादि	इकमुश्त	रु. 50·00 इकमुश्त	= रु. 50·00
		योग	= रु. **1241·87**
		सामाग्रियों और मजदूरी का योग	= रु. 4761·87
		10% ठेकेदार का लाभ जोड़िये	= रु. 476·18
		कुल योग	= रु. **5238·05**
			10 वर्ग मी. के लिये

दर प्रति वर्ग मी. = रु. 5238·05/10 = रु. 524·00

---

72. रानीगंज टाईल की छत, 1 : 2 चूना सुर्खी मसाले से लगाना तथा 1 : 2 सीमेंट मसाले से टीप करना बत्तों के अतिरिक्त—इकाई 1 वर्ग मी.—10 वर्ग मी. लेकर—

सामाग्रियाँ—			मजदूरी—	
रानीगंज टाईल	125 सं @ रु.	700·00% सं.	मूख्य राज	1/16 सं @ रु.350·00 प्रतिदिन
बुझा चूना	0·05 घ मी. @ रु.	800·00 प्रति घन मी.	टाईल डालने वाला	1½ सं @ रु.300·00 प्रतिदिन
सुर्खी	0·10 घ मी. @ रु.	500·00 प्रति घन मी.	मजदूर (बेलदार)	2 सं @ रु.220·00 प्रतिदिन
सीमेंट (4½ बोरियां)	0·15 घ मी. @ रु.	7650·00 प्रति घन मी.		
बालू	0·30 घ मी. @ रु.	700·00 प्रति घन मी.	फुटकर, पाड़, औजार और मशीनें इत्यादि	
10% ठेकेदार का लाभ जोड़िये				इकमुश्त रु. 50·00

---

73. इकहरी देशी टाइल (बड़े माप के टाइल) की छत डालना, बाँस के ढाँचे सहित—इकाई 1 वर्ग मी.—10 वर्ग मी. लेकर—

सामाग्रियाँ—				
चपटी टाईल	120 सं.	@ रु.	3000·00%० सं.	= रु. 360·00
वृत खंड टाईल	120 सं.	@ रु.	3000·00%० सं.	= रु. 360·00
बाँस 25 मि. मी. व्यास	40 सं.	@ रु.	5·00 प्रत्येक	= रु. 200·00
चटाई	12 वर्ग मी.	@ रु.	10·00/वर्ग मी.	= रु. 120·00
बांध (रस्सी)	5 कि. ग्रा.	@ रु.	20·00/कि. ग्रा.	= रु. 100·00
कीलें	1 कि. ग्रा.	@ रु.	40·00/कि. ग्रा.	= रु. 40·00
मजदूरी—				
टाईल बिछाने वाला	2 सं.	@ रु.	300·00/दिन	= रु. 600·00
मजदूर बेलदार	2 सं.	@ रु.	220·00/दिन	= रु. 440·00

क्रमशः

फुटकर, पाड़, इत्यादि	इकमुश्त	@	रु.	50·00 इकमुश्त	=	रु.	50·00
				सामाग्रियों और मजदूरी का योग	=	रु.	2270·00
				10% ठेकेदार का लाभ जोड़िये	=	रु.	227·00
				कुल योग	=	रु.	**2497·00**

10 वर्ग मी. के लिये

दर प्रति वर्ग मी. = रु. 2497·00/10 = रु. 250·00

74. इकहरी देशी टाईल (छोटे माप के टाईल) की छत डालना, बाँस के ढाँचे सहित—इकाई 1 वर्ग मी.—10 वर्ग मी. लेकर—

सामाग्रियाँ—

चपटे टाईल	500 सं.	@	रु.	2000·00%० सं.	=	रु.	1000·00
वृतखंड टाईल	500 सं.	@	रु.	2000·00%० सं.	=	रु.	1000·00
बाँस 25 मि. मी. व्यास के	40 सं.	@	रु.	5·00/प्रत्येक	=	रु.	200·00
बांध (रस्सी)	5 कि. ग्रा.	@	रु.	20·00/कि. ग्रा.	=	रु.	100·00
कीलें	1 कि. ग्रा.	@	रु.	40·00/कि. ग्रा.	=	रु.	40·00

मजदूरी—

टाईल बिछाने वाला	2 सं.	@	रु.	300·00/दिन	=	रु.	600·00
मजदूर (बेलदार)	2 सं.	@	रु.	220·00/दिन	=	रु.	440·00
फुटकर, पाड़, इत्यादि	इकमुश्त		रु.	50·00 इकमुश्त	=	रु.	50·00
				सामाग्रियों का मूल्य और मजदूरी का योग	=	रु.	3430·00
				10% ठेकेदार का लाभ जोड़िये	=	रु.	343·00
				कुल योग	=	रु.	**3773·00**

10 वर्ग मी. के लिये

दर प्रति वर्ग मी. = रु. 3773·00/10 = रु. 377·00

75. फूस या छप्पर की छत 15 से. मी. मोटी दो तहों में—इकाई 1 वर्ग मी.—10 वर्ग मी. लेकर—

सामाग्रियाँ—

घास के पूले (बन्डल)	166 सं.	@	रु.	75·00% सं.	=	रु.	124·50
बाँस (व्यास 25 मि. मी.)	40 सं.	@	रु.	5·00/प्रत्येक	=	रु.	200·00
बांध (रस्सी)	5 कि. ग्रा.	@	रु.	20·00/कि. ग्रा.	=	रु.	100·00
चटाई	12 वर्ग मी.	@	रु.	10·00/वर्ग मी.	=	रु.	120·00

क्रमशः

मजदूरी—

छप्पर बिछाने वाला	2 सं.	@ रु.	300·00/दिन	=	रु.	600·00
मजदूर (बेलदार)	2 सं.	@ रु.	220·00/दिन	=	रु.	440·00
पाड़, इत्यादि	इकमुश्त	रु.	15·00 इकमुश्त	=	रु.	15·00
		सामाग्रियों का मूल्य और मजदूरी का योग		=	रु.	1599·50
		10% ठेकेदार का लाभ जोड़िये		=	रु.	159·95
			कुल योग	=	रु.	**1759·45**
						10 वर्ग मी. के लिये

दर प्रति वर्ग मी. = रु. 1759·45/10 = रु. 176·00

---

76. 20 मि. मी. मोटी लकड़ी की अन्तश्छद, 40 × 20 मि. मी. गोठन लम्बाई सहित (फ्रेम छोड़कर) इकाई 1 वर्ग मी. 4.2 मी. × 6, एक कमरा लेकर, क्षेत्रफल = 25.2 वर्ग मी.—

सामाग्रियाँ—

तख्ते 20 मि. मी. मोटे, 25·2 वर्ग मी.

10% अपव्यय सहित = 25·2 × ·02 + 10% = 0·554 घन मी.

गोठन 20 मि. मी. मोटा 40 मि. मी. चौड़ा, 60 से. मी. × 60 से. मी. भागक (Panel)

मानकर = (11 सं. × 4·2 मी. + 8 सं. × 6·0 मी.) × ·04 × ·02 + 10% अपव्यय = 0·083 घन मी.

योग = रु.0·637 घन मी.

	0·637 घन मी.	@ रु.	30000·00/घन मी.	=	रु.	19110·00
कीलें 40 मि. मी.	1 कि. ग्रा.	@ रु.	40·00/कि. ग्रा.	=	रु.	40·00
पेंच 40 मि. मी.	400 सं.	@ रु.	50·00% सं.	=	रु.	200·00
मजदूरी—						
मुख्य राज	1 सं.	@ रु.	350·00/दिन	=	रु.	350·00
बढ़ई	3 सं.	@ रु.	300·00/दिन	=	रु.	900·00
मजदूर (बेलदार)	3 सं.	@ रु.	220·00/दिन	=	रु.	660·00
पाड़	इकमुश्त	रु.	175·00/दिन	=	रु.	175·00
फुटकर औजार और मशीनें इत्यादि	इकमुश्त	रु.	75·00 इकमुश्त	=	रु.	75·00
		सामाग्रियों का मूल्य और मजदूरी का योग		=	रु.	21510·00
		10% ठेकेदार का लाभ जोड़िये		=	रु.	2151·00
			कुल योग	=	रु.	**23661·00**
						25·2 वर्ग मी. के लिये

दर प्रति वर्ग मी. = रु. 23661·00/25·2 वर्ग मी. = रु. 939·00

77. 6 मि. मी. मोटी ऐस्बेस्टास सीमेंट चादर की अन्तश्छद, 40 × 20 मि. मी. टीक लकड़ी की गोठन सहित (फ्रेम छोड़कर) इकाई 1 वर्ग मी., 4·50 मी. × 6·30, मी. एक कमरा लेकर, क्षेत्रफल 28·35 वर्ग मी.—

सामाग्रियाँ—

सादा ऐस्वेस्टास सीमेंट चादर 6 मि. मी. मोटी 5% अपव्यय सहित						
= 28·35 + 1·42 = 29·77 वर्ग मी.		@	रु.	180·00/वर्ग मी.	= रु.	5358·60
टीक लकड़ी गोठन के लिये, 90 सं. मी. × 90 सं. मी.						
भागक मानकर = (8 सं. × 4·5 + 6 सं. × 6·30) ×						
·04 × ·02 + 10% अपव्यय	= .065 घन मी	@	रु.	40000·00/घन मी	= रु.	2600·00
पेंच 50 मि. मी.	200 सं.	@	रु.	60·00% सं.	= रु.	120·00
पेंच 60 मि. मी.	450 सं.	@	रु.	60·00% सं.	= रु.	270·00
कीलें 50 मि. मी.	1 कि. ग्रा.	@	रु.	40·00 कि. ग्रा.	= रु.	40·00
मजदूरी—						
मुख्य राज	1/6 सं.	@	रु.	350·00/दिन	= रु.	58·30
बढ़ई	2 सं.	@	रु.	300·00/दिन	= रु.	600·00
मजदूर (बेलदार)	2 सं.	@	रु.	220·00/दिन	= रु.	440·00
पाड़	इकमुश्त		रु.	175·00 इकमुश्त	= रु.	175·00
फुटकर औजार और मशीनें इत्यादि	इकमुश्त		रु.	75·00 इकमुश्त	= रु.	75·00
				सामाग्रियों का मूल्य और मजदूरी का योग	= रु.	9736·90
				10% ठेकेदार का लाभ जोड़िये	= रु.	973·69
				कुल योग	**= रु.**	**10710·59**

28·35 वर्ग मी. के लिये

दर प्रति वर्ग मी. = रु. 10710·59/28·35 वर्ग मी. = रु. 378·00

---

78. 7·5 से. मी. मोटी चूना कक्रीट की ऊपरी छत टाईल की दो तहों के ऊपर,—इकाई 1 वर्ग मी.—100 वर्ग मी. लेकर—

सामाग्रियाँ—

टाईल का कार्य—						
टाईल प्रथम श्रेणी की 30 से. मी.						
× 30 से. मी. × 30 मि. मी.	230 सं.	@	रु.	4000·00%० सं.	= रु.	920·00
बुझा चूना	0·09 घन मी.	@	रु.	800·00/घन मी.	= रु.	72·00
सुर्खी	0·18 घन मी.	@	रु.	500·00/ घन मी.	= रु.	90·00

क्रमशः

चूना कक्रीट—

ईंट की रोड़ी 25 मि. मी. गेज की	0·75 घन मी.	@	रु. 700·00/ घन मी.	=	रु.	525·00
बुझा चूना	0·12 घन मी.	@	रु. 800·00/ घन मी.	=	रु.	96·00
सुर्खी	0·24 घन मी.	@	रु. 500·00/ घन मी.	=	रु.	120·00
गुड़ का घोल	2 किलोग्राम	@	रु. 50·00/ किग्र.	=	रु.	100·00
बेल के फल इत्यादि	इकमुश्त		रु. 60·00 इकमुश्त	=	रु.	60·00
			सामाग्रियों का योग	=	**रु.**	**1983·00**

मजदूरी—

मुख्य राज	1/12 सं.	@	रु. 350·00/दिन	=	रु.	29·17
राज	2 सं.	@	रु. 300·00/दिन	=	रु.	600·00
मजदूर (बेलदार)	4 सं.	@	रु. 220·00/दिन	=	रु.	880·00
बालक या स्त्री कुली	7 सं.	@	रु. 200·00/दिन	=	रु.	1400·00
भिश्ती	$\frac{3}{4}$ सं.	@	रु. 200·00/दिन	=	रु.	150·00
फुटकर औजार और मशीनें इत्यादि	इकमुश्त		रु. 75·00 इकमुश्त	=	रु.	75·00
			योग	=	**रु.**	**3134·17**
			सामाग्रियों का मूल्य और मजदूरी का योग	=	रु.	5117·17
			1½% पानी का खर्च जोड़िये	=	रु.	76·75
			10% ठेकेदार का लाभ जोड़िये	=	रु.	511·71
			कुल योग	=	**रु.**	**5705·63**
						10 वर्ग मी. के लिये

दर प्रति वर्ग मी. = रु. 5705·63/10 = रु. 570·00

नोट—30 से. मी. × 45 से. मी. × 40 मि. मी. टाईल भी प्रयोग की जा सकती हैं तब टाईल की संख्या 160 होगी।

79. 15 से. मी. मोटी मिट्टी की छत टाईल के तहों पर मध्य में टाईल के सतह पर दो लेप विटूमेन पेन्टिंग सहित—इकाई 1 वर्ग मी.—100 वर्ग मी. लेकर—

सामाग्रियाँ—

टाईल प्रथम श्रेणी के 30 से. मी. × 30 से. मी. × 30 मि. मी.	230 सं.	@	रु. 4000·00%० सं.	=	रु.	920·00
बुझा चूना	0·09 घन मी.	@	रु. 800·00/घन मी.	=	रु.	72·00
सुर्खी	0·18 घन मी.	@	रु. 500·00/ घन मी.	=	रु.	90·00
बिटूमेन (12 कि. ग्रा. पहले लेप के लिए और 8 कि. ग्रा. दूसरे लेप के लिए)	20 किलोग्रम	@	रु. 50·00/ कि. ग्रा.	=	रु.	1000·00
मिट्टी (दूमट)	1·5 घन मी.	@	रु. 750·00% घन मी.	=	रु.	11·25
भूसा, गोबर, इत्यादि	इकमुश्त		रु. 30·00 इकमुश्त	=	रु.	30·00

क्रमशः

मजदूरी—

मुख्य राज	1/12 सं.	@	रु.	350·00/दिन	= रु.	29·17
राज	$1\frac{1}{2}$ सं.	@	रु.	300·00/दिन	= रु.	450·00
मजदूर (बेलदार)	5 सं.	@	रु.	220·00/दिन	= रु.	1100·00
भिश्ती	$\frac{1}{4}$ सं.	@	रु.	200·00/दिन	= रु.	50·00
फुटकर औजार और मशीनें इत्यादि	इकमुश्त		रु.	75·00 इकमुश्त	= रु.	75·00
				सामाग्रियों और मजदूरी का योग	= रु.	3827·42
				10% ठेकेदार का लाभ जोड़िये	= रु.	382·74
				कुल योग	**= रु.**	**4210·16**
						10 वर्ग मी. के लिये

दर प्रति वर्ग मी. = रु. 4210·16/10 = रु. 421·00

द्रष्टव्य—साधारणतयाः मिट्टी के सस्ते छत के लिए बिटूमेन के प्रलेपन के स्थान पर पृष्ठ की सम्पूर्ति गोबर की लेपन से की जा सकती है।

80. ईंटे बनाना और भट्टे में पकाना—इकाई 1000 सं.

सामाग्रियाँ—

कोयला चूरा @ 18 टन प्रति लाख	0·18 टन	@	रु.	5000·00/टन	= रु.	900·00
मुख्य राज	1/8 सं.	@	रु.	350·00/दिन	= रु.	43·75
पाथने वाला (moulder)	1 सं.	@	रु.	300·00/दिन	= रु.	300·00
मजदूर (बेलदार) खुदाई, रोंदने तथा गारा बनाने और मिट्टी ले जाने के लिए	2 सं.					
मजदूर (बेलदार) पकी हुई ईंट ले जाने और सूखी ईंटों का चट्टा लगाने के लिए	2 सं.					
मजदूर (बेलदार) भट्टे में ईंटा सजाने के लिए	2 सं.	= 7 @	रु.	220·00/दिन	= रु.	1540·00
मजदूर (बेलदार) भट्टी जलाने और नियन्त्रण के लिए	$\frac{1}{2}$ सं.					
मजदूर (बेलदार) भट्टी से ईंटा निकालने और चट्टा लगाने के लिए	$\frac{1}{2}$ सं.					
भिश्ती	$\frac{1}{3}$ सं.	@	रु.	200·00/दिन	= रु.	66·67
चिमनी और फर्मे इत्यादि	इकमुश्त		रु.	75·00 इकमुश्त	= रु.	75·00
भूमि अर्जन या स्वत्व शुल्क	इकमुश्त		रु.	90·00 इकमुश्त	= रु.	90·00
ईंधन लकड़ी आग जलाने के लिए	इकमुश्त		रु.	90·00 इकमुश्त	= रु.	90·00
फुटकर औजार और मशीनें इत्यादि	इकमुश्त		रु.	50·00 इकमुश्त	= रु.	50·00
				सामाग्रियों और मजदूरी का योग	= रु.	3155·42
				10% ठेकेदार का लाभ जोड़िये	= रु.	315·54
				कुल योग	**= रु.**	**3470·96**

दर प्रति %₀ = सं. = रु. 3470·00

कार्य का उत्पादन—

पहली श्रेणी	60%	दूसरी श्रेणी	20%
तीसरी श्रेणी	10%	अधिक जली हुई बेडौल आकृति की ईंटे	10%

81. कंकड़ चूना जलाना और निर्माण करना—इकाई 1 घन मी.—10 घन मी. लेकर—

सामाग्रियाँ—		मजदूरी—	
कंकड़	10 घन मी.	मुख्य मजदूर	½ सं.
चारकोल	15 कुन्तल	मजदूर (बेलदार)	35 सं.
लकड़ी का ईंधन	2·5 कुन्तल	बालक कुली	20 सं.
		जले कंकड़ की पिसाई	इकमुश्त
		जमीन और भट्टा इत्यादि	इकमुश्त
		फुटकर, औजार	इकमुश्त
		10% ठेकेदार का लाभ जोड़िये	
कुल योग को 10 से भाग देकर प्रति घन मी. मालुम कर सकते हैं।		उचित दर मानकर कुल जोड़ 10 घन मी. के लिये गणना किया जा सकता है।	

82. कंकड़ खुदान से खुदाई (quarrying)—इकाई 1 घन मी.—10 घन मी. लेकर—

मजदूरी, खुदाई, सफाई और चट्टा लगाने के लिये—

मजदूर (बेलदार)	16 सं.	@ रु.	220·00/दिन	=	रु.	3520·00
बालक कुली	12 सं.	@ रु.	200·00/दिन	=	रु.	2400·00
भूमि अर्जन व स्वत्व शुल्क	इकमुश्त	रु.	45·00 इकमुश्त	=	रु.	45·00
फुटकर औजार और मशीनें इत्यादि	इकमुश्त	रु.	25·00 इकमुश्त	=	रु.	25·00
			मजदूरी का योग	=	**रु.**	**5990·00**
			10% ठेकेदार का लाभ जोड़िये	=	रु.	599·00
			कुल योग	=	**रु.**	**6589·00**
						10 घन मी. के लिये

दर प्रति घन मी. = रु. 6589·00/10 = रु. 659·00

83. ईंट (अधिक पक्की) की रोड़ी तोड़ना 40 मि. मी. गेज की—इकाई 1 घन मी.—10 घन मी. लेकर

मजदूरी—तोड़ने और चट्टा लगाने के लिये—

मजदूर तोड़ने के लिये	12 सं.	@ रु.	220·00/दिन	=	रु.	2640·00
मजदूर (बेलदार) चट्टा लगाने के लिये	2 सं.	@ रु.	220·00/दिन	=	रु.	440·00

क्रमशः

औजार और मशीनें, डालिया इत्यादि	इकमुश्त	रु. 60·00 इकमुश्त	= रु. 60·00
		योग	= रु. **3140·00**
		10% ठेकेदार का लाभ जोड़िये	= रु. 314·00
		कुल योग	= रु. **3454·00**
			10 घन मी. के लिये

दर प्रति घन मी. = रु. 3454·00/10 = रु. 345·00

84. ईंट (अधिक पक्की) की रोड़ी तोड़ना 25 मि. मी. गेज की—इकाई 1 घन मी.—10 घन मी. लेकर

मजदूरी—तोड़ने और चट्टा लगाने के लिये—

मजदूर तोड़ने के लिये	16 सं. @ रु.	220·00 प्रति दिन	= रु. 3520·00
मजदूर (बेलदार) चट्टा लगाने के लिये	2 सं. @ रु.	220·00 प्रति दिन	= रु. 440·00
फुटकर, औजार और मशीनें, इत्यादि	इकमुश्त @ रु.	60·00 इकमुश्त	= रु. 60·00
		योग	= रु. **4020·00**
		10% ठेकेदार का लाभ जोड़िये	= रु. 402·00
		कुल योग	= रु. **4422·00**
			10 घन मी. के लिये

दर प्रति घन मी. = रु. 4422·00/10 = रु. 442·00

85. विश्लेषण, मसाले के दर का इकाई **1** घन मी.—**10** घन मी. लेकर—चूना मसाला, **1 : 2** सफेद चुना और सुर्खी का—

सामाग्रियाँ—

सफेद बुझा चूना	4·75 घन मी. @ रु.	800·00	= रु. 3800·00
सुर्खी	9·50 घन मी. @ रु.	500·00	= रु. 4750·00
मजदूरी, मापने, ले जाने; मिलाने, जल डालने, इकट्ठा करने, इत्यादि के लिये			
मजदूर (बेलदार)	8 सं. @ रु.	220·00 प्रति दिन	= रु. 1760·00
भिश्ती	3 सं. @ रु.	200·00 प्रति दिन	= रु. 600·00

क्रमशः

फुटकर, औजार और मशीनें इत्यादि	इकमुश्त	रु. 30·00 इकमुश्त	= रु.	30·00
		योग	**= रु.**	**10940·00**
		10% ठेकेदार का लाभ जोड़िये	= रु.	1094·00
		कुल योग	**= रु.**	**12034·00**
		10 घन मी. के लिये		

दर प्रति घन मी. = रु. 12034·00/10 = रु. 1203·00

आवश्यक सामग्रियाँ, विभिन्न अनुपात के 10 घन मी. मसाले के लिये—

चूना मसाला—	1 : 1	1 : 2	1 : 3
सफेद बुक्षा चूना	7·0 घन मी.	4·75 घन मी.	3·57 घन मी.
सुर्खी बालू या राख	7·0 घन मी.	9·50 घन मी.	10·70 घन मी.

सीमेंट मसाला—	1 : 2	1 : 3	1 : 4	1 : 5	1 : 6	1 : 7
सीमेंट	4·75 घ. मी.	3·57 घ. मी.	2·68 घ. मी.	2·14 घ. मी.	1·78 घ. मी.	1·53 घ. मी.
बालू	9·50 घ. मी.	10·70 घ. मी.	10·70 घ. मी.	10·70 घ. मी.	10·70 घ. मी.	10·70 घ. मी.

दर विश्लेषण स्वच्छता और जल सम्भरण कार्य के लिये

1. मिट्टी खुदाई का कार्य, खाई में **1·5** मी. गहराई तक मल नाली बिछाने के लिये साधारण मिट्टी में, कटाई, गढ़ाई, ढाल में तल लगाना, खाई को **20** से. मी. की तहों में फिर से भरकर पानी डालना और कुटाई करना और बची हुई मिट्टी को **50** मी. की दूरी तक हटाना—इकाई **100** घन मी., **100** घन मी. लेकर—

मजदूरी—

मुख्य राज	$\frac{1}{2}$ सं. @ रु.	350·00 प्रतिदिन	= रु.	175·00
मजदूर (बेलदार)	40 सं. @ रु.	220·00 प्रतिदिन	= रु.	8800·00
बालक कुली	15 सं. @ रु.	200·00 प्रतिदिन	= रु.	8000·00
फुटकर औजार और मशीनें इत्यादि	इकमुश्त	200·00 इकमुश्त	= रु.	200·00
		योग	**= रु.**	**12175·00**
		10% ठेकेदार का लाभ जोड़िये	= रु.	1217·50
		कुल योग	**= रु.**	**13392·50**
		10 वर्ग मी. के लिये		

दर प्रति 100 घन मी. = रु. 13392·00

2. मिट्टी खुदाई का कार्य खाई में, उपरोक्त के अनुसार (i) 1·5 मी. से 3·00 मी. गहराई और (ii) 3·00 मी. से 4·5 मी. गहराई के लिये—

मजदूरी—

1·5 मी. से 3 मी. गहराई के लिये		3 मी. से 4·5 मी. गहराई के लिये
मुख्य राज	$\frac{3}{4}$ सं.	1 सं. @ रु. 350·00/दिन
मजदूर (बेलदार)	26 सं.	54 सं. @ रु. 220·00/दिन
बालक कुली	21 सं.	28 सं. @ रु. 200·00/दिन
तिपाई, औजार और मशीनें चरखी, बाल्टी, इत्यादि	इकमुश्त रु. 200·00	इकमुश्त रु. 250·00 इकमुश्त
फुटकर, औजार और मशीन आदि	इकमुश्त रु. 75·00	इकमुश्त रु. 90·00 इकमुश्त

मूल्य की गाणना कीजिये और 10% ठेकेदार का लाभ जोड़िये।

---

3. तख्ताबन्दी कार्य खाई की 3 मी. गहराई तक, मल नाली बिछाने के पश्चात तख्ताबन्दी निकालना सहित--इकाई 1 वर्ग मी.

खाई के दोनों पार्श्व, एक पार्श्व के समान माने जायेंगे, क्षेत्रफल तख्ताबन्दी की लम्बाई × गहराई के बराबर होगा।

30 मी. लम्बाई और 3 मी. गहराई लीजिये, तख्ताबन्दी का क्षेत्रफल = 30 × 3 = 90 वर्ग मी., खाई की चौड़ाई = 1·20 मी.

(अ) लकड़ी—

(i) देसी लकड़ी 40 मि. मी. मोटी थामी तख्ते (poling board) के लिये = 2 × 90 × ·04 = 7·20 घ. मी.
@ रु. 15000·00/घन मी. = रु. 108000·00

(ii) साल की लकड़ी वेलर (waler) 125 मि. मी. ×
75 मि. मी. के लिये प्रत्येक 3 सं. प्रत्येक पार्श्व में = 2 × 3 × 30 × ·125 × ·075
= 1·69 घ. मी. @ रु. 40000·00/घन मी. = रु. 67600·00

(iii) संपीढांग (strut) के लिये 100 मि. मी. व्यास की
बल्लियां 1·5 मी. के/के = 3 × 20 × 1·20 = 72 मी.
@ 45·00/मीटर = रु. 3240·00

योग = रु. 178840·00

कबाड़ लकड़ी के मूल्य (salvage value) के लिये
25% घटायें = ¼ × 178840·00 = रु. 44710·00

लकड़ी का मूल्य = रु. 134130·00

यह मानकर की लकड़ी 5 बार प्रयोग की जा सकती है।

अतः प्रत्येक बार प्रयोग करने का व्यय = रु. $\frac{134130\cdot00}{5}$ = रु. 26826·00

लकड़ी का शुद्ध मूल्य = रु. 26826·00

क्रमशः

(ब) मजदूर तख्ताबन्दी लगाने के लिये—

(i) बढ़ई 5 सं.
@ रु. 280·00 = रु. 1400·00

(ii) मजदूर (बेलदार) 10 सं.
@ रु. 220·00 = रु. 2200·00

(iii) फुटकर, औजार और मशीनें, तीलियाँ, कीलें इत्यादि इकमुश्त = रु. 175·00

योग = रु. 3775·00

(स) मजदूर, तख्ताबन्दी निकालने के लिये—

(i) बढ़ई 2½ सं.
@ रु. 280·00 = रु. 700·00

(ii) मजदूर (बेलदार) 5 सं.
@ रु. 220·00 = रु.1100·00

(ii) फुटकर, औजार और मशीनें, इत्यादि इकमुश्त = रु. 45·00

योग = रु.1845·00

योग : लकड़ी का मूल्य तथा मजदूरी तख्ताबन्दी लगाने और निकालने के लिए = रु. 26826·00 + 3775·00 + रु. 1845·00
= रु. 32446·00

10% ठेकेदार का लाभ लोड़िये = रु. 3244·60

कुल योग = रु. 35690·60

90 वर्ग मी. के लिये

दर प्रति वर्ग मी. = रु. 35690·60/90 = रु. 397·00

---

4. 100 मि. मी. व्यास की मल नाली **(sewer)** के लिये स्टोन वेयर कार्यावत् पाइप और विशेष फिटिंग्स सप्लाई करना और खाई में 1·5 मी. की गहराई तक डालना, **1 : 1** सीमेंट बालू मसाले से जोड़ना, 8 कि. मी. **(5 मील)** की दूरी तक पाइपों की ढुलाई और परिक्षण सहित किन्तु खाई की खुदाई और पुनः भराई छोड़कर—इकाई **1** मी.—

30 मी. लम्बी मलनाली लेकर, पाइपों की सं. 50, प्रत्येक पाइप 60 से. मी., लम्बा, जोड़ों की संख्या 50—

(क) 50 सं. पाइप का मूल्य प्रत्येक 60 से. मी. लम्बा 70·00/स. = रु. 3500·00

(ख) ढुलाई 30 मी. लम्बे पाइपों की 8 किलोमीटर तक, प्रत्येक पाइप 8·45 किलोग्रम = 422·50 किलोग्रम = 4·23 कुन्तल
@ रु. 70·00/कुन्तल = रु. 296·10

(ग) सामग्रियाँ 50 जोड़ों के लिये—

सीमेंट 0·007 बोरी प्रति जोड़ = 0·35 बोरी @ रु. 260·00 प्रति बोरी = रु. 91·00

बालू (मध्यम) 0·0021 प्रति जोड़ = 0·105 घ. मी. @ रु. 700·00/घ. मी. = रु. 73·50

सन या बटा हुआ सूत 0·041 कि. ग्रा./जोड = 2·05 कि. ग्रा.
@ रु. 50·00 प्रति कि. ग्रा. = रु. 102·50

बिटूमेन इकमुश्त = रु. 70·00

क्रमशः

(घ) मजदूरी—

मुख्य राज	1 सं. @ रु. 350·00 प्रति दिन	=	रु.	350·00
राज	4 सं. @ रु. 300·00 प्रति दिन	=	रु.	1200·00
मजदूर (बेलदार)	5 सं. @ रु. 220·00 प्रति दिन	=	रु.	1100·00
भिश्ती	1 सं. @ रु. 200·00 प्रति दिन	=	रु.	200·00
चौकीदार (कार्य के 8 घंटे)	3 सं. @ रु. 220·00 प्रति दिन	=	रु.	660·00

(च) फुटकर कार्य—

खुदाई प्रत्येक जोड़ के लिए तल के नीचे	इकमुश्त	=	रु.	125·00
परिक्षण, पड़े हुए पाइपों का	इकमुश्त	=	रु.	90·00
फुटकर औजार और मशीनें इत्यादि	इकमुश्त	=	रु.	175·00
	योग	**=**	**रु.**	**8033·10**
	10% ठेकेदार का लाभ जोड़िये	=	रु.	803·30
	योग 30 मी. लम्बाई के लिये	**=**	**रु.**	**8836·40**

दर प्रति मीटर = रु. 8836·40/30 = रु. 295·00

---

5. विभिन्न व्यास की मल नाली के लिये स्टोन वेयर कांचित पाइप और विशेष फिटिंग्स, मद 4 की तरह—
30 मी. लम्बी मल नाली लेकर, पाइपों की सं. 50, प्रत्येक पाइप 60 से. मी., लम्बा, जोड़ों की संख्या 50—

व्यास	150 मि. मी.	200 मि. मी.	300 मि. मी.	400 मि. मी.
(क) 60 से. मी. लम्बी पाइप का मूल्य	@ रु. 120·00 प्रत्येक	@ रु. 265·00 प्रत्येक	@ रु. 450·00 प्रत्येक	@ रु. 825·00 प्रत्येक
(ख) 8 कि.मी. तक पाइपों की ढुलाई	@ रु. 13·20 किग्रा./ पाइप = 6·6 कुन्तल @ रु. 70·00/कुन्तल	@ रु. 19·8 किग्रा./ पाइप = 9·9 कुन्तल @ रु. 70·00/कुन्तल	@ रु. 47·40 किग्रा./ पाइप = 23·7 कुन्तल @ रु. 70·00/कुन्तल	@ रु. 76·80/किग्रा. पाइप = 38·4 कुन्तल @ 70·00/कुन्तल
(ग) सामाग्रियाँ 50 जोड़ों के लिए—				
सीमेंट	@ ·012 बोरी/ जोड़ = 0·6 बोरी @ रु. 260·00/बोरी	@ ·018 बोरी/ जोड़ = 0·9 बोरी @ रु. 260·00/बोरी	@ ·04 बोरी/ जोड़ = 2·00 बोरी @ रु. 260·00/बोरी	@ ·057 बोरी/ जोड़ = 2·85 बोरी @ रु. 260·00/बोरी

बालू	@ 0·004 घन मी./ जोड़ = 0·20 घन मी. @ रु. 700·00/घन मी./	@ 0·006 घन मी./ जोड़ = ·30 घन मी. @ रु. 700·00/घन मी./	@ ·013 घन मी./ जोड़ = ·65 घन मी. @ रु. 700·00/घन मी./	@ 0·18 घन मी./ जोड़ = ·90 घन मी. @ रु. 700·00/घन मी./
सन या बटा हुआ सूत	@ 0·095 किग्रा/ जोड़ = 4·75 किग्रा @ रु. 50·00 किग्रा	@ ·132 किग्रा/ जोड़ = 6·6 किग्रा @ रु. 50·00 किग्रा	@ ·234 किग्रा/ जोड़ = 11·70 @ रु. 50·00 किग्रा	@ ·367 किग्रा/ जोड़ = 18·35 @ रु. 50·00 किग्रा
बिटूमेन	इकमुश्त रु. 70·00	इकमुश्त रु. 90·00	इकमुश्त रु. 150·00	इकमुश्त रु. 225·00
(ग) मजदूरी—				
मूख्य राज	1 सं. @ रु. 350·00/दिन	1¾ सं. @ रु. 350·00/दिन	2 सं. @ रु. 350·00/दिन	$2\frac{1}{2}$ सं. @ रु. 350·00/दिन
राज	6 सं. @ रु. 300·00/दिन	7 सं. @ रु. 300·00/दिन	10 सं. @ रु. 300·00/दिन	12 सं. @ रु. 300·00/दिन
मजदूर	7 सं. @ रु. 220·00/दिन	8 सं. @ रु. 220·00/दिन	12 सं. @ रु. 220·00/दिन	15 सं. @ रु. 220·00/दिन
भिश्ती	1½ सं. @ रु. 200·00/दिन	1¾ सं. @ रु. 200·00/दिन	2½ सं. @ रु. 200·00/दिन	3 सं. @ रु. 200·00/दिन
चौकीदार	3 सं. @ रु. 220·00/दिन	3 सं. @ रु. 220·00/दिन	3 सं. @ रु. 220·00/दिन	3 सं. @ रु. 220·00/दिन
(घ) फुटकर कार्य—				
अपवृत तल के निचे खुदाई	इकमुश्त रु. 250·00	इकमुश्त रु. 275·00	इकमुश्त रु. 350·00	इकमुश्त रु. 450·00
परिक्षण व्यय	इकमुश्त रु. 100·00	इकमुश्त रु. 150·00	इकमुश्त रु. 250·00	इकमुश्त रु. 350·00
फुटकर, औजार और मशीनें, इत्यादि	इकमुश्त रु. 175·00	इकमुश्त रु. 200·00	इकमुश्त रु. 250·00	इकमुश्त रु. 275·00
10% ठेकेदार का लाभ जोड़िये।	10%	10%	10%	10%

30 मी. का मूल्य ज्ञात किया जा सकता है और दर प्रति मी. 30 से भाग देकर निकाला जा सकता है।

6. 100 मि. मी. व्यास की मल नाली (sewer) के लिये प्र. सी. क. के ह्यूम और पाइप स्पेशल सप्लाई करना और खाई में 1·5 मी. गहराई तक डालना, 8 किलोमीटर तक पाइपों की ढुलाई, 1 : 2 सीमेंट मसाले से जोड़ना और परिक्षण सहित, किन्तु खाई की खुदाई और पुनः भराई छोड़कर—इकाई 1 मीटर—

32 मी. लम्बी मल नाली लेकर, पाइपों की संख्या 16 प्रत्येक 2 मीटर लम्बा, जोड़ों की संख्या 16—

(क) 100 मि. मी. व्यास के पाइप का मूल्य 32 मी. लम्बा @ रु. 182·00 प्रति मी. = रु. 5824·00

(ख) ढुलाई 8 किलोमीटर दूरी तक—

32 मी. लम्बे पाइपों की @ 24 कि. ग्रा. प्रति मी. = 768 कि. ग्रा. = 7·68 कुन्तल @ रु. 70·00 प्रति कुन्तल = रु. 537·60

16 कालरों की ढुलाई @ रु. 5·6 कि. ग्रा. प्रत्येक = 89·6 कि. ग्रा. = 0·9 कुन्तल @ रु. 70·00 प्रति कुन्तल = रु. 63·00

(ग) सामाग्रियाँ 16 जोड़ो के लिये—

सीमेंट @ ·043 बोरी प्रति जोड़ = 0·69 बोरियाँ @ रु. 260·00 प्रति बोरी = रु. 179·40

बालू (मध्यम) @ ·003 घ. मी. प्रति जोड़ = 0·05 घ. मी. रु. 700·00 प्रति घ. मी. = रु. 35·00

सन या बटा हुआ सूत @ 0·73 कि. ग्रा. प्रति जोड़ = 1·17 कि. ग्रा. @ रु. 50·00 प्रति कि. ग्रा = रु. 58·50

बिटुमेन इकमुश्त = रु. 40·00

(घ) मजदूरी—

मुख्य राज	1 सं.	@ रु. 350·00 प्रति दिन	= रु.	350·00
राज	2 सं.	@ रु. 300·00 प्रति दिन	= रु.	600·00
मजदूर (बेलदार)	4 सं.	@ रु. 220·00 प्रति दिन	= रु.	880·00
भिश्ती	1 सं.	@ रु. 200·00 प्रति दिन	= रु.	200·00
चौकीदार (कार्य के 8 घंटे)	3 सं.	@ रु. 220·00 प्रति दिन	= रु.	660·00

(च) फुटकर कार्य—

अपवृत (Invert) तल के नीचे प्रत्येक जोड़ के लिये खुदाई इकमुश्त = रु. 175·00

पड़े हुहे पाइपों के परिक्षण करने के लिये इकमुश्त = रु. 90·00

फुटकर, औजार और मशीनों के किराये पर व्यय इकमुश्त = रु. 200·00

योग = रु. 9892·50

10% ठेकेदार का लाभ जोड़िये = रु. 989·25

32 मी लम्बाई के लिये योग = रु.10881·75

दर प्रति मीटर = रु. 10881·75/32 = रु. 340·00

7. मलनली के लिए विभिन्न व्यास की प्र. सी. क. के ह्यूम पाइप और विशेष फिटिंग्स मद 6 की तरह—

मलनली की लम्बाई 32 मी. लम्बी, जोड़ों की संख्या 16 — 16 सं. पाइप प्रत्येक 2 मी. | 30 मी. लम्बी मलनली, 12 पाइप प्रत्येक 2·5 मी. लम्बी, 12 जोड़

व्यास	150 मि. मी.	200 मि. मी.	300 मि. मी.	400 मि. मी.	500 मि. मी.
(क) पाइप का मूल्य—	@ रु. 220·00/ मी.	@ रु. 245·00/ मी.	@ रु. 380·00/ मी.	@ रु. 490·00/ मी.	@ रु. 700·00/ मी.
(ख) 8 कि. मी. तक ढुलाई—					
पाइपों की ढुलाई	@ 32 किग्रा/मी.	@ 52 किग्रा/मी.	@ 75 किग्रा/मी.	@ 104 किग्रा/ मी.	@ 141 किग्रा/ मी.
	= 10·24 कुन्तल	= 16·64 कुन्तल	= 24·00 कुन्तल	= 33·28 कुन्तल	= 45·00 कुन्तल
कालरों की ढुलाई	@ 7·00 किग्रा प्रत्येक	@ 9·8 किग्रा प्रत्येक	@ 14·1 किग्रा प्रत्येक	@ 18·9 किग्रा प्रत्येक	@ 33·5 किग्रा प्रत्येक
	= 1·12 कुन्तल	= 1·57 कुन्तल	= 2·25 कुन्तल	= 3·02 कुन्तल	= 5·36 कुन्तल
(ग) सामग्रियाँ जोड़ों के लिये—					
सीमेंट	@ ·044 बोरी/ जोड़	@ ·065 बोरी/ जोड़	@ ·104 बोरी/ जोड़	@ ·138 बोरी/ जोड़	@ ·178 बोरी/ जोड़
	= ·704 बोरियां	= 1·04 बोरियां	= 1·66 बोरियां	= 2·21 बोरियां	= 2·86 बोरियां
बालू (मध्यम)	@ ·003 घन मी./ जोड़	@ ·005 घन मी./ जोड़	@ ·008 घन मी./ जोड़	@ ·01 घन मी./ जोड़	@ ·018 घन मी./ जोड़
	= ·05 घन मी.	= ·08 घन मी.	= ·13 घन मी.	= ·16 घन मी.	= ·29 घन मी.
सन या बटा हुआ सूत	= ·10 किग्रा/ जोड़	@ ·15 किग्रा/ जोड़	@ ·227 किग्रा/ जोड़	@ ·272 किग्रा/ जोड़	@ ·45 किग्रा/ जोड़
	= 1·6 किग्रा	= 2·4 किग्रा	= 3·63 किग्रा	= 4·35 किग्रा	= 7·2 किग्रा
बिटूमेन	इकमुश्त रु. 50·00	इकमुश्त रु. 75·00	इकमुश्त रु. 90·00	इकमुश्त रु. 110·00	इकमुश्त रु. 150·00
(घ) मजदूरी—					
मुख्य राज	1 सं.	1½ सं.	2 सं.	2 सं.	2 सं.
राज	2 सं.	4 सं.	5 सं.	6 सं.	7 सं.
मजदूर	6 सं.	8 सं.	10 सं.	12 सं.	16 सं.
भिश्ती	1 सं.	2 सं.	2 सं.	3 सं.	3 सं.
चौकीदार	3 सं.	3 सं.	3 सं.	3 सं.	3 सं.

क्रमशः

(च) फुटकर कार्य—

प्रत्येक जोड़ के लिए अपवृत तल के निचे खुदाई		इकमुश्त रु. 125·00	इकमुश्त रु. 150·00	इकमुश्त रु. 175·00	इकमुश्त रु. 200·00	इकमुश्त रु. 225·00
पाइपों का परिक्षण	इकमुश्त	रु. 100·00	रु. 150·00	रु. 175·00	रु. 200·00	रु. 225·00
फुटकर, औजार और मशीनें इत्यादि	इकमुश्त	रु. 200·00	रु. 225·00	रु. 275·00	रु. 400·00	रु. 600·00
10% ठेकेदार का लाभ जोड़िये		10%	10%	10%	10%	10%

दरें मद 6 के अनुसार ली जा सकती है और 32 मी. लम्बी मलनाली का मूल्य निकाला जा सकता है। दर प्रति मी कुल मूल्य को 32 से भाग देकर निकाला जा सकता है।

8. नरम इस्पात की जस्तीकृत लोहे के पाइपों और विशेष फिटिंग्स की सप्लाई करना और लगाना जल सम्भरण कार्य के लिये—पाइपों को काटना, उनमें चूड़ियाँ बनाना, कलेम्पों का लगाना, दीवारों में छेद करना और फिर उन्हें भरना, आदि कार्य में सम्मिलित हैं—इकाई 1 मीटर—

30 मीटर लम्बी पाइप लाइन लेकर—

व्यास—	15 मि. मी.	20 मि. मी.	25 मि. मी.	32 मि. मी.
(i) पाइप का मूल्य @ रु. 120·00 / मी.	= रु. 3600·00	@ रु.138·00/मी.	@ रु. 192·00/मी.	@ रु. 212·00/मी.
(ii) 8 कि मी. तक 30 मी. पाइप की ढुलाई सन्निकट भार 0·3 कुन्तल इकमुश्त	= रु. 25·00	भार 0·45 कुन्तल इकमुश्त रु. 25·00	भार ·64 कुन्तल रु. 40·00	भार ·82 कुन्तल रु. 50·00
(iii) सीसा, सन, तेल आदि इकमुश्त	= रु. 40·00	इकमुश्त रु. 40·00	रु. 50·00	रु. 60·00
(iv) सीमेंट, बालू, रोड़ी आदि दीवार की मरम्मत के लिए इकमुश्त	= रु. 125·00	इकमुश्त रु. 150·00	रु. 175·00	रु. 200·00
(v) मजदूरी—				
फिटर मुख्य 1 सं. @ रु. 300·00	= रु. 300·00	1½ सं.	2 सं.	2 सं.
फिटर 2 सं. @ रु. 280·00	= रु. 560·00	2 सं.	3 सं.	3 सं.
मजदूरी 2 सं. @ रु. 220·00	= रु. 440·00	2 सं.	2 सं.	3 सं.
परिक्षण, फुटकर, औजर और मशीनें, इत्यादि इकमुश्त	= रु. 70·00	इकमुश्त रु. 80·00	रु. 100·00	रु. 125·00
योग	= रु.5160·00			
10% ठेकेदार का लाभ जोड़िये	= रु. 516·00	10%	10%	10%
30 मी. लम्बाई का कुल योग	= रु.5676·00	मजदूरी की दर 15 मि. मी. व्यास के पाइप के समान 30 मी. का मूल्य निकालकर, कुल योग को 30 से भाग देने पर, दर प्रति मी. निकाला जा सकता है।		
दर प्रति मी. = रु. 5676·00/30 = रु. 189·00				

9. नरम इस्पात की जस्तीकृत लोहे का पाइप और विशेष फिटिंग्स की सप्लाई करना और लगाना मद 8 के समान, लेकिन पाइप खाई में बिछाये जायेंगे, खाई को पाइप बिछाने के बाद भरना कार्य में सम्मिलित है—इकाई 1 मीटर—30 मी. लम्बी पाइप लाइन लेकर—

	15 मि. मी.	20 मि. मी.	32 मि. मी.	40 मि. मी.	50 मि. मी.	80 मि. मी.	100 मि. मी.	125 मि. मी.	150 मि. मी.
(i)	रु. 120·00/ मी.	138·00/ मी.	212·00/ मी.	239·00/ मी.	308·00/ मी.	507·00/ मी.	716·00/ मी.	1137·00/ मी.	1216·00/ मी.
(ii) ढुलाई—									
भार	·38 कु.	·50 कु.	·99 कु.	1·14 कु.	1·62 कु.	2·71 कु.	3·91 कु.	5·39 कु.	6·39 कु.
इकमुश्त	रु. 25·00	25·00	50·00	75·00	100·00	175·00	250·00	325·00	450·00
(iii) शीशा, सन तेल इत्यादि— इकमुश्त	रु. 40·00	50·00	75·00	100·00	125·00	135·00	150·00	160·00	200·00
(iv) मजदूरी—									
मुख्य फिटर	$\frac{1}{4}$ सं.	$\frac{3}{8}$ सं.	$\frac{1}{2}$ सं.	$\frac{1}{2}$ सं.	$\frac{3}{4}$ सं.	$1\frac{1}{4}$ सं.	$1\frac{1}{2}$ सं.	$1\frac{1}{2}$ सं.	$1\frac{3}{4}$ सं.
फिटर	$\frac{1}{2}$ सं.	$\frac{3}{4}$ सं.	$1\frac{1}{4}$ सं.	$1\frac{1}{4}$ सं.	$1\frac{1}{2}$ सं.	$1\frac{3}{4}$ सं.	2 सं.	2 सं.	$2\frac{1}{4}$ सं.
मजदूर	$\frac{1}{2}$ सं.	$\frac{3}{4}$ सं.	$1\frac{1}{4}$ सं.	$1\frac{1}{2}$ सं.	$1\frac{3}{4}$ सं.	$2\frac{1}{2}$ सं.	3 सं.	$3\frac{1}{2}$ सं.	4 सं.
परिक्षण, फुटकर, औजार और मशीनें आदि इकमुश्त	रु. 50·00	60·00	100·00	125·00	150·00	200·00	250·00	350·00	425·00
ठेकेदार का लाभ	10%	10%	10%	10%	10%	10%	10%	10%	10%

मजदूरी की दर मद 8 के समान। ढुलाई की दर @ 70·00/ कुन्तल। 30 मी. का मूल्य निकालकर 30 से भाग देने से दर प्रति मी. निकाला जा सकता है।

10. **ढलवा लोहे के पाइप और विशेष फिटिंग्स से शीशा और बटे सूत का जोड़, जोड़, की सामग्री, परिक्षण, आदि सहित—इकाई 1 जोड़—10 जोड़ लेकर—**

व्यास—	80 मि. मी.	100 मि. मी.	125 मि. मी.	150 मि. मी.	200 मि. मी.	250 मि. मी.	300 मि. मी.
सामग्रियाँ—							
बटा हुआ सूत @ ·1 किग्रा / जोड़ = 1 किग्रा @ रु. 50·00/किग्रा	= रु. 50·00	@ ·18 किग्रा = 1·8 किग्रा	@ ·20 किग्रा = 2·0 किग्रा	@ ·22 किग्रा = 2·2 किग्रा	@ ·30 किग्रा = 3·0 किग्रा	@ ·35 किग्रा = 3·5 किग्रा	@ ·48 किग्रा = 4·8 किग्रा
सीसा @ 1·8 किग्रा / जोड़ = 18 किग्रा @ रु. 140·00/किग्रा	= रु. 2520·00	@ 2·2 किग्रा @ 22 किग्रा	@ 2·6 किग्रा @ 26 किग्रा	@ 3·4 किग्रा @ 34 किग्रा	@ 5·0 किग्रा @ 50 किग्रा	@ 6·1 किग्रा @ 61 किग्रा	@ 7·2 किग्रा @ 72 किग्रा
ईंधन 0·2 कुन्तल @ रु. 150·00/कुन्तल	= रु. 30·00	0·3 कु.	0·35 कु.	0·40 कु.	0·55 कु.	0·65 कु.	0·75 कु.
मजदूरी—							
मुख्य फिटर 1 सं. @ रु. 300·00	= रु. 300·00	$1\frac{1}{4}$ सं	$1\frac{1}{2}$ सं.	$1\frac{3}{4}$ सं.	$2\frac{1}{4}$ सं.	$2\frac{3}{4}$ सं.	3 सं.
फिटर 1 सं. @ रु. 280·00	= रु. 280·00	$1\frac{1}{4}$ सं	$1\frac{1}{2}$ सं.	$1\frac{3}{4}$ सं.	$2\frac{1}{4}$ सं.	$2\frac{3}{4}$ सं.	3 सं.
मजदूर 2 सं. @ रु. 220·00	= रु. 440·00	$2\frac{1}{2}$ सं	3 सं.	$3\text{-}\frac{1}{2}$ सं.	$4\frac{1}{2}$ सं.	$5\frac{1}{2}$ सं.	6 सं.
परिक्षण, फुटकर, औजार और मशीनें आदि इकमुश्त	= रु. 200·00	रु. 250·00	रु. 275·00	रु. 350·00	रु. 400·00	रु. 450·00	रु. 500·00
योग	= रु. 3820·00						
10% ठेकेदार का लाभ जोड़िये	= रु. 382·50	10%		10%			10%
10 जोड़ों का कुल योग	= रु. 4202·00						
दर प्रति जोड़= रु. 420·00							

मजदूरी की दर 80 मि. मी. व्यास के पाइप के समान 10 जोड़ों के योग को 10 से भाग देकर प्रति मी. निकाला जा सकता है।

11. ढलवा लोहे के पाइप और विशेष फिटिंग्स से सीसा और बटे हुये सूत का जोड़, मद **10** के समान लेकिन **350** मि. मी. से **1200** मि. मी. व्यास के लिये—इकाई **1** जोड़—**10** जोड़ लेकर—

व्यास	350	400	450	500	600	700	800	900	1000	1100	1200
सामग्रियाँ—											
बटा हुआ सूत	@ ·60 किग्रा = 6·0 किग्रा	@ ·75 किग्रा = 7·5 किग्रा	@ ·95 किग्रा = 9·5 किग्रा	@ 1·0 किग्रा = 10 किग्रा	@ 1·2 किग्रा = 12 किग्रा	@ 1·35 किग्रा = 13·5 किग्रा	@ 1·53 किग्रा = 15·3 किग्रा	@ 1·88 किग्रा = 18·8 किग्रा	@ 2·05 किग्रा = 20·5 किग्रा	@ 2·4 किग्रा = 24·0 किग्रा	@ 2·6 किग्रा = 26 किग्रा
सीसा	@ 8·4 किग्रा = 84 किग्रा	@ 9·5 किग्रा = 95 किग्रा	@ 14·0 किग्रा = 140 किग्रा	@ 15·0 किग्रा = 150 किग्रा	@ 19·0 किग्रा = 190 किग्रा	@ 22·0 किग्रा = 220 किग्रा	@ 31·5 किग्रा = 315 किग्रा	@ 35·0 किग्रा = 350 किग्रा	@ 41·0 किग्रा = 410 किग्रा	@ 46·0 किग्रा = 460 किग्रा	@ 50·0 किग्रा = 500 किग्रा
ईंधन	0·95 कु.	1·1 कु.	1·30 कु.	1·40 कु.	1·70 कु.	2·10 कु.	2·80 कु.	3·00 कु.	3·50 कु.	4·00 कु.	4·30 कु.
मजदूरी—											
मुख्य फिटर	$3\frac{1}{2}$ सं.	$4\frac{1}{2}$ सं.	5 सं.	$5\frac{1}{2}$ सं.	7 सं.	$8\frac{1}{2}$ सं.	12 सं.	14 सं.	16 सं.	18 सं.	20 सं.
फिटर	$3\frac{1}{2}$ सं.	$4\frac{1}{2}$ सं.	5 सं.	$5\frac{1}{2}$ सं.	7 सं.	$8\frac{1}{2}$ सं.	12 सं.	14 सं.	16 सं.	18 सं.	20 सं.
मजदूर	7 सं.	9 सं.	10 सं.	11 सं.	14 सं.	17 सं.	24 सं.	28 सं.	32 सं.	36 सं.	40 सं.
परिक्षण, फुटकर, औजार और मशीनें, आदि											
इकमुश्त	रु. 650·00	रु. 750·00	रु. 950·00	रु. 1100·00	रु. 1500·00	रु. 1800·00	रु. 2200·00	रु. 2400·00	रु. 3000·00	रु. 3500·00	रु. 4000·00
ठेकेदार का लाभ	10%	10%	10%	10%	10%	10%	10%	10%	10%	10%	10%

दरें मद 10 के अनुसार लेकर दर प्रति जोड़ निकाली जा सकती है।

दर विश्लेषण सड़क कार्य के लिये

1. बिटूमेन से पेटिंग अथवा पृष्ठ-प्रसाधन प्रथम आस्तरण का—इकाई 1 वर्ग मी.—**100** वर्ग मी. लेकर—

सामाग्रियाँ—

पत्थर की गिट्टियां 20 मि. मी. गेज की
@ 1·35 घन मी. % वर्ग मी. 1·35 घन मी. @ रु. 1800·00 प्रति घन मी. = रु. 2430·00

एस्फाल्ट 80/100@220 किग्रा. % वर्ग मी. $2\frac{1}{2}$%
अपव्यय सहित 0·22 टन @ रु. 50000·00 प्रति टन = रु. 11000·00

मजदूरी—

मजदूर (बेलदार), सड़क पृष्ठ को ब्रुश करने और साफ करने के लिये 4 सं.
मजदूर (बेलदार), एस्फाल्ट को गर्म करने और पेन्ट करने के लिये 2 सं.
मजदूर (बेलदार), पत्थर की गिट्टियां बिछाने के लिये 2 सं.
मजदूर (बेलदार), गिट्टियां रोलिंग करने और ब्रुश करने के लिये $\frac{1}{2}$ सं.

$8\frac{1}{2}$ सं. @ रु. 220·00 प्रति दिन = रु.1870·00

किराया टार बायलर का @ 600 वर्ग मी. प्रति दिन
(3·70 मी. चौड़ी सड़क के लिये लगभग $\frac{1}{6}$ किलोमीटर
प्रतिदिन) $\frac{1}{6}$ दिन @ रु 400·00 प्रति दिन = रु. 66·67

ईंधन एस्फाल्ट को गर्म करने के लिये जलाने की लकड़ी 4 कुन्तल प्रति टन एस्फाल्ट के लिये (कोयले के लिये प्रति टन एस्फाल्ट 2 कुन्तल लीजिए) 0·88 कुन्तल @ रु. 500·00 प्रति कुन्तल = रु. 440·00

रोलर का किराया @ 600 वर्ग मी. प्रति दिन $\frac{1}{6}$ दिन @ रु. 2000·00 प्रति दिन = रु. 333·33

फुटकर औजार और मशीनें ब्रुश इत्यादि इकमुश्त @ रु. 125·00 इकमुश्त = रु. 125·00

योग = रु. 9265·00

10% ठकेदार का लाभ लोड़िये = रु. 926·50

कुल योग = रु.10191·50
100 वर्ग मी. के लिये

दर प्रति वर्ग मी. = रु. 10191·50/100 = रु. 102·00

द्रष्टव्य—

(i) 3·7 मी. चौड़ी सड़क पर पहला लेप पेन्ट करने के लिये लगभग 50 मजदूर प्रतिदिन काम करके लगभग $\frac{1}{6}$ कि. मी. (167 मी.) पेन्ट कर सकते हैं।

(ii) यदि रोड़ टार सं. 3 का प्रयोग किया जाता है तो दर रु. 40000·00 प्रति टन लिया जा सकता है।

(iii) सामान्यतः कार्य विभाग द्वारा किया जाता है। यदि कार्य ठेके द्वारा किया जाये तो ठेकेदार का लाभ केवल मजदूरी पर जोड़ा जाता है।

(iv) एस्फाल्ट के दर में, रेल भाड़ा सड़क के निर्माण स्थान तक परिवहन, चुंगी और दूसरे कर सम्मिलित हैं।

---

2. बिटूमेन से पेटिंग अथवा पृष्ठ-प्रसाधन द्वितीय आस्तरण का—इकाई 1 वर्ग मी.—100 वर्ग मी. लेकर—

सामाग्रियाँ—

पत्थर की गिट्टियां 12 मि. मी. गेज की @ 0·75 घन मी. % वर्ग मी.	0·75 घन मी. @ रु. 1700·00/घ. मी.	= रु. 1275·00
एस्फाल्ट 80/100 @ 120 किग्रा. % वर्ग मी. $2\frac{1}{2}$% अपव्यय सहित	0·12 टन @ रु. 50000·00 प्रति टन	= रु. 6000·00

मजदूरी—

मजदूर (बेलदार), सड़क पृष्ठ को ब्रुश करने और साफ करने के लिये	2 सं.	
मजदूर (बेलदार), एस्फाल्ट को गर्म करने और पेन्ट करने के लिये	$1\frac{1}{2}$ सं.	
मजदूर (बेलदार), पत्थर की गिट्टियां बिछाने के लिये	$1\frac{1}{2}$ सं.	
मजदूर (बेलदार), गिट्टियों को रोलिंग करने और ब्रुश करने के लिये	$\frac{1}{2}$ सं.	
	$5\frac{1}{2}$ सं. @ रु. 220·00 प्रति दिन	= रु.1210·00
किराया टार बायलर का @ 800 वर्ग मी. प्रतिदिन (3·70 मी. चौड़ी सड़क की 215 मी. लम्बाई लगभग 1/5 कि. मी. प्रति दिन)	1/8 दिन @ रु. 400·00 प्रति दिन	= रु. 50·00
ईंधन जलाने की लकड़ी @ 4 कुन्तल प्रति टन एस्फाल्ट (कोयले के लिये 2 कुन्तल प्रति टन लीजिए)	0·48 कुन्तल @ रु. 500·00 प्रति कुन्तल	= रु. 240·00
रोलर का किराया @ 800 वर्ग मी. प्रति दिन (चालक और फायर मैन सहित)	1/8 दिन @ रु. 2000·00 प्रति दिन	= रु. 250·50

क्रमशः

फुटकर औजार और मशीनें ब्रुश इत्यादि इकमुश्त @ रु. 100·00 इकमुश्त = रु. 100·00

मजदूरी और सामग्रियों का योग = रु. 9125·00

केवल मजदूरी पर 10% ठकेदार का लाभ जोड़िये = रु. 912·50

कुल योग = रु. 10037·50

100 वर्ग मी. के लिये दर

दर प्रति वर्ग मी. = रु. 10037·50/100 = रु. 100·00

द्रष्टव्य—

3·7 मी. चौड़ी सड़क पर दूसरा लेप पेन्ट करने के लिये लगभग 40 मजदूर प्रति दिन लगभग 1/5 कि. मी. पर पेन्ट कर सकते है।

पूर्वलेपित गिट्टियां—मद 1 और 2 में पृष्ठ प्रलेपन के लिये 12 कि. ग्रा. से 16 कि. ग्रा. तक रोडटार या विटूमेन से पत्थर की पूर्व लेपित गिट्टियों को अलग होने से बचाती है तथा सड़क को टिकाऊ बना देती है। पूर्व लेपन के लिये रोडटार या बिटूमेन की अतिरिक्त मात्राा और आवश्यक मजदूरी जोड़ी जा सकती है।

---

3. 20 मि मी मोटी कार्पेट (carpet) पूर्व मिश्रित गिट्टियों की अथवा पूर्व मिश्रित बिटूमेनी (premix bituminous) आस्तरण—इकाई 1 वर्ग मी.—100 वर्ग मी. लेकर—

सामाग्रियाँ—

आसंजक लेप—

बंधक एस्फाल्ट, शेलस्परा, शेलमेक (या समरूप कोटि का)
@ 100 कि. ग्रा. % वर्ग मी. $+2\frac{1}{2}$%
अपव्यय 102·5 कि. ग्रा. 0·1025 टन @ रु. 50000·00/ टन = रु. 5125·00

कार्पेटिग—

पत्थर की गिट्टियां 12 मि. मी. 12 मि. मी. की छलनी से छनने वाली और 10 मि. मी. पर रुकने वाली
@ 1·80 घन मी. % वर्ग मी. 1·80 घन मी. @ रु. 1700·00/ घ. मी. = रु. 3060·00

पत्थर की गिट्टियां 10 मि. मी. 12 मि. मी. की छलनी से छलने वाली और 3 मि. मी. पर रुकने वाली
@ 0·9 घन मी. % वर्ग मी. 0·9 घन मी. @ रु. 1500·00/ घ. मी. = रु. 1350·00

बंधक एस्फाल्ट, शेलस्परा, शेलमेक (या समरूप कोटि का) @ 56 कि. ग्रा. प्रति घ. मी. गिट्टियों का
$+2\frac{1}{2}$% अपव्यय = 155 कि. ग्रा. 0·155 टन @ रु. 50000·00/ टन = रु. 7750·00

बालू सपाट पूरण के लिये मोटी बालू @ 0.3 घ. मी.
% वर्ग मी. 0·3 घन मी. @ रु. 1500·00/घन मी. = रु. 450·00

क्रमशः

मजदूरी—

मजदूर (बेलदार), पृष्ठ पर ब्रुश और साफई करने के लिये	4 सं.				
मजदूर (बेलदार), आसंजक लेप के लिए एस्फाल्ट गर्म करने, और बिछाने सहित	2 सं.				
मजदूर (बेलदार) कारपेट आस्तरण के लिये एस्फाल्ट गर्म करने, गिट्टी से मिलाने और बिछाने सहित	8 सं.				
मजदूर (बेलदार) बालू से सपाट पूरण और रोलिंग के लिये	1 सं.				
	15 सं.	@	रु.	220·00/दिन	= रु. 3300·00
टायर वायलर का किराया @ 500 वर्ग मी. प्रतिदिन	1/5 दिन	@	रु.	400·00 प्रति दिन	= रु. 80·00
ईंधन, जलाने की लकड़ी @ 4 कुन्तल प्रति टन एस्फाल्ट (कोयले के लिए 2 कुन्तल प्रति टन लीजिये)	1·5 कुन्तल	@	रु.	500·00/कुन्तल	= रु. 750·00
रोलर का किराया @ 500 वर्ग मी. प्रति दिन	1/5 दिन	@	रु.	2000·00/कुन्तल	= रु. 400·00
मिश्रक का किराया @ 500 वर्ग मी. प्रति दिन	1/5 दिन	@	रु.	1000·00/कुन्तल	= रु. 200·00
फुटकर औजार और मशीनें ब्रुश इत्यादि	इकमुश्त	@	रु.	125·00 इकमुश्त	= रु. 125·00
				योग	= रु. 22590·00
				10% ठकेदार का लाभ लोड़िये	= रु. 2259·00
				कुल योग	= रु. 24849·00
					100 वर्ग मी. के लिये

दर प्रति वर्ग मी. = रु. 24849·00/100 = रु. 248·00

द्रष्टव्य—बन्धक के लिए रोड टार सं 3 अ भी प्रयोग किया जा सकता है जिसके लिये दर रु. 40000·00 प्रति टन लिया जा सकता है।

---

4. समुद्रण आस्तरण (seal coat) पूर्व मिश्रित बालू का (मोटी बालू और एस्फाल्ट का)—इकाई 1 वर्ग मी. —100 वर्ग मी. लेकर—

सामाग्रियाँ—

मोटी बालू @ 0·75 घन मी.	0·75 घन मी.	@	रु.	1500·00/घन मी.	= रु. 1125·00
बंधक एस्फाल्ट, शेलस्परा, या शेलमेक @ 128 कि. ग्रा. प्रति घन मी. बालू का + $2\frac{1}{2}$% अपव्यय = 98·4 कि. ग्रा.	0·098 टन	@	रु.	50000·00/टन	= रु. 4900·00

क्रमशः

मजदूरी, गर्म करने, मिलाने और बंध की लेप लगाने के लिये	मजदूर 4 सं. @ रु.	220·00/दिन	= रु. 880·00
(यदि कई महीने के बाद बिछाया जाय तो पृष्ठ की सफाई के लिये मजदूर सम्मिलित कीजिये 2 सं.)—			
रोलर, टार बायलर, मिश्रक और ईंधन 1000 वर्ग मी. प्रतिदिन के आधार पर लिये जा सकते हैं	1/10 दिन @ रु.	1500·00/दिन	= रु. 150·00
फुटकर, औजार और मशीनें इत्यादि	इकमुश्त @ रु.	35·00/इकमुश्त	= रु. 35·00
		योग	= रु. 7090·00
		10% ठकेदार का लाभ लोड़िये	= रु. 709·00
		कुल योग	= रु. 7799·00
			100 वर्ग मी. के लिये

दर प्रति वर्ग मी. = रु. 7799·00/100 = रु. 78·00

द्रष्टव्य—फर्श बनाने के $1\frac{1}{2}$ वर्ष के अन्दर समुद्रण आस्तरण लगा देना चाहिए या मद 2 पेन्ट करने के दूसरे लेप के अनुसार पृष्ठ पेन्ट कर देना चाहिए।

---

5. 2·5 से. मी. मोटी पूर्व मिश्रित बिटूमेनी सड़क या बिटूमेनी मेकाडम सड़क—इकाई 1 वर्ग मी.—100 वर्ग मी. लेकर—

सामाग्रियाँ—

आसंजक लेप—

बंधक एस्फाल्ट, शेलस्परा, या शेलमेक @ 100 कि. ग्रा. % वर्ग मी. + $2\frac{1}{2}$ % अपव्यय	0·1025 टन @ रु.	50000·00/टन	= रु. 5125·00
पूर्व मिश्रित कार्पेट—			
पत्थर की गिट्टियां 20 मि. मी. और छोटे वर्गाकृत @ 3 घन मि. % वर्ग मी.	3·0 घन मी. @ रु.	1800·00/घन मी.	= रु. 5400·00
बंधक एस्फाल्ट, शेलमेक या शेलस्परा @ 64 कि. ग्रा. प्रति घन मी. गिट्टियां $2\frac{1}{2}$ % अपव्यय = 196·8 कि. ग्रा.	0·197 टन @ रु.	50000·00/टन	= रु. 9850·00
बालू सपाट पूरण के लिए, मोटी बालू @ ·45 घ. मि. % वर्ग मी.	0·45 घन मी. @ रु.	1500·00/घन मी.	= रु. 675·00

क्रमशः

मजदूरी—

मजदूरी (बेलदार), मजदूरी के मद 3 के अनुसार (पृष्ठ 502) 15 सं.	@ रु.	220·00/दिन	= रु. 3300·00
रोलर टार बायलर, मिश्रक ओर ईंधन मद 3 के अनुसार लिये जा सकते हैं	—		= रु. 1430·00
फुटकर औजार और मशीनें इत्यादि	इकमुश्त	रु. 70·00/इकमुश्त	= रु. 70·00
		योग	= रु. 25850·00
		10% ठकेदार का लाभ जोड़िये	= रु. 2585·00
		कुल योग	= रु. 28435·00

100 वर्ग मी. के लिये

दर प्रति वर्ग मी. = रु. 28435·00/100 = रु. 284·00

द्रष्टव्य—शेलस्परा या शेलमेक के स्थान पर रोडटार सं. 3-अ भी बंधक के रूप में प्रयोग किया जा सकता है, जिसके लिये दर रु. 40000·00 प्रति टन लिया जा सकता है।

6. बिछाना और द्रढ़ीकरण मेकाडम पत्थर की इकाई 1 घन मी.—100 वर्ग मी. लेकर—

(3·70 मी. चौड़ी सड़क की 225 मी. लम्बाई, 12 से. मी. असंगठित आस्तरण 8 से. मी. तक संगठित किया हुआ)।

मजदूरी—

मजदूर (बेलदार), पृष्ठ को उभार के रूप में तैयार करने और वर्तमान पृष्ठ को खुरदरा करने के लिये	14 सं.	
मजदूर (बेलदार), मिट्टी की मेड़ बनाने के लिये	6 सं.	
मजदूर (बेलदार), गिट्टी बिछाने और हाथ से बैठाने के लिये	18 सं.	
मजदूर (बेलदार), चट्टे से गिट्टी लाने के लिये	16 सं.	
मजदूर (बेलदार), रोलिंग के लिये	4 सं.	
मजदूर (बेलदार), छाना देने के लिये	4 सं.	
मजदूर (बेलदार), लीक काटने के लिये	2 सं.	
मजदूर (बेलदार), सेवा मार्ग बनाने और मरम्मत करने के लिये	4 सं.	
योग	68 सं. @ रु. 220·00/प्रति दिन	= रु.14960·00
भिश्ती	10 सं. @ रु. 200·00/प्रति दिन	= रु. 2000·00
चौकीदार	2 सं. @ रु. 220·00/प्रति दिन	= रु. 440·00
किराया रोलर का	2 दिन @ रु. 2000·00/प्रति दिन	= रु. 4000·00

क्रमशः

कोयला	8·5 कुन्तल @ रु. 500·00/प्रति कुन्तल	= रु. 4250·00
फुटकर, औजार और मशीनें, इत्यादि	इकमुश्त रु. 300·00 इकमुश्त	= रु. 300·00
	योग	= रु. 25950·00
	केवल मजदूरी पर 10% ठेकेदार का लाभ जोड़िये	= रु. 2595·00
	कुल योग	= रु. 28545·00

100 वर्ग मी. के लिये

दर प्रति घन मी. = रु. 28545·00/100 = रु. 285·00

द्रष्टव्य—(i) 3·70 मी. सड़क की चौड़ाई के लिये लगभग 40 मजदूर प्रति दिन कार्य करके 100 मी. लम्बी सड़क बिछायेगे और दृढ़ीकरण करेंगे।

(ii) ईंटों की गिट्टी का बिछाना और दृढ़ीकरण करना उपरोक्त मेकाडम पत्थर के अनुसार लिया जा सकता है।

---

7. ईंटों का सोलिंग सीधी अधिक पक्की ईंटों से, जोड़ स्थानीय बलुवा मिट्टी से भरे जायेंगे और 10 मि. मी. मोटी स्थानीय मिट्टी की तह से पृष्ठ का नहीन भरण किया जायगा—इकाई 1 वर्ग मी.—100 वर्ग मी. लेकर—

ईंटे (20 × 10 × 10 से. मी.)	5000 सं. @ रु. 4000·00 प्रति ‰ सं.	= रु. 20000·00
राज	5 सं. @ रु. 300·00 प्रति दिन	= रु. 15000·00
मजदूर (बेलदार)	5 सं. @ रु. 220·00 प्रति दिन	= रु. 1100·00
फुटकर, औजर, और मशीनें, इत्यादि	इकमुश्त रु. 70·00 इकमुश्त	= रु. 70·00
	योग	= रु. 22670·00
	10% ठेकेदार का लाभ जोड़िये	= रु. 2267·00
	कुल योग	= रु. 24937·00

दर प्रति घन मी. = रु. 24937·00/100 = रु. 249·00

परम्परागत ईंटों से 100 वर्ग मी. सोलिंग के लिये आवश्यकक ईंटों की संख्या—

	22·9 × 11·4 × 7·6 से. मी. ($9'' \times 4\frac{1}{2}'' \times 3''$)	25·4 × 12·7 × 7·6 से. मी. ($10'' \times 5'' \times 3''$)
1. पट ईंटों की सोलिंग 100 वर्ग मी. के लिये	3800 सं.	3000 सं.
2. खड़ी ईंटों की सोलिंग 100 वर्ग मी. के लिये	5800 सं.	5000 सं.

ईंटों की संख्या के अनुपात में मजदूरों की संख्या ज्ञात की जा सकती है।

द्रष्टव्य—कभी-कभी ईंटों की सोलिंग के नीचें 20 मि. मी. बालू का आस्तरण दिया जाता है जिसके लिये 2 घन मी. बालू की आवश्यकता होती है जो यदि विशिष्टयों में दिया है तो दर के विश्लेषण में सम्मिलित की जा सकती है।

---

8. बिछाना और द्रढ़ीकरण करना, कंकड़ का—इकाई 1 घन मी.—100 वर्ग मी. लेकर—

(3·70 मी. चौड़ी सड़क की 225 मी. लम्बाई, 12 से. मी. असंगठित आस्तरण 8 से. मी. तक संगठित किया हुआ)।

मजदूरी—

विवरण	संख्या	दर		राशि
मजदूर (बेलदार), पृष्ठ को उभार के रूप में तैयार करने और तिरछी दाग लगाने के लिये	12 सं.	योग = 98 सं. @ रु. 220·00 प्रति दिन	=	रु. 21560·00
मजदूर (बेलदार), चट्टा खोलने और कंकड़ तीन भागों में छांटने के लिये	12 सं.			
मजदूर (बेलदार), मिट्टी की मेड़ बनाने के लिये	6 सं.			
मजदूर (बेलदार), कंकड़ बिछाने और हाथ से बैठाने के लिये	12 सं.			
मजदूर (बेलदार), चट्टे से कंकड़ लाने के लिये	12 सं.			
मजदूर (बेलदार), कंकड़ की कुटाई के लिये	36 सं.			
मजदूर (बेलदार), पृष्ठ का छाना देने के लिये	2 सं.			
मजदूर (बेलदार), लीक कटाई के लिये	2 सं.			
मजदूर (बेलदार), सेवा मार्ग बनाने और मरम्मत करने के लिये	4 सं.			
भिश्ती	10 सं.	@ रु. 200·00	=	रु. 2000·00
चौकीदार	2 सं.	@ रु. 220·00	=	रु. 440·00
फुटकर, औजार और मशीनें, इत्यादि	इकमुश्त	रु. 200·00	=	रु. 200·00
		योग	=	रु. 24200·00
केवल मजदूरी पर 10% ठेकेदार का लाभ जोड़िये			=	रु. 2420·00
		कुल योग	=	रु. 26620·00
				100 वर्ग मी. के लिये

दर प्रति घन मी. = रु. 26620·00/100 = रु. 266·00

द्रष्टव्य—3·70 मी. चौड़ी सड़क के लिये लगभग 50 मजदूर प्रति दिन कार्य करके 100 मी. लम्बी बिछायेंगे और दृढ़ीकरण करेंगे।

सड़क में मिट्टी के कार्य के दर का दर विश्लेषण के लिये पृष्ठ 467 देखिये।

अध्याय 12

सामग्रियों के परिमाणों का प्राक्कलन

दर विश्लेषण के अध्याय (अध्याय 11) में विभिन्न मदों की इकाई के सामग्रियों का परिमाण तथा विभिन्न श्रेणी के मजदूरों की संख्या का विवरण दिया हुआ है। दर विश्लेषण प्रति इकाई ज्ञात होने पर पूरे भवन या किसी कार्य के लिये आवश्यक सामग्रियों और मजदूरों की संख्या की गणना की जा सकती है। दृष्टान्त के रूप में कुछ उदाहरण अगले पृष्ठों पर हल किये गये हैं। पहले कार्य का विस्तृत प्राक्कलन तैयार किया जायगा जिससे विभिन्न मदों के परिमाण मालूम हो जायेंगे और तब इन परिमाणों से सामग्रियों के ब्योरे की गणना की जा सकती हैं।

आवश्यक सामग्रियों की गणना करके एक तालिका विस्तृत प्राक्कलन के साथ लगा सकते हैं जिससे पूर्ण कार्य के लिये आवश्यक सामग्रियों की मात्रा मालूम की जा सकती है।

उदाहरण 1—100 मीटर लम्बी एक जेल की दीवार के लिये आवश्यक सामग्रियों की गणना कीजिये। दीवार का अनुप्रस्थ खण्ड चित्र 12-1 में दिया गया है।

दीवार प्रथम श्रेणी की ईट चिनाई 1 : 6 सीमेंट बालू मसाले की होगी। भूमि तल के ऊपर दोनों पार्श्व में 1 : 6 सीमेंट बालू मसाले का 12 मि. मी. मोटा पलस्तर होगा। नींव की कंक्रीट 1 : 4 : 8 सीमेंट, बालू, और प्रथम श्रेणी की ईट की रोड़ी की होगी।

कारागार की दीवार (Jail Wall)

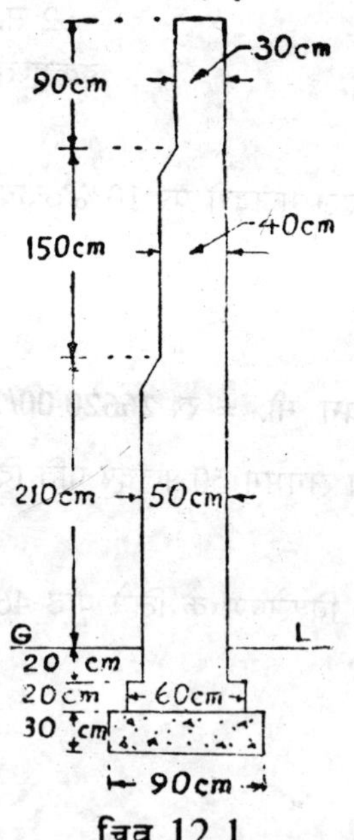

चित्र 12 1

पहले विस्तृत प्राक्कलन विधि से विभिन्न मदों का परिमाण निकाला गया है और तब विश्लेषण की सहायता से सामग्रियां निकाली गयी हैं।

माप का विवरण और परिमाणों का परिकलन (उदाहरण 1)

मद सं०	विवरण कार्य के मदों का	सं•	लम्बाई मी.	चौड़ाई मी.	ऊ. या ग. मी.	परिमाण	कुल परिमाण	टिप्पणी
1	सीमेंट कंक्रीट 1:4:8 नींव में	1	100·00	0·90	0·30	27·00	27·00 घन मी.	
2	प्रथम श्रेणी की ईंट चिनाई 1 : 6 सीमेंट बालू मसाले से							
	खसका	1	100·00	0·60	0·20	12·00		बाहरी ढलार ठोस आयत माना गया है
	50 से. मी. दीवार खसके के ऊपर	1	100·00	0·50	2·30	115·00		
	40 से. मी. दीवार	1	100·00	0·40	1·50	60·00		
	30 से. मी. दीवार	1	100·00	0·30	0·90	27·00		
						योग	214·00 घन मी.	
3	पलस्तर 12 मि. मी. 1 : 6 सीमेंट बालू मसाले से							
	भीतरी पार्श्व	1	100·00	—	4·50	450·00		
	बाहरी पार्श्व	1	100·00	—	4·70	470·00		ऊ. = 4·5 + ·1 + ·1 = 4·70 मी.
	ऊपर	1	100·00	0·30	—	30·00		
						योग	950·00 वर्ग मी.	

कार्य के विभिन्न मदों का परिमाण—

1. सीमेंट कंक्रीट 1 : 4 : 8 — 27 घन मी.
2. प्रथम श्रेणी की ईंट चिनाई 1 : 6 सीमेंट बालू मसाले से — 214 घन मी.
3. पलस्तर 12 मि. मी. 1 : 6 सीमेंट बालू मसाले से — 950 वर्ग मी.

द्रष्टव्य—चूंकि पूर्ण जेल दीवार का एक अंश ही लिया गया है, इसलिए दीवार के अन्तिम सिरे सम्मिलित नहीं किए गए हैं।

गणना सामग्रियों की (उदाहरण 1)

क्र० सं०	विवरण कार्य के मदों का तथा सामग्रियां प्रति इकाई	सामग्रियों की आवश्यकता			
		ईंट प्रथम श्रेणी	ईंट की रोड़ा प्रथम श्रेणी	बालू	सीमेंट
1	सीमेंट कंक्रीट 1 : 4 : 8--27 घ. मी. @ 0·92 घ. मी. रोड़ी, 0·46 घ. मी. बालू, 0·115 ,, ,, सीमेंट (3·45 बोरियां) } प्रति घन मी.	--	24·84 घ.मी.	12·42 घ.मी.	3 105 घ.मी.
2	ईंट चिनाई 1 : 6 सीमेंट बालू मसाले से 214 घन मी. @ 500 सं. ईंटें, 0·27 घन मी. बालू, 0·45 ,, ,, सीमेंट (1·35 बोरियां) } प्रति घन मी.	107,000 सं.	--	57·78 घ.मी.	9·63 घ.मी.
3	पलस्तर 12 मि. मी. 1 : 6 सीमेंट बालू मसाले से--950 वर्ग मी. @0·30 घन मी. (9 बोरियां) सीमेंट 1·80 घन मी. बालू } प्रति %वर्ग मी.	--	--	17·10 घ.मी.	2·85 घ. मी.
	योग	107,000 सं.	24·84 घ.मी.	87·30 घ.मी.	15·585घ.मी. = 15·585 = 30 बोरियां = 467·55 बोरियां

आवश्यक सामग्रिया –

1. ईंट प्रथम श्रेणी — 107,000 सं.
2. ईंट की रोड़ी प्रथम श्रेणी, 40 मि. मी. गेज की — 24·84 घन मी.
3. बालू (स्थानीय) — 87·30 घन मी.
4. सीमेंट — 467·55 बोरियां (233·78 कुन्तल

उदाहरण 2--दो कमरों के भवन, उदाहरण 5, पृष्ठ 94-96 पर (चित्र 3-6) और 3-7) के निर्माण के लिए आवश्यक ईंट, ईंट की रोड़ी, चूना, सुर्खी, बालू, पत्थर की रोड़ी और सीमेंट के परिमाणों की गणना कीजिए।

द्रष्टव्य—सामग्रियों के सम्बन्ध में कार्य के विभिन्न मदों का परिमाण पृष्ठ 97 से 111 पर विस्तृत प्राक्कलन और प्राक्कलित सार से लिया गया है और अगले पृष्ठों पर आवश्यक सामग्रियों का परिकलन किया गया है।

सामग्रियों का परिकलन (उदाहरण 2) क्रमशः

विवरण कार्य के मदों तथा सामग्रिया प्रति इकाई	ईंट प्रथम श्रेणी	40 मि. मी. ईंट की रोड़ी	25 मि. मी. ईंट की रोड़ी	20 मि. मी पत्थर की रोड़ी	सीमेंट	बालू मोटी	बालू स्थानीय	सफेद बुझा चूना	सफेद बिना बुझा चूना	सुर्खी
1	2	3	4	5	6	7	8	9	10	11
1. चूना कंक्रीट नींव में—11·13 घन मी. प्रति घन मी.— 1·00 घन मी. ईंट की रोड़ी 40 मि. मी. गेंज की, 0·16 घन मी. सफेद चूना बुझा, 0·32 घन मी. सुर्खी	—	11·13 घन मी.	—	—	—	—	—	1·78 घनमी.	—	3·56 घन मी.
2. प्रथम श्रेणी ईंट चिनाई नींव और कुर्सी में 1 : 6 सीमेंट मसाला से—23·12 घन मी. प्रति घन मी.— 500 सं. ईंटें, 0·045 घन मी. सीमेंट 0·27 घन मी. बालू स्थानीय),	11560 स.	—	—	—	1·040 घन मी.	—	6·24 घनमी.	—	—	—
3. प्रथम श्रेणी ईंट चिनाई अधिरचना में 1:2 चूना मसाला से—32·03 घन मी. प्रति—घन मी.— 500 सं. ईंटें, 0·12 घन मी. बुझा चूना 0·24 घन मी. सुर्खी	16015 स.	—	—	—	—	—	—	3·84 घनमी.	—	7·69 घन मी.
4. प्र.ई. का कार्य लिंटल में—0·948 घन मी. प्रति घन मी.— 450 सं. ईंटें, 0·12 घन मी. सीमेंट, 0·36 घन मी. बालू (मोटी)	427 सं.	—	—	—	0·114 घन मी.	0·341 घन मी.	—	—	—	—
5. 2 सेमी. सी. रो. र. 1:2 सीमेंट बालू मसाले से—11·02 वर्ग मी. प्रति% वर्ग मी.— 0·90 घन मी. सीमेंट 1·80 घन मी. (मोटा)	—	—	—	—	0·099 घन मी.	0·20 घन मी.	—	—	—	—

1	2	3	4	5	6	7	8	9	10	11
6. प्र.सी.क. का कार्य 1:1½:3 स्तम्भ में - 0·34 घन मी. प्रति घन मी. 0·84 घन मी. पत्थर का मिलावा 20 मि. मी., 0·42 घन मी. बालू (मोटी) 0·28 घन मी. सीमेंट।	—	—	—	0·286 घन मी.	0·075 घन मी.	0·118 घन मी.	—	—	—	—
7. प्र.सी.कं.का कार्य 1:2:4 स्लैब में—10·628 घनमी. प्रति घन मी.— 0·88 घन मी. पत्थर का मिलावा 20 मि. मी. 0·44 घन मी. बालू (मोटी) 0·22 घन मी. सीमेंट।	—	—	—	9·353 घन मी.	2·338 घन मी.	4·676 घन मी.	—	—	—	—
8. 10 सेमी. चूना कंक्रीट छत पर— 57·34 वर्ग मी.= 5·734 घन मी. प्रति घन मी.— 1·00 घनमी. ईंट की रोड़ी 25 मि. मी., 0·18 घन मी. चूना (बुझा), 3·36 घन मी. सुर्खी	—	—	5·73 घनमी.	—		—	—	1·03 घनमी.	—	2·06 घनमी.
9. 12 मिमी. पलस्तर 1:1:6 सीमेंट, चूना और बालू— 298·48 वर्ग मी. प्रति % वर्ग मी.— 0·30 घन मी. सीमेंट, 0·30 घनमी. चूना (बुझा), 1·80 घन मी. बालू (स्थानीय)	—	—	—	—	0·890 घन मी.	—	5·35 घनमी.	0·89 घनमी.	—	—
10. 2 सेमी. मोटा सीमेंट पलस्तर 1 : 3 सीढ़ी में— 4·59 वर्ग मी. प्रति % वर्ग मी.— 0·78 घन मी. शुद्ध सीमेंट संपूर्ति सहित, 2·34 घनमी. बालू (मोटी)	—	—	—	—	0·045 घन मी.	0·107 घन मी.	—	—	—	—
11. 2·5 सेमी. 1:2:4 सीमेंट कंक्रीट फर्श 7·5 सेमी. चूना कंक्रीट पर—53·56 वर्ग मी.	—	4·20 घन मी.	—	1·29 घन मी.	0·428 घन मी.	0·64 घन मी.	—	0·64 घनमी.	—	1·29 घनमी.

क्रमशः

1	2	3	4	5	6	7	8	9	10	11
प्रति% वर्ग मी. 2·5 सेमी. 1:2:4 सी. कं. के लिये-- 2·40 घन मी., 20 मिमी. पत्थर का मिलावा, 1·20 घन मी. बालू (मोटी) 0·80 घन मी. शुद्ध सीमेंट संपूर्ति सहित ।										
प्रति% वर्ग मी., 7·5 सेमी. चूना कंक्रीट के लिये-- 7·50 मी., 40 मि. मी. ईंट की रोड़ी, 1·20 घन मी. बुझा चूना 2·40 घन मी. सुर्खी ।										
12. सफेदी पोताई और रंग पोताई 3 लेप-- 214·51+176·50= 391·01 वर्ग मी.	—	—	—	—	—	—	—	—	117·3 किग्रा.	—
प्रति% वर्ग मी. 3 लेप के लिये 30 किग्रा. सफेद बिना बुझा चूना										
योग	28002 सं.	15·15 घन मी.	5·73 घनमी.	10·93 घन मी.	5·029 घन मी.	6·08 घनमी.	11·59 घन मी.	8·18 घनमी.	117·3 किग्रा.	14·60 घन मी.

सामग्रियों की सार सूची--

(i)	ईंटें प्रथम श्रेणी	28002 सं.
(ii)	40 मि. मी. ईंट की रोड़ी प्रथम श्रेणी की	15·15 घन मी.
(iii)	25 मि. मी. ईंट की रोड़ी प्रथम श्रेणी की	5·73 घन मी.
(iv)	20 मि. मी. ईंट की रोड़ी प्रथम श्रेणी की	10·93 घन मी.
(v)	सीमेंट	5·029 घन मी.
		=150·87 बोरियां = 75·44 कुन्तल
(vi)	बालू मोटी	6·08 घन मी.
(vii)	बालू स्थानीय	11·59 घन मी.
(viii)	सफेद बुझा चूना	8·18 घन मी.
(ix)	सफेद बिना बुझा चूना	117·3 कि. ग्रा.
(x)	सुर्खी	14·60 घन मी.

उदाहरण 3—एक कमरे के लिये जिसकी भीतरी माप 4·50 × 3·50 मी. हो, 12 सेमी. मोटी प्र. सी. कं. की छत की स्लैब के लिये आवश्यक सामग्रियों के परिमाण की गणना कीजिये।

सामग्रियों की उचित दरें मानकर छत के निर्माण मूल्य की गणना कीजिये। ढूला और तख्ताबंदी लगाना, कंक्रीट डालना आदि का दर रु. 80·00 प्र. सी. कं. का प्रति घन मी. मान लीजिये।

परिमाण प्र. सी. कं. के कार्य का—(दीवार पर धारक 15 सेमी.) = 4·80 × 3·80 × ·12 = 2·189 घन मी.

सामग्री—

पत्थर का मिलावा 20 मिमी. गेज @0·88 घ. मी. प्रति घ. मी., प्र. सी. कं. का = 2·189 × ·88 = 1·926 घ. मी.

बालू मोटी—@ 0·14 घन मी. प्रति घन मी. प्र. सी. कं. का = 2·189 × ·44 = 0·963 घन मी.

सीमेंट—@ 0·22 घ. मी. प्रति घ. मी., प्र. सी. कं. का = 2·189 × ·22 = 0·482 घ. मी. = 0·482 × 30 = 14·5 बोरियां

इस्पात—1·0% प्र. सी. कं. का = 2·189 × 1|100 घन मी. = 0·02189 × 78·5 = 1·718 कुन्तल

मूल्य—

पत्थर का मिलावा 20 मि. मी. गेज	1·926 घन मी.	@ रु. 128·00 प्रति घन मी.	= रु.	246·53
बालू मोटी	0·963 घन मी.	@ रु. 72·00 प्रति घन मी.	= रु.	69·34
सीमेंट	14·5 बोरियां	@ रु. 21·00 प्रति बोरी	= रु.	304·50
इस्पात	1·718 कुन्तल	@ रु. 200·00 प्रति कुन्तल	= रु.	343·60
		सामग्रियों का कुल योग	= रु.	963·97
मजदूरी कंक्रीट डालने, इस्पात मोड़ने और बांधने के लिये ढूला और तख्ताबन्दी करना—2·189 घन मी., प्र. सी. कं. कार्य @ रु. 80·00 प्रति घन मी.			= रु.	175·12
		सामग्रियों और मजदूरी का कुल मूल्य	= रु.	1139·09
		फुटकर व्यय और निर्माण प्रभारित सिब्बन्दी के लिये 5% जोड़ें	= रु.	56·96
		कुल योग	= रु.	1196·05

उदाहरण 4—12 मी. लम्बे 2·50 मीटर चौड़े बरामदे पर प्र. ई. चि. स्लैब की छत के लिये आवश्यक सामग्रियों की मात्राओं का प्राक्कलन कीजिये। स्लैब 14 सेमी. मोटी होगी जो एक तह मानक ईंट पर एक तह ईंट टाइल, 1 : 3 सीमेंट मोटी बालू मसाले से बनाया जायगा तथा उसमें 0 8% प्रबलन होगा।

परिमाण प्र. ई. चि. के कार्य का—(दीवार पर धारक 15 से. मी.) = 12·30 × 2·80 × 0·14 = 4·822 घन मी.

क्रमशः

क्षेत्रफल प्र. ई. चि. स्लैब का $= 12 \cdot 30 \times 2 \cdot 80 = 34 \cdot 44$ वर्ग मी.

(i) मानक ईंटें 3 से. मी. मसाले के जोड़ से—

$$\text{सं. प्रति वर्ग मी.} = \frac{1 \text{ वर्ग मी.}}{\frac{19+3}{100} \times \frac{9+3}{100}} = \frac{10000}{22 \times 12} = 38 = 40 \text{ सं. अपव्यय सहित}$$

सं मानक ईंटों की @ 40 स. प्रति वर्ग मी. $= 34 \cdot 44 \times 40 = 1378$

(ii) मानक ईंट टाइल 1 से. मी. मसाले के जोड़ से—

$$\text{सं. प्रति वर्ग मी.} = \frac{1 \text{ वर्ग मी.}}{\frac{19+1}{100} \times \frac{9+1}{100}} = \frac{10000}{22 \times 10} = 50 \text{ सं.}$$

सं. ईट टाइल की @ 50 सं. प्रति वर्ग मी. $= 34 \cdot 44 \times 50 = 1772$

(iii) सीमेंट @ 0·12 घन मी., प्र. ई. चि. कार्य का $= 4 \cdot 822 \times \cdot 12 = 0 \cdot 579$ घन मी. $= 0 \cdot 579 \times 30 = 17 \cdot 37$ बोरियां $= 17 \cdot 5$ बोरियां

(iv) बालू मोटी @ 0·36 घन मी. प्रति घन मी., प्र. ई. चि. के कार्य का $= 4 \cdot 822 \times \cdot 36 = 1 \cdot 74$ घन मी.

(v) इस्पात @ 0·8% प्र. ई. चि. के कार्य का $= 4 \cdot 822 \times \frac{\cdot 8}{100}$ घन मी $= . \frac{3 \cdot 858}{100} \times 78 \cdot 5$ कुन्तल $= 0 \cdot 03858 \times 78 \cdot 5$ कुन्तल $= 3 \cdot 03$ कुन्तल

सामग्रियों की सूची—

1·	मानक ईंट (मीटरी	1378 सं.
2.	मानक ईंट टाइल (मीटरी	1722 सं.
3.	सीमेंट	$17\frac{1}{2}$ बोरियां
4.	बालू मोटी	1·74 घन मी.
5.	इस्पात	3·03 कुन्तल

उदाहरण 5—एक जल सेतु (Aqueduct) जिसका मानचित्र पृष्ठ 362 (चित्र 9·8) में दिया गया है, के लिए आवश्यक ईंटों, सीमेंट, बालू, मिलावा और इस्पात की मात्रायें निकालिये।

क्रमशः

जलसेतु (Aqueduct) के विस्तृत प्राक्कलन (पृष्ठ 363-365) से कार्य के भिन्न-भिन्न मदों का परिमाण लिया गया और उन परिमाणों से सामग्रियों के परिमाणों की गणना नीचे की गई है।

सामग्रियों का परिकलन (उदाहरण 5)

विवरण कार्य के मदों का तथा सामग्रियां प्रति इकाई	ईंट प्रथम श्रेणी	ईंट द्वितीय श्रेणी	40 मि.मी. ईंट की रोड़ी	20 मि.मी. पत्थर की रोड़ी	सीमेंट	बालू मोटी	बालू स्थानीय	इस्पात
1. सीमेंट कंक्रीट 1:4:8 ईंट की रोड़ी से—1·93 घन मी. प्रति घन मी.— 0·92घ.मी. ईंट की रोड़ी 40मिमी 0·46 „ बालू स्थानीय 0·115 घन मी. सीमेंट	—	—	1·78 घ. मी	—	0·222 घन मी.	—	0·89	—
2. प्रथम श्रेणी की ईंट चिनाई 1 : 4 सीमेंट मसाले से—9·74 घन मी. प्रति घन मी.— 500 सं. ईंटें प्रथम श्रेणी, 0·06 घन मी. सीमेंट, 0·24 „ बालू मोटी	4870 सं०	—	—	—	0·58 घन मी.	2·34 घन मी.	—	—
3. प्र.सी.कं. कार्य 1:2:4-5·48 घ. मी. प्रति घन मी.— 0·88 „ 20 मिमी. ईंट की गिट्टी 0·44 „ बालू (मोटी), 0·22 „ सीमेंट, 0·785 कुन्तल इस्पात @ 1%	—	—	—	4·82 घन मी.	1·20 घन मी.	2·41 घन मी.	—	4·302 कुन्तल
4. सीमेंट की टीप 1:2-43·14 वर्गमी. प्रति% वर्ग मी.— 0·20 घन मी., सीमेंट, 0·40 बालू (स्थानीय)	—	—	—	—	0·086	—	0·17	—
5. ईंट की पिचिंग— 8·86 घन मी. प्रति घन मी.— 500 सं. अधिक पक्की सोधी ईंटें	—	4430 सं०	—	—	—	—	—	—
योग	4870 सं०	4430 सं०	1·78 घन मी.	4·82 घन मी.	2·088 घन मी. = 2·09 × 30 = 63 बोरियां	4·75 घन मी.	1·06 घ. मी.	4·302 कुन्तल.

सामग्रियों की सूची—

1.	ईंटें प्रथम श्रेणी	4870 सं.	5.	सीमेंट	63 बोरियां
2.	ईंटें द्वितीय श्रेणी	4430 सं.	6.	बालू (मोटी)	4·75 घन मी.
3.	40 मि. मी. ईंट की रोड़ी	1·78 घन मी.	7.	बालू (स्थानीय)	1·06 घन मी.
4.	20 मि. मी. पत्थर की रोड़ी	4·82 घन मी.	8.	इस्पात	4·302 कुन्तल

उदाहरण 6—चित्र 8-8 और 8-9 पृष्ठ 315-316, पर दिये हुये रेखा चित्रों के अनुसार 3 मी. पाट की **पुलिया** के निर्माण के लिये आवश्यक सामग्रियों के परिमाणों का प्राक्कलन कीजिये।

पुलिया के विस्तृत प्राक्कलन से (पृष्ठ 316-320) कार्य के भिन्न-भिन्न मदों के परिमाण को लिया गया है और उन परिमाणों से सामग्रियों के परिमाणों की गणना की गई है।

सामग्रियों का परिकलन (उदाहरण 6)

विवरण कार्य के मदों का तथा सामग्रियाँ प्रति इकाई	ईंट प्रथम श्रेणी	40 मि.मी. ईंट की रोड़ी	सीमेंट	बालू	चूना बुझा	सुर्खी
1. चूना कंक्रीट नींव में—31·61 घन मी. 1·00 घ. मी. ईंट की रोड़ी 40 मिमी. } प्रति घ.मी. 0·16 ,, चूना बुझा 0·32 ,, सुर्खी	—	31·61 घन मी.	—	—	5·06 घन मी.	10·12 घन मी.
2. प्रथम श्रेणी की ईंट चिनाई 1:4 सीमेंट मसाला से—82·03 घन मी. 500 सं. ईंटें प्रथम श्रेणी } प्रति घन मी. 0·06 घन मी. सीमेंट 0·24 ,, बालू	41015 सं०	—	4·922 घन मी.	19·69 घन मी.	—	—
3. प्रथम श्रेणी की ईंट चिनाई डाट में, 1 : 3 सीमेंट मसाला में—30·78 घन मी. 500 सं. ईंटें प्रथम श्रेणी } प्रति घन मी. 0·075 घन मी. सीमेंट 0·225 ,, बालू	15390 सं०	—	2·310 घन मी.	6·93 घन मी.	—	—
4. खड़ी ईंटों का फर्श, 1:3 सीमेंट मसाला से—30·30 वर्ग मी. ईंट के फर्श के लिये 1:3 5000 सं. प्रथम श्रेणी ईंटें } प्रति% वर्ग मी. 0·75 घन मी. सीमेंट 2·25 ,, बालू	1515 सं०	—	0·227 घन मी.	0·68 घन मी.	—	—
टीप 1:2 सीमेंट मसाले से 0·2 घन मी सीमेंट } प्रति % वर्ग मी. 0·4 ,, ,, बालू	—	—	0·061 घन मी.	0·12 घन मी.	—	—
5. टीप 1:2 सीमेंट मसाले से—170·24 वर्ग मी. 0·2 घन मी. सीमेंट } प्रति% वर्ग मी. 0·4 ,, बालू	—	—	0·340 घन मी.	0·68 घन मी.	—	—
योग	57920 सं०	31·61 घन मी.	7·860 घन मी. =235·8 बोरियाँ	28·10 घन मी.	5·06 घन मी.	10·12 घन मी.

सामग्रियों की सूची—

1. प्रथम श्रेणी की ईंटें	57920 सं.	4. बालू	28·10 घन मी.
2. ईंट की रोड़ी प्रथम श्रेणी 40 मिमी.	31·61 घन मी.	5. बुझा चूना	5·06 घन मी.
3. सीमेंट	7·860 घन मी. = 235·8 बोरियां	6. सुर्खी	10·12 घन मी.

उदाहरण 7—3·70 मी. चौड़ी सड़क की एक किलोमीटर लम्बाई पर 10 सेमी. मोटी सीमेंट कंक्रीट डालने के लिये आवश्यक सामग्रियां—पत्थर का मिलावा, बालू और सीमेंट के परिमाणों का प्राक्कलन कीजिये।

सी. कं. को मिलाने, डालने, तराई करने, पार्श्व में फर्मा लगाने आदि के लिये मजदूरी का दर रू. 22·00 प्रति घन मी. मानकर तथा सामग्रियों की उचित दरें लेकर किलोमीटर के लिये मूल्य का प्राक्कलन कीजिये।

परिमाण 1 : 2 : 4 सी. कं. कार्य का—1000 मी. × 3·70 मी. × 0·10 मी. = 370 घन मी.

सामग्रियां—

पत्थर का मिलावा @ ·88 घन मी. प्रति घन मी. सी. कं. का = 370 × ·88 = 325·6 घन मी.
बालू मोटी @ ·44 घन मी. प्रति घन मी. सी. कं. का = 370 × ·44 = 162·8 घन मी.
सीमेंट @ ·22 घन मी. प्रति घन मी. सी. कं. का = 370 × ·22 = 81·4 घन मी.
= 81·4 × 30 = 2442 बोरियाँ

मूल्य—

पत्थर का मिलावा 40 मिमी.	325·6 घन मी. @रू. 98·00 प्रति घन मी. =	325·6 × 98 = रू.31908·80
बालू मोटी	162·8 घन मी. @रू. 72·00 प्रति घन मी. =	162·8 × 72 = रू.11721·60
सीमेंट	2442 बोरियां @रू. 21·00 प्रति बोरी =	2442 × 21 = रू.51282·00
मजदूरी	370 घन मी. @रू. 30·00 प्रति घन मी. =	370 × 30 = रू.11100·00
		योग = रू.106012·40
	फुटकर व्यय तथा निर्माण प्रभारित सिब्बंदी के लिये 5% जोड़ें =	रू. 5300·60
		कुल योग = रू.111313·00

उदाहरण 8—75 सेमी. चौड़ी, 8 समी. मोटी 1 : 2 : 4 सी. क. की पटरी सहित एक किलोमीटर पटरी पथ (Traek way) के लिये आवश्यक सामग्रियों का प्राक्कलन कीजिये। पटरियाँ 95 से. मी. चौड़ी और 16 सेमी मोटी कुटी हुई ईट की रोड़ी पर 150 सेमी. मध्यान्तर पर होंगी और पटरियों के बीच के स्थान में 8 सेमी. मोटी कुटी हुई ईट की रोड़ी होगी।

निम्नलिखित आंकड़ों से पूर्ण कार्य के मूल्य की गणना कीजिये :—

सीमेंट निर्माण स्थान पर—रू. 420·00 प्रति टन, बालू मोटी (निर्माण स्थान पर)—रू.72·00 प्रति घन मी., पत्थर की रोड़ी 40 मिमी. (निर्माण स्थान पर) रू. 98·00 प्रति घन मी., ईट की रोड़ी 50 मिमी. (निर्माण स्थान पर) रू. 45·00 प्रति घन मी.। मजदूरी पटरियों पर सी कं. के कार्य के लिये कंक्रीट मिलाने, डालने, तराई इत्यादि के लिये—रू. 180·00 प्रति% वर्ग मी. पटरी पृष्ठ का, मजदूरी ईट की और दृष्टिकरण के लिये रू. 9·00 प्रति घन मी. (पटरी पथ का अनुप्रस्थ खंड चित्र 7—22 पृष्ट 299 पर देखिये)।

परिमाण 1 : 2 : 4 सीमेंट कंक्रीट की पटरियों में = 2 × 1000 × ·75 × ·08 = 120 घन मी. मात्रायें बिना कुटी 50 मिमी. ईट की रोड़ी की (24 सेमी. संघनित किया हुआ 16 सेमी. तक दो तहों में)।

(i) सी. कं. पटरियों के नीचे = 2 × 1000 × ·95 × ·24 = 456 घन मी.
(ii) सी. कं. पटरियो के बीच में = 1000 × ·75 × ·12 = 90 घन मी. } = 546 घन मी.
(iii) सी कं. पटरियों का पृष्ठ क्षेत्रफल = 2 × 1000 × ·75 = 1500 वर्ग मी.

सामग्रियाँ—

पत्थर का मिलावा 40 मिमी. @ ·88 घन मी. प्रति घन मी. सी. कं. का = 120 × ·88 = 105·6 घन मी.
बालू मोटी @ ·44 घन मी. प्रति घन मी. सी. कं. का = 120 × ·44 = 52·8 घन मी.
सीमेंट @ ·22 घन मी. प्रति घन मी.सी.कं. का = 120 × ·22 = 2·64 घन मी. = 26·4 × 30 = 792 बोरियाँ = 39·6 टन
ईंट की रोड़ी 50 मिमी. अधिक पक्की = 546 घन मी.

लागत—

पत्थर का मिलावा 40 मिमी. 105·6 घन मी. @ रु. 98·00 प्रति घन मी. = 105·6 × 98·00 = रु. 9504·00
बालू मोटी 52·8 घन मी. @ रु. 72·00 प्रति घन मी. = 52·8 × 72·00 = रु. 3326·40
सीमेंट 39·6 टन @ रु. 420·00 प्रति टन = 39·6 × 420·00 = रु. 16473·60
ईंट की रोड़ी 50 मिमी. पक्की 546 घन मी. @ रु. 45·00 प्रति घन मी. = 546 × 45·00 = रु. 19110·00
मजदूरी पटरियों पर कंक्रीट डालने के लिये

1500 वर्ग मी. @ रु. 180·00 प्रति% वर्ग मी. = $1500 \times \frac{180\cdot00}{100}$ = रु. 2250·00

मजदूरी ईंट की रोड़ी बिछाने और दृढ़ीकरण करने के लिए 546 घन मी. @ रु. 9·00 प्रति घन मी. = 546 × 9·00 = रु. 4368·00

योग = रु. 55032·00

5% फुटकर व्यय और निर्माण प्रभारित सिब्बन्दी के लिए जोड़िये = रु. 2751·60

कुल योग = रु. 57783·60

परिवहन और ढुलाई सामग्रियों की

सामग्रियाँ निर्माण स्थान पर ट्रक से या बैलगाड़ी से लायी जाती हैं। कम दूरी के लिए बैलगाड़ी और अधिक दूरी के लिए ट्रक का प्रयोग किया जाता है। बैलगाड़ियाँ दैनिक मजदूरी के आधार पर ली जा सकती हैं या सामग्रियों के परिवहन का ठेका दिया जा सकता है।

दर विश्लेषण सामग्री परिवहन के लिये—

सामग्रियों के परिवहन का दर अनेक कारणों पर निर्भर करता है, जैसे (i) गाड़ी के स्वामित्व की लागत या गाड़ी के किराये पर व्यय, (ii) गाड़ी की भार वाहन क्षमता, (iii) गाड़ी की गति (iv) परिवहन की दूरी, (v) कार्य के 8 घन्टों में आवागमन फेरों की संख्या, (vi) लादने, या उतारने के लिए मजदूरों पर व्यय, (vii) ईन्धन, (पेट्रोल, डीजल, तेल, मोबिल तेल) की खपत और उनका मूल्य, (viii) गाड़ी के खड़े होने के स्थान की दूरी। कार्य के 8 घन्टे प्रति दिन के लिये चालक सहित बैलगाड़ी के किराये पर व्यय रु० 45·00 से रु० 50·00 तक हो सकता है और चालक सहित ट्रक के किराए पर व्यय रु० 120·00 से रु० 150·00 तक हो सकता है। बैलगाड़ी की गति 3·5 किमी. प्रति घण्टा हो सकती है। कम दूरी के लिए ट्रक की गति कम होती है और अधिक दूरी के लिये ट्रक की गति धीरे-धीरे अधिक हो जाती हैं। एक किमी. की दूरी के लिए सामान्यतः 10 किमी. प्रतिघण्टे की गति ली जाती है और प्रत्येक अतिरिक्त किमी. के लिये गति में $\frac{1}{2}$ किमी.

की वेग वृद्धि मान सकते हैं। गाड़ी खड़ी करने के लिए सामान्यतय: 6 किमी. दूरी ली जाती है। आवागमन फेरों की संख्या (N) की गणना प्रति दिन कार्य के 8 घण्टे के लिये की जाती है।

$$N=\frac{8}{\frac{2L}{S}+\frac{3}{4}}$$, जहां L = वाहन दूरी कि. मी. में S = गति प्रति घण्टा किमी. में और $\frac{3}{4}$ घण्टे का समय लादने और उतारने के लिए दिया जाता है।

आवागमन फेरों की संख्या ज्ञात होने पर किमी. में कुल दूरी = 2NL + 6, ईन्धन की खपत पेट्रोल या डीजल के लिए 3 किमी. प्रति लीटर और मोबिल तेल के लिए 100 किमी. प्रति लीटर ली जा सकती है। ईन्धन के खपत का परिमाण और मूल्य की गणना स्थानीय दर से की जा सकती है। परिवहन कार्य के कुछ उदाहरण नीचे दिये गए हैं।

उदाहरण 1—कच्ची सड़क पर 7 किलोमीटर दूरी से बैलगाड़ियों द्वारा 50000 ईंटों की ढुलाई पर व्यय की गणना कीजिए। गाड़ी दिन में दो फेरे लगा सकती है और 250 ईंटें प्रति फेरे लाद सकती है। चालक सहित बैलगाड़ी का भाड़ा रु० 50·00 प्रति दिन लिया जा सकता है।

सं. आवश्यक फेरों की $=\frac{50,000}{250}=200$ फेरे,

सं. कार्य के दिनों की @ दो फेरे प्रति दिन $=\frac{200}{2}=100$ दिन

व्यय परिवहन पर @ रु० 50·00 प्रति दिन = रु० 100 × 50·00 = रु० 5000·00

उदाहरण 2—20 किलोमीटर की दूरी से ट्रक द्वारा 1500 घन मी. पत्थर की रोड़ी के परिवहन पर व्यय की गणना कीजिए। ट्रक से 3 घन मी रोड़ी प्रति फेरे लाद सकती है। लादना और उतारना सहित परिवहन कार्य का प्रति किलोमीटर दर नीचे दिया गया है।

पहला कि. मी. रु. 5·50 प्रति घन मी./कि. मी., दूसरे और तीसरे कि. मी. रु० 1·00 प्रति घन मी./कि. मी.; चौथे और पांचवें कि. मी. रु० 0·80 प्रति घन मी./कि. मी. छठे से दसवें कि. मी. रु० 0·60 प्रति घन मी./प्रति कि. मी.; ग्यारहवें से बीसवें कि. मी. रु० 0·40 प्रति घन मी./कि. मी.।

फेरों की संख्या $=\frac{1500}{3}=500$ सं.

लागत प्रति फेर 3 घ. मी. के लिए—

पहला कि. मी. @ रु० 5·50 घन मी./किलोमाटर	= रु० 5·50 × 3 × 1 = रु० 16·50
दूसरा और तीसरा किमी. @ रु० 1·00/घ. मी./कि.मी.	= रु० 1·00 × 3 × 2 = रु० 6·00
चौथे और पांचवें कि. मी. तक @ रु० 0·80/घ. मी./किमी.	= रु० 0·80 × 3 × 2 = रु० 4·80
छठे से दसवें किमी. तक @ रु० 0·60/घ. मी./कि. मी.	= रु० 0·60 × 3 × 5 = रु० 9·00
ग्यारहवें से बीसवें किमी. तक @ रु० 0·40/घ. मी./किमी.	= रु० 0·40 × 3 × 10 = रु० 12·00
योग	= रु. 48·30 प्रति फेर 3 घन मी. का

परिवहन की कुल लागत = रु० 48·30 × 500 = रु० 24150·00

उदाहरण 3—8 कि. मी. दूरी तक रु. 50·00 प्रति दिन के दर से 20·000 ईंटें ले जाने पर व्यय ज्ञात कीजिये। एक गाड़ी प्रति फेरे 200 ईंटें ले जा सकती है। गाड़ी की गति 30 मीटर प्रति मिनट है।

(i) मान लीजिये प्रति दिन 9 घंटे कार्य होगा तथा 200 ईंटें लादने और उतारने में 20 मिनट का समय लगेगा। यदि उपरोक्त परिवन कार्य 5 दिनों में करना है तो कितनी गाड़ियों की आवश्यकता होगी।

आवश्यक फेरों की संख्या = 20,000|200 = 100

दोनों तरफ के फेरे का समय = $\frac{8 \times 2 \times 1000}{30}$ मिनट = 534 मिनट = 8 घन्टे 54 मिनट

20 मिनट लदाने और उतारने का समय जोड़कर, समय प्रति फेरे = 9 घन्टे 14 मिनट = 9 घन्टे लगभग अर्थात् गाड़ी एक दिन में एक फेरा कर सकती है।

इसलिये परिवहन पर व्यय = 50 × 100 = रु. 5000·00

(ii) यदि परिवहन कार्य 5 दिन में पूरा करना है तो प्रति दिन फेरों की संख्या = 100/5 = 20

20 फेरे प्रति दिन के लिये 20 गाड़ियों की आवश्यकता होगी, इसलिए एक फेरा प्रति गाड़ी के हिसाब से, 5 दिनों तक प्रति दिन कार्य करने के लिये 20 गाड़ियों की आवश्यकता होगी।

उदाहरण 4—16 कि. मी. लम्बी सड़क पर, जिसके पक्के भाग की चौड़ाई 3·7 मीटर है। सोलिंग और मध्य तह के लिये कंकड़ का ट्रक द्वारा परिवहन व्यय की गड़ना कीजिये।

खुदान पहले कि. मी. में स्थित है। ट्रक की भार वहन क्षमता 3 घन मी. है। परिवहन व्यय लादने और उतारने सहित नीचे दिया गया है—

पहला कि. मी.	रु. 5·50/घ. मी./कि. मी.
दूसरा और तीसरा कि. मी.	रु. 1·00/घ. मी./कि. मी.
चौथा और पाचवां कि. मी.	रु. 0·80/घ. मी./कि. मी.
छठे से दसवें कि. मी. तक	रु. 0·60/घ. मी./कि. मी.
ग्यारहवें से बीसवें कि. मी. तक	रु. 0·40/घ. मी./मि. मी.

सड़क के किनारे कंकड़ के चट्टे लगाने की दर रु. 2·00 प्रति घ. मी. हैं।

कंकड़ के परिमाण 1 कि. मी. के लिये—

सोलिंग आस्तरण (12 से. मी. मोटा ढीला)	= 1 × 1000 × 3·7 × ·12 = 444 घ. मी.
मध्य आस्तरण (12 से. मी. मोटा ढीला)	= 1 × 1000 × 3·7 × ·12 = 444 घ. मी.
	योग = 888 घ. मी.

888 घ. मी. कंकड़ प्रत्येक कि. मी. ले जाया जायगा और दो चट्टानों में लगाया जायगा।

चूंकि खुदान पहले कि. मी. में स्थित है, इसलिए परिवहन की दूरी पहले कि. मी. के लिए 1 कि. मी. दूसरे कि. मी. के लिए 2 कि. मी., तीसरे कि. मी. के लिए 3 किमी. ....और होलहवें कि. मी. के लिए 16 कि. मी. होगी।

परिवहन के व्यय की गणना चट्टे लगाने सहित विभिन्न कि. मी. के लिए आगे दिया गया है—

क्रमशः

कि. मी.	परिवहन की दर प्रति घ. मी	परिवहन का व्यय 888 घ. मी. के लिए	चट्टे लगाने की लागत @ रु. 2·00 प्रति घ. मी.	परिवहन और चट्टे लगाने का कुल योग
कि. मी. 1	रु. 5·50	888 × 5·50 = रु. 4884·00	888 × 2·00 = रु. 1776·00	रु. 6660·00
कि. मी. 2	रु. 5·50 + 1·00 = रु. 6·50	888 × 6·50 = रु. 5772·00	888 × 2·00 = रु. 1776·00	रु. 7548·00
कि. मी. 3	रु. 6·50 + 1·00 = रु. 7·50	888 × 7·50 = रु. 6660·00	रु. 1776·00	रु. 8436·00
कि. मी. 4	रु. 7·50 + 0·80 = रु. 8·30	888 × 8·30 = रु. 7370·40	रु. 1776·00	रु. 9146·40
कि. मी. 5	रु. 8·30 + 0·80 = रु. 9·10	888 × 9·10 = रु. 8080·80	रु. 1776·00	रु. 9856·80
कि. मी. 6	रु. 9·10 + 0·60 = रु. 9·70	888 × 9·70 = रु. 8613·60	रु. 1776·00	रु. 10389·60
कि. मी. 7	रु. 9·70 + 0·60 = रु. 10·30	888 × 10·30 = रु. 9146·40	रु. 1776·00	रु. 10922·40
कि. मी. 8	रु. 10·30 + 0·60 = रु. 10·90	888 × 10·90 = रु. 9679·20	रु. 1776·00	रु. 11455·20
कि. मी. 9	रु. 10·90 + 0·60 = रु. 11·50	888 × 11·50 = रु. 10212·00	रु. 1776·00	रु. 11988·00
कि. मी. 10	रु. 11·50 + 0·60 = रु. 12·10	888 × 12·10 = रु. 10744·80	रु. 1776·00	रु. 12520·80
कि. मी. 11	रु. 12·10 + 0·40 = रु. 12·50	888 × 12·50 = रु. 11100·00	रु. 1776·00	रु. 12876·00
कि. मी. 12	रु. 12·50 + 0·40 = रु. 12·90	888 × 12·90 = रु. 11455·20	रु. 1776·00	रु. 13231·20
कि. मी. 13	रु. 12·90 + 0·40 = रु. 13·30	888 × 13·30 = रु. 11810·40	रु. 1776·00	रु. 13586·40
कि. मी. 14	रु. 13·30 + 0·40 = रु. 13·70	888 × 13·70 = रु. 12165·60	रु. 1776·00	रु. 13941·60
कि. मी. 15	रु. 13·70 + 0·40 = रु. 14·10	888 × 14·10 = रु. 12520·80	रु. 1776·00	रु. 14296·80
कि. मी. 16	रु. 14·10 + 0·40 = रु. 14·50	888 × 14·50 = रु. 12876·00	रु. 1776·00	रु. 14652·00
		योग रु. 153091·20	रु. 28416·00	रु. 181507·20

परिवहन का कुल व्यय चट्टे लगाने सहित = रु. 181507·20

उदाहरण 5—5 किलोमीटर वहन दूरी के लिए बैलगाड़ी द्वारा सामग्रियों की ढुलाई की प्रति फेर व्यय की गणना कीजिये । बैलगाड़ी की गति 4 कि. मी. प्रति घन्टा लीजिये ।

(i) फेरों की संख्या (N) प्रति दिन 8 घंटे कार्य का (देखिये पृष्ठ 520) $= \dfrac{8}{\dfrac{2L}{S} + \dfrac{3}{4}} = \dfrac{8}{\dfrac{2 \times 5}{4} + \dfrac{3}{4}}$

$= 2{\cdot}46$

बैलगाड़ी का भाड़ा रु. 50·00 प्रति दिन 8 घण्टे का मानकर व्यय प्रति फेर = रु. $\dfrac{50{\cdot}00}{2{\cdot}46}$

= रु. 20·30

(ii) चूंकि बैलगाड़ी 8 घण्टे में पूर्ण संख्या में फेरे नहीं लगा सकती इसलिये कार्य का समय बढ़ाया जा सकता है और अधिक भाड़ा दिया जा सकता है। प्रतिदिन $9\frac{3}{4}$ घण्टे कार्य के मानकर फरों की संख्या

$N = \dfrac{9\frac{3}{4}}{\dfrac{2 \times 5}{4} + \dfrac{3}{3}} = 3$ सं. प्रति दिन

बैलगाड़ी का भाड़ा रु. 58·00 प्रति दिन $9\frac{3}{4}$ घंटे का मानकर, व्यय प्रति फेर = रु. $\dfrac{58{\cdot}00}{3}$ = रु. 19·33

नोट––लागत प्रति फेर दो कल्पनाओं द्वारा परिकलित की गई है, द्वितीय परिकलन अधिक व्यवहारिक है।

उदाहरण 6—6 कि. मी. वहन दूरी के लिये सामग्रियों, बालू, सुर्खी, चूना, रोड़ी इत्यादि की बैलगाड़ी द्वारा ढुलाई के लिये प्रति इकाई (प्रति घन मी.) मूल्य की गणना कीजिये। बैलगाड़ी की औसत गति 4 कि. मी. प्रति घण्टा है।

प्रति दिन कार्य के 8 घण्टे में फेरों की संख्या $= N = \dfrac{8}{\dfrac{2L}{S} + \dfrac{3}{4}} = \dfrac{8}{\dfrac{2 \times 6}{4} + \dfrac{3}{4}} = 2{\cdot}13$ सं.

बैलगाड़ी का भाड़ा रु. 50·00 प्रति दिन 8 घण्टे का मानकर लागत प्रति फेर $= \dfrac{50{\cdot}00}{2{\cdot}13}$

= रु. 23·50

बैलगाड़ी की भार वहन क्षमता 0·8 घन मी. लेकर, आवश्यक फरों की संख्या प्रति इकाई 1 घ. मी. का

$= \dfrac{1}{0{\cdot}8} = 1{\cdot}25$ सं.

इसलिये इकाई 1 धन मी. की ढुलाई का व्यय = रु. 23·50 × 1·25 = रु. 29·40, 10% ठेकेदार का लाभ जोड़कर प्रति घन मी. व्यय = रु. 29·40 + 2·94 = रु. 32·34

उदाहरण 7––15 कि. मी. वहन दूरी के लिये सामग्रियों––बालू सुर्खी, चूना, ग्रिटों, रोड़ी, कंकड़ इत्यादि की ट्रक द्वारा ढुलाई के लिये प्रति इकाई (1 घन मी.) मूल्य की गणना कीजिये।

ट्रक की गति––पहले कि. मी. वहन दूरी के लिये ट्रक की गति = 10 कि. मी. प्रति घण्टा। परवर्ती 14 कि. मी. वहन दूरी के लिये प्रत्येक अतिरिक्त 1 कि. मी. की वहन दूरी के लिये गति $\frac{1}{2}$ कि. मी. प्रति घण्टा = 7 कि. मी. प्रति घण्टा। इसलिये 15 कि. मी. की वहन दूरी के लिये औसत गति = 17 कि. मी. प्रति घण्टा। अतः गति S = 17 कि. मी. प्रति घण्टा और वहन दूरी L = 15 कि. मी.

फेरों की संख्या प्रति दिन (कार्य के 8 घंटे प्रति दिन), $N+\dfrac{8}{\dfrac{2L}{S}+\dfrac{3}{4}}=\dfrac{8}{\dfrac{2\times 15}{17}+\dfrac{3}{4}}=3{\cdot}18$

कुल कि. मी. प्रति दिन (गाड़ी खड़े होने के स्थान पर आवागमन के 6 कि. मी. जोड़कर) $=2\times 3{\cdot}18\times 15=6+101{\cdot}4$ कि. मी.

पेट्रोल--101·4 कि. मी. के लिये पेट्रोल की खपत @ 3 कि. मी. प्रति लीटर = 101·4/3 = 33·8 लीटर। पेट्रोल का मूल्य @ रु. 4·20 प्रति लीटर = रु. 33 8 × 4·20 = रु141·96.

मोबिल आयल--101·4 कि. मी. के लिये मोबिल आयल की खपत @ 100 कि. मी प्रति लीटर = 101·4/100 = 1·01 लीटर। 1·01 लीटर मोबिल आयल का मूल्य @ रु. 11·00 प्रति लीटर = रु. 11·11

मजदूरी--सामग्रियों को लादने और उतारने के लिये मजदूरी पर व्यय, 6 मजदूर @ रु. 7·00 प्रति दिन = रु. 42·00।

ट्रक का किराया--चालक और क्लीनर सहित ट्रक का कियारा = रु. 130·00 प्रति दिन कार्य के 8 घण्टे के लिये।

कुल मूल्य--प्रत्येक का मूल्य जोड़कर कुल मूल्य = रु. 141·96 + रु. 11·11 + रु. 42·00 + रु. 130·00 = रु. 325·07, 10% ठेकेदार का लाभ जोड़कर कुल मूल्य = रु. 325·07 + रु. 32·51 + रु. 357·58।

मूल्य प्रति फेरे--कुल मूल्य/फेरों की संख्या = रु. 357·58/3·18 = रु. 112·45

ट्रक की भार वहन क्षमता = 3·5 घन मी. सामग्रियों की।

ढुलाई की लागत प्रति घन मी. $=\dfrac{\text{व्यय प्रति फेर}}{\text{भार वहन क्षमता}}=\dfrac{\text{रु. } 112{\cdot}45}{3{\cdot}5 \text{ घ. मी.}}=$ रु. 32·13

अध्याय 13

(विशिष्टियाँ Specifications)

विशिष्टियां, कार्य की कोटि, प्रकार, प्रकृति कार्य में प्रयोग होने वाली सामग्रियां, कारीगरी इत्यादि का विवरण देती है तथा निर्देश करती है और इसका निर्माण कार्य में बहुत महत्वपूर्ण स्थान है। किसी निर्माण कार्य की लागत बहुत कुछ विशिष्टियों पर निर्भर करती है। विशिष्टियां स्पष्ट होनी चाहिये जिससे कहीं भी उसके दुहरे अर्थ न लगाये जा सकें। विशिष्टियां देखकर कोई भी आसानी से समझ सकता है कि यह किस प्रकार का कार्य है व कैसा निर्माण कार्य होना है। किसी भवन या संरचना के रेखाचित्रों में विभिन्न कमरों या भागों का क्रम (arrangement) और उनका परिमाप—लम्बाई, चौड़ाई व ऊँचाई दिया जाता है तथा विभिन्न भागों का बहुत संक्षिप्त विवरण दिया जाता है। रेखाचित्रों से कार्य की विभिन्न मदों का ब्योरा, निर्माण में प्रयुक्त होने वाली सामग्रियों की श्रेष्ठता, मसाले का अनुपात तथा कारीगरी आदि का पता नहीं चलता। इनका विवरण विशिष्टियों ही में दिया जाता है। इस प्रकार रेखाचित्रों व विशिष्टियों को मिलाकर ही संरचना का पूरा विवरण बनता है। रेखाचित्र व विशिष्टि संविदा पत्र (contract document) के महत्वपूर्ण भाग होते हैं।

विशिष्टियां लिखते समय निर्माण कार्य की सभी आवश्यकताओं को स्पष्ट सुसंगठित, तथा संक्षिप्त रूप में व्यक्त करने का प्रयास करना चाहिये। इसमें किसी बात को दोहराना नहीं चाहिये। विशिष्टियों की धाराओं (clauses) को यथा संभव उसी क्रम में रखना चाहिये जिसमें निर्माण कार्य किया जायगा। विशिष्टियों की भाषा ऐसी होनी चाहिये जो निर्देश करे कि क्या व कैसा कार्य होना है। इनमें शब्द 'होगा' (shall be) तथा 'होना चाहिये' (should be) प्रयोग करने चाहिए।

विशिष्टियां कार्य की प्रकृति, उस कार्य के भावी उपयोग, सामग्रियों सामर्थ्य, सामग्रियों की उपलब्धि, सामग्रियों की श्रेष्ठता आदि के अनुसार बनाई जाती है।

विशिष्टियां दो प्रकार की होती हैं :—

(1) साधारण विशिष्टि (general specification) या संक्षिप्त विशिष्टि (brief specification (2) विस्तृत विशिष्टि (detailed specification)।

साधारण या संक्षिप्त विशिष्टि—साधारण विशिष्टि में नींव से अधिरचना (superstructure) तक कार्य के विभिन्न भागों में निर्माण कार्य तथा सामग्री की प्रकृति तथा श्रेणी (nature and class) साधारण रूप से दी जाती है। इस विशिष्टि में निर्माण के विभिन्न भागों का संक्षिप्त विवरण तथा उनमें प्रयुक्त होने वाली सामग्रियों, अनुपात, श्रेष्ठता आदि का निर्देश दिया जाता है। इन विशिष्टियों से पूरी संरचना या कार्य का साधारण बोध होता है। इससे प्राक्कलन बनाने में सहायता मिलती है।

स्पष्टीकरण के लिये विभिन्न श्रेणी के भवन की साधारण विशिष्टियां नीचे दी गई हैं। वैसे आवश्यकतानुसार इन विशिष्टियों में परिवर्तन हो सकता है।

प्रथम श्रेणी के भवन की साधारण विशिष्टियाँ

नींव तथा कुर्सी—नींव में चूना कंक्रीट या 1 : 4 : 8 सीमेंट कंक्रीट डालकर उस पर नींव तथा कुर्सी में चूना मसाले या 1 : 6 सीमेंट मसाले से प्रथम श्रेणी की ईंट चिनाई की जायगी।

सील रोक रद्दा—सील रोक रद्दा सीमेंट कंक्रीट 1 : 1½ : 3 अनुपात का 2·5 सेमी. मोटा होगा जिसमें मानक जल रोधक सामग्री 1 किग्रा. प्रति बोरी सीमेंट में मिलायी जायगी और दो लेप बिटूमेन का किया जायगा।

अधिरचना (Superstructure)—अधिरचना में चूना मसाले या 1 : 6 सीमेंट मसाले से प्रथम श्रेणी की ईंट चिनाई की जायगी। दरवाजों और खिड़कियों पर लिंटल प्र. सी. कं के होंगे।

छत (Roofing)—छत प्र. सी. कं. स्लैब (R. C. C. slab) की होगी। इस स्लैब पर एक तापरोधक तह (insulation layer) तथा उस पर चूना कंक्रीट की ऊपरी छत (terracing) बनाई जायगी यह स्लैब आवश्यकतानुसार बेल्लित इस्पात की कड़ियों (R. S. Joists) या प्र. सी. कं. की धरनों (R. C. C. beams) पर आधारित होगी। कमरों की ऊँचाई 3·7 मी. से कम नहीं होगी।

फर्श (Flooring)—बैठक तथा भोजन कक्ष, स्नानघर व शौचालय के फर्श और डैडों (dado) मोजेक (टराजो) के होंगे। मोजेक फर्श में आवश्यकतानुसार चूना कंक्रीट पर सीमेंट कंक्रीट का आधार होगा। शयन कक्षों के फर्श रंगीन व चिकने होंगे तथा 7·5 सेमी. मोटी चूना कंक्रीट पर 2·5 सेमी मोटी सीमेंट कंक्रीट के होंगे। अन्य स्थानों के फर्श 7·5 सेमी. मोटी चूना कंक्रीट पर 2·5 सेमी मोटी सीमेंट कंक्रीट के होंगे व चिकने होंगे।

समापन (finishing)—भीतर तथा बाहर 1 : 1 : 6 सीमेंट चूना मसाले से 12 मिमी. मोटा पलस्तर किया जायगा। बैठक, भोजन कक्ष तथा शयन कक्ष में भीतरी दीवारों पर डिस्टेम्पर किया जायगा। अन्यत्र भीतर की ओर 3 लप सफेदी पुताई की जायगी। बाहरी सतहों पर एक सफेदी पर या दो लेप रंग पुताई (colour wash) की जायगी।

दरवाजे तथा खिड़कियाँ—चौखटें भली भाँति संशोषित (seasoned) सागौन लकड़ी (teakwood) की होंगी। पल्ले सागौन के 4·5 से. मी. मोटे होंगे। आवश्यकतानुसार वे दिल्लदार (panelled), काँच युक्त (glazed) या आँशिक दिल्लेदार तथा आँशिक काँचयुक्त (partly panelled and partly glazed) बनाये जायेंगे और अतिरिक्त जाली युक्त पल्ले लगाये जायेंगे। सारी फिटिंग पीतल की होगी। दरवाजों व खिड़कियों पर वार्निश या उच्च श्रेणी के इनामल रंग (enamel paint) से पेन्ट किया जायगा। खिड़कियों में लोहे की सजावटी जाली (grill) लगाई जायेगी।

विविध—ढलवां लोहे या ऐस्बेस्टॉस सीमेंट के बरसाती नल (rain water pipes) लगाये जायेंगे। व इन पर पेन्ट किया जायगा। भवन में प्रथम श्रेणी की स्वच्छता व जल सम्भरण फिटिंग लगाई जायेंगी तथा विद्युतीकरण किया जायगा। भवन के चारों ओर 1 मी. चौड़ा 7·5 सेमी मोटा सीमेंट कंक्रीट का 1 : 3 : 6 एप्रन (apron) बनाया जायगा।

द्वितीय श्रेणी के भवन की साधारण विशिष्टियाँ

नींव तथा कुर्सी—नींव चूना कंक्रीट पर चूना मसाले से होगा और ईंट चिनाई प्रथम श्रेणी की होगी।

सील रोक रद्दा—सील रोक रद्दा सीमेंट मसाला 1 : 2 अनुपात का 2 सेमी मोटा होगा जिसमें मानक जल रोधक सामग्री 1 किग्रा. प्रति बोरी सीमेंट में मिलाई जायगी।

अधिरचना—अधिरचना चूना मसाले में द्वितीय श्रेणी की ईंट चिनाई की होगी। दरवाजों और खिड़कियों पर लिंटल प्रबलित ईट चिनाई की होगी।

छत—छत प्रबलित ईट चिनाई स्लैब की होगी। स्लैब पर 7·5 से. मी. चूना कंक्रीट की ऊपरी छत (terracing) बनाई जायगी। [लकड़ी के धरनों और बत्तों पर आलम्बित सपाट ऊपरी छत (flat terraced roof) या डाट की छत भी हो सकती है]। बरामदे की छत ऐस्बेस्टॉस सीमेंट चादर की या इलाहाबाद टाइल्स की होगी।

फर्श—फर्श 7·5 सेमी. चूना कंक्रीट पर 2·5 सेमी. सीमेंट कंक्रीट से बनाई जायगी। बरामदे का फर्श चूना कंक्रीट पर ईट टाइलस या पटिया पत्थर (flag stone) की होगी और समापन सीमेंट की टीप से की जायगी।

समापन—भीतर और बाहर 1 : 6 सीमेंट मसाले से 12 मिमी. मोटा पलस्तर किया जाएगा। अंतश्छद में 1 : 3 सीमेंट मसाले से पलस्तर किया जायगा। भीतरी दीवारों में 3 लेप सफ़ेदी पुताई की जायगी। बाहरी सतहों पर एक लेप सफेदी पुताई पर दो लेप रंग का किया जायगा।

दरवाजे और खिड़कियां—चौखट प्र. सी. कं. या भली भांति संशोषित (seasoned) साल लकड़ी की होगी। पल्ले 4 स. मी. मोटे शीशम या देवदार लकड़ी के होंगे। आवश्यकतानुसार पल्ले दिल्लेदार कांचयुक्त तथा आंशिक दिल्लेदार और आंशिक कांचयुक्त होंगे। फिटिंग्स लोहे के होंगे। दरवाजों और खिड़कियों पर एक लेप अस्तर पर दो लेप पेंट का किया जायगा।

विविध—बरसाती नल (rain water pipe) ढलवां लोहे के होंगे व इन पर पेन्ट किया जायगा। यदि आवश्यकता हो तो विद्युतीकरण, स्वच्छता तथा जल सम्भरण कार्य भी किया जायगा।

तृतीय श्रेणी के भवन की साधारण विशिष्टियां

नींव तथा कुर्सी—नींव चूना कंक्रीट पर द्वितीय श्रेणी की ईट चिनाई चूना मसाले की होगी। सील रोक रद्दा सीमेंट मसाला 1 : 2 अनुपात का 2 सेमी. मोटा होगा और मसाले में मानक जल रोधक सामग्री भी मिलायी जायगी।

अधिरचना—अधिरचना मिट्टी के गारे में द्वितीय श्रेणी की ईट चिनाई की होगी। दरवाजों और खिड़कियों की खुली जगह पर लिंटल द्वितीय श्रेणी की ईट चिनाई की डाटें चूना मसाले में या लकड़ी के तख्तों की होगी।

फर्श—फर्श अच्छी तरह कुटी मिट्टी पर खड़ंजा फर्श होगी।

समापन—भीतरी और बाहरी सतह पर चूने मसाले से पलस्तर किया जायगा और तीन लेप सफ़ेदी पुताई की जायगी।

दरवाजें तथा खिड़कियां—चौखट साल लकड़ी के और पल्ले चीड़, आम आदि के होंगे। दरवाजों और खिड़कियों पर दो लेप साधारण पेंट का एक लेप अस्तर पर किया जायगा।

विस्तृत विशिष्टियां (Detailed Specifications)

विस्तृत विशिष्टियां ब्योरेदार विवरण हैं और आवश्यकता पूर्णरूप से बताती हैं। विस्तृत विशिष्टियों में सामग्रियों का परिमाण व श्रेष्ठता, मसाले का अनुपात, कारीगरी (workmanship), निर्माण कार्य की तैयारी व विधि तथा कार्य मापने की विधि का विवरण होता है। विभिन्न मदों की विस्तृत विशिष्टियां अलग-अलग बनाई जाती हैं। इनमें कार्य क्या होना है व कैसे होना है इसका निर्देश होता है। जिस क्रम में वह कार्य होना है उसी क्रम में उसकी विशिष्टियां लिखना चाहिये। उचित ढंग से बनाई गई विस्तृत विशिष्टियां निर्माण कार्य में बहुत उपयोगी होती हैं। विशिष्टियां संविदा पत्र (contract document) का महत्वपूर्ण भाग होती है।

प्रत्येक इन्जीनियरी विभाग विभिन्न मदों की विस्तृत विशिष्टियां बनाता है तथा उन्हें "विस्तृत विशिष्टियां" नाम से पुस्तकाकार छपवाता है। जब किसी संरचना या प्रायोजना का निर्माण कार्य लिया जाता है तो बार-बार विस्तृत विशिष्टियां लिखने के बजाय छपी हुई विस्तृत विशिष्टियों का संकेत कर दिया जाता है।

निर्माण कार्य की विभिन्न मदों की विस्तृत विशिष्टियां

1. **नीव में मिट्टी की खुदाई––**

खुदाई––नींव की खाईयां नींव में कंक्रीट की चौड़ाई के समान चौड़ी खोदी जायगी तथा इसके किनारे (sides) उर्ध्व होंगे। यदि मिट्टी अच्छी न हो तथा इसमें खड़ी कटाई सम्भव न हो तो खाई के किनारे ढालू बनाये जा सकते हैं या लकड़ी की तख्ताबन्दी (timber shoring) की जा सकती है खोदी हुई मिट्टी खाई के किनारे से 1 मीटर के अन्दर नहीं डाली जायगी।

खाई का समापन––नींव की खाईयों के तले लम्बाई चौड़ाई दोनों दिशाओं में पूरी तरह समतल होंगे तथा खाई की दीवारें तले से कम से कम बिना कुटी कंक्रीट की मोटाई तक ऊँचाई में पूर्णतः खड़ी होंगी जिससे अभिकल्प के अनुसार निर्धारित पूरी चौड़ाई में कंक्रीट डाली जा सके। खाई के तले पर हल्का सा जल छिड़काव करके उसे भली-भांति कूट दिया जायगा। यदि कहीं पर भूल से खाई अधिक खुद जाय तो उसे कंक्रीट से भरा जायगा और इसके लिये ठेकेदार को कोई भुगतान नहीं किया जायेगा मुलायम या दोषपूर्ण स्थल खोदकर निकाल दिये जायेंगे तथा उनकी जगह कंक्रीट या स्थिरीकृत मिट्टी (stabilized soil) भरी जायगी। यदि खुदाई में पत्थर या बोल्डर निकलें तो इन्हें निकाल कर खाई का तला समतल किया जायगा व मिट्टी कूट कर उसे दृढ़ बनाया जायगा। कार्यभारी इन्जीनियर (engineer incharge) द्वारा खाई के निरीक्षण व अनुमोदन किये बिना नींव में कंक्रीट नहीं डाली जायगी।

प्राप्त सामग्री––यदि खुदाई में कोई खजाना या मूल्यवान सामग्री निकले तो वह सरकारी सम्पत्ति मानी जायगी।

नींव में जल––यदि खाई में जल आ जाय तो उसे उलिच कर या पम्प द्वारा बाहर निकाला जायगा तथा इसके लिये अलग से कोई भुगतान नहीं किया जायगा तथा भूपृष्ठ जल खाई में न जाने देने के लिये उचित सावधानियां बरतनी होंगी।

खाई भराई––कंक्रीट डालने तथा ईंट चिनाई करने के बाद शेष खाई में मिट्टी भरी जायगी। मिट्टी 15. से. मी. मोटी तहों में डालकर, पानी डाला जायगा व भली-भांति कुटाई की जायगी। जो मिट्टी खाई में भरी जायगी उसमें कोई कूड़ा करकट या गन्दगी नहीं होगी तथा मिट्टी भरने से पहले उसके सब ढेलों को फोड़

दिया जायगा। फालतू मिट्टी निर्माण स्थल से हटा दी जायगी तथा निर्माण स्थल समतल व समापित कर दिया जायगा।

माप—खुदाई का माप खाई को आयताकार मानकर तले की कंक्रीट की चौड़ाई को भूमितल से तले तक की गहराई व खाइयों की लम्बाई से गुणा करके घन मीटर में निकाला जायगा, भले ही ठकेदार ने खुदाई में अपनी सुविधा के लिये खाई के किनारे ढालू रखे हों। मिट्टी खुदाई की दर में, खुदी मिट्टी 30 मी. की दूरी तक ले जाने का कार्य और 1·5 मी तक उत्थापन का कार्य शामिल होता है, जिसमें समस्त औजार मशीनें कार्य को पूर्ण करने के लिए सम्मिलित होती हैं। यदि 30 मी. से अतिरिक्त दूरी और 1·5 मी. से अतिरिक्त उत्थापन करना हो तब उसके वास्ते अलग से दर निर्धारित किया जाता है।

संतृप्त मिट्टी (saturated soil) में खुदाई—संतृप्त मिट्टी या अवभूमि जल स्तर के नीचे मिट्टी की खुदाई अलग मद में ली जायगी तथा ऊपर लिखित ढंग (मद 1) से की जायगी। जल को उलीचना या पम्प द्वारा निकालने तथा कीचड़ (slush) निकालने का कार्य इस मद में शामिल होगा। यदि तख्ताबन्दी की आवश्यक्या हो तो उसे अलग मद में लिया जा सकता है व उसका अलग से भुगतान किया जा सकता है।

टिप्पणी—मूरम या कंकड या बजरी युक्त विभिन्न प्रकार की मिट्टियों, मुलायम चट्टानों (soft rocks) या विघटित चट्टानों (decomposed rocks) या शल (shale), कठोर चट्टानों आदि में खुदाई अलग-अलग मदों में ली जायगी। खुदाई उपरोक्त (मद 1 में वर्णित) विधि के अनुसार ही की जायगी।

2. नींव में चूनाकंक्रीट—

सामग्रियां—सब सामग्री मानक विशिष्टियों के अनुसार होगी। मोटा मिलावा भली-भाँति पक्की या अधिक पक्की ईट की रोड़ी का कठोर, तथा गहरे चेरी लाल (cherry red) या तांबे के रंग का 40 मि. मी. गेज का होगा। रोड़ी साफ तथा धूल, मिट्टी या अन्य बाहरी तत्वों से मुक्त होनी चाहिए। रोड़ी का गठन (texture) समांगी (homogeneous) होना चाहिये। जो रोड़ी छिद्रिल या शोरा युक्त मालूम हो उसे प्रयोग नहीं करना चाहिये। रोड़ी को 52·5 मि. मी. की चौकोर-जाली से होकर निकल जाना चाहिए और 25 मि. मी. को जाली से 20 प्रतिशत से अधिक नहीं निकलना चाहिए। अस्वीकृत सामग्री को कार्य स्थल से 24 घंटे के अन्दर हटा देना चाहिये।

बारीक मिलावा निर्देशानुसार सुर्खी, रेत या राखी (cinder) का होगा। यह साफ होना चाहिये तथा इसमें धूल, मिट्टा या अन्य बाहरी पदार्थ नहीं होने चाहिए। सुर्खी भली-भाँति पक्की (अधिक पक्की नहीं) ईटों या ईटों के टुकड़ों की होनी चाहिये तथा 25 छिद्र प्रति वर्ग से. मी. की छलनी में छन जानी चाहिये।

चूना, सफेद शुद्ध चूना होगा (यदि अन्यथा निर्देशा न हो)। चूना ताजा फुका हुआ होगा तथा इसमें राख व अन्य बाहरी पदार्थ नहीं होना चाहिये। निर्माण स्थल पर ही चूना बुझाया जायगा तथा 3 छिद्र प्रति 10 मि. मी. की छलनी से छाना जाना चाहिए।

अनुपात—कंक्रीट में 1 घन मी. ईटों की रोड़ी, 0·32 घन मी. सुर्खी तथा 0·16 घन मी. सफेद चूना मिलाया जायगा अर्थात आयतन के अनुसार कंक्रीट में 100 : 32 : 16 का अनुपात होगा।

मिश्रण—उचित आकार के साफ व जलरोधी पक्का चबूतरे पर कंक्रीट का मिश्रण किया जायगा। ईंटों की रोड़ी का समान ऊँचाई का, सामन्यतय: 30 से. मी. ऊँचा एक आयताकार चट्टा लगाया जायगा तथा इसे साफ जल डालकर कम से कम 3 घंटे तक तर रखा जायगा।

चूना तथा सुर्खी (रेत या राखी) को लकड़ी के बक्से से 1 : 2 के अनुपात में मापकर सूखी अवस्था में अच्छी तरह मिलाया जाता है जब तक कि पूरे मिश्रण का रंग समान न हो जाय। इस मूखे मिश्रण की इतनी मोटी तह ईंटों की रोड़ी के ढेर पर बिछाई जाती है कि निर्देशित अनुपात आ जाय। कम से कम तीन बार सूखा पलट कर सब सामग्री मिलाई जायगी। फिर मिलाते समय धीरे-धीरे थोड़ा-थोड़ा जल फुहारे (water can) से डाला जायगा तथा कम से कम तीन बार पलट कर मिलाया जायगा। इसे इतना मिलाया जायगा कि हर रोड़ी की सारी सतह पर मसाला लग जाय तथा मिश्रण समान रंग का सुघट्य (plastic) व सुकार्यं सुसंजनता (workable conisistency) का बन जाय तथा रोड़ी से मसाला न छूटे। दिन भार के कार्य के लिये ही कंक्रीट मिलाई जायगी, पुरानी तथा बासी कंक्रीट उपयोग में नही लायी जायगी। बड़े कार्यों या प्रायोजनाओं में मिश्रण मशीन से किया जायगा। मिलावा और गीले मसाले को ड्रम में डाला जायगा जब कि ड्रम धूम रहा हो। पानी आवश्यकतानुसार धीरे-धीरे मिलाया जायगा और मिश्रण कम से कम 1 मिनट तक निरन्तर ड्रम में घुमाया जायगा जब तक कि मिश्रण समान रंग तथा सुकार्य्य सुसंजनता (workable consistency) का न बन जाय तथा रोड़ी से मसाला न छूटे।

कंक्रीट बिछाना तथा कुटाई—कंक्रीट डालने से पहले नींव की खाई के तल पर हलका सा जल छिड़काव किया जायगा। कंक्रीट को 20 से. मी. से कम मोटी तहों में धीरे व हल्के से फैलाया जायगा (फेका नहीं जायगा) तथा 6 कि. ग्रा. भारी लोहे के दुर्मुटों (rammers) से कूटा जायगा जब तक प्रत्येक तह की मोटाई 15 से. मी. न हो जाय। कुटाई के समय कंक्रीट में धूल, मिट्टी, पत्तियां या कोई बाहरी पदार्थ नहीं पड़नी चाहिये। कुटाई की जांच करने के लिये कंक्रीट में एक गड्ढा लगभग 7·5 से. मी. व्यास तथा 7·5 से. मी. गहरा खोद कर पानी भर दिया जाय तो गड्ढे में पानी का तल 15 मिनट में 1·23 से. मी. से अधिक कम नहीं होना चाहिए।

जोड़ तथा क्रमिक (consecutive) तहें—यदि कंक्रीट को किसी तह में जोड़ देना आवश्यक हो तो इसके सिरे पर 30 डिगरी का ढाल दे देना चाहिये तथा विभिन्न तहों में जोड़ एक दूसरे के ऊपर नहीं होना चाहिये। जब कंक्रीट की एक से अधिक तहें बिछानी हों तो ऊपरी तह बिछाने से पहले नीचे वाली तह को खुरदरा करके साफ कर देना चाहिये व उस पर पानी छिड़क देना चाहिये।

तराई (curing)—कंक्रीट डालने के बाद उसे कम से कम 7 दिन तक तर रखना चाहिये। इस अवधि में इसके ऊपर चिनाई नहीं की जायगी।

माप—तैयार (finished) कंक्रीट का माप धन मी. में लिया जायगा। लम्बाई और चौड़ाई निकटतम 1 से. मी. तक और गहराई निकटतम 0·5 से. मी. तक लिया जाना चाहिये। दर, यदि फरमे की आवश्यकता हो तो, फरमे (formwork), औजारों तथा मशीनों सहित पूरे कार्य के लिये होगा।

टिप्पणी—यदि कंकड़ चूना प्रयोग किया जाय तो 1 धन मी. रोड़ी में 0·35 घन मी. कंकड़ चूना मिलाया जायगा तथा इसमें सुर्खी, रेत या राखी नहीं मिलाई जांयगी।

पहाड़ी क्षेत्रों में, जहाँ ईंटों की रोड़ी न मिले वहाँ 40 मि. मी. गेज की पत्थर की रोड़ी का प्रयोग किया जा सकता है तथा उसमें ऊपर लिखित अनुपात में ही रेत तथा सफेद चूना मिलाया जायगा।

3. ऊपरी छत में चूना कंक्रीट (L. C. in roof terracing)—

सामग्रियां—सभी सामग्रियां मानक विशिष्टियों के अनुसार होंगी। मोटा मिलावा भली-भांति पक्की या अधिक पक्की ईंटों की रोड़ी का गहरे चेरी लाल (cherry red) या तांबे के रंग का 25 मि. मी. गेज का होगा तथा उसमें धूल, मिट्टी या कोई बाहरी पदार्थ नहीं होना चाहिये। रोड़ी का गठन समांगी और आकार करीब घनाकृत होना चाहिये। जो रोड़ी छिद्रिल या शोरा युक्त मालूम हो उसे प्रयोग नहीं करना चाहिये. ईंट की रोड़ी इस प्रकार होनी चाहिये कि वह 37·5 से. मी. की चौकोर जाली से बाहर निकल जाय तथा 20 मि. मी. की जाली से 20 प्रतिशत से अधिक नहीं निकलना चाहिये। अस्वीकृत समांगी को कार्य स्थल से 24 घंटे के अन्दर हटा देना चाहिए।

बारीक मिलावा सुर्खी का होगा। यह साफ होना चाहिये तथा उसमें धूल, मिट्टी या अन्य कोई बाहरी पदार्थ नहीं होना चाहिये। सुर्खी भली-भांति पक्की (अधिक पक्की नहीं) ईंटों या ईंटों के टुकड़े की होनी चाहिये तथा 25 छिद्र प्रति वर्ग से. मी. की छलनी में से छन जानी चाहिये। चूना सफेदी पत्थर चूना होना चाहिये। यह ताजा फूंका हुआ होना चाहिये तथा इसमें राख व अन्य बाहरी पदार्थ नहीं होना चाहिये। चूना निर्माण स्थल पर ही बुझाया जायगा तथा 3 छिद्र प्रति से. मी. की छलनी से छाना जायगा।

अनुपात—कंक्रीट में 1 घन मी. का रोड़ा, 0·36 घन मी. सुर्खी तथा 0·18 घ. मी. सफेद चूना मिलाया जायगा। (आयतन के अनुसार 100 : 36 : 18)।

मिश्रण—मिश्रण नींव में चूना कंक्रीट के समान (मद 2) किया जायगा।

कंक्रीट बिछाना तथा कुटाई—सतह पर हल्का सा जल छिड़काव करके कंक्रीट धीरे-धीरे हल्के से इतनी मोटी तहों में फैलायी जायगी (फेंकी नहीं जायगी) कि कुटाई के बाद वांछित ढाल तथा निर्देशित मोटाई आ जाय। फिर 6 किलोग्राम भारी लोहे के दुरमुटों से हल्की सी कुटाई की जायगी। इस प्रारम्भिक कुटाई में कन्नी (trowel), फट्टी (straight edge) तथा स्प्रिट लेबिल द्वारा सतह पूरी तरह समतल रखी जायगी। इसके बाद मजदूर दो कतारों में पास-पास बैठकर लकड़ी की थापियों से कंक्रीट कूटेंगे तथा आगे पीछे हटते रहेंगे व इस प्रकार पूरी सतह की कुटाई करेंगे। यह कुटाई तीन दिन तक होगी जब तक कि कंक्रीट पूरी तरह न कुट जाय तथा कुटी हुई कंक्रीट पर थापी मारने से थापी टकरा कर लौटनी चाहिये। मुंडर दीवार व ऊपरी छत के संगम स्थल की कुटाई की ओर विशेष रूप से ध्यान दिया जायगा तथा इन संगम स्थलों में गोलाई दी जायगी।

कुटाई के दौरान कंक्रीट को जलरोधी बनाने के लिये इस पर चूने, शीरे तथा 'बेल' नामक फल के उबले हुये घोल का मिश्रण डालते रहना चाहिये। बेल के फल का घोल बनाने के लिये 100 से 130 लीटर तक जल में 2 किलो ग्राम बेल का फल उबाला जायगा तथा ठंडा होने पर इस घोल में 3·5 कि. ग्रा. शीरा (या गुड़) तथा चूने की आवश्यक मात्रा मिला दी जायगी।

समापन—कुटाई की समाप्ति पर जो मसाला सतह पर आ जाय उसे चूना, शीरा तथा बेल के फल के घोल का मिश्रण डालकर मुलायम कर लिया जायगा तथा किसी कन्नी (trowel) या समतलक (float) से सतह

चिकनी कर दी जायगी । सतह के समापन के लिये किसी भी दशा में अलग से पलस्तर नहीं किया जायगा। समापित सतह में पतनाले के विकास की ओर से कम से कम 50 में 1 का ढाल होना चाहिए। छत के प्रत्येक 40 वर्ग मी. क्षेत्रफल के लिए 100 मि. मी. व्यास का एक वर्षा जल नाली होना चाहिए।

तराई—14 दिन तक कंक्रीट तर रखी जायगी। कंक्रीट तर रखने के लिए उस पर सूखी घास या रेत फैलाकर उस पर बारम्बार फुहारे से जल डाला जायगा।

माप— समापित कार्य की माप सतह क्षेत्रफल वर्ग मी. में ली जायगी और उसकी औसत मोटाई वर्णित की जायगी। औसत मोटाई को निकटतम 6 मि. मी. तक तथा लम्बाई और चौड़ाई को निकटतम 1 से. मी. तक नापा जायगा। 0·4 वर्ग मी. तक की खुली जगह के लिए कोई कटौती नहीं की जायगी तथा खुली जगह बनाने के लिए प्रयुक्त अतिरिक्त सामग्री और मजदूरी के लिए कोई भुगतान नहीं किया जायगा। 0·4 वर्ग मी. से अधिक खुले स्थान के लिए कटौती की जायगी परन्तु इस कार्य को करने के लिए कोई भुगतान नहीं किया जायगा। दर सब औजारों तथा मशीनों सहित पूर्ण काय के लिए निर्धारित किया जायगा।

नोट—(1) यदि ककड़ चूने का प्रयोग किया जाय तो 1 घन. मी. ईटों की रोड़ी में 0·45 घन मी. कंकड़ चूना मिलाया जायगा (अनुपात 45 : 100)।

(2) यदि पत्थर की रोड़ी का प्रयोग किया जाय तो 25 मि. मी. आकार की 1 घन मी. पत्थर की रोड़ी में 0·5 घन मी. रेत तथा 0·25 घन मी. सफेद चूना मिलाया जायगा (अनुपात 1 : 2 : 4)।

(3) ऊपरी छत में चूना कंक्रीट की तैयार मोटाई (finished thickness) 7·5 से. मी. से 12 से. मी. तक हो सकती है।

4. सीमेंट कंक्रीट 1 : 2 : 4—

सामग्रियां—मिलावा निष्क्रिय सामग्री (inert material) का होगा तथा साफ, सघन, कठोर मजबूत, टिकाऊ, अनवशोषक तथा मसाल से भली-भांति चिपकने योग्य होना चाहिए।

मोटा मिलावा तोड़े हुए कठोर पत्थर जैसे ग्रैनाइट या ऐसे ही किसी पत्थर का होना चाहिए। इसमें धूल, मिट्टी या कोई बाहरी पदार्थ नहीं होना चाहिए। पत्थर की रोड़ी 20 मि. मी. या उससे कम आकार की होगी तथा 5 मि. मी. के वर्गाकार छिद्रों वाली छलनी से नहीं छनेगी। यह भली-भांति अनुपातित होनी चाहिए तथा रिक्त (voids) 42 प्रतिशत से अधिक नहीं होना चाहिए। कंक्रीट की मोटाई तथा काम की प्रकृति के अनुसार रोड़ी निर्देशित आकार की होगी। भवन में 20 मि. मी आकार तथा सड़क निर्माण व स्थूल कार्य (mass work) में 40 से 60 मि. मी. तक माप की रोड़ी प्रयोग की जाती है।

बारीक मिलावा मोटी रेत का होगा। इसके कण कठोर, तीखे (sharp) तथा कोणिक (angular) होना चाहिए तथा 5 मि. मी. के वर्गाकार छिद्रों वाले छलनी से छन जाना चाहिए। रेत मानक विशिष्टियों की व साफ होनी चाहिए तथा इसमें धूल, मिट्टी तथा कार्बनिक पदार्थ नहीं होने चाहिए। समुद्र की रेत का प्रयोग नहीं किया जायगा। (यदि निर्दिष्ट हो तो बारीक मिलावा पत्थर के चुर्ण का भी हो सकता है।

सीमेंट मानक विशिष्टियों का ताजा पोर्टलैन्ड सीमेंट होनी चाहिए तथा उसमें आवश्यक तनाव तथा संपीडन सामर्थ्य तथा सूक्ष्मता (fineness) होनी चाहिए।

जल साफ होना चाहिए। इसमें कोई क्षारीय या आम्लीय पदार्थ नहीं होना चाहिए। जल पीने योग्य होना चाहिये।

अनुपात—कंक्रीट में सीमेंट : मोटा रेत : पत्थर के आयतन में अनुपात 1 : 2 : 4 होना चाहिये, यदि कोई और निर्दिष्ट न हो। 1 : 2 : 4 सीमेंट कंक्रीट की 7 दिन पश्चात् संपीडन सामर्थ्य (compressive strength) कम से कम 140 कि. ग्रा. प्रति वर्ग से. मी. होनी चाहिए।

पत्थर की रोड़ी तथा रेत बक्सों में भर कर आयतन के अनुसार मापी जायगी। सीमेंट को बक्से में भर कर मापने की आवश्यकता नहीं है। एक बोरी (50 कि. ग्रा.) सीमेंट का आयतन 1/30 घन. मी. माना जा सकता है। मापने वाले बक्स की भीतरी माप 30 से. मी. × 30 से. मी. × 38 से. मी. या 35 से.मी. × 35 से. मी. × 28 से. मी. होनी चाहिए जिससे इसका भीतरी आयतन एक बोरी सीमेंट के आयतन के बराबर हो। सब सामग्रियाँ सूखी होंगी। यदि रेत नम हो तो नम रेत के फूलने के कारण रेत की आवश्यक मात्रा अतिरिक्त ली जायगी। कंक्रीट का मिश्रण मशीन द्वारा किया जायगा। छोटे कामों के लिये कंक्रीट हाथ से भी मिलाई जा सकती है।

हाथ से मिश्रण (hand mixing)—मिश्रश पक्के चबूतरे या लोहे की चादर पर किया जायगा। 1 : 2 : 4 अनुपात की कंक्रीट बनाने के लिये पहले दो बक्से रेत तथा एक बोरी सीमेंट को सूखी अवस्था में भली-भाँति मिलाया जायगा। चार बक्से पत्थर की रोड़ी पर रेत व सीमेंट का मिश्रण डाला जायगा तथा फिर पत्थर तथा रेत व सीमेंट के मिश्रण को कम से कम तीन बार पलट कर मिलाया जायगा जिससे सारा मिश्रण समरूप हो जाय। फिर एक फुहारे से धीरे-धीरे थोड़ा-थोड़ा जल छोड़ा जायगा, तथा मिश्रण को मिलाया जायगा। प्रति बोरी सीमेंट में लगभग 25 से 30 लीटर तक आवश्यकतानुसार जल मिलाया जाता है जिससे आवश्यक सुकार्य मिश्रण तथा जल सीमेंट अनुपात (water cement ratio) का सुघट्य (plastic) मिश्रण बन जाय। जल डालकर कंक्रीट को कम से कम तीन बार पलट कर भली भांति मिलाया जायगा जिससे समरूप कंक्रीट बन जाय।

मशीन द्वारा मिश्रण—वांछित अनुपात के अनुसार पत्थर की रोड़ी, रेत व सीमेंट, सीमेंट-कंक्रीट मिश्रण (mixer) में डाली जायगी। 1 : 2 : 4 अनुपात की सीमेंट कंक्रीट बनाने के लिए पहले मिश्रण में चार बक्से पत्थर रोड़ी, फिर दो बक्से रेत व फिर एक बोरी सीमेंट डाली जायगी। तब मशीन को चलाया जायगा जिससे यह सामग्री सूखी मिल जाय। फिर आवश्यकतानुसार प्रति बोरी सीमेंट 25 से 30 लीटर तक जल कंक्रीट-मिश्रक में धीरे-धीरे डाला जायगा जिससे वांछित जल सीमेंट अनुपात आ जाय। मिश्रण पूरी तरह करना चाहिए। जिससे समान रंग की सुघट्य (plastic) कंक्रीट बन जाय। भली-भाँति मिश्रण होने में $1\frac{1}{2}$ से 1 मिनट का समय लगता है। मिश्रक में से सीमेंट कंक्रीट पक्के चबूतरे या लोहे की चादर पर गिराई जायगी। कंक्रीट मिश्रक में 15 से 20 बार प्रति घण्टा कंक्रीट मिश्रण की निकासी हो सकती है।

अवपात (slump)—जल की मात्रा का निश्चय करने तथा आवश्यक सुसंजनता (consistency) के लिए नियमित रूप से अवपात परीक्षण करना चाहिए। भवन के काम के लिए 7·5 से 10 से. मी. तक तथा सड़क निर्माण में 4 से 5 से. मी. तक अवपात हो सकता है।

तख्ताबन्दी या ढूला (from work)—कंक्रीट रोकने, आधार देने तथा कंक्रीट को यथा स्थान रखने के लिये कंक्रीट डालने से पहले ढूला (form work, centering and shuttering) बांधा जायगा।

ढला आवश्यकतानुसार व मानक विशिष्टियों का होना चाहिये। ढूले की भीतरी सतह पर लेप लगा दिया जायगा जिससे इसमें कंक्रीट न चिपके। कंक्रीट डालने से पहले आधार व ढूलें (base and form work) पर जल छिड़ककर उन्हें नम कर लिया जायगा। सामान्यतः 14 दिन तक ढूला नहीं हटाना चाहिये। वैसे पार्श्व तख्ते (side forms) कंक्रीट डालने के 3 दिन बाद हटाये जा सकते है ढूला धीरे-धीरे सावधानीपूर्वक हटाया जायगा जिससे कंक्रीट अपने स्थान से न हटे, न उसे कोई क्षति पहुंचे।

कंक्रीट डालना (laying)––कंक्रीट 15 से. मी. या उससे कम मोटी तहों में धीरे-धीरे डाली जायगी (फेंकी नहीं जायगी)। छड़ों से कोंचकर (pinning) तथा लकड़ी की भारी थापियों से कूटकर या यान्त्रिक कम्पित्र मशीनों (mechanical vibrating machine) द्वारा कंक्रीट का संघनन किया जायगा। [महत्वपूर्ण कामों में यान्त्रिक कंपित्रों (mechanical vibrators) से ही संघनन करना चाहिए। मोटी या घन कंक्रीट की कुटाई के लिए कंक्रीट में डूब जाने वाली कंपित्र (immersion type viberators) तथा कंक्रीट की पतली तहों के लिये सतह कंपित्र (surface vibrator) प्रयोग करनी चाहिए]। अधिक कम्पन से मोटा मिलावा कंक्रीट से अलग हो जाता है, अतः बहुत कम्पन नहीं करनी चाहिए। उचित समय के पश्चात् ढूला हटाने पर कंक्रीट की सतह में कोई जाली (honey combing) वायुछिद्र (air holes) या अन्य कोई खराबी नहीं होनी चाहिए।

कंक्रीट अनवरत (continuously) डाली जायगी। यदि विश्राम देने के लिये या अगले दिन के लिए कंक्रीट बिछाने का कार्य रोकना हो तो सिरे पर 30° के कोण का ढाल बनाकर ढाल की सतह खुरदरी कर दी जायगी जिससे बाद में उसमें जोड़ लग जाय। दुबारा कार्य प्रारम्भ करने पर पहले ढालू किये गये भाग को खुरच कर खुरदरा किया जायगा, उसे साफ करके जल डाला जायगा तथा फिर शुद्ध सीमेंट के घोल से लेप करके उस पर ताजा कंक्रीट बिछाया जायगा। जब कंक्रीट की तहें बिछानी हों तो निचली तह के कठोर (set) होने से पहले ही ऊपरी तह बिछा देनी चाहिए।

तराई (curing)––कंक्रीट डालने के लगभग दो घण्टे पश्चात् जब कंक्रीट कठोर होना आरम्भ हो तो उसे गीले बोरों या नम रेत से ढक कर 24 घण्टे तक नम रखा जायगा, तत्पश्चात् चारों ओर मिट्टी की 7·5 से. मी. ऊँची दीवारें बनाकर जल भर दिया जायगा या गीली रेत या गीली मिट्टी से ढककर उसे 15 दिन तक लगातार तर रखके कंक्रीट की तराई की जायगी। यदि निर्देश हो तो तराई का कार्य विशेष प्रकार के जल-सह कागज से ढक कर किया जा सकता है जिससे जल की भाप न बने।

नोट––(1) 1 : 3 : 6, 1 : 4 : 8, 1 : 5 : 10 आदि निर्बल (weak) सीमेंट कंक्रीट को चूना कंक्रीट (मद 2) की भांति पक्के चबूतरे पर चट्टा लगाकर माप करने (stack measurement) तथा हाथ से मिश्रण करने की अनुमति दी जा सकती है। नींव कंक्रीट या निर्बल कंक्रीट में ईंटों की रोड़ी या 40 मिमी. आकार की सस्ते पत्थर की रोड़ी प्रयोग की जा सकती है।

(2) सीमेंट कंक्रीट में जल की मात्रा स्थूल रूप से सीमेंट का 30% भार तथा कुल मिलावे के 5% भार के योग के बराबर ली जा सकती है। यदि यान्त्रिक कंपित्र से कंक्रीट की कुटाई करनी हो तो जल की उपरोक्त मात्रा में 20% कमी की जा सकती है।

5. प्रबलित सीमेंट कंक्रीट (R. C. C.)

इस्पात––प्रबलन छड़ें (reinforcing bars) नरम इस्पात की मानक विशिष्टियों के अनुसार होगी। छड़ों पर कोई संक्षारण (corrosion), अलग्न मोर्चा (loose rust), पपड़ी या खुरखुरापन (scale),

तेल, चिकनाइट, ग्रीज, पेन्ट आदि नहीं लगा होगा। इस्पात की छड़ें गोल होंगी तथा उन्हें दोहरा मोड़ देने से टूटनी नहीं चाहिये। अभिकल्प (design) तथा रेखाचित्र के अनुसार छड़ें सही-सही मोड़ी जायेंगी व उनमें हुक बनाये जायेंगे, तथा अपने सही स्थान पर रखकर 20 गेज (S. W. G.) के तापानुशीतित (annealed) इस्पात के तार से कसकर बांधी जायेंगी। छड़ें ठंडी दशा में ही धीरे-धीर समान गति से मोड़ी जायेंगी। 40 मिमी. या उससे अधिक व्यास की छड़ें हलका गरम करके मोड़ी जा सकती हैं तथा उन्हें जल में डुबोये बिना ही धीरे-धीरे ठंडा होने दिया जायगा। यथा संभव छड़ों में जोड़ नहीं लगने चाहिये। यदि जोड़ लगाना ही हो तो छड़ों के व्यास का 40 गुना परस्पर चढ़ाव (over lap) दिया जायगा तथा जोड़ पर मिलने वाली छड़ों के सिरों पर उचित हुक बनाये जायेंग। जोड़ एक ही रेखा में न होकर बिखरे हुये हों। मितव्ययिता के लिये छड़ें अनुमोदित विधि से वेल्डिंग करके जोड़ी जा सकती हैं। साधारणतय: मोटी छड़ें वेल्डिंग करके जोड़ी जाती हैं कंक्रीट डालते समय इस्पात छड़ों के नीचे तथा पार्श्व में कंक्रीट का उचित आवरण (cover) रखने के लिये छड़ों के नीचे व पार्श्व में 1 : 2 सीमेंट मसाले के पूर्व ढले (precast) गुटके रख दिये जायेंगे। यह गुटके 2·5 सेमी. × 2·5 सेमी. वर्गाकार होंगे तथा इनकी मोटाई कंक्रीट के आवरण की मोटाई के अनुसार होगी। धरनों में गुटकों की मोटाई 4 सेमी. से 5 सेमी. तक, स्लैबों (slabs) में 1 सेमी. से 2 सेमी. तक होगी। कंक्रीटी डालते समय तथा उसकी कुटाई करते समय प्रबलन छड़ें अपने स्थान से न हटें तथा जिस भाग में कंक्रीट डाला जा चुका हो वहाँ की छड़ें भी न हिलें।

तख्ताबन्दी या ढूला (centering and shuttering)—ढूला लकड़ी या इस्पात की प्लेटों का बनाया जाता है। ढूला झिर्री विहीन तथा कसा हुआ होना चाहिये जिससे उसमें से मसाला न निकले। इसमें आवश्यकतानुसार खभे (props), तानें (bracings) तथा पच्चड़ें (wedges) लगाई जायेंगी। ढूला दृण तथा स्थिर होना चाहिये जिससे कंक्रटी डालते समय वह टूट न जाये। ढूला इस प्रकार बांधना चाहिये की कंक्रीट जम जाने के पश्चात् उसे धीरे-धीरे ढीला किया जा सके व हटाया जा सके और उसे हटाते समय कंक्रीट न हिले। कक्रीट की सतह पर पलस्तर नहीं किया जायगा। ढूले के ऊपर तेल का लेप करना चाहिये य उस पर कागज बिछा देना चाहिये जिससे सतह साफ व चिकनी आये तथा कंक्रीट ढूले में न चिपके। स्लैब तथा धरन के ढूले में थोड़ी सी उभार (camber) दे देनी चाहिए। यह उभार 2·5 मी. में 1 सेमी. तथा अधिक से अधिक 4 सेमी. होगी। सामान्यतय: 14 दिन से पहले नहीं हटाना चाहिए (प्र. सी. कं. के खभों के लिये 4 दिन, छत की स्लैबों के लिए 10 दिन तथा धरनों के लिए 14 दिन)। ढूला धीरे-धीरे तथा सावधानी पूर्वक हटाया जायगा जिससे किसी भी भाग को क्षति न पहुँचे। (ढूले के विवरण के लिए आगे मद 29 देखें)।

सीमेंट कंक्रीट का अनुपात—यदि अन्यथा कोई निर्देश न हो तो स्लैबों, धरनों तथा लिंटलों में सीमेंट कंक्रीट का आयतन के अनुसार अनुपात 1 : 2 : 4 तथा स्तम्भों में 1 : $1\frac{1}{2}$: 3 होगा।

कंक्रीट के लिये सामग्री—सीमेंट, रेत तथा मोटा मिलावा मद 4 में सीमेंट कंक्रीट के अन्तर्गत दिये गये विवरण के अनुसार होंगे। यदि कोई और निर्देश न हो तो पत्थर रोड़ी का आकार 20 मिमी. में 6 मिमी. तक होना चाहिये।

मिश्रण—उपर्युक्त लिखित मद 4 सीमेंट कंक्रीट के अनुसार ही होगा।

बिछाना—कंक्रीट बिछाने से पहले, ढूला साफ तथा धूल, मिट्टी या अन्य बाहरी तत्वों से मुक्त होना चाहिये। कक्रीट अपनी जगह पर धीरे-धीरे डाली जायगी (फेंकी नहीं जायगी)। स्तंभों और दीवारों में निर्माण

जोड़ों से बचने के लिए, कंक्रीट पूर्ण ऊँचाई तक ढाली जायगी, यदि सम्भव हो । लेकिन कंक्रीट की ढलाई उर्ध्व दिशा में एक मीटर प्रति घंटे तक सीमित रक्खी जायगी । यह ध्यान रखना होगा कि मिश्रण और कंक्रीट ढालने के बीच का समय 20 मिनट से अधिक न हो जिससे कंक्रीट कठोर होना न शुरू हो जाय । जोड़ों में यदि तापमान 4° सेन्टिग्रेड से कम हो तो कंक्रीट का कार्य नहीं करना चाहिए । कंक्रीट को पाले (frost) से बचाना चाहिए और यदि कंक्रीट पाले से प्रभावित हुई हो तो उसे निकालकर फिर से करना चाहिए ।

कंक्रीट का संघनन यांत्रिक कंपित्र मशीन (mechanical vibrating machine) से किया जायगा, जब तक कि सघन कंक्रीट न प्राप्त हो । कम्पन कंक्रीट ढालने के पूरे समय तक किया जायगा । कंक्रीट कठोर होने से पहले ही संघनन पूर्ण हो जाना चाहिए, जो कि सूखे मिश्रण में पानी मिलाने के 30 मिनट के अन्दर होता है । जब कार्य फिर से शुरू हो तो, पहले की ढालू सतह को खुरदरा तथा साफ करके पानी का छिड़काव किया जायगा तथा फिर शुद्ध सीमेंट का लेप किया जायगा, तब ताजी कंक्रीट डाली जायगी । जब कंक्रीट कई तहों में बिछानी हो तो निचली तह कठोर होने से पहले ही ऊपरी तह बिछा देनी चाहिए ।

45 मीटर से अधिक लम्बी अधिरचनाओं को एक या एक से अधिक प्रसार-जोड़ों (expantion joints) द्वारा विभाजित किया जायगा ।

समापन––यदि निर्देशित (specified) हो तो बाहरी सतहों पर 1 : 3 सीमेंट रेत मसाले से अधिक से अधिक 6 मिमी. मोटा पलस्तर किया जायगा । पलस्तर ढूला हटाने के तुरन्त बाद ही किया जायगा जब कंक्रीट ताजी हो । पलस्तर करने से ठीक पहले कंक्रीट की सतह को तर करके उस पर शुद्ध सीमेंट के घोल का लेप कर देना चाहिये ।

माप––तैयार कार्य (finished work) का माप घन मी. में लिया जायगा तथा इसमें से इस्पात प्रबलन का आयतन नहीं हटाया जायगा । इस्पात प्रबलन अलग मद में कुन्तल में लिया जायगा । यदि पलस्तर किया गया है तो वह माप में नहीं लिया जायगा । प्र. सी. कं कार्य का दर ढूला तथा औजार व मशीनों सहित पूर्ण कार्य के लिये निर्धारित किया जायगा पर उसमें इस्पात का प्रबलन सम्मिलित नहीं होगा ।

नोट (1)––मद 4 में वर्णित सीमेंट कंक्रीट की सामग्रियों, मिश्रण तथा तराई की विशिष्टियों की संक्षेप में पुनरावृति करनी चाहिए ।

6. 1 : $1\frac{1}{2}$: 3 सीमेंट कंक्रीट का (2·5) सेमी. मोटा सील रोक रद्दा (D. P. C.)––

सामग्रियां––सील रोक रद्दा 1 : $1\frac{1}{2}$: 3 के अनुपात में सीमेंट, मोटे रेत तथा पत्थर की रोड़ी तथा सीमेंट के भार का 2% सेमसील (cem-seal) या इम्परमो (Impermo) या अन्य मानक जल रोधी योगिक (सेमसील-इम्परमों, एक्कोप्रूफ आदि 1 कि. ग्राम प्रति बोरी सीमेंट) का मिश्रण होगा । सील रोक रद्दा कुर्सी तल (plinth level) पर 2·5 सेमी. मोटी क्षैतिज तह के रूप में बिछाया जायगा । सीमेंट मानक विशिष्टियों का ताजा पोर्टलैंड सीमेंट होगा । रेत साफ, मोटी, 5 मिमी. तथा उससे कम आकार की होगी तथा पत्थर का मिलावा कठोर, चर्मल (tough), 20 मिमी. आकार का, भली-भाँति अनुपातित (well graded) तथा धूल व मिट्टी से मुक्त होना चाहिए ।

मिश्रण––पक्के चबूतरे या लोहे की चादर पर मिश्रण किया जायगा । सामग्रियां बक्सों से मापकर 1 : 1 $\frac{1}{2}$: 3 के अनुपात में मिलायी जायेंगी । पहले सीमेंट में जल रोधक योगिक की उचित मात्रा मिलाई जायगी

तथा फिर उसे सूखी रेत में $1 : 1\frac{1}{2}$ के अनुपात में सूखी अवस्था में भली भाँति मिलाया जायगा। सीमेंट तथा रेत के इस मिश्रण को पत्थर के मिलावे में इस प्रकार सूखा मिलायेंगे कि कुल मिश्रण में $1 : 1\frac{1}{2} : 3$ का अनुपात हो जाय फिर इतना साफ़ जल धीरे-धीरे तथा थोड़ा-थोड़ा करके डाला जायगा व मिश्रण किया जायगा कि उचित सुकार्य्य सघनता का सुघट्य (plastic) मिश्रण बन जाय। कम से कम तीन बार पलट कर मिश्रण मिलाया जायगा जिससे एक सी समरूप (homogeneous) कंक्रीट बन जाय।

कंक्रीट बिछाना--कुर्सी की सतह तल की अनुदैर्ध्य तथा आड़ी दिशा में जाँच की जायगी। सील रोक रद्दा बिछाने की जगह ईट के ऊपरी रद्दे में ईट का दिल्ला (frog) नीचे की ओर होगा। दोनों ओर मजबूत लकड़ी के बत्तों 2·5 से. मी. के मोटे पार्श्व फर्मे (forms) समुचित ढंग से तथा मजबूती से बांधे जायेंगे जिससे वह कंकीट को यथास्थान रोक सकें। कुटाई के समय फर्मा अपने स्थान से न हिले तथा मसाला फर्मों में से न निकले। फर्म के भीतरी सतह में तेल लगा दिया जायगा, जिससे कंक्रीट फर्मे से न चिपके। कंक्रीट डालने से पहले दीवार की सतह साफ की जायगी तथा चिनाई पर जल डालकर उसे तर कर लिया जायगा। मिश्रण के आधे घण्टे के अन्दर कंक्रीट बिछा देनी चाहिये तथा इसे ठोंक-ठोंक कर (by tamping) इसकी कुटाई करनी चाहिये जिससे यह सघन कंक्रीट बन जाय। कंक्रीट बिछाने के दो घंटे पश्चात् कंक्रीट की सतह खुरचकर खुरदरी कर दी जायगी जिससे ऊपर की दीवार के साथ इसका जोड़ बैठ जाय। सील रोक रद्दा बिना कोई जोड़ दिये अनवरत एक ही दिन में डाला जायगा। यदि जोड़ देना या कार्य रोकना आवश्यक ही हो जाय तो यह दरवाजों की देहलों या खाली स्थानों पर ही रोकना चाहिये। यदि जोड़ देना आवश्यक हो तो उसकी सतह ढालू बनाई जायगी। अगले दिन कंक्रीट डालने से पहले इसी ढालू सतह पर शुद्ध सीमेंट के घोल का लेप किया जायगा। तीन दिन पश्चात् फर्मा हटाया जा सकता है। फर्मा हटाने पर सील रोक रद्दे के किनारे ठोस साफ दिखाई देने चाहिये तथा उनमें कोई जाली (honey combing) नहीं दिखाई देनी चाहिये।

तराई—सील रोक रद्दे की तराई सात दिन तक जल डालकर तथा इसे गीला रखकर की जायगी। उसके पश्चात् इस रद्दे के ऊपर दीवार का निर्माण आरम्भ किया जायगा। ईट चिनाई आरम्भ करने से पहले सील रोक रद्दे की सतह साफ करके नम कर दी जायगी।

ऐस्फाल्ट लेपन (Painting with Asphalt) यदि निर्दिष्ट हो तो सील रोक रद्दे की ऊपरी सतह पर ऐस्फाल्ट के दो लेप किये जा सकते हैं। जब कंक्रीट सूखी हो तब सतह पर गर्म ऐस्फाल्ट की पहली तह 1·5 किग्रा. प्रति वर्ग मी. के हिसाब से सामान मोटाई का लेपन किया जायगा। इस पर पतली तह में मोटी रेत तुरन्त बिछा कर (blinding) सतह हल्का-हल्का ठोंक दिया जायगा। तत्पश्चात् गर्म ऐस्फाल्ट की दूसरी तह 1 किग्रा. प्रति वर्ग मी. के हिसाब से समान मोटाई का लेपन किया जायगा तथा इस पर तुरन्त मोटी रेत बिछा कर हल्का-हल्का ठोंक दिया जायगा।

दो सेमी. मोटा सील रोक रद्दा—सील रोक रद्दा मानक जल रोधक योगिक युक्त 1 : 2 सीमेंट तथा मोटी रेत के मसाले की दो सेमी. मोटी तह डालकर भी बनाया जा सकता है। मिश्रण, बिछाना, तराई आदि उपरोक्त विधि से ही की जायगी। इसके किनारे का फर्मा दो सेमी. मोटा होगा।

7. प्रथम श्रेणी की ईट चिनाई--

ईटें--सब ईटें मानक विशिष्टियों की प्रथम श्रेणी की होंगी। वे अच्छी मिट्टी की, भली भांति पकी हुई तथा गहरे चेरी लाल (cherry red) या तांबे के रंग की होंगी। ईटें व्यवस्थित आकार की होंगी तथा

उनके किनारे तीखे वर्गाकार होंगे। दो ईंटों को आपस में टकराने पर धात्विक ध्वनि निकलनी चाहिये। ईंटों में कोई चिटकपन दोष या गांठे नहीं होनी चाहिये। एक घण्टे तक पानी में डुबोने पर ईंटें अपने भार के छठे भाग से अधिक जल अवशोषण न करें। ईंटों की न्यूनतम संदलन सामर्थ्य (minimum crushing strength) 105 किग्रा. प्रति वर्ग से. मी. होनी चाहिये।

मसाला--मसाला निर्देशानुसार होना चाहिये तथा मसाले में प्रयोग की जाने वाली सामग्रियां मानक विशिष्टियों के अनुसार होनी चाहिये।

सीमेंट मसाले के लिए सीमेंट मानक विशिष्टियों की ताजी पोर्टलैण्ड सीमेंट होनी चाहिये। रेत तीखी, साफ तथा कार्बनिक व बाहरी पदार्थों से मुक्त होनी चाहिये, सघन (rich) मसाले में मोटी या मध्यम आकार की रेत तथा निर्बल (weak) मसाले में स्थानीय बारीक रेत प्रयोग की जा सकती है। सीमेंट रेत मसाले का अनुपात निर्देशानुसार (1 : 3 से 1 : 6) हो सकता है। मसाले में प्रयुक्त होने वाली सामग्रियां पहले वांछित अनुपात में मापी जायेंगी तथा फिर इन्हें पक्के चबूतरे पर सूखा मिलाया जायगा, जिससे सारे मिश्रण का रंग समरूप हो जाय। फिर इसमें थोड़ा-थोड़ा जल धीरे-धीरे डाल कर मिलाया जायगा, तथा इसे कम से कम तीन बार पलट कर भली भांति मिलाया जायगा जिससे उचित सुकार्यता का मसाला बन जाय। ताजा मिश्रित मसाला ही प्रयोग किया जायगा, पुराने तथा रखे हुये मसाले का उपयोग नहीं किया जायगा। केवल एक घण्टे में उपयोग हो सकने योग्य मसाले में ही जल मिलाया जायगा, जिससे जमना (setting) आरम्भ होने से पहले ही मसाले का उपयोग कर लिया जाय।

यदि ऐसा निर्देश हो तो चूना व सुर्खी (या रेत या राखी का) मसाला निश्चित अनुपात में मसाला चक्की (mortar mill) में कम से कम तीन घण्टे पीस कर उसी दिन प्रयोग किया जा सकता है। चूना ताजा तथा निर्माण स्थल पर बुझा व छना हुआ होना चाहिये। ताजा मिश्रित मसाला 24 घण्टे के अन्दर प्रयोग कर लिया जायगा, पुराना तथा रक्खा हुआ मसाला प्रयोग नहीं किया जायगा। छोटे कार्यों के लिये चूना मसाला ऊपर सीमेंट मसाले के अन्तर्गत वर्णित विधि से हाथ से भी मिलाया जा सकता है। [चूना व सुर्खी (या रेत या राखी) के मसाले का अनुपात निर्देशानुसार 1 : 2 से 1 : 3 तक हो सकता है]।

ईंटों को जल में भिगोना—ईंटों को प्रयोग करने से पहले उन्हें कम से कम 12 घण्टे तक किसी हौज में भिगोये रक्खा जायगा। ईंटों को तब तक भिगोया जायगा जब तक उनमें से हवा के बुलबुले निकलना बन्द न हो जायें।

चिनाई कार्य--यदि अन्यथा कोई निर्देश न हो तो ईंटें अंग्रेजी चाल (English bond) में भली भांति बद्ध (well bonded) लगाई जायेंगी। प्रत्येक रद्दा बिल्कुल क्षैतिज होना चाहिये तथा दीवार पूरी तरह साहुल (plumb) में होना चाहिए। क्रमिक रद्दों के ऊर्ध्व जोड़ एक दूसरे के ऊपर नहीं होने चाहिए। एकान्तर रद्दों में ऊर्ध्व जोड़ एक दूसरे के सीधे ऊपर होने चाहिए। टूटी हुई या विनिष्ट ईंटें प्रयोग नहीं की जायेंगी। ईंटों की डेली (closers) साफ कटी हुई ईंटों की होनी चाहिए। डेली दीवारों के किनारे के पास लगाई जायगी परन्तु बाहरी किनारे पर नहीं। सामने का फलक बनाने के लिए चुनी हुई सबसे अच्छे आकार की ईंटें प्रयोग की जायेंगी। मसाले के जोड़ों की मोटाई 6 मि. मी. होनी चाहिये तथा जोड़ों में मसाला पूरी तरह भरा होना चाहिए। ऊपरी रद्दे के अतिरिक्त अन्य सभी रद्दों में ईंटों का दिल्ला (frogs) ऊपर की ओर रक्खा जायगा। केवल सबसे ऊपर के रद्दे में दिल्ले नीचे की ओर रक्खे जायेंगे। दीवार की चिनाई एक मीटर से अधिक एक साथ

नहीं की जायगी। यदि दीवार के किसी भाग में चिनाई रोकाना हो तो 45° के कोण पर पैड़ी (steping) छोड़ देना चाहिए। किसी भी रद्दे में ईंटें $\frac{1}{4}$ ईंट से अधिक बाहर नहीं निकलनी चाहिए। दिन का कार्य समाप्त होने पर सभी जोड़ों को खुरचकर दीवार के फलक (faces) साफ कर देने चाहिए।

तराई--चिनाई के बाद उसे कम से कम 10 दिन तक तर रखना चाहिए। प्रति दिन कार्य समाप्त होने पर दीवार के सबसे ऊपरी सतह पर निर्बल मसाले से किनारे बनाकर जल भर देना चाहिए तथा इसमें कम से कम 2·5 से. मी. गहरा जल रहना चाहिए।

रक्षण (protection)—निर्माण के दौरान तथा चिनाई के ताजे रहने तक जब तक इसे क्षति पहुँचने की संभावना रहती है, तब तक धूप, वर्षा, पाला आदि से इसका बचाव करना चाहिए।

पाड़ (scaffolding)—चिनाई की दीवार के सुविधापूर्वक निर्माण के लिये आवश्यकतानुसार उपयुक्त पाड़ बांधी जायगी। पाड़ दृढ़ तथा मजबूत होना चाहिए तथा इसके आधार व अन्य अवयव (members) इतने दृढ़ होने चाहिए कि वे पाड़ पर पड़ने वाले सभी बोझों को सहन कर सकें।

माप--चिनाई घन मी. में मापी जायगी। विभिन्न मसालों से विभिन्न प्रकार की चिनाई अलग-अलग मदों के अन्तर्गत ली जायगी। दीवार की मोटाई आधी ईंट के गुणक के रूप में जैसे आधी ईंट की 10 से. मी. एक ईंट की 20 से. मी. डेढ़ ईट की 30 से. मी. ली जायगी। दर, पाड़ तथा सभी औजारों तथा मशीनों सहित पूरे कार्य के लिए निर्धारित किया जायगा।

डाट में चिनाई (brick work in arch)--उपतोक्त विशिष्टियों के अतिरिक्त किस प्रकार की डाट बनेगी तथा अनगढ़ डाट (rough arch) या अधगढ़ डाट (axed arch) या सुघड़ डाट (gauged arch), तथा डाट के ढूला या तख्ताबन्दी की विशिष्टियां भी देनी चाहिए।

8. द्वितीय तथा तृतीय श्रेणी की चिनाई--

द्वितीय श्रेणी की ईट चिनाई के लिये द्वितीय श्रेणी की ईटें प्रयोग की जायेंगी। मसाला निर्देशानुसार कंकड़ चूने या सफेद चूने तथा सुर्खी (या रेत या राखी) का 1 : 2 से 1 : 3 अनुपात का होगा। मसाले के जोड़ों की मोटाई 10 मि. मी. से अधिक नहीं होना चाहिए। प्रयोग के पहले कम से कम 3 घंटे तक ईट जल में डूबी रहनी चाहिये। अन्य विवरण उपरोक्त मद 7 में वर्णित विवरण के अनुसार ही होंगे।

यदि अन्यथा कोई निर्देश न हो तो तृतीय श्रेणी की ईट चिनाई में तृतीय श्रेणी की ईंटें लगायी जायेंगी। मसाला निर्देशानुसार बनाया जायगा तथा मसाले के जोड़ 12 मि. मी. से अधिक मोटे नहीं होंगे। प्रयोग से पहले ईटों को जल में डुबो लेना चाहिए।

9. मिट्टी के गारे से ईंट चिनाई—

ईटें निर्देशानुसार द्वितीय या तृतीय श्रेणी की होंगी। गारा चर्मल (tenacious) प्रकार की चुनी हुई मिट्टी से बनाया जायगा, जिससे वह ईटों में चिपक जाय तथा उन्हें जोड़े रख सके। कम से कम एक दिन पहले मिट्टी को जल में तर कर देना चाहिए तथा फिर मजदूरों को जल डाल-डालकर इसे पैरों से रौंदना चाहिए जब तक कि उसमें कोई ढेले न रहें तथा गारे का एक सुघट्य मिश्रण बन जाय। जोड़ 12 मि. मी. से अधिक मोटे नहीं होने चाहिए। प्रयोग से पहले ईटों को जल में डुबोना जरूरी नहीं है। ईटें अंग्रेजी चाल (English bond) में लगाई जायगी। एक समय में 60 से. मी. से अधिक ऊंची चिनाई नहीं की जायगी। दीवारें पूरी तरह साहुल में होनी चाहिये तथा प्रत्येक रद्दा पूरी तरह क्षैतिज होना चाहिये। ईटें लगाने, रक्षण, पाड़ तथा माप के अन्य विवरण मद 7 के अनुसार ही होंगे।

10. प्रबलित ईट चिनाई (Reinforced Brick Work)—

सामग्रियां—ईटें शुद्ध प्रथम श्रेणी की होनी चाहिये तथा प्रथम श्रेणी की चुनी हुई ईटों का प्रयोग किया जायगा। मसाला 1 : 3 अनुपात में सीमेंट तथा मोटी रेत मिलाकर बनाया जायगा। सीमेंट ताजा पोर्टलैण्ड सीमेंट होगा रेत मोटी 5 मि. मी. तथा उससे कम आकार की तीखी (sharp), साफ तथा धूल, मिट्टी आदि पदार्थों से मुक्त होगी। इस्पात प्रबलन मद 5 में वर्णित मानक विशिष्टियों के अनुसार होगा।

तख्ताबन्दी या ढूला—ढूला तथा तख्ताबन्दी तख्ते या बांस एक साथ सपाट बांधकर बनाया जायगा और यह धरनों पर आलम्बित होगी। ढूले तथा तख्ताबन्दी के ऊपर 2·5 से. मी. मोटी मिट्टी की तह बिछाई जायगी और उसके ऊपर बालू का हल्का सा छिड़काव किया जायगा। ढूला निर्माण में सरल होना चाहिये जिससे कि यह कंक्रीट को बिना हिलाये सुविधापूर्वक हटाई जा सके। तख्तों को स्लैब के धारक से अलग रखना होगा और यह केवल आड़ी धरनों पर आलम्बित होगी। तख्तों को बहुत करीब-करीब नहीं बिछाया जायगा जिससे यह आपस में कसकर न बैठ जाय। आड़ी धरनों को दीवार में छोड़े गये खुले स्थानों में घुसेड़ दिया जायगा और बीच-बीच में बल्लियों या अस्थायी ईट के स्तम्भों द्वारा आलम्बित किया जायगा। ढूले के ऊपरी सतह में थोड़ा सा उभार (camber) दे देना चाहिए। स्लैब के लिये यह उभार 30 से. मी. में 2 मि. मी. और अधिक से अधिक 3 से. मी. तथा लिन्टल के लिये 80 से. मी. से 1·5 मि. मी. और अधिक से अधिक 4 से. मी. होगा।

मसाले का मिश्रण—1 : 3 अनुपात का सीमेंट व रेत का मसाला बनाने के लिये पहले सीमेंट व रेत को सूखा मिलाया जायगा। इसमें थोड़ा-थोड़ा पानी धीरे-धीरे मिलाया जायगा तथा कम से कम तीन बार पलट कर मसाले को भली भाँति मिलाया जायगा। इसे इतना मिलाया जायगा कि उपयुक्त सघनता का एक सा सुघट्य मिश्रण बन जाय जिससे मसाला प्रबलन छड़ को चारों ओर से लपेट ले। जल की मात्रा प्रति बोरी सीमेंट में 25 लीटर से अधिक नहीं होनी चाहिये। मसाले को प्रयोग में लाने के तुरन्त पहले मिलाया जायगा और 30 मिनट के अन्दर प्रयोग में लाया जायगा। बासी मसाले का उपयोग नहीं किया जायगा।

चिनाई—ईटों की चिनाई करने से पहले उन्हें कम से कम 6 घण्टे तक जल में डुबो रखना चाहिये। ढूले पर ईटों के दिल्ले नीचे की ओर रखकर प्रबलन के समानान्तर सीधी रेखा में बिछाया जायगा। दो पक्ति ईटों के बीच में मसाले व छड़ के लिये आवश्यक खाली स्थान रखा जायगा। दीवार के भीतरी किनारे पर कोई ऊर्ध्व जोड़ नहीं आना चाहिए। जिस जोड़ में प्रबलन छड़ डालना हो उसमें ईटों के बीच कम से कम छड़ के व्यास का चौगुना खाली स्थान होना चाहिए जिससे इस्पात छड़ों के सब ओर 12 मि. मी. मसाले का आवरण हो जाय। सामान्यतयः इन जोड़ों की मोटाई 32 मि. मी. से 40 मि. मी. तक होगी। जिन जोड़ों में इस्पात की छड़ें न डालनी हों उनकी मोटाई 10 से 12 मि. मी. तक हो सकती है। प्रबलित ईट चिनाई स्लैब की धारक की मोटाई स्लैब की मोटाई के बराबर तथा कम से कम 12 से. मी. होनी चाहिये।

जब पूरे क्षेत्र में ईटें यथास्थान बिछाई जा चुके तो ईटों के बीच के रिक्त स्थानों में 2·5 से. मी. ऊँचाई तक ताजा मिश्रित सीमेंट मसाला भरा जायगा। अभिकल्पन के अनुसार सही माप की कटी, मुड़ी तथा हुकयुक्त

प्रबलन छड़ें जोड़ के बीचो-बीच में रख कर दबा दी जाती है जिससे वे मसाले में इतनी धंस जाय कि उनके नीचे 12 मि. मी. मोटाई तक मसाला रह जाय। फिर जोड़ों में ताजा मसाला ऊपर तक भर देना चाहिए। नये चिनाई किये गये भागों को न तो हिलाया जायगा न इन पर चला जायगा। प्रत्येक स्लैब एक साथ ही डाली जायगी यह ध्यान रखना होगा कि प्रबलन हर तरफ से मसाले से ढका हो।

ढूला या तख्ताबन्दी 10 दिन पश्चात धीरे-धीरे सावधानीपूर्वक हटाई जायगी जिससे चिनाई को झटका न लगे। ढूला हटाने पर यदि कार्य दोषपूर्ण मालूम हो, तथा काफी छड़ें मसाले के बाहर निकली हुई हों तथा दिखाई देती हों तो स्लैबों को तोड़कर नये सिरे से बनाया जायगा। इस दशा में अलग से भुगतान नहीं किया जायगा। यदि छड़ें केवल कुछ ही स्थानों पर निकली हुई हों, तो ढूला हटाने के तुरन्त बाद, जब चिनाई ताजी हो तो रिक्त स्थानों में 1 : 2 सीमेंट मसाला भर कर उससे छड़ें ढक दी जायेंगी।

यदि ईंटों, की दो तहें बिछानी हों तो निचली तह में चिनाई करने के तुरन्त बाद ऊपरी तह में 10 मिमी. मोटे जोड़, रखकर चिनाई की जा सकती है। यदि ऊपरी तह में ऊपरी छड़ें डालनी हों तो ऊपर वाली तह में भी निचली तह के समान ही मोटे जोड़ दिये जायेंगे।

यदि निर्दिष्ट हो तो, अधिक संपीडक सामर्थ्य लाने के लिये प्रबलित ईट चिनाई की एक तह पर 2·5 से. मी. से 4 से. मी. तक मोटी सीमेंट कंक्रीट 1 : 2 : 4 अनुपात की तह बिछाई जा सकती है।

तराई—मद 4, पृष्ठ 534 के समान।

माप—मद 5, पृष्ठ 536 के समान।

समापन—नीचे तथा किनारों पर ढूला खोलने के तुरन्त बाद 1 : 3 सीमेंट व मोटी रेत के ताजा मिश्रित मसाले से कम से कम 12 मि. मी. मोटा पलस्तर किया जायगा। पलस्तर करने से पहले सतह को जल से तर किया जायगा तथा पलस्तर करने से ठीक पहले उस पर शुद्ध सीमेंट के घोल का लेप किया जायगा।

11. **पलस्तर (सीमेंट मसाले या चूना मसाले का)—**

ईट चिनाई में जोड़ों को 18 मि. मी. गहरा खुरच डालना चाहिये। फिर दीवार की सतह को धोकर साफ कर देना चाहिये तथा पलस्तर करने से पहले दो दिन तक जल से तर रखना चाहिये।

निर्देशानुसार मसाले में प्रयोग होने वाली सामग्रियाँ—सीमेंट तथा रेत, या चूना तथा सुर्खी या रेत, या ककड़ का चूना, मादक विशिष्टियों के अनुसार होना चाहिये। सामग्रियाँ निर्धारित अनुपात में नापकर पहले सूखी अवस्था में मिलाई जायेंगी फिर धीरे-धीरे थोड़ा-थोड़ा जल डालकर भली भाँति मिलाया जायगा।

पलस्तर की मोटाई निर्देशानुसार तथा साधारणतयः 12 मि. मी. होती है। पलस्तर की मोटाई समान रखने के लिये एक-एक मी. की दूरी पर 15 सेमी. × 15 सेमी. के पैवन्द या 2 मीटर की दूरी पर 10 सेमी. चौड़ी पलस्तर की पट्टियाँ दीवार पर बना दी जाती हैं। पहले सतह पर मसाले का छपाका मारकर मसाला दबा दिया जायगा फिर कन्नी (trowel) और समतलक (float) से सतह समान व चिकनी कर ली जायगी। दीवार पर ऊपर से नीचे की ओर पलस्तर करना आरम्भ किया जायगा। दीवारों पर पलस्तर करने से पहले ही अंतश्छद (ceiling) पर पलस्तर कर लेना चाहिये। सब किनारों व कोनों पर गोलाई बना दी जाती है। पलस्तर की हुई सतह 10 दिन तक जल से तर रखी जायगी। वर्षा, धूप, पाले आदि से सतह की रक्षा करनी चाहिये।

आदर्श-पलस्तर के लिये, पलस्तर तीन तहों में करना चाहिये। पहली तह या अस्तर तह (rendering) 10 मि. मी. मोटी, दूसरी मध्यम तह 10 मि. मी. से 6 मि. मी. तक मोटी तथा ऊपरी तह 5 से 6 मि. मी. तक मोटी होनी चाहिये। इस प्रकार पलस्तर की कुल मोटाई 20 मि. मी. होनी चाहिये। खुरची हुई, साफ व तर की हुई सतह पर छपाका मारकर पहली तह लगाई जायेगी व लकड़ी के समतलक (float) से इसे मोटे तौर पर समतल कर दिया जायगा। इसे कम से कम 2 दिन तर रखा जायगा। जब पहली तह अधिक जम जाय तो सतह को नम करके पलस्तर की दूसरी तह की जाती है। सतह को समतल करके लकड़ी के समतलक से हल्का सा खुरदरा कर देते हैं जिससे ऊपरी तह इससे चिपकी रह। दूसरी तह को 2 दिन तक जल से तर रखा जायगा तब सूखने दिया जायगा। फिर दूसरी तह को जल से तर करके तीसरी तह लगाई जाती है व इसे समतलक व कन्नी से समतल व चिकना कर दिया जाता है।

कार्य का परीक्षण बारम्बार फट्टी तथा साहुल पिण्ड (plumb bob) से किया जाना चाहिए। दिन के अन्त में पलस्तर जहां शेष होगा, यहां पलस्तर को एक साफ रेखा में काटकर छोड़ दिया जायगा। जब दूसरे दिन का कार्य शुरू करना हों तो पुराने पलस्तर को खुरचकर साफ करके उसमें सीमेंट के घोल का लेप किया जायगा। दिन के अन्त में पलस्तर को दीवार के सतह पर किनारों से 15 से. मी. से अधिक दूरी पर शेष किया जायगा।

जब पलस्तर काफी जम जाये तब इसकी तराई की जायगी। पलस्तर कम से कम 10 दिन तक तर रखा जायगा। खराब पलस्तर को आयताकार आकार में निकाल कर फिर से किया जायगा।

यदि निर्दिष्ट हो तो इस कार्य में कुशल कारीगर रखकर आवश्यक औजारों द्वारा सतह पर विभिन्न प्रकार की सज्जा, जैसे खुरदरी गठन (scraped texture), कैन्वेस गठन (canvas texture), कार्क जैसी गठन (cork float texture), लहरियादार धारीयुक्त गठन (wavy combed finish), समकेन्द्री चाप सज्जा (concentric arc finish), आदि बनाई जा सकती है।

नोट--पलस्तर के लिये निम्नलिखित अनुपाती का मसाला प्रयोग किया जा सकता है--

सीमेंट व रेत का मसाला--1 : 3, 1 : 4, 1 : 5, 1 : 6

सीमेंट, चूना व रेत का मसाला--1 : 3 : 6, सीमेंट चूना : रेत

चूना व सुर्खी या रेत का मसाला--1 : 1, 1 : 2

कंकड़ के चूने का मसाला--केवल कंकड़ का चूना।

अंतश्छद पर पलस्तर के लिये साधारणतयाः सीमेंट व मोटी रेत का 1 : 3 मसाला प्रयोग किया जाता है। सीमेंट चूना और रेत का मिला हुआ मसाला धीरे-धीरे जमता है तथा सीमेंट रेत के मसाले से अच्छी सुकार्यता होती है।

माप--माप के लिये अध्याय 14 माप की विधि देखें।

12. टीप करना सीमेंट मसाला या चूने का मसाला--

ईट चिनाई के जोड़ों को 2 सेमी. गहराई तक खुरच कर दीवार की सतह को धोकर साफ करना चाहिये तथा टीप करने से पहले दो दिन तक नम रखना चाहिये।

मसाले की निर्दिष्ट सामग्रियां अर्थात सीमेंट व रेत या चूना तथा सुर्खी या रेत या कंकड़ चूना मानक विशिष्टियों के अनुसार होना चाहिए। मसाले की सामग्रियों को बक्सों से निर्दिष्ट अनुपात में (सीमेंट रेत मसाले के लिए 1 : 2 या 1 : 3, चूना व सुर्खी मसाले के लिए 1 : 1, तथा कंकड़ चूना) माप कर सूखी अवस्था में भली भांति मिलाया जायगा तथा फिर धीरे-धीरे थोड़ा-थोड़ा करके जल मिलाया जायगा जब तक कि मसाला भली भांति न मिल जाय।

जोड़ों में आवश्यकता से थोड़ा अधिक मसाला भरा जायगा तथा वांछित आकार के उपयुक्त औजार से इसे दबाया जायगा। ईंटों के फलकों पर मसाला नहीं लगना चाहिए तथा ईंट के किनारे बिल्कुल स्पष्ट मालूम होने चाहिये। टीप के बाद कम से कम 7 दिन तक सतह को जल से तर रखना चाहिए।

भरवां टीप (flush pointing)—खुरचकर साफ किये हुए व तर किए हुए जोड़ों में मसाला भरकर दबाया जायगा तथा उन्हें ईंटों के किनारों की सीध में ही समापित किया जायगा। टीप देखने में चिकनी लगनी चाहिए। ईंटों के किनारे पर टीप कन्नी और फंटी (straight edge) से सफाई से बनानी चाहिए।

पख टीप (Ruled pointing)—खुरच कर साफ किए हुए व तर किये हुए जोड़ों में मसाला भरकर इस्पात का संरूपण औजार (forming tool) जोड़ों की मध्य रेखा में एक सीध में चलाया जायगा जिससे जोड़ में निश्चित आकार का 5 मि. मी. तक गहरा खांचा बन जाय। क्षैतिज रेखाओं को लम्ब दिशा में ऊर्ध्व जोड़ों में भी इसी प्रकार टीप की जायगी। समापित कार्य देखने में साफ सुथरा लगना चाहिये तथा किनारे सीधे होनी चाहिये।

ढलवाँ टीप (Weather of struck pointing)—खुरचकर साफ किये हुए व तर किये हुए जोड़ों में मसाला भरकर क्षैतिज जोड़ों में एक टीप बनाने के औजार (pointing tool) से मसाला इस प्रकार दबाया व समापित किया जायगा कि जोड़ में ऊपर से नीचे की ढाल हो। ऊर्ध्व जोड़ों में पख टीप (ruled pointing) की जायगी।

उभरी टीप (Raised or tucken pointing)—खुरचकर साफ किये हुये व तर किये हुए जोड़ों में खुरचे हुए भाग से अधिक मसाला भरा जायगा। जिससे उभरी बेंड (bands) बन सकें। इस मसाले को दबाते हुए एक उपयुक्त औजार एक ओर से दूसरी ओर ले जाया जायगा जिससे 6 मि. मी. उभरी हुई व 10 मि. मी. चौड़ी या निर्देशानुसार आकार की उभरी हुई बेंड बन जाय।

13. चूने का पनिंग करना (Lime punning)—

पत्थर के सफेद चूने और शंख चूने (shell lime) को निर्माण स्थल पर बुझाकर 3 भाग पत्थर का चूना व 1 भाग शंख चूना लेकर सूखा मिलाया जायगा व फिर एक बाल्टे में डालकर इस मिश्रण में पर्याप्त जल मिलाया जायगा। फिर इसे एक मोटे कपड़े में से छानकर दूसरे पात्र में रखा जायगा। इस घोल को 7 दिन तक रखा रहना चाहिये। तत्पश्चात ऊपर का साफ जल निथार कर (decanted) निकाल दिया जायगा, चूने का मक्खन जैसा पेस्ट दीवार पर लगाने के लिये निकाल लिया जायगा तथा तलछट को बर्तन में ही छोड़ दिया जायगा। दीवार की सतह को भली भांति साफ करके जल से नम कर दिया जायगा। फिर उचित सुकार्यता का चूने का बनाया हुआ पेस्ट कन्नी से सामान मोटाई की तह के रूप में लगाया जायगा। इस तह को लोहे की कन्नी से रगड़ कर कठोर, चिकनी व चमकीली सतह बना दी जायगी। समापन के पश्चात् सतह को 7 दिन तक जल

से नम रखा जायगा। जब दीवार पर पलस्तर जमकर कठोर हो जाय तभी पलस्तर की हुई दीवार की चिकनी सतह पर चूने का पनिग लगाया जायगा।

14. 2·5 से. मी. मोटा सीमेंट कंक्रीट फर्श—

सीमेंट कंक्रीट का अनुपात 1 : 2 : 4 या 1 : 1½ : 3 या निर्देशानुसार होगा। सीमेंट मानक विशिष्टियों का ताजा पोर्टलैण्ड सीमेंट होना चाहिए। मोटा मिलावा (ग्रिट) 20 मि. मी. आकार का कठोर तथा चर्मल (tough) (ग्रेनाइट पत्थर का), भली भांति अनुपाततित (well graded) तथा धूल, मिट्टी आदि से मुक्त होना चाहिए। रेत मोटी अधिक से अधिक 5 मि. मी. आकार की भली भांति अनुपातित, साफ तथा धूल, मिट्टी व आग्रेनिक पदार्थों से मुक्त होना चाहिए।

फर्श को समतल करके 1 मी. × 2 मी. अधिकतम आकार के भागक में बांट दिया जायगा। 3 मि. मी मोटी तथा फर्श की मोटाई के बराबर गहराई के कांच के या एलुमिनियम की पट्टियां आधार में सीमेंट मसाले से लगायी जायेंगी। पानी निकलने के लिए फर्श में उचित उभार देना चाहिए।

कंक्रीट का मिश्रण हाथों से या यांत्रिक मिश्रक द्वारा किया जायगा। हाथों से मिलाने में, निश्चित अनुपात में सीमेंट व रेत को सूखा मिलाकर बजरी की निश्चित मात्रा बक्सों द्वारा मापकर सूखी अवस्था में मिलाया जायगा। फिर जल की आवश्यक मात्रा धीरे-धीरे थोड़ी-थोड़ी करके मिलायी जायगी तथा मिश्रण भली भांति मिलाया जायगा जिससे समरूप व सुघट्य मिश्रण बन जाय। पानी की मात्रा प्रति बोरी सीमेंट में 30 लीटर से अधिक नहीं होनी चाहिए। एक बार में केवल एक भागक में प्रयोग के लिए कंक्रीट का मिश्रण किया जायगा। एकान्तर भागक एकान्तर दिनों में बिछाये जायेंगे। फर्श दो तहों में बिछायी जायगी। निचली तह 22 मि. मी. मोटी तथा ऊपरी तह 3 मि. मी. मोटी होगी। फर्श के आधार को खुरदरा करके साफ किया जायगा उसे जल डालकर नम किया जायगा तथा सीमेंट के घोल का लेप किया जायगा। फिर धीरे-धीरे समान मोटाई की कंक्रीट बिछाकर लकड़ी की थापियों से कूटा जायगा तथा फिर कंक्रीट की सतह को लकड़ी के भारी फंटी से संघनन किया जायगा। फिर लकड़ी के समतलकों से सतह चिकनी कर दी जायगी और यदि कहीं फर्श ऊंचा-नीचा होगा तो 1 : 2 सीमेंट रेत मसाले से ठीक कर दिया जायगा। अंत में सतह का समापन लकड़ी या इस्पात के समतलकों से थोड़ा मसाला डालकर किया जायगा। किसी भी भागक में कंक्रीट डालने का काम 30 मिनट में पूरा हो जाना चाहिए। फर्श बनाने के बाद 2 घण्टे तक सतह को बिलकुल नहीं छेड़ा जायगा। फिर इसे गीले बोरों से ढाक दिया जायगा तथा 24 घण्टे बाद इसके चारों ओर मिट्टी की मेड़ बनाकर जल भरदिया जायगा। जल सात दिन तक भरा रहेगा। यदि निर्दिष्ट हो तो फर्श पर पालिश भी की जायगी। यह ध्यान रखना होगा कि एक ही प्रकार का सीमेंट पूरे फर्श में प्रयोग किया जाय और मसाले के अनुपातों को समान रखा जायगा जिसमें समान रंग का फर्श तैय्यार हो। फर्श और दीवारों के जोड को गोलाई दे दी जायगी।

रंगीन फर्श—रंगीन फर्श बनाने के लिए फर्श का समापन रंगीन सीमेंट से या तीन भाग सीमेंट व एक भाग रंग या 4 : 1 के अनुपात में सीमेंट में रंग मिलाकर उस सीमेंट से किया जायगा। यदि पालिश फर्श बनाना हो तो घिसाई व पालिश के लिए समापन सीमेंट सतह की मोटाई 1·5 मि. मी. से अधिक होनी चाहिए।

आधार—भवन के प्रथम तल में (ground floor) सीमेंट कंक्रीट फर्श मानक विशिष्टियों के अनुसार चूना कंक्रीट या निर्बल सीमेंट कंक्रीट के 7·5 से. मी. मोटे आधार पर डाला जायगा। यदि आधार चूना कंक्रीट

का हो तो इसे जमने के लिए 7 दिन तक छोड़ देना चाहिए और यदि आधार निर्बल सीमेंट कंक्रीट का हो तो 48 घण्टे के अन्दर ही फर्श का कार्य शुरू कर देना चाहिए।

यदि भवन के द्वितीय तल या अन्य किसी तल पर प्रबलित सीमेंट कंक्रीट के स्लैब पर सीमेंट कंक्रीट का फर्श डालना हो तो जब प्रबलित सीमेंट कंक्रीट स्लैब की सतह ताजी हो तभी ब्रुशों द्वारा हल्के से खुरचकर उसे खुरदरा कर देना चाहिए। सीमेंट कंक्रीट का फर्श डालने से पहले सतह को साफ करके नम किया जायगा व शुद्ध सीमेंट के घोल का लेप किया जायगा जिससे सीमेंट कंक्रीट फर्श व स्लैब से भली भाँति बंधित रहे। यदि निर्दिष्ट हो तो प्रबलित सीमेंट कंक्रीट की स्लैब पर चूना कंक्रीट की आधार तह भी डाली जा सकती है। आधार में जरूरी ढलान (slope) भी दिया जायगा।

कार्यालय भवन, स्कूल भवन तथा ऊपरी तल में सीमेंट कंक्रीट के फर्श की मोटाई 4 से. मी. होनी चाहिये।

15. मोजेक या टेराजो फर्श (Mosaic or terrazo floor)—

मोजेक फर्श में दो तहें होती हैं। 1 : 2 : 4 सीमेंट कंक्रीट की 2 से. मी. से 2·5 से. मी. तक मोटी तह नीचे होती है तथा उसके ऊपर 1 : $1\frac{1}{2}$, एक भाग सीमेंट तथा डेढ़ भाग संगमरमर के दानों (marble chip) की 6 मि. मी. मोटी तह बिछाई जाती है। ऊपरी तह दूसरे दिन बिछानी चाहिए। मोजेक फर्श निर्दिष्ट मोटाई से अधिक मोटी होनी चाहिए जिससे कटाई और समापन के बाद निर्दिष्ट मोटाई प्राप्त हो। सीमेंट ताजा व मानक विशिष्टियों के अनुसार होना चाहिए। रेत मोटी, भली भाँति अनुपातित, साफ तथा धूल व मिट्टी आदि से मुक्त होना चाहिए। ग्रिट 12 मि. मी. आकार का कठोर व चर्मल भली भाँति अनुपातित तथा धूल मिट्टी आदि से मुक्त होना चाहिए। संगमरमर के दानों का अधिकतम आकार 3 मि. मी. व न्यूनतम आकार 1·5 मि. मी. होना चाहिए। 6 मि. मी. से कम आकार के संगमरमर के बड़े दाने बड़े कमरों में मोजेक फर्श बिछाने के लिए प्रयोग किए जा सकते हैं।

सीमेंट कंक्रीट बनाने के लिए सब सामग्री निर्दिष्ट अनुपात में बक्सों से माप कर सूखी अवस्था में मिलायी जायगी। पहले सीमेंट तथा रेत को सूखा मिलाया जायगा तथा फिर इस मिश्रण को पत्थर के ग्रिटों में सूखा मिलाया जायगा। फिर थोड़ा-थोड़ा जल धीरे-धीरे मिलाया जायगा व मिश्रण को भली भाँति मिलाया जायगा जिससे एक सी सुघट्य कंक्रीट बन जाय। आधार को हलके से खुरचकर व जल से नम करके शुद्ध सीमेंट घोल का लेप किया जायगा। 3 मि. मी. मोटी ऐलुमिनियम की पट्टियों से 1·0 मी. × 2·0 मी. के भागक बनाये जायेंगे तथा इन भागकों में कंक्रीट को 2 से. मी. की तह बिछायी जायगी। कंक्रीट बिछाने के बाद इसकी कुटाई की जायगी तथा लकड़ी के समतलकों से इसे समतल किया जायगा।

संगमरमर का दाना तथा सीमेंट बक्सों से निर्धारित अनुपात (1 : $1\frac{1}{2}$) में मापकर पहले सूखा मिलाया जायगा तथा फिर उनमें थोड़ा-थोड़ा जल डालकर भली भाँति मिलाया जाता है जिससे एक समरूप सुघट्य मिश्रण बन जाय। सीमेंट कंक्रीट की निचली तह डालने के दो घण्टे के अन्दर संगमरमर का दाना तथा सीमेंट मिश्रण की ऊपरी तह बिछा दी जायगी और हल्की सी कुटाई की जायगी। इस तह की सतह सीधे किनारे के समतलक (Straight edge float) तथा कन्नी से भली भाँति समतल कर दी जायगी। तह बिछाने के लगभग 2 घण्टे पश्चात सतह को गीले बोरों से ढक दिया जायगा तथा इन बोरों को तर रक्खा जायगा। दो दिन तक सतह को ऐसा ही रहने दिया जायगा। फिर बलुआ पत्थर के खण्ड (Sand stone Block) से

घिसकर सतह काटी या घिसी जायगी तथा सतह पृष्ठ पर का सारा सीमेंट निकाल दिया जायगा। फिर शुद्ध सीमेंट के घोल का लेप दिया जायगा एवं सतह को 6 दिन तक विश्राम के लिए छोड़ दिया जायगा। फिर सतह को विभिन्न श्रेणियों के काबोरंडम पत्थरों (carborundom stone) से घिसा या रगड़ा जायगा। पहले मोटे पत्थर से तथा फिर क्रमशः अधिक बारीक पत्थरों से घिसाई की जायगी जब तक पूरी सतह में एक सी कणदार (दानेदार) सतह दिखाई देने लगे तब तक घिसाई चलती रहेगी। इस दौरान सतह जल से तर रक्खी जायगी। आखिरी घिसाई के बाद पहले सतह को साबुन के पानी से बिल्कुल साफ करके फिर साफ पानी से धो दिया जायगा। अन्त में जल की कुछ बूंदे मिलाकर आक्जेलिक अम्ल (oxalic acid) का चूर्ण नम्दे के टुकड़ों से सतह पर भली भाँति रगड़ा जायगा, जब तक सतह पूरी तरह चिकनी तथा चमकदार न बन जाय। सतह को चमकदार बनाने के लिए इसे मोम से भी रगड़ा जा सकता है। यदि निर्दिष्ट हो तो फर्श में उचित रंग लाने के लिए सफेद सीमेंट या रंगीन सीमेंट का भी प्रयोग किया जा सकता है।

(मोजेक तह का अनुपात निर्देशानुसार 1 : 2 या 1 : $1\frac{1}{2}$ या 1 : 1 सीमेंट : संगमरमर का दाना होगा। यदि निर्दिष्ट हो तो मोजेक की तह कंक्रीट डालने वाले दिन के बजाय उसके अगले दिन भी डाली जा सकती है। उस दशा में सीमेंट कंक्रीट की सतह खुरदरी रहने दी जायगी तथा मोजेक की तह डालने से पहले उस पर शुद्ध सीमेंट के घोल का लेप किया जायगा)।

मद 14 में दिये गये विवरण के अनुसार ही एक मंजिल भवन के फर्श में चूना कंक्रीट या निर्बल सीमेंट कंक्रीट का आधार दिया जायगा तथा ऊपर की मंजिलों में स्लैबों की सतह खुरदरी की जायगी और मोजेक तह की कंक्रीट डालने से पहले सीमेंट घोल का लेप किया जायगा।

फर्श की घिसाई—घिसाई मशीन (grinding machine) से भी की जा सकती है। पहले मशीन में मोटी श्रेणी का पत्थर लगाकर घिसाई की जाती है। फिर मध्यम श्रेणी का पत्थर लगाकर तथा अन्त में महीन श्रेणी का पत्थर लगाकर घिसाई की जाती है।

16. 7·5 सेमी. मोटे चूना कंक्रीट पर खड़ी ईंटों (brick-on-edge) या पट ईंटों (brick flat) का फर्श बनाना—

चिकने पृष्ठ वाली, अच्छे लाल रंग की तथा कठोर प्रथम श्रेणी की चुनी हुई ईंटें प्रयोग की जायेंगी। ईंटें निर्दिष्ट मसाले (1 : 6 सीमेंट रेत मसाला या 1 : 2 चूना सुर्खी मसाला या कंकड़ चूने का मसाला) से लगाई जायेंगी। प्रयोग करने से पहले सभी ईंटें कम से कम 12 घण्टे तक जल के हौज में डूबी रहनी चाहिए। आधार में मद 2 में वर्णित विशिष्टियों के अनुसार चूना कंक्रीट डाला जायगा। रेखाचित्र या निर्देशों के अनुसार चूना कंक्रीट की सतह में उभार (camber) या एक ओर को ढाल होगा जिससे फर्श धोने का जल बह जाय। निर्दिष्ट मसाले से ईंटों की चिनाई इस प्रकार की जायगी कि क्रमिक रेखाओं के एकान्तर जोड़ो में आधी ईंट का अन्तर रहे व उनमें अपेक्षित चाल (bond) बन जाय। लकड़ी की समतलक फन्टी तथा स्प्रिट लेबल से फर्श की सतह देखते रहना चाहिए जिससे सतह सही बने व कहीं भी फर्श ऊँचा नीचा न हो। किनारो के अतिरिक्त और कहीं टूटी या कटी ईंटें नहीं लगाई जायेंगी। किनारो पर उचित ढंग से सीधी कटी ईंटें लगाई जायेंगी। सब जोड़ मसाले से पूरी तरह भरे होने चाहिये व 12 मि. मी. से अधिक चौड़े नहीं होंगे। कम से कम 10 दिन तक चिनाई को तर रखा जायगा व छेड़ा नहीं जायगा। निर्देशित अनुपात की सीमेंट मसाले से टीप करके सतह समापित की जायगी।

17. सफेदी लेपन या पुताई (White washing)—

ताजा सफेद चूना निर्माण स्थल पर बुझा कर उसमें पर्याप्त जल मिलाकर क्रीम की तरह घोल बना लिया जायगा। 1 कि. ग्रा. चूने में लगभग 5 लीटर पानी मिलाकर क्रीम जैसा घोल बनाया जा सकता है। इसे मोटे कपड़े से छान कर 16 लीटर घोल में 100 ग्राम गोंद के अनुपात में गोंद मिलाया जायगा। जिस सतह पर पोताई करनी है वह सूखी होनी चाहिए तथा उस पर पड़ी हुई धूल व मिट्टी भली भाँति साफ कर देनी चाहिए। पोताई मूंज या जूट की कूची से की जायगी। पहले ऊर्ध्व दिशा में तथा फिर क्षैतिज दिशा में कूची चलायी जायगी व पुताई करते समय पात्र में घोल को हिलाते रहा जायगा। निर्देशानुसार पुताई के दो या तीन लेप किये जायेंगे। अगला लेप करने से पहले नीचे का लेप पूरी तरह सूख जाना चाहिये। पुताई के पश्चात् सतह एक सी सफेद वर्ण की दिखाई देनी चाहिए। फर्श तथा अन्य सतहों पर पोताई की छींटें नहीं पड़नी चाहिए। पुरानी सतहों पर सफेदी पुताई करने से पहले सतह को साफ करके व जहाँ आवश्यकता हो सीमेंट मसाले से मरम्मत करके सूख जाने देना चाहिए। अन्तिम लेप के लिये चूने के घोल में नीला वर्णक चूर्ण (नील) आवश्यक मात्रा में मिलाना चाहिए जिससे सतह चमकीली आ जाय।

18. रंग लेपन या पोताई (Colour washing)—

रंग तैयार करने के लिए ताजा बुझे हुए सफेद चूने में पर्याप्त जल मिलाकर क्रीम की तरह घोल बनाया जायगा तथा वांछित रंग लाने के लिये आवश्यक मात्रा में रंग वर्णक मिलाया जायगा 16 लीटर घोल में 100 ग्राक गोंद के अनुपात में गोंद डाला जायगा। निर्देशानुसार रंग पोताई के एक या दो लेप किये जायेंगे पोताई की विधी सफेदी पुताई के समान ही होगी। नये कार्य में सफेदी पुताई का अस्तर लेप किया जायगा।

19. डिस्टेम्पर करना (Distempering)—

डिस्टेम्पर सर्वश्रेष्ठ तथा वांछित रंग का होगा। निर्माता द्वारा दिये निर्देशों के अनुसार डिस्टेम्पर मिलाया व बनाया जायगा तथा जल मिलाकर पतला किया जायगा। डिस्टेम्पर चूर्ण में थोड़ा सा गरम जल मिलाकर व भली भांति चलाकर एक पेस्ट सा बना लिया जायगा तथा कुछ मिनट इसे ऐसे ही रक्खा रहने दिया जायगा। फिर इस पेस्ट में जल मिलाकर तैलीय रंग (oil paint) जैसी पतली क्रीम सी बना दी जायगी। इससे पोताई करते समय इसे बराबर हिलाते रहना चाहिए। यदि सतह खुरदरी हो तो डिस्टेंम्पर करने से पहले इसे रेगमाल से घिसकर चिकना कर देना चाहिये।

डिस्टेम्पर आरम्भ करने से पहले सतह पूरी तरह सूखी होनी चाहिये। सीमेंट पलस्तर की हुई नई सतह को 10 लीटर जल में एक किलोग्राम जिंक सल्फेट (zinc sulphate) के घोल से धोकर सतह को सूखने दिया जायगा। पुरानी सतह में जहाँ आवश्यकता हो प्लास्टर-ऑफ-पेरिस से मरम्मत करके पूरी सतह पर रेगमाल किया जायगा तथा धोकर उसे सूखने दिया जायगा।

दो अवथा निर्देशानुसार लेप किये जायेंगे। पात्र में डिस्टेम्पर भली भाँति बराबर हिलाते रहा जायगा। डिस्टेम्पर मोटे ब्रुशों से पहले क्षैतिज दिशा में व उसके तुरन्त पश्चात् ऊर्ध्व दिशा में ब्रुश चलाकर किया जायगा। बहुत अधिक बार एक ही स्थान पर ब्रुश नहीं चलाना चाहिए, नहीं तो ब्रुश के निशान बन जाते हैं। पहला लेप सूख जाने के पश्चात उस पर दूसरा लेप किया जायगा। दिन का कार्य समाप्त होने पर ब्रुशों को धोकर सूखने के लिए रख दिया जायगा। डिस्टेम्पर सूखे मौसम में किया जाना चाहिए, परन्तु बहुत गर्मी में और बरसात में नहीं करना चाहिए।

तेल डिस्टेम्पर—तेल डिस्टेम्पर के यौगिक चूर्ण में तेल मिला रहता है तेल वाले डिस्टेम्पर भी प्रयोग करने से पहले आवश्यकतानुसार जल मिलाकर बनाये जाते हैं तब सतह पर उसका लेप किया जाता है। इसके लेप की विधि ऊपर के समान है।

20. स्नोसेम लेपन या पोताई (Snowcem washing)--

स्नोसेम में बहुत बारीक पिसे रंग मिश्रित सफ़ेद सीमेंट का आधार तथा कुछ अन्य उपादान थोड़ी मात्रा में होते हैं इससे सतह जलसह बनती है। निर्माताओं द्वारा स्नोसेम 50 किलोग्राम व 25 किलोग्राम के पीपों में या 5 किलोग्राम के डिब्बों में बेचा जाता है। अपनी इच्छानुसार वांछित रंग का स्नोसेम चुन लिया जा सकता है।

मिश्रण—केवल ताजे स्नोसेम का ही प्रयोग किया जायगा जमा हुआ या कठोर स्नोसेम प्रयोग नहीं किया जायगा। डिब्बा खोलने से पहले उसे हिलाकर या लोट पोटकर अन्दर के चूर्ण को ढीला कर लिया जायगा। पहले आयतन के अनुसार दो भाग स्नोसेम चूर्ण में एक भाग जल मिलाकर एक पेस्ट बनाया जायगा तथा उसके पश्चात तुरन्त ही एक भाग जल और मिलाकर पेन्ट के समान गाढ़ा एक सा घोल बना लिया जायगा।

(तीन कि. ग्रा. स्नोसेम चूर्ण में एक लीटर जल मिलाकर पेस्ट बनायें व इसमें एक लीटर जल और मिलायें। इससे लगभग 3 लीटर स्नोसेम का घोल बन जाता है)।

पोताई—नर्म तारों के ब्रुश से सतह रगड़कर धूल व मिट्टी साफ कर ली जाती है। जल छिड़ककर सतह को तर कर दिया जाता है फिर एक अच्छी श्रेणी के चौड़े ब्रुश से ताजा मिश्रित स्नोसेम लगाया जाता है। पहला लेप सतह पर ब्रुश से अच्छी तरह लगाना चाहिए जिससे स्नोसेम उस पर अच्छी तरह चिपक जाय। मिश्रण करने के 1 घण्टे के अन्दर स्नोसेम के घोल का प्रयोग कर लेना चाहिए तथा लगाते समय घोल हिलाते रहना चाहिए। दिन का कार्य समाप्त होने पर स्नोसेम को लेप की हुई सतह पर जल की महीन फुहार डालकर तराई करनी चाहिए। एक या दो दिन पश्चात स्नोसेम की लेप की हुई सतह को नम करके उपरोक्त विधि से बनाये हुये स्नोसेम का उस पर दूसरा लेप सावधानी से करना चाहिए, जिससे एक सी व अच्छी सतह बन जाय।

50 कि. ग्रा. स्नोसेम से पलस्तर की हुई लगभग 100 वर्ग मी. सतह पर दो लेप किये जा सकते हैं।

नोट--स्नोसेम की भाँति सुपरसेम, एक्योसेम, ड्युरोसेम भी प्रयोग किये जा सकते हैं।

21. सजावटी पुताई सीमेंट व रंग की (Decorative cement colour washing)—

भवन की बाहरी सतह सजावटी तथा जलसह बनाने के लिए सफेद सीमेंट, वर्णब (colour pigment) और अन्य उपादान मिलाकर लगाया जा सकता है। विभिन्न उपादानों की मात्रा (अनुपात) प्रतिशत तथा प्रति बोरी सीमेंट में नीचे दिया गया है :—

उपादान	प्रतिशत भार में	प्रति बोरी सीमेंट में
(1) सफेद सीमेंट	75%	50 किग्रा.
(2) बुझा चूना (साफ, छना हुआ)	10%	6·5 किग्रा.
(3) पिसा हुआ गोंद	10%	6·5 किग्रा.
(4) फिटकरी	2%	1·3 किग्रा.
(5) ऐलुमिनियम स्टीरेट	$\frac{1}{2}$%	0·33 किग्रा.
(6) प्लास्टर-ऑफ-पेरिस	$2\frac{1}{2}$%	1·63 किग्रा.

इच्छित रंग पाने के लिए सफेद सीमेंट में रंग का 5% से 10% भार में (2·5 किग्रा. से 5 किग्रा. प्रति बोरी सीमेंट) मिलाया जायगा।

मिश्रण—बुझे चूने को ठंडे पानी में घोला जायगा तथा पिसा हुआ गोंद और पिसी हुई फिटकरी अलग से गर्म पानी में घोली जायगी। घोल पतला होना चाहिए तथा इसे कपड़े से छान लिया जायगा और सतह में लगाने से पहले तैयार रखा जायगा।

सतह में लगाते समय सफेद सीमेंट, प्लास्टर-ऑफ-पेरिस, ऐलुमिनियम स्टीरेट तथा रंग को ऊपर लिखित अनुपात में अच्छी तरह सूखा मिलाया जायगा। फिर इस मिश्रण को बुझे चूने के घोल में मिलाकर अनवरत हिलाया जायगा। इस घोल में ताजा पानी इतनी मात्रा में मिलाया जायगा कि यह तेलीय रंग (oil paint) जैसा हो जाय। इस प्रकार प्राप्त घोल में सभी उपादान ऊपर लिखित अनुपात में होना चाहिए। लगभग $\frac{1}{4}$ बोरी सीमेंट तथा दूसरे उपादान इसी अनुपात में एक बार में मिलाना चाहिए।

पोताई—'मिश्रण को लगाने से पहले सतह को रगड़ कर धूल व मिट्टी साफ कर दी जायगी। फिर सतह को पानी से साफ करके तर किया जायगा। चौड़े ब्रुशों से फिर सीमेंट मिश्रण को सतह पर लगाया जायगा। दूसरा लेप 24 घंटे बाद किया जायगा और इस अवधि में सतह को नम रखा जायगा।

तराई—लेप के बाद सतह को कम से कम दो दिन तक हल्की-हल्की पानी की फुहार देकर नम रखा जायगा। सतह को सूर्य की गर्मी तथा गर्म हवा से बचाना चाहिए और यह पाड़ो (scaffold) में टाट लटकाकर किया जायगा तथा टाटों को बीच-बीच में भिगो दिया जायगा।

एक बोरी सफेद सीमेंट को दूसरे उपादानों के साथ मिलाकर, पलस्तर, की हुई सतह पर 80 वर्ग मी. से 100 वर्ग मी. (800—1000 वर्ग फिट) तक दो लेप किया जा सकता है।

22. रंग प्रलेपन या पेंट करना (painting)—

पेंट निर्देषित मार्क का होगा तथा निर्दिष्ट पेंट का तैय्यार (ready made) पेंट प्रयोग किया जायगा। यदि पेंट पतला करना हो तो शुद्ध तारपीन का तेल मिलाकर पतला किया जायगा। जिस सतह पर पेंट करना हो उसे पहले मोटे रेगमाल से और फिर क्रमशः पतले रेगमालों से रगड़ कर पूरी तरह चिकना कर लिया जायगा। सब छिद्रों तथा खुले हुए जोड़ों में मजबूत पुट्टी या गोंद तथा प्लास्टर-ऑफ-पेरिस का मिश्रण भरकर व रेगमाल से घिसकर चिकना कर दिया जायगा। इस्पात कार्य पर रंग करने से पहले सतह खुरचकर तथा ब्रुश से रगड़कर सब मुर्चा तथा शल्क (scale) साफ कर दिये जायेंगे।

लेपों की संख्या निर्देशानुसार होगी। नये कार्य में एक अस्तर लेप (priming coat) तथा फिर उसके ऊपर दो लेप पेंट किया जायगा। पेंट ब्रुशों से किया जायगा। पहले लकड़ी के कणों की आड़ी दिशा में ब्रुश चलाया जायगा तथा फिर लकड़ी के कणों की सीधी दिशा में, जिससे एक सी व चिकनी सतह बन जाय तथा ब्रुश के निशान दिखाई न दें। एक लेप पूरी तरह सूख जाने पर ही दूसरी लेप लगानी चाहिए। चिकनी तथा चमकीली सतह बनाने के लिये दूसरी लेप लगाने से पहले पहली लेप को 0 नम्बर के रेगमाल से रगड़ देना चाहिए। प्रयोग करने से पहले पात्र के पेंट को हिला लेना चाहिये। दिन का कार्य समाप्त होने पर ब्रुशों को तारपीन के तेल से धोकर साफ करना चाहिये तथा सूखने के लिये रख देना चाहिये।

यदि कड़ा पेंट प्रयोग किया जाय तो पहले इसे दो बार उबाले हुए अलसी के तेल (double boiled linseed oil) तथा तारपीन के तेल में मिलाकर पतली क्रीम सी बना ली जाती है। विभिन्न कार्यों पर पेंट का माप करने की विधि, अध्याय 14—माप की विधि में देखें।

यदि पहले किया हुआ पेंट हटाना हो तो इसे सोडा जल से धोकर या कास्टिक सोडा से या ब्लों-लैम्प (blow lamp) से फूंक कर या खुरचकर या किसी पेटेंट पेंट छुड़ाने वाले रसायन से हटाया जा सकता है। पेंट छुड़ाने के पश्चात सतह को सुखाकर रेगमाल से रगड़ कर चिकनी कर लेनी चाहिए व उसके पश्चात ताजा पेंट लगाना चाहिए। यदि पुरानी पेंट की हुई सतह से पेंट न छुड़ाना हो परन्तु उस पर दोबारा रंग करना हो तो सतह को साबुन के घोल तथा कड़े ब्रुश से धोकर सुखाना चाहिए। फिर 0 नम्बर के रेगमाल से रगड़कर चिकना करना चाहिए व उसके पश्चात पेंट करना चाहिए।

खुले स्थानों पर इस्पात कार्य पर रेड आक्साइड या ऐलुमिनियम पेंट करना चाहिए।

23. लोहे के कार्य पर पेंट करना—

पेन्ट करने के पहले रेगमाल से रगड़ कर मुर्चे की पपड़ी, गर्द, विक्रेताओं के विवरण चिन्ह, तेल ग्रीज आदि छुड़ाई जायगी। कोनों की सफाई का विशेष ध्यान रक्खा जायगा। उन पृष्ठों के अतिरिक्त जो कंक्रीट के सम्पर्क में होंगे निर्माण करने के लिये खड़ा करने के पहले सारी इस्पाती रचना कार्य पर लाल सिन्दूर पेंट का अस्तर दिया जायगा। समुद्री वायु मण्डल में जहां मुर्चा लगने की सम्भावना है सफाई करने के तुरन्त पश्चात और लाल सिन्दूर पेन्ट का प्रथम लेप देने के पहले कच्चे अलसी के तेल का लेप दिया जायगा। सरचना व अवयवों को अपने स्थानों पर खड़ा करने के पश्चात अनुमोदित तैयार पेंट का दो से तीन लेप लगाया जायगा। पेंट का प्रत्येक लेप पूर्ण रूप से सूखने के पश्छात ही उसके ऊपर दूसरा लेप लगाया जायगा। पेंट करने का कार्य शुष्क मौसम में किया जायगा।

24. वार्निश करना—

सफेदी (चाक चूर्ण) और अलसी के तेल से बनी पुट्टी से गांठें, छिद्र और दरारें भरी और ढकी जायेंगी। लकड़ी के कार्थ के रेशों के चिन्ह मिटाने के लिए रेगमाल से पर्याप्त घिसाई करके उसे साफ व चिकना किया जायगा। विशिष्टियों के अनुसार दो लेप उबले हुए अलसी के तेल के या गोंद के दो पतले लेप लगाये जायेंगे और प्रत्येक लेप को सूखने दिया जायगा और बारीक रेगमाल से घिस कर चिकना किया जायगा। वार्निश बल से ब्रुश मार कर लगाई व समान रूप से फैलाई जायगी। ब्रुश अच्छी कोटि के और पूर्ण रूप से साफ होंगे। किसी भी दिशा में रेगमाल रेशों के आड़ी दिशा में नहीं चलाया जायगा जो संपूर्ति सतह पर बारीक चिन्हों का कारण बन जाय। जब तक कोई दूसरी छाप विशेष रूप से वर्णित न की गई हो, विशिष्ट कोपल वार्निश के पतले लेप तैयार किये हुए पृष्ठ पर लगाये जायेंगे। लकड़ी के नये कार्य के लिये, पहला लेप अच्छी प्रकार से सूख जाने के पश्चात दूसरा लेप लगाया जायगा। वार्निश का कार्य शुष्क मौसम में किया जायगा। तथा वर्षा के दिनों में नहीं किया जाना चाहिए।

25. फ्रेंच स्पिरिट पालिश--

पालिश--0·15 कि. ग्रा. शुद्ध शेलाक, हल्का नारंगी से पीले रंग का 1 लीटर मेथिलेटेड स्पिरिट में घोला जायगा। शेलाक राल और धूल से मुक्त होगा। वांछित रंग पाने के लिए उचित वर्णक मिलाया जायगा।

सतह की तैयारी—लकड़ी की सतह को रेगमाल से रगड़कर साफ किया जायगा। यदि गाठें दिखाई दे रही हों तो इनको गर्म गोंद और सीसे के मिश्रण से ढक दिया जायगा। छिद्रों और दरारों को पुट्टी से भरकर

चिकना कर दिया जाता है। फिर सफेदी और मेथिलेटेड स्पिरिट के मिश्रण से एक लेप किया जाता है। 1·5 कि. ग्रा. सफेदी को 1 लीटर स्पिरिट में मिलाते हैं। सतह को फिर रेगमाल से भली भाँति रगड़कर चिकना करके झाड़कर साफ कर दिया जाता है।

पालिश लगाना—पालिश लगाने के लिए ऊनी कपड़े पर महीन कपड़ा चढ़ाकर गद्दी बनायी जाती है। गद्दी को पालिश में भिगो कर जोर से लकड़ी पर रगड़ते हैं। पालिश, गद्दी को हाथ से वृत्ताकार रूप से घुमा कर इस प्रकार लगाया जाता है जिससे सतह एक प्रकार का और चयकदार हो जाय। लेपों की संख्या निर्देशित होती है। दूसरी सतह, पहली सतह सूख जाने पर, पहली सतह की ही तरह लगायी जाती है।

26. लकड़ी का कार्य (बढ़ई का कार्य)—

जो भी लकड़ी का कार्य 20 वर्ग सेमी. से बड़े परिच्छेद की लकड़ी से बनाया जाय तथा जिस कार्य में कोई विशेष गढ़ाई या पच्चीकारी न करनी हो वह बढ़ई का कार्य कहलाता है। इसके अन्तर्गत दरवाजों तथा खिड़कियों की चौखटें, छत की धरनें, खम्भे, तान छड़ें, रैफ्टरें, पर्लिनें, तथा पुल की लकड़ी आदि आते हैं। लकड़ी निर्देशानुसार सागौन, शीशम, साल, देवदार आदि की होगी। लकड़ी श्रेष्ठ कोटि की भली भाँति संशोधित तथा रसदार (sap wood), गांठों, तरेड़ों (warps), दरारों तथा अन्य दोषों मे मुक्त होगी। बल्लों की चिराई लकड़ी के कणों की दिशा में की जायगी। सारे कार्य में रंदा करके लकड़ी चिकनी की जायगी तथा रेखाचित्र में दिये हुए नाप सही-सही बनाये जायें। सारे जोड़ सफाई तथा मजबूती से बनाये जायेंगे, बिलकुल सही और यथार्थ रूप से जोड़े जायेंगे तथा जोड़ने से पहले उन पर सफेद पेंट का लेप किया जायगा।

लकड़ी के जो भाग ईंट चिनाई या कंक्रीट से परिवेष्ठित रहें या इनके सम्पर्क में रहें उन पर सालिगनम या कोलतार या अन्य अनुमोदित परिरक्षक के दो लेप लगाये जायेंगे। लकड़ी की खुली सतहों पर एक अस्तर लेप व उस पर दो लेप पेंट के किये जायेंगे।

सभी धरने आधार पट्टों (plates) पर आधारित होंगी तथा उनके पार्श्व में 6 मिमी. स्थान हवा आने के लिये खाली छोड़ दिया जायगा। धरने कम से कम 25 सेमी. धारक (bearing) पर आधारित होंगी। किसी चिमनी के भीतरी पार्श्व से 60 सेमी. की दूरी तक लकड़ी का कोई काम नहीं लगाया जायगा। लकड़ी के कार्य का माप तैयार कार्य को मापकर घन मी. में किया जायगा। इस कार्य में लकड़ी की चिराई, रन्दा करना, जोड़ना, यथा स्थान लगाना, कीलें, पेंच आदि सम्मिलित हैं। लकड़ी के कार्य पर पेंट करना अलग मद में मापा जायगा।

27. दरवाजे तथा खिड़कियाँ—

लकड़ी निर्देशानुसार सागौन, शीशम, साल, देवदार आदि की होगी। लकड़ी श्रेष्ठ कोटि की भली भाँति संशोधित तथा रसदार, गाँठों, तरेड़ों, दरारों तथा अन्य दोषों से मुक्त होगी। सारे कार्य में रंदा करके लकड़ी चिकनी की जायगी तथा दिये हुए माप के अनुसार सब भाग सही-सही बनाये जायेंगे। सारे जोड़ सफाई तथा मजबूती से बनाये जायेंगे, बिल्कुल सही और यथार्थ रूप से जोड़े जायेंगे तथा जोड़ने से पहले उन पर सरेस लगाया जायगा।

चौखटें :—चौखटों के फ्रेम ठीक से बना कर चूल साल जोड़े (mortise and tenon joint) बनाकर जोड़े जायेंगे व जोड़ में कठोर लकड़ी की कीलें कसी जायेंगी। जोड़ने से पहले चूल में सफेद पेन्ट का लेप किया जायगा। चौखटों का खंण्डित आकार रेखाचित्र के अनुसार होगा। यह आकार 7·5 × 10 से. मी., 10 × 10

सेमी., 8 × 12 सेमी. या इसी प्रकार का हो सकता है। दो पल्लों वाले दरवाजों में चौखट का खंडित आकार 8 × 12 सेमी. होगा। चौखटों के जो पार्श्व ईंट चिनाई की ओर रहते हैं उन पर कोलतार या सालिगनम के दो लेप पेन्ट किये जायेंगे तथा अन्य फलकों पर यथास्थान लगाने से पहले अस्तर लेप पेन्ट किया जायगा।

पल्ले या किवाड़ (shutters or leaves) (जुड़ाई)--पल्ले निर्देशानुसार दिल्लेदार, कांचयुक्त, अंशतः दिल्लेदार तथा अंशतः कांचयुक्त, पट्टीदार (battened) या झिलमिली (vanetian) के होंगे। पल्लों की मोटाई निर्देशानुसार 3 से 5 सेमी. तक होगी। ऊर्ध्व पट्टियां (styles) 'क्षैतिज पट्टियां (rails) तथा दिल्हे रंदा करके समान और चिकने किये जाजेंगे तथा बिलकुल सही माप के बनाये जायेंगे। ऊर्ध्व तथा क्षैतिज पट्टियां चूल तथा साल जोड़ से समुचित फ्रेम बनाकर जोड़ी जायेंगी व जोड़ों मे लकड़ी की कीलें कसी जायेंगी। दिल्हे तख्ते के एक ही टुकड़े से बनाये जायेंगे, इसमें कोई जोड़ नहीं होना चाहिए। दिल्हे ऊर्ध्व तथा क्षैतिज पट्टियों में 12 मि.मी अन्दर घुसाकर लगाये जायेंगे तथा अभिकल्प के अनुसार गढ़त (mouldings) बनाये जायेंगे।

दिल्हों की मोटाई निर्देशानुसार 12 मि. मी. से 25 मि. मी. तक होगी। 15 से. मी. से अधिक चौड़ी क्षैतिज पट्टियों में दो साल (tenon) जोड़ होंगे। कोई भी साल तख्ती की मोटाई के चतुर्थांश से अधिक नहीं होना चाहिये। कांचयुक्त खिड़कियों में सुत्रार पट्टी (sash bars) का आधार 40 मि. मी. × 40 मि.मी से कम नहीं होगा। शीशे कीलों तथा पट्टी से या शीशे के किनारे पर नम्दा लगाकर तथा उसके ऊपर लकड़ी की गोंठन (beading) लगाकर जोड़े जायेंगे। जोड़ लगाने से पहले उसके भागों पर सरेस लगा दिया जायगा। (जोड़ के लिये चित्र 11-2, व 11-3, पृष्ठ 471-472 देखिये)।

फिटिंग्स (fittings)--दरवाजों के दोनों ओर तथा खिड़कियों में भीतर की ओर मूंठ हत्थे लगाये जायेंगे। प्रत्येक कमरे में एक दरवाजे में बाहर की ओर बेलन बोल्ट (sliding bolt) लगाया जायगा जिससे उसमें ताला लगाया जा सके। आवश्यकतानुसार कब्जे (hinges), चटखनी (tower bolts), हुकदार बोल्ट (hook bolts), किवाड़ खुले रखने के लिये गुटके तथा किवाड़ खुलने पर पल्ले दीवार से न टकरायें इसके लिये लकड़ी के गुटके आदि लगाये जायेंगे फिटिंग्स अनुमोदित श्रेष्ठता की व निदशानुसार लोहे, पीतल ब आक्सीकृत इस्पात (oxidized) की होगी। पेंच समुचित लम्बाई तथा सही व्यास के लगाये जायेंगे तथा उन्हें हथौड़े से ठोंका नहीं जायगा वरन् पेंचकस से कसकर लगाया जायगा।

पेन्ट करना—दरवाजों के पल्लों तथा चौखटों की सतहों पर एक लेप अस्तर व उसके ऊपर दो लेप अनुमोदित पेन्ट के किये जायेंगे। ईंट चिनाई के सम्पर्क में रहने वाले चौखट के फलकों पर सालिगमन या कोलतार या अन्य परिरक्षक के दो लेप किये जायेंगे। अन्य फलकों पर यथास्थान लगाने से पहले अस्तर लेप पेन्ट किया जायगा।

माप--दरें पूरे कार्य के लिये होंगी व इसमें दरवाजों तथा पल्लों को यथास्थान लगाना भी सम्मिलित होगा। चौखट का माप घन मीटर में तैयार कार्य के लिये लिया जायगा। दिखाई देने वाले माप में सालों का माप जोड़ा जायगा तथा यदि चौखट के क्षैतिज भाग (horns) बाहर निकले हों तो उनका भी माप जोड़ा जायगा। पल्लों का माप वर्ग मीटर में दरवाजे बन्द करके तैयार कार्य के लिये लिया जायगा। दो पल्लों के बीच अतिव्याप्त भाग (over laps) का माप नहीं जोड़ा जायग। पेन्ट करने का माप अलग मद के रूप में वर्ग मीटर में लिया जायगा। यदि निर्दिष्ट हो तो फिटिंग्स विभाग या मकान मालिक द्वारा खरीद कर दी जायेंगी तथा फिटिंग्स का

मूल्य मद की दर में नहीं जोड़ा जायगा परन्तु जोड़ने का तथा दरवाजे को यथा स्थान लगाने का काम दर में सम्मिलित होगा (माप के लिए अध्याय 14–माप की विधी देखें)।

28. कांच लगाना (Glazing)—

कांच अच्छी प्रकार का होगा और बुलबुलों, खरोंच और दूसरी अपुर्णताओं से मुक्त होगा। कांच की मोटाई 3 मि. मी. या निर्देशानुसार होगी। कांच का स्थिरीकरण लकड़ी की चौखट में 15 मि. मी. पताम बनाकर किया जायगा। चारों ओर प्रसार के लिए 1.5 मि. मी. स्पष्ट अन्तर छोड़ा जायगा। पताम को कांच के स्थिरीकरण के पहले पेन्ट किया जायगा। पुट्टी सर्वोत्तम प्रकार की, खरिया के महीन चुर्ण और अलसी के तेल को गूंध कर कठोर पेस्ट के रूप में बनाई जायगी। पहले पुट्टी की महीन तह (पीछे की पुट्टी) पताम पर लगाई जायगी तब कांच को कुछ छोटी कीलों द्वारा स्थिर किया जायगा और उसके पश्चात् पुट्टी (सामने की पुट्टी) लगाई और दबाई जायगी और सफाई के साथ इस प्रकार से संपूर्ति की जायगी कि पताम के बाहर पुट्टी निकली रहे। तब पुट्टी पर पेन्ट का एक लेप लगाया जायगा।

बड़े कांच या कांच पट्टिका की स्थित में इनको चारों ओर गड़ी हुई लकड़ी की पुट्टी द्वारा पीतल या निकिल के पेंच से स्थिर करना चाहिए, पताम में कांच के नीचे गद्दे के रूप में फेल्ट या रबर की पट्टी घुसानी चाहिए। लकड़ी की पट्टिका की संपूर्ति पेन्ट करके की जायगी।

29. ढूला या तख्तबन्दी (Centering and shuttering)—

ढूला 30 मि. मी. कठोर लकड़ी के तख्तों (या ऐंगल लोहे द्वारा दृढ़ीकृत इस्पात की चादरों) का होगा। ढूला बत्तों, धरनों, खम्भों, तथा पच्चड़ों (wedges) पर आधारित होगा तथा उसको दोनों दिशा में उचित तान बन्धन लगाकर दृढ़, अनम्य तथा स्थाई बनाया जायगा जिससे यह गीली, कंक्रीट व मजदूरों का बोझ सहन कर सके तथा कंक्रीट डालते समय न हट जाय। ढूला के लिये प्रयुक्त धरनें दीवारों पर ले जाकर उनके नीचे दोहरे पच्चड़ लगाकर आधारित की जायेंगी तथा इन धरनों के नीचे थोड़े-थोड़े अन्तर पर टेकें लगाकर आधार दिया जायगा।

टेकें बल्लियों के होंगे या मिट्टी के गारे से बनाये गये ईंटों के खम्भे लगाये जायेंगे। बल्ली के टेकों का निचला सिरा 4 से. मी. मोटे लकड़ी के तख्तों पर दोहरी पच्चड़ लगाकर उन पर आधारित किया जायगा, जिससे ढूले को सुगमता पूर्वक कसा व ढीला किया जा सके। ईंटों के खम्भों में लकड़ी का आधार तख्ता (sole plank) खम्भे के ऊपर लगाया जायगा तथा इस तख्ते व ढूले की धरन के बीच दोहरी पच्चड़ लगायी जायगी। ढूले का तख्ता दीवार के धारक से अलग रहेगा तथा आड़ी धरनों या बत्तों (cross beams) पर आधारित होगा। ढूले की सतह चिकनी व एक समान होगी तथा इसके जोड़ बन्द व दृढ़ होंगे जिससे जोड़ों में से मसाला न निकल सके। यदि आवश्यक हो तो जोड़ों के ऊपर मोटा कागज या अन्य अनुमत सामग्री बिछाई जा सकती है। ढूले के भीतरी फलकों पर मशीन के तेल या कच्चे अलसी के तेल या साबुन के घोल या अन्य किसी अनुमत सामग्री का लेप क्रिया जायगा जिससे इसमें कंक्रीट न चिपके।

स्लैबों (slabs) तथा धरनों के ढूले में थोड़ी सी उभार (camber) दी जायगी। प्रति 2.50 मीटर में 1 से. मी. व अधिक से अधिक 4 से. मी. तक उभार दिया जायगा।

सामान्यतः 14 दिन पहले से ढूला नहीं हटाया जायगा (प्र. सी. कं. स्तम्भों के लिए 4 दिन, छत की स्लैबों के लिये 10 दिन तथा धरनों के लिए 14 दिन)।

ढूला धीरे-धीरे व सावधानी पूर्वक हटाया जायगा। ढूला पच्चड़ों को धीरे-धीरे ढीला करके इस प्रकार हटाया जाता है कि कोई झटका न लगे तथा कंक्रीट का कोई भाग क्षतिग्रस्त न हो। ढूला वर्ग मी. में मापा जायगा तथा कंक्रीट सम्पर्कीय सतह क्षेत्र मापा जायगा।

30. संगीन चिनाई पत्थर की (Ashlar masonry)—

संगीन चिनाई का पत्थर अनुमोदित खदान का कठोर, चमंल, दृढ़ तथा टिकाऊ होगा। पत्थर के सब फलकों पर छेनी से गढ़ाई की जायगी। पत्थर के सब फलक पूर्णत: वर्गाकार या आयताकार होने चाहिए जिससे जब जोड़ पूर्णतः क्षैतिज व ऊर्ध्व बने। पत्थर की न्यूनतम ऊँचाई 20 से.मी. तथा चौड़ाई ऊँचाई की $1\frac{1}{2}$ गुनी से कम न होनी चाहिए। पत्थरों की चिनाई क्रमशः तोड़ा रद्दा (header) तथा पट्टी रद्दा (stretcher) बनाकर की जायगी इन रद्दों में उचित चाल (bond) होने चाहिए तथा दो क्रमिक तहों मे कोई भी ऊर्ध्व जोड़ एक दूसरे के ऊपर नहीं होनी चाहिए। प्रत्येक रद्दा पूर्णतः क्षैतिज तथा प्रत्येक पत्थर अपने प्राकृतिक तला (natural bed) पर आधारित होना चाहिए। दीवार पूर्णतः साहुल (plumb) में होनी चाहिए। कोई भी जोड़ 3·5 मि. मी. से अधिक मोटा नहीं होना चाहिए। यदि टीप पृथक् मद में न करनी हो तो चिनाई करते समय ही जोड़ों में ढलवा टीप कर देनी चाहिये। 60 से. मी. से अधिक ऊंची चिनाई एक साथ नहीं करनी चाहिए। चिनाई बढ़िया सघन मसाले से की जायगी। निर्देशानुसार 1 : 2 से 1 : 4 तक सीमेंट मसाला या 1 : 1 : 2 तक का चूना मसाला प्रयोग किया जायगा। मसाले में प्रयुक्त सामग्रियां मानक बिशिष्टियों के अनुसार होंगी। पहले मसाले के सामग्रियों को उचित अनुपात में सूखा मिलाया जायगा और फिर उनमें धीरे-धीरे थोड़ा-थोड़ा जल डालकर भली भांति मिलाया जायगा जिससे सुकार्य्य सुसजनता (workable consistency) का एक सार मसाला बन जाय। ताजा मिलाया हुआ मसाला ही प्रयोग किया जायगा।

प्रयोग से पहले सभी पत्थर अच्छी तरह तर कर लिये जायेंगे। दिन का कार्य समाप्त होने पर ऊपरी सतह पर मेड़ बनाकर 2·5 से. मी. ऊँचा जल भर दिया जायगा। चिनाई को कम से कम 10 दिन तक जल से तर रक्खा जायगा और धूप, वर्षा, पाला तथा अन्य मौसमी प्रभावों से इसका बचाव किया जायगा। सामान्यतः पत्थरों के बाहरी फलक तथा मोहरा पत्थर के लिए छेनी से बारीकी से गढ़े जाते हैं तथा पत्थरों की भीतरी सतहों पर छेनी से मोटी गढ़ाई ((Rough chiseled) की जाती है ऐसी दशा में भीतरी जोड़ 6 मि. मी. मोटे होने चाहिए।

31. रद्देदार ढोका चिनाई पत्थर की (Coursed rubble stone masonry)—

चिनाई में प्रयुक्त होने वाला पत्थर अनुमोदित खदान का कठोर, चमंल, दृढ़ तथा टिकाउ होना चाहिए। पत्थरों के ऊपरी तथा नीचे व पार्श्वों के तल हथौड़े से गढ़े जायेंगे जिससे पत्थर पास-पास लगाया जा सके तथा रद्दों में पत्थर की चिनाई की जा सके। प्रत्येक रद्दे में कम से कम 15 सेमी. मोटे पत्थरों की चिनाई की जायगी। पत्थरों का चौड़ा सिरा नीचे करके लगाया जायगा व क्रमिक तहों के ऊर्ध्व जोड एक रेखा में नहीं होंगे। सभी रद्दे पूरी तरह क्षैतिज होंगे तथा जोड़ों में पूरी तरह मसाला भरा होगा। हथोड़े से ठोंककर पत्थर के सामने के फलक वर्गाकार बना दिये जायेंगे, जिससे वे देखने में अच्छे लगें। दीवार के फलक पूरी तरह साहुल में होंगे। फलक के जोड़ (face joint) कम से कम 5 सेमी. गहराई तक पृष्ठ पर लम्ब होंगे। सामने के पत्थर (face stone) तोड़ा रद्दे (header) तथा पट्टी रद्दे के एकान्तर रद्दों में लगाये जायेंगे। वह पत्थर दीवार में अधिक अन्दर तक रहने चाहिए जिससे वो दीवार में से निकल न जाय। कोने के पत्थर (corner stone) या कोनिया

(quoin) अच्छे पत्थर के होने चाहिये तथा उन्हें गढ़कर उनके फलकों के बीच सही कोण बना लेने चाहिये। उन्हें भी एकान्तर तोड़ा रद्दे व पट्टी रद्दे में लगाना चाहिए।

मसाला निर्देशानुसार 1 : 3 से 1 : 6 तक सीमेंट मसाले का या 1 : 2 से 1 : 3 तक चूना मसाले का हो सकता है। मसाले में प्रयुक्त सामग्री मानक बिशिष्टियों के अनुसार होगी। मसाले में प्रयुक्त सामग्रियों को निर्धारित अनुपात में मापकर पहले सूखा मिलाया जायगा फिर उनमें थोड़ा-थोड़ा जल धीरे-धीरे मिला कर भली-भाँति मिलाया जायगा जिससे सुकार्य्य सुसंजनता (workable consistency) का एकसार मसाला बन जाय। ताजा मिश्रित मसाला ही प्रयोग किया जायगा। जोड़ 12 मिमी. से अधिक मोटे नहीं होने चाहिए। बाहर के फलक के जोड़ इससे भी पतले होंगे। पत्थरों के बीच में यदि कोई खाली स्थान हो तो उसे पत्थरों के कत्तरों (spalls) या टुकड़ों को मसाले से भर दिया जायगा। एक साथ 60 सेमी. से अधिक ऊँची चिनाई नहीं की जायगी।

सामने के हर 0·5 वर्ग मीटर दीवार में एक आर-पार बन्ध पत्थर (through bond stone) दिया जायगा जिसकी लम्बाई दीवार की मोटाई के बराबर होगी। 75 सेमी. से अधिक मोटी दीवारों में बन्ध पत्थर दो पत्थरों के हो सकते हैं। यह पत्थर आस पास लगाये जायेंगे व उनका परस्पर चढ़ाव कम से कम 15 सेमी. का होगा। बन्ध पत्थरों की चौड़ाई ऊँचाई से कम से कम डेढ़ गुनी होगी।

चिनाई से पहले हर पत्थर अच्छी तरह तर कर लिया जायगा। दिन के कार्य की समाप्ति पर चिनाई की ऊपरी सतह पर मेड़ बनाकर 2·5 सेमी. जल भर दिया जायगा। चिनाई कम से कम 10 दिन तक तर रक्खी जायगी तथा धूप, वर्षा, पाला तथा अन्य मौसमी प्रभावों से इसकी रक्षा की जायगी।

32. बेरद्दा ढोका चिनाई पत्थर की (Random rubble stone masonry)—

चिनाई में प्रयुक्त पत्थर अनुमोदित खदान का कठोर, चर्मल, दृढ़ तथा टिकाऊ होना चाहिए। पत्थर को हथौड़े से गढ़ा जायगा जिससे पास-पास रखकर पत्थर की चिनाई की जा सके व जोड़ों की मोटाई कम हो। पत्थर आकार में लगभग बराबर होंगे तथा प्रत्येक पत्थर अपने पास के पत्थर से मसाले द्वारा जुड़ा रहेगा। किसी भी पत्थर का आकार 15 सेमी. से कम नहीं होगा। मोहरा फलक में प्रयुक्त पत्थर अपेक्षाकृत बड़े तथा समान आकार व रंग के होंगे जिससे वे देखने में अच्छे लगें तथा इन पत्थरों की चौड़ाई ऊँचाई से अधिक होगी। मोहरा फलक में प्रयुक्त पत्थर दीवार में अधिक अन्दर तक घुसे होने चाहिए जिससे वे अपने स्थान पर अच्छी तरह जुड़े रहें। पत्थरों के चौड़े फलक नीचे की ओर रक्खे जायेंगे जिससे वे भली-भाँति बैठ जाय। बाहरी फलक के जोड़ बिखरे हुए होंगे तथा दीवारों के फलक पूरी तरह साहुल में होंगे। कोनों में प्रयुक्त पत्थर या कोनिया अच्छे पत्थर के होंगे तथा उन्हें गढ़कर उनके फलकों के बीच सही कोण बनाया जायगा। इन्हें एकान्तर तोड़ा व पट्टी (header and stretcher) के रुप में लगाया जायगा। मसाला निर्देशानुसार 1 : 3 से 1 : 6 तक सीमेंट मसाले या 1 : 2 से 1 : 3 तक चूना मसाले का होगा। मसाले में मानक विशिष्टियों के अनुसार सामग्री प्रयोग की जायगी। उचित अनुपात में मसाले की सामग्रियां मापकर पहले उन्हें सूखा मिलाया जायगा व फिर थोड़ा-थोड़ा जल धीरे-धीरे डालकर भली प्रकार मिलाया जायगा जिससे सुकार्य्य सुसंजनता (workable consistency) का एकसार मसाला बन जाय। ताजा मिश्रित मसाला ही प्रयोग किया जायगा। जोड़ 2 सेमी. से अधिक मोटे नहीं होंगे। मोहरा के जोड़ पतले होंगे। यदि पत्थरों के बीच में कोई रिक्त स्थान हो तो उसमें मसाला लगाकर पत्थरों के टुकड़े या कत्तरें भर दिये जाते हैं। एक साथ 60 सेमी. से अधिक ऊँची चिनाई नहीं की जायगी।

प्रति 0·5 वर्ग मीटर फलक में एक आर-पार बन्ध पत्थर (through bond stone) लगाया जायगा। इस पत्थर की लम्बाई दीवार की चौड़ाई के बराबर होगी। 75 से. मी. से अधिक मोटी दीवारों में बन्ध पत्थर दो टुकड़ों में लगाये जा सकते हैं। इन टुकड़ों की चिनाई एक साथ की जायगी व उनका परस्पर चढ़ाव कम से कम 15 से. मी. का होगा। बन्ध पत्थरों की चौड़ाई कम से कम उनकी ऊँचाई की डेढ़ गुनी होगी।

चिनाई में लगाने से पहले प्रत्येक पत्थर भली-भाँति तर कर लिया जायगा। दिन के कार्य की समाप्ति पर चिनाई की ऊपरी सतह पर मेड़ बाँधकर 2·5 सेमी. जल भर दिया जायगा। कम से कम 10 दिन तक चिनाई को नम रक्खा जायगा तथा वर्षा, धूप, पाला व अन्य मौसमी प्रभावों से इसका बचाव किया जायगा।

33. मिट्टी फुसका की छत तथा उस पर टाइल ईंटें लगाना (Mud phuska terracing with tile brick paving)—

मिट्टी फुसका की छत ऐसे गर्म तथा शुष्क स्थानों के लिए उपयुक्त होता है जहाँ वर्षा वर्ष भर में 130 से. मी. से अधिक न हो तथा गर्मियों में बहुत अधिक गर्मी न हो।

मिट्टी का गारा—मिट्टी का गारा घास, जड़ें, पत्थर, कंकड़ आदि रहित ईंट बनाने के योग्य मिट्टी से बनाया जायगा। मिट्टी का महीन चूर्ण करके 8 कि. ग्रा. प्रति घन मीटर मसाले के हिसाब से इसमें भूसा मिलाया जायगा। कम से कम 4 दिन तक इसे रोज फावड़ों से मिलाया जायगा व पैरों से रौंदा जायगा जिससे गारा एकसार हो जाय।

गारा बिछाना—छत पर आवश्यकतानुसार गारे की 7·5 सेमी. से 10 सेमी. तक मोटी तह बिछाई जायगी व जल निकास की ओर कम से कम 45 में एक का ढाल दिया जायगा। अनुकूलतम नमी की दशा में (optimum moisture) लकड़ी की थापियों से इसकी कुटाई की जायगी। फंटी तथा स्प्रिट लेबिल से सतह की जांच की जायगी व जहां भी आवश्यकता होगी इसी गारे से सतह ठीक की जायगी। गारे की सतह को थोड़ा सूखने दिया जायगा और अगर कोई दरारें दिखाई दें तो उन्हें गोबर के घोल से भर दिया जायगा।

मिट्टी व गोबर का पलस्तर—तीन भाग मिट्टी व एक भाग गोबर के मसाले से इस सतह पर 12 मिमी मोटी पलस्तर की तह फैलायी जायगी। घास, भूसा, बीज तथा अन्य अशुद्धियों रहित गोबर जल में घोला जायगा तथा इसमें 3 : 1 के अनुपात में विचूर्ण मिट्टी मिलायी जायगी। आवश्यकतानुसार जल मिलाकर इसे अच्छी तरह मिलाया जायगा जिससे सुकार्य्य सुसंजनता (workable consistency) का एकसार मिश्रण बन जाय। फिर इस मसाले की 12 मि. मी मोटी तह बिछायी जायगी।

टाइल ईंटें लगाना—अच्छी मिट्टी को भली-भाँति पकी हुई 4 से. मी. मोटा प्रथम श्रेणी की चपटी टाइलें प्रयोग की जायेंगी। मिट्टी व गोबर का पलस्तर पूरी तरह सूखने के पहले ही इस पलस्तर पर (सीमेंट या चूना मसाले पर नहीं) यह टाइलें लगा दी जायेंगी। टाइलों के बीच खुले जोड़ रहेंगे। इन जोड़ों की चौड़ाई 6 मिमी. से कम होगी। टाइलें मुंडेर दीवार में 4 सेमी. भीतर तक घुसी रहनी चाहिए। फिर इन खुले जोड़ों नें 1 : 3 सीमेंट रेत मसाला (एक भाग सीमेंट तीन भाग स्थानीय रेत) के पतले घोल की भराई (grouted) की जायगी। इस बात का ध्यान रखना चाहिये कि कोई भी जोड़ बिना भरा या कम भरा न रह जाय। फिर जोड़ टाइल की सतह के समतल समापित किये जायेंगे। टाइलों की तराई गीले बोरे या गीली रेत (जल भरकर नहीं) से ढककर कम से कम 7 दिन तक की जायगी तथा इस अवधि में सतह को कोई क्षति नहीं पहुंचनी चाहिये।

माप—दर के अन्तर्गत, निश्चित मोटाई की गारे की तह बिछाना, मिट्टी व गोबर का पलस्तर तथा टाइल लगाना पूरे कार्य के लिये सम्मिलित होगा। टाइल लगाई हुई सतह का, तैयार काम का माप वर्ग मीटर में लिया जायगा। 0·4 वर्ग मीटर तक के खाली स्थानों के लिए कोई कटौती नहीं की जायगी।

यदि निर्दिष्ट हो तो मिट्टी के गारे की तह डालने से पहले आधार स्लैब base slab) पर या कंक्रीट पर एक या दो लेप ऐस्फाल्ट लगाया जा सकता है।

34. मद्रासी छत (Madras terrace roof)—

मद्रासी छत चूना मसाले में खड़ी ईंटों के ऊपर एक चूना मसाले की तह होती है। यह धरनों या बल्लियों पर आधारित होती है।

छत में ईंट चिनाई—$15 \times 7{\cdot}5 \times 2{\cdot}5$ सेमी. नाप की ईंटें खड़ी-खड़ी कर्णरेशावत पंक्तियों में $1 : 1\frac{1}{2}$ चूना मसाले में धरनों के ऊपर बिछायी जायेंगी। ईंट चिनाई इस प्रकार बिछाई जायगी कि धरनों (joists) के बीच थोड़ी उभार, 5 सेमी. से अधिक नहीं, हो। धरनों या बल्लियों के बीच अधिकतम अन्तर 45 सेमी. से अधिक नहीं होनी चाहिए। 10 दिन तक पानी का छिड़काव करके ईंट चिनाई की तराई की जायगी। ईंट चिनाई बैठ (set) जाने के बाद चूना कंक्रीट की एक तह बिछायी जायगी। ईंट चिनाई बिछाने से पहले, निर्माण को आलम्ब देने के लिए दृढ़ व अनम्य ढूला तथा तखताबन्दी की जायगी।

ईंट का मिलावा—ईंट का मिलावा अच्छी तरह पकी हुई प्रथम श्रेणी की ईंट को 20 मि. मी. आकार में तोड़कर बनाया जायगा तथा इसमें 5 से 10 प्रतिशत सुर्खी भी मिला होगा।

चूना कंक्रीट का मिश्रण और बिछाना—ईंट के मिलावे को साफ करके जलरोधी चबूतरे पर समान मोटाई में बिछाया जायगा तथा कम से कम 3 घंटे तक तर रखा जायगा। तब $1 : 2\frac{1}{2}$ अनुपात में एक भाग चूना और $2\frac{1}{2}$ भाग मिलावा, ताजे बुझे चूने को मिलावे के ऊपर बिछाया जायगा और सूखा मिलाया जायगा। फिर इस सूखे मिश्रण में धीरे-धीरे छिड़क कर पानी डाला जायगा और कम से कम 3 बार उलट कर अच्छी तरह मिलाया जायगा, जिससे एक प्रकार का मिश्रण प्राप्त हो और मिलावा पूरी तरह मसाले से ढका हो तथा मिलावा मसाले से अलग न हो।

ईंट चिनाई को नम करने के लिए हल्का सा छिड़काव किया जायगा। फिर मिश्रित चूना कंक्रीट को 10 सेमी. मोटाई में धीरे से बिछाया जायगा। छत में कम से कम 50 में 1 का डाल दिया जायगा। चूना कंक्रीट बिछाने के पश्चात् तह को पहले 2 कि. ग्रा. के लकड़ी के दुरमुट से फिर लकड़ी की हल्की थापियों से कूटा जायगा जिससे कंक्रीट सख्त हो जाय और सतह समान हो जाय। कुटाई करते समय सतह को दृढ़ और जलसह बनाने के लिए 'बेल' नामक फल, शीरा और चूने के पानी या 'कादुकाई', शीरा और चूने के पानी के घोल का छिड़काव किया जायगा। कुटाई तब तक किया जायगा जब तक कि कंकीट पर कुटाई का कोई निशान न रह जाय तथा कंक्रीट पर थापी मारने से थापी टकराकर लौटनी चाहिए। सतह कुट जाने के पश्चात् इसको बेल का फल या कादुकाई, शीरा और चूने के घोल से भिगोया जायगा और कन्नी द्वारा समापन किया जायगा जिससे जलसह सतह प्राप्त हो।

तराई—चूना कंक्रीट को भूसे या बालू से ढककर और बाराबार पानी का छिड़काव करके 14 दिन तक नम रखा जायगा।

माप—चूना कंक्रीट छत का माप ई ट चिनाई सहित एक मद में समापित कार्य के लिए वर्ग मी. में लिया जायगा। आधार देने वाले धरनें तथा बल्लियों और अन्तश्छद का पलस्तर अलग मद में लिया जायगा।

35. ऐस्बेस्टॉस सीमेंट लहरियादार चादर की छत (Asbestos cement corrugated sheet roof)—

अनुमत मारके जैसे 'एवरेस्ट बिगसिक्स' (everest bigsix), "क्राउनिट लहरियादर" (crownit corrugated)" "अशोक लहरियादार" (Ashoka corrugated) या ऐसे ही किसी मानक मारके की श्रेष्ठ चादरें प्रयोग की जायेंगी। चटकी हुई, टूटे किनारों या टूटे किनारों वाली अन्य किसी प्रकार से क्षतिग्रस्त चादरें प्रयोग नहीं की जायेंगी।

पर्लिनें—रेखाचित्र के अनुसार लकड़ी या इस्पात के पर्लिनों पर ऐस्बेस्टॉस सीमेंट की चादर डाली जायगी। 7 मि. मी. मोटी चादरों की छत में पर्लिनों का अधिकतम अन्तराल 1·6 मी. तथा 6 मि. मी. मोटी चादरों की छत में 1·4 मी. होगी। पर्लिनों की ऊपरी सतहें एक ही तल में रखी जायेंगी जिससे चादर सब पर्लिनों पर सही बैठ जाय व कहीं भी चादर को दबाकर पर्लिन पर न बिठाना पड़े।

चादर बिछाना—बिछाते समय चादरों की चिकनी सतह ऊपर रहेगी। चादरों के पार्श्व में कम से कम आधी लहरिया 4·5 से. मी. तथा सिरों पर कम से कम 15 सेमी. चढ़ाव (lap) होनी चाहिए। वर्षा में जिस ओर से हवा चलती है, पार्श्व चढ़ाव (side lap) उसकी विपरीत दिशा में देना चाहिए। चादरें 40 सेमी. से अधिक बाहर की ओर निकली नहीं होंगी।

चादर बिछाना व जोड़ना—चादरें पर्लिनों पर 8 मि. मी. व्यास के जस्तीकृत J या L हुक बोल्ट (J or L hook bolt) व ढिबरी द्वारा बांधे जायेंगे। प्रत्येक बोल्ट लगाने से पहले चादर व बोल्ट के बीच एक बिटूमेनी वाशर तथा उसके ऊपर जस्तीकृत वाशर लगाया जायगा। पहले सब ढिबरिया (nuts) हल्की कसी जायेंगी तथा कई चादरें बिछा चुकने के पश्चात् सब ढिबरियां अच्छी तरह कस दी जायेंगी। छिद्र पर चादर चढ़ाने के पश्चात् लहरिया की कूट में सही स्थान पर बरमे से छिद्र किया जायगा। ठोक कर छिद्र नहीं बनाया जायगा। छिद्र का व्यास बोल्ट के व्यास से 1·5 मि. मी. से अधिक होना चाहिए। छत पर चादरें चढ़ाते या लगाते समय छत सीढ़ियों (roof ladders) या तख्तों का उपयोग किया जायगा जिससे चादरों को क्षति न पहुँचे। चादरें बिछाते समय यदि कोई चादर क्षतिग्रस्त हो जाय तो उसे हटाकर उसके स्थान पर अच्छी चादर लगाई जायगी। समापित सतह एक समान होगी तथा लहरिया सीधी व समान्तर होगी।

ढलान—छत में सामान्यत: 2 में 1 का ढलान दिया जायगा। ढलान 5 में 1 से कम नहीं होगा। $2\frac{1}{2}$ में 1 से कम ढलान की छत में चादरों के सिरों पर 25 सेमी. या उससे अधिक परस्पर चढ़ाव दिया जायगा।

कूटीया (ridges)—कूटीया निर्देशित प्रकार की जैसे "सपाट बाजू की समंजनीय" (plan wing adjustable), 'दतुरित समंजनीय' (Serrated adjustable), "समीप लगने वाली समंजनीग" (Close fitting adjustable), "उत्तरी दिशा से आने देने वाली समंजनीय" (North light adjustable) आदि प्रकार की होगी। कूटिया व लहरियादार चादरें एक ही निर्माता द्वारा निर्मित होंगी तथा यह चिटकी हुई या अन्य किसी प्रकार से क्षतिग्रस्त नहीं होंगी। कूटीया सामान्यत: जोड़े से होती है तथा उनमें आवश्यक परस्पर चढ़ाव होता है। कूटीया भी उन्हीं जस्तीकृत लोहे के J या L बोल्ट तथा ढिबरियों से बिटूमनी वाशर तथा जस्तीकृत लोहे का वाशर देकर लगायी जाती है जिससे चादरें पर्लिनों से बांधी जाती है।

यदि हिप (hips) की आवश्यकता होगी तो उसी निर्माता द्वारा निर्मित "अदतुरित समंजनीय हिप" (unserrated adjustable hips) प्रयोग की जायगी।

वायु तान छड़ें (wind ties)--वायु तान छड़ें 40 मि. मी. × 6 मि. मी. आकार की होंगी तथा चादरों के ओलती सिरों (eave ends) पर लगाई जायेंगी। चादरों को इन तान छड़ों से बाँधने के लिये वही हुक लगाये जायेंगे जिससे चादरों को पर्लिनों से बाँधा जायगा।

माप--तैयार समापित समान सतह का माप वर्ग मीटर में लिया जायगा, लहरिया के घेरे का नहीं। पाशर्वों तथा सिरों पर चढ़ाव का माप नहीं किया जायगा। कूटीयों व हिपों का माप समापित कार्य में इनकी मध्य रेखा की मीटर में लम्बाई माप लिया जायगा। वायु तान छड़ें अलग मद में मापी जायेंगी। दर में सब सामग्रियाँ तथा मजदूरी, बोल्ट तथा ढिबरी, वाशर आदि सम्मिलित होंगे। आधार अवयव (supporting member) जैसे पर्लिन, रैफटर, कड़ियाँ आदि दर में सम्मिलित नहीं होंगे तथा इनका माप अलग मदों में लिया जायगा।

36. ऐस्बेस्टॉस सीमेंट अर्द्ध लहरियादार या ट्रैफोर्ड चादर की छत (Asbestos cement semi corrugated or trafford sheet roofing)—

इनकी विस्तृत विशिष्टियाँ ऊपर दी हुई विशिष्टयों के समान ही होंगी। अंतर केवल इतना होगा कि इस छत में चादरों के बीच एक लहरिया अर्थात् 9 सेमी. का पार्श्व परस्पर चढ़ाव (side over lap) दिया जायगा।

37. जस्तीकृत लोहे की लहरियादार चादर की छत (Galvanized corrugated iron sheet roofing)—

लहरियादार लोहे की चादर निर्दिष्ट गेज, 22 गेज (·8 मि. मी. मोटी) या 24 गेज (·63 मि. मी. मोटी) की होगी। चादरों में मुर्चा नहीं लगा होना चाहिये तथा छत में चादर बिछाते समय चादर पर जस्ते का आवरण बिलकुल ठीक दशा में रहना चाहिये।

चादरें लकड़ी या इस्पात के पर्लिनों पर बिछाई जायेंगी। उनके सिरों पर 15 सेमी. तथा पार्श्व में दो लहरियों का परस्पर चढ़ाव दिया जायगा। चादर छत पर चढ़ाने से पहले भूमि पर रखकर कीलों, पेंच रिबेट आदि के लिये चादर में किसी बहुत तेज छेदक से नीचे से ऊपर की दिशा में ठोंककर छेद किये जायेंगे। यह सभी छेद चादर की कूट (ridge) पर होना चाहिये। चादरों को आपस में बिटूमेनी वाशर तथा जस्तीकृत लोहे के वाशर लगाकर जस्तीकृत बोल्ट व ढिबरियों में जोड़ा जायगा। बिटूमेनी तथा लिम्पेट (limpet) वाशर लगाकर 8 मि. मी. व्यास का J या L हुक बोल्ट से चादरों को पर्लिनो से बांधा जायगा।

छत के कूट व हिप को ढाँकने के लिये जस्तीकृत चादर के विशेष कूट सेक्शन का प्रयोग किया जायगा। यह कूट चादरों के साथ जस्तीकृत बोल्ट व ढिबरियां लगाकर जोड़ दी जायगी तथा इनके दोनों ओर 30 सेमी. का चढ़ाव दिया जायगा जिससे जल इसके अन्दर न जा सके। 40 मि. मी. × 6 मि. मी. आकार की लोहे की पत्ती की वायु तान छड़ें (wind ties) चादरों के ओलती सिरों (eave ends) पर लगाई जायेंगी। इन तान छड़ों से चादर उन्हीं J या L हुक बोल्ट तथा ढिबरियों से बांधी जायेंगी जिनसे चादरें पर्लिनों से बाँधी जाती हैं। चादर के छत में 5 में 1 से कम का ढाल नहीं होना चाहिये। सामान्यत: 2 में 1 का ढाल रखा जाता

है। $2\frac{1}{2}$ में 1 से कम ढाल वाली छतों में चादरों के सिरों पर कम से कम 23 से मी. परस्पर चढ़ाब होना चाहिये।

समापित सतह एक सी होनी चाहिये तथा लहरिया सीधी तथा समान्तर होनी चाहिये।

माप पूरे काम के लिये सपाट क्षेत्रफल मापकर वर्ग मी. में लिया जाता है लहरिया के घेरा का नहीं। वायु तान छड़ें अलग मद में ली जायेंगी। आधार अवयव अलग मद में लिये जायेंगे।

38. इलाहाबादी टाइल की छत (Allahabad-tiled roof)--

टाइलें इलाहाबादी ढंग की भली भाँति पकी हुई व गहरे लाल रंग की होंगी तथा उन्हें बजाने पर धात्विक आवाज निकलेगी। टाइलें सुदृढ़ समान आकार की व बिना चटकी हुई होंगी तथा जल में डुबोने पर अपने भार का 1/6 से अधिक जल नहीं सोखेंगी। बत्तो की लकड़ी निर्देशानुसार साल, शीशम, देवदार, सागौन आदि की श्रेष्ठ कोटि की लकड़ी होगी। लकड़ी भली भाँति संशोधित होनी चाहिये तथा इसमें रसदार, (sap), दरारें, गाठें या कोई और दोष नहीं होना चाहिये। बत्ते (battens) 30 मि. मी. × 45 मि. मी. आकार के होगें। ये बत्ते सामान्य (common rafters) पर 30 सेमी. के अन्तराल में होंगे तथा कीलों से ठोंक कर लगाये जायेंगे। सामान्य रैफटरों का अन्तराल 90 सेमी. से अधिक नहीं होना चाहिये। ओलती बत्ते (leave batten) का आकार 45 मि. मी. × 60 मि. मी. का होगा। सभी बत्तों पर एक लप अस्तर करके उसके ऊपर अनुमोदित रंग के दो लेप पेंट किये जायेंगे।

इकहरी टाइल लगाना (single tiling)--इकहरी टाइल में बत्तों पर चपटी टाइल पास-पास लगाई जाती है तथा हर दो टाइलों के निकटवर्ती किनारों पर अर्द्ध बेलनाकार (semi-sylindrical) टाइलें लगा दी जाती हैं टाइलों की सब रेखायें दोनों दिशाओं में एक सीध में होना चाहिए तथा पूरी छत एक सी दिखाई देना चाहिये। चपटी टाइलें एक दूसरे के सिरों को सही ढग से ढकी रहेंगी। प्रत्येक चपटी टाइल की नीचे की ओर ढला हुआ ताख (Niche) अपने नीचे की टाइल के ऊपर ठीक ढंग से बिठा दिया जायगा तथा टाइलों का ऊपरी सिरा बत्तों पर मजबूती से बैठ जायगा व पकड़ा रहेगा। प्रत्येक अर्द्ध बेलनाकार टाइल चपटी टाइलों पर सही स्थान पर बिठाई जायगी। साथ ही प्रत्येक अर्द्ध बेलनाकार टाइल अपने नीचे की चपटी टाइल के ऊपरी सिरे पर बने खाचे में भलि-भांति बिठा दी जायगी। कूटीया या हिपों (ridges and hips) पर टाइलें पास-पास लगाई जायेंगी। कूटीया या हिपो पर चूना मसाले से कूट या हिप टाइलें बिछाई जायेंगी। दीवारों के ऊपर की टाइल चूना मसाले से लगाई जायेगी तथा अर्द्धबेलनाकार टाइलों के ओलती के सिरों पर उनकी आधी लम्बाई में चूना मसाला भर दिया जायगा। टाइल की छत के नीचे की ओर सफेद पुताई की जायगी।

छत का ढाल 3 में 1 से कम तथा 2 में 1 से अधिक नहीं होना चाहिए। छत बनने के पश्चात् इसकी सब रेखायें तथा ढालें सही होना चाहिये व छत (leak roof) चूना नहीं चाहिए।

बत्तों तथा हिपों या कुटीयों सहित पूरी बिछी छत का सपाट माप वर्ग मीटर में लिया जायगा।

दोहरी टाइल बिछाना--दोहरी टाइल में दो तहें होंगी। निचली तह में बत्तों पर चिपटी टाइल बिछाई जायेंगी तथा प्रत्येक दो समीपवर्ती किनारों पर अर्द्ध-षटभुजीय (semi hexagonal) टाइलें लगाई जायेंगी। इन अर्द्ध-षटभूजीय टाइलों के ऊपर चपटी टाइलों की एक और ऊपरी तह बिछाई जायगी तथा इन चपटी

टाइलों के समीपवर्ती किनारों पर अर्द्ध-बेलनाकार टाइलें लगाई जायेंगी। अन्य विवरण इकहरी टाइलों के समान ही हैं।

39. मंगलौरी टाइल को छत (Mangalore tiled roof)—

टाइलें मंगलोरी ढंग की, दोहरी नाली युक्त, भली-भाँति पकी हुई व गहरे लाल रंग की होंगी तथा उन्हें बजाने पर साफ धात्विक आवाज सुनाई देगी। टाइल सुदृढ़, नियमित आकार की व बिना चट्की हुई होगी तथा जल में भिगोने पर अपने भार के 1/6 से अधिक जल नहीं सोखेगी। कूट टाइल या हिप टाइल (ridge tiles and hip tiles) भी मंगलौरी ढंग की होगी।

लकड़ी के बत्ते ऊपर मद 38 में वर्णित इलाहाबाद टाइल की छत में प्रयुक्त बत्तों के समान ही होंगे।

बत्तों पर टाइलें इस प्रकार बिछायी जायेंगी कि वे टाइलों में बने खांचों में आपस में फंस जांय तथा बत्तों पर भी मजबूती से बैठ जांय। समीपवर्ती टाइलों के किनारों में बने खांचे एक दूसरे को ढक लेंगे जिससे जोड़ों में से पानी न जा सके। कूटीयों या हिपों पर टाइलें पास-पास लगाई जायेंगी। कूटीयों या हिपों पर चूना मसाले से कूटें या हिप टाइलें बिछाई जायेंगी। दीवारों पर तथा सबसे नीचे की ओलती टाइल (eave tiles) चूना मसाले से बिछाई जायगी। टाइल की छत के नीचे की सतह पर सफेदी पोताई की जायगी।

बत्तों तथा कूटीयों या हिपों सहित पूरी बिछी छत का माप वर्ग मीटर में लिया जायगा।

रानीगंज की टाइल की छत, सियालकोटी टाइल की छत, क्विलोन (Quilon) की टाइल की छत की विशिष्टियां भी मंगलौरी टाइल की छत की विशिष्टियों के समान ही होती हैं।

40. मिट्टी का कार्य नहरों तथा सड़कों में—

नहर या सड़क के भराव की मध्य रेखा तथा इसके किनारे दागवेल डालकर भूमि पर साफ-साफ चिन्ह लगा दिये जाते हैं। भूमि पर खतानों (borrow pits) की बाहरी रेखा का भी चिन्ह लगा दिया जाता है। कार्य भारी इजीनियर के निर्देशानुसार समुचित स्थलों पर ईंट चिनाई के निर्माण खम्भे (formation pillars) बनाये जायेंगे। ये खम्भे बेंच मार्क (bench marks) का काम देते हैं।

जिस स्थान पर कटाई या भराई करनी हो वहां से सारा जंगल-वनस्पति, कूड़ा करकट, असंयोजित पत्थर तथा अन्य फालतू सामग्री हटाकर साफ कर दी जाती है। यदि इस क्षेत्र में पेड़ों की जड़ें हों तो भूमि तल से 60 से.मी. नीचे तक खोद कर उन्हें निकाल दिया जायगा। मिट्टी के भराव के लिये वर्तमान सतह में 15 से.मी. गहराई तक हल चलाया जायगा जिससे यह नई मिट्टी के साथ भली-भाँति बन्धित हो जाय। सारे ढेले फ़ोड़कर सतह मोटे तौर पर समतल की जाती है। मिट्टी या पोल (pole) द्वारा रूपरेखा 30 मीटर से 100 मीटर तक के अन्तर पर बनाई जायगी तथा वक्रों पर जहाँ ढाल या दिशा में परिवर्तन हो रहा हो वहां अतिरिक्त रूपरेखा (pole) खम्भे लगाये जायेंगे। भराव में मिट्टी डालते समय मिट्टी के नीचे धसने की गुंजाइश भी रखनी चाहिये तथा रूपरेखा (profiles) पर धसने की गुंजाइश सहित कुल ऊंचाई दर्शित की जायगी। साधारण हाथ से कुटे भरावों में धंसने की गुंजाइश (settlement allowance) 10% तक तथा भारी मशीनों से कुटे हुए भरावों में धंसने की गुंजाइश 5% तक मानी जा सकती है।

भराव 25 सेमी. मोटी तह डालकर किया जायगा तथा प्रत्येक तह केन्द्र की ओर थोड़ी अवतल (concave) होगी। भराव में मिट्टी की प्राकृति के अनुसार पार्श्व ढाल निर्देशानुसार $1\frac{1}{2}:1$ से $2:1$ तक दिया जायगा। मिट्टी के सभी ढेले खतानों में ही फोड़ दिये जायेंगे तथा जड़ें, पत्थर आदि निकाल फेंके जायेंगे। मिट्टी का कार्य किनारे से केन्द्र की ओर किया जायगा तथा प्रत्येक तह की कुटाई 5 से 8 किग्रा. तक भार के दुरमुट से की जायगी। यदि पूर्ण संघनन की आश्यकता हो तो प्रत्येक तह को सीप-फुट रोलर (shep-foot roller) से कूटा जायगा।

कटाव में पहले ऊपर से नीचे तक बीच का आयताकार भाग खोदा जायगा फिर मिट्टी की प्रकृति के अनूसार $1\frac{1}{2}:1$ से $1:1$ तक का पार्श्व ढाल देकर पार्श्व खोदे जायेंगे।

खतानों में 30 सेमी. से अधिक खुदाई नहीं की जायगी। यदि आवश्यकता हो तो फालतू मिट्टी के बन्ध निर्देशित ढाल के बराबर ऊंचाई व आकार के बनाये जायेंगे। नये तथा पुराने भराव की पैड़ी बनाकर (by stepping) जोड़ा जायगा। यदि कटाव व भराव एक के बाद दूसरा हो तो मितव्ययता की दृष्टि से जहाँ तक उचित हो खुदाई में से निकली हुई मिट्टी भराव में डाली जा सकती है। चिंचाई नहरों में खोदी हुई मिट्टी नहर के किनारों के बन्ध वनाने के कार्य में लाई जायगी व इसके लिये अलग से भुगतान नहीं किया जायगा।

सतहों तथा पार्श्व ढाल भली-भाँति चौरस किये जायेंगे व सफाई से समापित किये जायेंगे। मिट्टी के कार्य के दर में 30 मीटर वाहन दूरी तथा 1·5 मी. उत्थापन सम्मिलित होगी। यदि रूप-रेखा या भराव का माप लेना हो तो धंसने की गुंजाइश निर्देशानुसार दी जायगी और खतान का माप लेना हो तो बिना धंसने की गुंजाइश के निर्देशानुसार माप लिया जायगा। यदि अस्थाई भूमि महंगी हो तो कार्य-भारी इंजीनियर की अनुमति से खतान और अधिक गहरे खोदे जा सकते हैं।

41. सीमेंट मसाला—

सीमेंट तथा रेत का अनुपात निर्देशानुसार 1 : 2, 1 : 3, 1 : 4, 1 : 5 या 1 : 6 रक्खा जायगा। सीमेंट मानक विशिष्टियों का ताजा पोर्टलैण्ड सीमेंट होगा। रेत साफ होगी तथा इसमें धूल, मिट्टी तथा कार्बनिक पदार्थ नहीं मिले होंगे। इसमें सिल्ट (silt) की मात्रा 4% से अधिक नहीं होगी। प्रति वर्ग सेमी. 9 जाल छिद्र वाली छलनी से छन जाने वाली स्थानीय रेत का प्रयोग किया जायगा। सूक्ष्मता मापांक 1·0 से कम नहीं होगा।

पहले एक पक्के चबूतरे पर सीमेंट व रेत को सूखा मिलाया जायगा व फिर जल मिलाया जायगा। सीमेंट तथा रेत निश्चित अनुपात में बक्सों से मापी जायगी, चबूतरे पर बक्सों से माप कर रेत फैला दी जायगी व उसके ऊपर सीमेंट की आवश्यक मात्रा डाल दी जायगी तथा फिर इन दोनों को सूखा मिलाया जायगा। इस सूखे मिश्रण से मोटे तौर पर एक शंखाकार (cone shape) ढेर बनाया जायगा व इस पर एक फुहारे से थोड़ा-थोड़ा जल धीरे-धीरे करके डाला जायगा। इसे भली-भाँति मिलाया जायगा जिससे कि समान रंग व उचित सुसंजनता का मसाला बन जाय। प्रति बोरी सीमेंट में 30 लीटर से अधिक जल नहीं मिलाना चाहिये। एक बोरी सीमेंट (50 किग्रा.) का आयतन 1/30 घन मीटर मान लिया जायगा तथा रेत बाक्सों से माप कर निश्चित अनुपात में मिलाई जायगी।

यांत्रिक मिश्रक द्वारा भी मिश्रण किया जा सकता है। इस प्रक्रिया में पहले, पानी का 5 से 10 प्रतिशत और तब बालू तथा सीमेंट आवश्यक अनुपात में मिश्रक में डाला जायगा। मिश्रक तब तक किया जायगा जब तक कि समान रंग व उचित सुसंजनता का मसाला न बन जाय।

केवल उतने ही मसाले में एक समय में जल मिलाना चाहिए जो जमना आरम्भ होने से पहले ही प्रयोग में लाया जा सके। जो मसाला जमना शुरु हो जाय उसे दुबारा मिश्रण करके प्रयोग में नहीं लाया जायगा। ऐसा जमा हुआ मसाला तुरन्त निर्माण स्थल से दूर हटा दिया जायगा।

42. सफेद चूना मसाला--

मसाले में निर्देशानुसार बुझा हुआ सफेद चूना तथा सुर्खी या रेत या राखी 1:1, 1:2 या 1:3 के अनुपात मे मिलाये जायेंगे। चूना निर्माण स्थल पर ही बुझाया जायगा तथा मिश्रण करने से पहले 9 जाल छिद्र प्रति वर्ग सेमी. की छलनी से छाना जायगा। चूने में राख तथा कार्बनिक पदार्थ नहीं होने चाहिये। सुरखी, रेत या राखी साफ तथा मानक विशिष्टियों के अनुसार होंगी। निश्चित अनुपात में बक्सों से मापकर पहले उपादानों को सूखा मिलाया जायगा। फिर इस मिश्रण को मसाला चक्की में डालकर जल मिलाया जाता है व कम से कम 180 चक्कर देकर पीसा जाता है, जिससे एक सा सुघट्य मसाला बन जाय। केवल दिन भर के प्रयोग के योग्य ही मसाला मिलाया जायगा तथा उसका प्रयोग उसी दिन कर लिया जायगा। पुराना तथा रक्खा हुआ मसाला प्रयोग में नहीं लाया जायगा, इसे निर्माण स्थल से हटा दिया जायगा। छोटे कार्यो के लिये चूना मसाला उपरोक्त लिखित सीमेंट मसाले की भाँति ही पक्के चबूतरे पर हाथ से मिलाकर बनाया जा सकता है।

43. कंकड़ चूना मसाला (Kankar lime mortar)—

निर्देशानुसार मसाले में केवल कंकड़ चूना या 1 : 1, या 1 : 2 के अनुपात में कंकड़ चूना तथा सुरखी या रेत या राखी का मिश्रण होगा। सभी सामग्रियाँ साफ तथा मानक विशिष्टियों की होनी चाहिए। कंकड़ फूंकने के पश्चात् महीन पीसकर 25 जाल छिद्र प्रति वर्ग सेमी. की छलनी से छान लिया जायगा सामग्रियाँ निश्चित अनुपात में बक्सों से माप कर मिलायी जायेंगी। फिर इसमें उचित जल डालकर मसाला चक्की में कम से कम 2 घंटे तक पीसा जायगा जिससे एक सा सुघट्य बन जाय। केवल दिन भर के उपयोग के लिये ही मसाला मिलाया जायगा तथा उसी दिन उसका प्रयोग कर लिया जायगा। पुराना तथा रक्खा हुआ मसाला काम में नहीं लाया जायगा, उसे निर्माण स्थल से हटा दिया जायगा। 21 दिन तक तराई के बाद मसाले की न्यूनतम तनाव सामर्थ (tensile strength) 7 किग्रा. प्रति वर्ग सेमी होगी। छोटे कार्यों के लिये मसाला पक्के चबूतरे पर हाथ से मिलाया जा सकता है।

44. सफेद चूना--

चूना अनुमोदित खदान (quarry) के चूना पत्थर का ताजा फूंका हुआ होना चाहिये। चूना ताजा बुझा हुआ भी होना चाहिये। अनबुझा सफेद चूना निर्माण स्थल पर लाया जायगा तथा पक्के चबूतरे पर इसका ढेर लगाकर निर्माण स्थल पर ही बुझाया जायगा। बुझाने के पश्चात् चूना 9 जाल छिद्र प्रति वर्ग सेमी की छलनी से छाना जायगा तथा जो भाग न छन सके उसे कार्य में नहीं लगाया जायगा। चूने में राख या अन्य कोई बाहरी पदार्थ नहीं मिले होंगे। चूना ढके हुए, मौसम से सुरक्षित सायबान (shed) में रखा जायगा। यदि निर्दिष्ट हो तो चूना हौज में भी बुझाया जा सकता हैं तथा चूने की पुट्टी का प्रयोग किया जा सकता है।

45 कंकड़ चूना (Kankar lime)—

कंकड़ चूना मिट्टी तथा अन्य अशुद्धियाँ रहित "बिचवा कंकड़" स बनाया जायगा। भट्टों में कंकड़ को फूंक कर महीन पीसा जायगा तथा चूने को 25 जाल छिद्र प्रति वर्ग सेमी. की छलनी से छाना जायगा। छलनी से न छन सकने वाले चूने को कार्य में नहीं लाया जायगा। कंकड़ चूना साफ होना चाहिये तथा इसमें धूल, मिट्टी

तथा अन्य बाहरी पदार्थ नहीं होने चाहिए। 21 दिन की तराई के पश्चात् कंकड़ चूने से बनी ब्रिकेट में 7 किग्रा. प्रति वर्ग सेमी. का तनाव सामर्थ होना चाहिए।

46. ईटों की रोड़ी (Brick ballast)—

ईटो की रोड़ी घनी, अधिक पकी या भली-भाँति पकी तांबे के रंग या गहरे चेरी लाल (cherry red) रंग की ईटों या ईटों के टुकड़ों की निर्दिष्ट माप के टुकड़ में तोड़कर बनाई जायगी। कम पकी हुई, छिद्रिल या झामा ईटे या शोरा लगी हुई ईटें नहीं तोड़ी जायेंगी। रोड़ी में धूल, मिट्टी तथा अन्य बाहरी पदार्थ नहीं होने चाहिए। नींव में 40 मि. मी. माप तथा ऊपरी छत में 25 मि. मी. माप की भली-भांति अनुपातित ईट की रोड़ी प्रयोग की जायगी।

47. सुरखी (Surkhi)—

सुरखी भली-भाँति पकी हुई (अधिक पकी नहीं) ईटों से बनाई जायगी। सुरखी महीन पीसी जायगी। पिसाई के पश्चात् सुरखी 25 जाल छिद्र प्रति वर्ग सेमी. की छलनी से छानी जायगी तथा छलनी में से न छन सकने वाला भाग कार्य में नहीं लाया जायगा। सुरखी साफ होनी चाहिये तथा इसमें कोई बाहरी पदार्थ नहीं होने चाहिये। सुरखी का ढेर ईटों के चबूतरे पर लगाया जायगा तथा धूल व मिट्टी आदि से इसका बचाव किया जायगा।

48. सिंडर या राखी (Cinder)—

सिंडर कोयले की राख से बनी हुई होनी चाहिए तथा इसमें पकी हुई मिट्टी, लकड़ी की राख, धूल तथा अन्य कोई बाहरी पदार्थ नहीं होना चाहिये। राखी उन्हीं भट्टियों से लेनी चाहिये जिनमें केवल पत्थर का कोयला जलाया जाता हो। राखी को महीन पीसकर 9 जाल छिद्र प्रति वर्ग सेमी. की छलनी से छाना जायगा तथा न छन सकने वाला भाग कार्य में नहीं लाया जायेगा। राखी में 10% अधिक बिना जला हुआ कोयला (ज्वलनशील पदार्थ) नहीं होना चाहिये।

49. रेत या बालू (Sand)—

रेत साफ, कठोर, टिकाऊ कोणीय (angular), तीखी तथा हाथ से स्पर्श करने में कणमय (gritty) होना चाहिये। इसमें अभ्रक, लबड़, क्षार तथा कार्बनिक व वनस्पति अशुद्धियाँ नहीं होनी चाहिये। इसमें 5% से अधिक सिल्ट (silt) या चिकनी मिट्टी नहीं होनी चाहिये। मापते समय रेत पूरी तरह सूखी होनी चाहिए। यदि रेत नम हो तो रेत के फूलने के कारण, फूलने के आयतन के बराबर और अधिक रेत मिलायी जायगी। रेत नदी से या रेत के अनुमोदित गड्ढे में से ली जायगी तथा अनुमत कोटि की होगी।

कंक्रीट में 5 मि. मी. अधिकतम आकार की मोटी रेत प्रयोग की जायगी। सब रेत 5 मि. मी. के वर्गाकार खानों की छलनी से छन जानी चाहिए तथा भारतीय छलनी संख्या 60 से 60% रेत रुक जाना चाहिए। मोटी रेत का सूक्ष्मता मापांक (fineness modulus) 2·5 से कम नहीं होना चाहिये।

ईट चिनाई, पत्थर की चिनाई, पलस्तर या टीप करने के लिए महीन या मध्यम रेत का प्रयोग किया जायगा। इसे 9 जाल छिद्र प्रति वर्ग से. मी. की छलनी से छाना जायगा तथा छलनी से न छन सकने वाले भाग को कार्य में नहीं लाया जायगा। 400 जाल छिद्र प्रति वर्ग से. मी. की चलनी में से महीन रेत का 20% से अधिक तथा 1600 जाल छिद्र प्रति वर्ग से. मी. 5% से अधिक भाग नहीं छनना चाहिए। महीन रेत का सूक्ष्मता मापांक (fineness modulus) 1·0 से कम नहीं होना चाहिये।

50. स्थलीय परीक्षण द्वारा रेत में सिल्ट का परिमाण निर्धारण करना (Determination of silt contents of sand by field test)—

कांच का (पतला व लम्बा) मापक सिलिंडर (200 मिली लीटर का) लेकर आधे सिलिंडर में (100 मिली लीटर के चिन्ह तक) रेत का प्रतिदर्श भर दें, सिलिंडर की $\frac{3}{4}$ ऊँचाई तक (150 मिली लीटर के चिन्ह तक) साफ जल भर दें तथा फिर सिलिंडर को हथेली से बन्द करके जोर से हिलायें। तब उसको मेज पर 3 घण्टे तक रखा रहने दें। रेत के मोटे कण सबसे नीचे, क्रमिक उससे महीन कण उसके ऊपर तथा सिल्ट सबसे ऊपर बैठ जाते हैं। सिल्ट की जो तह आँख से दिखाई दे रही है उसे सिलिंडर के अशांकित चिन्ह से माप लिया जाता है तथा उसे कुल रेत की ऊँचाई के प्रतिशत के रूप में व्यक्त किया जाता है।

$$\text{सिल्ट का प्रतिशत} = \frac{\text{सिल्ट की तह की ऊँचाई}}{\text{कुल रेत की ऊँचाई}} \times 100$$

यदि सिल्ट का प्रतिशत अनुमत-प्रतिशत से अधिक हो तो रेत को धोकर सिल्ट निकाल दिया जायगा।

51. स्थलीय परिक्षण द्वारा नम रेत का फूलना निर्धारण करना (Determination of bulking of damp sand by field test)—

कांच का मापक सिलिंडर लेकर उसका तीन चोथाई परिक्षणीय रेत भर दें। सिलिंडर को हल्का सा ठोंक कर रेत का आयतन ($आ_1$) अशांकित चिन्ह से पढ़ लें। फिर सिलिंडर में इतना जल डालें कि सारी रेत जल में डूब जाय। रेत को भली-भाँति हिलाकर सिलिंडर को रख दें तथा कुछ समय पश्चात् रेत का आयतन ($आ_2$) पढ़ लें। जब रेत जल में पूरी तरह डूबी होती है तो उसका आयतन सूखी रेत के आयतन के समान होता है।

पहले तथा बाद के आयतन का अन्तर रेत के फूलसे के बराबर है तथा फूलने का प्रतिशत

$$= \left(\frac{आ_1 - आ_2}{आ_2} \times 100\right)$$

सड़क सम्बन्धी विशिष्टियाँ (Road Specificatious)

आधुनिक सड़क की सामान्य विशिष्टियाँ (General specifications of modern road)—

1. **अर्ध. आधार (Sub-grade)**—मिट्टी को भली-भाँति कूटकर व 60 में 1 की उभार (camber) देकर बनाया जायगा।
2. **सोलिंग या निम्न आस्तरण (Soling)**—इसकी चौड़ाई पक्की सड़क की चौड़ाई से 30 से. मी. अधिक होगी। यह निम्नलिखित किसी एक विधि से बनायी जा सकती है :—

   (i) अधिक पकी ईटें पट या खड़ी पास-पास व सघन लगाकर जोड़ों में रेत भर दी जाती है तथा सतह पर रेत का 2·5 सेमी. मोटा तह डालकर रोलर से हल्का सा कूट दिया जाता है।

   या

   (ii) 15 सेमी. मोटे टूटे पत्थर या गोलाश्म (boulder) पास-पास व सघन लगाकर सतह पर मिट्टी का छाना डालकर रोलर से कुटाई की जाती है।

3. **मध्य आस्तरण (Inter coat)**—पत्थर की रोड़ी या अधिक पक्की ईटों की रोड़ी की 12 सेमी. मोटी तह फैलाकर रोलर से इतनी कुटाई की जायगी जिससे यह संघनित हो जाय तथा मोटाई 8 सेमी. रह जाय।

4. **ऊपरी आस्तरण (Top coat)**—पत्थर की रोड़ी की 12 सेमी. मोटी तह फैलाकर रोलर से इतनी कुटाई की जायगी जिससे यह संघनित हो जाय तथा मोटाई 8 सेमी. रह जाय।

5. **बिटुमेनी की पहली तह पेंट करना (first coat of bituminous painting)**—ऐस्फाल्ट या सड़क कोलतार संख्या 3 तथा 20 मिमी. माप की पत्थर ग्रिट से बिछाई जायगी। प्रति 100 वर्ग मी. के लिए 220 कि. ग्रा. ऐस्फाल्ट और 1·35 घन मी. पत्थर की रोड़ी मिलाई जायगी।

6. **बिटुमेनी की दूसरी तह पेंट करना (Second coat of bituminous painting)**—ऐस्फाल्ट या कोलतार संख्या 3—A तथा 12 मिमी. के पत्थर ग्रिट से बिछायी जायगी। 100 वर्ग मी. के लिए 120 कि. ग्रा. ऐस्फाल्ट और 0·75 घन मी. पत्थर की रोड़ी मिलायी जायगी।

7. **ईट किनारा बन्दी (Brick edging)**—सड़क के दोनों ओर अधिक पकी सीधी ईटों से किनारा बन्दी की जायगी।

8. यदि सड़क पर यातायात अधिक हो तो ऊपरी तह पर बिटुमेनी पेन्टिग के बजाय इस पर बिटुमेनी कार्पेट या सीमेंट कंक्रीट डाली जा सकती है।

9. यदि निचली सतह (Sub-grade) कमजोर या मुलायम हो तो सस्ती व रद्दी सामग्रियों (rubbish) को भली-भाँति कूटकर एक मोटा अधः आधार (Sub-base) बनाया जायगा।

सड़क कार्य की विस्तृत विशिष्टियां

1. **अधिक पकी ईटें**—अच्छी मिट्टी की अधिक पकी हुई प्रथम श्रेणी की ईटें प्रयोग में लाई जायेंगी। ईट की मिट्टी में पत्थर, कंकड़ या अन्य कोई बाहरी पदार्थ नहीं होना चाहिए। सब ईटें अधिक पकी हुई तांबे के रंग की होंगी। झामा ईटें या कम पकी ईटें प्रयोग नहीं की जायेंगी।

2. **अधिक पकी ईटों की रोड़ी**—तांबे के रंग की अधिक पकी ईटों की 50 मि. मी. गेज की, प्रथम श्रेणी की ईट रोड़ी प्रयोग की जायगी। झामा या कम पकी ईटों की रोड़ी का प्रयोग नही किया जायगा। ईट की रोड़ी समांगी गटन (homogenous texture) का तथा आकार में घनाकृति (cubical) होगा। रोड़ी में धूल, मिट्टी आदि नहीं होना चाहिए। सड़क के किनारे पटरी को समतल करके रोड़ी का 30 से. मी. ऊँचा अनवरत चट्टा बनाया जायगा। चट्टे का सेक्शन, सड़क की पूरी चौड़ाई तथा प्रति मीटर लम्बाई में आवश्यक समलम्ब आकार (trapezium section) में ऊपर 1 मी. व नीचे 1·48 मी. चौड़ा तथा 30 से. मी. ऊँचा होगा।

3. **पत्थर की रोड़ी**—कठोर, चर्मल तथा टिकाऊ 50 मि. मी. गेज की ग्रेनाइट पत्थर की रोड़ी प्रयोग की जायगी। रोड़ी जल न शोषण वाली होनी चाहिये तथा इस पर मौसमी तत्वों का भी प्रभाव नहीं पड़ना चाहिए। रोड़ी साफ होनी चाहिए तथा इसमें धूल, मिट्टी आदि नहीं होनी चाहिये। सकड़ के किनारे

पटरी को समतल करके रोड़ी का 30 से. मी. ऊँचा अनबरत चट्टा लगा दिया जायगा तथा चट्टे का सेक्शन सड़क में रोड़ी की आवश्यकतानुसार रखा जायगा। चट्टे का आकार ई ट की रोड़ी के समान होगा।

4. **कंकड़**—मिट्टी या धूल आदि रहित 65 मि. मी. से 20 मि. मी. गेज का अच्छा कठोर बिचवा कंकड़ प्रयोग किया जायगा। कंकड़ तोड़ने पर उसकी सतह नीली सी दिखाई देना चाहिए। सड़क के किनारे पटरी को समतल करके 32 से. मी. ऊँचा चट्टा बनाना चाहिए तथा इसकी ऊँचाई 30 से. मी. मापना चाहिए। चट्टे का सेक्शन सड़क में रोड़ी की आवश्यकतानुसार रखा जायगा। खदान में ही साफ करके तथा माप के अनुसार तोड़कर कंकड़ को सड़क के किनारे लाया जाता है तथा चट्टा लगाने से पहले इसे दोबारा साफ करना चाहिए। सड़क के किनारे कंकड़ के चट्टे अनवरत होने चाहिये व उसके मध्य कहीं पर भी रिक्त स्थान नहीं होना चाहिए। चट्टे के ऊपर ओर नीचे की चौड़ाई क्रमशः 1 मी. व 1·48 मी. तथा ऊँचाई 32 से. मी. होगी।

5. **सड़क पर रोड़ी, पत्थर की रोड़ी या ईंटों की रोड़ी बिछाना व कूटना**—रोड़ी को फैलाने व कूटने का काम वर्षा ऋतु के आरम्भ में किया जायगा जिससे कुटाई के लिये पर्याप्त जल मिल सके तथा वर्षा ऋतु की समाप्ति पर रोड़ी भली-भांति संघनित हो जाय। निर्देशानुसार 60 में 1 या 48 में 1 उभार देकर सतह तैयार की जायगी तथा जिस चौड़ाई में रोड़ी डालना हो उसके दोनों बाहरी किनारे की ओर 20 से. मी. चौड़ी तथा 15 से. मी. ऊँची मिट्टी की दो मेड़ बना दी जायेंगी। उचित उभार देकर रोड़ी को इन मेड़ों के बीच एक सा फैला दिया जायगा तथा हाथ से बिठाकर रोड़ी के ठुकड़े इस प्रकार लगाए जायेंगे कि बड़े टुकड़े नीचे रहें। पहले 10 टन के रोलर से रोड़ी की सूखी कुटाई तब तक की जायगी जब तक कि रोड़ी पूरी तरह न कुट जाय। कुटाई किनारों से आरम्भ करके फिर मध्य रेखा की ओर की जायगी। फिर रोड़ी को जल से पूर्ण तर किया जायगा तब रोलर से कूटकर पूर्ण रूप से संघनित किया जायगा जिससे सतह पर रोलर का कोई निशान न रहे। कुटाई धीरे-धीरे व बिना झटका दिये हुए की जायगी। कुटाई की जांच करने के लिए कुटी हुई सतह पर कुछ पत्थर के टुकड़े रखकर उनके ऊपर रोलर चलाया जायगा। यदि कुटाई ठीक हुई है तो पत्थर के टुकड़े कुटी हुई सतह के भीतर नहीं घुसेंगे। सतह रेतीली मिट्टी का पतला सा छाना ढाल कर जल डाला जायगा व रोलर से कुटाई की जायगी। अन्त में दोनों ओर की मिट्टी की दीवारों पर रोलर चलाकर उन्हें कुटी सतह के समतल कर दिया जायगा। थोड़ी-थोड़ी दूर पर फरमा (template) रखकर आवश्यक उभार दिया जायगा। जब सतह सूख जाय परन्तु उसमें थोड़ी सी नमी रह जाय तभी वह यातायात के लिए खोल दी जायगी व परियात डायवर्शन (traffic diversion) या लीक कटाई द्वारा परियात को सड़क की पूरी चौड़ाई में फैला दिया जायगा। पटरियों या सड़क के किनारों में 36 में 1 का ढाल बनाकर मिट्टी से मरम्मत की जायगी।

6. **कंकड़ की रोड़ी बिछाना तथा कूटना**—कंकड़ की तह बिछाने व कूटने का काम वर्षा ऋतु के आरंभ में किया जायगा जिससे कुटाई के लिए पर्याप्त मात्रा में जल मिल सके तथा वर्षा ऋतु के अन्त में कंकड़ की रोड़ी भली-भाँति संघनित हो जाय।

वर्षा आरम्भ होने से पहले कंकड़ के चट्टों को खोलकर कंकड़ तीन भागों में बांट लिया जायगा—(i) नीचे डालने के लिए सबसे बड़े आकार के कंकड़ (63 मि. मी. से 40 मि. मी, आकार के), (ii) मध्य

तह में डालने के लिए मध्यम आकार के कंकड़ (40 मि. मी. से 25 मि. मी. आकार के), और (iii) ऊपर डालने के लिए सबसे छोटे आकार के कंकड़ (25 मि. मी. से कम)।

सतह में उचित उभार देकर सतह तैयार की जायगी। जिस भाग में रोड़ी डालनी हो उसके दोनों ओर मिट्टी की 20 से. मी. चौड़ी तथा 15 से. मी. ऊँची दो मेड़े बनाई जायेंगी। सतह साफ करके तीन तह में कंकड़ बिछाया जायगा। सबसे नीचे बड़े आकार का कंकड़, उसके ऊपर मध्यम आकार का कंकड़ तथा अन्त में सबसे ऊपर छोटे आकार का कंकड़ बिछाया जायगा। प्रत्येक 10 मीटर की दूरी पर फर्मा रख-रखकर सतह में उचित उभार दी जायगी। कंकड़ को जल से पूर्ण तर करके 5 से 8 कि. ग्रा. तक भार के दुरमुटों से कुटाई की जायगी। 3·7 मीटर चौड़ी सड़क पर 16 दुरमुटों से कुटाई की जायगी। कुटाई सड़क के किनारों (हाँचों) से आरम्भ करके दोनों ओर एक मीटर चौड़ाई में की जायगी। फिर सड़क के बीचों-बीच में कुटाई की जायगी। कंकड़ पूर्ण संघनित होने तक सतह पर कुटाई जारी रहेगी। पूर्ण संघनित हो जाने के पश्चात दुरमुट से कूटने पर या सड़क पर चलने वाले यान परिवहन का कोई निशान सतह पर नहीं बनना चाहिए। कुटाई समाप्त होने के पश्चात मिट्टी की मेड़ पर भी कुटाई करके उसे रोड़ी की सतह के समतल कर दिया जाता है तथा रोड़ी की कुटी हुई सतह पर रेतीली मिट्टी का छाना डाला जाता है। कुटाई के समय कंकड़ की सतह पर छाना नहीं डालना चाहिए।

जब ऊपरी सतह सूख जाय परन्तु सड़क में थोड़ी सी नमी रह जाय तब सड़क को यातायात के लिए खोल दिया जायगा। यातायात डाईवर्जन (traffic diversion) या लीक कटाई द्वारा सारी सड़क पर यातायात को फैला दिया जायगा। पटरियों या सड़क के किनारों में 36 में 1 का ढाल देकर मिट्टी से उनकी मरम्मत की जायगी।

7. **बिटुमेन या ऐस्फाल्ट की पहली तह पेंट करना या पृष्ठ-प्रसाधन करना (first coat of painting of surface dressing with bitumen)**—बिटुमेन पेन्ट प्रयोग करने से पहले सतह पूर्ण सूखी होनी चाहिए तथा उस पर धूल, मिट्टी गोबर आदि बिल्कुल नहीं होना चाहिए। पहले तार के ब्रुशों से, फिर कठोर ब्रुश से तथा अन्त में नर्म ब्रुश से सफाई की जायगी जिससे 6 मि. मी. से 12 मि. मी. गहराई तक रोड़ी की सतह खुल जाय, परन्तु सफाई के समय रोड़ी का कोई पत्थर ढीला न पड़े। अन्त में बिटुमेन बिछाने से पहले धौंकनी (blower) से फूंककर या टाट के बोरों से हवा करके सतह पर पड़ी हुई धूल या मिट्टी आदि उड़ा दी जाती है।

सड़क कोलतार संख्या 3 को 200° से 220° फ. तक या ऐस्फाल्ट 80/100 को 350° से 375° फ. तक गरम करके पिघलाया जाता है। इसे चौड़े ओंठ वाले डिब्बों (pouring cans) में डालकर या टार बायलर (tar boiler) से सीधे रबड़ के होज पाइप द्वारा लाकर सड़क की सतह पर एक सा फैलाया जाता है तथा ब्रुश या रबड़ के फड़वे (rubber squeegees) द्वारा सतह पर समान मोटाई में फैलाया जाता है कोलतार की समान तह फैलाने के लिए तथा कार्य पर नियन्त्रण रखने के लिए एक डिब्बा कोलतार जितनी सतह पर फैलाना हो उस पर चाक से निशान लगा देते हैं या एक ड्रम कोलतार सड़क की जितनी लम्बाई पर फैलाना हो उस पर निशान लगा लेते हैं। प्रति 100 वर्ग मीटर सतह के लिए लगभग 220 कि. ग्रा. कोलतार की आवश्यकता होती है।

बिटुमेन (कोलतार या ऐस्फाल्ट) बिछाने के तुरन्त पश्चात् 20 मि. मी. 6 से मि. मी तक आकार के पत्थर की ग्रिट सतह पर एक सी बिछायी जाती है। सड़क पर बिछाने से पहले ही ग्रिटों को छानकर बड़े व छोटे

टुकड़ों वाली ग्रिटों को अलग-अलग कर लेते हैं। पहले बड़ी ग्रिटों को छान कर बड़े व छोटे टुकड़ों वाली ग्रिटों को अलग-अलग कर लेते हैं। पहले बड़ी ग्रिटें फैलायी जाती हैं तथा उसके ऊपर छोटी ग्रिटें डाली जाती हैं, फिर सतह पर एक हल्का रोलर धीरे-धीरे चलाकर सतह की कुटाई की जाती है जिससे बजरी बिटुमेन में घुस जाय तथा सतह एक समान व सपाट बन जाय। प्रति 100 वर्ग मीटर सतह पर 1·35 घन मीटर पत्थर की ग्रिट डाली जायगी। यदि कहीं बिटुमेन का उत्स्रवण होता है तो उस स्थान पर छोटी ग्रिटें या मोटी रेत डालकर ढक देते हैं तथा हल्के से कुटाई कर देते हैं। कुटाई करने के 12 घंटे पश्चात् सड़क यातायात के लिये खोली जा सकती है।

दिसम्बर तथा जनवरी मास में सड़क पर बिटुमेन पेंट नहीं किया जायगा। वर्षा ऋतु में गर्म करके बिटुमेन पेंट करने का काम नहीं किया जायगा।

8. **बिटुमेन या ऐस्फाल्ट की दूसरी तह पेंट करना**—जब पहली तह पेंट की सारी बजरी बिटुमेन में घुस जाय तथा सड़क की सतह मोजेक जैसी दिखाई देने लगे तब बिटुमेन की दूसरी तह बिछाना चाहिये। दूसरी तह 80/100 वेधन (penetration) के ऐस्फाल्ट को 350° से 375° फ. तक गरम करके फैलाया जायगा। 100 वर्ग मीटर की सतह पर 120 कि. ग्रा. ऐस्फाल्ट तथा 12 मि. मी. से 13 मि. मी. तक आकार की 0·75 घन मीटर पत्थर ग्रिटें डाली जायेंगी। सतह बनाना, उस पर बिटुमेन फैलाना तथा ग्रिट बिछाने का कार्य उपर्युक्त पहली तह के विधि से तथा इसके समान ही किया जायगा।

दूसरी तह में 220° से 240° फ. तक गरम करके सड़क कोलतार संख्या 3—A का प्रयोग भी किया जा सकता है।

पूर्व लेपित ग्रिट (Precoated grits)—यदि प्रथम व द्वितीय तह पेंटिंग के लिये, पत्थर ग्रिटें पहले ही बिटुमेन से लेपित कर ली जाय एवं पेंटिंग इसी पूर्व लेपित ग्रिटों से किया जाय तब ग्रिटें सड़क की सतह से अलग नहीं होने पाती और सड़क को टिकाऊ बना देती है। पूर्व लेपन के लिये 12 कि. ग्रा. से 16 कि. ग्रा. तक ऐस्फाल्ट या रोड टार प्रति घन. मी. पत्थर ग्रिट के लिये आवश्यक होते हैं।

9. **20 मि. मी. मोटी पूर्व मिश्रित ग्रिटों की कार्पेटिंग अथवा पूर्व मिश्रित बिटुमेनी आस्तरण (20 m. m. premix chips carpetting)**—सतह साफ करके इस पर एक आसंजक लेप (tack coat) लगाया जायगा व उस पर तुरन्त ही पूर्व मिश्रित ग्रिटों का कार्पेट या आस्तरण बिछाकर रोलर से संघनित किया जायगा तथा कुटाई के पश्चात् रेत फैलाकर सपाट पूरण दी जायगी। पत्थर की ग्रिटें तथा रेत सूखे होने चाहिये। इस क्रिया का विस्तृत विवरण नीचे दिया जा रहा है—

आधार तैयार करना (Preparation of base)—सतह पूरी तरह सूखी होनी चाहिये तथा इस पर धूल, मिट्टी, सूखा गारा आदि बिल्कुल नहीं होना चाहिये। पहले तार के ब्रुशों से फिर कठोर ब्रुश से तथा फिर नर्म ब्रुश से सतह की सफाई की जायगी। अन्त में धौंकनी (blower) से फूंककर या बोरों से झाड़कर सतह बिल्कुल साफ कर दी जायगी। यदि सतह में गड्ढे (patches) या लीकें (ruts) पड़ी हों तो कार्पेट बिछाने से एक सप्ताह पहले ही उन्हें पूर्ण मिश्रित ग्रिटों से भरकर कूट देना चाहिये।

आसंजक लेप (Tack coat)

साफ की हुई सतह पर बन्धक शेलमेक शेलस्प्रा (shelmac or shelspra) को 320° से 340° फ.

तक गर्म करके (या रोड टार संख्या 3-A को 220° से 240° फ. तक गर्म करके) 100 कि. ग्रा. प्रति 100 वर्ग मीटर के हिसाब से फैलाया जाता है। बन्धक बिटुमेन को सतह पर फुहारे द्वारा तथा यदि फुहारा उपलब्ध न हो तो बिटुमेन फैलाने के चौड़े ओंठ वाले डिब्बे से सतह पर डालकर ब्रुश द्वारा एक समान फैला दिया जायगा। आसंजक लेप कार्पेट बिछाने के ठीक पहले ही लगाना चाहिये।

कार्पेट (Carpet)

पूर्व मिश्रित ग्रिट बनाना—12 मि. मी. आकार (20 मि. मी. की छलनी में से छन जाने वाली तथा 12 मि. मी. की छलनी से न छनने वाली) की ग्रिटें दो भाग तथा 10 मि. मी. आकार की (12 मि. मी. की छलनी से छन जाने वाली तथा 3 मि. मी. की छलनी से न छनने वाली) पत्थर की ग्रिटें एक भाग ड्रम-मिश्रक में डालकर सूखे मिलाये जायेंगे। पत्थर की ग्रिटें कोणिक (angular), कठोर चर्मल, टिकाऊ तथा पूरी तरह साफ होनी चाहिये। ग्रिटों को गर्म करने की आवश्यकता नहीं है परन्तु वे पूरी तरह सूखी होनी चाहिये।

शेलमेक या शेलस्प्रा बन्धक को 320° से 340° फ. तक गर्म करके 56 कि. ग्रा. प्रति घन मीटर ग्रिट के हिसाब से मिश्रक में डाला जायगा तथा जब तक ग्रिटें बन्धक से पूरी तरह लेपित न हो जांय तब तक मिश्रण किया जायगा (बन्धक के स्थान पर कोलतार संख्या 3-A को भी 220° से 240° फ. तक गर्म करके डाला जा सकता है)।

मिश्रक में से ग्रिटों व बन्धक के मिश्रण को हाथ ठेलों (wheel barrows) या स्ट्रेचर पर डालकर निर्माण स्थल पर ले जाया जाता है।

100 वर्ग मीटर पूर्व मिश्रित कार्पेट बनाने के लिये 12 मि. मी. आकार की 1·8 घन मीटर पत्थर की ग्रिटों की, 10 मिमी. आकार की 0·9 घन मीटर पत्थर की ग्रिटों की तथा 155 कि. ग्रा. बिटुमेन की आवश्यकता होगी।

यदि यांत्रिक मिश्रक (mechanical mixer) का उपयोग किया जाय तो एक ही समय में अधिक मिश्रक बनाया जा सकता है।

पूर्व मिश्रण को सड़क पर बिछाना (Spreading of premix)—सड़क की सतह पर आसजक लेप लगाने के पश्चात् तुरन्त ही पूर्व मिश्रित गर्म मिश्रण पंजों (racks) द्वारा वांछित मोटाई की एक समान तह में बिछाया जायगा। मिश्रण बिछाते समय समुचित उभार (camber) देना चाहिये तथा इसकी जांच फरमे (template) द्वारा की जायगी। यदि कहीं सतह ऊंची-नीची हो तो कुटाई आरम्भ करने से पहले उस स्थान पर मिश्रण डालकर सतह ठीक कर लेनी चाहिये।

रोलर से सघनन (Rolling)—पर्याप्त लम्बाई (15 मीटर) से मिश्रण डाल चुकने के पश्चात् तुरन्त ही 6 से 8 टन तक के रोलर से कुटाई आरम्भ कर देनी चाहिये कुटाई किनारों से आरम्भ करके धीरे-धीरे मध्य की ओर की जायगी। हल्की कुटाई के पश्चात् ही सतह में दिखाई दे रहे ऊँचे-नीचे स्थलों में पूर्ण मिश्रण डालकर या निकालकर सतह ठीक कर दी जायगी तथा पूर्व संघनित किया जायगा। बहुत अधिक कुटाई नहीं करनी चाहिये रोलर के पहियों को नम रखना चाहिये जिससे मिश्रण उनमें चिपक कर अपने स्थान से उखड़ न जाय।

रेत सपाट पूरण (Sand Flushing)

कुटाई के तुरन्त पश्चात् ही संघनित सतह पर 0·3 घन मीटर प्रति 100 वर्ग मीटर के हिसाब से सूखी मोटी रेत फैलायी जायगी तथा फिर रोलर से कुटाई की जायगी जिससे सतह चिकनी बन जाय। रेत मोटी, साफ कठोर तथा टिकाऊ होनी चाहिये व उसमें धूल, मिट्टी तथा कार्बनिक पदार्थ नहीं होने चाहिये।

कुटाई समाप्त होने के 24 घंटे पश्चात् सड़क यातायात के लिये खोली जा सकती है।

समुद्रण आस्तरण (Seal coat)—कार्पेट डालने से डेढ़ वर्ष के भीतर जब भी आवश्यक हो संमुद्रण आस्तरण लगाया जायगा। संयोगी शेलस्प्रा या शेलमेक या रोडटार संख्या 3-A को (आसजक लेप के समान ही) गर्म किया जायगा तथा सूखी मोटी रेत (या 6 मि. मी आकार की पत्थर की बजरी) में मिलाकर सड़क की सतह पर समान तह बिछाकर रोलर से कुटाई की जायगी। प्रति 100 वर्ग मीटर सतह के लिये 0·75 घन मीटर रेत तथा प्रति घन मीटर रेत के लिये 128 किग्रा. बिटुमेन की आवश्यकता होगी।

बजरी तथा बन्धक का पूर्व मिश्रण करके आसंजक लेप डालने के बजाय मद 8 में वर्णित विधि के अनुसार सतह पर बिटुमेन की दूसरी तह भी पेन्ट की जा सकती है।

ठडा मिश्रण तथा गर्म मिश्रण (Cold mix and Hot mix)

ठंडा मिश्रण—पूर्व मिश्रित बिटुमेनी सड़क बनाने को उपर्युक्त विशिष्टियां ठडे प्रकार के मिश्रण के लिये हैं जिसमें पत्थर की ग्रिटों या मिलावा को गर्म नहीं किया जाता। इस कार्य के लिये प्रयुक्त बिटुमेन ऐसा होना चाहिये कि जब गर्म बिटुमेन, ठंडी (वायुमण्डल के ताप पर) तथा सूखी पत्थर की ग्रिटों में मिलाया जाय तो ग्रिटों पर बिटुमेन का लेप भली-भांति लग जाय तथा बिटुमेन व ग्रिटों का मिश्रण भली प्रकार हो सके। साथ ही सड़क की सतह पर डालने व रोलिंग के समय तक बिटुमेन कड़ा भी नहीं होना चाहिये। ठडे मिश्रण के लिये आवश्यक गुण शेलस्प्रा, शेलमेक तथा रोडटार संख्या 3-A में विद्यमान होते हैं।

गर्म मिश्रण—उचित कोटि तथा ग्रेड के ऐस्फाल्ट से गर्म प्रकार का मिश्रण भी बनाया जा सकता है। इस प्रकार के गर्म मिश्रण में बन्धक तथा पत्थर दोनों को ही अलग-अलग गर्म करने के पश्चात् दोनों को गर्म अवस्था में एकत्रित करके मिलाया जाता है तथा गर्म दशा में ही मिश्रण ले जाकर सड़क की सतह पर फैलाया जाता है व उसकी कुटाई की जाती है।

विभिन्न श्रेणी की सड़कों की आवश्यकतायें

विभिन्न प्रकार की सड़कों में निम्नलिखित आवश्यकतायें होनी चाहिये।

विवरण	राष्ट्रीय महा-मार्ग (N. H.) तथा राज्य महामार्ग (P.H.)	मुख्य जिला सड़क (M.D.R.)	अन्य जिला सड़क (O.D.R.)	ग्रामीण सड़क (V.R.)
(1)	(2)	(3)	(4)	(5)
1. खुले देहाती क्षेत्र में नियंत्रित भूमि की चौड़ाई जिस पर भवन निर्माण नियंत्रण हो	सड़क की मध्य रेखा से दोनों ओर 70 मी.			—
2. स्थाई भूमि की चौड़ाई—				
न्यूनतम	30 मी.	30 मी.	24 मी.	12 मी.

(1)	(2)	(3)	(4)	(5)
जिस भूमि में खेती न होती हो या ऊसर भूमि में	45 मी.	30 मी.	30 मी.	12 मी.
3. समतल क्षेत्रों में सड़क की निर्माण चौड़ाई	10 मी.	10 मी.	10 मी.	5 मी.
पहाड़ी क्षेत्रों में सड़क की निर्माण चौड़ाई	5·5-7·5 मी.	5·5 मी.-7·5 मी.	अश्व मार्ग के लिये 2 मी.	
4. बाढ़ स्तर से भराव की न्यूनतम ऊचाई	60 सेमी.	60 से. मी.	45 से. मी.	30 से.मी.
5. पक्की सतह की चौड़ाई—				
एक लेन वाली में (single lane)	3·70 मी.	3·70 मी.	3·70 मी.	—
दोहरे लेन वाली (double lane)	7·00 मी.	7·00 मी.	—	—
6. रोड़ी की सघनित तह की न्यूनतम मोटाई (तीन तहों में)	24 से.मी.	24 से.मी.	24 से.मी.	—
7. आधार तह (soling coat) की चौड़ाई	पक्की सतह की चौड़ाई से 30 से.मी. अधिक			—
8. पक्की सतह उभार (camber) या अनुप्रस्थ ढाल (cross slope)	कंकड़ की सतह 36 में 1 पत्थर मैकेडम सतह 48 में 1 बिटुमेन सतह 60 में 1 सीमेंट कंक्रीट 72 में 1			—
9. समतल क्षेत्र में अधिकतम अनुलम्ब ढाल	30 में 1	30 में 1	30 में 1	10 में 1
पहाड़ों में अधिकतम अनुलम्ब ढाल	15 में 1	15 में 1	7 में 1	7 में 1
समतल क्षेत्रों में नियन्त्रक अनुलम्ब ढाल (ruling gradient)	40 में 1	40 में 1	40 में 1	20 मे 1
पहाड़ों में नियन्त्रक अनुलम्ब ढाल	20 में 1	20 में 1	10 में 1	10 में 1
10. ऊर्ध्वाधर वक्रों पर न्यूनतम दृश्यता (visibility)	100 मी.	100 मी.	100 मी.	—
11. वक्रों की न्यूनतम त्रिज्या (radius)—				
समतल क्षेत्रों में	300 मी.	300 मी.	200 मी.	50 मी.
पहाड़ों में	20 मी.	20 मी.	20 मी.	16 मी.
12. अधिकतम वाह्योत्थान (super elevation)—				
समतल क्षेत्रों में	20 में 1	20 में 1	20 में 1	—
पहाड़ों में	8 में 1	10 में 1	10 में 1	—
13. पुलों तथा पुलियों के लिये अभिकल्प भार (design load)	आई.आर.सी. की A—श्रेणी का भार (I.R.C. class A loading)	आई.आर.सी. की A—श्रेणी का भार (I.R.C. class A loading)	आई.आर.सी. की B—श्रेणी का भार (I.R.C. class B loading)	500 कि. ग्रा. प्रति वर्ग मी. का चल भार (live load)
14. पुलियों पर सड़क की चौड़ाई—				
समतल क्षेत्रों में	10·00 मी.	10·00 मी.	10·00 मी.	5 मी.

(1)	(2)	(3)	(4)	(5)
पहाड़ी क्षेत्रों में	5·50 मी.	5·50 मी.	5·50 मी.	4 मी.
15. सेतु (bridge) पर सड़क की चौड़ाई—				
समतल क्षेत्रों में	7·50 मी.	7·50 मी.	7·50 मी.	5 मी.
पहाड़ी क्षेत्रों में (न्यूनतम)	4·30 मी.	4·30 मी.	4·30 मी.	4 मी.
16. सेतुओं तथा पुलियों के पहुंच मार्ग (approaches)	दोनों ओर कम से कम 30 मी. लम्बी सीधी सड़क			—
17. किलोमीटर व आधे किलोमीटर के पत्थर	प्रत्येक आधे किलोमीटर पर			—
18. सीमा पत्थर (boundary stones)	प्रत्येक हेक्टोमीटर (100 मी.) पर तथा जहाँ भूमि की चौड़ाई में परिवर्तन हो			—
19. गैंग हट (gang hut)	प्रत्येक 15 कि. मी. के अन्तर पर			—
20. ओवरसियरों के लिए विश्राम गृह	प्रत्येक 30 कि. मी. के अन्तर पर			—
21. डाक बंगला (inspection house)	प्रत्येक 40 कि. मी. पर यथा सम्भव नगर के समीप			—
22. पेड़ लगाना (arboriculture)—				
सड़क की मध्य रेखा से दोनों ओर पेड़ों की दूरी	11 मी.	11 मी.	9 मी.	—
सड़क की लम्बाई की दिशा में पेड़ों के बीच की दूरी	12 मी.	12 मी.	12 मी.	—
23. मिट्टी के निर्माण (earthen formation) में पार्श्व ढाल—				
भराव में	$2:1$ से $1\frac{1}{2}:1$ तक	मिट्टी की प्रकृति के अनुसार		
कटाव में	$1\frac{1}{2}:1$ से $1:1$ तक	मिट्टी की प्रकृति के अनुसार		

नोट—रोड़ी की तह की मोटाई का अभिकल्पन परियात की मात्रा (intensity of traffic) के अनुसार मिट्टी की सधट्यता सूचांक (P. I.) सी. बी. आर. (C. B. R.) मान आदि निकाल कर निर्धारण करना चाहिये।

पुलियों तथा छोटे सेतुओं की लागत सड़क के प्राक्कलन में सम्मिलित कर देनी चाहिये। बड़े सेतुओं का प्राक्कलन अलग से करना चाहिये।

अध्याय 14

निर्माण कार्य का माप लेने तथा परिमाण निकालने के नियम एवं विधियां

Rules and methods of measurements of works and taking out quantities

(भारतीय मानक संख्या (I. S.) 1200 पर आधारित)

प्रारम्भिक प्राक्कलन लनाने से निर्माण कार्य की समाप्ति तथा भुगतान करने तक किसी भी निर्माण कार्य या प्रायोजना के आयोजन तथा निर्माण में निर्माण कार्य की माप का स्थान बहुत महत्वपूर्ण है। माप लेने की बिधियां जिनके अनुसार प्राक्कलन तथा राशि सूची बनानी चाहिए तथा निर्माण कार्य की समाप्ति पर जिन विधियों से यथास्थान माप लेनी चाहिये इन विधियों को इस अध्याय में विवृत किया गया है।

साधारण नियम

1. प्रत्येक मद का माप अलग-अलग व तैयार कार्य के लिये लिया जायगा। मद का विवरण इस प्रकार देना चाहिये कि अपेक्षित आकार, आकृति, अभिकल्प तथा विशिष्टियों के अनुसार निर्माण में प्रयुक्त सामग्रियों, परिवहन, मजदूरी, गढ़ाई, यथास्थान लगाना, औजार तथा मशीनें, ऊपरी खर्चे तथा अन्य फुटकर खर्चे इसमें सम्मिलित हों। प्रत्येक मद का नामकरण विस्तार में होना चाहिये जिससे उस मद में किया जाने वाला कार्य नाम से स्वयं ही स्पष्ट हो जाय।

2. माप लिखते समय पहले लम्बाई, फिर चौड़ाई तथा उसके पश्चात् ऊँचाई या गहराई या मोटाई लिखी जायगी।

3. यदि कोई निर्देश न हो तो माप तैयार निर्माण की ली जायगी परन्तु निम्नलिखित सहन सीमाओं का अनुसरण किया जा सकता है—

(i) सभी माप निकटतम 0·01 मीटर अर्थात् निकटतम 1 से. मी. तक मापे जायेंगे।

(ii) क्षेत्रफल निकटतम 0·01 वर्ग मीटर तक निकाले जायेंगे।

(iii) आयतन निकटतम 0·01 घन मीटर तक निकाले जायेंगे।

4. विभिन्न स्थितियों में किया गया समान श्रेणी का कार्य तथा विभिन्न प्रकार का कार्य अलग-अलग मदों में अलग-अलग मापा जायेगा।

5. राशि सूचि में सामग्रियों, अनुपात तथा कारीगरी का पूर्ण विवरण दिया जायगा तथा जो कार्य होना है वह राशि सूचि से सही-सही ज्ञात हो जाना चाहिये। जो कार्य सही-सही नहीं मापा जा सकता था जिसके लिये निर्माण स्थल पर जाकर माप करना आवश्यक हो उसे अन्तिम (provisional) कार्य कहा जायगा।

6. संरचना कंक्रीट, ईंट चिनाई या पत्थर की चिनाई में निम्नलिखित कार्य अगल-अलग मापा जायगा तथा उनकी ऊँचाईयाँ दी जायेंगी—

(क) नींव से कुर्सी तल तक। (ख) कुर्सी तल से निचली मन्जिल की छत तक।

(ग) दुमन्जिले के फर्श के तल से तिमन्जिले के फर्श के तल तक तथा इसी प्रकार मुंडेर दीवार उसके नीचे वाली मन्जिल के साथ मापी जायगी।

इकाई—विभिन्न प्रकार के कार्यों की इकाई कार्य की प्रकृति, आकार तथा आकृति पर निर्भर करती है। सामान्यत: निर्माण की विभिन्न मदों की इकाई निम्नलिखित सिद्धांत के अनुसार निर्धारित की जाती है—

(i) भारी भरकम तथा मोटे कार्य घन इकाई या आयतन में मापे जाते हैं। आयतन या घन इकाई (घन मीटर) निकालने के लिये लम्बाई, चौड़ाई तथा ऊँचाई या गहराई मापी जायगी।

(ii) उथले, पतले तथा सतह पर किये जाने वाले कार्य वर्ग इकाई या क्षेत्रफल में मापे जाते हैं। क्षेत्रफल (वर्ग मीटर) निकालने के लिये लम्बाई तथा चौड़ाई या ऊँचाई मापी जायगी।

(iii) लम्बे तथा पतले कार्य लम्बाई में या लम्बाई की इकाई में मापे जायेंगे तथा केवल उनकी लम्बाई (मीटर) मापी जायगी।

(iv) उजरती कार्य (piece work) या जॉब कार्य आदि गिनती से लिये जायेंगे अर्थात इनकी इकाई संख्या में ली जायगी।

मिट्टी का कार्य

मिट्टी का कार्य घन मीटर में मापा जायगा तथा आयतन ज्ञात करने के लिये लम्बाई, चौड़ाई तथा ऊँचाई या गहराई मापी जायगी। विभिन्न प्रकार का मिट्टी का कार्य जैसे नींव की खुदाई, खाई की खुदाई आदि तथा कुर्सी में भराई, बांध में भराई आदि अलग-अलग मदों में लेकर मापे जायेंगे।

विभिन्न प्रकार की मिट्टियों जैसे साधारण मिट्टी, कठोर मिट्टी, साधारण पत्थर की चट्टान, कठोर पत्थर की चट्टान आदि में मिट्टी का कार्य अलग-अलग वर्गों में रक्खा जायगा तथा अलग-अलग मदों के रूप में उनका माप लिया जायगा।

खोदी हुई मिट्टी को नींव की खाई के किनारे से कम से कम एक मीटर दूर फेंकने का कार्य भी खुदाइ में सम्मिलित होगा। सतह समतल करना या काटना या ढाल बनाना, कुटाई व प्रत्येक तह की मोटाई का विवरण मिट्टी के कार्य की मद में दिया जायगा खाइयों या खतानों मे मिट्टी की खुदाई का माप औसत माप लेकर किया जायगा। यदि भूमि तल समान हो तो खाइयों या खतानों के बीच में थोड़े-थोड़े अन्तर पर कुछ भाग स्तम्भ के रूप में बिना खुदा हुआ छोड़ दिया जायगा जिससे खुदाई की औसत गहराई ज्ञात की जा सके। असमान या ढालू भूमि के विकर्ण (diagonal) दीवार के रूप में बिना खुदे छोड़ दिये जायेंगे।

बिना खुदे स्तम्भ और दीवारों के लिये कोई कटौती नहीं की जायगी माप लेने तथा उसकी जांच हो जाने के पश्चात् इसे बिना खुदे खम्भों को खोद कर निकाल दिया जायगा जिसके लिए अलग से भुगतान नहीं किया जायेगा।

यदि भूमि बहुत ऊँची-नीची हो तो मिट्टी का कार्य आरम्भ करने से पहले तथा समाप्त करने के पश्चात् लेबल द्वारा तल ज्ञात कर लिये जायेंगे तथा इन तलों से खुदाई की औसत गहराई या भराव की औसत ऊंचाई ज्ञात की जायेगी।

जिस जगह मिट्टी की कटाई की गई है, यदि वहाँ का माप लेना सम्भव न हो या सुविधाजनक न हो तो, जहां पर मिट्टी भरी गई है, वहां का माप ले लिया जायगा तथा मिट्टी की प्रकृति तथा कुटाई की विधि के अनुसार

संकुचन तथा रिक्त स्थानों के लिए समुचित कटौती कर दी जायगी। साधारण तौर से कुटाई किये गए भराव में 10% तथा भारी मशीनों द्वारा कुटाई किये गए भराव में 5% की कटौती की जायगी।

सड़क में मिट्टी के भराव का माप लेने के लिये रुपरेखा (profile) या भराव का माप लेकर मिट्टी के निषदन या संकुचन के लिये उचित कटौती कर दी जाती है। अनुप्रस्थ खण्ड के क्षेत्रफल (sectional area) को लम्बाई से गुणा करके मिट्टी का आयतन या परिमाण ज्ञात किया जा सकता है।

भूमि पर निशान लगाने, रुपरेखा बनाने, निर्माण स्थल की सफाई, बिना खूदे भाग छोड़ने, पैड़ी बनाने, ऊर्ध्व पात (slips or falls) हटाने, वर्षा के कारण यदि जल भर जाय तो उसे उलीचने आदि का माप अलग से नहीं लिया जाता क्योंकि ये कार्य मिट्टी के कार्य के दर में सम्मिलित होते हैं।

वहन दूरी तथा उत्थापन (Lead and Lift)—प्रत्येक 30 मीटर वहन दूरी तथा प्रत्येक 1·5 मीटर उत्थापन या ऊँचाई या गहराई के लिये अलग-अलग माप लिये जायेंगे। वहन दूरी जिस क्षेत्र में खुदाई हो रही है उसकी मध्य रेखा से फालतु मिट्टी के ढेर की मध्य रेखा की दूरी होगी। इसी प्रकार खुदाई के मध्य से फालतू मिट्टी के ढेर के मध्य तक की ऊँचाई माप कर उत्थापन ज्ञात किया जायगा।

मिट्टी के कार्य का दर 30 मीटर वहन दूरी तक 1·5 मीटर उत्थापन की इकाई के लिये होगा। इससे अधिक वहन दूरी या उत्थापन होने पर वहन दूरी की 30 मीटर की प्रत्येक इकाई के लिए तथा उत्थापन की प्रत्येक 1·5 मीटर इकाई के लिए दर अलग-अलग होगा।

नींव की खुदाई—यदि कोई अन्य निर्देश न हो तो खाई के आयताकार सेक्शन का माप लेकर उसे लम्बाई से गुणा कर के घन मीटर में परिमाण ज्ञात किया जायेगा। खाई के तले की चौड़ाई नींव कंक्रीट की चौड़ाई के समान तथा गहराई ऊर्ध्व गहराई के बराबर ली जायगी, भले ही ठेकेदार ने अपनी सुविधा के लिये ढालू किनारे बनाकर खाई खोदी हो।

खाई में मिट्टी वापस भरना तथा कूटना (Return, fill and ram)—खुदी हुई मिट्टी को खाई में दोबारा भरने तथा कूटने का कार्य घन मीटर में पृथक मद में मापा जायगा। इस मद में मिट्टी को 20 सेमी. मोटी तहों में फैलाना, जल डालना, कुटाई करना तथा समतल करना सम्मिलित है।

मिट्टी रौंदना (Puddling)—मिट्टी के रौंदने का कार्य घन मीटर में मापा जायगा। इसका विवरण इस प्रकार देना चाहिये कि इसमें चिकनी मिट्टी का प्रदाय, मिट्टी तैयार करना, 15 सेमी. मोटी तहों में बिछाना, कुटाई आदि पूर्ण कार्य सम्मिलित हो।

सतह गढ़ाई (Surface dressing)—प्राकृतिक भूमि में से घास, वनस्पतियां आदि हटाने तथा 15 सेमी. तक ऊंचे-नीचे स्थनों को काट-छांट कर भूमि को समतल करके गढन का कार्य सतह की गढ़ाई के अन्तर्गत अलग मद में वर्ग मीटर में मापा जाता है। 30 सेमी से अधिक घेरे के वृक्ष काटने का कार्य अलग मदों में लिया जायगा तथा संख्या में गिना जायगा और भूमि तल से 1 मीटर ऊपर का घेरा वर्णित किया जायगा।

सतह खुदाई (Surfacc excavation)—1·5 मीटर से अधिक चौड़े और 10 वर्ग मीटर से अधिक क्षेत्र के 30 सेमी. गहराई तक की खुदाई का कार्य सतह खुदाई के अन्तर्गत आता है तथा इसका माप वर्ग मीटर में अलग मदों में लिया जाता है।

पम्प द्वारा जल निकालना—यदि अवभूमि प्रवाह के जल (spring water) को पम्प द्वारा खाई के बाहर निकालना हो तो इसे अलग मद में लिया जाता है।

तख्ताबन्दी (Timbering)—खाई या ढीली मिट्टी के किनारों को नीचे धंसने से बचाने के लिये जो तख्ताबन्दी की जाती है उसे आधारित फलक (face supported) का वर्ग मीटर में क्षेत्रफल मापा जाता है। निम्नलिखित प्रकार की तख्ताबन्दी अलग-अलग मदों में ली जायगी।

(i) 1·5 मीटर तक गहराई में, (ii) 1·5 मीटर से अधिक परन्तु 5 मीटर से कम गहराई में, (iii) 5 मीटर से अधिक गहराई में।

तख्ताबन्दी में सभी लकड़ी का कार्य तथा वेलर (waler), संपीडाँग (struts) थामी तख्ते (poling boards) आदि शामिल होंगे। तख्ताबन्दी के लिये खाई के दोनों किनारों के लिये एक ही किनारे का माप लिया जायगा और उसका क्षेत्रफल तख्ताबन्दी के एक किनारे की लम्बाई × गहराई के बराबर होगा।

कंक्रीट

कंक्रीट के विवरण में कंक्रीट का प्रकार, सामग्रियों का आकार, अनुपात तथा प्रत्येक सामग्री किस प्रकार अनुपातित है (grading), मिश्रण, तराई आदि की विधि का वर्णन होना चाहिये। विभिन्न अनुपातों तथा विभिन्न सामग्रियों की कंक्रीट जैसे चूना कंक्रीट, सीमेंट कंक्रीट, प्रबलित सीमेंट कंक्रीट आदि अलग-अलग मदों में ली जायगी। नींव, छत, दीवार स्थूल आदि में डाली जाने वाली कंक्रीट अलग-अथग वर्गीकृत करके अलग-अलग मदों में मापी जायगी।

कंक्रीट का परिमाण घन मीटर में लिया जाता है तथा इसके लिये लम्बाई, चौड़ाई तथा ऊँचाई या मोटाई निकटतम 1 सेमी. तक मापी जायगी। स्लैबों, विभाजक दीवारों (partitions), खम्भों, धरनों तथा इसी प्रकार की संरचनाओं का माप निकटतम 0·5 सेमी. तक लिया जायगा। 0·1 वर्ग मीटर तक के खुले भागों (opening) के लिए कोई कटौती नहीं की जायगी।

यदि अन्य कोई विवरण न दिया हो तो ढूला या फरमा वर्ग मीटर में पृथक मद में लिया जाता है। ढूले की जो सतह वास्तव में कंक्रीट के सम्पर्क में रहती है उसी का क्षेत्रफल मापा जायगा। ढूला खोलने के पश्चात कंक्रीट को चिकना करना या टांकना (hacking) या कंक्रीट की सतह को खुरदरा करने का कार्य विवरण में वर्णित करना चाहिए तथा सतह पर समापन की मोटाई कंक्रीट के माप में नहीं मापी जायगी। यदि सांचे ढली कंक्रीट के अतिरिक्त अन्य कंक्रीट में विशेष प्रकार की सजावट की जाय तो उसका माप वर्ग मीटर में अलग से दिया जायगा।

प्रबलित सीमेंट कंक्रीट कार्य—प्रबलित सीमेंट कंक्रीट कार्य अप्रबलित कंक्रीट से अलग मद में रक्खा जायगा। प्रबलित सीमेंट कंक्रीट का भार प्रबलन छोड़कर घन मीटर में लिया जायगा। इस्पात प्रबलन का माप पृथक मद में कुन्तल में लिया जायगा तथा अनुमत परस्पर चढ़ाव (over laps), हुकों, बंकित की हुई छड़ों आदि की लम्बाई भी मापी जायगी। सामान्यतः ढूला अलग से नहीं मापा जायगा व इसकी लागत प्रबलित सीमेंट कंक्रीट था सीमेंट कंक्रीट कार्य की दर में सम्मिलित होगी। प्रबलन बांधने वाला तार अलग से नही मापा जाता है। कंक्रीट के आयतन में से प्रबलन का आयतन नहीं घटाया जायगा। प्रबलित सीमेंट कंक्रीट कार्य के अन्तर्गत स्लैबों धरनों, लिंटलों, स्तम्भों, छज्जों, सीढ़ी, नींव के रैफ्ट व खसकों आदि में प्रबलित सीमेंट कंक्रीट का कार्य आता है तथा यह सभी अलग-अलग मदों में लिये जायेंगे। ढूला खोलने के पश्चात बाहरी सतह चिकनी समापित की जायगी

व इसका माप अलग से नहीं किया जायगा। छज्जों का प्रक्षेप (projections) तथा औसत मोटाई देते हुए छज्जे का माप मीटर में भी लिया जा सकता है, यदि ऐसा निर्देश हो।

विशेष प्रकार की हलकी विभाजक दीवारों का माप वर्ग मीटर में लिया जा सकता है तथा उनकी मोटाई व पूर्ण विवरण भी दे देना चाहिए।

पूर्वढालित सीमेंट कंक्रीट (Precast cement concrete)—पूर्वढालित सीमेंट कंक्रीट प्रबलित या सादी अलग-अलग मदों में घन मीटर में मापी जायगी। इसके विवरण में सांचे, फलकों का समापन, उठाना (hoisting) तथा यथास्थान लगाना आदि वर्णित होना चाहिए। यदि इसमें प्रबलन डालना हो तो उसका विवरण देना चाहिये तथा प्रबलन पूर्वढालित कंक्रीट की मद में सम्मिलित होना चाहिये। यदि निर्दिष्ट हो तो प्रबलन अलग से भी मापा जा सकता है।

प्रसार जोड़ (Expansion joint)—छतों, फर्शों, दीवारों, सड़कों आदि में प्रसार जोड़ मीटर लम्बाई में मापे जायेंगे। प्रसार जोड़ के विवरण में जोड़ की गहराई तथा चौड़ाई तथा जोड़ में भरी जाने वाली सामग्रियों का वर्णन होना चाहिये।

जाली—जालियों या जाफरीयों या झिलमिलियों (louvers) का विवरण तथा मोटाई दी जायगी तथा इसका माप वर्ग मीटर में लिया जायगा। प्रबलन का बिवरण दिया जायगा तथा यह मद की दर में शामिल होगा।

कंक्रीट के खम्भे—बाढ़ लगाने के खम्भों (fencing posts), कोनों पर लगाने वाले खम्भे (corner posts), संपीडाँगों (struts) आदि का माप घन मीटर में लिया जायगा। प्रबलन तथा ढूले का विवरण दिया जायगा तथा यह मद में शामिल होगा।

कंक्रीट स्थूणा (Piles)—कंक्रीट की स्थूणा का विवरण दिया जायगा तथा उनका माप घन मीटर में लिया जायगा वे सेक्शन (section) तथा लम्बाई के अनुसार वर्गीकृत की जायगी। इस्पात प्रबलन मद में सम्मिलित होगा तथा इसका पूरा बिवरण दिया जायगा। लोहे या इस्पात की टोपी तथा शू (shoe) गिनी जायेंगी अर्थात् उनको संख्या में लिया जायगा व प्रत्येक का भार वर्णित किया जायगा।

स्थूणाओं को गाड़ने व ठोकने का कार्य संख्या के अनुसार लिया जायगा तथा प्रत्येक स्थूणा का आकार व लम्बाई वर्णित की जायगी। यदि निर्देशित हो तो स्थूणा लगाने का कार्य, भूमि तल के नीचे के भाग का, मीटर लम्बाई में मापा जा सकता है।

सील रोक रद्दा (Damp proof course)—रद्दे का पूर्ण विवरण व मोटाई दी जायगी तथा इसका माप वर्ग मीटर में लिया जायगा। इस मद में किनारों के फर्मे, समापन, समतल करना, तराई आदि कार्य सम्मिलित होंगे। क्षैतिज तथा ऊर्ध्व सील रोक रद्दों का माप अलग-अलग लिया जायगा।

ईंट चिनाई

ईंटों तथा मसाले में प्रयुक्त सामग्री व उनके अनुपात का विवरण दिया जायगा। विभिन्न प्रकार तथा विभिन्न श्रेणियों की ईंट चिनाई अलग-अलग मदों में ली जायगी। नींव तथा कुर्सी पहली मन्जिल, दूसरी मन्जिल आदि में ईंट चिनाई अलग-अलग मदों में मापी जायगी। पाड़ बांधने का कार्य ईंट चिनाई की मद से सम्मिलित होता है तथा इसका माप अलग से नहीं लिया जाता। ईंट चिनाई का माप घन मीटर में लिया जाता है तथा परिमाण निकलने के लिये लम्बाई, चौड़ाई या मोटाई तथा ऊँचाई मापी जायगी। लम्बाई तथा ऊँचाई निकटतम सेमी. तक मापी जायगी।

दीवार की मोटाई—तीन ईंट तक मोटी दीवार की मोटाई आधी ईंट के गुणकों (multiples) के रूप में मापी जायगी तथा इसमें मसाले के जोड़ की मोटाई सम्मिलित होगी। आधी ईंट का माप निम्न प्रकार से लिया जायगा। 22·9 × 11·4 × 7·6 सेमी (9″ × 4½″ × 3″) निर्दिष्ट आकार की ईंटों में आधी ईंट का आकार 11·4 सेमी. (4½″) लिया जायगा।

25·4 × 12·7 × 7·6 सेमी. (10″ × 5″ × 3″) निर्दिष्ट आकार की ईंटों में आधी ईंट का आकार 12·7 सेमी. (5″) लिया जायगा।

20 सेमी. × 10 सेमी. × 10 सेमी. (वास्तविक आकार 19 सेमी. × 9 सेमी. × 9 सेमी.) की प्रमापीय ईंटों के लिए आधी ईंट का आकार 10 सेमी. होगा।

इस प्रकार विभिन्न ईंटों के लिये	20 × 10 × 10 सेमी	9″ × 4½″ × 3″
एक ईंट की दीवार का माप	20 सेमी.	22·9 सेमी. (9″)
डेड़ ईंट की दीवार का माप	30 सेमी.	34·3 सेमी. (13½″)
दो ईंट की दीवार का माप	40 सेमी.	45·7 सेमी. (18″)
ढाई ईंट की दीवार का माप	50 सेमी.	57·1 सेमी (22½″)
तीन ईंट की दीवार का माप	60 सेमी.	68·6 सेमी. (27″)

तीन ईंट से अधिक मोटी दीवार में निकटतम 1 सेमी. तक वास्तविक मोटाई मापी जायगी।

जब वास्तुकी प्रभाव के लिये (architectural) या अन्य किसी कारणों से आधी ईंट की भिन्न मोटाई में आती हो तो माप निम्न प्रकार से ली जायगी—

(i) 2 सेमी. या इससे कम की भिन्नों के लिये वास्तविक माप, (ii) 2 सेमी. से अधिक भिन्नों के लिये पूरी आधी ईंट।

कटौतियाँ—निम्नलिखित के लिये कोई कटौती नहीं की जायगी, (क) 0·1 वर्ग मी. सेक्शन (section) तक के खुले भाग, (ख) कड़ियों, धरनों, लिंटलों, खम्भों, पर्लिनों, टोड़ों (corbels), सीढ़ियों आदि के सिरे, (ग) दासे तथा आधार पट (wall plates aud bed plates), स्लैबों, छज्जों तथा अन्य चीजों के धारक (bearing) जिनके धारक दीवार की पूरी चौड़ाई पर न हो तथा मोटाई 10 सेमी से अधिक न हो।

अंगीठी—(fire place), चिमनी आदि—यदि धुंआ या वायु निकालने की चिमनी का अनुप्रस्थ क्षेत्रफल 0·25 वर्ग मीटर से कम हो तो ईंट चिनाई का परिमाण घन मीटर में ठोस मानकर निकाला जाता है तथा धुंआ निकालने वाले बीच के स्थान के लिये कोई कटौती नहीं की जाती। साथ ही चिमनी में से राख झाड़ने तथा लिपाई करने (pargetting) के लिये अलग से कोई भुगतान नहीं किया जाता। यदि चिमनी का अनुप्रस्थ क्षेत्रफल 0·25 वर्ग मीटर से अधिक हो तो ईंट की चिनाई में से चिमनी का अनुप्रस्थ क्षेत्रफल घटा दिया जायगा तथा लिपाई करने व चिमनी में से राख झाड़ने का माप लम्बाई में मीटर में लिया जायगा तथा चिमनी का आधार भी दिया जायगा।

खम्भे—खम्भों का वास्तविक आयतन घन मीटर में मापा जायगा तथा उनका पूरा विवरण दिया जायगा।

डाट तथा वाल्टस (Arches and vaults)—डाटों तथा वाल्टों में ईंट चिनाई का माप घन मीटर में अलग-अलग लिया जायगा तथा इस मद में 6 मीटर पाट तक का ढूला सम्मिलित होगा। 6 मीटर से अधिक पाट

होने पर ढूले का माप वर्ग मीटर में अलग निकाला जायगा। ढूले का माप ज्ञात करने के लिये अन्तर का वास्तविक क्षेत्रफल, जिसे सहारा देना है, मापा जाता है।

कुएं की दीवार (Well steining)—कुएँ की दीवार में ईंट चिनाई का माप अलग से घन मीटर में लिया जाता है। तथा दीवार की औसत त्रिज्या तथा दीवार की कुल गहराई विवरण में दी जाती है लोहे की तान छड़ें (tie rods) तथा पत्तियां (flats) अलग से कुन्तल में ली जायेंगी। कुआँ धंसाने का माप मीटर लम्बाई में प्रत्येक 3 मीटर के क्रम में अलग-अलग लिया जायगा। इस मद में सभी रस्से, कप्पियां (tackles) भार डालने वाले चबूतरे बनना, भार लादना, धंसाना या खुदाई आदि कार्य सम्मिलित होंगे। कुआं धंसाने का दर प्रत्येक 3 मीटर गहराई का अलग-अलग होगा।

प्रबलित सीमेंट कंक्रीट या लकड़ी का **कुएं का चक्का (well curb)** अलग मद में घन मीटर में लिया जायगा तथा इस विषय में पूर्ण विवरण दिया जायगा। प्रबलित सीमेंट कंक्रीट या चक्के में इस्पात अलग से कुन्तल में लिया जाता है।

जालीदार ईंट चिनाई—जालीदार (honey comb) ईंट चिनाई का माप वर्ग मीटर में लिया जाता है तथा दीवार की मोटाई व जाली का प्रकार का उल्लेख भी किया जाता है। जालीदार चिनाई में छेदों या खाली स्थानों के लिये कोई कटौती नहीं की जायगी।

विभाजक दीवार—आधी ईंट की या खड़ी ईंट की दीवार का माप वर्ग मीटर में लिया जाता है। इस मद में दीवार की मोटाई, मसाले तथा मसाले के अनुपात का पूरा विवरण दिया जायगा। यदि दीवार में लोहे की छरपट्टी (hoop iron), लोहे के तार की जाली या इस्पात की छड़ों का प्रबलन देना हो तो प्रबलन का प्रकार, चौड़ाई, गेज या मोटाई या व्यास तथा अन्तराल का पूर्ण विवरण देना चाहिये तथा प्रबलन की लागत दीवार की दर में सम्मिलित होनी चाहिये।

प्रबलित ईंट चिनाई—प्रबलित ईंट चिनाई घन मीटर में अलग मद में ली जायगी तथा इस्पात प्रबलन कुंतल में अलग मद में लिया जायगा।

ईंट किनाराबन्दी (Brick edging)—सड़कों, गलियों आदि के किनारे ईंट लगाने के कार्य का विवरण दिया जायगा तथा इसका माप मीटर लम्बाई में लिया जायगा।

गढ़त तथा कार्निस (Moulding and cornices)—किंगरी रद्दों (string courses), टोडों (corbels), छज्जों (drip courses) कारनिसों आदि को पूर्ण वर्णित किया जायगा तथा उनका माप मीटर लम्बाई में लिया जायगा।

दाढ़ा बनाना तथा जोड़ लगाना (Toothing and bonding)—नई तथा वर्तमान दीवार में जोड़ लगाने व दाढ़ा बनाने का काम अलग मद में वर्ग मीटर में लिया जाता है तथा ऊर्ध्व फलक पर मापा जाता है।

इस्पात की कड़ियों के चारों ओर ईंट चिनाई—इस्पात की कड़ियों, स्थूणाओं (stanchions), गर्डरों आदि के चारों ओर ईंट काटकर चिनाई करने के अतिरिक्त श्रम का कार्य वर्ग मीटर में मापा जायगा तथा कड़ियों व गर्डरों आदि का घेरा (grith) मापा जायगा।

पत्थर की चिनाई

पत्थर, मसाले में प्रयुक्त सामग्री तथा अनुपात, तथा जिस प्रकार की दीवार बनानी है इसको वर्णित किया

जायगा। विभिन्न प्रकार के पत्थर की चिनाई जैसे बेरद्दा ढोका, चिनाई की रद्देदार ढोका, चिनाई की दीवार, संगीन चिनाई की दीवार, आदि का माप अलग-अलग मदों में लिया जायगा।

पत्थर की चिनाई का माप घन मीटर में लिया जायगा। दीवार की मोटाई निकटतम 1 सेमी. तक ली जायगी। 0·5 सेमी. या उससे अधिक को एक सेन्टी मीटर मान लिया जायगा तथा 0·5 सेमी. से कम को छोड़ दिया जायगा।

पत्थर की डाट चिनाई व विभिन्न पत्थर चिनाई की कटौती तथा माप ईंट चिनाई की कटौती तथा माप के समरूप हैं।

पत्थर का मोहरा कार्य (stone face work) या दीवार के अस्तर (lining) का प्रकार तथा मोटाई को वर्णित किया जायगा तथा इसका माप वर्ग मीटर में लिया जायगा।

पत्थर के छज्जों, पत्थर की ताक, पत्थर की धूपरोधक (sun-shades) तथा पत्थर की स्लैब (slab) का माप वर्ग मीटर में लिया जाता है तथा उसकी मोटाई, गढ़ाई आदि को वर्णित किया जाता है।

गढ़े हुए पत्थर का कार्य (dressed stone work) देहलों (sils), सीढ़ियों, स्तम्भ शीर्षों (column caps), मुँडेरों, लिंटलों आदि में पत्थर का कार्य घन मीटर में मापा जायगा तथा गढ़ाई को वर्णित किया जायगा, प्रत्येक गढ़े हुए पत्थर का माप उस छोटे से छोटे आयताकार प्रस्तर खंड को मापकर लिया जायगा जिससे समापित करके गढ़ा हुआ पत्थर बनाया जा सके। किंगरी रद्दों (string courses), कारनिसों आदि का माप मीटर लम्बाई में लिया जायगा तथा इनके अनुप्रस्थ खंड को वर्णित किया जायगा।

गोलाश्म कार्य (boulder work) का माप घन मीटर में लिया जायगा तथा गोलाश्मों के आकार को वर्णित किया जायगा। विभिन्न प्रकार तथा विभिन्न प्रकृति का गोलाश्म कार्य अलग-अलग मदों में लिया जायगा।

लकड़ी का कार्य

बढ़ई का कार्य (Carpenter work)—सामान्यत: लकड़ी का वह सारा कार्य जो 20 वर्ग सेमी अनुप्रस्थ क्षेत्रफल से अधिक बड़े बत्तों (scantling) से बनाया जाय तथा जिसमें विशेष प्रकार की गढ़त या नक्काशी न करनी हो बढ़ई के कार्य के अन्तर्गत आता है। दरवाजों तथा खिड़कियों की चौखटों, छतों की धरनों, थामों (struts), तान छड़ों (ties), कड़ियों (rafters), परलिनों (छत की कैंची में लकड़ी का सारा कार्य) बढ़ई के कार्य के अन्तर्गत जाता है।

जोड़ना (Joinery)—लकड़ी के जो कार्य तैयार करके, खराद करके, गढ़ाई करके, नक्काशी करके तथा जोड़ लगाकर बनाये जांय वह सब जुड़ाई के अन्तर्गत आते हैं। इस कार्य में मेज पर रखकर लकड़ी को समापित करना पड़ता है तथा फिर उन्हें साथ-साथ जोड़ना पड़ता है। इसके अन्तर्गत दरवाजों तथा खिड़कियों के पल्ले, विभाजक दीवारें, फर्नीचरें आदि आते हैं।

लकड़ी का वर्गीकरण

(i) बत्ता (Batten)—5 सेमी. से कम चौड़ाई व मोटाई वाली चिरी हुई लकड़ी के टुकड़ों को बत्ता कहते हैं।

(ii) स्कैन्टलिग (Scantlings)—जिन चिरी लकड़ी के टुकड़ों का दोनों दिशाओं में अनुप्रस्थ खण्ड माप (cross sectional dimensions) 5 सेमी. से अधिक परन्तु 20 सेमी. से कम हो वे स्कैन्टलिग कहलाते हैं।

(iii) शहतीर (Baulks)—चिरी लकड़ी के जिन टुकड़ों का अनुप्रस्थ खण्ड माप एक दिशा में 5 सेमी. से अधिक तथा दूसरी दिशा में 20 सेमी. से अधिक हो, शहतीर कहलाते हैं।

(iv) तख्ते (Planks)—चिरी लकड़ी के जिन टुकड़ों की मोटाई 5 सेमी. से अधिक न हो तथा जिनकी चौड़ाई मोटाई के दुगने से अधिक हो तख्ते कहलाते हैं।

बढ़ई का कार्य

विभिन्न प्रकार की लकड़ी तथा विभिन्न प्रकार की लकड़ी का कार्य अलग-अलग मदों में लिया जायगा तथा प्रत्येक मद में लकड़ी तथा लकड़ी का कार्य पूर्ण वर्णित किया जायगा।

लकड़ी के कार्य (बढ़ई के कार्य) का माप घन मी. में लिया जायगा। लम्बाई निकटतम 2 सेमी. तक नापी जायगी। चौड़ाई तथा मोटाई निकटतम दो मि. मी. तक नापी जायगी। सभी कार्यों में तैयार कार्य का माप लिया जायगा तथा 2 मि. मी. तक की छूट दी जा सकती है। तैयार कार्य में चिनाई किये हुए या बने सतह के लिए कोई छूट नहीं दी जायगी। आयताकार के अतिरिक्त अन्य आकार के बत्तों या फट्टियों आदि के लिये उस छोटे से छोटे आयताकार टुकड़े का माप लिया जायगा जिसे काटकर समापित भाग बनाया जा सके। लकड़ी के कार्य में कीलें, पेंच, खूंटे आदि जोड़ने के लिये सम्मिलित होगे।

तख्ते (Boarding)—छत, अंतश्छद, फर्श, शेलफों, बिभाजक दीवारें आदि में तख्तों का माप वर्ग मीटर में लिया जायगा तथा तैयार मोटाई सहित पूर्ण विवरण दिया जायगा। जिन धरनों, चौखटों आदि पर यह तख्ते आधारित हों उनका माप घन मीटर में अलग से लिया जायगा।

ढूला या तखताबन्दी—सामान्यत: ढूले की लागत सीमेंट कंक्रीट या प्रबलित सीमेंट कंक्रीट की दर में सम्मिलित होगी तथा उसका माप अलग से नहीं किया जायगा। यदि ढूले का भुगतान अलग से करने का निर्देश हो तो उसका माप कंक्रीट से वास्तव में सम्पर्क में आने वाली सतह का वर्ग मीटर में क्षेत्रफल निकालकर लिया जायगा। ढूले में तख्ते, धरने, खम्भे, पच्चड़ें, कीलें आदि सम्मिलित होंगी। विभिन्न प्रकार के कार्यों के ढूले जैसे धरने, लिंटल, फर्श, छत, दीवारें, स्तम्भ आदि का ढूला अलग-अलग मदों में लिया जायगा। तथा इसको पूर्ण वर्णित किया जायगा।

स्लैब या पट्टियों (slabs), छज्जों, डाटों (arches), खोल (shells) तथा गुम्बद आदि में केवल कंक्रीट की सतह के सम्पर्क में नीचे के ढूले का क्षेत्रफल मापा जायगा तथा पार्श्वों में लगे ढूले का माप नहीं लिया जायगा।

छत का बत्ता (Roof batten)—यदि छत में लगा बत्ता छत की मद में सम्मिलित न हो तो उनका माप वर्ग मीटर में छत की सतह का क्षेत्रफल निकाल कर लिया जायगा तथा बत्तों के आकार व उनके बीच की दूरी को वर्णित किया जायगा।

चपती (Fillets)—चपती, गोठन आदि का माप मीटर लम्बाई में लिया जायगा तथा उनकी चौड़ाई व मोटाई का विवरण दिया जायगा। चपती का समापन कैसे किया जायगा—यथा चपती के किनारों में पख मारा जायगा (edges chamferred) या वे गोल होंगे या गढ़त होगी इसको भी वर्णित करना चाहिये।

बल्लियाँ—बल्लियों का माप औसत व्यास वर्णित करके मीटर लम्बाई में मापा जायगा तथा औसत व्यास दोनों सिरों का मध्यमान व्यास होगा।

लकड़ी की स्थूणा (Wood piles) लकड़ी की स्थूणा का माप मीटर लम्बाई में लिया जायगा तथा उनके आकार का विवरण दिया जायगा। स्थूणा के नीचे व ऊपर इस्पात के शू व टोपी की अलग से गिनती की जायगी व उनका भार वर्णित किया जायगा।

पट्टा स्थूणा (sheet piles) का माप वर्ग मीटर में अलग से लिया जायगा तथा उनकी मोटाई को वर्णित किया जायगा।

पूरी स्थूणा के गाड़ने व ठोंकने का माप लम्बाई में तथा पट्ट स्थूणा को गाड़ने व ठोंकने का माप वर्ग मीटर में लिया जायगा व इनके आकार वर्णित किये जायेंगे। केवल उतने ही भाग का माप लिया जायगा जो भूमि के अन्दर घँसा हुआ हो।

जुड़ाई (Joinery)

लकड़ी की किस्म व श्रेष्ठता को वर्णित किया जायगा तथा विभिन्न प्रकार क कार्यों की जुड़ाई अलग-अलग मदों में ली जायगी।

जुड़ाई का कार्य वर्ग मीटर में सतह का क्षेत्रफल निकालकर मापा जायगा तथा कार्य की मोटाई को वर्णित किया जायगा। जुड़ाई के काम में विभिन्न भागों की जुड़ाई तथा जुड़ाई के लिए आवश्यक कीलें, पेंच पकड़ (key), पच्चड़, लकड़ी की कीलें, गोंद आदि इस मद में सम्मिलित होंगे। यदि कार्य में समापित आकार मापने का आदेश न हो तो प्रत्येक गढ़े हुए फलक के लिये 2 मिमी. की छूट दी जायगी।

दरवाजों व खिड़कियों के पल्ले (Shutters)—पल्लों की माप वर्ग मीटर में लिया जायगा तथा लकड़ी का प्रकार व मोटाई वर्णित का जायगी। पल्लों के दोनों फलकों का विवरण दिया जायगा। भीतर की ओर से पल्ले बन्द करके चौखट छोड़कर माप लिया जायगा। विभिन्न प्रकार के पल्लों जैसे (1) पुश्तवानी व पट्टीदार (leged and battened), (2) पुश्तवानी, बन्धनी तथा पट्टीदार (ledged, braced and battened), (3) फरमेदार, पुश्तवानी, तथा बन्धनी पट्टीदार (framed, ledged, braced and battened) (4) फनमेदार और दिल्लेदार (framed and panelled), (5) फरमेदार तथा झिलमिलीदार (framed and louvered), (6) सपाट (flush), (7) कांचयुक्त (glazed), (8) अंशतः दिल्लेदार तथा अंशतः कांचयुक्त आदि के माप अलग-अलग मद में लिये जायेंगे व प्रत्येक प्रकार के पल्ले को पूर्ण वर्णित किया जायगा।

पट्टीदार पल्लों में पल्लों की मोटाई पट्टी की मोटाई ही होगी। पट्टी तथा पुश्तवानी की सम्मिलित मोटाई नहीं। पल्ले के विवरण में पुश्तवानी तथा बन्धनी की मोटाई को भी वर्णित किया जायगा।

काँचयुक्त पल्लों में लकड़ी के फरमे सहित पूरे पल्लें का क्षेत्रफल वर्ग मीटर में मापा जायगा तथा लकड़ी के फरमे व काँच की मोटाई वर्णित की जायगी। काँच का माप अलग से नहीं मापा जायगा। काँच लगाने की विधि जैसे पुट्टी लगाकर, नमदा (felt) लगाकर, लकड़ी की गोठन लगाकर, व इनको कील व पेंच से कसकर होती है। विभिन्न प्रकार से काँच लगाने का कार्य अलग-अलग मदों में मापा जायगा तथा वर्णित किया जायगा।

अंशतः दिल्लेदार तथा अंशतः काँचयुक्त पल्ले का माप लकड़ी के फरमे सहित कुल सपाट क्षेत्रफल वर्ग मीटर में मापा जाता है तथा आधा, तिहाई आदि जितने भाग में काँच लगाना हो उसका उल्लेख किया जाता है।

शीशे फलक (Glass panes)—शीशे की सप्लाई के लिये माप वर्ग मीटर में लिया जायगा तथा उनकी मोटाई व काँच का प्रकार वर्णित किया जायगा। लम्बाई तथा चौड़ाई का माप निकटतम 5 मिमी. तक लिया जायगा असमाकृति (irregular) या वृत्ताकार शीशों का माप, यदि अन्य कोई निर्देश न हो तो, उस छोटे से छोटे आयताकार टुकड़े का माप लिया जायगा, जिससे काटकर वे असमाकृति या वृत्ताकार शीशे बनाये जा सकें।

दरवाजों तथा खिड़कियों की चौखट—चौखटों, ऊर्धिका (mullions) तथा अनुप्रस्थिका (transomes) का माप घन मीटर में लिया जायगा तथा चूल (tenons) व रोढ़ (horn) की लम्बाई दृष्टि-लम्बाई (sight-length) में जोड़ दी जायगी। चौखट जिसे न्यूनतम वर्ग या आयत लकड़ी से काटा या बनाया जा सकता है वही अनुप्रस्थ खंड का क्षेत्रफल, चौखट का अनुप्रस्थ क्षेत्रफल होगा। पताम (rebates), गोठन (beads) पख (chamfers) आदि को वर्णित किया जायगा तथा वे मद में सम्मिलित होगे। चौखटों के वृत्ताकार या वृत्तखण्ड आकार के भागों का माप अलग से लिया जायगा व उनको वर्णित किया जायगा। लकड़ी का प्रकार वर्णित किया जायगा तथा विभिन्न प्रकार की लकड़ियों की चौखटें अलग-अलग मदों में मापी जायेंगी।

लफड़ी की सीढ़ी—सीढ़ो का निर्माण कार्य अलग शीर्षक में मापा जायगा।

आधार धरन (Bearers) सहित चौकी (landing) का माप चौकी की ऊपरी सतह का क्षेत्रफल वर्ग मी. में मापा जाता है तथा भिन्न मदों में लिया जाता है। लकड़ी की मोटाई वर्णित की जाती है।

पट तथा उठान का माप वर्ग मीटर में लिया जायगा तथा मोटाई वर्णित की जायगी। क्षेत्रफल पट की लम्बाई को पट की बाहरी सतह की चौड़ाई से तथा एक सीढ़ी तथा दूसरी सीढ़ी के बीच ऊंचाई के योग से गुणा करके निकाला जाता है। लकड़ी का प्रकार, जोड़ने, लगाने आदि सहित कार्य को पूर्ण वर्णित किया जायगा।

हथपट्टी (Hand rails)—हथपट्टियों का माप मीटर लम्बाई में लिया जायगा। ऊपर की मध्य रेखा की लम्बाई माप ली जायगी तथा सीधी हथपट्टी की चौड़ाई व ऊँचाई, गढ़त (mouldings) तथा हथपट्टी की गोलाई को वर्णित किया जायगा।

आलम्बन दंड (Balusters)—आलम्बन दंड संख्या के अनुसार लिये जायेंगे तथा उनके आकार चौखटों, दोनों सिरों पर चौखटों में जड़ने आदि को पूर्ण वर्णित किया जायगा।

सोपान स्तम्भ (Newals)—सोपान स्तम्भ का माप मीटर लम्बाई में लिया जायगा तथा उनका अनुप्रस्थ खण्ड समापन सहित पूर्ण वर्णित किया जायगा।

विविध मदें—तौलिया छड़ें (towel rails) पर्दा ब्रैकेट (curtain brackets), रकाबी रैक (plate rack), शृंगार सामग्री के लिये छोटी-मोटी फिटिंग (toilet fixtures), फर्नीचर आदि संख्या के अनुसार लिये जायेंगे तथा उनके आकार को पूर्ण वर्णित किया जायगा।

इमारती धातु का सामान (Builders hardware)—आधार धातुओं जैसे लोहा, इस्पात, ताँबे आदि से बनी इमारती फिटिंग्स को व्यापारिक क्षेत्र में इमारती धातु का सामान कहते हैं। विभिन्न प्रकार के इमारती धातु के सामान का माप गिनती से किया जायगा व उनको वर्णित किया जायगा। विभिन्न प्रकार की सामग्री को समापन (finish), आकार तथा नमूने के अनुसार अलग-अलग गिना जायगा। इमारती धातु के सामान के अन्तर्गत निम्नलिखित वस्तुयें आती हैं:—

कब्जे, दरवाजों के हत्थे, कुण्डी कुफल (hasp and staples), ताले, कपड़े टोप आदि टाँगने की

खूटियां, मूठ (knob), स्प्रिंग, पेंचदार काबला (screwed eyes), क्लीट, कुंडियां, रिवेट तथा अन्य ऐसी ही चीजें।

पर्दा-छड़ें या खम्भे, पर्दा टांगने की पटरी आदि का माप मीटर लम्बाई में लिया जायगा तथा उनका व्यास व आकार वर्णित किया जायगा।

शीशे लगाना (Glazing)—शीशे लगाने का माप वर्ग मीटर में लिया जायगा तथा उसकी श्रेष्ठता, भार तथा मोटाई वर्णित की जायगी। शीशा लगाने की विधि जैसे पुट्टी से लगाना, लकड़ी की गोठन देकर लगाना, धातु की गोठन देकर लगाना आदि को पूर्ण वर्णित किया जायगा। विभिन्न प्रकार के शीशों तथा उन्हें लगाने की विधियों का माप अलग-अलग लिया जायगा।

इस्पात तथा लोहा कार्य (Steel and Iron work)

सामान्यतः लोहा तथा इस्पात कार्य का माप भार के अनुसार कुन्तल में लिया जायगा तथा उसका पूर्ण विवरण भी दिया जायगा। विभिन्न प्रकार के बेल्लित इस्पात के खड़ (rolled steel section) जैसे धरन (joists), चैनेल, ऐंगल, टी लोहा, गोल छड़ें पत्तियाँ (flats), बोल्ट, ढलवां लोहे का सामान, पिटे लोहे का सामान, आदि अलग-अलग मदों में लिये जायेंगे।

सरचना इस्पात कार्य (Structural steel work)—संरचना इस्पात कार्य जैसे गर्डर, संयुक्त गर्डर, प्लेट तथा लेटिस गर्डर (lattice girders), इस्पात की स्थूणा (stanchions), कैंची (trusses), फरमेदार इस्पात कार्य आदि का माप अलग-अलग मद में लिया जायगा तथा इनका पूरा विवरण दिया जायगा। रिवेट तथा बोल्टों के लिए किए गये छेदों की कटौती नहीं की जायगी। रिवेट लगाकर जोड़े गये काम में सपाट सिरे व ले रिवेटों (counter-sunk rivets) के अतिरिक्त अन्य प्रकार के रिवेटों के सिरों का भार भी जोड़ा जायगा। क्लीटों, ब्रैकेटों, पच्चर (packing piece). पृथक्कारी (separaters) गसेट तथा फिस प्लेट, बोल्टें तथा ढिबरी, रिवेटों के सिरे आदि का भार भी सम्बन्धित मद के भार में जोड़ा जायगा। निर्माण कार्य में गढ़ाई (fabrication) ऊपर चढ़ाना यथास्थान रखना तथा लगाना सम्मिलित होगा।

बने हुए इस्पात कार्य में निर्माण स्थल पर ही छेद करने के कार्य में छेदों की संख्या ली जायगी तथा बोल्टों का व्यास व धातु की मोटाई भी दी जायगी। यथास्थान लगे इस्पात कार्य में रिवेट लगाने की गिनती की जायगी तथा उनका अतिरिक्त भुगतान किया जायगा।

बोल्ट (Bolt)—बोल्ट, नींव बोल्ट (holding down bolts), स्थिरक बोल्ट (anchor bolts) आदि का माप कुन्तल में अलग से लिया जायगा तथा इसमें ढिबरियों तथा वाशर की लागत सम्मिलित होगी। इसका वर्गीकरण व्यास के अनुसार किया जायगा।

लोहे की सजावटी जाली (grills), जालियों, चौखटों में जड़ी हुई छड़ों, सीढ़ियों, ब्रैकेटों आदि में लोहे का काम अलग-अलग मद में कुन्तल में, मापा जायगा तथा इनका पूर्ण विवरण दिया जायगा।

लोहे की पकड़ पट्टियां (hold fast) भार के अनुसार कुन्तल में ली जायेंगी व लोहे की पत्तियों की लम्बाई, चौड़ाई व मोटाई का उल्लेख करते हुए पट्टियों की संख्या गिन ली जायगी। पकड़ पट्टियों को पेंच या बोल्ट से लगाने तथा सीमेंट कंक्रीट या सीमेंट मसाले में बद्ध करने का विवरण दिया जायगा तथा यह कार्य मद की दर में सम्मिलित किया जायगा।

चिमनी के पाइप (flue pipe) का माप मीटर लम्बाई में लिया जायगा तथा उसके व्यास का पाइप का प्रकार गेज या भार प्रति इकाई लम्बाई, तथा चिमनी जोड़ने व लगाने की विधि का बिवरण दिया जायगा।

ढलवाँ लोहे की आलम्बन दंड (balusters) तथा सोपान स्तम्भ को संख्या में गिना जायगा तथा लगाने की विधि सहित उनका पूर्ण विवरण दिया जायगा।

ढलवां लोहे की हथपट्टियों का माप मीटर लम्बाई में लिया जायगा तथा उनकी ऊंचाई व लगाने की विधि सहित उनका पूर्ण विवरण दिया जायगा।

सर्पिल सीढ़ी (Spiral staircase)—ढलवाँ लोहे के सर्पिल सीढ़ी को संख्या में गिना जायगा। (अर्थात् सीढ़ी का सम्पूर्ण कार्य एक संख्या माना जायगा)। जीने का बाहरी व्यास, पट्टों (treads) की कुल संख्या, तथा भूमि तल से ऊंचाई आदि का विवरण दिया जायगा। पट, उठान पट्टों तथा हथपट्टियों, आलम्बन दंड आदि का विवरण दिया जायगा।

ढलवाँ लोहे की पारेदार पट्टियां (chequered plates) का विवरण दिया जायगा व उनका माप कुन्तल में किया जायगा। लोहे की बरफी जाली (expanded metal), तार की जाली आदि का माप वर्ग मी. में लिया जायगा तथा गेज व जाली का आकार दिया जायगा। 0·2 वर्ग मी. तक के खाली स्थानों के लिये कोई कटौती नहीं की जायगी। विभिन्न मदों का माप अलग-अलग लिया जायगा।

प्रबलन इस्पात (Steel reinforcement)—प्रबलन छड़ों का माप भार के अनुसार कुन्तल में लिया जायगा तथा छड़ों का ब्यास वर्णित किया जायगा, छड़ों को सही लम्बाई में काटना, सिरों तक हुक बनाना, छड़ों को मोड़ना आदि काम दर में सम्मिलित होंगे। अधिकृत परस्पर चढ़ाव को मापा जायगा। विभिन्न व्यास की छड़ें अलग-अलग मदों में ली जायेंगी।

प्रबलन बांधने वाला तार मद में सम्मिलित होगा तथा उसका अलग से माप नहीं लिया जायगा।

जाली आदि के प्रबलन (fabric reinforcement) का माप वर्ग मी. में लिया जायगा तथा जाली व तारों का आकार वर्णित किया जायगा।

इस्पात की कंक्रीट या पलस्तर के आवरण के कार्यों में चारों ओर तार की जाली का कार्य वर्ग मी. में मापा जायगा तथा जाली के खानों को व गेज के आकार को वर्णित किया जायगा।

पत्ती लोहा (hoop iron) का माप मीटर लम्बाई में लिया जायगा व इसकी मोटाई व गेज वर्णित की जायगी।

तार की बाड़ लगाना (Wire fencing)—सादा या कांटेदार बाड़ का माप मी. लम्बाई में लिया जायगा तथा तार के गेज सहित उसका विवरण दिया जायगा। बाड़ में तार की प्रत्येक पंक्ति (line) का माप लिया जायगा। बाड़ में खंभों का माप अलग से लिया जायगा।

कोलैप्सिबुल फाटक (collapsible gate) का कुल क्षेत्रफल वर्ग मी. में मापा जायगा या उसे भार के अनुसार कुन्तल में लिया जायगा तथा फाटक के आकार, चैनेल की निर्देशिका चूक मुक्त चपटी छड़ें, पूरी तरह खुलने पर खानों का आकार आदि का पूर्ण विवरण दिया जायगा। ऊपर व नीचे की पटरियों (runners), घिरनियों (pulleys), पाशनलग (locking lug), हत्थों आदि का पूरा विवरण दिया जायगा तथा वे मद में सम्मिलित होंगे। फाटक को यथास्थान लगाने तथा पकड़ पट्टियों (hold fasts) या ब्रैकेटों द्वारा बंधित करने को विवृत किया जायगा तथा ये भी मद में सम्मिलित होंगे।

लिपटवाँ फाटक (rolling shutters) का माप वर्ग मी. में लिया जायगा तथा पट्टियों (slats) की चौड़ाई व गेज अन्तः कीलन (interlocks) के केन्द्रों के बीच की दूरी तथा ब्रिज की गहराई (bridge depth) को भी विवृत किया जायगा। कमानी लपेट यन्त्र (spring winding mechanism), ऊपर का ढक्कन, जैम्ब निर्देशिकाओं (jamb guides), नीचे की पटरी तथा ताला लगाने की व्यवस्था आदि का विवरण भी दिया जायगा तथा फाटक को बनाना तथा यथास्थान लगाना मद में सम्मिलित होगा।

इस्पात के दरवाजों तथा खिड़कियों का माप वर्ग मी में लिया जायगा। उनके विभिन्न अवयवों का माप तथा विवरण दिया जायगा। दरवाजों व खिड़कियों को यथास्थान रखना व लगाना भी मद में सम्मिलित होगा तथा उसका विवरण भी दिया जायगा। निर्माता द्वारा परिरक्षण के लिये किये जाने वाले जस्तीकरण (galvanizing), रंग लेपन आदि का भी विवरण दिया जायगा।

तड़ित चालक संवाहक (Lightning conductor)—चालक तथा टेप की पट्टी (band of tape) का माप लगाने के पश्चात्, मीटर लम्बाई में लिया जायगा। चालक की चौड़ाई, गेज या मोटाई, धातु आदि का विवरण दिया जायगा। चालक को यथास्थान लगाने की विधि भी दी जायगी तथा यह कार्य मद में सम्मिलित होगा। साकेटों तथा छड़ों को संख्या में गिना जायगा व उनका पूर्ण विवरण दिया जायगा।

छत आच्छादन (Roof Covering)

साधारणतः छत के आच्छादन को वर्ग मीटर में लिया जायेगा तथा माप तैयार छत का परस्पर चढ़ाव छोड़कर लिया जायगा। 0·4 वर्ग मी. तक के खुले भाग के लिये कोई कटौती नहीं की जायगी। छत की आधार संरचना (supporting structure) अलग मद में ली जायगी। लकड़ी की कैंचिया (रैफ्टर, संपीडांग, तान, पर्लिनें आदि) धन मी. में तथा इस्पात की कैंचियां कुन्तल में मापी जायेंगी।

ढलवां छत (Sloping Roof)—चादर की छत का माप तैयार कार्य का क्षेत्रफल वर्ग मीटर में लिया जायगा। चादर का गेज जस्तीकृत या अजस्तीकृत (black) सादा या लहरियादार तथा किनारों तथा सिरों पर परस्पर चढ़ाव सहित छत डालने की विधि का विवरण दिया जायगा। लहरियादार चादर का माप छत को चौरस मानकर लिया जायगा, लपेट (girth) में नहीं।

कूट, हिप (hip), घाटी ढांप (flashings) आदि मी. लम्बाई में मापी जायगी तथा उनकी लपेट (girth), परस्पर चढ़ाव (overlap) तथा लगाने की विधि का विवरण दिया जायगा।

ऐस्बेस्टॉस सीमेंट चादर का माप चपटा लिया जायगा, लपेट में नहीं। चादर का प्रकार जैसे सादा, लहरियादार, या अर्द्ध लहरियादार, तथा उसकी मोटाई विवृत की जायगी। यदि कूट या हिप दो टुकड़ों में हो तो दोनों अर्न्तग्रथिक (inter locking pieces) टुकड़ों के लिये केवल एक ही की लम्बाई मीटर में ली जायगी।

खपरैल या टाइल की छत का माप तैयार कार्य को वर्ग मी. में मापकर लिया जाता है। खपरैलों का प्रकार श्रेष्ठता, आकार तथा मोटाई, तहों की संख्या तथा छत बिछाने की विधि आदि का विवरण दिया जायगा। यदि छत दो तहों में बिछाई गई हो तो केवल एक ही सतह का क्षेत्रफल मापा जायगा तथा तहों की संख्या वर्णित की जायगी। विभिन्न प्रकार की खपरैल की छतों का माप अलग-अलग मदों में लिया जायगा।

कूट तथा हिप का माप मी. लम्बाई में लिया जायगा व उनके लिपटाव का उल्लेख किया जायगा। दीवारों पर मसाले से चिनाई की हुई, ओलती खपरैलों (cave tiles) का अतिरिक्त माप मी. लम्बाई में लिया जायगा तथा मसाले व आधार की चौड़ाई का विवरण दिया जायगा।

स्लेट की छत का माप खपरैल की छत के समान ही लिया जायगा।

ऊपर की छत का माप वर्ग मी. में लिया जायगा तथा तैयार मोटाई, फूस की किस्म, फूस की तहों की संख्या, बांस की जाली बनाने के कार्य (जाफरी) आदि का पूरा विवरण दिया जायगा। विवरण में छत डालने, रस्सियों में बांधने, ओलती तथा किनारों पर बराबर करने तथा बांस की जाफरी का वर्णन भी दिया जायगा तथा यह कार्य मद में भी सम्मिलित होंगे। कट तथा हिप का माप मी. लम्बाई में लिया जायगा तथा इसका विवरण दिया जायगा।

यदि चटाई बिछाना हो तो उसका माप वर्ग मी. में तैयार कार्य का माप लेकर अलग से निकाला जायगा तथा चटाई की तहों की संख्या, उनके बीच चढ़ाव (laps) तथा चटाई लगाने की विधि का विवरण दिया जायगा विभिन्न प्रकार की चटाई का माप अलग-अलग मदों में लिया जायगा।

बांस की जाफरी या जाली का कार्य—यदि जाफरी का कार्य अलग से लेना हो तो उसका माप फरमे के सहित वर्ग मी. में कुल सतह का माप लेकर लिया जायगा। बांस का आकार चौथाई, आधा या पूरा बांस, उनके बीच की दूरी, इकहरी या दोहरी, बांधने के लिये प्रयुक्त रस्सी या तार की किस्म तथा फरमे का विवरण दिया जायगा।

आधार के लिये अलग से लगाये गये बांस का माप मी. लम्बाई में लिया जायगा व उनका घेरा (girth) भी वर्णित किया जायगा।

सपाट ऊपरी छत (Flat terraced root)—चपटी ऊपरी छत का माप वर्ग मी. में लिया जायगा तथा ईंटों, टाइलों या पत्थर की स्लैबों की मोटाई, आकार तथा श्रेष्ठता सहित विवृत की जायगी। उनका अन्तराल, तहों की संख्या, जोड़ का प्रकार (type of joint), मसाले का प्रकार व अनुपात, टीप तथा छत बिछाने की विधि का विवरण दिया जायगा। छत के ऊपर व नीचे टीप करने का कार्य छत के मद में सम्मिलित होगा। विभिन्न प्रकार की ऊपरी छतों का माप अलग-अलग मदों में लिया जायगा।

मद्रासी छत का माप वर्ग मी. में लिया जायगा तथा इसमें ऊपर व नीचे पलस्तर करने का कार्य सम्मिलित होगा। उसका पूरा विवरण दिया जायगा।

ऊपरी छत में चूना कंक्रीट का माप वर्ग मी. में लिया जायगा। रोड़ी का प्रकार व आकार मसाला व उसका अनुपात तथा कुटी हुई तह की मोटाई का विवरण दिया जायगा। सतह के समापन का कार्य मद में सम्मिलित होगा तथा उसका विवरण दिया जायगा। यदि विशेष प्रकार का सतह समापन करना हो तो उसका माप वर्ग मी. में अलग से लिया जायगा व उसका पूरा विवरण दिया जायगा।

पत्थर स्लैब की छत का माप वर्ग मी. में लिया जायगा तथा छत की मोटाई व बत्तों या कड़ियों का अन्तराल विवृत किया जायगा।

मिट्टी गारा की छत में मिट्टी का कोटि तथा मिश्रण का विवरण दिया जायगा। उसका माप छत में चूना कंक्रीट की भांति वर्ग मी. में लिया जायगा।

मुंडेर या किनारों में स्राव छिद्र (weep holes), या वर्षा जल के लिये छिद्रों की संख्या में गिना जायगा तथा उनके आकार व समापन का उल्लेख किया जायगा।

कोलतार या बिटूमेन की जलरोधक तह का माप वर्ग मी. में लिया जायगा। सामग्रियों की कोटि, प्रकार तथा प्रति वर्ग मी. प्रयुक्त सामग्री के परिमाण का विवरण दिया जायगा।

नमदा लगाने के कार्य वर्ग मी. में लिया जायगा तथा प्रति वर्ग मी. का भार, नमदा लगाने की विधि, चढ़ाव (laps) आदि का विवरण दिया जायगा।

जैक डाट छत (Jack arch roofing)—जैक डाट छत में डाट का कार्य छत को सपाट मानकर वर्ग मी. में लिया जायगा। ढूला व तख्ताबन्दी मद में सम्मिलित होंगे। डाट के निर्बाध पाट (clear span), उठान तथा मोटाई, छत बिछाने व जोड़ने की विधि, मसाला व उसके अनुपात तथा टीप का विवरण दिया जायगा। ऊपर तथा नीचे की सतह का समापन भी दिया जायगा तथा यह कार्य मद में सम्मिलित होगा। जैक डाट के ऊपर चूने कंक्रीट की ऊपरी छत का माप वर्ग मी. में अलग मद में लिया जायगा तथा कुटी हुई तह की मोटाई का विवरण दिया जायगा।

यदि निर्देशिका हो तो जैक डाट का कार्य आयतन के आधार पर घन मी. में मापा जा सकता है तथा अन्तःस्तर का पलस्तर अलग से वर्ग मी. में लिया जा सकता है। तब ऊपरी चूना कंक्रीट (terracing) हाँच भराई (haunch filling), तथा ऊपर की सतह के समापन का माप ऊपरी छत की भाँति वर्ग मी. में अलग से लिया जायगा।

वर्षा जल की फिटिंग्स (Rain water fittings)—वर्षा जल के पाइप, नाली आदि का माप मीटर लम्बाई में लिया जायगा। नल की सामग्री का प्रकार नल का व्यास या घेरा, गेज या भार या मोटाई आदि का विवरण दिया जायगा। विशेष प्रकार के पाइप (special) जैसे मोड़ (bends), जोड़ (junctions) आदि तथा सभी फिटिंग्स व जोड़ मद में सम्मिलित होंगे। पतनालों के लिये बन्धनी (brackets) कुन्तल में अलग से ली जायगी।

अंतश्छद (Ceiling)

अंतश्छद का माप वर्ग मी. में लिया जायगा तथा सामग्री, मोटाई तथा निर्माण विधि का विवरण दिया जायगा। 0·4 वर्ग मी. से कम आकार के खुले भागों के लिये कोई कटौती नहीं की जायगी। विभिन्न प्रकार की अंतश्छद का माप अलग-अलग मदों में लिया जायगा।

आवरण की पट्टियाँ (cover fillets) या जोड़ों के ऊपर गोठन (beading) का माप मी. लम्बाई में अलग से लिया जायगा तथा इसमें प्रयुक्त सामग्री, चौड़ाई व मोटाई का विवरण दिया जायगा। यदि पट्टियों के किनारे पखमारे (chamferred) या गोल या गढ़े हुये हों तो उनका विवरण दिया जायगा।

आधारित धरनों तथा बत्तों का माप सम्बन्धित मद के अन्तर्गत अलग से लिया जायगा।

दीवारों या छतों पर जड़े हुए ताप रोधक तहों, तख्तों या पट्टियों का माप वर्ग मी. में लिया जायगा तथा सामग्री, तहों की संख्या, प्रत्येक तह की मोटाई तथा उन्हें लगाने की विधि दी जायगी।

फर्श तथा कुटटिम (Floor and Pavings)

फर्श तथा कुटटिम का माप वर्ग मी. में फर्श का शुद्ध माप लेकर किया जायगा, तथा उनकी मोटाई, प्रयुक्त सामग्री, आकार, मसाला व अनुपात का विवरण दिया जायगा। तह लगाने, जोड़ने तथा सतह समापन करने व फरमों का भी विवरण दिया जायगा।

पट ईंट, खड़ी ईंट, पत्थर, संगमरमर, सीमेंट कंक्रीट, मोजेक, टराजों आदि विभिन्न प्रकार के फर्श अलग मदों में लिये जायेंगे।

यदि अन्यथा कोई निर्देश न हो तो सीमेंट कंक्रीट फर्श की सतह का समापन वर्ग मी. में अलग से मापा जायगा व उसका पूर्ण विवरण दिया जायगा। व्यवहार में सामान्यतः सीमेंट कंक्रीट फर्श पर शुद्ध सीमेंट डालकर घुटाई करके सतह का समापन मद में सम्मिलित होता है। मोजेक, टराजों, मारबल या पत्थर के फर्श की घिसाई व पालिश करना सामान्यतः मद में सम्मिलित होता है। यदि अन्यथा कोई निर्देश न हो तो ईंट के फर्श में टीप का माप वर्ग मी. में अलग से लिया जायगा।

चूना कंक्रीट या सीमेंट कंक्रीट या रेत आदि की निचली तह का विवरण दिया जायगा तथा यदि कोई निर्देश न हो तो उसको घन मी. में अलग से मापा जायगा।

स्कर्टिंग (Skirting) तथा डेडो (Dado)—30 सेमी. तक ऊँची स्कर्टिंग मी. लम्बाई में तथा 30 सेमी. से अधिक ऊँची स्कर्टिंग या डैडो का माप वर्ग मी. में लिया जाता है तथा समापन का प्रकार वर्णित किया जाता है।

पलस्तर तथा टीप करना

पलस्तर करना—पलस्तर वर्ग मी. में मापा जायगा तथा उसकी मोटाई, मसाला व अनुपात वर्णित किया जायगा। छत, अंतश्छद, दीवार आदि पर पलस्तर अलग-अलग मदों में मापा जायगा। पलस्तर का माप पलस्तर करने से पहले की मापों को लेकर निकाला जायगा तथा पलस्तर की लम्बाई, पलस्तर की मोटाई छोड़कर, तथा ऊँचाई अंतश्छद में फर्श या स्कर्टिंग तक ली जायगी। बाहरी सतहों पर औसत भूमि तल से 10 मी. से अधिक ऊँचाई तक पलस्तर करने का माप प्रत्येक 3 मीटर के क्रम में अलग-अलग लिया जाता है।

30 सेमी. या उससे कम चौड़ी पलस्तर की पट्टियों का माप मी लम्बाई में अलग से लिया जायगा है।

कटौतियां (Deductions)—(क) कड़ियों, धरनों, खम्भों आदि के सिरों तथा 0·5 वर्ग मी. से कम के खाली स्थानों के लिये कोई कटौती नहीं की जाती है और न बाह्य पक्ष (reveals), जैम्बों, तलों, निचली सतहों (soffits) आदि पलस्तर करने के लिये और न कड़ियों धरनों, खम्भों आदि के सिरों पर पलस्तर के समापन के लिये कोई अतिरिक्त भुगतान किया जाता है।

(ख) 0·5 वर्ग मी. से अधिक तथा 3 वर्ग मी. से कम के खाली स्थानों के लिये केवल एक ओर (face) में ही कटौती की जाती है तथा जैम्बों, निचली सतहों व देहलों पलस्तर के लिये दूसरी ओर में से कोई कटौती नहीं की जाती।

यदि दीवार के दोनों ओर अलग-अलग मसाले से पलस्तर किया गया हो या एक ओर पलस्तर तथा दूसरी ओर टीप हो तो, जिस ओर जैम्बों तथा बाह्य पक्ष की चौड़ाई दूसरी ओर से कम हो, दरवाजों या खिड़कियों की उसी ओर से कटौती की जायगी। (सामान्यतः बाहरी ओर में से ही कटौती की जायगी)।

(ग) 3 वर्ग मी. से अधिक क्षेत्रफल के खाली स्थानों में दोनों ओर से कटौती की जायगी तथा जैम्बों निचली सतहों तक देहलों का माप लेकर पलस्तर में जोड़ दिया जायगा। जैम्बों, निचली सतहों तथा देहलों का माप लेते समय चौखट का स्थान नहीं गिना जायगा व पूरा माप लिया जायगा।

गढ़त किये हुए कारनिसों तथा अवतल गोलाई (covings) का माप मी. लम्बाई में लिया जायगा तथा उनका घेरा व पूरा विवरण दिया जायगा।

टीप करना—टीप करने का माप वर्ग मी. में लिया जायगा तथा कुल सतह का सपाट क्षेत्रफल मापा जायगा और टीप का प्रकार, मसाला का प्रकार व अनुपात वर्णित किया जायगा। विभिन्न प्रकार की टीप जैसे पख•टीप (struck), भरवां टीप, उभरी टीप, झिरी टीप आदि का माप अलग-अलग मद में लिया जायगा। दीवारों, फर्श, छत आदि का माप अलग-अलग लिया जायगा। जोड़ों को खुरचने का कार्य मद में सम्मिलित है।

..टौती पलस्तर में कटौती के समान विधियों से की जायगी।

सफेदी पुताई, रंग पुताई तथा डिस्टेम्पर करना

इस शीर्षक के अन्तर्गत सभी कार्य वर्ग मी. में मापे जायेंगे। सतह की सफाई, झाड़ू फेरना, खुरचना आदि तैयारी कार्य मद में सम्मिलित होगा। इन मदों में 0·1 वर्ग मी. तक के छेदों, दरारों, जोड़ों आदि की वर्तमान सतह में प्रयुक्त सामग्री के समान सामग्री से मरम्मत भी सम्मिलित होगी। विभिन्न प्रकार के कार्य अलग-अलग मापे जायेंगे व उनका विवरण दिया जायगा। कटौती पलस्तर के कटौती के समान ही की जायगी।

लहरियादार सतहों का माप घेर में नहीं वरन् सपाट वर्ग मी. में लिया जायगा तथा इस प्रकार माप गये परिमाण में निम्नलिखित प्रतिशत की वृद्धि करके कुल परिमाण निकाल लिया जायगा—

लहरियादार लोहे की चादरें	...	...	14 प्रतिशत
बड़ी लहरियों की लहरियादार ऐस्बेस्टॉस सीमेंट चादरें (जैसे बिग सिक्स चादरें)	...	...	20 प्रतिशत
अर्द्ध लहरियादार ऐस्बेस्टॉस सीमेंट चादरें (जैसे ट्रैफोर्ड चादरें)	...	...	10 प्रतिशत

यदि गढ़त व कारनिसों को अलग मद में न लिया जाय तो उनका घेर माप कर दीवार के माप में जोड़ दिया जायगा।

पेन्ट या रंग करना (Painting)

पेन्ट लेपन का माप वर्ग मी. में सपाट सतह माप कर लिया जायगा तथा लेपों की संख्या वर्णित की जायगी। सतह की सफाई, रड़गड़ा, पुराना रंग हटाना, जलाना आदि तथा सतह की तैयारी के कार्य को भी वर्णित किया जायगा। इस्पात. लकड़ी, रेशा तख्ते (fibre board), कंक्रीट की सतह आदि पर पेन्ट लेपन अलग-अलग मदों में लिया जायगा। छत, अंतश्छद आदि बड़ी सतहों पर पेन्ट लेपन तथा छोटे सतहों जैसे दरवाजों तथा खिड़कियों, इस्पात कार्य आदि पर पेन्ट लेपन अलग-अलग मदों में लिया जायगा।

लहरियादार सतहों का माप सपाट मानकर वर्ग मी. में लिया जायगा तथा सफेदी पुताई के समान ही इनके क्षेत्रफल में प्रतिशत वृद्धि कर दी जायगी।

दरवाजों तथा खिड़कियों की पेंटिंग—दरवाजों तथा खिड़कियों को बन्द करके उनको सपाट (धरा नहीं) माप वर्ग मी. में ली जायगी व इसमें चौखट, किनारे, क्नौट आदि सम्मिलित होंगे। फट्टीदार, काँचयुक्त आदि विभिन्न प्रकार के दरवाजे एक ही मद में वर्गीकृत कर लिये जाते हैं तथा असमान सतहों के लिये सपाट क्षेत्रफल माप कर नीचे दिये गुणकों से गुणा करके समतुल्य साधारण क्षेत्रफल ज्ञात किया जा सकता है।

पेन्ट कार्य के लिये समतुल्य साधारण क्षेत्रफल ज्ञात करने के लिये गुणक नीचे दिये गये हैं।

विवरण	माप की विधि	गुणक
दरवाजे तथा खिड़कियां—		
1. दिल्लेदार, फरमेदार बन्धनी, पुश्तवानी पट्टीदार या फरमेदार पुश्तवानी व बन्धनी	चौखट सहित सपाट (घेर नहीं) माप कर। किनारे, क्लीट, आदि मद में सम्मिलित होंगे।	1-1/8 (प्रत्येक ओर के लिये)
2. पूर्ण काँचयुक्त या जाली युक्त	ऊपर के समान	$\frac{1}{2}$ (प्रत्येक ओर के लिये)
3. अंशत: दिल्लेदार तथा अंशत: काँचयुक्त या जाली-युक्त	ऊपर के समान	1 (प्रत्येक ओर के लिये)
4. सपाट दरवाजा	ऊपर के समान	1 (प्रत्येक ओर के लिये)
5. पूर्ण झिलमिलीदार	ऊपर के समान	$1\frac{1}{2}$ (प्रत्येक ओर के लिये)
विविध कार्य—		
6. ढकने वाली चपती (cover fillets) सहित तख्ते लगाना	सपाट माप कर, घेर में नहीं	1-1/20 (प्रत्येक ओर के लिये)
7. छतों के पत्ते (खपरैल या स्लेट की छत मे)	सपाट मानकर, बाहर से बाहर का माप लेकर। रिक्त स्थानों के लिये कोई कटौती नहीं।	$\frac{3}{4}$ (पूरे पर पेंट करने के लिये)
8. जाफरी या जाली का कार्य, इकहरा या दुहरा	उपरोक्त(6) के समान आधार अवयवों का माप अलग से नहीं लिया जायगा।	2 (पूरे पर पेंट करने के लिये)
9. खिड़कियों की छड़ें, आलम्बन दण्ड (balustrades), लोहा जाली (gratings), रेलिंग, सजावटी जाली, बरफी जाली (expanded metal) आदि	सपाट मानकर कुल माप। खुले स्थानों के लिये कोई कटौती नहीं।	1 (पूरे पर पेन्ट करने के लिये)
10. लोहे की लहरियादार चादर की छत	सपाट मानकर (घेर में नहीं)	1·14 (प्रत्येक ओर के लिये)
11. ऐस्बेस्टॉस सीमेंट की लहरियादार चादर की छत	,, ,,	1·20 (प्रत्येक ओर के लिये)
12. ऐस्बेस्टॉस सीमेंट की अर्ध लहरियादार चादर की छत	,, ,,	1·10 (प्रत्येक ओर के लिये)
13. इस्पात के लिपटवां कपाट (rolling shutters)	,, ,,	$1\frac{1}{4}$ (प्रत्येक ओर के लिये)

15 सेमी. तक चौड़ाई या घेर में किया गया पेन्ट, यदि किसी समान रूप में पेन्ट की गई सतह के साथ न किया हो तो, मीटर लम्बाई में मापा जाता है।

कैंचियों, मिश्रित गर्डरों, स्थाणूक, लेटिय तथा अन्य ऐसे ही कामों व अवयवों पर पेन्ट करने का माप वर्ग मीटर में लिया जाता है। क्षेत्रफल निकालने के लिये परिमित तथा लम्बाई माप कर दोनों को गुणा कर दिया जायगा।

ओलती, नालियों, पाइपों, इस्पात के पोलों आदि पर पेन्ट करने का माप मी. लम्बाई में लिया जाता है तथा उनका आकार व घेर वर्णित किया जाता है।

0·1 वर्ग मी. में से कम आकार की छोटी वस्तुओं पर पेन्ट लेपन कार्य को गिनकर संख्या में लिया जायगा तथा वर्णित किया जायगा। फर्नीचर पर पेन्ट लेपन कार्य को गिनकर संख्या में लिया जायगा व वर्णित किया जायगा।

कोलतार लेपन का माप पेन्ट करने की भाँति ही लिया जाता है। लकड़ी के कार्य पर वार्निश करने का माप पेन्ट लेपन के समान ही लिया जाता है।

अक्षरों, अंकों तथा ऐसी ही मदों को पेन्ट करने में अक्षरों को गिनकर संख्या में लिया जायगा तथा उनकी ऊँचाई, प्रकार तथा शैली (form and style) जैसे खड़े अक्षर, इटैलिक आदि का उल्लेख किया जायगा। विराम, अर्द्ध विराम, हाइफन आदि चिन्हों को मद में सम्मिलित माना जायगा व उनकी गिनती नहीं की जायगी।

स्वच्छता तथा जल सम्भरण कार्य

सभी पाइपों व फिटिंग्स का वर्गीकरण उनके प्रकार, व्यास तथा जोड़ने व लगाने की विधि के अनुसार किया जायगा। विभिन्न प्रकार के पाइप तथा विभिन्न प्रकार से जोड़े हुए पाइप अलग-अलग मदों में लिये जायेंगे। पाइप व फिटिंग्स का व्यास उनकी भीतरी छेद का नामन व्यास (nominal diameter) माना जायगा।

पाइपों का माप यथास्थान लगे हुये या बिछे हुये पाइपों की कुल लम्बाई माप कर मी. लम्बाई में ली जायगी। इस प्रकार मोड़, संगम आदि फिटिंग इस लम्बाई में आ जायेंगे व उनका माप अलग से नहीं लिया जायगा। पाइपों व फिटिंग की लम्बाई उनकी मध्य रेखा की लम्बाई माप कर ली जायगी। पाइप बिछाने व जोड़ लगाने की विधि को पूरा वर्णित किया जायगा। पाइप लाइन का परिक्षण मद में सम्मिलित होगा। सीसे द्वारा सन्द बन्द जोड़ों (lead caulked joints) को निकालकर संख्या में अलग से लिया जायगा।

खाई खोदना व पाइप डालने के पश्चात् भरना, कंक्रीट की तह बिछाना आदि अलग से भी मापे जा सकते हैं या मुख्य मद में भी सम्मिलित लिये जा सकते हैं। सामान्यतः कम व्यास के पाइपों में खाई की खुदाई व भराई, कंक्रीट की तह बिछाना आदि, यदि आवश्यक हो तो तख्ताबन्दी कार्य मुख्य मद में सम्मिलित होते हैं व इनको पूरा वर्णित किया जायगा।

फिटिंग्स तथा उपकरण—जैसे गली ट्रैप (gullies), साईफन अन्तारोधी ट्रैप (intercepting trap) आदि, इनके नीचे कंक्रीट का अस्तर देना व यथास्थान लगाने का माप गिनकर संख्या में लिया जायगा तथा इनका आकार पूरा वर्णित किया जायगा।

फिटिंग्स, कोहनी, मोड़, टी, जोड़ने वाली फिटिंग्स, यूनियन, अवकारक साकेट (reducing sockets) आदि के जोड़ गिनकर संख्या में लिये जायेंगे।

दीवार, फर्श आदि काटने तथा उसके पश्चात् उनकी मरम्मत का कार्य मद में सम्मिलित होगा। मलाधार (closet pans) मूत्रालय, बहाव टंकी (flushing cisterns), चिलमची, स्नानटब, फुहारे व अन्य फिटिंग्स को गिनकर संख्या में लिया जायगा तथा उनका आकार व पूर्ण विवरण वर्णित किया जायगा। सिलुइस वाल्व (sluice valves), रोकी टोंटी (stop cocks), हाइड्रेंट (hydrant), सतह पर लगाये जाने वाले बक्से, जलमापी (water meter) आदि को गिनकर संख्या में लिया जायगा तथा आकार का पूर्ण विवरण वर्णित किया जायगा।

टोटियों (bib cocks), खम्भा टोटियों (piller cocks), गोला टोटियों (ball cocks), फेरुल, जाली आदि को गिनकर संख्या में लिया जायगा तथा आकार का पूर्ण विवरण वर्णित किया जायगा।

ब्वायलर, बहाव टंकी, बेलनों जल की टंकियों आदि को गिनकर सख्या में लिया जायगा तथा आकार व धारण क्षमता और सामग्रियों का पूर्ण विवरण वर्णित किया जायगा।

प्रवेश मोखा (Man holes)—6 मी. तक गहरे प्रवेश मोखों को गिनकर संख्या में लिया जायगा तथा इनका आधार व गहराई का विवरण वर्णित किया जायगा। चौखटों सहित ढले लोहे का ढक्कन (भार दिया जायगा), लोहे की पैड़ियों (foot iron), पेंदा, सामग्री तथा मसाला, ढूला आदि प्रवेश मोखा में होगे तथा सबका पूर्ण विवरण दिया जायगा। प्रवेश मोखों को निम्नलिखित तीन वर्गों में बांटा जाता है—

(1) उथले··········2·1 मीटर तक गहरे, (2) गहरे············2·1 मीटर से 4·2 मीटर गहरे, (3) अधिक गहरे·········4·2 मीटर से 6·0 मीटर तक गहरे।

प्रत्येक वर्ग में आने वाले प्रवेश मोखों को गिनकर उनकी संख्या अलग-अलग मदों में ली जायगी तथा उनका आकार व न्यूनतम गहराई वर्णित किया जायगा। अतिरिक्त गहराई मी. लम्बाई में मापी जायगी व इसको प्रत्येक वर्ग में अलग-अलग जोड़ा जायगा तथा अतिरिक्त गहराई के रूप में अलग मद में मुख्य मद के पश्चात् लिया जायगा। मोखे की गहराई शीर्ष से नाली की पेन्दी तक ली जायगी।

6 मी. से अधिक गहरे प्रवेश मोखों में माप अलग-अलग मदों में जैसे ईंट चिनाई, कंक्रीट, ढले लोहे के फर्मों सहित आदि मदों में अलग-अलग मापकर निकाला जायगा।

विद्युतीकरण कार्य (Electrical Works)

बिजली लगाने का कार्य पाइन्ट के अनुसार जैसे लाइट पाइन्ट, प्लग पाइन्ट, पंखा पाइन्ट आदि में लिया जाता है। विभिन्न प्रकार के पाइन्टों को गिनकर संख्या में लिया जाता है व उनका पूर्ण विवरण वर्णित किया जाता है।

विभिन्न प्रकार के तार लगाने की प्रणालियाँ जैसे बत्तों पर चर्मल रबर छादित (टी. आर. एस.) तार लगाना, खोल में या नल में बल्कनीकृत रबर लिपटा विद्युत रोधित (वी. आई. आर.) तार लगाना आदि विभिन्न प्रणालियों का माप अलग-अलग मद में लिया जायगा तथा इनका पूर्ण बिवरण वर्णित किया जायगा। केबिलों के आकार केबिलों में तारों की संख्या व आकार आदि के अनुसार इनका और वर्गीकरण किया जायगा तथा प्रत्येक वर्ग का माप अलग-अलग लिया जायगा।

पाइन्ट तार लगाने के अन्तर्गत टम्बलर स्विच परिपथ तथा वितरक परिपथ से विभिन्न पाइन्टों जैसे छत कटोरी, बल्ब धारक, घन्टी, आदि तक स्विच में होते हुये परिपथ ले जाने का कार्य सम्मिलित है। स्विच, छत कटोरी, लकड़ी व धातु के गुटके, स्विच बोर्ड, फट्टी. क्लिप, कीलें, पेंच, जोड़ व सगम बनाने के लिये बक्से, पोत भीत (bulk head) की फिटिंग्स, भूमि योजन तार (earth wire), आदि पाइन्ट तार लगाने के कार्य में सम्मिलित होंगे।

बल्ब, ब्रैकेट, बल्ब धारक, शेड, साकेट निर्गम (socket outlets), पन्खे नियन्त्रक (regulators), घन्टी, फ्यूज, मुख्य स्विच बोर्ड आदि पाइन्ट तार लगाने के कार्य के अन्तर्गत नहीं आते। इनको गिनकर अलग संख्या में लिया जायगा व इनका पूर्ण विवरण वर्णित किया जायगा।

वर्गीकरण—तार लगाने की लम्बाई के अनुसार पाइन्ट तार लगासे का कार्य निम्नलिखित वर्गों में बाँटा जायगा—

(क) छोटे पाइन्ट 3 मी. से कम लम्बाई के, (ख) मध्यम पाइन्ट 3 से 6 मी. तक लम्बाई के, (ग) लम्बे पाइन्ट 6 से 10 मी. लम्बाई के, (घ) विशेष पाइन्ट 10 मी. से अधिक लम्बाई के।

परिपथ में तार लगाना (Circuit wiring)—मुख्य स्विच बोर्ड से उप मुख्य बोर्ड तक तार की लम्बाई परिपथ तार लगाने के अन्तर्गत होता है। इसका माप मी. लम्बाई में अलग से लिया जाता है तथा प्रयुक्त सार का आकार व प्रकार वर्णित किया जाता है।

सर्विस संयोजन (Service connection)—तार के आकार तथा प्रकार सहित सर्विस संयोजन का पूर्ण विवरण वर्णित किया जायगा। उसका माप निम्न प्रकार लिया जायगा—

विद्युतरोधित केबिल—मीटर लम्बाई में,

नंगे केबिल—किलोग्राम में।

सभी उपरले नंगे तारों या केबिलों का माप लगे तारों की वास्तविक लम्बाई का भार किलोग्राम में लिया जायगा। उपरले तारों को लगाने के खम्भे व थामों (struts) को गिनकर संख्या में लिया जायगा व उनके प्रकार, आकार, घेरा या व्यास तथा कुल लम्बाई का विवरण वर्णित किया जायगा।

खम्भों व थामों में लगने वाले इस्पात के ब्रैकेटों, कैंचियों, पकड़ (clamps) आदि का पूरा विवरण वर्णित किया जायगा तथा अलग मद में गिनकर संख्या में लिया जायगा।

खम्भों को यथास्थान रोके रखने के लिये बनाये गये कार्य (stay assemblies) का गिनती में लिया जायगा तथा उनकी खुदाई, कंक्रीट आदि उसी में सम्मिलित होगी और सबका पूर्ण विवरण वर्णित किया जायगा।

भूमि संयोजन खम्भों (earthing poles) तथा सर्विस संयोजन की गिनती की जायगी तथा भूमि योजना विद्युदाग्र (earth electrode), चारों ओर बिछाया गया लकड़ी का कोयला, भूमि योजन तार आदि उसी में सम्मिलित होगा और सबका पूर्ण विवरण वर्णित किया जायगा।

सड़क कार्य

सड़क की रोड़ी संग्रह करना—सड़क की रोड़ी, ग्रिटों आदि का माप घन मी. में लिया जायगा तथा इसके आकार (gauge), प्रकार, कोटि आदि का विवरण दिया जायगा। रोड़ी का माप बिना पेन्दी के बक्सों या फर्मों से मापकर या समतल भूमि पर सघन चट्टे लगाकर लिया जायगा। विभिन्न प्रकार की तथा विभिन्न आकार की रोड़ी का माप अलग-अलग लिया जायगा। सामान्यतः सड़क के किनारे की पटरियों पर रोड़ी के चट्टे लगा दिये जाते हैं तथा उनके अनुप्रस्थ माप समलम्बाकार (trapezium) फर्मे से मापकर ज्ञात कर लिये जाते हैं तथा चट्टों की लम्बाई मापकर परिमाण निकाल लिया जाता है। रोड़ी का चट्टा लगाना इस मद में सम्मिलित हैं।

कंकड़ के चट्टे 32 से. मी. ऊंचे लगाये जायेंगे तथा उनकी ऊंचाई 30 से. मी. मापी जायगी

सड़क की रोड़ी की कुटाई—रोड़ी की जो मात्रा संग्रहीत की गई है वही कुटी रोड़ी की मात्रा घन मीटर में मान ली जायेगी। कुटाई की विधि, दुरमुटों या रोलरों का प्रकार व भार वर्णित किया जायगा।

मोटाई—यदि कुटी हुई मोटाई निकालनी हो तो कुटाई के पश्चात् किसी भी स्थान पर की न्यूनतम मोटाई मापी जायगी। कुटाई से पहले की ढोली मोटाई (spread thickness) संग्रहीत रोड़ो के आयतन को, जिस क्षेत्र पर वह रोड़ी फैलाई गई हो, उसके क्षेत्रफल से भाग देकर ज्ञात की जायगी।

सोलिंग (Soling)—पट ईंट या खड़ी ईंटों की आधार तह का माप तैयार कार्य का माप लेकर वर्ग मीटर में लिया जाता है। तह की मोटाई, तहों की संख्या, ईंटों की कोटि, बिछाने की विधि, जोड़ों की भराई सतह पर छाना डालना, तथा रोलर से कुटाई आदि का पूर्ण विवरण वर्णित किया जायगा।

गोलाश्म या पत्थर के सोलिंग का माप संग्रहीत सामग्री के परिमाण के बराबर घन मीटर में लिया जायगा। जितना गोलाश्म संग्रहीत किया गया हो वही बिछे हुये सामग्री का परिमाण मान लिया जायगा। तह की मोटाई, रोड़ी बिछाने, छाना डालने, रोलर द्वारा कूटने आदि का विवरण वर्णित किया जायगा।

मिट्टी का कार्य—मिट्टी के कार्य का माप इस अध्याय के आरम्भ में "मिट्टी का कार्य" के अन्तर्गत दिये गये नियमों व सिद्धान्तों के अनुसार लिया जायगा। निर्माण तल को समतल करना तथा सही तल का बनाना सही उभार, ढाल, वाह्योत्थान (super elevation) आदि इस मद में सम्मिलित होंगे व इनका विवरण वर्णित किया जायगा।

पटरियाँ (Berms)—सड़क के किनारे की पटरियों के निर्माण तथा मरम्मत का माप किलो मीटर लम्बाई में लिया जायगा तथा पटरियों की चौड़ाई तथा औसत भराव वर्णित किया जायगा। एक ही लम्बाई माप में सड़क के दोनों ओर की पटरियां सम्मिलित होंगी।

उचित उभार देकर निचली सतह बनाने का कार्य वर्ग मी. में मापा जायगा व उसका पूर्ण विवरण दिया जायगा। खुदाई 15 से. मी. से अधिक गहरी न होनी चाहिये।

अवशिष्ट राख (clinker), सिन्डर (cinder), बजरी (shingle), पत्थर के टुकड़े (gravel), मूरम आदि के अधः आधार का माप वर्ग मी. में लिया जायगा। तह की न्यूनतम मोटाई, तथा कुटाई की विधि का विवरण वर्णित किया जायगा।

कोलटार व बिटुमेन की सड़क

कोलटार व बिटुमेन की सड़क का माप सामान्यतः वर्ग मी. में लिया जाता है तथा संयोजी व पत्थर की बजरी आदि की मात्रा तथा कोटि का विवरण दिया जाता है। सतह तैयार करने, मिश्रण करने, बिछाने, कुटाई करने आदि का कार्य मद में सम्मिलित होगा तथा इनकी विधि का पूरा विवरण दिया जायगा।

सतह बिटुमेन पेन्टिंग का माप वर्ग मी. में लिया जायगा तथा प्रति वर्ग मीटर के लिये आवश्यक संयोजी का परिमाण कि. ग्रा. में और पत्थर ग्रिट का परिमाण घन मी. में वर्णित किया जायगा।

पूर्व मिश्रित कार्पेट का माप वर्ग मी. में लिया जायगा। प्रति घन मी. मिलावे मे संयोजी का किलोग्राम में भार तथा कुटाई के पश्चात् कार्पेट की मोटाई का विवरण दिया जायगा।

गोज अभिपूरण (grouting) (पूर्ण भराई या अर्द्ध भराई) का माप वर्ग मी. में लिया जायगा। प्रति वर्ग मी. संयोजी का परिमाण किलोग्राम में वर्णित किया जायगा। कुटाई के पश्चात् सतह की मोटाई भी विवरण में दी जायगी।

आखुरण कार्य (Sacrifying)—सड़क उखाड़ने से कार्य का माप वर्ग मी. में लिया जायगा। कितनी मोटी तह उखाड़नी तथा सतह व रोड़ी किस प्रकार की है इसका उल्लेख भी किया जायगा।

सीमेंट कंक्रीट की सड़क—सीमेंट कंक्रीट की सड़क का माप घन मी. में लिया जायगा तथा इस अध्याय में कंक्रीट के अन्तर्गत दिये गये नियमों के अनुसार ही निकाला जायगा। 20 सेमी. तक मोटी कंक्रीट कार्य के लिये

फर्मे की लागत कंक्रीट की मद में ही सम्मिलित होगी तथा फर्मे सहित कार्य का विवरण वर्णित किया जायगा। 20 सेमी. से अधिक मोटी सड़क के फर्श में फर्मे का माप अलग से लिया जायगा।

उखाड़ना तथा विध्वंस करना (Dismantling and Demolition)

किसी संरचना को छति पहुंचा बिनाये सावधानी से उतारने के कार्य को उखाड़ना (dismantling) कहते हैं।

बिना सावधानी के किसी संरचना को गिराने या तोड़ने को विध्वंस करना (demolition) कहते हैं।

सामान्यतः विभिन्न मदों के उखाड़ने व विध्वंस करने की इकाई व माप की विधि उन मदों या कार्यों के निर्माण की इकाई व माप की विधि के समान ही होगी। आवश्यक सावधानियां व सुरक्षा सहित कार्य का पूर्ण विवरण दिया जायगा। जिन भागों को उखाड़ना होगा तथा जिन्हें विध्वंस करना होगा उनका माप अलग-अलग लिया जायगा। मद के विवरण में कार्य में आने योग्य सामग्री को अलग करके गट्टा लगाना तथा कार्य में न आने योग्य सामग्री को 30 मी. दूरी तक हटाने का कार्य सम्मिलत होगा। दीवार का माप लेते समय पलस्तर की मोटाई माप में नहीं ली जायगी।

दरवाजों तथा खिड़कियों को उखाड़ने में उनकी संख्या गिनती की जायगी व उनका आकार दिया जायगा।

मरम्मत—मरम्मत कार्य की इकाई व माप की विधि सामान्यतः उस मद के निर्माण के माप की विधि व इकाई के समान ही होती है।

सामग्रियाँ (Materials)

विभिन्न प्रकार की जैसे प्रथम श्रेणी, द्वितीय श्रेणी, आदि की ईंटों व खपरैलों की संख्या गिनती के अनुसार ली जायगी तथा उनका आकार व कोटी भी दी जायगी। ईंटें चट्टों में लगाये जाते हैं और प्रत्येक चट्टे में 1000 ईंटें होती हैं। चट्टों की गिनती की जाती है और यह संख्या माप पुस्तक में भरी जाती है।

निम्नलिखित सामग्रियों का माप घन मी. में लिया जायगा। उनका माप बगैर पेन्दे के बक्सों या फर्मों से या समतल भूमि पर सघन चट्टे लगाकर किया जायगा तथा उनका आकार गेज, कोटी, प्रकार आदि का विवरण वर्णित किया जायगा :—

रेत, सुरखी, राखी, बजरी, कंकड़, चूना आदि, ईंट की रोड़ी, ईंट के टुकड़े, गोलाश्म, पत्थर की रोड़ी कंकड़, बजरी, पत्थर का चूर्ण आदि। विभिन्न प्रकार की सामग्रियां अलग-अलग मापी जायेंगी।

बुझा या अनबुझा सफेद चूना या पत्थर चूना भार के अनुसार कि. ग्रा. या कुन्तल में मापा जायगा व उसका विवरण दिया जायगा। यदि निर्देशित हो तो बुझा चूना घन मी. में भी लिया जा सकता है।

सीमेंट का माप 50 किग्रा. के बोरियों में भार के अनुसार कुन्तल या टन में लिया जायगा। थोंड़ी मात्र में खुली सीमेंट भार के अनुसार किग्रा. में ली जायगी।

पत्थर, ईंट आदि तोड़ने का माप घन मी. में पेन्दा रहित बक्सों से या सड़क रोड़ी के समान चट्टे लगाकर निकाला जायगा व रोड़ी का आकार, प्रकार दिया जायगा। चट्टे लगाने का कार्य मद में सम्मिलित होगा।

रोड़ी, पत्थर चूरा, रेत आदि छानने के कार्य का माप घन मी. में लिया जायगा।

इस्पात—छोटे आकार या खण्ड वाले इस्पात का माप तौल कर किग्रा. या कुन्तल में लिया जायगा।

बड़े आकार या खण्ड वाले इस्पात का माप मी. लम्बाई में लिया जायगा। इसका भार इस्पात तालिका पुस्तक से भार प्रति मी. देखकर लम्बाई से गुणा करके कि. ग्रा. कुन्तल में निकाल लिया जाता है।

———

अध्याय 15

रिपोर्ट, तकनीकी डेटा और सूचनायें

(Reports, Technical Datas and Informations)

प्रत्येक प्राक्कलन के साथ एक रिपोर्ट लगाई जाती है इस रिपोर्ट में निर्माण कार्य के विभिन्न पहलुओं का विवरण दिया जाता है। रिपोर्ट इस प्रकार लिखनी चाहिये कि उसे पढ़कर कोई भी पूरे प्रस्तावित कार्य की रूपरेखा समझ सके। रिपोर्ट के विषय में अध्याय 6 में पृष्ठ 243 पर विभिन्न प्वाइन्ट दिये गये हैं। सामान्य ज्ञान के लिये विभिन्न प्रकार के कार्यों के प्राक्कलन से सम्बन्धित कुछ रिपोर्टें नीचे दी गई हैं। प्रत्येक कार्य की रिपोर्ट एक दूसरे से भिन्न होगी तथा निर्माण कार्य की प्रकृति के अनुसार ही लिखी जायगी। सामान्यत: रिपोर्ट प्राक्कलन के आरम्भ में ही दी जाती है व उसके पश्चात् परिकलन, अभिकल्प सामान्य तथा विस्तृत विशिष्टियां, दर विश्लेषण, आवश्यक सामग्री का विवरण तथा फिर विस्तृत प्राक्कलन दिया जाता है। तल दृश्य व रेखा-चित्र अन्त में संलग्न किये जाते हैं। प्राक्कलन के सार के अन्तिम पृष्ठ पर सहायक अभियन्ता अधिशासी अभियन्ता तथा अधीक्षण अभियन्ता व स्वीकृति देने वाले अधिकारी के हस्ताक्षरों के लिये स्थान रखा जाता है। सबसे ऊपर के पृष्ठ था मुख्य पृष्ठ पर प्राक्कलन संख्या, कार्य का नाम, खण्ड का नाम, लेखा शीर्षक, प्राक्कलन की कुल लागत आदि लिये जाते हैं। सूचक पृष्ठ पर विषय सूची तथा पृष्ठ संख्या भी दी जाती है।

निवास भवन के निर्माण के प्राक्कलन पर रिपोर्ट

(Report on Estimate for the Construction of a Residential Building)

उदय नगर में अधिशासी अभियन्ता के निवास हेतु भवन के निर्माण का विस्तृत प्राक्कलन अधीक्षण अभियन्ता के पत्र संख्या······ दिनांक··········के अनुपालन में बनाया गया है। उदय नगर में अधिशासी अभियन्ता के निवास के लिये कोई भवन नहीं है तथा उन्हें एक किराये के मकान में रहना पड़ता है। किराये के मकान में स्थान कम है व उसका किराया बहुत अधिक है। अत: अधिशासी अभियन्ता के निवास के लिये भवन बनाने का प्रस्ताव है लेखा शीर्षक "50 सिविल मूल कार्य भवन" होगा।

प्राक्कलन में निम्नलिखित निवास की व्यवस्था की गई है—

संलग्न तल दृश्य के अनुसार एक बैठक कक्ष, एक भोजन कक्ष, तीन शयन कक्ष, एक अतिथि कक्ष, तथा आवश्यक भंडार, रसोई, स्नान घर, शौंच घर, सामने तथा पीछे के बरामदे तथा गैरेज।

भवन निर्माण के लिये 60 मी. × 30 मी. आकार के निर्माण स्थल का चुनाव कर लिया गया है। इस भूमि की मिट्टी अच्छी है व इसमें समुचित जल निकास की व्यवस्था है तथा इस भूमि का अर्जन किया जाना है।

भवन का दिक्‌ विन्यास उत्तरी दिशा की ओर होगा।

भवन के नींव में चूना कंक्रीट डालकर कुर्सी तल तक 1 : 6 सीमेंट मसाले से प्रथम श्रेणी की चिनाई की जायगी। इसके ऊपर 2·5 सेमी. मोटा सील रोक रद्दा होगा। अधिरचना में चूना मसाले से प्रथम श्रेणी की ईंट चिनाई की जायगी। लिन्टेल प्रबलित ईंट चिनाई के होंगे। छत प्रबलित सीमेंट कंक्रीट की होगी व उस पर

चूना कंक्रीट की ऊपरी छत डाली जायगी। बैठक व भोजन कक्ष में मोजेक फर्श होगा तथा अन्य कमरों में 7·5 सेमी. मोटी चूना कंक्रीट पर 2·5 सेमी., मोटी सीमेंट कंक्रीट का फर्श डाला जायगा। भीतरी व बाहरी दीवारों पर 1 : 1 :6 सीमेंट, चूना मसाले से 12 मिमी. मोटा पलस्तर किया जायगा। अंतश्छद पर 1 : 3 सीमेंट मसाले से 12 मिमी. मोटा पलस्तर किया जायगा। बैठक तथा भोजन के कमरों में भीतर की ओर रंग पुताई की जायगी। अन्य कमरों में भीतर की ओर सफेदी पुताई की जायगी। बाहर की ओर सभी दीवारों पर रंग पुताई की जायगी। दरवाजे तथा खिड़कियाँ 4·6 सेमी. मोटी सागौन लकड़ी की होंगी। उनकी चौखटें साल लकड़ी की होंगी तथा उन पर इनामल पेंट किया जायगा। सारा कार्य पूर्णतः सा. नि. वि. की विस्तृत विशिष्टियों के अनुसार किया जायगा।

यह प्राक्कलन सा. नि. वि. की दर अनुसूचि के आधार पर बनाया गया है तथा जो मदें दर अनुसूचि में नहीं दी हुई हैं। उनकी दरें दर विश्लेषण द्वारा निकाली गई हैं, नींव 9 टन प्रति वर्ग मी. के सुरक्षी के भार के लिये अभिकल्पित की गई हैं। प्रबलित सीमेंट कंक्रीट की छत 150 कि. ग्रा. प्रति वर्ग मी. के चल भार के लिये अभिकल्पित की गई हैं तथा इस्पात की सुरक्षा तनाव प्रतिबल 1400 कि. ग्रा. प्रति वर्ग मी. के चल भार के लिये अभिकल्पित की गई है तथा इस्पात की सुरक्षी तनाव प्रतिबल 1400 कि. ग्रा. प्रति वर्ग सेमी. तथा कंक्रीट की अनुज्ञेय संपीडन प्रतिबल 50 कि. ग्रा. प्रति वर्ग सेमी. मानी गई है। प्राक्कलन के साथ सभी अभिकल्प व परिकलन भी दिये गये हैं। तल दृश्य, रेखा-चित्र तथा मौके के नक्शे भी प्राक्कलन के साथ संलग्न हैं।

बिजली लगाने तथा स्वच्छता व जल सभरण कार्यों की भी व्यवस्था की गई है तथा इन कार्यों के लिये भवन निर्माण की प्राक्कलित लागत पर 20% धनराशि जोड़ी गई है। इस क्षेत्र में सीवर न होने के कारण एक सेप्टिक टैंक बनाना होगा जिसके लिये प्राक्कलन में 700 रु. की इकमुश्त धनराशि रखी गई है। प्राक्कलन में सामने की ओर फाटक तथा चारों ओर कांटेदार तार की बाड़ और पहुंच मार्ग की भी व्यवस्था की गई है।

महत्वपूर्ण सामग्रियों जैसे सीमेंट, इस्पात, कोयला आदि का विवरण संलग्न किया जा रहा है जिनकी व्यवस्था विभाग को करनी होगी। किराये का विवरण भी संलग्न है।

यह कार्य निविदायें मंगाकर ठेके पर कराया जायगा।

भवन का प्राक्कलित लागत 50,000 रु० है तथा मंजूरी व धनराशि की स्वीकृति के लिये प्राक्कलन प्रस्तुत किया जा रहा है।

एक पुलिया के निर्माण के प्राक्कलन की रिपोर्ट

(Report on Estimate for the Construction of a Culvert)

लखनऊ, दौलतपुर सड़क पर 15 कि. मी.—800 मी. पर 3 मी. पाट की डाट पुलिया के निर्माण हेतु यह प्राक्कलन बनाया गया है इस स्थान पर प्रति वर्ष वर्षा ऋतु में जल एकत्र हो जाता है जिससे इस क्षेत्र में बाढ़ आ जाती है व क्षति पहुंचती है। अधिशासी अभियन्ता ने अपने पिछले दौरे के समय प्राक्कलन बनाने का आदेश दिया था तथा यह प्राक्कलन अधिशासी अभियन्ता के पत्र संख्या······दिनांक······का अनुपालन करते हुये बनाया गया है। निर्माण की लागत का भुगतान "50 सिविल कार्य, विशेष मरम्मत" से किया जायगा।

पुलिया का अभिकल्पन भारतीय सड़क कांग्रेस श्रेणी—क के भार (I. R. C. class—A loading) के लिये किया गया है। अपवाह क्षेत्र इस क्षेत्र के 1″ = 1 मील के नक्शे से निकाला गया है व इसका क्षेत्रफल

1200 एकड़ है। जल मार्ग (water way) का परिकलन टेलबॉट सूत्र (Talbot formula) $a=cA^{\frac{3}{4}}$ जिनमें a=जल मार्ग का क्षेत्रफल वर्ग फुट में A=अपवाह क्षेत्र का क्षेत्रफल एकड़ में, c=स्थिरांक व इसका मान 0·2 माना गया है। सब परिकलन व अभिकल्प प्राक्कलन के साथ संलग्न है।

मिट्टी की जांच की गई है तथा वह अच्छी है व इसमें साधारण खसकेदार नींव देना प्रयाप्त है। नींव 1 : 4 : 8 सीमेंट कंक्रीट की होगी तथा अत्याधारों, पक्ष दीवारों (wing walls) तथा मुँडेर दीवारों (parapets) में 1 : 5 सीमेंट मसाले से ईंट चिनाई की जायगी। डाट 1 : 3 सीमेंट मसाले से ईंट चिनाई की जायगी। खुली सतहों पर 1 : 2 सीमेंट मसाले से टीप की जायगी। सारा कार्य सा. नि. वि. की विस्तृत विशिष्टियों के अनुसार किया जायगा।

यह प्राक्कलन सा. नि. वि. की दर अनुसूचि के आधार पर बनाया गया है। निर्माण के लिये आवश्यक सामग्रियों जैसे सीमेंट, ईंटें, कोयला आदि का विवरण सलग्न है। निर्माण कार्य निविदायें मंगाकर ठेके द्वारा कराया जायगा। वर्षा काल की समाप्ति पर कार्य आरम्भ किया जायगा तथा 4 महीने में पूरा कर लिया जायगा।

15000·00 रु. का प्राक्कलन मंजूरी तथा धनराशि की स्वीकृति के लिये संलग्न है।

टिप्पणी—यदि पुलिया किसी नई सड़क पर बनी हो तो रिपोर्ट का प्रथम अनुच्छेद तद्नुसार लिखा जायगा।

सड़क निर्माण के प्राक्कलन पर रिपोर्ट

(Report on the Estimate for a Road Construction)

कालीगंज को जिला मुख्यालय से मिलाने वाली 25 किमी. 500 मी. लम्बी हिन्द नगर—कालीगंज सड़क के निर्माण का प्राक्कलन अधीक्षण अभियन्ता के पत्र संख्या···दिनांक···के अनुपालन हेतु बनाया गया है।

कालीगंज खेतिहर वस्तुओं की महत्वपूर्ण मंडी है, तथा इस क्षेत्र में अनेक कुटीर उद्योग भी हैं। परन्तु इस क्षेत्र में कोई सड़क न होने के कारण इसका विकास नहीं हो पाया। प्रस्तावित सड़क से सड़क के दोनों ओर बसे अनेक गांवों को भी लाभ पहुंचेगा। इस क्षेत्र के निवासियों ने भी अनेक अभिवेदन देकर इस सड़क के निर्माण की मांग की है। अतः इस सड़क का बनना अति आवश्यक है। इस सड़क के निर्माण का प्रस्ताव चतुर्थ पंचवर्षीय योजना में सम्मिलित कर लिया गया है। इसके निर्माण की लागत सड़क विकास कोष से व्यय की जायगी।

सड़क की मार्ग रेखा बैल गाड़ियों के चलने योग्य एक सड़क की मार्ग रेखा पर ही है। वर्तमान सड़क को आवश्यकतानुसार सीधा किया गया है तथा यथासम्भव सड़क सकरे क्षेत्रों में होकर नहीं जायगी। कम से कम 150 मी. त्रिज्या, के सपाट वक्र दिये गये हैं। मार्ग रेखा के चुनाव में निकटतम मार्ग, अधिकतम जनसंख्या के लिये उपयोगिता, कम से कम जल निकास पारक (drainage crossing), निर्माण में मितव्ययिता आदि सिद्धान्तों का पालन किया गया है। सड़क अधिकांशतः बिना खेती की हुई समतल भूमि से होकर जाती है। सड़क अधिकतर 60 सेमी. से 90 सेमी. तक ऊंचा भराव देकर बनायी जायगी। केवल कुछ स्थानों पर जहाँ सड़क नीची भूमि से होकर गुजरती है, ऊंचा भराव देना होगा।

सड़क की पूरी लम्बाई में मध्य रेखा की दोनों ओर 60 सेमी. चौड़ाई तक के क्षेत्र का समतल पटल सर्वेक्षण किया गया है प्रत्येक 30 मी. की दूरी पर तलेक्षण करके अनुदैर्घ्य खड बनाये गये हैं तथा प्रत्येक 90 मी. पर आड़ी दिशा में तल लिये गये हैं। निर्माण रेखा इस प्रकार निर्धारित की गई है कि सारी सड़क में ढाल सुगम

हो तथा 40 में 1 का नियन्त्रक ढाल सड़क में कहीं भी नहीं आया है। अधिकतम बाढ़ स्तर का ध्यान रक्खा गया है तथा निर्माण रेखा सामान्य बाढ़ तल से ऊपर रक्खी गई है।

सड़क की लम्बाई में अनेक पुलियाँ तथा 12 किलो मी. पर एक जल-मार्ग पर 30 मी. पाट का एक सेतु बनाना होगा। विभिन्न पाटों की पुलियों व सेतुओं की तालिका संलग्न है। इनकी लागत, पाट की लम्बाई के आधार पर पुलियों की लागत प्रति मी. पाट की लम्बाई 5000 रुपये तथा सेतु की 6000 रुपये प्रति मी. मान कर निकाली गई है व प्राक्कलन में जोड़ी गई है। सेतु का अभिकल्प भारतीय सड़क काँग्रस के 'A' श्रेणी के भार (I. R. C. class--A loading) के लिये किया जाएगा तथा उनका विस्तृत प्राक्कलन अलग से बनाया जायगा।

30 मी. चौड़ी स्थाई भूमि का अर्जन करना होगा तथा उसकी लागत प्राक्कलन में सम्मिलित है। भराव में डालने के लिये मिट्टी प्राप्त करने के लिये खतानों हेतु अस्थाई भूमि एक वर्ष के लिये अर्जन की जायगी तथा इसकी लागत भी प्राक्कलन में सम्मिलित है। सड़क की निर्माण चौड़ाई 10 मी. भराव में पार्श्व ढाल 2 : 1 तथा कटाई में पार्श्व ढाल $1\frac{1}{2}$: 1 होंगे।

सड़क पर अधिक पकी ईटों की खड़ी ईटों की आधार तह दी जायेगी तथा उसके ऊपर पत्थर की रोड़ी की 8 सेमी. कुटी मोटाई की दो तहें, मध्य तह तथा ऊपरी तह डाली जायगी। ऊपरी तह में एक लेप बिटुमेन बिछाया जायगा। तदनुसार प्राक्कलन में रोड़ी डालने व बिटुमेन बिछाने की लागत जोड़ दी गई है। ईटें सड़क के किनारे 3 अलग-अलग स्थानों पर चट्टा लगा कर ठेके पर बनवायी जायेंगी। ठेकेदारों की ईटें पकाने के लिये कोयला विभाग द्वारा दिया जायगा तथा आवश्यक कोयले का विवरण संलग्न है। पत्थर की रोड़ी ग्रेनाइट जैसे कठोर पत्थर की होगी व अनुमोदित खदान से मंगाई जायेगी।

पूरा निर्माण कार्य 5 वर्ष में होगा। एक वर्ष में मिट्टी का कार्य होगा। मिट्टी को एक वर्ष धँसने के लिये छोड़ दिया जायगा, फिर 2 वर्ष में रोड़ी तथा एक वर्ष में बिटुमेन बिछाशी जायगी।

बिटुमेन की पहली तह बिछाने के एक वर्ष पश्चात् बिटुमेन की दूसरी तह बिछाई जायगी तथा बिटुमेन की दूसरी तह का भुगतान अनुरक्षण (maintenance grant) से किया जायगा।

सभी कार्य सा.नि.वि. की विस्तृत विशिष्टियों के अनुसार ही किया जायगा। प्राक्कलन सा. नि.वि. की दर अनुसूची तथा स्थानीय प्रचलित दरों के आधार पर किया गया है तथा जो मदें दर अनुसूची में नहीं हैं उनका दर विश्लेषण दिया गया है। निर्माण कार्य संविदायें मंगाकर ठेके पर कराया जायगा।

प्रस्तावित सड़क के सर्वेक्षण तल दृश्य (survey plan), अनुदैर्घ्य खन्ड तथा अनुप्रस्थखन्ड दृश्य प्राक्कलन के साथ संलग्न है।

25,00,000 रु. की प्राक्कलन स्वीकृत तथा धनराशि को नियतन के लिये प्रस्तुत किया जा रहा है।

सिंचाई वितरिका नहर निर्माण के प्राक्कलन पर रिपोर्ट

(Report on the Estimate for the Construction of au Irrigation Distributory)--

जिला बाराबंकी की तहसील महाराज गंज में किशनपुर ग्राम. के पास के सूखे क्षेत्र में सिंचाई सुविधायें देने का प्रस्ताव कर रहे हैं। इस क्षेत्र में सिचाई क जल की कमी के कारण फसलें नष्ट हो जाती हैं। इस क्षत्र के लोग नहर के निर्माण के लिये अभिवेदन देते रहे हैं तथा लगातार मांग करते रहे हैं। यदि यह

सिंचाई सुविधा दे दी जाय तो फसल मात्रा तथा श्रेष्ठता, दोनों दृष्टि से, अधिक अच्छी होगी। अन्न संकट के वर्तमान समय में, अधिक अन्न उपजाने के लिये अधिक क्षेत्र में सिंचाई सुविधाओं का विस्तार करने की ओर भी अधिक आवश्यकता है। अतः यह प्राक्कलन उस सारे क्षेत्र की सिंचाई के लिये बनाया गया है।

किशनपुर वितरिका नेवान वितरिका नहर के दायें किनारे से 16 किलोमीटर--450 मी. पर निकलती है। वितरिका का संरेखड़ निर्धारण के लिये उस क्षेत्र के शजरा नक्शे (16″ = 1 मील) सग्रह किये गये हैं। उस क्षेत्र का तलेक्षण किया गया है तथा शजरा नक्शे पर समोच्च रेखायें (contour lines) तथा जल विभाजक रेखायें (water shed lines) खींची गई हैं। नहर की संरेखण इस प्रकार निश्चित की गई हैं कि वह जल विभाजक रेखा के अनुसार रहे। मार्ग रेखा में प्रत्येक 100 मी. के अन्तर पर, अथवा जहां आवश्यकता थी वहाँ इसमें कम अन्तर पर अनुदैर्घ्य तल (longitudinal level) तथा आड़ी दिशा में तल लिये गए हैं तथा शजरा नक्शे पर अंकित कर दिये गए हैं। संरेखण, अनुदैर्घ्य खंड 10 से. मी. = 1 कि. मी. के क्षैतिज मापक मे तथा 1 से. मी. = 1 मीटर के ऊर्ध्व मापक से बनाये गये हैं। इन अनुदैर्घ्य खंडों पर किलो मी. तथा 100 मी. के अन्तर, भूमि समन्वित तल, नहर के तले का समन्वित तल, पूर्ण प्रदाय तल का समन्वित तल, तले की चोड़ाई, जल की गहराई, निस्सरण (discharge), प्रति किलो मीटर ढलान आदि अंकित किये गए हैं। प्रत्येक 100 मी. के अन्तर पर खंडित दृश्य भी बनाए गये हैं जिनमें भूमि-तल प्रस्तावित नहर के खंड दृश्य, नहर के तले का तल पूर्ण प्रदाय तल, भराव के तल आदि अंकित किए गए हैं। अधीक्षण अभियन्ता ने 20 मार्च, सन् 1969 को अनुदैर्घ्य खंड का अनुमोदन कर दिया है।

मिट्टी अधिकांशतः दूमट मिट्टी है। केवल 7 और 12 किलो मीटर पर मिट्टी में कंकड़ व बजरी मिली है।

नहर 16 किमी.--400 मी. लम्बी है तथा इसका पिछला भाग, सिरा-मोचन (tail escape) 0--550 मी. है। इससे तहसील महाराज गंज में नये क्षेत्रों में सिंचाई की जा सकेगी। सिंचन अधिकार क्षेत्रफल (commanded area) निम्नलिखित है :—

नहर का सकल अधिकार क्षेत्रफल (Gross commanded area)	....5900 हेक्टेयर
सकल सिंचाई योग्य कृष्य क्षेत्रफल (Cultivated commanded area)	....3170 हक्टेयर
कृषि योग्य परन्तु कृषि न किये जाने वाले क्षेत्र का क्षेत्रफल (Area uncultivated cultureable)	....1540 हेक्टेयर
प्रस्तावित रबी (30% + 10%) = (951 + 154)	....1105 हेक्टेयर

नहर का अभिकल्प 4 कोड़ सप्ताह (Kor weeks) के लिये किया गया है तथा इसका निस्सारण एक घन मी. प्रति सेकेण्ड होगा। नहर के तले में 0·16 मी. प्रति कि. मी. (16 से. मी. प्रति कि. मी.) का अनुदैर्घ्य ढलान होगा तथा सिरे पर (head reach) तल की चोड़ाई 3 मीटर होगी।

आवश्यक नाला-पारक (drainage crossings), प्रपात, सड़क तथा पैदल पुल आदि बनाए जायेंगे तथा यह प्राक्कलन में सम्मिलित किए गए हैं। नहर के हेड वर्क्स तथा अन्तिम सिरे पर प्रपात (tail fall) तथा आवश्यक जल निकास पाइप दिए गये हैं। इन सब ईंट चिनाई की संरचनाओं की एक सूची बना ली गई है जिसमें कि. मी. के अनुसार उनकी स्थिति दिखाई गई है व यह सूची प्राक्कलन के साथ संलग्न है। ईंट चिनाई कार्यों तथा जल निकासों की स्थिति शजरा नक्शे में भी दिखाई गई है। शजरा नक्शों में सिंचाई क्षेत्र भी अंकित किया गया है।

2 से. मी. = 1 कि. मी. के पैमाने से बना एक सूचक नक्शा संलग्न है जिसमें नहर को सरेखण, नाल पारक, प्रपात (falls), सड़क पारक आदि दिखाये गये हैं, जिससे एक नजर में ही सारा लेआउट (lay-out) समझ में आ जाय।

निर्माण के लिए आवश्यक महत्वपूर्ण सामग्रियों का बिवरण बनाया गया है तथा यह प्राक्कलन के साथ संलग्न है।

सारा अभिकल्पन मानक सूत्रों के आधार पर किया गया है तथा सभी परिकलन व अभिकल्प प्राक्कलन के साथ संलग्न है। प्राक्कलन दर अनुसूची के आधार पर बनाया गया है तथा जिन मदों की दरें अनुसूची में नहीं हैं उनकी दरें दर विश्लेषण द्वारा निकाली गई हैं व संलग्न हैं।

इस कार्य से होने वाली आर्थिक आय का विवरण निम्नलिखित आधार पर बनाया गया है—

सिंचाई की हुई भूमि की प्रति हेक्टेयर राजस्व आय—

रबी	....	@	4·00 रुपये प्रति हेक्टेयर
गन्ना	....	@	10·00 ,, ,, ,,
धान	....	@	10·00 ,, ,, ,,
तथा अन्य	....	@	2·00 ,, ,, ,,

व्यय—अनुरक्षण @ 15·00 रुपये प्रति किलोमीटर, सिब्बन्दी कुल पूंजीगत लागत का 3% तथा राजस्व वसूल करने का व्यय वसूले गये राजस्व का 3%।

सिंचाई द्वारा आय कुल प्राक्कलित लागत की 6% बैठती है तथा वह प्रायोजना लाभप्रद है।

प्राक्कलन की कुल लागत रु. 2,08,550·00 है। प्रायोजना के अन्तर्गत किये जाने वाले सभी कार्यों के सामान्य सार (general abstract) बनाया गया है तथा प्राक्कलन के साथ संलग्न है। इस प्रायोजना से होने वाली आय तथा नहर से अतिरिक्त क्षेत्रफल में होने वाली सिंचाई की दृष्टि से प्राक्कलन पर होने वाला व्यय उचित है। प्राक्कलन मंजूरी तथा धनराशि की स्वीकृति के लिए प्रस्तुत है।

व्यावहारिक डेठा और सूचनायें (Practical Data and Informations)

निम्नलिखित डेटा और सूचनायें निकटतम (approximate) हैं तथा निर्माण-स्थल की स्थिति, कार्य की प्रकृति, संरचना, विशिष्टियाँ निर्माण विधि के अनुसार बदलते हैं। ये सामान्य ज्ञान व प्रारम्भिक प्राक्कलन बनाने के लिए उपयोगी है।

भवन निर्माण कार्य

1. **सामग्री व मजदूरी की लागत—**

(i) मजदूरी पर व्यय .... कुल लागत का 30% से 35% तक

(ii) सामग्री पर व्यय ... कुल लागत का 70% से 65% तक

2. प्रत्यक्ष व्यय और ऊपरी व्यय—

वास्तविक व्यय, निर्माण कार्य पर ... कुल लागत का 85%

ऊपरी व्यय, सिब्बन्दी (establishment),
परिवीक्षण, आकस्मिक व्यय आदि के लिये ... कुल लागत का 15%

3. (i) नींव व कुर्सी की लागत ... कुल लागत का 10% से 15% तक

(ii) अधिरचना की लागत ... कुल लागत का 90% से 85% तक

(iii) द्वितीय तल्ला की लागत ... निचली मंजिल की 85% से 90% तक

4. भवन के विभिन्न भागों की लागत प्रतिशत में (स्वच्छता व जल सम्भरण तथा विद्युतीकरण छोड़कर)—

(i) मिट्टी की खुदाई व भराई	...	...	कुल लागत का $\frac{1}{2}$%
(ii) नींव में कंक्रीट डालना	...	...	कुल लागत का 5%
(iii) सील रोक रद्दा	...	...	कुल लागत का 1%
(iv) ईंट चिनाई	...	...	कुल लागत का 34%
(v) छत	...	...	कुल लागत का 20%
(vi) फर्श	...	...	कुल लागत का 6%
(vii) दरवाजे तथा खिड़कियां	...	...	कुल लागत का 16%
(viii) पलस्तर व टीप करना	...	...	कुल लागत का 10%
(ix) सफेदी पुताई, रंग पुताई व पे पेन्ट करना आदि	...	...	कुल लागत का 2%
(x) विविध मद	...	...	कुल लागत का $5\frac{1}{2}$%
	योग	...	कुल लागत का 100%

5. स्वच्छता व जल संभरण तथा विद्युतीकरण की लागत—

स्वच्छता व जल संभरण कार्य	...	...	इमारत की लागत का 8%
विद्युतीकरण (पंखे के अतिरिक्त)	...	...	इमारत की लागत का 8%

6. भवन निर्माण में आवश्यक सामग्रियों व मजदूरी की लागत प्रतीशत विवरण—

(i) ईंटों की लागत	...	...	कुल लागत का 22%
(ii) सीमेंट की लागत	...	...	कुल लागत का 12%
(iii) इस्पात की छड़ों की लागत	...	...	कुल लागत का 10%
(iv) लकड़ी की लागत	...	...	कुल लागत का 10%
(v) अन्य साग्रियों की लागत	...	...	कुल लागत का 14%
(vi) मजदूरी पर लागत	...	...	कुल लागत का 30%
(vii) निर्माण प्रभारित सिब्बदी	...	...	कुल लागत का 2%
	योग	...	कुल लागत का 100%

टिप्पणी—यदि भवन की अनुमानित लागत व सामग्रियों की दरें मालूम हों तो सामग्रियों में परिमाण का स्थूल अनुमान लगाया जा सकता है। भवन की स्थूल लागत कुर्सी क्षेत्रफल (plinth area) के आधार पर ज्ञात की जाती है।

7. कुर्सी क्षेत्रफल के आधार पर एक तल्ला भवन के निमार्ण के लिये आवश्यक सामग्रियाँ—

(i)	ईंट	... प्रति वर्ग मी कुर्सी क्षेत्रफल का 500 सं. (5000 सं. प्रति% वर्ग फुट)
(ii)	सीमेंट	... प्रति वर्ग मी. कुर्सी क्षेत्रफल का 1·5 बोरिया (15 बोरिया प्रति% वर्ग फुट)
(iii)	मृद इस्पात की छड़ें	... प्रति वर्ग मी. कुर्सी क्षेत्रफल का 12·5 कि. ग्रा.
(iv)	कोयला (छोटें टुकड़े या चूरा) (ईंटें पकाने के लिये)	... प्रति वर्ग मी. कुर्सी क्षेत्रफल का 1·5 कुन्तल ($1\frac{1}{2}$ टन प्रति% वर्ग फुट)

8. कोयला ईंट पकाने के लिये (छोटे टुकड़े या चूरा)—

18 मीटर टन प्रति लाख इंटों के लिये (60% प्रथम श्रेणी की इंटों की निकासी)।

9. सायवान (shed) के लिये आवश्यक जस्ती चादर 24 गेज की—

8·5 कुन्तल प्रति वर्ग मी. कुर्सी क्षेत्रफल का अर्थात 8·5 टन प्रति सौ वर्ग मी. के लिये।
(1 टन 1200 वर्ग फुट के लिये)

10. सायवान पर छत कैंचियों में ऐंगल आयरन की आवश्यक मात्रा—

$4\frac{1}{2}$ हैंडरवेट प्रति सौ वर्ग फुट या $2\frac{1}{4}$ टन प्रति सौ वर्ग फुट (0·25 कुन्तल/वर्ग मी. अर्थात् 2·5 टन प्रति सौ वर्ग मी.) कुर्सी क्षेत्रफल का।

11. विभिन्न प्रकार के भवनों की कुर्सी क्षेत्रफल दर (लगभग)—

			कुर्सी क्षेत्रफल दर	
			प्रति वर्ग मी.	वर्ग फुट
(i)	प्रथम श्रेणी का निवास भवन	...	रु. 10225·00	रु. 950·00
(ii)	द्वितीय श्रेणी का निवास भवन	...	रु. 9150·00	रु. 850·00
(iii)	तृतीय श्रेणी का निवास भवन	...	रु. 8000·00	रु. 750·00
(iv)	चतुर्थ श्रेणी का निवास भवन	...	रु. 8000·00	रु. 750·00
(v)	स्कुल व कालेज भवन	...	रु. 10225·00	रु. 950·00
(vi)	छात्रावास भवन	...	रु. 9150·00	रु. 850·00
(vii)	कार्यालय भवन	...	रु. 10225·00	रु. 950·00
(viii)	चिकित्सालय भवन	...	रु. 10225·00	रु. 950·00
(ix)	कर्मशाला (वर्कशाप) भवन (ढलवां छत)	...	रु. 5400·00	रु. 500·00
(x)	आदर्श ग्रामीण मकान	...	रु. 3750·00	रु. 350·00
(xi)	प्र. सो. कं. या ढाँचेदार भवन	...	रु. 10750·00	रु. 1000·00

नोट—स्वच्छता व जल सम्भरण कार्य के लिये भवन की लागत का ... 8% जोड़े।
विद्युतीकरण के लिये उपरोक्त का ... 7% जोड़।
बिजली के पंखों के लिये उपरोक्त का ... 4% जोड़े।

12.भवन का वार्षिक मरम्मत व अनुरक्षण (maintenance) व्यय—

भवन की कुल लागत का 1% से $1\frac{1}{2}$ %, तक या एक मास से डेढ़ मास का किराया।

सेतू तथा पुलिया

सेतुओं व पुलियों के लागत का दर प्रति मीटर पाट के आधार पर (लगभग)—

पुलिया (छोटी, ग्रामीण सड़क पर)	...	रु. 62000·00 प्रति मी. पाट का
		(रु. 19000·00 प्रति फुट पाट का)
पुलिया (बड़ी, मुख्य सड़क पर)	...	रु. 130000·00 प्रति मी. पाट का
		(रु. 40000·00 प्रति फुट पाट का)
सेतु (छोटे)	...	रु. 180000·00 प्रति मी. पाट का
		(रु. 55000·00 प्रति फुट पाट का)
सेतु बड़े (मध्यम)	...	रु. 260000·00 प्रति मी. पाट का
		(रु. 80000·00 प्रति फुट पाट का)
सेतु (बड़े)	...	रु. 310000·00 से 425000·00 प्रति मी. पाट का
		(रु. 95000·00 से 130000·00 प्रति फुट पाट का)

(विभिन्न चौड़ाई के सड़कों पर बनने वाले सेतुओं व पुलियों की लागत के लिये पृष्ठ 608 देखें)

सड़क का कार्य

1. 3·7 मी. चौड़ी सड़क की रोड़ी से पक्का करने की लागत का प्रति कि. मी. दर, (12′ चौड़ाई प्रति मील) (लगभग)—

(i)	पत्थर की रोड़ी की 12 से. मी. $\left(4\frac{1"}{2}\right)$ मोटी तह कुटाई के पश्चात् 8 से. मी. (3″) संघनित तह	...	रु. 400000·00/कि. मी. (रु. 640000·00/मील)
(ii)	अधिक पक्की ईंट की रोड़ी की 12 से. मी. $\left(4\frac{1"}{2}\right)$ मोटी तह कुटाई के पश्चात 8 से. मी. (3″) संघटित तह		रु. 300000·00/कि. मी.) (रु. 480000·00/मील)
(iii)	कंकड़ की रोड़ी 12 से. मी. $\left(4\frac{1"}{2}\right)$ मोटी तह कुटाई के पश्चात 8 से. मी. (3″) संघटित तह	...	रु. 180,000·00/कि. मी. (रु. 280,000·00/मील)
(iv)	अधिक पक्की ईंट का सोलिंग आस्तरण	...	रु. 165,000·00/कि. मी. (रु. 265,000·00/मील)
(v)	पहली तह बिटुमेनी पेन्टिंग	...	रु. 110,000·00/कि. मी. (रु. 170,000·00/मील)
(vi)	दूसरी तह बिटुमेनी पेन्टिंग	...	रु. 65,000·00/कि. मी. ... (रु. 1,00000·00/मील)
(vii)	सीमेंट कंक्रीट की 10 से. मी. (4″) मोटी तह	...	रु.11,00000·00/कि. मी. ... (रु. 1750,000·00/मील)

2. एक कि. मी. (एक मील) नई सड़क की लागत—

10 मी. (32′) निर्माण चौड़ाई, **3·7 मी. (12′)** चौड़ी पक्की सड़क, सोलिंग पट इंटों की, पत्थर की चौड़ी की दो तहें तथा दौ तहें बिटुमेनी पेन्टिंग, पुलियों तथा विविध कार्य सहित पूर्ण कार्य... रु. 30 लाख/कि. मी.
(रु. 48·00 लाख/मील)

3. विभिन्न प्रकार की सड़कों का प्रति कि. मी. (मील) वार्षिक अनुरक्षण व नवीकरण व्यय लागत—

(i)	कच्ची सड़क 10 मी. (32′) चौड़ी	...	अनुरक्षण—रु. 5,600·00/कि. मी.	(रु. 9,000·00/मील)
(ii)	कंकड़ की पक्की सड़क 3·7 मी. (12′) चौड़ी		अनुरक्षण—रु. 11,500·00/कि. मी.	(रु. 18,500·00/मील)
		...	नवीकरण—रु. 13,500·00/कि. मी.	(रु. 22,000·00/मील)
(iii)	मैकेडम की पक्की सड़क 3·7 मी. (12′) चौड़ी		अनुरक्षण—रु. 12,000·00/कि. मी.	(रु. 19,000·00/मील)
		...	नवीकरण—रु. 265,000·00/कि. मी.	(रु. 425,000·00/मील)
(iv)	बिटुमेनी सड़क 3·7 मी. (12′) पक्की चौड़ी		अनुरक्षण—रु. 7,500·00/कि. मी.	(रु. 12,000·00/मील)
		...	नवीकरण—रु. 60,000·00/कि. मी.	(रु. 95,000·00/मील)
(v)	सीमेंट कंक्रीट की 3·7 मी. (12′) चौड़ी पक्की सड़क	...	अनुरक्षण—रु. 5,300·00/कि. मी.	(रु. 8,500·00/मील)

सड़क मरम्मत कार्य दो भागों में किया जाता है (क) मजदूरों द्वारा साधरण मरम्मत, (ख) नवीनीकरण की आवश्यकता निम्न प्रकार से होती है।

(i) कंकड़ की सड़क—3 या 4 वर्ष में एक बार अर्थात $\frac{1}{3}$ या $\frac{1}{4}$ कि. मी. प्रति वर्ष।

(ii) पत्थर की मैकेडम सडक—4 या 5 वर्ष में एक बार अर्थात $\frac{1}{4}$ या $\frac{1}{6}$ कि. मी. प्रति वर्ष।

(iii) बिटुमेनी सड़क—5 या 6 वर्ष में एक बार अर्थात $\frac{1}{5}$ या $\frac{1}{6}$ कि. मी. प्रति वर्ष।

1. सिंचाई नहरों की निर्माण लागत (लगभग)—

(i)	नहर 0·3 घ. मी./से. धारिता तक	...	रु.	205,000·00/कि. मी.
		...	रु.	(330,000·00/मील)
(ii)	नहर 0·3 से 0·7 घ. मी./से. धारिता तक	...	रु.	280,000·00/कि. मी.
		...	रु.	(450,000·00/मील)
(iii)	नहर 0·7 से 1·4 घ. मी./से. धारिता तक	...	रु.	590,000·00/कि. मी.
		...	रु.	(650,000·00/मील)
(iv)	नहर 1·4 से 2·8 घ. मी./से. धारिता तक	...	रु.	500,000·00/कि. मी.
		...	रु.	(810,000·00/मील)
(v)	नहर 2·8 से 4·2 घ. मी./से. धारिता तक	...	रु.	550,000·00/कि. मी.
		...	रु.	(890,000·00/मील)
(vi)	नहर 4·2 से 5·6 घ. मी./से. धारिता तक	...	रु.	710,000·00/कि. मी.
		...	रु.	(1150,000·00/मील)
(vii)	नहर 5·6 से 7·0 घ. मी./से. धारिता तक	...	रु.	775,000·00/कि. मी.
		...	रु.	(1250,000·00/मील)
(viii)	नहर 7·0 से 14·0 घ. मी./से. धारिता तक	...	रु.	775,000·00 से 1025,000·00/कि. मी.
		...	रु.	(125,000·00 से 165,000·00/मील)

2. सिंचाई प्रायोजना की लागत—नया विकास—रु.100000·00 प्रति हेक्टेयर (रु. 4,000·00/एकड़) सिंचाई के योग्य क्षेत्रफल।

3. सिंचाई नहरों की वार्षिक मरम्मत व अनुरक्षण व्यय—

(i) उपवितरिका ... रु. 2100·00/कि. मी. (रु. 3500·00/मील)
(ii) वितरिका ... रु. 3400·00/कि. मी. (रु. 5500·00/मील)
(iii) शाखा नहर ... रु. 4300·00/कि. मी. (रु. 7000·00/मील)
(iv) मुख्य नहर ... रु. 5900·00/कि. मी. (रु. 9500·00/मील)

4. सिंचाई नहरों पर बनने वाले पुलियों की लागत प्रति मी पाट की (लगभग)—

पुल का प्रकार	पैदल पुल	पुल पशुओं के लिये	पुल पशुओं के लिये	ग्रामीण सड़क पुल	ग्रामीण सड़क पुल	मुख्य सड़क पुल	मुख्य सड़क पुल
सड़क मार्ग की चौड़ाई	1·2 मी. 4′	1·8 मी. 6′	2·4 मी. 8′	3·0 मी. 10′	4·8 मी. 16′	7·3 मी. 24′	9·8 मी. 32′
पाट	लागत प्रति मी./प्रति फुट पाट की						
	रु.	रु.	रु.	रु.	रु.	रु.	रु.
4′ मी.	1400/- rft	3900/- rft	6500/- rft	7500/- rft	12000/- rft	—	—
1·2 मी.	4500/- rm	9500/- rm	21000/- rm	24500/- rm	39000/- rm		—
8′	1300/- rft	3700/- rft	[illegible]	[illegible] rft	9700/- rft	27000/-rft	34000/-rft
2·4 मी.	4200/- rm	12000/- rm	22000/- rm	23000/- rm	32000/- rm	88500/-rm	111000/-rm
12′	1000/- rft	3400/- rft	6000/- rft	6300/- rft	8200/- rft	24000/-rft	32000/-rft
3·7 मी.	3200/- rm	11000/- rm	19500/- rm	20500/- rm	27000/- rm	78000/-rm	105000/-rm
16′	800/-rft	3300/- rft	5500/- rft	6000/- rft	7000/- rft	23000/-rft	29500/-rft
4·8 मी.	2600/-	10800/-	18000/-	19500/-	23000/-	75000/-	96000/-
24′	630/-	2600/-	4800/-	5200/-	7500/-	20000/-	25000/-
7·3 मी.	2000/-	8500/-	15700/-	17000/-	24600/-	65000/-	82000/-

स्वच्छता तथा जल सम्भरण कार्य

1. एक बहाव शौचालय की फिटिंग साहित पूर्ण कार्य की लागत—

एक बहाव शौचालय की लागत, फिटिंग तथा 225 लीटर धारिता वाले ऊपरली टन्की सहित, सीवर लाइन में जल नाली जोड़ना (10 मी. दूरी तक), सप्लाई करना और लगाने सहित पूर्ण कार्य— रु.11500·00

2. सीवरेज के नये प्रायोजन की लागत— रु. 800·00 प्रति व्यक्ति आबादी का

3. सीवरेज की अनुरक्षण तथा परिचालन लागत—

(i) सीवर लाईन इत्यादि 1-1/2% से 2% मूल लागत की

(ii) मशीनरी 3% मूल लागत की

4. सेप्टिक टैंक और शोषण गर्त की लागत—

प्रयोग करने वालों की संख्या	सेप्टिक टैंक की लागत	शोषण गर्त की लागत
5	... रु. 4800·00	रु. 2500·00
10	... रु. 8000·00	रु. 3300·00
20	... रु. 11000·00	रु. 4000·00
50	... रु. 17500·00	रु. 7000·00
75	... रु. 27000·00	रु. 9000·00
100	... रु. 35000·00	रु. 10900·00

5. जल संभरण के नये प्रायोजन की लागत रु. 1050·00 प्रति व्यक्ति आबादी का

6. जल संभरण कार्य की अनुरक्षण व परिचालन लागत—

पाईप लाईन इत्यादि रु. 1-1/2% मूल लागत का

मशीनरी 3% मूल लागत की

7. प्र. सी. कं. के ऊपरली टंकी की लागत 12·5 मी. (40′) ऊँची

(i) 25,000 लीटर धारिता तक रु. 20·00 प्रति लीटर

(ii) 25,000 से 50,000 लीटर धारिता तक रु. 16·00 प्रति लीटर

(iii) 50,000 लीटर धारिता से अधिक रु. 14·50 प्रति लीटर

8. नलकूप की लगभग लागत पाइप सप्लाई और गलने सहित पूर्ण कार्य—(पम्पिग सेट के अतिरिक्त)—

(i) 25 मि. मी. व्यास की 30 मी. गहरी जस्तीकृत पाइप और छलनी ... रु. 8400·00

(ii) 40 मि. मी. व्यास की 60 मी. गहरी जस्तीकृत पाइप और छलनी ... रु. 15000·00

(iii) 50 मि. मी. व्यास की 60 मी. गहरी जस्तीकृत पाइप और छलनी ... रु. 42000·00

(iv) 75 मि. मी. व्यास की 90 मी. गहरी जस्तीकृत पाइप और छलनी ... रु. 70000·00

(v) 100 मि. मी. व्यास की 90 मी. गहरी बिना जस्तीकृत पाइप और छलनी ... रु. 81000·00

(vi) 125 मि. मी. व्यास की 90 मी. गहरी बिना जस्तीकृत पाइप और छलनी ... रु.132000·00

(vii) 150 मि. मी. व्यास की 90 मी. गहरी बिना जस्तीकृत पाइप और छलनी ... रु.160000·00

(viii) 200 मि. मी. व्यास की 90 मी. गहरी बिना जस्तीकृत पाइप और छलनी ... रु.265000·00

(ix) 250 मि. मी. व्यास की 90 मी. गहरी बिना जस्तीकृत पाइप और छलनी ... रु.335000·00

प्र. सी. कं. स्लैब--स्लैब की मोटाई और प्रबलन विभिन्न पाट के निर्बाध धारक के लिये--

प्रभावी पाट = निर्बाध पाट और एक धारक का योग, न्यूनतम धारक = 15 से. मी., सम्पीडन प्रतिबल c = 50 कि. ग्रा. / वर्ग से. मी., तनाव प्रतिबल t = 1400 कि. ग्रा / वर्ग से. मी. ϕ = 8·7, J = 0·86, b = 100 से. मी., जल भार = 147 कि. ग्रा. / वर्ग से. मी.।

प्रभावी पाट	बंकन आघूर्ण $M = \frac{wl^2}{8}$ किग्रा. से.मी.	प्रभावी मोटाई से.मी.	कुल मोटाई से.मी.	मुख्य छड़ें: मुख्य छड़ों का क्षेत्रफल से. मी.	मुख्य छड़ें: मुख्य छड़ों का अन्तराल	वितरण छड़ें: वितरण छड़ों का क्षेत्रफल से. मी.²	वितरण छड़ें: वितरण छड़ों का अन्तराल 6 मि. मी छड
3.70 मी. (12′)	99,595	10·70	12	7·73	10 मिमी. ϕ @ 10 सेमी.	1·55	@18 सेमी.
3·30 मी. (11′)	80,495	9·68	11	6·23	10 मिमी. ϕ @12·7 सेमी.	1·245	@22 „
3·00 मी. (10′)	60,075	8·31	10	5·74	10 मिमी. ϕ @13·5 सेमी.	1·147	@24 „
2·70 मी. (9′)	46,474	7·30	9	5·30	10 मिमी. ϕ @15·5 सेमी.	1·03	@27 „
2·40 मी. (8′)	34,992	6·34	8	4·34	10 मिमी. ϕ @18·0 सेमी. या 8 मिमी. ϕ @ 11·5 सेमी.	0·87	@32 „
2·10 मी. (7′)	25,468	5·41 5·50 न्यूनतम	7	3·71	8 मिमी. ϕ @13·5 सेमी.	0·742	@37 „
1·80 मी. (6′)	18,711	4·64 5·50 न्यूनतम	7	2·72	8 मिमी. ϕ @18·0 सेमी.	0·544	@50 „
1·50 मी. (5′)	12,994	3·87 5·50 न्यूनतम	7	1·90	8 मिमी. ϕ @26·0 सेमी	0·38	@73 „
1·20 मी. (4′)	8,316	3·09 5·50 न्यूनतम	7	1·21	8 मिमी. ϕ @41·0 सेमी.	0·242	@115 „

(पृष्ठ 612 देखिये)

लिन्टेल—परिमाप व प्रबलन (Lintels-dimensions and reinforcement)।
(दीवारों के 60° त्रिभुजाकार भार को वहन करने के लिये)—

निर्बाध पाट	न्यूनतम धारक	लिन्टेल की कुल मोटाई	दीवार की मोटाई	प्रबलन	
				सीधी छड़े सं व्यास	बाकत छड़ सं. व्यास
1·00 मी. (3′-3″)	15 सेमी. (6″)	10 सेमी. (4″)	10 सेमी. (4½″)	2—6 मिमी. (¼″)	
			20 „ (9″)	2—6 „ (¼″)	1—6 मिमी. (¼″)
			30 „ (13½″	2—6 „ (¼″)	1—8 „ (5/16′)
1·25 मी. (4′-0″)	15 सेमी. (6″)	10 सेमी. (4″)	10 सेमी. (4½″)	2—6 मिमी. (¼″)	—
			20 „ (9″)	2—8 „ (5/16″)	1—8 मिमी. (5/16′)
			30 „ (13½″)	2—8 „ (5/16″)	2—8 „ (5/16″)
1·50 मी. (5′-0″)	15 सेमी. (6″)	15 सेमी. (6″)	10 सेमी. (4½″)	2—6 मिमी. (¼″)	—
			20 „ (9″)	2—8 „ (5/16″)	1—8 मिमी. (5/16″)
			30 „ (13½″)	2—8 „ (5/16″)	2—8 „ (5/16″)
1·75 मी. (6′-0″)	15 सेमी. (6″)	15 सेमी. (6″)	10 सेमी. (4½″)	2—8 मिमी. (5/16″)	—
			20 „ (9″)	2—8 „ (5/16″)	2—8 मिमी. (5/16″)
			30 „ (13½′)	2—10 „ (⅜″)	2—10 „ (⅜″)
2·00 मी. (6′-6″)	20 सेमी. (8″)	20 सेमी. (8″)	10 सेमी. (4½′)	2—8 मिमी. (5/16′)	—
			20 „ (9″)	2—8 „ (5/16′)	2—8 मिमी. (5/16′)
			30 „ (13½″)	2—10 „ (⅜″)	2—10 „ (⅜″)
2·25 मी. (7′-6′)	20 सेमी. (8″)	20 सेमी. (8″)	10 सेमी. (4½′)	2—10 मिमी. (⅜″)	—
			20 „ (9″)	2—10 „ (⅜″	2—10 मिमी. (⅜′)
			30 „ (13½″)	2—12 „ ½″)	2—12 „ (½″)
2·50 मी. (8′-0″)	25 सेमी. (10″)	25 सेमी. (10″)	10 सेमी. (4½″)	2—10 मिमी. (⅜″)	—
			20 „ (9″)	2—10 „ (⅜″)	2—10 मिमी. (⅜″)
			30 „ (13½″)	2—12 „ (½″)	2—12 „ (½″)
2·75 मी. (9′-0″)	25 सेमी. (10″)	25 सेमी. (10″)	10 सेमा. (4½″)	2—12 मिमी. (½′)	—
			20 „ (9″)	2—12 „ (½″)	2—12 मिमी. (½″)
			30 „ (13½″)	2—14 „ (9/16″)	2—14 „ (9/16″)
3·00 मी. (10′-0″)	30 सेमी. (12″)	30 सेमी. (12″)	10 सेमी. (4½″)	2- 12 मिमी. (½′)	—
			20 „ (9″)	2—12 „ (½″)	2—12 मिमी. (½′)
			30 „ (13½′)	2—14 „ (9/16″)	2—14 „ (9/16″)

नोट—प्र. सी. कं. स्लैब के लिये—

(i) एकान्तर मुख्य छड़ें आधार से पाट के 1/5 दूरी पर बंकित की जायगी।

(ii) छत का भार—चल भार-147 कि.ग्राम प्रति वर्ग मी. तथा अचल भार—छत पर 7·5 से. मी. मोटा चूना कंक्रीट और प्र. सी. कं. स्लैब भार।

(iii) फर्श का भार बहुतल भवन के लिये चल भार—195 किग्रा. प्रति वर्ग मी. तथा अचल भार—प्र. सी. कं. स्लैब का भार और 2·5 से. मी. से 4 से. मी. तक सीमेंट कंक्रीट के फर्श का भार।

उपर्युक्त दोनों भार लगभग समान हैं अत: ऊपर की भाँति एक ही अभिकल्प प्रयुक्त होगा।

(iv) प्र. सी. क. स्लैब की कुल मोटाई = प्रभावी मोटाई और 1 से. मी. से 2 से.मी. तक नीचे के आवरण का योग। न्यूनतम मोटाई 7 से. मी. ली जा सकती है।

(v) छड़ों का व्यास—मुख्य छड़ों का व्यास 8 मिमी. से कम नहीं होना चाहिए। वितरण छड़ें साधारणत: 6 मि. मी. व्यास की ली जाती है। वितरण छड़ों का क्षेत्रफल मुख्य छड़ों के क्षेत्रफल का 20% होता है।

(vi) मुख्य छड़ों का अन्तराल स्लैब की प्रभावी मोटाई के दो गुने से अधिक नहीं होना चाहिये। वितरण छड़ों का अन्तराल स्लैब की प्रभावी मोटाई के चार गुने से अधिक नहीं होना चाहिये। विभिन्न पाटों के लिये छड़ों का अन्तराल इसी विधि से निर्धारित किया जा सकता है।

(vii) दो पाटों के निरंतर स्लैब के लिये बंकन आघूर्ण $M = \frac{wl^2}{10}$, अधिक पाटों के निरंतर स्लैब के लिये बंकन आघूर्ण $M = \frac{wl^2}{12}$।

नोट—लिंटेल के लिये—

यदि वांछित व्यास की छड़ें उपलब्ध न हों तो उससे अधिक व्यास की छड़ें प्रयोग की जा सकती हैं।

वांछित छड़ें आधार से पाट के 1/5 दूरी पर 45° पर बंकित की जानी चाहिये। यदि कर्तन प्रतिबल (Shear stress) कम हो व अनुमत सीमा में हो, तो भी 15 से. मी. के अन्तर पर 6 मिमी. व्यास के नामन छल्ले (nominal stirrups) लगाये जायेंगे। प्रबलन को यथा-स्थान बनाये रखने के लिये ऊपर की ओर 2 छड़ें 1·5 मी. तक के पाट के लिये 6 मि. मी. व्यास की 2 छड़ें तथा उससे अधिक पाट के लिये 10 मि. मी. व्यास की 2 छड़ें लगाई जा सकती हैं, तथा उसी के अनुसार बंकित की जाने वाली छड़ों की संख्या में कमी की जा सकती है।

कम पाट के लिंटलों में मोटाई 7·5 से. मी. रखी जा सकती है तथा प्रबलन 1 मी. पाट के लिंटेल के समान ही रखा जा सकता है।

साधारणत: लिंटेल के अभिकल्प के लिये बंकन आघूर्ण, $M = \frac{Wl}{6} + \frac{wl^2}{8}$ लिया जाता है जिसमें W = 60° त्रिभुजाकार दीवार का भार, w लिंटेल का अचल भार प्रति मी. l = प्रभावी पाट।

बरामदों के लिंटेल—स्तम्भों पर आधारित बरामदों के लिंटलों का अभिकल्प पूरे पाट पर पडने वाले भार के लिये करना चाहिए। इस भार में पूरी आयताकार दीवार का भार, फर्श या छत का भार, मुडेर दीवार या जंगले का भार आदि सम्मिलित होगा।

फर्श—निवास भवनों में फर्श 1 : 2 : 4 सीमेंट कंक्रीट का 2·5 सेमी. मोटा तथा निवास भवन के अतिरिक्त अन्य भवनों जैसे स्कूलों, कार्यालय तथा फैक्ट्रियों आदि में फर्श सीमेंट कंक्रीट का 4 सेमी. मोटा होना चाहिए। दो तल्ला, तीन तल्ला आदि भवनों में प्र. सी. कं. की स्लैब पर 1 : 2 : 4 सीमेंट कंक्रीट का 4 सेमी. मोटा फर्श डाला जाता है। फर्श पर शुद्ध सीमेंट डालकर घुटाई करनी चाहिये। यदि इच्छा हो तो सजावटी फर्श जैसे मोजाइक के फर्श या रंगीन फर्श या अन्य किसी प्रकार के समापन के फर्श भी बनाये जा सकते हैं।

दीवार की मोटाई—दीवार की मोटाई, उसकी ऊँचाई, लम्बाई, व उस पर पड़ने वाले भार पर निर्भर करती है। एक तल्ला 3·7 मी. तक ऊँचे भवन की दीवार एक ईंट की, 20 सेमी. मोटी हो सकती है। 4 मी. से अधिक लम्बी दीवार $1\frac{1}{2}$ ईंट अर्थात् 30 सेमी. मोटी होनी चाहिये। दो मन्जिली इमारत से निचली मन्जिल कि दीवारें डेढ़ ईंट की, 30 सेमी. होनी चाहिये तथा दो मन्जिले की दीवारें एक ईंट की 20 सेमी. मोटी बनाई जा सकती हैं। तिमन्जिली इमारत में नीचे की मन्जिल तथा दूसरी मन्जिल की दीवारें डेढ़ ईंट की, 30 सेमी. मोटी तथा तिमन्जिले की दीवारें एक ईंट की 20 से. मी. मोटी बनाई जा सकती हैं। बड़े-बड़े कमरों वाली तिमन्जिली इमारत में नीचे की मन्जिल की दीवार 2 ईंट की, 40 से. मी. मोटी होनी चाहिये तथा दो मन्जिले व तिमन्जिले की दीवारें $1\frac{1}{2}$ की, 30 सेमी. मोटी बनाई जा सकती है। विभाजक दीवारें आधी ईंट की, 10 सेमी. मोटी हो सकती हैं व इनकी चिनाई 1 : 3 से 1 : 4 तक के सीमेंट मसाले से की जानी चाहिये तथा प्रत्येक चौथे रद्दे पर लोहे की पत्ती (hoop iron) या ऐसा ही अन्य प्रबलन देना चाहिए। बहुमन्जिली इमारत प्र. सी. कं. ढाँचे की या इस्पात के ढाँचे की संरचना पर होनी चाहिये तथा इसकी दीवारें एक ईंट की, 30 सेमी. मोटी होनी चाहिये। मौसमी प्रभावों से बचाव के लिये बाहरी दीवारें खोंखली बनाई जा सकती हैं।

विरुप छड़ें (Deformed Bars)—आजकल विरुप छडों का प्रयोग बहुत प्रचलित है। विरुप छड़ों की सतह में एक प्रकार का लहरियादार या उठाव या कटाव होता है जो कि बन्धन (bond) को बढ़ाता है। विरुप छड़ों की अनुज्ञेय तनाव प्रतिबल (permissible tensile stress) 50 प्रतिशत अधिक होता है। विरुप छड़ों के लिए तनाव में कार्यकारी प्रतिबल 1900 कि. ग्रा. प्रति वर्ग से. मी. लिया जा सकता है। इसके अभिकल्प का सिद्धान्त गोल छड़ों के समान ही होता है। विरुप छड़ें कई प्रकार की होती हैं जो कि विभिन्न निर्माताओं द्वारा निर्माण किया जाता है। विरुप छड़ें ठण्डी मरोड (cold twisted) या गर्म वेल्लित (hot rolled) हो सकती हैं। कुछ प्रकार की विरुप छड़ों का चित्र नीचे दिया गया है।

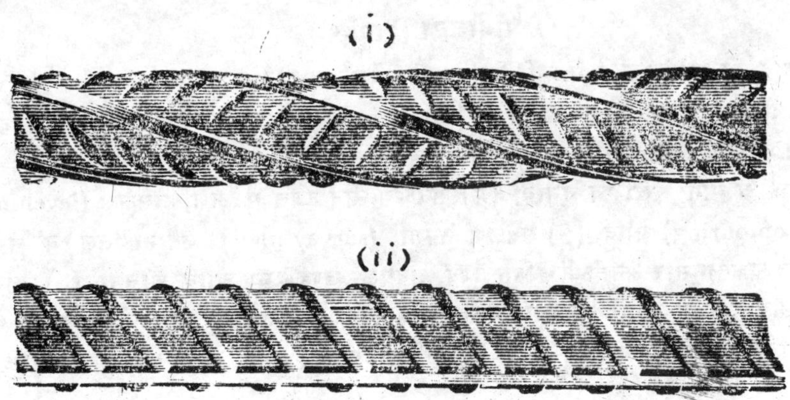

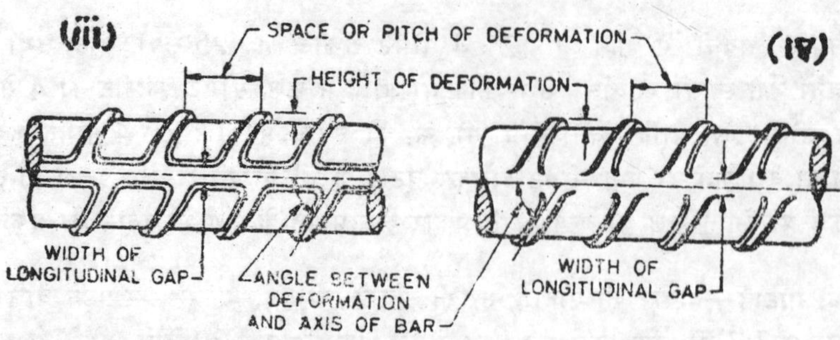

लागत में मितव्ययिता—प्र. सी. क. सरचनाओं में अब विरुप छडों ने रुढ़िगत नरम इस्पात की छड़ों को प्रतिस्थापित (replaced) कर दिया है। विरुप छड़ों का प्रयोग काफी युक्तिसंगत है और मितव्ययिता पर इसका बहुत प्रभाव पड़ता है। इस प्रकार के इस्पात की ऊंची बंधन विशेषता के कारण जोड़ों पर हुक तथा अतिव्याप्त देना जरुरी नहीं है। जोड़ों को अधिकतर वेल्डिंग करके जोड़ा जाता है। इस प्रकार के इस्पात का प्रयोग करके लगभग 40 प्रतिशत का बचत किया जा सकता है। नीचे दिये हुए सारिणी में प्रयोग के लिए नरम इस्पात के समतुल्य विरुप छड़ों का व्यास दिया गया है।

तनाव में प्रबलन (Tension Reinforcement)

नरम इस्पात की छड़ का व्यास मि. मी.	8	10	16	20	22	25	28	32	36	40	50
टार इस्पात (tor steel) का व्यास मि. मी.	6·25	8	12·50	16	18	20	22	25	28	32	40

संपीडन प्रबलन (Compression Reinforcement)

नरम इस्पात की छड का व्यास मि. मी.	12	16	20	22	25	28	32	36	40	50
टार इस्पात का व्यास मि. मी.	10	14	2×14	18	20	22	2×18	2×20	32	40

प्रायोजना (Project)

किसी कार्य की प्रायोजना में निम्नलिखित कार्य सम्मिलित होते हैं :—

(1) प्रारम्भिक जांच, टोह, सर्वेक्षण (reconnaissance), प्रारम्भिक सर्वेक्षण, मिट्टी में परीक्षण बेधन, मिट्टी का परीक्षण आदि, (2) प्रारम्भिक प्राक्कलन बनाना व प्रशासनिक स्वीकृति प्राप्त करना, (3) निर्माण स्थल व मार्ग रेखा का चुनाव, (4) सर्वेक्षण-प्लेन टेबल सर्वेक्षण, तलेक्षण (levelling), समोच्च रेखायें खींचना (contouring) आदि, (5) सर्वेक्षण नक्शा (survey plan) बनाना तल व समोच्च रेखायें अंकित करना, आवश्यकतानुसार अनुदैर्ध्य खंडित दृश्य, अनुप्रस्थ खण्ड दृश्य आदि खींचना, (6) आवश्यकता ज्ञात करना—विभिन्न प्रकार के भवनों की संख्या, प्रकार व आकार, पुलों तथा पुलियों के जल मार्ग (waterway)। जल मार्गों (नहरें वितरिका नहर, माइनर आदि) की धारिता, चौड़ाई तथा सड़क का प्रकार आदि की धारिता,

चौड़ाई तथा सड़क का प्रकार जैसा प्रयोज्य हो, (7) अनुदैर्घ्य खण्डित दृश्य पर सड़क की निर्माण रेखा या जल मार्गों के तल की निर्माण रेखा अंकित करना, सड़क, जल मार्ग आदि के अनुप्रस्थ खण्डित दृश्य खींचना आदि जैसा प्रयोज्य हो, (8) अभिकल्पन—संरचनात्मक अभिकल्प व परिकलन, अभिकल्पन का आधार आदि (9) आयोजन, रेखा चित्रों—तल दृश्य, सम्मुख दृश्य, खण्डित दृश्य, विस्तृत रेखा चित्र आदि का बनाना, (10) विन्यास नक्शा (layout plan), मौके का नक्शा या सूचक नक्शा (index plan) बनाना। सिंचाई प्रायोजन तथा सड़क प्रायोजना में मार्ग रेखा शजरा नक्शे पर अंकित की जाती है। जिस भूमि का अर्जन करना हो वह भी इस नक्शे में दिखाई जाती है। सिंचाई प्रायोजना में शजरा नक्शे में विभिन्न जल निकास मोखे तथा नहर से सिंचाई होने वाले क्षेत्र दिखाए जाते हैं, (11) विभिन्न भवनों व कार्यों की सामान्य विशिष्टियाँ बनाना तथा निर्माण की प्रत्येक मद की विस्तृत विशिष्टियां बनाना, (12) निर्माण के विभिन्न मदों की दरों का विश्लेषण करना, सामान्यत: दरें छपी हुई दर अनुसूची से ली जाती है तथा जिन मदों की दरें दर सूची में नहीं होतीं, केवल उन्हीं का दर विश्लेषण बनाया जाता है, (13) प्रत्येक भवन या प्रत्येक कार्य का विस्तृत प्राक्कलन व लागत सार बनाना, (14) पूरी प्रायोजना का साधारण लागत सार बनाना; कुल लागत का 10% विभागीय प्रभार के लिये जोड़ा जाता है, (15) किराये का विवरण या आय का विवरण बनाना तथा कुल लागत से आय की तुलना करना, (16) महत्वपूर्ण सामग्रियों का आवश्यक परिमाण निकालना तथा सीमेंट, इस्पात ईंटें, कोयला आदि महत्वपूर्ण सामग्रियों की तालिका बनाना जिनकी व्यवस्था विभाग को करनी है, (17) प्रायोजना को क्रम बद्ध करना (phasing of the project)—बड़ी प्रायोजनायें अनेक क्रमों जैसे पहला क्रम, दूसरा क्रम, तीसरा क्रम आदि में बनाई जाती हैं। (18) कार्यालय, भण्डार घर, कर्मचारियों के रहने के लिये अस्थायी मकान, मजदूरों के लिये झोपड़ियाँ अस्थायी जल सम्भरण, स्वच्छता तथा जन स्वास्थ सम्बन्धी कार्य की व्यवस्था, पहुंच मार्गों आदि का प्राक्कलन 'अस्थायी मकान तथा प्रारम्भिक कार्य' शीर्षक में अलग से बनाया जायगा, (19) भूमि की लागत, भूमि के विकास—समतल करना व गढ़ना, सडकों की लागत, जल सम्भरण कार्यों की लागत, मल नाली व स्वच्छता कार्य की लागत, भूमि पृष्ठ नालियों व वर्षा जल के निकास नालियों की लागत, बिजली लगाने की लागत, बाहरी सेवा कार्यों की लागत, पेड़ लगाने की लागत, प्रारम्भिक जाँच व सर्वेक्षण की लागत आदि भी मुख्य प्राक्कलन में सम्मिलित होनी चाहिये। यदि सम्भव हो तो इन कार्यों का विस्तृत प्राक्कलन बनाना चाहिये परन्तु प्राक्कलन बनाते समय निर्माण कार्य का सारा ब्योरा ज्ञात नहीं होता अत: इनका प्राक्कलन कुल प्रायोजना का क्षेत्रफल लेकर प्रति इकाई दर क्षेत्रफल मानकर (रूपये प्रति हेक्टेयर) क्षेत्रफल के आधार पर किया जाता है। (20) प्रायोजना की तकनीकी रिपोर्ट—रिपोर्ट संक्षिप्त परन्तु स्पष्ट होनी चाहिये जिससे सारी प्रायोजना की रुप रेखा स्पष्ट हो जाय। रिपोर्ट में निर्माण कार्य का संक्षिप्त इतिहास, प्रशासनिक स्वीकृति का संदर्भ, प्रायोजना की उपयुक्तता व आवश्यकता, सामग्री तथा मजदूरों की उपलब्धि, कार्य कराने की ऐजेन्सी, कार्य को क्रमबद्ध करना, निर्माण के प्रति क्रम को लागत निर्माण के प्रत्येक क्रम तथा पूरे कार्य में लगने वाला समय, पूरी प्रायोजना की कुल लागत आदि दी जानी चाहिये।

नोट—बड़े निर्माण कार्यों की प्रायोजना बनाना तथा इन्हें कार्यान्वित करने के लिये अध्याय 17 देखिये।

———

अध्याय 16

मूल्यांकन (Valuation)

मूल्यांकन—किसी सम्पत्ति जैसे भवन, कारखाना, विभिन्न प्रकार की कोई इन्जीनियरी संरचना, भूमि आदि का सही मूल्य निकालने की तकनीक को मूल्यांकन कहते हैं। मूल्यांकन द्वारा किसी सम्पत्ति का वर्तमान मूल्य ज्ञात किया जाता है। किसी सम्पत्ति का वर्तमान मूल्य उसके विक्रय मूल्य या उससे प्राप्त हो सकने वाले किराये या आय के अनुसार निर्धारित किया जा सकता है। किसी सम्पत्ति का मूल्य उसकी संरचना, जीवन काल, अनुरक्षण, स्थिति, बैंक के ब्याज की दर, कानूनी नियन्त्रणों आदि पर निर्भर करता है। मांग तथा प्राप्यता पर भी मूल्य निर्भर करता है।

किसी सम्पत्ति के निर्माण या क्रय के मूल्य को लागत कहते हैं तथा वर्तमान कीमत (विक्रय मूल्य) को उसका मूल्य कहते हैं। यह मूल्य लागत से अधिक या कम हो सकता है। 50,000 रुपये की लागत से बनी किसी भवन को बेचने पर यदि वह 60,000 रुपये में बिके तो यह विक्रय मूल्य ही उस भवन का मूल्य होगा। इसी प्रकार मूल्य मूल लागत से कम भी हो सकता है।

मूल्यांकन का उद्देश्य—मूल्यांकन के मुख्य उद्देश्य निम्नलिखित हैं :—

(i) **सम्पत्ति बेचना या खरीदना**—जब कोई सम्पत्ति खरीदनी या बेचनी होती है तो उसका मूल्यांकन करने की आवश्यकता होती है।

(ii) **कर निर्धारण**—किसी सम्पत्ति पर कर निर्धारण के लिये उसका मूल्यांकन आवश्यक है। नगर पालिका कर (municipal tax), धन कर (wealth tax), सम्पत्ति कर आदि सभी कर सम्पत्ति के मूल्यांकन के आधार पर निश्चित किये जाते हैं।

(iii) **किराया निर्धारण**—किसी सम्पत्ति का किराया निर्धारण करने के लिये उसका मूल्यांकन आवश्यक है। किराया सामान्यतः मूल्य के प्रतिशत के रुप में (मूल्य का 6% से 10% तक) निर्धारित किया जाता है।

(iv) ऋणों के सम्बन्ध में जमानत या बन्धक रखना—जब सम्पत्ति की जमानत पर ऋण लिये जाते हैं तो सम्पत्ति के मूल्यांकन की आवश्यकता होती है।

(v) अनिवार्य सम्पत्ति अर्जन (Compulsory acquisition)—जब भी कानूनी रुप में किसी सम्पत्ति का अर्जन किया जाता है तो उसके मालिक को मुआवजा देना होता है। मुआवजे की राशि निकालने के लिये सम्पत्ति का मूल्यांकन आवश्यक होता है।

(vi) बीमा, उन्नति के लिये प्रभार, सट्टे, आदि के लिये भी सम्पत्ति का मूल्यांकन करना पड़ता है।

कुल आय (Gross income)—कुल आय सभी सूत्रों से प्राप्त कुल धनराशि होती है व इसमें से व्यय तथा वसूली व चालू रखने के प्रभार घटाये नहीं जाते।

शुद्ध आय (Net income)—कुल आय या कुल प्राप्त धनराशि में से होने वाला व्यय (outgoings) परिचालन व्यय, तथा वसूली के लिये व्यय को घटाने पर जो धन बचता है उसे शुद्ध आय कहते हैं।

शुद्ध आय = कुल आय = होने वाला व्यय।

संभावित व्यय या होने वाला व्यय (Outgoings)—किसी भवन की आय को अनुरक्षण के लिये जो धन व्यय करना होता है उसे सभावित व्यय या होने वाला व्यय कहते हैं। संभावित या होने वाले व्यय निम्न प्रकार के होते हैं।

1. कर—इनमें नगर-पालिका कर, सम्पत्ति कर, धन कर आदि कर सम्मिलित हैं जो मकान मालिक को प्रति वर्ष देने होते हैं। यह कर वार्षिक मरम्मत पर होने वाले व्यय आदि को घटा कर वार्षिक भाड़े के मूल्य (annual rental value) के आधार पर निर्धारित किये जाते हैं।

2. मरम्मत—सम्पत्ति को अच्छी दशा में बनाये रखने के लिए प्रति वर्ष मरम्मत करानी होती है। मरम्मत पर व्यय सम्पत्ति की आयु, संरचना, निर्माण, भवन के प्रकार आदि पर निर्भर करता है। सामान्यतः किराये से होने वाली कुल आय का 10 से 15 प्रतिशत तक या 1 से $1\frac{1}{2}$ मास का किराया मरम्मत पर व्यय किया जाता है। वार्षिक मरम्मत के लिए कुल निर्माण लागत की 1% से $\frac{1}{2}$% तक धन राशि भी निर्धारित की जा सकती है।

3. प्रबन्ध व वसूली प्रभार (management and collection charges)—इस मद में किराया वसूल करने वाले, चौकीदार, लिफ्ट चालक, पम्प चालक, सफाई कर्मचारी आदि पर होने वाला व्यय होता है। इस पर कुल किराये का 5 से 10 प्रतिशत तक व्यय लिया जा सकता है। छोटे भवन में इनमें से कोई व्यय आवश्यक नहीं होता है, इसलिए इस पर होने वाला व्यय नहीं लिया जाता।

4. शोधनि निधि (Sinking fund)—प्रतिवर्ष कुल किराये में से एक निश्चित धनराशि शोधन निधि के रूप में अलग रख दी जाती है जिससे, जब भवन का जीवन-काल समाप्त हो जाय तो, भवन की कुल निर्माण लागत के बराबर धनराशि, शोधन निधि में जमा हो जाय। यह वार्षिक शोधन निधि भी होने वाला व्यय माना जाता है।

5. किराये की हानि—हो सकता है कि सम्पत्ति कुछ समय के लिए खाली रहे व इस प्रकार उसका किराया न मिले। ऐसी स्थिति में कुल किराये में से उचित धन राशि होने वाले व्यय के रूप में घटा देनी चाहिये।

6. विविध—इसमें लिफ्ट, पम्प आदि चलाने तथा साझे के भागों पर प्रकाश रखने आदि पर होने वाला बिजली का व्यय व अन्य ऐसे ही व्यय सम्मिलित होते हैं जो मकान मालिक को करने होते हैं।

नगर पालिका के कर—जन जपयोगी सेवाओं के निर्माण व अनुरक्षण के लिए नगर पालिकाओं को धन की आवश्यकता होती है व वे यह धन सम्पत्ति पर कर लगाकर एकत्र करती हैं। मुख्य जन उपयोगी सेवायें सड़क जल निकास (drainage), जल सम्भरण आदि व उनका निर्माण तथा अनुरक्षण हैं। कर किसी सम्पत्ति से होने वाली शुद्ध आय के प्रतिशत के आधार पर निर्धारित किये जाते हैं तथा कर की राशि शुद्ध आय के 10% से 25% तक होती है। सामान्यतः छोटे मकानों पर कम तथा बड़े मकानों पर अधिक कर लगता है।

रद्दी तथा मलबे का मूल्य (Scrap value)—भवन गिराने पर उससे निकली सामग्री को रद्दी तथा मलबे का मूल्य कहते हैं। भवन की उपयोगिता का काल समाप्त होने पर, जब उसका जीवन-काल समाप्त हो जाता है तो भवन को गिराने पर उसमें से निकले स्पात, ईंटें, लकड़ी आदि को बेचने पर जो धन प्राप्त होता है, उसे उस भवन का मलवे का मूल्य कहते हैं। किसी मशीन में उसमें लगी धातु या उसके भागों का मूल्य उसके मलवे का

मूल्य कहलायेगा। भवन के मलवे का मूल्य उसकी कुल निर्माण लागत का लगभग 10% होता है। मलवे का मूल्य निकालने से उपयोगी सामग्री के बेचने से प्राप्त कुल आय में भवन को गिराने तथा उखाड़ने तथा कूड़ा-करकट हटाने की लागत घटा दी जाती है।

कबाड़ का मूल्य (Salvage value)—उपयोगिता काल की समाप्ति पर भवन को गिराये बिना ही उसके मूल्य को कबाड़ का मूल्य कहते हैं। जब किसी मशीन का उपयोगी जीवन-काल समाप्त हो जाय व उससे काम करने पर अधिक व्यय आये तो उसे बेचा जा सकता है तथा हो सकता है कि जो व्यक्ति उस पुरानी मशीन को खरीदे वह उसे किसी और काम में लाये। मशीन के इस विक्रय मूल्य को कबाड़ मूल्य कहते हैं। इसमें सम्पत्ति को हटाने व विक्रय आदि पर होने वाला व्यय सम्मिलित नहीं होता।

सामान्यतः किसी सम्पत्ति या परिसम्पत्ति (asset) का मलवे का मूल्य या कबाड़ का मूल्य धनात्मक राशि होती है परन्तु यह शून्य या नकारात्मक भी हो सकती है उदाहरणार्थ किसी प्र. सी. कं. संरचना के मलवे का मूल्य ऋणात्मक होगा क्योंकि भवन को गिराने और मलवा हटाने पर बहुत व्यय होगा।

बाजार मूल्य (Market value)—किसी सम्पत्ति को किसी निश्चित समय पर खुले बाजार में बेचने पर वह जितने पर बिक सके उसे उस सम्पत्ति का बाजार मूल्य कहते हैं। बाजार मूल्य मांग व प्रदाय के अनुसार बदलता रहता है। उद्योग में परिवर्तन, फैशन में परिवर्तन, यातायात के साधनों निर्माण सामग्री तथा मजदूरी की लागत आदि अनेक आधारों पर भी बाजार मूल्य बदलता रहता है।

बही मूल्य (Book value)—बही खाते में लिखी लागत में से मूल्य ह्रास (depreciation) घटाने पर बही मूल्य प्राप्त होता है। किसी वर्ष में सम्पत्ति का बही मूल्य मूल लागत में से पिछले वर्ष तक का मूल्य ह्रास घटाकर प्राप्त किया जा सकता है। बही मूल्य प्रति वर्ष मूल्य ह्रास की राशि पर निर्भर करता है बही मूल्य प्रति वर्ष कम होता जायगा तथा समाप्ति की उपयोगिता-काल की समाप्ति पर बही मूल्य मलवे के मूल्य के बराबर रह जायगा।

कर योग्य मूल्य (Rateable value)—किसी सम्पत्ति के वर्ष भर के शुद्ध किराये की राशि को कर योग मूल्य कहते हैं तथा कुल आय में से वार्षिक मरम्मत पर होने वाले व्यय को घटाकर यह मूल्य ज्ञात किया जाता है। नगर पालिका के तथा अन्य कर सम्पत्ति के इस कर योग्य मूल्य के प्रतिशत के रूप में निर्धारित किये जाते हैं।

लुप्तप्रायता (Obsolescense)—किसी सम्पत्ति या संरचना की शैली, संरचना, अभिकलन आदि प्रचलन में न रहने से उसका मूल्य कम हो जाता है तथा इसे लुप्तप्रायता कहते हैं पुराने ढंग की भारी-भारी दीवारें तथा पुराने ढंग क्रम-बद्ध कमरे वर्तमान परिस्थितियों के अनुकूल नहीं होते तथा ऐसे ही कारणों से अप्रचलित हो जाते हैं व अप्रचलन के कारण उनका मूल्य कम हो जाता है, भले ही वे बहुत अच्छी दशा में बनाये रखे गये हों। कला में विकास, फैशन में परिवर्तन, आयोजन के सिद्धान्तों में परिवर्तन, नये आविष्कार. अभिकल्पन की तकनीक में सुधार आदि कारणों से अप्रचलन हो जाता है। पुराने ढंग की मशीन अप्रचलित हो जाती है व उसका मूल्य कम हो जाता है, भले ही वह भली-भाँति चल रही हो व अच्छी दशा में हो। इसी प्रकार सम्पत्ति अच्छी दशा में होते हुये भी पसन्द नहीं की जाती तथा उसके मूल्थ में कमी हो जाती है।

वार्षिकी (Annuity)—किसी सम्पत्ति पर लगाई गई पूंजी का वार्षिक भुगतान वार्षिकी कहलाता है ये वार्षिक भुगतान वर्ष के अन्त में या वर्ष के आरम्भ में सामान्यतः कुछ निर्दिष्ट वर्षों तक किये जाते हैं।

यदि वार्षिकी की भुगतान निश्चित काल तक या निश्चित वर्षों तक किया जाता है तो इसे निश्चित वार्षिकी कहते हैं। यदि वार्षिकी की राशि अधिक होगी तो वार्षिकी कम वर्षों तक दी जायगी तथा यदि वार्षिकी की राशि कम होगी तो भुगतान अधिक वर्षों तक किया जायगा, जब तक कि कुल पूंजी का भुगतान न हो जाय।

यदि वार्षिकी का भुगतान वर्ष के आरम्भ में किया जाय तथा भुगतान निश्चित वर्षों तक किया जाय तो इसे देय वार्षिकी (annuity due) कहते हैं।

यदि वार्षिकी का भुगतान कुछ वर्षों पश्चात् भविष्य में किसी निश्चित तिथि से आरम्भ हो तो इसे अस्थगित वार्षिकी (deferred annuity) कहते हैं।

यदि वार्षिकी का भुगतान अनिश्चित काल तक होता रहे तो इसे शाश्वत वार्षिकी (perpetual annuity) कहते हैं।

यद्यपि वार्षिकी से तात्पर्य वर्ष में दिये जाने वाले भुगतान से है परन्तु वार्षिकी की राशि 12 मासिक किस्तों में या तिमाही या छमाही किस्तों में भी किया जा सकता है।

पूंजीगत लागत (Capital cost)—भूमि के मूल्य सहित निर्माण की कुल लागत या सम्पत्ति को प्राप्त करने में आरम्भ में किया गया कुल व्यय पुँजीगत लागत कहलाता है। यह मूल्य लागत होती है तथा इसमें परिवर्तन नहीं होता। परन्तु सम्पत्ति का मूल्य उसकी वर्तमान लागत को कहते हैं व इसका परिकलन मूल्यांकन द्वारा किया जा सकता है।

पूंजीकृत मूल्य (Capitalized value)—किसी सम्पत्ति का पूंजीकृत मूल्य वह धनराशि है जिसका अधिकतम प्रचलित ब्याज की दर से वार्षिक ब्याज सम्पत्ति से प्राप्त शुद्ध आय के बराबर हो। सम्पत्ति का पूंजीकृत मूल्य ज्ञात करने के लिये सम्पत्ति से होने वाली शुद्ध आय तथा ब्याज की अधिकतम प्रचलित दर जानना आवश्यक हैं।

उदाहरण—यदि किसी सम्पत्ति का शुद्ध वार्षिक किराया 1,000·00 रु. तथा ब्याज की अधिकतम प्रचलित दर 5% हो तो सम्पत्ति का पूंजीकृत मूल्य निम्न प्रकार ज्ञात किया जा सकता है—

5·00 रुपये ब्याज के लिये मूलधन = 100·00 रुपये

1000·00 रुपये ब्याज के लिये मूलधन = 100/5 × 1000

= 20000·00 रु.

संक्षेप में पूंजीकृत मूल्य = शुद्ध वार्षिक आय × वर्षाधार (capitalized value—net annual income × year's purchase)।

समान आय पर यदि ब्याज की दर 8% हो तो पूंजीकृत मूल्य = 1000 × 100/8 = रु. 12,500·00

इस प्रकार की दर जितनी ऊंची होगी, इमारत का पूंजीकृत मूल्य उतना ही कम हो जायगा, अतः किराया बढ़ेगा।

वर्षाधार (Year's purchase Y. P.)—किसी निश्चित ब्याज की दर पर 1·00 रुपये वार्षिक प्राप्त करने के लिए जितनी पूंजी लगानी हो उसे वर्षाधार कहते हैं। 4% वार्षिक ब्याज की दर पर 4·00 रु. ब्याज प्राप्त करने के लिए बैंक में 100·00 रु. जमा करने होंगे। 1·00 रु. ब्याज प्राप्त करने के लिए 100·00 रु. का $\frac{1}{4}$ अर्थात् 100/4 = 25·00 रु. जमा करने होंगे।

अतः वर्षाधार $= \frac{100}{\text{ब्याज की दर}} = \frac{1}{i}$, i = दशमलव में ब्याज की दर

5% ब्याज में वर्षाधार 100/5 = 20

6% ब्याज के लिये वर्षाधार = 100/6 = 16 67, व इसी प्रकार।

जिस सम्पत्ति का उपयोगिता काल कुछ वर्षों तक ही सीमित हो उसके लिए शोधन निधि (sinking fund) के रूप में कुछ धनराशि अलग जमा करनी होती है जिससे सम्पत्ति के उपयोगिता काल के अन्त में मूल पूंजागत लागत के बराबर धन जमा हो जाय, अन्यथा उपयोगिता काल के अन्त में सम्पत्ति के मालिक के पास न तो पूंजी होगी और न आय। अतः वर्षाधार में इतनी कमी की जायगी कि सम्पत्ति से प्राप्त आय से, पूंजी पर ब्याज तथा पूंजी को एकत्र करने के लिए शोधन निधि, दोनों ही निकल आयें। ऐसी स्थिति में वर्षाधार = $\frac{1}{i+s}$ इसमें S = निश्चित काल के पश्चात् 1·00 रु. एकत्र करने के लिए शोधन निधि।

शोधन निधि (Sinking Fund)—किसी भवन या संरचना के उपयोगी जीवन-काल की समाप्ति पर उसे फिर से बनवाने के लिये जो धन निश्चित अवधि के अन्तर पर, या वार्षिक किस्तों में, धीरे-धीरे जमा किया जाता है, उसे शोधन निधि कहते हैं। शोधन निधि जमा करने का उद्देश्य भवन या संरचना के उपयोगिता काल की समाप्ति पर उसके पुर्ननिर्माण पर होने वाले व्यय के लिये एकत्र करना है। शोधन निधि में, वार्षिक या नियमित अवधि पर किस्तों में, किसी चक्रवृद्धि ब्याज देने वाले कार्य में धन लगाया जाता है, जिससे सम्पत्ति के उपयोगिता काल की समाप्ति पर उसके पुर्ननिर्माण के लायक धन मिल जाय। शोधन निधि का परिकलन भवन के जीवन-काल तथा ब्याज की दर के अनुसार किया जाता है। इसका परिकलन निर्माण की लागत की 90% धन के लिये किया जाता है। 10% की कटौती पुरानी सामग्री के मूल्य या मलवे के मूल्य के कारण की जाती है। शोधन निधि के परिकलन में भूमि की लागत नहीं जोड़ी जाती क्योंकि भूमि वैसी ही बनी रहती है।

ऋण के भुगतान के लिये भी शोधन निधि जमा की जा सकती है। यदि कोई सम्पत्ति ऋण लेकर खरीदी व बनवाई गई हो तो चक्रवृद्धि ब्याज पर प्रति बर्ष कुछ धनराशि जमा करके शोधन निधि एकत्र की जा सकती है, जिससे ऋण की अवधि की समाप्ति पर ऋण का भुगतान किया जा सके। इस प्रकार जमा किये गये धन को वार्षिक भुगतान भी कहते हैं। अलग जमा किया गया धन वार्षिक किस्त के रूप में सीधे ऋणदाता को भी दिया जा सकता है। शोधन निधि के लिये वार्षिक किस्त सूत्र—

$I = \frac{Si}{(1+i)^{n}-1}$, जिसमें, I = वार्षिकी किस्त का धन, S = कुल शोधन निधि का धन जिसको जमा करना है।

n = शोधन निधि आदि जमा करने की वर्ष संख्या, i = ब्याज की दर दशमलव में (जैसे 5% = 0·05)।

उदाहरण 1—एक भवन में 2500·00 रु. की लागत से मोटर सहित एक पम्प लगाया गया है। पम्प का जीवन-काल 15 वर्ष मानकर 4% चक्रवृद्धि ब्याज की दर से कुल लागत के बराबर धन एकत्र करने के लिये शोधन निधि की वार्षिक किस्त निकालिये।

वार्षिक शोधन निधि, $I = \frac{Si}{(1+i)^{n}-1} = \frac{1500 \times 0{\cdot}04}{(1+0{\cdot}04)^{15}-1} = 2500 \times 0{\cdot}05 = 125{\cdot}00$ रु.

मकान मालिक को 125 रुपये प्रति वर्ष 4% चक्रवृद्धि ब्याज वाले स्थान में 15 वर्ष तक लगाने होंगे जिससे उसे 2500 रु. मिल जायें।

उदाहरण 2—एक व्यक्ति ने एक पुराना भवन 30,000 रु. की लागत में खरीदा है जिसमें भूमि का मूल्य सम्मिलित नहीं है। भवन का भावी जीवन-काल 20 वर्ष तथा मलबे का मूल्य क्रय लागत का 10% मान कर, 4% दर पर वार्षिक शोधन निधि ज्ञात करिये।

20 वर्ष के अन्त में वांछित शोधन निधि की कुल राशि, $S = 300{\cdot}00 \times \frac{90}{100} = 27000{\cdot}00$ रु. शोधन निधि की वार्षिक किस्त, $I = \frac{Si}{(1+i)^{n}-1} = \frac{270000 \times {\cdot}04}{(1+0{\cdot}04)^{20}-1} = 27000 \times 0{\cdot}0336 = 907{\cdot}20$ रु. अतः 20 वर्ष तक शोधन निधि की वार्षिक किस्त 907·20 रु. ।

मूल्य ह्रास (Depreciation)—सम्पत्ति की उपयोगिता धीरे-धीरे समाप्त होती रहती है इसे सम्पत्ति का मूल्य ह्रास कहते हैं। इसकी परिभाषा संरचनात्मक क्षीणता, उपयोग, आयु, घिसाव और रगड़ाव, क्षय व लुप्त प्रायता के कारण सम्पत्ति के मूल्य में कमी या क्षति के रूप में की जा सकती है। उपयोग, आयु प्रयोग से घिसाव और रगड़ाव आदि के कारण भवन या संरचना की मूल्य धीरे-धीरे कम होती जाती है तथा वर्तमान मूल्य ज्ञात करने के लिये कुल लागत का एक निश्चत प्रतिशत मूल्य ह्रास के रूप में घटाया जा सकता है। सामान्यतः प्रति वर्ष एक निश्चित प्रतिशत मूलम ह्रास घटाया जाता है। सम्पत्ति की लागत में प्रति वर्ष क्रमिक कमी को वार्षिकी मूल्य ह्रास कहते हैं। सामान्यतः मूल्य ह्रास की प्रतिशत दर आरम्भ में कम होती है व पश्चात् के वर्षों में धीरे-धीरे बढ़ती जाती है।

मूल्य ह्रास की राशि ज्ञात हो जाने पर मूल लागत में से कुल मूल्य ह्रास घटाकर वर्तमान मूल्य ज्ञात किया जा सकता है।

मूल्य ह्रास ज्ञात करने की विधियाँ—मूल्य ह्रास निम्नलिखित विधियों द्वारा ज्ञात किया जा सकता है—

(1) सरल रेखा विधि, (2) समान प्रतिशत विधि, (3) शोधन निधि विधि, (4) परिमाण सर्वेक्षण विधि।

इन सभी विधियों में सम्पत्ति का आर्थिक लाभकर (economic) या प्रभावी (effective) जीवन-काल निश्चित करना आवश्यक है।

(1) सरल रेखा विधि—इस विधि में यह मान लिया जाता है कि सम्पत्ति के मूल्य में प्रति वर्ष समान कमी होती है। प्रति वर्ष मूल लागत का एक निश्चित भाग घटा दिया जाता है जिससे उपयोगिता काल की समाप्ति पर केवल मलवे का मूल्य रह जाय।

वार्षिकी मूल्य ह्रास $D = \frac{\text{मूल लागत-मलवे का मूल्य}}{\text{जीवन काल वर्षों में}} = \frac{C-S}{n}$

जिसमें C = मूल लागत, S = मलवे का मूल्य, n = सम्पत्ति का जीवन-काल वर्षों में व D = वार्षिकी मूल्य ह्रास, कुल वर्षों (N वर्ष) के पश्चात् बही मूल्य = लागत—$N \times D$।

(2) समान प्रतिशत विधि (Constant percentage method)—या घटता शेष विधि (declining ballance method)—इस विधि में यह मान लिया जाता है कि सम्पत्ति के मूल्य में प्रत्येक वर्ष के आरम्भ में मूल्य में निश्चित प्रतिशत की कमी हो जाती है।

वार्षिकी मूल्य ह्रास $D = 1 - \left(\frac{S}{C}\right)^{1/n}$, जिसमें C, S, n व D का अर्थ उपरोक्त के समान है।

पहले वर्ष के अन्त में सम्पत्ति का मूल्य या ह्रासित लागत (depreciated cost) $= C - DC = C_1$

दूसरे वर्ष के अन्त में सम्पत्ति का मूल्य $= C_1 - DC_1$ व इसी प्रकार।

m वर्ष पश्चात् सम्पत्ति का मूल्य या ह्रासित लागत $= C\left(\frac{S}{C}\right)^{m/n}$

यदि S=o हो तो यह सूत्र नहीं लागू होगा। यदि अनुपात S/C बहुत कम हो तो पहले वर्ष में बहुत मूल्य ह्रास होगा।

(3) शोधन निधि विधि (Sinking fund method)—इस विधि में मूल्य ह्रास वार्षिकी शोधन निधि व विधि को ब्याज पर लगाने से उस निधि पर उस वर्ष में मिलने वाले ब्याज के योग के बराबर माना जाता है। यदि वार्षिक शोधन निधि A हो तथा b, c, d आदि शोधन निधि पर आगामी वर्षों के ब्याज हों तथा C=कुल मूल्य लागत हो तो—

वर्ष के अन्त में	वर्ष में मूल्य ह्रास	कुल मूल्य ह्रास	बही मूल्य
पहला वर्ष	A	A	C−A
दूसरा वर्ष	A + b	2A + b	C−(2A+b)
तीसरा वर्ष	A + c	3A + b + c	C—(3A+b+c)
चौथा वर्ष	A + d	4A + b + c + d	C—(4A+b+c+d)

व इसी प्रकार।

(4) परिमाण सर्वेक्षण विधि (Quantity survey method)—इस विधि में सम्पत्ति की ब्योरेवार जाँच की जाती है तथा आयु, घिसाई क्षय, लुप्तप्रायता आदि के कारण इसके मूल्य में कमी ज्ञात की जाती है। प्रत्येक ब्योरा किसी उचित आधार पर आधारित होता है तथा इसमें सम्पत्ति की लागत का कोई निश्चित प्रतिशत नहीं लिया जाता। केवल अनुभवी मूल्यांकन करने वाले ही इस विधि से मूल्य ह्रास की राशि तथा सम्पत्ति का वर्तमान मूल्य ज्ञात कर सकते हैं।

भवन का मूल्यांकन

किसी भवन का मूल्यांकन भवन के प्रकार, इसकी संरचना व टिकाऊपन, इसकी स्थिति, आकार, आकृति, सामने का भाग, सड़क की चौड़ाई, निर्माण में प्रयुक्त सामग्रियों की कोटि तथा सामग्रियों की वर्तमान दर पर निर्भर करता है। मूल्यांकन भवन की ऊँचाई, कुर्सी की ऊँचाई, दीवार की मोटाई, फर्श, छत, दरवाजे, खिड़कियों आदि के प्रकार पर भी निर्भर करता है बाजार में बने हुये भवन का मूल्य, निवास योग्य क्षेत्र में बना समान भवन के मूल्य से अधिक होगा। जिस क्षेत्र में मल-नल, जल सम्भरण व बिजली आदि की सुविधा होगी वहाँ भवन का मूल्य अधिक होगा। पूर्ण स्वामित्व (freehold) युक्त भूमि पर बने भवन का मूल्य, पट्टे की भूमि (lease hold land) पर बने भवन के मूल्य से अधिक होगा। मूल्य खरीदारी की मांग पर भी निर्भर करता है व यह मांग समय-समय पर बदलती रहती हैं। भवन का मूल्यांकन मुख्यतः उस आय के आधार पर किया जाता है जो भवन को किराये पर उठाने से प्राप्त हो। सामान्यतः पूंजीगत लागत पर 6% ब्याज प्रति वर्ष वार्षिक किराया माना जाता है। प्रचलित बाजार दर के अनुसार यह वार्षिक किराया कम या अधिक भी हो सकता है।

किसी भवन का मूल्यांकन वर्तमान दरों पर उसकी निर्माण लागत निकाल कर व उसमें से समुचित मूल्य ह्रास घटा कर ज्ञात किया जा सकता है। मूल्यांकन से पहले, यदि अभिलेख (record) उपलब्ध हो तो उससे अन्यथा पूछताछ करके, या आँखों से देखकर भवन की आयु ज्ञात की जा सकती है व उसका भावी जीवन-काल निश्चित किया जाता है। वर्तमान काल की लागत (present day cost) निम्नलिखित विधियों द्वारा ज्ञात की जा सकती है :—

अभिलेख से लागत ज्ञात करना (Cost from record)—अभिलेख में से प्राक्कलन या राशि सूची देखकर वर्तमान प्रचलित दरों पर निर्माण लागत ज्ञात की जा सकती है। यदि वास्तविक निर्माण लागत ज्ञात हो तो पा. नि. वि. भाव अनुसूचि में से देखकर दरों पर प्रतिशत वृद्धि या गिरावट के अनुसार वर्तमान दरों पर लागत बढ़ाई या घटाई जा सकती है।

विस्तृत माप द्वारा लागत ज्ञात करना (Cost from detailed measurement)—यदि अभिलेख उपलब्ध न हो तो मौके की विस्तृत माप द्वारा विभिन्न मदों की राशि सूचि बनाकर प्रत्येक मद की स्थानीय दरें या प्रचलित सा. नि. वि. दर अनुसूचि के आधार पर निर्माण लागत का परिकलन किया जा सकता है। निर्माण की सभी मदों की पूरी तरह जांच करनी चाहिये, तथा जिस स्थिति में वे हैं उसे देखकर, उनकी विस्तृत विशिष्टियां निर्धारित करनी चाहिये।

कुर्सी क्षेत्रफल के आधार पर लागत (Cost by plinth-area basis)—विस्तृत माप लेकर व राशि सूचि बनाकर लागत निकालने का काम लम्बा श्रमसाध्य है। कुर्सी क्षेत्रफल के आधार पर लागत अधिक सरल विधि से ज्ञात की जा सकती है। भवन का कुर्सी क्षेत्रफल माप लिया जाता है तथा उस क्षेत्र में वैसे ही भवन का कुर्सी क्षेत्रफल दर पूछताछ करके ज्ञात कर लिया जाता है। कुर्सी क्षेत्रफल-दर-निश्चित करने के लिये भवन के विभिन्न भागों जैसे नींव, संरचना, फर्श, छत, दरवाजे तथा खिड़कियों समापन आदि पर पूरी तरह विचार करना आवश्यक है। यदि सावधानी पूर्वक कार्य किया जाय तो कुर्सी क्षेत्रफल विधि द्वारा निकाली गई लागत काफी सही व व्यवहारिक कार्यों के लिये पर्याप्त होती है भवन की लागत आयतन विधि (cubical content) द्वारा ज्ञात की जा सकती है। (अध्याय 5 देखिये)।

मूल्य ह्रास ज्ञात करना (Determination of depreciation)—उपरोक्त में से किसी भी विधि द्वारा भवन या संरचना की लागत निश्चित करने के पश्चात्, लागत पर समुचित मूल्य ह्रास घटाना आवश्यक है। मूल्य ह्रास भवन के कुल जीवन-काल, भवन की वर्तमान आयु, अनुरक्षण आदि पर निर्भर करता है। सामान्यतः प्रथम पाँच या दस वर्ष में भवन या संरचना में बहुत थोड़ा मूल्य ह्रास होता है। आयु के साथ-साथ मूल्य ह्रास बढ़ता जाता है।

यदि किसी भवन की आयु 80 वर्ष हो व उसे भली प्रकार अनुरक्षित (maintained) रखा गया हो तो निम्नलिखित मूल्य ह्रास समुचित होंगे—

	कुल ह्रास प्रति वर्ष	कुल मूल्य ह्रास
0 से 5 वर्ष तक	—	शुन्य
5 से 10 वर्ष तक	$\frac{1}{2}$% की दर से	2·5%
10 से 20 वर्ष तक	$\frac{3}{4}$% की दर से	7·5%
20 से 40 वर्ष तक	1% की दर से	20·0%
40 से 80 वर्ष तक	$1\frac{1}{2}$% की दर से	60·0%
		कुल 90·0%

शेष 10% उपयोगिता काल के अन्त में भवन गिराने पर मलवे का शुद्ध मूल्य होगा।

मूल्यांकन की विधियां—मुल्यांकन की विभिन्न विधियां निम्नलिखित हैं।

(1) किराये के आधार पर मूल्यांकन, (2) पूंजीगत मूल्य की सीधी तुलना, (3) लाभ के आधार पर मूल्यांकन, (4) लागत के आधार पर मूल्यांकन, (5) मूल्यांकन की विकास विधि (development method), (6) मूल्यांकन की ह्रास विधि।

(1) किराये के आधार पर मूल्यांकन की विधि (Rental method of valuation)—इस विधि में कुल किराये में से भवन पर होने वाला कुल व्यय घटाकर किराये की शुद्ध आय ज्ञात कर लेते हैं। (पृष्ठ 616-617 देखें)। बाजार में प्रचलित ब्याज की समुचित दर मानकर वर्षाधार (year's purchase) ज्ञात किया जाता है शुद्ध आय को वर्षाधार से गुणा करने पर सम्पत्ति का मूल्य या मूल्यांकन प्राप्त हो जाता है। यह विधि तभी अपनाई जा सकती है जब कुछ किराया मालूम हो या पूछताछ द्वारा सम्भावित किराया ज्ञात किया जा सके।

(2) पूंजीकृत मूल्य से सीधी तुलना (Direct comparision witb the capital value)—जब किसी सम्पत्ति का किराया ज्ञात न हो सके, परन्तु सम्पत्तियों का विक्रय मूल्य प्रमाण सहित मालूम हो तब इस विधि द्वारा मूल्यांकन किया जा सकता है। इस विधि में सम्पत्ति का मूल्य उस क्षेत्र में वैसे ही सम्पत्ति को पूंजीकृत मूल्य से सीधी तुलना करके निर्धारित किया जा सकता है।

(3) लाभ के आधार पर मूल्यांकन (Valuation based on profit)—यह विधि होटल, सिनेमा, थियेटर आदि जैसे भवनों के मूल्यांकन के लिये उपयुक्त है जिनका पूंजीकृत मूल्य उनसे होने वाले लाभ पर निर्भर करता है। ऐसी स्थिति में कुल आय में से सभी सम्भव व्यय, लगाई गई पूंजी पर ब्याज आदि घटाकर शुद्ध वार्षिक आय निकाली जाती है। शुद्ध लाभ को वर्षाधार (y. p.) से गुणा करने पर पूंजीकृत मूल्य ज्ञात हो जाता है। इस स्थिति में मूल्यांकन निर्माण लागत से कहीं अधिक हो सकता है।

(4) लागत के आधार पर मूल्यांकन (Valuation based on cost)—इस विधि में भवन के निर्माण या सम्पत्ति खरीदने में लगी वास्तविक लागत के आधार पर सम्पत्ति का मूल्यांकन किया जाता है। ऐसी स्थिति में समुचित मूल्य ह्रास व लुप्तप्रायता के कारण मूल्य में होने वाली कमी का ध्यान रखना चाहिये।

(5) मूल्यांकन की विकास विधि (Development method on valuation)—यह विधि उन सम्पत्तियों के मूल्यांकन में अपनाई जाती है जो अभी अविकसित या अंशतः विकसित या अंशतः अविकसित दशा में हों। यदि भूमि के बड़े खण्ड में से सड़क, पार्क आदि छोड़कर शेष भूमि को प्लाटों में बांटना हो तो मूल्यांकन इस विधि से किया जायगा। इस स्थिति में बनाये गये प्लाटों का सम्भावित विक्रय मूल्य, सड़क, पार्क आदि के लिये छोड़ा जाने वाला क्षेत्रफल तथा विकास सम्बन्धी अन्य व्यय ज्ञात होने चाहिये। यदि किसी भवन में आंशिक नवनिर्माण (addition), परिवर्तन या सुधार करके भवन का नवीकरण करना हो तो भवन का मूल्यांकन विकास विधि द्वारा किया जा सकता है। नवीकरण के पश्चात् भविष्य में सम्भावित शुद्ध आय का अनुमान करके सम्पत्ति का मूल्यांकन किया जा सकता है। शुद्ध आय को वर्षाधार (y. p.) से गुणा करने पर सम्भावित पूंजीकृत मूल्य ज्ञात हो जाता है। नवीकरण पर होने वाला कुल व्यय निकालकर सम्पत्ति की मूल्य लागत व नवीकरण पर व्यय के योग की तुलना सम्भावित पूंजीकृत मूल्य से करके निश्चय किया जाता है कि भवन का नवीकरण करना लाभप्रद होगा या नहीं।

(6) **मूल्यांकन की मूल्य ह्रास विधि (Depreciation method of valuation)**—इस विधि में भवन को चार भागों में विभाजित किया जाता है। जैसे—(1) दीवारें, (2) छत, (3) फर्श तथा (4) दरवाजे तथा खिड़कियां। विस्तृत माप लेकर वर्तमान प्रचलित दरों के आधार पर प्रत्येक भाग की लागत निकाली जाती है। चारों भागों का जीवन-काल पृष्ठ 626 पर दी हुई तालिका से ज्ञात किया जाता है। (Form 1, Annexture (B) to Chapter XIII of the Financial Hand Book, Volume V, Part, 1.)। प्रत्येक भाग का ह्रासित मूल्य (depreciated value) सूत्र, $D = P\left(\frac{100-rd}{100}\right)^n$, जिसमें D = ह्रासित मूल्य, P = वर्तमान बाजार दर पर भवन की लागत, तथा rd = मूल्य ह्रास का निश्चित प्रतिशत (मूल्य ह्रास का दर, 'r' दर के लिये तथा 'd' मूल्य ह्रास के लिए), तथा n = वर्षों में भवन की आयु rd का मान निम्न प्रकार लिया जा सकता है—

100 वर्ष के जीवन-काल वाली संरचना, rd = 1·0; 75 वर्ष के जीवन-काल वाली संरचना, rd = 1·3; 50 वर्ष के जीवन-काल वाली संरचना, rd = 2·0; 25 वर्ष के जीवन-काल वाली संरचना, rd = 4·0; 20 वर्ष के जीवन-काल वाली संरचना, rd = 5·0।

इस प्रकार प्राप्त मूल्य में भूमि में, जल सम्भरण, बिजली तथा सफाई फिटिंग्स आदि की लागत सम्मिलित नहीं होगी, तथा यह सूत्र उन्हीं भवनों पर लागू किया जा सकता है जिसका अनुरक्षण भली प्रकार किया गया हो। यदि भूत काल में भवन खराब या खस्ता हालत में है तो उपरोक्त विधि से प्राप्त मूल्य में समुचित मरम्मत न होने के कारण उपयुक्त कटौती कर देनी चाहिये।

सम्पत्ति का मूल्य ज्ञात करने के लिये भवन के मूल्य में भूमि तथा सम्भरण, बिजली व सफाई फिटिंग्स आदि का वर्तमान मूल्य जोड़ देना चाहिये।

भूमि की लागत (Cost of land)—कुल सम्पत्ति का मूल्यांकन करने के लिए भवन के ह्रासित मूल्य में भूमि की लागत उस क्षेत्र में बिक्री भूमि के मूल्य से, या सम्पत्ति के दलालों से पूंछताछ करके या उप-रजिस्ट्रार के कार्यालय से पूछ कर ज्ञात की जा सकती है।

बंधक रखने के लिए सम्पत्ति का बंधक मूल्य मूल्यांकन या पूंजीकृत मूल्य का 1/2 से 2/3 तक माना जाता है।

भवन में विभिन्न मदों का जीवन-काल

मदों व कार्य का विवरण	निर्माण का जीवन काल
चिनाई—	
(1) चूना या सीमेंट मसाले से ईंट चिनाई, चूना या सीमेंट मसाले से पत्थर के ढोकों की चिनाई, चूना या सीमेंट मसाले से कटे पत्थर (cut stone) की चिनाई ···	100 वर्ष अधिक
(2) मिट्टी गारे से ईंट चिनाई, मिट्टी गारे से पत्थर के ढोकों की रद्दे में चिनाई। ····	100 वर्ष
(3) चूना या सीमेंट मसाले से ईंट चिनाई की डाट, चूना या मसाले से अनगढ़ पत्थरों की डाट की चिनाई ···	100 वर्ष
(4) धूप-सूखी (sun dried) ईंटों की मिट्टी गारे से चिनाई ···	75 वर्ष

मदों व कार्य का विवरण		निर्माण का जीवन काल
फर्श—		
(5) 3″ चूना कंक्रीट पर खड़ी ईंट या पट ईंट का फर्श	...	40 वर्ष
(6) सीमेंट कंक्रीट का फर्श, मोजेक फर्श, पत्थर का फर्श	...	50 वर्ष
(7) चूना कक्रीट का कुटा फर्श	...	20 वर्ष
छत—		
(8) प्र. सी. कं. प्रबलित ईंट चिनाई, पटिया पत्थर पर खुली छत, डाट की छत व उस पर चूना कंक्रीट की ऊपरी छत	...	75 वर्ष
(9) छत में लोहे कार्य	...	80 वर्ष
(10) छत में साल लकड़ी का कार्य	...	60 वर्ष
(11) छत में देशी लकड़ी का कार्य	...	15 वर्ष
(12) इलाहाबादी टाइल की छत	...	25 वर्ष
(13) 22 गेज (B. W. G.) की जस्ती चादर की छत	...	50 वर्ष
(14) छत में साल बल्लियां	...	20 वर्ष
(15) चीड़ लकड़ी की अंतश्छद	...	30 वर्ष
दरवाजे तथा खिड़कियां—		
(17) सागौन या साल लकड़ी के दरवाजे और खिड़कियां	...	40 वर्ष
(17) देशी लकड़ी के दरवाजे और खिड़कियां	...	30 वर्ष
लोहे का कार्य—		
(18) बेल्लित इस्पात की धरन (rolled steel joist)	...	75 वर्ष
(19) पिटवां लोहे का कार्य (Wrought iron work)	...	80 वर्ष

मूल्यांकन तालिकायें (Valuation tables)—समय तथा श्रम की बचत के लिए तथा गणित की भूलों के बचाव के लिए मूल्यांकन तालिकायें बनाई गई हैं व इनका उपयोग तत्काल गणक (ready reckoner) के रूप में किया जा सकता है। सामान्यतः मीरम की मूल्यांकन तालिकायें (Miram's valuation tables) प्रयोग की जाती हैं।

उदाहरण 3—किसी सम्पत्ति से सब व्यय घटाने के पश्चात् 900·00 रु. शुद्ध वार्षिक आय होती है। यदि ब्याज की दर 6% प्रतिवर्ष हो तो सम्पत्ति का पूंजीकृत मूल्य निकालिये।

$$\text{वर्षाधार (y. p.)} = \frac{100}{6} = 16{\cdot}67$$

$$\text{सम्पत्ति का पूंजीकृत मूल्य} = \text{शुद्ध आय} \times (\text{y. p.}) = 900 \times 16{\cdot}67 = \text{रु. } 15{,}003{\cdot}00$$

उदाहरण 4—800 वर्ग मी. भूमि के प्लाट पर तिमंजिला भवन बना हुआ है। प्रत्येक मंजिल का कुर्सी क्षेत्रफल 400 वर्ग मी. है। भवन प्र. सी. कं. के ढांचे की संरचना पर बना है तथा इसका भारी जीवन-काल 70 वर्ष माना जा सकता है भवन का कुल किराया 1500·00 रु. प्रति मास मिलता है। 6% शुद्ध लाभ के आधार पर सम्पत्ति का पूंजीकृत मूल्य निकालिये। शोधन निधि के लिए 3% चक्रवृद्धि ब्याज की दर मानी जा सकती है। भूमि की लागत 40·00 रु. प्रति वर्ग मी. मान लें। अन्य आवश्यक आंकड़े समुचित रूप से मान लें।

$$\text{प्रति वर्ष कुल आय} = 1500 \times 12 = 18000{\cdot}00 \text{ रु०}।$$

समुचित आंकड़े मान कर वार्षिक व्यय—

(1) मरम्मत, कुल आय का $\frac{1}{12}$ $=$ रु. 1500 00

(2) नगर पालिका कर, कुल किराये का 20% $= 18000 \times \frac{20}{100}$ $=$,, 3600·00

(3) सम्पत्ति कर, किराये का 5% $= 18000 \times \frac{5}{100}$ $=$,, 900·00

(4) बीमे का प्रीमियम, कुल किराये का $\frac{1}{2}$% $= 180000 \times \frac{\cdot 5}{100}$ $=$,, 90·00

(5) प्रबन्ध सम्बन्धी व्यय, कुल किराये का 6% $= 18000 \times \frac{6}{100}$ $=$,, 1080·00

(6) अन्य विविध खर्च, कुल किराये का 2% $= 18000 \times \frac{2}{100}$ $=$,, 360·00

(7) भवन की 70 वर्ष में लागत जमा करने के लिए शोधन विधि (sinking fund) (150·00 रु. प्रति वर्ग मी. कुर्सी क्षेत्रफल की दर से $= 400 \times 3 \times 150 =$ रु. 180,000·00
3% ब्याज की दर पर $=$ 180,000·00 रु. $\times$ 0·0043 $=$,, 774·00

कुल वार्षिक व्यय $=$,, 8304·00

∴ शुद्ध वार्षिक प्रतिलाभ (net annual return) $=$ 18,000—8304 $=$,, 9696·00

भवन की पूंजीकृत लागत $=$ शुद्ध आय $\times$ y. p. $= 9{,}696 \times \frac{100}{6} =$ रु. 161,600·00

40·00 रु. प्रति वर्ग मी. की दर से भूमि का मूल्य $= 800 \times 40 =$,, 32,000·00

कुल मूल्य $=$,, 193,600·00

पूरी सम्पत्ति का कुल मूल्य $=$ 193,600·00 रु. है।

उदाहरण 5—एक उपनिवेशक ((coloniser) एक बड़े नगर के उपनगर में 100,000 वर्ग मी. क्षेत्रफल की भूमि खरीद कर, सड़क पार्क व अन्य सुविधाओं के लिए भूमि छोड़कर शेष भूमि को 700 वर्ग मी. के प्लाट बनाकर बेचना चाहता है। समीप ही छोटे प्लाटों की वर्तमान विक्रय दर 30·00 रु. प्रति वर्ग मी. है। उपमिवेशक 20% का शुद्ध लाभ चाहता है। उपनिवेशक को अधिक से अधिक कितनी लागत में भूमि खरीदना चाहिये ?

भूमि का कुल क्षेत्रफल — 100,000 वर्ग मी.

सड़क, पार्क आदि के लिए 3% घटायें — 30,000 वर्ग मी.

प्लाटों के लिए कुल क्षेत्रफल — 70,000 वर्ग मी.

700 वर्ग मी. प्रति प्लाट के हिसाब से प्लाटों की संख्या $= \frac{70000}{700} = 100$

30·00 रु. प्रति वर्ग मी. के हिसाब से प्रत्येक प्लाट का विक्रय मूल्य $= 700 \times 30 =$ रु. 21000·00

सब प्लाटों का कुल विक्रय मूल्य $= 21000{\cdot}00 \times 100 =$ रु. 21,00,000·00

व्यय घटायें—

(1) भूमि को समतल करके व गढ़ाई करके सुधारने की लागत, रु. 0·25 प्रति वर्ग मी. की दर से $= 100{,}000 \times {\cdot}25$ = रु. 25,000·00

(2) पक्की सड़कें बनाने, मलनाली, जल संभरण व बिजली लगाने की लागत, कुल भूमि पर रु. 3·00 प्रति वर्ग मी. की दर से $= 100{,}000 \times 3$ =,, 3,00,000·00

(3) सर्वेक्षण (surveying), आयोजना (planning), उपखण्ड करने तथा परिवीक्षण (supervision) के लिए इंजीनियर तथा आर्किटेक्ट की फीस, विक्रय मूल्य के 3% की दर से = रु. $21{,}00{,}000 \times \frac{3}{100}$ =,, 63,000·00

(4) अन्य विविध व्यय, विक्रय मूल्य के 1% की दर से $= 21{,}00.000 \times \frac{1}{100}$ =,, 21,000·00

(5) उपनिवेशक का लाभ, विक्रय मूल्य के 20% की दर से $= 21{,}00{,}000 \times \frac{20}{100}$ =,, 4,20,000·00

कुल व्यय = रु. 8,29,000·00

अविकसित दशा में भूमि का अधिकतम मूल्य

$= 21{,}00{,}000 - 829{,}000 =$ रु. 12,71,000·00

खरीद की अधिकतम दर $= \frac{12{,}71{,}000}{100{\cdot}000} = 12{\cdot}71$ रु. प्रति वर्ग मी.

उपनिवेशक 12·71 रु. प्रति वर्ग मी. की दर से सारी भूमि 12·71 लाख रूपये में खरीद सकता है।

उदाहरण 6—लखनऊ नगर की एक मुख्य सड़क के किनारे पर 500 वर्ग मी. भूमि पर एक भवन स्थित है। इसमें निर्मित भाग (built up portion) 20 मी. × 15 मी. है।

भवन प्रथम श्रेणी का है व इसमें जल संभरण, स्वच्छता सम्बन्धी व बिजली की फिटिंग्स लगी हुई है। भवन की आयु 30 वर्ष है। सम्पत्ति का मूल्यांकन करिये।

भवन का कुर्सी क्षेत्रफल $= 20 \times 15 = 300$ वर्ग मी.।

जल सम्भरण, स्वच्छता सम्बन्धी व बिजली की फिटिंग्स सहित कुर्सी क्षेत्रफल दर 200·00 रु. प्रति वर्ग मी. मानकर भवन की लागत = रु. $300 \times 200 = 60{,}000{\cdot}00$ रु.।

भवन का जीवन-काल 100 वर्ष मानकर, भवन का ह्रासित मूल्य,

$$D = P \left(\frac{100-rd}{100}\right)^n$$ जिसमें P = 60,000·00 रु., n = 30 तथा rd = 1·00

$$= 60000 \left(\frac{100-1}{100}\right)^{30} = 60000 \times \left(\frac{99}{100}\right)^{30} = \text{रु. } 44,280·00$$

60·00 रु. प्रति वर्ग मी. की दर मानकर, भूमि की लागत = 500 × 60 = 30,000·00

सम्पत्ति का मूल्य = रु. 44,280·00 + 30,000·00 = रु. 74,280·00

बंधक-पट्टा (Mortgage-Lease)

बंधक—किसी सम्पत्ति का स्वामी अपनी सम्पत्ति की जमानत पर ऋण ले सकता है तथा इस ऋण पर उसे ऋणदाता को ब्याज देना होता है। ऋण निर्दिष्ट समय में लौटाना होता है। जो व्यक्ति ऋण लेता है उसे 'बन्धककर्त्ता' (mortgager) तथा जो व्यक्ति ऋण देता है उसे 'बन्धकी' (mortgagee) कहते हैं। जिस प्रपत्र द्वारा बन्धक रक्खा जाता है उसे 'बन्धक पत्र' (mortgage deed) कहते हैं। जब ब्याज सहित पूरे ऋण का भुगतान कर दिया जाय तो बन्धककर्त्ता को अपनी सम्पत्ति बन्धकी से मुक्त कराने का अधिकार है व इसे 'मोचन अधिकार' (equity redemption) कहते हैं।

ऋण की राशि सम्पत्ति के मूल्यांकन पर निर्भर करती है। सामान्यतः सम्पत्ति के मूल्य का 50 से 70 प्रतिशत तक ऋण के रूप में दिया जाता है। ब्याज नियमित किस्तों में तथा ऋण भी बन्धक के निर्दिष्ट काल में नियमित किस्तों में अदा कर देना चाहिये। यदि बन्धककर्त्ता बन्धक पत्र की शर्तों के अनुसार ब्याज या ऋण की किस्तें अदा न करे तो बन्धकी सम्पत्ति को अपने अधिकार में लेकर बेच सकता है व बिक्री से प्राप्त धन में से ऋण का मूल धन, ब्याज तथा अन्य व्यय काट सकता है। यदि इसके पश्चात् कुछ धन बच जाय तो बन्धककर्त्ता को दे दिया जाता है।

पूर्ण स्वामित्वयुक्त सम्पत्ति (Free hold property)—पूर्ण स्वामित्वयुक्त सम्पत्ति से तात्पर्य है कि सम्पत्ति के स्वामी को उस सम्पत्ति पर पूर्ण अधिकार है तथा वह, सरकारी या स्थानीय स्वायत्व संस्थाओं के नियमों व आदेशों के अधीन, जिस प्रकार भी चाहे सम्पत्ति का उपयोग कर सकता है। उस सम्पत्ति का उपयोग चाहे वह स्वयं करे, चाहे पट्टे पर उठा दे या चाहे उसे किराये पर दे दे।

पट्टे पर दी हुई सम्पत्ति (Lease hold property)—इसमें वास्तविक स्वामी पट्टे की शर्त के अनुसार दूसरे व्यक्ति को अपनी सम्पत्ति रखने व प्रयोग करने का अधिकार देता है। पूर्ण स्वामित्व युक्त सम्पत्ति का स्वामी किसी दूसरे व्यक्ति को कुछ वर्षों के लिए निश्चित वार्षिक भुगतान व अन्य शर्तों के अनुसार अपनी पूर्ण स्वामित्व युक्त सम्पत्ति प्रयोग करने का अधिकार दे सकता है। इसे पट्टे पर सम्पत्ति देना कहते हैं। जो व्यक्ति पट्टे पर भूमि लेता है उसे पट्टाधारी या पट्टेदार (lessee or lease holder) तथा जो स्वामी सम्पत्ति को पट्टे पर देता है उसे पट्टादाता (lesser) कहते हैं।

पट्टा मुख्य रूप से दो प्रकार का होता है—

(1) भवन पट्टा (Building lease) (2) अधिभोग पट्टा (Occupation lease)

(1) **भवन पट्टा**—किसी पूर्ण स्वामित्व भूमि का स्वामी अपनी भूमि वार्षिक किराये पर दूसरे व्यक्ति को भवन बनाने के लिये देता है। पट्टाधारक अपने खर्च पर भवन बनाता है व उसका अनुरक्षण करता है

तथा उसे भवन का किराया मिलता है। पट्टाधारक की शुद्ध आय शुद्ध किराये में से भूमि स्वामी को दिये जाने वाले भूमि के किराये को घटाकर ज्ञात की जा सकती है। पट्टाधारक को भवन निर्माण में पर्याप्त धन लगाना होता है अत: भवन पट्टा 99 से 999 वर्ष तक की अवधि के लिये दिया जाता है पट्टे की अवधि की समाप्ति पर पट्टादाता को उस भूमि पर बनी संरचना पर अधिकार प्राप्त हो जाता है।

(2) अधिभोग पट्टा (Occupation lease)—इस पट्टे में पूर्ण स्वामित्व युक्त भूमि का स्वामी स्वयं भवन या संरचना बनवाता है तथा यह निर्मित सम्पत्ति निश्चित वार्षिक किराये पर, एक निश्चित अवधि के लिए, दी जाती है। अधिभोग पट्टा निवास भवन, कार्यालय, कारखाने, दुकान आदि किसी का भी हो सकता है। पट्टे की अवधि, जिस कार्य के लिए भवन या संरचना बनाई गई है उस पर, निर्भर करेगी। उदाहरणार्थ किसी कारखाने का पट्टा 20 से 30 वर्ष तक के लिए होना चाहिये तथा अन्य स्थितियों इससे में कम अवधि के लिए पट्टा दिया जा सकता है। अधिभोग पट्टे में संरचना या भवन का अनुरक्षण सामान्यत: पट्टाधारक को करना होता है व यह शर्त पट्टे में लिखी जा सकती है।

दूसरे की सम्पत्ति को प्रयोग करने की सुविधायें या सुखभोग (Easement)—किसी सम्पत्ति का स्वामी किसी दूसरे व्यक्ति की सम्पत्ति पर या उनके द्वारा जो अधिकार व सुविधायें पाता है उन्हें 'प्रयोग की सुविधायें' कहते हैं। जो व्यक्ति दूसरे व्यक्ति की सम्पत्ति से सुविधायें पाता है उसे 'प्रभावी स्वामी' (dominant owner) कहते हैं तथा जिस व्यक्ति की सम्पत्ति से दूसरा व्यक्ति सुविधायें प्राप्त करता है उसके स्वामी को 'अधिसेवी स्वामी' (servient owner) कहते हैं। कुछ मुख्य सुविधायें नीचे दी गई हैं—

(1) समीपवर्ती सम्पत्ति के मालिक की भूमि के द्वारा प्रकाश व हवा पाने का अधिकार।
(2) समीपवर्ती स्वामी की भूमि में से होकर मकान तक पहुंचने का मार्ग।
(3) पड़ोसी की भूमि में से होकर जल व मल नालियों के पाइप बिछाना व उसका अनुरक्षण।
(4) दूसरे लोगों की भूमि में से होकर वर्षा जल निकालने का अधिकार।
(5) समीपवर्ती स्वामी की भूमि से भवन को सहारा देने का अधिकार।

सुखभोग का अधिकार, 20 वर्ष तक अनवरत व अबाधित रूप से यह सुविधायें लेते रहने से मिल जाता है। सुखभोग के अधिकार प्रपत्र (document) द्वारा भी दिये जा सकते हैं।

किराये का निर्धारण और परिकलन (Fixation & Calculation of Rent)

किसी भवन का किराया, पूंजीगत लागत पर एक निश्चित प्रतिशत वार्षिक ब्याज तथा सभी सम्भावित वार्षिक आय के आधार पर निर्धारित किया जाता है। भवन की निर्माण लागत, स्वच्छता व जल सम्भरण कार्य व बिजली लगाने की लागत, तथा यदि पश्चात् में कोई नव निर्माण या परिवर्तन हुआ हो तो उसकी लागत के योग को पूंजीगत लागत कहते हैं। कुल पूंजीगत लागत ज्ञात करने के लिए निर्माण लागत में भूमि का मूल्य भी जोड़ लिया जाता है। निर्माण लागत में निम्नलिखित व्यय भी सम्मिलित होते हैं—

(1) निर्माण स्थल को भरना, समतल करना व उसकी गढ़ाई करना, (2) चारदीवारी बनाना, तथा फाटक लगाना, (3) वर्षा जल के लिए नालियां, तथा (4) पहुंच मार्ग तथा मकान के हाते के अन्दर की अन्य सड़कें।

पूंजी पर एक निश्चित प्रतिशत ब्याज की दर मानकर प्रतिलाभ (return) ज्ञात किया जा सकता है। पूंजीगत लागत को वर्षाधार (y. p.) से भाग देकर शुद्ध प्रतिलाभ ज्ञात किया जा सकता है। यदि पूंजीगत लागत

ज्ञात व हो तो इसे मूल्यांकन की किसी भी विधि से ज्ञात किया जा सकता है। पूंजी लगाने में खतरे के बदले सम्पत्ति का स्वामी, प्रचलित ब्याज की दर से लगभग 2% अधिक ब्याज पाने की अपेक्षा रखता है।

कुल वार्षिक किराया ज्ञात करने के लिए शुद्ध प्रतिलाभ में सभी मदों में होने वाला सारा सम्भावित व्यय जोड़ दिया जाता है। (सम्भावित व्यय के लिए पृष्ठ 616-617 देखें)।

कुल किराया = शुद्ध प्रतिलाभ + सम्भावित व्यय।

कुल किराये को 12 से भाग देकर प्रति मास का किराया निकाला जा सकता है। इस प्रकार निकाले गये किराये को मानक किराया (standard rent) कहते हैं। सम्पत्ति का वास्तविक किराया सम्पत्ति की स्थिति, निर्माण का प्रकार, मांग व पूर्ति आदि के अनुसार कम या अधिक हो सकता है।

आजकल भवन पर धन लगाने के लिए 12% ब्याज युक्त संगत है, परन्तु सरकार केवल 6% ब्याज की दर से किराया निर्धारित करती है।

उदाहरण 1—एक बड़े नगर में 1000 वर्ग मी. की एक पूर्ण स्वामित्वयुक्त भूमि पर एक भवन 7,00,000·00 रु. की लागत से हाल में बनवाई गई है। पड़ोस के क्षेत्र में भूमि की प्रचलित दर 150·00 रु. प्रति वर्ग मी. है यदि शोधन विधि सहित सभी व्यय 24,000·00 रु. प्रति वर्ष हो तो सम्पत्ति का शुद्ध किराया ज्ञात करिये। सम्पत्ति का कुल मासिक किराया भी ज्ञात करिये।

निर्माण की लागत = रु. 7,00,000·00

भूमि का मूल्य, 150·00 रु. प्रति वर्ग मी. की दर से = 1000 × 150 = रु. 1,50,000·00

शुद्ध प्रतिलाभ (Net return)—

भवन पर निर्माण लागत के 6% के हिसाब से $= 7,00,000\cdot00 \times \frac{6}{100} =$ रु. 42,000·00

भूमि पर, भूमि की लागत के 4% के हिसाब से $= 1,50,000\cdot00 \times \frac{4}{100} =$ रु. 6,000·00

कुल वार्षिक शुद्ध किराया = रु. 48,000·00

कुल किराया = शुद्ध किराया + सम्भावित व्यय = 48,000 + 24,000 = रु. 72,000 रु. प्रति वर्ष

∴ कुल मासिक किराया $= \frac{72,000}{12} =$ रु. 6,000 प्रति मास

उदाहरण 2—20,000·00 रु. की लागत की भूमि पर एक नया भवन बनाया गया है। स्वच्छता व जल सम्भरण कार्य व बिजली लगाने के कार्य की लागत समेत भवन की कुल निर्माण लागत 80,000·00 रु. है। भवन में 4 परिवारों के रहने योग्य 4 फ्लैट हैं। भवन का स्वामी निर्माण की लागत पर 8 प्रतिशत व भूमि की लागत पर 5 प्रतिशत प्रतिलाभ चाहता है। निम्नलिखित डेटा मानकर प्रत्येक फ्लैट का मानक किराया ज्ञात करिये—

(i) भवन का जीवन-काल 60 वर्ष है, व शोधन विधि 4% ब्याज के आधार पर निर्धारित की जायगी, (ii) वार्षिक मरम्मत पर निर्माण लागत का 1% व्यय होगा, (iii) करों सहित अन्य व्यय भवन से प्राप्त शुद्ध प्रतिलाभ (Net return) का 30% होगा।

भूमि पर प्रतिवर्ष शुद्ध प्रति लाभ $= 20,000 \times \frac{5}{100} =$ रु. 1,000·00

भवन पर प्रतिवर्ष शुद्ध प्रतिलाभ $=80{\cdot}000\times\frac{8}{100}=$ रु. 6,400·00

प्रतिवर्ष कुल प्रतिलाभ = रु. 7,400·00

प्रतिवर्ष सम्भावित व्यय—

(1) वार्षिक मरम्मत. भवन की लागत के 1% के हिसाब से $=80{,}000\times\frac{1}{100}=$ रु. 800·00

(2) शोधन निधि @ 4% 60 वर्ष के लिए, भवन की लागत का 90% पर

$=80{,}000\times 90\%\times 0{\cdot}42\%=80{,}000\times\frac{90}{100}=\frac{{\cdot}42}{100}=$ रु. 302·40

(1·00 रु. के लिए प्रतिवर्ष शोधन निधि 0·42%) है।

(3) अन्य सम्भावित व्यय, भवन के शुद्ध प्रतिलाभ के 30% के

हिसाब से $=6{,}400=\frac{30}{100}=$ रु. 1,920·00

प्रतिवर्ष कुल सम्भावित व्यय = रु. 3,022·40

कुल किराया = शुद्ध प्रतिलाभ + सम्भावित व्यय = 7,400 + 3022·40 = रु. 10,422·40 प्रतिवर्ष

$\therefore$ मानक किराया $=\frac{10{,}422{\cdot}40}{12}=$ रु. 868·53 प्रतिलाभ

प्रत्येक फ्लैट का मासिक मानक किराया $=\frac{868{\cdot}53}{3}=$ रु. 217·13

सरकारी इमारतों का मूल्यांकन व किराये का निर्धारण

मूल्यांकन—जल सम्भरण, स्वच्छता सम्बन्धी तथा बिजली की फिटिंग्स सहित भवन के निर्माण की कुल पूंजीगत लागत ही, उस भवन का मूल्य माना जाता है। यदि निर्माण की लागत ज्ञात व हो व अभिलेल (record) से भी इसका पता न चलता हो तो निम्नलिखित में से किसी भी विधि से लागत निकाली जा सकती है—

(1) निर्माण को विभिन्न मदों का विस्तृत माप लेकर, (2) कुर्सी क्षेत्रफल के आधार पर, (3) मूलह्रास विधि से मूल्यांकन, भवन का चार भागों में विभाजित करके—दीवारों, छतों, फर्शों, तथा दरवाजों व खिड़कियों में। यह विधियाँ पहले की पृष्ठ पर समझाई जा चुकी है।

कभी-कभी व्यक्तिगत भवन का मूल्यांकन उसके बाजार मूल्य के आधार पर या भवन के मासिक किराये का 200 गुना मानकर किया जाता है। इस प्रकार प्राप्त मूल्य पर भवन की आयु के अनुसार $D=P\left(\frac{100-rd}{100}\right)^n$ सूत्र से ज्ञात करक घटाया जाता है। (पृष्ठ 625 तथा पृष्ठ 628 पर उदाहरण 6 देखें)।

किराया-कथन (Rent statement)—सामान्यत: प्रत्येक सरकारी निवास भवन का किराया एक विवरण पत्र पर निर्धारित किया जाता है। जिसे किराया-कथन कहते हैं किराया-कथन निम्नलिखित दशाओं में बनाया जाता है :—

(1) जब कोई नया निवास भवन निर्माण किया जाता है, (2) जब कोई निर्माण भवन खरीदकर पट्टे पर या हस्तातरण द्वारा प्राप्त किया जाता है, (3) जब किसी निवास भवन में सरकार द्वारा निश्चित

सीमा से अधिक लागत से नव निर्माण या परिवर्तन कराये जाते हैं, (4) जब किसी कार्यालय के भवन या अन्य, निवास के लिए न बनाई गई, भवन का उपयोग निवास के लिए किया जाता है।

सामान्यत: किराये का पुर्ननिर्धारण प्रत्येक 5 वर्ष पश्चात् किया जाता है, भले ही भवन में कोई भी नव निर्माण या परिवर्तन न किया गया हो। यदि भवन में सरकार द्वारा निश्चित सीमा से अधिक लागत का नव निर्माण या परिवर्तन किया गया हो तो भी किराये का पुर्ननिर्धारण किया जाता है, तथा ऐसे किराये के विवरण को पुनरीक्षित किराया-कथन (revised rent statement) कहते हैं। उत्तर प्रदेश में नव निर्माण व परिवर्तन की सीमा 500·00 रु. या पूंजीगत लागत का 1%, जो भी कम हो, है।

(केन्द्रीय सरकार की भवनों में पुर्ननिर्माण तथा परिवर्तनों की लागत की अधिकतम सीमा, पूंजीगत लागत का 5% है)। इस सीमा से कम लागत के छोटे-मोटे निर्माण व परिवर्तनों में किराया विवरण के पुनरीक्षण की आवश्यकता नहीं होती है।

किराये का निर्धारण व परिकलन (Fixation and Calculation of Rent)

मानक किराये के परिकलन का आधार पूंजीगत लागत पर निश्चित प्रतिशत पर ब्याज देना तथा मरम्मत, अनुरक्षण व करों पर होने वाला वार्षिक व्यय एकत्र करना होता है। पूंजीगत लागत में भवन की निर्माण लागत, जल सम्भरण व स्वच्छता सम्बन्धी कार्यों की लागत तथा बिजली लगाने की लागत आदि सम्मिलित होते हैं। पूंजीगत लागत में भूमि की लागत सम्मिलित नहीं होती है। मानक किराया (standard rent) सरकार द्वारा निर्धारित नियमों के अनुसार निर्धारित किया जाता है। यह नियम प्रत्येक प्रदेश में अलग-अलग होते हैं।

उत्तर प्रदेश में मानक किराया निम्नलिखित दो विधियों से निकाला जाता है तथा जिस विधि से भी किराया कम आये वही मानक किराया मान लिया जाता है—

पहली विधि—इह विधि में वार्षिक मानक किराया कुल पूंजीगत लागत का 6% लिया जाता है। पूंजीगत लागत में भवन के निर्माण की लागत, स्वच्छता सम्बन्धी व जल सम्भरण कार्यों की लागत तथा बिजली लगाने की लागत सम्मिलित होती है। चारदीवारी, बाढ़ तथा फाटक के निर्माण की लागत, तथा पहुंच मार्ग (approach road) तथा अहाते में बनी अन्य सड़कों की लागत भी पूंजीगत लागत का भाग माना जाता है। पूंजीगत लागत में भूमि की लागत सम्मिलित नहीं होती।

दूसरी विधि—इस विधि में मानक किराया इस प्रकार निश्चित किया जाता है कि वार्षिक तथा विशेष अनुरक्षण व मरम्मत तथा नगर पालिका के कर व अन्य करों पर होने वाले व्यय के अतिरिक्त पूंजीगत लागत पर 6% ब्याज भी मिल जाय। वार्षिक मरम्मत के लिए भवन की लागत का $1\frac{1}{2}$%, स्वच्छता सम्बन्धी कार्यों की लागत का 1% जल सम्भरण कार्यों की लागत का 1%, तथा बिजली लगाने की लागत का $1\frac{1}{2}$% प्रतिवर्ष माना जाता है।

प्रत्येक चौथे वर्ष पश्चात् होने वाली तथा विशेष मरम्मत के लिए भवन की लागत का 0·6%, जल सम्भरण का की लागत कार्य $3\frac{1}{2}$%, स्वच्छता सम्बन्धी कार्य की लागत का $3\frac{1}{2}$% तथा बिजली लगाने की लागत का $3\frac{1}{2}$% प्रति वर्ष लिया जाता है। नगर पालिका तथा सम्पत्ति करों में वास्तव में भुगतान किये जाने वाली वास्तविक धनराशि, ले ली जाती है; या नगर पालिका या सरकार के नियमों के अनुसार ये कर किराये के प्रतिशत के आधार पर ज्ञात किये जाते हैं।

इस प्रकार ज्ञात किया गया किराया भवन का अधिकतम किराया होता है सरकारी भवन में रहने वाले सरकारी कर्मचारी को अपने वेतन का 1/10 भाग किराये के रूप में तथा जल कर देना होता है। सरकारी भवन में किराये का विवरण सामान्यतः प्राक्कलन के साथ ही तैयार किया जाता है व उसे प्राक्कलन के साथ संलग्न किया जाता है।

जुलाई 1921 से पहले निर्मित सरकारी निवास भवनों का मानक किराया निर्धारित करने के लिए 6% के बयाज $3\frac{1}{2}\%$ ब्याज लिया जाता है।

जब किसी भवन का थोड़ा भाग निवास स्थान के रूप में तथा शेष भाग कार्यालय या अन्य कार्य के लिये प्रयोग किया जाता है तो निवास के लिए प्रयुक्त भाग का किराया क्षेत्रफल के आधार पर अनुपात के अनुसार निर्धारित किया जाता है।

यदि क = भवन का कुल कुर्सी क्षेत्रफल, ख = निवास के अतिरिक्त अन्य कार्यों के लिये प्रयुक्त भाग का क्षेत्रफल, तथा ग = निवास के कार्य में लाये जा रहे भाग के ठीक सामने के बरामदे का क्षेत्रफल तो ख + ग = निवास के कार्य न आने वाले भाग का कुर्सी क्षेत्रफल।

अतः अनुपात के अनुसार निवास के लिए प्रयुक्त भाग का किराया = कुल भवन का मानक किराया × $\frac{\text{क}-(\text{ख}+\text{ग})}{\text{क}}$।

उदाहरण 3—निम्नलिखित डेटा से एक नव निर्मित सरकारी निवास भवन का मानक किराया ज्ञात कीजिए।

(i) भूमि की लागत = 1,000·00 रु.
(ii) भवन की निर्माण लागत = 40,000·00 रु.
(iii) अहाते में सड़कों व बाढ़ की लागत = 2,000·00 रु.
(iv) स्वच्छता सम्बन्धी तथा जल सम्भरण कार्यों की लागत = भवन की लागत का 8%
(v) पंखों सहित विद्युतीकरण = भवन की लागत का 10%
(vi) नगर पालिका का भवन कर = 400 रु. प्रति वर्ष
(vii) जलकर = 250 रु. प्रति वर्ष,
(viii) सम्पत्ति कर = 140 रु. प्रति वर्ष

कुल पूंजीगत लागत—

भवन की लागत	= रु. 40,000·00
सड़क व बाढ़ की लागत	= ,, 2,000·00
स्वच्छता सम्बन्धी व जल सम्भरण कार्य की लागत $= 40,000 \times \frac{8}{100}$	= ,, 3,200·00
विद्युतीकरण की लागत $40,000 \times \frac{10}{100}$	= ,, 4,000·00
कुल	= ,, 49,200·00

नोट—भूमि की लागत पूंजीगत लागत में नहीं जोड़ी गई है।

पहली विधि—

मानक किराया, पूंजीगत लागत पर @ 6% ब्याज से $= 49200 \times \frac{6}{100} =$ रु. 2952·00 प्रति वर्ष

दूसरी विधि—

कुल पूंजीगत लागत @ 6% ब्याज से $= 49200 \times \frac{6}{100}$ = रु. 2952·00

वार्षिक मरम्मत—

भवन व सड़कें, @ 1·5% से $= 42000 \times \frac{1 \cdot 5}{100}$ = ,, 630·00

स्वच्छता तथा जल सम्भरण कार्य, @ 1% $= 3200 \times \frac{1}{100}$ = ,, 32·00

विद्युतीकरण @ 1·5% $= 4000 \times \times \frac{1 \cdot 5}{100}$ = ,, 60·00

विशेष मरम्मत—

भवन व सड़कें @ 0·6% $= 42000 \times \frac{0 \cdot 6}{100}$ = ,, 252·00

स्वच्छता व जल सम्भरण कार्य, 3·5% $= 3200 \times \frac{3 \cdot 5}{100}$ = ,, 112·00

विद्युतीकरण @ 3·5% $= 4000 \times \frac{3 \cdot 5}{100}$ = ,, 140·00

नगर पालिका भवन कर = ,, 400·00

सरकारी सम्पत्ति कर = ,, 140·00

कुल मानक किराया = रु. 4,718·00 प्रति वर्ष

जल कर भवन में रहने वाला देगा अत: यह नहीं जोड़ा गया है।

इन दोनों में से कम धनराशि मानक किराया होगा, अत: भवन का मानक किराया = 2952·00 प्रति वर्ष

$\therefore$ प्रति मास मानक किराया $= \frac{2952 \cdot 00}{12}$ रु. = 246·00

ध्यान दें कि 1922 के पश्चात् निर्मित भवन का मानक किराया सदैव पहली विधि से ही ज्ञात होगा।

निवास भवनों के लिये आवश्यक कुर्सी क्षेत्रफल

जिन कर्मचारियों के निवास के लिए भवन बनाना है उसके वेतन के अनुसार सरकारी निवास भवनों की आयोजना बनाई जाती है। सामान्यत: सरकारी कर्मचारी अपने वेतन का 1/10 किराया देते हैं। अत: किराये के आधार पर ही निर्माण में पूंजी लगानी चाहिये व किराया पूंजीगत लागत का 6% माना जा सकता है। परन्तु निर्माण लागत में भारी वृद्धि के कारण, पूंजीगत लागत उपरोक्त आधार से 50% से 100% तक अधिक निर्धारित की जा सकती है।

उदाहरण 4—400·00 से 1000·00 रु. प्रति मास तक के वेतन क्रम वाले सहायक अभियन्ता के निवास भवन के लिए कुर्सी क्षेत्रफल ज्ञात करिये।

औसत वेतन $= \frac{400+1000}{2} =$ रु. 700·00 प्रति मास

वेतन के 10% के हिसाब से औसत मासिक किराया $= \frac{700}{10} =$ रु. 70·00

औसत वार्षिक किराया $= 70{\cdot}00 \times 12 =$ रु. 840·00

6% ब्याज की दर से भवन की पूँजीगत लागत $= \frac{840 \times 100}{6} =$ रु. 14,000·00

आवश्यक कुर्सी क्षेत्रफल, 150·00 रु. प्रति वर्ग मी. कुर्सी क्षेत्रफल के हिसाब से $= \frac{14000}{150}$ $= 93{\cdot}33$ वर्ग मी.।

सामान्यतय: सहायक अभियन्ता का निवास-स्थान 14000·00 रु. की लागत से बनाया जाना चाहिये व इसका कुर्सी क्षेत्रफल लगभग 93·33 वर्ग मी. होना चाहिये।

परन्तु निर्माण की लागत वृद्धि के कारण इसमें 100% वृद्धि की जा सकती है तथा निर्माण की पूंजीगत लागत रु. 28,000·00 तथा कुर्सी क्षेत्रफल लगभग $93{\cdot}33 + 93{\cdot}33 = 186{\cdot}66$ वर्ग मी.।

अध्याय 17

सा० नि० वि० लेखा और कार्यपद्धति

(P. W. D. Accounts and Procedure of Works)

इन्जीनियरी विभाग का संगठन—सरकार का इंजीनियरी विभाग का काम सार्वजनिक कार्यों का निर्माण और उनका अनुरक्षण करना है। सार्वजनिक कार्यों में आते हैं जैसे इमारतें, सड़कें, पुलिया और पुल, नहर, बांध, स्वच्छता तथा जल-सम्भरण कार्य, विद्युतीकरण आदि। इसी कारण इन्हें सार्वजनिक निर्माण विभाग (P. W. D.) कहा जाता है। अलग-अलग प्रकार के कार्यों के लिये अलग-अलग इन्जीनियरी विभाग हैं जैसे :—

(1) सार्वजनिक निर्माण विभाग (P. W. D.), भवन व सड़क शाखा, जिसका काम भवनों, सड़कों, पुल-पुलियों और सम्बन्धित कार्यों का निर्माण व अनुरक्षण करना है।

(2) सिंचाई विभाग जिसका सम्बन्ध नहर और सम्बन्धित कार्यों, सिंचाई और शौचालन से है।

(3) सार्वजनिक स्वास्थ्य इन्जीनियरी विभाग (Public Health Engineering Department) जिसका सम्बन्ध जल-सम्भरण और स्वच्छता कार्यों से है।

(4) विद्युत विभाग विद्युतीकरण, पावर लाइनों को बिछाने का कार्य करता है। अब विद्युत विभाग अलग हो गया है और स्वतन्त्र रूप से राज्य विद्युत परिषद (State Electricity Board) के अन्तर्गत कार्य कर रहा है।

यहां यह बात स्पष्ट करना उचित है कि यद्यपि उपरोक्त सभी विभाग सार्वजनिक कार्यों से सम्बन्धित है पर सार्वजनिक निर्माण बिभाग के अन्तर्गत केवल भवन और पथ शाखा ही आते हैं और इन्हीं को पी० डब्लू० डी० कहा जाता है। शेष सब विभागों के अलग-अलग नाम हैं। निर्माण और अनुरक्षण के अलावा ये विभाग अपने कार्यों से सम्बन्धित राजस्व भी इकट्ठा करते हैं। प्रत्येक राज्य में उपरोक्त विभाग किसी न किसी रूप में पाये जाते हैं।

प्रत्येक इन्जीनियरी विभाग में एक मुख्य अभियन्ता (Chief Engineer) होता है जो कि विभागाध्यक्ष और सरकार को सीधा उत्तरदायी होता है। वो अपने अधीन कार्यों का बजट अनुमान बनाता है, अनुदान देता हैं और होने वाले खर्चों पर नियन्त्रण रखता है। वो महालेखाकार (Accountant General) के सहयोग से लेखा-जोखा पर नियन्त्रण रखता है और ध्यान रखता है कि नियम उल्लंघन न होने पाये।

कार्य की अधिकता होने पर क्षेत्रीय मुख्य अभियन्ता (Regional Chief Engineer), अतिरिक्त मुख्य अभियन्ता (Additional Chief Engineer) तथा उप-मुख्य अभियन्ता (Deputy Chief Engineer) भी मुख्य अभियन्ता की सहायता के लिये हो सकते हैं।

मुख्य अभियन्ता के अधिनस्थ कार्य क्षेत्र को अनेक वृत्तों (Circles) या रीजन में बांट दिया जाता है। जो कि विभाग की प्रशासनिक इकाई होते हैं। प्रत्येक वृत्त के शीर्ष पर एक अधीक्षण अभियन्ता (Superintending Engineer) होता है जो कि उस वृत्त का प्रशासनिक और व्यवसायिक प्रमुख होता है और उस वृत्त के

प्रशासन और व्यवसायिक नियन्त्रण के लिये उत्तरदायी होता है। कार्य ठीक प्रकार से हो रहा है या नहीं, नियमों का पालन और खर्च का लेखा-जोखा आदि ठीक है या नहीं सब देखना उसका काम है। अधीक्षण अभियन्ता अपने वृत्त में हो रहे कार्यों का नियन्त्रण करता है और कोशिश करता है कि कार्य सुगमता से और कम खर्चे में हो। उसका कार्य विभिन्न सामग्रियों और कार्य के रेट पर निगरानी रखना है। किसी भी प्रकार की अभियन्ता या गड़बड़ी को रोकने के लिये अधीक्षण अभियन्ता, साल में एक बार विभागीय कार्यालयों के खातों, कागजों, भण्डार आदि का निरीक्षण करता है और अपनी रिपोर्ट मुख्य अभियन्ता के पास भेजता है। केन्द्रीय सा० नि० वि० (C. P. W. D.) में कुछ श्रेणी के अधीक्षण अभियन्ता को "कार्य सर्वेक्षक" (Surveyor of Works) भी कहा जाता है।

प्रत्येक वृत्त को कुछ प्रभागों में बांटा जाता है। जो कि विभाग की कार्यकारी इकाई (Executive-units) होती है। प्रत्येक प्रभाग एक अधिशासी अभियन्ता (Executive Engineer) अथवा विभागीय अभियन्ता (Divisional Engineer) के आधीन होता है जो कि उक्त प्रभाग के कार्य को पूरा करने का जिम्मेदार होता है। उसका काम लेखा-जोखा रखना और प्रत्येक मास महालेखाकार को विवरण भेजना भी है। उसका काम खर्चे पर निगरानी रखना है जिससे कि अनुमान से अधिक न हो जाय। वो निर्माण आदि कार्यों का सामयिक निरीक्षण करता है और देखता है कि सब कार्य अभिकल्प (design) और विनिर्देश (Specification) के अनुसार हो रहे हैं। वो वर्ष में कम से कम एक बार उप-प्रभाग का भी निरीक्षण करता है। उसका कर्तव्य है परियोजना, अभिकल्प और अनुमान आदि तैयार करना।

प्रत्येक प्रभाग कुछ उप-प्रभागों में बंटा होता है। और प्रत्येक उप-प्रभाग उप-प्रभागीय अधिकारी अथवा अभियन्ता (Sub-Divisional Officer or Engineer) के अधीन होता है जो कि सहायक अभियन्ता के पद का होता है। उप-प्रभागीय अधिकारी या सहायक अभियन्ता के पास उसके अधीन कार्यों का सीधा चार्ज होता है उसका कर्त्तव्य है कि वो ऐसे सभी कार्यों की पूर्ति और देखभाल करें। यदि कार्य अधिक है तो एक से अधिक सहायक अभियन्ता हो सकते हैं जो कि अपने कार्य के लिए अधिशासी अभियन्ता को उत्तरदायी होते हैं। उप-प्रभागीय अधिकारी को राशि वितरण (disbursement) का अधिकार है और उसका कर्त्तव्य है कि वह प्रारम्भिक लेखा रक्खे और उसका विवरण प्रतिमास प्रभागीय अधिकारी को भेजे। सहायक अभियन्ता को वितरण का अधिकार नहीं है और उसके अधीन कार्यों के सम्बन्ध में अदायगी उप-प्रभागीय अधिकारी के द्वारा की जाती है। साधारणतयः प्रत्येक जिला एक उप-प्रभागीय अभियन्ता के अधीन होता है जिसे कि जिला अभियन्ता कह सकते हैं।

प्रत्येक उप-प्रभाग कुछ खण्डों अथवा अनुभागों में बंटा होता है जो कि ओवरसीयर अथवा अनुभागीय अधिकारी के नीचे होता है और जो कि उस जगह हो रहे कार्य का सीधा उत्तरदायी होता है। वह कार्य-स्थल पर ही रहता है, और होने वाले कार्यों की निगरानी स्वयं करता है। कार्य की गति एवं गुण के लिए वही जिम्मेदार है। प्रति दिन की देख-रेख तथा कार्य प्राथमिक जिम्मेदारी उसके ऊपर है। ओवरसीयर अधीनस्थ कार्यों की नाप जोख (measurement) करता है और अदायगी के लिये बिल तैयार करता है। उसके पास निर्माण सामग्री, औजार और मशीनें, मजदूर आदि का हिसाब रहता है और इसके बारे में वह समय-समय पर रिपोर्ट जमा करता है। उसे खाते, जरूरी कागजात, लेखा-जोखा आदि सदैव तैयार रखना होता है पूरी तरह से। यदि कार्य अधिक अथवा भारी है तो ओवरसीयर अपने आधीन "कार्य पर्यवेक्षक" (Work Supervisor) भी मदद के लिए रख सकता है।

साधारण तौर पर अधीक्षण अभियन्ता के नीचे 4 या 5 प्रभाग होते हैं और प्रत्येक प्रभाग में एक अधिशासी अभियन्ता। प्रत्येक अधिशासी अभियन्ता के नीचे 4 या 5 एस. डी. ओ. या सहायक अभियन्ता तथा प्रत्येक एस. डी. ओ. अथवा सहायक अभियन्ता के अधीन 4 या 5 ओवरसीयर होते हैं। एक प्रभाग का कार्य भार 60 से 75 लाख रुपये तक का ; एस. डी. ओ. या सहायक अभियन्ता का 10 से 15 लाख रुपये तक का ; और ओवरसीयर का 3 से 4 लाख रुपये तक का हो सकता है अनुरक्षण और मरम्मत के लिये कार्य-भार इसका आधा होना चाहिए।

प्रभागीय कार्यालय—प्रभागीय अथवा मण्डल कार्यालय में मुख्य रूप से तीन अनुभाग होते हैं :—(i) लेखा अनुभाग, (ii) पत्र व्यवहार अनुभाग तथा (iii) सगणक या आलेख अनुभाग (Computer or Drawing Section)।

लेखा विभाग में एक प्रभागे या मण्डल लेखाकार होता है और उसकी सहायता के लिए कुछ लेखा क्लर्क होते हैं। लेखाकार प्रदेश में महालेखाकार के दफ्तर का कर्मचारी होता है और उक्त प्रभाग में ठीक लेखा-जोखा रखने, देख-भाल और आर्थिक मामलों पर नियन्त्रण रखने के लिए रखा जाता है। लेखाकार का कार्य लेख तैयार करना और उसका अनुरक्षण रखना है। वह महालेखाकार (Accountant General) को मासिक विवरण भेजता है और प्रारम्भिक लेखा, भुगतान, वाउचर (vouche) ; व्यय आदि पर नियन्त्रण रखता है। लेखाकार अधिशासी अभियन्ता के वित्त सलाहकार के रूप में कार्य करता है, खासतौर से लेखा-जोखा, बजट-अनुमान, वित्त नियमों आदि के बारे में। प्रभागीय लेखाकार अधिशासी अभियन्ता को उत्तरदायी होता है। इसके साथ-साथ महालेखाकार का प्रतिनिधि होने के कारण कुछ हद तक उसके प्रति भी जिम्मेदार होता है।

पत्र व्यवहार अनुभाग एक हेड क्लर्क के आधीन होता है और उसकी मदद के लिए कुछ क्लर्क होते हैं। सभी प्रकार का पत्र व्यवहार इसी अनुभाग से होता है और सब रिकार्ड इसी अनुभाग में रक्खे जाते हैं।

संगणक अनुभाग में संगणक प्रधान होता है और कुछ ड्राफ्ट्समेन होते हैं। सभी प्रकार के अनुमान, निविदाओं, संविदा-दरों (contract rates) का निरीक्षण संगणक स्वयं करता है। आवश्यक आलेख ड्राफ्ट्समेनों द्वारा तैयार की जाती है जिसकी संगणक जांच करता है।

सिंचाई विभाग में, अनुरक्षण प्रभाग में एक राजस्व-अनुभाग (Revenue Section) होता है जिसका प्रधान एक उप-राजस्व अधिकारी डिप्टी कलक्टर के पद का होता है जो कि अधिशासी अभियन्ता को उत्तरदायी है। उप-राजस्व अधिकारी के नीचे जिलेदार और जिलेदार के नीचे अमीन और अमीन के आधीन पटवारी होते हैं। पटवारी सींचे गये क्षेत्रों का विवरण रखते हैं और जिलेदार, अमीन तथा उप-राजस्व अधिकारी की देख-रेख में उनका राजस्व-विवरण तैयार करते हैं। सिंचाई जल से होने वाले राजस्व (Revenue) उप-राजस्व अधिकारी के दिये हुए विवरण पर तहसीलदार वसूल और एकत्र करता है।

प्रभाग के लेखा की परीक्षा या जांच (audit) महालेखाकार साल में एक बार परीक्षण-दल (audit party) भेज कर करवाता है, इस दल का नेता लेखा अधिकारी होता है। अनियमित्ताओं की और प्रशासनिक विभाग और सरकार का ध्यान आकर्षित किया जाता है जिससे कि वसूली, दण्ड आदि दिया जा सके और इस प्रकार की गलतियां फिर न हों।

"नियन्त्रक और महालेखा परीक्षक" (Comptroller and Auditor General of India) देश में लेखा और परीक्षा का सर्वोच्च है और उसे भारत सरकार व संविधान द्वारा अपार शक्ति प्रदान की गई है।

संघ, तथा प्रदेशों का लेखा "नियन्त्रक और महालेखा-परीक्षक" के कथानुसार और उसके बताये गये तरीके से रक्खा जाता है।

महालेखाकार किसी भी प्रदेश के लेखा और लेखा परीक्षा का प्रमुख होता है। यह नियन्त्रक और महालेखा परीक्षक के अधीन होता है। प्रदेश का लेखा, कोषाधिकारी (Treasury Officer) तथा अभिशासी अभियन्ता के भेजे गये वाउचर में आधार पर रखता है। सा० नि० वि० का लेखा प्रत्येक मास के अन्त में तैयार करने के बाद महालेखाकार को सीधा भेजा जाता है। यह मासिक भेजा जाना चाहिये। प्रत्येक प्रदेश में एक महालेखाकार होता है, उसके नीचे लेखा-अधिकारी होते हैं और लेखा अधिकारियों के देख-रेख में कर्मचारी या क्लर्क होते हैं।

सरकार का वित्त विभाग वित्तीय मामलों में सर्वे-सर्वा होता है वह प्रदेश अथवा भारत की संचित निधि में से खर्च कर सकता है, किसी भी कार्य के लिए अनुदान कर सकता है, किसी भी सम्पत्ति को क्रय-विक्रय या बन्धक रख सकता है, या भुगतान छोड़ सकता है। बिना वित्त विभाग की आज्ञा के कोई भी व्यय नहीं किया जा सकता है।

वित्त, कोष और लेखा सम्बन्धी सभी नियमावली और अनुदेश लेखा संहिता (Account Code) खंड I से IV में निहित है। ये नियम संघ तथा सभी प्रदेशीय सरकारों के लिए अनिवार्य और बन्धनकारी हैं।

लेखा रखने के लिए विशेष प्रकार के फार्म प्रयोग किये जाते हैं। हर प्रकार के लेखा के लिए अलग-अलग फार्म इस्तेमाल किये जाते हैं। सभी नियम फार्म एक पुस्तक के रूप में प्राप्त हैं (Book of form), इसमें क्रम से अंक पड़े रहते हैं ये निर्देश के लिए प्राप्त हैं।

लेखा संहिता (Account Code) के अतिरिक्त वित्त नियमावली (Financial Hand Books) भी होती है जिसमें सभी वित्तीय अनुदेश अधिकार-सीमा (Limitations of Power) आदि दिये रहते हैं।

प्रत्येक विभाग का अपना एक प्रकाशन आदेश संग्रह (Manual of order) होता है जो कि उस विभाग-विशेष की कार्य पद्धति का ब्योरा रखता है।

प्रत्येक इंजीनियरी विभाग सरकार से बजट अनुमान के आधार पर विभिन्न कार्यों के लिए निधि की मांग करना है (प्रभागीय तौर पर) और बजट स्वीकृति पर निधि मिलने पर प्रतएक प्रभाग कार्य शुरू करता है। बजट-निधि वित्तीय वर्ष 1 अप्रैल से 31 मार्च के आधार पर दी जाती है और उसी वित्तीत वर्ष में खर्च की जानी चाहिए। निधि का ऐसा भाग जो कि खर्च नहीं किया जा सकता है व्यपगत या रद्दा (laps) हो जाता है और यदि कार्य पूरा करने के लिए आवश्यक हो तो आने वाले वर्ष के लिए पुनः नियत करना पड़ेगा।

विभाग के अधिकारियों को वित्त नियमावली, लेखा संहिता और आदेश संग्रह में दिये नियलानुसार वित्तीय अधिकार दिये गये हैं। सही भुगतान हेतु, सरकारी राजस्व की चोरी, भन्डार सामग्री की गड़बड़ी को रोकने के लिये इन नियमों और अनुदेशों का पालन अति आवश्यक हो जाता है।

प्रभागीय अथवा मंडल अभियन्ता प्रभाग का प्राथमिक भुगतान अधिकारी होता है जिसके पास कोषागार, उपकोषागार या 'स्टेट बैंक ऑफ इण्डिया' की चेक बुक होती है। वह चेक द्वारा ठेकेदारों, मजदूरों आदि को भुगतान करता है और राजकीय कोषागार या स्टेट बैंक से छोटे-छोटे नगद भुगतान करने और छोटे-मोटे खर्चों के लिये रुपया निकाल सकता है। साधारणतयः 10·00 रु. से कम का भुगतान नगद ही किया जाता है, इसके लिये प्रपत्र 28 की हाथ-रसीद ही काफी है।

नियमित सिब्बन्दी (Regular Establishment)—विभाग के स्थाई और अस्थाई कर्मचारी नियमित सिब्बन्दी के अन्तर्गत आते हैं। उनके वेतन और भत्ते प्रति मास वेतन-बिल पर कोषागार से अधिकृत फार्म (Detailed Pay Bill of Permanent Establishments) पर लिये जाते हैं। उनको भुगतान वेतन-बिल पर हस्ताक्षर लेने के उपरान्त किया जाता है। वेतन का खर्चा बजट अनुदान (Budget Grant) के शीर्षक सिब्बन्दी (Establishment) के अन्तर्गत से उठाया जाता है। उनकी सेवायें प्रादेशिक अथवा संघीय सिविल सेवा नियम (Civil Service Rules) द्वारा शासित होती है। स्थाई सिब्बन्दी के कर्मचारी हटाए नहीं जा सकते। उन्हें छुट्टी, पेंशन तथा अन्य सुविधायें सेवा नियम के अनुसार प्राप्त होती हैं। अस्थाई कर्मचारियों को काम बढ़ने पर लगाया जाता है और आवश्यकता न रहने पर हटाया जा सकता है, पर नियमानुसार नोटिस देना आवश्यक है।

वेतन का चिट्ठा (Acquittance Roll)--नियमित सिब्बन्दी के कर्मचारी जो कि शहर से बाहर काम कर रहे हों ऐसे कर्मचारियों का वेतन नियमित-वेतन बिल पर लिया जाता है पर उनको भुगतान अलग रसीद, जिसे वेतन का चिट्ठा कहा जाता है, पर हस्ताक्षर (रसीद टिकट पर) करके किया जाता है वेतन का चिट्ठा, एक प्रकार की रसीद होती है भुगतान के सबूत के रूप में और इसमें पांच स्तम्भ होते हैं—- मद संख्या नाम, पद, कुल राशि देय तथा तारीख सहित हस्ताक्षर। ये वेतन चिट्ठा पूर्ण राशि के लिए और सिब्बन्दी बिल (Establishment Bill) के आधार पर बनाया जाता है और इसे आहर्ता-अधिकारी पास करता है। भुगतान होने के बाद अदायगी-अधिकारी इस प्रमाण के साथ कि हस्ताक्षर प्राप्त कर लिये गये हैं, बिल को वापस भेज देता है, उसके बाद यह मूल सिब्बन्दी बिल में संलग्न करके भुगतान-अभिलेख (Record of Payment) के रूप में रख ली जाती है।

निर्माण-प्रभारित सिब्बन्दी (Work-Charged Establishment)—निर्माण प्रभारित कर्मचारी वे होते हैं जो सीधे किसी विशेष काम की पूर्तिकरण के लिये लगाये जाते हैं। साधारणतया इस प्रकार के कर्मचारियों में आते हैं, कार्य-पर्यवेक्षक, चौकीदार, साथी (mate), मिस्त्री आदि। उनके वेतन कार्य विशेष के प्राक्कलित अनुमान पर 2 से 3 प्रतिशत तक बढ़ोत्तरी करके निकाली जाती है। निर्माण-प्रभारित कामगारों की नियुक्ति अधिकृत फार्म पर की जाती है पर किसी सुयोग्य अधिकारी (साधारणतया अधिशासी अभियन्ता) की आज्ञा लेना आवश्यक है। आज्ञा पत्र में कामगार का नाम और पद, वेतन मजदूरी की दर, कितने दिनों के लिए आज्ञा मिली है तथा कार्य का नाम तथा अनुमान जिससे भुगतान किया जाने वाला हो दिया रहता है। निर्माण प्रभारित सिब्बन्दी की मन्जूरी के लिए आवेदन का नमूना नीचे दिया जा रहा है (पृष्ठ 642)।

इस प्रकार के कर्मचारियों की मजदूरी बनाई, निकाली और भुगतान की जाती है अधिकृत प्रपत्र नं. 29 पर जिसमें सात कालम होते हैं - मद संख्या, धारक का नाम, पद, निर्धारित समय, राशि देय, राशि जो भुगतान की गई, पाने वाले की तारीख शुदा प्राप्त स्वीकृति तथा भुगतान करने वाले अधिकारी का तारीख के साथ हस्ताक्षर। कार्य का नाम और नम्बर और मजदूरी के निर्देश, वेतन-बिल के मद्दों के ऊपर लाल स्याही में लिखे जाते हैं। उप-प्रभागीय अधिकारी (S.D.O.) अथवा सहायक अभियन्ता वेतन-बिल के नीचे की तरफ प्रमाणित करता है कि उपरोक्त व्यक्ति काम पर लगे थे और कितने दिन लगे थे और जिस काम के लिए उनकी नियुक्ति हुई थी उसमें लगे थे। निर्माण-प्रभारित कर्मचारियों का वेतन-बिल और वेतन का चिट्ठा दोनों ही होता है। निर्माण प्रभारित सिब्बन्दी वेतन-बिल फार्म का नमूना आगे दिया जा रहा है (पृष्ठ 642)।

वर्क चार्ज के कर्मचारियों को बिना किसी नोटिस के निकाला जा सकता है, पर आम तौर से एक माह की नोटिस दी जाती है, यदि पूर्व स्वीकृत समय से पहले निकाला जाय। यह लोग किसी प्रकार की छुट्टी, सफर भत्ता और अन्य किसी प्रकार के भत्ते पाने के हकदार नहीं होंगे, यद्यपि आकस्मिक छुट्टी या अन्य प्रकार की छुट्टी की स्वीकृति अधिशासी अभियन्ता दे सकता है। इसके साथ ही कार्य-सम्बन्ध में यात्रा करने पर वास्तविक व्यय की राशि भी अधिशासी अभियन्ता द्वारा स्वीकृत की जा सकती है।

प्रभारित सिब्बन्दी की मंजूरी के लिए आवेदन का नमूना

नाम और पद	अवधि कब से कब तक	वेतन	योग	कार्य जिसके अन्तर्गत नियुक्ति होगी	प्राक्कलन मंजूरी का आदेश	टिप्पणी

प्रपत्र 29—निर्माण प्रभारित सिब्बन्दी का वेतन-बिल

बाउचर संख्या.................................भुगतान का महीना.................................19....

उप प्रभाग का नाम.................................अनुभाग का नाम.................................

बिल............19...........महीने के लिए

मद संख्या	धारक का नाम	पद	अवधि	दर	बाकी धनराशि	प्रदत्त धनराशि	पाने वाले की तारीख-शुदा प्राप्त स्वीकृति	भुगतान करने वाले अधिकारी का तारीख-शुदा हस्ताक्षर

(1) यह प्रमाणित किया जाता है कि जितने व्यक्तियों के लिए इस बिल पर भुगतान लिया गया है सभी फार्म में दिये अवधि में कार्य पर उपस्थित थे। प्रत्येक व्यक्ति उसी कार्य में नियुक्त था जिसके लिए मंजूरी प्राप्त थी।

(2) यह भी प्रमाणित किया जाता है कि इस माह में नियुक्त प्रत्येक व्यक्ति का भुगतान इस बिल में ले लिया गया है।

दें (रु..............) रुपये...
जांच और दर्ज कर दिया गया है।

उप प्रभागीय अधिकारी
का तारीख शुदा हस्ताक्षर

(यदि कोई टिप्पणी हो तो, यह स्थान प्रभागीय अधिकारी के लिए खाली रखा जाता है)।

प्रभागीय अधिकारी

वार्षिक गुप्त रिपोर्ट—हर अधिकारी, ओवरसियर और अन्य कर्मचारियों की वार्षिक गुप्त रिपोर्ट तैयार की जाती है जो कि उक्त कर्मचारी की कार्यशक्ति, क्षमता और सत्यनिष्ठा का पूरा विवरण रखती है। ओवरसियर की रिपोर्ट एस० डी० ओ० या सहायक अभियन्ता तैयार और प्रस्तुत करता है और अधिशासी अभियन्ता उसी पर अपनी रिपोर्ट देता है और उसके बाद अधीक्षण अभियन्ता (एस० ई०) के पास भेज देता है। यदि रिपोर्ट में कोई खराब या विपरीत टिप्पणी है तो सम्बन्धित व्यक्ति को इसकी सूचना दी जाती है जिससे वह अपना आचरण सुधार सके।

ओवरसियर को विभाग की व्यवसायिक परीक्षा (Professional Examination) नियुक्ति से तीन वर्ष के अन्दर उत्तीर्ण कर लेनी चाहिये अन्यथा उनकी वार्षिक वेतन वृद्धि रोक ली जायेगी और वे मुस्तकिल नहीं हो पायेंगे। 10 वर्ष की सेवा के बाद ओवरसियर (यदि स्थाई और मुस्तकिल हों) विभागीय परीक्षा में भाग ले सकते हैं और उत्तीर्ण होने पर क्लास II सेवा के सहायक अभियन्ता के रुप में पदोन्नति पा सकते हैं।

वित्त नियमावली (Financial Hand Book)—

वित्त नियमावली में वित्तीय तथा प्रशासकीय कार्यों में काम आने वाले नियमों, क्रिया विधियों और प्रपत्र का उल्लेख होता है। वित्त नियमावली का आधार होते हैं 'लेखा संहिता' तथा "नियन्त्रक और महालेखापरीक्षक" द्वारा दिये गये निर्देश और हिदायतें तथा सरकार का वित्त विभाग। सभी प्रकार के वित्तीय मामलों और नियमों के सम्बन्ध में वित्त नियमावली की सहायता ली जाती है। प्रत्येक प्रदेश की सरकार की अपनी वित्त नियमावली होती है, पर मुख्य-मुख्य बातें प्रत्येक में समान होती हैं।

उत्तर प्रदेश में वित्त नियमावली 6 खंड में प्राप्त हैं जो पृथक-पृथक बातों का विवरण देते हैं—

खंड I—इसमें सभी अधिकारियों (इसमें इन्जीनियरी विभाग के अधिकारी भी सम्मिलित हैं) के वित्तीव अधिकारों का स्पष्ट विवरण दिया जाता है।

खंड II—वित्त नियामावली, खंड II में मौलिक नियमावलियों के साथ-साथ अन्य मामलों जैसे वेतन भत्ते, अवकाश (छुट्टी) और सेवा सम्बन्धी अन्य नियमों का उल्लेख होता है। इसमें पेंशन सम्बन्धी उल्लेख नहीं होता है।

खंड III—यह यात्रा भत्ता (Travelling Allowance) से सम्बन्धित नियमों का उल्लेख करता है।

खंड IV—खंड IV पेंशन के बारे में बताता है। (चूंकि पेंशन सम्बन्धी नियम अक्सर बदलते रहे हैं इस कारण यह खंड निकाला नहीं जा सका है)।

खंड V—इसमें मिलते हैं लेखा-नियम, सरकार के वित्तीय व्यवहार सम्बन्धी तरीके, तथा अधिकारियों द्वारा बनाये गये लेखा के नियम। ये नियम सभी विभागों के लिए मान्य हैं, इन्जीनियरी विभाग भी इसमें सम्मिलित हैं।

खंड VI—खंड VI उल्लेख करता है इन्जीनियरी (P. W. D.) विभाग के वित्तीय लेन-देन और व्यवहार का। यह विशिष्ट कार्य की प्रणाली और कार्य-पूर्ति, भंडार-अनुरक्षण, मशीन-पुर्जों के अनुरक्षण के बारे में भी हिदायतें देता है। इस खंड से प्राप्त नियमावलियां खंड V की पूरक हैं। खंड VI इन्जीनियरी विभागों के लिए बहुत उपयोगी हैं।

सार्वजनिक कार्य की लेखा-संहिता (Public Works Account Code)—सार्वजनिक कार्य की लेखा-संहिता में कोषागार सम्बन्धी नियमों और अनुदेश वित्तीय व लेखा सम्बन्धी विधि जो कि सार्वजनिक कार्य सम्बन्धी लेन-देन के बारे में हो, का उल्लेख किया जाता है। सार्वजनिक निर्माण कार्य अधिकारियो के व्यवहार का विवरण भी दिया जाता है और उन्हें किस तरह से लेखा रखा जाय इस बारे में अनुदेश दिये जाते हैं। ये नियम सरकार के सामान्य वित्तीय नियम और कोषागार नियम के पूरक हैं। इस सहिता में विभिन्न व्यवहारों और लेखा सम्बन्धी प्रपत्र का उल्लेख है, सुगमता के लिए इन प्रपत्रों पर नम्बर डाले जाते हैं।

पुस्तक रुप (Book of forms)—सभी प्रकार के लेखा कार्य और लेन-देन के कार्य वित्त नियमावली खंड VI अथवा सार्वजनिक कार्य की लेखा संहिता में दिये गए प्रपत्र पर होते हैं। इन सभी लेखा प्रपत्रों पर नम्बर पड़े रहते हैं और यह सभी प्रपत्र "पुस्तिका के रुप" में सुविधा के लिए मिलते हैं। अलग-अलग प्रदेशों में मिलने वाले प्रपत्र एक दूसरे से भिन्न होते हैं पर मुख्य रूप-रेखा और सिद्धान्त लगभग समान ही होते हैं। केन्द्रीय सा० नि० वि० की अपनी अलग पुस्तक-रुप हैं और इसमें प्रत्येक प्रपत्र का नम्बर है और उसी से जाना जाता है। अधिकतर प्रदेश केन्द्रीय सा० नि० वि० द्वारा दिये गए क्रमाकों को ही अपने प्रदेश के प्रपत्रों के लिए अनुसरण करते हैं।

आदेश संग्रह (Manual of Orders)—आदेश संग्रह स्पष्ट रुप से विभाग से सम्बन्धित सभी प्रश्नों और नियमों के बारे में सरकारी आदेशों (G. O.) का उल्लेख करता है। विभाग के चलाने और उसके आचरण के लिए आदेश संग्रह का ही सहारा लिया जाता है। प्रत्येक सरकारी विभाग का अपना आदेश संग्रह होता है।

सार्वजनिक नि० वि० पुस्तिका (Manual of P. W. D) विभाग का संगठन, सेवा-नियम, सामान्य-नियम और विधियाँ, कार्यों का वर्गीकरण, कार्यों के अनुमान और अभिकल्प सम्बन्धी नियम, कार्यों का प्रारम्भ और पूरा करने से सम्बन्धित नियम, सरकारी भवनों के निर्माण के नियम, लेखा और बजट सम्बन्धी नियमों, के बारे में बताता है।

सार्वजनिक विभाग आदेश संग्रह (U. P.) तीन खंडों में मिलता है। प्रथम खंड में उपरिलिखित नियमों का उल्लेख मिलता है, दूसरे खंड में आदेश संग्रह, खंड I मे दिये गए नियमों की विस्तृत व्याख्या, वर्गीकरण होता है तथा खंड III आदेश संग्रह खंड I में दिये गए प्रपत्र संग्रह (Manual of forms) के लिए है (वास्तव में खड III अलग तौर पर नही निकाला गया है)।

बजट—बजट का अर्थ है प्रत्याशित आय-व्यय के बारे में एक वार्षिक विवरण, दूसरे शब्दों में प्रत्याशित आय-व्यय के वार्षिक विवरण को बजट कहते हैं। बजट अनुमान अथवा वार्षिक आय-व्यय का चिट्ठा अलग लेखा शीर्ष (Account Heads) के अन्तर्गत तैयार किया जाता है और वित्त वर्ष के आरम्भ होने से पूर्व संसद में प्रस्तुत किया जाता है, जहाँ पर मतदान के बाद यह पारित होता है। व्यय केवल सदन द्वारा स्वीकृत अनुदान से किया जा सकता है और जो वित्त विभाग की सहमति से दी जाती है। बजट अनुदान (Budget Grant) को बजट नियतन (Budget-Allotment) भी कहते हैं।

बजट सरकार के वित्त विभाग द्वारा सचिवालय के अधिकारियों तथा प्रशासनिक विभागों द्वारा दिये गए विवरणों तथा अन्य सामग्रियों के आधार पर बनता है। इसी के बाद ये विधान-सभा में पेश होता है। दोनों सदनों से विनियोग बिल (Appropriation Bill) पास होने और गवर्नर की स्वीकृति प्राप्त होने पर ही बजट अनुमान में दी गई राशि चालू वित्तीय वर्ष में व्यय की जा सकती है।

सार्वजनिक निर्माण विभाग (P.W.D) में मुख्य अभियन्ता (Chief Engineer) वार्षिक बजट विवरण अधीक्षण अभियन्ता (S. E.) और अधीशासी अभियन्ता (E. E.) से मिली सूचनाओं और विवरणों के आधार पर तैयार करता है, इसके बाद मुख्य अभियन्ता इस विवरण को सार्वजनिक निर्माण विभाग के सचिव के पास भेजता है और सचिव इसको ठीक से परखने, जांचने के बाद वित्त विभाग को भेज देता है।

बजट नियम संग्रह (Budget Manual)—इसमें विभागीय अधिकारियों और सचिवालय के विभिन्न विभागों के मार्ग दर्शन के लिए नियम दिये जाते हैं जैसे बजट किस प्रकार तैयार किया जाय, वार्षिक बजट अनुमान की जांच और व्यय पर नियन्त्रण जिससे कि यह (व्यय) अनुदान और विनियोग की सीमा के अन्दर ही रहे। ये नियम-कानून वित्त विभाग के कार्य को भी नियन्त्रिक करते हैं।

कार्य (Works)

किसी भी मूल कार्य के लिए इन्जीनियरी विभाग सम्बन्धित विभाग से प्राप्त सूचनाओं और आवश्यकताओं के आधार पर प्रारम्भिक प्राक्कलन तैयार करता है और इसके आधार पर एक प्रस्ताव बनाया जाता है। विभिन्न विभाग काफी सोच-विचार के बाद प्रस्ताव (कार्य और राशि के बारे में) पास करते हैं और अपनी स्वीकृति इन्जीनियरी विभाग को भेजते हैं। उदाहरण के लिए—अस्पताल का भवन गनाने के लिए पहले स्वास्थ्य विभाग एक प्रस्ताव रक्खेगा और सा० नि० वि० को प्रारम्भिक अनुमान (preliminary estimate) बनाने को कहेगा। तब सा० नि० वि० एक प्रारम्भिक अनुमान तैयार करेगा जो कि स्वास्थ्य विभाग द्वारा औपचारिक रुप से स्वीकार किया जायगा।

उसके उपरान्त इन्जीनियरी विभाग आवश्यक सर्वेक्षण योजना और अभिकल्प के आधार पर विस्तृत अनुमान तैयार करेगा। इसके बाद इस विस्तृत अनुमान को इन्जीनियरी विभाग के विशेष अधिकारी द्वारा तकनीकी स्वीकृति प्रदान की जायगी। सहायक अभियन्ता ओवरसियर की सहायता से और अधिशासी अभियन्ता के निर्देश में यह विस्तृत प्राक्कलन तैयार करता है। इसके बाद यह प्राक्कलन कमप्यूटर द्वारा परखा जाता है और तब अधिशासी अभियन्ता स्वीकृत प्रदान करता है यदि उसके सामर्थ्य के अन्दर हो नहीं तो उच्चतर अधिकारियों के पास तकनीकी स्वीकृति के लिए भेजा जाता है।

प्राक्कलन की तकनीकी स्वीकृति मिल जाने पर तथा विधि मिलने पर काम पूर्ण करने के लिए आरम्भ किया जाता है। निविदायें आमन्त्रित करके साधारणतय: सबसे कम रेट देने वाले को ठेका प्रदान किया जाता है।

कार्यों का उनके स्वभाव के अनुसार वर्गीकरण—स्वभाव के आधार पर कार्यों को दो मुख्य-मुख्य वर्गों में बाँटा जा सकता है - मूल कार्य तथा मरम्मत व अनुरक्षण सम्बन्धी कार्य—

मूल कार्य (Original Works)—मूल कार्य अलग-अंलग प्रकार के होते हैं—

(i) पूर्णतया नवीन निर्माण कार्य, जैसे नयी इमारतें, पुल, सड़क बाँध, प्रायोजना आदि।

(ii) वर्तमान (existing) कार्यों में परिवर्तन अथवा अतिरिक्त जोड़-तोड़ जिससे सम्पत्ति के मूल्य में वृद्धि होने की सम्भावना हो, जैसे कमरों की संख्या में वृद्धि, बरामदे को कमरे के रुप में परिवर्तित करना या बड़ कमरे को दो कमरों में बाँटना आदि।

(iii) नवीकरण (renovation) के लिए विशिष्ट मरम्मत या क्षतिग्रस्त भवन की पूरी तरह से मरम्मत जैसे—छत बदलना, फर्श बदलना, दरवाजे-खिड़कियां बदलना आदि।

मरम्मत वाले कार्य (Repair Works)--मरम्मत कार्य निम्नलिखित प्रकार के हो सकते हैं--

(i) कार्य को सुचारु स्थिति में रखने के लिए की गई मरम्मत जैसे भवनों तथा सड़कों की वार्षिक मरम्मत, जैसे वार्षिक मरम्मत, पुताई-लिपाई आदि।

(ii) ऐसे छोटे-मोटे परिवर्तन या वृद्धि, राशि सीमा (जैसे 200 रु.) के अन्दर, जिससे कि सम्पत्ति के मूल्य में वृद्धि नहीं होगी जैसे-दरवाजा खुलवाना, धूप-शेड लगवाना, अलमारी के खाने बनवाना आदि।

(iii) विशिष्ट मरम्मत, बरसात से हुई क्षति की मरम्मत आदि।

मूल्य के हिसाब से कार्यों का वर्गीकरण—मूल्य के आधार पर मूल्य कार्यों (original works) को तीन वर्गों में बांट सकते हैं—मुख्य (Majar) कार्य, लघु (Minor) कार्य और खुदरा या छोटे-मोटे कार्य (Petty)।

मुख्य कार्य (Major Works)--2 लाख रु. से अधिक मूल्य के कार्यों को मुख्य कार्य कहा जाता है और ऐसे कार्यों के प्राक्कलन को मुख्य प्राक्कलन कहते हैं।

लघु कार्य (Minor Works)—50,000 रु. से लेकर 2 लाध रु. मूल्य तक के कार्यों को लघु कार्य और इसके प्राक्कलन को लघु प्राक्कलन कहते हैं।

खुदरा या छोटे-मोटे कार्य (Petty Works)—ऐसे कार्य जिनका मूल्य 50,000 रु. से अधिक न हो खुदरा कार्य कहे जाते हैं और इनके प्राक्कलन को खुदरा प्राक्कलन कहते हैं।

(केन्द्रीय सा० नि० वि० के लेखा संहिता के अनुसार 75,000 रु. से अधिक मूल्य के कार्यों को मुख्य कार्य और प्राक्कलन को मुख्य प्राक्कलन तथा 75,000 रु. तक के कार्यों को लघु कार्य और ऐसे प्राक्कलन को लघु प्राक्कलन कहते हैं)।

विभिन्न प्रकार के मरम्मत वाले कार्य

सालाना मरम्मत अथवा अनुरक्षण कार्य (A. R. Works)--सभी निर्मित कार्य और इमारतों की मरम्मत की जाती है और सुदृढ़ स्थिति में रखा जाता है साधारण वार्षिक मरम्मत इस वर्ग में आते हैं।

सभी इमारतों की साल में एक बार मरम्मत की जाती हैं, सफेदी पुताई, रंग पुताई और लघु मरम्मत होती है। वार्षिक मरम्मत के लिये भवन के निर्माण की भूल लागत का 1 से $1\frac{1}{2}$ प्रतिशत धन रखा जाता है। सालाना मरम्मत साधारणतय: निविदायें या दर आमन्त्रित करके किया जाता है। इस काम के लिये बजट के वार्षिक मरम्मत और अनुरक्षण नामक शीर्ष के अन्तर्गत से धन दिया जाता है। वार्षिक मरम्मत का काम अलग-अलग विभाग स्वयं करवाते हैं—जैसे स्वास्थ्य विभाग के भवनों का अनुरक्षण कार्य स्वास्थ्य विभाग करता है, पुलिस विभाग अपने आधीन भवनों का अनुरक्षण स्वयं करवाता है आदि।

चतुर्वर्षीय मरम्मत (Quadrennial Repairs)—वार्षिक पुताई-मरम्मत के अतिरिक्त चार वर्ष में एक बार विशिष्ट प्रकार के मरम्मत कार्य किये जाते हैं जैसे—खिड़कियों-दरवाजों की रंगाई, पलस्तर टीप लगाना आदि। इस प्रकार के चतुर्वर्षीय कार्य को "चतुर्वर्षीय मरम्मत" कहते हैं।

विशिष्ट मरम्मत कार्य (Special Repair Works)—विशिष्ट मरम्मत कार्यों में नवीकरण संरचनाओं की टूटे कार्योंकी आती है। मोटी तौर से इसका सम्बन्ध फर्श को फिर से बनाना, छत नई बनाना और

ऐसे कार्यों से है जो काफी दिनों बाद किये जाते हैं। विशिष्ट मरम्मत कार्य में इमारत को लघु रूप से बेहतर बनाने का कार्य भी आता है। बाढ़ या वर्षा से हुए नुकसान के मरम्मत कार्य भी विशिष्ट मरम्मत के अन्तर्गत आते हैं।

मरम्मत कार्य साधारण तौर पर निविदाएं या दर आमन्त्रित करके किया जाता है। खुदरे कामों का अनुबन्ध या वर्क आर्डर या ठेका-करार (Contract agreement) के द्वारा होता है।

ठेका (Contract)--ठेका किसी व्यक्ति या फर्म द्वारा दिया गया वचन-भार होता है जिसके अन्तर्गत वह व्यक्ति या फर्म कोई भी कार्य निश्चित शर्तों और स्थितियों के अन्दर करने को बाध्य होता है। कार्य किसी भी प्रकार का हो सकता है जैसे—निर्माण, अनुरक्षण व मरम्मत का कार्य, भंडार सामग्री की आपूर्ति (supply) मजदूर जुटाना, सामान वहन करने का ठेका लेना आदि।

ठेकेदार (Contractor)--ठेकेदार ऐसे व्यक्ति या फर्म को कहते जो उपरोक्त कार्य करने का ठेका लेता है। साधारणतय: ये शब्द ठेकेदार सिर्फ इमारत निर्माण और मरम्मत करवाने वालों के लिए प्रयोग किया जाता है।

निविदा (Tender)—एक प्रकार का लिखित प्रस्ताव होता है। इसके माध्यम से ठेकेदार कोई निर्माण कार्य करने या किसी सामग्री की आपूर्ति निश्चित समय और निश्चित दर पर देने का प्रस्ताव करता है। यह करार विभाग या भवन के स्वामी और ठेकेदार के बीच होता है। निर्माण कार्य अधिकतर ठेके पर ही करवाया जाता है। मुहरबन्द निविदायें आमन्त्रित की जाती हैं और ज्यादातर न्यूनतम दर वाली निविदा को स्वीकार किया जाता है (पर यह आवश्यक नहीं है) निविदायें आमन्त्रित करने से पूर्व राशि-सूची (Bill of Quantities), विस्तृत विशिष्टियां, करार की शर्तें तथा योजना और रेखा-चित्र ठेकेदार को मूल्य लेकर भेजे जाते हैं। तब वे लोग निविदायें भर कर भेजते हैं।

अग्रिम राशि (Earnest Money)--निविदा भेजने के बाद ठेकेदार को प्राक्कलित लागत का 2% अग्रिम राशि के रूप में विभाग में जमा करना पड़ता है। यह अग्रिम राशि इस बात की गारन्टी करता है कि ठेकेदार ठेका मिलने पर उस कार्य को यथापूर्वक पूरा करेगा और भागने की कोशिश न करेगा। यदि ठेकेदार कार्य नहीं आरम्भ करता है तो उसकी यह जमा राशि जब्त की जा सकती है। जिन लोगों की निविदा स्वीकृत नहीं होती है उनकी अग्रिम राशि लौटा दी जाती। अग्रिम राशि की मात्रा कार्य की प्राक्कलित लागत पर निर्भर करती हैं और वह इस प्रकार है :—

50 रु.— 2000 रु. मूल्य तक के कार्यों के लिए; 100 रु.—2000 रु. से 5000 रु. मूल्य तक के कार्यों के लिये; 200 रु.– 5000 रु. से ऊपर और 10,000 रु. तक के कार्यो के लिये तथा 100 रु.— 10,000 रु. के ऊपर प्रत्येक 5000 रु. (या अंश) पर।

अग्रिम राशि नकद या किसी भी समय नकदीकरण योग्य होनी चाहिए। अग्रिम राशि कोषागार या स्टेट बैंक में जमा के रूप में, अधिकृत बैंक या सरकारी ऋण पत्र, बचत प्रमाण पत्र' पोस्ट आफिस बचत बैंक की पास बुक, अधिशासी अभियन्ता को बन्धक किये गए नकद प्रमाण-पत्र के रूप में भी जमा की जा सकती है।

जमानत धनराशि (Security Money)—निविदा स्वीकार हो जाने पर ठेकेदार को निविदा में दी गई राशि का 10 प्रतिशत जमानत राशि के रूप में विभाग के पास जमा करना पड़ता है। इसमें अग्रिम राशि सम्मिलित है। अर्थात् अग्रिम राशि को मिलाकर 10 प्रतिशत होना चाहिए यह राशि इस बात की गारन्टी करती है कि ठेकेदार कार्य को निश्चित समय में, निश्चित योजना और विशिष्टियों के अनुसार और

संतोषजनक रूप से पूर्ण करेगा और निहित शर्तों को मानेगा। यदि ठेकेदार उक्त ठेके की शर्तों को नहीं मानता है और उसके अनुसार कार्य नहीं करता है तो पूरी की पूरी जमानत राशि या उसका अंश जब्त कर लिया जाता है। कार्य के संतोषजनक रूप से और ठीक समय से पूर्ण हो जाने पर जमानत राशि ठेकेनार को लौटा दी जाती है। साधारणतयः यह राशि वर्षा ऋतु के बाद या कार्य समाप्त होने के छः महीने के बाद वापस की जाती है।

जमानत राशि वसूल करने का एक और तरीका है, कार्य आरम्भ करने से पूर्व एक साथ लेने के बजाय काम होने के साथ-साथ ठेकेदार द्वारा समय-समय पर दिये गए बिलों से धीरे-धीरे काटा जा सकता है।

साधारणतय: अग्रिम राशि जमानत राशि के अंश के रूप में लिया जाता है और शेष प्रत्येक रनिंग बिल से 10% काटा जाता है जब तक कि कुल योग निविदा में दीं राशि का 10 प्रतिशत न हो जाय।

ठेके की व्यवस्था—किसी भी कार्य के लिए ठेका मुहरबन्द निविदायें आमन्त्रित करके उठाया जाता है। निविदा सूचना दी जाती है जिसमें अग्रिम राशि, जमानत राशि, प्राक्कलित लागत, कार्य पूर्ण करने का आपेक्षित समय तथा निविदा जमा करने की तरीखा और सपय साफ-साफ दिये रहते हैं। ऐसे कार्य जिनकी प्राक्कलित लागत 20,000 रु. से अधिक हो, के लिये निविदा भेजने के लिए एक माह का समय अनिवार्य है। अतिआवश्यक या शीघ्र कार्यों के लिए अल्पकालीन सूचना दी जा सकती है पर इस प्रकार की सूचना देने का कारण आवश्यक लेखाबद्ध करना पड़ेगा। निविदायें निश्चित तारीख और समय पर आमन्त्रित करने वाले अधिकारी अथवा उसके अधिकृत प्रतिनिधि द्वारा खोले जाते हैं। वह प्रत्येक पर क्रम से नम्बर डालता है और हस्ताक्षर करता है। निविदा खुलते समय ठेकेदार या उसके प्रतिनिधि उपस्थित रहते हैं और सब दर पढ़े जाते हैं तथा एक तुलनात्मक विवरण तैयार दिया जाता है। इसके बाद निविदायें, तुलनात्मक विवरण और अधिकारी (सहायक अभियन्ता, उप-प्रभाग अधिकारी, अधिशासी अभियन्ता) की सिफारिश के साथ सक्षम प्राधिकारी (Competent authority) के पास स्वीकृति के लिए भेजा जाता है। अधिकतर न्यूनतम दर वाली निविदा स्वीकार्य की जाती है। पर ऐसा नहीं भी हो सकता है, यदि ठेकेदार की क्षमता संदग्धि हो, यदि उसका पहले का रिकार्ड खराब हो या और कोई कारण उसके विपरीत जाता हो। निविदा स्वीकृत हो जाने पर और ठेकेदार द्वारा जमानत राशि जमा कर देने पर उसे कार्य आरम्भ करने का आदेश दे दिया जाता है। निविदा के पत्रों पर बम्बर डाले जाते हैं, एक ठेका बांड (Contract bond) तैयार किया जाता है, मुहरबन्द करके सुरक्षित रूप से रख लिया जाता है।

निविदा स्वीकार करने की क्षमता या अधिकार—

निविदायें भिन्न-भिन्न अकारियों द्वारा वित्त नियमों में दिये गए अधिकारों या क्षमता के अनुसार स्वीकृत की जाती है। भिन्न अधिकारियों की कार्य करवा सकने की क्षमता निम्नलिखित है—

मुख्य अभियन्ता	... सम्पूर्ण अधिकार
अधीक्षण अभियन्ता	.... सम्पूर्ण अधिकार
अधिशासी अभियन्ता	... 5,00000 रुपये तक
जिला अभियन्ता या उप प्रभाग अधिकारी [एस. डी. ओ.]	... 50,000 रुपये तक
सहायक अभियन्ता	.... 20,000 रुपये तक

निविदा सूचना (Tender Notice)—निविदा सूचना अधिकृत फार्मों पर आमन्त्रित की जाती है। निविदा सूचना में निम्नलिखित बातें दी जाती हैं—

(i) निविदा आमन्त्रित करने वाली सत्ता का नाम, (ii) कार्य मा नाम व इसका स्थान, (iii) प्राक्कलित लागत, (iv) पूरा करने का समय, (v) निविदा फार्म का मूल्य, (vi) निविदा भेजने का स्थान, तारीख और समय, (vii) अग्रिम राशि तथा जमानत राशि की मात्रा, (viii) निविदा मान्यता (validity) आदि।

विभाग के सूचनापट पर भी टेन्डर-सूचना लगायी जाती है, और बड़े कामों के लिये सूचना सक्षिप्त रूप में समाचार पत्रों में भी निकलवायी जाती है।

निविदा सूचना का एक उदाहरण नीचे दिया गया है। रिक्त स्थान आवश्यकतानुसार भर लिये जाते हैं :—

निविदा सूचना

1. अधिशासी अभियन्ता·········खण्ड द्वारा निम्न कार्य के लिए मोहरबन्द निविदायें दिनांक··········· को··········· बजे तक प्राप्त किये जायेंगे।

कार्य का नाम················अनुमानित लागत रु.················

2. कार्य पूरी तरह से और संतोषजनक रुप से, आदेश मिलने के·················महीने के अन्दर पूर्ण हो जाना चाहिए।

3. निविदा प्रपत्र अधिशासी अभियन्ता················खण्ड के कार्यालय से·········बजे से·········बजे तक प्रतिदिन (इतवार और छुट्टियां छोड़कर) रू·················प्रति निविदा देकर प्राप्त किये जा सकते हैं।

4. प्रत्येक निविदा के साथ रू················की बयाने की धनराशि जमा होगी। बयाने की धनराशि निम्न रुप में हो सकती है—

(i) नकद या कोषागार चालान, (ii) डाकघर बचत बैंक की पास बुक, (iii) स्टेट बैंक या किसी भी मान्यताप्राप्त बैंक की काल डिपाजिट रसीद, (iv) राष्ट्रीय बचत प्रपत्र, यह सभी अधिशासी अभियन्ता के नाम प्रतिश्रुति (pledged) होनी चाहिए।

5. निविदायें दिनांक··············को············बजे अधिशासी अभियन्ता द्वारा या मनोनीत प्रतिनिधी द्वारा अधिशासी अभियन्ता के कार्यालय में खोले जायेंगे।

6. अधिशासी अभियन्ता को यह अधिकार होगा कि बिना कारण बताए किसी भी अथवा समस्त निविदाओं को निरस्त कर दे।

7. वह व्यक्ति जिसका निविदा मंजूर किया गया है, यदि ठेके पर हस्ताक्षर नहीं करता है और निश्चित समय············दिन के अन्दर प्रतिभूति जमा नहीं करता है तो उसके द्वारा जमा की हुई बयाने की धन राशि जब्त कर ली जायगी और उसकी निविदा निरस्त कर दी जायगी।

8. निविदा की दरें पूर्ण कार्य के लिए होंगी तथा दरों में खदान का कार्य, रायल्टी, परिक्षण, छानना, औजार और मशीनें, कार्य स्थल तक सामग्री का परिवहन, रद्द सामग्री को हटाना तथा बदलना, आय कर, बिक्री कर, चुंगी, सामग्री मजदूरी आदि सम्मिलित होंगी।

9. निविदा दरें, निविदा खुलने से तीन महीने तक मान्य होंगी।

10. राशि सूची में परिमाण लगभग होता है जो कि घट या बढ़ सकता है और इसके लिए ठेकेदार को कोई छतिपूर्ति नहीं दिया जायगा। यदि कोई मद या मदों का परिमाण बदलता है। जिससे कुल लागत में 20% से अधिक परिवर्तन न हो तो दरों में परिवर्तन नहीं किया जायगा।

11. राशि सूची में दरें अंकों तथा शब्दों दोनों में ठीक से लिखे जायेंगे।

अधिशासी अभियन्ता............खण्ड

कार्य पूर्तिकरण के विभिन्न प्रकार—कार्य पूरा करने के भिन्न-भिन्न तरीके होते हैं :—

(i) रोजमर्रा के कर्मचारी को उपस्थिति नामावली (Muster Roll) पर लगाना, (ii) उजरत दर पर काम करवाना, (iii) कार्य आदेश (Work Order), (iv) इकमुश्त ठेका, (v) इकमुश्त अनुसूचित ठेका (Lump Sum and Schedule Contract), (vi) अनुसूचित ठेका या मद-दर (Item Rate) ठेका, (vii) श्रम ठेका ; (viii) मूल्य तथा प्रतिशत (Costs and Percentage) ठेका।

दैनिक श्रमिक उपस्थिति नामावली का तरीका (Muster Roll System)—विभाग स्वय मजदूर, कुली, भिश्ती, कारीगर, बढ़ई लगाकर कार्य करवा सकता है। आवश्यक सामग्री जैसे ईंट, सीमेंट, बालू, चूना, सुर्खी, लकड़ी, लोहा, लक्कड़, ओजार आदि भण्डार से मांग-पत्र (indent) भेज कर मंगवाये जा सकते हैं। अन्यथा बाजार में सीधे खरीदे जा सकते हैं और खर्चा उक्त काम के नाम में डाला जा सकता है। श्रमिकों को उपस्थिति नामावली में ओवरसियर या उसके प्रतिनिधि (कार्य-पर्यवेक्षक, मिस्त्री, साथी (mate) आदि) द्वारा अंकित की जाती है मजदूरों की हाजरी की सहायक अभियन्ता, उप-प्रभाग अधिकारी या मण्डल अभियन्ता समय-समय पर जांच करता और अपने हस्ताक्षर करता है। श्रमिकों को भुगतान साप्ताहिक, द्विसाप्ताहिक, मासिक रूप से या कार्य पूरा होने पर (जैसा ठीक हो) किया जाता है। उपस्थिति-नामावली भुगतान करने के लिये बन्द करने पर उस अवधि में हुए कार्य की माप की जाती है और माप-पुस्तक (M. B.) में लिखा जाता है। उपस्थिति-नामावली में प्रत्येक मजदूर-कर्मचारी को भुगतान की राशि कुल भुगतान की गई राशि तथा कार्य की मात्रा ओवरसियर द्वारा अंकित की जाती है और नामावली तब पूरी हो जाती है। इस प्रकार तैयार करने के बाद उपस्थिति-नामावली को सहायक अभियन्ता अथवा उप-प्रभाग अधिकारी या अधिशासी अभियन्ता के पास भेजी जाती है जो क्लर्क से जांच कराके भुगतान का आदेश करता है। इसके बाद अस्थाई अग्रिम राशि (Temporary Advance) अथवा अस्थाई अग्रदाय धन (Temporary Imprest) के रूप में चेक द्वारा या नकद रूप में पूरी राशि ओवरसियर या सहायक अभियन्ता को दी जाती है जो कि इसके उपरान्त ये राशि मजदूरों, कारीगरों में बांटता है और हस्ताक्षर लेता है। इस भुगतान का लेखा-विवरण नकद अग्रदाय लेखा (Cash Imprest Account) प्रपत्र के रूप में अनुलिपि सहित भुगतान करने वाले के द्वारा तैयार किया जाता है। इसकी एक कापी उपस्थिति नामावली के साथ संलग्न करके प्रभागीय अथवा उप-प्रभागीय अधिकारी के पास भेज दी जाती है जहां इसे मासिक लेखा में सम्मिलित कर लिया जाता है। अग्रदाय लेखा वितरण की दूसरी कापी भुगतान करने वाला अधिकारी अपने पास कार्यालय कापी के रूप में रख लेता है। ऐसी मजदूरी वेतन जिसका भुगतान नहीं किया गया, कि राशि ऐसे खाते (Register of Unpaid Wages) में अंकित की जाती है और धनराशि उप-प्रभागीय या प्रभागीय कार्यालय में जमा कर दी जाती है न भुगतान की गई राशि बाद में श्रमिकों को हस्त-रसीद (प्रपत्र 28) पर दी जा सकती है। अस्थायी अग्र राशि लेखा (अग्रदाय नकद लेखा) को जितनी जल्दी हो सके बन्द कर देना चाहिये।

सड़कों, नहरों के मरम्मत और रख-रखाव का कार्य ज्यादातर दैनिक श्रमिकों के गुटों से करवाया जाता है।

नकद अग्रदाय लेखा रखने के लिए जैसे ही पैसा प्राप्त हो उसका विवरण, नकद अथवा चेक नम्बर, जैसा भी लिखना चाहिये। भुगतान जिस प्रकार किये गये हैं उसी क्रम में लिखना चाहिये। प्रत्येक वाउचर पर नम्बर डालना चाहिये अग्रदाय धारक के वाउचर नं० के रूप में और अग्रदाय लेखा में लिखना चाहिए। अग्रदाय लेखा फार्म की उल्टी तरफ 'व्यय का सार' (Abstract of Charges) के लिए स्तम्भ बने रहते हैं जिसमें किस कार्य के लिए खर्चा हुआ है और कितना हुआ है, दिया जाना चाहिये।

उपस्थिति-नामावली (Muster Roll)—इसके दो हिस्से होते हैं।

प्रथम अंश (Part I) (Nominal Roll)—जिससे रोजाना की उपस्थिति दर्ज की जाती है। इस अंश में अलग-अलग बातों के लिये स्तम्भ बने रहते हैं जैसे मजदूर का नाम, पद, पिता का नाम, उपस्थिति-तिथि, दर, कुल देय (एक के लिये), कुल देय (सम्पूर्ण के लिये), हाजिरी लेने वाले के हस्ताक्षर, भुगतान करने वाले अधिकारी के हस्ताक्षर आदि और इन स्तम्भों की पूर्ति की जाती है। किसी मजदूर पर कोई जुर्माना किया गया है तो इसका विवरण भी प्रथम अंश में दिया जाता है। उपस्थिति नामावली की प्रतिलिपि नहीं बनाई जाती और इन्हें इस प्रकार लिखना चाहिये (स्याही से) कि इनमें किसी प्रकार के अनुचित परिवर्तन और गड़बड़ी की सम्भावना न हो। श्रमिकों के नाम उनके पृथक-पृथक वर्ग जैसे राज-मिस्त्री, मजदूर, बढ़ई आदि के आधार पर लिखे जाते हैं।

द्वितीय अंश (Part II)—श्रमिक के काम की मात्रा और कार्य की प्रगति का उल्लेख इस अंश में होता है। माप ली जाती है और माह-पुस्तक (M. B.) में लिखी जाती है। एक मात्रा सार (Abstract of Quantities) उप-शीर्ष के साथ तैय्यार किया जाता है और इस मात्रा-सार का विवरण उपस्थिति-नामावली के द्वितीय अंश में माप पुस्तक का हवाला देते हुए किया जाता है। यदि कार्य माप-योग्य नहीं है तो इस आशय का एक वक्तव्य इस अंश में देना चाहिए (उपस्थिति-नामावली का एक नमूना 653 पृष्ठ पर दिया गया है)।

भुगतान न की गई मजदूरी का विवरण एक अदत्त-मजदूरी पन्जी (Register of Unpaid Wages) में किया जाता है, ये पन्जी खण्ड कार्यालय अथवा उप,खण्ड कार्यालय में तैयार की जाती है। इसके बाद अदत्त मजदूरी का भुगतान हस्त-रसीद (Hand Receipt) पर किया जाता है (फार्म 28 के अनुसार) और इस आशय की एक टिप्पणी अदत्त मजदूरी पन्जी में मूल विवरण के सामने की जाती है तथा सम्बन्धित उपस्थित-नामावली में भी लिख दिया जाता है।

उपस्थिति नामावली तैयार करना—उपस्थिति नामावली निम्नलिखित नियमानुसार तैयार की जाती है—

(1) प्रत्येक कार्य के लिए एक या अधिक उपस्थिति नामावली रक्खी जा सकती है, परन्तु इसकी अनुलिपि नहीं बनाई जायगी। पास के छोटे-मोटे कामों पर लगाये गये मजदूरों के लिए एक अलग उपस्थिति नामावली रक्खी जा सकती है।

(2) मजदूरों को भुगतान महीने में एक से अधिक बार किया जा सकता हैं पर प्रत्येक अवधि के लिये पृथक उपस्थिति नामावली रखना आवश्यक है।

(3) मजदूरों की उपस्थिति और अनुपस्थिति, और यदि उन पर कोई जुर्माना आदि किया गया हो, का पूर्ण विवरण नित्य-प्रति उपस्थिति-नामावली में दिया जाना चाहिए। इन्हें साफ-साफ स्याही से लिखना चाहिये जिससे कि किसी प्रकार की बेईमानी और रद्दोबदल की गुंजायश न रहे। कार्यों में मूल्य का वर्गीकरण और कार्यों के उपशीर्ष अलग-अलग देने चाहिये।

(4) उपस्थिति-नामावली पास हो जाने पर भुगतान तुरन्त किये जाने चाहिये। प्रत्येक भुगतान पर अदा करने वाले अधिकारी के तारीख के साथ हस्ताक्षर किये जाने चाहिये। यदि कोई भुगतान रह गया है तो इसके बारे में अदत्त मजदूरी-पन्जी में विवरण होना चाहिये।

(5) अदत्त मजदूरी नकद रूप में जमा रक्खी जाती है। बाद में यह हस्त रसीद प्रपत्र-28 लेकर भुगतान की जाती है और इसका लेखा अदत्त मजदूरी-पन्जी में मूल-विवरण के सामने कर दिया जाता है।

श्रमिक-रिपोर्ट (Labour Reports)—बड़े कार्य या कार्य-समूह जो कि दैनिक मजदूरों के द्वारा किये जाते हैं के लिए एक संघठित श्रमिक-रिपोर्ट ओवरसियर द्वारा तैयार की जाती है। इसमें उपस्थिति-नामावली के अनुसार रोजाना लगाये गये मजदूरों का ब्योरा होता है, और यह एक निर्धारित प्रपत्र पर बनाई जाती है और उप-प्रभाग अधिकारी अथवा अधिशासी अभियन्ता को जांच और नियन्त्रण हेतु भेजी जाती है। इस रिपोर्ट में काम का नाम, मजदूरों की संख्या उनके वर्ग और अलग-अलग काम के आधार पर, मजदूरी की दर और किये गये काम को मात्रा (approx) दिये जाते हैं। उप-प्रभाग कार्यालय या प्रभाग कार्यालय में भेजे जाने पर इसकी उपस्थिति नामावली से तुलना की जाती है और यदि कोई त्रुटि या गड़बड़ी पाई जाती है तो उसकी तुरन्त जाँच की जाती है और उचित कार्यवाही की जाती है। श्रमिक-रिपोर्ट प्रपत्र पुस्तक-रूप में होते हैं और उनकी प्रनुलिपि बनाई जाती है। एक प्रतिलिपि जमा कर दो जाती है और प्रति रूप ओवरसियर अपने पास रख लेता है। श्रमिक-रिपोर्ट प्रपत्र का नमूना नीचे दिया जा रहा है—

दैनिक रिपोर्ट तारीख ....19..........

मजदूर कार्य जिसमें लगाये गये हैं	मजदूर की श्रेणी	प्रत्येक श्रेणी की संख्या	दर	किये गये कार्य की सन्निकट मात्रा

हस्ताक्षर.................. दिनांक..................

प्रपत्र 21—उपस्थिति नामावली

रोकड़ बही वाऊचर संख्या.............................. तारीख..................................

कार्य का नाम...

प्रथम अंश

मजदूर का नाम व पद	क्रम संख्या	नाम (श्रेणी के अनुसार)	पिता का नाम	तारीख..........महीना									योग	दर		राशि		भुगतान करने वाले अधिकारी के हस्ताक्षर
														रु०	पै०	रु०	पै०	
प्रत्येक दिन का योग ...																		
हाजिरी लेने वाले के हस्ताक्षर																		
निरीक्षण करने वाले अधिकारी के हस्ताक्षर																		

...............रु० के लिये पास किया जाता है (रुपये...............)

हस्ताक्षर.......... पद..........

				रु०	पै०
उपस्थिति नामावली का कुल योग	....	....	....	—	—
घटायें—ऐसे भुगतान जो कि नहीं किये गये हैं					
बाकी की पंजी के अनुसार	...	...	...	—	—
कुल राशि रुपयों में	...	...	...	—	—

तारीख.............. हस्ताक्षर.................पद..............

द्वितीय अंश—प्रथम अंश में लिये गये मजदूरों द्वारा किये कार्य का विस्तृत माप ऐसे कार्यों के लिये जिसमें माप लेना सम्भव न हो।

कार्य का विवरण (उप-शीर्षक के हिसाब से समूहित)	मात्रा	पिछले उपस्थिति नामावली में जो दिखाया हुआ हो घटायें	शेष

माप लिया गया (तारीख..................................) हस्ताक्षर..................पद..........

माप पुस्तक संख्या..................पृष्ठ.................... तारीख ....

ठेका कार्य अनुबन्ध (Piece Work Agreement)—उसे कहते हैं जिसमें केवल दर तय की जाती है। सम्बन्धित कार्य की मात्रा और समय का इस पर प्रभाव नहीं होता। रु. 2000·00 मूल्य तक के छोटे-छोटे अथवा ठेका-कार्य ठेकेदार लोग ठेका-कार्य अनुबन्ध द्वारा करते हैं। इस अनुबन्ध में लिए जाने वाले विभिन्न कार्यों का विवरण और उनकी मजदूरी की दर का उल्लेख रहता है। इसमें कार्य की मात्रा और कार्य पूर्ति का समय नहीं दिया जाता। इसमें कार्य की विस्तृत विशिष्टिया और पूरे कार्य का मूल्य भी लिखा लाता है। आवश्यक सामान, मजदूर, आदि जुटाने की जिम्मेदारी ठेकेदार की होती है। सही माने में ठेका कार्य अनुबन्ध ठेका नहीं होता है क्योंकि इसमें दंड खण्ड (penalty clause) और जमानत राशि के बारे में कुछ नहीं रहता और विभाग करानामे की समाप्ति इच्छानुसार जब चाहे कर सकता है। इस समाप्ति के बारे में ठेका कामगार को पहले से सूचना देनी चाहिए। यदि ठेकेदार कार्य को सुचारु रूप से और समय से पूरा नहीं कर पाता है या खराब सामान प्रयोग करता है तो किसी अन्य बाह्य सस्था की मदद ली जा सकती है। उसका खर्चा ठेकेदार से वसूल किया जायेगा। आवश्यक या शीघ्र छोटे कार्य इसी पद्धति के द्वारा करवाये जाते हैं। इसमें निविदायें आमन्त्रित नहीं की जातीं पर ठेकेदारों का चयन उद्धरण (quotation) के आधार पर करते हैं। विभिन्न मदों की दरें दर अनुसूचि के अन्दर या मजूर की गई प्राक्कलित दरों के अन्दर होनी चाहिए। वास्तविक कार्य के आधार पर भुगतान किया जाता है।

विशेष परिस्थितियों में रु० 7500·00 मूल्य तक के कार्य भी इस पद्धति से अधिशासी अभियन्ता द्वारा करवाये जा सकते हैं, पर एकरारनामे में कार्य की शीघ्रता और कारण देना पड़ेगा।

ठेका कार्य अनुबन्ध प्रपत्र

जिला.......................... खण्ड..............................

कार्य का नाम.................. ठेकेदार का नाम....................

मैं निम्नलिखित शर्तों के अधीन अधोलिखित कार्य खुदरे दर पर करने को सहमत हूं व मुझे इसका भुगतान अधिशासी अभियन्ता/उप-खण्ड अधिकारी..................खण्ड निम्नलिखित सूचि में दी गई दरों पर किये गये कार्य की माप के अनुसार करेंगे।

(क्रमशः)

कार्य का नाम	मद संख्या	किये जाने वाले कार्य का विवरण व वर्ग	गणना की इकाई	भुगतान की दर

टिप्पड़ी—जिस कार्य का भुगतान किये गये कार्य के परिमाण के अनुसार किया जाय व कुल कार्य या उसमें लगे समय पर विचार न किया जाय, उस कार्य को खुदरा कार्य (piece work) कहते हैं।

दिनांक................ निविदा देने वाले पक्ष (ठेकेदार) के हस्ताक्षर...........

साक्षी................ पता...

मैंने स्वीकार किया ....

अधिशासी अभियन्ता/उप-मंडल अधिकारी..................

ठेका कार्य अनुबन्ध की शर्तें—

(1) ठेका कामगार पूरी मेहनत और कुशलता से काम करेगा वह उत्तम उपलब्ध सामग्री प्रयोग करेगा। सामग्री, मात्रा, कार्य की प्रगति और मात्रा के बारे में अधिशासी अभियन्ता अथवा उप-प्रभाग अधिकारी का निर्णय अन्तिम होगा।

(2) कार्य समाप्त होने पर परिमाप के बाद भुगतान किया जायगा। लम्बे अवधि के कार्यों के लिए सुगमता के अनुसार समय-समय पर साधारणतयः माह में एक बार, भुगतान किया जा सकता है।

(3) अधिशासी अभियन्ता/उप-प्रभाग अधिकारी इस अनुबन्ध को यदि चाहे तो, अपनी इच्छानुसार कभी भी अन्त कर सकता है।

(4) खराब काम होने या सामग्री खराब पायी जाने पर अधिशासी अभियन्ता उप-प्रभाग अधिकारी उसको हटवा सकता है या बदलवा सकता है। बदले हुए सामान का मूल्य अस्वीकृत कार्य के मूल्य के बराबर धनराशि ठेकेदार को दिये जाने वाले धन से काट सकता है।

(5) सरकार यदि ठेका मजदूर को कर्मकार प्रतिकर अधिनियम (Workmen's Compensation Act) के अन्तर्गत कोई हर्जाना देती है तो ऐसी राशि उसके बाद में वसूल की जाती है।

(6) यदि अनुबन्ध कार्य पूर्ति के पहले ही समाप्त कर दिया जाये तो अधिशासी अभियन्ता/उप-प्रभाग अधिकारी को अधिकार होगा कि वह कार्य-पूर्ति के लिए बची आवश्यक सामग्री ले लेगा यदि ठेका कामगार उसके निर्धारित मूल्यांकन से सहमत है। यदि वह मूल्यांकन से सन्तुष्ट नहीं है तो उसे सब सामान कार्य क्षेत्र से 14 दिन के अन्दर हटा लेना पड़ेगा। ऐसा न करने पर विभाग स्वयं हटवायेगा और इसका खर्चा उससे वसूल कर लेगा।

ठेका कार्य अनुबन्ध समाप्त करने की पद्धति—यदि अनुबन्ध खतम होने के पहले ही समाप्त किया जाय तो इसका तारीख की सूचना कार्यकर्ता को भेजी जायगी और रसीद ले ली जायगी। यदि बचे सामान को बिभाग

लेना चाहता है तो कार्यकर्ता को मूल्यांकन के सम्बन्ध में लिखित सहमति आवश्यक है। इसके पूर्व सामान प्रयोग में नहीं लिया जा सकता।

कार्य आदेश (Work Order)—रु. 2000·00 मूल्य तक के छोटे कार्य कार्य-आदेश द्वारा करवाये जाते हैं। यह एक प्रकार का ठेका है। जो कि विभिन्न कार्यों की मात्रा, विस्तृत विशिष्टियां काम के पूर्ण होने का समय, शर्तों को न मानने पर जुर्माना आदि निर्धारित करता है। कार्य परिमाप के बाद भुगतान किया जाता है। ठेकेदार के समय-समय पर दिये गए बिल से 10 प्रतिशत जमानत राशि के रूप में काटी जाती है जो कि कार्य संतोषपूर्वक और समय से पूरा होने पर लौटा दी जाती है। बाह्य संस्था की मदद, काम खराब करने या असंतोष-जनक प्रगति पर ली जा सकती है। आमतौर से ठेकेदार का चुनाव उद्धरण आमन्त्रित करके होता है। (ठेका-कार्य अनुबन्ध सा. नि. वि. में और कार्य-आदेश सिंचाई विभाग में प्रयोग किये जाते हैं)

ठेका प्रणाली (Contract System)

इस पद्धति में काम ठेकेदारों द्वारा करवाया जाता है। काम के लिए सामान और मजदूर जुटाने की जिम्मेदारी ठेकेदार पर है। ठेका अनुबन्ध एक प्रकार का बंधक है और ठेकेदार तथा विभाग उसके नियमों से बंधे होते हैं। ठेका अनुबन्धों में कार्य की मात्रा और दर, विभिन्न कार्यों की विस्तृत विशिष्टियां, कार्थ समाप्त करने का अनुमानित समय और अन्य शर्तें दी रहती हैं। ठेकेदारों को पूरे कार्य के मूल्य का 10 प्रतिशत जमानत राशि के रूप में जमा करना पड़ता है। साधारणतय: ठेके मुहरबन्द निविदायें आमन्त्रित करके प्रदान किये जाते हैं। अधिकतर सबसे कम दाम वाली निविदा देने वाले ठेकेदार को काम सौंप दिया जाता है।

इकमुश्त ठेका (Lump Sum Contract)—इस प्रकार के ठेके में ठेकेदार किसी विशिष्ट काम और उससे सम्बन्धित कार्यों का निश्चित समय में सब प्रकार से पूरा करने का वादा करता है और उसके लिए एक निश्चित धन की मात्रा लेता है। ठेका अनुबन्ध में सम्पूर्ण कार्य से सम्बन्धित विस्तृत विशिष्टियां, योजना और रेखाचित्र, 10 प्रतिशत जमानत राशि, जुर्माना, कार्य प्रगति का विवरण रहता है। साधारण विशिष्टियां और भवन के विभिन्न भागों का विवरण भी, माप के साथ जहां जरूरत हो, दिया जाता है। मात्रा अथवा भिन्न कार्यों की अनुसूची नहीं दी जाती है। ठेकेदार को योजना और विशिष्टियों के आधार पर निश्चित समय और दर पर पूरा करना होगा। कार्य पूर्ण होने पर कार्यों के भिन्न हिस्सों का विस्तारपूर्वक माप लेने की आवश्यकता नहीं रहती। सम्पूर्ण कार्य की तुलना मूल योजना और रेखाचित्र से कर ली जाती है।

इकमुश्त और अनुसूचित ठेका (Lump Sump and Schedule Contract)—इसका रूप इकमुश्त ठेका के समान ही है। सिर्फ इतना अन्तर है कि इसमें दर अनुसूची भी दी जाती रहती है। इस प्रणाली के अन्तर्गत ठेकेदार किसी कार्य को निश्चित समय में और दर पर पूरा करने का वादा करता है। दर अनुसूची दिये रहने से अतिरिक्त कार्य करवाने या संशोधन परिवर्तन करवाने पर लेन-देन का निर्धारण हो सकता है। इसमें भी मूल काम के भिन्न-भिन्न हिस्सों का माप लेने की आवश्यकता नहीं पड़ती, केवल अतिरिक्त कार्यों का माप लिया जाता है। यद्यपि मूल कार्य की तुलना योजना और रेखाचित्रों से कर लेना आवश्यक है। अन्य शर्तें 10 प्रतिशत जमानत की राशि, जुर्माना, कार्य प्रगति इत्यादि, ठेका अनुबन्ध में दी जानी चाहिये।

अनुसूचित ठेका अथवा मद-दर ठेका (Schedule or Item Rate Contract)—अनुसूचित ठेके के अन्तर्गत ठेकेदार किसी दिये हुए कार्य को मद दर (Item Rate) के आधार पर पूरा करने का वादा करता है। ठेकेदार को भुगतान की जाने वाले धन की मात्रा किये जाने वाले काम के भिन्न-भिन्न मदों की मात्रा

पर निर्भर करती है। इस ठेके के अन्तर्गत मात्रा, कार्य के विभिन्न हिस्सों की दर, राशि, पूर्ण ठेके की राशि (राशि सुचि दर के साथ, राशि और कुल देय), योजना और विस्तृत रेखाचित्र, विशिष्टियाँ और 10 प्रतिशत जमानत राशि, जुर्माना, कार्य प्रगति, पूरा करने की तारीख आदि का उल्लेख रहता है। ठेकेदार को उसके द्वारा किये गये कार्य के विभिन्न हिस्सों के परिमाप के आधार पर भुगतान किया जाता है। साधारणतया इस प्रणाली का उपयोग सभी कार्यों के लिये किया जाता है।

मद-दर ठेका सरकारी छपी हुई दर अनुसूचि से कुछ प्रतिशत ऊपर या नीचे हो सकता है।

ठेका अनुबन्ध सम्बन्धी कागजात या दस्तावेज का नमूना पृष्ठ 658 पर ठेका कागजात शीर्षक के अन्तर्गत दिया गया है।

ठेके की शर्तें—इसकी सामान्य शर्तें निम्नलिखित हैं :—

इसमें दर सम्पूर्ण कार्य के लिए तय की जाती है, जिसमें सामान, ढुलाई, मजदूर, औजार और मशीनें आदि और अन्य प्रबन्ध सम्मिलित हैं।

ठेकेदार मूल्य का 10 प्रतिशत जमानत राशि के रूप में जमा करेगा। यह राशि थोड़ा-थोड़ा करके ठेकेदार के चालू बिल में से काटा जा सकता है। ठेकेदार को एक निश्चित तारीख तक काम पूरा कर लेना पड़ेगा और मासिक प्रगति रखनी पड़ेगी। यदि वह ऐसा नहीं कर पाता है तो उसे हर्जाना या जुर्माना देना पड़ेगा और उसकी पूरी जमानत राशि या उसका कुछ अंश जब्त किया जा सकता है। कार्य अवधि बढ़ाई भी जा सकती है, इसके लिये ठेकेदार को कारण बताते हुए प्रार्थना पत्र देना पड़ेगा। ठेकेदार के चालू-बिल का कार्य की प्रगति के साथ-साथ विभाग द्वारा समय-समय पर भुगतान करना पड़ेगा। यदि कोई सामान ठेकेदार को दिया जाता है तो उसका मूल्य उसके प्रथम चालू बिल के भुगतान में से काट लिया जायगा। कार्य आवश्यक रूप से विशिष्टियों, रेखाचित्र और अन्य आदेशों के अनुसार किया जायगा। खराब निर्माण कार्य विभाग द्वारा गिराया जा सकता है या ठेकेदार से हर्जाना या जुर्माना वसूल किया जा सकता है। यदि काम सन्तोषजनक रूप से नहीं हो रहा है तो मूल ठेके के अनुसार किसी अन्य बाह्य संस्था की सहायता ली जा सकती है। खराब कार्य, असंतोषजनक कार्य-प्रगति इत्यादि पाये जाने पर ठेका विभाग द्वारा समाप्त किया जा सकता है और ठेकेदार की पूरी जमानत राशि या इसका कुछ अंश जब्त किया जा सकता है। यदि किसी सक्षम-अधिकारी द्वारा योजना और प्रारूप में कोई परिवर्तन किया जाता है तो ठेकेदार को परिवर्तित अभिकल्प के अनुसार कार्य करना पड़ेगा। ठेके में अतिरिक्त मदों के लिये भुगतान चालू दर-अनुसूचि के आधार पर किया जा सकेगा। ठेकेदार को काम में आने वाली मशीनों और औजारों का प्रबन्ध करना पड़ेगा। कार्य का निरीक्षण किया जायगा। काम को छोटे-छोटे ठेकों पर नहीं उठाया जा सकेगा। ठेकेदार मजदूरों को उस स्थान में चालू दर पर मजदूरी देगा। मजदूरों को कोई शारीरिक क्षति या अन्य किसी प्रकार का नुकसान होने पर हर्जाना देने की जिम्मेदारी ठेकेदार की होगी। किसी भी प्रकार के दावे सम्बन्धी वाद विवाद में अधीक्षण अभियन्ता का निर्णय अन्तिम होगा।

ऐसे सभी कर-शुल्क जो कि दरों में शामिल है ठेकेदार देगा। मजदूरों के लिये कार्यस्थल पर सुख-सुविधा जुटाना भी ठेकेदार का काम है।

ठेका-अनुबन्ध ठेकेदार और काम करवाने वाले विभाग को कानूनी रूप से बांधता है। ठेकेदार की ड्यूटी है कि वह काम को समय से रेखा-चित्रों और अभिकल्प के आधार पर पूरा करे, और बीच ही में छोड़ न दे।

विभाग का काम है यह देखना कि ठेकेदार कायदे से और समय से काम पूरा करता है और प्रगति बनाये रखता है।

ठेका-दस्तावेज (Contract Documents)

काम ठेके पर सौंपने से पहले एक अनुबन्ध या इकरारनामा तैयार किया जाता है। इस अनुबन्ध या इकरारनामे को हस्ताक्षर के साथ मुहरबंद किया जाता है और साथ में निम्नांकित कागजात लगाये जाते हैं। प्रत्येक पृष्ठ पर ठेकेदार और स्वीकृत करने वाले अधिकारी के हस्ताक्षर किये जाने चाहिये। सभी शुद्धियाँ (corrections), यदि की गई हों, तो हस्ताक्षर सहित होने चाहिये।

(1) **शीर्षक पृष्ठ**—काम का नाम, ठेका-बंधक की संख्या आदि दी जाती है।

(2) **सूचक पृष्ठ (Index Page)**—अनुबंध की विषय-सुची पृष्ठ संख्या के साथ रहती है।

(3) **निविदा सूचना**—इसमें काम के बारे में एक संक्षिप्त विवरण, कार्य की प्राक्कलित लागत, निविदा देने का समय और दिन (तारीख), जमानत और अग्रिम राशि, कार्य पूरा करने की अवधि आदि दी जाती है। अग्रिम राशि जो कि साधारणतया प्राक्कलित लागत की 2% होती हे टेन्डर के साथ जमा करनी चाहिये।

(4) **निविदा फार्म (Tender Form)**—इसमें राशि सूची, ठेकेदार द्वारा दी गई दरें, कार्य की पूरी लागत, काम का पूरा होने का समय, कार्य-प्रगति, जमानत-राशि, जुर्माना आदि के बारे में लिखा जाता है।

(5) **राशि सूची अथवा मात्रा-अनुसूचि (Bill of Quantites or Schedule of Quantities)**—कार्य के भिन्न-भिन्न अंशों की मात्रा, उन पर होने वाली लागत और उनके अलग-अलग दरों का विवरण, तथा पूरे कार्य की लागत का विवरण।

(6) **सामग्री देने की अनुसूचि (Schedule of Issue of Materials)**—ऐसे सामान की सूची (दर और देने के स्थान के साथ) जो कि ठेकेदार को प्रयोग के लिये दिया जा रहा है।

(7) **सामान्य विशिष्टियां**—कार्य का वर्ग और प्रकार (साधारण रूप में) का विवरण।

(8) **विस्तृत विशिष्टियां**—कार्य के प्रत्येक मद का और प्रयोग में आने वाले प्रत्येक सामान का।

(9) **रेखा-चित्र**—रेखा-चित्रों का पूरा सेट, जिसमें योजना, सम्मुख दृश्य, खण्ड, विस्तृत आलेख आदि सम्मिलित हैं, माप के साथ दिया जाता है।

(10) **ठेके की शर्तें**—ठेके के नियम और शर्तें विस्तारपूर्वक जैसे—

(i) दर (जिसमें सामान की ढुलाई, मजदूर, कल-पुर्जे और अन्य खर्चे जो काम पूरा करने के लिये आवश्यक हैं, सम्मिलित है); (ii) जमानत राशि; (iii) काम पूरा करने की अवधि; (iv) कार्य की प्रगति बनाये रखना; (v) काम सन्तोषजनक रूप से न करने, देर से समाप्त करने या खराब करने पर जुर्माना; (vi) भुगतान का तरीका, चालू हिसाब भुगतान. अन्तिम भुगतान, जमानत राशि का लौटाना; (vii) कार्यावधि की बढ़ोत्तरी या वृद्धि (extension); (viii) विकलन संस्था (Debitable Agency) को लगाने और ठेका समाप्त करने के नियम; (ix) मजदूरों को दी जाने वाली न्यूनतम मजदूरी और हर्जाना; (x) ऐसे सत्ता जो अतिरिक्त मदों और ठेकेदार के दावों पर निर्णय ले सके।

(11) विशिष्ट शर्तें (Special Conditions)—(कार्य के स्वभाव के अनुसार) कर शूल्क के बारे में जो कि दर में सम्मिलित हैं, मजदूर के लिये रहने का स्थान और अन्य सुविधायें, दुर्घटना होने पर मजदूरों को हर्जाना आदि।

श्रम ठेका (Labour Contract)—इस प्रकार के ठेके में ठेकेदार केवल मजदूरों के सम्बन्ध में ठेका लेता है। निर्माण कार्य में लगने वाली सभी सामग्री विभाग या कार्य करने वाला जुटाता है। ठेकेदार का काम सिर्फ यह है कि वह आदमी अर्थात मजदूर लगा कर अभिकल्प और योजना के अनुसार काम पूरा करवाये। ठेका मद-दर (Item Rate Basis) के आधार पर केवल मजदूरों के सम्बन्ध में होता है और ठेकेदार को काम के भिन्न-भिन्न अंशों की परिमाप और पहले से तय की गई दरों के हिसाब से भुगतान किया जाता है। पाड़ बांधने, तख्ताबन्दी और केन्द्रण के लिये आवश्यक सामान विभाग या स्वामी जुटाता है। ठेकेदार ऊपर लिखित सामान स्वयं जुटा कर भी इस्तिमाल कर सकता है यदि अनुबन्ध में इस प्रकार का प्रयोजन किया गया है। ठेकेदार स्वयं अपने औजार काम में लाता है, पर कल-मशीनों का प्रबन्ध विभाग या स्वामी को करना पड़ेगा। ठेकेदार को कार्य दिये जाने से पहले एक अनुबन्ध तैयार कर लिया जाता है जिसमें ठेके की समस्त शर्तें, दरें, राशि-सूचि आदि दिये जाने चाहिये। ठेके की इस पद्धति को आम तौर से सरकारी विभागों के काम में नहीं लाया जाता। निजी इमारतें बनाने में इस प्रणाली का प्रयोग किया जाता है क्योंकि ये अधिक आसान होती है।

मूल्य और प्रतिशत ठेका (Cost Plus Percentage Contract)—इस प्रणाली के अन्तर्गत ठेकेदार को उसकी वास्तविक लागत पर एक निश्चित प्रतिशत लाभ के रूप में दिया जाता है। ठेकेदार सामान और मजदूर अपने खर्च पर जुटाता है और इसका ठीक-ठीक हिसाब रखता है। इस पर विभाग या स्वामी खर्च किया गया धन और एक निश्चित प्रतिशत जैसे 10 प्रतिशत उसे लाभ रूप में देता है। ठेके की सब शर्तों को ध्यान में रखते हुए एक अनुबन्ध तैयार कर लिया जाता है। पर इस पद्धति में सामान की खरीद और मजदूर-लगाने पर विभाग या स्वामी का नियन्त्रण आवश्यक है।

ठेकेदार के माध्यम से लगाये गए मजदूर—आमतौर से मजदूर को लगाना और भुगतान ठेकेदार के माध्यम से नहीं होना चाहिये। केवल ऐसी स्थिति में जब मजदूर सीधे नहीं मिल पा रहे हैं और काम शीघ्र ही करवाना है, ठेकेदारों के माध्यम से मजदूर लगाना चाहिये। ऐसी अवस्था में यदि सम्भव हो, किये गये काम की मात्रा काम पूरा हो जाने पर नाप ली जानी चाहिये और ठेकेदार को इसी नाप के आधार पर उचित दर से भुगतान करना चाहिये। पर यदि यह तरीका सुविधाजनक नहीं है तो ठेकेदार को भुगतान रोजाना लगाए गये मजदूरों के वर्ग और संख्या के हिसाब से कर सकते हैं। इस प्रकार की भुगतान की दरों में ठेकेदार का लाभ भी शामिल कर लिया जाता है अथवा ठेकेदार को अलग से एकमुश्त राशि लाभ के रूप में दे दी जाती है। यदि नाप के आधार पर भुगतान संभव न हो तो नित्य प्रति लगाये गए मजदूरों का हिसाब-किताब ओवरसियर को अपने पास रखना चाहिये। इसके बारे में एक रिपोर्ट सहायक अभियन्ता अथवा अधिशासी अभियन्ता को भेजना चाहिये जिससे कि काम और खर्च पर नियन्त्रण रखा जा सके और ठेकेदार के दावे का नियन्त्रण हो सके।

जुर्माना—यह एक प्रकार का दंड है जो ठेके के नियमों के न पालन करने पर लगाया जाता है। प्रत्येक ठेके में जुर्माने के बारे में, जो कि नियम भंग (कार्य प्रगति न घनाए रखना, कार्य पूरा करने में विलम्ब, खराब कार्य) करने पर लगाया जाता है दिया रहता है। जुर्माना एक निश्चित राशि प्रति दिन अथवा प्राक्कलित लागत का एक निश्चित प्रतिशत (10 प्रतिशत तक) हो सकता है।

कार्य विलम्ब से पूरा कर पर हर्जाना—ठेकेदार काम देर से समाप्त करने पर हर्जाना देने का भागी होता है। यह या तो प्राक्कलित लागत का 1 प्रतिशत हो सकता है या निर्धारित अवधि के बाद कोई भी छोटी राशि प्रति दिन के हिसाब से तब तक जब तक कि काम पूरा न हो जाय। इस राशि का निर्धारण अधिशासी अभियन्ता या अन्य कोई सक्षम अधिकारी करेगा। जुर्माने की अधिकतम सीमा है ठेके की कुल राशि का 10%।

निर्धारित हर्जाना (Liquidated Damages)—यह एक निर्धारित जुर्माना की राशि है जो कि ठेकेदार द्वारा देय है और इसका वास्तविक क्षति या हानि से सम्बन्ध नहीं है। यह साधारणतयः बहुत अधिक होती है—रु० 50·00 से लेकर रु०100·00 प्रति दिन के हिसाब से निर्धारित अवधि के बाद जब तक काम पूरा नहीं हो जाता।

अनिर्धारित हर्जाना (Unliquidated Damages)—वह साधारण हर्जाने के रूप में जाना जाता है और इसका सम्बन्ध वास्तविक नुकसान से होता है। इसका घटना बढ़ना काम न पूरा होने या कार्य प्रगति न बनाए रखने से होने वाले नुकसान पर निर्भर करता है।

समय या अवधि में वृद्धि (Extension of Time)—यदि ठेकेदार समय से वृद्धि की मांग उचित कारण देते हुए करता है तो अधिशासी अभियन्ता या अन्य कोई सक्षम अधिकारी उसकी प्रार्थना स्वीकार कर सकता है। कारण कोई भी हो सकते हैं जैसे सामान, मजदूर आदि न मिल पाना, मौसम अनुकूल न होना या समय से जमीन न मिल सकना आदि। अवधि में वृद्धि के लिए ठेकेदार को अनुबन्ध में काम खत्म करने की दी हुई तारीख से पहले प्रार्थना पत्र देना पड़ेगा।

ठेका समाप्ति (Termination of Contract)—ठेकेदार के दिवालिया घोषित होने या अन्य कोई गलती होने पर अधिशासी अभियन्ता या अन्य कोई सक्षम अधिकारी ठेका समाप्त कर सकता है और ठेके में दिये गए नियमानुसार जुर्माना लगा सकता है। यदि ठेकेदार ठेके के नियमों का पालन नहीं करता है जैसे—काम अधूरा छोड़कर चल देता है, कार्य प्रगति नहीं बनाये रखता है, नियमानुसार काम नहीं करता है आदि—तो ऐसी हालत में ठेका रद्द किया जा सकता है और उसकी पूरी जमानत जब्त की जा सकती है या प्राक्कलित लागत का 10% जुर्माने के तौर पर वसूला जा सकता है। परन्तु ठेका समाप्ति के लिए ठेकेदार को पर्याप्त सूचना देनी पड़ेगी।

विकलन संस्था (Debitable Agency)—यह एक प्रकार की संस्था है जिसका उपयोग तब किया जाता है जब ठेकेदार कार्य ठीक से नहीं करता या निश्चित समय के अन्दर पूरा नहीं कर पाता। इसका खर्चा ठेकेदार से वसूल किया जाएगा। यह संस्था दैनिक मजदूर के रूप में या एक अन्य ठेकेदार के रूप में हो सकती है जिसको मूल ठेकेदार को सूचना देने के बाद लगाया जा सकता है। इस पर हुआ खर्चा, जो कि साधारणतयः अधिक होता है, ठेकेदार के हिसाब में से कम कर दिया जाता है या सीधे वसूल कर लिया जाता है।

माप पुस्तक (M. B.)—सभी कार्यों और सम्भरण की माप की जाती है और माप पुस्तक प्रपत्र नं० 23, में लिखी जाती है और भुगतान इसी माप के आधार पर किए जाने हैं। माप पुस्तक बहुत ही महत्वपूर्ण अभिलेख है।

प्रपत्र 23—माप पुस्तक

विवरण	वास्तविक माप का विवरण				मात्रा या क्षेत्रफल
	संख्या	लम्बाई	चौड़ाई	ऊँचाई या गहराई	

सभी माप पुस्तकों में क्रम संख्या पड़ी रहती है और प्रभाग कार्यालय में एक रजिस्टर रहता है जिसमें प्रत्येक पुस्तक की क्रम संख्या, उप प्रभाग का नाम या अधिकारी जिसे दी गई, दिए जाने की तारीख, लौटाने की तारीख तथा टिप्पणी आदि दर्ज रहते हैं। इसी प्रकार का एक रजिस्टर उप-प्रभाग कार्यालय में भी रखा जाता है और उपरोक्त बातें लिखी जाती हैं।

माप लिखते समय ध्यान रखने योग्य बातें—माप अधिशासी अभियन्ता, सहायक अभियन्ता अथवा अनुभाग अधिकारी (ओवरसियर) द्वारा अंकित की जाती है जिनको माप पुस्तक इसी कारण दी जाती है। कार्य के विभिन्न हिस्सों और इकाइयों का साफ-साफ और सही माप लेना चाहिए। सम्भरण में लाये गए सामान की नाप, तौल या गिनती की जाती है और माप पुस्तक में अंकित किया जाता है। सामान का सही-सही विवरण होना चाहिए जिससे कि किसी प्रकार के सन्देह की संभावना न रहे।

माप लेने से पहले ओवरसियर को चाहिए कि वह ठेके में दिए गये विशिष्टियों और शर्तों को अच्छी तरह जान ले। माप बिल्कुल सही और धातु के बने टेप से लेना चाहिए, यदि लोहे का है तो और भी अच्छा होगा।

सभी माप केवल माप पुस्तक में स्याही से अंकित किए जाने चाहिए। न मिटने वाली पेंसिल से भी लिखा जा सकता है पर बाद में उसके ऊपर स्याही नहीं फेरनी चाहिए। जरूरी गणना के बाद मात्रा अथवा क्षेत्रफल के स्तंभ में स्याही से ही लिखना चाहिए। कोई भी प्रविष्टि मिटानी नहीं चाहिए। यदि कोई प्रविष्टि गलत हो जाय तो उसे काट कर सही प्रविष्टि लिख देनी चाहिए तथा हस्ताक्षर करके तारीख डाल देनी चाहिये। यदि कोई माप रद्द कर दी जाती है तो रद्द करने वाले अधिकारी को रद्द करने के साथ अपने हस्ताक्षर करने चाहिए और कारण भी दिखाने चाहिए। इसका उद्देश्य है एक विश्वासनीय अभिलेख रखता जो कि आवश्यकता पड़ने पर न्यायालय में पेश किया जा सके। सभी माप ठेकेदार के सामने लेने चाहिए और इसके अन्त में (नीचे) उसके हस्ताक्षर लेने चाहिए।

माप पुस्तक में मशीन द्वारा नम्बर पड़े रहते हैं। लिखन निरन्तर होना चाहिए और कोई भी पृष्ठ खाली छोड़ना या फाड़ना नहीं चाहिए। इस पर भी यदि गलती से कोई पृष्ठ खाली छूट जाता है तो उसे आड़ी रेखाओं से आर-पार काट देना चाहिये और तारीख के साथ हस्ताक्षर कर देना चाहिये। ठेकेदार द्वारा और विभागीय मजदूरों द्वारा किये जाने वाले कार्य के लिये भिन्न-भिन्न माप पुस्तक प्रयोग करना चाहिये।

प्रत्येक माप पुस्तक के आरम्भ में एक विषय सूची (Index) देना चाहिये और नवीनतम (up-to-date) रखना चाहिये। यदि माप पुस्तक एक से अधिक अधिकारियों द्वारा प्रयोग की जाती हो तो उन सबका नाम पुस्तक के आरम्भ में लिखा जाना चाहिये। अधिकारियों द्वारा माप निरीक्षण भी पुस्तक के आरम्भ में निश्चित स्थान पर अंकित किया जाना चाहिये।

माप पुस्तक का खोना बहुत संगीन समझा जाता है और ऐसा होने पर उच्चतर अधिकारियों को फौरन खबर करनी चाहिये। यदि माप पुस्तक एक महीने के अन्दर नहीं मिल जाती तो इस बात की सूचना अधिक्षण अभियन्ता को देनी चाहिए जो कि उचित कार्यवाही करेगा। खो जाने के कारणों का पता लगाया जाता है और मालूम होने पर उत्तरदायी व्यक्ति के विरुद्ध उचित कार्यवाही की जाती है। यदि माप पुस्तक का पता छः महीने तक नहीं लगता तो पूरी रिपोर्ट के साथ मुख्य अभियन्ता से खोई हुई माप पुस्तक को बट्टे-खाते (write off) में डालने के लिये प्रार्थना की जानी चाहिए और सरकार को सूचना देनी चाहिए।

प्रत्येक माप के सेट को निम्नांकित लिखन के साथ आरम्भ करना चाहिए जिससे कि प्रत्येक लिखन (entry) पहचानी जा सके।

I. किये गये काम के सम्बन्ध में बिल दिये जाने पर माप निम्नलिखित लिखने से आरम्भ करना चाहिये— (i) प्राक्कलन में दिये गये नाम के अनुसार काम का नाम, (ii) काम का स्थान, (iii) संस्था या पद्धति जिसके द्वारा करवाया गया, जैसे ठेका, उजरती काम या दैनिक मजदूर इनकी संख्या और तारीख भी दिया जाय, (iv) ठेकेदार का नाम, (v) काम शुरू करने के लिए लिखित आदेश की तारीख, (vi) यदि काम पूरा हो गया हो तो पूरा करने की तारीख, (vii) माप लेने की तारीख, (viii) माप की संख्या, जैसे प्रथम, द्वितीय, तृतीय इत्यादि अथवा प्रथम और अन्तिम। चालू खाते बिल की अवस्था में पिछले माप के सेट का विवरण माप पुस्तक की संख्या और पृष्ठ की संख्या के साथ दिया जाना चाहिये।

II. यदि बिल माल-संभरण के लिये दिया गया है तो माप निम्नलिखित रूप से आरम्भ करना चाहिये— (i) ठेकेदार अथवा संभरक (supplier) का नाम, (ii) करारनामा या आदेश की संख्या और तारीख, (iii) संभरण का उद्देश्य जैसे, भंडार की खरीदारी, हो रहे काम में लगने वाले सामान (प्राक्कलन में दिये गये आधार पर काम का नाम), ठेकेदार को देने के लिए खरीदारी (काम के नाम के साथ), (iv) संभरण आरम्भ करने के लिए लिखित आदेश की तारीख, (v) कार्य या संभरण यदि पूरा हो गया हो तो पूरा होने की तारीख, (vi) माप की तारीख, (vii) चालू खाते बिल की अवस्था में पहले किये गये माप का हवाला माप पुस्तक संख्या, पृष्ठ संख्या के साथ।

प्रत्येक माप सेट के अन्त में माप करने वाले अधिकारी के तारीख युक्त हस्ताक्षर होने चाहिये। इसके बाद एक सार तैयार किया जाता है जिससे कि प्रत्येक प्रकार के काम का पृथक योग कर लिया जाता है। यदि कार्य ठेका सम्बन्धी है तो माप के अन्त में ठेकेदार का हस्ताक्षर उसकी स्वीकृति के रूप में ले लेना चाहिए।

बिल तैयार करना—माप पुस्तक के सार से ठेकेदार को भुगतान के लिए बिल तैयार किया जाता है। बिल तैयार करने से पूर्व काम की मात्रा और मदों के सम्बन्ध में लिखने को उप-प्रभाग अधिकारी अथवा सहायक अभियन्ता को जांच के लिए दिखाना चाहिए। मात्रा आदि के बारे में गणना की जाँच विभाग का क्लर्क करता है। माप का एक निश्चित अंश उप-प्रभाग अधिकारी या सहायक अभियन्ता द्वारा जाँच किया जाना आवश्यक है। बिल निर्धारित प्रपत्र पर बनाना चाहिए। बिल में या माप पुस्तक सार में दर उप-प्रभाग अधिकारी या सहायक अभियन्ता द्वारा भरे जायेंगे। काम की विशेषता के अनुसार पूर्ण दर या अंश दर भी मान्य है। साधारणतया ओवरसियर जो कि माप लिखते हैं माप पुस्तक में दर भी भर सकते हैं। पूरी तरह से जाँच-पड़ताल के बाद उप-प्रभाग अधिकारी या सहायक अभियन्ता भुगतान आदेश बिल पर माप पुस्तक पर करता है और इस पर राशि वितरण अधिकारी चेक द्वारा भुगतान कर देता है।

भुगतान करने के बाद बिल में वाउचर नम्बर और तारीख डाल दी जाती है और हिसाब में चढ़ा लिया जाता है। माप पुस्तक में माप लिखे प्रत्येक पृष्ठ को लाल स्याही से आड़ी रेखाओं द्वारा आर-पार काट देना चाहिए और प्रत्येक सार वाउचर पर संख्या और तारीख लिखना चाहिए।

माप की जाँच-पड़ताल—निम्न श्रेणी के अधिकारियों द्वारा किये गये माप का कुछ प्रतिशत उप-प्रभाग अधिकारी या सहायक अभियन्ता तथा अधिशासी अभियन्ता द्वारा अवश्य जाँच लिया जाना चाहिए और सुचारू रूप से नियन्त्रण रखना चाहिए। भिन्न-भिन्न अधिकारियों द्वारा जांच करने वाला प्रतिशत नीचे दिया गया है—

प्रतिशत जाँच अधिशासी अभियन्ता, उप-प्रभाग अधिकारी या सहायक अभियन्ता द्वारा—

	अधिशासी अभियन्ता द्वारा	उप-खंड अधिकारी या सहायक अभियन्ता द्वारा
(i)	ठेके द्वारा मद-दर पर काम करने पर प्रत्येक उप-प्रभाग द्वारा किये गये माप का 5% से 50% तक ...	माप का 25%
(ii)	विभागीय मजदूरों द्वारा काम किये जाने पर प्रत्येक उप-प्रभाग द्वारा किये गये माप का $7\frac{1}{2}$% से 10% ...	माप का 15%

कार्य की जांच शीघ्र ही की जानी चाहिये, साधारणतया काम पूरा होने के डेढ़ मास के अन्दर। जाँच करते समय माप करने वाले अधिकारी को उपस्थित रहना चाहिये। जाँच करने पर यदि अन्तर मूल काम में 1% मरम्मत कार्य में 5% और मिट्टी के कार्य में 10% से अधिक नहीं पाया जाता तो इसे ठीक कर देना चाहिये और तारीख देकर हस्ताक्षर कर देना चाहिये। यदि अन्तर ऊपर दी गई मात्राओं से अधिक होता है तो माप को रद्द कर दिया जाय और पुनः माप के लिये आदेश किया जाय या पूरी माप फिर से उप-प्रभाग अधिकारी या सहायक अभियन्ता द्वारा ली जानी चाहिये। ऐसी स्थितियों में उच्च अधिकारियों को उचित कार्यवाही करने के लिये सूचना देनी चाहिये।

मानक माप पुस्तक—ऐसी माप पुस्तक, जिसमें इमारत के कुछ निश्चित काम के हिस्सों के बारे में विस्तारपूर्वक माप दिये रहते हैं (काम पूरा होने पर और स्याही में साफ-साफ) और जो कि सहायक अभियन्ता द्वारा प्रमाणित किये जाते हैं, को मानक माप पुस्तक कहा जाता है। यह पुस्तक एक अभिलेख के रूप में रखी जाती है जो कि भविष्य में होने वाली मरम्मत का प्राक्कलन तैयार करने और सामयिक मरम्मत करवाने में काम

आती है। वार्षिक पुताई या रंग करने के लिये विस्तारपूर्वक माप लेने की आवश्यकता नहीं है। ठेकेदार का बिल तैयार कर लिया जाता है और मानक माप पुस्तक में दिये हुये माप के आधार पर भुगतान कर दिया जाता है। मानक माप पुस्तक की जांच पाँच साल में एक बार की जाती है और परिवर्तन, यदि कोई हो कर दिया जाता है। इसे पचवर्षीय जांच (Quin-Quennial) कहा जाता है। मानक माप पुस्तक विशेषतया वार्षिक मरम्मत और अनुरक्षण कार्य के काम में लायी जाती है। इसे तैयार करने की क्रिया साधारण माप पुस्तक के समान ही है।

अभिलेख रेखाचित्र (Record Drawing)—वह होते हैं जो निर्माण कार्य को किये गये वास्तविक रूप में दिखाते हैं। ये कार्यभारी अधिकारी द्वारा काम पूरा होने के तुरन्त बाद बनाये जाते हैं, और सभी नये काम या पुराने काम में परिवर्तन के सबध में होते हैं। ये प्रभाग अधिकारी द्वारा अनुमोदित किये जाते हैं और अभिलेख के रूप में रखे जाते हैं। साधारणतया, प्रयत्नों के बावजूद काम होने पर मूल अभिकल्प से थोड़ा फर्क हो ही जाता है और इस कारण काम पूरा होने पर सही-सही रेखा-चित्र तैयार किये जाते हैं। इस प्रकार बाद में यदि कोई परिवर्तन होता है तो मूल अभिलेख रेखा-चित्र में भी परिवर्तन कर लिया जाता है।

भंडार (Stores)

भंडार, निर्माण कार्य की भांति ही निविदायें आमंत्रित करके जुटाये जाते हैं। ठेकेदार की प्राक्कलित लागत का 2% अग्रिम राशि के रूप में निविदा के साथ जमा करना पड़ेगा। निविदा स्वीकृत होने पर 10% जमानत (जिसमें अग्रिम राशि भी शामिल है) के तौर पर जमा करेगा। ठेके में इन मुख्य बातों—सामान की विशिष्टियां, प्रत्येक वस्तु की कुल मात्रा; स्थान जहाँ सप्लाई पर की जायेगी और प्रत्येक स्थान पर अलग-अलग दी जाने वाली माल की मात्रा; प्रगति और सप्लाई पूरा करने का समय और दिन, प्रत्येक वस्तु की दर जिसमें ढुलाई, लदाई-उतरवाई, चट्टा लगवाई और टैक्स आदि खर्चे शामिल हैं—का दिया जाना आवश्यक है। जुर्माना पूरी लागत का 10% तक लगाया जा सकता है यदि ठेकेदार नियम भग करता है या कार्य प्रगति नहीं बनाये रखता या सप्लाई समय से पूरा नहीं करता। सामान विशिष्टियों के अनुरूप होने चाहिये, यदि कोई गड़बड़ पाई जाती है तो सामान अस्वीकृत कर दिये जायेंगे और ठेकेदार को अपने खर्चे पर उसे हटाना पड़ेगा।

निर्मित सामग्री और मशीने आमतौर से भंडार क्रय विभाग (Store Purchase Department) द्वारा खरीदे जाते हैं। (रेट कन्ट्राक्ट, पृष्ठ 670 पर देखें)।

बगैर टिकट लगी रसीद (Unstamped Receipts)—बोलचाल की भाषा में इसका अर्थ होगा ऐसी रसीद जिममें टिकट नहीं लगा है, परन्तु सार्वजनिक कार्य लेखा में यह उस रसीद को कहते हैं जो कि ठेकेदार या अन्य व्यक्ति को माल-सामग्री देते समय ली जाती है। सामान देते समय ली गई इस रसीद में केवल हस्ताक्षर लिया जाता है और टिकट नहीं लगाया जाता। ये रसीदें पुस्तक रूप में छपी होती हैं और टिहरी (triplicate) होती हैं इनमें टिकट लगाने की आवश्यकता नहीं पड़ती। तीनों रसीदों पर ठेकेदार का हस्ताक्षर करवाया जाता है। इनमें से दो कापियां प्रभाग कार्यालय में मासिक स्टाक निर्गम सार प्रपत्र 10 (Abstract of Stock Issues) के साथ में जमा कर दी जाती है। दिये गये सामान के दाम की वसूली रसीद के आधार पर की जाती है जो कि वसूली पर आपत्ति लगाये जाने पर प्रमाण के तौर पर पेश करनी पड़ेगी। बगैर टिकट लगी रसीद का नमूना नीचे दिया गया है—

बगैर टिकट लगी रसीद

कार्य का काम ....

ठेकेदार का नाम .... ठेका बन्धक संख्या ....

क्रम संख्या	सामग्री का नाम	परिमाण	दर रु.	दर पै.	लागत रु.	लागत पै.	टिप्पणी

सामग्री देने वाले अधिकारी के हस्ताक्षर ....

तारीख ....

उपरिलिखित सामग्री उपलब्ध हुई

ठेकेदार के हस्ताक्षर ....

तारीख ....

भंडार लेखा पद्धति—भंडार लेखा एक प्रारम्भिक नियम पर आधारित है, वह यह है कि प्रत्येक वस्तु का मूल्य अन्ततः अन्तिम लेखाशीर्ष (Final Accounts Head) के नाम डाल दी जाती है या विशेष कार्य जिसके लिए सप्लाई ली जा रही हो। सामान, कल-पुर्जों, सड़क बनाने का सामान या इस प्रकार के अन्य सामाज जो कि किसी विशेष कार्य के लिए जरूरी हों ऐसी अवस्था में इस प्रकार का लेखन सामान लेने के तुरन्त बाद सम्भव है। परन्तु दूसरी हालत में, जैसे सीमेंट और लोहे की खरीदारी, जो कि आम प्रयोग में आती है, ऐसी पद्धति सम्भव नहीं है। यदि उचित लेखाशीर्ष के अन्तर्गत खर्चा डालना सम्भव नहीं है तो उसे निलम्बित लेखा में अस्थाई रूप से दिखाया जा सकता है। ऐसी अवस्थाओं में खर्चा निलम्बित शीर्ष "स्टॉक" के अन्तर्गत दिखाया जाता है। जब सामान दिया जाता है तब उनका मूल्य निर्दिष्ट शीर्ष में डाल दिया जाता है और निलम्बन दूर कर दिया जाता है।

विवरण-वितरण (Distribution Statement)—कभी-कभी ऐसा होता है कि सहायक अभियन्ता या अनुभागीय अधिकारी के आधीन स्टॉक, कल-पुर्जे अनुभाग में ही इधर-उधर बिखरे पड़े रहते हैं। ऐसी हालत में दिये माल का वितरण अलग-अलग जगह के अनुसार (जहां माल पड़ा हो) दिखाना चाहिये। इसको सामान का वितरण-विवरण कहा जाता है और प्राप्ति/दाति रजिस्टर (Register of Receipt/Issues) के अन्त में तैयार किया जाता है—प्रपत्र 8, स्टॉक की स्थिति में। और कल-पुर्जों के वार्षिक रजिस्टर के अन्त में—उप-प्रभाग का प्रपत्र 15 जब यह सितम्बर में साल के लिए बन्द कर दिया जाता है, कल-पुर्जों की स्थिति में।

निलम्बित शीर्ष (Suspense Head)—ये उन शीर्षों को कहते हैं जो कि अस्थाई रूप से लेन-देन का ब्योरा लिखने के लिए प्रयोग किये जाते हैं :—

(1) जब अन्तिम लेखा शीर्ष, जिसके नाम खर्चा डालना है, का तुरन्त निर्णय नहीं हो पाता—जैसे एक से अधिक हो रहे काम के लिए सामान जुटाना।

(2) जब सामान किसी ठेकेदार से या अन्य प्रभाग से प्राप्त हुआ है और उसके सम्बन्ध में बिल नहीं दिया गया है। ऐसी हालत में सामान का लगभग मूल्य काम के नाम या "स्टॉक" में डाल दिया जाता है। और "खरीद" शीर्ष के अन्तर्गत जमा कर लिया जाता है। ये "स्टॉक" और "खरीद"

निलम्बित शीर्ष होते हैं। बिल प्राप्त होने पर खर्चा 'खरीद' के अन्तर्गत डाल दिया जाता है और पार्टी को भुगतान कर दिया जाता है। इस पद्धति को प्रति मास अपनाया जाता है जिससे कि प्राप्त सामान के मूल्य का हिसाब समय से रखा जा सके। ऐसा न करते रहने से मार्च के अन्त में निधि व्यपगत हो सकती है और स्टॉक के बारे में सही-सही हाल नहीं मालूम हो सकता।

(3) सामान के बेचे जाने पर मूल्य की वसूली पर नियन्त्रण और कमियों के बारे में जब तक वसूली के बाद समंजन (Adjustment) नहीं हो जाता है। ऐसे हाल में निलम्बित शीर्ष "Miscellaneous P. W. Advances" का सहारा लिया जाता है।

निलम्बित उप-शीर्ष (Suspense Sub-heads)—निलम्बित शीर्ष को पांच उप-शीर्षों में विभाजित करते हैं—(1) क्रय, (2) स्टॉक, (3) Miscellaneous P. W. Advances, (4) लन्दन भण्डार और (5) वर्कशाप निलम्बन।

इस अध्याय में दिये गये नियम सभी प्रकार के भन्डार पर लागू होते हैं। परन्तु कुछ अतिरिक्त विशेष नियम भी उपरोक्त वर्गों के लिए हैं।

भण्डार सामग्री का वर्गीकरण (Classes of Stores)—भण्डार सामग्री को निम्नलिखित वर्गों में बांट सकते हैं:—

(i) साधारण भण्डार सामग्री का स्टॉक, (ii) हो रहे काम के लिए जुटाई गई सामग्री, (iii) सड़क के लिए रोड़ी और (iv) औजार और मशीनें।

लेखा के हिसाब से उपरोक्त चार वर्ग नीचे लिखी दो श्रेणियों में आते हैं:—

I.	निलम्बित शीर्ष के आधीन लिखे गये सामान	...	(i) स्टॉक,
II.	सामान जो कि अन्तिम रूप से इनके नाम डाले गये	...	(ii) सामान हो रहे काम के लिए,
			(iii) सड़क रोड़ी,
			(iv) औजार और मशीनें

स्टॉक (Stock)

काम की सुविधा और सुचारु रूप से चलते रहने के लिए प्रत्येक प्रभाग समय-समय पर काम आने वाले सामान, जैसे सीमेंट लोहा, लकड़ी, फिटिंग्स आदि का स्टॉक बनाये रखता है। इस स्टॉक में से सामान काम के लिए ठेकेदार को दिया जाता है और इसका दाम आवश्यकता पड़ने पर स्टॉक के सम्बन्ध में लिखित मांग करके वसूल कर लिया जाता है। स्टॉक का प्रभार एक उप-प्रभाग अधिकारी अथवा सहायक अभियन्ता तथा एक ओवरसीयर के पास होता है। पूरे समय के लिए एक 'स्टोर कीपर' की भी नियुक्ति होती है जो सामान की प्राप्ति-वितरण और लेखा-जोखा का हिसाब रखता है। स्टॉक-लेखा उप-प्रभागीय कार्यालय में रखा जाता है और एक अलग हिसाब प्रभाग कार्यालय में भी रखते हैं।

स्टॉक की निर्धारित सीमा (Reserved Limit of Stock)—सीमा, जिसके अन्दर स्टॉक रखा जा सकता है, सरकार द्वारा निर्धारित होती है और इसे 'स्टॉक की निर्धारित सीमा' कहते हैं। साधारणतया यह सीमा रु. 50,000·00 होती है। यह सीमा आवश्यकता पड़ने पर अस्थाई रूप से बढ़ाई जा सकती है पर सरकार की अलग से मन्जूरी लेना आवश्यक है।

दिये गए सामान की दर (Issue Rate)—यह वह दर है जो सामान को प्रति इकाई के हिसाब से रखी जाती है और यह राशि स्टॉक लेखा के उपशीर्ष के अन्तर्गत खाते में जमा की जा सके।

यह दर प्रत्येक वस्तु के वास्तविक मूल्य तथा अन्य खर्चों जिनमें गोदाम भाड़ा भी शामिल है को मिलाकर बनाई जाती है। इस दर को बनाने में विशेष नियम का ध्यान रखा जाता है कि अन्त में चाहे लाभ या हानि न हो पर इसमें लाने रखने आदि पर खर्चे अवश्य शामिल हों। इस प्रकार यह देखा जायगा कि दर में वास्तविक मूल्य, ढुलाई पर खर्च, सामान को रखने-उठाने और प्रारम्भिक हिसाब पर खर्च, सामान की सुरक्षा पर खर्च, गोदाम के रख-रखाव पर खर्च, मूल्यह्रास या बर्बाद होने के कारण हानि आदि अवश्य शामिल होने चाहिये। अतः दर माल की दर (जिस पर सप्लाई हुआ है) और गोदाम भाड़ा का योग है।

स्टॉक का उप-शीर्ष (Sub-heads of Stock)—स्टॉक के सामान का हिसाब निलम्बन शीर्ष लेखा के अन्तर्गत लिखते हैं क्योंकि वास्तविक शीर्ष का पता नहीं रहता। जब सामान दिया जाता है तब 'निलम्बन शीर्ष लेखा' के नाम जमा कर दिया जाता है और काम जिसके लिए दिया गया है के नाम में डाल दिया जाता है निलम्बन शीर्ष लेखा के लिए स्टॉक के सामान को निम्नलिखित उपशीर्षों से बाँटा जा सकता है:—(1) छोटे-मोटे सामान, (2) भवन सामग्री, (3) लकड़ी, (4) धातु, (5) ईंधन, (6) रंग-रोगन का सामान, (7) भवन में लगने वाली फ़िटिंग्स, (8) विविध भण्डार, (9) भूमि भट्टे, (10) निर्मित वस्तुएँ तथा (11) गोदाम।

प्रत्येक उपशीर्षक के अन्तर्गत आने वाले विभिन्न सामान इस प्रकार हैं:—

(1) छोटे-मोटे सामान—कीलें, पेंच, नट, बोल्ट, बैटरी आदि।

(2) भवन सामग्री—सीमेंट, चूना, ईंटें, सीमेंट की चादरें आदि।

(3) लकड़ी—सागौन, साल, देवदार, शीशम, प्लाईवुड बल्ली आदि।

(4) धातु—बेली-इस्पाती कड़ी, चैनल, कोण, छड़ें, बरफी जाली (Expanded Metal), कांटेदार तार, मनीला रस्सी और तार की रस्सी आदि।

(5) ईंधन—कोयला-स्टीम और साफ्ट, लकड़ी का कोयला, जलाने वाली लकड़ी आदि।

(6) रंग-रोगन का सामान (Painter's Stores)—लाल आक्साइड रंग, अल्यूमिनियम रंग, लेड रंग (Laid Paint), वार्निश, सालिगनम आदि।

(7) भवन फिटिंग्स—कब्जे, कुन्डियां, लोहे की खिड़कियां, खिड़की के शीशे आदि।

(8) विविध भन्डार—एस० डब्लू पाइप, सीमेंट पाइप, बिटुमेन, ब्लीचिंग पाउडर, खाली बोरे, खाली डिब्बे आदि।

(9) भूमि भट्टे—विभाग की अपनी ईंट भट्टा और चूने इत्यादि के लिए ली गई भूमि का मूल्य या किराया से सम्बन्धित खर्च इस उपशीर्ष के अन्तर्गत आते हैं।

(10) निर्मित वस्तुएं—वे सामान जो विभागीय कर्मशाला में बनाये गये होते हैं इस उप शीर्ष के अन्दर आते हैं।

(11) गोदाम—इस शीर्ष में गोदाम का किराया उसके अनुरक्षण पर व्यय, चौकीदार का वेतन आदि लिखे जाते हैं।

भण्डार का प्रकार (Storage Charges)—भण्डार का सामान खरीदने के बाद उसे भण्डार में रखने पर होने वाले व्यय को भण्डार का प्रभार कहते हैं। इसमें सामान की चढ़ाई उतराई (handing) तथा

प्रारम्भिक लेखा रखने के लिए निर्माण प्रभारित सिब्बन्दी, भंडार की चौकसी तथा भंडार के गोदाम यार्ड आदि पर होने वाला व्यय शामिल होता है । यह व्यय लागत में प्रतिशत के आधार पर जोड़ कर निर्गम दर (issue rate) निर्धारित की जाती है ।

पर्यवेक्षण प्रभार (Supervision Charges)—भंडार से बेची या हस्तांतरित की जाने वाली सामग्री पर उसकी लागत व भंडार के प्रभार के अतिरिक्त जा अन्य प्रभार लगते हैं उन्हें पर्यवेक्षण प्रभार कहते हैं । इसमें भंडार पर होने वाले ऐसे व्यय शामिल होते हैं जो सामग्रियों के अंकित मूल्य (book value) व भडार के प्रभार के अन्तर्गत नहीं आते । जब स्टॉक से माल बेचा या हस्तांतिरत किया जाता है तो निर्गम दर का एक निर्धारित प्रतिशत, लगभग 10 प्रतिशत पर्यवेक्षण प्रभार के रूप में अतिरिक्त लिया जाता है । यह प्रभार नियमित सिब्बंदी (regular establishment) पर होने वाले व्यय के लिए लिया जाता है ।

बाजार दर (Market Rate)—इसका अर्थ वह दर है जिस पर कोई सामान भंडार में बाजार से किसी निश्चित समय पर प्राप्त किया जा सकता है । इस मूल्य से ढुलाई और अन्य प्रासंगिक व्यय (incidental charges) सम्मिलित रहने चाहिये । इसमें एक उचित अंश में मूल्य ह्रास और बरबादी से सम्बन्धित क्षति पूर्ति के लिए प्रयोजन हो सकता है ।

सामान की मांग और देना (Indent-Issue of Materials)—स्टॉक के सामान की मांग निर्धारित प्रपत्र (मांगपत्र प्रपत्र) पर की जाती है । यह प्रपत्र उप-प्रभाग अधिकारी या सहायक अभियन्ता द्वारा तैयार किये जाते हैं , मांगपत्र प्रपत्र तिहरे और पुस्तक रूप में होते हैं और इनमें क्रम संख्या डाली रहती है । उसके तीन हिस्से प्रतिपर्ण (counterfoil), मांगपत्र और बीजक (invoice) होते हैं । प्रतिपर्ण और मांगपत्र वाले हिस्से को मांग करने वाला अधिकारी भरता है और मांगपत्र तथा खाली बीजक स्टॉक के प्रभारी अधिकारी के पास भेज दिये जाते हैं । यह अधिकारी माल की मात्रा के अनुसार माल देगा और दी गई मात्रा के अनुसार मांगी गई मात्रा में, यदि आवश्यक हो, परिवर्तन करेगा । बीजक भी भरेगा और उन्हें पाने वाले अधिकारी को भेजेगा जो कि बीजक में हस्ताक्षर करके सामान देने वाले अधिकारी को लौटा देगा । यह बीजक प्राप्ति स्वीकार के रूप में रहेगा । ठेकेदार को सामान देने पर निर्गम दर पर उसका मूल्य वसूल कर लिया जायेगा । ठेकेदार को सामान देते समय बीजक पर उसका हस्ताक्षर लेना चाहिये । इसके साथ ही बिना टिकट लगी रसीद तिहरे रूप में भी ले लेना चाहिये और उसमें पूरा विवरण जैसे सामान का नाम, मात्रा, दर और पूरी वसूल की जाने वाली रकम देना चाहिये ।

स्टॉक लेखा (Stock Account)—(i) स्टॉक सामग्री सम्बन्धी सभी प्राप्ति विवरण के बारे में हिसाब किताब नित्य प्रति 'स्टॉक के रजिस्टर प्राप्ति और देना' प्रपत्र 8 में रखा जाता है । इनको तुरन्त और क्रम से लिखना चाहिये । प्रत्येक माह के लिए अलग-अलग लेखा रखा जाता है और माह के किसी दिन, आमतौर से 25 तारीख को, बन्द कर दिया जाता है । किन्तु मार्च के महीने में यह 31 तारीख को बन्द किया जाता है । यदि स्टॉक बड़ा है और काफी बड़ी संख्या में माल का लेन-देन होता है, ऐसी हालत में माल की प्राप्ति और देने के लिए अलग-अलग रजिस्टर रखना चाहिये ।

(ii) मासिक लेखा बन्द करने के बाद 'सामान प्राप्ति सार' प्रपत्र 9 में और 'सामान वितरण सार' प्रपत्र 10 में तैयार किया जाता है और भण्डार के प्रभार अधिकारी (उप-प्रभाग अधिकारी या सहायक अभियन्ता) द्वारा प्रभागीय कार्यालय में भेजा जाता है जहाँ यह प्रभागीय मासिक लेखा में सम्मिलित कर लिया जाता है । इसके

उपरान्त स्टॉक प्राप्ति और वितरण के मासिका सार को 'स्टॉक अर्धवार्षिक रजिस्टर' प्रपत्र 12 में उतार लिया जाता है।

(iii) प्रत्येक 6 माह (30 सितम्बर और 31 मार्च को समाप्त होने वाले) के लिए शेष स्टॉक की अर्द्धवार्षिक विवरण (Half yearly balance returns of stock) प्रपत्र 11 में उप-प्रभाग अधिकारी या भण्डार के प्रभारी अधिकारी द्वारा तैयार किया जाता है। यह मासिक लेखा के प्रपत्र 9 और 10 से तैयार किया जाता है और इसमें कुल प्राप्ति और वितरण मासिक रूप से तथा 6 महीने में कुल योग और खाता बन्द करते समय की स्टॉक अवस्था दी जाती है। अर्द्धवार्षिक विवरण प्रभागीय कार्यालय को भेजे जाते हैं जहाँ इनकी जाँच तथा तुलना अर्द्धवार्षिक स्टॉक रजिस्टर ; प्रपत्र 12 से की जाती है।

अर्द्धवार्षिक स्टॉक रजिस्टर प्रपत्र 12 में तीन हिस्से होते हैं :—(i) रजिस्टर, (ii) सारांश, (iii) समीक्षा। (i) रजिस्टर में मासिक प्राप्ति देना और बचत प्रपत्र 11 की भांति तथा मूल्य भी दिये रहते हैं, (ii) सारांश प्रत्येक सामान के उपशीर्ष के मूल्य-बचत के लिए होती है, (iii) समीक्षा से मतलब उस रिपोर्ट से है जो प्रभागीय लेखाकार निर्धारित दर कमी और बेशी (deficits and surpluses) के बारे में देता है।

मात्रा लेखा (Quantity Account)—वह लेखा है जिसमें सामान की मात्रा या संख्या का विवरण दिया जाता है। मूल्य लेखा (Value Account)—वह है जिसमें प्रत्येक सामान के मूल्य का हिसाब लिखा रहता है। उप प्रभाग-अधिकारी या सहायक अभियन्ता केवल मात्रा लेखा रहता है जबकि प्रभाग कार्यालय में दोनों मात्रा और मूल्य लेखा रखे जाते हैं।

बिन कार्ड (Bin Card)—कुछ सामानों की प्राप्ति, देना और बचे स्टॉक का पूरा हवाला बिन कार्डों पर लिखा जाता है। यह कार्ड सामान के साथ ही लगे रहते हैं। स्टॉक प्राप्ति रजिस्टर प्रपत्र 8 से (सामान प्राप्त होने पर) बिन कार्ड के प्राप्ति वाले हिस्से पर तुरन्त उतार लिया जाता है। इसी प्रकार सामान देने के तुरन्त बाद लिख लेना चाहिये और स्टॉक से घटाकर जितना शेष बचा हो बिन कार्ड पर लिखना चाहिये। बिन कार्ड साधारणतय: फिटिंग्स के लिए बनाये जाते हैं।

स्टॉक लेना और कमी-बेशी (Stock taking and Shortages and Surpluses)—वर्ष में एक स्टॉक की जांच गिनकर और नाप तौल कर की जाती है। यह प्रत्येक 31 मार्च को समाप्त होने वाले वर्ष के लिए और उप-प्रभाग अधिकारी या सहायक अभियन्ता द्वारा की जाती है। गणबड़ी पाये जाने पर पहले लेखा की जांच करनी चाहिए जिसमें शायद कोई गलती रह गई हो। यदि कोई गलती नहीं मिलती, तो बढ़ती होने पर बढ़े-माल को प्रपत्र 8 पर प्राप्ति के रूप में लिखना चाहिए और इसका मूल्य सरकार के खाते में जमा कर देना चाहिए। इसके विपरीत यदि कोई कमी है तो इसे निलम्बन शीर्ष 'Miscellaneous P. W. Advance' के अन्तर्गत डालना चाहिए और अन्त में सक्षम अधिकारी द्वारा बताये गये तरीके से लिखना चाहिए। यदि कमी छोटी-मोटी है और कोई विशेष व्यक्ति उत्तरदायी नहीं है तो 'सर्वेक्षण रिपोर्ट प्रपत्र 18 पर अधिकारियों द्वारा आदेश दिये जाने पर बट्टे खाते में डाल दी जाती है। इसी प्रकार से मरम्मत न हो सकने वाले सामान भी 'सर्वेक्षण रिपोर्ट' पर बट्टे खाते में डाल दिये जाते हैं और बाद में सार्वजनिक नीलाम द्वारा बेच दिये जाते हैं। बिके हुए सामान के लिए प्रपत्र 19 "बिक्री-लेखा" (Sale Account) बनाया जाता है और प्रभाग कार्यालय को भेजा जाता है।

दर संविदा (Rate Contract)—सरकार का एक 'भण्डार क्रय विभाग' (Store Purchase Department) होता है। निर्मित सामग्री और ऐसे सामान जिनकी आमतौर पर जरूरत पड़ती है भण्डार क्रय विभाग द्वारा जुटाये जाते हैं। भण्डार क्रय विभाग का अधीक्षक निविदायें आमन्त्रित करता है, दर-भाव तय करता है और सामान के निर्माणकर्ता या सप्लायर से करार करता है कि वह विभिन्न विभागों को निर्धारित भाव पर सामान सप्लाई करेगा। इसे दर संविदा कहा जाता है। दर संविदा पूरी बातों—दर, विवरण, विशिष्टियों के साथ सरकारी गजट में निकाले जाते हैं जिससे कि सब विभागों को सूचना मिल सके। कोई भी विभाग सीधे दर संविदा की संख्या और तारीख देते हुए सामान के लिए आर्डर कर सकता है। इस पर दर संविदा वाले सप्लायर माल सीधे भेज देता है। रेलवे रसीद प्राप्त होने पर विभाग 80% भुगतान तुरन्न करेगा और शेष सामान के ठीक पाये जाने और माप पुस्तक में अंकित किये जाने के बाद किया जायगा। कुछ सामान जैसे लोहा, सीमेंट, पाइप, सीमेंट चादरें भवन सामग्री, साइकिल आदि पर संविदा के माध्यम से लिये जाते हैं। नियन्त्रित वस्तुओं के लिए दर संविदा नागरिक सम्भरण और निस्तारण महा निर्देशक (Director General of Civil Supplies and Disposal) केन्द्र सरकार द्वारा किया जाता है और भुगतान महालेखाकार के माध्यम से किया जाता है। बिल राशि का 98% माल पाने पर और शेष 2% भुगतान की जांच पड़ताल के बाद किया जाता है।

यदि विशेष प्रकार की औजार और मशीनों की आवश्यकता पड़ती है तो वे भण्डार क्रय विभाग के द्वारा खरीदा जाता है। जो विभाग क्रय करना चाहता है वह भण्डार क्रम अधीक्षक को मशीन का पूरा बिवरण देते हुए लिखता है और अधीक्षक निविदायें आमन्त्रित करके इनका प्रबन्ध करता है।

सामान स्थल रेखा (Materials at Site Account)—यदि सामान हो रहे कार्य के लिए सीधे दिये जाते हैं या सीधे क्रय किये जाते हैं तो उनका मूल्य काम से ही सीधे वसूल कर लिया जाता है या काम के निलम्बन शीर्ष 'सामग्री' के नाम में डाल दिया जाता है। यदि निलम्बन शीर्ष के अन्तर्गत डाला जाता है तो इसके लिए सामान स्थल रेखा (M. A. S. Account) रखा जाता है। इस प्रकार का लेखा केवल बड़े-बड़े कार्यों के लिए रखा जाता है, जहाँ काफी मात्रा में सामान के प्रयोग होने की सम्भावना है। यह लेखा मासिक और प्रपत्र 35 'सामग्री का विस्तृत विवरण प्राक्कलित जरूरत से तुलना करके'—पर तैयार किया जाता है जिसमें निम्न लिखित बातें दिखायी जाती हैं :—(1) उपयोग किये गये सामान की वास्तविक मात्रा, (2) प्रपत्र 35 के अनुसार दी गई मात्रा, (3) शेष बची मात्रा (किताब में दी गयी मात्रा के अनुसार), (4) वास्तविक बचत जांच के बाद, (5) किताब में दी गई बचत और वास्तविक बचत में अन्तर। वास्तविक बचत का पता गिनती करके और स्टॉक की प्रत्यक्ष रूप से जाँच करके लगाया जाता है। किसी विशेष कार्य में की गई मात्रा का हिसाब मापी गयी काम की मात्रा से लगाया जाता है। यह पद्धति सामग्री का विश्लेषण (Analysis of Materials) कही जाती है। असंगति यदि पाई जाये, का विवरण देना चाहिये। और टिप्पणी वाले स्तम्भ में इस आशय का एक नोट लिखा देना चाहिये।

काम पूरा हो जाने पर बचे हुए सामान को या तो प्रभाग भण्डार को वापस कर दिया जाता है या आवश्यक मज़दूरी लेकर नीलाम द्वारा बेच देना चाहिये।

प्रपत्र 7—भण्डार का मांगपत्र

प्रतिपर्ण

मांगपत्र संख्या…………

पत्र…………

तारीख…………

विवरण	संख्या या परिमाण	लेखा शीर्ष आदि	कार्य का नाम आदि

यह सामग्रियां………… का दे दी जाये

मांग करने का अधिकारी

(उप-प्रभाग अधिकारी)

प्रपत्र 7—भण्डार का मांगपत्र

मांगपत्र

मांगपत्र संख्या…………

पर…………

तारीख…………

विवरण	संख्या या परिमाण	लेखा शीर्ष आदि	कार्य का नाम आदि

यह सामग्रियां………… देना चाहिए

मांग करने वाला अधिकारी

(उप-प्रभाग अधिकारी)

पूर्ति का प्रमाण-पत्र

इस मांगपत्र में लिखी सब सामग्री (नहीं) दे दी गई है………… (तद्नुसार इस मांगपत्र में परिवर्तन करके मैंने साक्ष्यांकन कर दिया है) ………… को………… तारीख को दी गई है।

पूर्तिकर्ता…………

तारीख………… पूर्ति करने वाला अधिकारी

प्रपत्र 7—बीजक

दिये गये माल का बीजक

सामग्री लेने वाला…………

सामग्री देने वाला…………

मांगपत्र संख्या पर………… तारीख…………

………… द्वारा निर्गत किया गया।

विवरण	संख्या या परिमाण	लेखा शीर्ष आदि	कार्य का नाम आदि

तारीख………… पूर्ति करने वाला अधिकारी

प्राप्त किया…………

तारीख………… प्राप्त करने वाला अधिकारी

प्रपत्र 8—स्टॉक की प्राप्ति/निर्गम का रजिस्टर

खण्ड………… उप-खण्ड………… प्रभाग………… महीना…………

तारीख	अभिलिखित माप (केवल प्राप्ति के लिए) या मांगपत्र तथा आदेश का संदर्भ	जहां से माल प्राप्त हुआ/जिसको दिया गया, कार्य तथा जिस ठेकेदार से लागत वसूल करना हो उसका नाम	लेखा शीर्ष	वस्तुओं का नाम															

प्रपत्र 9—स्टॉक प्राप्ति का सार

खण्ड...

उप-खण्ड...

महीना..............................19......

*कहां से प्राप्त हुआ	प्राधिकार	योग (हर उप-शीर्ष का अलग-अलग)		वस्तुओं का नाम (उप-शीर्ष के अनुसार वर्गीकृत)								†कुल योग
		योग (हर वस्तु का अलग-अलग)										
		हर बार प्राप्त सामग्री का मूल्य	योग	परिमाण								
		रु० पै०	रु० पै०									
			† कुल योग ...									

* रोकड़ बही या स्थानांतरण प्रविष्टि पुस्तक (transfer entry book) से लेखे में लाई गई वस्तुओं में रोकड़ बही वाउचर संख्या या स्थानांतरण प्रविष्टि का हवाला दें।

† ये योग समान होने चाहिए।

प्रपत्र 10—निर्गत स्टॉक का सार

खण्ड..

उप-खण्ड......................................

महीना...........................19..............

परिमाण	वस्तुओं के नाम (उप-शीर्ष के अनु-सार क्रमबद्ध)	दर	योग (प्रत्येक वस्तु के लिए अलग-अलग)	योग (हर उप-शीर्ष के लिए अलग अलग)
		रु. पै.	रु. पै.	रु. पै.
		†कुल	योग	....

*किस लेखे पर निर्गत किया गया	प्रत्येक मद पर व्यय की गई सामग्री का मूल्य	योग
	रु. पै.	रु. पै.
† कुल योग ...		

* रोकड़ बही या स्थानांतरण प्रविष्टि पुस्तक से लेखे में लाई गई वस्तुओं में रोकड़ बही वाउचर संख्या या स्थानांतरण प्रविष्टि का हवाला दें।

† ये योग समान होने चाहिए।

प्रपत्र--11 स्टॉक के अर्धवार्षिक शेष की विवरणी

खण्ड-----------------

उप-खण्ड-----------------

अप्रैल से सितम्बर

अवधि---------

अक्टूबर से मार्च

वर्ग	मद संख्या	वस्तु का नाम	इकाई	निर्गम दर	पिछले शेष B. F.	प्राप्ति						कुल प्राप्ति व शेष	निर्गम (issue)							टिप्पणी		
						अप्रैल अक्टू.	मई नव.	जून दिस.	जुलाई जन.	अगस्त फर.	सित. मार्च		अप्रैल अक्टू.	मई नव.	जून दिस.	जुलाई जन.	अगस्त फर.	सित. मार्च	योग	अधिशेष	उप-प्रभाग अधिकारी द्वारा	प्रभाग अधिकारी द्वारा
1	2	3	4	5	6	7	8	9	10	11	12	13	14	15	16	17	18	19	20	21	22	23

प्रपत्र 12-- स्टॉक अर्धवार्षिक रजिस्टर- इस प्रपत्र का पहला भाग प्रपत्र 11 के समान ही होता है, केवल मूल्य के लिए कुछ अतिरिक्त खाते होते हैं।

प्रपत्र 35—सामग्रियों के निर्गत अनुमानित परिमाणों की तुलना का विस्तृत-विवरण
(Form 35—Detailed Statement of Materials compared with Estimated Requirements)

कार्य का नाम ....

‡ कार्य के लिए निर्गत कुल सामग्री		* मुख्य मदें														† छोटी-छोटी मदें	† योग	उप मंडल अधिकारी के हस्ताक्षर व तारीख	जाँच के साक्ष्य रूप मंडलीय लेखपाल के हस्ताक्षर व तारीख
	सामग्री का विवरण																		
	इकाई																		
अनुमानित आवश्यकतायें	परिमाण मूल्य																		
............19 .... तक की अवधि का शेष																			
अग्रेनीत	...																		

* परिमाण व मूल्य दोनों ही लिखे जाने चाहिए। परिमाण की प्रविष्टि के ऊपर ही लाल स्याही से मूल्य लिखना चाहिए।

† इन दो स्तम्भों में केवल मूल्य लिखे जायेंगे।

‡ बेची या हस्तांतरित की गई सामग्री को ऋण (minus) निर्गम माना जाय।

प्रपत्र 37--न प्रयोग की हुई सामग्री के मूल्य व सत्यापन की रिपोर्ट
(Form 37--Report of the value and verification of unused materials)

तारीख.............. निर्माण स्थल............

निर्माण कार्य के लिए निर्गत किये गये तथा निर्माण कार्य में प्रयुक्त* सामग्री के परिमाण व मूल्य का विवरण

कार्य............(नाम)............

	विवरण	इकाई	मूल्य	परिमाण	परिमाण	दर	† मुख्य मदें										‡ छोटी-छोटी मदें	‡ योग	कुल निर्गम
ख--निर्माण में कुल प्रयुक्त																			

* निर्माण में प्रयुक्त सामग्री का परिमाण किये गये कार्य के परिमाण के आधार पर निकाली जा सकती है। यह गड़ना स्थानीय सामान्यतः प्रयोग में लाये जाने वाले अधिकृत सूत्रों से की जा सकती है।

† परिमाण व मूल्य दोनों ही लिखे जाने चाहिए। परिमाण की प्रविष्टि के ऊपर लाल स्याही से मूल्य लिखा जाना चाहिए।

‡ इन दो स्तम्भों में केवल मूल्य लिखा जाना चाहिए।

(प्रपत्र 37 क्रमशः)

*सामग्रियों का विवरण	मुख्य मदें											†छोटी-छोटी मदें	‡योग
इकाई													
क--प्रपत्र 35 के अनुसार कुल निर्गम													
ख—पीछे लिखे विवरण के अनुसार निर्माण के लिए कुल निर्गम													
ग--लेखे के अनुसार बिना प्रयोग की गई शेष सामग्री (अर्थात क-ख)													
घ—सत्यापनके बाद वास्तविक शेष													
च—अन्तर (ग-घ)													
छ--च खाने में प्रदर्शित अन्तर के समायोजन तथा यदि काम पूरा हो गया हो तो घ खाने में प्रदर्शित फालतू शेष को निपटाने के बारे में टिप्पणी ।													

*1. प्रमाणित किया जाता है कि इस विवरण में प्रदर्शित मुख्य मदों के परिमाण व छोटी-छोटी मदों का मूल्य वास्तव में किये गये निर्माण कार्य के परिमाण के आधार पर यथासम्भव यथार्थ निकाला गया है ।

*2. प्रमाणित किया जाता है कि मैंने-------------19----को जो सत्यापन किया था उसमें पाये गये वास्तविक शेष घ खाने में दर्ज किये गये हैं ।

*3. प्रमाणित किया जाता है कि मैंने निर्माण स्थल पर शेष सामग्री का सत्यापन-------------19-----को किया था तथा इस प्रपत्र में आवश्यक रिपोर्ट मेरे कार्यालय द्वारा मंडल अभियन्ता को-----------------19---को भेज दी गई थी ।

*4. वर्ष------------में न प्रयोग की गई सामग्री के शेषों की जांच नहीं की गई क्योंकि तीन मास के भीतर इस कार्य के लेखे बन्द होने हैं ।

*5. वर्ष-----------में न प्रयोग की गई सामग्री के शेषों की जांच नहीं की गई क्योंकि उस वर्ष की जनवरी से पूर्व कार्य नहीं चल रहा था ।

तारीख-------------19---

हस्ताक्षर-------------
मंडल लेखाकार

†जो प्रमाण पत्र लागू न होते हों उन्हें काट दिया जाय ।

जांचा

तारीख-------------19---

हस्ताक्षर-------------
मंडल लेखाकार

‡निर्माण में प्रयुक्त सामग्री, अधिशेष, कमी व अन्तर के बारे में मंडलीय अधिकारी के आदेश ।

तारीख-------------19---

हस्ताक्षर-------------
मंडलीय अधिकारी

-----------------मंडल

गिट्टी (Road Metal)

गिट्टी रोड़ी सड़क के किनारे एकत्र किया जाता है। यह दो शीर्ष--सड़क के कुछ हिस्से को फिर से बनाने और सड़क से विभिन्न हिस्सों पर पैबन्द (patch) लगाकर मरम्मत करना--के अन्तंगत रखे जाते हैं। गिट्टी रोड़ी का मात्रा विवरण (प्राप्ति, देना और शेष) किलो मीटर के हिसाब से प्रपत्र 16 में रखा जाता है। इसे 'गिट्टी प्रतिफल' (Road Metal Return) कहते हैं ये ओवरसियर द्वारा मासिक रूप से तैयार किये जाते हैं। इसके पश्चात् ये मासिक विवरण रजिस्टर प्रपत्र 16 में साल भर के लिये तैयार करते हैं। साल के अन्त में बचत निकाली जाती है और आगामी वर्ष के रजिस्टर में चढ़ा दिया जाता है।

गिट्टी की शेष बची मात्रा की जांच समम-समय पर सहायक अभियन्ता या उप प्रभाग अधिकारी द्वारा सड़क निरीक्षण के समय की जानी चाहिए और वास्तविक बचत गिट्टी प्रतिफल से मिला लेना चाहिए।

प्रपत्र 16--गिट्टी प्रतिफल

महीना	कि.मी.	1		2		3		4
	लेन देन	परिमाण	वाउचर स. या माप पुस्तक स. तथा पृष्ठ	परिमाण	वाउचर सं. या माप पुस्तक सं. तथा पृष्ठ	परिमाण	वाउचर सं. या माप पुस्तक सं. तथा पृष्ठ	इसी प्रकार और कि. मी. के लिए....
अप्रैल	प्राप्ति...... योग........ निर्गम ...... शेष							
मई	प्राप्ति ... योग .... निर्गम .... शेष							

इसी प्रकार और महीनों के लिए........

औजार और मशीनें (Tools and Plants)

औजार व मशीनों का वर्गीकरण—किसी भी प्रभाग में औजार और मशीनें दो प्रकार की होती हैं :—

(1) सामान्य या साधारण औजार और मशीन, जो कि प्रभाग की सामान्य आवश्यकता को पूरा करते हैं।

(2) विशिष्ट औजार और मशीन वह होते हैं जो किसी विशेष कार्य में प्रयोग करने के लिये लाये जाते हैं।

सामान्य और मशीन की खरीद, मरम्मत और ढुलाई पर हुआ खर्च लेखा के 'ओजार आर मशीन' नामक शीर्षक के अन्तर्गत डाला जाता है। इसके विपरीत विशेष प्रकार के ओजार और मशीन पर खर्च सीधे काम के नाम से बसूल किया जाता है।

दोनों ही प्रकार के मशीन और ओजार का आंकिक हिसाब प्रत्येक उप प्रभाग में रखा जाता है। अन्य अनाशकारी सामान जैसे मेज, कुर्सी, टाइप मशीन, ताले, पखे और निरीक्षण भवन में रखे चीनी के सामान के बारे में हिसाब मशीन और ओजार के समान ही रखा जाता है। यह मशीन और ओजार के बजाय किसी अन्य शीर्ष जैसे 'मूल काम' 'फुटकर व्यय' आदि में डाले जाते हैं।

प्रभाग या उप प्रभाग में मशीन और ओजार का स्टॉक सहायक अभियन्ता, उप प्रभाग अधिकारी या ओवरसियर के देख-रेख में रहता है। ओजार और मशीन काम को पूरा करने में सहायता के लिये हैं, आवश्यकता पड़ने पर ठेकेदार को किराये पर दिये जा सकते हैं और मासिक किराया वसूल किया जा सकता है। विभिन्न प्रकार के मशीन और ओजारों के किराये का निर्धारण सरकार करेगी।

मशीन और ओजार की लेखा मासिक और प्रपत्र 13--'ओजार और मशीन प्राप्ति का लेखा' प्राप्ति के लिये और प्रपत्र 14--'ओजार और देने का लेखा'--देने के लिये, पर बनाया जाता है। मासिक विवरण प्रभाग कार्यालय को भेजा जाता है। बारह महीने के लिये एक संघठित विवरण भी प्रपत्र 15--'ओजार ओर मशीन का रजिस्टर' में तैयार करके प्रभाग कार्यालय को भेजते हैं।

लेखा हेतु 'ओजार और मशीन' को निम्नलिखित सात उपशीर्षों में बांटा जा सकता है :--

(1) **विज्ञान उपकरण और आलेखन उपकरण (Scientific and Drawing Instruments 'S')**--थेडोलाइट, प्रिजमाटिक कम्पास, लेवेलस, ड्राइंग उपकरण का बक्स, फेरो-प्रिन्ट का सामान, करेन्ट-मीटर इत्यादि।

(2) **संयत्र और मशीनें (Plant and Machinery 'P')**--सड़क-कूट इंजन, कंक्रीट मिश्रक, कोलतार उबालने वाला वायलर, पम्प, वाइब्रेटर इत्यादि।

(3) **औजार (Tools 'T')**—कुदाल (pick axe), फावड़ा, दुरमुट, रिंच, पंजा (rake) इत्यादि।

(4) **नोचालन सयत्र (Navigation Plant 'N')**--नाव, मोटर-बोट, टग, पान्टून इत्यादि।

(5) **शिविर सामग्री (Camp Equipage 'C')**--तम्बू, छोलदारी, दरियाँ, कालीनें इत्यादि।

(6) **पशुधन (Live Stock 'L')**--बैल, भैंसे, सुअर आदि।

(7) **आफिस फर्नीचर ('O')**--कुर्सी, मेज, अलमारी, ट्रे आदि।

लेखा में वर्गीकरण को संक्षेप में उपरोक्त अक्षरों (P, T, N आदि) द्वारा दिखलाया जाता है। उपरोक्त उपशीर्ष अलग-अलग राज्यों में थोड़े भिन्न होते है परन्तु वर्गीकरण के मुख्य सिद्धान्त समान हैं।

प्राप्ति और देन का आंकिक लखा (Numerical Account of Receipts and Issues,—मशीन और औजार की प्राप्ति सम्बन्धी सभी सौदे का ब्यौरा "मशीन और औजार प्राप्ति लेखा" प्रपत्र 13 पर नित्य प्रति दिया जाता है। नये सामान की प्राप्ति को माप पुस्तक में और प्रपत्र 8 में भी अंकित

करते हैं। अतः यह देखा जायेगा कि नये सामान की प्राप्ति का ब्योरा माप पुस्तक प्रपत्र 8 और 13 में साथ-साथ दिया जाता है।

मशीन और औजार का देन सम्बन्धी सौदों का लेखा "मशीन और औजार देन लेखा" प्रपत्र 14 में अलग से दिया जाता है। यह दोनों (प्राप्ति—देन) लेखा को प्रति माह बन्द किया जाता है और महीने भर का योग निकाल कर लेखाबद्ध कर लिया जाता है। सामान देते समय बगैर टिकट लगा और तारीख युक्त प्राप्ति स्वीकार लेना चाहिए। ठेकेदारों को सामान देने पर प्राप्ति स्वीकार में उपरोक्त बातों के अतिरिक्त सामान का मूल्य भी लिखना चाहिये। प्रपत्र 14 में सामान उधार देने और बाहर भेजने के सम्बन्ध में विवरण लाल स्याही से लिखा जाना चाहिए। प्रपत्र 13 में उधार दिये गये या बाहर गये सामान के लौटाये जाने पर भी विवरण लाल स्याही से होना चाहिये। उप प्रभाग कार्यालय में प्रपत्र 15 तैयार किया जाता है। जिसमें प्रपत्र 13 और 14 में से प्राप्ति देन और बचत सम्बन्धी लेखा (मासिक) उतार लिया जाता है। यह एक संचित लेखा है जिसमें साल के 12 महीने का (प्रति माह का अलग), अक्तूबर से सितम्बर तक, विवरण दिया जाता है। इसमें प्रत्येक माह का कुल सौदा दिया रहता है और इसे तीन अंशों में रखते हैं।

प्रथम अंश—सामान जो स्टॉक में मौजूद है, द्वितीय अंश-सामान उधार पर दिये गये या बाहर भेजे गये, वित्तीय अंश—कमी जो कि समजित (Adjust) की जाने वाली हो।

औजार और मशीन रजिस्टर-प्रपत्र 15 निम्नलिखित रुप से तैयार किया जाता है :—

(1) पिछले वर्ष का इतिशेष (closing balance) पहले जोड़ के रूप में प्रपत्र 15 में चढ़ा लिया जाता है।

(2) प्राप्ति देन—प्रपत्र 13, 14 के मासिक लेखा का योग कर लिया जाता है लेखा बन्द करते समय।

(3) इस प्रकार भिन्न-भिन्न प्रकार की वस्तुओं के सम्बन्ध में जो योग प्राप्त होता है वह 'रजिस्टर' प्रपत्र 15 के प्रथम अंश—प्राप्ति देन के स्तंभ के आधीन में उतार लिया जाता है।

(4) उधार गये या बाहर भेजे सामान के सम्बन्ध में अलग से द्वितीय अंश में भी लिखा जायगा। यह विवरण ठेकेदार या सम्बन्धित व्यक्ति के लिये आरक्षित हिस्से में लिखना होगा। भेजे गये या उधार गये सामान को नामे (debit) के नीचे और वापस मिले सामान को खाते जमा (credit) के नीचे लिखा जायगा। अतः हम देखते हैं कि उधार दिये गये या बाहर गये सामान का ब्यौरा प्रथम अंश और द्वितीय अंश दोनों में दिया जाता है जिससे कि अप्राप्त सामान पर नजर रखी जा सके।

(5) सितम्बर के महीने के सौदों की लिखे जाने के बाद लेखा बन्द कर दिया जाता है, शेष निकाल लिया जाता है और इतिशेष आगामी वर्ष के विवरण में जोड़ दिया जाता है।

(6) प्रभाग कार्यालय में अलग से "औजार और मशीन रजिस्टर बनाने की आवश्यकता नहीं है। उप प्रभाग से मिले रजिस्टर (प्रपत्र 15) की तुलना पहले से प्राप्त मासिक विवरणों (प्रपत्र 13, 14) और पिछले वर्ष के इतिशेष से कर ली जाती है। प्रपत्र 15 के तृतीय अंश का प्रयोग तभी होता है जब कोई कमी पड़ गई हो।

औजार और मशीन की जांच, कमी और डेशी (Vertification of Tools and Plants. Shortages and Surpluses)--औजार और मशीन की प्रत्यक्ष जांच साल में एक बार (सितम्बर में खत्म होने वाले साल) सितम्बर में लेखा बन्द करते समय गिनती करके करनी चाहिए। ऐसे सामान जो अधिक पाये जायें, प्रपत्र 13 में प्राप्ति के रूप में लिखे जाने चाहिए। यदि कोई कमी है तो ऐसे सामान प्रपत्र 14 में देने के रूप में दिखाये जाने चाहिए और उसके साथ एक टिप्पणी 'प्रत्यक्ष जांच पर कम मिले' तब तक लगी रहनी चाहिए जब तक कि कमी का समंजन वसूली या बट्टे खाते में डालकर नहीं हो जाता। मरम्मत न हो सकने वाले टूल और कमी बट्टे खाते में डालने के सम्बन्ध में स्वीकृति प्राप्त की जाती है, "सर्वेक्षण रिपोर्ट" प्रपत्र 18 बनाकर। इस पर यह सामान बट्टे खाते में डाल जाते हैं या सार्वजनिक रुप से नीलाम कर दिये जाते हैं।

औजार और मशीन लेखा में काम में लाये जाने वाले प्रपत्र 13, 14 और 15 आगे के पृष्ठ में दिये गये हैं।

'औजार और मशीन' और 'स्टॉक' के लेखाओं में अन्तर :--

स्टॉक	औजार और मशीन
(1) स्टॉक सामग्री का मूल्य निलम्बन शीर्ष के नाम में डाला जाता है (या सीधे काम के नाम से वसूला जाता है)।	(1) औजार और मशीन की लागत अंतिम शीर्ष "औजार और मशीन" के नाम चढ़ायी जाती है (या जिस काम के लिए खरीदे जाते हैं उस काम के नाम पर वसूली जाती है)।
(2) मात्रा लेखा और मूल्य लेखा दोनों ही रखे जाते हैं।	(2) केवल मात्रा लेखा ही रखते हैं।
(3) सामान के रोजाना के लेन-देन का हिसाब स्टॉक रजिस्टर प्राप्ति/देन-प्रपत्र 8 में प्रति माह रखा जायेगा। सामान की प्राप्ति के बारे में माप पुस्तक में भी लिखा जाता है।	(3) और (4) नित्य प्रति का प्राप्ति और देन का हिसाब क्रमश: औजार और मशीन प्राप्ति का लेखा प्रपत्र 13 और 'औजार और मशीन देन का लेखा' प्रपत्र 14 में प्रति मास रखा जाता है। नये सामान की प्राप्ति पर माप पुस्तक और प्रपत्र 8 स्टॉक प्राप्ति का रजिस्टर में भी लिखा जाता है।
(4) प्राप्ति का मासिक सार 'स्टॉक प्राप्ति का सार' प्रपत्र 9 में तैयार करते हैं।	
(5) दिए गए सामान का मासिक सार 'स्टॉक देने का सार' प्रपत्र 10 में तैयार करते हैं।	(5) अलग से सार बनाने की आवश्यकता नहीं है।
(6) स्टॉक लेखा अर्द्धवार्षिक बन्द किया जाता है और अर्द्धवार्षिक विवरणी 'स्टॉक का अर्द्धवार्षिक बचत प्रतिफल' प्रपत्र 11 (30 सितम्बर और 31 मार्च को खत्म होने वाले छमाही के लिए) में तैयार किया जाता है। प्रभाग में भी अर्द्धवार्षिक लेखा 'स्टॉक का अर्द्धवार्षिक रजिस्टर' प्रपत्र 12 में तैयार किया जाता है।	(6) औजार और मशीन का वार्षिक लेखा (30 सितम्बर को खत्म होने वाले साल के लिए) बन्द करते हैं। इसके साथ ही लेन-देन और बचत का एक सचित लेखा "औजार और मशीन पंजी" प्रपत्र 15 में भी बनाया जाता है।
(7) स्टॉक सामग्री जो खो जाते हैं, चोरी चले जाते है या कम पाये जाते हैं तुरन्त दिए गये दिखाये	(7) औजार और मशीन जो खो जाते हैं, चुरा लिए जाते हैं या कम पाये जाते हैं उनको तब तक लेखा

प्रपत्र 13—मशीन और औजार प्राप्ति लेखा

खण्ड ....

उप-खण्ड ....

महीना .... 19 ....

तारीख	*कहाँ से प्राप्त हुये विवरण के साथ	†वस्तुओं का नाम व वर्गीकरण										प्रभागीय कार्यालय में भरे जाने हेतु
		S		T		C		O		P		वाउचर संख्या तथा तारीख का प्रसंग या मूल्य का समायोजन
	महीने भर का योग											

*उधार दी गई या बाहर भेजी गई जो चीजें वापस आयें उनकी प्रविष्टि इस स्तम्भ में लाल स्याही से की जानी चाहिए तथा मशीन और औजार के निर्गम के लेखे में मूल प्रविष्टि (जिसके अन्तर्गत वह चीज उधार दी गई थी) का हवाला देना चाहिए।

†वस्तुओं का संक्षेप में अक्षरों से वर्गीकरण दिया गया है जैसा कि आगे दिया जा चुका है।

(ह.) ....

उप-प्रभागीय अधिकारी

प्रपत्र 14—मशीन और औजार के निर्णम का लेखा

खण्ड……………………

उप-खण्ड……………………

महीना…………19………

तारीख	संलग्न रसीद या वाउचर का हवाला	किसको निर्गत किया गया तथा विवरण आदि*	वस्तु का नाम तथा वर्गीकरण†												प्रभागीय कार्यालय में भरे जाने हेतु
			S		P			T			C				मूल्य की वसूली का हवाला
		महीने भर का योग													

* उधार दी गई या बाहर भेजी गई वस्तुओं की प्रविष्टि इस स्तम्भ में लाल स्याही से की जानी चाहिए। प्रत्यक्ष गिनने पर जो वस्तुयें कम निकलें उनकी प्रविष्टि भी इस स्तम्भ में लाल स्याही से की जानी चाहिए परन्तु परिमाण के खाने में नहीं भरने चाहिए।

† वस्तुओं का संक्षेप में अक्षरों से वर्गीकरण दिया गया है जैसा कि आगे दिया जा चुका है।

(ह०)……………………

उप-प्रभागीय अधिकारी

प्रपत्र 15—औजार और मशीन का रजिस्टर

भाग 1 उपलब्ध वस्तुएं

उप खण्ड का नाम.........(सितम्बर), 19.........को समाप्त होने वाला वर्ष

				प्राप्ति													निर्गम														
वर्ग	मद संख्या	वस्तु का नाम	पिछला शेष लाया	अक्टूबर	नवम्बर	दिसम्बर	जनवरी	फरवरी	मार्च	अप्रैल	मई	जून	जुलाई	अगस्त	सितम्बर	कुल प्राप्ति तथा शेष	अक्टूबर	नवम्बर	दिसम्बर	जनवरी	फरवरी	मार्च	अप्रैल	मई	जून	जुलाई	अगस्त	सितम्बर	योग	अन्तशेष आगे गया	टिप्पणी
1	2	3	4	5	6	7	8	9	10	11	12	13	14	15	16	17	18	19	20	21	22	23	24	25	26	27	28	29	30	31	32

(क्रमशः)

प्रपत्र 15

भाग 2—अस्थायी तौर पर उधार दी गई या बाहर भेजी हुई वस्तुयें

मद संख्या	ठेकेदार या अन्य व्यक्ति का नाम तथा वस्तुओं का नाम	पिछला शेष आया	नामे												कुल प्राप्ति व शेष	जमा												योग	अंत शेष आगे गया	टिप्पणी
			अक्टूबर	नवम्बर	दिसम्बर	जनवरी	फरवरी	मार्च	अप्रैल	मई	जून	जुलाई	अगस्त	सितम्बर		अक्टूबर	नवम्बर	दिसम्बर	जनवरी	फरवरी	मार्च	अप्रैल	मई	जून	जुलाई	अगस्त	सितम्बर			
1	2	3	4	5	6	7	8	9	10	11	12	13	14	15	16	17	18	19	20	21	22	23	24	25	26	27	28	29	30	31

भाग 3—कमी, जिनका समायोजन होना है

प्रमाणित किया जाता है कि (1) इस विवरणी के पहले भाग में उन सब, अनाशवान (unperishable) चीजों का पूर्ण लेखा दिया गया है जिनका लेखा नियमानुसार रखना होता है, (2) इंगित अपवादों के अतिरिक्त इस विवरणी के पहले भाग में अंकित सभी वस्तुओं की गणना मैंने या निम्नांकित व्यक्तियों ने सितम्बर 19········ को समाप्त होने वाले वर्ष में की है (3) मैंने संतोष कर लिया है कि दूसरे भाग के अंतशेष में वास्तव में वे चीजें हैं जो उधार दी गई थीं या मरम्मत के लिये भेजी गई थीं तथा वैधकारणों से वे सितम्बर 19···· तक वापस नहीं आ सकीं, तथा (4) भाग 3 में अंकित कमियों के समायोजन की ओर समुचित ध्यान दिया जा रहा है तथा जो मदें उपमास से अधिक समय से असमायोजित पड़ी हैं उनकी देरी का कारण टिप्पणी के स्तंभ में दिया गया है।

तारीख························

प्रभागीय अधिकारी के हस्ताक्षर

उप-प्रभागीय अधिकारी के हस्ताक्षर

जाते हैं और इनका मूल 'Miscellaneus P. W. Advances' के नाम चढ़ाया जाता है और इसका फैसला बाद में कर लिया जाता है।	में दिखाया जाता है जब तक कि उनके स्थान पर दूसरा सामान नहीं आ जाता या बट्टे खाते में नहीं डाले जाते।
(8) स्टॉक सामग्री जो बढ़ती है वह प्राप्ति के रुप में लिखा ली जाती है और उसका मूल्य आमदनी खाते में जमा करते हैं।	(8) औजार और मशीन बढ़ती पायी जाने पर प्राप्ति के रुप में तो लिखे जाते हैं पर आमदनी या वित्त पर असर नहीं पड़ता।

सर्वेक्षण रिपोर्ट--यदि कोई सामान (सामग्री या औजार और मशीन) मरम्मत होने के योग्य नहीं पाया जाता या कम पाया जाता है तो उसको बट्टे खाते में डालने के लिए एक सर्वेक्षण रिपोर्ट प्रपत्र 18 में तैयार करनी पड़ती है। इसमें मरम्मत न हो सकने या कमी होने के कारणों को दिखाया जाता है और बट्टे खाते में डालने की अनुमति सर्वेक्षण रिपोर्ट भेजकर प्राप्त की जाती है। सक्षम अधिकारी बट्टे खाते में डालने की अनुमति देता है और मरम्मत न हो सकने वाले सामान की बिक्री और मूल्य का समंजन, वसूली आदि के सम्बन्ध में आवश्यक आदेश देता है। साधारणतया मरम्मत के अयोग्य सामान बट्टे खाते में डालने की अनुमति प्राप्त होने पर सार्वजनिक नीलाम द्वारा बेचे जाते हैं। सर्वेक्षण रिपोर्ट प्रपत्र 18 आगे दिया गया है।

बिक्री लेखा (Sale Account)---बढ़े हुए सामान या मरम्मत न होने लायक औजार और मशीन जब भंडार अधिकारियों द्वारा अनुमति प्राप्त होने पर बेचे जाते हैं तब उनके सम्बन्ध में "बिक्री लेखा" प्रपत्र 19 मे एक बिक्री लेखा तैयार किया जाता है, यह लेखा सभी प्रकार के विक्रय—पेड़, फल, घास और अन्य प्रकार की सरकारी भूमि, सड़क के किनारे उपजी सम्पत्ति--के लिए बनाया जाता है। बिक्री लेखा में सामान का बिवरण, मात्रा, लिखित मूल्य, बिक्री की राशि, हानि (यदि कोई हो), आदि दिया जाना चाहिए। बिक्री लेखा प्रपत्र 19 आगे दिया गया है।

सामान देना (Issue of Materials)

यह दो प्रकार का होता है--(1) ठेकेदारों को काम पूरा करने के लिए देना, तथा (2) सीधे काम के नाम से दिया जाना, काम यदि विभाग द्वारा स्वयं करवाया जा रहा है या मजदूर ठेके पर हो रहा है।

ठेकेदारों को सामान देना--ठेकेदारों को काम के हित में सामान दिया जा सकता है यदि ठेका काम के पूरी मदों का है। पर अनुबन्ध में सामान देने के बारे में पहले से ही प्रयोजन रहना चाहिए। सामान का नाम, देने का स्थान और प्रत्येक सामान का वसूल किए जाने वाले मूल्य के बारे में ठेका अनुबन्ध में साफ-साफ लिखा रहना चाहिए। वसूल किया जाने वाला मूल्य स्टॉक देने की दर (stock issue rate) या चालू बाजार दर, जो भी अधिक हो, के बराबर होना चाहिए। ढुलाई व अन्य प्रासगिक खर्चे ठेकेदार को उठाने पड़ेंगे। सामान आवश्यकतानुसार उपलब्ध होते ही दे दिये जायेंगे, यह उचित होगा कि जो सामान जब जरूरत हो तभी दिया जाय। एक बार में केवल तीन महीने के इस्तेमाल के लिए सामान दिए जा सकेंगे। दिये गये सामान पर पूर्ण नियन्त्रण रखना चाहिए जिससे कि ठेकेदार सामान का बाजार भाव बढ़ने पर बेच न दे। सामान प्राक्कलित आवश्यकता के अनुसार ही दिए जाने चाहिए अधिक नहीं। सामान देते समय बगैर टिकट लगी रसीद तीहरे में ठेकेदार से ले लेनी चाहिए। सामान का दाम ठेकेदार के अगले चालू भुगतान या किसी भी प्रकार के भुगतान में से काट लेना चाहिए। प्रभागीय अधिकारी यदि चाहे तो दाम थोड़ा-थोड़ा करके भी वसूल कर सकता है। पर यह देखेगा कि उससे सरकार को कोई हानि तो नहीं होती खासतौर से तब जब ठेकेदार काम अधूरा छोड़

प्रपत्र 18 — भण्डार की सर्वेक्षण रिपोर्ट

बेकार हो गए सामान के सर्वेक्षण की रिपोर्ट

खण्ड..........

संख्या या परिमाण	वस्तुओं का विवरण	अंकित मूल्य		प्राप्ति की तारीख	वस्तुओं के बेकार होने का कारण बताते हुए प्रभारी अधिकारी की टिप्पणी	प्रभागीय अधिकारी की टिप्पणी या आदेश	अधीक्षण अभियन्ता के आदेश
		दर	राशि				
		रु० पै०	रु० पै०				
					(ह०)........................ प्रभारी	(ह०)................	(ह०)................

संख्या.......... तारीख.....................

अधीक्षण अभियन्ता ....वृत्त

को आदेशार्थ प्रस्तुत किया गया

(ह०)....................

प्रभागीय अधिकारी

संख्या..........तारीख..........

प्रभाग अधिकारी को ऊपर लिखित आदेशों के

अनुसार कार्यवाही हेतु वापस

(ह०)........................

अधीक्षण अभियन्ता

प्रपत्र 19—विक्रय लेखा

महीना.....................

उप-खण्ड...................

खण्ड......................

विक्रय के लिए प्राधिकार (authority)......................

वस्तु का नाम	परिमाण	स्टॉक		प्राप्त मूल्य	हानि (यदि हुई हो)	किसको और कब बेची गई	यदि हानि हुई हो तो उसका कारण व टिप्पणी तथा समायोजन के लिए की जाने वाली कार्यवाही की रिपोर्ट
		दर	अंकित मूल्य				
		रु. पै.	रु. पै.	रु. पै.			
		योग	...	...	...		

घटायें

नीलामकर्ता का कमीशन............ प्रतिशत की दर से

शुद्ध वसूली......................

मेरे पूरे कमीशन के (.......)..................

......................रुपये प्राप्त हुए

तारीख....................नीलामकर्ता

टिकट

तारीख............	(ह०)...................... प्रभागीय लेखाकार	(ह०)...................... प्रभागीय अधिकारी	(ह०)...................... उप-प्रभागीय अधिकारी

देता है या काम की शर्तों को पूरा नहीं करता। ठेकेदारों को दिए सामान पर 10% अतिरिक्त पर्यवेक्षण शुल्क नहीं लगाया जाता। यह केवल ऐसे सामान पर लगाते हैं जो अन्य विभागों को भेजे जाते हैं या जनता में बेचे जाते हैं।

स्टाक राशि नामे और खाते जमा **(Debit and Credit of Stock Amount)**—दिये गये सामान का मूल्य काम के नामे चढ़ा लिया जाता है। और तदनुसार स्टाक लेखा के निलम्बन शीर्ष के नाम क्रेडिट कर दिया जाता है। यदि सामान देने की दर स्टाक देन दर से ऊँची है तब स्टाक देन दर के अनुसार राशि स्टाक में क्रेडिट की जायगी और अतिरिक्त राशि काम के नाम क्रेडिट की जायगी। यदि सामान देने की दर कम है तो कमी को काम के नामे डाला जायेगा।

ठेके में प्रयोजन के बिना सामान देना—उप प्रभाग अधिकारी अथवा सहायक अभियन्ता के आदेशानुसार छोटे-छोटे सामान, जिनका मूल्य 50 रु. से अधिक हो, काम के हित में दिये जा सकते हैं। इनके लिये जरूरी नहीं है कि ठेके में प्रयोजन हो। अधिशासी अभियन्ता को इस प्रकार सामान देने की अनुमति का अधिकार है यदि यह काम के हित में है और इससे ठेकेदार को आर्थिक या अन्य किसी प्रकार का लाभ नहीं होता है। ठेकेदार को दिये माल का मूल्य निर्धारण स्टाक देन दर या बाजार भाव जो भी अधिक हो के बराबर होना चाहिये।

अतिरिक्त या बचे हुए सामान लौटाना—यदि ठेकेदार बचे हुये सामान को लौटाना चाहता है और विभाग को इस सामान को अन्य जगह प्रयोग में लाने के लिये जरूरत है तो सामान स्टाक में वापस लिये जा सकते हैं यदि वे अच्छी हालत में है। सामान का भाव स्टाक देन दर या चालू बाजार भाव, जो कम हो के बराबर रखा जायगा। स्थान तक पहुँचाने की जिम्मेदारी ठेकेदार की होगी।

भुगतान की पद्धति (Mede of Payment)

ठेकेदारों को निर्माण कार्य या सप्लाई के सम्बन्ध में भुगतान माप पुस्तक में की गई माप के आधार पर किया जाता है। काम या सप्लाई की सन्तोषजनक प्रगति या पूर्ण हो जाने पर ओवरसियर इसकी विस्तारपूर्वक माप करता है और माप पुस्तक में लिखता है। इसके बाद मात्रा सार तैयार किया जाता है और ठेके में दी हुई दर के आधार पर लागत का परिगणन किया जाता है। माप पुस्तक सार के आधार पर बिल तैयार किया जाता है। यह बिल आवश्यकतानुसार बिल प्रपत्र संख्या 24, 25, 26, 27 या 28 पर तैयार किया जायेगा। यह बिल माप पुस्तक के साथ ओवरसीयर उप प्रभाग अधिकारी या सहायक अभियन्ता के कार्यालय में भेज देता है जहाँ परिकलन की जाँच क्लर्क द्वारा की जाती है और बिल की एक अनुलिपि उप प्रभाग अधिकारी या सहायक अभियन्ता द्वारा बनाई और पास की जाती है। इसके बाद उप प्रभाग अधिकारी या अधिशासी अभियन्ता भुगतान आदेश देता है और ठेकेदार को चेक द्वारा भुगतान कर दिया जाता। यदि ठेकेदार ने आरम्भ में ही जमानत राशि नहीं जमा की है तो प्रत्येक भुगतान में से 10% जमानत राशि के रूप में काट लिया जाता है और जमा के रूप में रखा रहता है।

ठेकेदारों को या तो सम्पूर्ण भुगतान एक साथ काम पूरा होने पर या काम की प्रगति के साथ चालू खाते बिल के आधार पर किया जा सकता है। साधारणतया भुगतान चालू खाते बिल के आधार पर ही किये जाते है और अन्तिम भुगतान काम पूरा हो जाने पर कर दिया जाता है। छोटे कामों के लिये भुगतान एक ही बार में किया जाता है।

बिल--बिल किये गये काम या सप्लाई के विवरण को कहते हैं। इसमें काम की मात्रा और अन्य विवरण, दर और देय-राशि दिखायी जानी चाहिए। आर्डर की संख्या तथा ठेके की संख्या भी दी जानी चाहिये।

बाउचर--एक प्रकार का लिखित दस्तावेज (विस्तृत विवरण के साथ) है जो भुगतान के प्रभाण रूप में रखा जाता है। प्रत्येक भुगतान के लिये पहले एक बिल तैयार किया जाता है और इसकी पूरी तरह जांच की जाती है। पाने वाले के हस्ताक्षर लिये जाते हैं और रसीदी टिकट लगवाया जाता है। भुगतान हो जाने के बाद यही बिल बउाचर बन जाता है।

प्रथम और अन्तिम भुगतान--इसका अर्थ हैं ऐसा भुगतान जो काम पूरा होने पर किया जाय। इस प्रकार का भुगतान अधिकतर छोटे काम के बारे में होता है।

चालू खाता या अंतरिम भुगतान (On Acconnt or Running or Interim Payment) यह उस भुगतान को कहते हैं जो कि काम होने के साथ-साथ और माप पुस्तक में माप करते रहने के साथ किया जाता है इसके लिये काम या सप्लाई का पूरा हो जाना आवश्यक नहीं है पर संतोषजनक प्रगति आवश्यक है। काम की प्रगति के दौरान ठेकेदार को समय-समय पर भुगताम किया जाता है और यदि उसने प्रगति करली है तो कर लिये गये काम के हिसाब से उसे भुगतान कर दिया जाता है।

अन्तिम भुगतान--इसका अर्थ है चालू खाते पर काम पूरा होने पर किया गया अन्तिम भुगतान। ऐसा बिल जिस पर अन्तिम भुगतान किया जाता है अन्तिम बिल कहलाता है।

अग्रिम भुगतान--यह भुगतान उसे कहते हैं जो चालू खाते पर और काम की माप करने से पहले ही कर दिया जाता है। इस प्रकार का भुगतान आमतौर पर नहीं किया जाता। परन्तु विशेष परिस्थितियों में जब कि काम काफी हद तक हो चुका है और माप किसी बँध कारणवश नहीं किया जा सका है भुगतान किया जा सकता है, पर सहायक अभियन्ता को प्रमाणित करना पड़ेगा कि किये गये काम का मूल्य भुगतान से कम नहीं है और यथा सम्भव विस्तृत माप ली जायगी।

जमानती अग्रिम भुगतान (Secured Advance Payment)--यह उस अग्रिम भुगतान को कहते हैं जो ठेकेदार द्वारा कार्यस्थल पर लाये गये जरूरी सामान की जमानत पर किया जाये, जबकि ठेका काम की पूरी की गई मदों के सम्बन्ध में हो। इस प्रकार का भुगतान प्रभागीय अभियन्ता के आदेश पर काम के हित में किया जा सकता है। पर यह लिये गये सामान के मूल्य का 75% से अधिक न हो तथा सामान अनाशवान होगा। प्रपत्र 31 पर एक अनुबन्धपत्र या करारनामा तैयार किया जायगा और ठेकेदार को हस्ताक्षर करना पड़ेगा जिसके फल-स्वरूप सामान के ऊपर विभाग का नियन्त्रण हो जायगा। सहायक अभियन्ता को इस आशय का एक प्रमाण देना पड़ेगा कि सामान वास्तव में कार्यस्थल पर लाया गया है और ठेकेदार ने इसके ऊपर कोई अग्रिम भुगतान नहीं प्राप्त किता है, कि सामान नष्ट होने वाला नहीं है और काम में प्रयोग होने वाला है, कि भुगतान की राशि सामान के मूल्य का 75% से कम है। चूना, बालू, सुर्खी, कंकड़ आदि नाशवान सामाम समझे जाते हैं और इनके बदले अग्रिम भुगतान नहीं किया जा सकता। कोयले के बदले भी भुगतान नहीं किया जायेगा।

बिल प्रपत्र—काम के स्वभाव के आधार पर भुगतान के लिये प्रयुक्त भिन्न-भिन्न प्रकार के बिल और बाउचर नीचे दिये जा रहे हैं। साधारणतया चालू खाते बिल के लिये सफेद प्रपत्र और अन्तिम बिल के लिये पीले प्रपत्र उपयोग में लाये जाते हैं।

प्रथम और अन्तिम बिल--प्रपत्र 24--इस प्रपत्र का प्रयोग तब होता है जब ठेकेदार को काम या सप्लाई पूरी होने पर अन्तिम रुप से भुगतान किया जाता है।

चालू खाता बिल 'सी'--प्रपत्र 27 सफेद--यह प्रपत्र काम या सप्लाई की माप हो जाने पर चालू भुगतान करने के लिये प्रयोग किया जाता है। यह प्रपत्र प्रयोग में नही लाना चाहिये यदि किसी भी प्रकार का अग्रिम भुगतान किया जाना है या ठेकेदार के खिलाफ बाकी है।

अन्तिम बिल 'सी'--प्रपत्र 27 पीला--अन्तिम भुगतान, जब कोई अग्रिम ठेकेदार के खिलाफ बाकी न हो, और बीच में भुगतान किये जा चुके हों, के लिये यह प्रपत्र काम में लाते हैं।

चालू खाता बिल 'ए'--प्रपत्र 25 सफेद--यह प्रपत्र अग्रिम भुगतान, जब माप न की गई हों, के लिये प्रयोग होता है और केवल निर्माण कार्य के सम्बन्ध (सप्लाई के सम्बन्ध में नहीं)। यह चालू भुगतान माप न किये गये काम, माप किये गये और न किये गये काम के मिश्रण या चालू भुगतान करने के लिये जबकि उसी काम के लिये अग्रिम भुगतान उसके खिलाफ बाकी है, के लिये प्रयुक्त होता है।

चालू खाता बिल 'बी'--प्रपत्र 26 सफेद--यह प्रपत्र जमानती अग्रिम भुगतान और केवल काम के सम्बन्ध में प्रयोग होता है। यह प्रपत्र आंशिक रुप से चालू खाता भुगतान, जमानती अग्रिम भुगतान, अग्रिम भुगतान और मापे गये काम के लिये भी काम में लाया जाता है। अर्थात जमानती अग्रिम भुगतान तथा अन्य प्रकार के भुगतानों के सम्मिश्रण हेतु भी काम में आता है।

अन्तिम बिल 'बी'--प्रपत्र 26 पीला--यह प्रपत्र अन्तिम भुगतान के लिये तब प्रयुक्त होता है जब पहले से दिये गये जमानती अग्रिम भुगतान कि वसूली की जाने वाली है या समंजन किया जाना है। यदि अग्रिम भुगतान वसूल किया जा चुका है तब अन्तिम बिल 'अन्तिम बिल 'सी' प्रपत्र 27 पीला' पर बनाया जायेगा।

चालू खाता बिल 'डी'--प्रपत्र 27-A--यह प्रपत्र चालू खाते या मध्यवर्ती भुगतान के लिए प्रयोग होता है जब ठेका इक मुश्त राशि का है।

अन्तिम बिल--प्रपत्र 27-B--यह प्रपत्र ठेकेदारों को इक मुश्त ठेके पर अन्तिम भुगतान के लिये प्रयोग किया जाता है।

हस्त रसीद--प्रपत्र 28 (HR)--यह वाउचर का एक साधारण रुप है जो विभिन्न प्रकार के भुगतान और अन्तिम देय के लिये प्रयोग किया जाता है, जब दिये गये प्रकार के प्रपत्र प्रयोग नहीं किये जा सकते। साधारणतया छोटी-छोटी खरीददारी से सम्बन्धित भुगतान या अन्य किसी भी प्रकार के छोटे भुगतान हस्त रसीद प्रपत्र 28 (HR) पर किये जाते हैं। यह भुगतान 10 रु॰ के अन्दर होना चाहिये।

प्रपत्र 28--हस्त रसीद

(सभी विविध प्रकार के भुगतानों व अग्रिम भुगतानों के लिये वाउचर का सरल प्रपत्र जिसमें विशेष प्रपत्र 24, 25, 26 व 27 उपयुक्त न हों)।

रोकड़ बही वाउचर संख्या.................तारीख.................19..............

(1) ....को चेक*/नकद*द्वारा.................रु० का भुगतान करें।

(2) मैंने भुगतान किया† ....

.................प्रभारी (Incharge).................उपखण्ड.................खण्ड के

(रु.......................................)...वसूल पाय।

जिस निर्माण कार्य‡ या जिस लिए भुगतान किया गया हो उसका नाम

तारीख.................................. शब्दों में राशि.......................................

टिकट

††साक्षी..................................... ....

पाने वाले के हस्ताक्षर

---

*भुगतान प्राधिकृत करने वाले अधिकारी को हस्ताक्षर करके तारीख डाल देना चाहिए तथा चेक या नकद में से एक काट देना चाहिए।

‡वास्तव में भुगतान करने वाले व्यक्ति को भुगतान के प्रमाणपत्र (2) पर हस्ताक्षर करके तारीख डाल देनी चाहिए।

†यदि निर्माण कार्य का लेखा उप-शीर्ष के अनुसार रखा जाता हो सवितरण अधिकारी (Disbursing Officer) को हर उप-शीर्ष का प्रभारित राशि लिखना चाहिए।

††यदि भुगतान पाने वाला व्यक्ति हस्ताक्षर न कर सके तथा कोई चिन्ह या मोहर या अंगूठा लगाकर प्राप्ति स्वीकार करे तो किसी परिचित व्यक्ति से भुगतान का साक्ष्यांकन (attest) करना चाहिये।

जमानत राशि वापस करना—साधारणतौर पर ठेकेदार की 10% जमानत राशि काम ठीक से पूरा होने के छह महीने बाद या एक बरसात निकल जाने पर लौटा दी जायगी। यह भुगतान प्रपत्र 28 (HR) पर किया जायेगा। इन छह महीनों में यदि कोई गड़बड़ी होती है तो उसके लिये ठेकेदार जिम्मेदार होगा और उसे गड़बड़ी या टूट-फूट निःशुल्क ठीक करना पड़ेगा।

लेखा (Account)

सिविल लेखा पद्धति (Civil Accounting System)—इस पद्धति में सरकार द्वारा प्राप्त सभी धन तुरन्त सरकारी कोषागार (Govt. Treasury) में जमा कर दिया जाता है, और भुगतान की आवश्यकता पड़ने पर बिल देकर रुपया निकाल लिया जाता है। प्रत्येक जिला मुख्यालय में जिला कोषागार और तहसील मुख्यालय में उप कोषागार होते हैं। केन्द्र और राज्य सरकार सम्बन्धी सभी जमा भुगतान कोषागार के माध्यम से ही किये जाते हैं। सभी जमा भुगतान को लेकर एक प्रारम्भिक लेखा कोषागार में रखा जाता है। सभी जिलों के कोषागार अधिकारी इन जमा भुगतान का मासिक लेखा विवरण तैयार करके महालेखाकार (A. G.) को प्रतिमास भेजते हैं। उन्हीं विवरणों के आधार पर महालेखाकार केन्द्र सरकार व पूरे राज्य के जमा भुगतान का लेखा तैयार करेगा।

सा॰ नि॰ वि॰ लेखा पद्धति (P. W. D. Accounting System)—सा॰ नि॰ वि॰ लेखा पद्धति व्यापक है और प्रभाग कार्यालय में निर्धारित प्रपत्रों पर बनाया जाता है। इस पद्धति के अनुसार प्रभाग अधिकारी उक्त प्रभाग में मुख्य राशि वितरण अधिकारी होता है। उसके पास जिला कोषागार या उप-कोषागार या रिजर्व बैंक या स्टेट बैंक की चेक बुक रक्खी जाती है और वह ठेकेदारों को भुगतान उन्हीं चेकों द्वारा करता है।

वह चेक द्वारा निकालकर कुछ नकद राशि भी अपने पास रखता है जिससे कि छोटी-मोटी खरीदारी या अन्य आवश्यकता के लिये काम आ सके।

सभी प्राप्त राजस्व एक साथ प्रत्येक महीने के अन्त में या थोड़ा-थोड़ा करके महीने में कई बार कोषागार में जमा किया जा सकता है।

धन प्राप्ति व भुगतान का विस्तार पूर्वक विवरण प्रभाग कार्यालय में नित्यप्रति रक्खा जाता है और महीने के अन्त में संकलन करके महालेखाकार को भेज दिया जाता है। अपवाद हैं, वेतन बिल भुगतान और यात्रा भत्ता बिल जो की कोषागार को बिल भेजकर प्राप्त किये जाते हैं।

उप प्रभाग अधिकारी को भी राशि वितरण के अधिकार प्राप्त हैं और वह चेक द्वारा कोषागार आदि से रुपया निकाल सकता है। उप प्रभाग अधिकारी, जिन्हें ऐसा अधिकार है, को मासिक लेखा तैयार करके प्रभागीय कार्यालय को भेजना पड़ेगा।

सार्वजनिक कार्य लेखा (Public Works Account)

सा० नि० वि० को सरकार के सभी प्रकार के निर्माण कार्य करवाने पड़ते हैं—जैसे सड़कें और भवन, सिंचाई कार्य, जल निकास सम्बन्धी कार्य (drainage) आदि। इन कार्यों की वार्षिक लागत करोड़ों में आती है और इनका लेखा ठीक से बनाया जाना चाहिये।

सा० नि० वि० प्रणाली अपनाते समय निम्नलिखित नियमों का ध्यान रखना चाहिये—

(1) सभी सौदे चाहे वे आमदनी सम्बन्धी हों या खर्च सम्बन्धी, निर्धारित लेखा-शीर्ष के अन्तर्गत आने चाहिये।

(2) निश्चित नियमों और कायदों का पालन आवश्यक है जिनके अनुसार रुपया पाने, जमा करने और निकालने, खर्च करने और इनके सम्बन्ध से लेखा तैयार करने की जिम्मेदारी प्रभागीय अधिकारी की है।

सा० नि० वि० लेखा पद्धति के कुछ मुख्य लक्षण (Main Features of P. W. D. Accounting System)

(1) प्रभागीय अधिकारी प्रभाग का मुख्य राशि वितरण अधिकारी होता है। उसे कार्य संबंधी सभी भुगतानों के लिये चेक भेज कर कोषागार या रिजर्व बैंक से रुपया निकालने का अधिकार है। वह प्रभाग का कुछ धन भी प्राप्त करता है और कोषागार में या बैंक में जमा कर देता है।

(2) प्राप्ति-विवरण का हिसाब किताब और प्रभाग अधिकारी के नाम पर अधीनस्थ कर्मचारी द्वारा किये गये लेन-देन का विवरण लेखाकार के देखरेख में तैयार किया जाता है। यह लेखाकार उक्त कार्यालय में महालेखाकार द्वारा भेजा गया होता है। लेखाकार उपरोक्त विवरण प्रति माह महालेखाकार को भेजता है जो इसकी परीक्षा निधि की मंजूरी और विनियोग को ध्यान में रखते हुये करता है और सरकार के लेखा में मिला लेता है।

(3) इसके अतिरिक्त प्रभागीय अधिकारी की यह भी जिम्मेदारी है कि वह उसके या उसके अधीनस्थ कर्मचारी द्वारा प्राप्त किये गये भंडार का साफ-साफ हिसाब रखे और लेखा-परीक्षा के लिये महालेखाकार को उपलब्ध कराये।

(4) प्रभागीय अधिकारियों के लेखा में प्रत्येक कार्य के खर्चे अलग-अलग मुख्य शीर्षों के अन्तर्गत दिखाये जाते हैं।

(5) निजी भुगतान जैसे वेतन, यात्रा भत्ता आदि कोषागार पर बिल भेजकर किये जाते हैं। यह भुगतान निर्धारित नियमानुसार होते हैं कोषागार अधिकारी द्वारा प्रस्तुत आंकड़ों पर महालेखाकार द्वारा लेखाबद्ध किये जाते हैं।

(6) केन्द्रीय सा० नि० वि० के बारे में विशेष परिस्थितियों में जहां नागरिक कोषागार सुविधाजनक रूप से स्थित नहीं है सा० कार्य अधिकारी मिलिटरी चेस्ट (M. Treasure Chest) के साथ रखे जाते हैं।

लेखा सभी प्रकार से ठीक और लेखा परीक्षा विभाग के (Audit Department) विचार से संतोष जनक होने चाहिये। प्रत्येक भुगतान के प्रमाण से वैध वाउचर का होना आवश्यक है। भुगतान, माप और अन्य लेन-देन सम्बन्धी विवरण साफ-साफ और अपने में पूर्ण होने चाहिये जिससे कि आवश्यकता पड़ने पर न्यायालय में प्रमाण रूप से प्रस्तुत किये जा सके। सभी नकद, भण्डार, अन्य सम्पत्ति, अधिकार, विशेषाधिकार और रियायत जिनका आर्थिक मूल्य है, सम्बन्धी लेन-देन तुरन्त उचित शीर्ष के अधीन लेखाबद्ध किये जाने चाहिये। यदि तुरन्त उचित शीर्ष नहीं मालूम हो पा रहा है तो प्राप्त 'जमा" (Deposit) और व्यय (Miscellaneous P. W Advances) के अन्तर्गत लिखा जाना चाहिये।

बजट प्राक्कलन सरकार की प्रत्याशित आय को राजस्व (Revenue) के अन्तर्गत और विभिन्न श्रेणी के कार्यों पर प्रत्याशित व्यय को 'अनुदान' (Grant) के अन्तर्गत दिखाता है। सभी आय राजस्व के अन्तर्गत चढ़ाई जायेगी और व्यय केवल बजट अनुदान तक ही सीमित रहेगा। अतः नहर के जल की बिक्री से होने वाली आय नहर के अनुरक्षण के काम में नहीं लाई जा सकती। इस आय को 'राजस्व शीर्ष से अन्तर्गत जमा कर दिया जायगा और नहर के अनुरक्षण पर खर्च 'अनुदान में से किया जायगा। इसी प्रकार सड़क परिवहन की सारी आय 'राजस्व शीर्ष के अन्तर्गत जमा कर दी जायगी पर उसके चलाने पर खर्च बजट अनुदान में से लिया जायगा। सड़क के किनारे पेड़ों को बेचकर भी जो आमदनी होगी वह भी इसी तरह लिखी जायगी।

सा. कार्य अधिकारियों के लेन-देन सम्बन्धी व्यवहार निम्नलिखित चार शीर्षों में बांटे जाते हैं :--

I. व्यय शीर्ष (**Expenditure head**)--यह ऐसे प्रभार के लिये होते हैं जो प्रभागीय अधिकारी के लेखा में संमजित किये जाते हैं।

II. राजस्व शीर्ष (**Revenue head**)--यह ऐसी आय के लिये है जो अन्त में प्रभागीय अधिकारी के लेखा में सरकार के नाम खाते-जमा की जाती है।

III. प्रेषण शीर्ष (**Remittance head**)--यह नकदी, भण्डार की प्राप्ति और भुगतान जो अन्य विभाग या सरकार से हुई हो या उनको किया गया हो, के लिये है।

IV. ऋण या जमा शीर्ष (**Debt or deposit heads**)--यह ऐसे कुछ प्राप्ति और भुगतान के लिये काम में लाये जाते हैं जो निलम्बित किये जाते हैं जब तक उनके सम्बन्ध में वसूली या भुगतान नहीं हो जाता (नकद या अन्य किसी रूप में)।

ऊपर लिखे शीर्षों के अन्तर्गत लेन-देन सम्बन्धी सौदों को लेखा की सुविधा के लिये उप-विभाजित किया जाता है। व्यय तथा राजस्व शीर्ष के सम्बन्ध में वर्गीकरण की प्रधान इकाई है 'मुख्य शीर्ष' (Major **head**)।

मुख्य शीर्ष को लघु शीर्षों (Minor heads) में बांटा जाता हैं और प्रत्येक लघु शीर्ष को फिर 'विस्तृत शीर्षों' (Deailed heads) में बांटा जाता है। कभी-कभी लघु शीर्षों को उपशीर्षों (Sub-heads) में बाटा जाता है जो कि फिर विस्तृत शीर्षों में विभाजित किये जाते हैं।

नकद लेखा (Cash Accounts)

व्यय का ब्योरा उपखण्ड में हेड क्लर्क द्वारा और खण्ड में मण्डल लेखाकार (Div. Accountant) द्वारा लेखा-क्लर्क की सहायता से रखा जाता है। सभी प्राप्ति-भुगतान कैश बुक में सा. का. प्रपत्र 1 में रोजाना बाउचर संख्या, काम का नाम, लेखाशीर्ष आदि देते हुये लिखे जाते हैं। लेखा प्रति माह बन्द किये जाते हैं और मण्डल लेखाकार मासिक लेखा महालेखाकर को लेखा परीक्षा हेतु भेजता है। उप-खण्ड की कैश बुक प्रत्येक माह की 25 ता. को बन्द की जाती है और इसकी प्रतियां खण्ड कार्यालय को भेजी जाती हैं। किन्तु मार्च के महीने में कैश बुक 31 ता. को बन्द की जायगी। प्रत्येक माह लेखा बन्द करने पर उप खण्ड अधिकारी या खन्ड अधिकारी तिजोरी में बची नकद राशि की गिनती करता है। गिनती करने पर जो संख्या प्राप्त होती है कैश बुक में खिली जाती हैं और लिखने वाला तारीख के साथ हस्ताक्षर करता है। महालेखाकार प्रति वर्ष प्रत्येक खंड में एक लेखापरिक्षा दल (Audit Party) भेजता है जो कि लेखा-परीक्षा करता है और अनियमिताओं और भूल-चूक की ओर सरकार का ध्यान आकर्षित करता है। इस पर सरकार उचित कार्यवाही करेगी। अधीक्षण अभियन्ता भी वर्ष में एक बार खंड कार्यालय का निरीक्षण करता है और अनियमिताओं की जाँच करता है।

खर्चे और भुगतान पर नियन्त्रण रखने के लिये 'कार्य सार' और ,कार्य पंजी' (Work abstract and Register of works) निर्धारित प्रपत्रों में बनाये और रक्खे जाते हैं प्रत्येक ठेकेदार के सम्बन्ध में एक लेजर (ledger) रहता है जिससे कि भुगतान और वसूली पर नजर रहती है।

नकद (Cash)—इसके अन्तर्गत नोट, सिक्के, देय-मांग चेक (Payable Cheque on demand) प्रेषण हस्ताक्षर रसीद (Remittance transfer receipt) और दर्शनी हुंडी (Demand draft) आते हैं। नकदी शेष के एक अंश के रूप में रसीदी टिकट (प्राप्ति स्वीकार के लिए आवश्यक) भी रक्खे जा सकते है।

सरकारी ऋण पत्र (Securities) बैंक में राशि जमा करने के बाद मिली रसीद, डिबेंचर और बंधक जमानत के रूप में जमा किये जा सकते हैं पर उन्हें नकदी की श्रेणी में नहीं रक्खा जा सकता।

नामे और खाते-जमा (**Debit and credit**)—नामे का अर्थ है खर्च और खाते-जसा का अर्थ आमदनी। यदि कोई राशि नामे में डालने को कही जाये तो इसका अर्थ होगा राशि खर्च में डाली जाय, और इसके विपरीत खाते-जमा का अर्थ होगा कि उक्त काम के अन्तर्गत आय या प्राप्ति।

कैश बुक (Cash Book)—वास्तविक नकद लेन-देन का विवरण सार्वजनिक कार्य लेखा प्रपत्र 1 के बने रजिस्टर, जिसे कैश बुक कहते हैं, में दिया जाता है। कैश बुक अत्यन्त महत्वपूर्ण अभिलेख है और खड और उपखंड कार्यालय में नियमित रूप रोजाना तैयार करना चाहिये।

कैश बुक के पृष्ठों पर मशीन से नम्बर पड़े रहते हैं और प्रत्येक पृष्ठ दो हिस्सों—प्राप्ति (बांई ओर) और भुगतान (दांयी ओर) में बटा होता है। प्राप्ति की ओर पांच स्तम्भ और भुगतान की ओर सात स्तम्भ होते हैं जैसा कि नीचे दिखाया गया है।

प्रपत्र 1–कैश बुक

प्राप्ति हिस्सा					भुगतान हिस्सा						
								भुगतान			
									बैंक या कोषागार		
प्राप्ति की तारीख	वाउचर या प्राप्ति की संख्या	किससे प्राप्त हुआ	राशि (नकद)	प्राप्ति का वर्गीकरण	भुगतान की तारीख	वाउचर संख्या	किसको दिया गया	नकद	चेक की संख्या (चेक बुक की संख्या के साथ)	राशि	प्रभार का वर्गीकरण
1	2	3	4	5	6	7	8	9	10	11	12

कैश बुक तैयार करने की निम्नलिखित पद्धति अपनाई जाती है :--

(1) सभी लेन-देन सम्बन्धी सौदे तुरन्त और क्रम से कैश बुक में लिखे जाने चाहिये। प्रत्येक प्रविष्टि संक्षिप्त होती है पर पर्याप्त विवरण दिया जाना चाहिये जिससे कि सौदे के स्वभाव का सही अन्दाज मिल सके। वाउचर यदि, हो तारीख और संख्या, काम का नाम, ठेकेदार या व्यक्तियों के नाम आदि अपने-अपने स्तम्भ में लिखे जाने चाहिये। लेखा शीर्ष जिसके अन्तर्गत डेबिट या क्रेडिट किये जाने हैं स्तम्भ 5 या 12 में लिखे जाते हैं।

(2) भुगतान की ओर दो धन सम्बन्धी स्तम्भ हैं--नकद और बैंक अथवा कोषालय-जिससे कि चेक द्वारा भुगतान और नकद भुगतान में अन्तर जाना जा सके। तिजोरी की कमी पूरा करने के लिये जब चेक द्वारा रुपया निकाला जाता है, तब चेक का नम्बर व राशि भुगतान की ओर 'बैंक अथवा कोषागार' वाले स्तम्भ नं. 10 और 11 में लिखा जायगा तथा केवल राशि प्राप्ति की ओर कोषागार से नकद स्तम्भ 4 में लिखा जायगा।

(3) तिजोरी में नकद शेष जितना कम हो सके रखना चाहिये अर्थात केवल आवश्यकतानुसार रखना चाहिए। साल के अन्त में रुपया लाकर तिजोरी में रखना यह दिखाने के लिए कि पूरे अनुदान का प्रयोग किया जा चुका है, एक गम्भीर अनियमितता होगी।

(4) रद्द किये गए चेक की राशि पुरांकन (write back) द्वारा ॠण चिन्ह (minus figure) के रूप में भुगतान की तथा बैंक या कोषागार वाले स्तम्भ में लिखी जाती है। इसके साथ ही चेक के सम्बन्ध में मूल लिखन के सामने दूसरी प्रविष्टि के बारे में प्रति निर्देश (counter referenbe) दिया जायगा। काम बाधित (time barred) या खोये हुये चेक के बदले दूसरे चेक के बारे में जारी करने वाले दिन ही लाल स्याही से कैश बुक में लिखा जायेगा। पुराना चेक नष्ट कर दिया जाएगा और पुराने चेक के प्रतिपर्ण (counuter foil) पर नये चेक का नम्बर व तारीख लिखी जायगी तथा नये चेक के प्रतिपर्ण पर पुराने चेक का नम्बर व तारीख दी जायगी।

(5) अधीनस्थ अधिकारियों द्वारा छोटी-छोटी रकम प्राप्त करके कोषालय में जमा कर दी जाती है या खंड या उप खंड अधिकारी को भेज दी जाती है। यह कैश बुक में नकद पाने की तारीख या कोषालय चालान रसीद की तारीख डालकर लिख ली जाती है। अधीनस्थ अधिकारी द्वारा नकद प्राप्ति की तारीख हर (denominator) के स्थान पर और कैश बुक में लिखने की तारीख अंश (numerator) के स्थान पर लिखी जाती है। इस प्रकार के सौदे को दोहरा सौदा (double transaction) कहा जाता है। इसी प्रकार, राशि वितरण अधिकारी यदि दौरे पर है और शहर के बाहर से चेक जारी करता है तब अधिकारी के वापस लौटने वाले दिन इस सौदे को दोहरे सौदे के रुप में अंकित किया जाता है। चेक की वास्तविक तारीख हर के स्थान पर और अंकित करने की तारीख अंश के स्थान पर दी जाती है।

(6) स्तम्भ 8 'किसको भुगतान किया गया' में व्यक्ति या ठेकेदार या दल का नाम, काम का नाम काम के स्वभाव के बारे में संक्षेप में विवरण आदि लिखना चाहिए (प्रत्येक मद के लिए)। भिन्न-भिन्न कार्य या लेखा शीर्ष या ठेकेदार और अन्य व्यक्ति के नाम राशि (क्रेडिट या डेबिट) कैश बुक में अलग-अलग दिखाने चाहिये।

(7) अधीनस्थ अधिकारी को अग्रदाय दिये जाने पर भुगतान की ओर स्तंभ 8 में लाल स्याही से अग्रदाय की राशि लिखनी चाहिये। यह राशि भुगतान में लिखनी चाहिये क्योंकि यह राशि वितरण अधिकारी के कैश बुक में इतिशेष के एक अंश के रुप में रहती है। यदि अग्रदाय के लिये चेक जारी किया गया है तो इसकी राशि कैश बुक की दोनों ओर दिखाई जानी चाहिये। अग्रदाय में बाद में यदि कोई वृद्धि या कमी की जाती है तो वृद्धि भुगतान की ओर स्तंभ 8 में और कमी प्राप्ति की ओर स्तंभ 3 में लिखी जाती है। अधीनस्थ कर्मचारी द्वारा भेजे गये अग्रदाय लेखा में से खाना पूर्ति करते समय प्रत्येक कार्य या लेखा शीर्ष पर हुये पूरे खर्च कैश बुक में लिखे जाते हैं।

(8) यदि अधीनस्थ अधिकारी को मजदूरों में बांटने के लिए रुपया दिया जाय तो इसे अस्थाई अग्रिम राशि के रुप में स्तंभ 8 में लाल स्याही से लिखना चाहिये। इसकी पद्धति अग्रदाय के समान ही है। भुगतान हो जाने पर और अधीनस्थ कर्मचारी द्वारा प्रमाणित किये जाने पर जब उपस्थित नामावली और या निर्माण प्रभारि सिब्बंदी बिल अग्रदाय नकद लेखा और न भुगतान की गई मजदूरी के साथ लौटाये जाते हैं तो राशि जो वास्तव में भुगतान की गई है कार्य के नाम डेबिट कर दी जाती है। भुगतान न किया गया धन और नकद बचत लौटा दी जाती है और इसके बारे में स्तंभ 3 'किससे पाया' में लाल स्याही से लिख देना चाहिए। यही तरीका अपनाया जाता है जब राशि वितरण अधिकारी नकद प्राप्त करके अपने साथ दौरे पर ले जाता है और वितरण करता है।

यदि किसी सरकारी कर्मचारी को यात्रा खर्च के लिये अग्रिम दिया जाता है तो इस राशि को कैश बुक में अन्तिम सौदे के रुप में न लिखकर अस्थाई अग्रिम राशि के रुप में लिखा जाता है जिससे कि यह राशि नकद शेष के अंश के रुप में चलती रहे।

(9) कोई भी राशि पाये जाने पर कैश बुक में तुरन्त लिखी जाती है और देने वाले को प्रपत्र 3 में रसीद दे दी जाती है। निजी चेकों के सम्बन्ध में अन्तिम प्राप्ति स्वीकार तब तक नहीं भेजा जाता जब तक कि उसका भुगतान नहीं हो जाता।

(10) जहाँ तक सम्भव हो कैश बुक में कोई भी लाइन नहीं छोड़नी चाहिये, पर यदि कोई स्थान खाली छूट ही जाये तो उसको आड़ी रेखा खीच कर रद्द कर देना चाहिये। अन्तर्वेशन (Interpolation) यथा संभव

नहीं करना चाहिए पर यदि करना पड़ जाये तो राशि वितरण अधिकारी से तारीख युक्त हस्ताक्षर के रूप में साक्ष्यांकन (Attest) करवा लेना चाहिए।

(11) उप खंडीय कैश बुक प्रत्येक महीने की 25 तारीख को बन्द की जाती है केवल मार्च को छोड़कर जब यह 31 तारीख को बन्द की जायेगी।

(12) तिजोरी में नकद राशि की गणना उप खड या खंड अधिकारी द्वारा की जाती है। (प्रति माह लेखा बन्द करने पर) और कैश बुक में इतिशेष के नीचे लिखी जाती है और वितरण अधिकारी हस्ताक्षर करता है। यह इस प्रकार लिखी जाती है—

तिजोरी में नकद ... रु. ....

अग्रदाय (व्यक्ति के नाम के साथ) ... रु. ....

अस्थाई अग्रिम राशि (व्यक्ति के नाम के साथ) ... रु. ....

कुल नकद शेष रु. ....

बची नकद राशि गणना क सम्बन्ध में एक प्रमाण पत्र (राशि अंकों और शब्दों में देते हुये और अग्रदाय तथा अस्थाई अग्रिम राशि को छोड़कर) उप खंड अधिकारी या खंड अधिकारी द्वारा दिया जाना चाहिये। यह कैश बुक में बन्द की जा रही प्रविष्टियों के नीचे देना चाहिये और इस रुप में होना चाहिये--

नकद शेष रु. ....मेरे द्वारा इस तारीख को गिने गये और सही पाये गए।

(उ. खं. अ.).............. तारीख............

(13) उप खंड अधिकारी को कैश बुक बन्द करने के तुरन्त बाद प्रपत्र 5 में 'नकद शेष रिपोर्ट' तैयार करके और कैश बुक की प्रतिलिपि के साथ खड कार्यालय में भेजना चाहिए। प्रपत्र 5 के दो हिस्से हैं--

प्रथम- —हाथ में वास्तविक नकद राशि, विस्तृत विवरण के साथ, 10 रु. के नोट.......... 5 रु. के नोट..............1 रु. के नोट................पचास पैसे.......आदि।

द्वितीय--दी जाने वाली अग्रदाय और अस्थाई अग्रिम राशि रु. .... ।

(14) कैश बुक प्रतिलिपियों वाउचर के साथ उप खंड अधिकारी द्वारा खंड कार्यालय में भेजी जाती है। यह महीने में दो बार अधिकतर 10 तारीख और 25 तारीख को भेजी जाती है। 'नकद शेष रिपोर्ट' प्रपत्र 5, एक बार और पिछली 25 तारीख को बन्द होने वाली कैश बुक की प्रतिलिपि के साथ जमा की जाती है।

नकदी में कमी-बढ़ती पाया जाना (Cash found surplus or deficit)--यदि तिजोरी में पाई जाने वाली राशि और किताब में लिखे शेष में अन्तर पाया जाय तो नकद की फिर से गिनती करना चाहिये और कैश बुक की फिर से जांच करनी चाहिये शायद कहीं जोड़ने घटाने में भूल हुई हो या अन्य कोई गलती हो गई हो। गलत पाई जाने पर ठीक कर देना चाहिये। यदि गलती न मिले तो तिजोरी में प्राप्त राशि के अनुसार कैश बुक का शेष निम्नलिखित तरीके से मिला लेना चाहिए—

(1) यदि नकद में बढ़ती (surplus) पायी जाय तो बढ़ी हुई राशि के सम्बन्ध में कैश बुक में एक प्राप्ति प्रविष्टि इस प्रकार करना चाहिए—'तिजोरी में नकद अतिरिक्त पाया गया' सा. नि. वि. शीर्ष के नीचे और सरकारी राजस्व के नाम क्रेडिट करके।

(2) यदि नकद में कमी पायी जाय तो घटी हुई राशि को लेकर भुगतान प्रविष्ट करना चाहिए—तिजोरी में नकद कम पायी गई विविध सा० का० अग्रिम राशि शीर्ष के नीचे जो कि बाद में वसूली या बट्टे खाते में डालकर ठीक कर लेना चाहिए।

सहायक कैश बुक (Subsidiary cash book —खण्ड के स्थाया कर्मचारियों के वेतन और भत्ते खण्ड अधिकारी कोषागार को बिल भेजकर निकलवाता है। इस प्रकार के रुपये पैसे और भुगतान का हिसाब एक अलग कैश बुक में जिसे सहायक कैश बुक कहते हैं रखा जाता है। इसमें से बची राशि मुख्य नकद राशि से अलग रखी जाती है। मासिक लेखा बन्द करते समय दोनों कैश बुक (मुख्य व सहायक) में नकद शेष की गणना की जाती है और अलग-अलग प्रमाण पत्र दिये जाते हैं।

अग्रदाय (Imperest)—इसे अस्थायी अग्रदाय कहा जाता है। यह किसी व्यक्ति को अग्रिम दी जाने वाली एक स्थायी मात्रा है जो कि उसे खन्ड या उप खण्ड अधिकारी द्वारा कुछ प्रकार के विवरण के लिये दी जाती है। अग्रदाय की राशि कम से कम रखी जाती है और महीने के खर्चे के लिये काफी होती है। यह सरकार की अनुमति के बिना रुपया 1000 से अधिक बढ़नी नहीं चाहिए।

अग्रदाय राशि का लेखा 'अग्रदाय राशि लेखा' प्रपत्र 2 अनुलिपि में रखा जाता है—

प्रपत्र 2—नकद अग्रदाय लेखा

महीना और तारीख	वाउचर नम्बर	सौदे	प्रत्येक भुगतान की राशि	योग	लेखा का शीर्ष
1	2	3	4	5	6

अग्रदाय की राशि प्राप्त होने पर तुरन्त लाल स्याही से स्तम्भ 5-योग में लिखी जानी चाहिए। तारीख और किस प्रकार दिया गया, चेक या नकद और चेक नम्बर स्तम्भ 3 में लाल स्याही से लिखना चाहिए। इसके बाद वितरण के बारे में विस्तार से और क्रम से रोज अपने-अपने स्तम्भ में लिखना चाहिये। प्रत्यक भुगतान के प्रमाण में वाउचर (उचित प्रपत्र पर) होना चाहिए जिसमें अग्रदाय धारक वाउचर नम्बर डालना चाहिए। भुगतान हस्त रसीद प्रपत्र 28 पर दिये जायें। अग्रदाय लेखा की उल्टी ओर 'प्रभार सार' (Abstract of Charges) शीर्ष के अन्तर्गत काम का नाम जिसके नाम डेबिट करना है सम्बन्धित स्तम्भ में लिख दिया जाता है अग्रदाय हर महीने की 25 तारीख को बन्द किया जाता है। शेष निकाल लिया जाता है और एक पर्णी (foil) पर क्रम से लगा लिये जाते हैं (स्तम्भ 2 से मिलने चाहिए)। इसके बाद इन्हें उप-खण्ड अधिकारी या खण्ड अधिकारी के पास जमा कर दिया जाता है और प्रतिपर्ण अग्रदाय धारक के पास ही रह जाता है। वाउचर की जांच खण्ड या उपखण्ड अधिकारी करता है और पास कर देता है और सम्पूर्ण अग्रदाय पर एक वाउचर नम्बर देकर खण्ड या उपखण्ड के लेखा में डाल दिया जाता है। यदि आवश्यक हो तो आपूर्ति (recoupment) के लिए अग्रदाय लेखा पहले ही बन्द और जमा किया जा सकता है। अग्रदाय की राशि आवश्यकतानुसार घटाई-बढ़ाई जा सकती है पर सही-सही हिसाब रखना चाहिये।

अस्थायी अग्रिम या अस्थायी अग्रदाय—अस्थायी अग्रिम राशि या अग्रदाय वह राशि है जो राशि वितरण अधिकारी अधीनस्थ अधिकारी को उपस्थिति नामावली पर या अन्य वाउचर जो पास किए जा चुके हैं पर भुगतान के लिये देता है। अस्थायी अग्रदाय का लेखा जितनी जल्दी हो सके बन्द कर देना चाहिये अस्थायी अग्रदाय की ऊपरी सीमा अधीनस्थ अधिकारी के विश्वास पर निर्भर करती है। पर साधारणतया यह रु० 2500 होती है। अधिशासी अभियन्ता का विवेक भी चलता है।

अस्थायी अग्रिम राशि का भुगतान पास किये हुए बिल पर किया जाता है, जबकि स्थायी अग्रदाय राशि का भुगतान न पास किये हुए बिलों पर तथा जब जरूरत हो तब किया जाता है। अस्थायी तथा स्थायी दोनों अग्रदाय का लेखा प्रपत्र-2 नकद अग्रदाय लेखा में रखा जाता है।

चेक—चेक बैंक या कोषागार को भुगतान का आदेश होता है जिनमें बैंक या कोषागार का नाम, पाने वाले का नाम, भुगतान की राशि एकाउंट नम्बर, तारीख और भुगतान करने वाले का हस्ताक्षर होता है। चेक-चेक बुक के अन्दर होते हैं जो कि राशि वितरण अधिकारी कोषालय अधिकारी के पास हस्ताक्षर युक्त मांग पत्र (requisition form) भेज कर मंगवाता है। चेक बुक पाये जाने पर इसमें चेकों की गिनती की जाती है और गणना का प्रमाण चेक बुक के पृष्ठ (fly leaf) पर दिया जाता है। चेक बुक ताले में बन्द रखी जाती है। राशि वितरण अधिकारी चेक बुक का प्रयोग करने से पहले बैंक या कोषागार को चेक बुक संख्या तथा उसमें चेकों की संख्या के बारे में सूचना भेज देता है। ऐसे स्थलों पर जहां कोषागार का नकद लेन देन रिजर्व बैंक या स्टेट बैंक द्वारा किया जाता है, चेक सीधे बैंक के नाम जारी किये जाते हैं।

साधारणतया चेक जारी की जाने वाली तारीख से ६ महीने तक मान्य होता है। यदि कोई चेक काल-बाधित (time barred) हो जाये तो इसे जारी करने वाले को वापस भेज देना चाहिए जो इसके स्थान पर नया चेक जारी करेगा। कालबाधित चेक नष्ट कर देगा और नये चेक का नम्बर और तारीख कालबाधित चेक के प्रतिपर्ण पर और कालबाधित चेक का नम्बर ओर तारीख नये चेक के प्रतिपर्ण पर लिखेगा। इस सौदे को कैश बुक में 'रद्द चेक' वाली पद्धति के अनुसार लिखते हैं।

यदि कोई जारी किया हुआ चेक खो जाता है तो राशि वितरण अधिकारी इसके विषय में कोषागार अधिकारी को सूचित करता और उससे एक प्रमाण पत्र ले लेता है।

कोषागार अधिकारी पूरी जांच के बाद यदि पाता है कि चेक का भुगतान नहीं हुआ तो प्रमाण पत्र पर हस्ताक्षर कर देता है ओर खाये हुये चेक पर भविष्य में भुगतान रोक देता है। राशि वितरण अधिकारी प्रमाण पत्र पाने पर मूल चेक को रद्द दिखायेगा और नया चेक ऊपर लिखित पद्धति से जारी करेगा।

प्रेषण हस्तांतरण रसीद (Remittance transfer receipt R. T. R.)—यह एक प्रकार का ड्राफ्ट है जो सरकारी कोषागार, रिजर्व बैंक या स्टेट बैंक कुछ विशेष उद्देश्य से सरकारी हिसाब में से भुगतान हेतु जारी करता है। सरकारी विभागों के शहर के बाहर के भुगतान इसी माध्यम से किये जाते हैं।

बदली डेबिट/क्रेडिट की सूचना (Advice of transfer debit/credit A. T. D.)—दो प्रभागों के बीच भुगतान बदली डेबिट|क्रेडिट की सूचना के माध्यम से किताबी बदली के द्वारा किये जाते हैं। एक ही राज्य के अन्दर भिन्न-भिन्न प्रभागों में आपसी लेन-देन व्यवहार की बदली के लिये प्रपत्र 55 आवश्यक वाउचरों के साथ प्रयोग में लाया जाता है। यह प्रपत्र मूल प्रभाग में भेजा जाता है। प्राप्त करने वाला प्रभाग बदली स्वीकार (Acceptance of Transfer) प्रपत्र 56 पर करता है।

धन प्राप्ति—जब कोई सरकारी कर्मचारी सरकार के नाम पर रुपया वसूलता है तो उसे इस धन को तुरन्त कैश बुक में अंकित करना चाहिये और अदा करने वाले को उप या खंड अधिकारी द्वारा हस्ताक्षर (तारीख युक्त) की हुई रसीद देना चाहिये। यह रसीद निश्चित प्रपत्र (प्रपत्र 3) पर होगी। रसीद देने वाला अधिकारी यह देख लेता है कि रुपया भली-भाँति कैश बुक में चढा लिया गया है। अपनी जाँच के प्रमाण में वह कैश बुक के लिखने के पास अपना संक्षिप्त हस्ताक्षर करता है। रसीद अनुलिपि में पुस्तक रूप में और मशीन से नम्बर डाली हुई होती है। अनुलिपि बनाते समय दोनों ओर स्याही लगा कार्बन कागज प्रयोग करना चाहिये। वह इसलिये किया जाता है जिससे कि कोई गड़बड़ी न कर सके।

सा. नि. वि. में ओवरसियर को सरकार की ओर से पैसा वसूल करने और प्रपत्र 3 पर रसीद देने का हक है। पर यह रसीद तिहरे में बनेगी एक अदा करने वाले को, दूसरी कार्यालय के लिये और तीसरी अधिनस्थ अधिकारी के पास (office copy) रहेगी। रुपया पाने के तीन दिन के अन्दर ही पास ही किसी कोषागार, खंड या उपखंड कार्यालय में जमा कर देना पड़ेगा। रसीद देने वाला अधीनस्थ अधिकारी नकद या जमा करने के बाद प्राप्त कोषालय चालान खंड या उपखंड अधिकारी को भेजता है। यह अधिकारी अधिनस्थ अधिकारी को एक अन्य रसीद (प्रपत्र 3 पर) देता है जो अनुलिपि में होती है खजांची या हेडक्लर्क इस अनुलिपि रसीद को अधिनस्थ अधिकारी की अन्य अनुलिपि रसीदों के साथ चिपका कर रख लेता है। अधिनस्थ अधिकारी भी प्राप्त रसीद को अन्य रसीदों के साथ चिपका कर रख लेता है। सभी प्रतिलिपियाँ दोनों ओर स्याही लगे कार्बन कागज से बनायी जाती है।

प्रपत्र 3 पर हस्ताक्षर के लिए रसीदी टिकट लगाना आवश्यक नहीं है।

धन प्राप्ति का स्रोत—ओवरसियर सरकार के नाम से रुपया निम्नलिखित स्रोतों से प्राप्त कर सकता है–

(i) सड़क के किनारे के, नहर के किनारे निरीक्षण भवन के मृत या गिराये गये पेड़ों आदि को बेच कर।

(ii) सड़क के किनारे के, नहर के किनारे के, आवास के काम न आने वाले भवन और स्थान के पेड़ों के फलों की फसल और घास आदि बेच कर।

(iii) मरम्मत न हो सकने योग्य मशीन औजार बेच कर।

(iv) फालतू सामान बेच कर।

(v) निरीक्षण भवन के किराये और बिजली खर्चे से।

बिक्री अधिकतर समुचित सूचना देने के बाद सार्वजनिक नीलाम द्वारा की जाती है।

प्रपत्र 3—सरकार को किये गये भुगतान की रसीद

ब्लाक	सरकार को किये गये भुगतान की रसीद
पुस्तक संख्या.......... रसीद संख्या..............	पुस्तक संख्या.............. रसीद संख्या..........
तारीख..............	तारीख..............
विभाग तथा कार्यालय	विभाग तथा कार्यालय ....
..............................से	..............................से
..............................रुपये	..............................रुपये
..............................हेतु प्राप्त किये।	..............................हेतु प्राप्त किये।
....	....
रसीद देने वाले सरकारी कर्मचारी के हस्ताक्षर	रसीद देने वाले सरकारी कर्मचारी के हस्ताक्षर
खजांची या लेखाकार पद..............	खजांची या लेखाकार पद..............

टिप्पणी—व्यवहार में यह दोनों भाग अलग-अलग पृष्ठों पर छापे जाते हैं तथा पुस्तक रूप में इस प्रकार बांधे जाते हैं कि कार्बन पेपर लगाकर लिखने से नीचे वाले पन्ने पर सब बातें अंकित हो जायें। उ. प्र. सा. नि. वि. में ओवरसियर के उपयोग के लिये इसी प्रकार तीन प्रतिलिपियां पुस्तक रूप में बांधी जाती हैं।

कोषागार चालान (Treasury Challan)

चालान संख्याङ्क----------कोषागार/उप कोषागार-----------------नगर------------

स्टेट/रिजर्व बैंक आफ इंडिया---- -------- -----में जमा की गई रोकड़ (cash) का चालान

जमा करने वाले द्वारा भरे जाने के लिये				विभागीय अधिकारी या कोषागार द्वारा भरे जाने के लिए	
किसने जमा किया	जिस व्यक्ति की ओर से रोकड़ जमा की जाय उसका नाम (या पद) तथा पता	प्रेषण (remittance) तथा प्राधिकार (यदि कोई हो) का पूर्ण विवरण	राशि	लेखा शीर्ष	बैंक का आदेश
नाम हस्ताक्षर			रु. पै.		सही है धन प्राप्त करें और रसीद दें। रुपया जमा किया जाने का आदेश देने वाले अधिकारी के हस्ताक्षर व पूर्ण पद।

(शब्दों में) रुपया-----------

भुगतान प्राप्त किया----------

(शब्दों में) रुपये---------

खजांची

तारीख------ ----

लेखाकार------ ----

कोषाधिकारी/एजेन्ट---------

कोषालय चालान--यह एक प्रकार का ज्ञापन (memorandum) है जो कोषागार में रुपया जमा करने के लिये आवश्यक है। कोषागार में रुपया जमा करते समय एक छपा हुआ प्रपत्र अनुलिपि में दिया जाता है जिसे कोषालय चालान कहते हैं। चालान में भुगतान का स्वभाव, रुपया जमा करने वाले का नाम, विभाग जिसके खाते में जमा किया जा रहा है, लेखा शीर्ष, आदि साफ साफ दिखाया जाता है। एक कापी जमा करने वाले को कोषालय अधिकारी के हस्ताक्षर के साथ लौटा दी जाती है तथा दूसरी कापी कोषागार में लेखा के लिये और अभिलेख रूप में रह जाता है। रुपया जैसी आवश्यकता हो कोषागार या स्टेट बैंक में दिया जाता है।

कोषागार प्रेषण पुस्तक (Treasury remittance book)--वितरण अधिकारी रुपया भेजने से पहले 'कोषागार प्रेषण पुस्तक' में लिखता है (प्रपत्र 4) और नकदी के साथ में यह किताब भी भेज देता है। कोषालय अधिकारी का प्राप्ति स्वीकार इसी किताब में ले लिया जाता है।

कार्य सार (Work abstract)--कार्य सार किसी कार्य से सम्बन्धित नकद, स्टाक और व्यय का मासिक विवरण है। प्रत्येक कार्य के लिये पृथक-पृथक कार्य सार बनाये जाते हैं। ये निर्धारित प्रपत्र पर प्रति-माह उप खंड कार्यालय में तैयार किये जाते हैं फिर खंड कार्यालय को भेजे जाते हैं। बड़े कार्यों जिनकी लागत रु. 20,000/-से अधिक हो, के लिये प्रपत्र 33 प्रयोग होता है। इसके बारे में लेखा उपशीर्ष देकर लिखा जाता है और काम की मात्रा और व्यय दिखाया जाता है। छोटे-छोटे काम (रु. 2,000 से कम) एक साथ लिखे जाते है। लघु कार्य, जिनकी लागत रु. 20,000 से कम है, के लिये प्रपत्र 34 में कार्य-सार बनाया जाता है और उप-शीर्ष युक्त लेखा बनाने की आवश्यकता नहीं है। कार्य सार मदों के बारे में विस्तृत विवरण किसी काम पर उस माह में हुआ व्यय' और अब तक का कुल व्यय (पिछले मास में हुए व्यय को जोड़कर) आदि दिखाना। कार्य सार में स्थापना (Posting) कैश बुक और वाउचरों में से नित्यप्रति की जाती है। वाउचर नम्बर और अन्य आवश्यक बातें लिखी जानी चाहिये।

कार्य पन्जी (Register of works)--यह एक वार्षिक अभिलेख है और खंड कार्यालय में तैयार किया जाता है। इसमें किसी कार्य पर हुये साल भर के व्यय का विवरण होता है। कार्य पन्जी स्थापना प्रति माह कार्य सार में से की जाती है। यह रजिस्टर प्रत्येक कार्य के लिये अलग-अलग और निर्धारित प्रपत्र पर तैयार किया जाता है। वृहत्त कार्य जिनकी लागत रु. 20,000 से अधिक हो, के लिये प्रपत्र 40 प्रयोग किया जाता है और उपशीर्ष देकर मात्रा और लागत अंकित किया जाता है। छोटे-छोटे कार्य जिनकी लागत रु. 2000 से कम है एक साथ समेट कर लिख दिये जाते हैं। प्रत्येक उपशीर्ष मद के लिये दर अंकित की जाती है। लघु कार्य जिनके लिये उपशीर्ष की आवश्यकता नहीं पड़ती, के लिये प्रपत्र 41 प्रयुक्त होता है। कार्य पन्जी में किसी कार्य पर हुये साल भर के खर्च और अब तक के कुल खर्च का पता चलता है। कार्य पन्जी में मंजूर किये गये प्राक्कलित धन की राशि भी दिखायी जाती है जिससे कि किसी भी समय व्यय की तुलना मजूर किये गये धन से की जा सके।

ठेकेदार का खाता-बही (Contractor's ledger)—यह ठेकेदार के बारे में एक निजी विवरण है जिसमें उक्त ठेकेदार के बारे में सारे लेन-देन के सौदे का जिक्र रहता है। यह खंड कार्यालय में प्रपत्र 43 पर तैयार किया जाता है। उस ठेकेदार से सम्बन्धित सभी भुगतान, वसूली और समंजन आदि का विवरण दिया जाता है जिससे की ठेकेदार से की जाने वाली वसूली पर निगरागी रहे। वसूली, खाते के डेबिट बैलेन्स के आधार पर, नियमित रूप से करते रहना चाहिये जिससे कि बहुत अधिक जमा न हो जाये। प्रत्येक ठेकेदार के बारे में अलग-अलग खाता बनाया जाता है और प्रतिमाह शेष निकालकर बन्द किया जाता है।

कार्यपूर्ति रिपोर्ट (Completion report)--काम जब पूरा हो जाता है और लेन-देन का निब-टारा हो जाता है तो इस आशय की एक सूचना अंतिम लिखत के बाद इस रूप में लाल स्याही से दी जाता है—"कार्य.........19.........को पूरा हुआ।" खंड अधिकरी इस पर अपना हस्ताक्षर करता है। यदि कुल व्यय मंजूर किये गये प्राक्कलन से अधिक है और यह बढ़ती सामर्थ्य के अनुसार खंड अधिकारी द्वारा पारित की जा चुकी है तो उक्त सूचना के साथ "बढ़ती मेरे द्वारा पारित की गई' भी लिखना चाहिये।

यदि बढ़ती पारित करना खंड अधिकारी की सामर्थ्य से परे है तो प्रपत्र 44 पर एक विस्तृत कार्य-पूर्ति रिपोर्ट तैयार की जायगी या काम की विशेष मद संहत पूर्ति रिपोर्ट (Consolidated Completion Report) प्रपत्र 45, में सम्मिलित की जायेगी।

विस्तृत रिपोर्ट प्रपत्र 44 पर उपशीर्ष देकर बनायी जाती है और प्राक्कलित राशि और मात्रा तथा बढ़ती साफ दिखायी जाती है और बढ़ती का कारण दिया जाता है।

कार्य-पूर्ति विवरण (Completion statement)—प्रपत्र 45 एक से अधिक कार्यों के लिये प्रयोग किया जाता है और इसमें प्राक्कलित राशि, वास्तविक व्यय और प्रत्येक कार्य या कार्य-समूह के ऊपर बढ़ रहे व्यय का विवरण होता है।

पूर्ति-विवरण उच्चतर अधिकारी को मंजूरी के लिये भेजे जाते हैं।

यदि कार्य समाप्त होने से पहले ही बढ़ती होने का अन्दाज लग जाता है तो एक संशोधित प्राक्कलन तैयार करके मंजूरी के लिये भेजा जाता है। इसके साथ ही एक और विवरण मूल मात्रा और धनराशि, संशोधित मात्रा और धनराशि तथा घट बढ़ का कारण देते हुए भेजा जाता है।

पूर्ति प्रमाण-पत्र—निर्माण कार्य की संतोषजनक पूर्ति के बाद या मरम्मत के बाद एक प्रमाण-पत्र निर्धारित प्रपत्र पर तैयार किया जाना चाहिये और स्थानीय विभागाध्यक्ष द्वारा हस्ताक्षर किया जाना चाहिये। पूर्ति प्रमाण-पत्र में भवन का नाम होता है और............

"प्रमाणित किया जाता है कि निर्माण कार्य या मरम्मत कार्य ......19.........को पूर्ण हुआ और यह अच्छी सन्तोषजनक स्थिति में है।

इस पर उप खंड अधिकारी और अधिशासी अभियन्ता का हस्ताक्षर होता है और उसके बाद स्थानीय विभागाध्यक्ष द्वारा हस्ताक्षर और स्वीकार किया जाता है।

बदली प्रविष्टि (Transfer entry)—यह उन प्रविष्टियों को कहते हैं जो किसी हो रहे काम या नियमित लेखा-शीर्ष के मद या वसूली को अन्य काम या लेखा शीर्ष को बदली करने हेतु की जाती है। बदली प्रविष्टि सम्बन्धी सभी विवरण छपे हुए प्रपत्र 'बदली-प्रविष्टि आदेश' प्रपत्र 53 में लिखे जाते हैं और उपखंड अधिकारी या सहायक अभियन्ता द्वारा हस्ताक्षर किये जाते हैं। तथा खंड अधिकारी द्वारा अनुमति रूप प्रति-हस्ताक्षरित (counter signed) किये जाते हैं इसके उपरांत लेखाकार द्वारा लेखा में समजित कर लिया जाता है। नीचे लिखी परिस्थितियों में बदली-प्रविष्टि आवश्यक है।

(1) मूल लेखा में वर्गीकरण की त्रुटि दूर करने के लिये।

(2) निलम्बन शीर्ष या जमा शीर्ष के अन्तर्गत लिखे मद का समंजन उचित कार्य या शीर्ष के अन्तर्गत डेबिट-क्रेडिट करने के लिये।

(3) ऐसे सौदों के वर्ग को लेखाबद्ध करने के लिये जो केस या स्टाक-लेखा में नहीं आते।

(4) महालेखाकार या अन्य विभाग द्वारा प्रेषण व्यवहार के उत्तर में।

(5) हो रहे कार्य के लेखा से निम्न बातें निकाल देने के लिये—

(i) ऐसे मद जिनके सम्बन्ध में कार्य-अनुमान से वसूली बन्द हो गई हो।

(ii) निलम्बित व्यय जो कि भविष्य में कार्य-लेखा के अन्तर्गत नही रखे जा सके।

विनियोजन (Appropriation)—विनियोजन से अभिप्राय धन के उस विशेष नियतन (allotment) से है जो किसी कार्य पर होने वाले व्यय के लिये किया जाता हैं। यह पूरे साल के अनुदान में से वर्ष पूर्ण होने से पहले किसी भी समय अधिकृत किया जा सकता है। नियमानुसार कोई भी व्यय विनियोजन के बिना नहीं किया जा सकता।

पुर्नविनियोजन (Re-appropriation)——इसका अर्थ है विनियोजन की किसी इकाई से धनराशि दूसरी मिलती-जुलती इकाई में बदली करना।

आंशिक व्यय कार्य (Contribution Works)—यह उन कार्यों को कहते हैं जिनके लिये व्यय-राशि आंशिक रूप से या पूर्णतया, सरकार या सक्षम सत्ता की मंजूरी के साथ, निम्नलिखित स्रोतों से प्राप्त होती है——

(1) सार्वजनिक निधि जो कि सरकार के सार्वजनिक प्राक्कलन और लेखा में सम्मिलित न हो।

(2) जनता या किसी व्यक्ति से प्राप्त अंशदान।

अभिकल्प व प्राक्कलन सा० नि० वि० द्वारा और धनराशि या प्रशासित जमा करने वालों के परामर्श से तैयार किये जाते हैं। तकनीकी अनुमति भी प्राप्त कर ली जाती है। विभिन्न मदों जैसे——सिब्बदी, मशीन और औजार, लेखा, लेखा-परीक्षा और पेंशन सम्बन्धी व्यय प्राक्कलित लागत पर एक निश्चित प्रतिशत के लिये प्रयोजन किया जाता है।

संग्रह कार्य (Deposit Works)——यह निर्माण या मरम्मत के उन कार्यों को कहा जाता है जिनके सम्बन्ध में व्यय गैर-सरकारी स्रोतों से प्राप्त धन से किया जाता है। यह धनराशि नकद जमा की जा सकती है या खंड अधिकारी के निस्तारण पर दे दी जाती है। नगर पालिका या अन्य सार्वजनिक संस्थाओं के लिये करवाये गये कार्य इस श्रेणी में आते हैं जब लागत या तो नकद जमा या कोषागार में क्रेडिट शेप में से निकाली जाती है।

संग्रह कार्य केवल उन्हीं आंशिक व्यय-कार्यों को कहा जाता है जिस पर व्यय पूर्णतया गैर सरकारी धन राशि में से होता है। इन कार्यों के लिये भी अभिकल्प और प्राक्कलन सा० नि० वि० तैयार और मंजूर करता है। प्रतिशत-धनराशि विभागीय व्यय के लिए देय हैं।

सरकार को हानि——सरकार को कुछ कारणों जैसे चोरी, गबन, असावधानी आदि से हानि भी हो सकती है।

रु. 200 से अधिक की हानि की सूचना, तुरन्त ही महालेखाकार, सरकार, मुख्य अभियन्ता और अधीक्षण अभियन्ता को देना चाहिए। इसके साथ ही बाद में एक पूरी रिपोर्ट हानि के बारे में पूरी छान-बीन के बाद भेजी जायगी। रु. 200 से कम की हानि की सूचना महालेखाकार को नहीं दी जाती लेकिन सरकार को रिपोर्ट अवश्य दी जानी चाहिए। रु. 50 या कम की आकस्मिक हानि की सूचना विभागाध्यक्ष को दी जाती है पर यदि हानि गंभीर लापरवाही के कारण हुई है तो इसकी सूचना सरकार को देनी पड़ेगी। चोरी, गबन आदि के मामले की रिपोर्ट पुलिस को भी दी जाती है जिससे कि शीघ्र पता लग सके। हानि-पूर्ति गलती करने वाले व्यक्ति से वसूली करके की जा सकती है और उनके विरुद्ध आगे की कार्यवाही भी की जायगी। यदि कोई भी व्यक्ति उत्तरदायी नहीं पाया जाता तो हानि-बट्टे खाते में डाल दी जाती है पर इसके लिए सक्षम अधिकारी की अनुमति लेना आवश्यक है।

मंजूरी की क्षमता या शक्ति

कुछ खास-खास मदों के बारे में मंजूरी की शक्ति निम्नलिखित हैं—

(1) कार्य के प्राक्कलन के सम्बन्ध में तकनीकी अनुमति देना—(i) मुख्य अभियन्ता—सम्पूर्ण अधिकार;

(ii) अधीक्षण अभियन्ता—सड़क कार्य के लिए 30 लाख रुपये तक, और अन्य कार्यों के लिए 15 लाख रुपये; (iii) अधिशासी अभियन्ता—सड़क कार्य के लिए 10 लाख रुपये, और अन्य कार्यों के लिए 5 लाख रुपए।

(2) मंजूर किए गये कार्य के लिए निविदायें स्वीकार करना—(i) मुख्य अभियन्ता—सम्पूर्ण अधिकार; (ii) अधीक्षण अभियन्ता—सम्पूर्ण अधिकार; (iii) अधिशासी अभियन्ता—5 लाख रुपए तक; (iv) उप खंड अधिकारी व खंड अभियन्ता—50 हजार रुपए तक; (v) सहायक अभियन्ता 20 हजार रुपए तक।

(3) निर्माण-प्रभारित सिब्बंदी के लिए अनुमति देना जबकि पारित प्राक्कलन में इसका प्रयोजन हो—(i) मुख्य अभियन्ता—750 रुपए प्रति माह तक; (ii) अधीक्षण अभियन्ता—500 रुपए प्रति माह तक; (iii) अधिशासी अभियन्ता–300 रुपए प्रति माह तक; (iv) उप खंड अधिकारी या सहायक अभियन्ता—200 रु. प्रति माह तक।

(4) निर्माण प्रभारित सिब्बंदी के लिए अनुमति देना जबकि पारित प्राक्कलन में इसका प्रयोजन न हो–(i) मुख्य अभियन्ता—250 रु. प्रति मास सड़क बनाने वाली मशीन चलाने वाले के लिए और 200 रु. अन्य कार्यों के लिए; (ii) अधीक्षण अभियन्ता—125 रु. प्रति मास तक, (iii) अधिशासी अभियन्ता—75 रु. प्रतिमास।

(5) विशेष मरम्मत के सम्बन्ध में तकनीकी अनुमति देना—(i) अधीक्षण अभियन्ता—पूर्ण अधिकार (ii) अधिशासी अभियन्ता—1 लाख रुपए तक प्रत्येक प्राक्कलन के लिए।

(6) कार्य में बढ़ती व्यय की अनुमति देना—(i) मुख्य अभियन्ता—5000 रुपए तक; (ii) अधीक्षण अभियन्ता 1000 रु. तक।

(7) मंजूर किये गये कार्य के लिए उजरती कार्य एकरारनामा स्वीकृत करना—उपखंड अधिकारी या सहायक अभियन्ता 2,500 रु. तक।

(8) निविदा विज्ञापन निकलवाना और विज्ञापन पर होने वाले व्यय को मंजूर करना—अधिशासी अभियन्ता—सम्पूर्ण अधिकार।

(9) स्थाई या अस्थाई ओवरसीयर के लिए अग्रदाय मंजुर करना—अधिशासी अभियन्ता—2,500 रु. तक।

(10) आकस्मिक व्यय की राशि से धन निकाल कर ऐसे काम पर लगाना जो प्राक्कलन में न दिया गया हो—अधीक्षण अभियन्ता—सम्पूर्ण अधिकारी; अधिशासी अभियन्ता—10,000 रु. तक।

(11) मंजूर किये अनुमान के अन्दर एक काम से हुई बचत दूसरे कार्य में लगाना—अधीक्षण अभियन्ता—सम्पूर्ण अधिकार।

(12) मार्च में हुए कार्य के लिए उस महीने में भुगतान को मंजूरी देना—मुख्य अभियन्ता—सम्पूर्ण अधिकार।

(13) प्रत्येक जिले में दर अनुसूचि का अनुमोदन करना—अधीक्षण अभियन्ता—सम्पूर्ण अधिकार।

(14) समय सीमा में परिवर्तन और अपने से नीचे के अफसरों द्वारा प्रारित ठेकों में जुर्माना कम या माफ करना—मुख्य अभियन्ता, अधीक्षण अभियन्ता तथा अधिशासी अभियन्ता—अपने-अपने मामलों में पूर्ण अधिकार

(15) ठेकेदारों व अन्य व्यक्तियों को काम के लिए दिये गये मशीन और औजारों के सम्बन्ध में करारनामे—अधिशासी अभियन्ता—सम्पूर्ण अधिकार।

(16) निर्माण कार्य के लिए आवश्यक भण्डार-सामग्री की खरीदारी की मंजूरी (i) अधीक्षण अभियन्ता–सम्पूर्ण अधिकार; (ii) अधिशासी अभियन्ता—मंजूर किये गये अनुमान के अन्दर।

(17) मशीन और औजार खरीदना और उसके बारे में अनुमान की मंजूरी—(i) मुख्य अभियन्ता—सम्पूर्ण अधिकार ; (ii) अधीक्षण अभियन्ता—30 हजार रुपये तक ; (iii) अधिशासी अभियन्ता—5000 रु. तक।

(18) कार्यालय के लिये फर्नीचर की खरीद या निर्माण और अनुमान की मंजूरी—(i) मुख्य अभियन्ता—सम्पूर्ण अधिकार ; (ii) अधीक्षण अभियन्ता—10000 रु. तक ; (iii) अधिशासी अभियन्ता—2500 रु. तक।

(19) सड़क के किनारे की उपज की बिक्री और सूखे तथा गिरे पेड़ों की बिक्री की मंजूरी –उप खंड अधिकारी—500 रु. तक, पर यह शर्त रहेगी कि बिक्री सार्वजनिक नीलाम द्वारा होगी और सबसे ऊँची बोली लगाने वाले को बेचा जायेगा।

(20) सार्वजनिक नीलाम द्वारा हरे या सूखे पेड़ों को काटने का अधिकार (i) अधीक्षण अभियन्ता—सम्पूर्ण अधिकार ; (ii) अधिशासी अभियन्ता—1000 रु. तक।

(21) स्टाक सामग्री की बिक्री पूरे मूल्य और एक बार के लेन-देन में 10 प्रतिशत देखभाल व्यय को मिलाकर बेचने की मंजूरी—(i) अधीक्षण अभियन्ता—सम्पूर्ण अधिकार ; (ii) अधिशासी अभियन्ता–2000 रु. तक के लिखित मूल्य तक ; (iii) उप खण्ड अधिकारी/सहायक अभियन्ता 1000 रु. तक।

(22) मशीन और औजारों की बिक्री—अधिशासी अभियन्ता—2500 रु. तक के लिखित मूल्य तक।

(23) सरकार द्वारा निर्धारित कुल योग के अन्दर ही स्टाक सीमा निर्धारित करना—मुख्य अभियन्ता–सम्पूर्ण अधिकार।

(24) ठेकेदारों को मशीन और औजार किराये पर देने की मंजूरी– मुख्य अभियन्ता—सम्पूर्ण अधिकार; (ii) अधीक्षण अभियन्ता—200 रु. तक प्रतिमाह।

(25) किसी भी प्रकार के भंडार सामान (स्टाक, औजार और मशीन, कार्यस्थल का सामान) को फालतू और मरम्मत के अयोग्य घोषित करना और उनकी नीलामी बिक्री मंजूर करना—(i) मुख्य अभियन्ता—सम्पूर्ण अधिकार; (ii) अधीक्षण अभियन्ता—10 हजार रुपये तक; (iii) अधिशासी अभियन्ता—2500 रु. तक; (iv) उप खंड अधिकारी/सहायक अभियन्ता—250 रु. तक।

(26) पुराने सामान की बिक्री की अनुमति का अधिकार—2500 रु. तक।

(27) सभी प्रकार की खोयी, नष्ट हुई, टूट-फूट गयी भंडार सामग्री को बट्टे खाते में डालना—(i) मुख्य अभियन्ता—5000 रु. तक ; (ii) अधीक्षण अभियन्ता—1000 रु. तक ; (iii) अधिशासी अभियन्ता—200 रु तक।

(28) सार्वजनिक धन, जो धोखे से गंवाया गया या किसी व्यक्ति की असावधानी से और जो वसूल नहीं हो सकता को बट्टे खाते में डालने की अनुमति—(i) मुख्य अभियन्ता—1000 रु. तक ; (ii) अधीक्षण अभियन्ता—500 रु. तक।

(29) मशीन और औजारों की पूरी लागत निकल आने पर उनकी वापसी बट्टे खाते में डालने की अनुमति—उप खड अधिकारी/सहायक अभियन्ता—सम्पूर्ण अधिकार।

(30) खोयी हुई माप पुस्तक या रसीद पुस्तक को बट्टे खाते में डालने की अनुमति—मुख्य अभियन्ता—सम्पूर्ण अधिकार।

(31) मशीन और औजार की बिक्री की अनुमति और पूरी लागत न वसूल होने पर हानि को बट्टे खाते में डालने का अधिकार- अधिशासी अभियन्ता—2500 रु. तक के लिखित मूल्य तक।

(32) मरम्मत-अनुमान और मशीन और औजारों की ढुलाई के बारे में मजूरी—(i) अधीक्षण अभियन्ता—सम्पूर्ण अधिकार; (ii) अधिशासी अभियन्ता—2500 रु. तक।

(33) नीलाम कर्त्ता का पारिश्रामिक तय करना, यदि उनका उपयोग अति आवश्यक हो—मुख्यालय—कुल बिक्री राशि 5 प्रतिशत।

(34) विलम्ब-शुल्क और स्थान शुल्क (Demurrange and Wharfage) मंजूर करना—(i) मुख्य अभियन्ता—2000 रु. किसी एक मासले में; (ii) अधीक्षण अभियन्ता—1000 रु. किसी एक मामले में; (iii) अधिशासी अभियन्ता—250 रु. किसी एक मामले में।

(35) अकाल-सहायता योजना को प्रशासनिक स्वीकृति—मंडलों के आयुक्तों—सम्पूर्ण अधिकार।

आय-व्यय का वर्गीकरण—साधारणतया रुपये की प्राप्ति "राजस्व" शीर्ष के नीचे लिखी जाती है, ऐसे कुछ मामलों को छोड़कर जहाँ ये सम्बन्धित कार्य के नाम लिखी जाती है।

राजस्व के नाम खाते जमा (Credited to Revenue)—निम्नलिखित प्रकार की आय "राजस्व" शीर्ष के अन्तर्गत डाली जाती है :—

(i) पेड़, फल, घास आदि की बिक्री से हुई आय,

(ii) मशीन और औजार किराये पर देने से और मरम्मत के अयोग्य मशीन और औजार की बिक्री से आय,

(iii) निरीक्षण-भवम के किराये और बिजली के खर्च से आय,

(iv) ठेकेदार से जुर्माना वसूल करके, यदि काम का नुकसान न हो,

(v) स्टाक को देखभाल के नाम पर वसूली से (सामान बेचे जाने पर 10 प्रतिशत अतिरिक्त) आय।

स्टॉक के नाम खाते जमा (Credited to Stock)—

(i) ठेकेदार को या सामाम के नाम या अन्य व्यक्ति को दिये गये का मूल्य,

(ii) सर्वेक्षण द्वारा रिपोर्ट किये गये समान की बिक्री से आय,

(iii) किसी कर्मचारी से सामान खो जाने पर उससे वसूल किया गया मूल्य, आदि स्टाक शीर्ष के अन्तर्गत आते हैं।

साधारण खर्चे प्राक्कलन के साथ यदि इसमें दिये गये हों, लिखे जाते हैं। कुछ छोटे-छोटे खर्च होते हैं जो नियमानुसार निर्धारित शीर्षों के अन्तर्गत लिखे जाते हैं। फुंटकर व्यय और उनसे सम्बन्धित शीर्षों के कुछ नमूने इस प्रकार है।—

(1) नगर पालिका द्वारा कर भवन अनुरक्षण के नाम से वसूल किया जाता है (भवन कर स्वामी द्वारा और जल शुल्क किरायेदार द्वारा भुगतान किया जाता है।

(2) बल्बों की बदली आदि, पंखों और अन्य वस्तुओं की मरम्मत आदि भवन अनुरक्षण के नाम से वसूले जाते हैं। किराये के मकानों में बल्बों की बदली किरायेदार करता है।

विद्युत शुल्क—कार्यालय भवनों के लिए यह "कार्यालय आकस्मिक व्यय" (Office Contingencies) के अन्तर्गत वसूल किये जाते हैं। निवास भवनों में रहने वाले यह शुल्क अदा करते हैं। निरीक्षण भवनों के विद्युत शुल्क अनुरक्षण अनुदान में से भुगतान किये जाते हैं। रहने वालों से यह राशि वसूल करके कोषागार में जमा कर दी जाती है। यदि निरीक्षण भवन में रहने वाला सरकारी ड्यूटी पर है तो उसे किराया नहीं देना पड़ेगा, पर बिजली खर्च और सफाई-जमादार खर्च देना होगा।

चिकों की सप्लाई—कार्यालय भवनों के लिये इस पर खर्च "कार्यालय आकस्मिक व्यय" और निरीक्षण भवनों के लिए "अनुरक्षण अनुदान" में से निकाला जाता है।

फर्निचर—दफ्तर के फर्निचर आदि की मरम्मत खर्च के लिये "कार्यालय आकस्मिक व्यय" में से निकाला जाता है। निरीक्षण भवनों के लिए "अनुरक्षण अनुदान" में से निकलता है।

पर्दे, दरी, साइकिल—इनकी खरीद और मरम्मत पर खर्च "मशीन और ओजार" शीर्ष से निकाला जाता है।

माली—माली का वेतन 'भवन अनुरक्षण' अनुदान में से वसूल किया जाता है। निवास भवनों के माली का वेतन रहने वाला देता है।

चौकीदार—निरीक्षण भवन के चौकीदार का वेतन निरीक्षण भवन के अनुरक्षण अनुदान में से वसूल किया जाता है। कार्यालय के चौकीदारों का वेतन 'सिब्बन्दी' में से निकाला जाता है।

टेलीफोन व्यय—इस पर खर्च 'कार्यालय आकस्मिक' व्यय से निकाला जाता है।

नोट बुक—यह एक सरकारी निर्धारित आलेख है जो कि अधिकारियों और ओवरसीयरों के काम में आती है। नोट-बुक ड्यूटी पर तैनात अधिकारियों के पास सदैव रहती है और कार्य सम्बन्धी टिप्पणी आदि इसमें अंकित की जाती है। नोट-बुक में कार्य के सम्बन्ध में दैनिक नोट लिखा जाता है। निरीक्षण के समय कार्य के बारे में खास-खास बातें नोट-बुक में लिख ली जाती है। दौरे पर जाने और दौरे से लौटने की तारीख और समय और स्थान आदि का विवरण नोट-बुक में लिखा जाता है यात्रा भत्ता बिल की तुलना कभी-कभी नोट-बुक में लिखी गई बातों से भी की जाती है। नोट-बुक पर नम्बर पड़ा रहता है और उसके पृष्ठों पर मशीन से नम्बर डाला गया रहता है। नोट-बुक रखना चाहिए और उसमें ठीक प्रकार से अंकण करना चाहिए। इसका खो जाना या पृष्ठों का फटा पाया जाना गम्भीर बात है।

वस्तु तालिका (Inventory)—भवन निर्माण कार्य पूर्ण हो जाने पर उक्त भवन में लगी बिजली की फिटिंग्स, सैनीटरी के सामान और अन्य सामानों की सूची बना लेनी चाहिए और रिकार्ड बद्ध करना चाहिए। अन्य विभागीय भवनों के सम्बन्ध में यह सूची और अन्य विवरणों के साथ उक्त विभाग को सौंप देना चाहिए।

जब अन्य विभागीय भवनों का निर्माण कार्य पूर्ण हो जाय, उनसे सम्बन्धित रेखाचित्र, वस्तु तालिका कार्य पूर्ति रिपोर्ट सम्पूर्ण व्यय विवरण आदि विभाग को सौंप देना चाहिए।

निर्माण कार्य की देख भाल की अवस्थायें—निर्माण कार्य की देख भाल भिन्न स्तरों पर उपखण्ड अधिकारी व अधिशासी अभियन्ता द्वारा की जानी चाहिए। ठेकेदार निम्नलिखित कार्य-स्तरों पर कम से कम सात दिन की अग्रिम सूचना देगा :—

(i) नींव की खुदाई हो चुकी है और कंक्रीट डाली जानी है।

(ii) कंक्रीट डाली गई है और चिनाई बाकी है।

(iii) सील रोक रद्दा डाला गया है और चिनाई बाकी है।

(iv) लिंटल डाला गया है और इसके ऊपर चिनाई बाकी है।

(v) छत तक ऊँचाई पूरी हो गई है और छत डाली जानी है।

(vi) कार्य पूरा हो गया है।

महत्वपूर्ण कार्य जैसे प्रबलित सीमेंट कंक्रीट कार्य के समय सहायक अभियन्ता को उपस्थित रहना चाहिए। कंक्रीट डालने के पहले लोहे का निरीक्षण कर लेना चाहिए।

ठेकेदार, यदि आवश्यकता हो कोई भी हिस्सा गिरा कर फिर से निःशुल्क बनायेगा यदि इस कार्य से निरीक्षण करने में बाधा पड़ती हो।

ओवरसीयर का कर्त्तव्य

कार्य का सीधा दायित्व ओवरसीयर पर होता है। अपने अधीन कार्य की पूर्ति और देखभाल की जिम्मेदारी उन पर है। उन्हें स्टोर लेखा आदि सम्बन्धी आदि कार्य भी देखने पड़ते हैं। ओवरसीयर के लिये दूरदर्शि होना आवश्यक है और उसे पहले सब योजना कर लेनी चाहिए। उनका कर्त्तव्य कार्य स्वभाव पर निर्भर करता हैं, मोटे तौर पर निम्नलिखित तीन श्रेणियों में बांटी जा सकती है—(i) निर्माण कार्य, (il) भण्डार और (iii) लेखा।

निर्माण कार्य सम्बन्धी दायित्व—ओवरसियर अपने अनुभाग में हो रहे कार्य का सीधे उत्तरदायी होता है। उसका कार्य है होने वाले काम की देख भाल और यह देखना कि काम अभिकल्प, विशिष्टियों के अनुसार नियमानुसार हो रहा है। उसे यह भी देखना है कि काम की सुचारु प्रगति बनी है और खराब काम ठेकेदार द्वारा हटा लिया गया है। यदि ठेकेदार कार्य की प्रगति नहीं बनाये रखता या नियमों का पालन नहीं करता तो ओवरसियर उसे नोटिस देगा ओर इसकी रिपोर्ट सहायक अभियन्ता को करेगा। ओवरसियर का यह कर्तव्य है कि वह देखें कि अनुबन्ध के नियमों का पालन हो रहा है। उसका यह भी कर्तव्य है कि आवश्यक सामान मशीन और औजार और मजदूर पहले से जुटा ले जिससे कि काम में रुकावट न आवे। ओवरसियर को अपने अनुभाग में हुई सप्लाई या किये गये निर्माण कार्य की माप करनी चाहिए ओर माप पुस्तक में अंकित करनी चाहिए तथा इसे उप खण्ड अधिकारी या सहायक अभियन्ता के सामने रखना चाहिये जिससे भुगतान किया जा सके। ओवरसियर को निरीक्षण के समय, काम के सम्बन्ध में मुख्य-मुख्य बातें नोट बुक में लिखनी चाहिये और नोट बुक नियमित रूप से लिखा जाना चाहिए।

नये कार्य या पुराने कार्य की मरम्मत के हेतु प्राक्कलन तैयार करना भी ओवरसियर की जिम्मेदारी है। उनके लिये मंजूरी भी ओवरसियर ही प्राप्त करता है। उसे यह देखना चाहिए कि तकनीकी अनुमति और निधि निर्धारण के पहले कार्य पर व्यय न किया जाये। उसे अपने आधीन सभी भवनों को ठीक हालत में रखना होगा। उसे यह भी देखना होगा कि सरकारी भूमि पर अतिक्रमण (enchroachment) न हो। अतिक्रमण पाये जाने

पर अतिक्रमण करने वाले को हटाने के लिये ओवरसियर नोटिस देगा और इसके बारे में रिपोर्ट-अतिक्रमण करने वाले का नाम, अतिक्रमण का स्वभाव-सहायक अभियन्ता या अधिशासी अभियन्ता को देगा। चोरी, दुर्घटना आदि की सूचना तुरन्त ही पास के पुलिस थाने में दी जायगी और इसके बारे में विस्तृत रिपोर्ट सहायक अभियन्ता और अधिशासी अभियन्ता को दी जायेगी।

सा० नि० वि० के ओवरसियर (सड़के से सम्बन्धित) के पास 100 कि. मी. सड़क अनुरक्षण के लिये होती है। ओवरसियर की जिम्मेदारी है कि वह देखे कि सड़क, पुल और पुलिया ठीक अवस्था में है। उसे महीने में दो बार सड़क पर हो रहे काम को देखना चाहिये। काम की माप करनी चाहिए काम करने वालों को कार्यक्रम बताना चाहिए और उन्हें भुगतान करना चाहिए। मूल कार्य या नवीकरण कार्य होने पर ओवरसियर को सड़क पर जल्दी-जल्दी जाना चाहिये, वहां रहना चाहिए और विशिष्टियों के अनुसार काम करवाना चाहिए। अपने निरीक्षण के दौरान ओवरसियर को बची हुई गिट्टी की माप करना चाहिए और देखना चाहिए कि अतिक्रमण तो नहीं हो रहा है या सड़क के किनारे के पेड़ों को नुकसान तो नहीं पहुँच रहा। उसे देखना चाहिए कि निरीक्षण भवन ठीक हालत में है और उनसे होने वाली आय सरकार के नाम जमा की जा रही है। सड़कों के किनारे के पेड़ों के फल की बिक्री और गिरे पेड़ों की लकड़ी की बिक्री भी ओवरसियर उचित समय पर करता है। ओवरसियर को बरसात आरम्भ होने के पहले देख लेना चाहिए कि पुल-पुलियाठीक हालत में है और उनके नीचे पानी का बहाव रुक तो नहीं रहा है। यदि सड़क में टूट-फूट हो या बाधा हो तो इसे दूर करने का प्रयत्न करना चाहिये और इसके बारे में विस्तृत रिपोर्ट सहायक अभियन्ता तथा अधिशासी अभियन्ता को दी जानी चाहिए।

सिंचाई विभाग के ओवरसियर (अनुरक्षण से सम्बन्धित) के आधीन 110 कि. मी. सिंचाई जल मार्ग (Irrigation Channel) और 50 कि. मी. तक नाली अनुरक्षरक्षण हेतु रहती है। इन सबको उसे ठीक हालत में रखना चाहिये। उसे महीने में कम से कम एक बार सिंचाई जल मार्ग का निरीक्षण करना चाहिए। आवश्यकता पड़ने पर एक से अधिक बार भी जाया जा सकेगा। साल में एक बार जल में बैठ जाने वाली मिट्टी बालू (silt) की सफाई करना चाहिए और इसकी आड़ी काट का निरीक्षण भी करना चाहिए (आमतौर से बरसात के बाद करना चाहिए)। जल मार्ग के किनारों की मरम्मत की जानी चाहिए और उन्हें ठीक-ठीक रखना चाहिए। स्थाई भूमि सीमा का निर्धारण करना चाहिए और अतिक्रमण यदि हो, दूर करना चाहिए। पानी की अन्तर्माप (gauge) अंकित करके उप खंड अधिकारी को रिपोर्ट करना चाहिए। मुख्य जल मार्ग का निस्तारण वर्ष में एक बार करना चाहिए। जल मार्ग में टूट-फूट होने पर ओवरसियर का कर्त्तव्य है कि वह मरम्मत का प्रबन्ध करे और उप खंड अधिकारी और अधिशासी अभियन्ता को विस्तृत रिपोर्ट भेजें।

ओवरसियर के भंडार सम्बन्धी कार्य—भंडार के सभी सामान, मशीन और औजार आदि के लिए ओवरसियर उत्तरदायी है जो उसके आधीन है। उसका कर्त्तव्य है कि इन सब सामानों का ठीक-ठीक हिसाब-किताब रखे। उसे इन सब सामान और रोड़ी गिट्टी का हिसाब समय पर देना चाहिए। उसे देखना चाहिए कि सामान इस तरह से रखा जाय कि टूट-फूट की संभावना न रहे। सामान समुचित प्राधिकार पर ही दिया जाय और इसके बदले बिना टिकट लगी रसीद अवश्य ले ली जाय। सामान प्राप्ति के क्रम में ही दिये जायें। ओवसियर भंडार की भौतिक जाँच करेगा और कमी व बढ़ती का पता लगायेगा और आवश्यक कार्यवाही करेगा। यदि कोई सामान चोरी गया पाया जाता है तो उसे तुरन्त सहायक अभियन्ता और अधिशासी अभियन्ता को खबर करना चाहिए तथा पुलिस में भी रिपोर्ट करनी चाहिए।

सर्वेक्षण उपकरण व विज्ञान उपकरण डिब्बों में रखे जाने चाहिए और ठीक से लगाये जाने चाहिए। इन्हें चालू हालत में रखना चाहिए।

ओवरसियर को देखना चाहिए भंडार की सुरक्षा का ठीक-ठीक प्रबन्ध हो। उसे यह भी देखना चाहिये दिवालों में सीलन तो नहीं है या छत बहतीं तो नहीं है जिससे सामान को क्षति पहुंचे।

ओवरसियर को रेल द्वारा आये हुए सामान को समय से छुड़ा लेना चाहिए जिससे किसी प्रकार का जुर्माना न भुगतना पड़े।

ओवरसियर की लेखा सम्बन्धी जिम्मेदारी—लेखा और हिसाब-किताब ठीक से रखना चाहिए। भंडार के सामान का सही-सही हिसाब-किताब (लेन-देन) निर्धारित प्रपत्रों पर रखना चाहिए। ओवरसियर को मासिक, अर्द्धवार्षिक और वार्षिक रजिस्टर तैयार करना चाहिए। सभी विवरण समय से जमा करना चाहिए। यदि ओवरसियर के नाम से स्थाई अग्रदाय खुला है तो उसे नियमित रूप से नकद राशि का हिसाब रखना चाहिए, समय अग्रदाय लेखा बन्द करना चाहिए और नकद राशि लेखा उप खंड अधिकारी या अधिशासी अभियन्ता को भेजना चाहिए।

अपने अनुभाग में लगे हुए मजदूरों की उपस्थिति नामावली रखनी चाहिए। इनका वेतन बिल सही-सही बनाकर उपखंड अधिकारी या सहायक अभियन्ता को भेजना चाहिए। ये पारित होने पर उसे भुगतान भी करना पड़ेगा और एक अस्थाई अग्रदाय उसके नाम खोला जायेगा। उसको ठीक से अग्रदाय लेखा बनाना पड़ेगा और उप प्रभाग अधिकारी को देना पड़ेगा।

ओवरसियर को अपने आधीन सभी कार्यों के खर्चे का लेखा रखना चाहिए और खर्चे पर नियन्त्रण रखना चाहिए जिससे व्यय प्राक्कलित लागत से अधिक न हो जाय।

चौकीदार द्वारा वसूल किए निरीक्षण भवन का किराया और विद्युत शुल्क, ओवरसियर को लेकर उप प्रभाग कार्यालय या प्रभाग कार्यालय या कोषागार में जमा कर देना चाहिये।

ओवरसियर को अपना निजी यात्रा भत्ता महीने के अंत में जमा कर देना चाहिए।

उपरोक्त के अलावा ओवरसियर को तरह-तरह के रिपोर्ट के नियमानुसार और पद्धति के अनुसार समय से दर्ज करने चाहिए।

बदली होने पर प्रभार की अदला-बदली—ज्यों ही ओवरसियर के बदली का आदेश आता है, उसको प्रभार के सारे कागज तैयार कर लेना चाहिये जिससे भारग्राहि ओवरसियर के आने पर प्रभार बदलने में कोई देरी न हो। साधारणतया प्रभार की बदली के लिए तीन दिन का समय दिया जाता है। भारमुक्त ओवरसियर का यह उत्तरदायित्व होता है कि वह दिए हुये समय में ही प्रभार की अदला-बदली पूरी कर ले। प्रभार के स्थानांतरण में निम्नलिखित कार्यप्रणाली अपनायी जाती है।

(1) भारमुक्त ओवरसियर को, भारग्राही ओवरसियर के पहुंचने से पहले निम्नलिखित प्रभार के कागजात तैयार कर लेना चाहिए :—

(i) स्टाक की वितरण सूची (ii) औजार और मशीन की वितरण सूची (iii) कार्य जो प्रगति में है उसकी सूची (iv) कार्यस्थल पर सामग्री की सूची, (v) माप पुस्तक, मांग पत्र पुस्तक लेवल पुस्तक, कार्यस्थल पुस्तक

और दूसरे अभिलेख की सूचि, (vi) मिट्टी प्रतिफल, (vii) ठेकेदार और सप्लायर के दावे, जिनका निपटारा न हो सका हो, की सूची, (viii) ठेकेदार और उनको दिये गये कार्य की सूची, (ix) निर्माण प्रभारित सिब्बंदी और कार्य में लगे मजदूरों की सूची, (x) ठेकेदार द्वारा "कोई दावा नहीं है" का प्रमाण पत्र, (xi) अग्रदाय लेखा और शेष राशि।

(2) भारग्राही ओवरसियर भारमुक्त ओवरसियर के सामने भंडार की जांच करता है और दोनों द्वारा प्रमाण पंजी पर प्रतिहस्ताक्षरित होता हैं। भारग्राही ओवरसियर उस महीने के सामग्री देने के सभी मांग पत्रों को ले लेगा।

(3) शेष राशि की गिनती करेगा और उस महीने के अग्रदाय राशि लेखा और भुगतान के सभी वाउचर को भारग्राही ओवरसियर अपने अधीन ले लेगा।

(4) भारमुक्त ओवरसियर का यह कर्त्तव्य है कि वह प्रभार के स्थानान्तरण से पहल हुए कार्य का पूर्ण माप ले लेगा। भारग्राही ओवरसियर भारमुक्त ओवरसियर के साथ कार्य की प्रगति का निरीक्षण करेगा जिससे कि उसे कार्य की प्रगति और लेखा रखने के बारे में संतोष हो जाय। यदि कहीं कोई कमी हो तो इसके बारे में उच्चतर अधिकारियों को जानकारी दी जानी चाहिए।

(5 प्रभार स्थानान्तरण के समय भारमुक्त ओवरसियर को चाहिए कि वह ठेकेदार "कोई दावा नहीं है" का एक प्रमाणपत्र ले जिससे कि आगे कोई विवाद न हो।

(6) भारग्राही ओवरसियर को चाहिए कि सभी कमी और खराबियों की रिपोर्ट प्रभार लेने के एक महीने के अन्दर, पूर्ण निरीक्षण करके करना चाहिए। यदि वह इन कमियों और खराबियों की रिपोर्ट समयानुसार नहीं करता है तो इनके लिए वही जिम्मेदार होगा।

(7) एक संयुक्त स्थानान्तरण रिपोर्ट पर भारग्राही और भारमुक्त दोनों ही ओवरसियरों द्वारा हस्ताक्षर करने चाहिए और उप प्रभाग कार्यालय में, प्रभार कागजातों के साथ जमा करना चाहिए। उप प्रभाग में समुचित छानबीन के बाद प्रभार कागजातों को प्रभाग कार्यालय में अभिलेख के लिए भेज दिया जाता है।

बिल तैयार करने के उदाहरण

बिल निर्धारित प्रपत्रों पर तैयार किया जाता है। निम्नलिखित उदाहरण बिल तैयार करने के नियमों का उल्लेख करेंगे।

उदाहरण 1—निम्नलिखित आँकड़ों से ठेकेदार के पहले चालू भुगथान का बिल एक भवन निर्माण कार्य के लिये बनाइए।

किए गये कार्य का माप, माप पुस्तक में दर्ज है और परिमाण सार माप पुस्तक में बना हुआ है। परिमाण सार के साथ विभिन्न मदों का दर नीचे दिया है :—

1.	मिट्टी की खुदाई नींव में	....	35 घन मी. @ रु. 180·00	प्रति% घन मी.
2.	नींव में चूना कंक्रीट	...	14 घन मी. @ रु. 73·00	/ घन मी.
3.	प्र. सी. कंक्रीट कार्य 1 : 2 : 4, इस्पात रहित लेकिन ढूला और तख्ताबंदी सहित	....	4 घन मी. @ रु. 290 00	/ घन मी.
4.	2·5 सेमी. सील रोक रद्दा	....	20 वर्ग मी. @ रु. 9·00	/ वर्ग मी.

5. प्रथम श्रेणी की ईंट चिनाई 1 : 6 सीमेंट
   मसाले से नींव तथा कुर्सी में .... 30 घन मी. @ रु. 80·00 / घन मी.
6. प्रथम श्रेणी की ईंट चिनाई चूना मसाले
   से अधिरचना में .... 3 कुन्तल @ रु. 48·00 / कुन्तल
7. नरम इस्पात कार्य प्रबलन में .... 20 घन मी. @ रु. 200·00 / घन मी.

सरकार के स्टाक से ठेकेदार को दिये गये सामग्री की सूची उनकी दर के साथ—

(i) सीमेंट—60 बोरियां @ रु. 10·50/प्रति बोरी।

(ii) प्रथम श्रेणी की ईंट—20,000 संख्या @ रु. 90.00% संख्या।

(iii) नरम इस्पात की छड़ें—3 कुन्तल @ रु. 160·00 प्रति कुन्तल। बिल राशि का 10% जमानत राशि के लिये काटा जायगा।

पहला चालू भुगतान बिल

इकाई	परिमाण अब तक	कार्य की मद उप शीर्षों के अन्तर्गत	दर	राशि अब तक	टिप्पणी
			रु. पै	रु. पै	
% घन मी	35 घन मी	(1) मिट्टी की खुदाई नींव में	180·00	63·00	
/ घन मी	14 घन मी	(2) नींव में चूना कंक्रीट	73·00	1022·00	
/ घन मी	4 घन मी	(3) प्र. सी. कं. कार्य 1 : 2 : 4 इस्पात रहित लेकिन ढूला और तख्ताबन्दी सहित	290·00	1160·00	
/ वर्ग मी	20 वर्ग मी	(4) 2·5 सेमी. सील रोक रद्दा 1 : 1½ : 3	9·00	180·00	
/ घन मी	30 घन मी	(5) प्रथम श्रेणी की ईंट चिनाई 1 : 6 सीमेंट मसाले से नींव तथा कुर्सी में	80·00	2400·00	
/ घन मी	20 घन मी	(6) प्रथम श्रेणी की ईंट चिनाई चूना मसाले से अधिरचना में	84·00	1680·00	
/ कुन्तल	3 कुन्तल	(7) नरम इस्पात कार्य प्रबलन में	200·00	600·00	
		किये गये कार्य का कुल मूल्य		7105·00	
		घटायें 10% जमानत राशि		710·50	
				6394·50	

दिये गये सामग्री का मूल्य घटायें :—

(i) सीमेंट 60 बोरियां @ 10·50 प्रति बोरी = रु. 630·00

(ii) प्रथम श्रेणी के ईंट 20,000 संख्या @ रु. 90·00 प्रति %संख्या = रु. 1800·00

(iii) नरम इस्पात की छड़ें 3 कुन्तल @ 160·00 कुन्तल = रु. 480·00

} 2910·00

ठेकेदार को दी गई शुद्ध भुगतान = रु. 3484·50

उदाहरण 2—निम्नलिखित आंकणों से ठेकेदार का दूसरा चालू भुगतान बिल बनाइये :—

पिछले भुगतान के बाद के कार्यों का माप ले लिया गया है और माप पुस्तक में दर्ज कर दिया गया है और अब तक के कार्य का परिमाण सार बना लिया गया है। परिमाण सार दर सहित नीचे दिया गया है :—

कार्य की मदें	परिमाण पिछले माप के बाद के	परिमाण पिछले माप के अनुसार	अब तक का कुल परिमाण	दर रु० पै०
(1) मिट्टी की खुदाई ...	--	35 घन मी	35 घन मी	180·00%घन मी
(2) नीव में चूना कंक्रीट	--	14 घन मी	14 घन मी	73·00/घन मी
(3) प्र. सी. कं. कार्य 1 : 2 : 4 इस्पात रहित लेकिन ढूला व तख्ताबन्दी सहित	7 घन मी	4 घन मी	11 घन मी	290·00/घन मी
(4) 2·5 सेमी सील रोक रद्दा 1 : $1\frac{1}{2}$: 3	—	20 वर्ग मी	20 वर्ग मी	9·00/वर्ग मी
(5) प्रथम श्रेणी की ईंट चिनाई 1 : 6 सीमेंट मसाले से नींव तथा कुर्सी में ...	—	30 घन मी	30 घन मी	80·00/घन मी
(6) प्रथम श्रेणी की ईंट चिनाई चूना मसाले से अधिरचना में	35 घन मी	20 घन मी	55 घन मी	84·00/घन मी
(7) नरम इस्पात का कार्य	8 कुन्तल	3 कुन्तल	11 कुन्तल	200·00/कुन्तल
(8) 2·5 सेमी मोटी सीमेंट कंक्रीट 1 : 2 : 4 फर्श 7·5 सेमी चूना कंक्रीट पर	50 वर्ग मी	—	50 वर्ग मी	12·50/वर्ग मी
(9) 12 मिमी मोटा सीमेंट पलस्तर 1 : 6	250 वर्ग मी	---	250 वर्ग मी	2·70/वर्ग मी
(10) चौखट में साल लकड़ी कार्य गठन करने और लगाने सहित	1·2 घन मी	–	1·2 घन मी	950·00/घन मी
(11) 4 सेमी मोटी सागौन लकड़ी के दिल्लेदार पल्ले और दरवाजों और खिड़कियों के लिये ...	15 वर्ग मी	—	15 वर्ग मी	88·00/वर्ग मी

दिये हुये सामग्री की दर सहित विवरण :—

दी गई सामग्री		पहली चालू भुगतान बिल के अनुसार	पहले बिल के बाद	दर	
सीमेंट	....	60 बोरी	50 बोरी	रु० 10·50/	बोरी
प्रथम श्रेणी की ईंट	....	20,000 संख्या	15,000 संख्या	रु० 90·00	प्रति%₀ संख्या
नरम इस्पात की छड़ें	....	3 कुन्तल	8 कुन्तल	रु० 160·00/	कुन्तल
साल लकड़ी	....	—	1·4 घन मी	रु० 600·00/	घन मी
सागौन की लकड़ी	......	—	1·2 घन मी	रु० 1300·00/	घन मी

पहले चालू भुगतान बिल से 10% जमानत राशि घटा दी गई है, दूसरे चालू भुगतान बिल से भी 10% घटायी जायगी। पहले चालू भुगतान तक दी गई सामग्री का मूल्य ठेकेदार से काट लिया गया है और उसके बाद दी गई सामग्री का मूल्य दूसरे चालू भुगतान बिल से वसूल किया जायगा।

इकाई	परिमाण अब तक	कार्य की मद उप शीर्षों के अन्तर्गत	दर रु. पै.	राशि अब तक रु. पै.	राशि पहली भुगतान के बाद का रु. पै.
घन मी	35 घन मी	(1) मिट्टी की खुदाई ..	180·00%₀ घ.मी.	63·00	—
घन मी	14 घन मी	(2) नीव में चूना कंक्रीट ..	73·00/घ. मी.	1022·00	—
घन मी	11 घन मी	(3) प्र. सी. कं. कार्य 1 : 2 : 4 इस्पात रहित लेकिन ढूला और तख्ताबन्दी सहित ...	290·00/घ. मी	3190·00	2030·00
वर्ग मी	20 वर्ग मी	(4) 2·5 सेमी. सील रोक रद्दा 1 : 1½ : 3 ...	9·00/घ. मी.	180·00	--
घन मी	30 घन मी	(5) प्रथम श्रेणी की ईंट चिनाई 1 : 6 सीमेंट मसाले से नीव तथा कुर्सी में	80·00/घ. मी.	2400·00	—
घन मी	55 घन मी	(6) प्रथम श्रेणी की ईंट चिनाई चूना मसाल से अधिरचना में...	84·00/घ. मी.	4620·00	2940·00
कुन्तल	11 कुन्तल	(7) नरम इस्पात कार्य ...	200·00/कुन्तल	2200·00	1600·00
वर्ग मी	50 वर्ग मी	(8) 2·5 सेमी मोटी सीमेंट कंक्रीट 1 : 2 : 4 फर्श 7·5 सेमी चूना कंक्रीट पर ...	12·50/वर्ग मी.	625·00	625·00
वर्ग मी	250 वर्ग मी	(9) 12 मिमी मोटी सीमेंट पलस्तर 1 : 6	2·70/वर्ग मी.	675·00	675·00
घन मी	1·2 घन मी	(10) चौखट से साल लकड़ी कार्य गठन करने और लगाने सहित	950 00/घ. मी.	1140·00	1140·00
वर्ग मी	15 वर्ग मी	(11) 4 सेमी मोटी सागौन की लकड़ी के दिल्लेदार पल्ले दरवाजों और खिड़कियों के लिए	38·00 वर्ग मी.	1320·00	1320·00
		किये गये कार्य का कुल मूल्य		17,435·00	10,330·00
		पहली भुगतान का कुल मूल्य घटायें		7,105·00	
		इस बिल का कुल मूल्य		10,330·00	
		इस बिल के बाद के भुगतान पर 10% जमानत राशि घटायें (10330·00 का 10%)		10,33·00	
				9,297·00	

पहली बिल के बाद दी गई सामग्री का मूल्य घटायें—

(i) सीमेंट 50 बोरी @ रु. 10·50 प्रति बोरी = रु. 525·00
(ii) प्रथम श्रेणी की ईंटें 15,000 संख्या @ रु. 90·00 प्रति%₀ संख्या = रु. 1350·00
(iii) नरम इस्पात छड़ें 8 कुन्तल @ रु. 160·00/कुन्तल = रु. 1280·00
(iv) साल की लकड़ी 1·4 घन मी@ रु. 600·00/घन मी = रु. 840·00
(v) सागौन की लकड़ी 1 2 घन मी@रु. 1300·00/घन मी = रु. 1560·00

} 5555·00

ठेकेदार को दी गई शुद्ध भुगतान = रु. 3742·00

बड़े निर्माण कार्य (**major works**) की प्रयोजना बनाना तथा कार्यान्वित करने की विभिन्न परिस्थितियां—बड़ी प्रायोजन के लिये विभिन्न परिस्थितियां क्रमबद्ध रूप में निम्नलिखित हैं :—

1. प्रारम्भिक जांच पड़ताल तथा सर्वेक्षण करके स्थूल रेखाचित्र तथा प्रारम्भिक प्राक्कलन बनाये जायेंगे।

2. सम्बन्धित विभाग से प्रशासनिक स्वीकृति ली जायगी।

3. भूमि अर्जन हेतु कार्यवाही आरम्भ की जायगी।

4. प्रायोजना की प्रकृति के अनुसार विस्तृत सर्वेक्षण किया जायगा तथा सर्वेक्षण मानचित्र तथा रेखाचित्र बनाये जायेंगे।

5. अभिकल्प रेखाचित्र, तल दृश्य (plan), सम्मुख दृश्य, खंडित दृश्य आदि बनाये जायेंगे।

6. सभी निर्माण कार्यों का विस्तृत प्राक्कलन तथा उसका सार, सामान्य सार रिपोर्ट, प्रतिफल, अभिकल्प का परिकलन, विस्तृत विशिष्टियां आदि बनाये जाते हैं तथा सक्षम अधिकारी से तकनीकी स्वीकृति ली जाती है। भूमि का मूल्य भी प्राक्कलन में शामिल किया जाता है।

बड़ी प्रायोजनाओं के प्राक्कलन में भण्डार के लिये शेड, कार्यालय व स्टाफ के निवास हेतु अस्थायी भवन, मजदूरों की झोपड़ियां स्वच्छता तथा जल सम्भरण कार्य, पहुँच मार्ग आदि भी शामिल किये जाते हैं। प्राक्कलन में अस्थायी भवनों तथा कार्यों का अनुरक्षण व्यय भी शामिल किया जाता है। श्रमिकों के लिये सुविधाओं, चिकित्सा के लिये प्रबन्ध आदि का भी प्राविधान किया जाता है।

7. धनराशि नियतन या "खर्च की स्वीकृति ली जाती है।

8. सामग्रियों की आवश्यकता का परिकलन करके महत्वपूर्ण सामग्रियों का विवरण बनाया जायगा। महत्वपूर्ण सामग्रियां जैसे सीमेंट, इस्पात तथा कोयला संग्रह करना आरम्भ कर दिया जायगा। आवश्यकतानुसार अन्य सामग्रियों का भी संग्रह आरम्भ कर दिया जा सकता है।

9. आवश्यक औजार तथा मशीनों के लिये व्यवस्था आरम्भ की जायगी। बहुत बड़ी प्रायोजनाओं में भारी मशीनों व संयत्रों का उपयोग किया जाता है तथा उनकी व्यवस्था पहले से ही की जाती है।

10. निर्माण कार्य के लिये निविदाये आमंत्रित की जायेंगी तथा इसका व्यापक प्रचार किया जायगा। निविदायें प्राप्त होने के पश्चात सब निविदाओं का तुलनात्मक विवरण बनाकर सक्षम अधिकारी से निविदा स्वीकार करायी जायगी (सामान्यतः सबसे नीची निविदा स्वीकार की जाती है।)

11. ठेके सम्बन्धी सब प्रलेखों व कागजातों, अनुसूचियों, शर्तों, विशिष्टियों, रेखाचित्रों आदि सहित ठेके का अनुबन्ध तैयार किया जायगा।

12. तब निर्माण कार्य आरम्भ कराया जायगा। निर्माण कार्य का निरीक्षण व परिवीक्षण किया जायगा। निर्माण कार्य पूर्णतः विशिष्टियों, नक्शों तथा अभिकल्पों के अनुसार ही कराया जायगा। ठेके की शर्तों के अनुसार कार्य की प्रगति बनायी रखी जायेगी। दोषपूर्ण तथा असंतोषजनक कार्य होने पर या प्रगति धीमी होने पर ठेकेदार को नोटिस दिये जायेंगे तथा ठेके की शर्तों के अनुसार अर्थ दण्ड दिया जायगा या किसी अन्य एजेन्सी द्वारा कार्य कराकर उसके भुगतान की धनराशि ठेकेदार से वसूल किया जायेगा।

यदि कोई परिवर्तन या विचलन करना हो तो समुचित अधिकारी से इसकी स्वीकृति ली जायगी।

निर्माण कार्य के दौरान आवश्यकता पड़ने पर कार्यकारी विस्तृत रेखाचित्र बनवाये जायगे।

13. जैसे-जैसे निर्माण कार्य में प्रगति होगी, ठेकेदारों को समय-समय पर चालू बिलों द्वारा भुगतान कर दिया जायगा। इस भुगतान के लिये किये गये कार्य का वास्तविक माप लेकर माप पुस्तक में सही-सही दर्ज किया जायगा तथा परिमाणों का परिकलन करके सम्बन्धित स्तम्भों में लिखा जायगा।

14. कार्यभारी अभियन्ता नियमानुसार मापों की जांच करेगा तथा उसका लिपिक परिकलनों की जांच करके उचित प्रपत्र पर बिल बनायेगा। माप पुस्तक तथा बिल दोनों पर उप-मण्डल अधिकारी से भुगतान का आदेश लिया जायगा। फिर ठेकेदार से रसीद लेकर उसे भुगतान कर दिया जायगा।

15. ठेके के अनुबन्ध में दी गई निर्गम की जाने वाली सामग्री की अनुसूची के अनुसार समय-समय पर ठेकेदार से रसीद लेकर सामग्री निर्गत की जायगी तथा उनका मूल्य ठेकेदार से सर्वप्रथम उपलब्ध बिल में से काट लिया जायगा।

16. सीधे निर्माण कार्य को निर्गत की जाने वाली सामग्री 'निर्माण स्थल पर उपलब्ध सामग्रियों का लेखा' रखा जायगा।

17. जब सब कार्य निर्धारित अवधि के भीतर विशिष्टियों तथा ठेके की शर्तों के अनुसार संतोषजनक रूप से पूरा हो जाय तथा इसमें कोई दोष न हो तो सम्पूर्ण कार्य की भली-भांति जांच की जाय तथा पूरी तरह संतोष हो जाने के बाद वास्तविक माप लेकर तथा उचित प्रपत्र पर बिल बनाकर ठेकेदार को अन्तिम भुगतान किया जायगा।

18. यदि अनुज्ञेय हो तो ठेकेदार को आवश्यकतानुसार तथा उचित समय पर "अग्रिम भुगतान" या "सुरक्षित अग्रिम भुगतान" किया जा सकता है परन्तु अग्रिम भुगतान की धनराशि ठेकेदार के सर्वप्रथम उपलब्ध बिल में से काट ली जायगी।

19. यदि कार्य में कहीं भी दोष न पाया जाय तो ठेकेदार से लिया गया 10% प्रतिभूति धन एक निश्चित अवधि के बाद सामान्यतः कार्य पूरा होने की तिथि के छः मास पश्चात या एक बरसात बीत जाने के पश्चात ठेकेदार को वापस कर दिया जाता है। यदि इस अवधि में कार्य में कोई दोष उत्पन्न हो जाय तो ठेकेदार अपने व्यय से उन्हें ठीक कराता है।

20. व्यय पर समुचित नियंत्रण रखने के लिये समय-समय पर व्यय का पुनरीक्षण किया जायगा तथा यदि प्राक्कलन से अधिक व्यय हो गया हो, या अधिक व्यय होने की सम्भावना हो तो पुनरीक्षित प्राक्कलन बनवाना होगा।

(टिप्पणी—इस पुस्तक में दिये गये सभी प्रपत्र उ. प्र., सा. नि. वि. के अनुसार हैं।)

रेलवे से व्यवहार (Dealing with Railway)

परेषण (consignment) या माल बुक करना—यदि पूरा वैगन लेना हो तो इसकी मांग स्टेशन मास्टर के पास दर्ज कराई जाती है तथा आवश्यकता जमानत राशि जमा कर दिया जाता है। जब वैगन साइडिंग में लगा दिया जाता है तो उसे निर्धारित अवधि, सामान्यतः 6 घंटे में लादना होता है तथा निर्धारित प्रपत्र अग्रेषण नोट (forwarding note) भर कर स्टेशन मास्टर या माल बाबू (goods clerk) को दिया जाता है। यदि परेषण पैकेज या बन्डल हो तो ठीक-ठीक भरे हुए अग्रेषण नोट के साथ स्टेशन मास्टर को दिये जाते हैं।

अग्रेषण नोट में निम्नलिखित स्तम्भ होते हैं–भेजने वाले का नाम', "पाने वाले का नाम," 'स्टेशन को,' 'नगों की संख्या,' विवरण और निजी मार्का', भेजने वाले के अनुसार भार', 'दत्त/देय भाड़ा' (freight paid/to pay) तथा रेलवे की अन्य शर्तें दी होती हैं।

बुकिंग 'दत्त भाड़ा' (freight paid) या 'देय भाड़ा (freight to pay) कराई जा सकती है। दत्त भाड़ा बुकिंग में भेजने वाला बुकिंग कराते समय भाड़ा देता है तथा देय भाड़ा बुकिंग में पाने वाला परेषण छुड़ाते समय भाड़ा देता है। स्टेशन मास्टर या बुकिंग क्लर्क माल तौल कर भार की जांच करते हैं और उसे बुक करके रसीद (रेल बिल्टी) (Railway receipt, in short R/R) दे देते हैं। रेल बिल्टी में परेषक (consignor) या भेजने वाले का नाम, परेषिती (consignee) या पाने वाले का नाम, बुक की गई वस्तुओं का विवरण, बुक करने वाले तथा गन्तव्य (destination) स्टेशन का नाम, परेषण का भार, दत्त भाड़ा या देय भाड़ा लिखा रहता हैं। माल बुक करने वाला रेल बिल्टी माल पाने को रजिस्ट्री द्वारा तुरन्त भेज देता है। जिससे वह रेलवे से माल छुड़ा सके।

माल छुड़ाना—रेल बिल्टी मिल जाने पर परेषिति (माल पाने वाला) रेलवे से माल छुड़ाने के लिए रेल बिल्टी के पीछे हस्ताक्षर करके गन्तव्य स्टेशन के स्टेशन मास्टर के समक्ष प्रस्तुत करता है। यदि परेषिति माल छुड़ाने के लिए अपने किसी प्रतिनिधि या कर्मचारी को भेजे तो रेल बिल्टी के पीछे "श्री..............को दे दें' पृष्ठांकन (endorsement) करता है। यदि माल 'देय भाड़ा' बुक कराया गया हो तो सरकारी विभागों द्वारा सामान्यत: भाड़े का भुगतान 'जमा पत्र' (credit note) द्वारा किया जाता है (सामान्यतया: नकद भुगतान नहीं किया जाता है)। जमा पत्र निर्धारित छपे हुए प्रपत्र पर बनाया जाता है। जमा पत्र द्वारा रेलवे को भाड़े की राशि महालेखाकार से वसूल करने का प्राधिकार (authority) दे दिया जाता है। जन साधारण नकद भाड़ा देकर माल छुड़ाते हैं।

वैगन में से निर्धारित समय के भीतर ही माल उतार लेना होता है। यदि माल उतारने में विलम्ब होता है तो वेगन रोके रखने के दंड के रूप में रेलवे कुछ 'विलम्ब शुल्क (demurrage) लेती है। रेलवे प्लेट फार्म या माल गोदाम से निर्धारित अवधि के भीतर माल हटा लेना चाहिए। यदि माल हटाने में विलम्ब होता हैं। तो रेलवे विलम्ब के लिए तथा निर्धारित अवधि के बाद रेलवे का स्थान घेरे रहने के दंड के रूप में 'घाट शुल्क' (wharfage) लेती है।

वैगन के प्लेटफार्म पर लग जाने के बाद अधिक से अधिक 6 घंटे का समय माल उतारने के लिए दिया जाता है, इसके बाद दंड देना होता है।

विलम्ब शुल्क (Demrrage)—निर्धारित अवधि, सामायन्तया 6 घंटे के भीतर वैगन खाली न करने तथा वैगन रोके रखने के लिए दंड को विलम्ब शुल्क कहते हैं।

घाट शुल्क (Wharfage)—एक निश्चित अवधि के भीतर माल न हटाने तथा रेलवे का स्थान घेरे रहने के लिए के दंड को घाट शुल्क कहते हैं।

रेलवे अधिकारियों को माल प्राप्त होने के बाद मध्य रात्रि 24 से 48 घंटे के भीतर माल हटाना होता है। इसके बाद रेलवे दंड, घाट शुल्क, लेती है। स्टेशन के यार्ड या गोदाम से सामान हटाने के लिए महत्वपूर्ण स्टेशनों पर 24 घंटे तथा साधारण स्टेशनों पर 48 घंटे का समय दिया जाता है।

क्षतिपूर्ति बंध-पत्र (**Indemnity Bond**)--यदि रेल बिल्टी आने में विलम्ब हो या वह डाक में खो जाय तो निर्धारित प्रपत्र पर क्षतिपूर्ति बंध पत्र भर कर तथा आवश्यक स्टाम्प लगाकर रेलवे अधिकारियों के समक्ष प्रस्तुत किया जाता है व इस क्षतिपूर्ति बंध पत्र के आधार पर, माल छुड़ा लिया जाता है। बाद में रेल बिल्टी आने पर तुरन्त स्टेशन मास्टर को दे दी जाती है। बन्ध पत्र पर सामान्य स्टाम्प लगाये जाते हैं। स्टाम्प का मूल्य हर प्रदेश में अलग-अलग होता है उत्तर प्रदेश में रु. 5·00 के स्टाम्प लगाये जाते हैं।

कमी या क्षति (**Shortages and Damagges**)--यदि कम माल प्राप्त हो तो माल या माल को क्षति पहुँचा हो तो माल छुड़ाते समय यह बात स्टेशन मास्टर के पास रखी विवरण बही (delivery book) में अंकित कर देना चाहिए।

कमी या क्षति के लिए सम्बन्धि रेलवे के मुख्य वाणिज्य अधीक्षक (Chief Commercial Superintendent) के समक्ष बुकिंग को पूर्ण विवरण सहित दावा करना चाहिए। माल बुक करने की तारीख के छः मास के भीतर दावा भेज देना चाहिए। इसे पावती सहित रजिस्ट्री (Registered acknowledgment due) डाक से भेजना चाहिए। जो हानि हुई हो वह रेलवे से वसूल की जानी चाहिए।

जमा पत्र (**Credit Note**)-- जमा पत्र सरकारी विभागों द्वारा परेषणों के रेल के भाड़े के भुगतान के लिए रेलवे द्वारा निर्धारित छपा हुआ प्रपत्र होता है। माल भेजने वाला या प्राप्त करने वाला अधिकारी यह जमा पत्र निर्गत करके रेलवे को अधिकार देता है कि वह महालेखाकार से निर्दिष्ट राशि प्राप्त करे। सरकारी विभाग सामान्यता रेल के भाड़े का भुगतान नकद न करके जमा पत्र द्वारा ही करते हैं। सामान्यतया मंडल तथा उपमडल अधिकारियों को जमा पत्र पर हस्ताक्षर करने का प्राधिकार होता है। जमा पत्र की प्रविष्टियों में कोई त्रुटि या काट फाट (cuttings) नही होनी चाहिए।

गैर सरकारी व्यापारिक संस्थायें भी जमा पत्र का उपयोग का सकते हैं। वे इन्हें रेलवे अधिकारियों से खरीद सकते हैं। (जमा पत्र प्रपत्र नीचे दिया गया है)।

जमा पत्र (Credit Note)

जमा पत्र निर्गत करने वाला अधिकारी भरे।

1. प्रभार की शीर्ष (प्रमुख, गोण तथा विस्तृत शीर्ष, प्राथमिक तथा द्वातीयिक इकाई)।
2. महीना तथा वर्ष जिसका प्रभार है....................
3. समंजन करने वाले लेखा अधिकारी का पदनाम ....
4. राज्य का नाम जिसके नामे लिखा जायगा..........................
5. यह प्रपत्र ....तक वैध है
6. इस प्रपत्र में कोई परिवर्तन किये जाने पर यह अवैध माना जायगा।

परेषक——————　　　　　　　　　　　　　　　　　　परेषिति—————

से——————　　　　　　　　　　　　　　　　　　　　को————————

————रेल द्वारा　　　　　　　　　　　　　　　　　　————————

रसीद	पैकेजों की संख्या	चिन्ह	माल का विवरण	वास्तविक भार	प्रभारित भार	श्रेणी	दर रू. पै.	राशि रु. पै.	टिप्पणी

——————　　　　　　　　　　　　　　　　　　　　हस्ताक्षर————————

के नाम हस्तान्तरण हेतु　　　　　　　　　　　　　　　माल बाबू————————

निर्गत करने वाले अधिकारी

के हस्ताक्षर——————

पद नाम——————　　　　　　　　　　　　　　　रू.————　　　　मुहर

यात्रा भत्ता

यदि कोई सरकारी कर्मचारी कार्य की प्रगति या भलाई के लिए यात्रा करता है तो उसे यात्रा के खर्चों की पूर्ति के लिए अनुदान दिया जाता है जिसे यात्रा भत्ता कहते हैं। वाहन के खर्चे भी इसके अन्तर्गत शामिल हैं। यह ऐसा प्रतिकर भत्ता है जो कि सरकारी कर्मचारी यात्रा के दौरान वास्तव में खर्चा करता है। यात्रा भत्ता निर्धारित करने का यह सिद्धान्त है कि वह इस प्रकार दिया जाता है जिससे कि पाने वाले को इससे कोई लाभ न हो। यात्रा भत्ता की राशि और दर इन कारणों पर निर्भर करती है :—(i) यात्रा का कारण और प्रकार, (ii) वाहन का प्रकार, (iii) सरकारी कर्मचारी का वर्ग। यात्रा भत्ता के सिद्धान्त राज्य से राज्य फरक होते हैं पर मूल सिद्धान्त एक ही है।

विभिन्न प्रकार के यात्रा भत्ता—विभिन्न प्रकार के यात्रा भत्ता निम्नलिखित हैं जो सरकारी कर्मचारियों द्वारा लिखे जाते हैं :—

(i) स्थाई यात्रा भत्ता, (ii) निश्चित वाहन या घोड़ा भत्ता, (iii) मील भत्ता—(अ) रेलगाड़ी द्वारा यात्रा, (ब) सड़क द्वारा यात्रा, (स) विमान द्वारा यात्रा, (iv) दैनिक भत्ता, (v) स्थान्तरण यात्रा भत्ता, (vi) यात्रा में हुआ वास्तविक खर्चा।

स्थाई यात्रा भत्ता—यह अनुदान ऐसे कर्मचारियों को दिया जाता है जो अक्सर यात्रा करता है और वह अधिकतर समय दौरे पर रहता है। यह प्रति महीने के आधार पर सक्षम अधिकारी द्वारा अनुमोदित किया जाता है। यह साल भर लिया जाता है चाहे वह दौरे पर न भी हो। यह छुट्टी के दौरान, स्थान्तरण के समय, या ऐसे समय जब वह कोई और यात्रा भत्ता ले रहा हो, नहीं लिया जाता है।

वाहन भत्ता—जब कि सरकारी कर्मचारी का कार्य ऐसा है कि उसको अपने प्रधान कार्यालय से नियमित थोड़ी दूरी के लिए काफी यात्रा करना पड़ता है और वह कार्य को निपुणता से करने के लिए अपने पास वाहन रखता है तो उसे एक मासिक वाहन भत्ता दिया जाता है। यह सक्षम अधिकारी अनुमोदित करता है। वाहन कर्मचारी के वर्गानुसार, मोटर, मोटर साईकिल या साईकिल हो सकती है। यह भत्ता वाहन के अनुरक्षण और उसको चलाने के लिए होता है। प्रत्येक महीने के बिल में एक प्रमाण पत्र दिया जाता है कि वाहन ठीक है और चालू हालत में है। यदि अधिकारी लम्बी यात्रा करता है और मील भत्ता लेता है तो उस दिन का वाहन भत्ता बिल में से घटा दिया जाता है। यदि किसी सरकारी कर्मचारी की ड्यूटी ऐसी है कि उसे सवारी के लिए घोड़ा रखना आवश्यक हो तो उसे घोड़ा भत्ता (horse allowance) नामक वाहन भत्ता दिया जाता है। उत्तर प्रदेश में वाहन भत्ते की दरें निम्नांकित हैं :—

उप खड अधिकारी हेड वर्क्स के लिए मोटर कार का भत्ता—रू. 60·00 प्रति मास; ओवरसियरों के लिए मोटर साईकिल का भत्ता—रू. 30·00 प्रति मास; घोड़ा भत्ता—पर्वतीय जिलों में रू. 44·75 प्रति मास तथा अन्य जिलों में रु० 37·50 प्रति मास; साईकिल भत्ता—रु० 4·00 प्रति मास।

मील भत्ता—यह सरकारी कर्मचारी के वास्तविक यात्रा दूरी के आधार पर दिया जाता है। यह यात्रा के प्रकार और कर्मचारी के वर्ग पर निर्भर करता है।

दो स्टेशनों के बीच का यात्रा भत्ता कम दूरी वाले पथ के आधार पर निर्धारित किया जाता है। यदि दो या उससे अधिक पथ हैं तो मील भत्ता इन कारणों पर आधारित होगा—(i) कम दूरी वाला और सस्ता पथ, (ii) सबसे कम समय का मार्ग भी, कार्य के हित के लिये, अनुमोदित किया जा सकता है।

यात्रा में (i) मोटर गाड़ी, (ii) मोटर साईकिल, (iii) साईकिल या (iv) दूसरे किसी प्रकार का वाहन, सरकारी कर्मचारी के वर्ग के अनुसार काम में लायी जा सकती है।

मील दर सरकार निर्धारित करती है और यह राज्य से राज्य फरक होता है।

दैनिक भत्ता—जब कोई सरकारी कर्मचारी सरकारी कार्य से अपने प्रमुख कार्यालय से बाहर जाता है तो उसे अपने दैनिक खर्चों की पूर्ति के लिए दैनिक भत्ता दिया जाता है। यह भत्ता कर्मचारी के वर्ग और उसके ठहरने के स्थान पर निर्भर करता है। यह भत्ता बड़े शहरों के लिये अधिक, छोटे शहरों के लिये कम और दूसरी जगहों के लिये और भी कम होता है जो कि सरकार द्वारा निर्धारित की जाती है। दैनिक भत्ता किसी स्थान पर पहुंचने पर कम से कम आठ घंटा ठहरने पर दिया जाता है।

स्थानांतरण पर यात्रा भत्ता—जब कोई कर्मचारी, कार्य के हित के लिये, एक जगह से दूसरी जगह स्थाँतरित किया जाता है तो उसे यात्रा भत्ता दिया जाता है जो कि स्थानाँतरण यात्रा भत्ता कहलाता है। यदि कर्मचारी की निजी निवेदन से उसे स्थांतरित किया गया है तो यात्रा के लिये कोई यात्रा भत्ता नहीं दिया जायगा।

परिवार Family)—परिवार के अन्तर्गत सरकारी कर्मचारी की पत्नी/पति, वैध बच्चे (हिन्दू कानून के आधीन गोद लिए गये बच्चों सहित), उसके साथ रहने वाले तथा उस पर पूर्णतः आश्रित सौतेले बच्चे आते हैं। एक से अधिक पत्नियां परिवार में नहीं मानी जाती हैं। महिला सरकारी कर्मचारियों के पति का यात्रा भत्ता केवल तभी दिया जा सकता है जब पति पूर्णतः पत्नी पर आश्रित हो।

सार्वजनिक वाहन (Public Conveyance)—इसके अन्तर्गत रेलवे ट्रेन या अन्य वाहन जो सवारियों के यातायात के लिए नियमित रूप से चलते हों, आते हैं। परन्तु इसके अन्तर्गत किसी विशेष यात्रा के लिए भाड़े पर ली गई टैक्सी, कार या गाड़ी आदि नहीं आती।

यात्रा भत्ते के आधार (Factor Governing Travelling Allowance)—सरकारी कर्मचारी को देय यात्रा भत्ता निम्नाँकित बातों पर निर्भर करता है :—

(1) यात्रा भत्ते की गणना के लिए उसकी श्रेणी। श्रेणी उस कर्मचारी के वेतन या सेवा की श्रेणी (class of service) पर निर्भर करती है।

(2) किस प्रकार की यात्रा के लिए यात्रा भत्ता माँगा जा रहा हैं, जैसे साधारण यात्रा, स्थानांतरण पर या विभागीय परीक्षा में बैठक के लिये आदि।

सरकारी कर्मचारियों का वर्गीकरण—यात्रा भत्ता के निर्धारण के लिए सरकारी कर्मचारियों को वेतन के अनुसार चार वर्गों या श्रेणियों में बांटा जाता है। हर वर्ग या श्रेणीके कर्मचारियों के लिए यात्रा भत्ते की भिन्न-भिन्न दरें तथा रेल आदि में वे किस दर्जे में यात्रा करे यह निर्धारित कर दिया गया है। सरकारी कर्मचारियों के वर्गीकरण में विभिन्न श्रेणियों के अन्तर्गत आने वाले कर्मचारियों के वेतन की सीमायें तथा यात्रा भत्ता की दरें केन्द्रीय तथा विभिन्न राज्य सरकारों में अलग-अलग हैं। समय-समय पर इनमें परिवर्तन भी होता रहता है। (उत्तर प्रदेश में सरकारी कर्मचारियों का वर्गीकरण आगे दिया गया है)।

वेतन—यात्रा भत्ते की गणना में वेतन या वास्तविक वेतन के अन्तर्गत वेतन क्रम के अनुसार वेतन (grade pay), वैयक्तिक वेतन (personal pay), प्रतिनियुक्ति वेतन (deputation pay), स्थानापन्न वेतन (officiating pay), तथा वे पतिपूरक (compensatory) व महंगाई भत्ते तथा अन्य प्रकार के वेतन जोड़े जाते हैं जिन्हें यात्रा भत्ते की गणना में वेतन में जोड़े जाने की अनुमति विशिष्ट रूप से सम्बन्धित सरकार ने दी हो। आजकल केन्द्रीय सरकार के कर्मचारियों के यात्रा भत्ते की गणना में महंगाई भत्ता वेतन में नहीं गिना जाता है। उत्तर प्रदेश में भी यात्रा भत्ते की गणना में महंगाई भत्ते को नहीं गिना जाता है। पंजाब में केवल विवाहित सरकारी कर्मचारियों के यात्रा भत्ते की गणना में महंगाई भत्ता वेतन का भाग माना जाता है, अविवाहित कर्मचारियों का महंगाई भत्ता वेतन का भाग नहीं माना जाता है।

विभिन्न प्रकार की यात्रायें—यात्रा के उद्देश्य के अनुसार विभिन्न प्रकार की यात्राओं के लिए यात्रा भत्ते की दरें तथा नियम अलग-अलग होते है। यात्रायें निम्न प्रकार की होती हैं :—

(1) सामान्य नेमी (routine) ड्यूटी के लिए की जाने वाली साधारण यात्रा; (2) स्थानान्तरण होने पर यात्रा; (3) कुछ निर्दिष्ट परीक्षाओं में बैठने के लिए यात्रा; (4) न्यायालय में उपस्थित होने के लिए यात्रा; (5) इलाज करवाने के लिए यात्रा; (6) कुछ निर्दिष्ट सभाओं व मीटिंगों में प्रतिनिधि के रूप में जाने के लिए यात्रा; (7) किसी सरकारी कर्मचारी की मृत्यु हो जाने पर उसके परिवार को घर जाने के लिए यात्रा; (8) अन्य विविध उद्देश्यों से यात्रा।

रेल द्वारा यात्रा में किलोमीटर (मील) भत्ता—

(i) हर सरकारी कर्मचारी को वेतन के अनुसार अपने पद के अनुरूप दर्जे में यात्रा करनी चाहिए। उसे इस दर्जे का इकहरा किराया तथा यदि वह इससे नीचे दर्जे में यात्रा करे, तो जिस दर्जे में सरकारी कर्मचारी ने वास्तव में यात्रा की हो उस दर्जे का इकहरा किराया दिया जाता है। इसके अतिरिक्त उसकी श्रेणी के अनुसार निर्धारित दरों पर प्रासंगिक प्रभार (incidental charges) नामक भत्ता भी दिया जाता है।

(ii) यदि कोई सरकारी कर्मचारी रेल द्वारा रियायती दर पर जैसे वापसी टिकट लेकर यात्रा करे तो उसे रेल की टिकट की वास्तविक लागत तथा अपनी श्रेणी के अनुसार प्रासंगिक प्रभार दिया जाता है।

उत्तर प्रदेश में मील भत्ते के नियम—

(1) पैदल की गई यात्रा अन्य साधनों द्वारा की गई यात्रा मानी जाती है।

(2) पर्वतीय क्षेत्रों में यात्रा करने वाले सरकारी कर्मचारियों को साधारण दरों से $33\frac{1}{2}\%$ अधिक दर पर मील भत्ता दिया जाता है।

(3) जब कोई सरकारी कर्मचारी किसी दूसरे राज्य में सड़क द्वारा यात्रा करता है तो उसे उसी दर से मील भत्ता दिया जाता है जो उस राज्य में समान वेतन पाने वाले सरकारी कर्मचारी को देय होता है।

(4) उत्तर प्रदेश में जिन सरकारी कर्मचारियों को ड्यूटी पर नैनीताल, मसूरी या अलमोड़ा जाना होता है उन्हें इन नगरों की महापालिकाओं द्वारा लिया गया टोल-टैक्स भी दिया जाता है।

(5) यदि कोई सरकारी कर्मचारी कार में या अन्य किसी वाहन में यात्रा करे जो उसका अपना न हो या किराये का हो तो उसे मील भत्ते के बजाय निम्नलिखित साधारण दर पर दैनिक भत्ता दिया जाता है :—

(क)	यदि कर्मचारी मुख्यालय से 4 घण्टे तक अनुपस्थित हो	.... कुछ नहीं
(ख)	यदि मुख्यालय से 4 घण्टे से अधिक परन्तु 8 घण्टे तक अनुपस्थित हो	.... आधा दैनिक भत्ता
(ग)	यदि मुख्यालय से 8 घण्टे से अधिक के लिए अनुपस्थित हो	... पूरा दैनिक भत्ता

(6) जिन अधिकारियों को सरकारी कार्य हेतु यात्रा करने के लिए सरकारी गाड़ियां दी गई हैं उन्हें अपनी निजी कार्य में यात्रा करने की अनुमति नहीं है तथा यदि वे ऐसा करते हैं तो उन्हें मील भत्ता नहीं दिया जाता है।

(7) **मोटर बस आदि से यात्रा**—यदि प्रथम एवं द्वितीय श्रेणी का कोई सरकारी कर्मचारी किराये की मोटर गाड़ी में यात्रा करे तथा केवल एक सीट, बर्थ या कार के थोड़े भाग का उपयोग करे तो उसे यात्रा के लिए दिये किराये का ड्योढ़ा दिया जायगा। यदि सरकारी कर्मचारी कुछ क्षेत्रों में चलने वाली मोटर बसों या लारियों द्वारा यात्रा करे तो उन्हें निम्नलिखित यात्रा भत्ता दिया जाता है :—

वे जिस दर्जे में यात्रा करने के अधिकारी हों उस दर्जे का बस का भाड़ा तथा सरकारी कर्मचारी की श्रेणी के अनुसार प्रति किलोमीटर (मील) के आधार पर प्रासंगिक प्रभार (incidental charges)।

उत्तर प्रदेश में दैनिक भत्ते सम्बन्धी शर्तें—

(क) सरकारी कर्मचारी के मुख्यालय के अतिरिक्त किसी स्टेशन पर पहुंचने या छोड़ने पर उसे प्रतिदिन दैनिक भत्ता दिया जाता है यदि वह उस स्थान में कम से कम 8 घण्टे तक ठहरे। किसी नगर में दिन में 8 घण्टे से कम समय तक ठहरने पर कोई दैनिक भत्ता देय नहीं होता है। यात्रा भत्ता बिल बनाते समय किसी नगर में ठहरने की अवधि की गणना समय सारिणी में छपे रेलों का समय देखा जाता है। जिस समय वास्तव में यात्रा आरम्भ की गई वह नहीं गिना जाता है।

(ख) किसी स्थान पर 10 दिन से अधिक समय तक ठहरने पर पूरी दर पर दैनिक भत्ता नहीं दिया जाता है। यदि बीच में कोई छुट्टी या छुट्टियां पड़ जायें तथा सरकारी कर्मचारी उन दिनों वास्तव में वहां रहे तो

उसे दैनिक भत्ता दिया जाता है। चाहे वह काम कारे या न करे। किसी स्थान पर ठहरना लगातार माना जाता जब तक कि सरकारी कर्मचारी कम से कम 5 दिन के लिए 5 मील से अधिक दूर स्थित किसी स्थान पर ड्यूटी के लिए न जाय। यदि सरकारी कर्मचारी मुख्यालय जाकर ठहरने के स्थान पर लौट आय तो भी वहाँ लगातार ठहरना भी ही माना जायगा। 10 दिन की लगातार अवधि गिनने में इस प्रकार थोड़ी-थोड़ी अवधि के लिए दूसरी जगह ठहरना भी उसी स्थान पर ठहरना माना जाता है। मुख्यालय के अतिरिक्त अन्य किसी स्थान पर सरकारी कर्मचारी अधिक से अधिक 60 दिन तक रह सकता है तथा निम्नलिखित दर पर दैनिक भत्ता दिया जाता है।

पहले 10 दिनों के लिए पूरी दरों पर; अगले 10 दिनों तक दो तिहाई, विभागध्यक्ष की मजूरी लेकर अगले 30 दिन सरकार से मंजूरी लेकर 60 दिन के बाद दैनिक भत्ता देय नहीं होता।

उत्तर प्रदेश में स्थानान्तरण यात्रा भत्ता (Transfer Travelling Allowance) के नियम—सरकारी कर्मचारी का स्थानान्तरण होने पर उसे निम्नलिखित यात्रा भत्ता दिया जाता है—

(क) रेल द्वारा यात्रा के लिए—

(i) स्वयं के लिए—सरकारी कर्मचारी जिस दर्जे में यात्रा करने का अधिकारी हो। उस दर्जे का इकहरा किराया तथा अनुमत से दुगना दरों पर प्रासंगिक प्रभार।

(ii) परिवार के लिए—सरकारी कर्मचारी जिस दर्जे में यात्रा करने का अधिकारी हो उस दर्जे का हर व्यस्क के लिए इकहरा किराया तथा हर बच्चे के लिए आधा किराया, यदि वास्तव में दिया गया हो।

(ख) सड़क द्वारा यात्रा के लिए—

(i) दौरे पर यात्रा के लिए अनुमत दरों पर मील भत्ता।

(ii) परिवार के लिए—यदि स्वयं के अतिरिक्त परिवार के दो सदस्य यात्रा करें तो एक मील भत्ता; यदि स्वयं के अतिरिक्त परिवार के दो से अधिक सदस्य यात्रा करें तो दो मील भत्ते।

(ग) सामान या निजी वस्तुयें ले जाने के लिए परिवहन व्यय—

निजी सामान ले जाने के लिए निम्नलिखित भत्ता दिया जाता है—

(i) यदि अकेले यात्रा कर रहे हों—प्रथम, द्वितीय, तृतीय तथा चतुर्थ श्रेणी के सरकारी कर्मचारियों का माल गाड़ी से मालिक के दायित्व की दरों (owner's risk rate) पर क्रमश: 80, 40, 20, 3 मन सामान का भाड़ा देय होता है। यदि मालिक के दायित्व की दरें लागू न हों तो रेलवे की दायित्व की दरों से भाड़ा दिया जाता है।

(ii) यदि परिवार के साथ यात्रा कर रहे हों—प्रथम, द्वितीय, तृतीय तथा चतुर्थ श्रेणी के कर्मचारियों को माल गाड़ी से मालिक के दायित्व की दरों पर क्रमश: 120, 60, 30 5 मन सामान का भाड़ा देय होता है। यदि मालिक की दायित्व की दरें लागू न हो तो रेलवे के दायित्व की दरों से भाड़ा दिया जाता है।

तहसीलदार या उपमंडल अधिकारी द्वारा निर्धारित स्थानीय दरों पर घर से रेलवे स्टेशन या रेलवे स्टशन से घर तक निजी स[illegible] लाने के लिए निम्नलिखित सीमा तक गाड़ी या ठेले का किराया भी सरकारी कर्मचारियों को दिया जाता है :—

सरकारी कर्मचारी की श्रेणी	प्रथम	द्वितीय	तृतीय
जब अकेले यात्रा कर रहे हों	4 गाड़ी	2 गाड़ी	1 गाड़ी
जब परिवार सहित यात्रा कर रहे हों	6 गाडी	3 गाडी	2 गाड़ी

जिन पर्वतीय क्षेत्रों में मोटर परिवहन कम्पनी माल ढोती है वहां गाड़ी या ठेले द्वारा सामान ले जाने के बजाय उस कम्पनी द्वारा निर्धारित दरें दी जा सकती हैं। यदि वहां एक से अधिक मोटर परिवहन कम्पनियां माल ढोती हों तो सरकार यह निश्चित करती है कि किस कम्पनी की दर मानी जायेगी। जिन स्थानों पर पक्की सड़कें या बस या लारी या गाड़ी का उपयोग न हो सकता हो वहां निजी सामान पहुँचाने की वास्तविक लागत अधिक से अधिक 3 आना-प्रति मन प्रति मील की दर से दी जा सकती है।

(च) वाहन का परिवहन (Transportation of Conveyances)—

सरकारी कर्मचारी का स्थानांतरण होने पर वाहनों के परिवहन के लिए निम्नलिखित सीमा तक प्रभार अनुमत है :—

सरकारी कर्मचारी की श्रेणी		मात्रा
प्रथम श्रेणी	....	2 घोड़े तथा 1 गाड़ी या मोटर कार या मोटर साइकिल (साइड कार या बिना साइड कार के)।
द्वितीय श्रेणी	...	1 गाड़ी तथा घोड़ा या मोटर साइकिल (साइड कार सहित या बिना साइड कार के) तथा एक घोड़ा या एक साधारण साइकिल तथा एक घोड़ा, या दो घोड़े या एक मोटर कार।
तृतीय श्रेणी	....	एक घोड़ा या एक मोटर साइकिल (साइड कार सहित या बिना साइड कार के) या एक साधारण साइकिल।

यात्रा भत्ता बिल—सरकारी कर्मचारी निर्धारित प्रपत्र पर स्वयं यात्रा भत्ता बिल बनाता है। इस बिल में यात्रा का विवरण तथा प्रपत्र में दिये गये प्रमाण पत्र दिये जाते हैं। बिल सक्षम अधिकारी को प्रस्तुत किया जाता है जो इसकी जांच करवाकर भुगतान के लिये पास करते हैं। ओवरसियरों के यात्रा भत्ता बिल अधिशासी अभियन्ता तथा उप मंडल अधिकारियों व सहायक अभियन्ताओं के बिल अधीक्षण अभियन्ता पास करते हैं। यात्रा भत्ता बिल की राशि नियमित सिब्बदी के वेतन बिलों के समान ही कोषागार को भेजे जाते हैं। यात्रा भत्ते के लिए सरकार द्वारा पृथक बजट अनुदान दिया जाता है तथा यात्रा भत्ते का भुगतान इसी अनुदान में से किया जाता है।

उत्तर प्रदेश में यात्रा भत्ते के नियम

यात्रा भत्ते के नियम वित्त नियमावली, खंड III में दिया गया है।

संशोधित यात्रा भत्ते के नियम जो कि 1964-65 से लागू हैं नीचे दिये गये हैं—

I. सरकारी कर्मचारियों का वर्गीकरण—

कुछ उच्च पदाधिकारियों को छोड़कर जिन पर विशेष नियम लागू होते है (देखिये वित्त नियमावली खड III, अध्याय V), यात्रा भत्ता की गणना करने के लिए सरकारी कर्मचारी निम्नलिखित श्रेणियों से वर्गीकृत होंगे :—

1. प्रथम श्रेणी--रु. 999/- प्रतिमास से अधिक वेतन पाने वाले सभी सरकारी कर्मचारी।

2. द्वितीय श्रेणी-- रु. 399/- प्रतिमास से अधिक किन्तु रु. 999/- प्रतिमास से अनधिक वेतन पाने वाले सभी सरकारी कर्मचारी।

3. तृतीय श्रेणी—रु. 180/- प्रतिमास से अधिक किन्तु 399/- प्रतिमास से अनधिक वेतन पाने वाले सभी सरकारी कर्मचारी।

4. चतुर्थ श्रेणी—अन्य सभी सरकारी कर्मचारी।

II. मील, प्रासंगिक तथा दैनिक भत्ता, आदि—

(क) दौरे पर यात्रा तथा ऐसी यात्रा जिसके लिए दौरे की दरों पर यात्रा भत्ता स्वीकार हो —

(i) रेल द्वारा यात्रा :—

सरकारी कर्मचारी की श्रेणी	वेतन	रेल का दर्जा	प्रासंगिक भत्ते की दर प्रति कि. मी.
प्रथम	रु. 999/- से अधिक	I	$3\frac{1}{2}$ पैसे
द्वितीय	रु. 400/- से अधिक रु. 999/- से अनधिक	I	3 पैसे
तृतीय	रु. 181/- से अधिक किन्तु रु. 399/- से अनधिक	II	2 पैसे
चतुर्थ	रु. 180/- तथा उसके नीचे	II	1 पैसा

टिप्पणी—वेतन का अर्थ मूल वेतन से है जो कि महंगाई भत्ते से रहित होता है।

समस्त सरकारी कर्मचारी जिनका वेतन रु. 1800/- या अधिक है वातानुकूलित कोच से यात्रा कर सकते हैं :—

(ii) रेल द्वारा यात्रा :—

(क) प्रथम तथा द्वितीय श्रेणी के सरकारी कर्मचारी मोटर कार, मोटर ट्रक, मोटर कैरियर या जीप कार द्वारा यात्रा करें।

मास में प्रथम 500 कि. मी. तक तय की गई दूरी के लिए 52 पैसे प्रति कि. मी. तथा उसके उपरान्त की दूरी के लिए 42 पैसे प्रति कि. मी. इस सर्वोपरि प्रतिबन्ध के साथ कि किसी महीने में 1200 कि. मी. से अधिक (कार आदि द्वारा) की गई, यात्राओं के लिए कोई मील भत्ता अनुमन्य नहीं होगा।

(ख) वाहन के अन्य साधनों से की गई सड़क यात्राओं के लिये :—

प्रथम, द्वितीय तथा तृतीय श्रेणी के सरकारी कर्मचारी .... 35 पैसे प्रति कि. मी.

चतुर्थ श्रेणी के सरकारी कर्मचारी .... 25 पैसे प्रति कि. मी.

(iii) **हवाई यात्रा :--**

समस्त सचिव तथा सरकारी कर्मचारी हवाई जहाज से जनहित में यात्रा करने के लिए प्राधिकृत होंगे जिनका वेतन रु. 1800/- या उससे अधिक हो।

सरकारी कर्मचारी जो कि हवाई यात्रा कर सकते हैं; को मील भत्ते की तरह ही, यात्रा के लिए हवाई जहाज का किराया तथा एक भत्ता हवाई जहाज के किराये का $\frac{1}{5}$ लेने का प्राधिकार होगा। इस सर्वोपरि प्रतिबन्ध के साथ कि प्रत्येक यात्रा के लिए यह भत्ता रू. 30/- से अनधिक होगा।

(iv) **दैनिक भत्ता :--**

वित्त नियमावली खण्ड III के नियम 23 (c) में उल्लिखित दैनिक भत्ता की दरों के स्थान पर निम्नलिखित दरें लागू होंगी :

सरकारी कर्मचारी की श्रेणी	सामान्य दर	'ख' वर्ग की नगरों के लिए दरें	क' वर्ग की नगरों के लिए दरें
1	2	3	4
	रु०	रु०	रु०
प्रथम श्रेणी :	9·50	12·00	15·00
द्वितीय श्रेणी :			
(क) जो रु. 701/- से रु. 999/- के मध्य वेतन पाते हों	7·50	9·00	10·50
(ख) जो रु. 400/ से रु. 700/- के मध्य वेतन पाते हों	6·50	7·50	9·50
तृतीय श्रेणी :			
(क) जो रु. 276/- से रु. 399 के मध्य वेतन पाते हों	5·00	6·50	8·00
(ख) जो रु. 181/. से रु. 275/- के मध्य वेतन पाते हो	3·00	4·50	5·50
चतुर्थ श्रेणी :	2·00	2·50	3·00

'ख' वर्ग की नगरें--इनमें नगर पालिकाये तथा कैन्टूनमेंट और जहाँ कहीं विद्यमान हो, आसन्नवर्ती नोटीफाइड एरियायें सम्मिलित होंगी, मुरादाबाद, अलीगढ़, झांसी, शाहजहांपुर, सहारनपुर, रामपुर, गोरखपुर, मथुरा, मिर्जापुर, तथा हरिद्वार।

'क' वर्ग की नगरें--इनमें नगर पालिकायें तथा कैन्टूनमेंट और जहां कहीं विद्यमान हो, आसन्नवर्ती नोटीफाइड एरियायें सम्मिलित होंगी, कानपुर, लखनऊ, आगरा, वाराणसी, इलाहाबाद, बरेली, मेरठ, नैनीताल मसूरी तथा देहरादून।

टिप्पणी--ऐसे सरकारी कर्मचारी जो दूसरे राज्यों या केन्द्र शासित प्रदेशों में यात्रा करेंगे उन्हें उन दरों पर दैनिक भत्ता अनुमन्य होगा जो केन्द्र सरकार के कर्मचारियों को मिलता हो ।

यदि यात्रा के दौरान रहने खाने की सुविधा निःशुल्क प्रदान की गई हो तो दैनिक भत्ते की दर के $\frac{1}{4}$ की दर से दैनिक भत्ता प्राप्य होगा । यदि कर्मचारी को रहने और खाने की सुविधाओं में से कोई एक ही सुविधा निःशुल्क प्रदान की गई हो तो उसे $\frac{1}{2}$ की दर से दैनिक भत्ता प्राप्य होगा ।

केन्द्रीय सरकारी कर्मचारियों के दैनिक भत्ते की दरें :--

सरकारी कर्मचारी की श्रेणी	सामान्य जगहें	दिल्ली, शिमला, मद्रास, आदि	बम्बई, कलकत्ता
	रु०	रु०	रु०
प्रथम श्रेणी :--			
(क) रु. 1000/- तक पाने वाले ।	14·00 प्रथम रु. 1000/- के लिए	19·50 प्रथम रु. 1000/- के लिए	24·50 प्रथम रु. 1000/- के लिए
(ख) रु. 1000/- से अधिक पाने वाले ।	14·00 + 2·85 प्रत्येक रु. 500/- अथवा उसके अंश के लिए जिसकी उच्चतम सीमा 23·50 होगी ।	19·50 + 0·10 प्रत्येक रु. 250/- अथवा उसके अंश के लिए जिसकी उच्चतम सीमा 23·50 होगी ।	24·50 + 0·10 प्रत्येक रु. 250/- अथवा उसके अंश के लिए जिसकी उच्चतम सीमा 28·00 होगी ।
द्वितीय तथा तृतीय श्रेणी :--	प्रत्येक रु. 20/- अथवा उसके अंश के लिए 0·75 जिसकी उच्चतम सीमा 12·00 और न्यूनतम सीमा 4·50 होगी ।	प्रत्येक रु. 20/- अथवा उसके अंश के लिए 1·00 जिसकी उच्चतम सीमा 16·00 और न्यूनतम सीमा 6·00 होगी ।	प्रत्येक रु. 20/- अथवा उसके अंश के लिए 1·50 जिसकी उच्चतम सीमा 20·00 और न्यूनतम सीमा 7·50 होगी ।
चतुर्थ श्रेणी :--	4·50	6·00	7·50

यात्रा भत्ते की वार्षिक सीमा (उत्तर प्रदेश में) :--

(i) अधीक्षण अभियन्ता--रु० 6000/-

(ii) अधिशासी अभियन्ता :--

(क) जो रुपया 900/- से अधिक वेतन पा रहे हों--रु० 4800/-
(ख) जो रु० 900/- या कम वेतन पा रहे हों--रु० 4400/- } रेल द्वारा यात्रा सहित

(iii) सहायक अभियन्ता :--

(क) जो घोड़ा भत्ता न ले रहे हों--रु० 3600/-
(ख) जो घोड़ा भत्ता ले रहे हों--रु० 3000/- } रेल द्वारा यात्रा सहित

(iv) ओवरसियर--रु० 800/- राज्य के बाहर की यात्रायें छोड़कर--

(ग) स्थानान्तरण पर यात्रा--

(क) आधे महीने के वेतन के बराबर एक इक मुश्त राशि उच्चतम सीमा रू 150/- तक प्राप्य होगा और।

(ख) (i) रेल द्वारा यात्रा--अधिकृत श्रेणी के रेल किराये के अतिरिक्त ऊपर (क) (i) में दिये प्रासंगिक भत्ते का दुगुना।

(ii) सड़क द्वारा यात्रा--दौरे के दौरान प्राप्य दरों के अनुसार एक मील भत्ता।

———